EDUARDO **CAMBI**
ROGÉRIA **DOTTI**
PAULO **PINHEIRO**
SANDRO **MARTINS**
SANDRO **KOZIKOSKI**

3

2025

QUARTA EDIÇÃO

CURSO DE PROCESSO CIVIL COMPLETO

PARTE IV · **CUMPRIMENTO DE SENTENÇA E PROCESSO DE EXECUÇÃO**
PARTE V · **DOS PROCEDIMENTOS ESPECIAIS**
PARTE VI · **PROCESSOS E INCIDENTES NOS TRIBUNAIS**
PARTE VII · **TEORIA GERAL DOS RECURSOS**
PARTE VIII · **RECURSOS EM ESPÉCIE**
PARTE IX · **MEIOS IMPUGNATIVOS AUTÔNOMOS**
PARTE X · **SISTEMA DE PRECEDENTES**

Dados Internacionais de Catalogação na Publicação (CIP) de acordo com ISBD

C977　Curso de processo civil completo: Cumprimento de sentença e processo de execução: Dos procedimentos especiais: Processos e incidentes nos tribunais: Teoria geral dos recursos: Recursos em espécie: Meios impugnativos autônomos: Sistema de precedentes / Eduardo Augusto Salomão Cambi ... [et al.]. - 4. ed. - Indaiatuba, SP : Editora Foco, 2025.
　　928 p. ; 17cm x 24cm. – (v.3)

　　　Inclui bibliografia e índice.
　　　ISBN: 978-65-6120-302-9

　　　1. Direito. 2. Direito civil. 3. Processo civil. I. Cambi, Eduardo Augusto Salomão. II. Dotti, Rogéria. III. Pinheiro, Paulo Eduardo D'Arce. IV. Martins, Sandro Gilbert. V. Kozikoski, Sandro Marcelo. VI. Título.

2025-440　　　　　　　　　　　　　　　　　　　　　　　　CDD 347　　CDU 347

Elaborado por Vagner Rodolfo da Silva - CRB-8/9410
Índices para Catálogo Sistemático:
　　1. Direito civil 347
　　2. Direito civil 347

3

EDUARDO **CAMBI**
ROGÉRIA **DOTTI**
PAULO **PINHEIRO**
SANDRO **MARTINS**
SANDRO **KOZIKOSKI**

2025

QUARTA EDIÇÃO

CURSO DE PROCESSO CIVIL COMPLETO

PARTE IV · **CUMPRIMENTO DE SENTENÇA E PROCESSO DE EXECUÇÃO**
PARTE V · **DOS PROCEDIMENTOS ESPECIAIS**
PARTE VI · **PROCESSOS E INCIDENTES NOS TRIBUNAIS**
PARTE VII · **TEORIA GERAL DOS RECURSOS**
PARTE VIII · **RECURSOS EM ESPÉCIE**
PARTE IX · **MEIOS IMPUGNATIVOS AUTÔNOMOS**
PARTE X · **SISTEMA DE PRECEDENTES**

2025 © Editora Foco
Autores: Sandro Martins, Paulo Pinheiro e Sandro Kozikoski
Diretor Acadêmico: Leonardo Pereira
Editor: Roberta Densa
Coordenadora Editorial: Paula Morishita
Revisora Sênior: Georgia Renata Dias
Revisora Júnior: Adriana Souza Lima
Capa Criação: Leonardo Hermano
Diagramação: Ladislau Lima e Aparecida Lima
Impressão miolo e capa: FORMA CERTA

DIREITOS AUTORAIS: É proibida a reprodução parcial ou total desta publicação, por qualquer forma ou meio, sem a prévia autorização da Editora FOCO, com exceção do teor das questões de concursos públicos que, por serem atos oficiais, não são protegidas como Direitos Autorais, na forma do Artigo 8º, IV, da Lei 9.610/1998. Referida vedação se estende às características gráficas da obra e sua editoração. A punição para a violação dos Direitos Autorais é crime previsto no Artigo 184 do Código Penal e as sanções civis às violações dos Direitos Autorais estão previstas nos Artigos 101 a 110 da Lei 9.610/1998. Os comentários das questões são de responsabilidade dos autores.

NOTAS DA EDITORA:

Atualizações e erratas: A presente obra é vendida como está, atualizada até a data do seu fechamento, informação que consta na página II do livro. Havendo a publicação de legislação de suma relevância, a editora, de forma discricionária, se empenhará em disponibilizar atualização futura.

Erratas: A Editora se compromete a disponibilizar no site www.editorafoco.com.br, na seção Atualizações, eventuais erratas por razões de erros técnicos ou de conteúdo. Solicitamos, outrossim, que o leitor faça a gentileza de colaborar com a perfeição da obra, comunicando eventual erro encontrado por meio de mensagem para contato@editorafoco.com.br. O acesso será disponibilizado durante a vigência da edição da obra.

Impresso no Brasil (2.2025) – Data de Fechamento (2.2025)

2025
Todos os direitos reservados à
Editora Foco Jurídico Ltda.
Rua Antonio Brunetti, 593 – Jd. Morada do Sol
CEP 13348-533 – Indaiatuba – SP

E-mail: contato@editorafoco.com.br
www.editorafoco.com.br

APRESENTAÇÃO

O Código de Processo Civil de 2015 traz importantes contribuições para o aperfeiçoamento do Direito Processual, na perspectiva da concretização do direito constitucional à tutela jurisdicional célere, adequada e efetiva.

No que se refere às normas fundamentais, aos atos processuais e às nulidades, o Código de 2015 rompe com o formalismo excessivo que dominou o sistema do Código de 1973 e apresenta um novo ideário, baseado na primazia do julgamento do mérito. As novas regras oferecem oportunidades para que os vícios processuais sejam sanados, privilegiando, assim, as sentenças definitivas. O processo passa a ser cooperativo e dialógico, razão pela qual a garantia do contraditório adquire um novo significado. Há, agora, um real poder de influência sobre a decisão judicial. Por outro lado, o incremento dos poderes do juiz e a atipicidade das medidas coercitivas são equilibrados no sistema mediante a vedação à decisão surpresa e à necessidade de motivação. Os negócios processuais típicos são ampliados, permitindo-se pela primeira vez a realização também de negócios atípicos, em clara valorização à atuação das partes. Também unifica as tutelas provisórias, as quais podem ser fundamentadas em urgência ou evidência (CPC, arts. 294-311), para melhor distribuir o ônus do tempo do processo, a fim de que a tutela jurisdicional seja prestada de forma mais célere, prestigiando o litigante que tem razão.

Quanto às inovações no processo de conhecimento, destacam-se, dentre outras, o estímulo à solução consensual dos conflitos, inclusive com a inclusão da audiência de conciliação ou de mediação a ser realizada antes da resposta do réu (CPC, art. 334), a possibilidade de julgamento parcial de mérito (CPC, art. 356), a possibilidade de produção de prova antecipada para melhor conhecimento prévio dos fatos e independentemente da necessidade de posterior ajuizamento de ação (CPC, art. 381, inc. III), a adoção da teoria da distribuição dinâmica do ônus da prova (CPC, art. 373, § 1º), o rigor no dever de fundamentação das decisões (CPC, art. 489, § 1º) e a possibilidade da coisa julgada recair sobre a resolução de questão prejudicial decidida expressa e incidentalmente no processo (CPC, art. 503, § 1º).

Na disciplina dos procedimentos especiais, muitas das "ações" já existentes no direito anterior foram mantidas pelo CPC de 2015 (ação de consignação, ação de exigir contas, ações possessórias, ação de divisão e de demarcação de terras particulares, inventário e partilha, habilitação e ação monitória e restauração de autos). Essa manutenção, no entanto, quase sempre foi acompanhada de mudanças, ora pontuais (*v.g.*, art. 555, parágrafo único, destinado a dar maior efetividade à tutela possessória), ora mais amplas (*v.g.*, ação de exigir contas, embargos de terceiro e ação monitória), destinadas à superação de dissensões interpretativas ou com o propósito (nem sempre alcançado) de aprimoramento da disciplina.

Além disso, mesmo o regramento aparentemente não alterado deve ter a sua interpretação revisitada à luz das normas fundamentais (*v.g.*, arts. 4º a 10) e de modificações decorrentes de outros campos da parte geral (*v.g.*, arts. 133 e 139, IV) ou de nova disciplina conferida ao processo de conhecimento (*v.g.*, art. 327, § 2º; art. 503, § 1º). Também foram introduzidos novos procedimentos especiais (ação de dissolução de sociedade, ações de família e regulação de avaria grossa), não tratados no CPC de 1973. Ainda houve a realocação, para este título, de institutos que, no direito pretérito, estavam topograficamente deslocados (oposição, homologação de penhor legal, notificação e interpelação) e a atualização do regime processual ao direto material (*v.g.*, divórcio, separação, extinção consensual de união e alteração de regime de bens do matrimônio).

No que se refere à execução, o novo Código de Processo Civil buscou afastar muitas dúvidas interpretativas que existiam à luz da legislação revogada, além de ter aperfeiçoado diversas regras procedimentais.

Ademais, o CPC 2015 estabeleceu premissas comuns aos meios impugnativos das decisões judiciais, dispensando tratamento detalhado aos recursos e às chamadas ações de impugnação autônomas, regulamentando, ainda, os incidentes processuais observados na fase recursal. Desse modo, o sistema recursal deve ser visto de forma conectada à técnica de formação e identificação dos precedentes de observância obrigatória. As altas taxas de congestionamento dos Tribunais pátrios refletiram na idealização de técnicas recursais específicas e mecanismos de coletivização. Os recursos repetitivos e a valorização dos precedentes são alinhados com propósitos nomofiláticos. Suplantando a ótica *privatista* tradicional, os recursos passam a estar vocacionados à *transcendência* e *objetivação* das questões presentes nos processos massificados. São premissas muito diversas daquelas extraídas da codificação de 1973.

Ainda, foram instituídas técnicas de *desestímulo* aos recursos *infundados*, com previsão de *sucumbência recursal* (CPC, art. 85, § 11). A admissão dos negócios processuais *atípicos* (CPC, art. 190) impõe uma nova compreensão do *dirigismo processual* e do papel confiado às partes. As convenções alcançam o sistema recursal cível, permitindo-se mudanças que afetam o duplo grau de jurisdição. Portanto, torna-se imprescindível o exame dos princípios informativos do sistema recursal (tais como primazia do mérito e unirrecorribilidade, dentre outros). Mudanças relevantes estão relacionadas ainda ao juízo de admissibilidade recursal, alteração do modelo de preclusões (CPC, art. 1.009, § 1º), ampliação da colegialidade (CPC, art. 1.042) etc.

A obra procura identificar todas essas novidades do Código, fazendo menção à doutrina e à orientação dos tribunais superiores (STF e STJ), aos enunciados do Fórum Permanente de Processualistas Civis (FPPC) e da Escola de Formação Nacional de Magistrados (ENFAM). Sempre que possível foram mencionados julgados e posicionamentos doutrinários em sentido diverso, sempre no sentido de demonstrar que novos horizontes de interpretação poderão surgir, ainda que para aplicar regras conhecidas e já existentes antes da entrada em vigor do novo diploma processual. Tudo isso de forma simples e objetiva, visando auxiliar os acadêmicos e profissionais do Direito na melhor compreensão e aplicação das normas processuais.

O texto foi redigido com viés prático, visando apresentar os temas do novo processo civil aos estudantes e aos operadores do direito que, no dia a dia, se deparam com a permanente necessidade de atualização e busca pelo conhecimento como instrumento poderoso de interferência na realidade social.

SUMÁRIO

APRESENTAÇÃO V

SANDRO MARTINS

PARTE IV
CUMPRIMENTO DE SENTENÇA E PROCESSO DE EXECUÇÃO

1. LIQUIDAÇÃO DE SENTENÇA 3
    1.1. Generalidades 3
    1.2. Legitimidade e competência 4
    1.3. Obrigação objeto da liquidação 5
    1.4. Momento de proceder a liquidação de sentença 6
    1.5. Causas em que não há liquidação de sentença 6
    1.6. Natureza jurídica da liquidação 7
    1.7. Limites da liquidação de sentença 8
    1.8. Formas (modalidades) de liquidação 10
    1.9. Da liquidação da conversão de obrigação específica em perdas e danos 12
    1.10. Decisão, recurso, honorários advocatícios e coisa julgada 13
    1.11. Liquidação da sentença genérica na tutela dos interesses individuais homogêneos 14

2. TEORIA GERAL DA EXECUÇÃO 17
    2.1. Tutela executiva 17
    2.2. Classificação 19
    2.3. Princípios 22
    2.4. Título executivo 24
        2.4.1. Títulos executivos judiciais (jurisdicionais) 27
            2.4.1.1. Natureza do pronunciamento judicial com força executiva (art. 515, I) 27
            2.4.1.2. Decisão homologatória (art. 515, II e III) 29

		2.4.1.3.	Formal e certidão de partilha (art. 515, IV)	30
		2.4.1.4.	Crédito de auxiliar da justiça e outras despesas ou custas aprovadas judicialmente (art. 515, V)	30
		2.4.1.5.	Sentença penal condenatória (art. 515, VI)	31
		2.4.1.6.	Sentença arbitral (art. 515, VII)	31
		2.4.1.7.	Sentença e decisão estrangeira (art. 515, VIII e IX)	31
	2.4.2.	Títulos executivos extrajudiciais		32
		2.4.2.1.	Títulos de crédito (art. 784, I)	32
		2.4.2.2.	Confissão de dívida (art. 784, II, III e IV)	33
		2.4.2.3.	Contratos garantidos por qualquer direito real e caução (art. 784, V)	34
		2.4.2.4.	Contrato de seguro de vida em caso de morte (art. 784, VI) ..	35
		2.4.2.5.	Créditos de foro e laudêmio (art. 784, VII)	35
		2.4.2.6.	Créditos de locação acessórios (art. 784, VIII)	36
		2.4.2.7.	CDA (art. 784, IX)	36
		2.4.2.8.	Crédito de despesas condominiais (art. 784, X)	37
		2.4.2.9.	Créditos de auxiliar da justiça (art. 784, XI)	38
		2.4.2.10.	Contrato de contragarantia (art. 784, XI-A)	38
		2.4.2.11.	Demais títulos executivos extrajudiciais previstos em outras leis (art. 784, XII)	38
2.5.	Cognição na execução			40
2.6.	Contraditório na execução			43
2.7.	Mérito na execução			45
2.8.	Coisa julgada na execução			46
2.9.	Competência			47
2.10.	Legitimidade (ativa e passiva) na execução e responsabilidade de terceiros			50
2.11.	Intervenção de terceiros na execução			54
2.12.	Fraude à execução			54
2.13.	Cumulação de execuções			57
2.14.	Protesto de título executivo judicial e inscrição do executado em cadastro de inadimplentes			58
2.15.	Negócio processual na execução			61
2.16.	Poderes executórios do juiz			63
2.17.	Conduta atentatória à dignidade da justiça			67

2.18.	Tutelas provisórias na execução	68
2.19.	O agravo de instrumento como recurso padrão contra decisões interlocutórias proferidas na execução	69
2.20.	Nulidades na execução	70
2.21.	Suspensão da execução	73
2.22.	Extinção da execução	76
2.23.	Honorários advocatícios na execução	78

3. CUMPRIMENTO PROVISÓRIO DA SENTENÇA ... 85

3.1.	Introdução	85
3.2.	Regime do cumprimento provisório é o mesmo do cumprimento definitivo	86
	3.2.1. Opção do exequente e autuação do cumprimento provisório	86
	3.2.2. Da responsabilidade objetiva do exequente	87
	3.2.3. Retorno ao status quo ante	88
	3.2.4. Prestação de caução e casos de sua dispensa	89
	3.2.5. Aplicação no cumprimento provisório da multa e dos honorários previstos no art. 523, § 1º do CPC	91
	3.2.6. Impugnação do executado	92
	3.2.7. Execução provisória e tutelas provisórias	93

4. CUMPRIMENTO DE SENTENÇA DEFINITIVO DE OBRIGAÇÃO DE SOMA EM DINHEIRO ... 97

4.1.	Introdução	97
4.2.	Cumprimento de sentença	97
4.3.	Termo inicial do cumprimento voluntário de sentença de obrigação de pagar soma em dinheiro	98
4.4.	Comunicação do executado no cumprimento voluntário de sentença de obrigação de pagar soma em dinheiro	99
4.5.	Legitimação passiva no cumprimento de sentença	102
4.6.	Conteúdo da petição que dá início ao cumprimento de sentença	102
4.7.	O cumprimento voluntário da sentença requerido pelo devedor	106
4.8.	A multa de 10%	107
4.9.	Honorários advocatícios no cumprimento de sentença	109
4.10.	A fase da execução forçada no cumprimento de sentença	110
4.11.	Processo autônomo de execução fundada em título executivo judicial	110
4.12.	Averbação do cumprimento provisório no registro de bens do devedor	111

5. PROCESSO DE EXECUÇÃO DE OBRIGAÇÃO DE SOMA EM DINHEIRO 113

- 5.1. Introdução 113
- 5.2. Petição inicial 113
- 5.3. Citação do executado 117
- 5.4. Arresto ou pré-penhora 118
- 5.5. Condutas que o executado pode adotar depois de citado 119
  - 5.5.1. Pagamento 119
  - 5.5.2. Pagamento parcelado 119
  - 5.5.3. Opor embargos 120
  - 5.5.4. Se manter inerte 120
- 5.6. Penhora 120
- 5.7. Avaliação 133
- 5.8. Meios de expropriação 135
  - 5.8.1. Adjudicação 135
  - 5.8.2. Alienação por iniciativa particular 138
  - 5.8.3. Alienação por leilão judicial 140
- 5.9. Da satisfação do crédito 149

6. CUMPRIMENTO DE SENTENÇA E PROCESSO DE EXECUÇÃO DE OBRIGAÇÃO DE FAZER E NÃO FAZER 153

- 6.1. Aspectos gerais 153
- 6.2. Fazer e não fazer, fungível e infungível 154
- 6.3. Categorias de tutela específica 154
- 6.4. Técnicas para obtenção da tutela específica 155
- 6.5. Multa 157
- 6.6. Conversão em perdas e danos 159
- 6.7. Procedimento do cumprimento de sentença 160
- 6.8. Processo de execução fundado em título executivo extrajudicial 161

7. CUMPRIMENTO DE SENTENÇA E PROCESSO DE EXECUÇÃO DE OBRIGAÇÃO DE ENTREGA DE COISA 163

- 7.1. Aspectos gerais 163
- 7.2. Entrega de coisa 163
- 7.3. Conversão em perdas e danos 164

7.4.	Procedimento do cumprimento de sentença	165
7.5.	Quanto à individualização da coisa incerta..	167
7.6.	Processo de execução fundado em título executivo extrajudicial	168

8. CUMPRIMENTO DE SENTENÇA E PROCESSO DE EXECUÇÃO DA PRESTAÇÃO DE ALIMENTOS 171

8.1.	Introdução...	171
8.2.	Obrigação alimentar	171
8.3.	Título executivo..	172
8.4.	Meios executórios	173
8.5.	Competência e requerimento inicial	174
8.6.	Procedimento da execução por coerção pessoal (prisão civil)	175
8.7.	Procedimento do desconto em folha..	179
8.8.	Procedimento de expropriação de bens do executado.......................................	181
8.9.	Constituição de renda	181
8.10.	Crime de abandono material...	182
8.11.	Processo de execução fundado em título executivo extrajudicial	183

9. CUMPRIMENTO DE SENTENÇA E PROCESSO DE EXECUÇÃO EM FACE DA FAZENDA PÚBLICA... 187

9.1.	Conceito de Fazenda Pública	187
9.2.	Título executivo..	187
9.3.	Execução de soma em dinheiro	188
9.4.	O regime do cumprimento de sentença de soma em dinheiro contra a Fazenda Pública...	189
9.5.	Sobre o precatório e a RPV	191
9.6.	Sobre o sequestro	198
9.7.	A execução por quantia certa fundada em título executivo extrajudicial	199
9.8.	Cumprimento de obrigação de fazer, não fazer e entrega de coisa em face da Fazenda Pública..	199

10. EXECUÇÃO FISCAL (LEI 6.830/80).. 201

10.1.	Notas introdutórias..	201
10.2.	Objeto	201
10.3.	Título executivo..	202

10.4.	Petição inicial	203
10.5.	Legitimidade passiva	203
10.6.	Competência	204
10.7.	Citação e pré-penhora	206
10.8.	Procedimento	208
10.9.	Recursos e reexame necessário	211

11. DEFESA NA EXECUÇÃO 213

11.1.	Introdução	213
11.2.	Aspectos gerais da Defesa	214
	11.2.1. Noção de Defesa	214
	11.2.2. Formas de Defesa	214
11.3.	Impugnação ao cumprimento de sentença	216
	11.3.1. Apresentação	216
	11.3.2. Natureza jurídica	217
	11.3.3. Forma e legitimidade	218
	11.3.4. Requisitos de admissibilidade	219
	11.3.5. Prazo	220
	11.3.6. Efeito suspensivo	221
	11.3.7. Conteúdo	223
	11.3.8. Contraditório e cognição	228
	11.3.9. Decisão, recursos e coisa julgada	229
	11.3.10. Custas	230
	11.3.11. Multa de 10% do art. 523, § 1º, do CPC	230
	11.3.12. Honorários advocatícios	231
	11.3.13. Impugnação no cumprimento de sentença de obrigações de fazer, não fazer e entrega de coisa	231
	11.3.14. Impugnação no cumprimento de sentença arbitral	232
	11.3.15. Impugnação ao cumprimento de sentença oposta pela Fazenda Pública	233
	11.3.16. Impugnação ao cumprimento de sentença de obrigação alimentar	233
	11.3.17. Desistência da execução	234
11.4.	Defesa por simples petição	235

	11.4.1.	Histórico e introdução	235
	11.4.2.	Os arts. 518 e 803, parágrafo único, ambos do CPC	236
	11.4.3.	Arts. 525, § 11, e 917, § 1º, ambos do CPC	238
	11.4.4.	Os arts. 877 e 903, § 2º, do CPC	238
	11.4.5.	Legitimidade	239
	11.4.6.	Forma e provas	239
	11.4.7.	Efeito suspensivo	240
	11.4.8.	Contraditório	240
	11.4.9.	Decisão, recursos e coisa julgada	241
	11.4.10.	Custas e honorários advocatícios	242
11.5.	Embargos à execução		242
	11.5.1.	Apresentação	242
	11.5.2.	Natureza jurídica	242
	11.5.3.	O fim das modalidades de embargos à execução	243
	11.5.4.	Legitimidade ativa e passiva	244
	11.5.5.	Requisitos de admissibilidade	244
	11.5.6.	Efeito suspensivo	246
	11.5.7.	Objeto da cognição	247
	11.5.8.	Petição inicial	248
	11.5.9.	Procedimento	249
	11.5.10.	Resposta do embargado	249
	11.5.11.	Revelia do embargado	249
	11.5.12.	Intervenção de terceiros	250
	11.5.13.	Desistência da execução	250
	11.5.14.	Sentença e coisa julgada	250
	11.5.15.	Apelação	251
	11.5.16.	Arbitragem e defesa do executado	251
11.6.	Defesa incidental por meio de ações autônomas		251
	11.6.1.	Apresentação	251
	11.6.2.	A ação rescisória para reconhecer a inexigibilidade de decisão fundada em lei ou ato normativo declarados inconstitucionais ou incompatíveis com a Constituição pelo STF (CPC, art. 525, § 15)	252
	11.6.3.	A ação anulatória da arrematação (CPC, art. 903, § 4º)	254

11.7. Defesa heterotópica 257
    11.7.1. Apresentação 257
    11.7.2. Classificação da defesa heterotópica 258
    11.7.3. Competência 259
    11.7.4. Legitimidade ativa e passiva 260
    11.7.5. Conteúdo 260
    11.7.6. Efeito suspensivo 260
    11.7.7. Procedimento das ações prejudiciais 261
    11.7.8. Espécies de ações que podem ser prejudiciais à execução 262

PAULO PINHEIRO

PARTE V
DOS PROCEDIMENTOS ESPECIAIS

1. CONSIDERAÇÕES GERAIS 267
    1.1. Compreensão do porquê da existência de procedimentos especiais: "Processo justo" e determinação constitucional para a concessão de "tutelas adequadas" ... 267
    1.2. Das características que conferem "especialidade" ao "procedimento" 270

2. DA AÇÃO DE CONSIGNAÇÃO EM PAGAMENTO 273
    2.1. Do direito do devedor à liberação da obrigação e suas repercussões: o pagamento em consignação 273
    2.2. Da consignação em pagamento extrajudicial 275
    2.3. Da legitimidade 277
    2.4. Da competência 279
    2.5. Da demanda consignatória: causa de pedir e pedido 281
    2.6. Da inexistência de limites à cognição e a coisa julgada 284
    2.7. Do procedimento 285
    2.8. Ainda o procedimento: consignação de prestações sucessivas 292
    2.9. Ainda o procedimento: consignação fundada em dúvida quanto à titularidade do crédito 294
    2.10. Da ação de consignação de aluguéis e acessórios da locação 295

3. DA AÇÃO DE EXIGIR CONTAS 297
    3.1. Da administração de interesses, direitos ou bens alheios e as suas repercussões. 297

3.2.	Da legitimidade, interesse de agir e competência..	299
3.3.	Do procedimento	303

4. DAS AÇÕES POSSESSÓRIAS 313

4.1.	Da proteção possessória..	313
4.2.	Da fungibilidade...	317
4.3.	Da causa de pedir, do pedido e da cumulação de pedidos nas ações de manutenção e reintegração de posse	318
4.4.	Do "caráter dúplice" e as ações possessórias...	320
4.5.	Da limitação à cognição nas ações possessórias (vedação da exceção de domínio) e da suspensividade do debate petitório	322
4.6.	Da competência..	324
4.7.	Legitimidade e integração de capacidade	325
4.8.	Do procedimento da ação de manutenção e reintegração de posse..................	327
4.9.	Ainda o procedimento: peculiaridades em se tratando de "litígio coletivo" com afirmação de esbulho ou turbação ocorrida ou liminar concedida e não efetivada há mais ano e dia...	333
4.10.	Do interdito proibitório	334

5. DA AÇÃO DE DIVISÃO E DA DEMARCAÇÃO DE TERRAS PARTICULARES............ 337

5.1.	Considerações gerais	337
5.2.	Do cabimento e da legitimidade nas ações de divisão	338
5.3.	Do cabimento e da legitimidade nas ações demarcatórias de terras particulares	339
5.4.	Do suprimento de capacidade nas ações de divisão e de demarcação de terras particulares	340
5.5.	Do caráter dúplice das ações de divisão e de demarcação de terras particulares.	341
5.6.	Da cumulação das pretensões demarcatória e divisória......................................	341
5.7.	Da competência e do procedimento da ação demarcatória................................	343
5.8.	Da competência e do procedimento da ação de divisão.....................................	344
5.9.	Da sucumbência e dos honorários advocatícios na ação demarcatória e na ação de divisão	346

6. DA AÇÃO DE DISSOLUÇÃO PARCIAL DE SOCIEDADE... 349

6.1.	Considerações gerais	349
6.2.	Da causa de pedir e do pedido na ação de dissolução parcial de sociedade.........	351

6.3.		Da legitimidade na ação de dissolução parcial de sociedade	355
6.4.		Do procedimento	358
6.5.		Ainda o procedimento: parâmetros a serem observados na apuração de haveres	360

7. DO INVENTÁRIO E DA PARTILHA 365

7.1.		Considerações gerais		365
7.2.		Das modalidades de inventário		367
7.3.		Dos prazos para a abertura e encerramento do inventário		370
7.4.		Da limitação à cognição no inventário		370
7.5.		Do administrador provisório		372
7.6.		Do procedimento do inventário		373
	7.6.1.	Da competência		373
	7.6.2.	Da legitimidade para requerer a abertura do inventário		374
	7.6.3.	Do inventariante		376
		7.6.3.1.	Das incumbências do inventariante	378
		7.6.3.2.	Da remoção e destituição do inventariante	380
	7.6.4.	Das primeiras declarações		381
	7.6.5.	Das citações e impugnações		384
		7.6.5.1.	Das intimações da Fazenda Pública, do Ministério Público e do testamenteiro	386
	7.6.6.	Do herdeiro preterido		386
	7.6.7.	Da avaliação e do cálculo do tributo		387
	7.6.8.	Das colações		390
	7.6.9.	Da sonegação		392
	7.6.10.	Do pagamento das dívidas		393
7.7.		Da partilha		394
	7.7.1.	Da emenda da partilha		397
	7.7.2.	Da anulação da partilha amigável		397
	7.7.3.	Da rescisão da partilha judicial		398
7.8.		Do arrolamento		399
	7.8.1.	Do arrolamento sumário		400
	7.8.2.	Do arrolamento comum		401

7.9.	Da dispensa de inventário e arrolamento	402
7.10.	Das disposições comuns do inventário, partilha e arrolamento	403
	7.10.1. Eficácia da tutela provisória	403
	7.10.2. Da sobrepartilha	403
	7.10.3. Do curador especial	403
	7.10.4. Da cumulação de inventários	404

8. DOS EMBARGOS DE TERCEIRO 405

8.1.	Considerações gerais	405
8.2.	Da legitimidade ativa	407
8.3.	Da legitimidade passiva	415
8.4.	Do prazo para a oposição dos embargos de terceiro	415
8.5.	Da competência	420
8.6.	Da cognição judicial nos embargos de terceiro	420
8.7.	Do procedimento	423

9. DA OPOSIÇÃO 427

9.1.	Considerações gerais	427
9.2.	Procedimento	428

10. DA HABILITAÇÃO 431

10.1.	Considerações gerais	431
10.2.	Da legitimidade e do procedimento	434

11. DAS AÇÕES DE FAMÍLIA 437

11.1.	Considerações gerais	437
11.2.	Do procedimento	437

12. DA AÇÃO MONITÓRIA 441

12.1.	Considerações gerais	441
12.2.	Cabimento e objeto da ação monitória	442
	12.2.1. Ação monitória e devedor incapaz	445
	12.2.2. Ação monitória e Fazenda Pública	445
12.3.	Da competência e do procedimento	446

12.4.	Ainda o procedimento: possíveis reações do réu...	448
12.5.	Das sanções por litigância de má-fé	452

13. HOMOLOGAÇÃO DE PENHOR LEGAL.. 453
13.1.	Considerações gerais	453
13.2.	Da competência e do procedimento da homologação judicial........................	454
13.3.	Do procedimento de homologação extrajudicial	455

14. DA REGULAÇÃO DE AVARIA GROSSA 457
14.1.	Considerações gerais	457
14.2.	Da legitimidade e do procedimento	458

15. DA RESTAURAÇÃO DE AUTOS 461
15.1.	Considerações gerais	461
15.2.	Da competência, legitimidade e do procedimento..	462
15.3.	Ainda o procedimento: restauração perante o tribunal...................................	464
15.4.	Das custas e honorários na restauração de autos..	464

16. DA JURISDIÇÃO VOLUNTÁRIA 465
16.1.	Considerações gerais	465
16.2.	Do procedimento padrão na jurisdição voluntária...	466

17. DA NOTIFICAÇÃO E DA INTERPELAÇÃO 469
17.1.	Considerações gerais	469
17.2.	Do procedimento...	470

18. DA ALIENAÇÃO JUDICIAL... 473
18.1.	Considerações gerais	473
18.2.	Legitimidade para requerer a alienação..	473
18.3.	Procedimento..	474

19. DO DIVÓRCIO E DA SEPARAÇÃO CONSENSUAIS, DA EXTINÇÃO CONSENSUAL DE UNIÃO ESTÁVEL E DA ALTERAÇÃO DO REGIME DE BENS DO MATRIMÔNIO.. 475
19.1.	Considerações gerais	475

19.2.	Do divórcio e da separação consensuais e da extinção consensual de união estável...	475
19.3.	Do divórcio e da separação consensuais e da extinção consensual de união estável realizados extrajudicialmente	477
19.4.	Da alteração do regime de bens do matrimônio..	478

20. DOS TESTAMENTOS E CODICILOS... 481
20.1.	Considerações gerais	481
20.2.	Competência e procedimento	482

21. HERANÇA JACENTE.. 485
21.1.	Considerações gerais	485
21.2.	Competência, legitimação e procedimento	485

22. DOS BENS DOS AUSENTES 489
22.1.	Considerações gerais	489
22.2.	Competência..	489
22.3.	Procedimento	489

23. DAS COISAS VAGAS 491
23.1.	Considerações gerais	491
23.2.	Procedimento	491

24. DA INTERDIÇÃO... 493
24.1.	Considerações gerais	493
24.2.	Legitimados para promover a interdição..	494
24.3.	Competência..	494
24.4.	Procedimento	495
24.5.	Da tomada de decisão apoiada...	497

25. DAS DISPOSIÇÕES COMUNS À TUTELA E À CURATELA 499
25.1.	Considerações gerais	499
25.2.	Do compromisso, da alegação de escusa, da remoção e da cessação do cargo.....	499

26. ORGANIZAÇÃO E FISCALIZAÇÃO DAS FUNDAÇÕES............................ 501
26.1.	Considerações gerais	501

26.2. Procedimento 501

27. DA RATIFICAÇÃO DOS PROTESTOS MARÍTIMOS E DOS PROCESSOS TESTE-MUNHÁVEIS FORMADOS A BORDO... 503

    27.1. Considerações gerais 503

    27.2. Do procedimento 503

SANDRO KOZIKOSKI

PARTE VI
PROCESSOS E INCIDENTES NOS TRIBUNAIS

1. DA ORDEM DOS PROCESSOS NO TRIBUNAL... 509

    1.1. Generalidades.. 509

    1.2. Trâmite dos processos nos Tribunais 509

    1.3. Poderes do relator 520

    1.4. Julgamento colegiado 523

    1.5. Ampliação da colegialidade 524

    1.6. Sucumbência recursal... 530

    1.7. Intercorrências na interposição e julgamento do recurso 533

2. INCIDENTES NA FASE RECURSAL.. 537

    2.1. Do incidente de assunção de competência.. 537

    2.2. Do incidente de arguição de inconstitucionalidade 540

    2.3. Do conflito de competência.. 543

    2.4. Do incidente de resolução de demandas repetitivas 544

PARTE VII
TEORIA GERAL DOS RECURSOS

1. MEIOS DE IMPUGNAÇÃO DOS PRONUNCIAMENTOS JUDICIAIS.................... 559

    1.1. Natureza jurídica dos recursos 559

    1.2. O reexame necessário 561

        1.2.1. Evolução legislativa e características gerais 561

        1.2.2. Previsão no CPC 2015 562

        1.2.3. A remessa necessária à luz da legislação especial....................... 565

		1.2.4. Processamento	567
1.3.	A classificação dos meios de impugnação dos pronunciamentos judiciais		567
1.4.	Classificação dos recursos		569
1.5.	Recurso adesivo		572
	1.5.1.	Origem e nomenclatura	572
	1.5.2.	Oportunidade: momento para interposição do recurso adesivo	573
	1.5.3.	Pressuposto: sucumbência recíproca	574
	1.5.4.	Processamento	574
	1.5.5.	Prejudicialidade ou perda de interesse recursal superveniente do recurso adesivo	575
	1.5.6.	Taxatividade do inc. II do § 2º do art. 997 do CPC e demais restrições jurisprudenciais	575
1.6.	Impugnação dos atos decisórios relevantes		576
1.7.	Extensão do recurso		577

2. PRINCÍPIOS INFORMATIVOS DO SISTEMA RECURSAL 579

2.1.	Duplo grau de jurisdição	582
2.2.	Taxatividade	586
2.3.	Unirrecorribilidade ou singularidade	587
2.4.	Fungibilidade recursal	589
2.5.	Primazia do julgamento de mérito	593
2.6.	Dialeticidade	595
2.7.	Superação do princípio da proibição da *reformatio in pejus*	596

3. JUÍZO DE ADMISSIBILIDADE DOS RECURSOS 601

3.1.	Competência para o exame de admissibilidade dos recursos			602
3.2.	Conhecimento e provimento do recurso. Vícios das decisões e questões de ordem pública			603
3.3.	Natureza do pronunciamento judicial relativo à admissibilidade recursal			605
3.4.	Os pressupostos de admissibilidade dos recursos			605
	3.4.1.	Cabimento		606
	3.4.2.	Legitimidade em matéria recursal		608
		3.4.2.1.	Legitimidade recursal das partes	608
		3.4.2.2.	Situações equiparáveis	609

	3.4.2.3.	Legitimidade recursal dos terceiros	609
	3.4.2.4.	Legitimação do Ministério Público	613
	3.4.2.5.	Legitimidade de outros sujeitos processuais	614
	3.4.2.6.	A hipótese do art. 77 do CPC de 2015	615
	3.4.2.7.	Legitimação recursal do advogado	616
	3.4.2.8.	Legitimidade recursal concorrente entre advogado e sociedade de advogados	617
	3.4.2.9.	Legitimidade recursal do amicus curiae	617
	3.4.2.10.	Outros casos de legitimidade recursal extraordinária	618
	3.4.2.11.	Legitimação recursal da autoridade coatora	619
	3.4.2.12.	Extensão da legitimação recursal em matéria de ação popular	620
3.4.3.	Interesse recursal		620
	3.4.3.1.	A sucumbência e o binômio utilidade ou necessidade	620
	3.4.3.2.	O interesse recursal na impugnação dos fundamentos da decisão	621
	3.4.3.3.	Outras situações excepcionais em matéria de interesse recursal	623
3.4.4.	Fatos extintivos, modificativos ou impeditivos da admissibilidade recursal		624
	3.4.4.1.	Desistência (CPC, art. 998)	625
	3.4.4.2.	Renúncia (CPC, art. 999)	627
	3.4.4.3.	Aquiescência (CPC, art. 1.000)	629
3.4.5.	Tempestividade		630
3.4.6.	Regularidade formal		640
3.4.7.	Preparo (CPC, art. 1.007)		642

4. EFEITOS DOS RECURSOS 649

4.1.	Efeito devolutivo	649
4.2.	Efeito suspensivo	651
4.3.	Efeito substitutivo	654
	4.3.1. Honorários recursais	654
	4.3.2. Vício de procedimento	655
	4.3.3. Substituição parcial	655

		4.3.4.	Importância da matéria	655
	4.4.	Demais efeitos decorrentes da interposição do recurso		656
		4.4.1.	Efeito obstativo	656
		4.4.2.	Efeito regressivo	656
		4.4.3.	Efeito expansivo	656
		4.4.4.	Efeito translativo	657

PARTE VIII
RECURSOS EM ESPÉCIE

1. APELAÇÃO	661
1.1. Cabimento	661
1.2. Questões não preclusas resolvidas na fase cognitiva	662
1.3. A recorribilidade das sentenças parciais	665
1.4. Matérias arroladas no art. 1.015 do CPC e decididas na sentença	665
1.5. A regra do § 5º do art. 1.013 do CPC	665
1.6. Matérias arguíveis na apelação	665
1.7. Sistemática de interposição e requisitos	666
1.8. Processamento da apelação: decisões unipessoais ou julgamento colegiado	668
1.9. Efeitos da apelação	669
1.9.1. Efeito suspensivo	670
1.9.2. Efeito devolutivo e julgamento da causa madura	673
1.10. Inovação recursal (CPC, art. 1.014)	676
2. AGRAVO DE INSTRUMENTO	679
2.1. Síntese das leis reformistas anteriores	679
2.2. Cabimento do agravo de instrumento	680
2.3. Hipóteses taxativas de cabimento	685
2.4. Forma de interposição	696
2.5. Comunicação da interposição no juízo de origem	700
2.6. Processamento do agravo de instrumento	702
2.7. Julgamento colegiado	704
3. AGRAVO INTERNO	705

3.1.	Cabimento (CPC, art. 1.021)	705
3.2.	Processamento e requisitos	708
3.3.	Julgamento	709

4. EMBARGOS DE DECLARAÇÃO 713

4.1.	Cabimento	713
4.2.	Interposição e processamento	718
4.3.	Julgamento	719
4.4.	Embargos de declaração e recurso subsequente precipitado pelo adversário	720
4.5.	Prequestionamento	720
4.6.	Efeitos dos embargos de declaração	723

5. RECURSO ORDINÁRIO CONSTITUCIONAL 731

5.1.	Origem, nomenclatura e natureza	731
5.2.	Cabimento	732
5.3.	Efeitos	736
5.4.	Procedimento	737

6. RECURSO ESPECIAL E EXTRAORDINÁRIO 739

6.1.	Competência recursal especial do Superior Tribunal de Justiça e competência recursal extraordinária do Supremo Tribunal Federal	739
6.2.	Cabimento do recurso especial	741
	6.2.1. Alínea a, do art. 105, III, da Constituição Federal	742
	6.2.2. Alínea b, do art. 105, III, da Constituição Federal	746
	6.2.3. Alínea c, do art. 105, III, da Constituição Federal	747
6.3.	Cabimento do recurso extraordinário	749
	6.3.1. Alínea a, do art. 102, III, da Constituição	750
	6.3.2. Alínea b, do art. 102, III, da Constituição	751
	6.3.3. Alínea c, do art. 102, III, da Constituição	751
	6.3.4. Alínea d, do art. 102, III, da Constituição	752
6.4.	O princípio da primazia de mérito aplicável aos recursos excepcionais	753
6.5.	A atribuição de efeito suspensivo aos recursos excepcionais (CPC, art. 1.029, § 5º)	754
6.6.	Sistemática de interposição	755

6.7.	Interposição conjunta de recurso especial e extraordinário	759
6.8.	Julgamento do recurso especial e extraordinário	764
6.9.	Repercussão geral..	767
6.10.	Relevância das questões federais.	771

7. RECURSOS REPETITIVOS 775
7.1.	A técnica dos recursos excepcionais repetitivos	775
7.2.	Processamento dos recursos repetitivos	779
7.3.	Ampliação do debate	782
7.4.	Consequências do julgamento	784

8. AGRAVO EM RECURSO ESPECIAL E EM RECURSO EXTRAORDINÁRIO.................. 789

9. EMBARGOS DE DIVERGÊNCIA.. 793
9.1.	Cabimento...	793
9.2.	Procedimento (CPC, art. 1.044)..	796

PARTE IX
MEIOS IMPUGNATIVOS AUTÔNOMOS

1. DA AÇÃO RESCISÓRIA 801
1.1.	Objeto e finalidade..	801
1.2.	Ação anulatória	802
1.3.	Hipóteses que dão ensejo à propositura de ação rescisória........................	802
1.4.	Decisões rescindíveis que não versam sobre mérito	804
1.5.	Legitimações ativa e passiva em matéria de ação rescisória........................	805
1.6.	Requisitos específicos para sua propositura	806
1.7.	Processamento...	807
1.8.	Efeitos do julgamento	809
1.9.	Prazo decadencial para sua propositura	809

2. DA RECLAMAÇÃO.. 813
2.1.	A reclamação constitucional e o mecanismo impugnativo previsto pelo CPC de 2015...	813
2.2.	A evolução jurisprudencial em matéria de legitimidade para sua deflagração	814
2.3.	Natureza jurídica da reclamação..	815

2.4.	O tratamento dispensado pelo CPC 2015	816
2.5.	Hipóteses previstas nos incisos I e II do art. 988 do CPC	817
2.6.	O inciso III do art. 988 do CPC	818
2.7.	O inciso IV, do art. 988, do CPC	821
2.8.	Aspectos procedimentais	821

3. HOMOLOGAÇÃO DE DECISÃO ESTRANGEIRA E DA CONCESSÃO DO *EXEQUATUR* À CARTA ROGATÓRIA 825

PARTE X
SISTEMA DE PRECEDENTES

1. SISTEMA DE PRECEDENTES		833
1.1.	O ideário da segurança jurídica	833
1.2.	A construção dos precedentes no direito comparado	834
1.3.	Precedente e fundamento determinante	839
1.4.	A opção estruturante do CPC 2015	841
1.5.	Os precedentes de observância obrigatória	842

REFERÊNCIAS BIBLIOGRÁFICAS 847

SANDRO MARTINS

Parte IV
CUMPRIMENTO DE SENTENÇA E PROCESSO DE EXECUÇÃO

1
LIQUIDAÇÃO DE SENTENÇA

1.1. GENERALIDADES

A lei (CPC, arts. 783, 786 e 803, I) se refere a certas qualidades que a obrigação contida no título executivo deve conter: certeza – liquidez – exigibilidade, a fim de que se torne admissível a tutela jurisdicional executiva.

A liquidez exigida pela lei, na verdade, diz respeito à exata definição, no próprio título executivo ou a partir dele, isto é, sem necessidade de qualquer investigação de fatos exteriores, da quantidade de bens objeto da obrigação a ser prestada (*quantum debeatur*). Essa determinação deve englobar tudo aquilo que for relevante para a definição do *tamanho* da obrigação: a extensão, o volume, a medida, o peso, o valor etc. Para que a obrigação seja considerada líquida, basta que esse objeto seja determinável, não precisando, pois, já estar determinado (CPC, art. 786, parágrafo único). Assim, por exemplo, se a obrigação estiver definida em moeda estrangeira que tenha critério conhecido de conversão para a moeda nacional, a obrigação é líquida, porque determinável seu valor por um critério oficial ou definido no próprio título executivo. E, sendo determinável o objeto da obrigação, desde logo ela é exequível (CPC, art. 509, § 2º).

Quando o título executivo é uma decisão judicial (CPC, art. 515) e nela não há a definição da *quantidade* da obrigação a que seu comando diz respeito, diz-se que se está diante de uma decisão ilíquida, a qual, para ser posteriormente executada, merece ser antes liquidada. Trata-se de *iliquidez originária*, porque a obrigação ainda não está em condições de ser executada. Na verdade, embora a lei fale em *liquidação de sentença*, o que se liquida é a obrigação nela contida. Não se cogita, portanto, de se desenvolver essa atividade de liquidação para eventual obrigação ilíquida originária contida em outro documento, particular ou público. É, portanto, impróprio denominar documento nesta condição de *título executivo extrajudicial ilíquido*, uma vez que, dada a falta de liquidez do seu conteúdo, sequer pode ele ser tomado como título executivo e, por conseguinte, não há como se cogitar de se desenvolver essa atividade para torná-lo um título executivo. Todavia, isso não exclui a possibilidade de uma obrigação contida num título executivo extrajudicial vir a ser excepcionalmente liquidada no curso do processo de sua execução. Nessa hipótese pode-se falar em *iliquidez superveniente* e ocorre quando, por exemplo, se converte uma obrigação específica (de fazer, de não fazer ou de entrega de coisa) em obrigação genérica (de soma em dinheiro), em que será preciso apurar/liquidar as perdas e danos.

A circunstância de iliquidez da *sentença condenatória genérica* decorre, de regra, da possibilidade excepcional de que o pedido formulado na ação de conhecimento seja indeterminado quanto ao seu objeto mediato (bem da vida que se pretende conseguir), o que a lei denomina como *pedido genérico* (CPC, art. 324, § 1º, incisos). Em outras palavras, se no momento do ajuizamento da ação, o autor não sabe ao certo, ainda, o que pretende do réu e, se no curso da fase de conhecimento do processo não foi possível determinar este objeto mediato, a sentença será ilíquida (CPC, art. 491, I). Note-se: não é porque o pedido foi genérico que a sentença será necessariamente ilíquida. Caso o juiz ou tribunal possa definir, desde logo, a extensão da obrigação, assim deverá fazê-lo[1], até em homenagem à garantia da duração razoável do processo (CF, art. 5º, LXXVIII), não incorrendo, pois, em vício *citra*, *extra* ou *ultra petita*[2]; e, tratando-se de obrigação de valor, caberá definir "o índice de correção monetária, a taxa de juros, o termo inicial de ambos e a periodicidade da capitalização dos juros, se for o caso" (CPC, art. 491, *caput*). Aliás, para apuração do valor segundo esses critérios, atribui-se ao Conselho Nacional de Justiça (CNJ) a missão de padronizar e disponibilizar programa de atualização financeira (CPC, art. 509, § 3º). De outro lado, não estando o juiz convencido da extensão do pedido certo, também pode remeter as partes para a liquidação de sentença[3].

Todavia, a iliquidez da sentença não ocorrerá apenas quando da impossibilidade de o juiz determinar a individuação do objeto pretendido, podendo decorrer, ainda, de alguma situação de conveniência probatória, isto é, quando a apuração depender da produção de prova de realização demorada ou de alto custo, assim reconhecida na sentença (CPC, art. 491, II). Nesses casos, perceba-se, o pedido pode ter sido até certo e determinado (CPC, arts. 322 e 324), porém, diante dessa condição probatória, remete-se para a fase de liquidação, a prova dos fatos relativos ao *quantum debeatur*[4]. Em suma, nessas hipóteses, biparte-se o julgamento do mérito: num primeiro momento reconhece-se o direito à prestação (o *an debeatur*) e, deixa-se para um momento adiante, na liquidação, a definição da extensão dessa prestação (o *quantum debeatur*). Pode-se vislumbrar como vantagens dessa flexibilização: i) atribuir ao vencido os custos da liquidação, uma vez que a sentença lhe impõe o ônus da sucumbência (CPC, art. 82); e ii) a condenação genérica constitui hipoteca judiciária em favor do vencedor (CPC, art. 495).

1.2. LEGITIMIDADE E COMPETÊNCIA

A liquidação não pode ser iniciada de ofício, mas pode o juiz ou tribunal provocar as partes a dar início à liquidação. O legislador legitima tanto o credor quanto o devedor

---

1. STJ, 4ª T., REsp 423.120/RS, rel. Min. Ruy Rosado de Aguiar, j. 05.09.2002, *DJ* 21.10.2002.
2. STJ, 2ª T., REsp 717.417/SP, rel. Min. Eliana Calmon, j. 20.03.2007, *DJ* 11.04.2007; STJ, 4ª T., REsp 401.704/PR, rel. Des. Conv. do TJAP Honildo Amaral de Mello Castro, j. 25.08.2009, *DJe* 02.09.2009 e STJ, 3ª T., AgRg no REsp 1.562.223/RS, rel. Min. Paulo de Tarso Sanseverino, j. 17.05.2016, *DJe* 27.05.2016.
3. STJ, 3ª T., AgInt no AREsp 1.534.327/ES, rel. Min. Nancy Andrighi, j. 25.10.2021, *DJe* 28.10.2021.
4. STJ, 3ª T., REsp 1.203.153/SP, rel. Min. Paulo de Tarso Sanseverino, j. 03.06.2014, *DJe* 25.08.2014 e STJ, 2ª T., AgRg no AREsp 714.969/MG, rel. Min. Humberto Martins, j. 20.08.2015, *DJe* 1º.09.2015.

para provocar o início da atividade de liquidação (CPC, art. 509, *caput*). O credor, como parece óbvio, pelo natural interesse na satisfação da obrigação reconhecida na decisão. O devedor, por sua vez, por ser seu direito liberar-se da obrigação que lhe foi imposta por título judicial e por não poder ficar sofrendo pela demora na iniciativa do vencedor (ex.: se livrar dos encargos da mora; resguardar seu nome de cadastros restritivos; obter certidão negativa e, assim, restaurar seu crédito e realizar novos negócios).

Se a sentença condenou de forma genérica diversos sujeitos em litisconsórcio, a liquidação deverá ser promovida em face daqueles que, depois, sofrerão a execução. Vale dizer, aquele sujeito que não participar da fase de conhecimento, inclusive a de liquidação, não poderá ser sujeito passivo da fase de cumprimento de sentença (CPC, art. 513, § 5º). Na remota hipótese de o sujeito não ter participado da fase que fez gerar a condenação genérica, terá que ser citado para, querendo, participar da liquidação, desde que para este devedor solidário não tenha ocorrido prescrição intercorrente, a contar da citação dos demais devedores solidários[5].

O Ministério Público tem legitimidade subsidiária para a liquidação e execução da sentença coletiva, caso não haja habilitação por parte dos beneficiários (CDC, art. 100)[6].

A competência para a liquidação deve seguir a mesma regra que a competência para a execução de título executivo judicial. Assim, a competência da liquidação da sentença se dá perante os tribunais, nas causas de sua competência originária (CPC, art. 516, I). Em primeiro grau, a competência será do juízo que decidiu a causa ou no juízo cível competente (CPC, art. 516, II e III), este nas hipóteses em que a sentença liquidanda foi obtida em outra esfera jurisdicional (CPC, art. 515, § 1º). Também em primeiro grau, pode-se optar pelo foro do domicílio do devedor (CPC, art. 516, parágrafo único).

Consoante entendimento firmado em sede de julgamento repetitivo, deve-se facultar aos consumidores-poupadores abrangidos pela eficácia subjetiva da ação civil pública a promoção das liquidações, ou execuções individuais, tanto no juízo sentenciante, quanto no juízo da comarca em que possuem domicílio[7].

1.3. OBRIGAÇÃO OBJETO DA LIQUIDAÇÃO

Muito embora a lei (CPC, art. 509, *caput*) estabeleça que a atividade de liquidação se preste somente quando a condenação genérica imponha obrigação de "pagamento de quantia ilíquida", deve-se entender que será caso de liquidação quando a decisão *não individuar o objeto da condenação*, o que não acontece apenas quando a obrigação é de soma em dinheiro. Com efeito, ainda que diante da desatenção ou do descaso do legislador, não há como negar que sempre que a sentença não fixar *a quantidade devida*, seja

---

5. STJ, 1ª T., EDcl no AgRg no Ag 1.272.349/SP, rel.: Min. Luiz Fux, j. 02.12.2010, *DJe* 14.12.2010 e STJ, 2ª T., REsp 139.930/MG, rel. Min. Francisco Peçanha Martins, j. 03.11.1999, *DJ* 03.11.1999.
6. STJ, 4ª T., REsp 1.187.632/DF, rel. Min. Antônio Carlos Ferreira, j. 05.06.2012, *DJe* 06.06.2013.
7. STJ, Corte Especial, REsp 1.243.887/PR, rel. Min. Luis Felipe Salomão, j. 19.10.2011, *DJe* 12.12.2011.

lá qual for o bem em questão, especialmente na entrega de coisa, móvel ou semovente, a liquidação deverá preceder à execução. Até para as obrigações de fazer ou não fazer não se descarta a eventual necessidade de individuação do seu objeto.

Seja qual for o objeto, se parte da obrigação contida na sentença é líquida e outra parte é ilíquida, pode tramitar simultaneamente a execução daquela e, em autos apartados, a liquidação desta (CPC, art. 509, § 1º). Aliás, no que se refere à parte exequível, desde logo se tem o início do prazo prescricional previsto na Súmula 150 do STF[8]. Em elação à parte ilíquida, esse mesmo prazo prescricional somente terá início após finda a liquidação[9].

1.4. MOMENTO DE PROCEDER A LIQUIDAÇÃO DE SENTENÇA

A liquidação pode anteceder à execução provisória (quando o título executivo judicial ainda não transitou em julgado) ou à execução definitiva (quando o título executivo judicial já transitou em julgado).

Fala-se em *liquidação provisória* quando ela é requerida na pendência de recurso, ainda que esse recurso tenha sido recebido no efeito suspensivo, uma vez que a lei (CPC, art. 512) apenas menciona "na pendência de recurso", sem fazer qualquer referência ao efeito desse recurso. Diz-se provisória a liquidação porque eventual provimento do recurso pendente, poderá alterar, no todo ou em parte, o que foi definido na liquidação. Todavia, uma vez quantificado o valor da condenação, para a promoção da execução provisória, será necessário remover a eventual condição suspensiva do recurso pendente (CPC, art. 520, *caput*).

Para requerer o início da liquidação provisória, o interessado deverá apresentar ao juízo de origem requerimento e, não tendo o processo tramitado na forma eletrônica, esse deverá ser instruído com as "cópias das peças processuais pertinentes", ou seja, tudo aquilo que seja relevante para que a fase de liquidação tenha condições de ser desenvolvida com um regular contraditório, cujo referencial seguro a ser adotado deverá ser o mesmo da execução provisória nas mesmas condições (CPC, art. 522, parágrafo único).

1.5. CAUSAS EM QUE NÃO HÁ LIQUIDAÇÃO DE SENTENÇA

Pode o legislador vedar a prolação de sentença ilíquida, ainda que tenha havido pedido genérico. É o que ocorre, por exemplo, no Juizado Especial Cível (Lei 9.099/1995, art. 52, I) onde o juízo deverá, necessariamente, sempre proferir sentença líquida.

---

8. Súmula 150 do STF: "Prescreve a execução no mesmo prazo de prescrição da ação".
9. STJ, 1ª T., REsp 1.578.979/PE, rel. Min. Napoleão Nunes Maia Filho, j. 07.06.2016, *DJe* 21.06.2016 e STJ, 2ª T., AgRg no REsp 1.499.557/RJ, rel. Min. Humberto Martins, j. 10.02.2015, *DJe* 20.02.2015.

1.6. NATUREZA JURÍDICA DA LIQUIDAÇÃO

A liquidação de sentença já foi considerada como mero apêndice final do processo de conhecimento. Também já foi considerada como integrante da execução, na condição de procedimento preparatório de seu início. Por fim, já foi tida como ação de conhecimento autônoma, entre o processo de conhecimento e o de execução.

No diploma processual vigente, a sentença de mérito não necessariamente extingue o processo, posto que esse pode exigir continuidade até que se realizem todos os efeitos práticos advindos da sentença (CPC, art. 203, § 1º). Logo, a sentença, por vezes apenas marca a transição da fase de conhecimento para a fase de execução do *mesmo e único* processo, dito *sincrético*.

Nesse modelo, à liquidação se reserva uma *função integrativa*[10] do que foi antes julgado pela decisão condenatória genérica, a fim de que ela possa permitir o início da execução. Trata-se, pois, de uma atividade cognitiva que intermedeia a atividade de definição do direito (conhecimento) e a sua realização (execução). É, portanto, uma *fase de conhecimento posterior e complementar à condenação genérica* desse único processo. Ela terá início por provocação, se desenvolverá mediante contraditório e resultará numa solução de mérito, cuja decisão terá natureza meramente declaratória do *quantum debeatur*.

Todavia, ainda que a regra seja de que a liquidação se traduza nessa nova fase, o legislador não conseguiu eliminar de vez a exigência, para algumas hipóteses, da formação de uma ação autônoma de conhecimento.

A toda evidência, a orientação geral do legislador é que o processo se desenvolva numa base procedimental única, ainda que nela se desenvolva diversas atividades distintas entre si. Logo, persiste a autonomia funcional das atividades jurisdicionais de conhecimento e de execução, tendo sido apenas mitigada a autonomia estrutural dessas mesmas atividades. Em outras palavras, pressupõe-se que existe um processo judicial que teve início com o ajuizamento da demanda e nele se prestará toda e qualquer tutela jurisdicional que o direito material exija até que, sem solução de continuidade, alcance-se a realização concreta do direito daquele que tem razão.

Sendo assim e considerando o que a lei estabelece como sendo título executivo judicial, tem-se que nem sempre a atividade de liquidação será uma fase de um processo preexistente, podendo caracterizar-se como sendo, propriamente, o início desse processo.

É o que poderá ocorrer quando se tratar da liquidação de sentença penal condenatória transitado em julgado (CPC, art. 515, VI), de sentença arbitral (CPC, art. 515, VII), de sentença estrangeira homologada pelo Superior Tribunal de Justiça (CPC, art. 515, VIII) e de decisão interlocutória estrangeira após a concessão do *exequatur* à carta

---

10. STJ, 1ª T., AgRg no AREsp 664.993/RJ, rel. Min. Napoleão Nunes Maia Filho, j. 15.03.2016, *DJe* 31.03.2016.

rogatória pelo Superior Tribunal de Justiça. Nessas hipóteses, desde que as sentenças se apresentem ilíquidas, não existe processo judicial em trâmite que está a exigir a definição do *quantum*, haja vista que a definição do direito teve seu início e desenvolvimento perante outro órgão com força jurisdicional. Nesses casos, portanto, a atividade judicial dependerá da provocação do interessado mediante petição inicial e a formação da relação processual implicará na realização de citação (CPC, art. 515, § 1º).

Diante disso, subsiste no sistema processual civil pátrio a ação autônoma de liquidação. Entretanto, uma vez definido o *quantum*, o processo prossegue com o cumprimento da sentença, nos moldes definidos no art. 513 do CPC.

Ainda convém destacar que, em consonância com o sistema legal (CPC, art. 515, I), a atividade de liquidação nem sempre terá por objeto apenas uma sentença ou acórdão, mas poderá decorrer de uma decisão interlocutória. Assim, por exemplo, poderá ser objeto de liquidação: a) a decisão que fixar indenização por litigância de má-fé (CPC, art. 81, § 3º); b) a decisão que determinar a reparação de dano decorrente da efetivação da tutela de urgência (CPC, art. 302, parágrafo único); c) a decisão que julgar parcialmente o mérito e reconheça obrigação ilíquida (CPC, art. 356, § 1º); d) a decisão que determinar a reparação dos prejuízos causados ao executado na execução provisória (CPC, art. 520, § 4º); e) a decisão que converter obrigação específica (de fazer, de não fazer ou entrega de coisa) em perdas e danos em dinheiro (CPC, arts. 499; 809, § 2º e 823, parágrafo único); f) a decisão que determinar que a instituição financeira indenize os danos causados ao executado em decorrência da indisponibilidade de ativos financeiros em valor superior ao indicado na execução ou pelo juiz (CPC, art. 854, § 8º) etc.

1.7. LIMITES DA LIQUIDAÇÃO DE SENTENÇA

A liquidação de sentença não enseja nova discussão da lide já decidida, que deu origem à sentença ilíquida (CPC, art. 509, § 4º). Trata-se de limitação à cognição horizontal, que se limita à discussão do *quantum debeatur*. É proibido, na liquidação, em qualquer de suas modalidades, discutir de novo a lide ou modificar a sentença que a julgou, isto é, questionar o reconhecimento do direito (*an debeatur*). Vale dizer, em homenagem à coisa julgada ou à preclusão, é de se respeitar os limites da condenação, pelo que é vedado provocar a revisão de qualquer dos capítulos da sentença, bem como pleitear nova condenação, enfim, de querer discutir matéria de mérito que deveria ter sido arguida na fase de conhecimento[11]. O que se admite de forma cautelosa, é que o juiz, em sede de liquidação de sentença, busque a interpretação mais adequada ao título judicial, de acordo com os critérios nele mesmo estabelecidos[12], adotando a interpretação que guarde conformidade com o objeto do processo e com as questões a seu respeito

---

11. STJ, 3ª T., REsp 1.232.637/SP, rel. Min. Massami Uyeda, j. 08.05.2012, *DJe* 09.08.2012; STJ, 4ª T., REsp 1.240.338/SE, rel. Min. Luis Felipe Salomão, j. 15.08.2013, *DJe* 16.09.2013 e STJ, 3ª T., AgRg no AREsp 216.883/PE, rel. Min. João Otávio de Noronha, j. 20.11.2014, *DJe* 28.11.2014.
12. STJ, 4ª T., AgRg no AREsp 427.041/RS, rel. Min. Luis Felipe Salomão, j. 07.04.2015, *DJe* 10.04.2015.

suscitadas pelas partes na fase de postulação[13], ressaltando que, "havendo mais de uma interpretação possível de ser extraída do título judicial, deve ser escolhida aquela que se mostre a mais razoável, não conduzindo a uma solução iníqua ou exagerada"[14]. Enfim, não haverá violação da coisa julgada quando o magistrado, em liquidação de sentença, interpretar o título executivo, a fim de que a decisão judicial seja efetivamente cumprida[15].

Assim sendo, os critérios de cálculos eventualmente fixados na sentença a título de índices de correção monetária e taxas de juros, assim como o marco inicial de ambos, não podem ser substituídos ou alterados na fase de liquidação[16], sob pena de ofensa à coisa julgada[17].

Todavia, caso a sentença ilíquida seja omissa quanto a fixação desses critérios, não ofende a coisa julgada a inclusão de correção monetária e juros de mora apenas na fase de liquidação (Súmula 254 do STF)[18-19].

Porém, não é possível a inclusão de juros remuneratórios nos cálculos de liquidação, se não existir condenação expressa[20].

Além disso, a sentença deve condenar o vencido a pagar honorários sucumbenciais ao advogado do vencedor (CPC, art. 85). Entretanto, em relação aos honorários advocatícios não previstos na sentença objeto de liquidação, a sua inclusão depende da interposição de embargos de declaração (CPC, art. 494, inc. II), não podendo ser acrescido de ofício pelo juiz, na fase de liquidação de sentença, sob pena de violação da regra da fidelidade, contida no art. 509, § 4º, do CPC, e da autoridade da coisa julgada[21].

Todavia, ao se aplicar o ordenamento jurídico, impõe-se ao juiz a observância do postulado da razoabilidade (CPC, art. 8º)[22]. Ademais, o art. 891 do CPC/39, ao prever a regra de fidelidade, dispunha: "a sentença deverá ser executada fielmente, sem ampliação ou restrição do que nela estiver disposto. *Compreender-se-á, todavia, como expresso o que nela virtualmente contenha*". Esse sentido de razoabilidade também deve nortear a exegese do art. 509, § 4º, do CPC.

---

13. STJ, 2ª T., REsp 1.178.152/GO, rel. Min. Eliana Calmon, j. 19.08.2010, *DJe* 30.08.2010; STJ, 3ª T., REsp 1.410.891/MG, rel. Min. João Otávio de Noronha, j. 05.03.2015, *DJe* 16.03.2015 e STJ, 2ª T., REsp 1.413.991/RJ, rel. Min. Humberto Martins, j. 09.06.2015, *DJe* 19.06.2015.
14. STJ, 3ª T., AgRg no REsp 1.319.705/RS, rel. Min. Paulo de Tarso Sanseverino, j. 16.04.2015, *DJe* 23.04.2015.
15. STJ, 2ª T., AgInt no AgInt no AREsp 1.625.066/PR, rel. Min. Herman Benjamin, j. 24.08.2021, *DJe* 18.10.2021.
16. STJ, 3ª T., AgRg no REsp 1.307.939/MG, rel. Min. Ricardo Villas Bôas Cueva, j. 19.03.2015, *DJe* 31.03.2015 e STJ, 1ª T., REsp 1.409.705/DF, rel. Min. Napoleão Nunes Maia Filho, j. 16.06.2014, *DJe* 04.08.2014.
17. STJ, 3ª T., AgInt no AREsp 1.510.683/SP, rel. Min. Nancy Andrighi, j. 22.06.2020, *DJe* 25.06.2020.
18. Súmula 254 do STF: "Incluem-se os juros moratórios na liquidação, embora omisso o pedido inicial ou a condenação".
19. STJ, 3ª T., AgRg no REsp 1.532.388/MS, rel. Min. Ricardo Villas Bôas Cueva, j. 03.11.2015, *DJe* 16.11.2015 e STJ, 4ª T., AgRg nos EDCl no Ag 1.430.701/SC, rel. Min. Maria Isabel Gallotti, j. 21.08.2014, *DJe* 04.09.2014.
20. STJ, 2ª Seção, REsp 1.392.245/DF, rel. Min. Luis Felipe Salomão, j. 08.04.2015, *DJe* 07.05.2015.
21. STJ, 6ª T., REsp 241.105/SE, rel. Min. Fernando Gonçalves, j. 16.05.2000, *DJ* 12.06.2000.
22. STJ, 3ª T., REsp 757.459/SC, rel. Min. Nancy Andrighi, j. 24.10.2006, *DJ* 13.11.2006.

1.8. FORMAS (MODALIDADES) DE LIQUIDAÇÃO

No plano individual a lei contempla duas técnicas diferentes destinadas à determinação do *quantum debeatur*.

A liquidação por arbitramento terá lugar quando assim determinada pela sentença, por convenção das partes realizada antes ou durante o processo (CPC, art. 190) ou quando assim o exigir o objeto a ser liquidado (CPC, art. 509, I). Trata-se de procedimento em que, no espírito de colaboração do diploma processual (CPC, art. 6º), o juiz se utilizará de pareceres ou documentos técnicos/científicos elucidativos apresentados pelas partes no prazo razoável que fixar e, caso estes sejam insuficientes para proferir decisão, nomeará um *expert* que deverá apresentar laudo que se não for capaz de indicar, ao menos auxilie o magistrado na fixação do valor da condenação (CPC, art. 510). O procedimento observará, no que couber, o procedimento aplicado à produção da prova técnica pericial, em qualquer de suas modalidades: exame, vistoria ou avaliação (CPC, art. 464, *caput*). Assim, por exemplo: a) quanto aos pareceres e documentos elucidativos, esses devem poder substituir a perícia, pelo que devem ter conteúdo técnico/científico de qualidade no que se refere ao objeto da liquidação (CPC, art. 472); b) antes de definir pela perícia, o juiz pode determinar a realização de prova técnica simplificada, se o objeto da liquidação for de menor complexidade (CPC, art. 464, § 2º); c) tendo sido determinada a perícia, o juiz pode não apenas formular quesitos, como efetuar controle sobre os quesitos apresentados pelas partes, indeferindo aqueles que entender impertinentes (CPC, art. 470); d) as partes podem escolher em consenso o perito (CPC, art. 471); e) o perito precisa respeitar o conteúdo que o laudo deve apresentar (CPC, art. 473). Na prática, a parte que provocar a liquidação deverá trazer os pareceres ou documentos elucidativos técnicos/científicos com seu requerimento e, caso não os tenha, deverá indicar os quesitos e, se tiver, o assistente técnico. Ato contínuo a parte contrária será intimada para, no prazo que o juiz fixar ou no legal (CPC, art. 218, § 3º), agir da mesma maneira, podendo, ainda, impugnar o que foi apresentado por quem requereu a liquidação, especialmente os limites do objeto a ser liquidado. Caso a parte contrária tenha apresentado pareceres e/ou documentos elucidativos técnicos/científicos com sua resposta, deverá ser oportunizado o contraditório (CPC, art. 437, § 1º) a quem requereu a liquidação. Caso esse material produzido seja suficiente, o juiz pode decidir a liquidação, do contrário, em decisão fundamentada (CPC, art. 489, § 1º), deverá indicar porque descarta esse material e define a prova técnica simplificada ou nomeia perito, permitindo às partes a apresentação ou reratificação de quesitos.

A liquidação por procedimento comum tem cabimento quando o liquidante tiver de alegar e provar, nessa fase, fato novo (CPC, art. 509, II). Considera-se fato novo aquele que não foi apresentado no processo e, por isso, não repercutiu no comando da sentença genérica. Ele pode ser preexistente à época da instrução na fase de conhecimento, mas que não foi trazido e considerado na sentença; ou pode ter surgido supervenientemente à instrução na fase de conhecimento ou à sentença ilíquida, mas, em qualquer caso, influiu diretamente na individuação do objeto que está sendo liquidado. Nessa atividade, como indica o nome, depois de iniciada por provocação do interessado, será permitido a defesa mediante intimação da parte por seu advogado vinculado ao processo e a ela se seguirá, no que couber, o procedimento adotado num procedimento comum (CPC, art. 511). Na petição que inaugura este procedimento de liquidação, caberá à parte apontar de forma clara e precisa quais são os fatos novos que pretende demonstrar, bem como que provas pretende utilizar para demonstrá-los. Sem isso, haverá prejuízo para a defesa. Em relação à intimação da parte adversária por meio de seu advogado, é plenamente aplicável aqui o que se tem no cumprimento de sentença, inclusive a regra de que, se a liquidação é iniciada quando passados mais de um ano do trânsito em julgado, terá a intimação que ser feita de forma pessoal (CPC, art. 513, §§ 2º, 3º e 4º). Haverá a aplicação dos efeitos da revelia (CPC, art. 344) caso o demandado, intimado na pessoa de seu advogado ou da sociedade de advogados, não compareça, de modo a ensejar o julgamento antecipado do mérito, com fundamento no art. 355, inc. II, do CPC[23].

Essas modalidades de liquidação diferem no grau de investigação cognitiva que nelas é desenvolvido, de modo que, inegavelmente, ele é muito mais amplo na liquidação pelo procedimento comum, diante da potencial diversidade de alegações novas e provas que nela se admite utilizar. Na liquidação por arbitramento a atividade cognitiva é limitada à análise e discussão do material técnico trazido aos autos. Na liquidação da sentença genérica coletiva (CDC, art. 95), o grau de cognição é ainda maior, pois lá, também, caberá ao interessado demonstrar que integra a coletividade beneficiada por aquela sentença, além de ter que demonstrar o dano e sua extensão.

Desde que se parta da premissa de que a liquidação por arbitramento não pode ser utilizada quando é necessária a demonstração de fato novo, para a qual é apenas indicada a liquidação por procedimento comum[24], é correto entender que o eventual não atendimento da forma de liquidação definida na sentença liquidanda não é considerada ofensa à coisa julgada (Súmula 344/STJ)[25]. Portanto, quanto às modalidades de liquidação, vige no sistema processual civil o princípio da fungibilidade, segundo o qual a determinação do *quantum debeatur* deve se processar pela via adequada, independentemente do pedido feito pela parte ou do preceito expresso na decisão judicial[26]. É inegável que a melhor exegese a ser dada à Súmula 344/STJ é a teleológica; assim, deve-se ter em mente que a finalidade da orientação jurisprudencial é facilitar que o vencedor obtenha do modo mais célere e eficaz o conteúdo da condenação garantido no processo de conhecimento[27].

---

23. STJ, 3ª T., REsp 1.184.635/SP, rel. Min. Massami Uyeda, j. 1º.09.2011, *DJe* 03.10.2011.
24. STJ, 4ª T., REsp 1.172.655/PI, rel. Min. Luis Felipe Salomão, j. 14.05.2013, *DJe* 04.06.2013.
25. Súmula 344 do STJ: "A liquidação por forma diversa da estabelecida na sentença não ofende a coisa julgada".
26. STJ, 4ª T., AgInt no AREsp 1.557.929/SP, rel. Min. Antonio Carlos Ferreira, j. 23.03.2020, *DJe* 26.03.2020.
27. STJ, 1ª T., REsp 1.409.705/DF, rel. Min. Napoleão Nunes Maia Filho, j. 16.06.2014, *DJe* 04.08.2014.

Nos casos em que o valor da obrigação depender só da realização de meras contas que o credor pode muito bem fazer sozinho, deverá ele dar início à fase de *cumprimento de sentença* (CPC, art. 523), instruindo seu requerimento com uma memória de cálculo (CPC, art. 524). Nesse caso, portanto, não há liquidação de sentença (não há que se falar em liquidação por cálculo aritmético!), pois a obrigação já se apresenta líquida[28].

1.9. DA LIQUIDAÇÃO DA CONVERSÃO DE OBRIGAÇÃO ESPECÍFICA EM PERDAS E DANOS

Tendo o título executivo judicial determinado a apuração das perdas e danos em sede de liquidação de sentença, é imperiosa a instauração da respectiva fase processual, sob pena de violação à coisa julgada[29].

Segundo dispõe o art. 403 do Código Civil: "as perdas e danos só incluem os prejuízos efetivos e os lucros cessantes por efeitos dela [da inexecução] direto e imediato". Portanto, quando o art. 499 do CPC admite a conversão em perdas e danos, não pode impor nada diferente do previsto no direito material.

Assim sendo, exige a lei que, para a conversão em perdas e danos de uma obrigação específica (de fazer, de não fazer ou de entrega de coisa), haja prejuízos *efetivos*, ou seja, não são indenizáveis os prejuízos *hipotéticos*. Logo, cabe a quem se diz credor, demonstrar/provar de forma clara e inquestionável, qual foi o efetivo dano derivado da falta do resultado específico (não realização da obrigação de fazer, de não fazer ou de entrega de coisa).

Em verdade, como é cediço, as perdas e danos tem um caráter *substitutivo* ao cumprimento da obrigação principal, isto é, trata-se do equivalente pecuniário do prejuízo sofrido, pelo que o dano deve ser certo e não uma mera hipótese.

Sendo assim, na liquidação da conversão da obrigação específica em perdas e danos, o juiz ou tribunal terá que, necessariamente, verificar os pressupostos materiais do dever de ressarcir, isto é: i) se a responsabilidade do devedor é objetiva ou subjetiva e, sendo esta, se agiu com culpa; ii) a aferição do dano quanto à sua *existência*, *extensão* e *valor*; iii) o liame de necessariedade entre causa e efeito (nexo de causalidade).

Tome-se o seguinte exemplo. A parte foi condenada a refazer a área do imóvel que havia locado, a fim de que esta área ficasse tal como era antes da locação, o que implicava algumas obras, além de replantio ambiental. Imagine-se, também, que para esta obrigação de fazer foi feita uma perícia que estimou o custo da obrigação. Ocorre que o credor, depois do trânsito em julgado da sentença, informou não ter mais interesse na obrigação específica determinada na sentença, porque havia alienado o imóvel a outra pessoa, pelo que requereu a conversão da obrigação em perdas e danos e, para tanto,

---

28. STJ, 2ª T., REsp 1.690.288/RS, rel. Min. Herman Benjamin, j. 16.11.2017, *DJe* 19.12.2017.
29. STJ, 4ª T., AgInt no AREsp 1.550.726/RJ, rel. Min. Marco Buzzi, j. 11.05.2020, *DJe* 18.05.2020.

requereu fosse o valor da indenização fixado adotando-se o valor estimado na perícia, ou seja, equiparando o dano ao custo da obra. Considerando que o dano tem de ser certo, não parece correto apenas e tão só converter a obrigação nos termos requeridos, porque precisará este credor demonstrar: a) que antes de vender, efetuou a obra de restauro do imóvel e, portanto, identificar quanto efetivamente gastou para isso; ou b) se o valor da venda do bem teve alguma redução, em razão da área não estar restaurada, isto é, se o que não foi feito impactou alguma perda efetiva no ato de alienação.

Como se observa, portanto, diante dos fatos novos que merecerão ser demonstrados no processo nessa conversão de obrigação, é mais adequada a este tipo de liquidação a modalidade por procedimento comum.

1.10. DECISÃO, RECURSO, HONORÁRIOS ADVOCATÍCIOS E COISA JULGADA

A liquidação pode ser julgada procedente ou improcedente.

A liquidação por procedimento comum, em que há o ônus de se demonstrar fato novo, é mais passível de vir a ser julgada improcedente, seja por se concluir que a prova produzida indica que não houve efetivamente dano, seja pela inércia do interessado em não produzir as provas necessárias ou suficientes para indicar a extensão do dano[30]. Nesses casos, portanto, a liquidação resulta num valor igual à zero, o que implica reconhecer, em última análise, a mera potencialidade danosa do ato reconhecido na sentença, não ensejando, pois, ofensa à coisa julgada[31]. Nessa situação de improcedência da liquidação com dano zero[32], dada a coisa julgada advinda da decisão que resolve negativamente o seu mérito, impede-se nova demanda com a mesma finalidade, salvo se tal possibilidade estiver expressa e justificadamente assegurada na decisão[33] ou se resolva extingui-la sem resolução de mérito[34]. Nessa excepcional hipótese de liquidação igual à zero, está-se diante de sentença, pois é posto fim ao processo, onde não haverá execução (CPC, art. 203, § 1º), pelo que cabível recurso de apelação.

As decisões havidas no curso da liquidação e aquela que lhe põe fim, seja ela mera fase ou novo processo, mas que definido o valor devido prosseguirá para a fase de execução, desafiarão recurso de agravo de instrumento (CPC, art. 1.015, parágrafo único).

Uma vez tendo havido litigiosidade na liquidação, em qualquer de suas modalidades, caberá a fixação de honorários a favor do patrono do vencedor[35], respeitada a

---

30. STJ, 3ª T., REsp 1.011.733/MG, rel. Min. Massami Uyeda, j. 1º.09.2011, *DJe* 26.10.2011.
31. STJ, 1ª T., REsp 1.170.338/RS, rel. Min. Teori Albino Zavascki, j. 06.04.2010, *DJe* 13.04.2010.
32. STJ, 1ª Seção (repetitivo), REsp 1.347.136/DF, rel. Min. Eliana Calmon, j. 11.12.2013, *DJe* 07.03.2014.
33. STJ, 3ª T., AgRg na MC 21.560/PR, rel. Min. Paulo de Tarso Sanseverino, j. 10.12.2013, *DJe* 17.12.2013.
34. STJ, 3ª T., REsp 1.280.949/SP, rel. Min. Nancy Andrighi, j. 25.09.2012, *DJe* 03.10.2012.
35. STJ, 3ª T., AgInt nos EDcl no AREsp 1.420.633/GO, Rel. Min. Marco Aurélio Bellizze, j. 08.02.2021, *DJe* 12.02.2021; STJ, 4ª T., AgRg no AREsp 269.224/RJ, rel. Min. Marco Buzzi, j. 03.05.2016, *DJe* 12.05.2016; STJ, 3ª T., AgRg no AREsp 666.073/SP, rel. Min. João Otávio de Noronha, j. 17.11.2015, *DJe* 20.11.2015; 3ª T., AgRg no AREsp 530.175/SP, rel. Min. Sidnei Beneti, j. 05.08.2014, *DJe* 05.09.2014 e STJ, 4ª T., AgRg no Ag 1.086.058/SP, rel. Min. Raul Araújo, j. 25.06.2013, *DJe* 01.08.2013.

limitação quantitativa legal, por ainda se tratar de atividade de cognição (CPC, art. 85, § 2º c/c o § 11).

A decisão que resolve a atividade de liquidação, seja lá qual for a situação do processo que a ensejou, por também desenvolver uma atividade de cognição em contraditório, produz coisa julgada material. E, sendo decisão que resolve o mérito dessa atividade de liquidação, é natural que ela esteja sujeita a ação rescisória (CPC, art. 966)[36], ainda que decorra de decisão meramente homologatória[37]. Nesse caso, no entanto, a discussão da rescisória apenas poderá dizer respeito ao *quantum debeatur*, de modo que não se poderá discutir o *an debeatur*, cujo prazo para ajuizamento da rescisória se computa a partir do trânsito em julgado da condenação genérica.

1.11. LIQUIDAÇÃO DA SENTENÇA GENÉRICA NA TUTELA DOS INTERESSES INDIVIDUAIS HOMOGÊNEOS

São interesses ou direitos individuais homogêneos os decorrentes de *origem comum* (CDC, art. 81, parágrafo único, inc. III). Por exemplo, os interesses de várias pessoas na indenização de um acidente de consumo (v.g., decorrentes de brinquedos defeituosos), ou de diversos consumidores no ressarcimento de danos causados por certo medicamento ou, ainda, de pessoas lesadas por uma propaganda enganosa ou abusiva.

Em caso de procedência do pedido da ação coletiva para a defesa dos interesses individuais homogêneos, a condenação será genérica, fixando-se a responsabilidade do réu pelos danos causados (CDC, art. 95). Essa decisão declara que houve lesão a direitos individuais homogêneos, mas, como toda a sentença coletiva genérica, não individualiza quais as pessoas sofreram os danos e qual foi a sua extensão.

No tocante à liquidação da sentença, sua promoção cabe à vítima e seus sucessores (CDC, art. 97). Contudo, o objeto da liquidação dessa sentença é mais amplo do que a autêntica e tradicional liquidação prevista no CPC. Trata-se de uma *liquidação imprópria*, pois, como a responsabilidade do réu estabelecida pela sentença do art. 95 do CDC é genérica e, pela necessidade do estabelecimento de liquidez da obrigação, caberá aos autores das ações de liquidação demonstrar o dano individualmente sofrido (isto é, a existência do direito individual; o *an debeatur*), o *nexo de causalidade* entre o fato potencialmente danoso apurado (na sentença genérica) e o dano (individual), além do seu montante (*quantum debeatur*).

Na ação de liquidação individual da condenação genérica, será imprescindível a prova de fatos novos, concernentes à comprovação da existência de direito pessoal à indenização e a sua avaliação. Portanto, essa liquidação será feita pelo procedimento comum. Tal liquidação, bem como a execução individual da sentença genérica proferida

---
36. STJ, 3ª T., REsp 784.181/MG, rel. Min. Humberto Gomes de Barros, j. 26.09.2006, *DJ* 16.10.2006.
37. STJ, 2ª T., REsp 531.263/SC, rel. Min. Castro Meira, j. 28.06.2005, *DJ* 22.08.2005 e STJ, 1ª T., AgRg no REsp 1.252.679/SE, rel. Min. Arnaldo Esteves Lima, j. 17.04.2012, *DJe* 04.05.2012.

em ação civil coletiva, pode ser ajuizada no foro do domicílio do beneficiário, pois os efeitos e a eficácia da sentença não estão circunscritos às limitações geográficas, mas aos limites objetivos e subjetivos do que foi decidido, levando-se em consideração a extensão dos danos e a qualidade dos interesses metaindividuais discutidos em juízo, não se aplicando a limitação contida no art. 2º-A, *caput*, da Lei 9.494/97[38].

Se passado um ano não houver a habilitação de interessados em número compatível com a gravidade do dano, poderá haver a liquidação e a execução coletivas, cujos legitimados são os mesmos previstos no art. 82 do CDC. Nesse caso, o produto da indenização devida será revertido para o Fundo de Defesa de Direitos Difusos (CDC, art. 100, parágrafo único; Lei 7.347/85, art. 13), a que a doutrina norte-americana costuma chamar de *fluid recovery*.

---

38. STJ, Corte Especial, REsp 1.243.887/PR, rel. Min. Luis Felipe Salomão, j. 19.10.2011, *DJe* 12.12.2011 e STJ, 2ª T., AgRg no REsp 1.432.236/SC, rel. Min. Herman Benjamin, j. 13.05.2014, *DJe* 23.05.2014.

2
TEORIA GERAL DA EXECUÇÃO

2.1. TUTELA EXECUTIVA

É direito de todo cidadão, ao provocar o Estado-juiz, obter uma tutela jurisdicional que seja capaz de atender o seu direito conforme as peculiaridades que esse direito exige.

Enquanto há situações em que a tutela jurisdicional se limita a dispor de meios para que o resultado traduza a simples revelação do direito, definindo quem tem razão; há outras em que a tutela jurisdicional precisa estar aparelhada de meios que resultem em satisfazer concretamente o direito já definido. O processo, então, para servir ao fim de prestar uma tutela jurisdicional ao direito, se desenvolve por meio de *técnicas processuais* de *cognição* e *execução* que podem, conforme o caso, estar sendo exercidas de forma isolada ou combinada para o atingimento desse fim.

A tutela que realiza o direito é prestada por meio da função jurisdicional executiva que atua essencialmente no mundo empírico. É célebre a metáfora segundo a qual enquanto a atividade de conhecimento transforma o fato em direito, a atividade de execução traduz o direito em fato.

A tutela jurisdicional executiva pode ser tanto prestada *contra o ilícito* (CPC, art. 497, parágrafo único), a fim de inibir a sua ocorrência, reiteração ou continuação (tutela inibitória) ou visando à remoção de sua causa ou de seus efeitos (tutela de remoção do ilícito); quanto *contra o dano*, visando à sua reparação ou ao seu ressarcimento. Em relação ao tempo de prestação dessa tutela executiva, ela tanto poderá se dar de forma *preventiva*, ou seja, para impedir a ocorrência da violação de um direito ameaçado/provável; quanto poderá ser prestada de forma *repressiva*, isto é, para restaurar um direito violado/reconhecido.

Destarte, em qualquer dessas situações, uma vez não voluntariamente respeitado o direito, impõem-se atos executivos que, com ou sem o concurso de vontade daquele que violou ou ameaçou o direito, proporcionem um resultado prático satisfativo senão igual o mais coincidente possível àquele decorrente do próprio direito lesado ou ameaçado.

Realmente, a tutela executiva é aplicável às hipóteses em que o direito não é espontaneamente cumprido ou satisfeito, isto é, ela é adequada à eliminação das *crises de adimplemento* ou de *cooperação* (CPC, art. 786), caracterizadas pela pretensão de um sujeito receber um bem (soma em dinheiro, entrega de coisa, resultado de uma conduta de fazer ou não fazer) e pela resistência de outro sujeito que, ainda que sem negar a obrigação ou o dever legal, se nega a entregar o bem. Note-se: o bem tanto pode estar associado a direito pessoal quanto a direito real e não importa que a falta de cooperação seja de forma ativa ou passiva.

Em suma, a atividade executiva é aquela desenvolvida pela função jurisdicional, que, com base em cognição sumária ou exauriente, realiza, direta ou indiretamente, a invasão da esfera jurídica de pessoas, especialmente daquelas que integram o polo passivo da relação processual e, com isso, promove modificações no mundo sensível, a fim de satisfazer um direito provável ou já reconhecido. Na atividade cautelar, embora possa ocorrer alguma alteração na realidade a fim de pôr em prática a medida deferida, essa alteração não visa à satisfação de um direito, mas mera asseguração de sua eventual futura realização.

A tutela jurisdicional executiva, dependendo da opção legislativa, pode ser prestada mediante *processo autônomo*, que é o que ocorre quando fundada em título executivo extrajudicial; como também por meio de *fase* de um processo único/sincrético. Enquanto *fase*, a atividade executiva poderá: a) ser posterior à atividade de cognição, como ocorre no cumprimento de sentença; e b) inserida numa atividade predominantemente cognitiva, como é o caso da tutela provisória antecipada.

Em verdade, tal perspectiva de atuação da tutela jurisdicional executiva tem por critério a satisfatividade do provimento que a veicula. Em algumas hipóteses, a tutela é conferida mediante provimento que por si só esgota toda a necessidade da parte, uma vez que atua exclusivamente no plano jurídico-normativo. São ditas satisfativas ou autossuficientes. Refere-se, basicamente, à tutela de conhecimento, realizada mediante as sentenças declaratórias e constitutivas, as quais debelam, respectivamente, *crises de incerteza* ou de *situação jurídica*. Em outras, a tutela, depois de definida, exige uma atividade jurisdicional complementar ou de repercussão física. São, por isso, não satisfativas ou não autossuficientes.

Nesta é possível, portanto, reunir num mesmo e amplo gênero todas as decisões (condenatórias – mandamentais – executivas) que impliquem atuação prática (material, concreta) no mundo dos fatos. Tais decisões, como apontado, debelam *crises de cooperação* (ou de *adimplemento* ou de *prestação*), formulando uma regra concreta a ser cumprida por quem violou ou ameaçou o direito de outrem. Portanto, nessas hipóteses, o objeto final do processo não se localiza na sentença e, sim, na execução (realização).

Seja como for, perceba-se, a execução pressupõe que o direito já esteja definido, de forma definitiva ou provisória, e irá se desenvolver mediante um procedimento, comum ou diferenciado/especial, que poderá ser completo ou incompleto[1].

---

1. Enunciado 588 do FPPC: "Aplicam-se subsidiariamente à execução, além do Livro I da Parte Especial, também as disposições da Parte Geral, do Livro III da Parte Especial e das Disposições Finais e Transitórias". Por óbvio que a atividade executiva pressupõe aspectos processuais que não são típicos da execução (p. ex.: os atos de comunicação, nulidades, tutela provisória, suspensão do processo, meios de prova, recursos etc.), por conseguinte, a regulação destes está em outras passagens do texto legal.

2.2. CLASSIFICAÇÃO

A execução pode ser classificada segundo diversos critérios. Os mais habituais e importantes serão apresentados a seguir.

A execução poderá ser *judicial* ou *extrajudicial*. É judicial quando é processada perante o Poder Judiciário. Será extrajudicial, quando admite que seja realizada fora do âmbito do Poder Judiciário, muito embora este possa ser provocado a exercer controle, preventivo ou repressivo, sobre essa execução extrajudicial[2]. Exemplo de execução extrajudicial é a prevista no Dec.-lei 70/1966 (arts. 31 e ss.), que a autoriza para a cédula de crédito hipotecário; bem como a Lei 9.514/1997 (arts. 26 e 27), que a autoriza para a alienação fiduciária de bem imóvel.

Em relação ao procedimento aplicável à execução, ela pode ser *comum* ou *especial*. O procedimento da execução é comum quando serve a uma generalidade de créditos, tal como ocorre com a execução por quantia certa prevista no CPC. Por sua vez, o procedimento será especial quando o regime procedimental apresentar particularidade em razão de determinados tipos de crédito, tal como ocorre na execução de alimentos e na execução contra a Fazenda Pública. Essa distinção é relevante uma vez que a lei (CPC, art. 780) apenas autoriza a cumulação de execuções se, entre outros requisitos, o procedimento a elas aplicável for o mesmo[3].

A execução pode ser *espontânea* ou *forçada*. Diz-se espontânea quando a satisfação da obrigação se der de forma voluntária pelo obrigado, o que pode acontecer extrajudicialmente ou em Juízo, antes ou depois de intimado/citado para fazê-lo. Já se designou como execução *inversa* ou *às avessas* aquela que é iniciada pelo devedor de forma espontânea (CPC, art. 526). Por sua vez, a execução será forçada quando, mesmo provocado, o executado não cumpre a obrigação, pelo que será necessária a atuação (forçada) do Juízo da execução para, mediante atos executivos, poder alcançar a satisfação da obrigação.

Tendo em conta o tipo de obrigação que necessita ser satisfeita mediante atos judiciais, a execução pode ser *de dar, de entregar coisa, de fazer ou de não fazer*. Ainda conforme essas modalidades de obrigação, fala-se em execução específica, quando se visa a realização de uma obrigação de fazer, não fazer ou entrega de coisa e, caso não seja possível ou não haja mais interesse na execução específica, ela pode ser convertida em execução genérica, que visa o seu equivalente em dinheiro (perdas e danos).

---

2. STJ, 3ª T., REsp 1.302.777/SP, rel. Min. Nancy Andrighi, j. 13.08.2013, *DJe* 27.08.2013; STJ, 4ª T., REsp 1.147.713/PB, rel. Min. Maria Isabel Gallotti, j. 23.11.2010, *DJe* 15.12.2010.
3. Não obstante isso, o STJ entende que, tratando-se de execução de sentença que concede a servidores públicos reajustes salariais, é possível cumular-se a execução por quantia certa, para haver as prestações vencidas, com a obrigação de fazer, para implementar o percentual aos vencimentos do executante (STJ, 2ª T., REsp 1.634.694/RS, rel. Min. Herman Benjamin, j. 13.12.2016, *DJe* 19.12.2016, STJ; 2ª T., REsp 1.263.294/RR, rel. Des.ª Conv. do TRF-3 Diva Malerbi, j. 13.11.2012, *DJe* 23.11.2012; STJ, 5ª T., REsp 952.126/RS, rel. Min. Laurita Vaz, j. 18.08.2011, *DJe* 1º.09.2011).

Levando em consideração o meio executório utilizado para alcançar a satisfação da obrigação, a execução pode ser *direta*, quando se utiliza meios sub-rogatórios ou de sujeição (desapossamento, de transformação ou expropriação), nos quais a vontade ou participação do executado é dispensável; ou *indireta*, quando se utiliza meios de coerção (patrimonial ou pessoal), nos quais a vontade ou participação do executado é essencial para a consecução do resultado. Se na mesma execução for possível empregar meios sub-rogatórios e de coerção, fala-se em execução *complexa*. Ainda tendo em conta o meio executório, que define o procedimento pelo qual a execução será desenvolvida, a execução pode ser *comum* ou *especial*. Essa variação procedimental depende da natureza (fazer ou não fazer) ou do objeto (coisa ou dinheiro) ou da conduta a ser cumprida ou do sujeito envolvido na execução. Há execução comum tanto para título executivo judicial quanto extrajudicial, sendo irrelevante se ela se dará em fase ou em processo autônomo. Por sua vez, são exemplos de execução especial: i) a execução que tem a Fazenda Pública como parte, ativa (execução fiscal) ou passiva (promovida contra a Fazenda Pública), e ii) a execução de alimentos. A diferença entre os ritos é importante porque apenas se admite cumulação de várias execuções, ainda que fundadas em títulos executivos diferentes, quando, entre outros requisitos, haja identidade de ritos (CPC, art. 780).

A execução pode ser *própria* ou *imprópria*. Entende-se por execução própria aquela em que o patrimônio do executado é invadido para a obtenção da satisfação da obrigação e entende-se por imprópria, quando, embora haja algum ato a ser realizado no mundo dos fatos, este não implique em invasão patrimonial do executado (ex.: registro da sentença perante o Cartório imobiliário na ação de usucapião; nas cautelares).

A execução também é dita *diferida* (CPC, art. 514), ou seja, quando o juiz decidir relação jurídica sujeita à condição ou termo, de sorte que o credor somente poderá executar a sentença depois de realizada a condição ou atingido o termo. Logo, a eficácia da obrigação objeto da decisão judicial não é imediata e, sim, retardada, uma vez que o seu fator tempo, caracterizado na exigibilidade da obrigação, foi alçado para algum momento adiante: a realização da condição (suspensiva)[4] ou a ocorrência do termo (inicial)[5]. É ônus do exequente instruir o requerimento do cumprimento de sentença com a prova de que se realizou a condição suspensiva ou sobreveio o termo inicial. Tal aspecto poderá ser analisado de ofício pelo juiz, bem como poderá ser arguido pelo executado a qualquer tempo (CPC/2015, art. 803, parágrafo único), em sede de impugnação de sentença (CPC/2015, art. 525, § 1º, III) ou mediante simples petição (CPC/2015, art. 518). A sentença que tem

---

4. Por condição (CC/2002, art. 121) deve ser entendida aquela oriunda da vontade das partes ou da lei, que subordina o início ou o fim dos efeitos jurídicos de um ato, no todo ou em parte, à verificação ou não de um evento futuro e incerto, isto é, a um fato (condicionante) posterior ao próprio ato (condicionado). A condição supõe, portanto, um intervalo de tempo entre o cumprimento do ato condicionado e a produção do evento condicionante, ao que se denomina *estado de pendência*. A condição será suspensiva ou resolutiva, conforme o respectivo implemento faça começar ou cessar a eficácia do ato jurídico. Portanto, a execução diferida somente trata da condição suspensiva, pois dela depende o começo (= a exigibilidade) da obrigação a ser executada.

5. Pode-se definir como termo o evento futuro e certo do qual depende o começo (termo inicial) ou o fim (termo final) da eficácia do ato jurídico. Para a execução diferida somente interessa o termo inicial da obrigação (CC/2002, art. 131), que é o momento a partir do qual a obrigação passa a ser exigível.

por objeto direito subordinado a condição não é, em si mesma, sentença condicional. A condição do direito que a sentença se limita a reconhecer não atinge o ato de tutela jurisdicional para torná-lo condicional também. Assim, se a obrigação reconhecida na sentença e objeto da condenação estiver sujeita a condição, antes do implemento desta, a obrigação é inexigível porque é ineficaz. Vale dizer, não estará na sentença: "condeno o réu, se tal fato suceder", mas sim "condeno o réu, com execução subordinada à realização de tal fato". Logo, somente se poderia falar em sentença ou decisão condicional quando a eficácia desta, enquanto ato processual, ficar na dependência da verificação de um evento futuro e incerto determinado na própria decisão. De modo geral, tendo em conta o previsto no parágrafo único do art. 492 do CPC (CPC/1973, art. 460, parágrafo único), tem-se entendido que o mencionado dispositivo legal veda a chamada decisão ou sentença condicional, porém admite que a decisão possa regular negócio jurídico que contemple condição[6]. Segundo se extrai, o ato decisório condicional seria vedado por se entender que é da essência do julgamento a sua certeza, não sendo lícito subordinar sua eficácia ao implemento de condição estranha ao objeto examinado ou a cargo de uma das partes ou de terceiros. Por isso, tem-se entendido, nos termos do art. 803, III, do CPC (CPC/1973, art. 618, III), ser nula a sentença condicional[7], embora fosse melhor considerá-la apenas ineficaz. Poder-se-ia citar como exemplo de decisão condicional aquela que atrela seus efeitos: à produção de determinada prova[8]; à prestação de garantia, caução ou depósito, quando esta condição não é exigida por lei[9]; à eventual validade da situação ou de norma a ser posteriormente verificada[10]; ao preenchimento de determinado requisito pela parte[11]. Todavia, embora pareça realmente correto entender que não é possível aceitar que a decisão ou sentença contemple uma *condição voluntária*, imposta pelo órgão judicial,

---

6. STJ, 4ª T., REsp 164.110/SP, rel. Min. Sálvio de Figueiredo Teixeira, j. 21.03.2000, *DJ* 08.05.2000.
7. No STJ, por exemplo: 6ª T., AgRg no REsp 1.295.494/BA, rel. Min. Rogerio Schietti Cruz, j. 21.10.2014, *DJe* 04.11.2014; 2ª T., AgRg no AREsp 104.589/SP, rel. Min. Herman Benjamin, j. 08.05.2012, *DJe* 23.05.2012; 5ª T., RMS 25.927/SP, rel. Min. Laurita Vaz, j. 20.10.2011, *DJe* 1º.12.2011; 5ª T., AgRg no Ag 1.059.867/SP, rel. Min. Arnaldo Esteves Lima, j. 16.10.2008, *DJe* 17.11.2008; 5ª T., AgRg no Ag 867.932/SP, rel. Min. Laurita Vaz, j. 26.06.2007, *DJ* 06.08.2007; 1ª T., REsp 770.895/SC, rel. Min. Luiz Fux, j. 13.03.2007, *DJ* 02.04.2007; 5ª T., AgRg no Ag 770078/SP, rel. Min. Felix Fischer, j. 12.12.2006, *DJ* 05.03.2007; 1ª T., REsp 697.278/SC, rel. Min. Denise Arruda, j. 02.06.2005, *DJ* 1º.07.2005.
8. No STJ: 3ª T., REsp 35.997/RJ, rel. Min. Eduardo Ribeiro, j. 13.06.1994, *DJ* 27.06.1994; 3ª T., REsp 115.088/RJ, rel. Min. Eduardo Ribeiro, j. 03.08.1999, *DJ* 07.08.2000; 5ª T., AgRg no REsp 674.965/SP, rel. Min. José Arnaldo da Fonseca, j. 08.11.2005, *DJ* 05.12.2005; 1ª T., REsp 866.203/PR, rel. Min. Teori Albino Zavascki, j. 07.08.2007, *DJ* 20.08.2007.
9. No STJ: 1ª T., REsp 48.499/SP, rel. Min. Milton Luiz Pereira, j. 09.08.1995, *DJ* 11.09.1995; 2ª T., REsp 79.197/CE, rel. Min. Antônio de Pádua Ribeiro, j. 02.10.1997, *DJ* 03.11.1997; 1ª Seção, EREsp 90225/DF, rel. Min. Helio Mosimann, j. 23.11.1998, *DJ* 14.12.1998; 2ª T., REsp 70884/MG, rel. Min. Peçanha Martins, j. 17.09.1998, *DJ* 22.03.1999; 1ª T., REsp 249627/SP, rel. Min. Humberto Gomes de Barros, j. 12.12.2000, *DJ* 19.03.2001.
10. No STJ: 1ª T., REsp 674.219/RS, rel. Min. Teori Albino Zavascki, j. 14.12.2004, *DJ* 09.02.2005; 4ª T., AgRg no REsp 877.616/RS, rel. Min. Hélio Quaglia Barbosa, j. 07.11.2006, *DJ* 04.12.2006; 2ª T., REsp 751.681/PR, rel. Min. João Otávio de Noronha, j. 05.12.2006, *DJ* 08.02.2007; 1ª T., REsp 770.895/SC, rel. Min. Luiz Fux, j. 13.03.2007, *DJ* 02.04.2007.
11. No STJ: 1ª T., REsp 605.848/PE, rel. Min. Teori Albino Zavascki, j. 05.04.2005, *DJ* 18.04.2005; 5ª T., AgRg no Ag 770.078/SP, rel. Min. Felix Fischer, j. 12.12.2006, *DJ* 05.03.2007; 6ª T., AgRg no AgRg no Ag 543.119/SP, rel. Min. Maria Thereza de Assis Moura, j. 1º.07.2008, *DJe* 18.08.2008; 6ª T., AgRg no Ag 847.569/SP, rel. Min. Nilson Naves, j. 02.12.2008, *DJe* 27.04.2009.

para sua eficácia; o mesmo não ocorre se é a própria lei que impõe determinada condição para a eficácia da decisão e esta apenas a reconhece. Ou seja, não parece possível negar a possibilidade de uma decisão ou sentença estar sujeita a uma *condição legal*. A questão aqui suscitada é que pode a lei processual subordinar a eficácia da decisão ao implemento de uma condição legal, tornando a decisão em si mesma condicional. É o caso, por exemplo, do reexame necessário (CPC, art. 496). De maneira *ex lege* prolonga-se o estado natural de ineficácia (externa) de algumas sentenças, constituindo-se, pois, em uma condição suspensiva a que está sujeita a sentença. Outra hipótese é a do deferimento de satisfação completa em sede de execução provisória que, em algumas hipóteses, poderá estar condicionada à prestação de caução (CPC, art. 520, IV). Outro exemplo é o da sentença genérica referente à relação de consumo (CDC, art. 95), cuja liquidação não se limitará à definição do *quantum debeatur*, mas, também, terá que definir a condição do lesado (direito individual homogêneo): a sua legitimidade e a intensidade dos danos suportados. Portanto, desde que se aceite a existência de condições legais, é mesmo possível vislumbrar a existência e a aceitação, pelo sistema positivo, de decisões ou sentenças condicionais.

Considerando a *estabilidade jurídica do título*, pode-se falar em execução *definitiva* e *provisória*. Tem-se por definitiva a execução fundada em sentença transitada em julgado ou em título executivo extrajudicial. É provisória a execução quando a decisão judicial estiver pendente de recurso ao qual não foi atribuído efeito suspensivo (CPC, art. 995), isto é, o título ainda deve ser confirmado. A execução provisória pode converter-se em definitiva, bastando para isso que sobrevenha o trânsito em julgado da decisão. O oposto, todavia, não ocorre. A execução que inicia definitiva pode ser suspensa, por força da defesa oposta, mas não se transforma em provisória. Assim, pendente recurso da sentença que julgou improcedentes os embargos opostos pelo executado em execução de título extrajudicial, a execução prossegue como definitiva[12]. A execução, seja definitiva, seja provisória, pode ser *completa* ou *incompleta*, isto é, os atos executivos podem resultar na satisfação da obrigação, quando será completa; ou podem ter seu avanço paralisado em determinada etapa ou não propiciar a satisfação da obrigação, quando será incompleta.

2.3. PRINCÍPIOS

Vários princípios norteiam a função processual executiva. Vejamos alguns deles.

O legislador (CPC, art. 783) ainda consagra o princípio de que *não há execução sem título executivo* (*nulla executio sine titulo*), ou seja, de que a pretensão executiva, para ser desencadeada, precisa ter por base um título executivo judicial (CPC, art. 515) ou extrajudicial (CPC, art. 784), definitivo ou provisório, que consagre uma obrigação qualquer, desde que esta se apresente líquida, certa e exigível.

---
12. STJ, 1ª T., REsp 514.286/RJ, rel. Min. Teori Albino Zavascki, j. 23.03.2004, *DJ* 10.05.2004.

O princípio *do resultado* ou *da utilidade da execução* (CPC, art. 797) estatui que a execução deve ser desenvolvida em proveito do exequente, ou seja, o objetivo da execução é satisfazer o interesse do credor, proporcionando-lhe tudo aquilo e exatamente aquilo que ele tem o direito de conseguir. Logo, na execução, as partes não se encontram em estado de igualdade, tendo o exequente a prerrogativa de impor suas vontades ao executado, tais como: a) definir a espécie de execução de sua preferência, quando por mais de um modo puder ser realizada (CPC, art. 798, II, a); b) indicar bens passíveis de penhora (CPC, art. 524, VII, e art. 798, II, c); c) desistir da execução, no todo ou em parte, sem anuência do executado (CPC, art. 775); d) escolher o meio de expropriação (CPC, art. 825) etc.

Não obstante o objetivo da execução seja atender ao interesse do exequente, deve-o ser realizado de maneira razoável, daí servir como equilíbrio o princípio *da menor onerosidade* (CPC, art. 805), o qual estabelece que, podendo por vários meios ser realizada a obrigação, o juiz mandará que se faça pelo modo menos gravoso para o executado. Tal princípio protege a boa-fé do executado, impedindo que o credor abuse de seu direito de crédito. Embora a aplicação desse princípio possa se dar de ofício pelo juiz, se o executado suscitar que tal princípio está sendo ofendido no caso, terá o ônus de indicar outros meios mais eficazes e menos onerosos, sob pena da manutenção dos atos executivos já determinados (CPC, art. 805, parágrafo único). Ou seja, é insuficiente a mera invocação genérica do princípio[13]. Nesse sentido, por exemplo, o princípio pode ser invocado para rever a ordem legal de bens suscetíveis de penhora (CPC, art. 835), amoldando-o às peculiaridades do caso[14], pelo que pode-se substituir a penhora recaída sobre dinheiro por fiança bancária ou seguro garantia (CPC, art. 835, § 2º)[15].

Pode se falar no princípio da *tipicidade* ou da *atipicidade* das formas executivas. Basicamente, se a técnica processual for necessariamente empregada na execução para o alcance do cumprimento da obrigação é aquela descrita pelo sistema legal (CPC, art. 806 e seguintes; art. 814 e seguintes; e art. 824 e seguintes), tem-se a *tipicidade* das formas executivas. Por sua vez, se não há no sistema legal um modelo previamente concebido para essa técnica, tratando-se de um sistema aberto, em que o magistrado tem o poder--dever de valer-se dos meios executivos que entender mais adequados para proporcionar a satisfação da obrigação, tem-se a *atipicidade* das formas executivas. Mesmo quando se autoriza a atipicidade dos meios executivos (CPC, art. 139, IV[16]; art. 497, *caput*; art. 513 e art. 536), não se admite a prática de atos ilícitos, abusivos, desproporcionais ou imotivados pelo juiz ou tribunal.

---

13. STJ, 1ª Seção (repetitivo), REsp 1.337.790/PR, rel. Min. Herman Benjamin, j. 12.06.2013, *DJe* 07.10.2013; STJ, 2ª T., AgRg no AREsp 810.688/RS, rel. Min. Assusete Magalhães, j. 03.03.2016, *DJe* 16.03.2016.
14. STJ, 1ª T., REsp 695.781/RS, rel. Min. Teori Albino Zavascki, j. 19.02.2008, *DJe* 05.03.2008.
15. STJ, 1ª T., AgRg no AREsp 726.208/RR, rel. Min. Gurgel de Faria, j. 17.05.2016, *DJe* 10.06.2016.
16. Enunciado 48 da ENFAM: "O art. 139, IV, do CPC/2015 traduz um poder geral de efetivação, permitindo a aplicação de medidas atípicas para garantir o cumprimento de qualquer ordem judicial, inclusive no âmbito do cumprimento de sentença e no processo de execução baseado em títulos extrajudiciais".

2.4. TÍTULO EXECUTIVO

A função executiva, uma vez tendo início, implica em diversos reflexos, por vezes traumáticos, na esfera jurídica do executado, como a indisponibilidade relativa de seu patrimônio, a perda de certidão negativa etc.; além de reflexos imediatos no mundo dos fatos.

Como mínimo de segurança para permitir desencadear-se essa atividade (*forçada*), é que se exige a apresentação de título executivo.

Diversas teorias tentaram explicar o conceito do título executivo. Elas podem ser agrupadas em três posições distintas, que entendiam o título executivo: a) como ato jurídico; b) como um documento que se constitui prova do crédito; c) como um misto de ato e documento. Acomodando as diversas concepções doutrinárias acerca do tema, pode-se conceituar o título executivo como sendo a representação documental típica (com eficácia legal de viabilizar a execução) que contém uma obrigação líquida, certa e exigível, entre sujeitos determinados, para a qual se provoca a tutela executiva. Como se percebe, portanto, a exigência de tipicidade[17] guarda direta relação com a segurança jurídica, de modo que não é dado ao magistrado atribuir eficácia executiva a algo que o legislador assim não tenha feito. Essa representação documental não precisa ser necessariamente física, admitindo-se seja ela via virtual ou eletrônica[18]. Em suma, o título executivo é um documento complexo, que possui elementos formais e substanciais.

As características de *certeza, liquidez* e *exigibilidade* não são do título executivo em si, mas da obrigação nele contida. Entender a obrigação como certa significa que estão definidos com precisão os elementos da obrigação: sujeitos, natureza e objeto da relação jurídica (*an debeatur*). Versa, pois, sobre a perfeição formal do título executivo. Assim, não diz respeito à certeza de existência da obrigação. A liquidez diz respeito à exata definição, no próprio título executivo ou a partir dele, isto é, sem necessidade de qualquer investigação de fatos exteriores, da quantidade de bens objeto da obrigação a ser prestada (*quantum debeatur*). A exigibilidade restará preenchida se, quanto ao tempo da obrigação, ela admitir ser realizada, vale dizer, não pode existir nenhum obstáculo temporal relacionado a termo ou a condição. Essas características devem estar presentes no momento em que a execução tem início,[19] sob pena de extinção da execução (CPC, art. 803, I e III). Todavia, pode-se admitir que, embora no início da execução estejam essas características presentes, venham, supervenientemente (CPC, art. 493), no curso do processo de execução, deixar de existir, de modo que a execução deverá, conforme o caso, ser suspensa ou extinta sem resolução de mérito[20]. De outro

---

17. STJ, 4ª T., REsp 1.453.949/SP, rel. Min. Luis Felipe Salomão, j. 13.06.2017, *DJe* 15.08.2017.
18. STJ, 3ª T., REsp 1.024.691/PR, rel. Min. Nancy Andrighi, j. 22.03.2011, *DJe* 12.04.2011.
19. A certeza da obrigação é intrínseca à formação do título executivo, enquanto que a liquidez e a exigibilidade podem surgir depois da formação do título. Todavia, elas devem se verificar antes do momento inicial da execução.
20. Na lei há um exemplo em que haverá a extinção por perda superveniente da exigibilidade: a execução provisória. Assim, a revogação da tutela antecipada torna sem efeito a sua execução, que será extinta (CPC, art. 520, II).

lado, apenas excepcionalmente se poderá admitir, no curso da execução, que a característica ausente ao início seja implementada nesse curso, ou seja, em regra não se admite que o fato superveniente (CPC, art. 493) complemente a característica que faltava, pois, como visto, o legislador, nessa hipótese, previu a extinção da execução (CPC, art. 803, I e III). Assim, por exemplo, mesmo faltando o preenchimento do prazo para que a obrigação se considere exigível, o exequente ajuíza a execução, ou seja, o faz antes de a obrigação estar vencida. Nesse caso, se antes de o juiz proferir qualquer decisão a respeito do tema houver a superveniência da exigibilidade, sua falta inicial poderá ser relevada e a execução pode prosseguir regularmente. O mesmo não poderá acontecer se citado o executado, este aponta a inadmissibilidade da ação executiva (CPC, art. 803, III), pelo que, depois do contraditório, o juiz profere sentença e extingue o feito sem resolução de mérito, condenando o exequente ao pagamento de custas e honorários. Imagine-se, ainda, que, sem razão, o exequente apela dessa sentença e, dado o tempo que demora o trâmite desse recurso, alcança-se a data de vencimento da obrigação. Seria possível nessa hipótese o tribunal reconhecer a perda de objeto do recurso e determinar o prosseguimento da execução? Quer parecer que não, pois se estaria prestigiando o exequente que recorreu para ganhar tempo e, eventualmente, alcançar essa situação. A superveniência da exigibilidade nesse caso, portanto, decorreu de ato do próprio exequente, o que seria inaceitável, pois estaria ele obtendo a sanação do vício por ele mesmo cometido, ainda que depois de citado o executado. Ademais, caso permitido o prosseguimento da execução, estaria sendo violado o art. 92 do CPC, que determina que a repropositura da demanda exija o prévio pagamento das custas e dos honorários devidos pela primeira demanda, bem como estaria se evitando que o exequente viesse a ser condenado por honorários recursais (CPC, art. 85, § 11). Nesse caso, somente se o fato superveniente tivesse decorrido de ato do próprio executado, é que se poderia admitir o preenchimento da exigibilidade que ao início não existia[21].

Muito embora já tenha predominado o entendimento de que o título executivo serviria como condição de ação (interesse/adequação) executiva, tal entendimento deve ser revisto. Com efeito, pelo menos dois aspectos indicam a revisão desse entendimento. O *primeiro* deles, que não é novo, decorre de a teoria geral executiva ser una, isto é, aplicável tanto à execução fundada em título executivo judicial quanto àquela fundada em título executivo extrajudicial. Assim sendo, não parece adequado que, no regime do cumprimento de sentença, que já existe uma ação em curso, cujas condições de ação foram avaliadas na fase de conhecimento, comporte nova análise dessa natureza, agora para a fase de execução, que nada mais é que uma natural continuidade daquela mesma ação. Em suma, diante do processo *sincrético* não haveria espaço para se cogitar da existência de uma *condição de ação* executiva. O *segundo* aspecto decorre

---

Neste sentido: STJ, 3ª T., REsp 1.262.190/SP, rel. Min. Nancy Andrighi, j. 08.04.2014, *DJe* 29.04.2014. De outro lado, será caso de suspensão da execução, quando, por exemplo, surgir suspensão da exigibilidade do crédito tributário quando já em curso a execução fiscal: STJ, 1ª T., AgRg no REsp 1.332.139/DF, rel. Min. Napoleão Nunes Maia Filho, j. 20.03.2014, *DJe* 07.04.2014.
21. STJ, 2ª T., AgRg no AREsp 109.985/SP, rel. Min. Humberto Martins, j. 12.06.2012, *DJe* 18.06.2012.

do novo diploma legal (CPC, art. 785), segundo o qual "a existência de título executivo extrajudicial não impede a parte de optar pelo processo de conhecimento, a fim de obter título executivo judicial". Como se percebe, ser portador de um título executivo extrajudicial não retira do credor o interesse de ajuizar ação de conhecimento[22]. Sendo assim, a presença do título executivo extrajudicial não condiciona o credor a ajuizar, exclusivamente, uma ação executiva; isto é, não lhe retira o direito de acessar a via cognitiva. Assim, muito embora a via cognitiva possa se apresentar mais longa e com o risco de ser julgada improcedente, não poderá ser considerada inadequada ou inútil para o titular do título executivo extrajudicial que por ela tenha optado, especialmente porque não causa prejuízo ao executado[23].

Portanto, certamente a doutrina terá que reavaliar a natureza jurídica do título executivo para a execução, devendo enquadrá-lo como *requisito legal específico de admissibilidade da execução*, mantendo-o, assim, como matéria de ordem pública, não sujeita a preclusão, cognoscível de ofício pelo juiz a qualquer tempo e grau de jurisdição[24].

Os títulos executivos apresentam classificação, não obstante, frise-se, a eficácia executiva seja idêntica para todos eles. Tradicionalmente, aqueles identificados como *títulos executivos judiciais* (CPC, art. 515) seriam melhor compreendidos se designados como *títulos executivos jurisdicionais*, pois decorrem ou são formados por força de uma atividade jurisdicional, não se limitando apenas aos oriundos da atividade desenvolvida pelo Poder Judiciário. Destarte, eles englobam pronunciamentos jurisdicionais de qualquer natureza (civil, penal, contenciosa, voluntária etc.), decorrentes de atividade pública (judicial) ou privada (arbitragem), nacional ou estrangeira, aos quais se atribui força executiva e se submetem ao regime do chamado cumprimento de sentença. Há, também, os *títulos executivos extrajudiciais* (CPC, art. 784), que decorrem da vontade (bilateral ou unilateral) das partes nos termos admitidos pela lei. São chamados de *títulos executivos mistos* os quais têm seus elementos integrativos representados por documentação em parte de origem extrajudicial e em parte com certificação jurisdicional. E, ainda, há os *títulos executivos instrumentalmente complexos*, que são aqueles formados por mais de um documento.

O título executivo pode se apresentar nulo quando não corresponder à obrigação certa, líquida ou exigível (CPC, art. 803, I), bem como se contiver outras irregularidades formais exigidas para o documento. Tal matéria pode ser conhecida de ofício ou a requerimento da parte, nos próprios autos da execução (CPC, art. 803, parágrafo único) e, por não estar sujeita à preclusão, pode o Judiciário apreciá-la mesmo de ofício nas instâncias ordinárias, enquanto a causa estiver em curso, ainda que haja expressa decisão a respeito[25].

---

22. Entre as quais se inclui a ação monitória.
23. STJ, 3ª T., AgRg no REsp 1.209.717/SC, rel. Min. Paulo de Tarso Sanseverino, j. 11.09.2012, *DJe* 17.09.2012; STJ, 4ª T., EDcl no REsp 1.231.193/RS, rel. Min. Maria Isabel Gallotti, j. 16.12.2014, *DJe* 06.02.2015.
24. STJ, 4ª T., REsp 776.272/SC, rel. Min. Luis Felipe Salomão, j. 17.08.2010, *DJe* 24.08.2010.
25. STJ, 1ª T., REsp 847.390/SP, rel. Min. Teori Albino Zavascki, j. 06.03.2007, *DJ* 22.03.2007; STJ, 2ª T., REsp 830.392/RS, rel. Min. Castro Meira, j. 04.09.2007, *DJ* 16.06.2008.

2.4.1. Títulos executivos judiciais (jurisdicionais)

Como apontado, o art. 515 do CPC apresenta o elenco dos chamados títulos executivos judiciais.

2.4.1.1. Natureza do pronunciamento judicial com força executiva (art. 515, I)

Antes do atual diploma processual, a lei (CPC/73, art. 584, I, e, depois, art. 475-N, I) apenas se referia à *sentença* como título executivo e, considerando que a execução é orientada pelo princípio da tipicidade, ou seja, que compete à lei e não ao intérprete definir que representação documental tem força executiva, surgiu dúvida se outros pronunciamentos judiciais, especialmente uma decisão interlocutória, poderiam dar lugar a uma execução.

Nesse particular o CPC/2015 apresenta importante avanço (art. 515, I), porque deixa claro que qualquer *decisão* (interlocutória, sentença, acórdão ou decisão monocrática de relator) tem força executiva, o que é mais adequado à noção de efetividade da tutela jurisdicional. Em verdade, não haveria qualquer necessidade desse elemento normativo ou de catalogação legal de atribuição de eficácia executiva, porque as decisões podem ensejar diversos efeitos, entre eles, o executivo, em maior ou menor escala.

Essa decisão a que a lei atribui força executiva deveria pertencer àquele grupo de decisões não satisfativas ou não autossuficientes, ou seja, deveria ter natureza condenatória, mandamental ou executiva, que são aquelas que admitem posterior atuação prática.

Todavia, baseando-se em noções de economia, celeridade e simplicidade que deveria apresentar a técnica processual, à luz do então previsto no art. 475-N, I, do CPC/1973, passou a se entender que a sentença declaratória que reconhece a existência de obrigação líquida, certa e exigível tem a mesma eficácia de título executivo, antes apenas atribuída às sentenças condenatórias/mandamentais/executivas[26]. E, se num primeiro momento vislumbrou-se essa eficácia executiva apenas na sentença declaratória positiva[27], não demorou o pensamento evoluir e também alcançar a sentença declaratória negativa[28], isto é, reconheceu-se ao réu o direito de promover execução de sentença declaratória de

---

[26]. No STJ: 1ª T., REsp 588.202/PR, j. 10.02.2004, *DJU* 25.02.2004; 1ª T., REsp 587.061/RS, j. 03.02.2004, *DJU* 25.02.2004; 1ª T., REsp 513.740/PR, j. 23.03.2004, *DJU* 03.05.2004; 1ª T., REsp 614.577/SC, j. 23.04.2004, *DJU* 03.05.2004, todos esses de relatoria do Min. Teori Albino Zavascki; 1ª Seção, EREsp 502.618/RS, rel. Min. João Otávio de Noronha, j. 08.06.2005, *DJU* 1º.07.2005 e 2ª T., REsp 1.684.460/SP, rel. Min. Herman Benjamin, j. 03.10.2017, *DJe* 16.10.2017.

[27]. No STJ: 1ª Seção, EREsp 609.266/RS, rel. Min. Teori Albino Zavascki, j. 23.08.2006, *DJ* 11.09.2006; 6ª T., AgRg nos EDcl no REsp 796.343/PE, rel. Des. Conv. TJSP Celso Limongi, j. 14.04.2009, *DJe* 11.05.2009; 4ª T., AgRg no REsp 1.209.724/RJ, rel. Min. Luis Felipe Salomão, j. 08.11.2011, *DJe* 16.11.2011; 3ª T., AgRg no AREsp 426.202/RS, rel. Min. Ricardo Villas Bôas Cueva, j. 20.05.2014, *DJe* 30.05.2014.

[28]. No STJ: 1ª Seção, REsp 1.261.888/RS (repetitivo), rel. Min. Mauro Campbell Marques, j. 09.11.2011, *DJe* 18.11.2011; 1ª T., REsp 1.300.213/RS, rel. Min. Teori Albino Zavascki, j. 12.04.2012, *DJe* 18.04.2012; 3ª T., REsp 1.309.090/AL, rel. Min. Sidnei Beneti, j. 06.05.2014, *DJe* 12.06.2014; 3ª T., AgRg no REsp 1.446.433/SC, rel. Min. Sidnei Beneti, j. 27.05.2014, *DJe* 09.06.2014; 3ª T., REsp 1.481.117/PR, rel. Min. João Otávio De Noronha, j. 03.03.2015, *DJe* 10.03.2015.

improcedência, independentemente de reconvenção. Nessa mesma esteira, também já se reconheceu efeito executivo à sentença constitutiva, positiva ou negativa[29].

Tal entendimento, no entanto, pode e deve vir a ser revisto à luz do CPC. É que enquanto o art. 475-N, I, do CPC/73 estabelecia ser título executivo judicial a sentença que reconhecia "a existência" de obrigação; o art. 515, I, do CPC estabelece ser título executivo judicial a decisão que reconheça "a exigibilidade" da obrigação. Embora possa parecer que o conteúdo praticamente não tenha sido alterado, é valiosa a distinção entre *existência* e *exigibilidade* da obrigação contida no título executivo judicial. A existência abrange a certeza e a liquidez da obrigação, ou seja, seus elementos: natureza (fazer, abster-se, entregar ou pagar), sujeitos (credor e devedor) e objeto/*quantum* (determinação de valor ou coisa). A exigibilidade pressupõe essa existência, e vai além: importa na demonstração de que não há qualquer óbice (temporal, condicional etc.) para o cumprimento da obrigação existente. Portanto, quando se refere à exigibilidade, o texto do CPC está indicando que a sentença, para poder ser executada, deve ser *completa* em relação à individualização da obrigação nela contida. Nesse particular, portanto, o novo texto legal se apresenta melhor elaborado, porque adotou definição muito mais técnica e adequada para a exata dimensão da hipótese. Embora essa alteração no texto legal não descarte de per si a possibilidade de execução de sentença declaratória ou constitutiva a partir da vigência do CPC, certamente a sua efetivação deverá ser repensada à luz da exigência de contraditório do art. 10 do CPC, cuja finalidade é a de evitar surpresas no processo, ou seja, que as partes sejam surpreendidas, no momento da decisão judicial, com um fundamento sobre o qual não houve qualquer anterior manifestação e que, se tivesse havido tal oportunidade prévia, as partes poderiam debater e influir em sua não aplicação ao caso. Realmente, se o autor deduz uma demanda com pedido apenas declaratório positivo, citado o réu, ele sabe que o máximo que poderá sofrer em caso de derrota será a declaração pedida pelo autor. Por sua vez, em caso de improcedência de uma declaratória negativa, se declarará apenas que os fatos alegados com a petição inicial não são aptos ao reconhecimento da situação jurídica objeto do pedido, dada a limitação da coisa julgada à causa de pedir. Isto é, não se exclui que, por força de outros fatos e/ou fundamentos de direito, a declaração negativa admita acolhida. Sendo assim, se a demanda de natureza declaratória envolver uma obrigação de qualquer natureza, tendo em conta o pedido à luz do contraditório, em nenhum momento o réu vislumbra que eventual certificação positiva a favor do autor servirá, a seguir, para produzir a execução da obrigação declarada. Da mesma forma, tendo em conta a limitação com a causa de pedir, o autor de uma declaratória negativa não vislumbra que a improcedência do seu pedido autorizará o réu a, independentemente de provocação, eventualmente seguir com a execução da obrigação "inversamente" reconhecida ou não negada. Portanto, a fim de evitar esse tipo de surpresa para as partes, tendo em conta o novo paradigma do art. 10 do CPC, caberá ao magistrado, diante de demanda envolvendo a "declaração" positiva de obrigação, buscar o esclarecimento da parte autora, mediante

---

29. STJ, 2ª T., AgRg no REsp 1.018.250/RS, rel. Min. Herman Benjamin, j. 21.08.2014, *DJe* 25.09.2014.

determinação de emenda à petição inicial (CPC, art. 319), quanto aos limites da sua pretensão, isto é, se o autor tão só visa com a sentença mera declaração ou se pretende, também, a realização da obrigação. Caso o autor manifeste, a despeito do pedido deduzido ter sido de declaração, que seu intuito é ver a obrigação cumprida pelo réu, este será citado e terá exata noção do que lhe poderá ocorrer de pior e, assim, adotar as providências que entender adequadas para sua defesa, inclusive provocando a análise da prescrição[30], que numa pretensão meramente declaratória seria inadequada, uma vez que a pretensão de mera ou pura declaração é imprescritível[31]. Da mesma forma, tratando-se de demanda declaratória negativa, deverá buscar esclarecer junto ao réu se, em caso de improcedência, pretenderá executar a obrigação não negada ao autor, o que poderá ocorrer mediante alerta na citação, fazendo constar de forma expressa no mandado que para esse fim será necessário pedido a ser deduzido de forma clara e expressa ou quando do saneamento do processo (art. 354), a fim de ordenar o que se seguirá nos autos. Enfim, o que não se poderá admitir, sob pena de violação ao art. 10 do CPC e aos demais que reproduzem seu preceito (CPC, arts. 141 e 489), é que a execução da sentença declaratória ou constitutiva, positiva ou negativa, se apresente como surpresa para o executado que em nenhum momento anterior no processo debateu sobre a chance disso vir a acontecer. Portanto, inequivocamente, para que a orientação que prevaleceu na jurisprudência do STJ quando da vigência do CPC/73 continue aplicável à luz do CPC, terá que ter sido analisada no caso concreto a questão da formação do título executivo à luz do efetivo contraditório, com a finalidade de evitar o malfadado efeito surpresa.

2.4.1.2. Decisão homologatória (art. 515, II e III)

Como é dever do magistrado empregar esforços para obter a solução consensual dos conflitos (CPC, art. 3º, §§ 2º e 3º), os incisos II e III do art. 515 do CPC estabelecem ser título executivo judicial misto a decisão que homologa conciliação, transação ou mediação realizada em juízo[32] ou extrajudicialmente, e, se a autocomposição foi obtida em juízo, poderá envolver sujeito estranho ao processo e versar sobre relação jurídica diversa daquela deduzida em juízo, conforme expressa previsão do § 2º do art. 515 do CPC.

Os atos negociais das partes podem ser homologados pelo juiz, ocasião em que lhe cumpre examinar a sua validade e a sua eficácia, mediante *juízo de delibação*, ou seja, sem analisar o direito das partes, comporta examinar: a) se realmente realizaram

---

30. STJ, 5ª T., AgRg no REsp 1.174.119/RS, rel. Min. Gilson Dipp, j. 04.11.2010, *DJe* 22.11.2010; STJ, 2ª T., AgRg no REsp 1.341.528/MG, rel. Min. Herman Benjamin, j. 20.03.2014, *DJe* 22.04.2014.
31. STJ, 1ª T., AgRg no AREsp 125.379/GO, rel. Min. Benedito Gonçalves, j. 21.06.2012, *DJe* 28.06.2012; STJ, 3ª T., REsp 1.434.498/SP, rel. p/ Acórdão Min. Paulo de Tarso Sanseverino, j. 09.12.2014, *DJe* 05.02.2015.
32. Enunciado 87 da I Jornada de Direito Processual Civil (CJF): "O acordo de reparação de danos feito durante a suspensão condicional do processo, desde que devidamente homologado por sentença, é título executivo judicial".

ato de reconhecimento, transação ou renúncia; b) se a matéria negociada admite autocomposição; c) se os contratantes são titulares, no todo ou em parte, do direito negociado; d) se elas têm capacidade para transigir; e) se estão adequadamente representados. Qualquer vício do acordo homologado não poderá ser debatido na impugnação ao cumprimento de sentença, devendo ser objeto de ação autônoma (CPC, art. 966, § 4º)[33]. Todavia, se o vício for do ato de homologação, pode ser debatido nos próprios autos em que foi realizado[34]. Convém assinalar que tem entendido o STJ que "a ausência de homologação judicial do instrumento de transação, por si só, não retira do documento o caráter de título executivo, embora lhe subtraia a possibilidade de execução como título judicial"[35]. A transação, no entanto, somente terá tal força executiva se o seu instrumento se enquadrar como título executivo extrajudicial (CPC, art. 784), cabendo lembrar que o instrumento de transação a que se refere o art. 784, IV, do CPC também pode ser homologado judicialmente a pedido dos interessados, e não a pedido do Ministério Público, da Defensoria Pública e da Advocacia Pública que os referendou.

2.4.1.3. Formal e certidão de partilha (art. 515, IV)

Se a sentença que põe fim ao inventário (CPC, arts. 654 e 655) reconhecer obrigação líquida, certa e exigível, seja de pagar quantia, seja de entregar coisa etc., poderá ser objeto de execução forçada, nos termos do inciso IV do art. 515 do CPC, embora somente vincule o inventariante, os herdeiros e os sucessores a título singular ou universal.

2.4.1.4. Crédito de auxiliar da justiça e outras despesas ou custas aprovadas judicialmente (art. 515, V)

O inciso V do art. 515 do CPC inova em relação ao previsto no CPC/1973 (art. 585, VI), e com acerto, ao alterar para título executivo judicial o crédito de auxiliar de justiça (perito, tradutor, leiloeiro etc.), ou de outras despesas (testemunhas) ou custas, todas aprovadas judicialmente. Sim, se houve aprovação do magistrado, outra não poderia ser a natureza deste título executivo[36].

---

33. STJ, 1ª T., EDcl no REsp 725.362/SC, rel. Min. Teori Albino Zavascki, j. 12.05.2005, *DJ* 23.05.2005.
34. STJ, 3ª T., REsp 1.046.068/MG, rel. Min. Sidnei Beneti, j. 19.03.2009, REPDJe 25.11.2009, *DJe* 30.03.2009.
35. STJ, 3ª T., REsp 1.061.233/SP, rel. Min. Nancy Andrighi, j. 1º.09.2011, *DJe* 14.09.2011. No mesmo sentido, do STJ: 5ª T., REsp 363.006/RJ, rel. Min. Felix Fischer, j. 26.02.2002, *DJ* 18.03.2002; 4ª T., REsp 234.385/SP, rel. Min. Sálvio de Figueiredo Teixeira, j. 04.04.2000, *DJ* 14.08.2000.
36. Enunciado 527 do FPPC: "Os créditos referidos no art. 515, inc. V, e no art. 784, inc. X e XI do CPC/2015 constituídos ao tempo do CPC/73 são passíveis de execução de título judicial e extrajudicial, respectivamente". Como se percebe, o enunciado trata de entendimento atrelado ao direito intertemporal. Assim, ainda que as custas, emolumentos ou honorários que foram aprovados pelo juiz na vigência do CPC/73, serão executados de acordo com o CPC/2015, ou seja, por meio de cumprimento de sentença.

2.4.1.5. Sentença penal condenatória (art. 515, VI)

Entre os efeitos da sentença penal condenatória transitada em julgado está a imposição ao condenado de reparar o dano causado pelo crime a vítima e seus sucessores (CP, art. 91, I). Caso o juiz criminal não fixe valor mínimo para a reparação dos danos causados pela infração (CPP, art. 387, IV), esta lacuna reclamará, para ser executada, a prévia apuração dos prejuízos sofridos pelo ofendido mediante liquidação de sentença no juízo cível.

2.4.1.6. Sentença arbitral (art. 515, VII)

A sentença arbitral pode impor uma obrigação de qualquer natureza que, se não cumprida de forma voluntária, reclamará sua execução que, como não pode ser realizada perante o tribunal arbitral que carece de poder de império, far-se-á perante o Poder Judiciário e pelo regime do cumprimento de sentença.

Colhem-se perante o STJ: "(...) No ordenamento jurídico pátrio, o árbitro não foi contemplado com o poder de império, de coerção, capaz de determinar a execução de suas sentenças, motivo pelo qual, não adimplida voluntariamente a obrigação, deve o credor recorrer ao Poder Judiciário, requerendo o cumprimento da sentença arbitral, cujo processamento dar-se-á no juízo cível competente, nos moldes do art. 475-P, inc. III, do CPC. (...)"[37] e "(...) A sentença arbitral produz entre as partes e seus sucessores os mesmos efeitos da sentença judicial, constituindo, inclusive, título executivo judicial quando ostentar natureza condenatória. (...)"[38]. De outro lado, também já decidiu o STJ que:

> (...) Mesmo em contrato que preveja a arbitragem, é possível a execução judicial de confissão de dívida certa, líquida e exigível que constitua título executivo nos termos do art. 585, inciso II, do Código de Processo Civil, haja vista que o juízo arbitral é desprovido de poderes coercitivos. Precedente do STJ. (...)[39].

2.4.1.7. Sentença e decisão estrangeira (art. 515, VIII e IX)

Salvo exceções (CPC, art. 962, § 4º), tanto a sentença quanto a decisão interlocutória estrangeiras, para que possam se constituir título executivo judicial nos termos dos incisos VIII e IX do art. 515 do CPC e, por conseguinte, possam produzir efeitos no Brasil, dependem da homologação do Superior Tribunal de Justiça. Um dos requisitos indispensáveis é a sentença estrangeira ter sido proferida pela autoridade competente[40]. O procedimento de homologação é regulado nos arts. 960 a 965 do CPC e pela Resolução 9/2005 do STJ.

---

37. STJ, 4ª T., REsp 1.312.651/SP, Rel. Min. Marco Buzzi, j. 18.02.2014, *DJe* 25.02.2014.
38. STJ, Corte Especial, SEC 4.516/EX, rel. Min. Sidnei Beneti, j. 16.10.2013, *DJe* 30.10.2013.
39. STJ, 3ª T., REsp 1.373.710/MG, rel. Min. Ricardo Villas Bôas Cueva, j. 07.04.2015, *DJe* 27.04.2015.
40. STJ, Corte Especial, SEC 12.236/EX, rel. Min. Mauro Campbell Marques, j. 16.12.2015, *DJe* 18.12.2015.

2.4.2. Títulos executivos extrajudiciais

Os títulos executivos extrajudiciais estão descritos no art. 784 do CPC, muito embora nele não se esgote o rol, uma vez que outras leis podem contemplar títulos executivos dessa natureza, conforme admite o inc. XII desse dispositivo legal. São exemplos destes: cédula de crédito rural (Decreto-lei 167/67, art. 41) e cédula de crédito industrial (Decreto-lei 413/69, art. 41). Seja como for, uma boa razão para que o legislador (federal) não transforme qualquer documento que reconheça uma dívida em título executivo é a solenidade da forma prescrita em lei que se exige para esse fim.

Entre os atos a que a lei atribui força executiva, há aqueles de tipo fechado, que adotam outros tipos jurídicos presentes no ordenamento (ex.: nota promissória, seguro de vida etc.); e aqueles de tipo aberto, em que será necessário que o ato se encaixe na previsão abstrata da lei (ex.: documento público assinado pelo devedor).

Os títulos executivos extrajudiciais oriundos de país estrangeiro não dependem de homologação para serem executados (CPC, art. 784, §2º); no entanto, só terão eficácia executiva quando satisfeitos os requisitos de formação exigidos pela lei do lugar de sua celebração e quando o Brasil for indicado como o lugar de cumprimento da obrigação (CPC, art. 784, §3º).

Nos títulos executivos constituídos ou atestados por meio eletrônico, é admitida qualquer modalidade de assinatura eletrônica prevista em lei, dispensada a assinatura de testemunhas quando sua integridade for conferida por provedor de assinatura (CPC, art. 784, §4º)[41].

2.4.2.1. Títulos de crédito (art. 784, I)

Para que os títulos de crédito (cambiais ou cambiariformes) arrolados no inc. I do art. 784 do CPC (cheque[42], nota promissória, letra de câmbio, duplicata e debênture)[43] produzam a eficácia executiva que lhes é atribuída, é necessário que apresentem os seus requisitos específicos (forma e conteúdo) descritos pela norma de direito material que os regula, o que deverá ser conhecido de ofício pelo juiz. Por isso mesmo, devem ser apresentados em sua via original junto ao processo e, conforme o caso, para sua preservação e segurança podem ser mantidos sob a guarda da secretaria ou do cartório (CPC, art. 425, § 2º).

---

41. STJ, 3ª T., REsp 1.495.920/DF, Rel. Min. Paulo de Tarso Sanseverino, j. 15.05.2018, DJe 07.06.2018 e STJ, 3ª T., AgInt no AREsp 2.001.080/SP, Rel. Min. Moura Ribeiro, j. 03.10.2022, DJe 05.10.2022.
42. É nula a execução de cheque que não foi apresentado previamente ao banco sacado para pagamento, ante a ausência de exigibilidade do título, nos termos do artigo 803, inciso I, do Código de Processo Civil: STJ, 3ª T., REsp 2.031.041/DF, rel. Min. Nancy Andrighi, j. 14.08.2023, DJe 16.08.2023.
43. Diante da tipicidade, ou seja, de se reservar à lei federal a atribuição de força executiva, somente quando a lei processual assim atribuir é que o título de crédito também será título executivo. Ou seja, nem todo título de crédito é título executivo.

A prescrição da eficácia executiva do título de crédito não impede que seja o crédito cobrado por meio de ação de conhecimento, que pode ser monitória[44]. Por isso, o Superior Tribunal de Justiça firmou, sob o rito de recurso especial repetitivo, a tese de que "o prazo para ajuizamento de ação monitória em face do emitente de cheque sem força executiva é quinquenal, a contar do dia seguinte à data de emissão estampada na cártula", orientação esta que se fixou por meio da Súmula 503 do STJ[45].

A despeito da solenidade exigida em relação ao aceite do sacado, admite-se que a duplicata sem aceite, desde que protestada e acompanhada do comprovante de entrega da mercadoria ou da prestação de serviço, tenha eficácia executiva[46]. Tal fenômeno, no entanto, não se aplica à letra de câmbio que, portanto, sem aceite, não serve como título executivo[47]. A nota promissória, o cheque e a debênture não estão condicionados ao prévio aceite ou ao protesto para que possam ser executados[48].

A nota promissória, por sua vez, se emitida para garantir uma ou mais prestações de um contrato, não pode ser executada, porque resta comprometida a liquidez da obrigação cambial, cujo montante precisaria ser investigado em debate entre as partes (Súmula 258 do STJ)[49].

2.4.2.2. Confissão de dívida (art. 784, II, III e IV)

Os incisos II, III e IV do art. 784 do CPC têm em comum o reconhecimento expresso de dívida (líquida – certa – exigível) pelo próprio devedor ou por seu mandatário com poderes específicos[50]. Todavia, dadas as distintas formas solenes pelas quais se instrumentaliza esse reconhecimento, é que se justifica a individualização em cada uma das diferentes hipóteses.

Assim, na hipótese do referido inc. II, o reconhecimento da obrigação ou é atestado e autenticado pelo tabelião na escritura pública ou é "aquele produzido por autoridade, ou em sua presença, com a respectiva chancela, desde que tenha competência para tanto"[51] e com a participação do devedor. No caso do inc. III, por sua vez, exige-se a

---

44. STJ, 4ª T., AgRg no AREsp 588.291/PE, rel. Min. Raul Araújo, j. 07.06.2016, *DJe* 27.06.2016.
45. STJ, 2ª Seção (repetitivo), REsp 1.101.412/SP, rel. Min. Luis Felipe Salomão, j. 11.12.2013, *DJe* 03.02.2014.
46. STJ, 4ª T., AgRg no AREsp 389.488/SP, rel. Min. Raul Araújo, j. 17.05.2016, *DJe* 02.06.2016; STJ, 4ª T., AgInt no AREsp 844.991/MG, rel. Min. Antonio Carlos Ferreira, j. 09.08.2016, *DJe* 16.08.2016 e STJ, 4ª T., REsp 1.202.271/SP, rel. Min. Marco Buzzi, j. 07.03.2017, *DJe* 18.04.2017.
47. STJ, 3ª T., REsp 511.387/GO, rel. Min. Nancy Andrighi, j. 21.06.2005, *DJ* 1º.08.2005.
48. STJ, 4ª T., REsp 694.766/RS, rel. Min. Luis Felipe Salomão, j. 06.05.2010, *DJe* 24.05.2010.
49. Súmula 258-STJ: "A nota promissória vinculada a contrato de abertura de crédito não goza de autonomia em razão da iliquidez do título que a originou".
50. Tem-se admitido, de forma excepcional, reconhecimento da executividade de determinados títulos (contratos eletrônicos) quando atendidos especiais requisitos (verificação de autenticidade e presencialidade do contratante), em face da nova realidade comercial com o intenso intercâmbio de bens e serviços em sede virtual (STJ, 3ª T., REsp 1.495.920/DF, rel. Min. Paulo de Tarso Sanseverino, j. 15.05.2018, *DJe* 07.06.2018).
51. STJ, 2ª T., REsp 1.521.531/SE, rel. Min. Mauro Campbell Marques, j. 25.08.2015, *DJe* 03.09.2015.

assinatura do devedor e de duas testemunhas capazes[52] e desinteressadas[53] no conteúdo do ato, sob pena de nulidade do título executivo, que sequer precisam ter estado no ato da confecção do documento particular[54]. Em razão disso, a ausência de alguma testemunha ou a sua incapacidade, por si só, não ensejam a invalidade do contrato ou do documento, mas apenas a inviabilidade do título para fins de execução, pela ausência de formalidade exigida em lei[55]. Por último, segundo o inc. IV, o instrumento que reconhece a obrigação pode ser resultado de mediação realizada pelo agente do Ministério Público, Defensoria ou Advocacia Pública, no uso de suas atribuições, e desde que as partes estejam representadas por advogados com poderes para transacionar.

A existência de cláusula compromissória não obsta a execução de título extrajudicial no Juízo Estatal quando a obrigação nele contido for certa, líquida e exigível, uma vez que os árbitros não possuem poder coercitivo direto, necessário à determinação de atos executivos. Na ação de execução lastreada em contrato com cláusula arbitral, apresentada defesa pelo executado, o Juízo Estatal estará materialmente limitado a apreciar a defesa, não sendo de sua competência a resolução de questões que digam respeito ao próprio título ou às obrigações nele consignadas. Nos casos em que a defesa oposta disser respeito à existência, constituição ou extinção do crédito objeto do título executivo ou às obrigações nele consignadas, sendo incompetente o Juízo Estatal para sua apreciação, revela-se inviável o prosseguimento da execução, dada a imperativa necessidade de solução pelo Juízo Arbitral de questão de mérito que antecede a continuidade da ação instaurada. Nestes casos, a execução do título extrajudicial com cláusula arbitral deve ser suspensa e nesse estado permanecerá até que ultimado o procedimento arbitral, que decidirá pela validade ou não do Termo de Cessão do Crédito exequendo, essencial à higidez do próprio título[56].

2.4.2.3. *Contratos garantidos por qualquer direito real e caução (art. 784, V)*

Este inc. V do art. 784 é exemplo de título executivo com tipo aberto, porque admite qualquer modalidade de direito real de garantia, tais como a hipoteca, o penhor e a anticrese; além de caução, que poderá ser real ou fidejussória. Tais direitos são ajustados com o fim de garantir uma obrigação principal (CC, art. 1.419), isto é, o que se executa não é o contrato de garantia, mas o crédito por ele garantido em caso de inadimplemento do devedor. Na verdade, por meio do vínculo estabelecido pela garantia real ou pela caução, se define qual objeto/coisa poderá sofrer penhora na execução do crédito garantido e, assim, responder pela dívida inadimplida. Diz-se "poderá", porque a execução do bem dado em garantia não é obrigatória, podendo o credor optar em abrir mão da garantia. Caso a garantia não seja suficiente para o pagamento integral da dívida, persistirá a responsabilidade do devedor (CC, art. 1.430).

---

52. Logo, não podem incorrer em qualquer dos vícios do art. 447 do CPC (incapazes, impedidas ou suspeitas).
53. STJ, 3ª T., REsp 34.571/SP, rel. Min. Carlos Alberto Menezes Direito, j. 20.08.1996, *DJ* 30.09.1996.
54. STJ, 4ª T., REsp 541.267/RJ, rel. Min. Jorge Scartezzini, j. 20.09.2005, *DJ* 17.10.2005.
55. STJ, 4ª T., REsp 1.453.949/SP, rel. Min. Luis Felipe Salomão, j. 13.06.2017, *DJe* 15.08.2017.
56. STJ, 4ª T., REsp 1.949.566/SP, rel. Min. Luis Felipe Salomão, j. 14.09.2021, *DJe* 19.10.2021.

Seja como for, será incabível a execução da garantia se ela não estiver limitada ou vinculada a um contrato específico que reconheça obrigação líquida, certa e exigível. Assim, por exemplo, se a garantia for dada para "quaisquer débitos", não admitirá ser executada[57]. Convém lembrar, todavia, que o direito brasileiro (CC, art. 1.487) admite a constituição de hipoteca para garantia de dívida futura ou condicional, própria ou de terceiros, bastando que seja determinado o valor máximo do crédito a ser garantido.

Embora a garantia costume ser oferecida pelo próprio devedor da obrigação principal, também pode ocorrer de ser ofertada por terceiro que não seja o sujeito passivo da obrigação principal. Neste último caso, ambos podem ser executados no mesmo processo em litisconsórcio facultativo, ou pode o credor executar cada um em separado.

2.4.2.4. Contrato de seguro de vida em caso de morte (art. 784, VI)

Outros contratos de seguro não são títulos executivos, apenas o de vida[58].

Apesar da literalidade do texto legal, o título executivo em espécie é formado pelo *contrato* de seguro ou por sua *apólice*, tendo já se entendido que *título de pecúlio* se assemelha a esse tipo de contrato[59]. A petição inicial da execução deve vir acompanhada pela via original ou cópia do contrato ou da apólice, ou ao menos de alguma comprovação de existência do seguro de vida (certificado, nota etc.)[60]. Além disso, exige-se prova documental da morte do segurado. Trata-se, pois, de título executivo instrumentalmente complexo. Inexistindo a comprovação da morte do segurado, o seguro deverá ser necessariamente cobrado por ação de conhecimento.

A legitimidade ativa da execução fundada nesse título executivo será de acordo com o previsto no contrato. Em regra, será do(s) beneficiário(s) indicado(s) pelo segurado quando da contratação, podendo, ainda, ser do endossatário ou do portador. A legitimidade passiva será da(s) seguradora(s) contratada(s).

2.4.2.5. Créditos de foro e laudêmio (art. 784, VII)

Os institutos do foro e do laudêmio eram previstos no Código Civil de 1916 (arts. 678 e 686, respectivamente)[61] e foram suprimidos pelo novo diploma civil de 2002, nos termos do art. 2.038. Então, somente nos casos que porventura esses ajustes fixados em contrato ou testamento não tenham sido extintos é que será possível cogitar de execução fundada nesses títulos executivos.

---

57. STJ, 4ª T., REsp 1.022.034/SP, rel. Min. Luis Felipe Salomão, j. 12.03.2013, *DJe* 18.04.2013.
58. STJ, 3ª T., REsp 1.416.786/PR, rel. Min. Ricardo Villas Bôas Cueva, j. 02.12.2014, *DJe* 09.12.2014.
59. STJ, 4ª T., AgRg no REsp 1.327.558/SC, rel. Min. Luis Felipe Salomão, j. 27.10.2015, *DJe* 05.11.2015.
60. STJ, 3ª T., REsp 242.329/PR, rel. Min. Carlos Alberto Menezes Direito, j. 15.12.2000, *DJ* 05.03.2001.
61. Os terrenos da União (p.ex.: os de Marinha) é que são submetidos à cobrança do foro ou do laudêmio. O foro equivale à taxa anualizada de 6/10% sobre o valor do imóvel. O laudêmio é uma taxa de 5% sobre o valor venal ou de transação do imóvel devida à União no caso de transação onerosa com escritura definitiva dos direitos de ocupação ou aforamento dos terrenos da União.

2.4.2.6. Créditos de locação acessórios (art. 784, VIII)

O crédito de aluguel e seus acessórios (p. ex.: impostos, taxas, despesas condominiais etc.), decorrentes de locações urbana ou rural, residenciais ou não residenciais, desde que previstas em contrato de locação assinado pelas partes, que prescinde da assinatura de duas testemunhas, pode ser objeto de execução. No caso, o exequente será o locador e o executado o locatário e/ou o fiador. Incluem-se na execução os débitos locatícios vencidos e inadimplidos no decorrer da demanda executiva, nos termos do art. 323 do CPC[62]. Havendo cláusula expressa prevendo que os fiadores respondam pelos débitos locativos até a efetiva entrega do imóvel, são eles legítimos para figurar no polo passivo da execução, mesmo em relação às obrigações decorrentes da prorrogação do contrato, salvo tenha sido exonerado na forma do art. 835 do CC/2002[63]. Por sua vez, se a execução do contrato de locação for promovida depois do encerramento da ação de despejo proposta apenas contra o locatário, sem a citação do fiador, tem-se entendido que em relação a este não ocorreu causa interruptiva da prescrição[64]. É legítima a penhora sobre bem de família pertencente a fiador de contrato de locação[65].

2.4.2.7. CDA (art. 784, IX)

A certidão de dívida ativa (CDA) é título executivo formado unilateralmente pela Fazenda Pública, por meio de atividade administrativa vinculada, devendo conter os requisitos descritos no art. 2º, § 5º, da Lei 6.830/80. Essa CDA pode vir a ser alterada ou substituída em 1º grau, desde que antes da prolação de sentença nos embargos à execução fiscal (Lei 6.830/80, art. 2º, § 8º), quando se tratar de correção de erro material ou formal, vedada, entre outras, a modificação do sujeito passivo da execução (Súmula 392/STJ)[66]. No entanto, entende-se que o ajuizamento contra pessoa jurídica cuja falência foi decretada antes da ação executiva constitui mera irregularidade, admitindo a correção do polo passivo da execução, sem que isso implique ofensa da Súmula 392 do STJ[67]. Logo, como a CDA admite ser corrigida quando apresente vícios sanáveis, entende-se prematura a extinção da execução sem antes permitir que a Fazenda Pública efetue a emenda ou a substituição do título executivo[68].

Em termos de redirecionamento da execução fiscal, o STJ firmou entendimento de que: a) contra o espólio só é admitido quando o falecimento do contribuinte ocorrer depois de ele ter sido devidamente citado nos autos da execução fiscal;[69] b) é possível contra o sócio-gerente, independentemente de seu nome constar da CDA e do uso

---

62. STJ, 3ª T., REsp 1.390.324/DF, rel. Min. João Otávio de Noronha, j. 02.09.2014, DJe 09.09.2014.
63. STJ, 3ª T., AgRg no AREsp 1.805.515/SP, rel. Min. João Otávio de Noronha, j. 05.05.2016, DJe 11.05.2016.
64. STJ, 3ª T., REsp 1.359.510/SP, rel. Min. Paulo de Tarso Sanseverino, j. 25.06.2013, DJe 28.06.2013.
65. STJ, 4ª T., AgRg no Ag 1.181.586/PR, rel. Min. João Otávio de Noronha, j. 05.04.2011, DJe 12.04.2011.
66. STJ, 1ª Seção (repetitivo), REsp 1.115.501/SP, rel. Min. Luiz Fux, j. 10.11.2010, DJe 30.11.2010.
67. STJ, 1ª Seção (repetitivo), REsp 1.372.243/PE, rel. Min. Og Fernandes, j. 11.12.2013, DJe 21.03.2014.
68. STJ, 2ª T., AgInt no REsp 1.602.132/SP, rel. Min. Mauro Campbell Marques, j. 06.12.2016, DJe 15.12.2016.
69. STJ, 2ª T., AgRg no AREsp 188.050/MG, rel. Min. Eliana Calmon, j. 17.09.2013, DJe 18.12.2015.

do incidente de desconsideração da personalidade jurídica[70], contanto que ele tenha administrado a sociedade à época do fato gerador do tributo[71]; c) não é cabível em relação ao sócio que não exerça a administração da empresa ao tempo da dissolução irregular da sociedade, ainda que estivesse na gerência ao tempo do fato gerador do tributo, tendo em vista que a responsabilidade pessoal do administrador não decorre da simples falta de pagamento do débito tributário, mas da própria dissolução irregular, que não pode ser imputada àquele que já não era gerente quando de sua ocorrência[72]; d) a presunção de dissolução irregular da sociedade empresária, conquanto fato autorizador do redirecionamento da execução fiscal à luz do que preceitua a Súmula 435 do STJ, não serve para alcançar ex-sócios, que não mais compunham o quadro social à época da dissolução irregular e que não constam como corresponsáveis da certidão de dívida ativa, salvo se comprovada sua responsabilidade, à época do fato gerador do débito exequendo, decorrente de excesso de poderes, infração à lei ou contra o estatuto, conforme dispõe o art. 135 do CTN[73]; e) não obstante a citação válida da pessoa jurídica interrompa a prescrição em relação aos responsáveis solidários, decorridos mais de 05 (cinco) anos após a citação da empresa, ocorre a prescrição intercorrente para os sócios, pelo que, depois desse lapso de tempo, não há como redirecionar a execução fiscal contra um dos sócios coobrigados, dada a ocorrência da prescrição[74]; f) a correta interpretação do art. 130 do CTN, combinada com a característica não excludente do parágrafo único, permite concluir que o objetivo do texto legal não é desresponsabilizar o alienante, mas responsabilizar o adquirente na mesma obrigação do devedor original. Trata-se de responsabilidade solidária, reforçativa e cumulativa sobre a dívida, em que o sucessor no imóvel adquirido se coloca ao lado do devedor primitivo, sem a liberação ou desoneração deste[75].

2.4.2.8. *Crédito de despesas condominiais (art. 784, X)*

Inova o legislador ao contemplar como título executivo extrajudicial o crédito de despesas condominiais. Aqui, diferentemente do que se viu no inciso VIII, o legitimado ativo é o Condomínio[76], enquanto o legitimado passivo será quem ocupa o imóvel, independentemente de ser proprietário, locatário, comodatário ou outro tipo de possuidor. As despesas deverão ser comprovadas mediante documentos que atestem que estejam

---

70. Enunciado 53 da ENFAM: "O redirecionamento da execução fiscal para o sócio-gerente prescinde do incidente de desconsideração da personalidade jurídica previsto no art. 133 do CPC/2015." STJ, 2ª T., REsp 1.786.311/PR, rel. Min. Francisco Falcão, j. 09.05.2019, *DJe* 14.05.2019.
71. STJ, 2ª T., AgRg no AREsp 262.317/SP, rel. Min. Eliana Calmon, j. 05.09.2013, *DJe* 17.09.2013.
72. STJ, 2ª T., AgRg no REsp 1.375.899/PE, rel. Min. Mauro Campbell Marques, j. 13.08.2013, *DJe* 20.08.2013.
73. STJ, 2ª T., AgRg no REsp 1.375.899/PE, rel. Min. Mauro Campbell Marques, j. 13.08.2013, *DJe* 20.08.2013.
74. STJ, 1ª T., EDcl no AgRg no Ag 1.272.349/SP, rel. Min. Luiz Fux, j. 02.12.2010, *DJe* 14.12.2010; STJ, 2ª T., REsp 139.930/MG, rel. Min. Francisco Peçanha Martins, j. 03.11.1999, *DJ* 03.11.1999.
75. STJ, 2ª T., AgInt no AREsp 942.940/RJ, rel. Min. Herman Benjamin, j. 15.08.2017, *DJe* 12.09.2017.
76. Enunciado 100 da I Jornada de Direito Processual Civil (CJF): "Interpreta-se a expressão condomínio edilício do art. 784, X, do CPC de forma a compreender tanto os condomínios verticais, quanto os horizontais de lotes, nos termos do art. 1.358-A do Código Civil".

elas previstas na convenção do condomínio ou que foram aprovadas em assembleia geral; bem como que apontem a liquidez da referida obrigação perante o executado[77].

2.4.2.9. Créditos de auxiliar da justiça (art. 784, XI)

Também inovou o legislador ao atribuir força executiva aos créditos dos auxiliares da justiça. Caberá a demonstração desse crédito mediante a demonstração do serviço prestado e o seu respectivo valor, conforme fixação em tabela de custas e emolumentos fixadas em lei[78].

2.4.2.10. Contrato de contragarantia (art. 784, XI-A)

A Lei n. 14.711/2023, conhecida como "novo marco de garantias", criou um novo título executivo extrajudicial inserido no inciso XI-A do art. 784 do CPC: "o contrato de contragarantia ou qualquer outro instrumento que materialize o direito de ressarcimento da seguradora contra tomadores de seguro-garantia e seus garantidores". O contrato de contragarantia (CCG) ou de *seguro garantia*, como é mais conhecido, é o instrumento de garantia assinado entre o tomador e a seguradora. Até essa reforma legal, para obter o ressarcimento dos valores dispendidos com a indenização securitária, a seguradora tinha que ingressar com ação de conhecimento e, tendo sido dado ao referido contrato eficácia executiva, poderão propor diretamente execução, o que certamente representará mais agilidade para as seguradoras na recuperação de crédito em face do tomador.

2.4.2.11. Demais títulos executivos extrajudiciais previstos em outras leis (art. 784, XII)

O Código de Processo Civil não é a única fonte legal de previsão de documentos com eficácia executiva, isto é, há outras leis federais que estabelecem outros títulos executivos extrajudiciais.

Por força disso, o Brasil está entre os países do mundo que mais têm títulos executivos extrajudiciais previstos em lei, dada a facilidade com que o legislador tem de criá-los, fazendo-o, aliás, sem qualquer rígido critério. Essa particularidade, aliás, coloca em dúvida a necessidade de se contemplar o procedimento monitório em nosso

---

77. Enunciado 527 do FPPC: "Os créditos referidos no art. 515, inc. V, e no art. 784, inc. X e XI do CPC/2015 constituídos ao tempo do CPC/73 são passíveis de execução de título judicial e extrajudicial, respectivamente". Como se percebe, o enunciado trata de entendimento atrelado ao direito intertemporal. Assim, ainda que as taxas condominiais ordinárias ou extraordinárias tenham sido constituídas na vigência do CPC/73, serão executadas de acordo com o CPC/2015, ou seja, por meio de ação executiva.
78. Enunciado 527 do FPPC: "Os créditos referidos no art. 515, inc. V, e no art. 784, incs. X e XI do CPC/2015 constituídos ao tempo do CPC/73 são passíveis de execução de título judicial e extrajudicial, respectivamente". Como se percebe, o enunciado trata de entendimento atrelado ao direito intertemporal. Assim, ainda que a certidão notarial ou registral de emolumentos e demais despesas tenham sido constituídas na vigência do CPC/73, serão executadas de acordo com o CPC/2015, ou seja, por meio de ação executiva.

sistema, uma vez que ele se apresenta mais útil naqueles ordenamentos em que o rol de títulos extrajudiciais é restrito.

Seja como for, eis alguns exemplos desses documentos com força executiva previstos em leis extravagantes: a) multa de 50% aplicável ao incorporador por descumprir sua obrigação de outorgar ao adquirente o contrato no prazo legal, não exigindo previsão da multa no contrato (Lei 4.591, de 16.12.1964, art. 35, § 5º)[79]; b) crédito decorrente de contrato de câmbio devidamente protestado e com a indicação dos encargos no próprio título (Lei 4.728, de 14.07.1965, art. 75)[80]; c) cédula hipotecária (Dec.-lei 70, de 21.11.1966, art. 29)[81]; d) prêmio do contrato de seguro (Dec.-lei 73, de 21.11.1966, art. 27)[82]; e) cédula rural pignoratícia, cédula rural hipotecária, cédula rural pignoratícia e hipotecária, nota de crédito rural, nota promissória rural e duplicata rural (Dec.-lei 167, de 14.02.1967, art. 41)[83]; f) cédula de crédito industrial, nota de crédito industrial e cédula industrial pignoratícia (Dec.-lei 413, de 09.01.1969, art. 41)[84]; g) créditos dos órgãos controladores do exercício profissional (Lei 6.206, de 07.05.1975, art. 2º)[85]; h) cédula e nota de crédito à exportação (Lei 6.313, de 16.12.1975, art. 3º)[86]; i) crédito decorrente do inadimplemento do boletim de subscrição de ações (Lei 6.404, de 15.12.1976, art. 107, I); j) multas do Tribunal de Contas da União (Lei 6.822, de 22.09.1980, art. 3º)[87], mesmo aquelas aplicadas em decisões do TCU (CF/88, art. 71, § 3º)[88] e multas dos Tribunais de Contas dos Estados[89]; l) honorários de advogado (Lei 8.906, de 04.07.1994, art. 24)[90]; e m) crédito de alienação fiduciária em garantia (Dec.-lei 911, de 1º.10.1969, com a redação da Lei 13.043/2014, art. 5º)[91].

---

79. STJ, 4ª T., REsp 147.826/DF, rel. Min. Barros Monteiro, j. 02.12.2003, *DJ* 29.03.2004; STJ, 3ª T., REsp 724.934/PB, rel. Min. Carlos Alberto Menezes Direito, j. 13.12.2005, *DJ* 06.03.2006; STJ, monocrática, REsp 1.399.840/RS, rel. Min. Paulo de Tarso Sanseverino, j. 25.05.2015, *DJe* 27.05.2015.
80. STJ, 4ª T., REsp 1.181.930/SC, rel. Min. Luis Felipe Salomão, j. 10.11.2015, *DJe* 24.11.2015.
81. STJ, 3ª T., REsp 1.302.777/SP, rel. Min. Nancy Andrighi, j. 13.08.2013, *DJe* 27.08.2013.
82. STJ, 4ª T., REsp 831.952/SP, rel. Min. Jorge Scartezini, j. 17.10.2006, *DJ* 06.11.2006.
83. STJ, 1ª Seção (repetitivo), REsp 1.373.292/PE, rel. Min. Mauro Campbell Marques, j. 22.10.2014, *DJe* 04.08.2015. Entendendo que a cédula de crédito rural é impenhorável por lei e não pode ser usada para satisfazer crédito trabalhista: Entendendo não caber a apreensão de passaporte: STJ, 4ª T., REsp 1.327.643/RS, rel. Min. Luis Felipe Salomão, j. 30.05.2019.
84. STJ, 4ª T., REsp 1.183.598/RJ, rel. Min. Luis Felipe Salomão, j. 19.11.2015, *DJe* 15.12.2015.
85. STJ, 1ª Seção, CC 22.341/RJ, rel. Min. Demócrito Reinaldo, j. 25.11.1998, *DJ* 17.02.1999.
86. STJ, 4ª T., REsp 704.603/RS, rel. Min. Luis Felipe Salomão, j. 07.10.2010, *DJe* 19.10.2010.
87. STJ, 2ª T., AgInt no REsp 1.591.614/RS, rel. Min. Og Fernandes, j. 25.10.2016, *DJe* 07.11.2016.
88. STJ, 2ª T., REsp 1.059.393/RN, rel. Min. Castro Meira, j. 23.09.2008, *DJe* 23.10.2008; STJ, 2ª T., REsp 276.306/SP, rel. Min. Francisco Peçanha Martins, j. 09.12.2003, *DJ* 28.06.2004.
89. STF, Pleno (repercussão geral), ARE 823.347/MA, rel. Min. Gilmar Mendes, j. 02.10.2014, *DJe* 28.10.2014; STJ, 2ª T., AgRg no AREsp 847.556/SP, rel. Min. Sérgio Kukina, j. 17.03.2016, *DJe* 29.03.2016.
90. STJ, 4ª T., REsp 1.070.661/SP, rel. Min. Raul Araújo, j. 05.12.2013, *DJe* 15.08.2014.
91. STJ, 4ª T., AgRg no Ag 1.414.469/RS, rel. Min. Luis Felipe Salomão, j. 21.08.2012, *DJe* 28.08.2012. Todavia, nas hipóteses de apreensão do bem objeto de contrato de alienação fiduciária em garantia, a venda extrajudicial do mesmo, independentemente de prévia avaliação e de anuência do devedor quanto ao preço, retira ao eventual crédito remanescente a característica de liquidez, e ao título dele representativo, em consequência, a qualidade de título executivo (STJ, 3ª T., AgRg no Ag 696.783/MS, rel. Des. Conv. do TJRS Vasco Della Giustina, j. 19.11.2009, *DJe* 02.12.2009; STJ, 4ª T., AgRg no Ag 1.414.469/RS, rel. Min. Luis Felipe Salomão, j. 21.08.2012, *DJe* 28.08.2012; STJ, 4ª T., REsp 265.256/SP, rel. Min. Luis Felipe Salomão, j. 05.02.2009, *DJe* 26.02.2009).

2.5. COGNIÇÃO NA EXECUÇÃO

Focando as atenções para o sistema clássico do processo, temos que ele foi *formatado* mediante rígida separação entre as funções desempenhadas no processo, o que deixou de ser satisfatório e passou a ser alvo de constantes críticas, em face dos novos valores do processo contemporâneo.

Além de a estrutura clássica ter alcançado proporções bastante rígidas, é fato notório que se prezou mais a *cognição* sobre a *execução*, tendo por muito tempo se ocupado a doutrina em esclarecer as diferenças entre essas duas atividades processuais.

A distinção fundamental entre as atividades de conhecimento e de execução reside, pois, no endereçamento teleológico de cada uma delas: enquanto na primeira toda a atividade converge a um ato final de acertamento (sentença), na segunda os atos todos, materiais ou eventualmente decisórios, visam preparar o ato material final satisfativo de direito.

Tomando como referência essa distinção traçada entre cognição e execução, é que se asseverou mundo afora que cada qual devia corresponder a relações processuais também distintas. Isto é, proclamou-se a autonomia do processo de execução.

Na verdade, entre essas duas grandes funções jurisdicionais em questão, não existe uma contradição básica ou necessária que exija forçosamente sua apreciação em *ações* ou *procedimentos* separados e irredutíveis.

Por isso, é possível afirmar que sempre foi imprópria a concepção de que as atividades de conhecimento e de execução deveriam ser desenvolvidas em compartimentos estanques, estando atualmente tal dicotomia mitigada, pois a própria ordenação positiva do processo impulsiona a relativização da clássica separação entre conhecimento e execução. Daí, cada vez mais, numa mesma relação processual, aceitar-se atos cognitivos e executivos, o que a doutrina tem denominado como processo *sincrético*. O antigo dogma – que em verdade nunca teve fundamentação teórica que o sustentasse – começa a ser superado à medida que se concebe que, entre cognição e execução, deve haver total interação, pois ambas são fases ou momentos de uma atividade continuativa: o processo como instrumento do direito material.

Desse modo, mesmo que na execução preponderem atividades práticas e materiais, é pacífico que a execução (processo ou fase) não é somente composta por atos executivos.

Por vezes, antes de o ato executivo se concretizar, é mister prepará-lo, o que pode envolver, entre outros fatores, juízos de valor. Podem, também, surgir controvérsias, por exemplo: i) sobre a validade dos atos executivos (CPC, art. 518); ii) na execução de alimentos (CPC, art. 528), pode o executado apresentar, nos autos, a prova de que não está inadimplente ou, ainda, pode ele justificar o porquê de não ter cumprido a sua obrigação; iii) do fiador/executado que venha a exigir que primeiro sejam executados os bens do devedor (CPC, art. 794); iv) quando uma das partes requerer a substituição ou modificação da penhora (CPC, art. 853); v) acerca da impugnação da expropriação feita por preço vil (CPC, art. 891) etc.

Percebe-se, pois, que o juiz também exercerá atividades de investigação e acertamento de fatos, ainda que estas se limitem ao estritamente necessário à correta realização das atividades práticas inerentes à execução.

Na verdade, toda demanda exige cognição do órgão jurisdicional, esta entendida como ato de inteligência pelo qual o juiz investiga e valora questões de fato e de direito, o que importa em reconhecer que se realiza cognição no interior da execução, mesmo que nesta seja preponderante a atuação (coercitiva) do comando definitivo da norma jurídica individualizada representada pelo título executivo.

Como é cediço, ao se falar sobre cognição, há que se esclarecer a qual dos dois planos de sua observação está se referindo: o horizontal (extensão, amplitude) ou o vertical (profundidade, intensidade).

Portanto, é preciso identificar qual desses planos tem relação com a cognição verificada na execução, que por vezes é classificada pela doutrina como eventual.

No plano horizontal, a cognição se limita ao trinômio: questões processuais, condições da ação e mérito. Conforme as restrições objetivamente impostas pela lei à extensão permitida, esta técnica de cognição pode ser parcial (restrita) ou plena (ampla).

Por sua vez, no plano vertical, segundo o grau de profundidade, a cognição pode ser completa (exauriente) ou incompleta (sumária, rarefeita ou sumaríssima).

Na execução, tem-se que, no plano horizontal, a cognição é plena, visto não haver qualquer restrição legal à extensão de matérias discutíveis. Ou seja, qualquer tema relacionado à admissibilidade da execução ou ao seu mérito é possível ser analisado dentro da própria execução.

Já no plano vertical, a cognição na execução já foi classificada como sumaríssima ou rarefeita, o que leva em conta apenas aqueles juízos de valor que precedem e preparam os atos executivos, em que o grau de cognição seria *mínimo*. Não são consideradas, portanto, outras hipóteses de cognição em que o grau de verticalidade é um *tanto maior*.

É bem verdade que, nesta fase ou neste processo de execução, o que prevalece é a realização concreta do direito, não cabendo propriamente ao juiz nela acertar (definir direitos). Verifica-se, ademais, principalmente no que se refere aos títulos executivos extrajudiciais, a utilização de técnica de sumarização, pela qual se elimina a possibilidade de o juiz averiguar, antes da execução, a existência (definitiva) do direito representado em tais títulos.

Entretanto, isso não implica afastar o juiz da função cognitiva que, via de regra, está restrita ao exame dos pressupostos gerais e específicos da atividade executiva, a aspectos (de ordem pública) da validade dos atos processuais e à solução de específicos incidentes diretamente vinculados ao andamento da máquina executiva. Permitir uma cognição exauriente neste momento seria desvirtuar a finalidade da execução, ensejando um desequilíbrio na harmonia do sistema e afastando-se, assim, da efetividade da tutela jurisdicional que tanto se preza e se almeja alcançar.

Destarte, parece correto afirmar que, na execução, a cognição deve ser considerada *sumária* (incompleta), isto é, aquela que não permite uma aprofundada investigação sobre as questões de fato e as de direito alegadas, nem mesmo as provas produzidas nos autos, desenvolvendo-se uma atividade fundamentada num juízo de verossimilhança (que tem aparência de ser verdadeiro) ou do provável (que se pode provar como verdadeiro).

Relevantíssima, nesse aspecto, é a norma estatuída pelo parágrafo único do art. 853 do digesto processual, segundo a qual, quando o juiz for levado a conhecer e julgar no processo de execução, deve dissipar *de plano* as eventuais dúvidas suscitadas.

No entanto, mesmo sendo incompleta a cognição vislumbrada na execução, por meio dela pode-se não somente bem preparar a realização dos atos executivos como, até, de maneira suficiente, inadmitir ou compor a lide de insatisfação em tela no processo de execução, com a consequente extinção do feito, nos casos em que esta seja a *aparência do direito*.

Se não é difícil perceber que a racional limitação ao exercício do direito de defesa do executado na própria execução justifica-se pelo alto grau de probabilidade conferido ao título executivo, não é igualmente complicado observar que, por meio de técnica de cognição sumária, pode uma defesa endoprocessual possuir alto grau de probabilidade capaz de ofuscar àquela probabilidade conferida ao título executivo.

Havendo extinção do feito diante da convicção do juiz que o direito do executado é aparente, o que decorrerá de cognição sumária, é forçoso reconhecer que essa decisão se caracteriza por não ser definitiva, ou seja, tal extinção não será acobertada pelo manto da coisa julgada material.

Assim sendo, discorda-se da validade da classificação antes referida que vislumbra na execução uma cognição *rarefeita* ou *sumaríssima*, pois seu reflexo seria o mesmo que o da cognição sumária: ausência de coisa julgada material.

Se a cognição em sede executiva no plano vertical é restrita, a cognição completa (exauriente) sobre aquilo que eventualmente seja preciso – o juiz, por exemplo, não tem como reconhecer existir o tal direito (afirmado) aparente – deverá, necessariamente, fazer-se noutro momento, por meio de outro veículo: as defesas que o executado tem à disposição (impugnação ao cumprimento de sentença, embargos à execução e defesa heterotópica). Com isso quer se evidenciar que compreender o grau de intensidade permitido da cognição na execução é importante para poder entender a sistemática de defesa que é disponibilizada ao executado para que ele se oponha à execução contra ele incoada.

Por fim, ressalte-se que a utilização dessas formas de cognição na execução encontra fundamento no sistema idealizado como sendo o do devido processo legal, ou melhor, no modelo de processo civil traçado na Constituição Federal.

2.6. CONTRADITÓRIO NA EXECUÇÃO

Por muito tempo, a doutrina se recusou a reconhecer a verificação de contraditório na execução por entender que na execução, diante da evidente desigualdade entre exequente e executado, não haveria espaço para o debate de questões inerentes à formação do título executivo.

O reconhecimento da existência de contraditório na execução (processo ou fase) foi se dando aos poucos, primeiramente considerando-o excepcional, para depois tê-lo como irrestritamente aplicado. Atualmente, pode-se dizer superada a discussão acerca da incidência *in executivis* do princípio do contraditório, pois a Constituição Federal de 1988 (art. 5º, LV) elevou esse princípio ao *status* de garantia fundamental, com presença obrigatória em qualquer tipo de processo, dado o seu importante papel como elemento de segurança da própria atividade estatal administradora e prestadora de jurisdição.

Aliás, em virtude da natureza constitucional do contraditório, deve ele ser observado não apenas formalmente, mas, sobretudo pelo aspecto substancial, sendo de se considerar inconstitucional qualquer norma e/ou ato judicial ou administrativo que não o respeite. Com efeito, o princípio do contraditório é comumente decomposto em duas garantias: a de participação e a de possibilidade de influência na decisão A garantia de participação é o conteúdo mínimo do princípio do contraditório e corresponde a sua dimensão *formal*. Trata-se da garantia de ser informado e ouvido, de participar do processo, de poder falar, impugnar e reagir no processo. Por sua vez, a dimensão *substancial* do princípio do contraditório corresponde ao *poder de influência*. Vale dizer, não adianta permitir que a parte simplesmente participe do processo, é necessário que ela seja ouvida em condições de poder influenciar a decisão do órgão jurisdicional.

Realmente, a concepção mais moderna da doutrina aponta que o contraditório é formado pelo *trinômio*: *informação*, *reação* e *diálogo*. A informação consiste na necessidade de dar às partes, de forma tempestiva e adequada, conhecimento da existência da ação e de todos os atos realizados no curso do processo. Uma vez sabendo o que se passa no processo, às partes é dado reagir, isto é, a possibilidade de elas se posicionarem sobre as questões de fato e de direito relevantes para o deslinde da causa, seja por meio de manifestação, seja participando dos atos ou mesmo reagindo/impugnando os atos que lhe sejam desfavoráveis. Por último, por meio do diálogo, se reconhece a participação ativa do magistrado no contraditório, lhe impondo não apenas ouvir as partes, como também assegurar o direito de provar o que foi alegado, permitindo assim que as partes possam efetivamente influenciar a formação de sua decisão, que deverá ser suficientemente motivada[92] e relativa àquelas questões de fato e de direito debatidas, sem surpresas. Como se percebe, não só as partes se submetem ao contraditório, o juiz também.

---

92. Não se trata, pois, de qualquer motivação. É necessária a exposição das razões que apreciem as relevantes questões apresentadas pelas partes, ainda que para refutá-las (CPC, art. 489, § 1º).

Sendo este o conteúdo do contraditório, fica difícil entender como se pode, por tanto tempo, negar sua presença na atividade executiva, haja vista que o ato executivo é praticado por determinação do juiz e tem por fim realizar o direito a favor do exequente, o que não pode impor sacrifício desmedido ao executado. Vale dizer, o contraditório assegura o controle da regularidade da execução, garantindo que o exequente realize seu direito da forma menos onerosa ao executado, mediante a participação efetiva e imparcial do juiz.

A questão que remanesce é a seguinte: o contraditório na execução é o mesmo praticado na atividade de cognição?

Costuma-se indicar que o contraditório é restrito na execução, moldado de acordo com a finalidade distinta de sua prestação jurisdicional. Nesse sentido, tem-se apontado que na execução o contraditório seria parcial, atenuado e eventual. Parcial porque com limitação de matérias que poderiam ser debatidas; atenuado porque deveria ser realizado de modo mais rápido e informal; e eventual por estar condicionado à apresentação de defesa pelo executado.

A limitação de análise de questões de fato ou de direito a serem debatidas na execução tem relação com a cognição no plano horizontal e, portanto, essa limitação não importa, por consequência, numa limitação do contraditório. Com todo o respeito, quem defende o contrário está confundindo cognição, especialmente do mérito da execução, com contraditório.

Por sua vez, não há como o contraditório ser informal, porque não se pode deixar de dar informação e reação às partes. A rapidez também parece estar associada à cognição, agora no plano vertical, isto é, na execução não haveria como se desenvolver uma profunda investigação sobre as questões postas, especialmente se exigirem dilação probatória. Por isso o legislador assinala, por exemplo, no que se refere às discussões sobre a modificação da penhora, que o juiz decidirá *de plano* qualquer questão suscitada (CPC, art. 853, parágrafo único).

Por fim, querer ou não participar *ativamente* no processo é uma faculdade, é ônus, o qual se vislumbra em qualquer atividade: de conhecimento, de execução ou cautelar. Logo, não parece ser correto entender o contraditório como eventual, isto é, dependente de uma defesa. Mesmo que o executado não se oponha à execução, lhe será assegurado o contraditório quanto aos atos praticados na execução.

O princípio do contraditório foi reforçado por meio de regra processual (CPC, arts. 9º e 10), de modo que, para se ter um *processo justo*, adequado ao direito material, devem as partes dialogar com o juiz mediante *prévio* debate, resultando um provimento suficientemente motivado (CPC, art. 489, § 1º), e sem surpresas.

Assim, para que a execução se desenvolva de forma legítima, preferencialmente, o diálogo envolvendo o juiz e as partes deve anteceder à prática do ato executivo. Desse modo não será quando tal observância comprometer a própria adequação do procedimento executivo e, por conseguinte, a satisfação do direito material. Logo, na execução, diferentemente da cognição, o contraditório poderá ser diferido para depois da prática do ato executivo (postecipado), quando a parte atingida terá o direito de opor suas razões.

Realmente, por exemplo, se o executado for previamente consultado quanto à pretensão do exequente em penhorar determinado bem de seu patrimônio, como dinheiro em conta bancária, quando o ato for praticado o dinheiro já não estará mais disponível. Logo, primeiro o juiz determina a penhora, depois oportuniza o contraditório. O mesmo ocorre no arresto executivo (CPC, art. 830), na avaliação de bens (CPC, art. 872, § 2º) e em tantas outras situações em que o magistrado será instado a decidir antes de oportunizar a manifestação das partes.

Note que o legislador assegura que o contraditório diferido se dê não só por meios típicos de oposição, como a impugnação ao cumprimento de sentença (CPC, art. 525), os embargos à execução (CPC, art. 914 e seguintes) e até por meio de defesa heterotópica (CPC, art. 903, § 4º); mas, também, de forma genérica, por simples petição, quando o executado não disponha desses meios típicos ou quando o ato tenha sido praticado depois da dedução dessa defesa típica (CPC, art. 518; art. 525, § 11; e art. 917, § 1º) e, caso essa oposição venha a ser rejeitada, ainda poderá ser exercido por meio de recurso (CPC, art. 1.015, parágrafo único). Pode-se até admitir que o contraditório venha a ser oportunizado ao longo da realização da execução, como na hipótese de obrigações de fazer complexas, de cumprimento contínuo, que exija um acompanhamento e controle durante o andamento dos trabalhos, de sorte a evitar potenciais problemas, especialmente quando realizados por terceiros à custa do executado (CPC, art. 818).

Importa reconhecer, portanto, que o contraditório na execução terá a intensidade vinculada ao modelo constitucionalmente traçado, não apresentando limitação ou alguma mitigação, proibida a decisão-surpresa[93]. Todavia, por vezes, o momento de seu exercício será posterior à realização dos atos ou das decisões, ainda que a reação possa apresentar alguma restrição quanto à cognição, especialmente vertical.

2.7. MÉRITO NA EXECUÇÃO

Considera-se inadimplente o devedor que não satisfaz espontaneamente a obrigação (certa, líquida e exigível) reconhecida pelo título executivo.

O inadimplemento, na verdade, é instituto jurídico do domínio do direito material e o questionamento a seu respeito integra o objeto litigioso da ação executiva, ou seja, o seu próprio *mérito*. Inadimplemento não é condição da ação de execução, mas condição para realizar legitimamente os atos executivos, ou, em outras palavras, condição para uma ação executiva *procedente*.

Em regra, a ausência do requisito do inadimplemento deve ser alegada pela via defensiva (CPC, art. 525, § 1º, VII, e art. 917, VI).

---

93. STJ, 3ª T., REsp 1.589.753/PR, rel. Min. Marco Aurélio Bellizze, j. 17.05.2016, *DJe* 31.05.2016.

A atividade jurisdicional de compor o mérito da execução é completamente diversa daquela realizada no conhecimento, pois enquanto neste o juiz *emite um julgamento* afastando as incertezas presentes, naquele o juiz atua *na busca de um resultado prático igual ou equivalente ao cumprimento espontâneo da obrigação*, ou seja, visa *à satisfação do direito do credor*.

No entanto, ao se reconhecer que na execução existe um mérito que é composto por uma lide de inadimplemento, insatisfação ou realização, há que se reconhecer também que essa lide não se limita aos atos executivos voltados à satisfação. Isto é, há que se levar em consideração, ainda, que pode ser que o direito representado pelo título executivo não exista, o que também compõe essa lide de insatisfação. Aliás, a inexistência da obrigação implica no dever do exequente de ressarcir os danos sofridos pelo executado (CPC, art. 776).

Levando em conta isso é que se afirmou anteriormente que no plano da cognição horizontal (extensão) a lei não impõe limites para a execução, o que implica a possibilidade de o mérito ser discutido em seu bojo, observando-se a restrição imposta por uma cognição verticalmente sumária.

Aliás, a redação do art. 786 do CPC abona o entendimento de que o inadimplemento possa ser objeto de discussão no próprio bojo da execução.

Dessa forma, o mérito na execução, em face da finalidade eminentemente prática desse processo, é composto tanto pela discussão e realização de atos em prol da satisfação do exequente como pelas eventuais oposições ao inadimplemento que alegue o executado, pois tudo isso delimita a atividade do juiz da execução.

2.8. COISA JULGADA NA EXECUÇÃO

Se existe mérito na execução, mesmo que diferente daquele que se verifica no conhecimento, é forçoso reconhecer que a sentença que vier a extinguir o feito nos termos dos arts. 924, II a V, e 925 do CPC deve ser considerada uma *sentença de mérito*. Vale dizer: a sentença é de mérito porque ela serve a pôr fim à atividade desenvolvida na execução cuja finalidade já foi alcançada, tendo sido eliminada a lide de insatisfação ou de realização.

Partindo dessa premissa, visa-se agora enfrentar situação não menos controvertida e tormentosa: a sentença que extingue a execução, sendo ela de mérito, produz ou não coisa julgada material?

Cabe destacar, inicialmente, que o art. 924, II a V, do CPC está para a execução assim como está o art. 487 do CPC para o conhecimento, sendo, inclusive, fácil de verificar que os incisos II, III, IV e V do art. 924 correspondem, respectivamente, os incisos I, III-b, III-c e II do art. 487. Não resta dúvida, portanto, que, segundo a técnica legislativa empregada, ambas as sentenças são de mérito, embora não seja possível, segundo nos parece, igualmente defender que ambas produzem coisa julgada material.

Na verdade, a sentença do art. 925 do CPC não produz coisa julgada material[94] – produz apenas coisa julgada formal –, pois (I) a lide na execução não é de certeza e sim de insatisfação ou realização, donde não há *julgamento*; de modo que, de regra, (II) não se discute o direito constante do título executivo, cuja eficácia abstrata permite o desencadear da atividade jurisdicional executória, o que implica uma atividade apenas voltada para a satisfação do direito, e (III) por ser característica marcante da execução a técnica de cognição sumária, ainda que nela possa vir a ser discutida a relação substancial existente entre as partes.

2.9. COMPETÊNCIA

No que se refere à competência para o processamento e julgamento da execução, as regras fixadas pelo Código de Processo Civil consideram se a ação se funda em título executivo judicial (CPC, art. 516) ou se em título executivo extrajudicial (CPC, art. 781).

Os incisos I e II do art. 516 do CPC consagram hipótese de competência *funcional* e *absoluta*[95], isto é, de que é competente para processar a execução de decisão judicial o juízo em que esta foi emitida e que, salvo posterior modificação, será a do órgão judicial perante o qual se formou a relação processual ao tempo do ajuizamento da ação. Logo, se a causa que resultou o título executivo judicial era de competência originária (inicial e direta) de tribunal (estadual, federal ou superior), este será competente para processar o respectivo cumprimento da decisão ou do acórdão. Mesmo que o tribunal possa ter julgado o processo em grau de recurso, isto não será suficiente para atrair para ele a competência executiva. Não obstante isso, aceita-se que o tribunal delegue a órgão hierarquicamente inferior, mediante carta de ordem, a realização de atos materiais voltados à satisfação de decisão por ele proferida. Tal delegação, porém, não deve compreender a prolação de atos decisórios, que permanecem sendo de exclusiva competência do tribunal. Por sua vez, se a demanda tramitou inicialmente perante o juízo cível de 1º grau, dele é, em princípio, a competência para processar a fase de cumprimento de sentença. Diz-se *em princípio*, porque, conforme autorização do parágrafo único do art. 516 do CPC (CPC/1973, art. 475-P, parágrafo único), tal regra foi mitigada, permitindo ao exequente poder promover, desde logo ou supervenientemente, o cumprimento de sentença em juízo diverso daquele onde se formou o título executivo judicial, desde que autorizada pelo juízo de origem[96]. Essa autorização, contida no parágrafo único do art. 516 do CPC, de que a execução

---

94. Na jurisprudência, entretanto, encontram-se julgados reconhecendo que a sentença que extingue a execução produz coisa julgada material: STJ, Corte Especial (repetitivo), REsp 1.143.471/PR, rel. Min. Luiz Fux, j. 03.02.2010, *DJe* 22.02.2010; STJ, 2ª T., REsp 1.253.922/SP, rel. Min. Mauro Campbell Marques, j. 02.08.2011, *DJe* 09.08.2011; STJ, 2ª T., REsp 1.259.254/RJ, rel. Min. Mauro Campbell Marques, j. 1º.09.2011, *DJe* 08.09.2011.
95. STJ, 1ª Seção, CC 62.083/SP, rel. Min. Luiz Fux, j. 24.06.2009, *DJe* 03.08.2009; STJ, 2ª T., AgRg no REsp 1.366.295/PE, rel. Min. Humberto Martins, j. 25.03.2014, *DJe* 13.10.2014.
96. STJ, 2ª Seção, CC 101.139/DF, rel. Min. Fernando Gonçalves, j. 16.02.2009, *DJe* 04.03.2009; STJ, Corte Especial, REsp 940.274/MS, rel. Min. João Otávio de Noronha, j. 07.04.2010, *DJe* 31.05.2010.

poderá tramitar em juízo diverso de onde foi formado o título executivo judicial, tem por fim evidente facilitar o exequente na busca da satisfação do seu direito. As hipóteses descritas nesse dispositivo legal apresentam-se de forma concorrente para o exequente e são de competência *relativa*. Trata-se, pois, de mitigação à regra da perpetuação da competência, que autoriza o exequente a escolher foro diverso daquele onde proferida a decisão exequenda. Para se beneficiar de tal circunstância, deverá o exequente, de forma fundamentada, requerer ao juízo escolhido para que defira o trâmite da execução e, por conseguinte, que solicite a remessa dos autos do juízo de origem. A fundamentação se faz necessária para que o juízo no qual foi apresentado o requerimento possa analisar a efetiva demonstração de uma das hipóteses legais que permitem que se afaste a competência do juízo que formou o título executivo judicial. Logo, se o juízo escolhido entender que não houve demonstração suficiente da hipótese suscitada pelo exequente para a modificação da competência, indeferirá o requerimento, respeitando, pois, a regra da *perpetuatio jurisdictionis*. De outro lado, essa alteração de competência poderá ocorrer mais de uma vez, desde que, por óbvio, o exequente apresente nova hipótese de sua modificação, pelo que poderá ocorrer um cumprimento de sentença *itinerante*.

O inciso III do art. 516 do CPC/2015, por sua vez, estabelece que, para a execução da sentença penal condenatória, arbitral ou estrangeira[97], a competência será do juízo cível competente, ao que servem de subsídio as indicações constantes do art. 781 do CPC. A parte final desse dispositivo que se refere a "acórdão proferido pelo Tribunal Marítimo" deve ser desconsiderada, devido ao veto presidencial relativo à criação de título executivo judicial dessa natureza (CPC, art. 515, X).

No que se refere ao cumprimento de decisão judicial que fixa alimentos, a competência para seu cumprimento será no Juízo onde eles foram fixados, ou no foro do domicílio do exequente (CPC, art. 528, § 9º) ou, ainda, caso o exequente opte pelo meio da expropriação para o cumprimento dos alimentos, no foro onde localizar bens do executado (CPC, art. 516, parágrafo único).

Quanto aos incisos previstos no art. 781 do CPC, o legislador criou um regime de opção ao exequente, ou seja, trata-se de regra de competência *relativa*, porque *territorial*. Nesses casos há juízos concorrentes (do foro do domicílio do executado ou em qualquer deles, se ele tiver mais de um; do foro de eleição constante do título executivo extrajudicial; do foro do local onde se encontram os bens sujeitos à execução; do foro do domicílio do exequente sendo incerto ou desconhecido o domicílio do executado; do foro do lugar em que se praticou o ato ou ocorreu o fato que deu origem ao título executivo extrajudicial), cabendo ao exequente escolher em qual deles a atividade

---

97. Enunciado 440 do FPPC: "O art. 516, III e o seu parágrafo único aplicam-se à execução de decisão interlocutória estrangeira, após a concessão do *exequatur* à carta rogatória." Segundo tal entendimento, após a concessão do *exequatur*, a competência para o cumprimento daquela decisão será do juízo federal de 1º grau (CF, art. 109, X) e o exequente poderá optar pelo foro a) do atual domicílio do executado; b) do local onde se encontre os bens sujeitos à execução; c) do local onde deva ser executada a obrigação de fazer ou não fazer.

executiva poderá mais eficazmente lhe trazer êxito na satisfação da obrigação, sem que isso importe em prejuízo desproporcional para o executado. Portanto, muito embora o legislador não tenha estabelecido qualquer ordem de preferência entre as opções elencadas, a escolha do exequente poderá ser questionada à luz do princípio da *menor onerosidade* (CPC, art. 805), o que poderá acarretar a incompetência do foro escolhido, quando causar prejuízo à defesa do executado.

Nos termos do art. 525, VI, e do art. 917, V, ambos do CPC, a incompetência do juízo (relativa ou absoluta) poderá ser suscitada pelo executado na defesa (impugnação ao cumprimento de sentença ou embargos à execução). Não obstante isso, nos casos de modificação de competência fundados no parágrafo único do art. 516 do CPC, caberá controle (inicial) de ofício pelo juízo provocado. Todavia, uma vez deferido o requerimento do exequente, o juízo somente poderá rever o tema por meio de arguição do executado, porque é defeso ao juízo declarar de ofício incompetência que seria relativa[98].

Cabe assinalar, ainda, que a competência para o trâmite da execução de título executivo extrajudicial pode restar determinada por conduta do executado, qual seja, o ajuizamento de defesa heterotópica prévia, que tornará prevento o juízo e, por conexão por prejudicialidade, poderá atrair a reunião da ação de execução posteriormente ajuizada (CPC, art. 55, § 2º, I). Também se admite a mudança de competência por conexão por identidade de causa de pedir, no caso, por execuções fundadas no mesmo título executivo (CPC, art. 55, § 2º, II).

A existência de cláusula compromissória não obsta a execução de título extrajudicial no Juízo Estatal quando a obrigação nele contido for certa, líquida e exigível, uma vez que os árbitros não possuem poder coercitivo direto, necessário à determinação de atos executivos. Na ação de execução lastreada em contrato com cláusula arbitral, apresentada defesa pelo executado, o Juízo Estatal estará materialmente limitado a apreciar a defesa, não sendo de sua competência a resolução de questões que digam respeito ao próprio título ou às obrigações nele consignadas. Nos casos em que a defesa oposta disser respeito à existência, constituição ou extinção do crédito objeto do título executivo ou às obrigações nele consignadas, sendo incompetente o Juízo Estatal para sua apreciação, revela-se inviável o prosseguimento da execução, dada a imperativa necessidade de solução pelo Juízo Arbitral de questão de mérito que antecede à continuidade da ação instaurada. Nestes casos, a execução do título extrajudicial com cláusula arbitral deve ser suspensa e nesse estado permanecerá até que ultimado o procedimento arbitral, que decidirá pela validade ou não do Termo de Cessão do Crédito exequendo, essencial à higidez do próprio título[99].

---

98. STJ, 1ª Seção, CC 120.987/SP, rel. Min. Mauro Campbell Marques, j. 12.09.2012, *DJe* 18.09.2012.
99. STJ, 4ª T., REsp 1.949.566/SP, rel. Min. Luis Felipe Salomão, j. 14.09.2021, *DJe* 19.10.2021.

2.10. LEGITIMIDADE (ATIVA E PASSIVA) NA EXECUÇÃO E RESPONSABILIDADE DE TERCEIROS

A legitimidade ativa e passiva no processo de execução está disciplinada nos artigos 778 e 779 do CPC. Das disposições legais é possível constatar que o título executivo constitui fonte mediata da legitimação, pois virtualmente identifica os legitimados, ou, ao menos, sinaliza a chave de uma resposta hábil a quesito desse teor.

Por outro lado, a doutrina destaca que o conceito de obrigação foi decomposto em dois elementos, que geralmente se encontram unidos, mas que podem estar separados, a saber: a) a *dívida*, que consiste no *dever prestar* por parte do devedor; b) e na *responsabilidade*, que exprime o estado de sujeição dos bens do obrigado à ação do credor. A dívida é assim um vínculo pessoal; a responsabilidade, um vínculo do patrimônio. O devedor *obriga-se*, seu patrimônio *responde*.

Assim, o débito está relacionado com o preceito que define a conduta do devedor e o seu atendimento espontâneo; a responsabilidade, diferentemente, só ganha sentido e função com o inadimplemento do preceito e com a execução forçada da prestação (CC, art. 391 e CPC, arts. 789 e 790).

No direito substancial, dívida e responsabilidade podem estar separadas, quando, por exemplo, uma pessoa assume a primeira e outra a segunda, como nos casos, por exemplo, de fiança ou de garantia real outorgada em favor de obrigação de terceiro. O fiador ou garante não são devedores, mas respondem com seus bens pela dívida cuja garantia assumiram voluntariamente.

Tanto a obrigação quanto a responsabilidade são fontes mediatas e não exclusivas, da legitimidade ativa e passiva no processo de execução. Assim, o credor é o primeiro legitimado a iniciar a execução (CPC, art. 778, *caput*); como também o devedor, a um só tempo obrigado e responsável, é quem primeiramente tem o patrimônio exposto aos meios executórios, nos termos do art. 779, I, do CPC.

Todavia, a lei contempla, quer para o polo ativo (CPC; art. 778, § 1º, I, II e III), quer para o passivo (CPC, art. 779, II e III), que promova ou sofra a execução um sujeito diverso do credor ou devedor originário, que por alguma razão superveniente tenha assumido essa condição. É o que alguns autores denominam *terceiro-parte*, salientando que a eficácia do título executivo os alcança, em nome próprio, ainda que seus nomes não constem do título executivo. Convém frisar que a sucessão do exequente prevista no § 1º do art. 778 irá ocorrer independentemente de consentimento do executado (CPC, art. 778, § 2º)[100]. No caso de falecimento do devedor originário (CPC, art. 779, II), o espólio responde pelas dívidas[101], mas, após a partilha, cada herdeiro responde por elas

---

100. STJ, Corte Especial, AgRg nos EREsp 354.569/DF, rel. Min. Castro Meira, j. 29.06.2010, *DJe* 13.08.2010; STJ, Corte Especial (repetitivo), REsp 1.091.443/SP, rel. Min. Maria Thereza de Assis Moura, j. 02.05.2012, *DJe* 29.05.2012.
101. "(...) 3. A propositura de ação em face de réu preteritamente falecido não se submete à habilitação, sucessão ou substituição processual, nem tampouco deve ser suspensa até o processamento de ação de habilitação de

dentro das forças da herança e na proporção da parte que lhe coube (CPC, art. 796), o que pode não corresponder necessariamente ao limite de seu quinhão hereditário[102].

Além do devedor, outros sujeitos e outros patrimônios eventualmente se sujeitam à demanda executória, justamente pelo corte entre responsabilidade e obrigação. Trata-se daqueles que têm legitimidade executória secundária. Nesse sentido, por exemplo, o previsto no art. 779, IV e V[103], e no art. 790, I, II e IV, todos do CPC. Em todos esses casos de responsabilidade, sem embargo de não terem seu nome constante no título executivo, há uma situação legitimante em lei que autoriza que os responsáveis sofram a execução[104]. Em relação ao fiador (CPC, art. 779, IV)[105-106], ele tem o direito de exigir que primeiro sejam executados os bens do devedor situados na mesma comarca, livres e desembargados, indicando-os pormenorizadamente à penhora (CPC, art. 794, *caput*), salvo se houver renunciado ao benefício de ordem (CPC, art. 794, § 3º)[107]. Não tendo havido a referida renúncia, portanto, os bens do fiador, inclusive bens de família[108], ficarão sujeitos à execução se os do devedor, situados na mesma comarca que os seus, forem insuficientes à satisfação do direito do credor (CPC, art. 794, § 1º). Se o fiador pagar a dívida, terá direito de regresso contra o afiançado, a ser executado nos mesmos autos em que sofreu a execução (CPC, art. 794, § 2º). No caso do sócio (CPC, art. 790, II), seus bens particulares não respondem pelas dívidas da sociedade, senão nos casos previstos em lei (CPC, art. 795, *caput*). Sendo o sócio responsável secundário, tem ele o direito de exigir que primeiro sejam excutidos os bens da sociedade (CPC, art. 795, § 1º),

---

sucessores, na medida em que tais institutos apenas são aplicáveis às hipóteses em que há o falecimento da parte no curso do processo judicial. 4. O correto enquadramento jurídico da situação em que uma ação judicial é ajuizada em face de réu falecido previamente à propositura da demanda é a de ilegitimidade passiva do de cujus, devendo ser facultado ao autor, diante da ausência de ato citatório válido, emendar a petição inicial para regularizar o polo passivo, dirigindo a sua pretensão ao espólio. 5. Na ausência de ação de inventário ou de inventariante compromissado, o espólio será representado judicialmente pelo administrador provisório, responsável legal pela administração da herança até a assunção do encargo pelo inventariante" (STJ, 3ª T., REsp 1.559.791/PB, rel. Min. Nancy Andrighi, j. 28.08.2018, *DJe* 31.08.2018).

102. STJ, 4ª T., REsp 1.367.942/SP, rel. Min. Luis Felipe Salomão, j. 21.05.2015, *DJe* 11.06.2015.
103. Enunciado 97 da I Jornada de Direito Processual Civil (CJF): "A execução pode ser promovida apenas contra o titular do bem oferecido em garantia real, cabendo, nesse caso, somente a intimação de eventual coproprietário que não tenha outorgado a garantia".
104. Nos arts. 1.643 e 1.644 do Código Civil, o legislador reconheceu que, pelas obrigações contraídas para a manutenção da economia doméstica e, assim, notadamente, em proveito da entidade familiar, o casal responderá solidariamente, podendo-se postular a excussão dos bens do legitimado ordinário e do coobrigado, extraordinariamente legitimado. Estão abrangidas na locução "economia doméstica" as obrigações assumidas para a administração do lar e, pois, à satisfação das necessidades da família, no que se inserem as despesas educacionais. Logo, a execução dessas despesas educacionais pode ser redirecionada para o genitor que não figure no contrato que serve à execução (STJ, 3ª T., REsp 1.472.316/SP, rel. Min. Paulo de Tarso Sanseverino, j. 05.12.2017, *DJe* 18.12.2017).
105. Enunciado 445 do FPPC: "O fiador judicial também pode ser sujeito passivo da execução." O art. 779 do CPC excluiu a referência ao fiador judicial, antes constante do art. 568, IV, do CPC/73. Apesar do desuso do instituto, não se pode excluir sua possibilidade de verificação no caso concreto e, assim ocorrendo, será ele legitimado passivo da execução.
106. Súmula 214-STJ: "O fiador na locação não responde por obrigações resultantes de aditamento ao qual não anuiu".
107. STJ, 5ª T., REsp 217.101/SP, rel. Min. Felix Fischer, j. 02.09.1999, *DJ* 04.10.1999.
108. STJ, 5ª T., REsp 645.734/DF, rel. Min. José Arnaldo da Fonseca, j. 26.10.2004, *DJ* 29.11.2004.

oportunidade em que deve nomear à penhora bens da sociedade situados na mesma comarca, livres e desembargados, que sejam suficientes para pagar o débito (CPC, art. 795, § 2º). Se o sócio pagar a dívida, terá direito de regresso contra a sociedade, a ser executado nos mesmos autos em que sofreu a execução (CPC, art. 795, § 3º). A desconsideração da personalidade jurídica da sociedade exige a observância do rito próprio, previsto nos arts. 133 a 137 do CPC[109].

Figurando o sujeito numa dessas situações anteriormente identificadas, quer no polo ativo, quer no passivo, será ele não apenas parte no processo (ou fase) executivo, mas será parte legítima. Do contrário, isto é, não estiver indicado no título executivo; não tendo seu patrimônio sujeito aos efeitos do título executivo; não integrando a relação material e processual executiva, encontrar-se-á na posição de terceiro.

É de se assinalar, entretanto, que não é possível executar os bens do responsável sem vinculá-lo à relação processual, mediante regular citação, posto que ninguém pode ser privado de seus bens sem observância do devido processo legal e sem que lhe sejam assegurados o contraditório e os meios de defesa em juízo (CF, art. 5º, LIV e LV).

Em se tratando de cumprimento de sentença, se o sujeito responsável não participou da fase de conhecimento, não pode vir a ser incluído depois apenas para responder na execução, ou seja, o cumprimento de sentença "não poderá ser promovido em face do fiador, do coobrigado ou do corresponsável que não tiver participado da fase de conhecimento" (CPC, art. 513, § 5º)[110].

Por sua vez, para que o responsável seja integrado ao polo passivo da execução fundada em título executivo extrajudicial, deve a situação legitimante estar devidamente comprovada já na petição inicial.

Identificar se o sujeito atua como parte ou como terceiro na execução tem relevância prática inquestionável, especialmente para reconhecer a (i)legitimidade da invasão do patrimônio, pelo órgão judicial. Além disso, sendo parte ou terceiro, existirá diferença no regime jurídico da defesa que poderá ser oposta no processo.

Dito isso, é possível afirmar que todo aquele que tiver seu patrimônio sujeito à eficácia executiva – por conta de disposição legal ou contratual – deve ser tomado como *parte* na execução, ainda que, portanto, não se apresente como o principal devedor da obrigação. Desse modo, será *terceiro* na execução forçada aquele que, mesmo não tendo seu patrimônio sujeito à execução, acaba sendo atingido pela atividade jurisdicional

---

109. A pessoa jurídica tem legitimidade para recorrer da decisão que decretou a penhora de bens de um sócio não integrante do polo passivo da ação, desde que o faça para defender interesse próprio e sem se envolver na esfera dos direitos do sócio: STJ, 3ª T., REsp 2.057.706/RO, rel. Min. Nancy Andrighi, j. 13.06.2023, *DJe* 16.06.2023.
110. STJ, 3ª T., AgInt no REsp 1.368.254/RJ, rel. Min. Moura Ribeiro, j. 28.03.2017, *DJe* 17.04.2017. Em outro julgado, o STJ decidiu que, caso não haja a citação de ambos os cônjuges na fase de conhecimento do processo, aquele que não foi citado torna-se parte ilegítima para figurar no polo passivo da execução. Para o colegiado, se o casal contraiu dívidas solidárias relacionadas aos filhos, é necessária a formação de litisconsórcio passivo desde o ajuizamento da ação de conhecimento (STJ, 4ª T., REsp 1.444.511/SP, Rel. Min. Luis Felipe Salomão, j. 11.02.2020, *DJe* 19.05.2020).

executiva. É o que ocorre, por exemplo, com o adquirente de bem em fraude à execução (CPC, art. 790, V), com o coproprietário de bem imóvel divisível ou, de maneira ampla, com qualquer pessoa que tenha em seu poder bens apontados como integrantes do patrimônio do devedor e por isso sujeitos à execução (CPC, art. 790, III).

Assim, em casos de redirecionamento da execução por força de desconsideração da pessoa jurídica (CPC, arts. 134 e 135); ou mesmo nos casos de ataque ao patrimônio do cônjuge que não integra o processo, é necessário que estes sujeitos sejam citados para integrar a lide e, somente depois disso, é que seus bens poderão ser afetados pela atividade executiva[111].

Caso porventura não se realize a citação, ou seja, diante da eventual dúvida acerca da qualidade de parte ou de terceiro destes sujeitos responsáveis, mas até para que não fiquem eles sem a oportunidade de se defender adequadamente na execução, parece possível mesmo afirmar que o sócio ou o cônjuge que tiver seu bem ou direito atingido pela constrição judicial estará legitimado a opor os embargos de terceiro, se estiver visando excluir seu bem ou direito da constrição judicial sofrida; e, também, estará legitimado a opor embargos à execução, se o seu interesse for discutir a própria relação processual executiva. Aliás, é mesmo possível cogitar da fungibilidade entre essas oposições[112]. Poderá este sócio ou cônjuge, ainda, fazer mão de outras formas de defesa, tais como exceção de pré-executividade e ações autônomas e prejudiciais à execução (defesa heterotópica), tudo dependendo do momento e da matéria que pretenda arguir em seu benefício.

Convém ainda apontar que é possível a formação de litisconsórcio na execução, seja ele para ter mais de um exequente (ativo), mais de um executado (passivo), seja para ter mais de um sujeito em ambos os polos da execução (misto). Esse litisconsórcio, em regra, costuma ser facultativo (formado pela vontade das partes) e simples (que admite solução diversa entre os litigantes). Essa cumulação subjetiva precisa respeitar a regra do art. 780 do CPC, ou seja, é preciso que haja identidade de partes, mesma competência e mesmo procedimento. No caso, interessa o primeiro desses requisitos, relativo à identidade de partes, que impõe que os sujeitos estejam vinculados entre si por meio de uma relação jurídica de direito material ou de um mesmo conjunto de relações jurídicas de direito material. Esse vínculo, na verdade, depende da análise das obrigações que estão sendo objeto de execução e dos respectivos títulos executivos que servem de fundamento para a execução. Em regra, portanto, a cumulação subjetiva depende que os sujeitos sejam credores e/ou devedores em face do mesmo título executivo ou, ainda que em títulos executivos diversos, se apresentem na mesma condição de forma

---

111. O STJ decidiu que "o cônjuge que apenas autorizou seu consorte a prestar aval, nos termos do art. 1.647 do Código Civil (outorga uxória), não é avalista. Dessa forma, não havendo sido prestada garantia real, não é necessária sua citação como litisconsorte, bastando a mera intimação, como de fato postulado pelo exequente (art. 10, § 1º, incisos I e II, do CPC de 1973)" (STJ, 4ª T., REsp 1.475.257/MG, Rel. Min. Maria Isabel Gallotti, j. 10.12.2019, *DJe* 13.12.2019).
112. STJ, 1ª T., REsp 865.532/PB, rel. Min. Teori Albino Zavascki, j. 21.09.2006, *DJ* 05.10.2006.

conjunta. Assim, por exemplo, tem-se admitido a cumulação de várias execuções fiscais contra o mesmo executado[113]. É o que também ocorre quando a parte e o advogado ingressam com execução de sentença contra o executado, muito embora os créditos sejam diversos: um é a condenação principal e o outro é a condenação dos honorários de sucumbência[114]. De outro lado, o litisconsórcio pode ser admitido quando há cumulação subjetiva e objetiva, fundada em títulos executivos diferentes[115]. Por fim, também há que se lembrar da hipótese de litisconsórcio eventual, em que a pretensão executiva é deduzida em face de um executado principal e, subsidiariamente, sobre um executado secundário. É o que ocorre quando o exequente executa dívida do devedor principal e, já na inicial, requer que sejam atingidos os bens do garantidor da obrigação, caso o patrimônio do devedor principal não seja suficiente para satisfazer a dívida.

2.11. INTERVENÇÃO DE TERCEIROS NA EXECUÇÃO

Não se admitem na execução as figuras da denunciação da lide e de chamamento ao processo, que pressupõe discussão em relação à existência, ou não, de algum direito a uma prestação, o que é típico da fase de condenação[116]. É possível defender a possibilidade da assistência simples na execução, desde que se demonstre o interesse jurídico e não meramente econômico do terceiro[117].

A desconsideração da personalidade jurídica pode ocorrer na execução (CPC, art. 134)[118].

2.12. FRAUDE À EXECUÇÃO

O ordenamento jurídico procura reprimir os atos do devedor que tenham por fim frustrar, no todo ou em parte, a satisfação da obrigação por ele devida.

Nesse sentido, ocorre a fraude de execução quando há alienação ou oneração de bens quando sobre eles pender ação fundada em direito real, ou quando ao tempo da alienação ou oneração de bens corria contra o devedor demanda capaz de reduzi-lo

---

113. STJ, 1ª Seção (repetitivo), REsp 1.158.766/RJ, rel. Min. Luiz Fux, j. 09.09.2010, *DJe* 22.09.2010.
114. STJ, 4ª T., REsp 251.035/MG, rel. Min. Ruy Rosado de Aguiar, j. 06.03.2001, *DJ* 12.08.2002.
115. STJ, 3ª T., REsp 746.895/MG, rel. Min. Sidnei Beneti, j. 10.11.2009, *DJe* 1º.12.2009.
116. STJ, 2ª T., REsp 691.235/SC, rel. Min. Castro Meira, j. 19.06.2007, *DJe* 1º.08.2007.
117. Entendendo inviável a intervenção quando apenas presente o interesse econômico, no STJ: 3ª T., AgRg no REsp 911.557/MG, rel. Min. Paulo de Tarso Sanseverino, j. 21.06.2011, *DJe* 29.06.2011; 4ª T., AgRG no AgRG no Ag 1.278.735/SP, rel. Min. Marco Buzzi, j. 18.04.2013, *DJe* 08.05.2013; Corte Especial, AgRg nos EREsp 1.262.401/BA, rel. Min. Humberto Martins, j. 25.04.2013, *DJe* 10.05.2013; 3ª T., AgRg no AREsp 195.013/SP, rel. Min. João Otávio de Noronha, j. 03.05.2016, *DJe* 09.05.2016.
118. STJ, 3ª T., AgInt no AREsp 1.034.255/PE, rel. Min. Marco Aurélio Bellizze, j. 25.04.2017, *DJe* 09.05.2017; STJ, 1ª T., REsp 1.315.166/SP, rel. Min. Gurgel de Faria, j. 16.03.2017, *DJe* 26.04.2017. Prosseguindo a execução e sobrevindo outros elementos que evidenciem, a partir de um novo contexto fático, a existência dos requisitos autorizadores da medida, nada obsta que o pedido de desconsideração seja renovado, na busca da satisfação da pretensão executória do credor: STJ, 3ª T., REsp 1.758.794/PR, rel. Min.ª Nancy Andrighi, j. 21.05.2019, *DJe* 24.05.2019.

à insolvência, ou ainda, em outras hipóteses previstas na lei (CPC, art. 792). Ou seja, fala-se em fraude à execução quando a lei autoriza que credor adote medidas repressivas contra ato do devedor que frustra a execução e, por conseguinte, que alcancem o bem alienado a terceiro[119] ou desconsidere direito real que tenha beneficiado a terceiro, a fim de submeter esse bem à atividade jurisdicional executiva decorrente de processo (fase) em curso.

O ato reputado em fraude à execução constitui ato atentatório à dignidade da justiça (CPC, art. 774, I), portanto, sujeito à sanção pecuniária (CPC, parágrafo único do art. 774).

Cumpre observar que a oneração ou alienação em fraude à execução não caracteriza nulidade do ato, mas sua ineficácia perante o juízo da execução (CPC, art. 792, § 1º). Ou seja, o negócio continua existente e válido entre seus agentes, apenas não produz efeitos perante aquele credor que tinha a demanda pendente contra o devedor.

É requisito para a decretação da fraude à execução a existência de litispendência de ação de conhecimento, de execução, cautelar antecedente ou penal, o que exige que a citação tenha sido válida (CPC, art. 240) ou que por outro modo reste comprovado que o devedor tinha ciência inequívoca da existência da demanda, além da ocorrência de uma das hipóteses descritas no art. 792 do CPC: i) pendência de ação fundada em direito real ou com pretensão reipersecutória que tenha por objeto um bem específico, desde que a pendência do processo tenha sido averbada no registro público, se houver (I); ii) quando tiver sido averbada no registro do bem a pendência de ação na forma do art. 828, § 4º do CPC (II)[120], hipótese que pode ocorrer mesmo antes da citação do executado; iii) quando tiver sido averbada no registro do bem hipoteca judiciária (CPC, art. 495) ou outro ato de constrição judicial originário do processo onde foi arguida a fraude (III); iv) quando ao tempo da alienação ou oneração do bem já pendia de ação capaz de reduzir o executado à insolvência (IV); v) demais casos previstos em lei (V), p. ex.: CPC, art. 856, § 3º; CTN, art. 185; e Lei 11.101/2005, art. 129.

Muito embora possa parecer pelas disposições legais descritas nos incisos I a III que, sendo o bem sujeito a registro público, a decretação da fraude à execução por força de alienação do bem a terceiro depende de prévia averbação de uma das situações descritas na lei, a fraude pode ser reconhecida mesmo sem essa averbação[121]. Aliás, em

---

119 Ainda que o bem seja considerado *bem de família* pode ser reconhecida a fraude à execução. Nesse sentido: "(...) 6. A regra de impenhorabilidade do bem de família trazida pela Lei 8.009/90 deve ser examinada à luz do princípio da boa-fé objetiva, que, além de incidir em todas as relações jurídicas, constitui diretriz interpretativa para as normas do sistema jurídico pátrio. 7. Nesse contexto, caracterizada fraude à execução na alienação do único imóvel dos executados, em evidente abuso de direito e má-fé, afasta-se a norma protetiva do bem de família, que não pode conviver, tolerar e premiar a atuação dos devedores em desconformidade com o cânone da boa-fé objetiva. Precedentes. 8. Recurso especial parcialmente conhecido, e, nessa extensão, não provido" (STJ, 3ª T., REsp 1.575.243/DF, rel. Min. Nancy Andrighi, j. 22.03.2018, *DJe* 02.04.2018).
120 STJ, Corte Especial (repetitivo), REsp 956.943/PR, rel. Min. João Otávio de Noronha, j. 20.08.2014, *DJe* 1º.12.2014.
121 STJ, 3ª T., REsp 1.981.646/SP, rel. Min. Nancy Andrighi, j. 02.08.2022, *DJe* 05.08.2022.

relação à averbação, esta não poderia se limitar apenas a atos de constrição (penhora etc.) ou da existência de ação/fase de execução pendente, devendo englobar toda e qualquer distribuição de ação, real/reipersecutória ou cujo resultado possa reduzir o patrimônio do sujeito à insolvência, tal como estabelece o art. 54, incs. I e IV, da Lei 13.097/2015[122]. De outro lado, caso o bem adquirido não esteja sujeito a registro, será ônus do terceiro demonstrar que agiu dentro de um padrão de conduta exigível em qualquer negócio, adotando as cautelas necessárias para a aquisição mediante obtenção de certidões pertinentes junto ao domicílio do executado e do local onde se encontrava o bem (CPC, art. 792, § 2º). Assim não demonstrando, não será possível considerar que o terceiro agiu de boa-fé e, por conseguinte, não elidirá a decretação da fraude à execução. Portanto, a pesquisa por ações ajuizadas em face do alienante é indispensável apenas em bens não sujeitos a registro público, pois nos que há esse registro, ao terceiro bastaria consultar o que há de averbação nesses registros. Caso o terceiro perca o bem, poderá, mediante ação própria, exercer seu direito de evicção (CC, art. 447).

Na hipótese do inciso IV do art. 792, que não está atrelada a um bem específico como ocorre no inc. I do mesmo dispositivo legal, mas à satisfação de uma obrigação pecuniária, exige-se a insolvência do devedor, ou seja, a superação do valor das dívidas em relação à importância dos bens do devedor (CPC, art. 1.052, reportando-se aos arts. 748 a 753 do CPC/73); o que deve ser provado pelo exequente. Para que se tenha como fraude à execução a alienação ou oneração de bens, de que trata o inciso IV do art. 792 do CPC, é necessária a presença concomitante dos seguintes elementos: a) que o executado tenha ciência da pendência da ação já aforada, por citação ou porque foi provada essa ciência por outro modo; b) que o terceiro/adquirente tenha ciência da existência da ação, ou por já constar algum registro público (presunção *juris et de jure* contra o adquirente), ou porque o exequente, por outros meios, provou que dela o adquirente já tinha conhecimento (CPC, art. 844, e Súmula 375-STJ[123]) ou poderia ter tido ciência; c) que a alienação ou a oneração dos bens seja capaz de reduzir o devedor à insolvência, militando em favor do exequente a presunção *juris tantum*[124]. Nesta hipótese, ainda, a solvabilidade do devedor será restituída mediante a ineficácia dos negócios considerados em ordem cronológica regressiva, isto é, do último deles para os demais, até o limite que satisfaça a obrigação do credor.

A fraude à execução não poderá ser decretada sem que o terceiro adquirente seja citado e lhe seja oportunizado opor embargos de terceiro num prazo de 15 (quinze)

---

122. Enunciado 149 da II Jornada de Direito Processual Civil (CJF): "A falta de averbação da pendência de processo ou da existência de hipoteca judiciária ou de constrição judicial sobre bem no registro de imóveis não impede que o exequente comprove a má-fé do terceiro que tenha adquirido a propriedade ou qualquer outro direito real sobre o bem".
123. Súmula 375-STJ: "O reconhecimento da fraude à execução depende do registro da penhora do bem alienado ou da prova de má-fé do terceiro adquirente".
124. STJ, 4ª T., REsp 555.044/DF, rel. Min. Cesar Asfor Rocha, j. 04.11.2003, *DJ* 16.02.2004.

dias (CPC, art. 792, § 4º)[125]. Vale dizer, apenas comporta ao terceiro tentar evitar que o bem responda à dívida do devedor/alienante, não lhe sendo lícito questionar o título executivo ou mesmo a obrigação nele contida.

Considerando a redação do art. 185 do CTN, dada pela Lei Complementar 118, de 09 de fevereiro de 2005 e o brocardo de que a lei especial prevalece sobre a lei geral (*lex specialis derrogat lex generalis*), tem-se que a Súmula 375 do STJ não se aplica às execuções fiscais. Logo, a caracterização de má-fé do terceiro adquirente, ou mesmo a prova do conluio, é desnecessária para caracterizar fraude à execução fiscal. Em suma: (a) a natureza jurídica tributária do crédito conduz a que a simples alienação ou oneração de bens ou rendas, ou seu começo, pelo sujeito passivo por quantia inscrita em dívida ativa, sem a reserva de meios para quitação do débito, gera presunção absoluta (*jure et de jure*) de fraude à execução (lei especial que se sobrepõe ao regime do direito processual civil); (b) a alienação engendrada até 08.06.2005 exige que tenha havido prévia citação no processo judicial para caracterizar a fraude de execução; se o ato translativo foi praticado a partir de 09.06.2005, data de início da vigência da Lei Complementar 118/2005, basta a efetivação da inscrição em dívida ativa para a configuração da figura da fraude; (c) a fraude de execução prevista no artigo 185 do CTN encerra presunção *jure et de jure*, conquanto componente do elenco das "garantias do crédito tributário"; (d) a inaplicação do artigo 185 do CTN, dispositivo que não condiciona a ocorrência de fraude a qualquer registro público, importa violação da Cláusula Reserva de Plenário e afronta à Súmula Vinculante 10, do STF[126].

Tratando-se de desconsideração da personalidade jurídica (CC, art. 50), que exige reconhecimento mediante incidente (CPC, art. 133 e ss.), uma vez citada/ciente a parte cuja personalidade se pretende desconsiderar, já se poderá questionar seus atos posteriores que importem em fraude à execução (CPC, art. 792, § 3º)[127-128].

2.13. CUMULAÇÃO DE EXECUÇÕES

O exequente está autorizado a cumular contra o mesmo executado várias execuções, estejam fundadas ou não no mesmo título executivo (Súmula 27-STJ[129]), desde

---

125. Enunciado 191 do FPPC: "O prazo de quinze dias para opor embargos de terceiro, disposto no § 4º do art. 792, é aplicável, exclusivamente, aos casos de declaração de fraude à execução; os demais casos de embargos de terceiro são regidos na forma do *caput* do art. 675." O enunciado visa deixar claro que a previsão dos embargos de terceiro na fraude à execução é um regime especial e, como tal, deve ser interpretado de forma restrita. Logo, nas demais hipóteses de embargos de terceiro, o prazo do art. 792, § 4º não tem aplicabilidade, prevalecendo o disposto no art. 675.
126. STJ, 1ª Seção (repetitivo), REsp 1.141.990/PR, rel. Min. Luiz Fux, j. 10.11.2010, DJe 19.11.2010.
127. STJ, 3ª T., REsp 1.391.830/SP, rel. Min. Nancy Andrighi, j. 22.11.2016, DJe 1º.12.2016.
128. Entendendo de forma diversa: Enunciado 52 da ENFAM: "A citação a que se refere o art. 792, § 3º, do CPC/2015 (fraude à execução) é a do executado originário, e não aquela prevista para o incidente de desconsideração da personalidade jurídica (art. 135 do CPC/2015)".
129. Súmula 27-STJ: "Pode a execução fundar-se em mais de um título extrajudicial relativos ao mesmo negócio".

que o juízo seja competente para todas elas, assim como todas elas estejam submetidas ao mesmo meio/procedimento executivo (CPC, art. 780).

Em princípio, portanto, não se admite a cumulação de execuções, num mesmo processo, contra executados distintos[130]. Todavia, poder-se-á admitir cumulação dirigida a executados diferentes e até com base em títulos executivos distintos, se a dívida executada for a mesma[131]. Vale dizer, não é vedado ao credor ajuizar concomitantemente duas execuções distintas, uma contra o devedor principal e fundada em um contrato, e outra contra o garantidor e fundada em nota promissória atrelada ao mesmo contrato, buscando satisfazer o mesmo crédito. Neste caso, portanto, ainda que distintos os executados, admite-se a cumulação de execuções numa única ação de execução, instrumentalizada com ambos os títulos executivos. Trata-se de cumulações objetivas e subjetivas na mesma execução[132].

A cumulação indevida de execuções pode ser controlada de ofício pelo juiz[133] como pode ser atacada pelo executado em sua oposição à execução (CPC, art. 525, § 1º, V, e art. 917, III). Se o cúmulo foi indevido porque eram diferentes os executados, caberá ao juiz assinar prazo ao exequente para que ele defina em face de qual deles a execução prosseguirá. Por sua vez, se o cúmulo indevido se deu por incompetência do juízo em relação a um dos objetos da execução, haverá extinção desta em relação a esse objeto e prosseguirá normalmente quanto àquele que o juízo é competente para o processamento. Do mesmo modo ocorrerá se o problema do cúmulo se deu quanto ao rito incompatível, de modo que se prosseguirá com a execução apenas em relação ao rito que admite processamento, extinguindo-se a execução quanto ao outro. Seja como for, o exequente poderá buscar a satisfação do objeto em que houve a extinção por meio de novo processo, adequando o sujeito, o juízo competente ou o rito.

2.14. PROTESTO DE TÍTULO EXECUTIVO JUDICIAL E INSCRIÇÃO DO EXECUTADO EM CADASTRO DE INADIMPLENTES

Ao lado das técnicas processuais voltadas para a satisfação da obrigação, o legislador incluiu outra, a do protesto do título executivo judicial e a de inscrição do executado em cadastro de inadimplentes, entendendo que os efeitos negativos desses atos poderão estimular o pagamento da dívida, especialmente quando o devedor é comerciante ou empresário.

Assim, o art. 517 do CPC, quando faz referência a protesto *nos termos da lei*, está se referindo ao regime instituído pelo art. 1º da Lei 9.492/1997, pela qual o protesto passou a ter duas finalidades evidentes: 1º) constituir o devedor em mora e provar a sua inadimplência; e 2º) servir de modalidade alternativa para cobrança de dívida

---
130. STJ, 3ª T., REsp 1.635.613/PR, rel. Min. Ricardo Villas Bôas Cueva, j. 13.12.2016, *DJe* 19.12.2016.
131. STJ, 4ª T., REsp 24.242/RS, Rel. Min. Sálvio de Figueiredo Teixeira, j. 08.08.1995, *DJ* 02.10.1995.
132. STJ, 3ª T., REsp 746.895/MG, rel. Min. Sidenei Beneti, j. 10.11.2009, *DJe* 1º.12.2009.
133. STJ, 4ª T., REsp 670.233/RN, rel. Min. João Otávio de Noronha, j. 04.03.2008, *DJe* 16.06.2008.

que foi desvinculada dos títulos estritamente cambiariformes para abranger todos e quaisquer "títulos ou documentos de dívida". Foi por força dessa maior abrangência que a jurisprudência passou a autorizar o protesto de decisões judiciais condenatórias, líquidas e certas, transitadas em julgado[134]. Logo, o protesto judicial é permitido nos casos de cumprimento definitivo da sentença para pagamento de quantia certa. A única exceção a essa regra é a possibilidade de protesto de decisão provisória que fixe verba alimentar (CPC, art. 528, § 1º e § 3º), quando não efetuado o pagamento no prazo legal (CPC, art. 528, *caput*).

Para a efetivação do protesto perante o tabelião competente, além da liquidez e certeza da obrigação e do trânsito em julgado da condenação, deve ter o devedor deixado de efetuar o pagamento da obrigação de soma em dinheiro no prazo de 15 (quinze) dias estabelecido no art. 523 do CPC. Todos esses requisitos, bem como os dados do processo (vara de origem, número e qualificação dos sujeitos) deverão constar de *certidão de teor da dívida*, conforme estabelecem os §§ 1º e 2º do art. 517 do CPC. Tal certidão deverá ser fornecida pela serventia de onde tramita o cumprimento de sentença num prazo de 3 (três) dias depois de requerida pelo credor[135], pelo que, portanto, não precisa ser deferida pelo juiz.

O executado poderá obter, nos próprios autos do cumprimento de sentença e depois do necessário contraditório, decisão judicial que suste o protesto, quando demonstre a ausência de qualquer dos requisitos necessários para a efetivação do protesto. Eventual ajuizamento de ação rescisória pelo devedor, ou de outras ações ou meios de ataque à coisa julgada, que questione o comando da decisão judicial levada a protesto apenas permitirá a anotação de sua existência à margem do título protestado, conforme previsto no § 3º do art. 517 do CPC[136]. Ou seja, o executado não poderá impedir o protesto da sentença condenatória por meio de tutela provisória concedida em ação rescisória (CPC, art. 969).

O protesto poderá ser cancelado por determinação judicial, a requerimento do executado, mediante ofício a ser expedido ao cartório, no prazo de 03 (três) dias, contado da data de protocolo do requerimento, desde que comprovada a satisfação integral da obrigação realizada em juízo. Neste caso, portanto, o contraditório do credor será posterior à determinação judicial de cancelamento de protesto. Para o cancelamento com base em outras possíveis causas, como prescrição, por exemplo, será necessário prévio contraditório antes de o cancelamento ser determinado pelo

---

134. No STJ: 3ª T., REsp 750.805/RS, rel. Min. Humberto Gomes de Barros, j. 14.02.2008, *DJe* 16.06.2009; monocrática, REsp 835.480/RS, Min. Sidnei Beneti, j. 24.08.2009, *DJe* 1º.09.2009; monocrática, REsp 1.196.134/PR, Min. Paulo de Tarso Sanseverino, j. 22.06.2012, *DJe* 28.06.2012; monocrática, AREsp 17.357/SC, Min. Massami Uyeda, j. 08.08.2012, *DJe* 14.08.2012; 3ª T., AgRg no AREsp 291.608/RS, rel. Min. Ricardo Villas Bôas Cueva, j. 22.10.2013, *DJe* 28.10.2013; 2ª T., REsp 1.126.515/PR, rel. Min. Herman Benjamin, j. 03.12.2013, *DJe* 16.12.2013.
135. Apenas se admite o protesto de decisão judicial por determinação de ofício pelo juiz, no caso de execução de alimentos, conforme art. 528, § 1º e § 3º, do CPC.
136. Enunciado 679 do FPPC: "A anotação da propositura da ação à margem do título protestado não se restringe à ação rescisória, podendo abranger outros meios de desfazimento da coisa julgada".

juiz[137]. De outro lado, optando o devedor pelo pagamento integral da dívida diretamente perante o tabelião de protesto, deverá comunicar ao juiz que assim procedeu, com prova do ato.

Por sua vez, o art. 782, §§ 3º, 4º e 5º do CPC, regula a possibilidade de o juiz determinar a inclusão do nome do executado em cadastro de inadimplentes, o que pode ocorrer quer a execução seja judicial ou extrajudicial[138-139], civil ou fiscal[140]. Para tanto, independentemente de ter havido prévia recusa administrativa das entidades mantenedoras do respectivo cadastro[141], deve haver requerimento do credor, pois este responderá civilmente caso se considere indevida tal inscrição[142]. Aliás, também poderá ser o credor responsabilizado se a inscrição não for cancelada quando for efetuado o pagamento, ou quando for garantida a execução ou se a execução for extinta por qualquer outro motivo. A inscrição no cadastro de inadimplentes também pode ser cancelada[143], desde que comprovado o pagamento integral ou a garantia da execução ou a extinção da execução por qualquer outro motivo (CPC, art. 782, § 4º).

É cabível o pedido de tutela provisória em sede de embargos à execução, ou em outro meio de defesa, para pleitear a exclusão do nome do executado dos cadastros de inadimplentes[144].

Caso o protesto seja feito indevidamente, restará configurado ato ilícito cometido pelo exequente, que responderá por eventuais prejuízos causados ao executado, a serem liquidados nos mesmos autos do processo. Aliás, ainda que o protesto seja feito devidamente, aplica-se ao exequente a responsabilidade objetiva pelos danos causados ao

---

137. "(...) o protesto não se prende imediatamente à exequibilidade do título ou de outro documento de dívida, mas sim à inadimplência e ao descumprimento da obrigação representada. Como estas não desaparecem com a mera prescrição do título executivo não quitado, o protesto não pode ser cancelado simplesmente em função da inaptidão do título prescrito para ser objeto de ação de execução" (STJ, 4ª T., REsp 813.381/SP, rel. Min. Raul Araújo, j. 20.11.2014, DJe 20.05.2015).
138. Enunciado 190 do FPPC: "O art. 782, § 3º, não veda a inclusão extrajudicial do nome do executado em cadastros de inadimplentes, pelo credor ou diretamente pelo órgão de proteção ao crédito." Segundo o enunciado, a determinação judicial de inclusão do nome do devedor em cadastros de inadimplentes não é requisito para o ato, ou seja, não se exclui a possibilidade desta negativação ocorrer sem intervenção judicial. Assim, se o credor for conveniado aos serviços de proteção ao crédito, pode ele mesmo remeter o nome do devedor para ser incluído no referido cadastro de inadimplentes. Enunciado 739 do FPPC: "O fato de o exequente ter condições de proceder à inclusão do nome do executado em cadastro de inadimplentes não é fundamento para o juiz indeferir esse requerimento".
139. Enunciado 98 da I Jornada de Direito Processual Civil (CJF): "O art. 782, § 3º, do CPC não veda a possibilidade de o credor, ou mesmo o órgão de proteção ao crédito, fazer a inclusão extrajudicial do nome do executado em cadastros de inadimplentes".
140. STJ, 1ª Seção, REsp 1.812.449/SC, rel. Min. Og Fernandes, j. 24.02.2021, DJe 11.03.2021.
141. STJ, 3ª T., REsp 1.835.778/PR, rel. Min. Marco Aurélio Bellizze, j. 04.02.2020, DJe 06.02.2020.
142. STJ, 4ª T., AgInt no REsp 905.710/RJ, rel. Min. Raul Araújo, j. 02.06.2016, DJe 17.06.2016.
143. Enunciado 538 do FPPC: "Aplica-se o procedimento do § 4º do art. 517 ao cancelamento da inscrição de cadastro de inadimplentes do § 4º do art. 782". Como a lei processual não disciplinou a forma de obter o cancelamento da inscrição no cadastro de inadimplentes, é razoável a aplicação analógica do disposto para o cancelamento do protesto judicial.
144. STJ, 3ª T., AgRg no Ag 226.176/RS, rel. Min. Nancy Andrighi, j. 19.12.2000, DJ 02.04.2001.

executado, quando este posteriormente obtenha decisão que reconheça a inexistência ou a inexigibilidade da obrigação.

2.15. NEGÓCIO PROCESSUAL NA EXECUÇÃO

A possibilidade de convenção das partes sobre matéria processual é tema que sempre causou divergência doutrinária. Apesar disso, o diploma processual revogado continha previsões que eram apontadas como exemplos dessa possibilidade, algumas delas tratando de liquidação ou de execução (p. ex.: CPC/73, art. 475-C, I; art. 475-P, parágrafo único; art. 569; art. 633; art. 667, III; e art. 684, I).

O novo diploma processual de 2015, orientado por uma ideologia de colaboração (CPC, art. 6º) que incentiva o alcance de soluções negociadas (CPC, art. 3º, §§ 2º e 3º), respeita e estimula o autorregramento da vontade das partes no processo, pelo que não só manteve diversos dos negócios jurídicos (típicos) antes previstos no CPC/73, como os ampliou; assim como introduziu uma cláusula geral (CPC, art. 190) de negócios jurídicos (atípicos).

Entende-se por convenção processual ou negócio processual quando, por força de ato voluntário unilateral ou bilateral das partes, antes ou durante o processo e sem necessidade da intermediação de nenhum outro sujeito (juiz), determina-se a criação, a modificação ou a extinção de situações jurídicas processuais (acordos de obrigação), ou altera-se o procedimento (acordos dispositivos – de gestão – de gerenciamento).

Se o regime do negócio jurídico processual estiver fixado na lei, ele será *típico*; se for dado à parte estruturar o negócio tal como lhe convir ou for necessário, será ele *atípico*.

Na execução, podemos ter negócios típicos, tais como: a) o exequente desistir, no todo ou em parte, da execução ou de algum ato executivo, independentemente do consentimento do executado (CPC, art. 775); b) o exequente escolher o juízo da execução (CPC, art. 516, parágrafo único, e art. 781); c) o executado, ou as partes, definir bens não sujeitos à execução, isto é, impenhoráveis (CPC, art. 833, I)[145]; d) as partes podem escolher sobre qual bem do executado ou de terceiro recairá a penhora, nos contratos com garantia real, tais como a hipoteca, o penhor, a alienação fiduciária (CPC, art. 835, § 3º); e) escolha do executado como depositário do bem penhorado (CPC, art. 840, § 2º); f) o exequente pode desistir da penhora (CPC, art. 851, III); g) o exequente pode concordar com a substituição da penhora requerida pelo executado (CPC, art. 847, § 3º); h) as partes podem escolher por acordo a forma de administração e o administrador-depositário na penhora de empresa, de outros estabelecimentos e de semoventes (CPC, art. 862, § 2º); i) as partes podem escolher por acordo o administrador-depositário no

---

145. Enunciado 152 da II Jornada de Direito Processual Civil (CJF): "O pacto de impenhorabilidade (arts. 190, 200 e 833, I) produz efeitos entre as partes, não alcançando terceiros." Enunciado 153 da II Jornada de Direito Processual Civil (CJF): "A penhorabilidade dos bens, observados os critérios do art. 190 do CPC, pode ser objeto de convenção processual das partes".

caso de penhora de frutos e rendimentos (CPC, art. 869); j) quando uma parte aceita o valor da avaliação estimado pela outra (CPC, art. 871, I); l) o exequente escolher corretor ou leiloeiro público, quando não houver ninguém credenciado para essa função (CPC, art. 880, § 4º); m) o arrematante desistir da arrematação (CPC, art. 903, § 5º); n) o executado opta em pagar o valor da execução mediante parcelamento (CPC, art. 916); o) as partes convencionam a suspensão da execução (CPC, art. 921, I) etc.

Por sua vez, também é possível dispor sobre a execução em negócios atípicos: i) estabelecendo distinções entre débito e responsabilidade e, assim, definindo legitimidade para figurar no polo ativo ou passivo da execução; ii) estabelecendo o pacto de *non exequendo*, pelo qual o credor compromete-se a não requerer a execução de um título executivo, o que não caracteriza renúncia ao crédito, pois pode o credor adotar outros atos (protesto do título executivo ou inserir o nome do devedor nos cadastros negativos), além de manter a via da ação de conhecimento para buscar a satisfação do crédito (monitória etc.); iii) criando pactos de penhorabilidade: iii.1) estabelecendo ordem de preferência de bens sujeitos à penhora, inclusive podendo criar benefício de ordem convencional atípico iii.2) limitando a penhora a determinados bens do executado, iii.3) limitando a penhora ao patrimônio adquirido até ou a partir de determinada data; iv) dispensando a avaliação por já estabelecer quanto vale o bem ou escolhendo um avaliador para fazê-lo; v) impedindo a execução provisória ou nela dispensando a prestação de caução ou fixando as características dessa caução; vi) estabelecendo carência para o início da execução da sentença depois do trânsito em julgado; vii) autorizando a aplicação do parcelamento previsto no art. 916 do CPC no cumprimento de sentença ou alterando os seus limites legais[146]; viii) criando balizas para aplicação dos poderes atípicos do juiz (CPC, art. 139, IV), inclusive descrevendo medidas indutivas (sanções premiais) ou coercitivas ou sub-rogatórias aceitáveis pelas partes; ix) reduzindo, elevando ou graduando a multa do art. 523, § 1º, do CPC[147]; x) criando procedimentos especiais executivos, inclusive podendo as partes estabelecer o uso imediato de medidas executivas atípicas, ou seja, de forma não subsidiárias às típicas e, ainda, fixar como típicas medidas executivas que seriam atípicas e, portanto, estabelecer seu uso preferencial a outras medidas[148]; xi) fazendo estipulações quanto às formas de comunicação na execução, seja incluindo aquelas não previstas em lei, seja excluindo as previstas em lei; xii) definindo calendário para a prática dos atos executivos (CPC, art. 191) etc.

Não podem ser admitidos negócios processuais que retirem os poderes-deveres do juiz, por exemplo, que impeçam o magistrado de aplicar as sanções previstas como atentatórias à dignidade da justiça (CPC, arts. 77, IV e 774) ou relativas à má-fé praticada por qualquer das partes (CPC, arts. 80 e 81). Também não podem ser admitidos

---

146. Enunciado 737 do FPPC: "É admissível o negócio jurídico processual que autorize a aplicação do regime jurídico do art. 916 do CPC no cumprimento de sentença".
147. Sem negócio processual, o percentual legal (10%) do art. 523, § 1º, do CPC, não pode ser relativizado/mitigado: STJ, 3ª T., REsp 1.701.824/RJ, Rel. Min. Nancy Andrighi, j. 09.06.2020, *DJe* 12.06.2020.
148. Enunciado 736 do FPPC: "É admissível negócio jurídico entre credor e devedor para estabelecer a aplicação prioritária de medidas atípicas".

negócios processuais que estabeleçam que o juiz não pode utilizar algum meio de coerção para pressionar o litigante a cumprir uma decisão, pelo que, então, não se pode convencionar um limite de valor das *astreintes*. Porém, podem as partes convencionar a renúncia à execução/recebimento dessas multas fixadas judicialmente ou acordar que essa execução será limitada a determinado valor. Podem as partes convencionar a proibição de utilização de algumas medidas executivas (típicas ou atípicas), porque é o mesmo que credor renunciar a algo que seria feito em seu favor/interesse, tal como acontece quando pactua a impenhorabilidade de um determinado bem.

2.16. PODERES EXECUTÓRIOS DO JUIZ

Considerando a noção de atividade executiva, entende-se por poderes executórios aqueles que instrumentalizam a invasão da esfera jurídica de pessoas, promovendo modificações no mundo sensível, a fim de satisfazer um direito provável ou já reconhecido.

É a partir dos meios executivos que se permite identificar os poderes executórios do juiz, porque o exame dos meios atesta uma diversidade funcional. Assim, tanto pode o ordenamento jurídico não apenas prescrever o meio executivo, como também descrever a sua forma de atuação; quanto apenas apontar o meio executivo, sem estabelecer sua forma de utilização. Na primeira hipótese, temos meios executivos *típicos* e, por conseguinte, poderes executórios típicos. Na segunda situação, temos meios executivos *atípicos* e, assim, poderes executórios atípicos.

Os meios executivos foram concebidos a partir do bem da vida perseguido na execução, ou seja, conforme o bem seja um fazer ou não fazer, uma coisa ou dinheiro, é que o meio executivo foi elaborado no plano legal. Também serve de elemento para a construção do modelo executivo, se o fim a ser obtido pela atividade executiva é o de evitar a consecução de ameaça ao direito ou é para reparar a violação já cometida ao direito, pelo que interessa saber se o que se busca é a recomposição ao estado anterior ou se é pagamento de soma em dinheiro. Diante desse cenário, há meios coercitivos e sub-rogatórios. Naqueles, é por meio da participação do executado que o resultado é alcançado. Nestes, o Estado atua no lugar do executado, permitindo que se alcance o resultado desejado.

Assim delineados os meios executivos, podemos agrupar os poderes executórios do juiz em coercitivos e sub-rogatórios. Os poderes coercitivos dividem-se em poderes: a) coercitivos por meio de restrição de direitos (p. ex.: de liberdade pessoal mediante prisão; restrição de saída do país, com a retenção de passaporte[149]; restrição de dirigir, com a apreensão da CNH) e b) de coerção patrimonial (multa). Os poderes sub-rogatórios, por sua vez, dividem-se em poderes: c) de desapossamento, que podem ser preparatórios (apreensão/imissão na posse e depósito) e finais (de entrega da coisa);

---

149. STJ, 3ª T., HC 558.313/SP, Rel. Min. Paulo de Tarso Sanseverino, j. 23.06.2020, *DJe* 1º.07.2020.

d) de transformação; e e) de expropriação, que podem ser preparatórios (penhora e depósito) e finais (adjudicação, alienação, arrematação, desconto etc.).

Tanto os poderes coercitivos quanto os sub-rogatórios podem ser típicos ou atípicos. Todavia, quando houver previsão de poderes típicos, estes devem ser *preferencialmente* utilizados, de modo que, constatada a inefetividade dos poderes típicos, porque a parte adota comportamento processual desleal, evasivo e não cooperativo, embaraçando a tramitação processual, ocultando patrimônio e deixando de cumprir provimentos jurisdicionais[150], pode o juiz manejar poderes executórios atípicos[151]. Destarte, não parece fazer sentido o legislador prever um meio típico, caso fosse, desde o início, livre ao juiz aplicar o meio atípico por entendê-lo mais adequado e eficaz. Isso não significa afirmar, conforme já sugerido com o destaque supra, que, em nenhuma situação, o juiz poderá lançar mão de medidas atípicas, sem o esgotamento dos poderes típicos. A título de ilustração, o juiz poderá aplicar imediatamente a medida atípica se essa for menos gravosa do que a típica. Com efeito, no cumprimento de sentença ou na execução de alimentos, no qual o credor abastado cria embaraços para o devedor, atrasando o pagamento, mas sempre neutralizando a prisão, fazendo o depósito antes de sua decretação, em face da existência de medida típica mais gravosa (prisão), se revela viável a utilização imediata de multa diária, a partir do vencimento da obrigação, como meio coercitivo atípico. Também se apresenta possível o emprego direto de poderes atípicos, quando a tipicidade compromete a utilidade da tutela concedida. É o que pode ocorrer em alguns casos da concessão de tutela provisória de urgência, cujo conteúdo seja o pagamento de soma em dinheiro. O emprego isolado ou a necessidade de precedência de atos expropriatórios comprometerá o provável direito que se pretendeu preservar com a concessão da tutela de urgência. Por isso, pode se justificar a conjugação ou a aplicação direta de meios coercitivos atípicos, desde que as circunstâncias revelem essa necessidade (*e.g*, resistência do credor, mesmo estando caracterizada disponibilidade patrimonial).

O cenário anterior revela dois aspectos: i) a insuficiência de tentar, de antemão, indicar o cabimento ou inviabilidade dos poderes atípicos, sem atentar para as circunstâncias do caso. Salvo as hipóteses de regras constitucionais proibitivas (*e.g*, prisão civil, ressalvada as obrigações de alimentos, atos que atentem contra a dignidade da pessoa), serão as peculiaridades do caso que apontarão para a admissão, ou não, de medidas atípi-

---

150. STJ, 2ª T., HC 478.963/RS, rel. Min. Francisco Falcão, j. 14.05.2019, *DJe* 21.05.2019; STJ, 3ª T., REsp 1.782.418/RJ, rel. Min. Nancy Andrighi, j. 23.04.2019, *DJe* 26.04.2019 e STJ, 3ª T., REsp 1.788.950/MT, rel. Min. Nancy Andrighi, j. 23.04.2019, *DJe* 26.04.2019. Enunciado 12 do FPPC: "A aplicação das medidas atípicas sub-rogatórias e coercitivas é cabível em qualquer obrigação no cumprimento de sentença ou execução de título executivo extrajudicial. Essas medidas, contudo, serão aplicadas de forma subsidiária às medidas tipificadas, com observação do contraditório, ainda que diferido, e por meio de decisão à luz do art. 489, § 1º, I e II".
151. STJ, 3ª T., REsp 1.963.178/SP, rel. Min. Marco Aurélio Bellizze, j. 12.12.2023, *DJe* 14.12.2023. A tendência no âmbito doutrinário, diante da redação do art. 139, IV, do CPC, é entender diferentemente do que consta no texto, ou seja, no sentido de que inexiste preferência entre medidas típicas e atípicas, de sorte que a utilização de uma ou de outra deve ser avaliada no caso concreto. Tal dispositivo, assim, conferiria um dever-poder geral executivo ao magistrado. STJ, 3ª T., REsp 1.733.697/RS, Rel. Min. Nancy Andrighi, j. 11.12.2018, *DJe* 13.12.2018.

cas[152]; ii) é equivocado supor que a existência de uma cláusula geral de atipicidade possa neutralizar o caráter patrimonial da atividade executiva. É dizer: somente a ausência de patrimônio é e sempre será insuficiente para justificar o emprego de medidas atípicas.

A atipicidade dos poderes executórios já era reconhecida,[153] para possibilitar a satisfação de obrigações de fazer, não fazer e entrega de coisa e está agora consagrada, de forma mais abrangente, no texto legal (CPC, art. 139, IV), o qual assegura que o juiz, de ofício, tem plena liberdade em adotar as medidas, coercitivas[154] ou sub-rogatórias, que entender necessárias e adequadas para proporcionar o resultado satisfativo ou protetivo, o que pode ser aplicado, seja a execução fundada em título executivo judicial ou extrajudicial[155], independentemente da natureza da obrigação (fazer ou não fazer[156], entrega de coisa e dinheiro[157]). A mesma atipicidade se autoriza para a execução das tutelas provisórias (CPC, art. 297). Esses poderes atípicos encontram limites no contraditório, ainda que excepcionalmente postergado, na necessária fundamentação que o ato judicial exige, além da análise do postulado da proporcionalidade[158], ou seja, exige-se a verificação da: adequação, necessidade e proporcionalidade em sentido estrito. A adequação decorre da relação meio e fim, isto é, restará atendida se o meio empregado for apto a proporcionar o resultado desejado[159]. A necessidade restará verificada se, entre

---

152. Por meio da ADI 5.941/DF, promovida pelo Partido dos Trabalhadores, se questionou a aplicação do art. 139, IV, do CPC. Postulou-se a declaração de nulidade, "sem redução de texto, do inciso IV do artigo 139 da Lei n. 13.105/2015, para declarar inconstitucionais, como possíveis medidas coercitivas, indutivas ou sub-rogatórias oriundas da aplicação daquele dispositivo, a apreensão de carteira nacional de habilitação e/ou suspensão do direito de dirigir, a apreensão de passaporte, a proibição de participação em concurso público e a proibição de participação em licitação pública". A ação foi julgada improcedente: STF, Pleno, ADI 5.941/DF, rel. Min. Luiz Fux, j. 09.02.2023, DJe 28.04.2023.
153. STJ, 3ª T., REsp 1.423.898/MS, rel. Min. Paulo de Tarso Sanseverino, j. 02.09.2014, DJe 1º.10.2014.
154. Algumas medidas coercitivas passaram a ser típicas, isto é, passaram a ter previsão no texto legal, tais como o protesto da sentença (CPC, art. 517); a inclusão do nome do executado em cadastro de inadimplentes (CPC, art. 782, §§ 2º a 5º) e a remoção de pessoas e coisas (CPC, art. 536, § 1º).
155. Enunciado 48 da ENFAM: "O art. 139, IV, do CPC/2015 traduz um poder geral de efetivação, permitindo a aplicação de medidas atípicas para garantir o cumprimento de qualquer ordem judicial, inclusive no âmbito do cumprimento de sentença e no processo de execução baseado em títulos extrajudiciais".
156. Fixação de multa em caso de quebra de sigilo telemático: STJ, 5ª T., RMS 55.109/PR, Rel. Min. Reynaldo Soares da Fonseca, j. 07.11.2017, DJe 17.11.2017. Fixação de multa em caso de descumprimento imotivado do regime de visitação de filho: STJ, 3ª T., REsp 1.481.531/SP, Rel. Min. Moura Ribeiro, j. 16.02.2017, DJe 07.03.2017.
157. Rompe-se, nesse particular, o entendimento que vinha prevalecendo no STJ, que afastava a aplicação de multa, por exemplo, nas execuções de soma em dinheiro: STJ, 3ª T., AgInt no REsp 1.324.029/MG, rel. Min. Ricardo Villas Bôas Cueva, j. 16.06.2016, DJe 29.06.2016; STJ, 4ª T., AgRg no AREsp 208.474/SP, rel. Min. Luis Felipe Salomão, j. 18.03.2014, DJe 25.03.2014; STJ, 3ª T., REsp 1.358.705/SP, rel. Min. Nancy Andrighi, j. 11.03.2014, DJe 19.03.2014.
158. STJ, 3ª T., REsp 1.788.950/MT, rel. Min. Nancy Andrighi, j. 23.04.2019, DJe 26.04.2019 e STJ, 3ª T., REsp 1.864.190-SP, Rel. Min. Nancy Andrighi, j. 16.06.2020, DJe 19.06.2020.
159. Questão interessante que tem suscitado debate é se a medida atípica a ser aplicada exige alguma correlação com a espécie de obrigação inadimplida, ou não. Seguem alguns exemplos de quem defende a correlação: se a dívida não paga é oriunda de dívidas de trânsito, seria possível, diante da ineficácia das medidas típicas, suspender o direito de o executado conduzir veículos; se executado não paga as verbas salariais de seus empregados, veda-se a contratação de novos funcionários; se o condômino não quita as taxas condominiais, fica impedido de ter acesso às áreas comuns de lazer etc. Quem nega tal correlação, sustenta que ela pode gerar entraves à satisfação da obrigação, impondo, ainda, indesejável tratamento não isonômico.

os atos adequados, for eleito aquele mais favorável ao exequente e menos restritivo/vexatório ao executado. Ainda, analisa-se a proporcionalidade em sentido estrito, que restará atingida se a vantagem obtida pelo exequente compensar o sacrifício imposto ao executado[160]. E, às vezes, para justificar ou afastar o uso dessas medidas, se revelará necessária a intervenção de outros postulados normativos, por exemplo, a igualdade, a razoabilidade e a proibição de excesso. Uma vez deferida a medida atípica, ela não tem uma limitação temporal preestabelecida, devendo perdurar pelo tempo que for suficiente para que o devedor deixe de resistir indevidamente ao cumprimento da obrigação exequenda.

Os poderes executórios atípicos do juiz poderão ser exercidos de ofício ou a requerimento do interessado (exequente ou Ministério Público, enquanto fiscal da lei). Sendo caso de urgência ou evidência, o contraditório do executado será postecipado (CPC, art. 9º, I e II), mas, inexistindo essas situações, o contraditório terá de ser prévio (CPC, arts. 9º, *caput*, e 10)[161]. O executado poderá opor resistência aos poderes executórios exercidos pelo juiz por simples petição e, caso rejeitada essa oposição, por meio de recurso (agravo de instrumento, nos termos do art. 1.015, parágrafo único, do CPC).

O art. 772 do CPC estabelece poderes para o juiz conduzir a execução, inspirados no modelo de cooperação que o processo deve desenvolver (CPC, art. 6º). Como sabido, o dever de cooperação desdobra-se nos deveres de inquisitoriedade, prevenção ou advertência, esclarecimento, consulta das partes e auxílio das partes. Tendo em vista essas finalidades, o juiz pode: a) ordenar o comparecimento das partes; b) advertir o executado de que sua conduta constitui ato atentatório à dignidade da justiça; e, c) determinar que sujeitos indicados pelo exequente forneçam informações em geral relacionadas ao objeto da execução, tais como documentos e dados que tenham em seu poder, assinando-lhes prazo razoável[162].

---

160. Parece correto o entendimento de que as medidas coercitivas atípicas somente devem ser aplicadas se houver alguma expectativa de cumprimento voluntário da obrigação. Vale dizer, se o juiz se convencer de que o executado não irá pagar porque não tem como pagar, diante da falta de patrimônio disponível, a medida executiva coercitiva não deve ser aplicada no caso concreto. Por sua vez, se há indícios de que o executado não paga o que deve porque não quer pagar, agindo, portanto, de forma consciente para frustrar a atividade executiva (ocultando bens etc.), a adoção das medidas coercitivas é indicada. Assim, por exemplo, o meio atípico é indicado quando há indícios de que o executado ostenta um padrão de vida incompatível com sua situação patrimonial aparente, desfrutando de prazeres que extrapolam essa condição aparente, enquanto o exequente amarga indefinidamente a insatisfação do crédito exequendo. Assim, por exemplo, a 4ª Turma do STJ confirmou apreensão de passaporte de devedor de alimentos que viajava de primeira classe ao exterior, isto é, o devedor deixava de pagar uma dívida e utilizava-se de valores para ostentar um padrão de vida luxuoso (o número deste processo não é divulgado em razão do segredo judicial, mas há notícia no site do STJ em 29.07.2022).
161. STJ, 3ª T., RHC 99.606/SP, rel. Min. Nancy Andrighi, j. 13.11.2018, *DJe* 20.11.2018.
162. Enunciado 536 do FPPC: "O juiz poderá, na execução civil, determinar a quebra de sigilo bancário e fiscal." O enunciado assegura que entre os poderes (atípicos) do juiz na execução civil está a possibilidade de afastamento dos sigilos bancário e fiscal, o que, no entanto, deve ser tomado como medida excepcional, diante de circunstâncias fáticas que justifiquem a restrição desses direitos fundamentais (p. ex.: cometimento de ato atentatório à dignidade da justiça nos termos do art. 774 do CPC, esgotamento das tentativas de localização de bens penhoráveis etc.), bem como que a decisão que adote essas medidas esteja devidamente fundamentada. STJ, 4ª T., REsp 1.220.307/SP, Rel. Min. Aldir Passarinho Junior, j. 17.03.2011, *DJe* 23.03.2011 e STJ, 6ª T., RMS

2.17. CONDUTA ATENTATÓRIA À DIGNIDADE DA JUSTIÇA

Entende-se por conduta atentatória à dignidade da justiça aquela decorrente de ato comissivo ou omissivo, ilícito ou abusivo, que visa impedir ou procrastinar a consecução da atividade executiva, provisória ou definitiva, civil ou fiscal[163]. Vale dizer, o diploma legal, em homenagem ao dever de lealdade e cooperação das partes e com o fim de preservar a eficácia da execução, admite que seja punido aquele que assim atuar, mediante fixação de multa (CPC, art. 774, parágrafo único), que reverte em favor da parte desfavorecida pela conduta, de regra, o exequente.

A aplicação da referida multa pode ser cumulada com outras sanções processuais (litigância de má-fé, arts. 80 e 81 do CPC)[164] ou de direito material, inclusive de natureza criminal, se for o caso (CPC, art. 774, parágrafo único).

As hipóteses descritas na lei (CPC, art. 774, incisos I a V) são meramente exemplificativas, podendo outros atos ser tomados como atentatório à dignidade da justiça (p. ex.: CPC, art. 903, § 6º, e art. 918, parágrafo único). Para a hipótese de resistência injustificada às ordens judiciais (CPC, art. 774, IV) e para as demais condutas não listadas no rol legal, a aplicação da sanção dependerá de prévia advertência ao executado de que sua conduta constituirá essa infração atentatória à dignidade da justiça (CPC, art. 772, II, c/c art. 77, § 1º). Portanto, nas demais hipóteses, a multa pode ser aplicada de imediato, prescindindo da prévia advertência da parte de que a sua conduta constitui ato atentatório à dignidade da justiça[165]. Caso a execução seja extinta por acolhimento da defesa do executado, pode a multa vir a perder sua exigibilidade, pois atrelada ao cumprimento do direito material do credor que restou indevido[166].

Não constitui ato atentatório à dignidade da justiça o exercício do direito de recorrer[167] ou do direito de defesa[168].

O rol legal de condutas atentatórias à dignidade da justiça utiliza de conceitos indeterminados/abertos que, em última análise, têm o mesmo fim: estimular que a atividade executiva se desenvolva de forma regular e eficaz. A *fraude à execução* de que

---

25.174/RJ, Rel. Min. Maria Thereza de Assis Moura, j. 19.02.2008, *DJe* 14.04.2008. Enunciado 219 da III Jornada de Direito Processual Civil (CJF): "A previsão contida no inciso III do art. 772 do CPC autoriza a realização de atos executivos típicos ou atípicos de busca e localização patrimonial, por meio de cooperação judiciária interinstitucional".

163. Enunciado 537 do FPPC: "A conduta comissiva ou omissiva caracterizada como atentatória à dignidade da justiça no procedimento da execução fiscal enseja a aplicação da multa do parágrafo único do art. 774 do CPC/15." Diante da inexistência de previsão específica na Lei de Execução Fiscal (Lei 6.830/80) acerca do tema, nada mais adequado do que aplicar a norma do CPC (art. 774 e sua sanção) aos atos atentatórios à dignidade da justiça cometidos no curso da execução fiscal.
164. Enunciado 148 da II Jornada de Direito Processual Civil (CJF): "A reiteração pelo exequente ou executado de matérias já preclusas pode ensejar a aplicação de multa por conduta contrária à boa-fé."
165. STJ, 4ª T., AgRg no REsp 1.192.155/MG, rel. Min. Raul Araújo, j. 12.08.2014, *DJe* 1º.09.2014.
166. STJ, 3ª T., REsp 1.364.773/RJ, rel. Min. Nancy Andrighi, j. 20.08.2013, *DJe* 13.09.2013.
167. STJ, 4ª T., AgRg na MC 16.600/RJ, rel. Min. Luis Felipe Salomão, j. 13.04.2010, *DJe* 20.04.2010.
168. STJ, 2ª T., REsp 815.690/SP, rel. Min. Francisco Peçanha Martins, j. 16.03.2006, *DJ* 26.04.2006.

trata a primeira hipótese (CPC, art. 774, I) deve ser compreendida de forma ampla, alcançando todo e qualquer tipo de ato praticado pelo executado com o fim de prejudicar a atividade executiva ou o exequente. A oposição maliciosa à execução mediante ardis e meios artificiosos (CPC, art. 774, II) exige conduta abusiva que tenha por fim impedir o regular andamento do feito executivo. Dificultar ou embaraçar a realização da penhora (CPC, art. 774, III) tem aplicação em caso de execução por quantia certa cujo principal ato preparatório é a afetação do patrimônio do executado por meio da penhora. Assim, serão atentatórias as condutas do executado que visem frustrar a penhora, tais como ocultar bens passíveis de penhora, prestar informações incompletas ou erradas sobre os bens penhorados ou passíveis de penhora. Tal hipótese se complementa com a de que, intimado, o executado não fornece documentos ou informações sobre a localização do bem, seu estado, a sua propriedade ou seu valor (CPC, art. 774, V). Aliás, o executado deve prestar essas informações, mesmo que para justificar que não possuiu bens penhoráveis, isto é, mesmo quando a informação for negativa, não bastando a mera alegação de que não possui bens, cabendo trazer um mínimo de prova acerca dessa situação, sob pena de se entender que cometeu ato atentatório por ter prestado informação incompleta. Resistir injustificadamente às ordens judiciais (CPC, art. 774, IV) é faltar com o dever de colaboração que o processo exige (CPC, art. 6º).

2.18. TUTELAS PROVISÓRIAS NA EXECUÇÃO

Nos termos da legislação processual, a tutela provisória pode fundar-se em urgência ou evidência (CPC, art. 294); a tutela de urgência pode ser cautelar ou satisfativa (antecipada) e ser concedida de forma antecedente ou incidente (CPC, art. 294, parágrafo único).

Enquanto a tutela de urgência admite a imposição desde logo de efeitos práticos da tutela final, diante da probabilidade do direito apresentado pelo autor e no perigo de dano ou no risco de ineficácia do processo (CPC, art. 300); a tutela de evidência depende da conduta do réu que, apesar de reconhecer o fato constitutivo do autor, apresenta defesa substancial indireta (fatos impeditivos, modificativos ou extintivos) com pouca chance de sucesso, mas que exigirá dilação probatória e, por isso, permite distribuir o ônus do tempo a favor do autor (CPC, art. 311).

Na execução, muito embora o legislador apenas tenha concebido caber ao exequente requerer medidas urgentes (CPC, art. 799, VIII), cautelares ou satisfativas[169], também tem lugar a tutela da evidência.

Entre as tutelas de urgência satisfativas (antecipadas) que o exequente pode requerer estão: i) o arresto executivo (CPC, art. 830), ou seja, o ato que antecipa penhora (=

---

169. Enunciado 448 do FPPC: "As medidas urgentes previstas no art. 799, VIII, englobam a tutela provisória urgente antecipada". Como o dispositivo legal em referência fez previsão genérica, o enunciado esclarece que entre as medidas autorizadas está a tutela provisória de urgência de natureza antecipada.

pré-penhora), que admite ser realizado de forma *on-line* (CPC, art. 854); ii) a alienação antecipada de bens, isto é, diante do risco de deterioração, depreciação ou desvalorização do bem penhorado se antecipa o ato ou a fase de expropriação (CPC, art. 852); iii) a execução provisória (CPC, arts. 520 a 522), que poderá ser completa; iv) busca e apreensão, remoção de pessoas e coisas, desfazimento de obras e impedimento de atividade nociva (CPC, art. 536, § 1º), a fim de produzir resultado prático equivalente.

Por sua vez, são exemplos de tutelas de urgência cautelares, preparatórias ou incidentais (CPC, art. 923), que poderão ser requeridas ou determinadas de ofício: a) a averbação em registro público do ajuizamento da execução ou de atos de constrição realizados (CPC, art. 799, IX, e art. 828), com o fim de preservar a responsabilidade patrimonial, ou seja, impedir que o executado se desfaça de seu patrimônio, induzindo eventual fraude à execução; b) a indisponibilidade de bens do executado, impondo restrições de disposição sobre o patrimônio, tal como ocorre com a exigência de seguro quando a penhora recaia sobre navio, avião ou veículo (CPC, art. 864); c) o arresto cautelar, para resguardar o direito de crédito do exequente mediante apreensão de bens para evitar a dilapidação; d) o sequestro cautelar, que recai sobre bem específico disputado entre as partes para resguardá-lo de qualquer dano, depreciação ou deterioração; e) busca e apreensão de coisa, quando esta corra o risco de ser ocultada; f) arrolamento de bens, com a finalidade de inventariar e proteger bens litigiosos que se encontrem em perigo de perda ou alienação; g) protesto cautelar, a fim de evitar indevida alienação de bens sujeitos à execução; h) caução idônea e suficiente para evitar perdas e danos etc.

A tutela da evidência na execução, por sua vez, resta caracterizada pela não concessão de efeito suspensivo à oposição do executado que, por apresentar conteúdo de improvável sucesso, permite que a execução prossiga e até se faça completa.

2.19. O AGRAVO DE INSTRUMENTO COMO RECURSO PADRÃO CONTRA DECISÕES INTERLOCUTÓRIAS PROFERIDAS NA EXECUÇÃO

Segundo as regras de competência anteriormente identificadas, em regra, a execução deverá ser processada em 1º grau.

Assim sendo, definiu o legislador (CPC, art. 1.015, parágrafo único) que caberá agravo de instrumento contra toda e qualquer decisão interlocutória com conteúdo decisório proferida durante a execução[170], independentemente da matéria nela versada, pelo que inaplicável à execução o rol de hipóteses do art. 1.015 do CPC. Incluem-se nessa inaplicabilidade as decisões proferidas nas oposições (exceção de pré-executividade, impugnação ao cumprimento de sentença, defesa por simples petição) que o executado porventura apresente diretamente na execução, salvo se tratar de embargos à execução ou de defesa

---
170. Segundo entendeu o STJ, a decisão que intima o executado para pagamento no cumprimento de sentença se afigura como despacho de mero expediente e, portanto, é irrecorrível (STJ, 3ª T., REsp 1.837.211/MG, Rel. Min. Moura Ribeiro, j. 09.03.2021, *DJe* 11.03.2021).

heterotópica, porque nestes casos está-se diante de ações de conhecimento. Em suma, "Para as decisões interlocutórias proferidas em fases subsequentes à cognitiva – liquidação e cumprimento de sentença –, no processo de execução e na ação de inventário, o legislador optou conscientemente por um regime recursal distinto, prevendo o art. 1.015, parágrafo único, do CPC/2015, que haverá ampla e irrestrita recorribilidade de todas as decisões interlocutórias, quer seja porque a maioria dessas fases ou processos não se findam por sentença e, consequentemente, não haverá a interposição de futura apelação, quer seja em razão de as decisões interlocutórias proferidas nessas fases ou processos possuírem aptidão para atingir, imediata e severamente, a esfera jurídica das partes, sendo absolutamente irrelevante investigar, nessas hipóteses, se o conteúdo da decisão interlocutória se amolda ou não às hipóteses previstas no caput e incisos do art. 1.015 do CPC/2015"[171].

2.20. NULIDADES NA EXECUÇÃO

Inicialmente cabe assinalar que a disciplina das nulidades previstas na parte geral da legislação processual (CPC, arts. 276 a 283) é aplicável na execução, sempre lembrando que somente haverá nulidade na execução se efetivamente restar demonstrado o prejuízo que a parte sofreu diante da hipótese alegada[172].

O art. 803 do CPC contempla hipóteses em que a execução é nula: i) quando o título executivo extrajudicial não corresponder à obrigação líquida, certa e exigível; ii) quando o executado não for regularmente citado; iii) quando a execução for instaurada antes de verificada a condição ou de ocorrido o termo, ou seja, antes de a obrigação ser exigível[173], o que já estaria inserido na primeira hipótese. O reconhecimento das nulidades descritas em "i" e "iii" implicará na extinção sem resolução de mérito da execução (CPC, art. 924, I, c/c o art. 925), mesmo quando decorrer da procedência dos embargos à execução que reconheça essas hipóteses de nulidade; enquanto, no caso descrito em "ii", o reconhecimento da nulidade fará o processo retroceder até o momento da citação, a fim de que, renovado regularmente este ato, o processo prossiga normalmente.

A primeira e terceira hipóteses decorrem do previsto no art. 783 do CPC, que exige que a obrigação contemplada no título executivo seja líquida, certa e exigível[174]. A ausência dessas qualidades impede o desenvolvimento da atividade executiva, tratando-se, pois, de um pressuposto de admissibilidade da execução[175]. Apesar de a hipótese

---

171. STJ, Corte Especial, REsp 1.803.925/SP, Rel. Min. Nancy Andrighi, j. 1º.08.2019, *DJe* 06.08.2019.
172. STJ, 1ª T., AgRg no REsp 1.214.644/SC, rel. Min. Napoleão Nunes Maia Filho, j. 07.03.2017, *DJe* 21.03.2017; STJ, 2ª T., AgRg no AREsp 53.637/RS, rel. Min. Assusete Magalhães, j. 09.08.2016, *DJe* 22.08.2016.
173. STJ, 3ª T., AgInt nos EDcl no REsp 1.538.579/PE, rel. Min. Moura Ribeiro, j. 16.05.2017, *DJe* 29.05.2017.
174. É nula a execução de cheque que não foi apresentado previamente ao banco sacado para pagamento, ante a ausência de exigibilidade do título, nos termos do artigo 803, inciso I, do Código de Processo Civil: STJ, 3ª T., REsp 2.031.041/DF, rel. Min. Nancy Andrighi, j. 14.08.2023, *DJe* 16.08.2023.
175. STJ, 1ª T., AgRg no REsp 1.292.923/SE, rel. Des. Conv. do TRF/1 Olindo Menezes, j. 16.02.2016, *DJe* 22.02.2016; STJ, 6ª T., EDcl no AgRg no REsp 1.143.271/RS, rel. Min. Nefi Cordeiro, j. 15.10.2015, *DJ* 05.11.2015; STJ, 4ª T., REsp 2.069/SP, rel. Min. Sálvio de Figueiredo Teixeira, j. 10.04.1990, *DJ* 11.06.1990.

legal (CPC, art. 803, I) apenas associar a exigência dessas qualidades em relação ao título executivo extrajudicial, ela tem plena aplicação ao título executivo judicial, que precisa contemplar essas mesmas qualidades, sob pena de nulidade do cumprimento de sentença.

Essas características devem estar presentes no momento em que a execução tem início[176]. Todavia, pode-se admitir que, embora no início da execução estejam essas características presentes, venham, supervenientemente (CPC, art. 493), no curso do processo de execução, deixar de existir, de modo que a execução deverá, conforme o caso, ser suspensa ou extinta sem resolução de mérito[177]. De outro lado, apenas excepcionalmente se poderá admitir, no curso da execução, que a característica ausente ao início seja implementada no curso da execução, ou seja, em regra não se admite que o fato superveniente (CPC, art. 493) complemente a característica que faltava, pois, como visto, o legislador, nessa hipótese, previu a extinção da execução (CPC, art. 803, I e III). Assim, por exemplo, mesmo faltando o preenchimento do prazo para que a obrigação se considere exigível, o exequente ajuíza a execução, ou seja, o faz antes de a obrigação estar vencida. Nesse caso, se antes de o juiz proferir qualquer decisão a respeito do tema houver a superveniência da exigibilidade, sua falta inicial poderá ser relevada e a execução poderá prosseguir regularmente. O mesmo não poderá acontecer, se citado o executado, este aponta a inadmissibilidade da ação executiva (CPC, art. 803, III), pelo que, depois do contraditório, o juiz profere sentença e extingue o feito sem resolução de mérito, condenando o exequente ao pagamento de custas e honorários. Imagine-se, ainda, que sem razão, o exequente apele dessa sentença e, dado o tempo que demora o trâmite desse recurso, alcance-se a data de vencimento da obrigação. Seria possível nessa hipótese o tribunal reconhecer a perda de objeto do recurso e determinar o prosseguimento da execução? Quer parecer que não, pois se estaria prestigiando o exequente que recorreu para ganhar tempo e, eventualmente, alcançar essa situação. A superveniência da exigibilidade nesse caso, portanto, decorreu de ato do próprio exequente, o que seria inaceitável, pois estaria ele obtendo a sanação do vício por ele mesmo cometido, ainda que depois de citado o executado. Ademais, caso permitido o prosseguimento da execução, estaria sendo violado o art. 92 do CPC, que determina que a repropositura da demanda exija o prévio pagamento das custas e dos honorários devidos pela primeira demanda, bem como estaria se evitando que o exequente viesse a ser condenado por honorários recursais (CPC, art. 85, § 11). Nesse caso, somente se

---

176. A certeza da obrigação é intrínseca à formação do título executivo, enquanto a liquidez e a exigibilidade podem surgir depois da formação do título. Todavia, elas devem se verificar antes do momento inicial da execução.
177. Na lei há um exemplo em que haverá a extinção por perda superveniente da exigibilidade: a execução provisória. Assim, a revogação da tutela antecipada torna sem efeito a sua execução, que será extinta (CPC, art. 520, II). Nesse sentido: STJ, 3ª T., REsp 1.262.190/SP, rel. Min. Nancy Andrighi, j. 08.04.2014, DJe 29.04.2014. De outro lado, será caso de suspensão da execução, quando, por exemplo, surgir suspensão da exigibilidade do crédito tributário quando já em curso a execução fiscal: STJ, 1ª T., AgRg no REsp 1.332.139/DF, rel. Min. Napoleão Nunes Maia Filho, j. 20.03.2014, DJe 07.04.2014. Reconhecendo expressamente a possibilidade de perda superveniente da exigibilidade do título executivo judicial: STJ, 3ª T., REsp 1.835.286/PE, Rel. Min. Paulo de Tarso Sanseverino, j. 12.05.2020, DJe 18.05.2020.

o fato superveniente tivesse decorrido de ato do próprio executado, é que se poderia admitir o preenchimento da exigibilidade que ao início não existia[178].

A segunda hipótese, relativa à falta de citação na execução de título extrajudicial, visa assegurar o respeito ao contraditório do executado[179]. Cabe lembrar que na execução a citação poderá ser realizada por meio eletrônico, postal, por oficial de justiça, com hora certa e por edital. Todavia, o legislador disse menos do que deveria, pois tal garantia se estende a qualquer das partes, não apenas ao executado e, portanto, deve alcançar outros atos de comunicação que deixem de ser observados na execução e a partir dos quais resultem em prejuízo para a parte, seja ela qual for. Assim, por exemplo, se não for respeitado o previsto no art. 889 do CPC, que estabelece quem deve ser cientificado quanto à alienação do bem penhorado, haverá nulidade[180-181]. O mesmo se diga se a Fazenda Pública não for pessoalmente intimada na execução fiscal[182].

Em verdade, as hipóteses descritas no art. 803 do CPC não são as únicas hipóteses de nulidade da execução, ou seja, o rol é meramente exemplificativo. O título executivo pode ser nulo por outros vícios, formais ou materiais[183]. A arrematação por preço vil pode acarretar nulidade do ato e, por conseguinte, dos atos posteriores[184]; ou a cumulação indevida de pedidos executivos[185] etc.

As nulidades descritas no art. 803 do CPC, bem como aquelas que sejam absolutas, poderão ser conhecidas de ofício ou poderão ser provocadas pela parte, e isso poderá ocorrer na própria execução, por simples petição (CPC, art. 803, parágrafo único)[186]; como também poderá ser objeto de outras formas de defesa (impugnação ao cumprimento de sentença, defesa por simples petição ou embargos à execução). E por não estarem sujeitas à preclusão, pode o Judiciário apreciá-las mesmo de ofício nas instâncias ordinárias, enquanto a causa estiver em curso, ainda que haja expressa decisão a respeito[187]. As nulidades ditas relativas precisarão ser arguidas na primeira oportunidade, sob pena de preclusão.

---

178. STJ, 2ª T., AgRg no AREsp 109.985/SP, rel. Min. Humberto Martins, j. 12.06.2012, *DJe* 18.06.2012.
179. STJ, 2ª T., MC 24.912/CE, rel. Min. Humberto Martins, j. 20.09.2016, *DJe* 07.11.2016; STJ, 1ª T., AgRg no AREsp 353.140/RS, rel. Min. Regina Helena Costa, j. 18.06.2015, *DJe* 30.06.2015.
180. STJ, 4ª T., REsp 705.834/PR, rel. Min. Raul Araújo, j. 20.03.2014, *DJe* 03.06.2014; STJ, 3ª T., AgRg no REsp 293.512/SP, rel. Min. Paulo de Tarso Sanseverino, j. 28.09.2010, *DJe* 06.10.2010; STJ, 3ª T., REsp 685.714/RO, rel. Min. Carlos Alberto Menezes Direito, j. 21.11.2006, *DJ* 26.03.2007.
181. Enunciado 150 da II Jornada de Direito Processual Civil (CJF): "Aplicam-se ao direito de laje os arts. 791, 804 e 889, III, do CPC".
182. STJ, 1ª T., AgInt no AREsp 361.437/SP, rel. Min. Benedito Gonçalves, j. 21.02.2017, *DJe* 06.03.2017.
183. STJ, 4ª T., REsp 801.477/RS, rel. Min. Aldir Passarinho Jr, j. 15.10.2009, *DJe* 30.11.2009.
184. STJ, 2ª T., REsp 1.057.831/SP, rel. Min. Mauro Campbell Marques, j. 09.09.2008, *DJe* 14.10.2008.
185. STJ, 3ª T., REsp 1.635.613/PR, rel. Min. Ricardo Villas Bôas Cueva, j. 13.12.2016, *DJe* 19.12.2016.
186. STJ, 3ª T., REsp 13.960/SP, rel. Min. Waldemar Zveiter, j. 26.11.1991, *DJ* 03.02.1992.
187. STJ, 1ª T., REsp 847.390/SP, rel. Min. Teori Albino Zavascki, j. 06.03.2007, *DJ* 22.03.2007; STJ, 2ª T., REsp 830.392/RS, rel. Min. Castro Meira, j. 04.09.2007, *DJ* 18.09.2007.

Caso a execução seja extinta sem resolução de mérito, poderá o credor ajuizar nova execução, desde que suprido o que faltava para seu desenvolvimento (CPC, art. 486, § 1º)[188], bem como tenha pagado as custas e os honorários advocatícios a que foi condenado na primeira demanda (CPC, art. 92).

2.21. SUSPENSÃO DA EXECUÇÃO

O art. 921 do CPC estabelece as hipóteses em que o trâmite da execução judicial ou extrajudicial (CPC, art. 921, §7º) possa vir a ser temporariamente suspenso, o que implica a não realização de atos no procedimento, salvo se forem atos de urgência (CPC, art. 923). Essas hipóteses podem decorrer da imposição da lei, assim como podem ter origem em convenção das partes.

Seja como for, o referido art. 921 do CPC não esgota todas as hipóteses de suspensão da execução. Há em lei outras previsões que permitem a paralisação da execução, como por exemplo: pela concessão de liminar em embargos de terceiro (CPC, art. 678, *caput*); na hipótese de praça inferior a 80% do valor da avaliação em venda de imóvel de incapaz (CPC, art. 896, *caput*); por concessão de liminar em ação rescisória (CPC, art. 969);[189] decretação da falência ou de recuperação judicial (Lei 11.101/2005, art. 6º).

Nas hipóteses descritas no art. 921 do CPC, assim como nas demais anteriormente indicadas, é obrigatória a suspensão da execução pelo magistrado. Essa suspensão poderá ser total ou parcial. Sendo parcial, a execução poderá prosseguir naquilo que não for atingida pela suspensão[190].

A execução se suspende quando ocorrer morte ou perda da capacidade processual da parte, do seu representante legal e do procurador (CPC, art. 313, I), o que ocorrerá assim que o juiz for comunicado ou tiver essa notícia nos autos, podendo atuar mesmo de ofício. Caberá ao juiz assinar prazo para a devida regularização. Os atos havidos posteriormente à causa suspensiva poderão ser declarados ineficazes perante os sucessores e, portanto, refeitos, ou, desde que aceitos, poderão ser ratificados. É aplicável na espécie o previsto nos §§ 1º a 3º do art. 313 do CPC.

Podem as partes (CPC, art. 313, II), com o manifesto intuito de obter a satisfação do crédito e, por conseguinte, a solução para a execução, definir a melhor condição para que isso aconteça. Desse modo, enquanto não satisfeito de forma plena o que foi convencionado entre as partes, a execução permanecerá suspensa. Sendo o objetivo o cumprimento voluntário da obrigação, não é condizente se impor limite de tempo para a suspensão da execução, de sorte, portanto, não ser aqui aplicável o prazo de 06 (seis)

---

188. STJ, 3ª T., REsp 38.471/SP, rel. Min. Cláudio Santos, j. 07.03.1995, *DJ* 24.04.1995.
189. STJ, 1ª Seção, EREsp 770.847/PR, rel. Min. Luiz Fux, j. 23.04.2008, *DJe* 19.05.2008.
190. STJ, 2ª T., AgRg no AREsp 36.604/RJ, rel. Min. Humberto Martins, j. 04.10.2011, *DJe* 14.10.2011.

meses previsto no § 4º do art. 313 do CPC[191], pelo que pode o credor dar prazo maior para o devedor cumprir a obrigação (CPC, art. 922).

Quanto às demais hipóteses dos arts. 313[192] e 315 do CPC, ratifica-se a exposição feita no capítulo próprio, às quais se remete o leitor.

Embora o inciso II do art. 921 do CPC apenas faça referência aos embargos à execução, as demais espécies de defesa possíveis de serem manejadas na execução, tais como a impugnação ao cumprimento de sentença (CPC, art. 525), a exceção de pré-executividade e a defesa por meio de outras ações (defesa heterotópica) também podem suspender a execução, desde que o magistrado lhes atribua esse efeito suspensivo[193]. Trata-se de concessão *ope judicis* que deve ser associada à tutela provisória, ou seja, não está apenas associada aos requisitos de urgência, mas, também, aos de evidência, no caso, da prejudicialidade da defesa em detrimento do prosseguimento da execução. A maior crítica, no entanto, atribui-se à tendência da jurisprudência em sempre exigir a segurança do juízo para que o juiz possa atribuir efeito suspensivo à defesa[194]. Em que pese esse entendimento encontre guarida no sistema legal e se possa compreender os fundamentos de tal prática, ela deveria admitir alguma flexibilização, pois por vezes configura ofensa ao acesso à justiça (basta pensar, por exemplo, no executado que tem condições de desde logo demonstrar que não é devedor, mas não tem bens para garantir a execução). Logo, a garantia do juízo não deveria ser tratada como uma condição insuperável para a concessão do efeito suspensivo. Ademais, o poder geral de cautela, pode ser suficiente para atribuir esse efeito suspensivo à ação, independentemente de garantia do juízo[195], similar ao que se autoriza em sede de ação rescisória (CPC, art. 969).

Tendo a execução o rito da expropriação (CPC, art. 825), a falta de bens penhoráveis acarreta a suspensão da execução (CPC, art. 921, III)[196]. Ocorrendo o mesmo fenômeno em execução de título executivo extrajudicial perante o Juizado Especial, ter-se-á a extinção do processo (Lei 9.099/95, art. 53, § 4º). Também será caso de suspensão quando os bens localizados forem insuficientes para que ocorra uma penhora útil (CPC, art. 836, *caput*). Considerando que essa suspensão não pode ser por prazo

---

191. STJ, 4ª T., REsp 164.439/MG, rel. Min. Sálvio de Figueiredo Teixeira, j. 08.02.2000, *DJ* 20.03.2000.
192. Enunciado 107 da I Jornada de Direito Processual Civil (CJF): "Não se aplica a suspensão do art. 982, I, do CPC ao cumprimento de sentença anteriormente transitada em julgado e que tenha decidido questão objeto de posterior incidente de resolução de demandas repetitivas".
193. STJ, 4ª T., AgRg no AREsp 203.121/SP, rel. Min. Raul Araújo, j. 27.11.2012, *DJe* 18.12.2012.
194. STJ, 4ª T., AgRg no REsp 1.324.799/SP, rel. Min. Luis Felipe Salomão, j. 03.06.2014, *DJe* 12.06.2014; STJ, 4ª T., REsp 1.118.595/MT, rel. Min. Luis Felipe Salomão, j. 19.11.2013, *DJe* 06.12.2013; STJ, 3ª T., AgRg no REsp 1.192.328/MG, rel. Min. Andrighi, j. 18.09.2012, *DJe* 26.09.2012; STJ, 4ª T., AgRg no Ag 1.131.064/SP, rel. Min. João Otávio de Noronha, j. 10.05.2011, *DJe* 19.05.2011.
195. Nesse sentido: STJ, 4ª T., REsp 1.241.509/RJ, rel. Min. Luis Felipe Salomão, j. 09.08.2011, *DJe* 1º.02.2012. Outro julgado que admitiu a suspensão independentemente de garantia, em sede de exceção de pré-executividade: STJ, 4ª T., REsp 268.532/RS, rel. Min. Aldir Passarinho Junior, j. 05.04.2001, *DJ* 05.04.2001.
196. Enunciado 213 da III Jornada de Direito Processual Civil (CJF): "A citação ficta do executado não configura causa de suspensão da execução pela sua não localização, prevista no art. 921, inciso III, do CPC".

indeterminado, o prazo máximo dessa suspensão será de 01 (um) ano (CPC, art. 921, § 1º), durante o qual não correrá a prescrição intercorrente[197] e, findo esse prazo, permanecendo a mesma situação, o processo será arquivado (CPC, art. 921, § 2º)[198]. Depois de arquivado, tendo sido encontrados bens penhoráveis, poderá ser requerido o seu desarquivamento (CPC, art. 921, § 3º). Era após esse prazo de suspensão de 01 (um) ano, que tinha início o prazo da prescrição intercorrente (CPC, art. 921, § 4º), independentemente de intimação do exequente, para que promova o prosseguimento do processo[199]. Todavia, o §4º do art. 921 do CPC teve sua redação alterada (pela Lei n. 14.195/2021) e, agora, "o termo inicial da prescrição no curso do processo será a ciência da primeira tentativa infrutífera de localização do devedor ou de bens penhoráveis, e será suspensa, por uma única vez, pelo prazo máximo previsto no § 1º deste artigo". A efetiva citação, intimação do devedor ou constrição de bens penhoráveis interrompe o prazo de prescrição, que não corre pelo tempo necessário à citação e à intimação do devedor, bem como para as formalidades da constrição patrimonial, se necessária, desde que o credor cumpra os prazos previstos na lei processual ou fixados pelo juiz (CPC, art. 921, § 4º-A, incluído pela Lei n. 14.195/2021). A mera apresentação de petição pedindo o desarquivamento e vistas do processo; pedidos de carga dos autos; realização de atos de serventia, tais como de apensamento, de desapensamento, de lançamento de certidões, de determinações de impulso; pedidos de suspensão ou de concessão de prazo para realização de diligências extraprocessuais, não são suficientes para interromper o prazo prescricional[200]. É necessário que o exequente adote alguma atitude visando diligenciar a localização de bens ou com o objetivo de proceder a penhora. Antes de o juiz reconhecer a prescrição intercorrente e extinguir a execução (CPC, art. 924, V), seja fase ou seja processo[201], o que poderá ocorrer mesmo de ofício, deverá ouvir as partes no prazo de 15 (quinze) dias e, acaso extinto o feito por prescrição, não haverá ônus

---

197. Enunciado 196 do FPPC: "O prazo da prescrição intercorrente é o mesmo da ação." O enunciado remete, pois, à Súmula 150 do STF: "Prescreve a execução no mesmo prazo de prescrição da ação".
198. Interpretação análoga ocorre na execução fiscal (Lei 6.830/80, art. 40), assim consagrada na Súmula 314 do STJ: "em execução fiscal, não localizados bens penhoráveis, suspende-se o processo por um ano, findo o qual se inicia o prazo da prescrição quinquenal intercorrente".
199. STJ, 3ª T., REsp 1.522.092/MS, rel. Min. Paulo de Tarso Sanseverino, j. 06.10.2015, *DJe* 13.10.2015; STJ, 3ª .T., AgInt no REsp 1.487.316/PR, rel. Min. Paulo de Tarso Sanseverino, j. 14.02.2017, *DJe* 20.02.2017; STJ, 2ª Seção, IAC no REsp 1.604.412/SC, rel. Min. Marco Aurélio Bellizze, j. 27.06.2018, *DJe* 22.08.2018; STJ, 3ª T., REsp 1.741.068/CE, rel. Min. Ricardo Villas Bôas Cueva, j. 02.04.2019, *DJe* 05.04.2019. Nesse sentido, também, o Enunciado 195 (cancelado) do FPPC: "O prazo de prescrição intercorrente previsto no art. 921, § 4º, tem início automaticamente um ano após a intimação da decisão de suspensão de que trata o seu § 1º." O STJ confirmou esse entendimento e ainda definiu que "O termo inicial do art. 1.056 do CPC/2015 tem incidência apenas nas hipóteses em que o processo se encontrava suspenso na data da entrada em vigor da novel lei processual, uma vez que não se pode extrair interpretação que viabilize o reinício ou a reabertura de prazo prescricional ocorridos na vigência do revogado CPC/1973 (aplicação irretroativa da norma processual)" (STJ, 2ª Seção, IAC no REsp 1.604.412/SC, rel. Min. Marco Aurélio Bellizze, j. 27.06.2018, *DJe* 22.08.2018).
200. Neste sentido, Enunciado 548 do FPPC: "O simples desarquivamento dos autos é insuficiente para a interromper a prescrição".
201. Enunciado 194 do FPPC: "A prescrição intercorrente pode ser reconhecida no procedimento de cumprimento de sentença".

para as partes (CPC, art. 921, § 5º)[202-203]. Ainda em relação à hipótese prevista no art. 921, III, do CPC, há entendimento de que nela haveria uma suspensão *imprópria*, ou seja, uma mera paralisação na qual não estaria proibida a realização de atos voltados a localizar outros bens do executado[204].

Outra hipótese de suspensão da execução é quando ocorre a frustração da expropriação (CPC, art. 921, IV), mediante a não realização da alienação do bem penhorado por falta de licitantes e, em 15 (quinze) dias, o exequente não adotar qualquer outra iniciativa nos autos (requerer a adjudicação; requerer a designação de nova data de alienação; requerer a localização de outros bens penhoráveis e com maior chance de venda etc.).

Pode igualmente acarretar a suspensão da execução a concessão em favor do executado do seu pedido de moratória ou parcelamento para pagamento da dívida, feita com base no art. 916 do CPC (CPC, art. 921, V). Realmente, enquanto corre o prazo para que ocorra o pagamento integral do valor devido, não há razão para o processo manter-se em atividade.

2.22. EXTINÇÃO DA EXECUÇÃO

A execução, seja fase, seja processo, deve ser extinta mediante sentença (CPC, art. 925). As hipóteses de extinção da execução estão exemplificativamente descritas na lei (CPC, art. 924)[205].

Segundo a lei (CPC, art. 924, I), a execução poderá ser extinta sem resolução de mérito quando a petição inicial for indeferida. Tal hipótese merece interpretação ampla, não se limitando apenas ao caso de o exequente não formular sua inicial respeitando os requisitos legais (CPC, art. 798 c/c art. 319), mas também quando ocorrer qualquer das situações descritas no art. 330 ou no art. 485, ambos do CPC[206]. Evidente que, antes da extinção, deve ser oportunizado ao exequente que corrija eventual falha sanável (CPC, art. 801). Tal como se tem na atividade de conhecimento (CPC, art. 486, § 1º), se a extinção se fundou em litispendência, indeferimento da inicial, ausência de pressuposto processual ou condição de ação, para que ocorra novo ajuizamento da execução, será

---

202. (...) 4. A causa determinante para a fixação dos ônus sucumbenciais, em caso de extinção da execução pela prescrição intercorrente, não é a existência, ou não, de compreensível resistência do exequente à aplicação da referida prescrição. É, sobretudo, o inadimplemento do devedor, responsável pela instauração do feito executório e, na sequência, pela extinção do feito, diante da não localização do executado ou de seus bens. 5. A resistência do exequente ao reconhecimento de prescrição intercorrente não infirma nem supera a causalidade decorrente da existência das premissas que autorizaram o ajuizamento da execução, apoiadas na presunção de certeza, liquidez e exigibilidade do título executivo e no inadimplemento do devedor (STJ, Corte Especial, EAREsp 1.854.589/PR, rel. Min. Raul Araújo, j. 09.11.2023, *DJe* 24.11.2023).
203. O STJ tem recurso especial afetado para definir se é cabível a condenação ao pagamento de honorários advocatícios na exceção de pré-executividade acolhida para extinguir a execução fiscal, ante o reconhecimento da prescrição intercorrente, prevista no art. 40 da Lei n. 6.830/1980 (Tema Repetitivo 1229, 1ª Seção).
204. STJ, 3ª T., AgRg no Ag 515.469/SP, rel. Des. Conv. do TJ/RS Vasco Della Giustina, j. 02.03.2010, *DJe* 15.03.2010.
205. STJ, 5ª T., REsp 816.548/SP, rel. Min. Laurita Vaz, j. 18.11.2010, *DJe* 06.12.2010.
206. STJ, 3ª T., REsp 1.075.429/RS, rel. Min. Sidnei Beneti, j. 02.12.2008, *DJe* 16.03.2009.

necessário que o vício que deu causa a essa extinção seja sanado. Não sendo possível corrigir o vício, o pronunciamento que impede o ajuizamento de futura execução poderá ser rescindível (CPC, art. 966, § 2º, I).

A extinção da execução também poderá ser com resolução de mérito. Assim se terá quando a obrigação tiver sido satisfeita por completo (CPC, art. 924, II), quer por conduta voluntária, quer por decorrência do êxito dos meios executórios forçadamente empregados pelo juízo da execução[207]. Também será assim quando o credor admitir a extinção total da dívida, mesmo que ele não tenha sido satisfeito por completo (CPC, art. 924, III), o que pode incluir a transação[208], remissão, novação etc. Será, ainda, caso de extinção com resolução de mérito quando o exequente renunciar ao seu crédito (CPC, art. 924, IV), o que exige manifestação expressa e inequívoca do exequente ou de quem o represente com poderes específicos para assim atuar. Logo, não se admite renúncia tácita[209]. Por fim, será igualmente caso de extinção da execução com resolução de mérito quando for reconhecida a prescrição intercorrente (CPC, art. 924, V), ou seja, quando o exequente permanecer inerte no processo por prazo superior ao de prescrição do direito material vindicado[210]. Embora a prescrição intercorrente possa ser reconhecida de ofício e independentemente de prévia intimação do exequente para dar andamento ao feito[211], seu pronunciamento exige debate prévio das partes, em homenagem ao contraditório (CPC, art. 921, § 5º). Tendo na execução um litisconsórcio passivo, ainda que unitário e que diga respeito a devedores solidários, caso o exequente não atue em relação a algum dos executados, ou seja, deixe de direcionar atos executivos quanto a ele, para este o prazo de prescrição intercorrente tem início do último ato do processo realizado em relação a ele, sendo irrelevante que quanto aos demais executados o processo tramite normalmente. Ou seja, a inércia ou desídia do exequente que enseja o transcurso do prazo prescricional intercorrente pode dizer respeito a apenas um dos executados[212].

---

207. STJ, 2ª T., REsp 1.329.286/MG, rel. Min. Mauro Campbell Marques, j. 07.08.2012, *DJe* 14.08.2012; STJ, 2ª T., AgRg no AREsp 11.147/SP, rel. Min. Mauro Campbell Marques, j 16.08.2011, *DJe* 23.08.2011.
208. Eventual acordo, porém, não pode prejudicar terceiros. Nesse sentido: STJ, 3ª T., REsp 1.308.878/RJ, rel. Min. Sidnei Beneti, j. 04.12.2012, *DJe* 19.12.2012.
209. STJ, 1ª Seção, REsp 1.124.420/MG, rel. Min. Napoleão Nunes Mais Filho, j. 29.02.2012, *DJe* 14.03.2012.
210. STJ, 3ª T., REsp 1.522.092/MS, rel. Min. Paulo de Tarso Sanseverino, j. 06.10.2015, *DJe* 13.10.2015.
211. STJ, 3ª T., REsp 1.522.092/MS, rel. Min. Paulo de Tarso Sanseverino, j. 06.10.2015, *DJe* 13.10.2015; STJ, 3ª T., AgInt no REsp 1.487.316/PR, rel. Min. Paulo de Tarso Sanseverino, j. 14.02.2017, *DJe* 20.02.2017. Em sentido contrário, admitindo a ocorrência da prescrição intercorrente somente nos casos em que tenha havido a intimação prévia da parte exequente para dar andamento ao feito: STJ, 4ª T., AgInt no REsp 1.516.438/PR, rel. Min. Raul Araújo, j. 28.06.2016, *DJe* 03.08.2016; STJ, 3ª T., AgRg no REsp 1.511.852/SC, rel. Min. Marco Aurélio Bellizze, j. 1º.12.2015, *DJe* 14.12.2015; STJ, 4ª T., AgRg no AREsp 739.474/MG, rel. Min. Luis Felipe Salomão, j. 15.09.2015, *DJe* 18.09.2015. A divergência deverá ser resolvida diante da instauração de incidente de assunção de competência: STJ, 2ª Seção, IAC no REsp 1.604.412/SC, rel. Min. Marco Aurélio Bellizze, j. 08.02.2017, *DJe* 13.02.2017.
212. Imagine-se, por exemplo, a seguinte situação. Executa-se um contrato, indicando-se como executados os três devedores principais e os dois fiadores (casal). Os devedores principais foram citados validamente por oficial de justiça e, quanto aos fiadores, requereu-se citação por carta precatória, retirada pelo exequente, mas jamais distribuída na Comarca de destino. Logo, o processo passa a tramitar em relação aos executados citados e à revelia dos não citados (fiadores). Passados mais de 05 (cinco) anos da citação dos devedores principais, são penhorados bens dos executados não citados (fiadores) que, então, tomam conhecimento da existência

Suspenso o processo de execução por ausência de bens penhoráveis, não flui o prazo da prescrição intercorrente[213].

Tratando-se de sentença, com ou sem resolução de mérito, será ela impugnável mediante apelação (CPC, art. 1.009 e ss.). Todavia, não se descarta que a extinção da execução, com ou sem resolução de mérito, se dê por meio de julgamento parcial e, em assim ocorrendo, será caso de recurso de agravo de instrumento (CPC, art. 1.015, parágrafo único).

Aceitando-se que na execução não há cognição exauriente, a sentença de mérito não irá produzir coisa julgada material[214], apenas fará coisa julgada formal, pelo que não será rescindível[215]. Assim, depois de finda a execução, pode o executado ajuizar ação com o fim de reaver aquilo que eventualmente pagou indevidamente ao exequente (ação de repetição de indébito)[216], desde que não tenha havido defesa ou esta tenha sido extinta sem resolução de mérito. De outro lado, se a parte tiver interesse em impugnar a sentença que colocou fim à execução com resolução de mérito (CPC, art. 924, II a V), poderá utilizar de ação anulatória (CPC, art. 966, § 4º)[217].

2.23. HONORÁRIOS ADVOCATÍCIOS NA EXECUÇÃO

Na execução, seja no cumprimento de sentença, seja na execução de título extrajudicial, são devidos honorários advocatícios[218]. É irrelevante se a execução é definitiva (CPC,

---

da execução. Nesse caso, inegavelmente, ocorreu a prescrição intercorrente em relação aos fiadores, muito embora sejam devedores solidários. Aliás, convém aqui destacar que, em relação à fiança, o STJ tem mitigada a interpretação dada ao art. 204, § 3º, do CC, entendendo que pode não restar caracterizada a interrupção da prescrição em relação ao fiador (devedor solidário). Nesse sentido: STJ, 5ª T., REsp 259.132/MG, rel. Min. Gilson Dipp, j. 24.04.2001, *DJ* 04.06.2001; STJ, 6ª T., REsp 869.357/RJ, rel. Min. Og Fernandes, j. 24.08.2009, *DJe* 28.09.2009; STJ, 3ª T., REsp 1.359.510/SP, rel. Min. Paulo de Tarso Sanseverino, j. 25.06.2013, *DJe* 28.06.2013; STJ, 3ª T., AgRg no REsp 1.431.068/RJ, rel. Min. Ricardo Villas Bôas Cueva, j. 04.09.2014, *DJe* 11.09.2014; STJ, monocrática, AREsp 862.459/MS, rel. Min. Marco Buzzi, j. 13.12.2016, *DJe* 16.12.2016.

213. STJ, 3ª T., AgRg nos EDcl no REsp 1.417.228/PR, rel. Min. Paulo de Tarso Sanseverino, j. 15.10.2015, *DJe* 20.10.2015.
214. STJ, 4ª T., AgRg no Ag 8.089/SP, rel. Min. Athos Carneiro, j. 23.04.1991, *DJ* 20.05.1991; STJ, 4ª T., AgRg no Ag 176.552/SP, rel. Min. Sálvio de Figueiredo Teixeira, j. 16.03.2000, *DJ* 02.05.2000; STJ, 1ª T., REsp 336.995/PR, rel. Min. José Delgado, j. 18.10.2001, *DJ* 04.02.2002; STJ, 1ª T., REsp 713.243/RS, rel. Min. Luiz Fux, j. 11.04.2006, *DJ* 28.04.2006; STJ, 4ª T., AgRg no REsp 500.057/SP, rel. Des. Conv. do TJ/AP Honildo Amaral de Mello Castro, j. 18.02.2010, *DJe* 08.03.2010. Reconhecendo a produção de coisa julgada material ou seu efeito preclusivo: STJ, 4ª T., REsp 691.785/RJ, rel. Min. Raul Araújo, j. 07.10.2010, *DJe* 20.10.2010; STJ, 2ª T., REsp 1.253.922/SP, rel. Min. Mauro Campbell Marques, j. 02.08.2011, *DJe* 09.08.2011.
215. Em sentido contrário, admitindo a ação rescisória: STJ, Corte Especial (repetitivo), REsp 1.143.471/PR, rel. Min. Luiz Fux, j. 03.02.2010, *DJe* 22.02.2010; STJ, 2ª T., REsp 845.327/DF, rel. Min. Mauro Campbell Marques, j. 26.10.2010, *DJe* 10.11.2010.
216. STJ, 3ª T., REsp 135.355/SP, rel. Min. Eduardo Ribeiro, j. 04.04.2000, *DJ* 19.06.2000.
217. STJ, 4ª T., REsp 882.424/SC, rel. Min. Luis Felipe Salomão, j. 02.12.2010, *DJe* 09.12.2010; STJ, 2ª T., AgRg no REsp 693.376/SC, rel. Min. Humberto Martins, j. 18.06.2009, *DJe* 1º.07.2009 STJ, 1ª T., REsp 693.960/RJ, rel. Min. Francisco Falcão, j. 17.11.2005, *DJ* 28.11.2005.
218. Ainda que a sentença exequenda tenha sido proferida na vigência do CPC/73, se o seu cumprimento iniciou na vigência do CPC/2015, incide a regra do art. 523, § 1º, do CPC e, por conseguinte, incide o adicional de honorários de 10% (STJ, 2ª T., REsp 1.815.762/SP, Rel. Min. Mauro Campbell Marques, j. 05.11.2019, *DJe* 07.11.2019).

arts. 523, § 1º, e 827) ou provisória (CPC, art. 520, § 2º) e, em princípio, serão devidos se a execução foi resistida ou não, conforme se extrai do previsto no art. 85, § 1º, do CPC.

Diz-se em princípio, porque no cumprimento de sentença de quantia certa contra a Fazenda Pública, se esta não se opuser (= não impugnar), haverá expedição do precatório e não serão devidos honorários advocatícios (CPC, art. 85, § 7º)[219]. Tal ressalva, no entanto, não se aplica na execução de pequeno valor[220], nas execuções de fazer, não fazer e entrega de coisa e naquelas fundada em título executivo extrajudicial, onde haverá condenação da Fazenda a pagar honorários mesmo que não haja oposição de defesa. A fixação de honorários contra a Fazenda Pública deverá observar os limites descritos no art. 85, § 3º, do CPC.

Nos processos sincréticos, em que há fases distintas de cognição e execução, esta por meio de cumprimento de sentença, o limite máximo de 20% (vinte por cento) para fixação de honorários (CPC, art. 85, § 2º) deve ser interpretado de modo que se o aplique por fases. Ou seja, em toda fase de conhecimento, inclusive recursal e liquidação de sentença, os honorários advocatícios não podem exceder 20% (vinte por cento). Em toda fase seguinte de cumprimento de sentença, incluindo impugnação e recursos, haverá novos honorários, que não poderão exceder o limite de 20% (vinte por cento). Isso decorre da interpretação conjunta do art. 85, §§ 1º e 2º, com o art. 523, § 1º, todos do CPC[221].

No cumprimento de sentença, o percentual legal (10%) do art. 523, § 1º, do CPC, não pode ser relativizado/mitigado[222], salvo por negócio processual. Na execução de título extrajudicial, ao despachar a inicial (CPC, art. 827, *caput*) o juiz já fixará honorários[223] de 10% (dez por cento), os quais poderão ser reduzidos pela metade, em caso de pagamento no prazo de três dias (CPC, art. 827, § 1º)[224]. Esse percentual poderá ser elevado, se opostos embargos e estes tenham sido rejeitados ou julgados improcedentes, de modo que, no total, não ultrapassem o limite de 20% (vinte por cento), tal como

---

219. STF, Pleno, RE 420.816/PR, rel. Min. Sepúlveda Pertence, j. 29.09.2004, *DJe* 10.12.2006.
220. STF, Pleno, EDcl no RE 420.816/PR, rel. Min. Sepúlveda Pertence, j. 21.03.2007, *DJe* 20.04.2007.
221. Imagine que, em toda fase de conhecimento, o total de honorários equivalha a 18% (dezoito por cento) do valor da condenação. Em caso de não pagamento voluntário no prazo legal, automaticamente incidirá honorários de 10% (dez por cento), conforme determina o art. 523, § 1º, do CPC. Por isso, então, é que se diz que o limite de 20% (vinte por cento) do art. 85, § 2º, do CPC tem que ser entendido por fase. Em sentido similar: STJ, 2ª T., REsp 1.551.850/RS, rel. Min. Humberto Martins, j. 22.09.2015, *DJe* 15.10.2015; STJ, 2ª T., EDcl nos EDcl no AgRg no REsp 1.461.262/RS, rel. Min. Hermam Benjamin, j. 21.06.2016, *DJe* 06.09.2016.
222. STJ, 3ª T., REsp 1.701.824/RJ, Rcl. Min. Nancy Andrighi, j. 09.06.2020, *DJe* 12.06.2020).
223. Os honorários provisórios devem ser fixados de acordo com as normas jurídicas em vigor no momento do despacho inicial no processo de execução, e não no momento em que a verba foi efetivamente arbitrada (STJ, 3ª T., REsp 1.984.639/DF, Rel. Min. Nancy Andrighi, j. 26.04.2022, *DJe* 28.04.2022).
224. Enunciado 451 do FPPC: "A regra decorrente do *caput* e do § 1º do art. 827 aplica-se às execuções fundadas em título executivo extrajudicial de obrigação de fazer, não fazer e entrega de coisa". A fixação e a redução dos honorários devem ocorrer em qualquer execução, sendo irrelevante a modalidade da obrigação exequenda. A redução, aliás, se justifica como forma de incentivar o cumprimento voluntário da obrigação, o que, por óbvio, se aplica indistintamente a qualquer obrigação, pelo que, portanto, a regra deve ser geral e aplicável a qualquer modalidade de execução.

estabelece o art. 85, § 13, do CPC[225]. Aliás, admite-se que a fixação da verba honorária da execução e dos embargos seja fixada de forma única, na sentença que resolver a última ação, desde que o valor fixado atenda a ambas[226]. O percentual inicial pode ainda ser majorado mesmo que não tenha havido embargos, se houver trabalho adicional do profissional que atende o exequente (CPC, art. 827, § 2º)[227].

Convém lembrar que são legítimos, de forma concorrente, para executar os honorários advocatícios tanto a parte quanto o seu advogado[228], ou a sua sociedade de advogados (CPC, art. 85, § 15)[229]. Não obstante a redação da lei (CPC, art. 85, § 16) estabeleça que quando fixados os honorários advocatícios em "quantia certa", sobre eles incidirão juros de mora desde o trânsito em julgado da condenação, a referida expressão deve ser compreendida como "quantia líquida". Destarte, a quantia será *certa* (= líquida), quer tenham sido os honorários estabelecidos em valor fixo ou em percentual sobre o valor da causa atualizado, que apenas depende de mero cálculo aritmético.

Uma vez que os honorários do advogado têm natureza alimentar (CPC, art. 85, § 14), o advogado credor desses honorários, ao promover o respectivo cumprimento de sentença em relação a esse crédito, poderá penhorar salário ou aplicações financeiras do executado, nos termos do art. 833, § 2º, do CPC[230-231] desde que isso não comprometa a sua subsistência digna.

A questão é disciplinada pelo art. 833, IV, do CPC, o qual estabelece serem impenhoráveis os vencimentos, subsídios, salários, pensões, proventos de aposentadoria e as quantias destinadas ao sustento do devedor e de sua família. O § 2º do referido dispositivo, contudo, ressalva que os incisos IV e X não se aplicam à hipótese de penhora para pagamento de prestação alimentícia, o que englobaria os honorários advocatícios[232].

---

225. STJ, 2ª T., AgRg no AREsp 198.195/PR, rel. Min. Assusete Magalhães, j. 10.11.2016, *DJe* 22.11.2016; STJ, 2ª T., AgRg no AREsp 843.997/RS, rel. Min. Humberto Martins, j. 08.03.2016, *DJe* 15.03.2016.
226. STJ, Corte Especial, AgRg nos EREsp 1.275.494/RS, rel. Min. João Otávio de Noronha, j. 05.06.2013, *DJe* 1º.08.2013; STJ, 6ª T., AgRg no REsp 1.066.852/RS, rel. Des. Conv. do TJSP Ericson Marinho, j. 24.03.2015, *DJe* 09.04.2015.
227. Enunciado 450 do FPPC: "Aplica-se a regra decorrente do art. 827, § 2º, ao cumprimento de sentença." Como salientado, em toda a fase de cumprimento de sentença, incluindo aí a impugnação ao cumprimento de sentença, os honorários não poderão ser fixados em percentual que ultrapasse 20%. Enunciado 210 da III Jornada de Direito Processual Civil (CJF): "O §2º do art. 827 do CPC é aplicável também na hipótese de total rejeição da impugnação ao cumprimento de sentença".
228. STJ, 2ª T., AgRg no AREsp 648.267/SE, rel. Min. Og Fernandes, j. 27.10.2015, *DJe* 11.11.2015; STJ, 6ª T., AgRg no REsp 965.483/RS, rel. Des. Conv. do TJPE Alderita Ramos de Oliveira, j. 15.08.2013, *DJe* 27.08.2013.
229. O STJ já entendeu que a decisão inicial da execução de título extrajudicial que arbitrou os honorários advocatícios pode ser considerada como um título executivo judicial, até mesmo em homenagem ao princípio da instrumentalidade das formas, num caso em que os advogados tiveram seus poderes revogados e houve acordo entre as partes logo a seguir, concluindo por permitir a execução desses honorários nos próprios autos (STJ, 3ª T., REsp 1.819.956/SP, Rel. Min. Marco Aurélio Bellizze, j. 10.12.2019, *DJe* 19.12.2019).
230. Enunciado 621 do FPPC: "Ao cumprimento de sentença do capítulo relativo aos honorários advocatícios, aplicam-se as hipóteses de penhora previstas no § 2º do art. 833, em razão de sua natureza alimentar".
231. Enunciado 105 da I Jornada de Direito Processual Civil (CJF): "As hipóteses de penhora do art. 833, § 2º, do CPC aplicam-se ao cumprimento da sentença ou à execução de título extrajudicial relativo a honorários advocatícios, em razão de sua natureza alimentar".
232. STJ, 4ª T., AgInt no AREsp 1.665.619/SP, Rel. Min. Antonio Carlos Ferreira, j. 24.08.2020, *DJe* 31.08.2020.

O Superior Tribunal de Justiça decidiu que a exceção prevista na primeira parte do art. 833, § 2º, do CPC, refere-se exclusivamente às prestações alimentícias decorrentes de relações familiares, de obrigações indenizatórias ou de convenção ou legado, não se estendendo, portanto, às verbas remuneratórias em geral (inclusive honorários advocatícios). Com isso, a Corte Superior afastou a aplicação dessa exceção aos honorários de profissionais liberais, por entender que eles não caracterizam tecnicamente *prestação alimentícia*[233].

Contudo, poucos meses depois, o mesmo Superior Tribunal de Justiça esclareceu que embora não seja aplicável o § 2º do art. 833 do CPC, é possível, com base na interpretação do inciso IV do mesmo dispositivo, a penhora de salário para pagamento de débitos quando, concretamente, ficar demonstrado que a medida não compromete a subsistência digna do devedor. Com isso, a Corte Superior concluiu ser possível a penhora de salário para pagamento de débitos (inclusive honorários advocatícios) desde que, no caso concreto, não ocorra prejuízo à subsistência do executado[234]. Essa é, portanto, a orientação que prevalece. Trata-se de interpretação sobre a aplicação do próprio inciso IV do art. 833 do CPC, a qual permite a penhora de salários nessas condições específicas de preservação da subsistência digna do devedor de honorários.

É preciso bem compreender a previsão do art. 85, § 13 do CPC, segundo a qual se admite a *soma* das duas verbas de sucumbência (da execução e da defesa) e, ainda, seu *transporte* para a execução, a fim de buscar a satisfação desse valor perante o executado. De início, convém destacar, apesar de a legislação autorizar essa *adição* dos honorários de sucumbência ao débito principal, isso não altera a natureza ou a titularidade das verbas somadas.

Como se vê, a intenção do legislador foi criar uma regra meramente *operacional*, a fim de simplificar e concentrar em procedimento único o prosseguimento da execução, mediante *legitimidade extraordinária* para que a *parte* execute, em nome próprio, os honorários que pertencem ao seu advogado, aproveitando os atos executivos para a satisfação de ambos os créditos. Nada impede, contudo, que o advogado titular dos honorários (Lei 8.906/1994, art. 23, e CPC, art. 85, *caput* e § 14), em nome próprio, ingresse supervenientemente na execução ou no cumprimento de sentença em litisconsórcio com seu cliente, para prosseguir na execução em relação aos honorários que lhe pertencem. Seja como for, a razão da previsão do art. 85, § 13 do CPC, partiu da ideia de que seria um atrapalho ou um exagero prosseguir a execução do valor principal num processo (na execução) e ter a execução da verba honorária noutro processo (nos embargos ou na impugnação ao cumprimento de sentença); daí porque se dispensou a provocação de cumprimento de sentença específico para executar os honorários de sucumbência fixados "em embargos à execução rejeitados ou julgados improcedentes e em fase de cumprimento de sentença".

---

233. STJ, Corte Especial, REsp 1.815.055/SP, Rel. Min. Nancy Andrighi, j. 03.08.2020, *DJe* 26.08.2020.
234. STJ, 3ª T., REsp 1.806.438/DF, Rel. Min. Nancy Andrighi, j. 13.10.2020, *DJe* 19.10.2020.

A despeito de não haver dúvida sobre a intenção do legislador, a regra do art. 85, § 13 do CPC não pode ser considerada absoluta e impositiva. Na verdade, trata-se de uma opção. Vale dizer, a referência a "todos os efeitos legais" contida no texto deste dispositivo legal deve ser lida com ressalvas.

Realmente, como os honorários pertencem ao advogado e ostentam natureza alimentar, essa verba tem privilégios que não se estendem ao crédito principal e, portanto, para o advogado, pode não ser interessante ter seu crédito somado ao valor do crédito principal. Neste sentido, por exemplo, considerada a natureza alimentar da verba honorária, a penhora pode recair sobre os rendimentos de natureza alimentar do executado (CPC, art. 833, IV) e valores depositados em poupança ou em conta-corrente ou aplicados em qualquer outro investimento ou guardados em espécie, desde que, somados, respeitem o limite de valor equivalente a 40 (quarenta) salários mínimos (CPC, art. 833, X)[235].

De outro lado, é possível identificar que terá que haver cumprimento de sentença específico da verba honorária nos embargos ou na impugnação, quando, por exemplo: i) a execução fundada em título executivo extrajudicial ou o cumprimento de sentença já tiver sido extinta pela satisfação da obrigação, situação que pode ocorrer quando a execução prosseguir pela não atribuição de efeito suspensivo aos embargos ou à impugnação ao cumprimento de sentença; ii) o transporte do valor da verba honorária para a execução obrigar ao reforço de penhora em momento em que a execução já se encontra em fase de satisfação (alienação particular, adjudicação ou arrematação) etc.

Enfim, como visto a regra em questão (CPC, art. 85, § 13) não elimina a possibilidade de execução autônoma da verba honorária, pois, seja lá por qual for a razão, o prosseguimento da execução em procedimento único com a verba principal poderá se tornar inviável em determinados casos.

Ademais e não menos importante, convém lembrar que a execução por quantia certa exige sempre provocação do credor (CPC, art. 513, § 1º e art. 798), pelo que a inércia do credor pode até ensejar a prescrição da pretensão executiva. Ou seja, flexibilizar a interpretação da regra em questão (CPC, art. 85, § 13) não traz qualquer prejuízo ao executado, pelo contrário, pode até lhe trazer eventualmente algum benefício.

Logo, não havendo dúvida que: 1º) a verba honorária pertence ao advogado; 2º) essa verba tem natureza alimentar e, como tal, atribui privilégios ao advogado que podem facilitar a sua satisfação, os quais não se comunicam à verba principal; 3º) não se descarta a inviabilidade do transporte da verba honorária para a execução diante do estágio em que se encontra o procedimento executivo; é que a regra não merece ser

---

235. STJ, 3ª T., REsp 1.326.394/SP, rel. Min. Nancy Andrighi, j. 12.03.2013, *DJe* 18.03.2013; STJ, 3ª T., REsp 1.285.970/SP, rel. Min. Sidnei Beneti, j. 27.05.2014, *DJe* 08.09.2014; STJ, 3ª T., REsp 1.547.561/SP, rel. Min. Nancy Andrighi, j. 09.05.2017, *DJe* 16.05.2017; STJ, 4ª T., AgInt no AREsp 1.107.619/PR, rel. Min. Luis Felipe Salomão, j. 16.11.2017, *DJe* 22.11.2017 e STJ, 2ª T., AgInt no REsp 1.637.265/RJ, rel. Min. Francisco Falcão, j. 1º.03.2018, *DJe* 06.03.2018.

tratada como uma interpretação impositiva e, sim, merece ser entendida como uma opção que cabe ao advogado manifestar de forma clara e expressa nos autos.

Assim, uma vez extintos os embargos à execução por rejeição (inadmissibilidade) ou julgados improcedentes, bem como nos casos em que, nessas mesmas situações for julgada a impugnação ao cumprimento de sentença, cabe o advogado ser intimado para, num prazo de 5 (cinco) dias se manifestar se deseja, ou não, a aplicação da regra prevista no art. 85, § 13 do CPC, entendendo seu silêncio como sua aceitação.

3
CUMPRIMENTO PROVISÓRIO DA SENTENÇA

3.1. INTRODUÇÃO

Ao apresentar as possíveis classificações da execução, apontou-se que segundo o critério da *estabilidade jurídica do título*, pode-se falar em execução *definitiva* e *provisória*. A execução *definitiva* é fundada em sentença transitada em julgado ou em título executivo extrajudicial. Por sua vez, é *provisória* a execução fundada em decisão judicial (CPC, art. 515, I) não transitada em julgado, porque impugnada pelo executado[1] por meio de recurso ao qual não foi atribuído efeito suspensivo[2-3] (CPC, art. 995), isto é, o título executivo ainda depende de confirmação e, por isso, é chamado de *provisório*, porque pode vir a ser modificado, no todo ou em parte, ou mesmo anulado. O cumprimento provisório consiste, portanto, numa antecipação da eficácia executiva de uma decisão judicial ainda pendente de recurso. Logo, conclui-se que a eficácia da decisão não fica condicionada à sua imutabilidade, pelo que, apesar de ser mutável, é eficaz e por isso pode ser objeto de cumprimento provisório.

Sendo o objeto dessa atividade executiva restrita às decisões que estão pendentes de recurso sem efeito suspensivo, entende-se porque o legislador optou em disciplinar essa atividade como *cumprimento provisório da sentença*, como se vê nos arts. 520 a 522 do CPC. Logo, é preciso compreender que a provisoriedade não é atributo do *cumprimento da sentença* e, sim, do *título* em que se fundamenta a atividade executiva.

Disso decorre que o cumprimento provisório pode ensejar uma *execução completa*, ou seja, podem ser praticados todos os atos executivos necessários à efetiva satisfação da obrigação contida no título executivo judicial provisório, inclusive mediante levantamento de dinheiro e expropriação de bens, desde que respeitados os limites legais.

---

1. O recurso pendente pode ter sido interposto pelo ora exequente, o que é irrelevante para o regime do cumprimento provisório de sentença.
2. O simples sobrestamento do recurso especial pela pendência de julgamento pelo STJ de recurso repetitivo sobre a matéria, não é capaz de suspender o prosseguimento do cumprimento provisório (STJ, 2ª T., MC 20.854/DF, rel. Min. Humberto Martins, j. 11.06.2013, *DJe* 19.06.2013).
3. O art. 1.026, primeira parte, do CPC, estabelece que o recurso de embargos de declaração não tem, em regra, efeito suspensivo. Todavia, a pendência dos declaratórios somente autoriza o início do cumprimento provisório se o recurso genuinamente destinado à impugnação da decisão também não tenha tido efeito suspensivo.

Apesar de poder ser completo o cumprimento provisório, resta assegurado a possibilidade de desfazer o que foi realizado, bem como de reparar eventuais danos, caso seja provido o recurso do executado. Há, assim, um equilíbrio entre o interesse do exequente em obter desde logo a efetividade da decisão a seu favor, e o direito à segurança jurídica do executado.

A decisão judicial que admite o cumprimento provisório pode dizer respeito a qualquer tipo de obrigação: de pagar quantia certa (mesmo em alimentos[4] e contra a Fazenda Pública[5]), de fazer ou de não fazer ou de entrega de coisa (CPC, art. 520, § 5º). Porém, não se admite cumprimento provisório que tenha por base sentença penal condenatória (CPC, art. 515, VI), sentença arbitral (CPC, art. 515, VII) e sentença estrangeira homologada pelo STJ (CPC, art. 515, VIII), pois todas essas, para poder ensejar atividade executiva, já devem ter transitado em julgado.

3.2. REGIME DO CUMPRIMENTO PROVISÓRIO É O MESMO DO CUMPRIMENTO DEFINITIVO

O *caput* do art. 520 do CPC estabelece que o cumprimento provisório "será realizado da mesma forma que o cumprimento definitivo". Trata-se de diretiva de orientação que, especialmente em caso de dúvida, encaminha o intérprete a concluir que as normas relativas ao cumprimento definitivo se aplicam também no cumprimento provisório. No mesmo sentido, a previsão do art. 527 do CPC. Todavia, o inverso não é verdadeiro. Ou seja, há normas contidas no regramento do cumprimento provisório que lhe são típicas e, portanto, não são aplicáveis no cumprimento definitivo. Essas distinções serão apontadas na medida em que se apresente o regime do cumprimento provisório.

3.2.1. Opção do exequente e autuação do cumprimento provisório

Como é portador de um título provisório e, portanto, tendo plena ciência de que há chance desse título sofrer alguma posterior influência do recurso pendente interposto pelo executado, dar início ao cumprimento provisório constitui uma faculdade atribuída ao exequente que precisa, por conseguinte, tomar a iniciativa para que essa atividade se desenvolva (CPC, art. 520, I). Logo, não se admite que o juiz, de ofício, dê início ao cumprimento provisório.

A competência para a execução provisória é perante o juízo ou tribunal em que tramitou a fase de conhecimento[6], nos termos do art. 516 do CPC. A petição para dar

---

4. STJ, 4ª T., AgRg no Ag 1.257.761/SP, rel. Min. Aldir Passarinho Junior, j. 07.10.2010, *DJe* 20.10.2010 e STJ, 4ª T., HC 212.934/SP, rel. Min. Marco Buzzi, j. 11.12.2011, *DJe* 19.12.2011.
5. STJ, 1ª T., AgInt no REsp 1.314.383/MS, rel. Min. Napoleão Nunes Maia Filho, j. 15.09.2016, *DJe* 29.09.2016 e STJ, 1ª T., AgInt no REsp 1.598.706/RS, rel. Min. Sérgio Kukina, j. 13.09.2016, *DJe* 23.09.2016. A jurisprudência do STJ, todavia, firmou-se no sentido de que a vedação de execução provisória de sentença contra a Fazenda Pública restringe-se às hipóteses previstas no art. 2º-B da Lei 9.494/1997.
6. STJ, 1ª T., AgInt no AREsp 533.282/SP, rel. Min. Gurgel de Faria, j. 08.06.2017, *DJe* 07.08.2017.

início ao cumprimento provisório, se for o caso, deve, além de apresentar as peças processuais apontadas no art. 522 do CPC e outras a critério do exequente, observar o conteúdo exigido em lei, conforme o objeto da obrigação a ser satisfeita (CPC, arts. 524, 528, 534, 536). Essas peças processuais descritas no art. 522 do CPC devem ser autenticadas, ainda que pelo advogado do exequente, sob sua responsabilidade pessoal (CPC, art. 522, parágrafo único). Ao constatar eventual ausência de alguma peça considerada indispensável, deve o juiz oportunizar ao exequente que, em 15 dias, a apresente, sob pena de indeferimento (CPC, art. 771, *caput* c/c o art. 801)[7].

Não sendo processo de trâmite pela via eletrônica, o cumprimento provisório dará lugar a sua autuação em autos em separado do caderno principal do processo, o qual deverá estar onde tramita o recurso pendente. Daí a exigência das peças processuais para a formação desses autos em separado. Em suma, se tratando de processo físico, a fim de que simultaneamente possam tramitar o cumprimento provisório e o recurso, em instâncias distintas, é preciso a formação desses autos em separado. Tratando-se de processo com autos eletrônicos, o cumprimento provisório far-se-á nos autos principais. Tratando-se de execução provisória de alimentos, provisórios ou definitivos não transitados em julgado, o cumprimento da decisão se processará em autos apartados (CPC, art. 531, § 1º).

O início da execução provisória não é motivo suficiente e bastante para que o executado busque seja atribuído efeito suspensivo ao recurso pendente[8].

No cumprimento provisório não pode se admitir alterar ou inverter a conclusão do julgamento havido na fase de conhecimento[9].

3.2.2. Da responsabilidade objetiva do exequente

Ao optar em dar início a uma atividade executiva fundada em título executivo ainda precário, o exequente assume o risco de responder pelos eventuais danos que cause ao executado (CPC, art. 520, I), na hipótese de o recurso pendente vir a reformar ou anular a decisão executada provisoriamente. Como se diz: o cumprimento provisório *corre por conta e risco* do exequente[10].

A responsabilidade do exequente nesse caso é objetiva, bastando a existência de dano decorrente do cumprimento provisório, não havendo que falar, no caso, em culpa,

---

7. Alguma tolerância do magistrado deverá haver em relação à exigência de certidão de interposição do recurso não dotado de efeito suspensivo. Primeiro porque a iniciativa do exequente não precisa aguardar que o executado interponha o recurso, quando sabidamente, se o fizer, em regra, não se vislumbrará tal efeito suspensivo no recurso. Segundo a palavra do advogado deve ser suficiente, podendo vir a responder pessoalmente, tal como consta do parágrafo único do art. 522 do CPC, se se manifestar em sentido diverso da realidade.
8. STJ, 3ª T., AgInt na PET no AREsp 1.057.682/SP, rel. Min. Paulo de Tarso Sanseverino, j. 03.10.2017, *DJe* 19.10.2017.
9. STJ, 3ª T., REsp 1.801.092/SP, rel. Min. Nancy Andrighi, j. 15.09.2020, *DJe* 18.09.2020.
10. STJ, 2ª T., RMS 43.440/SP, rel. Min. Humberto Martins, j. 17.11.2015, *DJe* 04.12.2015.

dolo ou má-fé[11]. Esse dano pode ser de natureza material e/ou moral[12] e, se preciso for, deve ser apurado mediante liquidação nos mesmos autos em que tramitou o cumprimento provisório (CPC, art. 520, II, parte final)[13].

Essa indenização pode variar, conforme o tipo de atividade que se sujeitou ao executado. Assim, por exemplo, se o patrimônio do executado chegou a ser expropriado, caberá ao exequente indenizar a perda do bem por valor equivalente. Se o bem foi apenas retirado do uso e gozo do executado, este poderá cobrar os prejuízos sofridos no período em que não pôde dele usufruir ou para cobrir os danos causados à coisa. Todos os gastos, com pessoal, equipamento e material, que o executado tenha sofrido para fazer ou não fazer o que lhe foi imposto, também devem ser ressarcidos.

Por fim, convém temperar o entendimento bastante consagrado de que, caso o cumprimento provisório tenha por objeto crédito alimentar, sendo este irrepetível[14], não importaria em ser ressarcido ao executado pelo exequente. Ora, a irrepetibilidade dos alimentos pressupõe sejam eles realmente devidos. Logo, se esses não eram devidos, não eram alimentos e, por conseguinte, devem ser ressarcidos pelo exequente, sob pena de causar enriquecimento sem causa[15]. Imagine-se o caso em que a esposa alega na petição inicial que foi abandonada pelo marido e, tendo ficado com o filho menor, este tem direito aos alimentos para seu sustento, que devem ser descontados em folha de pagamento do marido/pai empregado (CPC, art. 529). Em sede de cognição sumária, o juiz fixa alimentos em favor do menor, cujo valor definido acaba sendo descontado e pago, dada a proximidade com a data do recebimento do salário. Cientificado do ocorrido, este esposo/pai vai a Juízo e demonstra que, na verdade, foi ele o abandonado pela esposa e foi com ele que ficou o menor indicado na inicial. Ou seja, demonstrou que não eram devidos os alimentos, pelo que o juiz revoga a liminar antes concedida. Nesse caso, inegavelmente, deverá ser determinado que a esposa/mãe ressarça o valor indevidamente descontado do marido/pai, não havendo que se falar em irrepetibilidade.

3.2.3. Retorno ao status quo ante

Dada a provisoriedade do título executivo judicial, os atos realizados no cumprimento provisório ficam sob condição resolutiva[16], ou seja, sujeitos a terem que ser desfeitos ou readequados, caso o julgamento do recurso sem efeito suspensivo do executado cause, respectivamente, a invalidação ou a reforma, ainda que parcial (CPC, art. 520, III), do referido título executivo. Portanto, nessas hipóteses, o Juízo onde tramita o cumprimento

---

11. STJ, 1ª T., REsp 1.377.727/PR, rel. Min. Benedito Gonçalves, j. 21.10.2014, *DJe* 02.12.2014.
12. STJ, 3ª T., AgRg no REsp 1.371.833/PR, rel. Min. Nancy Andrighi, j. 03.09.2013, *DJe* 09.09.2013.
13. STJ, 3ª T., AgRg na MC 3.180/GO, rel. Min. Carlos Alberto Menezes Direito, j. 18.12.2000, *DJ* 19.03.2001.
14. STJ, 4ª T., REsp 132.309/SP, rel. Min. Sálvio de Figueiredo Teixeira, j. 28.11.2000, *DJ* 04.06.2001.
15. Excepcionalmente, portanto, pode ser admitida a compensação dos alimentos. Neste sentido: STJ, 3ª T., REsp 202.179/GO, rel. Min. Nilson Naves, j. 10.12.1999, *DJ* 08.05.2000, STJ, 3ª T., REsp 982.857/RJ, rel. Min. Massami Uyeda, j. 18.09.2008, *DJe* 03.10.2008 e STJ, 3ª T., AgRg no AREsp 226.350/DF, rel. Min. Paulo de Tarso Sanseverino, j. 18.02.2014, *DJe* 28.02.2014.
16. STJ, 1ª T., RMS 20.986/MG, rel. Min. Luiz Fux, j. 16.12.2008, *DJe* 18.02.2009.

provisório terá que adotar as medidas necessárias para que as partes retornem ao estado existente antes do início do cumprimento provisório (CPC, art. 520, II)[17].

Apesar da natureza *ex tunc*[18] desse julgamento que afeta o cumprimento provisório, a situação de fato ocorrida no seu curso pode acarretar variações nesse retorno ao *status quo ante*. Vale dizer, a reposição das coisas ao estado anterior (p. ex.: restituição de coisa e dinheiro), pressupõe possibilidade fática, nem sempre ocorrente[19]. Com efeito, pode ser que: i) a restituição ao estado anterior não possa ser integral, o que certamente trará prejuízo ao executado que, como dito antes, terá que ser objeto de indenização; ii) a restituição ao estado anterior não seja em nada possível, dada a irreversibilidade fática da situação concretizada, hipótese em que o executado terá que ser plenamente indenizado; e iii) embora a restituição ao estado anterior fosse de fato até viável, a lei não autoriza tal modificação, a fim de preservar interesse de terceiros (CPC, art. 520, § 4º), ou seja, não pode implicar "o desfazimento da transferência de posse ou da alienação de propriedade ou de outro direito real eventualmente já realizada". Também nessa situação o executado deverá ser plenamente indenizado.

3.2.4. Prestação de caução e casos de sua dispensa

Como visto, o cumprimento provisório pode desenvolver atividade executiva completa que satisfaça plenamente a obrigação exequenda, muito embora se sustente em título executivo judicial precário e revogável. Nessas condições, diante da invasão patrimonial que o executado sofre e por estar exposto a ter prejuízo, especialmente diante de eventual êxito, total ou parcial, de seu recurso pendente, o art. 520, IV estabelece que cabe ao exequente (ou terceiro)[20] prestar nos autos do cumprimento provisório[21] caução idônea e suficiente a ser arbitrada de plano pelo juiz, quando a execução alcançar atos que importem no "levantamento de depósito em dinheiro" ou na "transferência de posse ou alienação de propriedade ou de outro direito real, ou dos quais possa resultar grave dano ao executado". Note-se, não há previsão legal quanto à exigência de caução no momento do início do cumprimento provisório[22].

A caução visa, portanto, assegurar que o executado venha a ser ressarcido dos eventuais prejuízos que porventura sofra no cumprimento provisório. Essa caução, por

---
17. STJ, 3ª T., AgRg no REsp 1.200.922/RS, rel. Min. Moura Ribeiro, j. 04.08.2015, *DJe* 17.08.2015.
18. STJ, 2ª T., AgRg no AREsp 740.831/DF, rel. Min. Mauro Campbell Marques, j. 08.09.2015, *DJe* 17.09.2015.
19. STJ, 1ª T., REsp 687.175/RJ, rel. Min. Luiz Fux, j. 06.04.2006, *DJ* 28.04.2006.
20. Enunciado 697 do FPPC: "A caução exigida em sede de cumprimento provisório de sentença pode ser prestada por terceiro, devendo o juiz aferir a suficiência e a idoneidade da garantia."
21. Enunciado 88 da I Jornada de Direito Processual Civil (CJF): "A caução prevista no inc. IV do art. 520 do CPC não pode ser exigida em cumprimento definitivo de sentença. Considera-se como tal o cumprimento de sentença transitada em julgado no processo que deu origem ao crédito executado, ainda que sobre ela penda impugnação destituída de efeito suspensivo."
22. Enunciado 49 da ENFAM: "No julgamento antecipado parcial de mérito, o cumprimento provisório da decisão inicia-se independentemente de caução (art. 356, § 2º, do CPC/2015), sendo aplicável, todavia, a regra do art. 520, IV".

óbvio, deve ser prestada antes da realização dos atos executivos e, por isso mesmo, deverá ser objeto de prévio contraditório entre as partes. Realmente, apesar de a lei determinar que cabe ao juiz arbitrá-la *de plano*, até para que a caução realmente cumpra os predicados de *idônea* e *suficiente*, ou seja, para que possa de forma razoável atingir a finalidade de ressarcir eventuais prejuízos do executado, muito melhor que o juiz, nos termos do art. 10 do CPC, promova prévio debate acerca do que foi oferecido e dos reflexos das eventuais repercussões negativas a que o executado está exposto para, depois disso, vir a decidir a questão de forma fundamentada. Tal decisão, por certo, desafia recurso de agravo de instrumento. Eventual ausência de contraditório para a definição da caução, especialmente se ela não for idônea e suficiente, implica em nulidade que pode vir a ser suscitada por simples petição (CPC, art. 518) ou por outros meios de oposição (CPC, art. 525, § 11 ou art. 784, § 1º)[23], além de recurso de agravo de instrumento.

Essa caução pode ser real (p. ex.: penhor, hipoteca etc.) ou fidejussória (p. ex.: fiança, cessão de créditos etc.) e pode ser prestada pelo próprio exequente ou por terceiro[24] (p. ex.: fiança bancária, seguro garantia judicial etc.). A caução pessoal, ressalvado o aceite do executado, não é recomendada, pois o patrimônio do exequente já responde pelos danos causados independentemente do oferecimento de caução.

A *idoneidade* exigida para a caução significa que restou comprovado que a oferta não é falsa, isto é, existe e será capaz de efetivamente representar garantia ao juízo de eventuais prejuízos do executado[25]. Logo, o juiz precisa ser rigoroso e razoável nessa análise. Cabe-lhe esclarecer se o bem dado em garantia realmente existe e quais são suas condições, além de avaliar se ele será de fácil transformação em dinheiro; se o terceiro que prestou uma fiança em favor do exequente tem realmente patrimônio para suportar eventual prejuízo do executado etc. Assim, por exemplo, não parece ser idônea a caução que recai sobre bem imóvel que está invadido; ou que já possui hipoteca ou penhora; ou que estejam sendo objeto de ação em que se questione seu domínio, posse ou suas dimensões. Em qualquer dessas circunstâncias, sendo necessário exercer a garantia, ela encontrará diversos embaraços em prejuízo do executado. Da mesma forma, somente parece ser idônea caução em dinheiro ou fiança bancária ou seguro garantia judicial (CPC, art. 835, § 2º), se o que se deseja garantir é o levantamento de depósito em dinheiro, pois do contrário, terá o executado, depois, que gastar muito tempo para transformar qualquer outro bem ou direito em dinheiro.

Em relação à *suficiência*, a caução precisa ser de bem ou de direito cujo valor no mínimo equivalha, senão seja maior ao valor em dinheiro que se pretende levantar ou do bem ou direito real que se pretenda transferir.

Não obstante a prestação de caução seja a regra, a lei (CPC, art. 521) autoriza que tal caução seja dispensada em algumas hipóteses de cumprimento provisório. Na

---

23. STJ, 2ª T., EDcl no REsp 174.409/RJ, rel. Min. Nancy Andrighi, j. 16.05.2000, *DJ* 12.06.2000.
24. STJ, 4ª T., AgRg no AREsp 676.364/SP, rel. Min. Maria Isabel Galotti, j. 07.05.2015, *DJe* 14.05.2015.
25. STJ, 4ª T., REsp 486.059/RN, rel. Min. Aldir Passarinho Junior, j. 18.03.2003, *DJ* 23.06.2003.

primeira delas (CPC, art. 521, I), tratando-se de crédito de natureza alimentar, seja lá qual for sua origem (no direito de família, no direito do trabalhador, decorrente de ato ilícito, honorários profissionais etc.) e independentemente do seu valor, a contracautela será dispensada. Também se dispensa a caução, quando o exequente demonstrar estar em estado de necessidade[26] (CPC, art. 521, II) e, nessa hipótese, em princípio, não há afixação de valor máximo. Na prática, por vezes, não será fácil distinguir se o exequente está realmente em *estado de necessidade* ou se passa por um delicado *estado de crise financeira*, pelo que caberá ao magistrado apreciar a prova desse estado de necessidade e, analisando os interesses em disputa (efetividade do direito do exequente x preservação do patrimônio e segurança jurídica do executado), por meio da proporcionalidade[27] (chance de êxito de cada qual das partes), decidir se dispensa ou não a caução.

Ainda pode ser dispensada a caução sempre que pender agravo interposto nos termos do art. 1.042 do CPC, isto é, agravo contra a decisão que denegou seguimento a recurso especial e/ou extraordinário (CPC, art. 521, III), uma vez que se presume ser grandes as chances de o título executivo judicial se tornar definitivo. Outra hipótese de dispensa de caução é quando a decisão atacada cujo recurso está pendente tem grandes chances de não ser reformada, por estar ela "em consonância com súmula da jurisprudência do Supremo Tribunal Federal ou do Superior Tribunal de Justiça ou em conformidade com acórdão proferido no julgamento de casos repetitivos" (CPC, art. 521, IV).

Não há dúvida que, em todos os casos de dispensa acima apontados, o legislador já fez um juízo de proporcionalidade preliminar, concluindo que, nessas situações, a caução pode ser dispensada. Todavia, não lhe escapando que as circunstâncias do caso concreto podem fazer concluir em sentido diverso, autorizou que o magistrado tem o poder-dever de afastar essa dispensa quando ela "possa resultar manifesto risco de grave dano de difícil ou incerta reparação" (CPC, art. 521, parágrafo único). Ao invés de exigir caução, o juiz poderá também limitar os valores a serem levantados, como antes acontecia na vigência do CPC/73[28].

3.2.5. Aplicação no cumprimento provisório da multa e dos honorários previstos no art. 523, § 1º do CPC

Na vigência do CPC/73 se pacificou no âmbito do Superior Tribunal de Justiça que em sede de cumprimento provisório, não era aplicável a multa de 10% antes estabelecida no art. 475-J do CPC/73[29], tampouco era possível fixar honorários advocatícios em favor do patrono do exequente[30].

---

26. STJ, 2ª T., REsp 1.123.876/DF, rel. Min. Mauro Campbell Marques, j. 05.04.2011, DJe 13.04.2011.
27. STJ, 3ª T., REsp 1.292.141/SP, rel. Min. Nancy Andrighi, j. 04.12.2012, DJe 12.12.2012.
28. STJ, 2ª Seção (repetitivo), REsp 1.145.353/PR, rel. Min. Ricardo Villas Bôas Cueva, j. 25.04.2012, DJe 09.05.2012.
29. STJ, 4ª T., AgRg no AgRg no REsp 1.055.027/RS, rel. Min. Raul Araújo, j. 1º.09.2016, DJe 14.09.2016 e STJ, 4ª T., EDcl no REsp 1.513.797/RJ, rel. Min. Luis Felipe Salomão, j. 28.04.2015, DJe 05.05.2015.
30. STJ, Corte Especial (repetitivo), REsp 1.291.736/PR, rel. Min. Luis Felipe Salomão, j. 20.11.2013, DJe 19.12.2013.

À luz do novo diploma processual, esses entendimentos terão que ser revistos, uma vez que o legislador expressamente estabeleceu que "a multa e os honorários a que se refere o § 1º do art. 523 são devidos no cumprimento provisório de sentença condenatória ao pagamento de quantia certa" (CPC, art. 520, § 2º)[31]. Vale dizer, no cumprimento provisório, deverá o executado ser intimado a satisfazer a obrigação em 15 dias úteis e, em caso de inadimplemento, automaticamente serão devidos a referida multa e os honorários advocatícios. Prosseguindo o cumprimento provisório com esses acréscimos, na hipótese de o julgamento do recurso do executado causar a invalidação ou a reforma total do título executivo exequendo, estes valores também deverão ser ressarcidos pelo exequente, dado o seu caráter acessório em relação ao principal, que não mais subsiste.

Apesar da literalidade da norma, parece possível entender que, caso o cumprimento provisório verse sobre obrigação de outra natureza que não por quantia certa, embora seja inaplicável a referida multa, seria de se fixar os honorários no mesmo percentual (10%) ou sobre o valor da causa atualizado ou sobre o benefício econômico pretendido. Na remota hipótese de a causa ter valor inestimável ou for irrisório o proveito econômico, ou, ainda, quando o valor da causa for muito baixo, caberá ao juiz fixar honorários advocatícios por apreciação equitativa, na forma do art. 85, § 8º do CPC.

A multa poderá ter sua incidência elidida, o que não acontece em relação aos honorários advocatícios. Destarte, o executado será isento da multa se, tempestivamente dentro do prazo legal de 15 dias úteis, ele depositar em conta vinculada ao juízo o valor da execução (CPC, art. 520, § 3º, 1ª parte). Esse depósito poderá ser em dinheiro ou na forma de seus equivalentes: fiança bancária ou seguro garantia judicial (CPC, art. 835, § 2º). Nessa situação, a multa tem apenas caráter coercitivo e não punitivo, diferente do que se tem no cumprimento de sentença definitivo, onde sua natureza é mista. Note-se: a um só tempo, o executado está efetuando o pagamento voluntário da obrigação e continua impugnando a decisão exequenda por meio do recurso pendente. Por isso mesmo, tal depósito efetuado pelo executado não será havido como incompatível com o recurso por ele interposto (CPC, art. 520, § 3º, 2ª parte), ou seja, é inaplicável à espécie o previsto no art. 1.000 do CPC.

Caso o exequente queira levantar o valor depositado, terá que oferecer caução (CPC, art. 520, IV), salvo se for caso de sua dispensa (CPC, art. 521).

3.2.6. Impugnação do executado

Findo o prazo para o depósito do valor da execução, tendo este sido feito ou não, caberá ao executado, querendo, apresentar impugnação ao cumprimento de sentença,

---

31. Enunciado 528 do FPPC: "No cumprimento provisório de sentença por quantia certa iniciado na vigência do CPC/73, sem garantia da execução, deve o juiz, após o início de vigência do CPC/2015 e a requerimento do exequente, intimar o executado nos termos do art. 520, § 2º, 523, § 1º e 525, *caput*." Como se percebe, o enunciado trata de entendimento atrelado ao direito intertemporal. Admite-se que as novas regras do CPC/2015 possam ser aplicadas em cumprimento de sentença iniciado sob a égide do CPC/73, desde que assim seja requerido pelo exequente e não tenha havido ato de ciência do executado (intimação ou garantia do juízo).

nos termos do art. 525 do CPC (CPC, art. 520, § 1º). No entanto, caso o executado não apresente essa oposição nesta oportunidade, não poderá fazê-lo quando da execução definitiva, dada a preclusão temporal. Aliás, optando por apresentar a impugnação, também não poderá fazê-lo quando da execução definitiva, por força da preclusão consumativa. Em qualquer dessas hipóteses, no entanto, restará ao executado apresentar defesa na forma do art. 525, § 11 do CPC, ou seja, para tratar de questões supervenientes ou atos executivos posteriormente realizados; além de lhe ser possível utilizar outros mecanismos de defesa (CPC, art. 518 ou defesa heterotópica)[32].

A decisão que resolve a impugnação ao cumprimento provisório da sentença e extingue de forma integral a fase executória, constitui decisão terminativa impugnável por meio de apelação e, acaso permita o prosseguimento da fase executiva, é impugnável por meio de agravo de instrumento[33].

No que se refere à impugnação ao cumprimento provisório da sentença, aplica-se o procedimento descrito no art. 525 do CPC, o que será tratado no capítulo próprio das defesas na execução.

3.2.7. Execução provisória e tutelas provisórias

Como apontado no capítulo relativo à teoria geral, o cumprimento de sentença poderá ser uma *fase interior* ao trâmite da fase predominantemente de conhecimento, como se houvesse uma *bolha* ou um *enxerto* de atividade executiva dentro da atividade de conhecimento, que é o que ocorre, quando se executa (ou se efetiva) uma decisão de tutela provisória, ao que está autorizado o magistrado a determinar as medidas que considerar adequadas para a execução/efetivação da tutela provisória, nos termos do art. 519 c/c o art. 297, *caput* e parágrafo único, ambos do CPC.

De outro lado, é irrelevante a natureza da decisão que veicula essa tutela provisória, porque um dos avanços do novo diploma processual (CPC, art. 515, I) foi deixar claro que qualquer pronunciamento com conteúdo decisório (interlocutória, sentença ou acórdão) pode ter força executiva, o que é mais adequado à noção de efetividade da tutela jurisdicional.

A tutela provisória poderá ter por objeto obrigação de soma em dinheiro, fazer ou não fazer ou entrega de coisa. Portanto, o cumprimento dessa decisão, provisória ou definitiva, seguirá, desde que não inviabilize a própria satisfação da medida, o meio executivo típico (de coerção ou de sujeição/sub-rogação) previsto para cada uma dessas obrigações (CPC, arts. 520 a 527, arts. 536 a 538). Muito embora possa se criticar essa opção de aplicar preferencialmente o meio executório típico às tutelas provisórias, especialmente sob o argumento de que tal adoção seria contrária e incompatível com a própria natureza provisória da medida, porque impediria a tempestividade razoável

---
32. STJ, 3ª T., REsp 1.725.612/RS, rel. Min. Nancy Andrighi, j. 02.06.2020, *DJe* 04.06.2020.
33. STJ, 4ª T., AgInt no REsp 1.759.351/PE, rel. Min. Marco Buzzi, j. 23.04.2019, *DJe* 26.04.2019.

da tutela; não parece correto conceber que a tutela provisória exige apenas a aplicação de meios atípicos (CPC, art. 139, IV), porque não se pode entender coerente que o titular de uma tutela provisória obtida em regra em cognição sumária, possa ter a sua disposição um procedimento melhor do que aquele que é detentor de uma tutela definitiva, obtida em cognição exauriente. Logo, tal como dito no capítulo da teoria geral, os meios executórios típicos devem ser a primeira opção a ser utilizada, de modo que, somente se estes não se mostrarem efetivos no caso concreto, poderá o juiz manejar poderes executórios atípicos. Note-se: não se está a dizer que seja necessário *esgotar* os meios típicos e somente depois que sejam inexitosos é que o juiz aplique as medidas atípicas. Pode até o magistrado definir desde logo que o meio atípico seja aplicado, mas precisará fundamentar com elementos constantes do processo, para justificar entender que o meio executório típico inviabiliza a satisfação da medida.

Convém assinalar que, fixada multa diária como medida de apoio ao cumprimento da tutela provisória de fazer, não fazer ou entrega de coisa, não obstante se admita seu cumprimento provisório, o levantamento do valor depositado somente poderá ocorrer depois que a sentença favorável à parte transitar em julgado, nos termos do art. 537, § 3º do CPC.

Como se observa do art. 294 do CPC, a tutela provisória pode ser de urgência ou de evidência. Em sendo a tutela de urgência, o art. 300, § 1º do CPC inovou ao autorizar o juiz, conforme o contexto fático do caso, isto é, desde que não frustre a utilidade da medida, exigir caução do autor quando este tenha condições econômicas, como uma *condição legal* para o próprio deferimento da medida urgente. Vale dizer, nessa situação, a caução não será exigida no momento de sua execução; será exigida antes mesmo de sua concessão, condicionando seu deferimento. Nesse sentido, já havia julgados do STJ[34]. Por sua vez, em se tratando de tutela de evidência, o regime da caução, quando for o caso, será o previsto para o cumprimento provisório da decisão (CPC, art. 520, IV). Logo, a caução, no caso de execução/efetivação da tutela de evidência, poderá ser dispensada (CPC, art. 521).

No que se refere à decisão judicial que conferiu tutela antecipada estabilizada (CPC, art. 304), por ela não ter a qualidade de imutável (CPC, art. 304, § 6º), podendo nova demanda a ser proposta em dois anos da data da ciência da extinção do processo, rever, reformar ou invalidar a referida decisão de tutela antecipada estabilizada (CPC, art. 304, § 2º c/c § 5º), parece correto entender que sua execução far-se-á por meio de cumprimento provisório. Findo esse prazo e não ajuizada a referida demanda, poderá se entender que o cumprimento da decisão se converteu em definitivo.

---

34. STJ, 3ª T., AgRg no Ag 1.315.000/SP, rel. Min. João Otávio de Noronha, j. 20.06.2013, *DJe* 28.06.2013 e STJ, 3ª T., REsp 952.646/SC, rel. Min. Nancy Andrighi, j. 04.11.2008, *DJe* 04.08.2009.

Por fim, cabe destacar que, diferentemente do que se via quando da vigência do CPC/73[35], a decisão que reconhece parcela incontroversa do pedido (CPC, art. 523, *caput*), bem como aquela que julgue parte do mérito e que não seja impugnada por meio de recurso (CPC, art. 356, § 3º), ensejará cumprimento definitivo e não provisório da decisão.

---

35. STJ, 2ª T., EDcl nos EDcl no REsp 1.496.733/PR, rel. Min. Herman Benjamin, j. 10.11.2015, *DJe* 03.02.2016 e STJ, 1ª T., AgRg no AREsp 73.625/DF, rel. Min. Regina Helena Costa, j. 24.03.2015, *DJe* 07.04.2015.

4
CUMPRIMENTO DE SENTENÇA DEFINITIVO DE OBRIGAÇÃO DE SOMA EM DINHEIRO

4.1. INTRODUÇÃO

Trata-se de execução das obrigações pecuniárias, expressas num valor em moeda nacional ou, em alguns casos admitidos em lei (Lei 10.192/2001, art. 1º, parágrafo único e CC, art. 318), em moeda estrangeira (que precisará ser convertida em moeda nacional)[1]. Além disso, a obrigação de pagar quantia certa pode ser decorrente da conversão de obrigação específica (de fazer, não fazer ou entrega de coisa) em genérica (dinheiro).

O meio executório adequado é o da expropriação (retirar de maneira forçada a propriedade, segundo o CPC, art. 824), que recairá sobre os bens presentes e futuros (patrimônio) do executado (CPC, art. 789).

O procedimento dessa execução está fundado no art. 513 e seguintes do CPC.

4.2. CUMPRIMENTO DE SENTENÇA

A execução de obrigação de soma em dinheiro fundada em título executivo judicial (CPC, art. 515) é denominada pela lei como *cumprimento de sentença*, assim entendida porque, em regra, será uma *fase* executiva *posterior* à condenação ou à liquidação da decisão judicial que, juntas, constituem a *fase de conhecimento*. Quando isto acontece, fala-se em *processo sincrético*, em que, visando melhor atender às exigências do direito material em disputa, num único processo, primeiramente desenvolve-se uma atividade voltada para definir o direito (fase de conhecimento) e, depois, se segue uma atividade para realizar o direito definido (fase de execução). Nesses casos, o processo se apresenta numa unidade continuativa: cognição seguida de execução.

A fase de execução também pode se desenvolver no *interior* do trâmite da fase predominantemente de conhecimento, como se houvesse uma *bolha* ou um *enxerto* de atividade executiva dentro da atividade de conhecimento, que é o que ocorre, por

---

1. STJ, Corte Especial, SEC 11.969/EX, rel. Min. Raul Araújo, j. 16.12.2015, *DJe* 02.02.2016.

exemplo, quando se executa uma decisão de tutela provisória (CPC, art. 297, parágrafo único c/c o art. 519).

Para que o cumprimento de sentença voltado à satisfação de obrigação de valor em dinheiro tenha início, é necessário que a quantia se apresente líquida e não recaia nenhuma condição suspensiva sobre a decisão judicial exequenda. Em outras palavras, desde que a decisão condenatória tenha transitado em julgado ou desde que ela admita execução provisória (CPC, arts. 520 a 522).

Seja como for, o cumprimento de sentença para execução de quantia certa exige provocação da parte, que tanto pode ser o credor (CPC, art. 513, § 1º) quanto o devedor ou responsável (CPC, art. 526). Portanto, o cumprimento de sentença para pagamento de quantia certa não poderá ser determinado de ofício pelo juiz.

O procedimento do cumprimento de sentença para execução de quantia certa apresenta duas fases distintas: i) uma, inicial, denominada *de cumprimento voluntário* ou *espontâneo*, na qual o devedor terá um prazo para, querendo, pagar o valor que lhe foi imposto ou que entende devido; ii) outra, complementar, de *execução forçada*, que ocorrerá se a primeira fase não colocar fim por inteiro à obrigação objeto do título executivo judicial, em que se praticarão os atos executivos necessários para que o cumprimento da obrigação se efetive, independentemente da vontade do executado.

4.3. TERMO INICIAL DO CUMPRIMENTO VOLUNTÁRIO DE SENTENÇA DE OBRIGAÇÃO DE PAGAR SOMA EM DINHEIRO

Como apontado, o executado terá um prazo para espontaneamente cumprir a obrigação, ou seja, para pagar. Esse pagamento poderá ser feito diretamente ao exequente, ou mediante depósito em conta bancária judicial vinculada ao juízo em que se processa a execução.

A interpretação acerca do termo inicial do prazo de 15 dias previsto no art. 475-J do CPC/1973 gerou diversas teorias doutrinárias, o que fez o Superior Tribunal de Justiça ir alterando seu entendimento ao longo do tempo.

Destarte, inicialmente, o STJ definiu que o prazo de 15 dias do art. 475-J do CPC/1973 tinha início do trânsito em julgado da sentença, independentemente de intimação específica para que o executado efetuasse o pagamento do valor devido[2]. Depois, entendeu que a fase de cumprimento de sentença não se efetivava de forma automática, ou seja, logo após o trânsito em julgado da decisão, pois de acordo com o art. 475-J combinado com os arts. 475-B e 614, II, todos do CPC/1973, caberia ao credor o exercício de atos para o regular cumprimento da decisão condenatória, especialmente requerer ao juízo que dê ciência ao devedor sobre o montante apurado, consoante me-

---

2. STJ, 3ª T., REsp 954.859/RS, rel. Min. Humberto Gomes de Barros, j. 16.08.2007, *DJ* 27.08.2007.

mória de cálculo discriminada e atualizada[3]. Por último, na hipótese em que o trânsito em julgado da sentença ocorresse em sede de instância recursal (STF, STJ, TJ e TRF), após a baixa dos autos à Comarca de origem e a aposição do "cumpra-se" pelo juiz de primeiro grau, entendeu o STJ que o devedor haveria de ser intimado na pessoa do seu advogado, por publicação na imprensa oficial, para efetuar o pagamento no prazo de 15 dias, a partir de quando, caso não efetuado o pagamento, passaria a incidir sobre o montante da condenação, a multa de 10% prevista no art. 475-J do CPC/1973[4].

Visando encerrar essa polêmica, o legislador do CPC/2015 definiu em seu art. 523, *caput*, que para o início do prazo de 15 dias, que serão computados em dias úteis[5], para pagamento voluntário por parte do devedor, seja a execução provisória ou definitiva, deve ocorrer provocação pelo credor mediante requerimento, cujo conteúdo foi definido no art. 524 do CPC. Após essa provocação, será determinada a intimação do executado para o fim específico de efetuar o respectivo pagamento.

Esse prazo terá início a partir da data em que efetivamente a comunicação for recebida pelo executado ou por seu advogado, não sendo, pois, necessário aguardar a juntada do respectivo comprovante nos autos, ou seja, aplica-se na espécie o previsto no art. 231, § 3º do CPC, que assim estipula a contagem do prazo, uma vez que é ato a ser praticado diretamente pela parte, sem a intermediação de qualquer representante judicial[6]. Eventual comparecimento espontâneo ou ciência inequívoca do início da execução, será igualmente suficiente para desencadear a contagem desse prazo[7]. Se houver um litisconsórcio passivo e o processo for eletrônico, o prazo será comum e não em dobro, e deverá ser computado individualmente, a partir da respectiva comunicação recebida por cada executado (CPC, art. 231, § 2º). Por sua vez, se os autos do cumprimento de sentença tramitarem de forma física e houver um litisconsórcio passivo com procuradores distintos, o prazo para pagamento deverá ser computado em dobro (30 dias úteis)[8].

4.4. COMUNICAÇÃO DO EXECUTADO NO CUMPRIMENTO VOLUNTÁRIO DE SENTENÇA DE OBRIGAÇÃO DE PAGAR SOMA EM DINHEIRO

Como se percebe das mencionadas posições adotadas pelo STJ, outra divergência surgida na interpretação do art. 475-J do CPC/1973 era sobre a necessidade, ou não, de

---

3. STJ, 4ª T., AgRg no Ag 1.058.769/RS, rel. Min. João Otávio de Noronha, j. 17.11.2009, *DJe* 30.11.2009.
4. STJ, Corte Especial, REsp 940.274/MS, rel. p/ acórdão Min. João Otávio de Noronha, j. 07.04.2010, *DJe* 31.05.2010.
5. Enunciado 89 da I Jornada de Direito Processual Civil (CJF): "Conta-se em dias úteis o prazo do *caput* do art. 523 do CPC".
6. Em sentido diverso, na execução de alimentos: Enunciado 146 da II Jornada de Direito Processual Civil (CJF) – O prazo de 3 (três) dias previsto pelo art. 528 do CPC conta-se em dias úteis e na forma dos incisos do art. 231 do CPC, não se aplicando seu § 3º.
7. Enunciado 84 da I Jornada de Direito Processual Civil (CJF): "O comparecimento espontâneo da parte constitui termo inicial dos prazos para pagamento e, sucessivamente, impugnação ao cumprimento de sentença."
8. STJ, 4ª T., REsp 1.693.784/DF, rel. Min. Luis Felipe Salomão, j. 28.11.2017, *DJe* 05.02.2018.

intimação do executado para o início do prazo de pagamento e, no caso dela ser necessária, se essa intimação deveria ser pessoal ou poderia ser na pessoa de seu advogado.

A orientação que prevaleceu é a de que o executado deveria ser intimado para o início do cômputo do prazo, muito embora essa intimação pudesse ser feita na pessoa de seu advogado[9].

O § 2º do art. 513 do CPC consagra esse entendimento, mas aproveita para tratar de outras possíveis situações, o que igualmente contribuirá para evitar dúvidas de interpretação. Assim, desde que o requerimento do credor seja formulado em no máximo um ano do trânsito em julgado da decisão, conforme estabelece o § 4º do art. 513 do CPC, o executado será intimado para cumprir o comando da decisão judicial por meio de publicação no Diário da Justiça na pessoa de seu advogado constituído nos autos, salvo se houver alguma ressalva na procuração que assim não permita, conforme estabelece o art. 105, § 4º do CPC; ou, ainda, exista convenção processual fundada no art. 190 do CPC que estabeleça forma diversa de intimação.

Por sua vez, a intimação do executado será pessoal, pelo correio[10], por meio do envio de carta com aviso de recebimento (AR)[11] nas seguintes hipóteses: i) caso o requerimento seja formulado depois de um ano do trânsito em julgado da decisão (CPC, art. 513, § 4º); ii) quando haja ressalva na procuração que impeça o advogado do executado ser intimado na fase de cumprimento de sentença (CPC, art. 105, § 4º); iii) quando o devedor seja representado pela Defensoria Pública (CPC, art. 513, § 2º, II); e, iv) quando o executado não tenha advogado constituído no processo (CPC, art. 513, § 2º, II). Todavia, mesmo não tendo advogado constituído no processo ou no caso em que a procuração impeça o advogado de ser intimado para fins de cumprimento de sentença, não se procederá intimação pelo envio de AR, segundo o disposto no art. 513, § 2º, III do CPC, se o executado for empresa privada ou pública que possua obrigação de manter cadastro nos sistemas de processo em autos eletrônico, hipótese em que a intimação deverá ser efetuada por meio eletrônico, nos termos do art. 246, § 1º do CPC.

Convém destacar que o desrespeito à intimação pessoal do executado previsto no caso de o requerimento de início do cumprimento de sentença ser formulado depois de um ano do trânsito em julgado da decisão exequenda líquida[12], nos termos do art. 513, § 4º do CPC, importa em nulidade absoluta, porque associada à ofensa ao contraditório e, portanto, pode ser conhecida de ofício ou alegada a qualquer tempo. É preciso aceitar que a presunção legal contida no referido dispositivo (CPC, 513, § 4º) é em favor do

---

9. STJ, Corte Especial, REsp 1.262.933/RJ, rel. Min. Luis Felipe Salomão, j. 19.06.2013, *DJe* 20.08.2013.
10. Enunciado 85 da I Jornada De Direito Processual Civil (CJF): "Na execução de título extrajudicial ou judicial (art. 515, § 1º, do CPC) é cabível a citação postal."
11. É aplicável aqui o previsto no art. 269, §§ 1º e 2º do CPC, no sentido de se permitir que o envio do AR se faça pelo advogado do exequente.
12. Logo, se a sentença exequenda somente se tornou líquida depois de procedida a respectiva liquidação nos termos do art. 509 e seguintes do CPC, será do trânsito em julgado da liquidação o termo inicial do prazo a que se refere o art. 513, § 4º do CPC.

executado, ou seja, será ônus do exequente demonstrar que, eventualmente, o executado teve conhecimento da execução em curso e, portanto, que não teria havido nulidade. Enfim, não é do executado o ônus de provar que não foi informado pelo seu anterior patrono que pode ter sido intimado e não o comunicou, ou o fez a destempo. Nem poder-se-ia cogitar de modo diverso, aliás, porque o desrespeito da referida norma pode ser atribuído ao exequente, a quem competia já no seu requerimento inicial observar tal exigência, conforme se extrai da própria regra do art. 513 do CPC. Neste caso, ainda, parece que o comparecimento espontâneo do executado não supre o vício, porque o feito executivo precisa retroceder a fim de oportunizar ao executado a chance de pagar voluntariamente a dívida ou impugnar a execução.

Estabelece o art. 513, § 2º, IV, do CPC, que tendo sido o réu citado por edital na fase de conhecimento e tendo restado revel, sua intimação na fase de cumprimento de sentença também far-se-á por edital. Tal hipótese pode ser igualmente aplicada caso o réu tenha sido citado por hora certa na fase de conhecimento e tenha ficado revel. Seja qual for o caso, essa previsão somente será observada nos casos em que, atingida essa fase de cumprimento de sentença, esse réu revel citado fictamente por edital ou por hora certa continue sem advogado constituído no processo. Ou seja, se a despeito da citação ficta e da revelia que a ela se seguiu, o executado compareceu nos autos e constituiu advogado ou se passou a ser representado por Defensor Público, nos termos do art. 72, II do CPC, prevalecerá a intimação tal como antes exposto: ou por meio de intimação de seu advogado pelo Diário da Justiça (CPC, art. 513, § 2º, I) ou por envio de AR (CPC, art. 513, § 2º, II), respectivamente. Embora a lei não disponha, se o executado foi citado na fase de conhecimento de forma real, mas foi revel, ele terá que ser pessoalmente intimado na fase executiva, aplicando-se o previsto no art. 513, § 2º, II, do CPC; de modo que a ausência de intimação do réu revel importará em nulidade, com anulação dos atos posteriores ao momento em que a parte executada deveria ter sido intimada para o cumprimento de sentença[13].

O art. 513, § 3º do CPC estende ao cumprimento de sentença a regra do art. 274, parágrafo único do CPC (CPC/1973, art. 238, parágrafo único), no sentido de que, no caso de intimação pessoal realizada por meio de envio de carta de recebimento (AR) ou meio eletrônico, se presumirá válida a intimação dirigida ao último endereço (físico ou eletrônico) indicado nos autos, ainda que não seja atual, uma vez que é ônus das partes informar ao juízo qualquer modificação temporária ou definitiva de endereço. Logo, os advogados devem ter a preocupação de orientar seus clientes que lhe comuniquem essas alterações, a fim de manter atualizados os dados no processo. Trata-se, por óbvio, de uma presunção relativa que admitirá ser revista caso se comprove que houve esta informação de atualização de endereço (físico ou eletrônico) nos autos e que não ela fora respeitada pela serventia.

---

13. STJ, 4ª T., REsp 2.053.868/RS, rel. Min. Antonio Carlos Ferreira, j. 06.06.2023, *DJe* 12.06.2023.

Deve-se assinalar também que, caso o cumprimento de sentença se desenvolva mediante *processo*, o executado será citado e não intimado, para o que deverão ser observadas as regras previstas nos arts. 238 e ss. do CPC.

Convém assinalar que sem essa prévia comunicação ao executado, acerca do início da fase de cumprimento de sentença, serão considerados nulos quaisquer atos executivos praticados para a satisfação da obrigação.

4.5. LEGITIMAÇÃO PASSIVA NO CUMPRIMENTO DE SENTENÇA

O art. 513, § 5º do CPC, em homenagem ao devido processo legal e ao contraditório, bem como em respeito aos limites subjetivos da coisa julgada material, consagra o entendimento jurisprudencial que vinha se formando junto ao Superior Tribunal de Justiça, de que a execução de título judicial somente poderá ser promovida em face daqueles sujeitos que participaram da fase (anterior) de conhecimento[14], o que engloba, também, a liquidação de sentença.

Ou seja, somente poderá ser parte passiva da execução aquele sujeito contra quem o título executivo judicial foi formado. Assim, o fiador, o coobrigado ou o corresponsável que não tenha tido a oportunidade de participar da fase de conhecimento e, eventualmente, da liquidação da sentença, não poderá ter seu patrimônio atingido por atos executivos no cumprimento de sentença[15]. Neste sentido, no STJ, a Súmula 268: "O fiador que não integrou a relação processual na ação de despejo não responde pela execução do julgado." Em suma: "a regra civil é a de que a execução de título judicial se desenvolve entre as partes que figuraram no processo de conhecimento em que se formou a relação obrigacional objeto de implemento forçado"[16].

No entanto, essa regra não exclui que o cumprimento de sentença seja voltado contra o sujeito que, embora não tenha participado da fase de conhecimento, integrou acordo homologado em juízo, conforme previsão do art. 515, § 2º do CPC; ou se apresente como sucessor do executado a qualquer título, nos termos do art. 779, II e III do CPC; ou daquele sujeito atingido pela desconsideração da personalidade jurídica, conforme art. 790, VII, do CPC.

4.6. CONTEÚDO DA PETIÇÃO QUE DÁ INÍCIO AO CUMPRIMENTO DE SENTENÇA

Tratando-se de cumprimento de sentença para execução de quantia certa que constitua mera *fase* num processo sincrético, o requerimento que lhe dará início deve

---

14. STJ, 3ª T., AgRg no AREsp 763.584/SC, rel. Min. Marco Aurélio Bellizze, j. 27.10.2015, *DJe* 12.11.2015.
15. STJ, 3ª T., AgInt no REsp 1.368.254/RJ, Rel. Min. Moura Ribeiro, j. 28.03.2017, *DJe* 17.04.2017.
16. STJ, 1ª T., AgRg no REsp 1.233.392/RS, rel. Min. Napoleão Nunes Maia Filho, j. 06.10.2011, *DJe* 26.10.2011.

apresentar o conteúdo descrito no CPC, ou seja, ao disposto no art. 524 e, ainda, no que couber, ao estabelecido nos arts. 798 e 799.

Logo, a petição deve conter:

a) o nome completo, o número de inscrição no Cadastro de Pessoas Físicas (CPF) ou no Cadastro Nacional de Pessoa Jurídica (CNPJ) tanto do exequente quanto do executado (CPC, art. 524, I). Caso o exequente não disponha dessas informações, isso não poderá acarretar o não processamento da execução, estando o exequente autorizado a requerer ao juiz diligências necessárias à obtenção dos dados faltantes (CPC, art. 319, §§ 1º a 3º);

b) a composição e os critérios utilizados para o cálculo do crédito exequendo: o valor do principal e dos eventuais acessórios (multas etc.); o valor das custas processuais e dos honorários advocatícios; o índice de correção monetária adotado para cada um dos valores que compões o crédito exequendo (CPC, art. 524, II); os juros aplicados e as respectivas taxas (CPC, art. 524, III); o termo inicial e o final dos juros e da correção monetária utilizados (CPC, art. 524, IV); a periodicidade da capitalização dos juros, se for o caso (CPC, art. 524, V); especificação de eventuais descontos obrigatórios realizados (CPC, art. 524, VI). Aqui convém destacar: b.1) quando o termo inicial dos juros de mora for a data da citação, deve-se considerar a data em que o mandado de citação devidamente cumprido foi juntado aos autos, e não a do efetivo recebimento pelo réu, pois sendo a citação ato complexo, ela somente se aperfeiçoa e produz efeitos com a juntada aos autos do mandado cumprido, nos termos do art. 231 do CPC; b.2) o termo inicial da correção monetária do valor dos honorários advocatícios irá variar conforme tenha sido sua fixação. Assim, se a verba honorária tiver sido arbitrada em valor fixo, a correção monetária deve ser computada a partir da data em que fixada a verba[17]; se fixada em percentual incidente sobre a condenação, a base de cálculo dos honorários advocatícios compreenderá o valor da condenação já corrigido monetariamente e acrescido de juros de mora[18]; e se fixada em percentual sobre o valor da causa, a correção incidirá sobre este atualizado desde o ajuizamento da ação[19]; b.3) se a verba honorária tiver sido arbitrada em valor líquido (que se dará quando for fixo ou em percentual sobre o valor da causa atualizado), os juros de mora incidirão a partir do trânsito em julgado da condenação (CPC, art. 85, § 16)[20]; b.4) se a verba honorária for fixada em percentual sobre a condenação, porquanto já computados juros na respectiva

---

17. STJ, 4ª T., EDcl no AgRg nos EDcl no AREsp 595.034/PE, rel. Min. Luis Felipe Salomão, j. 25.08.2015, DJe 28.08.2015.
18. STJ, 2ª T., AgRg no REsp 1.505.988/RS, rel. Min. Herman Benjamin, j. 27.10.2015, DJe 20.11.2015.
19. Súmula 14 do STJ: "Arbitrados os honorários advocatícios em percentual sobre o valor da causa, a correção monetária incide a partir do respectivo ajuizamento".
20. Não obstante a redação da lei fale em "quantia certa", esta deve ser compreendida como "quantia líquida". Destarte, a quantia será *certa* (= líquida), quer tenha sido definida em valor fixo ou em percentual sobre o valor da causa atualizado, que apenas depende de mero cálculo aritmético. Para as sentenças proferidas na vigência do CPC/73, somente incidirão juros de mora sobre a verba devida a título de honorários advocatícios depois que, intimado o executado para seu pagamento na fase de cumprimento de sentença, este não for realizado. Neste sentido: STJ, 3ª T., EDcl no AgRg no REsp 1.563.325/RJ, rel. Min. Marco Aurélio Bellizze, j. 21.02.2017, DJe

base de cálculos dos honorários, não se admite a incidência de juros de mora, sob pena de configurar *bis in idem*[21], razão pela qual somente incidirão juros de mora sobre a verba devida a título de honorários advocatícios depois que, intimado o executado para seu pagamento na fase de cumprimento de sentença, este não for realizado[22]; b.5) não incidem juros de mora sobre o valor das custas a serem ressarcidas pela parte vencida/executada, pois, não havendo fato ou omissão imputável ao devedor, não incorre ele em mora[23], de modo, portanto, que somente incidirão juros de mora sobre a verba devida a título de custas depois que, intimado o executado para seu pagamento na fase de cumprimento de sentença, este não for realizado; b.6) havendo afastamento expresso ou permanecendo omisso o título exequendo, não é possível a inclusão de juros de mora e correção monetária na fase executiva, ressalvada a possibilidade de ajuizamento de ação autônoma (perante o juízo de primeiro grau) para fins de definição e cobrança de tais consectários[24];

c) em virtude da previsão do art. 323 do CPC, tratando-se de sentença condenatória de relações continuativas, a execução alcançará as parcelas vencidas e não pagas até o efetivo pagamento (e não apenas até o trânsito em julgado), bastando ao exequente que demonstre a exigibilidade do crédito (parcelas vincendas) no momento da execução[25];

d) a indicação dos bens passíveis de penhora, para a hipótese de não ocorrência do cumprimento voluntário (CPC, art. 524, VI);

e) se for o caso, a prova de que se verificou a condição ou que ocorreu o termo (CPC, art. 798, I, c), ou com a prova de que adimpliu a contraprestação que lhe corresponde ou que lhe assegura o cumprimento, se o executado não for obrigado a satisfazer sua prestação senão mediante a contraprestação do exequente (CPC, art. 798, I, *d*);

f) se for o caso, requerer a intimação dos indivíduos indicados no art. 799, incs. I a VII, c/c os arts. 804 e 889, todos do CPC;

g) o pleito de concessão de tutelas provisórias (CPC, art. 799, VIII);

07.03.2017; STJ, 3ª T., AgRg no REsp 1.432.692/RJ, rel. Min. Marco Aurélio Bellizze, j. 10.03.2016, *DJe* 1º.04.2016 e STJ, 4ª T., AgRg no AREsp 531.177/RJ, rel. Min. Luis Felipe Salomão, j. 03.11.2015, *DJe* 06.11.2015.

21. STJ, 1ª T., AgInt no REsp 1.572.940/RS, rel. Min. Regina Helena Costa, j. 23.05.2017, *DJe* 29.05.2017 e STJ, 2ª T., AgInt nos EDcl no REsp 1.598.144/RS, rel. Min. Herman Benjamin, j. 21.02.2017, *DJe* 18.04.2017.

22. STJ, 4ª T., AgInt no AREsp 887.644/SP, rel. Min. Maria Isabel Gallotti, j. 10.11.2016, *DJe* 18.11.2016 e STJ, 2ª T., AgRg nos EDcl no REsp 1.550.852/PR, rel. Min. Herman Benjamin, j. 18.02.2016, *DJe* 19.05.2016.

23. STJ, REsp 1.468.102/SP (monocrática), rel. Min. Luis Felipe Salomão, j. 13.03.2019, *DJe* 11.04.2019.

24. STJ, 1ª Seção, ExeMS 18.782/DF, rel. Min. Mauro Campbell Marques, j. 12.09.2018, *DJe* 03.10.2018.

25. Entendendo que a inclusão das parcelas vincendas tem como termo final a data do efetivo pagamento: STJ, 3ª T., REsp 1.548.227/RJ, rel. Min. Nancy Andrighi, j. 07.11.2017, *DJe* 13.11.2017 e STJ, 4º T., AgInt no AREsp 1.332.142/SP, Rel. Min. Antonio Carlos Ferreira, j. 23.03.2020, *DJe* 26.03.2020. Por sua vez, entendendo que o termo final das parcelas vincendas é o trânsito em julgado da condenação: STJ, 3º T., EDcl no AgInt no REsp 1.728.075/RS, Rel. Min. Ricardo Villas Bôas Cueva, j. 08.02.2021, *DJe* 12.02.2021. Convém assinalar que, vencendo uma parcela no curso da execução, deve ser oportunizado ao executado quitá-la na forma do art. 523 do CPC e, ademais, terá ele a chance de se opor a essa parcela, por meio de nova impugnação ou simples petição (CPC, art. 525, § 11), conforme o andamento do processo, porém não podendo questionar a origem da dívida, se não o fez na oposição antes oferecida.

h) o requerimento para que seja averbado em registro público a existência da execução ou de atos de constrição realizados, para conhecimento de terceiros (CPC, art. 799, IX);

Muito embora seja ônus do exequente instruir seu requerimento de provocação do início do cumprimento de sentença com o demonstrativo de cálculo do crédito exequendo, pode ser que, no caso concreto, tal exigência faça surgir um incidente para sua elaboração ou para sua conferência.

Se o exequente for beneficiário da justiça gratuita, poderá requerer que o contador judicial elabore e apresente o demonstrativo de cálculo (CPC, art. 98, VIII)[26]. Depois disso é que se seguirá o procedimento descrito no art. 523 do CPC.

De outro lado, quando a elaboração dos cálculos depender, no todo ou em parte, de dados em poder do executado ou de terceiros, o juiz, por provocação ou de ofício, poderá requisitá-los em prazo de até 30 dias e, caso injustificadamente não sejam eles apresentados no prazo fixado, além de o sujeito poder responder pelo crime de desobediência, o juiz poderá considerar corretos os cálculos apresentados pelo exequente apenas com base nos dados que dispõe, se a recusa foi do executado (CPC, art. 524, §§ 3º a 5º)[27]. Apresentados os dados, pelo executado ou pelo terceiro, caberá ao exequente elaborar o demonstrativo de cálculo e o procedimento seguirá ao previsto no art. 523 do CPC. Se o executado ou o terceiro apresentar, dentro do prazo fixado, justificativa para a não apresentação dos dados, caberá ao juiz decidir se a recusa foi, ou não, legítima. Se a recusa for legítima, estarão eximidos de apresentar os dados; se ela for ilegítima, novo prazo deverá ser concedido para a apresentação dos dados e caso não haja a apresentação, incidem as mesmas sanções já indicadas, se a recusa foi do executado. Se a recusa da apresentação foi de terceiro, não há como se presumir corretos os cálculos do exequente em face do executado, pelo que, além de responder pelo crime de desobediência, poderá sofrer sanção por ato atentatório à dignidade da justiça (CPC, art. 774, parágrafo único) e a aplicação pelo juiz do previsto no art. 403 do CPC, para poder obter os dados.

Quando o valor apontado no demonstrativo de cálculo aparentemente exceder os limites da condenação, o juiz poderá, de ofício, determinar que o contador judicial em 30 dias confira o cálculo (CPC, art. 524, § 2º). Caso se apure que a condenação seja em valor inferior ao apresentado pelo exequente, este deverá ser intimado a se manifestar. Caso o exequente aceite o valor menor, a execução prosseguirá pelo valor apurado. Se, ao invés, discordar do valor apurado pelo contador e insistir na correção dos seus cálculos, a execução será iniciada pelo valor pretendido, mas a penhora terá por base a importância que o juiz entender adequada (CPC, art. 524, § 1º), o que também servirá de referência

---

26. Enunciado 91 da I Jornada de Direito Processual Civil (CJF): "Interpreta-se o art. 524 do CPC e seus parágrafos no sentido de permitir que a parte patrocinada pela Defensoria Pública continue a valer-se da contadoria judicial para elaborar cálculos para execução ou cumprimento de sentença".
27. STJ, 3ª T., REsp 1.993.202/MT, rel. Min. Nancy Andrighi, j. 11.04.2023, *DJe* 14.04.2023.

para a aplicação da multa de 10% e dos honorários advocatícios de 10%, ambos previstos no art. 523, § 1º do CPC. Se depois de comunicado o executado, este não se insurgir contra o cálculo do exequente, o que poderá ser feito na impugnação ao cumprimento de sentença[28], o valor por ele apontado passa a ser o crédito exequendo e, por conseguinte, além de servir de base para a multa e os honorários, será o caso de ampliar a penhora.

Tratando-se de cumprimento de sentença para execução de quantia certa que constitua um *processo*, deverá o exequente elaborar petição inicial que, além do conteúdo acima apontado, deverá observar, ainda, no que couber, o previsto no art. 319 do CPC; além de ter que juntar cópia do título executivo judicial (CPC, art. 798, I, a), e outros documentos indispensáveis (CPC, art. 320), como a procuração etc.

Seja o cumprimento de sentença provocado por meio de petição simples ou inicial, tendo o juiz identificado eventual irregularidade na sua elaboração, deve permitir seja ela sanada pelo exequente (CPC, art. 801 c/c o art. 771).

4.7. O CUMPRIMENTO VOLUNTÁRIO DA SENTENÇA REQUERIDO PELO DEVEDOR

Não obstante o naturalmente esperado é que, finda a fase de conhecimento, o início da atividade executiva caiba ao vencedor/credor, a lei (CPC, art. 526) estabeleceu a faculdade (e não a imposição[29]) dessa iniciativa partir do próprio vencido/devedor, o que, evidentemente, não significa que ele ingressará com uma execução contra si próprio, muito embora o fenômeno seja tratado como execução às avessas ou execução invertida. Embora a conduta deva ser espontânea do devedor, nada impede que o juiz intime a parte e lhe ofereça a possibilidade de adotar essa atitude, a quem caberá a decisão pela apresentação ou não dos cálculos e valores devidos.

A finalidade é a de compelir o credor a receber a prestação devida e, desse modo, liberar o devedor interessado em cumpri-la. Com efeito, o devedor tem o interesse jurídico e, não raro, a necessidade mesmo de solver a obrigação, seja para se livrar dos encargos da mora, seja para resguardar seu renome, seja para restaurar seu crédito e, assim, realizar novos negócios, que exijam certidão negativa forense. Com tal iniciativa, portanto, o devedor evita o aumento dos encargos sobre a dívida (correção monetária e juros de mora) e acelera o fim do processo.

Em suma, a lei resguarda o direito subjetivo do devedor de liberar-se da obrigação que lhe foi imposta num título executivo judicial.

Logo, sendo a obrigação líquida[30], antes mesmo de vir a ser intimado para o cumprimento da sentença, o devedor comparece perante o Juízo competente e oferece em

---

28. STJ, 3ª T., REsp 1.538.235/DF, Rel. Min. Nancy Andrighi, j. 14.05.2019, *DJe* 29.05.2019.
29. STJ, 2ª T., AREsp 2.014.491/RJ, Rel. Min. Herman Benjamin, j. 12.12.2023, *DJe* 24.01.2024.
30. Se a obrigação for ilíquida, poderá o devedor dar início à liquidação de sentença, nos termos do art. 509 do CPC. "Não há como aplicar, na fase de cumprimento de sentença, a multa de 10% (dez por cento) prevista no

pagamento o valor que entende devido. Deve, portanto, a petição estar acompanhada da memória de cálculo discriminada que demonstre como o devedor encontrou o valor que entende devido, para o que aplicável as mesmas exigências do art. 524, incs. II a VI do CPC.

Ato contínuo, o credor será intimado[31] para num prazo de cinco dias se manifestar (CPC, art. 526, § 1º). Caso ele concorde com os cálculos elaborados pelo devedor, o juiz proferirá sentença declarando a satisfação da obrigação e extinguirá o processo (CPC, art. 526, § 3º). Caso ele queira impugnar os cálculos, sem prejuízo de proceder ao levantamento do valor depositado, deverá apresentar o valor que entende seja o correto mediante memória de cálculo discriminada. Ou seja, não se admitirá uma impugnação genérica ao valor depositado pelo devedor.

Instaurada a discussão quanto ao valor devido, inicialmente cabe ao juiz intimar o devedor para, querendo, depositar o montante remanescente no prazo legal, o que evitará a aplicação das verbas descritas no art. 523, § 1º, do CPC[32]. Caso o devedor não complemente o depósito, o juiz dará início a uma atividade de conhecimento, em que poderão ser produzidas provas, especialmente pericial, a fim de definir o valor realmente devido. Caso o magistrado conclua que o cálculo do devedor estava incorreto e, por conseguinte, que o depósito efetuado foi insuficiente, sobre o valor do saldo identificado incidirão multa de 10% e honorários advocatícios também de 10% e, com isso, a execução forçada terá início, com os atos executivos necessários (CPC, art. 526, § 2º). Do contrário, isto é, concluindo pelo acerto da conduta do devedor, o juiz extinguirá a execução e condenará o credor a pagar eventuais custas e honorários sobre a diferença pleiteada.

4.8. A MULTA DE 10%

Como se extrai do art. 523, § 1º, do CPC, o não pagamento voluntário do executado no prazo legal depois de ter sido ele intimado para este fim específico, acarreta a aplicação de uma multa de 10% sobre o valor total (principal + encargos + custas + honorários advocatícios) do crédito exequendo. Convém lembrar, entretanto que essa multa pode ser objeto de negócio processual entre as partes, que poderão reduzi-la, elevá-la ou mesmo a graduá-la[33].

A referida multa (de 10%) será devida independentemente de qualquer outra "nova" decisão jurisdicional. Ou seja, ela incide automaticamente com o só passar *in albis* do

---

art. 475-J do CPC/1973 (atual art. 523, § 1º, do CPC/2015) se a condenação não se revestir da liquidez necessária ao seu cumprimento espontâneo" (STJ, 3ª T., REsp 1.691.748/PR, Rel. Min. Ricardo Villas Bôas Cueva, j. 07.11.2017, *DJe* 17.11.2017).

31. A intimação, de regra, será na pessoa do advogado do credor. É aplicável aqui, por força do princípio da igualdade de tratamento, o previsto no art. 513, §§ 2º a 4º do CPC.
32. STJ, 3ª T., AgInt no AREsp 1.633.304/PB, Rel. Min. Paulo de Tarso Sanseverino, j. 15.03.2021, *DJe* 18.03.2021.
33. Sem negócio processual, o percentual legal (10%) do art. 523, § 1º, do CPC, não pode ser relativizado/mitigado: STJ, 3ª T., REsp 1.701.824/RJ, Rel. Min. Nancy Andrighi, j. 09.06.2020, *DJe* 12.06.2020).

prazo dado para pagamento pelo executado. De igual modo, conforme estabelece o § 2º, do art. 523 do CPC, se efetuado pagamento parcial do valor devido, a referida multa incidirá sobre o valor do saldo restante não pago.

Tal multa tem natureza mista, isto é, coercitiva e punitiva, pois tanto serve como mecanismo de pressão psicológica (coerção indireta) para que o executado pague o valor objeto da condenação no prazo que lhe é dado; quanto como forma de sanção pelo não pagamento no prazo legal (punição pelo inadimplemento). O valor dessa multa, caso aplicada, reverte em benefício do exequente.

A referida multa pode vir a ser afastada no caso concreto, em decorrência de ser acolhida a oposição deduzida em sede de impugnação ao cumprimento de sentença[34]. Destarte, a multa constitui um encargo acessório em relação à obrigação de pagar quantia certa, de sorte, portanto, que sua existência depende da subsistência do crédito que se está a executar. Ademais, a multa deve estar associada à liquidez da obrigação[35] e ao inadimplemento do executado e, caso este seja involuntário ou mesmo decorra de justo motivo, não parece correto manter sua incidência[36]. Em suma, são perfeitamente aplicáveis na hipótese os princípios da proporcionalidade e da razoabilidade (CPC, art. 8º).

Caso o executado proceda ao depósito do valor executado com o fim apenas de garantir a execução e oferecer impugnação ao cumprimento de sentença, não configurando tal ato pagamento, essa conduta não ilide a incidência da multa[37], salvo na hipótese de cumprimento provisória da sentença (CPC, art. 520, § 3º) ou se a impugnação vir a ser julgada procedente. Realmente, o depósito feito pelo executado só pode ser considerado efetivo pagamento, e não garantia do juízo para o oferecimento de impugnação, caso haja manifestação expressa do executado nesse sentido[38]. Ainda sobre o referido depósito, convém assinalar que o Superior Tribunal de Justiça havia definido em sede de repetitivo (REsp 1.348.640/RS – Tema 677) que: "na fase

---

34. Em se tratando de execução provisória, eventual provimento do recurso contra a sentença exequenda, com o reconhecimento de insubsistência da obrigação de pagar antes nela identificada, fará, por óbvio, afastar a multa, ou limitá-la, se o valor for apenas reduzido.
35. "(...) 5. Não há como aplicar, na fase de cumprimento de sentença, a multa de 10% (dez por cento) prevista no art. 475-J do CPC/1973 (atual art. 523, § 1º, do CPC/2015) se a condenação não se revestir da liquidez necessária ao seu cumprimento espontâneo. 6. Configurada a iliquidez do título judicial exequendo (perdas e danos e astreintes), revela-se prematura a imposição da multa do art. 475-J do CPC/1973, sendo de rigor o seu afastamento" (STJ, 3ª T., REsp 1.691.748/PR, rel. Min. Ricardo Villas Bôas Cueva, j. 07.11.2017, DJe 17.11.2017).
36. Imagine-se o seguinte exemplo: intimado para pagar, embora o devedor não tenha dinheiro em espécie (= não tenha liquidez), ele possui patrimônio suficiente para arcar com o débito, de modo que ele oferece bem imóvel compatível com o valor executado como dação em pagamento. O credor não aceita a oferta. Diante disso, em princípio, incide a multa de 10%. No transcorrer do processo, no entanto, o credor pede que a penhora recaia sobre o bem imóvel antes oferecido como pagamento e, a seguir, requer a adjudicação deste bem. Ora, neste caso, o credor não pode vir a ser beneficiado com o valor da multa de 10% se, ao final, aceitou ficar com o bem imóvel oferecido pelo próprio devedor no prazo legal destinado ao pagamento. Configuraria, por óbvio, um enriquecimento sem causa.
37. STJ, 3ª T., AgInt no REsp 1.597.623/PA, rel. Min. Marco Aurélio Bellizze, j. 20.09.2016, DJe 04.10.2016; STJ, 4ª T., AgInt no REsp 1.369.644/MG, rel. Min. Marco Buzzi, j. 14.06.2016, DJe 22.06.2016 e STJ, 4ª T., AgRg no REsp 1.283.941/SC, rel. Min. Luis Felipe Salomão, j. 17.12.2015, DJe 1º.02.2016.
38. STJ, 3ª T., REsp 1.880.591/SP, Rel. Min. Marco Aurélio Bellizze, j. 03.08.2021, DJe 10.08.2021.

de execução, o depósito judicial do montante (integral ou parcial) da condenação extingue a obrigação do devedor, nos limites da quantia depositada" e, por conseguinte, a partir desse depósito judicial, caberia à instituição financeira a responsabilidade pelos reajustes do valor depositado. Tal entendimento, todavia, foi afetado pelo STJ à revisão, a fim de "definir se, na execução, o depósito judicial do valor da obrigação, com a consequente incidência de juros e correção monetária a cargo da instituição financeira depositária, isenta o devedor do pagamento dos encargos decorrentes da mora, previstos no título executivo judicial ou extrajudicial, independentemente da liberação da quantia ao credor"[39].

Em suma, a multa está condicionada à intempestividade do pagamento ou à resistência manifestada na fase de cumprimento de sentença[40].

A multa de 10% prevista no art. 523, § 1º do CPC é aplicável em sede de cumprimento provisório de decisão que contenha obrigação de pagar quantia certa (CPC, art. 520, § 2º) e de execução de alimentos em que o credor adote o regime da execução patrimonial (CPC, art. 528, § 8º). Todavia, não tem lugar no cumprimento de sentença em face da Fazenda Pública (CPC, art. 534, § 2º).

4.9. HONORÁRIOS ADVOCATÍCIOS NO CUMPRIMENTO DE SENTENÇA

Ainda segundo o previsto no art. 523, § 1º do CPC, o não pagamento voluntário do executado no prazo legal depois de ter sido ele intimado para este fim específico, acarreta, além da incidência da multa de 10% sobre o valor total do crédito exequendo, a fixação de honorários advocatícios no percentual também de 10%.

Tal como a multa estabelecida no mesmo dispositivo legal, a base de cálculo do valor dos honorários advocatícios é o valor total do crédito exequendo (principal + encargos + custas + honorários advocatícios da fase de conhecimento), ou seja, incide sobre o valor da execução.

Merece aqui ser assinalado que o percentual máximo de 20% previsto no art. 85, § 2º do CPC a título de honorários advocatícios, deve ser entendido como aplicável a cada uma das fases do processo: de conhecimento[41] e de execução, indistintamente. Com efeito, tal conclusão se retira da interpretação sistemática da legislação processual, especialmente do estabelecido no já citado art. 523, § 1º combinado com a parte final do § 11 e do disposto no § 13, ambos do mesmo art. 85, todos do CPC. Ou seja, ao longo de todo o processo, considerada ambas as fases, de conhecimento e de execução (cumprimento de sentença), admitem-se que se superem os limites quantitativos previstos no art. 85, § 2º do CPC.

---

39. STJ, Corte Especial, QO no REsp 1.820.963/SP, Rel. Min. Nancy Andrighi, j. 07.10.2020, *DJe* 28.10.2020.
40. STJ, 3ª T., REsp 1.834.337/SP, Rel. Min. Nancy Andrighi, j. 03.12.2019, *DJe* 05.12.2019.
41. Nessa incluída a liquidação de sentença, que também integra a atividade de conhecimento, ainda que de forma complementar.

Não são cabíveis honorários advocatícios pela rejeição da impugnação ao cumprimento de sentença. Apenas no caso de acolhimento da impugnação, ainda que parcial, serão arbitrados honorários em benefício do executado[42].

4.10. A FASE DA EXECUÇÃO FORÇADA NO CUMPRIMENTO DE SENTENÇA

Não tendo havido o pagamento total ou tendo havido um pagamento parcial, está o juiz autorizado, de ofício ou mediante provocação do exequente, a adotar as medidas executivas adequadas para a *execução forçada*, isto é, com o fim de proporcionar a satisfação da obrigação, independentemente da vontade do executado. A partir daí, é aplicável quanto aos demais atos executivos voltados à expropriação, o que está previsto no Livro II da Parte Especial do CPC (art. 771 e ss.), ou seja, será possível ocorrer a adjudicação, alienação ou a apropriação de frutos e rendimentos de empresa ou de estabelecimentos e de outros bens (CPC, art. 825). Esse procedimento será exposto dentro do capítulo que tratar da execução fundada em título executivo extrajudicial.

Muito embora o legislador tenha estabelecido que é dever do juiz, imediatamente após encerrado o prazo legal sem que o executado tenha voluntariamente efetuado o pagamento pleno, expedir mandado de penhora e avaliação (CPC, art. 523, § 3º), tal conduta poderá não ocorrer. Realmente, dada a preferência legal da penhora recair sobre dinheiro (CPC, art. 835, I e § 1º), pode o juiz determinar se proceda a penhora de dinheiro ou a sua averbação, quando recair sobre bem móvel ou imóvel, por via eletrônica (CPC, art. 837 c/c o art. 854); como também, pode o credor indicar bens à penhora, se não o fez quando do início do cumprimento de sentença.

4.11. PROCESSO AUTÔNOMO DE EXECUÇÃO FUNDADA EM TÍTULO EXECUTIVO JUDICIAL

Nas hipóteses previstas nos incisos VI a IX do art. 515 do CPC, uma vez que a formação do título executivo não se deu no âmbito do processo civil judicial pátrio, poderá formar *processo* de execução, que dependerá de petição inicial e acarretará a citação do executado (CPC, art. 515, § 1º).

Diz-se "poderá", porque caso o título judicial não apresente uma obrigação líquida, este processo, inicialmente, terá por fim tornar líquida a obrigação. Logo, somente se terá diretamente *processo* de execução nesses casos, se a obrigação contida no título executivo judicial já se apresente líquida.

Outra hipótese excepcional que dará ensejo a *processo*, ainda que fundado no art. 515, I do CPC, é a sentença proferida em ação coletiva que reconhece direito individual homogêneo. Nesse caso, também, o sujeito que estiver albergado por tal sentença terá

---

42. STJ, Corte Especial (repetitivo), REsp 1.134.186/RS, rel. Min. Luis Felipe Salomão, j. 1º.08.2011, *DJe* 21.10.2011.

que promover *processo* para, de início, liquidar o seu respectivo crédito, para, a seguir, como *fase*, buscar o cumprimento de sentença[43].

Não havendo o cumprimento voluntário por parte do executado, se seguirá com a fase forçada, visando a expropriação de bens do executado.

4.12. AVERBAÇÃO DO CUMPRIMENTO PROVISÓRIO NO REGISTRO DE BENS DO DEVEDOR

Por força do previsto no art. 771 do CPC, pode o exequente, se entender lhe for útil ou mesmo necessário, exercer o direito que lhe é assegurado no art. 799, IX e no art. 828, ambos do CPC, ou seja, pode requerer ao juízo que lhe forneça certidão acerca da existência do cumprimento da execução, provisório ou definitivo, a fim de proceder sua averbação no registro de imóveis, de veículos ou de outros bens sujeitos a penhora, arresto ou indisponibilidade, especialmente visando o conhecimento de terceiros.

---

43. STJ, Corte Especial (repetitivo), REsp 1.243.887/PR, rel. Min. Luis Felipe Salomão, j. 19.10.2011, *DJe* 12.12.2011. Nesse caso, o prazo para ajuizamento dessa ação é de cinco anos a contar do trânsito em julgado da condenação genérica (STJ, 2ª Seção (repetitivo), REsp 1.273.643/PR, rel. Min. Sidnei Beneti, j. 27.02.2013, *DJe* 04.04.2013).

5
PROCESSO DE EXECUÇÃO DE OBRIGAÇÃO DE SOMA EM DINHEIRO

5.1. INTRODUÇÃO

No capítulo referente ao cumprimento de sentença dessa modalidade de obrigação, já se esclareceu que a dívida pecuniária, expressa num valor em moeda nacional, ainda que depois de conversão da obrigação original que era em moeda estrangeira, pode igualmente estar prevista em título executivo extrajudicial, que exige rito próprio para sua execução (CPC, art. 829 e ss.).

O meio executório adequado é o da expropriação (retirar de maneira forçada a propriedade, segundo o CPC, art. 824), que recairá sobre os bens presentes e futuros (patrimônio) do executado (CPC, art. 789).

O procedimento da execução de quantia certa fundada em título executivo extrajudicial apresenta duas fases distintas: i) uma, inicial, para o *cumprimento voluntário* ou *espontâneo*, na qual o executado terá um prazo para, querendo, pagar o valor executado; ii) outra, complementar, de *execução forçada*, que ocorrerá se a primeira fase não colocar fim por inteiro à obrigação objeto do título executivo extrajudicial, em que se praticarão os atos executivos necessários para que o cumprimento da obrigação se efetive, independentemente da vontade do executado.

5.2. PETIÇÃO INICIAL

Quando a pretensão executiva de receber soma em dinheiro funda-se em título executivo extrajudicial (CPC, art. 784), será formado um *processo* de execução, que depende da iniciativa da parte credora para ter início por meio da apresentação de petição inicial.

A petição inicial deve respeitar o disposto nos arts. 319 e 320 do Código de Processo Civil, além do estatuído nos arts. 798 e 799 do mesmo diploma legal. Em especial, merece destaque que a petição inicial deve:

a) exibir o título executivo extrajudicial (CPC, art. 798, I). Preferencialmente, o título executivo deve ser apresentado em sua versão original[1], ainda que a posterior[2], especialmente quando são aqueles títulos que admitem circulação[3], mas pode ocorrer a dispensa dessa apresentação quando o original não esteja disponível[4] ou tenha natureza virtual[5], sendo aceita a apresentação de cópia[6];

b) apresentar demonstrativo do débito atualizado até a data da propositura da execução (CPC, art. 798, II). Este demonstrativo deve conter a composição e os critérios utilizados para o cálculo do crédito exequendo: o valor do principal e dos eventuais acessórios (multas etc.); o índice de correção monetária adotado para cada um dos valores que compões o crédito exequendo (CPC, art. 798, parágrafo único, I); os juros aplicados e as respectivas taxas (CPC, art. 798, parágrafo único, II); o termo inicial e o final dos juros e da correção monetária utilizados (CPC, art. 798, parágrafo único, III); a periodicidade da capitalização dos juros, se for o caso; especificação (CPC, art. 798, parágrafo único, IV); o valor de eventuais descontos obrigatórios realizados (CPC, art. 798, parágrafo único, V);

c) em virtude da previsão do art. 323 do CPC, tratando-se de obrigações de relações continuativas ou de trato continuado (CPC, art. 505, I), a execução alcançará as parcelas vencidas e não pagas até o efetivo pagamento (e não apenas até o início da execução), ou seja, é permitida a inclusão das parcelas vincendas no débito exequendo, até o cumprimento integral da obrigação no curso do processo, bastando ao exequente que demonstre a exigibilidade do crédito no curso da execução[7];

d) se for o caso, a prova de que se verificou a condição ou ocorreu o termo (CPC, art. 798, I, c), ou com a prova de que adimpliu a contraprestação que lhe corresponde ou que lhe assegura o cumprimento, se o executado não for obrigado a satisfazer sua prestação senão mediante a contraprestação do exequente (CPC, art. 798, I, d);

e) conter o nome completo, o número de inscrição no Cadastro de Pessoas Físicas (CPF) ou no Cadastro Nacional de Pessoa Jurídica (CNPJ) tanto do exequente quanto do executado (CPC, art. 798, II, b). Caso o exequente não disponha dessas informações, isso não poderá acarretar o não processamento da execução, estando o exequente autorizado a requerer ao juiz diligências necessárias à obtenção dos dados faltantes (CPC, art. 319, §§ 1º a 3º);

f) a indicação dos bens passíveis de penhora, para a hipótese de não ocorrência do cumprimento voluntário (CPC, art. 798, II, c);

---

1. STJ, 4ª T., REsp 1.277.394/SC, rel. Min. Marco Buzzi, j. 16.02.2016, DJe 28.03.2016.
2. STJ, 4ª T., REsp 107.245/GO, rel. Min. Barros Monteiro, j. 04.06.2002, DJ 16.09.2002.
3. STJ, 4ª T., REsp 330.086/MG, rel. Min. Castro Filho, j. 02.09.2003, DJ 22.09.2003 e STJ, 3ª T. EDcl no REsp 337.822/RJ, rel. Min. Nancy Andrighi, j. 12.03.2002, DJ 08.04.2002.
4. STJ, 3ª T., REsp 16.153/PB, rel. Min. Nilson Naves, j. 31.03.1992, DJ 04.05.1992.
5. STJ, 3ª T., REsp 1.024.691/PR, rel. Min.ª Nancy Andrighi, j. 22.03.2011, DJe 12.04.2011. Tem-se admitido, de forma excepcional, reconhecimento da executividade de determinados títulos (contratos eletrônicos) quando atendidos especiais requisitos (verificação de autenticidade e presencialidade do contratante), em face da nova realidade comercial com o intenso intercâmbio de bens e serviços em sede virtual (STJ, 3ª T., REsp 1.495.920/DF, rel. Min. Paulo de Tarso Sanseverino, j. 15.05.2018, DJe 07.06.2018).
6. STJ, 3ª T., REsp 1.377.396/PR, rel. Min. Ricardo Villas Bôas Cueva, j. 27.09.2016, DJe 07.10.2016 e STJ, 4ª T., REsp 595.768/PB, rel. Min. Fernando Gonçalves, j. 09.08.2005, DJ 10.10.2005.
7. STJ, 3ª T., REsp 1.759.364/RS, rel. Min. Marco Aurélio Bellizze, j. 05.02.2019, DJe 15.02.2019, STJ, 3ª T., REsp 1.756.791/RS, Rel. Min. Nancy Andrighi, j. 06.08.2019, DJe 08.08.2019 e STJ, 3ª T., REsp 1.783.434/RS, Rel. Min. Nancy Andrighi, j. 02.06.2020, DJe 04.06.2020. Enunciado 86 da I Jornada De Direito Processual Civil (CJF): "As prestações vincendas até o efetivo cumprimento da obrigação incluem-se na execução de título executivo extrajudicial (arts. 323 e 318, parágrafo único, do CPC)". Convém assinalar que, vencendo uma parcela no curso da execução, deve ser oportunizado ao executado quitá-la na forma do art. 829 do CPC e, ademais, terá ele a chance de se opor a essa parcela, por meio de novos embargos ou simples petição (CPC, art. 917, § 1º), conforme o andamento do processo, porém não podendo questionar a origem da dívida, se não o fez na oposição antes oferecida.

g) se for o caso, requerer a intimação dos indivíduos indicados no art. 799, incs. I a VII, c/c os arts. 804 e 889, todos do CPC;

h) o pleito de concessão de tutelas provisórias (CPC, art. 799, VIII);

i) o requerimento para que seja averbado em registro público a existência da execução ou de atos de constrição realizados, para conhecimento de terceiros (CPC, art. 799, IX);

j) requerimento de citação do executado, que poderá ser feita por via postal[8].

Convém destacar que o objeto mediato do pedido de satisfação da obrigação é o bem jurídico assegurado no título executivo, no caso, a quantia que se busca receber; enquanto o objeto imediato corresponde ao meio executório escolhido pelo exequente, de modo que, se houver mais de um modo que puder ser realizada, caberá a sua definição pelo exequente na inicial (CPC, art. 798, II, *a*).

Fundamenta-se o pedido (causa de pedir) através da exibição do título executivo (CPC, art. 798, I) e da alegação de ocorrência positiva de inadimplemento.

Faz-se necessário requerer a produção de provas.

Muito embora seja ônus do exequente instruir sua petição inicial com o demonstrativo de cálculo do crédito exequendo, pode ser que, no caso concreto, tal exigência faça surgir um incidente para sua elaboração ou para sua conferência.

Se o exequente for beneficiário da justiça gratuita, pode requerer que o contador judicial elabore e apresente o demonstrativo de cálculo (CPC, art. 98, VIII). Depois disso é que se seguirá o procedimento descrito no art. 827, e seguintes, do CPC.

De outro lado, quando a elaboração dos cálculos depender, no todo ou em parte, de dados em poder do executado ou de terceiros, o juiz, por provocação ou de ofício, poderá requisitá-los em prazo de até 30 dias e, caso injustificadamente não sejam eles apresentados no prazo fixado, além de o sujeito poder responder pelo crime de desobediência, o juiz poderá considerar corretos os cálculos apresentados pelo exequente apenas com base nos dados que dispõe, se a recusa foi do executado (CPC, art. 524, §§ 3º a 5º).

Apresentados os dados, pelo executado ou pelo terceiro, caberá ao exequente elaborar o demonstrativo de cálculo e o procedimento seguirá ao previsto no art. 827 e seguintes do CPC. Se o executado ou o terceiro apresentar, dentro do prazo fixado, justificativa para a não apresentação dos dados, caberá ao juiz decidir se a recusa foi, ou não, legítima. Se a recusa for legítima, estarão eximidos de apresentar os dados; se ela for ilegítima, novo prazo deverá ser concedido para a apresentação dos dados e caso não haja a apresentação, incidem as mesmas sanções já indicadas, se a recusa foi do executado.

Se a recusa da apresentação foi de terceiro, não há como se presumir corretos os cálculos do exequente em face do executado, pelo que, além de responder pelo crime de

---

8. Enunciado 85 da I Jornada de Direito Processual Civil (CJF): "Na execução de título extrajudicial ou judicial (art. 515, § 1º, do CPC) é cabível a citação postal". Segundo o STJ, no julgamento do Recurso Especial 1.338.247/RS, Tema 625 dos recursos repetitivos, os conselhos de fiscalização profissional devem pagar custas processuais no âmbito das execuções propostas, o que inclui as despesas para a citação: STJ, 1ª Seção, REsp 1.338.247/RS, Rel. Min. Herman Benjamin, j. 10.10.2012, *DJe* 19.12.2012.

desobediência, poderá sofrer sanção por ato atentatório à dignidade da justiça (CPC, art. 774, parágrafo único) e o juiz aplicar o previsto no art. 403 do CPC, para poder obter os dados.

Quando o valor apontado no demonstrativo de cálculo aparentemente exceder os limites do título executivo extrajudicial, o juiz poderá, de ofício, determinar que o contador judicial em 30 dias confira o cálculo (CPC, art. 524, § 2º).

Caso se apure que a dívida seria em valor inferior ao apresentado pelo exequente, este deverá ser intimado a se manifestar. Caso o exequente aceite o valor menor, a execução prosseguirá pelo valor apurado. Se, ao invés, discordar do valor apurado pelo contador e insistir na correção dos seus cálculos, a execução será iniciada pelo valor pretendido, mas a penhora terá por base a importância que o juiz entender adequada (CPC, art. 524, § 1º), o que também servirá de referência para a aplicação dos honorários advocatícios de 10% previsto no art. 827 do CPC.

Se depois de comunicado o executado, este não se insurgir contra o cálculo do exequente, o valor por ele apontado passa a ser o crédito exequendo e, por conseguinte, além de servir de base os honorários, será o caso de ampliar a penhora.

Apresentada a inicial, cabe ao juiz examinar e ponderar as condições da ação e os pressupostos processuais. Não estando em ordem e havendo como sanar os vícios aplica-se o disposto no art. 801 do CPC (emenda da inicial)[9], do contrário, deve ser indeferida de plano. A emenda, aliás, pode até ser deferida depois de opostos embargos à execução[10]. Ao distribuir a petição inicial, pode o exequente obter certidão de tal ato junto ao Cartório Distribuidor, com o fim de averbá-la perante o registro de imóveis, de veículos ou de outros bens (CPC, art. 799, IX c/c art. 828)[11]. Trata-se de um direito do exequente que visa assegurar perante terceiros a sujeição do bem à execução ajuizada[12-13-14-15]; razão pela qual compete ao exequente informar ao juízo que adotou tal

---

9. STJ, 3ª T., REsp 971.804/SC, rel. Min. Massami Uyeda, j. 16.12.2010, DJe 11.04.2011.
10. STJ, 3ª T., AgRg no REsp 697.624/RS, rel. Min. Ricardo Villas Bôas Cueva, j. 27.11.2012, DJe 06.12.2012; STJ, 4ª T., REsp 841.262/TO, rel. Min. Luis Felipe Salomão, j. 07.05.2011, DJe 1º.06.2011 e STJ, 3ª T., REsp 467.358/PR, rel. Min. Nancy Andrighi, j. 19.08.2003, DJ 20.10.2003.
11. STJ, 2ª T., REsp 1.216.227/RJ, rel. Min. Humberto Martins, j. 08.02.2011, DJe 04.03.2011.
12. Enunciado 130 do FPPC: "A obtenção da certidão prevista no art. 828 independe de decisão judicial." A obtenção da certidão do art. 828 do CPC independe de determinação judicial, competindo ao escrivão ou chefe de secretaria fornecê-la (CPC, art. 152, V).
13. Enunciado 104 da I Jornada de Direito Processual Civil (CJF): "O fornecimento de certidão para fins de averbação premonitória (art. 799, IX, do CPC) independe de prévio despacho ou autorização do juiz".
14. Enunciado 529 do FPPC: "As averbações previstas nos arts. 799, IX e 828 são aplicáveis ao cumprimento de sentença". Tratando-se de medidas que visam proteger o crédito, não há justificativa para afastar esse mesmo direito do exequente que está na fase de cumprimento de sentença.
15. Enunciado 539 do FPPC: "A certidão a que se refere o art. 828 não impede a obtenção e averbação de certidão da propositura da execução (art. 799)". As disposições do art. 799, IX e do art. 828 apresentam pequena distinção. Enquanto a certidão prevista no primeiro é de simples distribuição, a certidão estipulada no segundo pressupõe decisão judicial que receba a petição inicial e determine a citação do executado. O enunciado parte da premissa de que são certidões distintas e, como tal, uma não tira o lugar da outra. As duas certidões, portanto, podem ser averbadas e qualquer delas irá gerar presunção absoluta de conhecimento da existência do processo de execução por parte do adquirente.

medida (CPC, art. 828, § 1º). No entanto, a averbação premonitória não se equipara à penhora, razão pela qual não induz preferência do credor em prejuízo de penhora que venha a ser posteriormente registrada[16].

Caso, mesmo diante da averbação, o terceiro venha a adquirir o bem, restará presumida sua má-fé para fins de fraude à execução (CPC, art. 828, § 4º)[17-18]. Se o bem sobre o qual recaiu tal averbação não for penhorado, a averbação deverá ser cancelada pelo exequente num prazo de 10 dias (CPC, art. 828, § 2º) e, caso ele não o faça, o juiz determinará esse cancelamento de ofício ou a requerimento do executado ou interessado (CPC, art. 828, § 3º). Se a averbação se mostrar abusiva e tiver causado prejuízo ao executado, o exequente estará sujeito a indenizar o executado (CPC, art. 828, § 5º), cuja liquidação dos danos se dará de forma incidental nos mesmos autos e respeitado o contraditório[19].

Ao despachar a petição inicial, deverá o juiz fixar honorários advocatícios (provisórios) de 10% em favor do advogado do exequente (CPC, art. 827, *caput*). Ocorrendo o integral pagamento da dívida executada no prazo de três dias úteis a contar da efetiva citação do executado (CPC, art. 231, § 3º), o valor dos honorários será reduzido pela metade (CPC, art. 827, § 1º). O valor dos honorários poderá ser elevado até 20%, quando rejeitados ou julgados improcedentes os embargos à execução, de modo que, não se admite que a soma dos honorários da execução e dos embargos ultrapasse esse limite legal (CPC, art. 85, § 2º)[20].

5.3. CITAÇÃO DO EXECUTADO

Estando em ordem a petição inicial, o juiz determina a citação do executado, decisão contra a qual tem se admitido ao executado agravar de instrumento.

Admitem-se, na execução, todas as espécies de citação (CPC, art. 246), não tendo se repetido no CPC/2015 a restrição à citação postal (CPC, art. 247) que havia no CPC/73 (art. 222, d).

Cita-se o executado para que, num prazo de três dias pague o valor devido (CPC, art. 829, *caput*). Este prazo, por dirigir-se a ato a ser praticado diretamente pelo executado, sem intermediação de ninguém, deve ser contado a partir do efetivo recebimento da

---

16. STJ, 4ª T., REsp 1.334.635/RS, Rel. Min. Antonio Carlos Ferreira, j. 19.09.2019, DJe 24.09.2019.
17. STJ, Corte Especial (repetitivo), REsp 956.943/PR, rel. Min. João Otávio de Noronha, j. 20.08.2014, DJe 1º.12.2014 e STJ, 4ª T., REsp 437.184/PR, rel. Min. Raul Araújo, j. 20.09.2012, DJe 23.04.2013.
18. Enunciado 149 da II Jornada de Direito Processual Civil (CJF): "A falta de averbação da pendência de processo ou da existência de hipoteca judiciária ou de constrição judicial sobre bem no registro de imóveis não impede que o exequente comprove a má-fé do terceiro que tenha adquirido a propriedade ou qualquer outro direito real sobre o bem".
19. Enunciado 642 do FPPC: "A decisão do juiz que reconhecer o direito à indenização, decorrente de indevida averbação prevista no art. 828 ou do não cancelamento das averbações excessivas, é apta a ensejar a liquidação e o posterior cumprimento da sentença, sem necessidade de propositura de ação de conhecimento".
20. STJ, 2ª T., AgRg no AREsp 198.195/PR, rel. Min. Assusete Magalhães, j. 10.11.2016, DJe 22.11.2016.

comunicação (CPC, art. 231, § 3º), não se aguardando a juntada aos autos do mandado devidamente cumprido.

Se houver um litisconsórcio passivo na execução, esse prazo para pagamento deverá ser computado individualmente a partir da efetiva citação de cada litisconsorte, e o prazo não será computado em dobro, ainda que tenham procuradores distintos (CPC, art. 229).

Muito embora a redação do art. 829, § 1º, do CPC permita concluir que o descumprimento deste prazo de três dias já permite que o oficial de justiça proceda a penhora e avaliação de tantos quantos bens bastem à satisfação do crédito, não parece ser essa a melhor interpretação, uma vez que o executado ainda pode, ao final de 15 dias da juntada do mandado de citação cumprido aos autos, oferecer o pagamento de forma parcelada (CPC, art. 916). Logo, parece ser mais adequado que somente depois deste lapso de tempo em que se autoriza o parcelamento é que se proceda à busca de bens penhoráveis.

5.4. ARRESTO OU PRÉ-PENHORA

Caso o executado não seja localizado para receber a citação, autoriza a lei que o oficial proceda ao *arresto* de quantos bens bastem para garantir a execução (CPC, art. 830, *caput*), podendo, inclusive, se realizar via Bacenjud[21-22]. Tal arresto, que não tem natureza cautelar e, sim, executiva, corresponde à pré-penhora ou penhora antecipada e concede ao exequente um direito de preferência sobre o bem penhorado (CPC, art. 797)[23]. Visa, pois, apreender desde logo os bens aptos à satisfação do crédito que tenham sido localizados, se e enquanto a ausência do executado impedir sua citação.

Realizada a apreensão e depósito dos bens mediante o respectivo auto, deve o oficial de justiça insistir na tentativa de citar o executado, pelo menos duas vezes em dias distintos, nos 10 dias seguintes à efetivação da pré-penhora (CPC, art. 830, § 1º, 1ª parte). Caso persista sem localizar o executado e havendo suspeita de ocultação, realizará a citação com hora certa, certificando o ocorrido em detalhes (CPC, art. 830, § 1º, 1ª parte). Se a citação com hora certa não restar frutífera, deverá ser intimado o exequente para que providencie a citação por edital do executado (CPC, art. 830, § 2º), a qual, portanto, não está sujeita às hipóteses descritas no processo de conhecimento[24]. Se o exequente não atender à referida intimação no prazo fixado ou legal (CPC, art. 218, § 3º), o arresto perde sua eficácia. Aperfeiçoada a citação e transcorrido o prazo de pagamento, o arresto será convertido em penhora, independentemente de termo (CPC, art. 830, § 3º) e de nova intimação do executado, que se faz desnecessária.

---

21. STJ, 2ª T., REsp 1.407.723/RS, rel. Min. Eliana Calmon, j. 21.11.2013, *DJe* 29.11.2013.
22. Enunciado 217 da III Jornada de Direito Processual Civil (CJF): "Cabe arresto executivo on-line no caso de o executado não ser encontrado, independentemente da modalidade de citação."
23. STJ, 4ª T., AgRg no AgRg no AgRg no REsp 1.190.055/MG, rel. Min. Maria Isabel Gallotti, j. 11.10.2016, *DJe* 21.10.2016 e STJ, 4ª T., REsp 759.700/SP, rel. Min. Fernando Gonçalves, j. 18.08.2005, *DJ* 24.04.2006.
24. STJ, 4ª T., REsp 435.841/SP, rel. Min. Cesar Asfor Rocha, j. 23.03.2004, *DJ* 13.09.2004.

5.5. CONDUTAS QUE O EXECUTADO PODE ADOTAR DEPOIS DE CITADO

5.5.1. Pagamento

Citado, o executado pode querer pagar o crédito exequendo. Esse pagamento no prazo de três dias, deve englobar o principal, correção monetária, juros, custas e despesas processuais, além dos honorários advocatícios fixados. Assim ocorrendo, o processo deve ser extinto mediante sentença (CPC, art. 924, II c/c art. 925).

No caso de integral pagamento, a verba honorária fixada será reduzida pela metade (CPC, art. 827, § 1º). Esse desconto configura forma de incentivar o pagamento.

Caso o executado não concorde com o valor apresentado pelo exequente, nada impede que ele pague o valor que entende devido (incontroverso), a fim de que, depois, mediante embargos à execução, suscite o excesso de execução. Se assim o fizer, deve também pagar o valor dos honorários equivalente a 10% sobre a quantia paga, uma vez que sua redução pela metade somente tem aplicação se o pagamento for total.

5.5.2. Pagamento parcelado

Pode o executado optar, ainda, no prazo que dispõe para embargar (15 dias úteis a contar da juntada aos autos do mandado de citação), reconhecendo como certo o valor executado, depositar 30% do referido valor global e requerer que o saldo seja pago em até seis parcelas mensais, corrigidas monetariamente e acrescidas de juros de mora de 1% (CPC, art. 916).

Deve ser oportunizada a manifestação do exequente acerca do pedido de parcelamento feito pelo executado (CPC, art. 916, § 1º) e, enquanto se aguarda o deferimento ou não da proposta, compete ao executado ir efetuando o depósito das parcelas vincendas (CPC, art. 916, § 2º). Sendo deferida a proposta de moratória, pode o exequente levantar o que foi depositado e suspende-se a execução (CPC, art. 916, § 3º); do contrário, a execução prossegue com a conversão do depósito em penhora (CPC, art. 916, § 4º).

O não pagamento de qualquer das parcelas implica no vencimento antecipado das demais prestações, com a retomada da execução na qual será vedada a oposição de embargos, acrescendo-se sobre o valor ainda devido uma multa de 10% (CPC, art. 916 § 5º, I e II).

Ao optar pelo parcelamento da dívida, o executado renuncia ao direito de opor embargos (CPC, art. 916, § 6º). Como a renúncia deve ser interpretada de forma restritiva[25], pode o executado opor outras defesas.

Muito embora o legislador tenha disposto que este parcelamento não tem lugar na fase de cumprimento de sentença (CPC, art. 916, § 7º), esta não parece ser a melhor

---

25. STJ, 3ª T., REsp 613.732/RR, rel. Min.ª Nancy Andrighi, j. 10.11.2005, *DJ* 20.02.2006.

solução, pois desconsidera o executado que deseja pagar, mas não tem liquidez para fazê-lo numa única vez. Logo, parece ser melhor para a prática, que a norma deste § 7º do art. 916 do CPC não encontre aplicação e se aceite que, no prazo que o executado tem para cumprir voluntariamente o pagamento, ele possa oferecer o parcelamento, tal como já se aceitava na jurisprudência[26]. Ademais, é possível que negócio jurídico processual (CPC, art. 190) autorize essa aplicação ao caso.

5.5.3. Opor embargos

Outra opção para o executado, depois de citado, é se opor à execução mediante embargos à execução, ou seja, se defender. Os embargos serão tratados no capítulo referente à defesa do executado, ao qual se remete o leitor.

5.5.4. Se manter inerte

Também pode o executado nem pagar nem se defender, caso em que terá início a fase de execução forçada, onde se buscará bens penhoráveis a fim de que possam ser expropriados.

5.6. PENHORA

A penhora é ato executivo típico da execução por quantia certa que individualiza a responsabilidade patrimonial (CPC, art. 789), isolando bens presentes ou futuros do patrimônio excutido, ou seja, destina-os à finalidade expropriativa[27], para que de forma direta ou indireta, possa realizar a satisfação da obrigação exequenda[28].

A penhora produz efeitos processuais e materiais. São efeitos processuais: a) garantir o juízo; b) individualizar os bens que suportarão a atividade executiva; c) conferir preferência em relação a outros credores (CPC, art. 797). São efeitos materiais da penhora: i) privar o executado da posse direta do bem apreendido, que passará a ser do juízo[29]; e, ii) tornar ineficazes os atos posteriores de alienação ou de oneração do bem.

Uma vez realizada a penhora, o bem afetado deverá ser conservado e guardado por depositário (CPC, art. 159) até a efetiva expropriação ou devolução[30]. Podem funcionar como depositário do bem: o exequente (CPC, art. 840, § 1º), o executado (CPC, art. 840, III e § 2º) ou terceiro (CPC, art. 840, I, II e § 3º). Seja quem for, terá por dever

---

26. STJ, 4ª T., AgRg no AgRg no REsp 1.055.027/RS, rel. Min. Raul Araújo, j. 1º.09.2016, DJe 14.09.2016 e STJ, 3ª T., AgRg no REsp 1.577.155/SP, rel. Min. Ricardo Villas Bôas Cueva, j. 12.04.2016, DJe 19.04.2016.
27. STJ, 3ª T., REsp 1.254.320/SP, rel. Min. Nancy Andrighi, j. 06.12.2011, DJe 15.12.2011.
28. É direta quando o bem penhorado é entregue diretamente ao exequente (adjudicação) ou quando recai sobre dinheiro. É indireta quando o bem penhorado é expropriado e convertido em dinheiro.
29. Quando o executado fica depositário do bem, ele é seu mero detentor, pois agirá em nome do juiz, e não em nome próprio.
30. STJ, 3ª T., REsp 1.314.449/MS, rel. Min. João Otávio de Noronha, j. 17.05.2016, DJe 20.05.2016.

a proteção material desse bem, podendo, inclusive, adotar qualquer medida para sua conservação. O depositário responderá pelos prejuízos advindos do seu dolo ou culpa (CPC, art. 161)[31].

Devem ser penhorados tantos quantos bens bastem para o pagamento do principal atualizado, dos juros, das custas e dos honorários advocatícios (CPC, art. 831). A competência para decidir sobre a penhora, avaliação e alienação dos bens, ainda que localizados em Comarca diversa daquela onde tramita o processo, será do próprio Juízo da execução, sendo desnecessária a expedição de carta precatória na forma do art. 845, §2º, do CPC, que se aplica apenas quando não for possível a realização da penhora nos termos do §1º do mesmo dispositivo[32].

Os bens a serem penhorados podem ser indicados pelo exequente (CPC, art. 798, II, c)[33]; localizados pelo oficial de justiça (CPC, art. 829, § 1º) ou mesmo indicados pelo executado (CPC, art. 829, § 2º). A indicação pelo executado pode decorrer da hipótese de não serem encontrados bens, o que independe de esgotamento das tentativas de localização de bens em nome do executado, e o juiz, então, determina sua colaboração para indicar quais são, onde estão, quanto valem e se estão livres de ônus os bens passíveis de penhora; de sorte que, a recusa injustificada a atender a essa ordem pode acarretar o reconhecimento de conduta atentatória à dignidade da justiça (CPC, art. 774, V) e a imposição da respectiva multa (CPC, art. 774, parágrafo único)[34]. Pode o exequente, ainda, requerer já na petição inicial ou ao longo do processo, que o executado indique quais são os bens passíveis de penhora. Também pode o executado indicar bens à penhora mediante a demonstração de que a constrição proposta lhe seria menos onerosa e não seria prejudicial ao exequente (CPC, art. 847, *caput*). Neste caso, além de o executado ter que cumprir todas as exigências legais (CPC, art. 847, §§ 1º a 3º), o exequente deverá ser intimado a se manifestar (CPC, art. 847, § 4º), oportunidade em que poderá recusar a indicação feita pelo executado, alegando, por exemplo, que o bem é de difícil comercialização ou alienação[35].

Não estão sujeitos à execução os bens que a lei considera impenhoráveis ou inalienáveis (CPC, art. 832). Por sua vez, há bens que tem penhorabilidade relativa, ou seja, na falta de outros, podem (ou devem) ser penhoráveis. É o caso da execução de créditos com direito de retenção (CPC, art. 793), dos frutos e dos rendimentos dos bens inalienáveis (CPC, art. 834)[36], daqueles com garantia real (CPC, art. 835, § 3º), das quotas sociais ou

---

31. STJ, 2ª T., REsp 1.581.272/SP, rel. Min. Herman Benjamin, j. 05.04.2016, *DJe* 25.05.2016 e STJ, 4ª T., REsp 1.117.644/MS, rel. Min. Luis Felipe Salomão, j. 16.09.2014, *DJe* 07.10.2014.
32. STJ, 3ª T., REsp 1.997.723/SP, rel. Min. Nancy Andrighi, j. 14.06.2022, *DJe* 21.06.2022.
33. Na hipótese de dívida originada de contrato de financiamento garantido por alienação fiduciária, caso o credor opte pelo processo de execução, é possível indicar para penhora o próprio bem alienado: STJ, 3ª T., REsp 1.766.182/SC, Rel. Min. Paulo de Tarso Sanseverino, j. 09.06.2020, *DJe* 12.06.2020.
34. STJ, 2ª T., AgRg no REsp 1.191.653/MG, rel. Min. Humberto Martins, j. 04.11.2010, *DJe* 12.11.2010 e STJ, 1ª T., REsp 1.060.511/PR, rel. Min. Denise Arruda, j. 06.08.2009, *DJe* 26.08.2009.
35. STJ, 1ª T., AgRg no AREsp 841.373/SP, rel. Min. Benedito Gonçalves, j. 04.04.2017, *DJe* 10.04.2017 e STJ, 2ª T., REsp 787.339/SP, rel. Min. Eliana Calmon, j. 19.06.2007, *DJ* 29.06.2007.
36. STJ, 3ª T., AgRg no Ag 1.237.665/SP, rel. Min. Massami Uyeda, j. 23.11.2010, *DJe* 07.12.2010.

ações de empresas (CPC, art. 861), da empresa, outros estabelecimentos e semoventes (CPC, arts. 862 a 865) e do faturamento de empresa (CPC, art. 866).

Os bens impenhoráveis são aqueles que, em princípio, não podem ser penhorados em qualquer hipótese. Trata-se de restrição ao direito fundamental à tutela executiva que pode ter diversos fundamentos: i) na proteção à dignidade da pessoa humana do executado, a quem deve assegurar-se um patrimônio mínimo; ii) na vontade da parte que instituiu essa impenhorabilidade (CPC, art. 190 e art. 833, I); iii) na proteção de direitos coletivos (CPC, art. 833, IX, XI e XII); iv) na previsão do direito material, como é o caso dos alienáveis (CC, art. 100)[37]; v) na inutilidade do bem (CPC, art. 836).

O rol dos bens impenhoráveis está descrito na lei (CPC, art. 833), mas ele não tem aplicação absoluta e irrestrita, ou seja, no caso concreto, em decisão fundamentada, poderá o juiz concluir que a impenhorabilidade não se aplica[38] ou que deva ser ampliada[39]. A redação de alguns destes dispositivos, aliás, deixa claro que caberá ao

---

37. Entendendo que a cédula de crédito rural é impenhorável por lei e não pode ser usada para satisfazer crédito trabalhista: Entendendo não caber a apreensão de passaporte: STJ, 4ª T., REsp 1.327.643/RS, rel. Min. Luis Felipe Salomão, j. 30.05.2019.
38. Ainda que o bem seja considerado *bem de família* pode ser reconhecida a fraude à execução. Nesse sentido: "(...) 6. A regra de impenhorabilidade do bem de família trazida pela Lei 8.009/90 deve ser examinada à luz do princípio da boa-fé objetiva, que, além de incidir em todas as relações jurídicas, constitui diretriz interpretativa para as normas do sistema jurídico pátrio. 7. Nesse contexto, caracterizada fraude à execução na alienação do único imóvel dos executados, em evidente abuso de direito e má-fé, afasta-se a norma protetiva do bem de família, que não pode conviver, tolerar e premiar a atuação dos devedores em desconformidade com o cânone da boa-fé objetiva. Precedentes. 8. Recurso especial parcialmente conhecido, e, nessa extensão, não provido. (STJ, 3ª T., REsp 1.575.243/DF, rel. Min. Nancy Andrighi, j. 22.03.2018, *DJe* 02.04.2018). De igual teor: "4. A questão da proteção indiscriminada do bem de família ganha novas luzes quando confrontada com condutas que vão de encontro à própria ética e à boa-fé, que devem permear todas as relações negociais. 5. Não pode o devedor ofertar bem em garantia que é sabidamente residência familiar para, posteriormente, vir a informar que tal garantia não encontra respaldo legal, pugnando pela sua exclusão (vedação ao comportamento contraditório). 6. Tem-se, assim, a ponderação da proteção irrestrita ao bem de família, tendo em vista a necessidade de se vedar, também, as atitudes que atentem contra a boa-fé e a eticidade, ínsitas às relações negociais" (STJ, 3ª T., REsp 1.782.227/PR, Rel. Min. Nancy Andrighi, j. 27.08.2019, *DJe* 29.08.2019). Em sentido diverso, ou seja, entendendo ser irrelevante a venda de bem impenhorável para fins de fraude à execução: STJ, 4ª T., REsp 976.566/RS, rel. Min. Luis Felipe Salomão, j. 20.04.2010, *DJe* 04.05.2010. Ainda, entendendo que "regra da impenhorabilidade do bem de família legal também abrange o imóvel em fase de aquisição, como aqueles decorrentes da celebração do compromisso de compra e venda ou do financiamento de imóvel para fins de moradia, sob pena de impedir que o devedor (executado) adquira o bem necessário à habitação da entidade familiar": STJ, 3ª T., REsp 1.677.079/SP, rel. Min. Ricardo Villas Bôas Cueva, j. 25.09.2018, *DJe* 1º.10.2018. Também em sentido diverso: "A impenhorabilidade do bem de família decorre dos direitos fundamentais à dignidade da pessoa humana e à moradia, de forma que as exceções previstas na legislação não comportam interpretação extensiva. 2. Tratando-se de execução proposta por credor diverso daquele em favor do qual fora outorgada a hipoteca, é inadmissível a penhora do bem imóvel destinado a residência do devedor e de sua família, não incidindo a regra de exceção do artigo 3º, inciso V, da Lei 8.009/90" (STJ, 3ª T., REsp 1.604.422/MG, Rel. Min. Paulo de Tarso Sanseverino, j. 24.08.2021, *DJe* 27.08.2021). Tema Repetitivo 1091 do STJ: "É válida a penhora do bem de família de fiador apontado em contrato de locação de imóvel, seja residencial, seja comercial, nos termos do inciso VII do art. 3º da Lei n. 8.009/1990" (STJ, 2ª Seção, REsp 1.822.033/PR, rel. Min. Luis Felipe Salomão, j. 08.06.2022, *DJe* 1º.08.2022).
39. STJ, Corte Especial (repetitivo), REsp 1.114.767/RS, rel. Min. Luiz Fux, j. 02.12.2009, *DJe* 04.02.2010; STJ, 2ª T., REsp 1.196.142/RS, rel. Min. Eliana Calmon, j. 05.10.2010, *DJe* 02.03.2011; STJ, 3ª T., REsp 1.126.173/MG, rel. Min. Ricardo Villas Bôas Cueva, j. 09.04.2013, *DJe* 12.04.2013; STJ, 4ª T., REsp 1.227.366/RS, rel. Min. Luis Felipe Salomão, j. 21.10.2014, *DJe* 17.11.2014 e STJ, 4ª T., REsp 1.268.998/RS, rel. Min. Luis Felipe Salomão, j.

juiz efetuar o controle, no caso concreto, da razoabilidade da penhora[40]. Assim, por exemplo, o inc. II do art. 833 do CPC não permite que a penhora recaia sobre os bens que guarnecem a residência do executado, mas ressalva essa impenhorabilidade àqueles que se mostrem de *elevado valor* ou *que ultrapassem as necessidades comuns correspondentes*[41]. Da mesma forma, o inc. III do art. 833 do CPC prevê serem impenhoráveis os bens pertencentes ao uso pessoal do executado, salvo se forem *de elevado valor*. Os rendimentos de natureza alimentar (CPC, art. 833, IV) e valores depositados em poupança ou em conta-corrente ou aplicados em qualquer outro investimento ou guardados em espécie, desde que, somados, respeitem o limite de valor equivalente a 40 (quarenta) salários mínimos (CPC, art. 833, X)[42] também são, em princípio, impenhoráveis, mas admitem sejam penhorados para pagamento de crédito de natureza alimentar[43] ou quando excedam a determinada quantia (CPC, art. 833, § 2º)[44], ou quando o valor percebido excede ao necessário para o sustento do devedor[45], ou quando não haja outros bens penhoráveis e o valor descontado sobre os vencimentos não afetar a dignidade do devedor, quanto ao sustento próprio e de sua família[46]. ou até mesmo quando

---

28.03.2017, *DJe* 16.05.2017. Súmula 364-STJ: "O conceito de impenhorabilidade de bem de família abrange também o imóvel pertencente a pessoas solteiras, separadas ou viúvas".

40. O mesmo se vê na Lei do Bem de Família, Lei 8.009/1990, que em seu art. 2º estabelece (itálico nosso): Excluem-se da impenhorabilidade os veículos de transporte, obras de arte e *adornos suntuosos*. Ainda, sobre bem de família: "1. A Lei 8.009/90 estabelece como regra a impenhorabilidade do bem de família. (...) 2. As ressalvas são somente aquelas dos incisos do art. 3º, o qual, primeiro, reafirma no seu caput a impenhorabilidade do bem de família, excepcionando, no que interessa à hipótese, a possibilidade de satisfação do credor de pensão alimentícia. A exceção não deve ser ampliada. 3. A exclusão da impenhorabilidade, prevista na lei específica, é a do credor de pensão alimentícia, a qual, sendo espécie do gênero prestação alimentícia (ou crédito alimentar), é mais restrita do que a situação do credor de qualquer outra prestação alimentícia. 4. Toda prestação cuja verba tenha natureza alimentar é prestação alimentícia, mas nem toda prestação alimentícia é pensão alimentícia, embora toda pensão alimentícia seja prestação alimentícia. A lógica é de gênero e espécie. Há diferença. (...)" (STJ, 4ª T., REsp 1.361.473/DF, rel. Min. Raul Araújo, j. 09.05.2017, *DJe* 1º.08.2017). O imóvel adquirido no curso da demanda executiva pode ser considerado bem de família, para fins de impenhorabilidade (STJ, 4ª T., Resp 1.792.265/SP, rel. Min. Luis Felipe Salomão, j. 14.12.2021).
41. Costuma-se permitir que a penhora recaia sobre bens duplicados: a *segunda* TV; a *segunda* geladeira; o *segundo* computador etc. (STJ, 3ª T., AgRg no Ag 821.452/PR, rel. Min. Sidnei Beneti, j. 18.11.2008, *DJe* 12.12.2008). Também pode recair a penhora sobre bens que não integram a moradia ou que se enquadre no conceito de suntuoso, tais como esteira elétrica e piano de parede (STJ, 2ª T., REsp 371.344/SC, rel. Min. Franciulli Netto, j. 26.08.2003, *DJ* 22.09.2003).
42. STJ, 3ª T., REsp 1.361.354/RS, rel. Min. Ricardo Villas Bôas Cueva, j. 22.05.2018, *DJe* 26.06.2018; STJ, 2ª T., REsp 1.710.162/RS, rel. Min. Og Fernandes, j. 15.03.2018, *DJe* 21.03.2018 e STJ, 2ª Seção, EREsp 1.330.567/RS, rel. Min. Luis Felipe Salomão, j. 10.12.2014, *DJe* 19.12.2014.
43. STJ, 3ª T., REsp 1.326.394/SP, rel. Min. Nancy Andrighi, j. 12.03.2013, *DJe* 18.03.2013; STJ, 3ª T., REsp 1.285.970/SP, rel. Min. Sidnei Beneti, j. 27.05.2014, *DJe* 08.09.2014; STJ, 3ª T., REsp 1.547.561/SP, rel. Min. Nancy Andrighi, j. 09.05.2017, *DJe* 16.05.2017; STJ, 4ª T., AgInt no AREsp 1.107.619/PR, rel. Min. Luis Felipe Salomão, j. 16.11.2017, *DJe* 22.11.2017 e STJ, 2ª T., AgInt no REsp 1.637.265/RJ, rel. Min. Francisco Falcão, j. 1º.03.2018, *DJe* 06.03.2018.
44. STJ, 2ª T., REsp 1.714.505/DF, rel. Min. Herman Benjamin, j. 10.04.2018, *DJe* 25.05.2018; STJ, 3ª T., REsp 1.747.645/DF, rel. Min.ª Nancy Andrighi, j. 07.08.2018, *DJe* 10.08.2018; STJ, 2ª T., REsp 1.264.358/SC, rel. Min. Humberto Martins, j. 25.11.2014, *DJe* 05.12.2014; STJ, 2ª Seção, EREsp 1.330.567/RS, rel. Min. Luis Felipe Salomão, j. 10.12.2014, *DJe* 19.12.2014 e STJ, 2ª Seção, REsp 1.230.060/PR, rel. Min.ª Maria Isabel Gallotti, j. 13.08.2014, *DJe* 29.08.2014.
45. STJ, 4ª T., AgRg no AREsp 493.331/SP, rel. Min. Maria Isabel Gallotti, j. 17.03.2015, *DJe* 23.03.2015.
46. STJ, Corte Especial EREsp 1.582.475/MG, rel. Min. Benedito Gonçalves, j. 03.10.2018, DJe 16.10.2018; STJ, 3ª T., REsp 1.658.069/GO, rel. Min. Nancy Andrighi, j. 14.11.2017, *DJe* 20.11.2017; STJ, 3ª T., REsp 1.514.931/

a preservação da impenhorabilidade possa implicar abalo para as relações sociais[47]. Oportuno ressalvar que a impenhorabilidade dos recursos disponíveis em caderneta de poupança é justificável ante a necessidade de preservação de uma reserva financeira, com vistas à salvaguarda do patrimônio mínimo e mantença da dignidade da pessoa humana. Trata-se de proteger investimentos modestos, planejados inclusive para as necessidades inusitadas, infortúnios ou simples acumulação de numerário para objetivos pontuais. Aliás, o STJ já decidiu que a impenhorabilidade também protege os valores inferiores a 40 (quarenta) salários-mínimos "guardados em papel moeda, ressalvado o direito do exequente demonstrar eventual abuso, má-fé ou fraude"[48]. Entretanto, forçoso convir que as tarifas bancárias normalmente exigíveis em contas correntes induzem, muitas vezes, a utilização da "conta poupança" como simples mecanismo de creditamento de recebíveis. Assim, não causa estranheza eventual discussão em torno da *natureza* das reservas financeiras, quando invocada eventual impenhorabilidade pelo devedor. O tema que se coloca, portanto, diz respeito aos recursos financeiros estarem *formalmente* alocados em caderneta de poupança, mas não representarem propriamente o caráter *material* de reserva financeira[49]. Logo, intensa movimentação de recursos em caderneta poupança, com saques, pagamentos, transferências, Pix etc., são indicativos que, em seu conjunto, parecem recomendar a mitigação da impenhorabilidade. Vale destacar, porém, que o fato de haver movimentações bancárias hipoteticamente típicas de conta corrente não implica, por si só, no desvirtuamento do que está sendo poupado. O STJ, ao seu turno, também deliberou que "a simples movimentação atípica, por si só, não seria capaz de caracterizar má-fé ou fraude"[50]. Entretanto, em precedente que ressalvou a impossibilidade de revolvimento do acervo fático-probatório do caso concreto, a 1ª Turma do STJ manteve prognóstico de Corte local, onde foi destacado que "comprovadas movimentações atípicas que descaracterizam como conta poupança"[51], impõe-se afastar a impenhorabilidade prevista no inciso X do art. 833 do CPC. Também o inc. V do art. 833 do CPC, ao dispor que são impenhoráveis os *bens móveis necessários ou úteis ao exercício da profissão do executado*, utiliza de expressão indeterminada, a ser interpretada diante do caso concreto[52]. Ademais, em relação a esses bens também há ressalvas quanto à dívida de natureza alimentar, trabalhista ou previdenciária (CPC,

---

DF, rel. Min. Paulo de Tarso Sanseverino, j. 25.10.2016, *DJe* 06.12.2016; STJ, 3ª T., REsp 1.473.848/MS, rel. Min. João Otávio de Noronha, j. 22.09.2015, *DJe* 25.09.2015; STJ, 4ª T., REsp 1.356.404/DF, rel. Min. Raul Araújo, j. 04.06.2013, *DJe* 23.08.2013 e STJ, 3ª T., REsp 770.797/RS, rel. Min.ª Nancy Andrighi, j. 29.11.2006, *DJ* 18.12.2006. Nessa linha, os valores de empréstimo consignado em folha de pagamento, depositados na conta bancária do devedor, só recebem a proteção de impenhorabilidade atribuída a salários, proventos e pensões, nos termos do art. 833, IV do CPC, quando forem comprovadamente destinados à manutenção da pessoa ou de sua família (STJ, 3ª T., REsp 1.820477/DF, Rel. Min. Ricardo Villas Bôas Cueva, j. 19.05.2020, *DJe* 27.05.2020).

47. STJ, 4ª T., AgInt no AREsp 1.336.881/DF, Rel. Min. Raul Araújo, j. 23.04.2019, *DJe* 27.05.2019.
48. STJ, 1ª T., AgInt no REsp 2.068.634/SC, rel. Min. Regina Helena Costa, j. 29.05.2023, *DJe* 31.05.2023.
49. TST, RO-20598-85.2013.5.04.0000, rel. Min. Luiz Philippe Vieira de Mello Filho, j. 16.02.2016, DEJT 19.02.2016.
50. STJ, 3ª T., AgInt no REsp 1.973.857/SP, rel. Min. Marco Aurélio Bellizze, j. 23.05.2022, *DJe* 25.05.2022.
51. STJ, 1ª T., AgInt no AREsp 1.406.166/SP, rel. Min. Napoleão Nunes Maia Filho, j. 22.06.2020, *DJe* 25.06.2020.
52. STJ, Corte Especial (repetitivo), REsp 1.114.767/RS, rel. Min. Luiz Fux, j. 02.12.2009, *DJe* 04.02.2010 e STJ, 2ª T., REsp 1.196.142/RS, rel. Min. Castro Meira, j. 05.10.2010, *DJe* 02.03.2011.

art. 833, § 3º). Ainda com expressão indeterminada, a impenhorabilidade da *pequena propriedade rural* descrita no inc. VIII do art. 833[53], de modo que é ônus do executado comprovar essa situação nos autos[54].

A impenhorabilidade não é oponível à execução de dívida relativa ao próprio bem (p. ex.: impostos, taxas condominiais etc.)[55], inclusive àquela contraída para sua aquisição (CPC, art. 833, § 1º).

A impenhorabilidade pode ser arguida a qualquer momento pelo executado, mas, uma vez decidida, não admite ser rediscutida, havendo preclusão[56]. Questão controvertida diz respeito à possibilidade de o executado renunciar à impenhorabilidade que lhe é assegurada pela lei, quando o bem lhe é disponível. Parcela da doutrina admite essa renúncia, por entender que pode o executado dispor do bem tipificado como impenhorável até mesmo para saldar a dívida. Assim, a impenhorabilidade seria um direito disponível do executado. Portanto, por exemplo, não poderia o executado oferecer o bem à penhora e, depois, alegar sua impenhorabilidade, por configurar uma preclusão lógica (proibição do *venire contra factum proprium*)[57]. Não obstante isso, há posição no sentido de que não se admite renúncia à impenhorabilidade definida em lei[58].

A penhora de bens deve, preferencialmente e não obrigatoriamente, atender à ordem estabelecida no art. 835 do CPC, que está voltada à satisfação do exequente e no seu interesse foi erigida[59], porque leva em consideração a maior facilidade da conversão do bem em dinheiro. Logo, essa ordem não pode ser mitigada apenas em homenagem à

---

53. STJ, 3ª T., Resp 1.591.298/RJ, rel. Min. Marco Aurélio Bellizze, j. 14.11.2017, *DJe* 21.11.2017.
54. "Para reconhecer a impenhorabilidade, nos termos do art. 833, VIII, do CPC/2015, é imperiosa a satisfação de dois requisitos, a saber: (i) que o imóvel se qualifique como pequena propriedade rural, nos termos da lei, e (iii) que seja explorado pela família. Até o momento, não há uma lei definindo o que seja pequena propriedade rural para fins de impenhorabilidade. Diante da lacuna legislativa, a jurisprudência tem tomado emprestado o conceito estabelecido na Lei 8.629/1993, a qual regulamenta as normas constitucionais relativas à reforma agrária. [...] Há que se atentar, então, para duas situações possíveis: (i) se os terrenos forem contínuos e a soma de suas áreas não ultrapassar quatro módulos fiscais, a pequena propriedade rural será impenhorável. Caso o somatório resulte em numerário superior, a proteção se limitará a quatro módulos fiscais (REsp 819.322/RS); (ii) se o devedor for titular de mais de um imóvel rural, não contínuos, todos explorados pela família e de até quatro módulos fiscais, como forma de viabilizar a continuidade do trabalho pelo pequeno produtor rural e, simultaneamente, não embaraçar a efetividade da tutela jurisdicional, a solução mais adequada é proteger uma das propriedades e autorizar que as demais sirvam à satisfação do crédito exequendo" (STJ, 3ª T., REsp 1.843.846/MG, Rel. Min. Nancy Andrighi, j. 02.02.2021, *DJe* 05.02.2021 e STJ, 2ª Seção, REsp 1.913.234/SP, Rel. Min. Nancy Andrighi, j. 08.02.2023, *DJe* 07.03.2023).
55. Na execução de dívida relativa a taxas condominiais ou mesmo impostos, ainda que se trate de obrigação *propter rem*, a penhora não deve necessariamente recair sobre o imóvel que deu ensejo à cobrança: STJ, 3ª T., REsp 1.275.320/PR, rel. Min. Nancy Andrighi, j. 02.08.2012, *DJe* 31.08.2012.
56. STJ, 3ª T., REsp 515.122/RS, rel. Min. Carlos Alberto Menezes Direito, j. 16.12.2003, *DJ* 29.03.2004 e STJ, 3ª T., REsp 628.464/GO, rel. Min. Nancy Andrighi, j. 05.10.2006, *DJ* 27.11.2006.
57. STJ, 4ª T., REsp 1.365.418/SP, rel. Min. Marco Buzzi, j. 04.04.2013, *DJe* 16.04.2013 e STJ, 2ª T., REsp 1.200.112/RJ, rel. Min. Castro Meira, j. 07.08.2012, *DJe* 21.08.2012.
58. STJ, 2ª T., REsp 1.487.028/SC, rel. Min. Herman Benjamin, j. 13.10.2015, *DJe* 18.11.2015; STJ, 2ª T., AgRg no REsp 1.381.709/PR, rel. Min. Mauro Campbell Marques, j. 05.09.2013, *DJe* 11.09.2013 e STJ, 3ª T., REsp 714.858/RS, rel. Min. Sidnei Beneti, j. 08.11.2011, *DJe* 25.11.2011.
59. STJ, 3ª T., AgRg no REsp 1.285.961/SP, rel. Min. Paulo de Tarso Sanseverino, j. 10.06.2014, *DJe* 24.06.2014 e STJ, 3ª T., AgInt no AREsp 858.127/SC, rel. Min. Ricardo Villas Bôas Cueva, j. 15.09.2016, *DJe* 21.09.2016.

proteção do executado, nos termos do art. 805 do CPC[60]. Como se vê da referida ordem, a prioridade é que a penhora recaia sobre dinheiro[61] (CPC, art. 835, § 1º), que pode ser em espécie ou em depósito ou aplicação financeira (CPC, art. 835, I)[62]. Não obstante isso, mesmo essa prioridade não é absoluta[63]. Destarte, pode a penhora ter que recair sobre bem específico, em razão do negócio entabulado entre as partes, como acontece nos bens dados em garantia real[64]; ou quando o credor optou escolher outro bem a ser penhorado; ou quando o executado oferece fiança bancária ou seguro garantia judicial no valor do débito acrescido de 30%[65], nos termos do art. 835, § 2º, do CPC[66].

Como forma de facilitação da penhora de dinheiro, desde que haja requerimento do exequente[67], admite-se que o juiz requisite ao Banco Central do Brasil (BACEN), preferencialmente por meio eletrônico, sejam bloqueados ativos financeiros em nome do executado, até o limite do crédito exequendo (CPC, art. 854, *caput*). Tal requerimento do exequente não precisa conter os dados bancários específicos do executado sobre os quais deverá recair o bloqueio e pode ser requerido mais de uma vez no processo[68]. Assim ocorrendo, a fim de obter êxito no ato, dele não deve o executado ter ciência prévia. Para que ocorra tal medida, não é necessário o exaurimento de diligências na busca de outros bens penhoráveis[69]. Tendo o juiz constatado que foram bloqueados valores em excesso, terá ele o prazo de 24 horas a contar do recebimento da resposta enviada pelo BACEN, para que determine o cancelamento deste bloqueio excessivo, o que deverá ser cumprido pela instituição financeira no mesmo prazo (CPC, art. 854, § 1º).

Ocorrendo o bloqueio *on line*, será o executado intimado na pessoa de seu advogado ou, não o tendo, pessoalmente (CPC, art. 854, § 2º). Intimado, o executado poderá apresentar uma *mini-impugnação*, no prazo de cinco dias úteis, na qual poderá alegar

---

60. STJ, 1ª T., AgInt no REsp 1.542.602/SP, rel. Min. Gurgel de Faria, j. 13.12.2016, *DJe* 17.02.2017 e STJ, 3ª T., AgRg no AREsp 730.494/SP, rel. Min. Ricardo Villas Bôas Cueva, j. 25.10.2016, *DJe* 04.11.2016.
61. STJ, 2ª T., REsp 1.676.163/RS, rel. Min. Herman Benjamin, j. 05.09.2017, *DJe* 14.09.2017.
62. "A cota de fundo de investimento não se subsume à ordem de preferência legal disposta no inciso I do art. 655 do CPC/73 (ou no inciso I do art. 835 do NCPC)" (STJ, repetitivo, Corte Especial, REsp 1.388.638/SP, rel. Min. Marco Aurélio Bellizze, j. 03.08.2016, *DJe* 06.09.2016).
63. Súmula 417-STJ: "Na execução civil, a penhora de dinheiro na ordem de nomeação de bens não tem caráter absoluto".
64. STJ, 4ª T., REsp 8.453/SP, rel. Min. Sálvio de Figueiredo Teixeira, j. 16.03.1992, *DJ* 03.08.1992.
65. Convém destacar que tal acréscimo de 30% somente será exigido em caso de substituição de penhora, não se aplicando, portanto, em caso de garantia prestada de forma originária sobre o valor total do crédito executado. Nesse sentido: STJ, 2ª T., REsp 1.696.273/SP, rel. Min. Herman Benjamin, j. 07.12.2017, *DJe* 19.12.2017. Em julgado recente, o STJ reafirmou entendimento de que "o seguro-garantia judicial produz os mesmos efeitos jurídicos que o dinheiro" pelo que pode ser diretamente oferecido como garantia do juízo, sem precisar de penhora anterior de outro bem para daí possibilitar a substituição da penhora, "não podendo o exequente rejeitar a indicação, salvo por insuficiência, defeito formal ou inidoneidade da salvaguarda oferecida" (STJ, 3ª T., REsp 1.838.837/SP, rel. Min. Ricardo Villas Bôas Cueva, j. 12.05.2020, *DJe* 21.05.2020).
66. STJ, 3ª T., REsp 1.691.748/PR, rel. Min. Ricardo Villas Bôas Cueva, j. 07.11.2017, *DJe* 17.11.2017.
67. STJ, 1ª T., AgRg no REsp 1.218.988/RJ, rel. Min. Arnaldo Esteves Lima, j. 24.05.2011, *DJe* 30.05.2011.
68. Enunciado 215 da III Jornada de Direito Processual Civil (CJF): "O requerimento de nova tentativa de penhora on-line de dinheiro do executado, via sistema SISBAJUD (Sistema de Busca de Ativos do Poder Judiciário), pode ser reiterado e independe de decurso mínimo de tempo da última tentativa".
69. STJ, 1ª Seção (repetitivo), REsp 1.184.765/PA, rel. Min. Luiz Fux, j. 24.11.2010, *DJe* 03.12.2010.

que as quantias bloqueadas são impenhoráveis ou que houve excesso de penhora ainda não liberados (CPC, art. 854, § 3º). Tal impugnação deverá ser objeto de contraditório pelo exequente[70] e, se acolhida a defesa oposta, caberá ao juiz determinar o cancelamento do bloqueio que deverá ser cumprido pela instituição financeira no prazo de 24 horas (CPC, art. 854, § 4º). Não apresentada defesa ou tendo sido ela rejeitada, o bloqueio será convertido em penhora, sem necessidade de lavratura de termo próprio, devendo o juiz determinar, de ofício ou a requerimento do exequente, que a instituição financeira depositária, no prazo de 24 horas, transfira o valor para conta vinculada ao juízo da execução (CPC, art. 854, § 5º). Eventual demora nessa providência de transferência do montante bloqueado para conta vinculada à execução, acarretará que o montante fique sem remuneração, cabendo ao exequente suportar a corrosão inflacionária, visto que o processo executivo tramita no interesse do credor, que não foi diligente em acompanhar o processo[71].

Havendo o pagamento da dívida exequenda por outro meio, o juiz deverá imediatamente determinar que a instituição financeira depositária, no prazo de 24 horas, cancele o bloqueio (CPC, art. 854, § 6º).

Todas as ordens judiciais emanadas para bloqueio ou seu cancelamento deverão ser transmitidas pelo sistema disponibilizado pelo BACEN (CPC, art. 854, § 7º). A instituição financeira responderá de forma objetiva pelos prejuízos que causar ao executado em caso de proceder a bloqueio em valor superior ao determinado judicialmente ou quando não atender no prazo a ordem judicial de cancelamento do bloqueio (CPC, art. 854, § 8º), cujos danos deverão ser liquidados de forma incidental ao processo de onde emanou a ordem, respeitando-se o contraditório[72].

Quando se tratar de execução contra partido político, o juiz, a requerimento do exequente, determinará às instituições financeiras que tornem indisponíveis ativos financeiros somente em nome do órgão partidário que tenha contraído a dívida executada ou que tenha dado causa à violação de direito ou ao dano, ao qual cabe exclusivamente a responsabilidade pelos atos praticados, na forma da lei (CPC, art. 854, § 9º).

Seja como for, a penhora se dá por acabada mediante a apreensão e o depósito dos bens (CPC, art. 839, *caput*) e deverá sempre ser formalizada de maneira documental, pelo respectivo auto ou termo (CPC, art. 838), que deverá conter: i) a indicação do dia, do mês, do ano e do lugar em que foi feita (inc. I); ii) os nomes do exequente e do executado (inc. II); iii) a descrição dos bens penhorados, com as suas características

---

70. Enunciado 720 do FPPC: "O juiz intimará o exequente para manifestar-se, em cinco dias, sobre a defesa do executado prevista no §3º do art. 854, do CPC ("penhora online")." Enunciado 211 da III Jornada de Direito Processual Civil (CJF): "Antes de apreciar a defesa do executado lastreada no §3º do art. 854 do CPC, salvo hipótese de rejeição liminar, o juiz deve intimar o exequente para se manifestar, em cinco dias, sob pena de ofensa ao contraditório".
71. STJ, 4ª T., EDcl no REsp 1.426.205/SP, rel. Min. Luis Felipe Salomão, j. 19.09.2017, *DJe* 25.09.2017.
72. Enunciado 541 do FPPC: "A responsabilidade que trata o art. 854, § 8º, é objetiva e as perdas e danos serão liquidadas de forma incidental, devendo ser imediatamente intimada a Instituição Financeira para preservação do contraditório".

(inc. III); e, iv) a nomeação do depositário dos bens (inc. IV). A falta de qualquer destes elementos pode acarretar a nulidade da penhora[73]. Havendo mais de uma penhora, serão lavrados autos individuais (CPC, art. 839, parágrafo único).

Formalizada a penhora, intimar-se-á de imediato o executado (CPC, art. 841, *caput*). Essa intimação será na pessoa de seu advogado ou à sociedade de advogados a que ele pertença (CPC, art. 841, § 1º), ou mesmo o defensor público que represente o executado[74] e, se o executado ainda não tiver constituído advogado nos autos, será ele intimado pessoalmente, de preferência por via postal (CPC, art. 841, § 2º). Também será pessoal a intimação do executado, ainda que esteja representado nos autos por advogado, quando a penhora for realizada na sua presença (CPC, art. 841, § 3º). Nas hipóteses em que for comprovada a ciência inequívoca do ato judicial de penhora – a exemplo do comparecimento espontâneo nos autos ou da apresentação de agravo de instrumento com objetivo de desconstituir o próprio bloqueio –, é possível a dispensa da intimação formal do executado sobre a constrição[75]. Não sendo localizado o executado para que se proceda a sua intimação pessoal, será considerada validamente realizada a intimação, se assim ocorrer porque o executado mudou de endereço e não comunicou tal fato previamente ao juízo, observando-se o previsto no art. 274 do CPC (CPC, art. 841, § 4º).

Recaída a penhora sobre bem imóvel ou direito real sobre imóvel, além do executado deve, também, ser intimado o seu cônjuge ou companheiro, salvo se o regime de casamento for de separação absoluta de bens (CPC, art. 842). A ausência de intimação do cônjuge na penhora sobre bem imóvel do casal gera nulidade não só da penhora, mas de todos os atos processuais posteriores[76]. Tratando-se de penhora de bem indivisível, o equivalente à quota-parte do coproprietário ou do cônjuge alheio à execução recairá sobre o produto da alienação do bem (CPC, art. 843, *caput*). É reservada ao coproprietário ou ao cônjuge não executado a preferência na arrematação do bem em igualdade de condições (CPC, art. 843, § 1º)[77-78]. Não será levada a efeito expropriação por preço inferior ao da avaliação na qual o valor auferido seja incapaz de garantir, ao coproprietário ou ao cônjuge alheio à execução, o correspondente à sua quota-parte calculada sobre o valor da avaliação (CPC, art. 843, § 2º). A fração ideal de bem indivisível

---

73. STJ, 4ª T., REsp 107.437/MG, rel. Min. Cesar Asfor Rocha, j. 05.11.1998, *DJ* 1º.02.1999.
74. STJ, 3ª T., REsp 1.840.376/RJ, Rel. Min. Ricardo Villas Bôas Cueva, j. 25.05.2021, *DJe* 02.06.2021.
75. STJ, 3ª T., REsp 1.439.766/MT, rel. Min. Moura Ribeiro, j. 05.12.2017, *DJe* 18.12.2017; STJ, 3ª T., REsp 1.641.610/GO, Rel. Min. Moura Ribeiro, j. 13.06.2017, *DJe* 21.06.2017 e STJ, Corte Especial, EREsp 1.415.522/ES, rel. Min Felix Fischer, j. 29.03.2017, *DJe* 05.04.2017.
76. STJ, 1ª T., REsp 740.331/RS, rel. Min. Luiz Fux, j. 14.11.2006, DJ 18.12.2006 e STJ, 3ª T., AgRg no REsp 293.512/SP, rel. Min. Paulo de Tarso Sanseverino, j. 28.09.2010, *DJe* 06.10.2010.
77. Enunciado 641 do FPPC: "O exequente deve providenciar a intimação do coproprietário no caso da penhora de bem imóvel indivisível ou de direito real sobre bem imóvel indivisível." Embora o coproprietário tenha privilégios decorrentes de sua condição, a lei processual não estipulou sua intimação acerca da ocorrência da penhora no art. 799. O enunciado, portanto, visa corrigir essa ausência da redação legal.
78. Enunciado 154 da II Jornada de Direito Processual Civil (CJF): "O exequente deve providenciar a intimação do coproprietário no caso de penhora de bem indivisível ou de direito real sobre bem indivisível".

pertencente a terceiro não pode ser levada à hasta pública, de modo que se submete à constrição judicial apenas as frações ideais de propriedade dos respectivos executados[79].

A fim de dar conhecimento a terceiros acerca do arresto ou da penhora que recaiu sobre imóvel e, assim, garantir presunção absoluta desta ciência, caberá ao exequente providenciar a respectiva averbação no registro imobiliário competente, mediante a apresentação da cópia do auto ou do termo, independentemente de mandado judicial (CPC, art. 844)[80].

A penhora poderá ser realizada em qualquer lugar onde se encontrem os bens, ainda que sob a posse, a detenção ou a guarda de terceiros (CPC, art. 845, *caput*). Apesar de se preferir penhorar bens na comarca onde tramita o processo de execução (CPC, art. 848, III), admite-se penhorar bem que esteja fora da comarca do foro da execução, por termo nos autos, se for imóvel, quando apresentada certidão da respectiva matrícula, e se for veículo automotor, quando apresentada certidão que ateste a sua existência (CPC, art. 845, § 1º). Se o executado não tiver bens no foro do processo ou em comarca contígua (CPC, art. 255), não sendo possível a realização da penhora nos termos do § 1º, a execução será feita por carta[81], penhorando-se, avaliando-se e alienando-se os bens no foro da situação da coisa (CPC, art. 845, § 2º).

Se o executado fechar as portas da casa a fim de obstar a penhora dos bens, o oficial de justiça comunicará o fato ao juiz, solicitando-lhe ordem de arrombamento (CPC, art. 846, *caput*). Deferido este pedido, dois oficiais de justiça cumprirão o mandado, arrombando cômodos e móveis em que se presuma estarem os bens, e lavrarão de tudo auto circunstanciado, que será assinado por duas testemunhas presentes à diligência (CPC, art. 846, § 1º). Sempre que necessário, o juiz requisitará força policial, a fim de auxiliar os oficiais de justiça na penhora dos bens (CPC, art. 846, § 2º). Os oficiais de justiça lavrarão em duplicata o auto da ocorrência, entregando uma via ao escrivão ou ao chefe de secretaria, para ser juntada aos autos, e a outra à autoridade policial a quem couber a apuração criminal dos eventuais delitos de desobediência ou de resistência (CPC, art. 846, § 3º). Do auto da ocorrência constará o rol de testemunhas, com a respectiva qualificação (CPC, art. 846, § 4º).

Contra a decisão que determina a penhora de bens, o executado pode diretamente interpor recurso de agravo de instrumento, sem a prévia utilização de qualquer defesa (impugnação ao cumprimento de defesa ou embargos à execução)[82].

Intimado da penhora, pode o executado, no prazo de 10 dias úteis, requerer a substituição da penhora, que deve obedecer todas as exigências legais (CPC, art. 847, §§ 1º a 3º)[83]. Não obstante a fixação deste prazo, se o executado requerer a substituição

---

79. STJ, 3ª T., REsp 1.373.839/RS, rel. Min.ª Nancy Andrighi, j. 03.06.2014, *DJe* 17.06.2014 e STJ, 2ª T., REsp 1.616.299/PR, rel. Min. Herman Benjamin, j. 16.08.2016, *DJe* 09.09.2016.
80. STJ, 3ª T., REsp 829.980/SP, rel. Min. Sidnei Beneti, j. 1º.06.2010, *DJe* 18.06.2010.
81. STJ, 2ª T., AgRg no Ag 1.280.494/SC, rel. Min. Humberto Martins, j. 05.10.2010, *DJe* 25.10.2010.
82. STJ, 3ª T., REsp 2.023.890/MS, rel. Min. Nancy Andrighi, j. 25.10.2022, *DJe* 27.10.2022.
83. STJ, 2ª T., AgRg no REsp 1.341.001/PR, rel. Min. Mauro Campbell Marques, j. 19.02.2013, *DJe* 26.02.2013.

por dinheiro, poderá fazê-lo a qualquer tempo antes da expropriação[84]. Antes de o juiz decidir acerca do pedido de substituição, o exequente deverá ser intimado a se manifestar (CPC, art. 847, § 4º), para o que terá o prazo de três dias úteis (CPC, art. 853), sob pena de nulidade[85], oportunidade em que poderá recusar a indicação feita pelo executado.

De outro lado, qualquer das partes poderá pedir a substituição ou modificação da penhora, caso incida uma das hipóteses previstas na lei (CPC, arts. 848[86] e 850). Aqui, também, a parte contrária deve ser previamente ouvida em três dias úteis (CPC, art. 853). Ocorrendo a substituição da penhora, novo auto ou termo deverá ser lavrado (CPC, art. 849).

Não se procede à segunda penhora (CPC, art. 851), salvo se: a primeira for anulada (inc. I); executados os bens, o produto da alienação não bastar para o pagamento do exequente (inc. II); e, o exequente desistir da primeira penhora, por serem litigiosos os bens ou por estarem submetidos a constrição judicial (inc. III). Este rol, no entanto, é exemplificativo[87]. Antes de o juiz decidir acerca do requerimento de segunda penhora feito por uma das partes, a parte contrária deve ser previamente ouvida em três dias úteis (CPC, art. 853).

O juiz determinará a alienação antecipada dos bens penhorados quando (CPC, art. 852): se tratar de veículos automotores, de pedras e metais preciosos e de outros bens móveis sujeitos à depreciação ou à deterioração (inc. I); e, houver manifesta vantagem (inc. II). Antes de o juiz decidir acerca da alienação antecipada do bem penhorado requerida por uma das partes, a parte contrária deve ser previamente ouvida em três dias úteis (CPC, art. 853).Depois de realizada a penhora, além da intimação do executado e, conforme o caso, de seu cônjuge; também poderá ser o caso de se intimar terceiros (CPC, art. 799, I a VII[88], art. 804, art. 855 e art. 876, § 7º), que podem ser credores ou não, mas que tem alguma relação de direito material com o executado e, por isso, tem algum interesse no que pode ocorrer no processo executivo.

A penhora pode, ainda, recair sobre créditos, desde que tenham caráter patrimonial e cuja transferência para a esfera jurídica do exequente independa de participação do

---

84. STJ, 4ª T., AgRg no AREsp 477.223/RJ, rel. Min. Raul Araújo, j. 28.06.2016, *DJe* 03.08.2016.
85. STJ, 2ª T., REsp 1.038.132/RJ, rel. Min. Castro Meira, j. 20.05.2008, *DJe* 04.06.2008.
86. "(...) o exequente pode recusar a nomeação de determinado bem oferecido como penhora, quando fundada na inobservância da ordem legal, prevista no art. 655 do CPC de 1973 e no art. 11 da Lei 6.830/1980, sem que isso implique ofensa ao art. 620 do CPC de 1973 e ao art. 805 do CPC – menor onerosidade do devedor" (STJ, 2ª T., REsp 1.705.502/SP, rel. Min. Herman Benjamin, j. 28.11.2017, *DJe* 19.12.2017).
87. STJ, 4ª T., AgRg no AREsp 496.531/DF, rel. Min. Raul Araújo, j. 05.08.2014, *DJe* 22.08.2014.
88. Enunciado 447 do FPPC: "O exequente deve providenciar a intimação da União, Estados e Municípios no caso de penhora de bem tombado." O art. 799 do CPC não estipulou a intimação de entes públicos na hipótese de penhora de bem tombado. A previsão legal do art. 889, VIII, do CPC contempla intimação somente acerca da data da alienação judicial do bem tombado, o que impediria fosse tomada qualquer providência útil no curto prazo de cinco dias. O enunciado, portanto, visa aumentar a chance dos entes públicos na adoção de providências adequadas e tempestivas, permitindo que a comunicação se dê logo depois da penhora e não apenas quando da alienação do bem tombado.

terceiro[89]. Também pode recair sobre títulos e aplicações (CPC, art. 835, II e III)[90-91]. Se o crédito for representado por letra de câmbio, nota promissória, duplicata, cheque ou outros títulos[92], será considerada realizada pela apreensão do documento, esteja ou não este em poder do executado (CPC, art. 856, *caput*). Se o título não for apreendido, mas o terceiro confessar a dívida, será este tido como depositário da importância (CPC, art. 856, § 1º). O terceiro só se exonerará da obrigação depositando em juízo a importância da dívida (CPC, art. 856, § 2º). Se o terceiro negar o débito em conluio com o executado, a quitação que este lhe der caracterizará fraude à execução, ou seja, tal ato será ineficaz e inoponível ao exequente (CPC, art. 856, § 3º). Havendo suspeita deste conluio, o exequente poderá requerer realização de audiência a fim de ouvir o executado e o terceiro (CPC, art. 856, § 4º).

Na penhora de créditos diferentes dos acima apontados, considerar-se-á feita a penhora pela intimação (CPC, art. 855): ao terceiro devedor para que não pague ao executado, seu credor (inc. I), situação em que o terceiro passa a figurar como depositário do crédito; e, ao executado, credor do terceiro, para que não pratique ato de disposição do crédito (inc. II)[93].

Feita a penhora em direito e ação do executado, e não tendo ele oferecido embargos ou sendo estes rejeitados, o exequente ficará sub-rogado nos direitos do executado até a concorrência de seu crédito (CPC, art. 857, *caput*), pelo que, em princípio, fica o exequente autorizado a promover em face do terceiro a ação que o executado tinha em relação a este.

Isso porque, pode o exequente preferir, em vez da sub-rogação, a alienação judicial do direito penhorado, caso em que declarará sua vontade no prazo de 10 dias úteis contado da realização da penhora (CPC, art. 857, § 1º). Ultrapassado este prazo legal, se reconhecerá que houve a sub-rogação[94]. Apesar de ocorrida a sub-rogação, caso o exequente não receba o crédito do executado, ou este seja insuficiente para saldar todo o débito exequendo, o exequente poderá prosseguir na execução, nos mesmos autos, penhorando outros bens (CPC, art. 857, § 2º).

Recaindo a penhora sobre dívidas de dinheiro a juros, de direito a rendas ou de prestações periódicas, o exequente poderá levantar os juros, os rendimentos ou as

---

89. STJ, 3ª T., REsp 920.742/RS, rel. Des. Conv. do TJBA Paulo Furtado, j. 04.02.2010, *DJe* 23.02.2010.
90. Penhora de fundo de investimento não transforma o exequente em cotista: STJ, 3ª T., REsp 1.885.119/RJ, rel. Min. Marco Aurélio Bellizze, j. 25.10.2022, *DJe* 08.11.2022.
91. Enunciado 209 da III Jornada de Direito Processual Civil (CJF): "É cabível pedido de penhora de criptoativos, desde que indicadas pelo requerente as diligências pretendidas, ainda que ausentes indícios de que o executado os tenha". Enunciado 741 do FPPC: "A alienação de criptoativos por *exchange* é espécie de alienação por iniciativa particular".
92. STJ, 1ª T., REsp 911.153/RS, rel. Min. José Delgado, j. 17.04.2007, *DJ* 10.05.2007.
93. Embora a lei não trate expressamente da penhora de mão própria, consistente na possibilidade da constrição recair sobre crédito que o executado possui frente ao próprio exequente, tal modalidade de penhora encontra viabilidade na dicção do art. 855, II, do CPC, apenas com a peculiaridade de que o terceiro devedor, nesta hipótese, é o próprio exequente: STJ, 3ª T., REsp 829.583/RJ, rel. Min. Nancy Andrighi, j. 03.09.2009, *DJe* 30.09.2009.
94. STJ, 2ª T., AgRg no AREsp 373.977/PR, rel. Min. Assusete Magalhães, j. 23.08.2016, *DJe* 1º.02.2017.

prestações à medida que forem sendo depositados, abatendo-se do crédito as importâncias recebidas, conforme as regras de imputação do pagamento previstas no direito comum (CPC, art. 858).

Na hipótese de a penhora recair sobre direito a prestação ou a restituição de coisa determinada, o devedor do executado será intimado para, no vencimento, depositá-la, correndo sobre ela a execução (CPC, art. 859)[95].

Por fim, penhorado crédito que está sendo objeto de demanda judicial ou arbitral[96], esta ficará averbada no rosto dos autos, devendo ser intimado o escrivão ou chefe de secretaria da vara onde tramita esta ação[97], de sorte que, sagrando-se o executado vencedor nesta demanda, a penhora recairá sobre os bens que lhe forem adjudicados ou que vierem a lhe caber (CPC, art. 860)[98]. Realizada a penhora no rosto dos autos, eventual ato de disponibilidade das partes neste processo somente poderá ser homologado depois que ouvida a parte beneficiária da constrição[99].

A penhora também pode recair sobre quotas ou ações de sociedades personificadas[100]. O procedimento estabelecido na lei processual para processar essa modalidade de penhora (CPC, art. 861), tenta compatibilizar a continuidade da atividade empresarial com a tutela almejada pelo exequente. Assim, depois que for apurado o valor desse crédito, dá-se preferência para que os demais sócios ou a própria sociedade adquiram essas quotas ou ações e, somente caso isso não aconteça, é que elas serão liquidadas extrajudicialmente ou levadas a leilão judicial.

A penhora pode igualmente recair sobre empresa, outros estabelecimentos e semoventes (CPC, arts. 862 a 865), oportunidade em que o juiz nomeará um administrador, que pode ser até mesmo o representante legal a pessoa jurídica executada[101], que irá elaborar um plano para que a empresa ou a atividade não só se mantenha, mas consiga ter patrimônio disponível para satisfazer o crédito exequendo. A remuneração do administrador deverá ser adiantada pelo exequente, mas, ao final, recairá sobre o executado[102].

---

95. Enunciado 643 do FPPC: "A intimação prevista no art. 859, para que seja efetuado o depósito de prestação ou restituição (em favor do executado), deve ser direcionada ao devedor do executado". O enunciado corrige a redação do art. 859 que aponta como destinatário da comunicação o próprio executado, que não está em poder da coisa a ser entregue.
96. STJ, 3ª T., REsp 1.678.224/SP, rel. Min.ª Nancy Andrighi, j. 07.05.2019, *DJe* 09.05.2019.
97. STJ, 3ª T., REsp 1.678.209/PR, rel. Min. Paulo de Tarso Sanseverino, j. 02.10.2018, *DJe* 08.10.2018.
98. Enunciado 155 da II Jornada de Direito Processual Civil (CJF): "A penhora a que alude o art. 860 do CPC poderá recair sobre direito litigioso ainda não reconhecido por decisão transitada em julgado".
99. STJ, 3ª T., REsp 1.208.858/SP, rel. Min. Nancy Andrighi, j. 03.09.2013, *DJe* 12.09.2013 e STJ, 4ª T., REsp 1.418.549/DF, rel. Min. Maria Isabel Gallotti, j. 06.05.2014, *DJe* 20.05.2014.
100. O STJ já entendeu que é possível penhora de quotas sociais de empresa em recuperação judicial para garantir dívida pessoal do sócio: STJ, 3ª T., REsp 1.803.250/SP, rel. Min. Ricardo Villas Bôas Cueva, j. 23.06.2020, *DJe* 1º.07.2020.
101. STJ, 2ª T., MC 16.751/SP, rel. Des. Conv. do TRF-3ª Reg. Diva Malerbi, j. 13.11.2012, *DJe* 23.11.2012.
102. STJ, 4ª T., REsp 1.117.644/MS, rel. Min. Luis Felipe Salomão, j. 16.09.2014, *DJe* 07.10.2014.

A penhora sobre percentual do faturamento de empresa foi disciplinada de acordo com a orientação que vinha se firmando perante o Superior Tribunal de Justiça[103], no sentido de que, além de somente poder ser deferida em caso de inexistir outros bens penhoráveis, deve ser fixada em patamar que não prejudique a continuidade da empresa (CPC, art. 866). O bloqueio *on line* de aplicações financeiras da empresa não se confunde com constrição sobre seu faturamento[104]. Da mesma forma, a penhora sobre crédito não se confunde com constrição sobre faturamento[105]. A figura do administrador da penhora sobre o faturamento da empresa pode ser feita por depositário, que assumirá a função de responsável pela operacionalização da constrição, com a prestação de contas mensal e segregação das quantias constritas, sendo dispensável, *prima facie*, a figura do administrador judicial para gerenciar a intervenção na empresa prevista[106].

Por fim, o juiz poderá, de ofício, desde que vislumbre ser essa medida mais eficiente para a satisfação do crédito e menos gravosa ao executado[107], determinar que a penhora recaia sobre frutos ou rendimentos de coisa móvel ou imóvel (CPC, arts. 867 a 869). Aqui o juiz nomeará administrador, que formulará plano que deverá ser aprovado em juízo, com o fim de quitar a totalidade do débito do executado, que temporariamente será privado do uso e gozo da coisa.

5.7. AVALIAÇÃO

Na avaliação procede-se à estimação do valor do mercado do bem objeto da penhora, a fim de que este possa, por conseguinte, ser expropriado. Pressupõe, portanto, que o bem penhorado seja diferente de dinheiro ou daqueles que o substituem (fiança bancária e seguro garantia judicial)[108].

De regra, caberá ao oficial de justiça efetuar a avaliação dos bens penhorados (CPC, art. 870, *caput*)[109]. Todavia, caso o oficial de justiça não detenha conhecimento especializado para assim proceder e o valor da execução comporte, o juiz deverá nomear

---

103. STJ, 4ª T., AgInt no REsp 1.244.737/PR, rel. Min. Marco Buzzi, j. 08.11.2016, *DJe* 21.11.2016. Convém esclarecer que, em 05.02.2020, a Primeira Seção do STJ afetou três recursos especiais (REsp 1.666.542/SP, REsp 1.835.864/SP e REsp 1.835.865/SP) relativos à penhora sobre o faturamento de empresa para julgamento sob o rito dos recursos repetitivos. Cadastrada como Tema 769, a controvérsia trata "da necessidade de esgotamento das diligências como pré-requisito para a penhora do faturamento; da equiparação da penhora de faturamento à constrição preferencial sobre dinheiro, constituindo ou não medida excepcional no âmbito dos processos regidos pela Lei 6.830/1980; e da caracterização da penhora do faturamento como medida que implica violação do princípio da menor onerosidade".
104. STJ, 3ª T., AgRg no Ag 1.237.200/MG, rel. Min. Massami Uyeda, j. 23.11.2010, *DJe* 07.12.2010.
105. STJ, 3ª T., REsp 1.035.510/RJ, rel. Min. Nancy Andrighi, j. 02.09.2008, *DJe* 16.09.2008.
106. STJ, 2ª T., AgRg no AREsp 302.529/RJ, rel. Min. Humberto Martins, j. 20.06.2013, *DJe* 28.06.2013.
107. Enunciado 106 da I Jornada de Direito Processual Civil (CJF): "Na expropriação, a apropriação de frutos e rendimentos poderá ser priorizada em relação à adjudicação, se não prejudicar o exequente e for mais favorável ao executado".
108. Precatório, por exemplo, sujeita-se à avaliação: STJ, 1ª T., AgRg no AREsp 339.963/RS, rel. Min. Gurgel de Faria, j. 07.04.2016, *DJe* 14.04.2016.
109. STJ, 3ª T., AgInt no AREsp 1.004.191/SP, rel. Min. Marco Aurélio Bellizze, j. 21.02.2017, *DJe* 07.03.2017.

avaliador[110], com a intimação de todos os executados, mesmo aqueles que não sejam proprietários do bem penhorado[111], assinando-lhe prazo não superior a 10 dias para a entrega do laudo (CPC, art. 870, parágrafo único). O juiz não pode se valer de regras de experiência para avaliar bem penhorado[112].

A avaliação realizada pelo oficial de justiça constará de vistoria e de laudo anexados ao auto de penhora e, no caso de perícia realizada por avaliador, de laudo de avaliação que deverá conter, basicamente, a descrição dos bens, suas características, seu estado de conservação e seu valor de mercado (CPC, art. 872, *caput* e inc. I e II). Tratando-se de perícia, aplica-se o procedimento previsto para a atividade de conhecimento (CPC, arts. 474 e 475).

Quando o imóvel for suscetível de cômoda divisão, a avaliação, tendo em conta o crédito reclamado, será realizada em partes, sugerindo-se, com a apresentação de memorial descritivo, os possíveis desmembramentos para alienação (CPC, art. 872, § 1º). Havendo proposta de avaliação desmembrada, as partes serão ouvidas no prazo de cinco dias úteis (CPC, art. 872, § 2º). O laudo deve ser submetido ao contraditório das partes.

A avaliação poderá ser dispensada quando (CPC, art. 871): uma das partes aceitar a estimativa feita pela outra (inc. I), ainda que de forma tácita[113], salvo se houver fundada dúvida do juiz quanto ao real valor do bem (parágrafo único); se tratar de títulos ou de mercadorias que tenham cotação em bolsa, comprovada por certidão ou publicação no órgão oficial (inc. II); se tratar de títulos da dívida pública, de ações de sociedades e de títulos de crédito negociáveis em bolsa, cujo valor será o da cotação oficial do dia, comprovada por certidão ou publicação no órgão oficial (inc. III); e, se tratar de veículos automotores ou de outros bens cujo preço médio de mercado possa ser conhecido por meio de pesquisas realizadas por órgãos oficiais ou de anúncios de venda divulgados em meios de comunicação, caso em que caberá a quem fizer a nomeação o encargo de comprovar a cotação de mercado (inc. IV).

Admite-se nova avaliação[114] quando (CPC, art. 873): qualquer das partes arguir, fundamentadamente, a ocorrência de erro na avaliação ou dolo do avaliador (inc. I); se verificar, posteriormente à avaliação, que houve majoração ou diminuição no valor do bem (inc. II)[115]; o juiz tiver fundada dúvida sobre o valor atribuído ao bem na primeira avaliação (inc. III)[116]. Esta nova avaliação poderá ser determinada de ofício ou a requerimento da parte e não substituirá a primeira, cabendo ao juiz apreciar o valor de uma e de outra (parágrafo único c/c art. 480 do CPC). Todavia, esta nova avaliação

---

110. STJ, 2ª T., AgRg no AREsp 365.262/SC, rel. Min. Herman Benjamin, j. 1º.10.2013, *DJe* 07.10.2013.
111. STJ, 3ª T., REsp 2.022.953/PR, rel. Min. Nancy Andrighi, j. 07.03.2023, *DJe* 10.03.2023.
112. STJ, 3ª T., REsp 1.786.046/RJ, rel. Min. Moura Ribeiro, j. 09.05.2023, *DJe* 11.05.2023.
113. STJ, 2ª T., REsp 645.423/BA, rel. Min. Francisco Peçanha Martins, j. 07.03.2006, *DJ* 15.05.2006.
114. STJ, 2ª T., REsp 1.358.908/RS, rel. Min. Herman Benjamin, j. 07.05.2013, *DJe* 23.05.2013.
115. Enunciado 156 da II Jornada de Direito Processual Civil (CJF): "O decurso de tempo entre a avaliação do bem penhorado e a sua alienação não importa, por si só, nova avaliação, a qual deve ser realizada se houver, nos autos, indícios de que houve majoração ou diminuição no valor".
116. STJ, 1ª T., AgRg na MC 17.177/SP, rel. Min. Luiz Fux, j. 14.12.2010, *DJe* 17.12.2010.

precisa ser feita antes da consecução do ato de expropriação, pois do contrário, terá havido a preclusão[117].

Procedida a avaliação e depois de respeitado o contraditório[118], conforme o caso, o juiz poderá reduzir ou ampliar a penhora (CPC, art. 874)[119]. Excepcionalmente, desde que patente a insuficiência dos bens penhorados para garantir o juízo, pode o juiz determinar a ampliação da penhora independentemente de avaliação[120]. O mesmo se diga para a sua redução. Não obstante, nenhum destes atos pode ser dar de ofício pelo juiz, devendo sempre ser precedido de requerimento da parte interessada[121]. A ampliação ou a redução da penhora deve ser analisada de forma objetiva, considerando a eventual desproporção entre o valor do bem objeto da penhora e o valor do crédito exequendo, considerando também os princípios do interesse do credor (CPC, art. 797) e da menor onerosidade (CPC, art. 805), para o que não se pode falar em preclusão, dada a finalidade da própria atividade executiva.

A decisão que define o valor da avaliação desafia agravo de instrumento (CPC, art. 1.015, parágrafo único) para a parte interessada.

5.8. MEIOS DE EXPROPRIAÇÃO

Segundo a lei processual (CPC, art. 825), três são as formas de expropriação: a) adjudicação (inc. I); b) alienação, que pode ser pública ou particular (inc. II); e, c) apropriação de frutos e rendimentos de empresa ou de estabelecimentos e de outros bens (inc. III). Essas formas de expropriação se apresentam em ordem de preferência, o que não inviabiliza o exequente de escolher forma de expropriação fora da ordem listada, de acordo com a particularidades relacionadas ao bem ou ao próprio credor[122].

5.8.1. Adjudicação

Dada a posição que a adjudicação ocupa na legislação processual, parece que o legislador a concebeu como a primeira medida expropriativa à disposição do credor, que deve requerê-la logo após a avaliação. Trata-se de modalidade expropriativa que apresenta procedimento simplificado.

A adjudicação pode ser exercida pelo exequente, ocasião em que ele aceita seja transferida a propriedade do bem objeto da penhora diretamente para si (CPC, art. 876, caput c/c art. 904, II). Todavia, também poderá ocorrer a adjudicação quando um

---

117. STJ, 2ª T., REsp 1.128.195/RS, rel. Min. Humberto Martins, j. 10.02.2015, *DJe* 19.02.2015.
118. STJ, 3ª T., MC 13.994/RJ, rel. Min. Nancy Andrighi, j. 1º.04.2008, *DJe* 15.04.2008.
119. STJ, 4ª T., REsp 843.246/PR, rel. Min. Luis Felipe Salomão, j. 02.06.2011, *DJe* 27.06.2011 e STJ, 4ª T., AgRg no Ag 1.370.023/SP, rel. Min. Maria Isabel Gallotti, j. 02.02.2016, *DJe* 05.02.2016.
120. STJ, 3ª T., AgRg no AREsp 638.717/SP, rel. Min. Ricardo Villas Bôas Cueva, j. 18.06.2015, *DJe* 06.08.2015.
121. STJ, 1ª T., REsp 1.519.685/RS, rel. Min. Gurgel de Faria, j. 19.04.2016, *DJe* 28.04.2016 e STJ, 1ª T., REsp 475.693/RS, rel. Min. Luiz Fux, j. 25.02.2003, *DJ* 24.03.2003.
122. STJ, 2ª T., REsp 1.410.859/RN, rel. Min. Francisco Falcão, j. 06.06.2017, *DJe* 13.06.2017.

terceiro (p.ex.: coproprietário de bem indivisível do qual tenha sido penhorada fração ideal; credor com garantia real; credores concorrentes que haja penhorado o mesmo bem; sócio da empresa cujas quotas do executado foram penhoradas etc.) exerce seu direito de preferência e, assim, "compra" o bem penhorado (deposita o valor da avaliação do bem em juízo) e o dinheiro resultante desse ato é que serve para satisfazer o exequente (CPC, art. 876, §§ 5º e 7º c/c art. 904, I). Como se observa, o direito do exequente adjudicar o bem está condicionado à inexistência de outros credores com preferência de grau mais elevado[123].

A adjudicação, que é modalidade de aquisição do bem por expropriação, não se confunde com: i) a execução de entrega de coisa ou ação de imissão de posse, onde o bem em si é o objeto da demanda, e não o crédito, como se tem na execução; ii) com a dação em pagamento[124], que é prevista da legislação comum (CC, art. 356 a 359), que exige consentimento do executado para que o bem seja transferido, enquanto na expropriação a transferência é impositiva. Todavia, não há óbice para que, no curso da execução as partes transijam (CPC, art. 515, § 2º c/c art. 771 c/c art. 924, III) e concordem com uma dação em pagamento, que, como dito, não será adjudicação.

A adjudicação se aplica tanto a bens imóveis quanto a bens móveis[125] e não poderá ser feita por preço menor ao da avaliação (CPC, art. 876, *caput*). Se o valor do crédito exequendo for inferior ao do bem penhorado, o adjudicatário deverá depositar de imediato a diferença (CPC, art. 876, § 4º, I), sob pena de nulidade do ato[126]; se o valor for superior, a execução prosseguirá, com nova penhora se for o caso (CPC, art. 876, § 4º, II). Se o bem for divisível, a adjudicação poderá ser tão somente da parte ideal do bem penhorado equivalente ao valor da dívida executada[127].

Manifestado o desejo de adjudicação pelo executado ou demais legitimados, compete ao juízo proceder a intimação dos demais interessados (CPC, art. 799, art. 804, art. 876, § 7º e art. 889, II a VIII) para que, querendo, no prazo legal (CPC, art. 877), possam exercer o mesmo direito. Caso haja mais de um pretendente na adjudicação, instaura-se entre eles um concurso, em que disputarão a "compra" do bem penhorado mediante apresentação de lances, a partir do valor da avaliação (CPC, art. 876, § 6º, 1ª parte). Se os concorrentes se apresentam com algum título legal de preferência, esta terá que ser observada, ainda que seja apenas a ordem de penhora[128], em caso de igualdade no melhor lance. Se não houver nenhum legitimado preferencial, ou havendo, este não apresentou oferta equivalente ao maior lance, vencerá quem ofereceu o melhor preço.

---

123. STJ, 4ª T., REsp 1.360.436/SP, rel. Min. Marco Buzzi, j. 24.05.2016, *DJe* 31.05.2016 e STJ, 3ª T., REsp 1.411.969/SP, rel. Min. Nancy Andrighi, j. 10.12.2013, *DJe* 19.12.2013.
124. STJ, 3ª T., REsp 1.493.067/RJ, rel. Min. Nancy Andrighi, j. 21.03.2017, *DJe* 24.03.2017.
125. STJ, 4ª T., REsp 57.587/SP, rel. Min. Barros Monteiro, j. 02.06.1998, *DJ* 21.09.1998 e STJ, 4ª T., RMS 960/RJ, rel. Min. Bueno de Souza, j. 26.11.1991, *DJ* 03.02.1992.
126. STJ, 2ª T., EDcl no REsp 1.358.908/RS, rel. Min. Herman Benjamin, j. 10.12.2013, *DJe* 06.03.2014.
127. STJ, 4ª T., REsp 522.820/SP, rel. Min. Antonio Carlos Ferreira, j. 22.10.2013, *DJe* 05.03.2014.
128. STJ, 4ª T., AgRg no AREsp 712.475/RS, rel. Min. Maria Isabel Gallotti, j. 17.09.2015, *DJe* 25.09.2015.

Em caso de igualdade de oferta, será dada preferência aos membros da família do executado, nesta ordem: ao cônjuge, companheiro, descendente ou ascendente (CPC, art. 876, § 6º, 2ª parte). Neste caso, o pedido de adjudicação do membro da família com preferência deve ser feito antes da lavratura do auto de adjudicação pelo exequente, para permitir a realização da licitação pelo melhor lance e, em caso de lances iguais, é que terá respeito o direito de preferência[129]. Não tendo estes concorridos e havendo igualdade de oferta, a solução terá que ser por sorteio público entre as ofertas (Lei 8.666, art. 45, § 3º).

Tendo sido intimados o executado (CPC, art. 876, §§ 1º a 3º) e, se for o caso, os interessados (CPC, art. 799, art. 804, art. 876, § 7º e art. 889, II a VIII)[130], deve-se aguardar o transcurso do prazo de cinco dias úteis da última intimação (CPC, art. 877, *caput*). Esse prazo é destinado para que o executado possa controlar ou se opor ao ato de adjudicação, bem como para que ele dê ciência aos demais membros de sua família (esposa, filhos, pais) para que, querendo, possam exercer a adjudicação. O executado pode se opor à adjudicação mediante a remição da execução (CPC, art. 826)[131], ou seja, depositando em juízo o valor atualizado e acrescido de juros do crédito exequendo, além de custas e honorários, não sendo possível exigir-lhe o pagamento de débitos executados em outras demandas[132]; o que ensejará a extinção da execução (CPC, art. 924, II)[133]. Além disso, o executado pode requerer a substituição do bem penhorado por dinheiro (CPC, art. 847)[134], o que não pode ser considerado prejudicial ao exequente. E, ainda, pode o executado apenas remir o bem, isto é, depositar em juízo o valor do bem penhorado, equivalente ao da avaliação[135]. Quanto aos demais interessados, o prazo serve para apresentar seu interesse na adjudicação, bem como seu título de preferência, caso haja o concurso entre diversos interessados. A não intimação deles não gera nulidade do ato, mas, sim, sua ineficácia perante eles[136].

Superado esse prazo, discutidas e decididas eventuais questões, o juiz determinará a lavratura do auto de adjudicação (CPC, art. 877, *caput*). Tal decisão desafia recurso de agravo de instrumento para a parte interessada (CPC, art. 1.015, parágrafo único). Depois de lavrado o auto, que deve ser assinado no mínimo pelo juiz, pelo adjudicatário, pelo escrivão ou chefe de secretaria e, se estiver presente, pelo executado, se o bem for imóvel, haverá a expedição da respectiva carta de adjudicação e o mandado de imissão de posse (CPC, art. 877, § 1º, I); ou o mandado de entrega da coisa ao adjudicatário, se o bem for móvel (CPC, art. 877, § 1º, II). Será essa a documentação hábil a permitir o registro da aquisição (derivada) do bem perante o órgão competente (cartório imobi-

---

129. STJ, 3ª T., AgRg no AREsp 676.104/SP, rel. Min. Marco Aurélio Belizze, j. 04.08.2015, *DJe* 17.08.2015.
130. Enunciado 150 da II Jornada de Direito Processual Civil (CJF): "Aplicam-se ao direito de laje os arts. 791, 804 e 889, III, do CPC".
131. STJ, 1ª T., REsp 61.240/SP, rel. Min. Garcia Vieira, j. 26.04.1995, *DJ* 29.05.1995.
132. STJ, 3ª T., REsp 1.862.676/SP, Rel. Min. Nancy Andrighi, j. 23.02.2021, *DJe* 1º.03.2021.
133. Enunciado 151 da II Jornada de Direito Processual Civil (CJF): "O legitimado pode remir a execução até a lavratura do auto de adjudicação ou de alienação (CPC, art. 826)".
134. STJ, 4ª T., AgRg no AREsp 477.223/RJ, rel. Min. Raul Araújo, j. 28.06.2016, *DJe* 03.08.2016.
135. STJ, 3ª T., REsp 6.707/DF, rel. Min. Waldemar Zveitter, j. 27.10.1991, *DJ* 04.11.1991.
136. STJ, 3ª T., REsp 1.219.329/RJ, rel. Min. João Otávio de Noronha, j. 11.03.2014, *DJe* 29.04.2014.

liário, DETRAN). Somente depois de lavrado o auto e expedida a respectiva carta ou mandado de entrega é que a adjudicação será considerada perfeita e acabada (CPC, art. 877, § 1º)[137].

A carta de adjudicação, que deverá ser assinada pelo juiz, conterá a descrição do imóvel, com remissão à sua matrícula e aos seus registros, a cópia do auto de adjudicação e a prova de quitação do imposto de transmissão (CPC, art. 877, § 2º). Logo, a carta é formada por mais de um documento.

No caso de penhora de bem hipotecado, o executado poderá remi-lo (CPC, art. 826) até a assinatura do auto de adjudicação, oferecendo preço igual ao da avaliação, se não tiver havido concorrentes, ou, tendo havido mais de um concorrente, do maior lance ofertado (CPC, art. 877, § 3º). Essa remição é do bem e não da execução, isto é, é ato que busca apenas "salvar" o bem da expropriação, não configurando, portanto, a extinção da execução[138]. Na hipótese de falência ou de insolvência do devedor hipotecário, o direito de remição do bem, será deferido à massa falida ou aos credores em concurso, não podendo o exequente recusar o preço da avaliação do imóvel (CPC, art. 877, § 4º).

Não havendo interesse na adjudicação, será o caso de tentar expropriar o bem penhorado mediante alienação, particular ou pública. Todavia, caso essas tentativas de venda resultem frustradas, é autorizado reabrir a oportunidade para requerimento da adjudicação, caso em que qualquer das partes ou interessados poderá pleitear a realização de nova avaliação (CPC, art. 878), dada a valoração ou a desvalorização que o bem pode ter sofrido com o transcurso do tempo do processo[139]. Em verdade, sendo a adjudicação modalidade prioritária, não é necessário aguardar a frustração plena das outras medidas expropriativas para que qualquer dos interessados possa requerê-la, podendo fazer, por exemplo, depois que o primeiro leilão se mostre inexitoso[140]. Vale dizer, o direito de requerer a adjudicação de um bem penhorado não se sujeita a preclusão enquanto ele não tiver sido alienado[141]; respondendo o exequente, porém, em caso de manifestação tardia, pelas eventuais despesas realizadas até esse momento[142].

5.8.2. Alienação por iniciativa particular

Não tendo interesse o exequente em realizar a adjudicação do bem penhorado, a segunda opção que lhe surge como meio expropriatório é a chamada *alienação por iniciativa*

---

137. STJ, 4ª T., AgInt no AREsp 974.851/SP, rel. Min. Luis Felipe Salomão, j. 20.04.2017, *DJe* 03.05.2017.
138. Há diferença entre remição da execução e remição do bem. Na primeira, é preciso pagar o valor integral do débito, incluindo juros, custas processuais e honorários advocatícios. Com isso, impede-se a alienação do bem penhorado e extingue-se a execução. Na segunda hipótese, o devedor precisa oferecer quantia equivalente ou superior ao maior lance do leilão, e a consequência é, em regra, apenas impedir a alienação do bem, de modo que, persistindo crédito em favor do exequente, a execução prosseguirá. STJ, 3ª T., REsp 1.996.063/RJ, rel. Min. Nancy Andrighi, j. 24.05.2022, *DJe* 30.05.2022.
139. STJ, 2ª T., REsp 1.358.908/MS, rel. Min. Herman Benjamin, j. 07.05.2013, *DJe* 23.05.2013.
140. STJ, 3ª T., AgInt no AREsp 779.662/SP, rel. Min. Ricardo Villas Bôas Cueva, j. 09.03.2017, *DJe* 27.03.2017.
141. STJ, 3ª T., REsp 2.041.861/SP, rel. Min. Nancy Andrighi, j. 13.06.2023, *DJe* 22.06.2023.
142. STJ, 4ª T., REsp 1.505.399/RS, rel. Min. Maria Isabel Gallotti, j. 12.04.2016, *DJe* 12.05.2016.

particular, pela qual ele pode requerer seja o bem penhorado alienado por sua própria iniciativa ou por intermédio de corretor que esteja autorizado a fazê-lo pela autoridade judiciária (CPC, art. 880, *caput*)[143-144]. Prestigia-se essa modalidade em detrimento da alienação por leilão judicial, por se entender ter ela condição de ser mais eficiente, além de consagrar maior participação dos sujeitos do processo (princípio da colaboração, CPC, art. 6º) no alcance de tutela efetiva, tempestiva e adequada (CPC, art. 4º).

Caso as partes nada tenham disposto acerca de seu procedimento mediante negócio processual (CPC, art. 190), compete ao juiz fixar as condições da alienação tais como a forma de publicidade, o prazo em que deve ser efetivada, o preço mínimo, as condições de pagamento, as garantias e, se for o caso, a comissão de corretagem (CPC, art. 880, § 1º). O juiz deve procurar não complicar o procedimento, que é para ser simples e menos oneroso. No CPC/73 o preço mínimo sugerido era o da avaliação, referência que não foi repetida no novo diploma processual. Logo, em princípio, admite-se que o juiz fixe-o de forma diversa, em decisão fundamentada, não podendo ser um preço vil (CPC, art. 891)[145]. Na falta desta definição pelo juiz, será considerado vil valor inferior a 50% da avaliação (CPC, art. 891, parágrafo único)[146] e, por sua vez, não se pode considerar vil o preço igual ou superior a 80% da avaliação (CPC, art. 896).

Como o objetivo último é conseguir vender o bem de forma rápida e vantajosa, o que envolverá um *negócio* com terceiros interessados, essas condições devem permitir alguma flexibilidade, pelo que não se pode simplesmente descartar proposta que possa não respeitar com rigor as condições previamente estabelecidas (p. ex.: com prazo maior para pagamento, em valor inferior ao estabelecido etc.). Assim, desde que haja concordância de exequente e de executado e o juiz assim homologue, pode ser aceita contraproposta que permita ao ato alcançar sua finalidade.

Como se retira do texto legal, a busca de possíveis adquirentes para o bem penhorado será feita pelo próprio exequente, que pode buscar apoio junto a corretores ou leiloeiros públicos credenciados de sua escolha (CPC, art. 883).

---

143. Tem quem sustente que não há impedimento para que a alienação por iniciativa particular possa ser determinada de ofício pelo juiz, bem como possa ser provocada pelo executado, quando se mostrar medida menos gravosa. Por óbvio que se assim for admitido, é preciso que o exequente não seja prejudicado. Enfim, havendo controvérsia, caberá ao juiz decidir, sendo seu dever repelir eventual manifestação abusiva contrária do exequente.
144. Enunciado 192 do FPPC: "Alienação por iniciativa particular realizada por corretor ou leiloeiro não credenciado perante o órgão judiciário não invalida o negócio jurídico, salvo se o executado comprovar prejuízo". Seguindo o disposto no art. 277 do CPC, ainda que o negócio seja feito por leiloeiro não credenciado, em local onde exista profissional credenciado, não haverá nulidade, salvo se for demonstrado o prejuízo.
145. A venda por preço vil não implica necessariamente em invalidade. Por isso mesmo é matéria que depende de provocação da parte para poder ser enfrentada, ou seja, não pode ser conhecida de ofício. Ademais, pode o magistrado preservar o ato de alienação mediante a determinação de que o valor seja complementado pelo adquirente.
146. STJ, 3ª T., AgRg no AREsp 690.974/SP, rel. Min. João Otávio de Noronha, j. 17.09.2015, *DJe* 22.09.2015; STJ, 3ª T., AgRg nos EDcl no AREsp 459.526/GO, rel. Min. Sidnei Beneti, j. 24.04.2014, *DJe* 30.05.2014 e STJ, 1ª T., REsp 643.320/SE, rel. Min. Luiz Fux, j. 05.04.2005, DJ 02.05.2005. Todavia, o critério também pode ser valor muito inferior ao valor de mercado para os padrões da área onde está localizado: STJ, 4ª T., AgRg no AREsp 613.459/DF, rel. Min. Luis Felipe Salomão, j. 03.03.2015, *DJe* 11.03.2015.

A alienação deverá ser formalizada pôr termo nos autos, cujos requisitos são similares ao da adjudicação: deve ser assinado no mínimo pelo juiz, pelo exequente, pelo adquirente e, se estiver presente, pelo executado (CPC, art. 880, § 2º). Ato contínuo haverá a expedição, em se tratando de bem imóvel, da respectiva carta de alienação e o mandado de imissão de posse (CPC, art. 880, § 2º, I); ou o mandado de entrega da coisa ao adquirente, se o bem for móvel (CPC, art. 880, § 2º, II). Será essa a documentação hábil a permitir o registro da aquisição (derivada) do bem perante o órgão competente (cartório imobiliário, DETRAN).

A carta de alienação, que deverá ser assinada pelo juiz, conterá a descrição do imóvel, com remissão à sua matrícula e aos seus registros, a cópia do auto de arrematação e a prova de quitação do imposto de transmissão, além da indicação da existência de eventual ônus real ou gravame (CPC, art. 901, § 2º). Logo, a carta é formada por mais de um documento.

A lei (CPC, art. 880, § 3º) autorizou os tribunais a expedir regulamentações complementares sobre o procedimento da alienação no âmbito de suas competências, bem como sobre o eventual uso de meios eletrônicos e sobre o credenciamento dos corretores e leiloeiros públicos, os quais deverão estar exercendo a atividade por não menos que três anos. Nas localidades em que não houver corretor ou leiloeiro público credenciado segundo as regras editadas pelo tribunal local, a indicação será de livre escolha do exequente (CPC, art. 880, § 4º), devendo sua opção recair sobre profissional que possa cumprir essa função, pelo que caberá ao juiz homologar essa escolha. Entendendo o juiz que o profissional indicado não tem condições de bem cumprir a função, poderá o magistrado indicar serventuário da justiça que possa conduzir os trabalhos.

Mesmo diante da ausência de qualquer referência legal a respeito, é possível concluir pela complementaridade das regras da alienação por leilão judicial à alienação particular. Assim, por exemplo, também deve ser respeitado na alienação particular: a vedação de determinadas pessoas que não podem vir a adquirir o bem penhorado por força de sua relação com este bem ou com o processo e, por isso, pode lhes gerar alguma vantagem indevida (CPC, art. 890); a possibilidade de se vender apenas parte ideal de bem imóvel que comporte divisão cômoda (CPC, art. 894); as consequências pelo inadimplemento do adquirente, quando a compra é feita com pagamento parcelado (CPC, arts. 895 e 897) etc.

5.8.3. Alienação por leilão judicial

Não ocorrendo nenhuma das situações anteriores (adjudicação ou alienação particular), será realizada a alienação por *leilão judicial*[147], que era conhecida no CPC/73 como arrematação (CPC, art. 881, *caput*). Trata-se, portanto, de medida expropriatória

---

147. A legislação não se refere mais a alienação por *hasta pública*, como também abandonou a distinção que se fazia quando usava a expressão *praça* para designar a venda de bem imóvel e a de *leilão* para venda de bem móvel.

de *caráter residual*. A arrematação implica, basicamente, na conversão do bem penhorado em dinheiro, o que se dá mediante a sua venda judicial através de leiloeiro público (CPC, art. 881, § 1º). O leilão somente não será conduzido por leiloeiro público se os bens penhorados forem daqueles que precisam ser negociados em bolsa de valores, cuja condução, necessariamente, será por um corretor da bolsa de valores (CPC, art. 881, § 2º).

A alienação judicial poderá ser realizada de dois modos: por meio eletrônico e, não sendo possível realizar deste modo, por meio presencial (CPC, art. 882, *caput*). A preferência do meio eletrônico em detrimento do meio presencial, mais uma vez, se dá pela maior eficiência e rapidez que aquele tem em relação a este, possibilitando maior adequação, tempestividade e efetividade ao procedimento (CPC, art. 4º). O leilão judicial por meio eletrônico deverá respeitar aos requisitos de ampla publicidade, autenticidade e segurança, especialmente observando as regras estabelecidas na legislação sobre certificação digital e o que foi definido pelo Conselho Nacional de Justiça (CNJ) na Resolução 236/2016 (CPC, art. 882, §§ 1º e 2º). O leilão presencial será realizado no local designado pelo juiz, que senão for o fórum, costuma ser onde os bens se encontram (CPC, art. 882, § 3º).

Caso as partes nada tenham disposto acerca da escolha de leiloeiro público mediante negócio processual (CPC, art. 190), compete ao juiz designá-lo, podendo ser aquele indicado pelo exequente (CPC, art. 883), que deve ser profissional habilitado para essa função. Embora essa indicação seja preferencial, o juiz não está a ela vinculado, podendo recusá-la por meio de decisão fundamentada[148] Nas localidades em que não houver corretor ou leiloeiro público credenciado segundo as regras editadas pelo tribunal local, a escolha do exequente deve recair sobre profissional que possa cumprir essa função. Entendendo o juiz que o profissional indicado pelo exequente não tem condições de bem cumprir a função, poderá ele indicar serventuário da justiça que possa conduzir os trabalhos.

São deveres do leiloeiro público nomeado (CPC, art. 884, *caput*): publicar o edital, anunciando a alienação (inc. I); realizar o leilão onde se encontrem os bens ou no lugar designado pelo juiz (inc. II); expor aos pretendentes os bens ou as amostras das mercadorias (inc. III); receber e depositar, dentro de um dia, à ordem do juiz, o produto da alienação (inc. IV); e, prestar contas nos dois dias subsequentes ao depósito (inc. V). Além destes deveres, outros foram estabelecidos pelo CNJ, os quais também merecem observância.

De outro lado, é direito do leiloeiro público, caso a arrematação se dê por perfeita e acabada, receber do arrematante a comissão estabelecida em lei ou arbitrada pelo juiz (CPC, art. 884, parágrafo único)[149]. Independentemente da consecução do ato, sempre

---

148. STJ, 2ª T., REsp 1.354.974/MG, rel. Min. Humberto Martins, j. 05.03.2013, *DJe* 14.03.2013 e STJ, 3ª T., RMS 38.987/SP, rel. Min. Nancy Andrighi, j. 13.08.2013, *DJe* 22.08.2013.
149. STJ, 2ª T., REsp 1.334.075/MG, rel. Min. Herman Benjamin, j. 04.12.2012, *DJe* 19.12.2012 e STJ, 2ª T., Resp 1.250.360/PE, rel. Min. Mauro Campbell Marques, j. 02.08.2011, *DJe* 09.08.2011.

será devido ao leiloeiro o ressarcimento dos seus custos, tais como os valores gastos com publicidade, remoção, guarda e depósito do bem, para o que deverá comprová-los documentalmente nos autos (Dec. 21.981/1932, art. 40)[150]. A lei assegura um valor mínimo de 5% sobre o valor da alienação a título de corretagem (Dec. 21.981/1932, art. 24, parágrafo único), não havendo, portanto, limite máximo definido em lei[151]. Compete ao juiz definir o preço mínimo, as condições de pagamento e as garantias que poderão ser prestadas pelo arrematante (CPC, art. 885). Vale aqui o que se disse na adjudicação, ou seja, admite-se que o juiz, em decisão fundamentada, fixe preço mínimo que não corresponda ao valor da avaliação, que não pode ser um preço vil (CPC, art. 891)[152]. Na falta desta definição pelo juiz, será considerado vil valor inferior a 50% da avaliação (CPC, art. 891, parágrafo único)[153-154] e, por sua vez, não se pode considerar vil o preço igual ou superior a 80% da avaliação (CPC, art. 896). Disto tudo resulta, portanto, que no sistema atual não existe mais a formalidade de se realizar um primeiro leilão no qual a alienação deveria ser apenas pelo valor da avaliação e, no segundo leilão, a venda poderia ocorrer por qualquer valor que não fosse vil. No sistema legal atual, sempre cabe ao juiz fixar o valor mínimo pelo qual a coisa pode ser alienada, em primeiro ou segundo leilão. As condições de pagamento e garantia deverão ter por referência, além da natureza do bem que está sendo alienado, o que costuma ser observado no mercado local, adaptando-se o que for necessário ao caso concreto.

Como visto, a alienação pressupõe a publicação de edital, cujo conteúdo deve observar o disposto no art. 886 do CPC que, basicamente, se refere: às informações relativas ao bem e seus eventuais ônus e pendências; lugar onde o bem se encontra; ao preço mínimo estipulado, às condições de pagamento, garantias e ao percentual de corretagem do leiloeiro; e, ao modo como será o leilão realizado, se eletrônico[155] ou presencial, e as informações para sua consecução.

Esse edital será publicado na forma e conforme os prazos definidos no art. 887, também do CPC. Esse dispositivo visou dar a máxima publicidade ao ato, por isso adotou

---

150. STJ, 4ª T., REsp 1.179.087/RJ, rel. Min. Luis Felipe Salomão, j. 22.10.2013, DJe 04.11.2013.
151. STJ, 5ª T., REsp 680.140/RS, rel. Min. Gilson Dipp, j. 02.02.2006, DJ 06.03.2006.
152. A venda por preço vil não implica necessariamente em invalidade. Por isso mesmo é matéria que depende de provocação da parte para poder ser enfrentada, ou seja, não pode ser conhecida de ofício. Ademais, pode o magistrado preservar o ato de alienação mediante a determinação de que o valor seja complementado pelo adquirente.
153. Enunciado 193 do FPPC: "Não justifica o adiamento do leilão, nem é causa de nulidade da arrematação, a falta de fixação, pelo juiz, do preço mínimo para a arrematação". A omissão do juiz é suprida pela previsão do art. 891, parágrafo único, razão pela qual não se caracteriza como nulidade.
154. STJ, 3ª T., AgRg no AREsp 690.974/SP, rel. Min. João Otávio de Noronha, j. 17.09.2015, DJe 22.09.2015; STJ, 3ª T., AgRg nos EDcl no AREsp 459.526/GO, rel. Min. Sidnei Beneti, j. 24.04.2014, DJe 30.05.2014 e STJ, 1ª T., REsp 643.320/SE, rel. Min. Luiz Fux, j. 05.04.2005, DJ 02.05.2005. Todavia, o critério também pode ser valor muito inferior ao valor de mercado para os padrões da área onde está localizado: STJ, 4ª T., AgRg no AREsp 613.459/DF, rel. Min. Luis Felipe Salomão, j. 03.03.2015, DJe 11.03.2015.
155. Enunciado 157 da II Jornada de Direito Processual Civil (CJF): "No leilão eletrônico, a proposta de pagamento parcelado (art. 895 do CPC), observado o valor mínimo fixado pelo juiz, deverá ser apresentada até o início do leilão, nos termos do art. 886, IV, do CPC".

como prioritária a divulgação via internet[156], que certamente atinge maior quantidade de pessoas, o que significa maior chance de êxito do leilão, e não implica maiores custos e esforços. Qualquer irregularidade, seja em relação ao conteúdo do edital seja quanto à sua publicidade, desde que acarrete prejuízo ao ato, especialmente ao executado e ao arrematante, poderá ensejar nulidade[157]. Se a penhora recaiu sobre títulos da dívida pública negociados em bolsa, o valor da última cotação é que deverá constar do edital (CPC, art. 886, parágrafo único).

Caso o leilão tenha que ser suspenso porque ultrapassou o horário de expediente forense (CPC, art. 212), deverá prosseguir no dia útil seguinte, à mesma hora que teve início, independentemente de novo edital (CPC, art. 900). De outro lado, não se realizando o leilão por qualquer motivo, o juiz determinará que se divulgue a sua transferência, também observando o disposto no art. 887 do CPC (CPC, art. 888, *caput*). Se essa impossibilidade decorrer de ato culposo causado por qualquer dos auxiliares da justiça (escrivão ou chefe de secretaria ou leiloeiro), este será responsável pelos novos custos de divulgação, além de, depois de regular processo administrativo, ficar sujeito a sanção de suspensão por cinco dias a três meses (CPC, art. 888, parágrafo único).

Fixadas as premissas para que ocorra a alienação por leilão judicial, deverá ser intimado o executado (CPC, art. 889, I) e, se for o caso, os demais interessados (CPC, art. 799, art. 804 e art. 889, II a VIII), para o que se exige que a intimação ocorra com pelo menos cinco dias úteis de antecedência (CPC, art. 889, *caput*). Para aquele que não for intimado acerca da alienação, o ato será ineficaz (CPC, art. 804)[158], o que significa que o ato não será desfeito, mas apenas não produzirá efeitos à esfera desse terceiro. O executado será intimado na pessoa de seu advogado ou, na falta deste, pessoalmente, pelo correio, por mandado, edital ou outro meio idôneo (CPC, art. 889, I); e, sendo revel e desconhecido o seu endereço, a intimação será considerada válida por meio do próprio edital de leilão (CPC, art. 889, parágrafo único).

Uma vez intimado com a antecedência definida em lei, o executado pode se opor à alienação por leilão judicial mediante a remição da execução (CPC, art. 826)[159], ou seja, depositando em juízo o valor atualizado e acrescido de juros do crédito exequendo, além de custas e honorários; o que ensejará a extinção da execução (CPC, art. 924, II). Além disso, o executado pode requerer a substituição do bem penhorado por dinheiro (CPC, art. 847), o que não pode ser considerado prejudicial ao exequente.

---

156. Se por alguma razão não for possível publicar o edital na internet ou entendendo o juiz que, dadas as circunstâncias da sede do juízo, essa forma de divulgação se mostrar inadequada ou insuficiente, o edital, além de ser fixado no local de costume, também será publicado em jornal local ou em outros meios de difusão de informação.
157. STJ, 2ª T., AgRg no REsp 1.282.195/RS, rel. Min. Humberto Martins, j. 10.02.2015, *DJe* 19.02.2015 e STJ, 3ª T., REsp 1.316.970/RJ, rel. Min. Nancy Andrighi, j. 28.05.2013, *DJe* 07.06.2013.
158. STJ, 3ª T., REsp 1.122.533/PR, rel. Min. Sidnei Beneti, j. 15.05.2012, *DJe* 11.06.2012 e STJ, 3ª T., REsp 1.219.329/RJ, rel. Min. João Otávio de Noronha, j. 11.03.2014, *DJe* 29.04.2014.
159. STJ, 2ª T., REsp 1.268.097/SC, rel. Min. Herman Benjamin, j. 02.10.2012, *DJe* 08.03.2013.

E, ainda, pode o executado apenas remir o bem, isto é, depositar em juízo o valor do bem penhorado, equivalente ao da avaliação. Tal direito de remir o bem também pode ocorrer antes da assinatura do auto de arrematação, ocasião em que o valor a ser depositado será igual ao do maior lance oferecido (CPC, art. 902, *caput*)[160]. Na hipótese de falência ou de insolvência do devedor hipotecário, o direito de remição do bem será deferido à massa falida ou aos credores em concurso, não podendo o exequente recusar o preço da avaliação do imóvel (CPC, art. 902, parágrafo único). Quanto aos terceiros, será o momento de manifestarem e comprovarem nos autos seus títulos de preferência[161], uma vez que, em caso de igualdade de ofertas entre eles, será a ordem de preferência que prevalecerá.

Muito embora a regra é que qualquer pessoa pode ser legítima a adquirir o bem por meio do leilão judicial, a lei (CPC, art. 890) apresenta rol exemplificativo[162] de pessoas que não podem vir a adquirir o bem penhorado, dada a sua relação com o bem ou com o processo. O intuito, afinal, é evitar que se dê alguma vantagem indevida a esses sujeitos. São eles: os tutores, curadores, testamenteiros, administradores ou liquidantes, quanto aos bens confiados à sua guarda e à sua responsabilidade (inc. I); os mandatários, quanto aos bens de cuja administração ou alienação estejam encarregados (inc. II); o juiz, o agente do Ministério Público, o escrivão ou chefe de secretaria, além dos demais servidores e auxiliares da justiça, em relação aos bens e direitos objeto de alienação na localidade onde servirem ou a que se estender a sua autoridade (inc. III); os servidores públicos em geral, quanto aos bens ou direitos da pessoa jurídica a que servirem ou que estejam sob sua administração direta ou indireta (inc. IV); os leiloeiros e seus prepostos, quanto aos bens de cuja venda estejam encarregados (inc. V); e, os advogados de qualquer das partes (inc. VI).

Salvo estipulação judicial em sentido diverso (CPC, art. 885), o valor da arrematação deve ser pago de imediato pelo arrematante, por meio de depósito judicial ou por meio eletrônico (CPC, art. 892, *caput*). Caso o exequente efetue a arrematação pelo valor da avaliação, não estará obrigado a exibir o preço, mas se o valor dos bens exceder ao seu crédito, deverá depositar a diferença em três dias, sob pena de ineficácia da arrematação[163], que será refeita à custa do exequente (CPC, art. 892, § 1º).

Caso haja mais de um pretendente na alienação, instaura-se entre eles um concurso, em que disputarão a compra do bem penhorado mediante apresentação de lances, a partir do valor mínimo estipulado (CPC, art. 892, § 2º, 1ª parte). Em caso de igualdade de oferta,

---

160. Enunciado 151 da II Jornada de Direito Processual Civil (CJF): "O legitimado pode remir a execução até a lavratura do auto de adjudicação ou de alienação (CPC, art. 826)".
161. STJ, 3ª T., REsp 1.580.750/SP, rel. Min. Nancy Andrighi, j. 19.06.2018, *DJe* 22.06.2018. Nesse julgado, o STJ definiu que: "Para o exercício da preferência material decorrente da hipoteca, no concurso especial de credores, não se exige a penhora sobre o bem, mas o levantamento do produto da alienação judicial não prescinde do aparelhamento da respectiva execução". Nessa mesma oportunidade, o colegiado fixou a seguinte ordem de preferência: débitos tributários, despesas condominiais, dívida garantida por hipoteca e créditos quirografários.
162. STJ, 2ª T., REsp 1.368.249/RN, rel. Min. Humberto Martins, j. 16.04.2013, *DJe* 25.04.2013.
163. STJ, 3ª T., AgRg no REsp 1.353.705/MS, rel. Min. Paulo de Tarso Sanseverino, j. 23.09.2014, *DJe* 1º.10.2014.

será dada preferência aos membros da família do executado, nesta ordem: ao cônjuge, companheiro, descendente ou ascendente (CPC, art. 892, § 2º, 2ª parte). Por sua vez, se o bem que vai a leilão é tombado, em caso de igualdade de oferta, a ordem de preferência a ser seguida na arrematação é a seguinte: União, Estados e Municípios (CPC, art. 892, § 3º). Havendo igualdade de oferta e não tendo concorrido estes sujeitos preferenciais, a solução terá que ser por sorteio público entre as ofertas (Lei 8.666, art. 45, § 3º).

Pode o interessado em adquirir o bem oferecer proposta escrita para efetuar o pagamento do preço de forma parcelada (CPC, art. 895, *caput*). Se a oferta de pagamento parcelado for apresentada até o início do primeiro leilão, não poderá ser por valor inferior ao da avaliação (CPC, art. 895, I). Por sua vez, se apresentada antes do início do segundo leilão, a oferta parcelada não pode ser por preço vil (CPC, art. 895, II). Apesar de apresentada esta proposta antes do início do leilão, este não terá sua realização suspensa (CPC, art. 895, § 6º) e, por isso mesmo, entre a proposta de pagamento parcelado e aquela para pagamento imediato do valor total, esta é que prevalecerá (CPC, art. 895, § 7º). Seja qual for o momento da apresentação desta proposta de pagamento parcelado, ela deve assegurar um pagamento imediato equivalente a 25% do lance, e o saldo em parcelas que não ultrapasse 30 meses, garantido por caução idônea, quando se tratar de bens móveis, e por hipoteca, quando se tratar de bem imóvel (CPC, art. 895, § 1º).

Além disso, na proposta deve constar todas as condições de pagamento (prazo, modo etc.) e o índice de correção monetária a ser aplicado às prestações (CPC, art. 895, § 2º). Em caso de atraso no pagamento de qualquer das parcelas, incidirá multa de 10% sobre o valor da parcela inadimplida somada às prestações vincendas (CPC, art. 895, § 4º). Ocorrendo o inadimplemento, o exequente poderá pedir, nos autos da execução, a resolução da arrematação ou promover, em face do arrematante, a execução do valor devido (CPC, art. 895, § 5º), este já acrescido da multa do § 4º.

Parece ser possível aqui cogitar, em caso de o exequente optar pela resolução da arrematação, ser aplicável a teoria do adimplemento substancial. Ou seja, o trabalho do juiz não se resume a examinar a ocorrência do inadimplemento do arrematante e a deferir o pedido resolutório deduzido pelo exequente, mas vai além, devendo apreciar a existência de um incumprimento que realmente sirva de suporte à dissolução do ato, para o que deve se orientar pelos princípios da boa-fé (CPC, art. 5º), da efetividade da tutela (CPC, art. 6º) e da proporcionalidade e razoabilidade (CPC, art. 8º).

Havendo mais de uma proposta de pagamento parcelado, se elas forem em diferentes condições, o juiz decidirá pela mais vantajosa em termos de maior valor oferecido (CPC, art. 895, § 8º, I); ou, sendo elas em iguais condições, será aceita a daquele que a formulou primeiramente (CPC, art. 895, § 8º, II). À medida que os pagamentos da arrematação venham a ser realizados, serão eles destinados ao exequente até o limite de seu crédito e, tendo este sido quitado, os subsequentes serão destinados ao executado.

Se o arrematante ou seu fiador não pagar o preço no prazo estabelecido no parcelamento, e o exequente optar pela resolução da arrematação (CPC, art. 895, § 5º), surgem três consequências: a) a perda em favor do exequente do valor pago à vista (25%) ou de eventual caução oferecida; b) o bem será objeto de novo leilão; c) esse arrematante e seu fiador estarão proibidos de participar do novo leilão (CPC, art. 897).

Por sua vez, havendo inadimplemento das parcelas, pode o fiador pagar o valor integral do lance e a multa a que se refere o art. 895, § 4º, do CPC, o que lhe dá o direito de requerer ao juízo da execução que a arrematação lhe seja transferida (CPC, art. 898)[164], ou seja, lhe dá direito de se sub-rogar na condição de arrematante.

Se o leilão tiver por objeto mais de um bem e para cada um houver mais de um pretendente, terá preferência aquele que se propuser a arrematar todos em conjunto (de forma global), desde que, para os bens que não tiverem lance, o pretendente ofereça preço igual ao da avaliação e, para os demais, o pretendente ofereça preço igual ao do maior lance individual que tenha sido oferecido pelos demais concorrentes (CPC, art. 893).

Ainda considerando que o leilão tenha por objeto mais de um bem, se dará por encerrada[165] a arrematação tão logo que o produto da alienação for suficiente para o pagamento do crédito exequendo atualizado e acrescido de juros, além de custas e honorários (CPC, art. 899). Não obstante o encerramento do leilão, a penhora sobre os bens remanescentes somente será levantada quando da extinção da execução.

Tratando-se de bem imóvel divisível de forma cômoda, isto é, que a lei não crie óbices e assim seja do interesse do executado, a fim de reduzir seu sacrifício patrimonial e atingir a efetividade em favor do exequente, havendo requerimento do executado, o juiz determinará que a alienação recaia sobre fração dele que seja suficiente para o pagamento do crédito exequendo atualizado e acrescido de juros, além de custas e honorários (CPC, art. 894, *caput*). Esse requerimento deve ser feito com antecedência que permita a avaliação das partes fracionadas e, por consequência, a inclusão desses dados no edital, competindo ao executado providenciar planta e memorial descritivo subscritos por profissional habilitado (CPC, art. 894, § 2º), salvo se estes já vieram aos autos quando da avaliação (CPC, art. 872, § 1º). Não havendo lance em relação às frações, o imóvel será vendido em sua integralidade (CPC, art. 894, § 1º).

Quando o bem penhorado sujeito ao leilão judicial for imóvel pertencente a incapaz, o juiz suspenderá pelo prazo de um ano este leilão se não houver um lance mínimo equivalente a 80% do valor da avaliação, hipótese em que confiará a guarda e a administração deste imóvel a depositário idôneo (CPC, art. 896, *caput*), que poderá locar este bem neste período de suspensão (CPC, art. 896, § 3º).

Se durante o período de suspensão (um ano) surgir algum pretendente que assegure pagar o preço da avaliação, mediante caução, o juiz ordenará a alienação (CPC, art. 896, § 1º), o que poderá acontecer ainda que o imóvel esteja locado. Se este pretendente se

---

164. Enunciado 589 do FPPC: "O termo 'multa' constante no art. 898 refere-se à perda da caução prevista no art. 897". A menção à multa no art. 898 não tem conteúdo aparente, pois o CPC não prevê que o arrematante pague multa. Daí entender que a referência à multa é à perda da caução mencionada no art. 897.
165. A lei (CPC, art. 899) fala em suspensão.

arrepender de sua proposta, está sujeito à multa de 20% sobre o valor da avaliação, que será revertida em favor do incapaz, e que será fixada por meio de decisão que constituirá título executivo judicial (CPC, art. 896, § 2º). Findo o prazo de suspensão e não havendo nenhuma proposta ou interessado, o bem será levado a novo leilão (CPC, art. 896, § 4º).

A arrematação, seja por meio eletrônico ou presencial, para que se aperfeiçoe, depende da lavratura do respectivo auto, que será lavrado de imediato e poderá abranger bens penhorados em mais de uma execução, nele mencionadas as condições nas quais foi alienado o bem, auto este que deve ser assinado no mínimo pelo juiz, pelo arrematante e pelo leiloeiro e, se estiverem presentes, pelo exequente e executado (CPC, art. 901, *caput*). Assinado o auto, não tem mais lugar a remição da execução ou do bem[166] e, a partir de então, é direito do arrematante receber os frutos e rendimento da coisa arrematada[167].

Lavrado o auto, a arrematação será considerada perfeita e acabada (existente)[168], além de irretratável, ainda que eventualmente os embargos do executado sejam julgados procedentes (CPC, art. 903, *caput*), bem como seja procedente a defesa por simples petição (CPC, art. 903, § 2º) oposta nos 10 dias úteis após o aperfeiçoamento da arrematação, ou, ainda, acaso seja julgada procedente a defesa oposta por meio de ação anulatória que vise anular essa arrematação (CPC, art. 903, § 4º)[169]. Nestas hipóteses, por força da segurança jurídica dada em favor do arrematante, o executado terá direito a haver do exequente o valor por este recebido como produto da arrematação e, caso tal valor tenha sido inferior ao valor do bem, o exequente e o adquirente também estarão obrigados pela diferença. Vale dizer, será convertida em indenização por perdas e danos ao invés de permitir o retorno ao *status quo ante*.

Ato contínuo à lavratura do auto, haverá a expedição, em se tratando de bem imóvel, da respectiva carta de arrematação e o mandado de imissão de posse; ou o mandado de entrega da coisa ao adquirente, se o bem for móvel (CPC, art. 901, § 1º). Será essa a documentação hábil a permitir o registro da aquisição (derivada) do bem perante o órgão competente (cartório imobiliário, DETRAN)[170], bem como autorizar ação de imissão de posse para a entrega da coisa[171]. A carta de arrematação, que deverá ser assinada pelo juiz, conterá a descrição do imóvel, com remissão à sua matrícula e aos seus registros, a cópia do auto de arrematação e a prova de quitação do imposto de transmissão, além da indicação da existência de eventual ônus real ou gravame (CPC, art. 901, § 2º). Logo, a carta é formada por mais de um documento.

---

166. STJ, 3ª T., AgRg no REsp 1.199.090/SP, rel. Min. Sidnei Beneti, j. 25.06.2013, *DJe* 1º.08.2013.
167. STJ, 3ª T., REsp 1.232.559/PR, rel. Min. João Otávio de Noronha, j. 11.02.2014, *DJe* 17.02.2014 e STJ, 4ª T., REsp 698.234/MT, rel. Min. Raul Araújo, j. 25.03.2014, *DJe* 30.04.2014.
168. STJ, 4ª T., AgRg no AgRg no REsp 1.193.362/SP, rel. Min. Luis Felipe Salomão, j. 02.06.2015, *DJe* 09.06.2015.
169. Nesse sentido: Enunciado 644 do FPPC: "A ação autônoma referida no § 4º do art. 903 com base na alegação de preço vil, não pode invalidar a arrematação".
170. STJ, 4ª T., REsp 1.045.258/MA, rel. Min. Marco Buzzi, j. 26.11.2013, *DJe* 10.12.2013.
171. STJ, 4ª T., REsp 26.621/SP, rel. Min. Sálvio de Figueiredo Teixeira, j. 09.10.1995, *DJ* 09.10.1995.

Em aparente contradição com a previsão acerca da irretratabilidade da arrematação, a própria lei prevê a possibilidade de desconstituição da arrematação realizada no curso da execução. O desfazimento do ato pode decorrer de vício ocorrido no próprio ato ou que tenha ocorrido antes, mas que por derivação, afete a alienação judicial[172]. Aliás, a própria redação do art. 903, § 1º, do CPC é clara em apontar que ali existe apenas um rol meramente exemplificativo: invalidade pela venda ter sido feita por preço vil (inc. I)[173-174]; ineficácia da alienação em relação àqueles interessados (CPC, art. 804) que não tenham sido intimados acerca da penhora de bem a eles relacionados (inc. II)[175]; resolvida, se não foi pago o preço ou se não foi prestada a caução (inc. III). Podem-se apontar como outros vícios que contaminam a arrematação: defeito no edital de alienação que compromete a validade do ato; aquisição por quem está impedido de fazê-lo (CPC, art. 890)[176]; prescrição; nulidade da citação do executado[177]; impenhorabilidade absoluta do bem alienado[178]; inexequibilidade do título executivo[179] etc. Essa desconstituição da arrematação poderá ser provocada pelo executado, pelos terceiros interessados não intimados e, se o vício for daqueles que admitem conhecimento de ofício, pelo próprio magistrado da causa.

O adquirente pode desistir da arrematação quando (CPC, art. 903, § 5º): provar, nos 10 dias seguintes à lavratura do respectivo auto, a existência de ônus real ou gravame não mencionado no edital (inc. I); se, antes de expedida a respectiva carta de arrematação ou a ordem de entrega, o executado buscar desconstituir a arrematação (inc. II); e, se vier a ser citado para responder à ação anulatória prevista no art. 903, § 4º do CPC e, no prazo que dispõe para contestar, manifestar na execução seu arrependimento (inc. III). Ao manifestar sua desistência fundada em qualquer das hipóteses possíveis,

---

172. STJ, 4ª T., REsp 363.391/AL, rel. Min. Aldir Passarinho Jr, j. 20.03.2007, DJ 16.04.2007.
173. A venda por preço vil não implica necessariamente em invalidade. Por isso mesmo é matéria que depende de provocação da parte para poder ser enfrentada, ou seja, não pode ser conhecida de ofício. Ademais, pode o magistrado preservar o ato de alienação mediante a determinação de que o valor seja complementado pelo adquirente.
174. A caracterização de preço vil tem como parâmetro o valor de 50% da avaliação do bem (CPC, art. 890, parágrafo único): STJ, 3ª T., AgRg no AREsp 690.974/SP, rel. Min. João Otávio de Noronha, j. 17.09.2015, DJe 22.09.2015; STJ, 3ª T., AgRg nos EDcl no AREsp 459.526/GO, rel. Min. Sidnei Beneti, j. 24.04.2014, DJe 30.05.2014 e STJ, 1ª T., REsp 643.320/SE, rel. Min. Luiz Fux, j. 05.04.2005, DJ 02.05.2005. Todavia, o critério também pode ser valor muito inferior ao valor de mercado para os padrões da área onde está localizado: STJ, 4ª T., AgRg no AREsp 613.459/DF, rel. Min. Luis Felipe Salomão, j. 03.03.2015, DJe 11.03.2015.
175. STJ, 3ª T., REsp 1.447.687/DF, rel. Min. Ricardo Vilas Bôas Cueva, j. 21.08.2014, DJe 08.09.2014; STJ, 3ª T., REsp 1.219.329/RJ, rel. Min. João Otávio de Noronha, j. 11.03.2014, DJe 29.04.2014 e STJ, 4ª T., AgRg no Ag 638.146/GO, rel. Min. Barros Monteiro, j. 21.06.2005, DJ 03.10.2005.
176. STJ, 3ª T., REsp 823.148/RJ, rel. Min. Ari Pargendler, j. 07.12.2006, DJe 23.04.2007. Neste caso, aliás, não há como considerar a arrematação irretratável, porque se estaria prestigiando quem sequer poderia ter participado do ato. Logo, sendo está a causa do ataque à arrematação, esta será mesmo invalidada. Nesse sentido, Enunciado 542 do FPPC: "Na hipótese de expropriação de bem por arrematante arrolado no art. 890, é possível o desfazimento da arrematação".
177. STJ, 2ª T., REsp 1.358.931/PR, rel. Min. Og Fernandes, j. 16.06.2015, DJe 1º.07.2015.
178. STJ, 1ª T., REsp 539.153/RS, rel. Min. Teori Albino Zavascki, j. 14.03.2006, DJe 03.04.2006. Entendendo inadmissível a alegação de impenhorabilidade em ação anulatória: STJ, 2ª Seção, AR 4.525/SP, rel. Min. Maria Isabel Gallotti, j. 13.12.2017, DJe 18.12.2017.
179. STJ, 4ª T., REsp 273.248/MG, rel. Min. Sálvio de Figueiredo Teixeira, j. 10.10.2000, DJ 02.04.2000.

deverá ser devolvido ao arrematante o depósito que tiver feito e o valor pago a título de corretagem ao leiloeiro[180].

5.9. DA SATISFAÇÃO DO CRÉDITO

O resultado que se pretende alcançar pela execução de obrigação de soma em dinheiro é, por óbvio, a satisfação do crédito exequendo, o que pode se dar de duas maneiras (CPC, art. 904): pela entrega ao exequente de dinheiro (inc. I), este obtido pela alienação particular, alienação por leilão judicial ou, ainda, decorrentes da penhora sobre faturamento, sobre frutos ou rendimentos, ou sobre outros créditos; e, pela adjudicação do bem penhorado (inc. II).

A entrega desse dinheiro ao exequente será autorizada pelo magistrado até a satisfação integral de seu crédito (CPC, art. 905, *caput*), o que poderá se dar à medida que esses valores venham a ser arrecadados no processo, desde que: a) a execução esteja sendo promovida apenas em seu benefício, pelo que o exequente tem a preferência exclusiva sobre este numerário (inc. I); e, b) inexista sobre os bens alienados outros privilégios ou preferências instituídos antes da penhora (inc. II).

A proibição contida na lei de que esse levantamento de dinheiro ou liberação de bens apreendidos não ocorra durante o plantão judiciário (CPC, art. 905, parágrafo único), deve ser interpretada no sentido de que essa vedação somente tem lugar se, no caso concreto, não se demonstrar a urgência ou evidência que justifique o pedido perante o plantão.

Havendo pluralidade de credores ou exequentes, o dinheiro lhes será distribuído e entregue conforme a ordem das respectivas preferências instituídas pelo direito material (CPC, art. 908, *caput*), as quais precisarão estar devidamente identificadas pelo juízo da execução[181].

---

180. STJ, 2ª T., RMS 33.004/SC, rel. Min. Castro Meira, j. 27.11.2012, *DJe* 06.12.2012.
181. Aplicável ao caso, a relação de preferência descritas na Lei de Recuperação Judicial, Lei 11.101.2005, art. 83, a saber: I – os créditos derivados da legislação do trabalho, limitados a 150 (cento e cinquenta) salários-mínimos por credor, e os decorrentes de acidentes de trabalho; II – créditos com garantia real até o limite do valor do bem gravado; III – créditos tributários, independentemente da sua natureza e tempo de constituição, excetuadas as multas tributárias; IV – créditos com privilégio especial, a saber: *a)* os previstos no art. 964 da Lei 10.406, de 10 de janeiro de 2002; *b)* os assim definidos em outras leis civis e comerciais, salvo disposição contrária desta Lei; *c)* aqueles a cujos titulares a lei confira o direito de retenção sobre a coisa dada em garantia; *d)* aqueles em favor dos microempreendedores individuais e das microempresas e empresas de pequeno porte de que trata a Lei Complementar 123, de 14 de dezembro de 2006; V – créditos com privilégio geral, a saber: *a)* os previstos no art. 965 da Lei 10.406, de 10 de janeiro de 2002; *b)* os previstos no parágrafo único do art. 67 desta Lei; *c)* os assim definidos em outras leis civis e comerciais, salvo disposição contrária desta Lei; VI – créditos quirografários, a saber: *a)* aqueles não previstos nos demais incisos deste artigo; *b)* os saldos dos créditos não cobertos pelo produto da alienação dos bens vinculados ao seu pagamento; *c)* os saldos dos créditos derivados da legislação do trabalho que excederem o limite estabelecido no inciso I do caput deste artigo; VII – as multas contratuais e as penas pecuniárias por infração das leis penais ou administrativas, inclusive as multas tributárias; VIII – créditos subordinados, a saber: *a)* os assim previstos em lei ou em contrato; *b)* os créditos dos sócios e dos administradores sem vínculo empregatício.

Independentemente do meio expropriatório havido (adjudicação ou alienação)[182], eventuais créditos que recaiam sobre o bem penhorado, inclusive os de natureza *propter rem* (dívidas tributárias como IPTU ou ITR, dívidas condominiais etc.), sub-rogam-se sobre o respectivo preço, observada a ordem de preferência (CPC, art. 908, § 1º). Vale dizer, formalizado o ato de expropriação, o adquirente não será responsável por eventual dívida tributária relativa ao bem adquirido (CTN, art. 130, parágrafo único), cuja responsabilidade continuará sendo do executado[183]. Em relação às taxas condominiais, tem-se entendido que, não constando do edital existirem essas pendências[184] ou havendo expressa previsão no edital que os imóveis seriam vendidos livres de quaisquer ônus que antecedessem à venda[185], o adquirente por elas não responde. Do contrário, portanto, constando do edital que essa obrigação seria assumida pelo adquirente, será ele responsável pelo pagamento, ainda que anterior à aquisição[186]. Não havendo credores com créditos preferenciais, ou tendo sido estes quitados, o dinheiro será distribuído de acordo com a anterioridade da penhora (preferência processual), quando mais de uma tenha recaído sobre o bem expropriado (CPC, art. 908, § 2º).

Para aferir a questão relativa às preferências ou à anterioridade das penhoras entre os diversos credores ou exequentes, pode ser instaurado um incidente cognitivo que, depois de apresentadas as razões e a respectiva comprovação documental por cada um deles, será decidido pelo juiz (CPC, art. 909) por meio de decisão interlocutória, passível, portanto, de ser impugnada por meio de agravo de instrumento (CPC, art. 1.015, parágrafo único).

O levantamento poderá ser feito mediante a expedição de mandado, que será encaminhado ao banco onde se encontra a conta vinculada ao juízo da execução; ou, por meio de transferência eletrônica do valor depositado em conta vinculada ao juízo para outra conta indicada pelo exequente (CPC, art. 906, parágrafo único). Seja como for o levantamento, o exequente dará ao executado, por termo nos autos, quitação da quantia paga (CPC, art. 906, *caput*).

Se o levantamento for insuficiente para quitar todo o crédito exequendo atualizado e acrescido de juros de mora, além de custas e honorários advocatícios, a execução deverá prosseguir em relação ao valor remanescente (CPC, art. 876, § 4º, II), cabendo ao exequente este impulso.

---

182. Em sentido contrário: STJ, 2ª T., REsp 1.179.056/MG, rel. Min. Humberto Martins, j. 07.10.2010, *DJe* 21.10.2010 e STJ, 4ª T., REsp 1.186.373/MS, rel. Min. Luis Felipe Salomão, j. 24.03.2015, *DJe* 14.04.2015.
183. STJ, 2ª T., AgRg no AREsp 605.272/MG, rel. Min. Mauro Campbell Marques, j. 09.12.2014, *DJe* 15.12.2014 e STJ, 1ª T., AgRg no Ag 1.137.529/SP, rel. Min. Benedito Gonçalves, j. 15.12.2009, *DJe* 02.02.2010.
184. STJ, 4ª T., REsp 1.456.150/RJ, rel. Min. Raul Araújo, j. 03.03.2015, *DJe* 05.06.2015; STJ, 3ª T., AgRg no REsp 1.357.974/SP, rel. Min. Paulo de Tarso Sanseverino, j. 02.12.2014, *DJe* 19.12.2014; STJ, 3ª T., REsp 1.297.672/SP, rel. Min. Nancy Andrighi, j. 24.09.2013, *DJe* 1º.10.2013 e STJ, 3ª T., REsp 865.462/RJ, rel. Min. Ricardo Villas Bôas Cueva, j. 28.02.2012, *DJe* 08.03.2012.
185. STJ, 4ª T., AgRg no REsp 1.257.987/RS, rel. Min. Marco Buzzi, j. 20.10.2015, *DJe* 26.10.2015 e STJ, 3ª T., REsp 1.299.081/SP, rel. Min. Nancy Andrighi, j. 18.09.2012, *DJe* 27.09.2012.
186. STJ, 4ª T., AgRg no AREsp 227.546/DF, rel. Min. Maria Isabel Gallotti, j. 18.08.2015, *DJe* 27.08.2015.

Por sua vez, se o levantamento tiver sido suficiente para quitar todo o crédito exequendo atualizado e acrescido de juros de mora, além de custas e honorários advocatícios, a execução deverá ser extinta por meio de sentença (CPC, art. 924, II c/c art. 925); e, tendo ainda sobrado algum valor disponível, este saldo que sobrar será restituído ao executado (CPC, art. 907).

Nos casos de parcelamento para pagamento de débito tributário, em que de costume se mantém as penhoras havidas no processo, é possível a liberação progressiva dos bens constritos, na proporção que realizada a quitação das parcelas da moratória, sob pena de ofender ao princípio da menor onerosidade ao executado (CPC, art. 805)[187].

---

187. STJ, 1ª T., REsp 1.266.318/RN, rel. Min. Napoleão Nunes Maia Filho, j. 07.12.2017, *DJe* 14.12.2017.

6
CUMPRIMENTO DE SENTENÇA E PROCESSO DE EXECUÇÃO DE OBRIGAÇÃO DE FAZER E NÃO FAZER

6.1. ASPECTOS GERAIS

À luz do CPC/73, o procedimento considerado, até então padrão (por meio de processo autônomo) para promover a satisfação de prestações de fazer e não fazer nunca se mostrou eficaz. A crítica era simples: salvo a hipótese de cumprimento voluntário da prestação pelo devedor, em razão da multa fixada pelo juiz, invariavelmente somente restava ao credor contentar-se com as perdas e danos.

Em outras palavras, o sistema processual carecia de instrumentos que refletissem de modo mais claro a preferência do direito material pelo resultado (cumprimento) específico, situação que foi corrigida mediante a redação que fora dada ao art. 461 do CPC/73. Nesta nova via, a satisfação dessas modalidades de prestação passou a ser feita como *fase* seguinte à da definição do direito, embora fosse possível antecipar os efeitos da tutela ao credor. Além disso, deu-se preferência à obtenção da chamada *tutela específica*, ou seja, se concedeu amplos poderes ao magistrado a fim de que ele pudesse propiciar, mediante técnicas mais adequadas, o mesmo resultado jurídico que se teria se não fosse necessária intervenção judicial, ou seja, caso tivesse havido o cumprimento espontâneo por parte do devedor. Realmente, fala-se em tutela específica para todos aqueles casos em que esse resultado final não consista na mera satisfação de uma dívida pecuniária.

O CPC/2015 manteve esse mesmo sistema (arts. 536 e 537). Convém destacar que muito embora a lei (CPC, arts. 497 e 536) disponha acerca da *tutela específica* e da *obtenção de tutela pelo resultado prático equivalente* como se fossem categorias distintas, disto não se trata. A obtenção de tutela pelo resultado prático equivalente também se enquadra na noção de tutela específica. Na verdade, o resultado prático equivalente não poderá ser diferente daquele devido por força da lei ou do contrato. Logo, ainda que por meios diferentes, o que se persegue é o mesmo resultado fático, daí igualmente tratar-se de tutela específica.

Note-se, até aqui se empregou a expressão *prestação*, tal como consta do *caput* do art. 497 do CPC, que engloba tanto a consecução do resultado decorrente de uma *obrigação* quanto daquele advindo de um *dever jurídico*. *Dever jurídico* é a imposição jurídica da observância de determinado comportamento, ativo ou omissivo, passível de ser resguardado por sanção.

As regras em exame, portanto, disciplinam a consecução do resultado de deveres derivados de direitos relativos (obrigacionais ou não) e absolutos (reais, da personalidade etc.)[1-2], públicos e privados (CPC, art. 536, § 5º).

6.2. FAZER E NÃO FAZER, FUNGÍVEL E INFUNGÍVEL

Exigir um *fazer* é aguardar um comportamento positivo do obrigado, enquanto exigir um *não fazer* é aguardar um comportamento negativo, de abstenção.

É *fungível* a obrigação de fazer ou de não fazer cuja prestação poderá ser realizada por terceiro e, por sua vez, será ela *infungível* quando tiver de ser prestada por pessoa específica, o obrigado, não admitindo que seja realizada por terceiro.

6.3. CATEGORIAS DE TUTELA ESPECÍFICA

Como apontado, e*specífica* é a tutela que tende à consecução de bens jurídicos outros que não dinheiro.

Essa tutela passou a ser classificada a partir da distinção entre ilícito e dano. O ilícito é um ato contrário ao direito que pode, ou não, gerar um dano. O dano, portanto, é um prejuízo material ou moral, que pode decorrer da realização de um: a) ato ilícito ou abusivo; b) ato lícito; ou c) fato natural.

Assim, considerando o ilícito e o dano, a tutela específica poderá ser *inibitória*, *reintegratória* e *ressarcitória*, (CPC, art. 497, parágrafo único).

A tutela inibitória é destinada a impedir que o ilícito ocorra. Tem, pois, em regra, caráter preventivo, isto é, seu destino é prevenir ou evitar a consecução de uma conduta contrária ao direito. Logo, a mera ameaça ou risco de prática do ilícito pode ensejar a tutela inibitória. Todavia, também poderá ser utilizada depois do ilícito ter sido praticado, visando impedir sua reiteração ou continuação. Para a tutela inibitória, portanto, é irrelevante a alegação ou prova do dano, como também prescinde de demonstração de culpa ou dolo.

A tutela reintegratória visa remover os efeitos do ilícito cometido, mediante o retorno ao estado de licitude antes vigente. Em verdade, enquanto a tutela inibitória

---

1. Enunciado 441 do FPPC: "O § 5º do art. 536 e o § 5º do art. 537 alcançam situação jurídica passiva correlata a direito real". Apesar da confusa redação, o enunciado quer explicar que o legislador autoriza o uso de meios coercitivos efetivos (mandamentais ou executivos) nas situações que envolvem direito material real, contra aquele que viola esse direito. É o caso, por exemplo, do previsto no art. 1.277 e no art. 1.288, ambos do Código Civil.
2. Enunciado 442 do FPPC: "O § 5º do art. 536 e o § 5º do art. 537 alcançam os deveres legais." Segundo o enunciado, a quebra de um dever de conduta previsto pelo ordenamento permite a aplicação das medidas dispostas nos mencionados artigos, ainda que outras sanções também sejam aplicáveis.

se volta para impedir que o ilícito futuro se concretize ou para que o ilícito que está acontecendo continue ocorrendo, a tutela reintegratória se volta para o ilícito cometido, mas cujos efeitos permanecem e precisam ser removidos ou apagados. Aqui, também, é irrelevante a alegação ou prova do dano, como também prescinde da demonstração de culpa ou dolo.

A tutela ressarcitória, por sua vez, é contra o dano já realizado. Tem por finalidade sua reparação, mediante a recomposição do patrimônio, material ou moral, atingido. Essa tutela ressarcitória pode ensejar uma indenização pelo equivalente em dinheiro, conforme foi a perda do patrimônio lesado; ou pode se dar de forma específica, quando resulta no retorno ao estado anterior ao cometimento do dano, como se este não tivesse ocorrido.

6.4. TÉCNICAS PARA OBTENÇÃO DA TUTELA ESPECÍFICA

A disciplina legal ao cumprimento das prestações de fazer e de não fazer autoriza que o magistrado promova a tutela específica mediante: i) provimentos com eficácia mandamental e executiva *lato sensu*, ou seja, por meio de decisões em que ora a atividade executiva a ser efetivada se funda na participação do executado e ora tal participação seja irrelevante, e que sequer precisam estar adstritas ao que foi pedido; ii) uso de meios executivos típicos ou atípicos; e iii) substituição de medidas que se mostrem ineficazes ou excessivas.

A escolha de qual procedimento adotar para a obtenção da tutela específica ou de tutela pelo resultado prático equivalente, passa pela análise do postulado da proporcionalidade (CPC, art. 8º), ou seja, exige-se a verificação no caso concreto da: adequação, necessidade e proporcionalidade em sentido estrito. A adequação decorre da relação meio e fim, isto é, restará atendida se o meio empregado for apto a proporcionar o resultado desejado. A necessidade restará verificada se, entre os atos adequados, for eleito aquele mais favorável ao exequente e menos restritivo ao executado. Por fim, analisa-se a proporcionalidade em sentido estrito, que restará atingida se a vantagem obtida pelo exequente compensar o sacrifício imposto ao executado.

Identifica-se como sendo provimento executivo *lato sensu* aquele que traz em seu dispositivo a determinação de imediata atuação de meios sub-rogatórios (execução direta), nos quais a vontade ou participação do executado é irrelevante; enquanto que o provimento mandamental dirige ordem ao executado (execução indireta) cuja inobservância caracteriza litigância de má-fé[3] e desobediência à autoridade estatal (CPC, art. 536, § 3º)[4] e pode implicar a adoção de medidas coercitivas.

---

3. Enunciado 533 do FPPC: "Se o executado descumprir ordem judicial, conforme indicado pelo § 3º do art. 536, incidirá a pena por ato atentatório à dignidade da justiça (art. 774, IV), sem prejuízo da sanção por litigância de má-fé". Segundo o enunciado, a mesma conduta poderá ensejar consequências/sanções diversas, sem que isso implique em *bis in idem*.

4. Apesar de louvável a iniciativa do legislador ao incluir a previsão de crime de desobediência no art. 536, § 3º, do CPC, prevalece o entendimento de que não há crime de desobediência se existir sanção administrativa, civil ou

Os meios executivos típicos são aqueles previstos na legislação e os atípicos são aqueles que não estão previstos expressamente na lei. O § 1º do art. 536 do CPC prevê, exemplificativamente, alguns meios típicos de tutela específica: imposição de multa, busca e apreensão, remoção de pessoas e coisas, desfazimento de obras e impedimento de atividade nociva. A inclusão do nome do executado em cadastro de inadimplentes é, também, medida típica (CPC, art. 782, § 3º). As medidas atípicas, por sua vez, encontram fundamento no art. 139, IV, do CPC.

Como dito, o magistrado não está adstrito à medida executiva requerida pelo exequente, podendo *determinar* as medidas que entender adequadas e necessárias para a obtenção da tutela específica. Trata-se, pois, inegavelmente, de mitigação do princípio da congruência (CPC, arts. 141 e 492), admitindo que o juiz atue de ofício, salvo nos casos em que a provocação do exequente seja a regra (CPC, arts. 782, § 3º e 854, *caput*).

Muito embora o art. 537, § 1º, do CPC apenas autorize, de ofício, a modificação dos critérios de fixação da multa (valor e periodicidade), tal autorização deve ser entendida de forma mais ampla, permitindo a possibilidade de alteração, mediante decisão fundamentada, de toda e qualquer medida executiva, quando estas se mostrem ineficazes ou excessivas. Assim, por exemplo, caso a sentença exequenda tenha fixado um prazo para o cumprimento da obrigação de fazer, se no início de sua execução o juiz entender que aquele prazo não é adequado e razoável, poderá de forma fundamentada alterá-lo, reduzindo-o ou majorando-o, conforme conclua que este novo prazo melhor atenda à possibilidade temporal do executado cumprir aquilo que lhe foi imposto, respeitada a utilidade temporal da prestação para o exequente. Tal compreensão é mais adequada com a obtenção da tutela específica e assim permite que a medida executiva seja alterada para mais ou para menos, conforme exija o caso concreto[5]. Oportuno assinalar que essas alterações não importarão, portanto, eventual ofensa a preclusão ou a coisa julgada[6].

Essas técnicas aplicam-se à efetivação tanto da tutela antecipada (provisória) como da tutela final (definitiva).

---

processual (STJ, 5ª T., HC 348.265/SC, Rel. Min. Reynaldo Soares da Fonseca, j. 18.08.2016, *DJe* 26.08.2016 e STJ, 5ª T., AgRg no REsp 1.534.887/DF, Rel. Min. Reynaldo Soares da Fonseca, j. 17.03.2016, *DJe* 30.03.2016). Portanto, somente será caso de crime de desobediência se a obrigação não puder ser satisfeita por outra forma equivalente ou mediante a inefetividade das demais sanções aplicáveis.

5. "É dever do magistrado utilizar o meio menos gravoso e mais eficiente para se alcançar a tutela almejada, notadamente verificando medidas de apoio que tragam menor onerosidade aos litigantes. Após a imposição da multa (ou sua majoração), constatando-se que o apenamento não logrou êxito em compelir o devedor para realização da prestação devida, ou, ainda, sabendo que se tornou jurídica ou materialmente inviável a conduta, deverá suspender a exigibilidade da medida e buscar outros meios para alcançar o resultado específico equivalente" (STJ, 4ª T., AgInt no AgRg no AREsp 738.682/RJ, Rel. Min. Luis Felipe Salomão, j. 17.11.2016, *DJe* 14.12.2016).

6. O STJ já vinha assim entendendo em relação à modificação da multa (STJ, 4ª T., AgInt no REsp 1.396.065/PE, Rel. Min. Marco Buzzi, j. 07.02.2017, *DJe* 15.02.2017; STJ, 3ª T., REsp 1.601.576/SP, Rel. Min. João Otávio de Noronha, j. 14.06.2016, *DJe* 22.06.2016 e STJ, 4ª T., AgInt no AREsp 740.117/DF, Rel. Min. Luis Felipe Salomão, j. 06.10.2016, *DJe* 20.10.2016), o que deve ser igualmente aplicado para as demais alterações defendidas no texto.

O controle das decisões proferidas pelo juiz acerca do procedimento aplicado na execução das prestações de fazer, de não fazer e de entrega de coisa poderá ser feito pela interposição de recurso de agravo de instrumento (CPC, art. 1.015, parágrafo único) ou, caso tenha sido imposta no momento em que tem início a fase do cumprimento de sentença, por meio de impugnação ao cumprimento de sentença (CPC, arts. 536, § 4º e 525).

6.5. MULTA

Como visto, um dos meios típicos aplicáveis a essas modalidades de execução é a imposição de multa (CPC, arts. 536, § 1º e 537), que caracteriza o uso do meio executório dito de *coerção*. Este meio presta-se a influenciar psicologicamente o sancionado, para que ele mesmo adote a conduta pretendida pela ordem jurídica. Objetiva-se alcançar o comportamento do sujeito, mediante a ameaça de um "mal", caso ele desrespeite o comando. Essa multa, cuja finalidade é coercitiva[7], tem natureza processual[8] e caráter acessório[9]. Por não ser indenizatória ou punitiva, admite-se seja essa multa cumulada com perdas e danos (CPC, art. 500) ou com as penas de litigância de má-fé (CPC, art. 536, § 3º c/c art. 81, *caput*) ou com as penas de conduta atentatória à dignidade da justiça (CPC, art. 774, parágrafo único).

A multa deverá ser cominada, de ofício ou a requerimento da parte, em qualquer momento do processo (em tutela provisória, na sentença da fase de conhecimento ou na fase de execução) toda vez que se evidenciar sua utilidade para influenciar a vontade do réu (CPC, art. 537, *caput*).

O valor da multa deverá ser estabelecido conforme os critérios definidos na lei (CPC, art. 537, *caput*), ou seja, com *suficiência* e *compatibilidade*, considerados sob o prisma do caso concreto, inexistindo, pois, um limite máximo ou mínimo para sua fixação[10-11]. "No tocante especificamente ao balizamento de seus valores, são dois os principais vetores de ponderação: a) efetividade da tutela prestada, para cuja realização a multa deve ser suficientemente persuasiva; e b) vedação ao enriquecimento sem causa do beneficiário, porquanto a multa não é, em si, um bem jurídico perseguido em juízo"[12]. Aliás, o valor da multa e sua periodicidade poderão ser alterados, a qualquer momento, até mesmo após o trânsito em julgado, conforme variam as circunstâncias concretas

---

7. STJ, 3ª T., AgRg nos EDcl no REsp 1.277.152/RS, Rel. Min. Marco Aurélio Bellizze, j. 06.08.2015, *DJe* 21.08.2015.
8. STJ, 4ª T., AgRg no REsp 1.371.369/RN, Rel. Min. Marco Buzzi, j. 23.02.2016, *DJe* 26.02.2016.
9. Vale dizer: se procedente o pedido, convalida-se a multa; se improcedente, perde efeito retroativamente (STJ, 3ª T., REsp 1.262.190/SP, Rel. Min. Nancy Andrighi, j. 08.04.2014, *DJe* 29.04.2014). Da mesma forma, se for impossível, material ou juridicamente, o cumprimento específico da obrigação principal, a multa também não incidirá (STJ, 4ª T., AgRg no REsp 1.158.588/RS, Rel. Min. Marco Buzzi, j. 28.02.2012, *DJe* 07.03.2012).
10. STJ, 4ª T., REsp 1.006.473/PR, Rel. Min. Marco Buzzi, j. 08.05.2012, *DJe* 19.06.2012.
11. Enunciado 96 da I Jornada de Direito Processual Civil (CJF): "Os critérios referidos no caput do art. 537 do CPC devem ser observados no momento da fixação da multa, que não está limitada ao valor da obrigação principal e não pode ter sua exigibilidade postergada para depois do trânsito em julgado".
12. STJ, 4ª T., AgInt no AgRg no AREsp 738.682/RJ, Rel. Min. Luis Felipe Salomão, j. 17.11.2016, *DJe* 14.12.2016.

(CPC, art. 537, § 1º), respeitando sempre a razoabilidade e a proporcionalidade[13]. Eis alguns parâmetros a serem seguidos para o arbitramento da multa, bem como para sua eventual revisão de valor e/ou de periodicidade: i) valor da obrigação e importância do bem jurídico tutelado; ii) tempo para cumprimento (prazo razoável e periodicidade); iii) capacidade econômica e de resistência do devedor; e iv) possibilidade de adoção de outros meios pelo magistrado e dever do credor de mitigar o próprio prejuízo (*duty to mitigate the loss*)[14]. Portanto, a multa poderá ser cominada em valor fixo ou gradual, com periodicidade em qualquer unidade de tempo (diária, semanal, quinzenal ou num momento único etc.), conforme as circunstâncias concretas.

Ainda quanto à revisão da multa, convém destacar que, a rigor, ela deve ser realizada enquanto esta medida ainda está incidindo, a fim de adequar a multa vincenda (CPC, art. 537, § 1º). Em suma, as astreintes (multa cominatória) podem ter seu valor revisto a qualquer tempo e quantas vezes for necessário, a pedido ou por iniciativa própria do juízo, sempre que se mostrar desproporcional ou desarrazoado, ou causar enriquecimento ilícito de uma das partes[15]. Não obstante isso, excepcionalmente, pode-se admitir a revisão de multa que já incidiu, especialmente quando a finalidade é rever o (excessivo) montante acumulado a título de multa, tendo em vista que a sua finalidade é constranger o devedor ao efetivo cumprimento da obrigação (de fazer e não fazer), de sorte que não pode vir a se tornar mais atraente para o credor do que a própria satisfação do encargo principal, de modo a proporcionar o seu enriquecimento sem causa[16].

A multa passa a incidir desde o momento em que transcorrido o prazo para o cumprimento do preceito, que deverá ser razoável (CPC, art. 537, *caput*) e assim será devida até que a ordem seja cumprida ou, se não cumprida (CPC, art. 537, § 4º), enquanto houver a oportunidade de sê-lo ou não existir pedido de conversão em perdas e danos.

A multa reverte em benefício da parte a quem favorece sua imposição, que de regra é o autor/exequente (CPC, art. 537, § 2º)[17] e é exigível desde logo, ainda que pro-

---

13. STJ, 4ª T., AgInt no AREsp 928.319/SP, Rel. Min.ª Maria Isabel Gallotti, j. 14.02.2017, *DJe* 21.02.2017 e STJ, 3ª T., AgRg no AREsp 648.677/SP, Rel. Min. Marco Aurélio Bellizze, j. 22.11.2016, *DJe* 25.11.2016.
14. STJ, 4ª T., AgInt no AgRg no AREsp 738.682/RJ, Rel. Min. Luis Felipe Salomão, j. 17.11.2016, *DJe* 14.12.2016. Como se percebe, portanto, cabe ao próprio credor impedir o crescimento exagerado da multa, como decorrência da boa-fé processual (CPC, art. 5º).
15. STJ, Corte Especial, EAREsp 650.536/RJ, Rel. Min. Raul Araújo, j. 07.04.2021, *DJe* 03.08.2021.
16. STJ, 4ª T., AgInt no AgRg no AREsp 738.682/RJ, Rel. Min. Luis Felipe Salomão, j. 17.11.2016, *DJe* 14.12.2016 e STJ, 4ª T., AgRg no REsp 1.371.369/RN, Rel. Min. Marco Buzzi, j. 23.02.2016, *DJe* 26.02.2016. Em sentido diverso, entendendo pela manutenção do montante acumulado, por ser decorrência da demora e inércia ou descaso do próprio devedor: STJ, 3ª T., REsp 1.475.157/SC, Rel. Min. Marco Aurélio Bellizze, j. 18.09.2014, *DJe* 06.10.2014 e STJ, 3ª T., REsp 1.192.197/SC, Rel. Min.ª Nancy Andrighi, j. 07.02.2012, *DJe* 05.06.2012.
17. A multa, mais comumente, é imposta contra o demandado. Todavia, não se descarta possa ela ser fixada contra o próprio demandante quer nos casos em que haja algum pedido do demandado (reconvenção, contraposto ou em ação de caráter dúplice) quer nos casos em que como réu pleiteia alguma medida em seu favor (ex: em ação declaratória negativa envolvendo uma relação societária, o réu afirmando que a relação jurídica existe, requer que o autor não lhe impeça de adentrar à sociedade, sob pena de multa). Por fim, a multa também pode ter por destinatário um terceiro.

visoriamente, muito embora seu levantamento somente possa ocorrer após o trânsito em julgado da sentença favorável à parte a quem favorece (CPC, art. 536, § 3º)[18-19-20].

6.6. CONVERSÃO EM PERDAS E DANOS

A conversão da obrigação em perdas e danos (obrigação genérica) só ocorrerá quando se tornar impossível o resultado específico (existir óbice material ao cumprimento, desaparecer a utilidade da prestação) ou por opção do autor (CPC, art. 499). Na primeira hipótese, tem-se uma conversão obrigatória e, na segunda, uma conversão voluntária.

Muito embora a preferência do sistema legal recaia em propiciar a satisfação da obrigação de fazer, não fazer e entrega de coisa pela tutela específica ou pela tutela pelo resultado prático equivalente; diante do inadimplemento, o credor pode, desde logo, manifestar seu interesse na conversão da referida obrigação em perdas e danos, não precisando aguardar reste frustrada a execução específica[21]. Essa opção, no entanto, pode se revelar abusiva, quando o credor busque ressarcimento por prejuízos que não teria sofrido, se tivesse aceitado o cumprimento específico, ainda que realizado tardiamente. Neste caso, portanto, tais prejuízos não devem compor as perdas e danos.

A impossibilidade no cumprimento da obrigação que autoriza sua conversão em perdas e danos deve ser superveniente[22], pois se existia desde o momento em que foi assumida pelo devedor, a obrigação era nula[23]. Além disso, essa impossibilidade deve ser absoluta, ou seja, não pode ser cumprida pelo devedor nem por qualquer outro sujeito. Por fim, essa impossibilidade deve decorrer de inadimplemento que tenha sido causado pelo devedor[24]. Sendo a conversão obrigatória, não configura julgamento *extra petita* a sua determinação de ofício[25] pelo juiz, ainda que não haja pedido nesse sentido[26].

---

18. O entendimento consolidado na lei é um pouco diferente daquele que havia sido definido no STJ, que concluiu que a multa, quando fixada em antecipação de tutela, somente poderia ser objeto de execução provisória após sua confirmação pela sentença de mérito e desde que o recurso eventualmente interposto não fosse recebido com efeito suspensivo (STJ, Corte Especial (repetitivo), REsp 1.200.856/RS, Rel. Min. Sidnei Beneti, j. 1º.07.2014, *DJe* 17.09.2014).
19. Enunciado 526 do FPPC: "A multa aplicada por descumprimento de ordem protetiva, baseada no art. 22, incisos I a V, da Lei 11.340/2006 (Lei Maria da Penha), é passível de cumprimento provisório, nos termos do art. 537, § 3º". Segundo o enunciado, a Lei Maria da Penha contempla medidas protetivas de caráter inibitório cível e, por conseguinte, admitem cumprimento provisório.
20. Enunciado 96 da I Jornada de Direito Processual Civil (CJF): "Os critérios referidos no *caput* do art. 537 do CPC devem ser observados no momento da fixação da multa, que não está limitada ao valor da obrigação principal e não pode ter sua exigibilidade postergada para depois do trânsito em julgado".
21. Entendendo que a obrigação somente se converterá em perdas e danos se impossível a tutela específica ou o resultado prático equivalente: STJ, 3ª T., AgInt no AREsp 467.606/MG, Rel. Min. Marco Aurélio Bellizze, j. 1º.12.2016, *DJe* 09.12.2016.
22. STJ, 1ª T., REsp 89.561/SP, Rel. Min. Milton Luiz Pereira, j. 03.04.1997, *DJ* 28.04.1997.
23. STJ, 1ª T., AgRg nos EDcl no REsp 1.104.441/SC, Rel. Min. Luiz Fux, j. 1º.06.2010, *DJe* 30.06.2010.
24. STJ, 3ª T., EDcl no REsp 1.365.638/SP, Rel. Min. Ricardo Villas Bôas Cueva, j. 23.08.2016, *DJe* 1º.09.2016.
25. STJ, 2ª T., AgRg no REsp 1.471.450/CE, Rel. Min. Humberto Martins, j. 1º.03.2016, *DJe* 08.03.2016.
26. STJ, 4ª T., AgInt no AREsp 228.070/MG, Rel. Min. Maria Isabel Gallotti, j. 20.10.2016, *DJe* 04.11.2016 e STJ, 3ª T., REsp 1.364.503/PE, Rel. Min. Moura Ribeiro, j. 18.08.2016, *DJe* 07.10.2016.

A conversão em perdas e danos pode surgir em diversos momentos ao longo do processo. Assim, pode ser o pedido principal na fase de conhecimento. Pode surgir depois de iniciada a ação que visa buscar a tutela específica, mas antes da sentença de mérito, vindo a ser determinada nesta sentença. Pode surgir depois do trânsito em julgado, mas antes do início da fase de cumprimento de sentença. Por fim, pode a conversão surgir ao longo da fase de cumprimento de sentença. Seja qual for o momento em que surja a conversão da obrigação específica em genérica, terá que haver discussão e análise acerca da presença de uma das causas que autoriza a conversão, assim como a extensão das perdas e danos. Se tal atividade cognitiva não ocorrer antes da sentença de mérito na fase de conhecimento, posteriormente se dará por meio de liquidação de sentença ou por incidente com o mesmo fim de liquidação[27].

6.7. PROCEDIMENTO DO CUMPRIMENTO DE SENTENÇA

Como já explicitado antes, toda e qualquer decisão que imponha a realização de uma prestação, mesmo que de fazer, não fazer ou entrega de coisa, será objeto de cumprimento no mesmo processo (CPC, art. 515, I). Nestas hipóteses, esse cumprimento poderá ter início por provocação do credor ou de ofício pelo juiz (CPC, art. 536, *caput*).

Aplica-se a este procedimento, no que couber, o previsto nos arts. 815 a 821 do CPC, no que se refere à obrigação de fazer; e nos arts. 822 e 823 do CPC, no relativo à obrigação de não fazer.

Iniciado o cumprimento de sentença para obtenção de tutela específica, o executado será pessoalmente intimado[28] para, querendo, no prazo fixado em tempo razoável[29], a ser contado em dias úteis[30], cumprir voluntariamente a obrigação exequenda na forma específica. Na falta de estipulação de prazo, cabe a parte interpor recurso de embargos de declaração para que o juiz supra essa omissão. Essa intimação, que antes se entendia deveria ser obrigatoriamente pessoal[31], pode ser feita na forma do previsto no art. 513, § 2º, do CPC, pelo que não precisa ser necessariamente pessoal[32].

Nesta mesma decisão que determina a intimação do executado e que lhe fixa prazo para cumprimento voluntário, deverá o magistrado definir, de forma fundamentada, qual a medida executiva, típica ou atípica, que irá incidir sobre o executado em caso de não cumprimento do preceito no prazo fixado. Tratando-se de busca e apreensão,

---

27. STJ, 4ª T., REsp 885.988/ES, Rel. Min. João Otávio de Noronha, j. 09.03.2010, *DJe* 22.03.2010.
28. O STJ reafirmou o teor da Súmula 410 mesmo na vigência do CPC/2015, de sorte, portanto, que essa intimação do executado precisa ser pessoal (STJ, Corte Especial, EREsp 1.725.487/SP, Rel. Min. Laurita Vaz, j. 04.12.2019, *DJe* 17.12.2019). Logo, a intimação dirigida ao advogado do executado, não supre a necessidade de sua intimação pessoal.
29. STJ, 4ª T., AgRg no Ag 1.323.400/DF, Rel. Min. Luis Felipe Salomão, j. 23.10.2012, *DJe* 05.11.2012.
30. STJ, 2ª T., REsp 1.778.885/DF, Rel. Min. Og Fernandes, j. 15.06.2021, *DJe* 21.06.2021.
31. Súmula 410/STJ: "A prévia intimação pessoal do devedor constitui condição necessária para a cobrança de multa pelo descumprimento de obrigação de fazer ou não fazer".
32. STJ, 2ª T., AgInt no REsp 1.624.217/GO, Rel. Min. Mauro Campbell Marques, j. 15.12.2016, *DJe* 19.12.2016.

o mandado será cumprido por 2 (dois) oficiais de justiça, observando-se o disposto no art. 846, §§ 1º e 4º, se houver necessidade de arrombamento (CPC, art. 536, § 2º).

Realizada a prestação, o juiz ouvirá as partes no prazo de 10 (dez) dias e, não havendo impugnação, será considerada satisfeita a obrigação (CPC, art. 818).

Findo o prazo para o cumprimento voluntário, o executado terá 15 (quinze) dias úteis para apresentar impugnação ao cumprimento de sentença (CPC, art. 536, § 4º c/c art. 525).

6.8. PROCESSO DE EXECUÇÃO FUNDADO EM TÍTULO EXECUTIVO EXTRAJUDICIAL

Fundada a obrigação de fazer ou de não fazer num título executivo extrajudicial, a execução será processada por meio de processo autônomo, que depende de provocação do credor mediante a apresentação de petição inicial. Vale dizer, neste caso, não se admite a iniciativa judicial para ter início a atividade executiva. Essa petição inicial deverá respeitar os requisitos legais (CPC, arts. 319 e 320 c/c arts. 798 e 799).

Estando a petição em ordem, o juiz determinará a citação do executado, oportunidade em que deverá fixar um prazo razoável para que ele voluntariamente: a) cumpra a obrigação de fazer, salvo se existir prazo já previsto no próprio título executivo (CPC, art. 815); ou b) desfaça o ato cuja abstenção estava obrigado, por lei ou por contrato (CPC, art. 822). Ainda nesta mesma decisão que determina a citação e fixa o prazo, deve o magistrado já definir que medida executiva será efetivada caso não haja o cumprimento espontâneo da obrigação no prazo fixado (CPC, art. 814, c/c art. 139, IV e c/c art. 536, § 1º)[33]; bem como deve ele fixar honorários advocatícios a favor do patrono do exequente (CPC, art. 827, *caput*).

A citação pode ser feita pelo correio, por oficial de justiça, por edital ou por hora certa.

O prazo fixado pelo magistrado, que deve ser razoável, por ter natureza processual, será computado em dias úteis (CPC, art. 219) e, como se trata de obrigação cujo cumprimento deve ser feito diretamente pelo executado, tem como marco inicial o dia em que a citação é recebida por ele (CPC, art. 231, § 3º) e não de sua juntada nos autos. Tratando-se de litisconsórcio passivo, o prazo será contado individualmente para cada um deles (CPC, art. 231, §§ 2º e 3º). Na falta de estipulação de prazo, deve-se entender que será ele de 15 (quinze) dias (CPC, art. 523).

Em sendo obrigação de fazer o executado pode: a) cumprir a obrigação; b) opor embargos; ou c) não adotar nenhuma das duas anteriores condutas. Caso o executado

---

33. Se o juiz fixar multa, deverá adotar o previsto no art. 537 do CPC, de modo que, ainda que haja previsão de seu valor no título executivo extrajudicial, o juiz pode elevar ou reduzir este valor, conforme entenda adequado e razoável, sempre motivadamente.

nem cumpra nem embargue, o exequente pode optar por converter a obrigação em perdas e danos, quando a obrigação tenha se tornado impossível ou dela não tenha mais interesse (CPC, art. 816) ou, ainda: i) caso seja a obrigação fungível, pode o exequente preferir que a obrigação de fazer seja realizada por terceiro, à custa do executado (CPC, arts. 817 a 819)[34-35]; ii) cumprir ele mesmo (o exequente) a obrigação de fazer à custa do executado (CPC, art. 820; e iii) especialmente no caso de ser a obrigação infungível, insistir no cumprimento coercitivo da prestação de fazer pelo próprio executado (CPC, art. 821).

Em se tratando de obrigação de não fazer[36] o executado pode: a) desfazer o que havia feito e/ou abster-se de adotar a mesma conduta; b) opor embargos ou; c) não adotar nenhuma das duas anteriores condutas. Nesta última situação, caso seja possível o desfazimento por terceiro, é possível o credor prosseguir na execução, à custa do executado (CPC, art. 823, *caput*). Se impossível o desfazimento, pelo executado ou por terceiro, a obrigação resolve-se na conversão por perdas e danos que deverão ser liquidados (CPC, art. 823, parágrafo único).

Em todas as hipóteses descritas em "a" e "b" acima: se a obrigação for cumprida e, ainda, forem pagos custas e honorários advocatícios, o processo será extinto. Caso tais despesas não sejam quitadas, pode o feito prosseguir, nos mesmos autos, como execução por quantia certa. A oposição de embargos independe de segurança do juízo (CPC, art. 914) e para tanto o executado terá o prazo de 15 (quinze) dias úteis a contar da citação (CPC, art. 915). A execução pode ou não ser suspensa (CPC, art. 919, § 1º).

---

34. Obter o resultado equivalente por meio de terceiro é potencialmente problemático, tal como se retira do previsto no art. 819 do CPC. Não bastasse isso, poderá surgir discussão acerca do custo dessa atividade do terceiro, que deverá ser eficiente no menor custo (CPC, art. 805), o que poderá consumir tempo precioso do processo. Por isso mesmo, deve ser mesmo a última opção do exequente, se é que ele não prefira converter a obrigação em perdas e danos.
35. Enunciado 103 da I Jornada de Direito Processual Civil (CJF): "Pode o exequente – em execução de obrigação de fazer fungível, decorrente do inadimplemento relativo, voluntário e inescusável do executado – requerer a satisfação da obrigação por terceiro, cumuladamente ou não com perdas e danos, considerando que o caput do art. 816 do CPC não derrogou o caput do art. 249 do Código Civil".
36. Enunciado 536 do FPPC: "Para o processo de execução de título extrajudicial de obrigação de não fazer, não é necessário propor a ação de conhecimento para que o juiz possa aplicar as normas decorrentes dos arts. 536 e 537." Segundo o enunciado, dispensa-se o ajuizamento de ação de conhecimento para que sejam aplicáveis as medidas específicas e coercitivas dos mencionados dispositivos legais em caso de a obrigação de não fazer estar contemplada em título executivo extrajudicial.

7
CUMPRIMENTO DE SENTENÇA E PROCESSO DE EXECUÇÃO DE OBRIGAÇÃO DE ENTREGA DE COISA

7.1. ASPECTOS GERAIS

Praticamente os mesmos esclarecimentos dados no cumprimento de sentença das obrigações de fazer e não fazer se aplicam aqui no cumprimento de sentença da obrigação de entrega de coisa, inclusive sobre a ineficácia do sistema original do CPC/73 até a reforma que instituiu o art. 461-A naquele diploma processual.

Tal como já ocorria sob a vigência do CPC/73, no CPC/2015 o procedimento destinado ao cumprimento dessas obrigações (de fazer, não fazer e entrega de coisa) são muito assemelhados, razão pela qual a própria lei remete a aplicação do regramento já visto para o cumprimento de sentença de obrigação de fazer e não fazer ao cumprimento de sentença de obrigação de entrega de coisa (CPC, art. 538, § 3º).

Vale dizer, o cumprimento de obrigação de entrega de coisa também se caracteriza por se constituir uma *fase* seguinte à da definição do direito, embora seja possível antecipar os efeitos da tutela ao credor; bem como nele se prefere que a satisfação ocorra mediante a prestação de *tutela específica* ou da *obtenção de tutela pelo resultado prático equivalente* (CPC, art. 498).

Do mesmo modo, vale o mesmo alerta de que a expressão *obrigação* também engloba a noção de *dever jurídico*, que também pode impor a prestação de entregar coisa.

São aqui aplicáveis, ainda, tudo o quanto foi visto em relação às técnicas processuais destinadas à prestação da tutela específica, como também em relação à multa que pode ser fixada como forma de coerção para a entrega da coisa.

A seguir, portanto, serão tratados alguns aspectos em que o cumprimento apresenta alguma distinção em relação ao cumprimento das obrigações de fazer e de não fazer.

7.2. ENTREGA DE COISA

A obrigação pode dizer respeito à entrega de coisa certa ou incerta. Coisa *certa* é aquela específica, individualizada em relação ao gênero, à quantidade e à qualidade. Em suma, a coisa apresenta características que a tornam única e inconfundível com qualquer outra, seja móvel ou imóvel. A coisa *incerta* é aquela genérica, ao menos indicada pelo gênero e pela quantidade (CC, art. 243), sem fazer menção à qualidade.

Ela pode decorrer de um *dar*, ou seja, entregar coisa de titularidade do exequente desde a constituição da obrigação; pode decorrer de um *prestar*, quando a coisa é de titularidade do executado, mas que será cedida para uso e fruição do exequente; e, ainda, pode decorrer de um *restituir*, que comporta a devolução de coisa de titularidade do exequente que fora cedida ao executado para este usar, fruir, guardar, administrar, depositar etc.

7.3. CONVERSÃO EM PERDAS E DANOS

Tal qual ocorre nas obrigações de fazer e não fazer, também em relação à obrigação de entrega de coisa poderá ocorrer a sua conversão em perdas e danos, o que igualmente poderá decorrer da vontade do credor (conversão voluntária) ou mesmo da necessidade, diante da impossibilidade da tutela específica (conversão obrigatória).

A matéria foi regulada pelo art. 809 do CPC que autoriza a conversão obrigatória quando a coisa objeto da tutela não é encontrada e quando ela se deteriorou; e autoriza a conversão voluntária quando o executado se recusa a entregar a coisa ou quando a coisa não for reclamada do poder de terceiro adquirente. Também será caso de conversão voluntária, apesar do silêncio da lei, quando a recusa do executado em entregar a coisa gerar a perda do interesse do exequente, diante de sua inutilidade de sua entrega tardia. Excepcionalmente, admite-se a possibilidade de conversão de procedimento de execução para entrega de coisa incerta em execução por quantia certa, na hipótese de ter sido entregue a coisa perseguida, mas com atraso, gerando prejuízos ao credor da obrigação[1].

Tratando-se de obrigação de entrega ou de restituição de coisa certa ou incerta, nos casos de sua deterioração, convém lembrar as peculiaridades do direito material. Destarte, tratando-se de hipótese de impossibilidade no cumprimento da obrigação, esta precisa ser superveniente, absoluta e imputável ao devedor[2].

Assim, se a deterioração da coisa certa a ser entregue ocorreu antes de sua tradição e sem culpa do devedor, não há que se falar em conversão em perdas e danos, ficando a obrigação resolvida entre as partes, conforme estipula o art. 234, primeira parte, do Código Civil. De outro lado, ainda que a coisa certa a ser entregue se deteriore sem culpa do devedor, poderá o credor aceitá-la no estado em que ela estiver abatido de seu preço

---

1. STJ, 3ª T., REsp 1.507.339/MT, Rel. Min. Paulo de Tarso Sanseverino, j. 24.10.2017, DJe 30.10.2017.
2. "Civil. Processual civil. Recurso especial. Título judicial. Cumprimento de sentença. Entrega de coisa incerta convertida em quantia certa. Juros moratórios. Termo inicial. Recurso não provido.
   1. Os juros moratórios, após convertida a obrigação de entrega de coisa incerta em dinheiro, tornando líquida a dívida pecuniária, devem ser contados a partir da citação, como disciplinam os artigos 405 e 407, do Código Civil vigente (Código de 1916, arts. 1.064 e 1.536, § 2º)" (STJ, 4ª T., REsp 1.122.500/PR, Rel. Min. Maria Isabel Gallotti, j. 18.10.2016, *DJe* 07.11.2016).

o valor que perdeu, nos termos do art. 235 do Código Civil. Por sua vez, se a deterioração da coisa certa a ser entregue ocorreu por culpa do devedor, a obrigação poderá ser convertida em perdas e danos, nos termos do art. 234, segunda parte do Código Civil; ou tendo o credor ainda interesse em recebê-la como ela estiver, poderá buscá-la acrescida do valor das perdas e danos, conforme dispõe o art. 236 do Código Civil.

Tratando-se de restituição de coisa certa, se a deterioração ocorreu antes de sua tradição e sem culpa do devedor, o credor terá que suportar a perda e a obrigação se resolverá sem direito a perdas e danos, ressalvados aqueles até o dia da perda, conforme prevê o art. 238 do Código Civil; bem como poderá recebê-la, no estado que estiver, sem direito a qualquer indenização, nos termos do art. 240 do Código Civil. Por sua vez, se a coisa certa a ser restituída se deteriorou por culpa do devedor, este responderá pelas perdas e danos, conforme previsão do art. 239 do Código Civil, bem como poderá o credor receber a coisa como estiver, acrescida do valor das perdas e danos, nos termos do art. 240 do Código Civil.

Sendo obrigação de entrega de coisa incerta, ela precisa ser individualizada para que possa ocorrer sua perda ou deterioração, nos termos do art. 246 do Código Civil. Assim tendo se verificado e tendo o devedor agido com culpa, ele responderá pelas perdas e danos perante o credor.

Aplica-se à conversão em perdas e danos da obrigação de entrega de coisa, certa ou incerta, o que se disse na conversão de obrigação de fazer e de não fazer quanto aos momentos em que pode surgir ao longo do processo; bem como a necessidade de uma atividade cognitiva que verifique a presença de uma das causas que autoriza a conversão, assim como a extensão das perdas e danos[3]. O valor da coisa e os eventuais prejuízos poderão ser objeto de liquidação (CPC, art. 809, § 2º) e, não constando do título o valor da coisa, ou sendo impossível a sua avaliação, o exequente apresentará estimativa, sujeitando-se ao arbitramento judicial (CPC, art. 809, § 1º). Os juros moratórios, após convertida a obrigação de entrega de coisa incerta em dinheiro, tornando líquida a dívida pecuniária, devem ser contados a partir da citação, como disciplinam os artigos 405 e 407, do Código Civil[4].

7.4. PROCEDIMENTO DO CUMPRIMENTO DE SENTENÇA

Como já explicitado antes, toda e qualquer decisão que imponha a realização de uma prestação, mesmo que de fazer, não fazer ou entrega de coisa, será objeto de cumprimento no mesmo processo (CPC, art. 515, I). Nestas hipóteses, esse cumprimento poderá ter início por provocação do credor ou de ofício pelo juiz (CPC, art. 536, *caput* c/c o art. 538, § 3º).

---

3. STJ, 3ª T., REsp 1.159.744/MG, Rel. Min. Nancy Andrighi, j. 11.06.2013, *DJe* 24.06.2013; STJ, 3ª T., REsp 720.061/GO, Rel. Min. Nancy Andrighi, j. 14.11.2006, *DJ* 18.12.2006 e STJ, 4ª T., REsp 327.650/MS, Rel. Min. Sálvio de Figueiredo Teixeira, j. 26.08.2003, *DJ* 06.10.2003.
4. STJ, 4ª T., REsp 1.122.500/PR, Rel. Min. Maria Isabel Gallotti, j. 18.10.2016, *DJe* 07.11.2016.

Aplica-se a este procedimento, no que couber, o previsto nos arts. 806 a 810 do CPC, no que se refere à entrega de coisa certa; e nos arts. 811 a 813 do CPC, no relativo à entrega de coisa incerta.

Iniciado o cumprimento de sentença para obtenção de tutela específica, o executado será intimado para, querendo, no prazo fixado em tempo razoável[5], cumprir voluntariamente a obrigação exequenda na forma específica. Essa intimação deve ser feita na forma do previsto no art. 513, § 2º do CPC, pelo que não precisa ser necessariamente pessoal[6].

Nos termos do art. 780 do CPC, a reunião de diferentes emitentes de cédulas de produto rural em uma única execução para entrega de coisa exige identidade de partes, circunstância que não se revela quando há autonomia das relações obrigacionais e da responsabilidade dos devedores[7].

Tendo sido entregue a coisa pelo executado, será lavrado o respectivo termo e considerada satisfeita a obrigação (CPC, art. 807).

Caso não haja o cumprimento voluntário, a execução prossegue com a expedição de mandado de busca e apreensão ou de imissão na posse em favor do exequente, conforme se tratar de coisa móvel ou imóvel (CPC, art. 538, *caput*). Aplica-se quanto ao referido mandado de busca e apreensão, o previsto no art. 536, § 2º, do CPC. Este prosseguimento pode, ainda, se dar por outras medidas típicas ou atípicas, conforme determinação judicial, inclusive com incidência de multa (CPC, art. 537 c/c o art. 538, § 3º).

Findo o prazo para o cumprimento voluntário, o executado terá 15 (quinze) dias úteis para apresentar impugnação ao cumprimento de sentença (CPC, art. 536, § 4º c/c art. 525 c/c o art. 538, § 3º). Nesta defesa, no entanto, não poderá ser alegado direito de retenção (CC, art. 1.219) por benfeitorias, que deverá ter sido arguido na fase de conhecimento (CPC, art. 538, §§ 1º e 2º). Ou seja, não arguido no momento oportuno as benfeitorias e o respectivo direito de retenção, terá ocorrido a preclusão[8]. Entende-se, também, que não há como se buscar o reconhecimento desse direito de retenção por benfeitorias por meio de demanda autônoma[9]. Se as benfeitorias surgirem depois do

---

5. STJ, 4ª T., AgRg no Ag 1.323.400/DF, Rel. Min. Luis Felipe Salomão, j. 23.10.2012, *DJe* 05.11.2012.
6. STJ, 2ª T., AgInt no REsp 1.624.217/GO, Rel. Min. Mauro Campbell Marques, j. 15.12.2016, *DJe* 19.12.2016. Em sentido diverso do texto, concluindo pela necessidade de intimação pessoal do executado no cumprimento de obrigação de entrega de coisa: STJ, Corte Especial, EREsp 1.371.209/GO, Rel. Min. João Otávio de Noronha, j. 19.12.2018, *DJe* 16.04.2019.
7. STJ, 3ª T., REsp 1.635.613/PR, Rel. Min. Ricardo Villas Bôas Cueva, j. 13.12.2016, *DJe* 19.12.2016.
8. STJ, 2ª T., AgRg no AREsp 385.662/DF, Rel. Min. Herman Benjamin, j. 12.02.2015, *DJe* 06.04.2015 e STJ, 3ª T., AgRg no REsp 1.273.356/SP, Rel. Min. João Otávio de Noronha, j. 25.11.2014, *DJe* 12.12.2014. "6. A preclusão do direito de retenção não impede que o possuidor de boa-fé pleiteie, em ação própria, a indenização pelo valor das benfeitorias implementadas na coisa da qual foi desapossado" (STJ, 3ª T., REsp 1.782.335/MT, Rel. Min. Nancy Andrighi, j. 12.05.2020, *DJe* 18.05.2020).
9. STJ, 3ª T., REsp 1.278.094/SP, Rel. Min. Nancy Andrighi, j. 16.08.2012, *DJe* 22.08.2012.

trânsito em julgado da sentença, o executado terá direito ao ressarcimento daquelas que foram necessárias e sem o direito de retenção.

7.5. QUANTO À INDIVIDUALIZAÇÃO DA COISA INCERTA

Como visto, a execução de coisa incerta pressupõe, antes, seja a obrigação individualizada. Em suma, a execução para entrega de coisa incerta, após escolha do bem, segue o rito previsto para a execução de coisa certa[10].

Essa escolha, em regra (CC, art. 244 e CPC, art. 811, *caput*), cabe ao devedor, se o contrário não estiver estipulado no título da obrigação.

Se couber ao credor proceder a escolha, quer ao deflagrar a ação de conhecimento quer ao dar início ao processo de execução fundado em título executivo extrajudicial, lhe caberá definir a individualização da coisa, descrevendo-a e requerendo seja ela entregue pelo devedor (CPC, art. 498, parágrafo único, 1ª parte e art. 811, parágrafo único). Eventual omissão do credor em individualizar a coisa quando de seu pedido inicial, poderá ser interpretada como renúncia. No entanto, antes de transferir ao devedor a escolha, melhor permitir que o autor emende à inicial, advertindo-o quanto à consequência de sua omissão (CPC, arts. 5º e 9º).

Cabendo a escolha ao devedor, ela deverá ser exercida no prazo que lhe for dado cumprir a própria obrigação de entregar (CPC, art. 498, parágrafo único, 2ª parte), ou seja, ele deve entregar a coisa já individualizada[11]. Caso não ocorra a entrega no prazo fixado, a opção de escolha passa ao credor, a quem caberá requerer o prosseguimento da execução fazendo a individualização da coisa (CPC, art. 800, § 1º).

Em relação a essa escolha, alerta a lei (CC, art. 244, 2ª parte) que, seja lá quem a faça, credor ou devedor, não poderá optar por dar a pior ou exigir a de melhor qualidade, sob pena de a escolha ser abusiva. Além disso, essa escolha deve respeitar os limites previstos no contrato, se assim houver ajuste.

Vale dizer, a escolha poderá ser objeto de impugnação, em 15 (quinze) dias pela parte contrária (CPC, art. 812). Assim, se o credor descreveu a coisa em sua inicial de conhecimento, ao réu/devedor caberá atacá-la quando da contestação. Se foi escolhida pelo exequente em sua inicial, a impugnação deverá ser oposta pelo executado nos embargos à execução. Se a escolha cabia ao executado, o exequente poderá impugná-la quando for tiver ciência do cumprimento da obrigação. Seja lá qual for a situação dos autos, as partes terão acesso a todo e qualquer tipo de prova para obter uma solução, inclusive pericial (CPC, art. 812, parte final).

---
10. STJ, 4ª T., REsp 327.650/MS, Rel. Min. Sálvio de Figueiredo Teixeira, j. 26.08.2003, *DJ* 06.10.2003.
11. STJ, 3ª T., REsp 701.150/SC, Rel. Min. Nancy Andrighi, j. 15.12.2005, *DJ* 1º.02.2006.

7.6. PROCESSO DE EXECUÇÃO FUNDADO EM TÍTULO EXECUTIVO EXTRAJUDICIAL

Fundada a obrigação de entrega de coisa num título executivo extrajudicial, a execução será processada por meio de processo autônomo, que depende de provocação do credor mediante a apresentação de petição inicial. Vale dizer, neste caso, não se admite a iniciativa judicial para ter início a atividade executiva. Essa petição inicial deverá respeitar os requisitos legais (CPC, arts. 319 e 320 c/c arts. 798 e 799).

Tratando-se de obrigação de entrega de coisa certa, o procedimento está previsto nos arts. 806 a 810 do CPC e, sendo a obrigação de entrega de coisa incerta, o procedimento está previsto nos arts. 811 a 813 do CPC.

Estando a petição em ordem, o juiz determinará a citação do executado para que, num prazo de 15 (quinze) dias[12], voluntariamente cumpra a obrigação de entrega de coisa certa (CPC, art. 806). Ainda nesta mesma decisão que determina a citação, deve o magistrado fixar honorários advocatícios a favor do patrono do exequente (CPC, art. 827, *caput*).

A citação pode ser feita pelo correio, por oficial de justiça, por edital ou por hora certa.

O prazo legal fixado, por ter natureza processual, será computado em dias úteis (CPC, art. 219) e, como se trata de obrigação cujo cumprimento deve ser feito diretamente pelo executado, tem como marco inicial o dia em que a citação é recebida por ele (CPC, art. 231, § 3º) e não de sua juntada nos autos. Tratando-se de litisconsórcio passivo, o prazo será contado individualmente para cada um deles (CPC, art. 231, §§ 2º e 3º).

Ainda ao despachar a inicial, cabe ao juiz definir se fixará multa pelo atraso em caso de não cumprimento voluntário da obrigação de entrega de coisa certa (CPC, art. 806, § 1º)[13]. Na verdade, ele deve identificar que medida executiva, típica ou atípica, será efetivada caso não haja o cumprimento espontâneo da obrigação no prazo fixado (CPC, art. 139, IV c/c art. 536, § 1º c/c art. 538, § 3º e c/c art. 771).

Tendo sido entregue a coisa certa pelo executado, será lavrado o respectivo termo e considerada satisfeita a obrigação (CPC, art. 807, 1ª parte), com a consequente redução dos honorários pela metade (CPC, art. 827, § 1º) e extinção da execução (CPC, art. 924, II). A execução, no entanto, poderá não ser extinta, se ainda for de interesse do exequente receber o pagamento de frutos ou ressarcimento de prejuízos (CPC, art. 807, 2ª parte), os quais deverão ser previamente liquidados e, a partir daí, o procedimento será de execução por quantia certa.

---

12. Pode o título executivo extrajudicial prever prazo maior, hipótese em que deverá ser respeitada a convenção das partes.
13. Muito embora o dispositivo legal se refira a multa diária, a periodicidade da multa pode ser fixada pelo magistrado tal como entender adequado, nos termos do art. 537, § 1º c/c o art. 771, ambos do CPC.

Caso não haja o cumprimento voluntário, se assim determinar o juízo, a execução pode prosseguir com a expedição de mandado de busca e apreensão ou de imissão na posse em favor do exequente, conforme se tratar de coisa móvel ou imóvel, cujo cumprimento será imediato (CPC, art. 806, § 2º). Aplica-se, quanto ao referido mandado de busca e apreensão, o previsto no art. 536, § 2º c/c o art. 771, ambos do CPC. Trata-se de meio sub-rogatório que prescinde, portanto, da colaboração do executado. No entanto, como apontado, o prosseguimento da execução pode se dar por outras medidas típicas ou atípicas, conforme determinação judicial.

Caso a coisa certa objeto da execução tenha sido alienada a terceiro quando já era litigiosa, isto é, quando já havia sido citado o executado, diante da possível fraude à execução (CPC, art. 792) e, por conseguinte, por permanecer o bem sujeito aos atos executivos (CPC, art. 790, V), será expedido mandado contra o terceiro adquirente (CPC, art. 808). Apesar da lei estabelecer que este terceiro somente será ouvido após depositar a coisa em juízo (CPC, art. 808), parece ser mais sistemática a interpretação que permite que ele se oponha por meio de embargos à execução (CPC, art. 914 e ss.)[14], não precisando depositar a coisa, uma vez que sequer o executado precisa fazê-lo (CPC, art. 914). Nestes embargos, caso demonstre sua boa-fé no momento da aquisição da coisa, não poderá ser desapossado da coisa objeto da execução. Nestes embargos, ainda, pode o terceiro valer-se do direito de ser indenizado por benfeitorias e, ainda, poderá exercer o direito de retenção da coisa. Portanto, o exequente somente poderá proceder ao levantamento da coisa depois de processados e julgados estes embargos, caso eles sejam recebidos com efeito suspensivo.

A coisa certa objeto da execução pode ter recebido benfeitorias indenizáveis, nela feitas pelo executado ou por terceiro de cujo poder ela houver sido tirada. Assim tendo ocorrido e sendo elas reconhecidas no próprio título executivo[15], antes de o exequente proceder a execução de sua entrega, deverá obrigatoriamente proceder a uma liquidação prévia (CPC, art. 810, *caput*). De outro lado, se as benfeitorias sequer eram conhecidas do exequente, caberá ao executado arguir essa existência nos embargos à execução, podendo, ainda, e se for o caso, exercer o direito de retenção (CPC, art. 917, IV, e § 5º), onde se discutirá e avaliará se a situação era de entrega ou de restituição de coisa, bem como se quem realizou a benfeitoria o fez de boa ou má-fé e quanto com elas foi gasto (CC, arts. 237, 241 e 242), além de se apurar o valor a ser indenizado. Logo, sendo apurado saldo em favor do executado ou do terceiro, o exequente terá que depositar esse valor em juízo (CPC, art. 810, parágrafo único, I); e se o saldo for em favor

---

14. O Superior Tribunal de Justiça tem entendimento de que aquele que adquire coisa litigiosa não detém legitimidade para ajuizar embargos de terceiro (STJ, 3ª T., AgRg no AREsp 508.721/RO, Rel. Min. Sidnei Beneti, j. 19.08.2014, *DJe* 22.09.2014; STJ, 4ª T., REsp 1.102.151/MG, Rel. Des. Conv. do TJ/AP Honildo Amaral de Mello Castro, j. 13.10.2009, *DJe* 26.10.2009 e STJ, 3ª T., REsp 79.878/SP, Rel. Min. Carlos Alberto Menezes Direito, j. 05.08.1997, *DJ* 08.09.1997). Logo, apenas lhe resta legitimidade para opor embargos à execução. Seja como for, para que não haja prejuízo ao embargante, é de se admitir a fungibilidade entre as ações.
15. STJ, 4ª T., AgRg no Ag 405.987/SP, Rel. Min. Barros Monteiro, j. 18.03.2003, *DJ* 02.06.2003.

do exequente, este poderá cobrá-lo nos mesmos autos, nos termos do art. 523 do CPC (CPC, art. 810, parágrafo único, II).

Em suma, sendo obrigação de entrega de coisa certa, o executado pode: a) cumprir a obrigação; b) opor embargos; ou c) não adotar nenhuma das duas anteriores condutas. Caso o executado nem cumpra nem embargue, o exequente pode optar por converter a obrigação em perdas e danos (CPC, art. 809); ou, ainda: i) insistir no cumprimento coercitivo da prestação de entrega de coisa pelo próprio executado (CPC, art. 806, § 1º); ou ii) prosseguir na execução mediante meio sub-rogatório (CPC, art. 806, § 2º). Se a obrigação for cumprida e, ainda, forem pagos custas e honorários advocatícios, o processo será extinto. Caso tais despesas não sejam quitadas, pode o feito prosseguir, nos mesmos autos, como execução por quantia certa. A oposição de embargos independe de segurança do juízo (CPC, art. 914) e para tanto o executado terá o prazo de 15 (quinze) dias úteis a contar da citação (CPC, art. 915). A execução pode ou não ser suspensa (CPC, art. 919, § 1º).

8
CUMPRIMENTO DE SENTENÇA E PROCESSO DE EXECUÇÃO DA PRESTAÇÃO DE ALIMENTOS

8.1. INTRODUÇÃO

Quando da instituição do regime do cumprimento de sentença pela Lei 11.232/2005, não foi regulado se esse regime se aplicaria, ou não, às decisões que tivessem por objeto obrigação alimentar. A ausência de tratamento legal fez gerar dúvidas na sua aplicação, mas a jurisprudência culminou por entender pela sua aplicabilidade[1].

O novo diploma processual resolve essa questão, prevendo que é aplicável à decisão que define alimentos o regime do cumprimento de sentença (CPC, art. 528 a art. 533).

Ao lado da possibilidade de a execução ser fundada em título executivo judicial, também se admite esteja essa obrigação definida em título executivo extrajudicial (CPC, arts. 911 a 913).

Como apontado no capítulo da teoria geral, trata-se de execução especial, porque apresenta procedimentos diferenciados (coerção pessoal e desconto em folha), uma vez que os alimentos se destinam à subsistência do alimentando/credor e, por isso, exigem um trâmite mais célere e eficaz.

8.2. OBRIGAÇÃO ALIMENTAR

A noção de obrigação alimentar relaciona-se com o implemento das necessidades básicas do ser humano tendo, portanto, um sentido amplo de compreender tudo quanto for imprescindível ao sustento, à habitação, ao vestuário, ao tratamento das enfermidades, às despesas de criação, educação e lazer.

A obrigação alimentar pode consistir em valor fixado a título de pensão, como pode ser obrigação de dar outra coisa *in natura* (habitação, saúde etc.). Assim, variando o tipo de obrigação, varia também os meios executórios.

---

1. STJ, 4ª T., AgRg no REsp 1.493.023/MT, Rel. Min. Luis Felipe Salomão, j. 19.05.2015, *DJe* 26.05.2015, STJ, 4ª T., REsp 1.338.091/MS, Rel. Min. Marco Buzzi, j. 04.02.2014, *DJe* 12.02.2014, STJ, 3ª T., REsp 1.315.476/SP, Rel. Min. Nancy Andrighi, j. 17.10.2013, *DJe* 25.10.2013 e STJ, 3ª T., REsp 1.177.594/RJ, Rel. Min. Massami Uyeda, j. 21.06.2012, *DJe* 22.10.2012.

Para melhor compreensão dos ritos à disposição da execução de alimentos, interessa conhecer a classificação que os alimentos podem apresentar. Quanto à natureza, os alimentos podem ser *naturais* ou *civis*. Os naturais tratam do mínimo necessário para a manutenção das necessidades elementares, ou seja, do sustento primário do ser humano (alimento, habitação, saúde, vestuário etc.), independentemente de sua condição social (CC, art. 1.694, § 2º). Os civis são aqueles necessários para que o credor viva de modo compatível com o seu *status* social/familiar, abrangendo ainda outras necessidades morais e intelectuais, como a educação. É este que abrange as relações familiares (CC, art. 1.694, § 1º). Tendo em conta a origem, os alimentos podem ser *legítimos*, *voluntários* ou *indenizatórios*. Os legítimos são os devidos por força de lei, entre parentes, cônjuges e companheiros (CF, art. 229 e CC, art. 1.694); os voluntários podem ser *inter vivos* e *causa mortis* ou *testamentários*, ou seja, enquanto aqueles decorrem da assunção de obrigação voluntária de prestar alimentos, estes têm origem num legado de alimentos; os indenizatórios decorrem da responsabilidade civil do devedor que cometeu algum ilícito. Quanto à finalidade, os alimentos podem ser *definitivos*, *provisórios* ou *provisionais*[2]. Os definitivos têm caráter permanente, fixados por sentença não mais sujeita a recurso ou em acordo, muito embora possam ser posteriormente revisados; os provisórios ou provisionais são aqueles fixados em decisão com caráter provisório (cautelar ou antecipatório), ainda sujeita a recurso. Considerando o momento em que são prestados, os alimentos podem ser *pretéritos*, *atuais* e *futuros*. Os pretéritos são aqueles devidos antes mesmo do ajuizamento de ação que visa fixá-los; os atuais são os que incidem a partir da citação do alimentante na ação que visa defini-los e os futuros são aqueles devidos a partir da decisão ou do acordo que os fixou.

8.3. TÍTULO EXECUTIVO

A obrigação alimentar que será objeto de cumprimento estará prevista em título executivo judicial, tal como: uma decisão liminar que os tenha fixado; em sentença condenatória ou em sentença homologatória de acordo realizado no curso do processo[3].

Todavia, não é demais lembrar, é igualmente possível que os alimentos sejam convencionados em documento público (CPC, art. 733) ou particular, assim como por meio de instrumento firmado perante representantes do Ministério Público, da Defensoria Pública, dos próprios advogados das partes ou por conciliador ou mediador credenciado pelo tribunal. Ou seja, os alimentos podem vir a ser executados com fundamento em título executivo extrajudicial (CPC, art. 784, incs. II, III e IV), exigindo, pois, petição inicial, tal como descrita no capítulo que trata dessa modalidade de execução. O regime dessa execução está descrito nos arts. 911 a 913 do CPC.

---

2. Não há mais razão para distinguir alimentos *provisórios* dos *provisionais*, tal como antes se fazia à luz do CPC/1973. A redação do art. 531 do CPC reforça essa conclusão.
3. STJ, 4ª T., AgInt no HC 380.656/RO, Rel. Min. Antonio Carlos Ferreira, j. 29.08.2017, *DJe* 05.09.2017.

8.4. MEIOS EXECUTÓRIOS

Estando a obrigação alimentar fixada em valor em dinheiro (líquido)[4], em razão da finalidade dos alimentos: sobrevivência do alimentando, os meios executórios à sua disposição são, em princípio, mais eficazes.

A disciplina legal dos meios executórios dessa obrigação de prestar alimentos em valor é feita pelo Código de Processo Civil e, basicamente, são três mecanismos que tutelam essa obrigação alimentar: a coerção pessoal, mediante prisão civil (CPC, arts. 528, § 3º e 911), o desconto em folha de pagamento (CPC, arts. 529 e 912) e a expropriação (CPC, arts. 528, § 8º e 913). Este último não caracteriza a especialidade da execução, por seguir o modo comum e típico de se buscar a satisfação da obrigação de quantia certa. São, portanto, os outros dois meios executivos que tornam essa execução especial.

Diferentemente do que se podia questionar à luz da legislação revogada (Lei 5.478/68, arts. 16 a 18)[5], o tratamento dispensado pela nova lei processual permite concluir que não há qualquer gradação ou preferência entre os citados meios executórios, de modo, portanto, que é de inteira liberdade do credor optar por um dos caminhos previstos pelo legislador[6], como, aliás, se retira do início do § 8º do art. 528 do CPC. Tal como estabelece a nova lei (CPC, art. 805, parágrafo único), caberá ao executado eventualmente demonstrar que o meio escolhido pelo exequente lhe é mais oneroso e, por conseguinte, indicar que existe outro meio executório igualmente apto a oferecer uma tutela efetiva ao exequente de forma menos gravosa para o executado.

Outra questão interessante é saber se esses meios executórios se aplicam, indistintamente, a qualquer dos alimentos, independentemente de sua origem (*legítimos*, *voluntários* ou *indenizatórios*). Diz-se isso porque, antes da entrada em vigor do novo diploma processual, havia entendimento de que os alimentos decorrentes de ato ilícito (indenizatórios) não poderiam ser exigidos por meio de coerção (prisão civil)[7],

---

4. A maior dificuldade se apresenta nos casos em que o valor dos alimentos é fixado em percentual sobre "vencimento", "salário", "rendimento", "provento", entre outros *ad valorem*. Tal é comum em alimentos indenizatórios (CPC, art. 533, § 4º). Neste sentido, aliás, a Súmula 409/STF: "A pensão correspondente à indenização oriunda de responsabilidade civil deve ser calculada com base no salário-mínimo vigente ao tempo da sentença e ajustar-se-á às variações ulteriores". Em sede de repercussão geral, decidiu o STF não ser inconstitucional a pensão alimentícia fixada com base no salário-mínimo (STF, Pleno, ARE 842.157/DF, Rel. Min. Dias Toffoli, j. 04.06.2015, *DJe* 19.08.2015). Nestes casos, é comum existir dúvida sobre que verbas compõem a base de cálculo. Assim, por exemplo, verba de indenização rescisória paga ao empregado, como o aviso prévio, não se inclui na base de cálculo da pensão alimentícia (STJ, 4ª T., REsp 807.783/PB, Rel. Min. Jorge Scartezzini, j. 20.04.2006, *DJ* 08.05.2006 e STJ, 4ª T., REsp 277.459/PR, Rel. Min. Ruy Rosado Aguiar, j. 15.02.2001, *DJ* 02.04.2001). A verba paga a título de participação nos lucros e resultados pode ser incluída na base de cálculo (STJ, 4ª T., REsp 1.332.803/SC, Rel. Min. Luis Felipe Salomão, j. 18.12.2014, *DJe* 24.02.2015).
5. A revogação foi estabelecida no art. 1.072, V, do CPC.
6. STJ, 3ª T., HC 374.764/SP, Rel. Min. Moura Ribeiro, j. 04.04.2017, *DJe* 18.04.2017 e STJ, 3ª T., REsp 1.557.248/MS, rel. Min. Ricardo Villas Bôas Cueva, j. 06.02.2018, *DJe* 15.02.2018.
7. STJ, 4ª T., HC 182.228/SP, Rel. Min. João Otávio de Noronha, j. 1º.03.2011, *DJe* 11.03.2011; STJ, 3ª T., HC 92.100/DF, Rel. Min. Ari Pargendler, j. 13.11.2007, *DJ* 1º.02.2008; STJ, 3ª T., HC 35.408/SC, Rel. Min. Castro Filho, j. 19.10.2004, *DJ* 29.11.2004 e STJ, 3ª T., REsp 93.948/SP, Rel. Min. Eduardo Ribeiro, j. 02.04.1998, *DJ* 1º.06.1998.

submetendo-se, apenas, à garantia da constituição de renda[8], prevista no art. 533 do CPC, que sequer constitui um (quarto) meio executivo. Tal entendimento deve vir a ser superado a partir de uma interpretação sistemática do previsto no art. 521, I, e no art. 833, § 2º, ambos do CPC[9]. O primeiro deles está previsto no capítulo que trata do cumprimento provisório de sentença e dispõe que a caução poderá ser dispensada na execução de alimentos, *independentemente de sua origem*. O outro trata dos bens impenhoráveis e dispõe que os valores recebidos a título de remuneração (CPC, art. 833, IV) ou depositados em caderneta de poupança até o equivalente a 40 (quarenta) salários-mínimos (CPC, art. 833, X), são impenhoráveis, salvo se a execução tiver por objeto crédito alimentar, *independentemente de sua origem*. Estes dispositivos permitem concluir que o espírito do legislador foi o de que os meios executórios disponíveis ao cumprimento da obrigação alimentar, sejam eles provisórios ou definitivos (CPC, art. 531, *caput*), também são aplicáveis *independentemente de sua origem*.

Por fim, cabe assinalar que o exequente não pode, no mesmo requerimento, em relação aos mesmos alimentos vencidos, cumular execuções por meios executivos distintos, dada a regra do art. 780 do CPC. No entanto, tendo um meio executivo se mostrado inefetivo ou frustrado, pode o exequente provocar que a execução passe a adotar outro rito (CPC, art. 530)[10]. A única possibilidade de cumulação de execuções por meios distintos é de execução por coerção, das três últimas prestações vencidas (atuais) e, em relação às anteriores prestações não pagas (pretéritas), a execução se fizer por outro meio (desconto ou expropriação)[11].

8.5. COMPETÊNCIA E REQUERIMENTO INICIAL

O requerimento para dar início ao cumprimento de decisão judicial que fixa alimentos, provisórios ou definitivos, pode ser apresentado perante o Juízo onde eles foram fixados ou, também, no foro do domicílio do exequente (CPC, art. 528, § 9º c/c o art. 53, II) ou, ainda, caso o exequente opte pelo meio da expropriação para o cumprimento dos alimentos, no foro onde localizar bens do executado (CPC, art. 516, parágrafo único).

O cumprimento da decisão que fixa alimentos, sejam eles provisórios ou definitivos, exige provocação do exequente mediante petição própria. Esse requerimento para dar início ao cumprimento de decisão que fixa os alimentos deve respeitar, no que couber,

---

8. STJ, 3ª T., REsp 1.354.384/MT, Rel. Min. Paulo de Tarso Sanseverino, j. 18.12.2014, *DJe* 04.02.2015.
9. Em sentido diverso do texto, o STJ tem julgado no sentido de não reconhecer a uniformidade de tratamento entre as verbas de natureza alimentar. Nesse sentido: STJ, Corte Especial, REsp 1.815.055/SP, Rel. Min. Nancy Andrighi, j. 03.08.2020, *DJe* 26.08.2020. Vide também notícia do *site* do STJ de 04/09/2020 com o seguinte título: "Prisão civil não abrange devedor de alimentos de caráter indenizatório decorrentes de ato ilícito".
10. STJ, 4ª T., REsp 216.560/SP, Rel. Min. Cesar Asfor Rocha, j. 28.11.2000, *DJ* 05.03.2001.
11. O STJ entende ser cabível essa cumulação das medidas de coerção pessoal (prisão) e de expropriação patrimonial (penhora) no mesmo procedimento executivo, desde que não haja prejuízo ao devedor, a ser por ele comprovado, nem ocorra tumulto processual, situações que devem ser observadas pelo magistrado em cada caso (STJ, 3ª T., REsp 2.004.516/RO, rel. Min. Nancy Andrighi, j. 18.10.2022, *DJe* 21.10.2022).

ao previsto no art. 524 do CPC, ou seja, basicamente deve o exequente esclarecer quais são as prestações vencidas e não pagas, o respectivo valor, eventualmente esclarecendo a forma pelo qual foi corrigido monetariamente e acrescido de juros de mora, além de explicitar qual meio executório foi eleito pelo exequente.

Ainda que uma única decisão defina alimentos em favor de mais de uma pessoa, o seu cumprimento pode ser feito em separado para cada um dos litisconsortes[12]. Por sua vez, ainda que na ação de alimentos tenha ocorrido litisconsórcio passivo, facultativo ou necessário[13], caberá ao exequente escolher se executará a decisão contra um ou contra mais de um ou contra todos os coobrigados (CPC, art. 513, § 5º)[14], respeitando, contudo, a proporção da obrigação de cada um deles.

8.6. PROCEDIMENTO DA EXECUÇÃO POR COERÇÃO PESSOAL (PRISÃO CIVIL)

A prisão civil por dívida de alimentos não está atrelada a uma possível punição por inadimplemento, ou mesmo à forma de remição da dívida alimentar, mas tem como primário, ou mesmo único escopo, coagir o devedor a pagar o quanto deve ao alimentado, preservando, assim, a sobrevida deste, ou em termos menos drásticos, a qualidade de vida do alimentado. Se não há risco iminente à vida do credor de alimentos, ou mesmo se ele pode, por meio de seu esforço próprio, afastar esse risco, não se pode aplicar a restrita e excepcional opção constitucional, porque não mais se discute a sublimação da dignidade da pessoa humana em face da preponderância do direito à vida[15]. Seguindo a linha desse entendimento, a prisão civil só se justifica se: i) for indispensável à consecução dos alimentos inadimplidos; ii) atingir o objetivo teleológico perseguido pela prisão civil – garantir, pela coação extrema da prisão do devedor, a

---

12. STJ, 4ª T., RHC 38.411/SP, Rel. Min. Marco Buzzi, j. 13.08.2013, *DJe* 22.08.2013.
13. Em que pese não pareça a melhor conclusão, o Superior Tribunal de Justiça já entendeu que há litisconsórcio necessário entre os avós paternos e maternos na ação de alimentos complementares, ou seja, quando a prestação pelo genitor é insuficiente (STJ, 4ª T., REsp 958.513/SP, Rel. Min. Aldir Passarinho Junior, j. 22.02.2011, *DJe* 1º.03.2011). Ainda em relação à execução de alimentos em face dos avós, também já decidiu o Superior Tribunal de Justiça: "(...) 2 – A prestação de alimentos pelos avós possui natureza complementar e subsidiária, devendo ser fixada, em regra, apenas quando os genitores estiverem impossibilitados de prestá-los de forma suficiente. Precedentes. 3 – O fato de os avós assumirem espontaneamente o custeio da educação dos menores não significa que a execução na hipótese de inadimplemento deverá, obrigatoriamente, seguir o mesmo rito e as mesmas técnicas coercitivas que seriam observadas para a cobrança de dívida alimentar devida pelos pais, que são os responsáveis originários pelos alimentos necessários aos menores. 4 – Havendo meios executivos mais adequados e igualmente eficazes para a satisfação da dívida alimentar dos avós, é admissível a conversão da execução para o rito da penhora e da expropriação, que, a um só tempo, respeita os princípios da menor onerosidade e da máxima utilidade da execução, sobretudo diante dos riscos causados pelo encarceramento de pessoas idosas que, além disso, previamente indicaram bem imóvel à penhora para a satisfação da dívida" (STJ, 3ª T., HC 416.886/SP, rel. Min. Nancy Andrighi, j. 12.12.2017, *DJe* 18.12.2017).
14. A obrigação alimentar não tem caráter solidário (STJ, 4ª T., REsp 658.139/RS, Rel. Min. Fernando Gonçalves, j. 11.10.2005, *DJ* 13.03.2006).
15. Assim, por exemplo, se a alimentanda for maior de idade, possuir nível superior de escolaridade e estar exercendo sua profissão, a falta de pagamento da pensão não traz risco a sua subsistência, o que torna a prisão civil desnecessária, ainda que a omissão do alimentante seja intencional.

sobrevida do alimentado – e; iii) for a fórmula que espelhe a máxima efetividade com a mínima restrição aos direitos do devedor[16].

Apresentado o requerimento de execução requerendo esse rito procedimental, tendo ele passado pelo crivo oficioso do juiz, será determinada a intimação pessoal do executado para, num prazo de 3 (três) dias[17], efetuar o pagamento, provar que o fez ou justificar a impossibilidade de efetuá-lo. Somente admite-se intimar o advogado do executado, se este tiver poderes específicos para receber citações e/ou intimações, sob pena de nulidade, especialmente quando houver dúvida acerca da ciência inequívoca do devedor de alimentos sobre o conhecimento da existência da execução.

A escolha desse rito pressupõe a atualidade do débito, ou seja, quando necessária a preservação da sobrevivência do alimentando, se mostra recomendável a cominação de pena de prisão civil ao executado. Em outras palavras, a dívida pretérita, sem capacidade de assegurar no presente a subsistência do alimentando, é insusceptível de embasar decreto de prisão e deve ser executada por outro meio executivo. Sendo assim, tem-se considerado que é atual a dívida relativa até às 3 (três) últimas prestações vencidas antes do requerimento da execução, acrescidas das que se vencerem no curso do processo (CPC, art. 528, § 7º)[18-19]. Logo, o decreto prisional expedido contra o executado abrange todas as prestações alimentícias que se vencerem no curso do processo até o cumprimento do prazo de prisão estabelecido no decreto. Uma vez não atendido ao pressuposto da atualidade, a execução deverá ser convertida para outro meio[20], à escolha do exequente. O descumprimento de acordo celebrado em ação de execução de prestação alimentícia pode ensejar o decreto de prisão civil do devedor, porquanto a dívida pactuada constitui débito em atraso, e não dívida pretérita[21].

Quanto ao pagamento, resume-se ao valor da prestação alimentícia, corrigido monetariamente e acrescido de juros de mora, excluindo-se o valor das verbas de custas processuais e dos honorários advocatícios. Efetuado o pagamento integral, o cumprimento deverá ser extinto por sentença. O pagamento parcial do débito não afasta a possibilidade de prisão civil do executado[22].

---

16. STJ, 3ª T., HC 392.521/SP, Rel. Min. Nancy Andrighi, j. 27.06.2017, *DJe* 1º.08.2017.
17. Enunciado 146 da II Jornada de Direito Processual Civil (CJF): "O prazo de 3 (três) dias previsto pelo art. 528 do CPC conta-se em dias úteis e na forma dos incisos do art. 231 do CPC, não se aplicando seu § 3º".
18. Súmula 309/STJ: "O débito alimentar que autoriza a prisão civil do alimentante é o que compreende as três prestações anteriores ao ajuizamento da execução e as que se vencerem no curso do processo". Neste sentido: STJ, 3ª T., HC 363.573/SP, Rel. Min. Paulo de Tarso Sanseverino, j. 18.10.2016, *DJe* 25.10.2016 e STJ, 4ª T., AgRg no AREsp 561.453/SC, Rel. Min. Maria Isabel Gallotti, j. 20.10.2015, *DJe* 27.10.2015.
19. Enunciado 147 da II Jornada de Direito Processual Civil (CJF): "Basta o inadimplemento de uma parcela, no todo ou em parte, para decretação da prisão civil prevista no art. 528, § 7º, do CPC".
20. STJ, 4ª T., REsp 414.514/SP, Rel. Min. Barros Monteiro, j. 19.11.2002, *DJ* 10.03.2003.
21. STJ, 4ª T., AgRg no REsp 1.379.236/MG, Rel. Min. Raul Araújo, j. 12.02.2015, *DJe* 05.03.2015 e STJ, 4ª T., HC 249.079/RJ, Rel. Min. Antônio Carlos Ferreira, j. 06.11.2012, *DJe* 22.05.2013.
22. STF, 2ª T., HC 82.780/PR, Rel. Min. Nelson Jobim, j. 16.03.2004, *DJ* 02.04.2004; STJ, 4ª T., HC 312.551/SP, Rel. Min. Luis Felipe Salomão, j. 12.04.2016, *DJe* 11.05.2016 e STJ, 3ª T., HC 333.214/SP, Rel. Min. Moura Ribeiro, j. 03.12.2015, *DJe* 10.12.2015.

Não sendo apresentada nenhuma justificativa, tampouco seja comprovado ou realizado o pagamento, como também no caso de a justificativa apresentada não ser aceita, o juiz, além de decretar a prisão civil do executado, determinará seja protestada a decisão judicial (CPC, art. 528, § 1º e § 3º c/c o art. 517)[23]. Haverá, pois, um cúmulo de medidas coercitivas indiretas: a prisão civil e o protesto.

Como se percebe, é admitido oferecer defesa nos próprios autos, restrita à demonstração de que o executado está temporariamente, mas de forma absoluta, impossibilitado de efetuar o pagamento. Se a impossibilidade em pagar do executado fosse permanente, seria caso de cessação da obrigação e se fosse parcial, seria caso da redução do seu valor. Todavia, essas situações demandam ação própria. Apesar de se propagar que essa demonstração tenha de ser imediata, sem dilações probatórias, parece mais consentâneo com o modelo processual, sob pena de cerceamento de defesa, permitir que o executado tenha condições de demonstrar o que alega[24]. No caso, portanto, somente será aceita justificativa que debele o decreto de prisão (CPC, art. 528, § 2º) se demonstrado um estado presente de penúria ou força maior[25], como no caso de ter sofrido um acidente que não o permita auferir renda ou tenha o valor destinado aos alimentos sido furtado ou roubado etc.; ou no caso da verba executada não possuir o caráter de atual[26]; ou no caso do não pagamento ter ocorrido por um ato involuntário e escusável[27]. O acolhimento dessa defesa não impede que o juiz determine o protesto da decisão judicial, nos termos do art. 528, § 1º do CPC.

A decisão que afasta a justificativa apresentada pelo executado e decreta sua prisão civil desafia, de forma concomitante, recurso de agravo de instrumento e o manejo de *habeas corpus* (CF, art. 5º, LXIX)[28]. Cabe salientar, no entanto, que o uso do *writ* exige prova pré-constituída e ilegalidade da ordem de prisão[29].

A decisão que decreta a prisão civil do executado deverá fixar o prazo pelo qual ele irá ficar preso, que poderá ser de 1 (um) a 3 (três) meses (CPC, art. 528, § 3º). Dado que a efetividade da medida coercitiva depende da postura do devedor de alimentos, nada impede que, decretada inicialmente no prazo mínimo legal, seja posteriormente objeto de prorrogação, observando-se o prazo máximo fixado em lei, se demonstrada a

---

23. Essa possibilidade já vinha sendo aceita pela jurisprudência: STJ, 4ª T., REsp 1.533.206/MG, Rel. Min. Luis Felipe Salomão, j. 17.11.2015, *DJe* 1º.02.2016.
24. STF, 1ª T., RHC 59.896/MG, Rel. Min. Rafael Mayer, j. 18.05.1982, *DJ* 06.08.1982; STJ, 4ª T., RHC 17.116/RS, Rel. Min. Barros Monteiro, j. 17.03.2005, *DJ* 09.05.2005 e STJ, 4ª T., REsp 1.185.040/SP, Rel. Min. Luis Felipe Salomão, j. 13.10.2015, *DJe* 09.11.2015.
25. STJ, 4ª T., REsp 1.185.040/SP, Rel. Min. Luis Felipe Salomão, j. 13.10.2015, *DJe* 09.11.2015.
26. STJ, 4ª T., HC 285.502/SC, Rel. Min. Raul Araújo, j. 18.03.2014, *DJe* 25.03.2014.
27. STF, 2ª T., HC 106.709/RS, Rel. Min. Gilmar Mendes, j. 21.06.2011, *DJe* 14.09.2011.
28. STJ, 5ª T., RHC 3.192/MG, Rel. Min. Edson Vidigal, j. 24.11.1993, *DJ* 29.09.1997; STJ, 3ª T., RHC 19.521/MG, Rel. Min. Ari Pargendler, j. 20.06.2006, *DJ* 30.06.2006 e STJ, 4ª T., HC 312.551/SP, Rel. Min. Raul Araújo, j. 12.04.2016, *DJe* 11.05.2016.
29. STJ, 4ª T., HC 349.829/SP, Rel. Min. Maria Isabel Gallotti, j. 28.06.2016, *DJe* 1º.08.2016 e STJ, 3ª T., AgRg no HC 340.232/MG, Rel. Min. João Otávio de Noronha, j. 15.03.2016, *DJe* 28.03.2016.

recalcitrância e a desídia do devedor de alimentos[30]. Não há óbice legal para que a prisão civil, técnica de coerção típica disponível para assegurar o cumprimento tempestivo das obrigações de conteúdo alimentar, seja modulada ou ajustada, quanto à forma ou ao prazo, para atender às suas finalidades essenciais. A prisão, como dito, é meio de coerção ao adimplemento da obrigação alimentar, não configurando, portanto, forma de satisfação do crédito alimentar não pago, tampouco configura punição ao executado. Por isso mesmo, o cumprimento da pena imposta não exime o executado do pagamento das prestações vencidas e vincendas (CPC, art. 528, § 5º)[31] e, no caso dele vir a pagar a dívida, o juiz suspenderá o cumprimento da ordem de prisão (CPC, art. 528, § 6º).

Por ser uma prisão civil, não admite o mesmo trato dispensado à prisão penal, de forma, por exemplo, que não pode ser substituída por outra medida[32], nem há que se cogitar de progressão de regime. O regime da prisão civil será fechado, devendo o preso ficar em separado dos presos comuns (CPC, art. 528, § 4º)[33].

Propostas sucessivas execuções de alimentos, todas pelo procedimento do art. 528 do CPC, mostra-se inviável o cumprimento cumulativo dos decretos prisionais, expedidos em cada um dos pedidos, pois, nesta hipótese, estaria configurado *bis in idem*, considerando que as prestações que se vencerem no curso da primeira execução e, portanto, abrangidas pelo primeiro decreto prisional serão, justamente, o objeto das execuções posteriores. Ademais, o cumprimento cumulativo dos decretos prisionais expedidos em processos distintos frustra a finalidade da prisão que deve ser decretada, excepcionalmente, apenas como meio de coagir o executado a adimplir o débito alimentar e não como mecanismo de punição pelo não pagamento. No entanto, o pedido de prisão é reiterável tantas vezes quanto for necessário, no curso do mesmo processo, após o juiz analisar a conveniência e oportunidade e, principalmente, após levar em conta a finalidade coercitiva da prisão civil do alimentante[34]. Seja como for, a renova-

---

30. STJ, 3ª T., REsp 1.698.719/SP, Rel. Min. Nancy Andrighi, j. 23.11.2017, *DJe* 28.11.2017.
31. Nesse sentido, vide notícia do *site* do STJ de 16/03/2021 com o seguinte título: "Mesmo preso, alimentante não fica isento de pagar pensão para filho menor".
32. Assim, por exemplo, o Superior Tribunal de Justiça entende ser inaplicável a prisão em sala de Estado Maior, como prevê o art. 7º do EAOAB (Lei 8.906/94), porque esta restringe-se à prisão penal (STJ, 3ª T., HC 305.805/GO, Rel. Min. Paulo de Tarso Sanseverino, j. 23.10.2014, *DJe* 31.10.2014 e STJ, 3ª T., HC 303.905/RS, Rel. Min. Moura Ribeiro, j. 02.10.2014, *DJe* 29.10.2014).
33. O Superior Tribunal de Justiça já flexibilizou esse entendimento, excepcionalmente admitindo regime semiaberto ou domiciliar, em nome da dignidade da pessoa humana do alimentante (STJ, 4ª T., HC 297.792/SP, Rel. Min. Antônio Carlos Ferreira, j. 11.11.2014, *DJe* 21.11.2014 e STJ, 3ª T., HC 35.171/RS, Rel. Min. Humberto Gomes de Barros, j. 03.08.2004, *DJ* 23.08.2004). Também durante a pandemia causada pelo coronavírus, observou-se que o STJ oscilou entre a determinação de cumprimento da prisão civil do devedor de alimentos em regime domiciliar, inclusive com uso de tornozeleira eletrônica e a suspensão momentânea do cumprimento da prisão em regime fechado: STJ, 3ª T., HC 645.640/SC, Rel. Min. Nancy Andrighi, j. 23.03.2021, *DJe* 26.03.2021. Nos casos de suspensão da prisão, se destacou que "considerando que os alimentos são indispensáveis à subsistência do alimentando, possuindo caráter imediato, deve-se permitir, ao menos enquanto perdurar a suspensão de todas as ordens de prisão civil em decorrência da pandemia da Covid-19, a adoção de atos de constrição no patrimônio do devedor, sem que haja a conversão do rito": STJ, 3ª T., REsp 1.914.052/DF, Rel. Min. Marco Aurélio Bellizze, j. 22.06.2021, *DJe* 28.06.2021.
34. STJ, 3ª T., HC 39.902/MG, Rel. Min. Nancy Andrighi, j. 18.04.2006, *DJ* 29.05.2006.

ção do decreto prisional só tem lugar quando se referir a período diverso[35] e não pode ultrapassar o prazo máximo previsto em lei, ou seja, desde que todos, somados, não ultrapassem os 3 (três) meses fixados no art. 528, § 3º do CPC[36].

É ilegal a prisão decretada em decorrência do não pagamento de alimentos entre a data da citação da ação de exoneração e o trânsito em julgado do *decisum* de procedência[37]. Os efeitos da sentença proferida em ação de revisão de alimentos – seja em caso de redução, majoração ou exoneração – retroagem à data da citação[38].

A obrigação de prestar alimentos é transmitida ao herdeiro do devedor (CC, art. 1.700), no entanto, não é "possível a decretação de prisão civil do inventariante do Espólio, haja vista que a restrição da liberdade constitui sanção também de natureza personalíssima e que não pode recair sobre terceiro, estranho ao dever de alimentar, como sói acontecer com o inventariante, representante legal e administrador da massa hereditária"[39].

8.7. PROCEDIMENTO DO DESCONTO EM FOLHA

O desconto em folha de pagamento é o procedimento mais simples e eficaz para realizar o cumprimento de obrigação alimentar, provisória ou definitiva. Destarte, esse meio executivo equilibra bem a efetividade da tutela em favor do credor e da forma menos onerosa ao devedor. Sim, de um lado o exequente não terá que a todo mês buscar bens do executado, como igualmente diminui as chances do executado se esquivar ou criar embaraços ao pagamento dos alimentos. De outro lado, o executado não será privado de sua liberdade, podendo manter normalmente suas atividades.

Este meio executório é patrimonial, mas não visa a penhora de bens do executado. Processa-se por provocação do exequente, cuja petição deverá obedecer ao previsto no art. 524 do CPC, especialmente esclarecendo os dados da fonte pagadora a quem se destinará a ordem de desconto, caso o executado não efetue o pagamento voluntariamente em 15 (quinze) dias depois de intimado. Caso não tenha essas informações relativas a quem paga o executado, o exequente poderá requerer que o Juízo busque esses dados junto à Receita Federal ou perante repartições públicas ou privadas (Lei 5.478/68, art. 20).

O desconto recai sobre as verbas recebidas pelo executado a título de variadas formas de prestação de serviço (funcionário público, militar, empregado, diretor ou

---

35. STJ, 3ª T., HC 149.590/MG, Rel. Min. Sidnei Beneti, j. 17.11.2009, *DJe* 24.11.2009.
36. STJ, 4ª T., HC 297.792/SP, Rel. Min. Antônio Carlos Ferreira, j. 11.11.2014, *DJe* 21.11.2014 e STJ, 4ª T., HC 163.751/MT, Rel. Min. Luis Felipe Salomão, j. 22.06.2010, *DJe* 1º.07.2010.
37. STJ, 4ª T., RHC 79.489/MT, Rel. Min. Raul Araújo, j. 16.02.2017, *DJe* 06.03.2017 e STJ, 3ª T., RHC 46.510/MG, Rel. Min. João Otávio de Noronha, j. 05.08.2014, *DJe* 12.08.2014.
38. STJ, 2ª Seção, EREsp 1.181.119/RJ, Rel. Min. Maria Isabel Gallotti, j. 27. 11.2013, *DJe* 20.06.2014 e STJ, 4ª T., RHC 79.489/MT, Rel. Min. Raul Araújo, j. 16.02.2017, *DJe* 06.03.2017.
39. STJ, 4ª T., HC 256.793/RN, Rel. Min. Luis Felipe Salomão, j. 1º.10.2013, *DJe* 15.10.2013.

gerente de empresa etc.)[40] que, fixas ou não, são rendas periódicas. Também não se exige que tais verbas sejam decorrentes de vínculo trabalhista, podendo, recair sobre qualquer rendimento obtido mensalmente, como verba de natureza previdenciária (Lei 8.213/91, art. 114 c/c o art. 833, IV e § 2º do CPC)[41] ou de programas de bolsa auxílio ou de aluguel etc.

Por meio do desconto, o juiz ordena que aquele que efetua o pagamento ao executado está obrigado, sob pena de crime de desobediência (CPC, art. 529, § 1º c/c CP, art. 330 c/c Lei 5.478/68, art. 22, parágrafo único), a descontar deste o valor dos alimentos, a partir da primeira remuneração posterior a contar da ciência da ordem, e entregá-lo de alguma forma (depósito bancário, mediante recibo etc.) ao exequente. O destinatário da ordem não tem como impugnar a decisão que deferiu o desconto em folha, mas deve informar o quanto antes se não for fonte pagadora do executado ou qualquer outra informação que repute útil à efetivação da ordem. Constituído o desconto, a fonte pagadora passa a ser, perante o exequente, solidariamente responsável pelas quantias descontadas. Todavia, eventual erro no desconto cometido pela fonte pagadora, não retira do alimentante o dever de pagar o que faltou. Além da sanção penal, a fonte pagadora poderá responder por multa decorrente ao descumprimento do dever de colaborar com a justiça (CPC, art. 77, IV, §§ 2º e 3º).

A ordem de desconto será encaminhada à fonte pagadora mediante ofício que será protocolado (CPC, art. 529, § 1º), que deverá conter o nome e o número do Cadastro de Pessoas Físicas (CPF) do exequente e do executado[42], a importância a ser descontada mensalmente, o tempo de sua duração[43] e, se for o caso, a conta na qual deve ser feito o depósito em benefício do alimentando (CPC, art. 529, § 2º).

O § 3º do art. 529 do CPC autoriza que o meio do desconto em folha também possa ser aplicado aos alimentos pretéritos[44], desde que respeitados os limites nele definidos, como forma de não prejudicar excessivamente o executado. Assim, além do valor das prestações vincendas, o desconto pode albergar, ainda que de forma parcelada, o valor de alimentos vencidos, desde que a soma total não ultrapasse 50% (cinquenta por cento) de seus ganhos líquidos[45]. Em suma o que este dispositivo estabelece é que, entre a parcela atual e eventuais parcelas atrasadas, o valor a ser descontado não ultrapasse o limite de 50% (cinquenta por cento) dos rendimentos líquidos auferidos pelo executado.

Por fim, cabe assinalar que poderá o executado apresentar impugnação ao cumprimento de sentença, nos termos do art. 525 do CPC.

---

40. Portanto, o rol do art. 529 do CPC não é taxativo.
41. STJ, 4ª T., REsp 1.121.719/SP, Rel. Min. Raul Araújo, j. 27.04.2011, *DJe* 27.04.2011.
42. Se o executado for pessoa jurídica, deverá ser identificado o Cadastro Nacional de Pessoas Jurídicas (CNPJ).
43. Que pode ser indeterminado. Neste caso, enquanto a relação jurídica entre o alimentante e a fonte pagadora se mantiver, o desconto deve ser realizado.
44. STJ, 3ª T., AgRg no AREsp 333.925/MS, Rel. Min. João Otávio de Noronha, j. 25.11.2014, *DJe* 12.12.2014.
45. Enunciado 587 do FPPC: "A limitação de que trata o § 3º do art. 529 não se aplica à execução de dívida não alimentar". Tal limitação só se aplica quando a dívida é de natureza alimentar, porque fora disso, os salários e congêneres são impenhoráveis.

8.8. PROCEDIMENTO DE EXPROPRIAÇÃO DE BENS DO EXECUTADO

Conforme estabelece o art. 528, § 8º, do CPC, o exequente pode optar por buscar a satisfação da obrigação alimentar, fixada de forma provisória ou definitiva (CPC, art. 531, *caput*), por meio da expropriação, no que é aplicável o regime disposto no art. 523 e ss. do CPC[46], às quais aqui se remete.

No que se refere à impugnação ao cumprimento de sentença eventualmente apresentada pelo executado, dispõe o referido § 8º do art. 528 do CPC, que a concessão de efeito suspensivo à defesa, em regra, não obsta que o exequente levante mensalmente a importância da prestação alimentar. Excepcionalmente, portanto, o efeito suspensivo atribuído à impugnação ao cumprimento de sentença até poderá impedir o levantamento do dinheiro pelo exequente, o que dependerá do grau (aparente, evidente) de prejudicialidade da impugnação e de uma valoração comparativa entre a gravosidade a que estaria sujeito o executado em caso de prosseguimento da execução e o eventual prejuízo que o exequente suportaria com o atraso na continuidade do feito executivo.

Esse levantamento do dinheiro mensalmente pelo exequente independe da prestação de caução (CPC, art. 521), salvo constatado o risco ao exequente (CPC, art. 521, parágrafo único). Ademais, esses valores levantados pelo exequente, por se tratar de alimentos, costumam ser irrepetíveis[47] e apenas excepcionalmente se admite alguma compensação ou reembolso, a fim de se evitar um enriquecimento ilícito[48].

Superada a fase do cumprimento de sentença sem o cumprimento voluntário do executado, se sucederá a busca de bens a serem penhorados a fim de que possa ocorrer a expropriação (CPC, art. 825), ao que são aplicáveis as regras previstas no CPC, Livro II, Título II, Capítulo III, as quais serão tratadas no capítulo relativo à execução fundada em título executivo extrajudicial, para as quais aqui igualmente se remete.

8.9. CONSTITUIÇÃO DE RENDA

A fim de assegurar o cumprimento de obrigação alimentar, desde que haja requerimento do exequente, pode o magistrado no mesmo ato que fixar os alimentos condenar o executado a constituir um capital (CPC, art. 533). A necessidade ou não da constituição de capital deve ser definida depois de respeitado o contraditório entre as partes, com ampla dilação probatória[49], pelo que vinha se entendendo que somente poderia ser fixada na fase de conhecimento e, por conseguinte, não poderia ser fixada

---

46. Assim, por exemplo, é possível incluir na execução de alimentos as parcelas da pensão vencidas no decorrer do processo (CPC, art. 323).
47. STJ, 4ª T., REsp 132.309/SP, Rel. Min. Sálvio de Figueiredo Teixeira, j. 28.11.2000, *DJ* 04.06.2001.
48. Excepcionalmente, portanto, pode ser admitida a compensação dos alimentos. Neste sentido: STJ, 3ª T., REsp 202.179/GO, Rel. Min. Nilson Naves, j. 10.12.1999, *DJ* 08.05.2000; STJ, 3ª T., REsp 982.857/RJ, Rel. Min. Massami Uyeda, j. 18.09.2008, *DJe* 03.10.2008 e STJ, 3ª T., AgRg no AREsp 226.350/DF, Rel. Min. Paulo de Tarso Sanseverino, j. 18.02.2014, *DJe* 28.02.2014.
49. STJ, 2ª T., AgRg no REsp 1.161.303/RS, Rel. Min. Humberto Martins, j. 12.08.2014, *DJe* 19.08.2014.

na fase de liquidação ou de execução[50]. Todavia, sendo hoje inegável que há atividade cognitiva nestas outras fases de liquidação e execução, parece possível que o exequente venha a requerer essa condenação nestas fases do processo, especialmente quando o exequente constate, supervenientemente, modificação nas condições econômicas do executado. Aliás, por força dessa eventual mudança na situação econômica, a qualquer tempo no curso do processo, pode a parte interessada requerer a redução ou o aumento desse capital (CPC, art. 533, § 3º).

Ainda segundo o texto legal, essa constituição de capital somente seria cabível quando os alimentos tenham origem indenizatória. Ora, tal como já se disse antes, essa constituição de capital deveria ser possível para a efetivação de qualquer modalidade de alimentos, *independentemente de sua origem*.

Enfim, a constituição de capital tem, por fim, gerar rendimentos (frutos) que assegurem o pagamento do valor mensal da prestação de alimentos.

Logo, essa constituição de capital pode ser feita por imóveis ou por direitos reais sobre imóveis suscetíveis de alienação, títulos da dívida pública ou aplicações financeiras em banco oficial. Seja como for, será inalienável e impenhorável, o que significa dizer que estará imune ao ataque de outros eventuais credores do executado não do próprio exequente[51], ao menos enquanto durar a obrigação do executado, além de constituir-se em patrimônio de afetação (CPC, art. 533, § 1º).

Ou, conforme o caso, o juiz poderá substituir a constituição do capital pela inclusão do exequente em folha de pagamento de pessoa jurídica de notória capacidade econômica[52] ou, a requerimento do executado, por fiança bancária ou garantia real, em valor a ser arbitrado de imediato pelo juiz. Embora o silêncio da lei, dada a equiparação legal (CPC, art. 835, § 2º), parece possível que a constituição em renda também possa ser substituída por seguro garantia judicial.

Finda a obrigação de prestar alimentos, o juiz mandará liberar o capital, a requerimento da parte ou de ofício, cessar o desconto em folha ou cancelar as garantias prestadas (CPC, art. 533, § 5º).

8.10. CRIME DE ABANDONO MATERIAL

Segundo o art. 532 do CPC, verificada a conduta procrastinatória do executado, o juiz deverá, se for o caso, de ofício ou por provocação da parte, dar ciência ao Ministério Público dos indícios da prática do crime de abandono material. Esse crime, conforme a lei penal (CP, art. 244), somente tem lugar quando decorrente de relações familiares.

---

50. STJ, 4ª T., REsp 268.666/RJ, Rel. Min. Sálvio de Figueiredo Teixeira, j. 05.10.2000, *DJ* 20.11.2000.
51. STJ, 3ª T., REsp 374.332/RJ, Rel. Min. Carlos Alberto Menezes Direito, j. 29.11.2002, *DJ* 24.02.2003.
52. STJ, 4ª T., AgInt nos EDcl no AgInt no AREsp 25.729/RJ, Rel. Des. Conv. do TRF-5ª Reg. Lázaro Guimarães, j. 07.11.2017, *DJe* 13.11.2017; STJ, 4ª T., REsp 157.912/RJ, Rel. Min. Sálvio de Figueiredo Teixeira, j. 04.08.1998, *DJ* 21.09.1998 e STJ, 3ª T., REsp 119.642/RJ, Rel. Min. Waldemar Zveiter, j. 15.12.1997, *DJ* 27.04.1998.

Logo, não há que se falar em seu cometimento quando os alimentos tenham origem diversa desta.

Tal crime exige dolo específico, ou seja, para se provocar a apuração de tal prática criminosa, deve haver fortes indícios de que o executado deliberadamente esteja atuando para frustrar a obrigação alimentar, tais como: simula estar desempregado; impede a colheita de informações de sua situação econômico-financeira etc. Ou seja, a simples inadimplência ou rejeição da justificativa do executado não caracteriza a prática do referido crime[53].

8.11. PROCESSO DE EXECUÇÃO FUNDADO EM TÍTULO EXECUTIVO EXTRAJUDICIAL

Na vigência do CPC/73, surgiu entendimento perante o Superior Tribunal de Justiça em que se negava a possibilidade de prisão civil por descumprimento de obrigação alimentar prevista em título executivo extrajudicial[54].

Tal entendimento, por não encontrar nenhum respaldo legal, acabou sendo superado, ainda que nos julgados tenha havido alguma resistência, passando a referida Corte Superior a aceitar o meio da coerção pessoal na execução de alimentos fundada em título executivo extrajudicial[55].

Com a entrada em vigor do CPC/2015, a questão não admite mais discussão, uma vez que o legislador contemplou, nos arts. 911 a 913, procedimento relativo à execução de alimentos fundada em título executivo extrajudicial (CPC, art. 784, II, III e IV).

Retiram-se desses dispositivos legais que a execução pode adotar o rito da prisão civil (CPC, art. 911), do desconto em folha (CPC, art. 912) ou da expropriação (CPC, art. 913). Na verdade, cabe a opção de escolha do rito ao exequente.

Fundada a obrigação de alimentos num título executivo extrajudicial, a execução será processada por meio de processo autônomo, que depende de provocação do credor mediante a apresentação de petição inicial. Essa petição inicial deverá respeitar os requisitos legais (CPC, arts. 319 e 320 c/c arts. 798 e 799).

---

53. STJ, 5ª T., HC 194.225/GO, Rel. Min. Marco Aurélio Bellizze, j. 16.04.2013, *DJe* 24.04.2013 e STJ, 6ª T., HC 141.069/RS, Rel. Min. Maria Thereza de Assis Moura, j. 22.08.2011, *DJe* 21.03.2012.
54. "*Habeas corpus*. Título executivo extrajudicial. Escritura pública. Alimentos. Art. 733 do Código de Processo Civil. Prisão civil.
    1. O descumprimento de escritura pública celebrada entre os interessados, sem a intervenção do Poder Judiciário, fixando alimentos, não pode ensejar a prisão civil do devedor com base no art. 733 do Código de Processo Civil, restrito à 'execução de sentença ou de decisão, que fixa os alimentos provisionais'.
    2. *Habeas corpus* concedido" (STJ, 3ª T., HC 22.401/SP, Rel. Min. Carlos Alberto Menezes Direito, j. 20.08.2002, *DJ* 30.09.2002).
55. STJ, 3ª T., REsp 1.117.639/MG, Rel. Min. Massami Uyeda, j. 20.05.2010, *DJe* 21.02.2011; STJ, 4ª T., REsp 1.285.254/DF, Rel. Min. Marco Buzzi, j. 04.12.2012, *DJe* 1º.08.2013 e STJ, monocrática, REsp 1.587.456/DF, Rel. Min. Marco Aurélio Bellizze, j. 21.03.2016, *DJe* 07.04.2016.

Estando a petição em ordem, o juiz determinará a citação do executado e, no mesmo ato, fixará honorários advocatícios a favor do patrono do exequente (CPC, art. 827, *caput*). A citação pode ser feita pelo correio, por oficial de justiça, por edital ou por hora certa.

Tendo o exequente adotado o rito da prisão civil (CPC, art. 911 c/c art. 528 c/c art. 771), o executado será citado para, num prazo de 3 (três) dias, efetuar o pagamento das parcelas anteriores ao início da execução e das que se vencerem no seu curso, provar que o fez ou justificar a impossibilidade de efetuá-lo. Esse prazo, por ter natureza processual, será computado em dias úteis (CPC, art. 219) e, como se trata de obrigação cujo cumprimento deve ser feito diretamente pelo executado, tem como marco inicial o dia em que a citação é recebida por ele (CPC, art. 231, § 3º) e não de sua juntada nos autos. Tratando-se de litisconsórcio passivo, o prazo será contado individualmente para cada um dos executados (CPC, art. 231, §§ 2º e 3º). Ocorrendo o pagamento voluntário no prazo legal, será considerada satisfeita a obrigação, com a consequente redução dos honorários pela metade (CPC, art. 827, § 1º) e extinção da execução (CPC, art. 924, II). Não ocorrendo o pagamento ou não acolhida a justificativa dada, a execução prossegue com a prisão do executado. Aplica-se aqui, tudo o quanto já exposto quando se tratou do cumprimento de sentença em que se adota esse rito (CPC, art. 911, parágrafo único).

Caso o rito adotado pelo exequente tenha sido o do desconto em folha (CPC, art. 912 c/c art. 529 c/c art. 771), o executado será citado, mas a ordem de pagamento não será dirigida a ele e, sim, à fonte pagadora, para que, sob pena de crime de desobediência (CPC, art. 529, § 1º c/c CP, art. 330 c/c Lei 5.478/68, art. 22, parágrafo único), desconte do que o executado tem a receber mensalmente o valor dos alimentos, a partir da primeira remuneração posterior a contar da ciência da ordem, e entregue-o de alguma forma (depósito bancário, mediante recibo etc.) ao exequente. Também são aplicáveis aqui tudo o quanto foi explicado quando se tratou do cumprimento de sentença em que se adota esse rito, inclusive o previsto no art. 529, § 3º do CPC, não repetido no art. 912 do CPC.

Por último, se o exequente requerer na petição inicial, pode a execução adotar o rito da expropriação (CPC, art. 913), em que o executado será citado para pagar o que deve, em 3 (três) dias, com desconto de 50% (cinquenta por cento) dos honorários advocatícios fixados (CPC, art. 829 c/c art. 827, § 1º); ou em 15 (quinze) dias o valor integral, ainda que de forma parcelada (CPC, art. 916). Esses prazos, por terem natureza processual, serão computados em dias úteis (CPC, art. 219) e, como se trata de obrigação cujo cumprimento deve ser feito diretamente pelo executado, tem como marco inicial o dia em que a citação é recebida por ele (CPC, art. 231, § 3º) e não de sua juntada nos autos. Tratando-se de litisconsórcio passivo, o prazo será contado individualmente para cada um dos executados (CPC, art. 231, §§ 2º e 3º). Ocorrendo o pagamento voluntário no prazo legal, será considerada satisfeita a obrigação, com a extinção da execução (CPC, art. 924, II). Não ocorrendo o pagamento, a execução prossegue com a penhora e expropriação de bens do executado. Remete-se aqui, ao quanto foi explicado no capítulo próprio desta modalidade de execução.

É oportunizado ao executado opor embargos à execução independentemente de segurança do juízo (CPC, art. 914) e, para tanto, ele terá o prazo de 15 (quinze) dias úteis a contar da citação (CPC, art. 915). A execução pode ou não ser suspensa (CPC, art. 919, § 1º). Todavia, a concessão de efeito suspensivo à essa defesa, em regra, não obsta que o exequente levante mensalmente a importância da prestação alimentar (CPC, art. 913, parte final). Excepcionalmente, portanto, o efeito suspensivo atribuído aos embargos à execução até poderá impedir o levantamento do dinheiro pelo exequente, o que dependerá do grau (aparente, evidente) de prejudicialidade dos embargos e de uma valoração comparativa entre a gravosidade a que estaria sujeito o executado em caso de prosseguimento da execução e o eventual prejuízo que o exequente suportaria com o atraso na continuidade do feito executivo. Em relação ao levantamento desse dinheiro mensalmente pelo exequente, ratifica-se o exposto acima, quando se enfrentou a mesma questão (item 8).

Também é aplicável, nesta execução de alimentos fundada em título executivo extrajudicial, o previsto quanto à constituição de renda (CPC, art. 533) e o estabelecido em relação ao crime de abandono material (CPC, art. 532), tal como exposto acima (itens 9 e 10, respectivamente). Aliás, o executado também poderá responder por conduta atentatória à dignidade da justiça (CPC, art. 774) ou por desrespeito à autoridade judicial (CPC, art. 77).

9
CUMPRIMENTO DE SENTENÇA E PROCESSO DE EXECUÇÃO EM FACE DA FAZENDA PÚBLICA

9.1. CONCEITO DE FAZENDA PÚBLICA

A expressão Fazenda Pública tem um sentido processual, importando no "Estado em juízo". Nesse passo, a expressão compreende a União, o Estado, o Distrito Federal, o Município e as respectivas autarquias e fundações públicas. As sociedades de economia mista e as empresas públicas, portanto, ficam fora desse conceito, porque se sujeitam ao regime próprio das empresas privadas, inclusive quanto aos direitos e obrigações civis (CF, art. 173, § 1º, II)[1].

Assim, quando se fala em execução contra a Fazenda Pública, compreende-se todas as pessoas jurídicas de direito público interno das Administrações Direta (União, o Estado, o Distrito Federal, o Município) e Indireta[2] (autarquias e fundações públicas).

9.2. TÍTULO EXECUTIVO

Segundo dispõe o art. 100 da Constituição Federal, "os pagamentos devidos pelas Fazendas Públicas Federal, Estaduais, Distrital e Municipais, *em virtude de sentença judiciária*, far-se-ão exclusivamente na ordem cronológica de apresentação dos precatórios e à conta dos créditos respectivos" (Redação EC 62/2009).

Assim, considerando que o texto constitucional se refere categoricamente a pagamentos devidos pelas Fazendas Públicas em virtude de *sentença judiciária*, houve entendimento de que não era possível manejar execução fundada em título executivo de natureza extrajudicial contra a Fazenda Pública.

---

1. A única ressalva é a Empresa Brasileira de Correios e Telégrafos (ECT) que é empresa pública, mas que o STF acabou por entender que tem seu patrimônio impenhorável, pelo que está sujeita ao regime do precatório (STF, 1ª T., AgR no RE 393.032/MG, Rel. Min. Cármen Lúcia, j. 27.10.2009, *DJe* 17.12.2009). As demais empresas públicas submetem-se ao regime comum da execução, não importando o fato de prestarem serviço público. Vide: STJ, 3ª T., REsp 343.968/SP, Rel. Min. Nancy Andrighi, j. 05.02.2002, *DJ* 04.03.2002.
2. Não é aplicável o regime do precatório ao ente que, a despeito de formalmente ser considerado uma autarquia, na realidade, em razão de explorar atividade econômica, mediante fomento de setores da economia, se reveste de natureza de empresa pública, como sucede com o BRDE (STJ, 3ª T., REsp 579.819/RS, Rel. Min. Massami Uyeda, j. 04.08.2009, *DJe* 15.09.2009).

Na verdade, a expressão *sentença judiciária* não tem qualquer sentido técnico, devendo ser entendida como referente à ordem judicial que determina o pagamento, sendo irrelevante se ela emana de processo que teve por fundamento um título executivo judicial ou extrajudicial. A questão foi superada pelo Superior Tribunal de Justiça, que acabou por concluir ser possível ajuizar execução contra a Fazenda Pública fundada em título executivo extrajudicial[3]. O procedimento relativo a esta execução, se for para pagamento de quantia certa, está previsto no art. 910 do CPC.

Sendo a execução fundada em título executivo judicial, que poderá ser obtido mediante ação de natureza condenatória, assim como através de ação monitória[4], a execução se dará por meio de cumprimento de sentença, nos termos dos arts. 534 e 535 do CPC.

9.3. EXECUÇÃO DE SOMA EM DINHEIRO

Especialmente em virtude da impenhorabilidade dos bens públicos (CC, art. 100), criou-se um regime diferenciado (especial) para a execução de soma em dinheiro contra a Fazenda Pública, o qual é aplicável mesmo quando também figurar no polo ativo outra pessoa jurídica de direito público.

Nesse passo, a atividade executiva a ser desenvolvida em face da Fazenda Pública não terá por finalidade propiciar oportunidade para pagamento espontâneo e, a seguir, o ataque ao seu patrimônio, ou seja, não haverá como a Fazenda Pública realizar pagamento imediato[5], tampouco ocorrerá penhora e expropriação de bens públicos, a fim de satisfazer o crédito exequendo. Haverá, apenas, a confirmação das qualidades da obrigação representada pelo título executivo e, em assim ocorrendo, segue-se com a Requisição de Pequeno Valor (RPV) ou com a solicitação do pagamento do precatório requisitório que será encaminhada pelo juízo da execução ao Presidente do tribunal competente. Este órgão é competente para, conforme as suas regras regimentais e observando-se o disposto na Resolução 115/2010, do Conselho Nacional de Justiça (CNJ), processar tal solicitação e expedir o precatório. Aliás, o STF atribui competência ao CNJ para que monitore e supervisione o pagamento dos precatórios pelos entes públicos na forma como definida no julgamento da ADI 4.425/DF e da ADI 4.357/DF[6].

---

3. Súmula 279/STJ: "É cabível execução por título extrajudicial contra a Fazenda Pública".
4. Súmula 339/STJ: "É cabível ação monitória contra a Fazenda Pública".
5. Como se verá, a Fazenda Pública deverá pagar por meio de precatório, que exige respeito à ordem cronológica de sua apresentação, razão pela qual não há como oportunizar a chance de pagamento voluntário. Por essa mesma razão, é inaplicável à Fazenda Pública o previsto no art. 526 do CPC. Destarte, eventual pagamento fora da ordem cronológica poderá ensejar a medida do sequestro (CF, art. 100, § 6º e Resolução 115/2010 do CNJ, arts. 33 a 34-A), além de responsabilidade administrativa e criminal do Presidente do tribunal competente (CF, art. 100, § 7º).
6. STF, Pleno, QO na ADI 4.425/DF, Rel. Min. Luiz Fux, j. 25.03.2015, *DJe* 04.08.2015.

9.4. O REGIME DO CUMPRIMENTO DE SENTENÇA DE SOMA EM DINHEIRO CONTRA A FAZENDA PÚBLICA

O CPC/2015 estendeu o regime do cumprimento de sentença para todas as obrigações representadas em título executivo judicial, passando a ser aplicável, também, à Fazenda Pública, o que não se via no regime do CPC/1973 depois das alterações procedidas pela Lei 11.232/2005.

Assim, sendo sentença que reconheça a exigibilidade de obrigação líquida de soma em dinheiro devida pela Fazenda Pública, ou depois dela ter sido liquidada nos termos dos arts. 509 a 512 do CPC, caberá ao exequente provocar o início da fase de cumprimento de sentença em face da Fazenda Pública.

Como já apontado antes, admite-se o cumprimento provisório da sentença contra a Fazenda Pública, apenas não se admitindo a expedição de Requisição de Pequeno Valor (RPV) ou de precatório antes do trânsito em julgado da condenação, uma vez ser essa a exigência prevista, respectivamente, nos §§ 3º e 5º do art. 100 da Constituição Federal[7]. O mesmo se diga nas hipóteses descritas no art. 2º-B da Lei 9.494/97[8].

Seja cumprimento provisório ou definitivo de sentença de pagar soma em dinheiro em face da Fazenda Pública, caberá ao exequente formular petição provocando o seu início, cujo conteúdo está descrito no art. 534 do CPC, o qual é idêntico àquele descrito no art. 524 do CPC, exigindo, pois, transparência na identificação das partes e nos critérios de cálculo do valor executado. Remete-se, pois, ao que já foi dito no capítulo em que se tratou do art. 524 do CPC. Há apenas uma única distinção, que diz respeito à exigência contida no § 1º do art. 534 do CPC, no sentido de que, havendo pluralidade de exequentes, a memória de cálculo deverá ser apresentada de forma individual para cada um deles, pelo que se pode aplicar, se for o caso, o previsto no art. 113, §§ 1º e 2º, do CPC, que tratam da limitação do litisconsórcio facultativo.

Uma vez apresentada a petição e estando ela em ordem, a Fazenda Pública será intimada na pessoa de seu representante judicial, por carga[9], remessa[10] ou por meio

---

7. Enunciado 532 do FPPC: "A expedição do precatório ou da RPV depende do trânsito em julgado da decisão que rejeita as arguições da Fazenda Pública executada." O enunciado deve ser interpretado de modo que, se a impugnação for parcial, a parte não questionada poderá, desde logo, ser objeto da expedição do precatório ou da RPV, nos termos do art. 535, § 4º, do CPC.
8. STJ, 1ª T., AgInt no AREsp 894.495/SP, Rel. Min. Sérgio Kukina, j. 21.03.2017, DJe 29.03.2017. Eis a redação do art. 2º-B da Lei 9.494/97: "Art. 2º-B. A sentença que tenha por objeto a liberação de recurso, inclusão em folha de pagamento, reclassificação, equiparação, concessão de aumento ou extensão de vantagens a servidores da União, dos Estados, do Distrito Federal e dos Municípios, inclusive de suas autarquias e fundações, somente poderá ser executada após seu trânsito em julgado".
9. Quando a intimação é feita por carga, o dia em que ela é feita é que dá início à contagem do prazo (CPC, art. 231, VIII).
10. Realizada a intimação pela remessa, o prazo "inicia-se no dia da remessa dos autos com vista, ou, se as datas não coincidirem, do recebimento destes por servidor do órgão, e não a partir do dia em que o representante ministerial manifesta, por escrito, sua ciência do teor da decisão" (STJ, 5ª T., Edcl no RHC 43.374/PA, Rel. Min. Laurita Vaz, j. 22.04.2014, DJe 30.04.2014).

eletrônico[11] (CPC, art. 183, § 1º), não para pagar voluntariamente, mas para, querendo, apresentar defesa (= impugnação ao cumprimento de sentença), no prazo próprio de 30 (trinta dias) úteis[12], conforme previsto no *caput* do art. 535 do CPC.

Considerando que a Fazenda Pública não será intimada para pagar, não há lugar para aplicar sanção pelo não pagamento, razão pela qual o art. 534, § 2º, do CPC deixa claro que é inaplicável à Fazenda Pública a multa de 10% (dez por cento) prevista no art. 523, § 1º, do CPC.

O conteúdo desta oposição (defesa) será posteriormente tratado quando do capítulo relativo às defesas que podem ser opostas contra a execução. Não obstante isso, convém destacar que, quando alegar excesso de execução, é ônus da Fazenda indicar o valor correto mediante memória de cálculo, sob pena de o tema não ser conhecido (CPC, art. 525, § 2º). No entanto, dependendo das peculiaridades do caso, pode a Fazenda vir a ser intimada a posteriormente juntar esse cálculo que porventura não acompanhou a defesa[13]; como também, poderá o magistrado averiguar a exatidão dos cálculos diante da possibilidade de existência de excesso de execução, remetendo os autos para a contadoria do juízo para verificação dos cálculos[14].

Não apresentada essa defesa ou tendo sido ela superada, o cumprimento de sentença tem seu prosseguimento, de regra, com a solicitação do pagamento que será encaminhada ao Presidente do tribunal competente (CPC, art. 535, § 3º, I), que é o órgão competente para processar tal solicitação e expedir o chamado precatório. Uma vez expedido o precatório, o tribunal passa apenas a fiscalizar a regularidade formal desse precatório conforme as regras constitucionais e a conferência dos valores com a incidência da correção monetária e dos juros de mora (Resolução 115/2010 do CNJ, arts. 35 e 36), tudo numa atividade puramente administrativa e não jurisdicional[15]. Caso a defesa da Fazenda Pública tenha sido parcial, o valor não questionado pelo ente público pode, desde logo, ser objeto de cumprimento, que passa, então, a ser definitivo quanto a esta parte (CPC, art. 535, § 4º), restando autorizada a expedição de RPV ou do precatório no tocante à parcela incontroversa[16].

Tratando-se de obrigação de pequeno valor, caberá ao próprio juiz da causa onde tramitou o cumprimento de sentença, dirigir requisição (RPV) à autoridade, na pessoa de quem o ente público foi citado para o processo, a fim de que efetue seu pagamento no prazo de 2 (dois) meses a contar do seu recebimento, mediante depósito em conta

---

11. Feia a intimação de forma eletrônica, o prazo tem início no dia útil seguinte à consulta ao teor da intimação ou ao término do prazo para que a consulta se dê (CPC, art. 231, V).
12. Este prazo, portanto, não se computa em dobro, nos termos do art. 183, § 2º do CPC.
13. STJ, 2ª T., REsp 1.888.728/GO, Rel. Min. Og Fernandes, j. 13.04.2021, *DJe* 27.04.2021.
14. STJ, 2ª T., REsp 1.887.589/GO, Rel. Min. Og Fernandes, j. 06.04.2021, *DJe* 14.04.2021.
15. Súmula 311/STJ: "Os atos do presidente do tribunal que disponham sobre processamento e pagamento de precatório não têm caráter jurisdicional".
16. STF, 1ª T., AgR no RE 504.128/PR, Rel. Min. Cármen Lúcia, j. 23.10.2007, *DJe* 06.12.2007; STJ, 2ª T., AgRg nos EDcl no REsp 1.497.627/PR, Rel. Min. Humberto Martins, j. 14.04.2015, *DJe* 20.04.2015 e STJ, 2ª T., AgInt no AREsp 1.679.192/RS, Rel. Min. Assusete Magalhães, j. 08.03.2021, *DJe* 15.03.2021.

bancária indicada pelo credor, preferencialmente em banco oficial mais próximo da residência do credor (CPC, art. 535, § 3º, II).

Caso a Fazenda Pública não tenha apresentado defesa no cumprimento de sentença que acarrete a expedição de precatório, não deverá ser ela condenada ao pagamento de honorários advocatícios[17] em favor do patrono do exequente (CPC, art. 85, § 7º). Tal determinação, no entanto, não se aplica se for expedido RPV[18]. Por sua vez, a *contrario sensu*, havendo impugnação, os honorários advocatícios são devidos[19]; assim como cabem honorários advocatícios no cumprimento de sentença proferida contra a Fazenda Pública em ação coletiva, independentemente de ter sido ou não apresentada impugnação[20].

9.5. SOBRE O PRECATÓRIO E A RPV

O regime especial da execução fundada em obrigação de pagar soma em dinheiro contra a Fazenda Pública é baseado no chamado precatório. Entende-se por precatório a ordem dirigida ao membro do Poder Executivo responsável pelo pagamento (requisitos descritos na Resolução 115/2010 do CNJ, art. 5º), determinando que seja a verba nele discriminada incluída no orçamento do exercício seguinte, para depósito até o final desse exercício, de modo a satisfazer o crédito do exequente (CF, art. 100, § 5º e Resolução 115/2010 do CNJ, art. 7º). Logo, sendo o precatório inscrito até a data de 1º de julho, ele deverá ser incluído no orçamento e pago até o final do exercício do ano seguinte[21]. Trata-se, pois, de um processo complexo, porque envolve as três esferas de Poder: a ordem emana do Poder Judiciário e é dirigida ao Poder Executivo, que encaminha ao Poder Legislativo para sua inclusão no orçamento. A seguir, realizando o que foi orçado pelo Legislativo, o Poder Executivo encaminha a verba ao Poder Judiciário, que finalmente deverá efetuar o pagamento ao credor (Resolução 115/2010 do CNJ, art. 32). Ainda que o processo originário envolva hipótese de litisconsórcio ativo, "os precatórios deverão ser expedidos individualmente, por credor" (Resolução 115/2010, art. 5º, § 1º). O art. 8º da Resolução 303/2019, oriunda do CNJ, dispõe que "o advogado fará jus à expedição de ofício precatório autônomo em relação aos honorários sucumbenciais".

Uma vez expedido o precatório, o crédito nele representado pode ser cedido a terceiros, no todo ou em parte, independentemente de concordância do ente público

---

17. Súmula 345/STJ: "São devidos honorários advocatícios pela Fazenda Pública nas execuções individuais de sentença proferida em ações coletivas, ainda que não embargadas".
18. Esse foi o entendimento firmado pelo STF: Pleno, ED no RE 420.816/PR, Rel. Min. Sepúlveda Pertence, j. 21.03.2007, *DJe* 26.04.2007. STJ, 2ª T., REsp 1.664.736/RS, Rel. Min. Og Fernandes, j. 27.10.2020, *DJe* 17.11.2020.
19. STJ, 2ª T., AgInt no REsp 1.903.921/RS, Rel. Min. Herman Benjamin, j. 19.04.2021, *DJe* 1º.07.2021.
20. STJ, 2ª T., AgInt no REsp 1.885.857/RS, Rel. Min. Francisco Falcão, j. 1º.03.2021, *DJe* 15.03.2021.
21. Para melhor compreender exemplifica-se do seguinte modo: se o precatório foi inscrito até 1º de julho do ano de 2016, ele terá que ser pago até o final do exercício do ano seguinte, ou seja, até 31 de dezembro de 2017. Os precatórios inscritos depois de 1º de julho de 2016, não tiveram mais como integrar o orçamento do ano de 2017, pelo que somente serão previstos no orçamento seguinte e, portanto, deverão ser pagos até o final do exercício posterior, isto é, até 31 de dezembro de 2018.

devedor, mas não se aplica ao cessionário o previsto nos §§ 2º e 3º do art. 100 da CF (CF, art. 100, § 13 e Resolução 115/2010 do CNJ, arts. 16 e 17). Essa cessão somente produzirá efeitos depois de ter sido comunicada, por petição, ao tribunal de origem e à entidade devedora (CF, art. 100, § 14 e Resolução 115/2010 do CNJ, arts. 16 e 17)[22].

O pagamento do precatório deverá ser efetuado respeitando-se a estrita ordem cronológica de sua apresentação perante a Fazenda Pública (CF, art. 100, *caput*), evitando-se, pois, favorecimentos. Na verdade, considera-se o momento de apresentação do precatório o do recebimento do ofício perante o Tribunal ao qual se vincula o juízo da execução (Resolução 115/2010 do CNJ, art. 4º, *caput*). O ofício precatório poderá ser emitido eletronicamente, na forma prescrita pelos artigos 5º e 6º da Resolução 303, de 18 de dezembro de 2019. No período entre a inscrição do precatório e o seu pagamento até o final do exercício seguinte, o crédito deve ser corrigido monetariamente e não incidem juros de mora[23], ressalvada a hipótese de respeito à coisa julgada que estabeleça juros de mora até o efetivo pagamento[24].

Como dito, o precatório deve ser pago até o final do exercício do ano seguinte após ser orçado. No entanto, caso haja precatório com valor superior a 15% (quinze por cento) do montante dos precatórios apresentados nos termos do § 5º deste artigo, 15% (quinze por cento) do valor deste precatório serão pagos até o final do exercício seguinte e o restante em parcelas iguais nos cinco exercícios subsequentes, acrescidas de juros de mora e correção monetária, ou mediante acordos diretos, perante Juízos Auxiliares de Conciliação de Precatórios, com redução máxima de 40% (quarenta por cento) do valor do crédito atualizado, desde que em relação ao crédito não penda recurso ou defesa judicial e que sejam observados os requisitos definidos na regulamentação editada pelo ente federado (CF, art. 100, § 20).

Além disso, para que se possa garantir o pagamento do precatório ou da RPV, "a União, os Estados, o Distrito Federal e os Municípios aferirão mensalmente, em base anual, o comprometimento de suas respectivas receitas correntes líquidas com o pagamento de precatórios e obrigações de pequeno valor" (CF, art. 100, § 17). Entende-se como receita corrente líquida, "o somatório das receitas tributárias, patrimoniais, industriais, agropecuárias, de contribuições e de serviços, de transferências correntes e outras receitas correntes, incluindo as oriundas do § 1º do art. 20 da Constituição Federal, verificado no período compreendido pelo segundo mês imediatamente anterior ao de

---

22. A EC/113/2021 alterou a redação do § 14 do art. 100 da CF, para nele inserir respeito ao previsto no novo § 9º do mesmo art. 100, também previsto na mesma EC/113/2021. Porém, como adiante no texto se fará referência, este novo § 9º do art. 100 parece eivado de inconstitucionalidade, uma vez que, novamente, cria uma forma de compensação que já foi assim declarada pelo STF no julgamento da ADI 4.425/DF.
23. Súmula Vinculante 17/STF: "Durante o período previsto no parágrafo 1º [5º] do artigo 100 da Constituição, não incidem juros de mora sobre os precatórios que nele sejam pagos". No entanto, não havendo pagamento dentro deste período, passam a incidir juros de mora desde 1º de janeiro do ano seguinte até o efetivo pagamento.
24. STF, 2ª T., AgR no AgR no RE 524.821/RS, Rel. Min. Gilmar Mendes, j. 25.08.2015, *DJe* 10.09.2015; STJ, 6ª T., AgRg no REsp 639.196/RS, Rel. Min. Paulo Gallotti, j. 14.02.2006, *DJ* 27.03.2006 e STJ, Corte Especial, EREsp 673.866/RS, Rel. Min. Castro Meira, j. 1º.02.2013, *DJe* 18.02.2013.

referência e os 11 (onze) meses precedentes, excluídas as duplicidades, e deduzidas: I – na União, as parcelas entregues aos Estados, ao Distrito Federal e aos Municípios por determinação constitucional; II – nos Estados, as parcelas entregues aos Municípios por determinação constitucional; III – na União, nos Estados, no Distrito Federal e nos Municípios, a contribuição dos servidores para custeio de seu sistema de previdência e assistência social e as receitas provenientes da compensação financeira referida no § 9º do art. 201 da Constituição Federal" (CF, art. 100, § 18). "Caso o montante total de débitos decorrentes de condenações judiciais em precatórios e obrigações de pequeno valor, em período de 12 (doze) meses, ultrapasse a média do comprometimento percentual da receita corrente líquida nos 5 (cinco) anos imediatamente anteriores, a parcela que exceder esse percentual poderá ser financiada, excetuada dos limites de endividamento de que tratam os incs. VI e VII do art. 52 da Constituição Federal e de quaisquer outros limites de endividamento previstos, não se aplicando a esse financiamento a vedação de vinculação de receita prevista no inc. IV do art. 167 da Constituição Federal" (CF, art. 100, § 19).

O Supremo Tribunal Federal declarou a inconstitucionalidade do regime de compensação em favor da Fazenda Pública (CF, art. 100, §§ 9º e 10, com a redação dada pela EC/62/2009)[25]. Em razão disso, a emenda Constitucional 113/2021, estabeleceu uma nova regra a ser respeitada antes do pagamento do crédito: "§ 9º Sem que haja interrupção no pagamento do precatório e mediante comunicação da Fazenda Pública ao Tribunal, o valor correspondente aos eventuais débitos inscritos em dívida ativa contra o credor do requisitório e seus substituídos deverá ser depositado à conta do juízo responsável pela ação de cobrança, que decidirá pelo seu destino definitivo." Tal regra deverá ser observada mesmo que haja cessão do precatório (CF, art. 100, § 14, com a redação da EC/113/2021). Noutras palavras, se o credor da Fazenda Pública for também seu devedor, o montante do precatório deverá ser destinado ao juízo responsável pela ação de cobrança em curso (Ex.: execução fiscal). A despeito do esforço do legislador constituinte derivado, a nova redação do § 9º parece conter nova modalidade de compensação, a qual já foi afastada pelo STF[26] e, por isso mesmo e pelas mesmas razões (ofende cláusulas pétreas da Separação de Poderes, em desfavor do Poder Judiciário, da isonomia e da efetividade do acesso à jurisdição), novamente deverá sê-lo.

Uma alternativa dada ao titular do crédito representado pelo precatório (próprio ou adquirido de terceiro) de ao invés de receber em dinheiro o que lhe é devido, é

---

25. STF, Pleno, QO na ADI 4.425/DF, Rel. Min. Luiz Fux, j. 25.03.2015, DJe 03.08.2015. Eis as previsões em comento: "§ 9º. No momento da expedição dos precatórios, independentemente de regulamentação, deles deverá ser abatido, a título de compensação, valor correspondente aos débitos líquidos e certos, inscritos ou não em dívida ativa e constituídos contra o credor original pela Fazenda Pública devedora, incluídas parcelas vincendas de parcelamentos, ressalvados aqueles cuja execução esteja suspensa em virtude de contestação administrativa ou judicial. § 10. Antes da expedição dos precatórios, o Tribunal solicitará à Fazenda Pública devedora, para resposta em até 30 (trinta) dias, sob pena de perda do direito de abatimento, informação sobre os débitos que preencham as condições estabelecidas no § 9º, para os fins nele previstos".
26. STF, Pleno, QO na ADI 4.425/DF, Rel. Min. Luiz Fux, j. 25.03.2015, DJe 03.08.2015.

entregar esse crédito para: "I – quitação de débitos parcelados ou débitos inscritos em dívida ativa do ente federativo devedor, inclusive em transação resolutiva de litígio, e, subsidiariamente, débitos com a administração autárquica e fundacional do mesmo ente; II – compra de imóveis públicos de propriedade do mesmo ente disponibilizados para venda; III – pagamento de outorga de delegações de serviços públicos e demais espécies de concessão negocial promovidas pelo mesmo ente; IV – aquisição, inclusive minoritária, de participação societária, disponibilizada para venda, do respectivo ente federativo; ou V – compra de direitos, disponibilizados para cessão, do respectivo ente federativo, inclusive, no caso da União, da antecipação de valores a serem recebidos a título do excedente em óleo em contratos de partilha de petróleo". O exercício dessa faculdade pelo credor, salvo se o devedor for a União, exige lei do ente federativo devedor que assim autorize (CF, art. 100, § 11).

Em se tratando de verba de natureza alimentar (CF, art. 100, § 1º)[27] também estão sujeitos ao regime do precatório e ao pagamento na ordem cronológica, ainda que de forma preferencial em relação aos não alimentares[28]. Significa dizer que, ao efetuar o pagamento do exercício, primeiro o ente público quitará, dentro da ordem cronológica, os precatórios alimentares e, a seguir, os precatórios não alimentares. Enquanto o ente público não quitar os precatórios de um exercício de cada ano, não poderá dar início ao pagamento dos precatórios do exercício seguinte, sob pena de quebra da ordem cronológica e, por conseguinte, ensejar o sequestro (CF, art. 100, § 6º).

Os débitos de natureza alimentícia cujos titulares, originários ou por sucessão hereditária, tenham 60 (sessenta) anos de idade, ou sejam portadores de doença grave, ou pessoas com deficiência, assim definidos na forma da lei, serão pagos com preferência sobre todos os demais débitos, até o valor equivalente ao triplo fixado em lei para os fins do disposto no § 3º do art. 100 da CF, admitido o fracionamento para essa finalidade, sendo que o restante será pago na ordem cronológica de apresentação do precatório (CF, art. 100, § 2º e Resolução 115/2010 do CNJ, arts. 9º a 15). O art. 9º da Resolução 303/2019, do CNJ, também dispõe sobre o encaminhamento dos créditos nominados como "superpreferenciais", apontando que a solicitação para o processamento desses créditos far-se-á perante o juízo da execução, com a prova da idade, moléstia grave ou deficiência do beneficiário.

Logo, antes de pagar a ordem cronológica dos créditos alimentares, deverão ser pagos os créditos alimentares preferenciais ou com prioridade. Muito embora a redação do § 2º do art. 100 da CF possa parecer que os atributos pessoais que caracterizam a

---

27. O STF definiu que o rol previsto na norma constitucional não é exaustivo: 1ª T., RE 470.407/DF, Rel. Min. Marco Aurélio, j. 09.05.2006, *DJe* 13.10.2006. Assim, por exemplo, honorários advocatícios são verba alimentar, tal como previsto no art. 85, § 14, do CPC.
28. Súmula 655/STF: "A exceção prevista no art. 100, *caput*, da Constituição, em favor dos créditos de natureza alimentícia, não dispensa a expedição de precatório, limitando-se a isentá-los da observância da ordem cronológica dos precatórios decorrentes de condenações de outra natureza". Súmula 144/STJ: "Os créditos de natureza alimentícia gozam de preferência, desvinculados os precatórios da ordem cronológica dos créditos de natureza diversa".

prioridade (idade, doença ou deficiência) sejam transmitidos por sucessão, não deve ser essa a interpretação. Parece mais razoável entender que o titular do precatório, original ou por sucessão, que apresente essas características, terá a preferência. Logo, em caso de morte do titular do precatório, o crédito é transmitido aos herdeiros e não os atributos pessoais do falecido e, se o herdeiro que lhe sucede possuir algumas dessas características (idade, doença ou deficiência), poderá ele passar a ter a prioridade a que se refere a norma constitucional.

Não se expede precatório para pagamento de obrigações definidas em lei como sendo de pequeno valor (CF, art. 100, § 3º). Para a definição deste valor deverá ser considerado a capacidade de cada entidade de direito público, motivo pelo qual os valores poderão ser distintos (CF, art. 100, § 4º). Na falta de previsão pelos entes públicos, aplicam-se os limites fixados na Constituição (ADCT, art. 87, *caput* e incisos). Os Estados-membros podem adotar referencial inferior ao do art. 87 do ADCT[29], mas o limite mínimo equivale ao valor do maior benefício do regime geral da previdência social (CF, art. 100, § 4º). Quanto ao valor da RPV, incidem juros da mora no período compreendido entre a data da realização dos cálculos e de sua expedição[30], bem como deve haver atualização monetária do valor no período compreendido entra a elaboração dos cálculos e o efetivo pagamento, no que devem ser observados os critérios porventura fixados na liquidação ou, na falta destes, pelo IPCA-e[31]. A Requisição de pagamento de obrigações de Pequeno Valor (RPV) não se submete à ordem cronológica de apresentação dos precatórios, pois ela prescinde de inclusão em orçamento. A vedação de expedição de precatório complementar ou suplementar do valor pago mediante Requisição de Pequeno Valor tem por escopo coibir o fracionamento, repartição ou quebra do valor da execução (CF, art. 100, § 8º), a fim de que seu pagamento não se faça, em parte, por RPV e, em parte, por precatório, o que não impede a expedição de requisição de pequeno valor complementar para pagamento da correção monetária devida entre a data da elaboração dos cálculos e a efetiva satisfação da obrigação pecuniária[32].

É proibido fracionar o valor executado de modo que uma parte seja pago como se fosse de pequeno valor e o saldo mediante expedição de precatório (CF, art. 100, § 8º). Nesta hipótese, admite-se que o credor receba o valor até o limite do que seja considerado de *pequeno valor*, desde que renuncie ao excedente (ADCT, art. 87, parágrafo único). O fracionamento vedado pela norma constitucional toma por base a titularidade do crédito. Assim, um mesmo credor não pode ter seu crédito satisfeito por RPV e precatório, simultaneamente. Nada impede, todavia, que dois ou mais credores, incluídos no polo ativo da mesma execução, ainda que um deles seja advogado, possam receber seus créditos por sistemas distintos (RPV ou precatório), de acordo com o valor que couber

---

29. STF, Pleno, ADI 2.868/PI, Rel. Min. Joaquim Barbosa, j. 02.06.2004, *DJe* 12.11.2004.
30. Este entendimento já foi alcançado pela maioria do Pleno do Supremo Tribunal Federal, no julgamento do RE 579.431/RS, o qual aguarda ser encerrado, uma vez que houve pedido de vistas.
31. STJ, Corte Especial (repetitivo), REsp 1.143.677/RS, Rel. Min. Luiz Fux, j. 02.12.2009, *DJe* 04.02.2010.
32. STJ, Corte Especial (repetitivo), REsp 1.143.677/RS, Rel. Min. Luiz Fux, j. 02.12.2009, *DJe* 04.02.2010.

a cada qual. Sendo a execução promovida em regime de litisconsórcio ativo voluntário, a aferição do valor, para fins de submissão ao rito da RPV (CF, art. 100, § 3º), deve levar em conta o crédito individual de cada exequente[33].

O § 12 do art. 100 da CF, inserido pela Emenda Constitucional 62/2009, buscou regular a forma de correção monetária e juros de mora dos precatórios, mas foi objeto de ações de inconstitucionalidade perante o Supremo Tribunal Federal. Assim, no julgamento da ADI 4.425/DF e da ADI 4.357/DF, o STF conclui que o dispositivo era em parte inconstitucional e, com a modulação dos efeitos aplicada, acabou por definir o seguinte:

> (...) (i) fica mantida a aplicação do índice oficial de remuneração básica da caderneta de poupança (TR), nos termos da Emenda Constitucional 62/2009, até 25.03.2015, data após a qual: (a) os créditos em precatórios deverão ser corrigidos pelo Índice de Preços ao Consumidor Amplo Especial (IPCA-E); e (b) os precatórios tributários deverão observar os mesmos critérios pelos quais a Fazenda Pública corrige seus créditos tributários; e (ii) ficam resguardados os precatórios expedidos, no âmbito da administração pública federal, com base nos arts. 27 das Leis 12.919/13 e 13.080/15, que fixam o IPCA-E como índice de correção monetária[34].

Ainda segundo o STF:

> O art. 1º-F da Lei 9.494/97, com redação dada pela Lei 11.960/09, ao reproduzir as regras da EC 62/09 quanto à atualização monetária e à fixação de juros moratórios de créditos inscritos em precatórios, incorre nos mesmos vícios de juridicidade que inquinam o art. 100, § 12, da CF, razão pela qual se revela inconstitucional por arrastamento[35].

A emenda Constitucional 113/2021, em seu art. 3º, assim estabeleceu: "Nas discussões e nas condenações que envolvam a Fazenda Pública, independentemente de sua natureza e para fins de atualização monetária, de remuneração do capital e de compensação da mora, inclusive do precatório, haverá a incidência, uma única vez, até o efetivo pagamento, do índice da taxa referencial do Sistema Especial de Liquidação e de Custódia (Selic), acumulado mensalmente." Tal previsão também tende a ser considerada inconstitucional pelo STF, pelas mesmas razões adotadas no julgamento das ADI 4.425/DF e ADI 4.357/DF: ofende o direito fundamental à propriedade (art. 5º, XXII, CF), por ser inidôneo à recomposição das perdas inflacionárias; viola a isonomia (art. 5º, *caput*, CF), eis que, enquanto o devedor da Fazenda paga seus débitos de acordo com a variação real da inflação, medida pelo IPCA-E, o ente público remunerará os seus débitos de acordo com a Taxa SELIC, fixada discricionariamente pelo COPOM, de acordo com as preferências circunstanciais da política econômica encampada por determinado governo; e, ofende o princípio federativo (art. 1º, *caput*, da CF/88), uma vez que o STF já entendeu pela impossibilidade de vinculação do reajuste de dívidas estaduais ou municipais a índices federais de correção monetária (Súmula Vinculante 42)[36].

---

33. STJ, 1ª Seção (repetitivo), REsp 1.347.736/RS, Rel. Min. Herman Benjamin, j. 09.10.2013, *DJe* 14.04.2013.
34. STF, Pleno, QO na ADI 4.425/DF, Rel. Min. Luiz Fux, j. 25.03.2015, *DJe* 03.08.2015.
35. STF, Pleno, ADI 4.357/DF, Rel. p/ Acórdão Min. Luiz Fux, j. 14.03.2013, *DJe* 25.09.2014.
36. STF, Pleno, ADI 285/RO, Rel. Min. Cármen Lúcia, j. 04.02.2010, *DJe* 28.05.2010.

No que se refere ao regime especial autorizado pelo art. 100, § 15 da CF e estabelecido no art. 97 do ADCT, o STF definiu que:

> (...) (i) consideram-se válidas as compensações, os leilões e os pagamentos à vista por ordem crescente de crédito previstos na Emenda Constitucional 62/2009, desde que realizados até 25.03.2015, data a partir da qual não será possível a quitação de precatórios por tais modalidades; (ii) fica mantida a possibilidade de realização de acordos diretos, observada a ordem de preferência dos credores e de acordo com lei própria da entidade devedora, com redução máxima de 40% do valor do crédito atualizado. Durante o período de 5 (cinco) exercícios financeiros a contar de primeiro de janeiro de 2016, ficam mantidas (i) a vinculação de percentuais mínimos da receita corrente líquida ao pagamento dos precatórios (art. 97, § 10, do ADCT) e (ii) as sanções para o caso de não liberação tempestiva dos recursos destinados ao pagamento de precatórios (art. 97, § 10, do ADCT)[37].

O tema do regime especial também foi regulado pela Resolução 115/2010 do CNJ, arts. 18 a 31.

A emenda Constitucional 94/2016, também estabeleceu um regime especial para pagamento dos precatórios (ADCT, arts. 101 a 105), onde praticamente se estabeleceu na norma constitucional o que o STF havia julgado na ADI 4.425/DF, com pequenos outros ajustes.

A emenda Constitucional 113/2021, em seu art. 5º, assim estabeleceu: "As alterações relativas ao regime de pagamento dos precatórios aplicam-se a todos os requisitórios já expedidos, inclusive no orçamento fiscal e da seguridade social do exercício de 2022". Disposições similares já foram consideradas inconstitucionais pelo STF[38], por ofender ao direito adquirido e à coisa julgada. Logo, a tendência, também em relação a essa disposição, é ser declarada inconstitucional.

Outra novidade inserida pela emenda Constitucional 113/2021, foi a inclusão dos §§ 21 e 22[39] ao art. 100 da CF. Segundo essas disposições, houve autorização para viabilizar a realização de transação entre, de um lado, a União ou qualquer outro ente federativo e, de outro, pessoa jurídica de direito público que, ao mesmo tempo, seja titular de crédito contra a União ou qualquer ente federativo, reconhecido em sentença transitado em julgado, bem como devedor em contratos de refinanciamento, ou contratos em que houve prestação de garantia a outro ente federativo, ou em

---

37. STF, Pleno, QO na ADI 4.425/DF, Rel. Min. Luiz Fux, j. 25.03.2015, DJe 03.08.2015.
38. STF, Pleno, ADI 4.357/DF, Rel. p/ Acórdão Min. Luiz Fux, j. 14.03.2013, DJe 25.09.2014 e STF, Pleno, RE 729.107/DF, Rel. Marco Aurélio, j. 08.06.2020, DJe 15.09.2020.
39. "§ 21. Ficam a União e os demais entes federativos, nos montantes que lhes são próprios, desde que aceito por ambas as partes, autorizados a utilizar valores objeto de sentenças transitadas em julgado devidos a pessoa jurídica de direito público para amortizar dívidas, vencidas ou vincendas: I – nos contratos de refinanciamento cujos créditos sejam detidos pelo ente federativo que figure como devedor na sentença de que trata o caput deste artigo; II – nos contratos em que houve prestação de garantia a outro ente federativo; III – nos parcelamentos de tributos ou de contribuições sociais; e IV – nas obrigações decorrentes do descumprimento de prestação de contas ou de desvio de recursos.
§ 22. A amortização de que trata o § 21 deste artigo: I – nas obrigações vencidas, será imputada primeiramente às parcelas mais antigas; II – nas obrigações vincendas, reduzirá uniformemente o valor de cada parcela devida, mantida a duração original do respectivo contrato ou parcelamento".

parcelamento de tributos ou, finalmente, em obrigações decorrentes do descumprimento de prestação de contas ou de desvio de recursos. Como é uma autorização de transação (e não de compensação), deve ser aceito por ambas as partes. Suponha-se que determinado Estado tenha contraído empréstimo internacional, garantido pela União. Diante do não pagamento, o credor acionou a garantia e a União realizou o pagamento. Entretanto, esse mesmo Estado é credor da União em razão de sentença transitado em julgado. Caso este Estado e a União estejam de acordo, os valores relativos à sentença transitada em julgado podem ser pagos para amortizar a dívida que o Estado tem com a União, em função da garantia por ela prestada no contrato de empréstimo internacional. A mesma lógica se aplicaria com débitos previdenciários de determinado Município que, em razão de sentença transitada em julgado, é titular de crédito em desfavor da União.

Convém destacar que o Presidente do Tribunal competente responde por crime de responsabilidade e também perante o CNJ, por ato, comissivo ou omissivo, que retardar ou frustrar a liquidação regular dos precatórios (CF, art. 100, § 7º).

9.6. SOBRE O SEQUESTRO

Segundo o § 6º do art. 100 da CF, as dotações orçamentárias e os créditos abertos serão consignados diretamente ao Poder Judiciário, cabendo ao Presidente do Tribunal que proferir a decisão exequenda determinar o pagamento integral e autorizar, a requerimento do credor e exclusivamente para os casos de preterimento de seu direito de precedência ou de não alocação orçamentária do valor necessário à satisfação do seu débito, o sequestro da quantia respectiva.

Costumava-se afirmar que o dito *sequestro* constitui medida executiva, satisfativa e, portanto, não ostenta natureza cautelar. Por meio dela, o credor preterido[40] ou cujo precatório não foi incluído no orçamento, requer ao Presidente do Tribunal onde o precatório foi processado, que este determine o bloqueio de dinheiro do ente público devedor. Entretanto, o art. 20 da Resolução 303/2019 do CNJ emprestou-lhe caráter diverso, prescrevendo que "o sequestro é medida administrativa de caráter excepcional e base constitucional, reservado às situações delineadas no § 6º do art. 100 da Constituição Federal".

O procedimento desta medida está descrito nos arts. 33 a 34-A da Resolução 115/2010 e ainda nos artigos 19 e 20 da Resolução 303/2019, ambas emanadas do Conselho Nacional de Justiça.

---

40. Na verdade, são legitimados todos aqueles credores que foram preteridos, ou seja, que estão listados na ordem cronológica antes daquele que foi indevidamente pago pelo ente público devedor. Não obstante isso, caberá ao tribunal inicialmente quitar aquele que estiver por primeiro nesta lista e, assim, sucessivamente, a fim de respeitar essa ordem cronológica. Portanto, aquele credor que fizer a provocação perante o tribunal, age em legitimidade extraordinária em relação a todos aqueles que foram preteridos.

9.7. A EXECUÇÃO POR QUANTIA CERTA FUNDADA EM TÍTULO EXECUTIVO EXTRAJUDICIAL

Como dito antes, a execução por quantia certa contra a Fazenda Pública pode se fundar em título executivo extrajudicial, no que se aplica o previsto no art. 910 do CPC.

Neste procedimento, há pequenas alterações em relação ao descrito para o cumprimento de sentença, as quais se resumem a como é instaurado o processo e à forma de defesa que a Fazenda Pública pode apresentar. No mais, a execução está sujeita ao regime do precatório, no que aplicável tudo o quanto já foi apresentado a esse respeito (CPC, art. 910, § 3º).

Assim, como será iniciado um processo de execução, a provocação do credor far-se-á mediante petição inicial, cujos requisitos a serem observados são aqueles do art. 798 do CPC. Diante disso, a Fazenda Pública executada será citada pessoalmente para, querendo, no prazo próprio de 30 (trinta) dias[41], oferecer defesa (= embargos à execução), conforme prevê o *caput* do art. 910 do CPC.

Uma vez que o título executivo é extrajudicial, a Fazenda Pública pode alegar qualquer matéria de defesa nestes embargos (CPC, art. 910, § 2º) que, se não apresentados ou superados, permitirá que o juiz expeça requisição de pequeno valor (RPV) ou solicite o pagamento ao Presidente do tribunal competente por meio de precatório (CPC, art. 910, § 1º).

Estes embargos não têm efeito suspensivo automático[42], muito embora, dada a regra dos §§ 3º e 5º do art. 100 da CF, que exigem trânsito em julgado para expedição de RPV ou de precatório, este efeito pode acabar por acontecer, independentemente de sua expressa concessão pelo magistrado[43]. A rejeição dos embargos à execução opostos pela Fazenda Pública não enseja reexame necessário[44-45].

9.8. CUMPRIMENTO DE OBRIGAÇÃO DE FAZER, NÃO FAZER E ENTREGA DE COISA EM FACE DA FAZENDA PÚBLICA

Quando a obrigação devida pela Fazenda Pública disser respeito a um fazer, não fazer ou entrega de coisa, estará sujeita ao regime executivo normalmente previsto para esse fim, de modo que, se tratar de obrigação contemplada em título executivo judicial, é aplicável o previsto nos arts. 536 a 538 do CPC; e, caso a obrigação esteja fundada em título executivo extrajudicial, é aplicável o previsto nos arts. 806 a 813 e 814 a 823.

---

41. Este prazo, portanto, não se computa em dobro, nos termos do art. 183, § 2º, do CPC.
42. STJ, 1ª T., AgRg no AREsp 23.908/PR, Rel. Min. Napoleão Nunes Maia, j. 20.08.2015, *DJe* 31.08.2015.
43. STJ, 2ª T., AgRg no REsp 1.264.564/PR, Rel. Min. Humberto Martins, j. 1º.09.2011, *DJe* 09.09.2011.
44. STJ, 2ª T., AgRg nos EDcl nos EDcl no REsp 1.338.659/PR, Rel. Min. Humberto Martins, j. 17.03.2016, *DJe* 22.03.2016 e STJ, 2ª T., AgRg no AREsp 731.882/MA, Rel. Min. Assusete Magalhães, j. 08.03.2016, *DJe* 17.03.2016.
45. Enunciado 158 da II Jornada de Direito Processual Civil (CJF): "A sentença de rejeição dos embargos à execução opostos pela Fazenda Pública não está sujeita à remessa necessária".

É de se destacar que a jurisprudência ora define que eventual multa fixada se aplica apenas ao ente público[46] e ora agasalha a conclusão de que também pode ser dirigida ao agente público que esteja vinculado ao ato a ser feito ou não feito ou que deva entregar a coisa[47]. Excepcionalmente, pode até se admitir o bloqueio de verbas públicas para efetivação da obrigação[48].

---

46. STJ, 1ª Seção, REsp 1.474.665/RS, Rel. Min. Benedito Gonçalves, j. 26.04.2017, *DJe* 22.06.2017; STJ, 1ª T., REsp 1.433.805/SE, Rel. Min. Sérgio Kukina, j. 16.06.2014, *DJe* 24.06.2014; STJ, 2ª T., AgRg no AREsp 196.946/SE, Rel. Min. Humberto Martins, j. 02.05.2013, *DJe* 16.05.2013 e STJ, 5ª T., REsp 747.371/DF, Rel. Min. Jorge Mussi, j. 06.04.2010, *DJe* 26.04.2010.
47. STJ, 1ª T., REsp 1.399.842/ES, Rel. Min. Sérgio Kukina, j. 25.11.2014, *DJe* 03.02.2015 e STJ, 2ª T., AgRg no AREsp 472.750/RJ, Rel. Min. Mauro Campbell Marques, j. 03.06.2014, *DJe* 09.06.2014.
48. STJ, 1ª T., REsp 840.912/ES, Rel. Min. Teori Albino Zavascki, j. 15.02.2007, *DJ* 23.04.2007.

10
EXECUÇÃO FISCAL (LEI 6.830/80)

10.1. NOTAS INTRODUTÓRIAS

Mais uma vez, em nome da supremacia do interesse público sobre o individual, a Fazenda Pública (União, Estado, Município, Distrito Federal, suas respectivas autarquias[1] e fundações públicas) goza de privilégio para executar os valores dos quais é credora, nos termos do art. 1º da Lei 6.830/80 (LEF), legislação esta que contém normas de natureza material (direito financeiro, tributário e civil) e processual. Também gozam do mesmo privilégio as entidades de classe de profissionais liberais (Ordem dos Advogados do Brasil e os Conselhos Regionais) que, para este fim, são consideradas autarquias federais[2]. Logo, não se legitimam ativamente para a execução fiscal as sociedades de economia mista e as empresas públicas, porque são pessoas jurídicas de direito privado.

A referida lei sofre críticas, quer por força de alguns dos privilégios nela contemplados quer por apresentar outros defeitos de linguagem; mas, também, é elogiada por contemplar um procedimento que tende a tornar mais célere e eficiente o resultado desejado.

10.2. OBJETO

A Lei 6.830/80 tem por objeto a cobrança judicial da *dívida ativa da Fazenda Pública*, a qual poderá ser oriunda tanto de crédito tributário quanto de crédito não tributário decorrente de um ato típico da Administração, e será sempre de quantia certa.

A dívida ativa tributária é aquela proveniente de obrigação legal relativa aos tributos (CTN, art. 201) e respectivos adicionais e multas. A dívida ativa não tributária alcança os demais créditos da Fazenda Pública, tais como os provenientes de multas de qualquer origem ou natureza, exceto as tributárias (multas de trânsito, por exemplo)[3].

---

1. Não é aplicável o regime da execução fiscal para haver crédito advindo de contrato de mútuo ao ente que, a despeito de formalmente ser considerado uma autarquia, na realidade atua como banco, como sucede com o BRDE (STJ, 4ª T., REsp 37.541/RS, Rel. Min. Sálvio de Figueiredo Teixeira, j. 08.03.1994, *DJ* 23.05.1994 e STJ, 4ª T., REsp 80.254/MG, Rel. Min. Barros Monteiro, j. 24.04.2001, *DJ* 25.06.2001).
2. STJ, 1ª T., REsp 463.258/SC, Rel. Min. Luiz Fux, j. 06.02.2003, *DJ* 05.05.2003. Súmula 66/STJ: "Compete à Justiça Federal processar e julgar execução fiscal promovida por Conselho de Fiscalização Profissional".
3. Há enumeração exemplificativa desses créditos não tributários no art. 39, § 2º, da Lei 4.320/64.

10.3. TÍTULO EXECUTIVO

A inscrição da dívida ativa consiste no ato de controle administrativo da legalidade. Tem por escopo apurar a liquidez e certeza do crédito e, como efeito, suspender a prescrição por até 180 dias, ou até a distribuição da ação executiva, se esta ocorrer antes de findo aquele prazo (LEF, art. 2º, § 3º)[4]. Apurada a dívida ativa, ela goza de presunção de certeza e liquidez (LEF, art. 3º)[5].

A respectiva certidão da inscrição é que constitui o título executivo que embasa a demanda executiva promovida pela Fazenda Pública, é a chamada Certidão da Dívida Ativa (CDA), que para todos os fins têm natureza de título executivo extrajudicial (CPC, art. 784, IX).

Costuma-se destacar ser um dos poucos títulos executivos criados unilateralmente, sem a participação do devedor[6]. A CDA deverá conter os mesmos termos da inscrição em dívida, descritos no § 5º do art. 2º da mencionada lei e deverá ser autenticada pela autoridade encarregada do ato (LEF, art. 2º, § 6º). O termo de inscrição e a CDA podem ser preparados e numerados por processo manual, mecânico ou eletrônico (LEF, art. 2º, § 7º).

A omissão de qualquer de seus requisitos é causa de nulidade da inscrição e do título executivo, mas admite-se a emenda ou substituição da CDA até a decisão de primeira instância nos embargos à execução fiscal (Súmula 392/STJ)[7], caso em que se assegura a devolução do prazo para embargos ao executado (LEF, art. 2º, § 8º).

No entanto, entende-se que o ajuizamento contra pessoa jurídica, cuja falência foi decretada antes da ação executiva, constitui mera irregularidade, admitindo a correção do polo passivo da execução, sem que isso implique ofensa da Súmula 392 do STJ[8]. Logo, como a CDA admite ser corrigida quando apresente vícios sanáveis, entende-se prematura a extinção da execução sem antes permitir que a Fazenda Pública efetue a emenda ou a substituição do título executivo[9].

A CDA deverá apresentar valor já atualizado pela correção monetária, acrescido de juros e multa de mora, além dos demais encargos previstos em lei ou contrato (LEF, art. 2º, § 2º).

---

4. O art. 2º, § 3º, da LEF aplica-se apenas aos créditos de natureza não tributária, pois quanto aos créditos tributários, sua previsão é inconstitucional, uma vez que somente admitem ser regulados por lei complementar e não ordinária, como é a LEF: STJ, Corte Especial, AI no Ag 1.037.765/SP, Rel. Min. Teori Albino Zavascki, j. 02.03.2011, *DJe* 17.10.2011.
5. A lei não trata da exigibilidade da dívida ativa, pois ela precede ao próprio título (CDA). Vale dizer, somente é possível a inscrição em dívida ativa de créditos, tributários ou não tributários, já exigíveis.
6. STJ, 1ª T., AgRg no Ag 849.830/SP, Rel. Min. Denise Arruda, j. 24.04.2007, *DJ* 04.06.2007.
7. Súmula 392/STJ: "A Fazenda Pública pode substituir a certidão de dívida ativa (CDA) até a prolação da sentença de embargos, quando se tratar de correção de erro material ou formal, vedada a modificação do sujeito passivo da execução". Vide, também: STJ, 1ª Seção (repetitivo), REsp 1.115.501/SP, Rel. Min. Luiz Fux, j. 10.11.2010, *DJe* 30.11.2010.
8. STJ, 1ª Seção (repetitivo), REsp 1.372.243/PE, Rel. Min. Og Fernandes, j. 11.12.2013, *DJe* 21.03.2014.
9. STJ, 2ª T., AgInt no REsp 1.602.132/SP, Rel. Min. Mauro Campbell Marques, j. 06.12.2016, *DJe* 15.12.2016.

10.4. PETIÇÃO INICIAL

Na execução fiscal a petição inicial é marcada pela simplicidade, nos termos do art. 6º da LEF. Diante disso, surgem algumas situações em que o entendimento que vem se consolidando é passível de crítica, porque muito melhor seria se essa inicial apresentasse um melhor conteúdo, tal como a nova legislação processual comum se preocupou em destacar.

Assim, por exemplo, entende-se ser dispensável que a petição inicial da execução fiscal indique o CPF ou o CNPJ do Executado[10], o que passou a ser exigido na execução comum (CPC, art. 524, I e art. 798, II, *b*). Da mesma forma, entende-se ser desnecessária a petição inicial da execução fiscal vir acompanhada de demonstrativo de cálculo[11], não obstante na execução comum o legislador tenha dado maior relevância a essa exigência (CPC, art. 524, II a VI e art. 798, parágrafo único). Nestes casos, seria adequado que a lei de execução fiscal fosse alterada porque, inegavelmente, essas exigências não poderiam deixar de ser nela aplicadas.

A inicial da execução fiscal também não precisa vir acompanhada do termo de inscrição na dívida ativa[12].

A CDA deve instruir a petição inicial ou ambas podem mesmo formar um único documento (LEF, art. 6º, § 2º). A produção de provas pela Fazenda Pública independe de requerimento na petição inicial (LEF, art. 6º, § 3º). O valor da causa será o da dívida constante da certidão, com os encargos legais (LEF, art. 6º, § 4º c/c art. 2º, § 2º).

Pode ser determinada à emenda à petição inicial da execução fiscal que apresente falhas (CPC, art. 801)[13], sob pena do não atendimento acarretar o seu indeferimento.

10.5. LEGITIMIDADE PASSIVA

Nos termos do art. 4º da LEF, podem sofrer a execução o devedor, o fiador, o espólio, a massa falida, o responsável e os sucessores a qualquer título.

Em termos de redirecionamento da execução fiscal, o STJ firmou entendimento de que: a) contra o espólio, só é admitido quando o falecimento do contribuinte ocorrer depois de ele ter sido devidamente citado nos autos da execução fiscal[14]; b) de que é possível contra o sócio-gerente, independentemente de seu nome constar da CDA, contanto que ele tenha administrado a sociedade à época do fato gerador do tributo[15]; c) não é cabível em relação ao sócio que não exercia a administração da empresa ao tempo

---

10. STJ, 1ª Seção (repetitivo), REsp 1.450.819/AM, Rel. Min. Sérgio Kukina, j. 12.11.2014, *DJe* 12.12.2014 e STJ, 1ª Seção (repetitivo), REsp 1.455.091/AM, Rel. Min. Sérgio Kukina, j. 12.11.2014, *DJe* 02.02.2015.
11. STJ, 1ª Seção (repetitivo), REsp 1.138.202/ES, Rel. Min. Luiz Fux, j. 09.12.2009, *DJe* 1º.02.2010.
12. STJ, 1ª T., AgRg no AREsp 198.239/MG, Rel. Min. Napoleão Nunes Maia Filho, j. 13.11.2012, *DJe* 23.11.2012.
13. STJ, 1ª T., REsp 812.323/MG, Rel. Min. Luiz Fux, j. 16.09.2008, *DJe* 02.10.2008.
14. STJ, 2ª T., AgRg no AREsp 188.050/MG, Rel. Min.ª Eliana Calmon, j. 17.09.2013, *DJe* 18.12.2015.
15. STJ, 2ª T., AgRg no AREsp 262.317/SP, Rel. Min. Eliana Calmon, j. 05.09.2013, *DJe* 17.09.2013.

da dissolução irregular da sociedade, ainda que estivesse na gerência ao tempo do fato gerador do tributo, tendo em vista que a responsabilidade pessoal do administrador não decorre da simples falta de pagamento do débito tributário, mas da própria dissolução irregular, que não pode ser imputada àquele que já não era gerente quando de sua ocorrência[16]; d) a presunção de dissolução irregular da sociedade empresária, conquanto fato autorizador do redirecionamento da execução fiscal à luz do que preceitua a Súmula 435 do STJ, não serve para alcançar ex-sócios, que não mais compunham o quadro social à época da dissolução irregular e que não constam como corresponsáveis da certidão de dívida ativa, salvo se comprovada sua responsabilidade, à época do fato gerador do débito exequendo, decorrente de excesso de poderes, infração à lei ou contra o estatuto, conforme dispõe o art. 135 do CTN[17]; e) não obstante a citação válida da pessoa jurídica interrompa a prescrição em relação aos responsáveis solidários, decorridos mais de 05 (cinco) anos após a citação da empresa, ocorre a prescrição intercorrente para os sócios, pelo que, depois desse lapso de tempo, não há como redirecionar a execução fiscal contra um dos sócios coobrigados, dada a ocorrência da prescrição[18]; f) não é possível o redirecionamento da execução fiscal contra o sócio gerente, nos termos do art. 135 do CTN, relativamente às contribuições do FGTS, por não apresentarem natureza tributária[19]; g) não é possível incluir na CDA de execução do IPTU o nome do novo proprietário do imóvel[20]; e, h) buscando-se a responsabilidade em execução fiscal dos sucessores empresariais do devedor originário com incorporação do patrimônio da sucedida, é desnecessária a instauração do incidente de desconsideração da personalidade jurídica[21].

Ainda que incomum, admite-se que a execução fiscal seja promovida contra ente público[22], situação em que será aplicável o regime do precatório contra a Fazenda Pública executada (CPC, arts. 534, 535 e 910)[23].

10.6. COMPETÊNCIA

A competência para processar e julgar a execução da dívida ativa da Fazenda Pública exclui a de qualquer outro Juízo, inclusive o da falência, da concordata, da liquidação, da insolvência ou do inventário (LEF, art. 5º). Significa dizer que, nas hipóteses

---

16. STJ, 2ª T., AgRg no REsp 1.375.899/PE, Rel. Min. Mauro Campbell Marques, j. 13.08.2013, *DJe* 20.08.2013.
17. STJ, 2ª T., AgRg no REsp 1.375.899/PE, Rel. Min. Mauro Campbell Marques, j. 13.08.2013, *DJe* 20.08.2013.
18. STJ, 1ª T., EDcl no AgRg no Ag 1.272.349/SP, Rel.: Min. Luiz Fux, j. 02.12.2010, *DJe* 14.12.2010 e STJ, 2ª T., REsp 139.930/MG, Rel.: Min. Francisco Peçanha Martins, j. 03.11.1999, *DJ* 03.11.1999.
19. STJ, 2ª T., AgRg no AREsp 186.570/RJ, Rel.: Min. Eliana Calmon, j. 15.08.2013, *DJe* 22.08.2013. Súmula 353/STJ: "As disposições do Código Tributário Nacional não se aplicam às contribuições para o FGTS".
20. STJ, 1ª Seção (repetitivo), REsp 1.045.472/BA, Rel. Min. Luiz Fux, j. 25.11.2009, *DJe* 18.12.2009.
21. STJ, 1ª T., AREsp 1.700.670/GO, Rel. Min. Gurgel de Faria, j. 09.03.2021, *DJe* 08.04.2021.
22. STJ, 2ª T., REsp 1.246.706/SP, Rel. Min. Mauro Campbell Marques, j. 24.05.2011, *DJe* 31.05.2011; STJ, 2ª T., AgRg no Ag 1.281.290/MG, Rel. Min. Humberto Martins, j. 14.12.2010, *DJe* 04.02.2011.
23. STJ, 2ª T., AgRg no REsp 1.470.132/PR, Rel. Min. Humberto Martins, j. 1º.10.2015, *DJe* 09.10.2015.

apontadas (falência, concordata, liquidação, insolvência ou inventário), não se admite a modificação de competência.

Não obstante isso, aplica-se à execução fiscal o previsto no art. 55, § 2º, I, do CPC, no sentido de permitir alteração de competência por força da conexão entre a ação (de conhecimento) relativa à CDA e a sua respectiva execução. Assim, o juízo prevento (CPC, art. 59) atrairá a competência da ação que surgir depois[24]. Será, no entanto, impossível a reunião das demandas, se a ação de conhecimento precedentemente ajuizada não tramitar em Vara competente, segundo as normas de organização judiciária, a julgar execução fiscal[25].

No caso de ação de execução fiscal ajuizada contra ente público, será competente o Supremo Tribunal Federal, se envolver a União e os Estados ou a União e o Distrito Federal, ou uns e outros, inclusive suas respectivas entidades da administração indireta (CF, art. 102, I, *f*). No mais, aplica-se a competência *ratione personae*, pelo que a ação poderá tramitar na Justiça Federal ou Estadual.

Cabe ainda destacar, a possibilidade de reunião de processos contra o mesmo devedor, por *conveniência da unidade da garantia da execução,* nos termos do art. 28 da LEF. A aplicação desta hipótese exige identidade das partes nos feitos a serem reunidos, provocação de uma das partes, que os processos estejam numa mesma fase procedimental, o juízo onde serão reunidos os processos seja competente para todos os feitos e a decisão fundamentada. Os processos serão reunidos no juízo prevento pela primeira distribuição (LEF, art. 28, parágrafo único e CPC, art. 59). Ainda segundo o referido dispositivo legal da LEF, para que a reunião ocorra, é necessário que haja penhoras sobre o mesmo bem efetuadas em execuções contra o mesmo devedor, vedando, dessa forma, a cumulação sucessiva de procedimentos executórios, de modo que é defeso à Fazenda Pública requerer a distribuição de uma nova execução, embora contra o mesmo devedor, ao juízo da primeira[26]. Essa reunião somente poderá ocorrer depois de possibilitado o contraditório prévio entre as partes (CPC, arts. 9º e 10). Embora se entenda que a reunião é uma faculdade outorgada ao juiz, e não um dever[27], não se está diante de ato discricionário do juiz. A reunião será oportuna e, portanto, obrigatória, se além de presentes os requisitos antes apontados, se mostrar ser medida que dará eficiência aos executivos fiscais[28].

---

24. STJ, 1ª T., AgRg no AREsp 129.803/DF, Rel. Min. Ari Pargendler, j. 06.08.2013, DJe 15.08.2013.
25. STJ, 2ª T., REsp 1.587.337/SP, Rel. Min. Herman Benjamin, j. 17.05.2016, DJe 1º.06.2016.
26. STJ, 1ª Seção (repetitivo), REsp 1.158.766/RJ, Rel. Min. Luiz Fux, j. 08.09.2010, DJe 22.09.2010.
27. Súmula 515/STJ: "A reunião de execuções fiscais contra o mesmo devedor constitui faculdade do juiz".
28. Eis alguns exemplos: a) imagine-se que em mais de uma execução fiscal se tenha determinada a penhora de faturamento da empresa executada, em percentuais distintos. Se cada execução prosseguir isolada, o somatório dos percentuais da empresa poderá inviabilizar sua própria existência. Logo, deve ocorrer a reunião dos processos, com a definição de um percentual para a penhora sobre o faturamento que garanta, no tempo sucessivamente, o pagamento de todas as execuções por ordem de ajuizamento; b) quando, embora, diversas sejam as execuções fiscais, os fundamentos da defesa (embargos) em todas sejam comuns. A reunião viabilizará instrução única, evitará decisões conflitantes e permitirá uma duração razoável dos processos reunidos.

Cabe ao magistrado fiscalizar o conteúdo da petição inicial da execução fiscal e, se for o caso, antes de indeferi-la, permitir sua correção, por meio de emenda à petição inicial[29].

10.7. CITAÇÃO E PRÉ-PENHORA

Recebida a petição inicial, o juiz profere despacho determinando as providências descritas no art. 7º da LEF: citação, penhora, arresto, registro e avaliação dos bens constritos. Além disso, deverá o juiz fixar honorários a favor dos patronos do exequente (CPC, art. 827).

A citação admite seja feita pelo correio, com aviso de recepção (AR), a qual será considerada feita na data de entrega da carta no endereço do executado (LEF, art. 8º, II), isto é, não precisa ser citação pessoal, podendo ser recebida pelo porteiro, zelador, empregada etc.[30]. Todavia, nestes casos, a intimação da penhora deverá ser feita pessoalmente ao executado, como forma de garantia de que ele efetivamente estará ciente da demanda que lhe está sendo movida (LEF, art. 12, § 3º)[31]. Admite-se, na execução fiscal, a citação por oficial de justiça e por carta (LEF, art. 8º, III) e, ainda, por edital (LEF, art. 8º, IV e § 1º), após frustradas as tentativas de ciência pessoal ou por carta[32].

Não obstante o despacho que determina a citação é que interrompe a prescrição (CTN, art. 174, I e LEF, art. 8º, § 2º), uma vez realizada a citação válida, tal efeito retroage à data do ajuizamento da execução fiscal, nos termos do art. 240, § 1º, do CPC[33].

A ausência de citação acarreta nulidade do processo executivo fiscal, porquanto não se trata de mero formalismo, mas lhe retira a oportunidade de apresentar bens à penhora[34].

Estabelece o art. 7º, III, da LEF que se o executado não tiver domicílio ou dele se ocultar, impedindo, pois, sua citação, será realizado o arresto, que tem natureza de pré-penhora. É, pois, aplicável à espécie o previsto no art. 830 do CPC, que regula tal ato na execução comum, uma vez que a LEF não apresenta outras disposições. Neste procedimento, no entanto, há de se respeitar no que se refere ao edital previsto no § 2º do art. 830 o que está previsto no art. 8º, IV, da LEF, que é mais simples e célere. Do mesmo modo, se o bem objeto da pré-penhora for convertido em penhora, a respectiva intimação do executado deverá atender ao previsto no art. 12 da LEF.

Não havendo a citação de qualquer devedor por qualquer meio válido e/ou não sendo encontrados bens sobre os quais possa recair a penhora (o que permitiria o fim

---

29. STJ, 1ª Seção (repetitivo), REsp 1.450.819/AM, Rel. Min. Sérgio Kukina, j. 12.11.2014, DJe 12.12.2014 e STJ, 1ª Seção (repetitivo), REsp 1.455.091/AM, Rel. Min. Sérgio Kukina, j. 12.11.2014, DJe 02.02.2015.
30. STJ, 2ª T., REsp 1.648.430/SP, Rel. Min. Herman Benjamin, j. 14.03.2017, DJe 20.04.2017 e STJ, 2ª T., AgInt no AREsp 880.786/SP, Rel. Min. Humberto Martins, j. 23.08.2016, DJe 30.08.2016.
31. STJ, 1ª T., REsp 857.614/SP, Rel. Min. Luiz Fux, j. 04.03.2008, DJe 30.04.2008.
32. STJ, 2ª T., AgInt nos EDcl no AREsp 848.668/SP, Rel. Min. Herman Benjamin, j. 22.11.2016, DJe 30.11.2016 e STJ, 2ª T., REsp 1.556.195/RS, Rel. Min. Og. Fernandes, j. 13.09.2016, DJe 20.09.2016.
33. STJ, 1ª Seção (repetitivo), REsp 1.120.295/SP, Rel. Min. Luiz Fux, j. 12.05.2010, DJe 21.05.2010.
34. STJ, 2ª T., AgRg no REsp 1.191.054/MG, Rel. Min. Humberto Martins, j. 16.09.2010, DJe 30.09.2010.

da inércia processual), inicia-se automaticamente o procedimento previsto no art. 40 da Lei n. 6.830/80, e respectivo prazo, ao fim do qual restará prescrito o crédito fiscal. Esse o teor da Súmula n. 314/STJ: "Em execução fiscal, não localizados bens penhoráveis, suspende-se o processo por um ano, findo o qual se inicia o prazo da prescrição quinquenal intercorrente".

Nem o Juiz e nem a Procuradoria da Fazenda Pública são os senhores do termo inicial do prazo de 1 (um) ano de suspensão previsto no *caput* do art. 40 da LEF, somente a lei o é (ordena o art. 40: "[...] o juiz suspenderá [...]"). Não cabe ao Juiz ou à Procuradoria a escolha do melhor momento para o seu início. No primeiro momento em que constatada a não localização do devedor e/ou ausência de bens pelo oficial de justiça e intimada a Fazenda Pública, inicia-se automaticamente o prazo de suspensão, na forma do art. 40, *caput*, da LEF. Indiferente aqui, portanto, o fato de existir petição da Fazenda Pública requerendo a suspensão do feito por 30, 60, 90 ou 120 dias a fim de realizar diligências, sem pedir a suspensão do feito pelo art. 40 da LEF. Esses pedidos não encontram amparo fora do art. 40 da LEF que limita a suspensão a 1 (um) ano. Também indiferente o fato de que o Juiz, ao intimar a Fazenda Pública, não tenha expressamente feito menção à suspensão do art. 40 da LEF. O que importa para a aplicação da lei é que a Fazenda Pública tenha tomado ciência da inexistência de bens penhoráveis no endereço fornecido e/ou da não localização do devedor. Isso é o suficiente para inaugurar o prazo, *ex lege*[35].

---

35. Em sede de recurso especial repetitivo, ao tema da prescrição intercorrente, definiu o STJ as seguintes teses (Temas 566 a 571): "4. Teses julgadas para efeito dos arts. 1.036 e seguintes do CPC/2015 (art. 543-C, do CPC/1973): 4.1.) O prazo de 1 (um) ano de suspensão do processo e do respectivo prazo prescricional previsto no art. 40, §§ 1º e 2º da Lei 6.830/80 – LEF tem início automaticamente na data da ciência da Fazenda Pública a respeito da não localização do devedor ou da inexistência de bens penhoráveis no endereço fornecido, havendo, sem prejuízo dessa contagem automática, o dever de o magistrado declarar ter ocorrido a suspensão da execução; 4.1.1.) Sem prejuízo do disposto no item 4.1, nos casos de execução fiscal para cobrança de dívida ativa de natureza tributária (cujo despacho ordenador da citação tenha sido proferido antes da vigência da Lei Complementar n. 118/2005), depois da citação válida, ainda que editalícia, logo após a primeira tentativa infrutífera de localização de bens penhoráveis, o Juiz declarará suspensa a execução. 4.1.2.) Sem prejuízo do disposto no item 4.1, em se tratando de execução fiscal para cobrança de dívida ativa de natureza tributária (cujo despacho ordenador da citação tenha sido proferido na vigência da Lei Complementar n. 118/2005) e de qualquer dívida ativa de natureza não tributária, logo após a primeira tentativa frustrada de citação do devedor ou de localização de bens penhoráveis, o Juiz declarará suspensa a execução. 4.2.) Havendo ou não petição da Fazenda Pública e havendo ou não pronunciamento judicial nesse sentido, findo o prazo de 1 (um) ano de suspensão inicia-se automaticamente o prazo prescricional aplicável (de acordo com a natureza do crédito exequendo) durante o qual o processo deveria estar arquivado sem baixa na distribuição, na forma do art. 40, §§ 2º, 3º e 4º da Lei 6.830/80 – LEF, findo o qual o Juiz, depois de ouvida a Fazenda Pública, poderá, de ofício, reconhecer a prescrição intercorrente e decretá-la de imediato; 4.3.) A efetiva constrição patrimonial e a efetiva citação (ainda que por edital) são aptas a interromper o curso da prescrição intercorrente, não bastando para tal o mero peticionamento em juízo, requerendo, v.g, a feitura da penhora sobre ativos financeiros ou sobre outros bens. Os requerimentos feitos pelo exequente, dentro da soma do prazo máximo de 1 (um) ano de suspensão mais o prazo de prescrição aplicável (de acordo com a natureza do crédito exequendo) deverão ser processados, ainda que para além da soma desses dois prazos, pois, citados (ainda que por edital) os devedores e penhorados os bens, a qualquer tempo – mesmo depois de escoados os referidos prazos –, considera-se interrompida a prescrição intercorrente, retroativamente, na data do protocolo da petição que requereu a providência frutífera. 4.4.) A Fazenda Pública, em sua primeira oportunidade de falar nos autos (art. 245 do CPC/73, correspondente ao art. 278 do CPC/2015), ao alegar nulidade pela falta de qualquer intimação dentro do procedimento do art. 40 da LEF, deverá demonstrar o prejuízo que sofreu (exceto a falta da intimação que constitui o termo inicial – 4.1,

10.8. PROCEDIMENTO

Uma vez citado, o executado terá o prazo de 5 (cinco) dias para pagar a dívida ativa (principal + acessórios) ou garantir a execução (LEF, art. 8º, *caput*), que deve compreender o valor do principal atualizado, os juros, as custas e os honorários advocatícios fixados[36]. Esse prazo tem natureza processual, pelo que será computado em dias úteis (CPC, art. 219) e seu marco inicial irá variar conforme tenha sido a forma de citação. Assim, se a citação foi recebida pessoalmente pelo executado, terá início da data em que a recebeu (LEF, art. 8º, II, 1ª parte). Se feita pelo correio, mas a data de recebimento for omitida no aviso de recepção, o prazo terá início 10 (dez) dias após a entrega da carta à agência postal (LEF, art. 8º, II, 2ª parte). Se a citação for por edital, finda a dilação de 30 (trinta) dias contados da sua publicação no órgão oficial (LEF, art. 8º, IV).

É assegurado ao executado oferecer bens à penhora (LEF, art. 9º, III)[37], que deve, preferencialmente, observar a ordem legal (LEF, art. 11)[38]. Disso se retira duas conclusões: i) não pode o magistrado determinar a penhora de bens sem permitir que o executado exerça seu direito de nomeação de bens à penhora[39]; e, ii) não se verifica a existência de direito subjetivo da parte executada à aceitação do bem oferecido à penhora, vale dizer, a Fazenda Pública tem o direito de recusar o bem ofertado[40]. O legislador (LEF, art. 9º) estabeleceu a possibilidade de garantia da execução fiscal por quatro modos distintos: a) depósito em dinheiro; b) oferecimento de fiança bancária; c) nomeação de bens próprios à penhora; e d) indicação de bens de terceiros, aceitos pela Fazenda Pública.

Não ocorrendo o pagamento, nem a garantia da execução, a penhora poderá recair em qualquer bem do executado (LEF, art. 10)[41], exceto os que a lei declare absolutamente impenhoráveis (CPC, art. 833)[42].

---

onde o prejuízo é presumido), por exemplo, deverá demonstrar a ocorrência de qualquer causa interruptiva ou suspensiva da prescrição. 4.5.) O magistrado, ao reconhecer a prescrição intercorrente, deverá fundamentar o ato judicial por meio da delimitação dos marcos legais que foram aplicados na contagem do respectivo prazo, inclusive quanto ao período em que a execução ficou suspensa" (STJ, 1ª Seção, REsp 1.340.553/RS, Rel. Min. Mauro Campbell Marques, j. 12.09.2018, *DJe* 16.10.2018).

36. STJ, 2ª T., REsp 1.409.688/SP, Rel. Min. Herman Benjamin, j. 11.02.2014, *DJe* 19.03.2014.
37. A fase da penhora na execução fiscal pode ser antecipada pelo executado por meio do ajuizamento, antes da propositura da execução fiscal, de ação cautelar prévia de caução, pela qual ele oferece bens em garantia prévia com pedido de expedição de certidão positiva com efeito de negativa. Nesses casos, tem o STJ entendido que a ação cautelar de caução prévia à execução fiscal não enseja condenação em honorários advocatícios contra nenhuma das partes (STJ, 1ª T., AREsp 1.521.312/MS, Rel. Min. Gurgel de Farias, j. 09.06.2020, *DJe* 01.07.2020).
38. STJ, 1ª Seção (repetitivo), REsp 1.337.790/PR, Rel. Min. Herman Benjamin, j. 12.06.2013, *DJe* 07.10.2013.
39. STJ, 2ª T., REsp 811.376/CE, Rel.: Min. Eliana Calmon, j. 16.12.2008, *DJe* 17.02.2009.
40. STJ, 2ª T., REsp 1.635.909/PR, Rel. Min. Herman Benjamin, j. 13.12.2016, *DJe* 19.12.2016. Súmula 406/STJ: "A Fazenda Pública pode recusar a substituição do bem penhorado por precatório".
41. Enunciado 540 do FPPC: "A disciplina procedimental para penhora de dinheiro prevista no art. 854 é aplicável ao procedimento de execução fiscal". O art. 854 do CPC deve ser considerado aplicável a todos os sistemas processuais que se valem subsidiariamente do CPC, como é o caso da execução fiscal.
42. Muito embora o art. 833, V, do CPC estabeleça ser impenhorável o imóvel onde se localiza o estabelecimento da empresa, excepcionalmente, pode ser ele penhorado, quando inexistentes outros bens passíveis de penhora e desde que não seja servil à residência da família, nos termos do art. 11, § 1º, da LEF (STJ, Corte Especial (repetitivo), REsp 1.114.767/RS, Rel. Min. Luiz Fux, j. 02.12.2009, *DJe* 04.02.2010). É pacífico o entendimento,

Em caso de penhora, o termo[43] ou auto, conterá, também, a avaliação dos bens penhorados (LEF, art. 13, *caput*), que preferencialmente será feita por oficial de justiça (LEF, art. 13, § 2º, 1ª parte). Todavia, também poderá ser nomeado avaliador para apresentar laudo (LEF, art. 13, § 2º, 2ª parte e § 3º), o qual deverá ser objeto de contraditório entre as partes[44]. Em princípio, tal avaliação se tornará definitiva na hipótese dela não ser impugnada (LEF, art. 13, § 1º)[45]. Diz-se em princípio, porque, ainda que não tenha havido impugnação, o juiz poderá ordenar se realize nova avaliação[46]. A impugnação tanto pode ser feita pelo executado quanto pela Fazenda Pública (LEF, art. 13, § 1º), sendo que caberá ao executado fazê-la nos embargos[47]. enquanto que caberá à Fazenda Pública fazê-la antes da publicação do edital de venda judicial.

O registro da penhora e da pré-penhora perante o órgão competente (LEF, art. 14) tem reflexo na fraude à execução (CPC, art. 792)[48].

Admite-se em qualquer fase da execução fiscal ocorra a substituição da penhora (LEF, art. 15)[49]. A substituição de qualquer outro bem por dinheiro ou fiança bancária poderá ocorrer sem a aquiescência da Fazenda Pública[50]. Todavia, a substituição de dinheiro, ainda que por fiança bancária, exigirá prévia manifestação da Fazenda Pública[51].

---

no Superior Tribunal de Justiça, segundo o qual a impenhorabilidade prevista no art. 69 do Decreto-lei 167/67, em favor dos bens dados em garantia em operações com cédulas de crédito rural, é relativa, não prevalecendo diante de penhora realizada em executivo fiscal (STJ, 1ª T., AgRg no REsp 1.403.662/CE, Rel. Min. Regina Helena Costa, j. 20.10.2015, *DJe* 06.11.2015). A jurisprudência do STJ se firmou no sentido de que os bens gravados com hipoteca oriunda de cédula de crédito podem ser penhorados para satisfazer o débito fiscal. Isso porque a impenhorabilidade de que trata o art. 57 do Decreto-Lei 413/69 não é absoluta, cedendo à preferência concedida ao crédito tributário pelo art. 184 do CTN (STJ, 2ª T., AgRg no REsp 1.327.595/BA, Rel. Min. Herman Benjamin, j. 19.03.2015, *DJe* 06.04.2015).

43. STJ, 2ª T., REsp 780.953/MS, Rel. Min. Castro Meira, j. 06.06.2006, *DJ* 29.06.2006.
44. STJ, 1ª T., REsp 626.791/RS, Rel. Min. Luiz Fux, j. 15.02.2005, *DJ* 21.03.2005.
45. STJ, 2ª T., AgInt no REsp 1.524.901/PR, Rel. Min. Mauro Campbell Marques, j. 22.11.2016, *DJe* 30.11.2016.
46. STJ, 2ª T., REsp 71.960/SP, Rel. Min. João Otávio de Noronha, j. 25.03.2003, *DJ* 14.04.2003.
47. STJ, 1ª T., AgRg no REsp 1.235.380/RJ, Rel. Min. Francisco Falcão, j. 27.03.2012, *DJe* 13.04.2012.
48. Após a entrada em vigor da Lei Complementar 118/2005, são consideradas fraudulentas as alienações de bens do devedor posteriores à inscrição do crédito tributário na dívida ativa, a menos que ele tenha reservado quantia suficiente para o pagamento total do débito: STJ, 1ª T., AgInt no REsp 1.820.873/RS, rel. Min. Benedito Gonçalves, j. 25.04.2023, *DJe* 23.05.2023.
49. A Primeira Seção do STJ, em julgamento de recurso repetitivo, concluiu pela possibilidade de a Fazenda Pública recusar a substituição do bem penhorado por precatório (REsp 1.090.898/SP, Rel. Min. Castro Meira, j. 12.08.2009, *DJe* 31.8.2009). No mencionado precedente, encontra-se como fundamento decisório a necessidade de preservar a ordem legal conforme instituída no art. 11 da Lei 6.830/1980. É admissível o ajuizamento de novos embargos à execução, ainda que nas hipóteses de reforço ou substituição da penhora, quando a discussão se adstringir aos aspectos formais do novo ato constritivo (STJ, Corte Especial (repetitivo), REsp 1.116.287/SP, Rel. Min. Luiz Fux, j. 02.12.2009, *DJe* 04.02.2010).
50. STJ, 1ª Seção, EREsp 996.537/SP, Rel. Min. Denise Arruda, j. 25.03.2009, *DJe* 04.05.2009.
51. STJ, 2ª T., AgInt no AgInt no AREsp 963.794/PR, Rel. Min. Herman Benjamin, j. 09.03.2017, *DJe* 19.04.2017. Isto não significa que somente a expressa anuência da Fazenda Pública permita a substituição do dinheiro por fiança bancária ou seguro judicial. Na verdade, deverá o magistrado avaliar diversos fatores, entre eles se a penhora de dinheiro não inviabiliza o próprio sustento ou manutenção da atividade da Executada e qual a probabilidade de êxito da eventual defesa do executado. Em suma, é achar o equilíbrio entre a efetividade da atividade executiva e a menor oneração do executado.

O reforço da penhora não pode ser deferido *ex officio*, a teor do art. 15, II, da LEF[52]. Em verdade, desde que mediante contraditório e motivadamente, pode o magistrado na execução fiscal autorizar a substituição da penhora, bem como sua redução ou reforço (CPC, arts. 850 e 874).

Procedida a penhora, dela todos os executados deverão ser intimados, mesmo aqueles cujo patrimônio não foi diretamente atingido. Se a citação do executado não foi pessoal, essa intimação da penhora deverá sê-lo. Se a citação do executado foi pessoal, a intimação da penhora não precisa novamente ser, podendo ocorrer por meio de seu advogado, se assim se fizer representar nos autos. Ou seja, cumpre a finalidade se a intimação se der por meio de publicação em órgão oficial (LEF, art. 12, *caput*). Se a penhora recair sobre imóvel, também deverá ser intimado o cônjuge ou companheiro (LEF, art. 12, § 2º). Se a penhora recair sobre bem de terceiro, este deverá ser intimado, lhe sendo oportunizado remir o bem (LEF, art. 19, I).

O executado poderá opor embargos no prazo de 30 (trinta) dias úteis contados na forma do art. 16 da LEF: do depósito, da juntada da prova da fiança bancária e da efetiva intimação da penhora. Muito embora se aplique a esses embargos o que previsto na legislação comum, há algumas diferenças. Além do prazo que é maior, eles somente serão admitidos depois de garantida a execução (LEF, art. 16, § 1º). Os embargos na execução fiscal devem trazer em seu bojo, além de toda matéria de defesa e provas documentais disponíveis, o rol de testemunhas (LEF, art. 16, § 2º), estas limitadas a três ou até seis, se assim autorizar o magistrado. A incompetência deverá ser arguida como preliminar nos embargos e não se admite a reconvenção nem a compensação (LEF, art. 16, § 3º). Os embargos podem suspender a execução (CPC, art. 919)[53], e terá a Fazenda Pública prazo de 30 (trinta) dias úteis para impugná-los.

Na execução fiscal admitia-se o manejo de exceção de pré-executividade[54], o que deverá ser substituído pela defesa por simples petição, como se pode ver no capítulo das defesas na execução. "Observado o princípio da causalidade, é cabível a fixação de honorários advocatícios, em exceção de pré-executividade, quando o sócio é excluído do polo passivo da execução fiscal, que não é extinta"[55].

Por sua vez, é na LEF, art. 38, que se encontra um dos fundamentos legais da defesa heterotópica[56] (mandado de segurança, ação anulatória etc.), que também poderá ser manejada.

Desde que antes da venda judicial e respeitado o valor da avaliação, está autorizada a Fazenda Pública proceder a adjudicação do bem penhorado (LEF, art. 24, I). Também poderá fazê-lo depois de frustrada a tentativa de venda judicial, quando também deverá

---

52. STJ, 1ª Seção (repetitivo), REsp 1.127.815/SP, Rel. Min. Luiz Fux, j. 24.11.2010, *DJe* 14.12.2010.
53. STJ, 1ª Seção (repetitivo), REsp 1.272.827/PE, Rel. Min. Mauro Campbell Marques, j. 22.05.2013, *DJe* 31.05.2013.
54. Súmula 393/STJ: "A exceção de pré-executividade é admissível na execução fiscal relativamente às matérias conhecíveis de ofício que não demandem dilação probatória".
55. STJ, 1ª Seção (repetitivo), REsp 1.358.837/SP, Rel. Min. Assusete Magalhães, j. 10.03.2021, *DJe* 29.03.2021.
56. STJ, monocrática, Ag 950.098/RS, Rel. Min.ª Denise Arruda, j. 12.02.2008, *DJe* 05.03.2008.

respeitar o valor da avaliação (LEF, art. 24, II, *a*)[57]. Se o preço da avaliação for superior ao dos créditos da Fazenda Pública, a adjudicação somente será deferida pelo Juiz se a diferença for depositada, pela exequente, à ordem do Juízo, no prazo de 30 (trinta) dias (LEF, art. 24, parágrafo único).

A arrematação do bem penhorado está prevista nos arts. 22 e 23 da LEF. São aqui aplicáveis as normas da legislação comum (CPC, art. 881 e ss.). Basicamente, será expedido edital de venda, com as condições do negócio, inclusive esclarecendo se a modalidade de venda será presencial ou eletrônica e se os bens serão vendidos em lote ou de forma global (LEF, art. 23, § 1º). Apesar de a lei estabelecer uma divulgação única do edital (LEF, art. 22, *caput*), quanto maior a publicidade, mais chance dela atingir seu objetivo[58]. Entre a publicação do edital e sua realização, deve existir um lapso de tempo não inferior a 10 (dez) dias e não superior a 30 (trinta) dias (LEF, art. 22, § 1º). As partes devem ser intimadas pessoalmente acerca da data designada, sob pena de nulidade (LEF, art. 22, § 3º)[59]. Caso impossível a intimação pessoal e após esgotados os meios de localização do devedor, admite-se notificar a realização do leilão por edital[60]. Pode a Fazenda Pública disputar a compra do bem leiloado com os licitantes particulares (LEF, art. 24, II, *b*), desde que respeite a melhor proposta, ainda que abaixo do valor da avaliação[61].

A reunião de processos contra o mesmo executado, por conveniência da unidade da garantia da execução (LEF, art. 28), é uma faculdade outorgada ao juiz, e não um dever[62].

Inexistindo mais previsão legal de embargos à 2ª fase (arrematação ou adjudicação), esses remédios não têm mais lugar na execução fiscal, pelo que o interessado deverá valer-se de defesa heterotópica típica (CPC, art. 903, § 4º).

Satisfeita a obrigação, a execução fiscal deverá ser extinta por sentença. Não são devidos honorários advocatícios sucumbenciais quando a extinção da execução fiscal, em razão do pagamento do débito, ocorre antes da citação do executado. Nesse caso, portanto, tem-se uma hipótese de ausência de responsabilidade pelo pagamento de honorários[63].

10.9. RECURSOS E REEXAME NECESSÁRIO

Nos termos do art. 34 da LEF, se a execução fiscal não ultrapassar o valor de 50 ORTNs[64], somente são cabíveis contra a sentença dos embargos à execução fiscal os

---

57. STJ, 1ª T., AgRg no AREsp 146.690/SE, Rel. Min. Napoleão Nunes Maia Filho, j. 19.02.2013, *DJe* 13.03.2013.
58. STJ, 2ª T., REsp 1.080.969/RS, Rel. Min. Eliana Calmon, j. 16.06.2009, *DJe* 29.06.2009.
59. STJ, 2ª T., AgRg ns EDcl no AREsp 479.566/SP, Rel. Min. Herman Benjamin, j. 16.09.2014, *DJe* 10.10.2014.
60. STJ, 2ª T., AgRg no Ag 1.271.871/RS, Rel. Min. Herman Benjamin, j. 06.04.2010, *DJe* 20.04.2010.
61. STJ, 2ª T., REsp 1.070.369/SP, Rel. Min. Eliana Calmon, j. 14.10.2008, *DJe* 18.11.2008.
62. A reunião de execuções fiscais contra o mesmo devedor constitui faculdade do Juiz.
63. STJ, 2ª T., REsp 1.927.469/PE, Rel. Min. Og Fernandes, j. 10.08.2021, *DJe* 13.09.2021.
64. Segundo o STJ, este valor corresponde a R$ 328,27 (trezentos e vinte e oito reais e vinte e sete centavos), em dezembro de 2000, o qual deverá ser atualizado pelo IPCA e a partir de janeiro de 2001 (STJ, 1ª Seção [repetitivo], REsp 1.168.625/MG, Rel. Min. Luiz Fux, j. 09.06.2010, *DJe* 1º.07.2010).

recursos de embargos de declaração e embargos infringentes, estes com prazo de 10 (dez) dias úteis que serão julgados pelo próprio juiz da causa. Se o valor da execução exceder ao valor mencionado, não há nenhuma peculiaridade em termos de recursos, aplicando-se todos os demais previstos no CPC, sem qualquer restrição.

De regra, se a sentença julgar procedentes os embargos à execução fiscal, no todo ou em parte, será caso de remessa obrigatória, nos termos do art. 496, II, do CPC. Não se aplica essa regra nas hipóteses dos §§ 3º e 4º do mesmo dispositivo.

11
DEFESA NA EXECUÇÃO

11.1. INTRODUÇÃO

Atualmente se concebe que a tutela jurisdicional é prestada não importando a *resposta* judicial (se positiva ou negativa, ou ainda se vier a não conhecer da pretensão exposta pelo demandante), já que basta para ela ocorrer que o Estado assegure aos interessados plenas condições de acesso aos mecanismos públicos de proteção e de interferência na aplicação do poder estatal.

No curso do processo, enquanto ainda não se sabe quem tem o direito à tutela jurisdicional (relacionada com o direito material) e quem não o tem, ou mesmo se será apreciado o direito pelo órgão julgador, ambos os litigantes são em igual medida *tutelados* mediante o sistema de limitações ao poder exercido pelo juiz. A garantia constitucional do *due process of law* é, em si mesma, um sistema de tutela aos litigantes enquanto tais e para que o processo possa oferecer-lhes o efetivo acesso à ordem jurídica justa.

Em outros termos, o modelo constitucional busca amparar aquele que possui o direito, independentemente da posição que ocupa no processo, já que esta é meramente circunstancial.

Assim, se de um lado o exequente, em busca da satisfação de seu direito, dispõe do instrumento consubstanciado na execução, não pode ser olvidado que, do outro, deve ser resguardado ao executado, o devido processo legal, em toda a sua dimensão, propiciando-lhe também uma tutela ao seu contra direito, ou, então, evitando situação mais gravosa àquela que ele devesse suportar.

Vale dizer, é preciso compreender que o executado igualmente merece uma *tutela capaz de*, com mesma intensidade e adequação, quando tiver razão, fulminar ou impor limites à atividade executiva contra ele desencadeada. Portanto, quando se diz que na execução é dado ao executado se opor, impedir, resistir ou retardar seu desenvolvimento, significa que o executado poderá impugnar a atividade executiva ou a pretensão executiva, ou seja, sua defesa poderá ser meramente processual/ritual ou substancial/de mérito.

A legislação concebe diferentes formas de defesa que estão disponíveis ao executado, mas ainda não se descarta o uso de outras criadas em doutrina e admitidas pela jurisprudência. Vale dizer, há um rol de defesas típicas e atípicas que merece ser identificado e sistematizado, com o fim de compreender seu funcionamento.

11.2. ASPECTOS GERAIS DA DEFESA

11.2.1. Noção de Defesa

Não é demais destacar que ao direito de ação corresponde ao direito de defesa. Um não vive sem o outro. Costuma-se dizer que o exercício da ação sugere o direito de defesa. Ao ataque, a resistência. Corresponde, no plano jurídico, à ideia da física de que a toda ação corresponde uma reação.

Ação e defesa são, por isso, atividades de mesma grandeza para o processo civil, merecendo equivalente tratamento, o que se percebe já no texto constitucional, onde ambos constituem garantias fundamentais de cada cidadão (CF, art. 5º, XXXV e LV).

Quer se fazer crer, assim, que a bilateralidade ínsita da relação jurídica processual (autor/credor e réu/devedor), faz nascer um natural duelo entre o direito à satisfação da obrigação e o direito de defesa do executado.

Em seu significado originário, defesa é opor-se a um perigo de dano ou, ainda, é atitude destinada a repelir uma agressão (ofensa). Vale dizer, sem uma prévia *ofensa* não se concebe uma *defesa*.

Daí a origem de, juridicamente, ser a defesa ato inerente ao sujeito passivo de uma relação jurídica processual contra a pretensão do sujeito ativo. Isto é, refere-se à atividade processual desenvolvida por uma pessoa, primeiro, como reação ante uma demanda e, em seguida, ante qualquer atividade processual da outra parte que afete ou possa afetar seus interesses no transcurso de um processo já iniciado.

Fator característico, portanto, do conceito de defesa, é ser ela necessariamente desenvolvida *num mesmo processo já iniciado*, para, justamente, repelir a ofensa.

Disto resulta que é impróprio (juridicamente) denominar como "defesa" ou "autodefesa" a iniciativa do cidadão buscar uma resposta jurisdicional sem que haja uma demanda pendente, como estivesse se adiantando à certa, porém futura, agressão. É nesse sentido que se popularizou, principalmente no mundo dos esportes, a expressão: "a melhor defesa é o ataque".

Entretanto, ainda que se reconheça que a expressão *defesa* não é acertada para qualificar, com caráter geral, a atuação (o agir) de uma pessoa que se dirige a um juízo ou Tribunal para que se declare seu direito em um caso concreto; é bem verdade que, em certos casos, é nesse sentido que a expressão é empregada, como ocorre na execução, em que mesmo não sendo o executado citado para defender-se, tem ele a faculdade de se opor – de resistir, de apresentar *defesa* – à execução, ainda que essa oportunidade se concretize por meio de uma *ação* (= embargos).

11.2.2. Formas de Defesa

Pode-se agrupar a defesa do executado em dois grupos: defesa própria/típica e defesa imprópria/atípica, que têm como critério a existência ou não de regramento específico contemplando-a como forma de defesa na execução.

Com o novo diploma processual, houve um aumento do grupo da defesa própria, porque, ainda que em parte, ele passou a contemplar algumas defesas que antes eram tipicamente impróprias. Assim, atualmente, o grupo de defesa própria é composto: a) pela impugnação ao cumprimento de sentença (CPC, art. 525), forma de *defesa endoprocessual*; b) pela defesa por simples petição (CPC, arts. 518; 525, § 11; 803, parágrafo único; 877; 903, § 2º e 917, § 1º), também *defesa endoprocessual*; c) pelos embargos à execução (CPC, arts. 914 a 920), que pode ser identificada como *defesa incidental*; e d) por ações autônomas e prejudiciais à execução (CPC, art. 525, § 15 e 903, § 4º), também *defesa incidental*.

A única forma de defesa imprópria/atípica são as demais ações autônomas e prejudiciais à execução ou *defesa heterotópica*, que ainda podem ser utilizadas para influir na execução, ainda que não tenham previsão específica para serem utilizadas como tal. A exceção de pré-executividade, ao que parece, foi absorvida pela defesa por simples petição, pelo que não mais constitui uma defesa imprópria/atípica.

É de se esclarecer o porquê da nomenclatura utilizada para tal classificação.

Na verdade, todas as defesas próprias (a impugnação ao cumprimento de sentença, os embargos à execução, a defesa por simples petição ou exceção de pré-executividade as ações prejudiciais à execução) possuem natureza jurídica de *incidente processual*. A defesa heterotópica, conforme o caso, pode se apresentar também de forma incidental.

Segundo aponta a doutrina, incidente processual, em sentido lato, é o fato jurídico novo, voluntário ou involuntário, que cai sobre processo que já existe e está em movimento, podendo interromper, obstacularizar seu curso normal.

A sequência de atos destinados para a solução desse fenômeno incidental – situação nova que cai, que incide sobre algo preexistente – pode exigir dilatações menos ou mais complexas no procedimento principal e também pode ser estruturalmente destacado deste, conquanto apresente incontestado vínculo de funcionalidade, que por sua vez decorre do indissociável caráter acessório do incidente.

Percebe-se, pois, que o incidente processual pode, pela sua natureza ou por opção legislativa, exigir a formação de um procedimento lateral, distinto do principal, para ser resolvido. Ou, de outro lado, em razão da sua menor complexidade, pode o incidente tomar corpo no próprio procedimento do processo principal.

A defesa por simples petição e a impugnação ao cumprimento de sentença são incidentes que se resolvem no bojo da própria execução, não exigindo, como os embargos à execução e as ações prejudiciais à execução, a formação de um procedimento lateral. Daí, mesmo reconhecida a identidade de natureza jurídica (incidental) das referidas formas de defesa, ter-se optado por sistematizar a classificação denominando aquelas como *defesa endoprocessual* e estas como *defesa incidental*.

Por sua vez, optou-se em denominar heterotópica[1] a defesa mediante ações autônomas e prejudiciais à execução, pois as disposições relativas a essas diferentes ações

---

1. Os dicionários definem heterotopia como sendo posicionamento ou localização diversa da normal ou habitual.

e seus eventuais reflexos sobre a execução encontrarem-se em tópicos próprios, não inseridos no Livro II da Parte Especial do Código de Processo Civil que trata do processo de execução.

Essas maneiras distintas do executado resistir à execução contra si iniciada se apresentam de *forma concorrente*, constituindo numa variedade de meios que podem ser utilizados com ou sem garantia do juízo, assegurando sem entraves o exercício da defesa pelo executado, sem, contudo, criar estímulos à provocação de incidentes protelatórios.

Reconhecidas que são três as formas de defesa do executado (endoprocessual, incidental e heterotópica), talvez caiba questionar se nesta fase da evolução processual é de se permitir rol tão amplo. Para tanto, é de tentar responder a seguinte indagação, que parece constituir o núcleo de eventual discórdia: justifica-se ter o executado três formas diferentes e concorrentes para opor-se à execução, enquanto no processo de conhecimento é disponibilizado ao réu, basicamente, uma única defesa (contestação)?

Na verdade, não há mais justificativas para isso.

Se no passado seria possível justificar diferentes formas de defesa por força da maneira como se desenvolve a atividade de cognição na execução (que é sumária, no plano vertical, como apontado no capítulo da teoria geral da execução), com o advento da impugnação ao cumprimento de sentença, em que faz surgir uma *bolha* ou *enxerto* de atividade de conhecimento (= cognição exauriente) dentro da atividade executiva, não há mais razão para que na execução de título extrajudicial a principal defesa continue sendo por meio de ação, que são os embargos à execução. Estes simplesmente poderiam, a exemplo da impugnação ao cumprimento de sentença, ser uma defesa endoprocessual, com atividade de conhecimento exauriente, dispensando a forma de ação. Aliás, o previsto no art. 917, § 1º, do CPC confirma esse entendimento.

Seja como for, enquanto não alterada a lei processual, precisamos aprender a conviver com esse sistema multidefensivo.

11.3. IMPUGNAÇÃO AO CUMPRIMENTO DE SENTENÇA

11.3.1. Apresentação

O CPC/73 foi *formatado* mediante rígida separação entre as funções desempenhadas no processo, o que deixou de ser satisfatório e passou a ser alvo de constantes críticas, em face dos novos valores do processo contemporâneo. Vale dizer, o binômio processo de conhecimento + processo de execução, ambos autônomos, foi identificado como uma das causas que contribuíam para a inefetividade da execução.

Assim, por meio da Lei 11.232, de 22 de dezembro de 2005, adotou-se o chamado *processo sincrético*, em que a execução de títulos executivos judiciais passou a ser uma fase seguinte à fase de conhecimento, ou seja, a execução passou a ser feita como etapa final de um único processo, depois de um *tempus iudicati* concedido para o cumprimento espontâneo do comando da sentença, independentemente da espécie de obrigação (pagar quantia certa, fazer, não fazer ou entrega de coisa). Em suma, a execução perdeu autonomia estrutural, mas manteve sua autonomia funcional, tudo com o fim exclusivo de imprimir celeridade ao feito. Resgatou-se uma posição antes consagrada no art. 196 do CPC/39, em que o processo se apresentava numa unidade: cognição seguida de execução, permitindo uma melhor interação de ambas as funções dentro desta atividade continuativa que é o processo.

Com essa alteração, entendeu-se não ser mais justificável ter os embargos como forma de defesa, pelo que foi concebido um novo mecanismo de defesa para o executado: a impugnação ao cumprimento da sentença, que passou a integrar essa fase executiva, muito embora nela se desenvolva atividade tipicamente de conhecimento. A despeito da alteração, admite-se a fungibilidade entre os embargos à execução e a impugnação ao cumprimento de sentença[2].

Essa sistemática foi mantida no CPC/2015, estando a impugnação ao cumprimento de sentença prevista em seu art. 525.

11.3.2. Natureza jurídica

A impugnação ao cumprimento de sentença é defesa incidental que será *sempre* resolvida na *mesma relação processual*.

Não obstante isso, a impugnação ao cumprimento de sentença não se confunde com uma contestação, pelo que não está sujeita ao princípio da eventualidade (CPC, art. 336), nem tampouco ao princípio do deduzido e do deduzível (CPC, art. 508)[3].

A contestação é forma de resposta do réu aos fatos e/ou fundamentos do pedido que o autor apresentou em sua petição inicial. Desse modo, considerando estar-se diante de um processo sincrético, a contestação é própria da fase de formação da *certeza* jurídica atestada na sentença a ser cumprida.

Na fase executiva é crucial que o processo continue a respeitar o devido processo legal, dando ao exequente o que ele merece, nada além. Nesta perspectiva, assegura-se a oposição ao executado, isto é, para garantir que a atividade executiva lhe reflita da forma menos onerosa (CPC, art. 805). Visa, em última análise, a obstar uma execução injusta.

A impugnação é forma de *oposição*, tem conteúdo de defesa, mas difere da contestação por razões teleológicas.

Com efeito, no período que medeia a prolação da sentença exequenda (início da fase executiva) e a efetivação da execução, podem surgir situações hábeis, por si só, para obstar a execução (pagamento, compensação, prescrição etc.). Todavia, essas hipóteses de inexistência do direito de crédito (impugnação de mérito) são pouco prováveis ou excepcionais. Por serem, ao menos em tese, admissíveis, não podem ser descartadas.

---

2. STJ, 2ª T., AgInt no REsp 1.730.788/PE, Rel. Min. Mauro Campbell Marques, j. 11.09.2018, *DJe* 18.09.2018.
3. Também conhecido como efeito preclusivo da coisa julgada material.

A tendência, pois, numa execução *sine intervallo*, é que a impugnação seja processual. Nela insere-se a alegação sobre defeito na fase de formação da sentença (p. ex.: falta de citação); sobre irregularidades ou nulidades dos atos executivos (p. ex.: penhora incorreta, avaliação errônea); sobre a ausência de pressupostos gerais ou específicos para o desenvolvimento regular da fase executiva (p. ex.: ilegitimidade de parte, inexequibilidade do título executivo, inexigibilidade da obrigação, excesso de execução, inadequação do meio executório, incompetência); isto é, em sintonia com a natureza satisfativa desta fase.

Assim, *não impugnar* não significa que se aplique ao executado o principal efeito da revelia (CPC, art. 344) que só encontra aplicação no processo de conhecimento.

É de se afastar, igualmente, a incidência do princípio da eventualidade (CPC, art. 336). Além de este não alcançar as matérias de ordem pública não sujeitas à preclusão, se aplicado fosse nas demais, permitiria eventuais execuções injustas, em que o exequente recebesse a satisfação de algo que não merecia. Uma situação destas, de enriquecimento sem causa, é inaceitável no sistema (CC/2002, art. 884 a 886), para o que se admite a chamada repetição de indébito.

Por último, cabe tratar do princípio do deduzido e do deduzível ou do efeito preclusivo da coisa julgada material (CPC, art. 508). A impugnação ao cumprimento de sentença pode dar lugar a uma decisão com base no art. 487 do CPC, ainda que ela desafie agravo de instrumento, por não ter extinguido a execução. A eventual coisa julgada material que será produzida somente atingirá a situação debatida e não aquelas não suscitadas, principalmente por ser inaplicável o princípio da eventualidade. Assim, somente incide a regra do art. 508 do CPC sobre os aspectos eventualmente discutidos na impugnação ao cumprimento de sentença.

11.3.3. Forma e legitimidade

A impugnação ao cumprimento de sentença se apresentará por meio de simples petição em que o executado exponha suas razões de defesa (de fato e de direito), com que impugna a atividade ou a pretensão executiva do credor, especificando as provas que pretende produzir, juntando desde logo, as de natureza documental.

Além do executado, seu cônjuge ou companheiro também podem manejar a impugnação, se pretenderem discutir a própria execução, com o fim de evitar que o patrimônio familiar seja afetado.

Se a intimação do executado para o início do cumprimento de sentença se deu por hora certa ou por edital (CPC, art. 513, § 2º, IV), deverá ser nomeado curador especial (CPC, art. 72, II) que terá legitimidade para oferecer esta impugnação[4].

---

4. Súmula 196/STJ: "Ao executado que, citado por edital ou por hora certa, permanecer revel, será nomeado curador especial, com legitimidade para apresentação de embargos".

11.3.4. Requisitos de admissibilidade

A impugnação ao cumprimento de sentença exige a observância de alguns requisitos para que seja processada e julgada. São eles: a) tempestividade; b) pertinência temática; e c) em caso de excesso de execução, apontar qual o valor entendido como o correto, apresentando a planilha com o cálculo deste valor[5-6-7].

Em relação a estes, não se admite a emenda ou correção da petição de defesa[8-9-10]. Qualquer outra razão para impedir o processamento da impugnação ao cumprimento de sentença, implica em viabilizar o exercício do contraditório e cercear o direito de defesa do executado, o que não é admitido[11].

O prazo para apresentação da impugnação ao cumprimento de sentença é de 15 (quinze) dias (CPC, art. 525, *caput*), cuja contagem se esclarece no tópico seguinte.

A pertinência temática se refere ao conteúdo desta defesa. Salvo poucas exceções (p. ex.: falta ou nulidade da citação havida na fase de conhecimento e inconstitucionalidade do fundamento do comando da sentença supervenientemente declarada pelo Supremo Tribunal Federal, mas desde que antes do trânsito em julgado da decisão exequenda), estará o executado impedido de abordar matérias que foram ou deveriam ter sido objeto de debate na fase em que se formou a decisão exequenda. Vale dizer, o executado somente poderá alegar matérias que tenham surgido depois da formação do título executivo judicial[12].

---

5. Enunciado 545 do FPPC: "Aplicam-se à impugnação, no que couber, as hipóteses previstas nos incisos I e III do art. 918 e no seu parágrafo único." Como se percebe, pode ocorrer a rejeição liminar da impugnação, tal como sucede com os embargos e, como tal, admite seja aplicada a multa de 20% sobre o valor atualizado do débito, caso a defesa seja protelatória.
6. Enunciado 586 do FPPC: "O oferecimento de impugnação manifestamente protelatória é ato atentatório à dignidade da justiça que enseja a aplicação da multa prevista no parágrafo único do art. 774 do CPC". Enunciado 50 da ENFAM: "O oferecimento de impugnação manifestamente protelatória ao cumprimento de sentença será considerado conduta atentatória à dignidade da Justiça (art. 918, III, parágrafo único, do CPC/2015), ensejando a aplicação da multa prevista no art. 774, parágrafo único". Segundo tais entendimentos, também na fase de cumprimento de sentença não se admite a oposição de defesa injustificada que, se constatada, deve ser rejeitada por ser protelatória e ensejar a aplicação da respectiva multa. Todavia, entender cumulativas as multas do parágrafo único do art. 774 e a do parágrafo único do art. 918 parece ser um exagero, além de *bis in idem*.
7. Enunciado 94 da I Jornada de Direito Processual Civil (CJF): "Aplica-se o procedimento do art. 920 do CPC à impugnação ao cumprimento de sentença, com possibilidade de rejeição liminar nas hipóteses dos arts. 525, § 5º, e 918 do CPC".
8. STJ, Corte Especial (repetitivo), REsp 1.387.248/SC, Rel. Min. Paulo de Tarso Sanseverino, j. 07.0.2014, *DJe* 19.05.2014.
9. Em sentido diverso: Enunciado 95 da I Jornada de Direito Processual Civil (CJF): "O juiz, antes de rejeitar liminarmente a impugnação ao cumprimento de sentença (art. 525, § 5º, do CPC), deve intimar o impugnante para sanar eventual vício, em observância ao dever processual de cooperação (art. 6º do CPC)".
10. Enunciado 55 da ENFAM: "Às hipóteses de rejeição liminar a que se referem os arts. 525, § 5º, 535, § 2º, e 917 do CPC/2015 (excesso de execução) não se aplicam os arts. 9º e 10 desse código".
11. STJ, 3ª T., REsp 1.138.195/SP, Rel. Min. Nancy Andrighi, j. 28.08.2012, *DJe* 05.09.2012.
12. Enunciado 56 do FPPC: "É cabível alegação de causa modificativa ou extintiva da obrigação na impugnação de executado, desde que tenha ocorrido após o início do julgamento da apelação, e, uma vez alegada pela parte, tenha o tribunal superior se recusado ou omitido de apreciá-la". O enunciado reafirma que o conteúdo

Em relação à exigência do executado apontar, em caso de excesso de execução, qual o valor entende seja o correto, mediante apresentação de demonstrativo discriminado e atualizado de seu cálculo, sob pena de rejeição liminar da impugnação (CPC, art. 525, §§ 4º e 5º)[13], afasta-se a possibilidade de impugnações genéricas e protelatórias do executado em relação ao valor devido, bem como ensejará prática salutar de proceder o depósito do valor tido por incontroverso[14], a fim de evitar sofrer quanto a este a multa de 10% (CPC, art. 523, § 1º)[15].

11.3.5. Prazo

A impugnação ao cumprimento de sentença poderá ser apresentada pelo executado num prazo de 15 (quinze) dias úteis, a contar do primeiro dia útil após o fim do prazo para o cumprimento voluntário da obrigação contida no título executivo judicial (CPC, art. 525, *caput*)[16], ainda que esse prazo tenha tido início pelo comparecimento espontâneo do executado[17]. Portanto, "a intimação prevista no caput do art. 523 do CPC deve contemplar, expressamente, o prazo sucessivo para impugnar o cumprimento de sentença"[18].

A contagem do prazo será feita independentemente de nova intimação do executado, aplicando-se o previsto nos arts. 224 e 229 do CPC, isto é, o prazo é contado excluindo o dia do começo e incluindo o dia do vencimento e, tratando-se de litisconsórcio com procuradores distintos ou nos casos em que o executado é assistido por defensor público[19], o prazo será computado em dobro, e assim para todas as demais manifestações (CPC, art. 525, § 3º). Logo, para o cômputo do prazo da impugnação é irrelevante a garantia do juízo e sua respectiva intimação, tal como antes se tinha no CPC/73[20].

---

da impugnação pode ter por fundamento fato superveniente que modifique ou extinga a obrigação contida na decisão exequenda, ainda que tal fato alegado tenha sido suscitado em recurso contra a decisão exequenda, desde que ao julgar este recurso, o tribunal não o tenha apreciado.

13. STJ, Corte especial (repetitivo), REsp 1.387.248/SC, Rel. Min. Paulo de Tarso Sanseverino, j. 07.05.2014, *DJe* 19.05.2014.
14. Para evitar a incidência da multa de 10% (dez por cento), a impugnação ao cumprimento de sentença terá que ser apresentada no prazo que o executado dispõe para o pagamento voluntário.
15. STJ, 3ª T., AgRg no AREsp 602.372/RS, Rel. Min. Ricardo Villas Bôas Cueva, j. 18.06.2015, *DJe* 05.08.2015 e STJ, 3ª T., REsp 1.160.878/GO, Rel. Min. Sidnei Beneti, j. 20.03.2014, *DJe* 12.05.2014.
16. Enunciado 530 do FPPC: "Após a entrada em vigor do CPC/2015, o juiz deve intimar o executado para apresentar impugnação ao cumprimento de sentença, em quinze dias, ainda que sem depósito, penhora ou caução, caso tenha transcorrido o prazo para cumprimento espontâneo da obrigação na vigência do CPC/73 e não tenha àquele tempo garantido o juízo". Como se percebe, o enunciado trata de entendimento atrelado ao direito intertemporal. Assim, como a defesa não está mais atrelada à segurança do juízo como ocorria no CPC/73, transcorrido o prazo para pagamento e não havendo garantia do juízo, o magistrado deverá intimar o executado que terá direito de impugnar o cumprimento de sentença.
17. Enunciado 84 da I Jornada de Direito Processual Civil (CJF): "O comparecimento espontâneo da parte constitui termo inicial dos prazos para pagamento e, sucessivamente, impugnação ao cumprimento de sentença".
18. Enunciado 92 da I Jornada de Direito Processual Civil (CJF).
19. Enunciado 90 da I Jornada DE Direito Processual Civil (CJF): "Conta-se em dobro o prazo do art. 525 do CPC nos casos em que o devedor é assistido pela Defensoria Pública".
20. STJ, 3ª T., REsp 1.761.068/RS, Rel. Min. Nancy Andrighi, j. 15.12.2020, *DJe* 18.12.2020.

Tal prazo tem natureza preclusiva, isto é, uma vez expirado, não haverá mais como o executado utilizar deste mecanismo de defesa[21]. Todavia, caso o executado deixe de apresentar alguma matéria de defesa na impugnação, ou mesmo deixe de apresentar qualquer impugnação no prazo legal, as matérias não serão alcançadas pela preclusão, podendo vir a serem alegadas noutro momento, mesmo em sede recursal ou via ação autônoma. Aliás, como a preclusão não recai sobre o conteúdo da defesa, mas apenas sobre o mecanismo de oposição, os temas não preclusos podem ser suscitados diante de fatos supervenientes ao término do prazo para apresentação da impugnação (CPC, art. 525, § 11). Assim, por exemplo, se o executado paga voluntariamente o valor que entende devido e, depois disso, o exequente aponta que esse pagamento foi insuficiente, pode o executado apresentar defesa para questionar o apontado saldo, inclusive questionando os critérios de correção monetária e juros de mora, que são matérias de ordem pública, desde que não tenha havido anterior decisão sobre esses critérios ou não impugnação diante de cálculo homologado judicialmente[22].

11.3.6. Efeito suspensivo

A atribuição de efeito suspensivo à impugnação não decorrerá de sua automática apresentação. Ficará a cargo de juízo de *conveniência* do juiz (CPC, art. 525, § 6º)[23].

A suspensão da execução implica a paralisação provisória e temporária, total ou parcial, da marcha normal de sua atividade, donde os atos executivos voltados à satisfação da obrigação não serão realizados, mantendo-se a execução numa situação estática. Trata-se, portanto, de um efeito passageiro, que não importa a extinção da execução.

Segundo a previsão legal, o efeito suspensivo deve ser atribuído à impugnação ao cumprimento de sentença, desde que se verifiquem os seguintes requisitos, conjuntamente: a) haja requerimento do executado; b) esteja garantido o juízo mediante penhora, caução ou depósito suficientes[24]; c) apresente fundamentos relevantes; e, d) o prosseguimento da execução for manifestamente suscetível de causar ao executado grave dano de difícil ou incerta reparação. Tais exigências são criticáveis.

A primeira crítica diz respeito à exigência de segurança do juízo para que possa ser suspensa a execução. Tal requisito guarda mais relação com a tradição de nosso sistema legal, do que com alguma razão técnico-jurídica. Esta exigência pode se apresentar por demais injusta (onerosa), não tendo o legislador se deixado levar pela experiência do largo uso da denominada exceção de pré-executividade que, versando sobre matéria de

---

21. "A oportunidade adequada para refutar os cálculos apresentados pela perícia técnica é conferida no prazo para a impugnação, o qual, uma vez ultrapassado, não pode ser reaberto em razão da preclusão consumativa" (STJ, 1ª T., AgInt no AREsp 1.359.232/RJ, Rel. Min. Napoleão Nunes Maia Filho, j. 06.04.2020, DJe 14.04.2020).
22. STJ, Corte Especial, REsp 1.112.524/DF, Rel. Min. Luiz Fux, j. 1º.09.2010, DJe 30.09.2010 e STJ, 3ª T., AgInt no AREsp 937.652/SP, Rel. Min. Marco Aurélio Bellizze, j. 26.08.2019, DJe 30.08.2019.
23. STJ, 4ª T., AgRg no Ag 1.261.193/RJ, Rel. Min. Luis Felipe Salomão, j. 05.10.2010, DJe 13.10.2010.
24. A inexistência de garantia integral da execução não possibilita o sobrestamento total da execução (STJ, 4ª T., AgRg no AREsp 561.554/SP, Rel. Min. Raul Araújo, j. 04.08.2015, DJe 17.08.2015).

ordem pública, tal como sucede em algumas matérias previstas para a impugnação, tem esse efeito mesmo sem qualquer segurança como requisito para esse fim[25]. Em verdade, a inatividade temporária da execução deveria decorrer tão só do caráter prejudicial da defesa em relação à execução. Destarte, por meio dessa defesa, o executado dá lugar a um juízo de cognição visando desconstituir o título executivo ou a própria execução. Por força dessa influência que a defesa pode exercer sobre a execução, é preferível que ela tenha solução logicamente antecedente ao prosseguimento dos atos voltados à satisfação da obrigação. Assim, vislumbrado esse caráter prejudicial, ainda que em cognição sumária, é bastante para a execução ser suspensa, independentemente de segurança do juízo, tal como se autoriza para a ação rescisória (CPC, art. 969).

A segunda crítica se relaciona à associação do efeito suspensivo apenas à tutela de urgência. Neste particular, ao se comparar com o que foi previsto para a concessão de efeito suspensivo aos embargos à execução (CPC, art. 919, § 1º), tem-se que o legislador cometeu uma assimetria injustificável e injusta. Destarte, ao que parece, o legislador apenas se deu conta que alterou a disciplina das chamadas tutelas provisórias, na qual contemplou a existência de tutelas fundadas em urgência e em evidência (CPC, art. 294, *caput*), para os embargos à execução. Portanto, ao ter associado o efeito suspensivo da impugnação ao cumprimento de sentença apenas às tutelas de urgência, que dependem da presença do perigo de dano, o legislador disse menos do que deveria, devendo o regime do efeito suspensivo ser único, devendo, portanto, ser aplicado também à impugnação ao cumprimento de sentença o que foi definido para os embargos à execução, em que o efeito suspensivo está associado à tutela provisória, que tanto pode ser com base na urgência quanto na evidência.

Em suma, a suspensão da execução fundada em título executivo judicial será excepcional e dependerá do grau (aparente, evidente) de prejudicialidade da defesa e, se fundada na urgência, de uma valoração comparativa entre a gravosidade a que estaria sujeito o executado em caso de prosseguimento da execução e o eventual prejuízo que o exequente suportaria com o atraso da continuidade do feito.

A concessão do efeito suspensivo à impugnação ao cumprimento de sentença não impedirá a efetivação dos atos de substituição, de reforço ou de redução da penhora e de avaliação dos bens (CPC, art. 525, § 7º), uma vez que esses atos não importam na perda dos bens atingidos.

O efeito suspensivo da impugnação ao cumprimento de sentença poderá ser parcial, de sorte a atingir apenas parte do objeto da execução. Logo, em relação à parte não atingida pelo efeito suspensivo, a execução pode prosseguir (CPC, art. 525, § 8º).

A concessão de efeito suspensivo à impugnação apresentada por apenas um dos litisconsortes executados, não suspenderá a execução contra os que não impugnaram,

---

25. STJ, 1ª T., REsp 1.002.031/PE, Rel. Min. José Delgado, j. 20.05.2008, *DJe* 23.06.2008 e STJ, 4ª T., REsp 268.532/RS, Rel. Min. Aldir Passarinho Jr., j. 05.04.2001, *DJ* 11.06.2001.

quando o respectivo fundamento não lhes for comum, isto é, disser respeito exclusivamente ao impugnante (CPC, art. 525, § 9º).

Ainda que atribuído efeito suspensivo à impugnação, é lícito ao exequente requerer o prosseguimento da execução, oferecendo e prestando, nos próprios autos, caução suficiente e idônea a ser arbitrada pelo juiz (CPC, art. 525, § 10). Para que possa de forma razoável a caução atingir a finalidade de ressarcir eventuais prejuízos do executado, muito melhor que o juiz, nos termos do art. 10 do CPC, promova prévio debate acerca do que foi oferecido pelo exequente e dos reflexos das eventuais repercussões negativas a que o executado está exposto para, depois disso, vir a decidir se a caução é idônea e suficiente, de forma fundamentada. Tal decisão, por certo, desafia recurso de agravo de instrumento (CPC, art. 1.015, parágrafo único). Eventual ausência de contraditório para a definição da caução, especialmente se ela não for idônea e suficiente, implica em nulidade que pode vir a ser suscitada por simples petição (CPC, art. 518).

A decisão a respeito da concessão ou não de efeito suspensivo à impugnação ao cumprimento de sentença deverá ser proferida depois de analisada sumariamente esta defesa e, por se tratar de tutela provisória, desafiará recurso de agravo de instrumento (CPC, art. 1.015, I, e parágrafo único)[26].

Tratando-se de processo não eletrônico, deferido o efeito suspensivo, a impugnação ao cumprimento de sentença será processada no mesmo caderno processual; caso contrário, será processada em autos apartados. Nesta, a simultaneidade de procedimentos em cadernos distintos justifica-se como forma de evitar o tumulto no prosseguimento do cumprimento da sentença.

11.3.7. Conteúdo

As matérias que podem ser deduzidas pelo executado na impugnação ao cumprimento de sentença estão descritas no art. 525, § 1º, do CPC. Na verdade, não se trata de rol taxativo. A regra básica, mas que comporta exceções, é de que é possível alegar *qualquer* matéria (CPC, art. 525, § 1º, VII), desde que surgida depois da formação do título executivo judicial, ou seja, em regra, não pode conter alegações que deveriam ter sido apresentadas na fase de cognição[27]. Se é *qualquer*, é porque o rol não pode ser taxativo. O que existe, portanto, é um corte legal quanto ao momento em que surgem as matérias oponíveis pelo executado. Está-se, pois, diante de cognição parcial (ou sumária quanto ao direito material alegável).

O inciso I do mencionado dispositivo legal contempla como a primeira matéria possível de ser arguida a "falta ou nulidade da citação se, na fase de conhecimento, o processo correu à revelia". Inicialmente, convém destacar, arguida essa hipótese

---

26. Esse entendimento é o que tem sido aplicado aos embargos à execução (STJ, 3ª T., REsp 1.745.358/SP, Rel. Min. Nancy Andrighi, j. 26.02.2019, *DJe* 1º.03.2019) e fica ainda reforçado pela previsão do parágrafo único do art. 1.015 do CPC.
27. STJ, 2ª T., AgInt no REsp 1.653.204/PE, Rel. Min. Mauro Campbell Marques, j. 17.08.2017, *DJe* 23.08.2017.

em sede de impugnação ao cumprimento de sentença, ela funciona como a chamada *querela nullitatis*[28], de modo, portanto, que a parte deve optar em fazer mão de uma via ou outra, sob pena de litispendência. Muito embora essa situação costume ser apontada pela doutrina como sendo caso de inexistência de processo, disso não se trata. Com efeito, do processo surge a relação processual. Isto porque a relação processual se forma gradualmente no processo. Com o início do processo tem-se uma relação linear entre autor-juiz e, depois de aperfeiçoada a citação do réu, ela se completa, passando a ser trilateral: autor-juiz-réu. Todavia, inegavelmente, antes da citação do réu, já existe processo. Logo, não se pode considerar a citação como pressuposto processual da existência do processo, se ele já existe mesmo antes dela vir a se realizar. Aliás, o processo pode até vir a ser extinto mesmo antes do réu ser citado (CPC, art. 330 e art. 332). Portanto, a inexistência de citação do réu não torna inexistente o processo. A citação tem natureza de fator (ou condição) de eficácia do processo. Neste sentido, se deve compreender o previsto nos arts. 115, II, 240, 241 e 312 do CPC. Vale dizer, somente depois de citado o sujeito é que se pode impor sobre sua esfera jurídica os efeitos advindos do processo. Portanto, se o processo, na fase de conhecimento, correu à revelia do réu por ausência ou por falha havida na citação, o que nele se passou não pode irradiar efeitos sobre o agora executado que, seja por meio da impugnação ao cumprimento de sentença, ou por simples petição ou até por meio de ação autônoma, poderá apontar e demonstrar esse vício, uma vez que ele não se sujeita à coisa julgada material[29]. Não obstante a lei apenas permita a discussão sobre a ausência ou nulidade da citação seguida de revelia, entende-se que o que se protege por esta previsão é o princípio do contraditório, que é garantia fundamental (CF, art. 5º, LV e CPC, arts. 9º e 10)[30]. Desse modo, parece mesmo possível incluir nessa hipótese legal, outros defeitos que tenham ocorrido ao longo da fase de conhecimento e guardem relação com o contraditório (com outros atos de comunicação), alcançando, assim, eventual ausência ou nulidade de intimação, seguido de inação por parte do executado, ou seja, que lhe tenha acarretado prejuízo. Imagine-se, por exemplo, ter o réu mudado de advogado após a prolação da sentença. Ao elaborar o apelo, este novo profissional junta substabelecimento sem reserva de poderes. Todavia, o tribunal, ao proceder a autuação do recurso, inclui o nome do primeiro advogado, não observando que houve o substabelecimento ao novo patrono. O recurso tramita até final julgamento, mas sem realizar qualquer intimação no nome do novel advogado do réu, único com poderes para representá-lo no processo. Todavia, tudo isso somente vem a ser percebido quando este advogado, agora na Vara de origem, é intimado para o cumprimento da sentença. Parece mesmo ser possível e necessário, que

---

28. STJ, 3ª T., REsp 1.625.033/SP, Rel. Min. Paulo de Tarso Sanseverino, j. 23.05.2017, *DJe* 31.05.2017.
29. STJ, 2ª T., REsp 1.358.931/PR, Rel. Min. Og Fernandes, j. 16.06.2015, *DJe* 1º.07.2015 e STJ, 1ª T., REsp 1.415.108/RJ, Rel. Min. Ari Pargendler, j. 04.02.2014, *DJe* 13.02.2014.
30. STJ, 2ª T., MC 24.912/CE, Rel. Min. Humberto Martins, j. 20.09.2016, *DJe* 07.11.2016 e STJ, 1ª T., AgRg no AREsp 353.140/RS, Rel. Min. Regina Helena Costa, j. 18.06.2015, *DJe* 30.06.2015.

na impugnação ao cumprimento de sentença, ele suscite essa nulidade,[31] nos termos do art. 525, I, do CPC, uma vez que não se pode conceber tenha ocorrido o trânsito em julgado do acórdão do tribunal, do qual a parte foi alijada de seu processamento, não tendo sido nunca intimada[32]. Reconhecido este vício, o processo deverá retornar para a fase de conhecimento, retomando seu regular processamento a partir desse ponto onde reconhecida a falha. Caso o réu/executado compareça em juízo e não aponte o vício, apesar de não se tratar de nulidade relativa, ocorrerá a preclusão e, assim, se entenderá sanado o vício pela sua participação espontânea (CPC, art. 239, § 1º), sem alegação de prejuízo[33].

A segunda matéria disponível para ser arguida pelo executado na impugnação ao cumprimento de sentença (inc. II, do § 1º do art. 525, do CPC) é a ilegitimidade das partes. Tal ilegitimidade somente pode dizer respeito à fase executiva, ou seja, tem que ter surgido depois da formação da decisão exequenda. A eventual ilegitimidade das partes da fase de conhecimento, não poderá ser revista em razão da eficácia preclusiva da coisa julgada (CPC, art. 508).

Também pode o executado apontar nessa defesa endoprocessual a "inexequibilidade do título ou a inexigibilidade da obrigação" (inc. III, do § 1º do art. 525, do CPC). A primeira hipótese é de que inexiste título executivo ou, no mínimo, a obrigação nele contida não se apresenta certa e/ou líquida. Neste particular, convém ressaltar que suscitar o executado a discussão acerca dos precisos termos da decisão condenatória, objeto de execução, não importa pretensão de afronta à coisa julgada, sobretudo quando as partes divergem acerca de interpretações possíveis para o comando da decisão exequenda[34]. A segunda hipótese associa-se à falta de exigibilidade, ou seja, ao tempo que se iniciou a execução ainda não havia sido realizada a condição ou atingido o termo da obrigação, o que lhe retira a eficácia executiva. Ainda, segundo o previsto nos §§ 12 e 14 deste mesmo dispositivo legal, será inexigível a obrigação quando ela se fundar em lei ou ato normativo considerado inconstitucional pelo Supremo Tribunal Federal, ou fundado em aplicação ou interpretação da lei ou ato normativo tido pelo Supremo Tribunal Federal como incompatível com a Constituição Federal, em controle de constitucionalidade concentrado ou difuso; desde que tais entendimentos do STF tenham sido alcançados antes do trânsito em julgado da decisão exequenda[35]. Em verdade, para que seja inexigível a obrigação nestes casos do § 12 do art. 525 do CPC, é necessário que o comando da sentença fundada nesta lei ou ato normativo reste esvaziado pelo que foi

---

31. STJ, 1ª T., REsp 615.696/DF, Rel. Min. Luiz Fux, j. 09.11.2004, *DJ* 29.11.2004 e STJ, 4ª T., EDcl no REsp 19.225/MG, Rel. Min. Sálvio de Figueiredo Teixeira, j. 19.11.2002, *DJ* 19.12.2002.
32. Neste sentido: STJ, 3ª T., REsp 245.647/SC, Rel. Min. Waldemar Zveiter, j. 19.02.2001, *DJ* 02.04.2001.
33. No STJ, embora entendendo se tratar de nulidade relativa: STJ, 1ª T., AgRg no RCD no AREsp 663.047/RJ, Rel. Min. Sérgio Kukina, j. 16.06.2016, *DJe* 27.06.2016 e STJ, 4ª T., AgRg no AREsp 800.278/SC, Rel. Min. Raul Araújo, j. 02.02.2016, *DJe* 16.02.2016.
34. STJ, 4ª T., REsp 1.243.701/BA, Rel. Min. Raul Araújo, j. 04.10.2011, *DJe* 12.03.2012.
35. STJ, 1ª Seção (repetitivo), REsp 1.189.619/PE, Rel. Min. Castro Meira, j. 25.08.2010, *DJe* 02.09.2010; STJ, 3ª T., REsp 1.531.095/SP, Rel. Min. Ricardo Villas Bôas Cueva, j. 09.08.2016, *DJe* 16.08.2016 e STJ, 1ª T., AgInt no AgRg no AREsp 284.550/MG, Min. Gurgel de Faria, j. 11.10.2016, *DJe* 17.11.2016.

decidido pelo STF[36-37]. Se, de algum modo, este comando da sentença se mantém por outros fundamentos, apesar da inconstitucionalidade reconhecida pelo STF, a obrigação não poderá ser considerada inexigível. Se a decisão do STF somente vier a ser proferida depois do trânsito em julgado da decisão exequenda, a inexigibilidade somente poderá ser reconhecida por meio de ação rescisória, cujo prazo será contado a partir do trânsito em julgado da decisão proferida pelo STF (CPC, art. 525, § 15).

Segundo o inc. IV, do § 1º do art. 525, do CPC, também pode ser veiculada na impugnação ao cumprimento de sentença, que a penhora foi incorreta[38] ou que a avaliação está errônea. Claro que isso pressupõe que tais atos, penhora e avaliação, tenham ocorrido antes da apresentação da impugnação. Se tais atos ocorreram antes e não foram eles objeto da impugnação, poderá ocorrer preclusão. Diz-se *poderá* restar precluso porque, em relação a alguns bens, têm-se impenhorabilidades absolutas, arguíveis a qualquer momento e grau de jurisdição ordinária.

Tema que é mais comum ser alegado em impugnação ao cumprimento de sentença é o de excesso de execução (inc. V, do § 1º do art. 525, do CPC). Há este excesso, segundo o previsto no art. 917, § 2º, do CPC, quando: i) o exequente pleiteia quantia superior à do título executivo; ii) ela recai sobre coisa diversa daquela declarada no título executivo; iii) ela se processa de modo diferente do que foi determinado no título executivo; iv) o exequente, sem cumprir a prestação que lhe corresponde, exige o adimplemento da prestação do executado; e v) o exequente não prova que a condição se realizou. Se for alegado pelo executado que o exequente pleiteia quantia superior à do título executivo, é seu ônus declarar de imediato o valor que entende correto, apresentando demonstrativo discriminado e atualizado de seu cálculo (CPC, art. 525, § 4º). Vale lembrar que não cabe ao executado questionar os critérios de cálculo definidos na decisão exequenda, que são acobertados pela coisa julgada[39]. Se assim não o fizer, nesta parte a defesa não será sequer analisada ou, se for a única matéria suscitada pelo executado, será ela extinta (CPC, art. 525, § 5º) e ocorrerá preclusão em relação à quantia executada[40], salvo

---

36. Enunciado 58 do FPPC: "As decisões de inconstitucionalidade a que se referem os arts. 525, §§ 12 e 13 e art. 535, §§ 5º e 6º devem ser proferidas pelo plenário do STF." Segundo esse enunciado, a declaração de inconstitucionalidade que se permite ao executado apresentar na sua impugnação ao cumprimento provisório ou definitivo, deve decorrer de decisão *definitiva* do STF proferida em controle, concreto ou abstrato, de constitucionalidade, com eficácia *erga omnes* e efeito vinculante.
37. Enunciado 176 do FPPC: "Compete exclusivamente ao Supremo Tribunal Federal modular os efeitos da decisão prevista no § 13 do art. 525." O STF pode modular os efeitos da decisão que declarara a inconstitucionalidade da lei ou do ato normativo que fundamentou a decisão eventualmente impugnada; bem como, pode delimitar o campo temporal da declaração de inconstitucionalidade para fins de apresentação de impugnação ao cumprimento de sentença com base nessa matéria.
38. Imagine-se a hipótese de a penhora ter recaído sobre bem gravado com usufruto. O usufruto não é penhorável, mas apenas o seu exercício, circunstância que possibilita a penhora sobre os frutos advindos desse exercício, desde que tenham expressão econômica imediata: STJ, 2ª T., AgRg no AREsp 611.843/RS, Rel. Min. Mauro Campbell Marques, j. 05.02.2015, *DJe* 12.02.2015.
39. STJ, 4ª T., AgRg no AREsp 641.934/SP, Rel. Min. Marco Buzzi, j. 14.03.2017, *DJe* 23.03.2017.
40. STJ, 3ª T., AgRg no Ag 1.380.242/SP, Rel. Min. Sidnei Beneti, j. 24.05.2011, *DJe* 03.06.2011.

se verifique posteriormente conter ela algum erro material[41] ou se, para a impugnação do cálculo, o executado precisar de documentos que estejam em poder do exequente e que não foram apresentados no processo. A hipótese descrita em "ii" é aplicável na fase de cumprimento de sentença que reconhece obrigação de entrega de coisa. Por sua vez, a hipótese do item "iii" não é de excesso de execução, porque diz respeito à inadequação do rito escolhido pelo exequente para o processamento da execução. A hipótese apontada no "iv" diz respeito à exceção de contrato não cumprido (CC, art. 476), que também não é excesso de execução e, sim, matéria quanto ao mérito da execução (inc. VII do § 1º do art. 525 do CPC). Por fim, a situação contida no item "v" diz respeito à exigibilidade da obrigação e não ao excesso de execução.

Pode ainda o executado arguir na impugnação ao cumprimento de sentença a indevida cumulação de execuções (inc. V do § 1º do art. 525 do CPC)[42], a qual foi exposta no capítulo da teoria geral da execução, para a qual se remete.

Outra resistência que poderá ser suscitada na impugnação ao cumprimento de sentença é a incompetência relativa ou absoluta do juízo para o processamento da fase executiva (inc. VI do § 1º do art. 525 do CPC), não podendo se arguir incompetência relativa à fase de conhecimento. Aqui remete o que foi esclarecido quando se tratou da competência no capítulo da teoria geral da execução.

O executado pode alegar em sua defesa na impugnação ao cumprimento de sentença qualquer fato modificativo ou extintivo da obrigação, como pagamento, novação, compensação, transação ou prescrição[43-44], desde que supervenientes ao trânsito em julgado do título executivo judicial (inc. VII do § 1º do art. 525 do CPC)[45]. A hipótese não contempla os fatos ditos *impeditivos*, pois estes deveriam ter sido alegados na fase de conhecimento, porque poderiam impedir a própria formação da decisão exequenda e, assim, estão alcançados pelo efeito preclusivo da coisa julgada (CPC, art. 508). Por certo, é ônus do executado/impugnante comprovar a superveniente causa extintiva ou modificativa ao direito do exequente[46]. Ademais, é vedada a rediscussão de questão decidida no título executivo judicial, em virtude da coisa julgada e seu efeito preclusivo[47]. É possível o executado pleitear a devolução de valores pagos em excesso, no curso da

---

41. STJ, 4ª T., AgRg no AREsp 716.718/DF, Rel. Min. Marco Buzzi, j. 27.09.2016, *DJe* 03.10.2016; STJ, 3ª T., AgRg no AREsp 111.499/MA, Rel. Min. João Otávio de Noronha, j. 16.04.2015, 23.04.2015; STJ, 1ª T., AgRg no REsp 1.427.357/PR, Rel. Min. Napoleão Nunes Maia Filho, j. 16.06.2014, *DJe* 04.08.2014; STJ, 3ª T., AgRg no Ag 1.134.104/SP, Rel. Min. Ricardo Villas Bôas Cueva, j. 11.02.2014, *DJe* 27.02.2014 e STJ, 5ª T., REsp 808.491/RS, Rel. Min. Arnaldo Esteves Lima, j. 19.03.2009, *DJe* 20.04.2009.
42. STJ, 1ª T., REsp 871.617/SP, Rel. Min. Luiz Fux, j. 25.03.2008, *DJe* 14.04.2008.
43. Súmula 150/STF: "Prescreve a execução no mesmo prazo de prescrição da ação".
44. Enunciado 57 do FPPC: "A prescrição prevista nos arts. 525, § 1º, VII e 535, VI, é exclusivamente da pretensão executiva". O enunciado esclarece que a previsão legal que admite a alegação de prescrição na impugnação não se refere à pretensão condenatória e, sim, apenas, à pretensão executiva. Vale dizer, a prescrição tratada é aquela que tem como marco inicial a formação do título executivo, e não a pretensão à condenação, anterior ao título executivo formado.
45. STJ, 4ª T., AgRg no REsp 1.418.835/SP, Rel. Min. Marco Buzzi, j. 11.02.2014, *DJe* 19.02.2014.
46. STJ, 4ª T., AgRg no AREsp 9.981/RS, Rel. Min. Luis Felipe Salomão, j. 18.09.2012, *DJe* 04.10.2012.
47. STJ, 4ª T., AgInt no AREsp 59.196/SC, Rel. Min. Maria Izabel Gallotti, j. 04.10.2016, *DJe* 07.10.2016.

execução ou do cumprimento da sentença, nos mesmos autos, não lhe sendo exigido o ajuizamento de nova ação com esse propósito[48].

As alegações de impedimento e suspeição do juiz, do agente do Ministério Público ou de auxiliar da justiça não devem integrar a impugnação ao cumprimento de sentença, devendo ser arguida conforme o disposto nos arts. 146 a 148 do CPC (CPC, art. 525, § 2º), ou seja, em petição própria. Esses vícios relativos à falta de imparcialidade do juiz devem ter surgido depois de instaurada a execução[49].

A impugnação ao cumprimento de sentença não pode suscitar questões já decididas e sobre as quais não houve a interposição de recurso no momento oportuno[50], ou seja, não pode reiterar nesta defesa matéria já preclusa no curso da execução[51].

11.3.8. Contraditório e cognição

Uma vez oferecida impugnação, deve ser dada vista ao exequente, para que este se manifeste em até 15 (quinze) dias úteis, oportunizando, assim, o contraditório. A manifestação também será por simples petição que deverá ser acompanhada dos documentos que sejam capazes de afastar as razões de defesa apresentadas.

Seja qual for o conteúdo da impugnação, de mérito ou processual, ela dará lugar a uma atividade cognitiva, ainda que funcionalmente subordinada à atividade executiva. Neste incidente, portanto, se recuperará a amplitude integral dos princípios do contraditório e da igualdade de armas.

Este *enxerto* cognitivo na fase executiva poderá exigir alto grau de investigação probatória, não restrita à prova exclusivamente documental, o que não importará qualquer óbice em seu processamento.

Nesse passo, resta admitir que a fase executiva "contém em germe a cognição", a qual será "potencializada" a partir de apresentada a impugnação. Logo, a intensidade da cognição será majorada com a provocação do executado. Do contrário, o juiz dissipará *de plano* (técnica de cognição sumária) as dúvidas surgidas quando da realização dos atos puramente executivos, nos moldes da previsão do parágrafo único do art. 853 do CPC.

Insta concluir, a partir desta modificação, que a dilação probatória, antes *critério* que definia o grau de *complexidade* da atividade de cognição permitida no interior da execução e que, portanto, justificava a formação de um veículo paralelo de natureza de ação, não mais se faz presente. A fronteira entre o mero incidente endoprocessual e a ação passou a ser delimitada por critério de política legislativa, nada impedindo que no

---
48. STJ, 2ª T., AgInt no REsp 1.868.695/SP, Rel. Min. Francisco Falcão, j. 1º.06.2020, *DJe* 03.06.2020.
49. STJ, 3ª T., AgRg no REsp 1.243.311/SP, Rel. Min. Paulo de Tarso Sanseverino, j. 18.12.2014, *DJe* 05.02.2015.
50. STJ, 2ª T., AgRg no REsp 1.492.788/RJ, Rel. Min. Humberto Martins, j. 05.03.2015, *DJe* 11.03.2015.
51. STJ, Corte Especial (repetitivo), REsp 1.387.248/SC, Rel. Min. Paulo de Tarso Sanseverino, j. 07.05.2014, *DJe* 19.05.2014.

futuro, também para as execuções de título extrajudicial, não se exija mais uma *ação* de embargos para o exercício da defesa.

11.3.9. Decisão, recursos e coisa julgada

A impugnação ao cumprimento de sentença pode produzir diferentes resultados, conforme o tipo de matéria nela vinculada.

Pode a decisão reconhecer algum vício processual que implique que o processo retroceda até aquele momento para que dali prossiga, com nova realização deste ato. Assim, por exemplo, se for reconhecida a ausência ou nulidade da citação do executado que foi revel na fase de formação do título executivo judicial, quando o processo terá que voltar para a fase de conhecimento. Do mesmo modo, poderá determinar seja desfeita a penhora ou refeita a avaliação. Ou, se identificada a incompetência do juízo, o processo terá que seguir para o juízo competente para nele prosseguir regularmente. Também pode a impugnação ser acolhida para reduzir o valor executado, quando reconhecido o excesso cometido pelo exequente, hipótese em que a execução prosseguirá, mas de forma limitada ao valor revisto. Pode, ainda, a decisão da impugnação reconhecer a nulidade do título executivo, ou a falta de algum pressuposto de admissibilidade da execução ou mesmo a inexistência da obrigação executada, o que acarretará a extinção da atividade executiva.

Logo, conforme o resultado da impugnação, podem surgir diferentes tipos de pronunciamentos judiciais e, por consequência, variar o recurso cabível[52].

Assim, a execução que tramita em Vara (1ª instância) for extinta, está-se diante de sentença (CPC, art. 203, § 1º), que desafia recurso de apelação (CPC, art. 1.099) que será recebido nos efeitos devolutivo e suspensivo (CPC, art. 1.012). Se, por sua vez, a impugnação foi liminarmente rejeitada, ou acolhida em parte sem a extinção da execução ou julgada improcedente, trata-se de decisão interlocutória que desafia agravo de instrumento (CPC, art. 1.015, parágrafo único)[53-54]. Nessas hipóteses, a atividade executiva prosseguirá normalmente.

De outro lado, se o cumprimento de sentença tramita perante tribunal, diante de sua competência originária, quer tenha sido a execução extinta, ou não, por força do acórdão que julga a impugnação, o recurso cabível será o recurso especial ou o extraordinário (CPC, art. 1.029 e ss.). Por sua vez, se for resolvida por decisão monocrática, caberá agravo interno (CPC, art. 1.021).

---

52. Enunciado 216 da III Jornada de Direito Processual Civil (CJF): "Na hipótese de acolhimento da impugnação acarretar a extinção do cumprimento de sentença, a natureza jurídica da decisão é sentença e o recurso cabível é apelação; caso o acolhimento não impedir a continuidade dos atos executivos, trata-se de decisão interlocutória sujeita a agravo de instrumento (art. 1.015, parágrafo único, do CPC)".
53. O STJ tem entendido que nestes casos não cabe o princípio da fungibilidade recursal: STJ, 3ª T., REsp 1.508.929/RN, Rel. Min. Moura Ribeiro, j. 07.03.2017, *DJe* 21.03.2017.
54. Enunciado 93 da I Jornada De Direito Processual Civil (CJF): "Da decisão que julga a impugnação ao cumprimento de sentença cabe apelação se extinguir o processo, ou agravo de instrumento, se não o fizer".

Seja como for, como a atividade desenvolvida na impugnação ao cumprimento de sentença se funda em cognição exauriente, a decisão nela proferida que diga respeito a questões de mérito irá produzir coisa julgada material, o que além de impedir sua rediscussão, ainda que por outros meios de defesa, faz desafiar ação rescisória (CPC, art. 966) para sua revisão. Quanto às questões processuais por ela decididas, a coisa julgada será meramente formal.

Se apesar de a execução ter sido extinta pela impugnação, ela tiver causado prejuízos ao executado, pode este buscar a respectiva indenização, conforme autoriza o art. 776 do CPC.

Não há óbice à resolução parcial da impugnação ao cumprimento de sentença e, na parte decidida, que sejam fixados honorários advocatícios em decorrência do acolhimento da impugnação naquele particular[55].

11.3.10. Custas

A impugnação não exige o pagamento de custas, por tratar-se de simples petição.

Todavia, se forem eventualmente cobradas custas, conforme poderá estabelecer o regulamento da matéria por legislação estadual ou similar, o seu não pagamento no prazo de 30 (trinta) dias, ensejará o arquivamento da defesa ou cancelamento de sua distribuição, o que acontecerá independentemente de intimação do executado/impugnante[56]. De outro lado, será aplicável a regra geral (CPC, art. 82, § 2º) de que, vencido o exequente, caberá a este ressarcir o executado do valor antecipadamente gasto com as custas.

11.3.11. Multa de 10% do art. 523, § 1º, do CPC

Como se extrai do art. 523, § 1º, do CPC, o não pagamento voluntário do valor devido pelo executado no prazo legal depois de ter sido ele intimado para este fim específico, acarreta a aplicação de uma multa de 10% (dez por cento) sobre o valor total (principal + encargos + custas + honorários advocatícios) do crédito exequendo.

No entanto, a referida multa pode vir a ser afastada ou reduzida no caso concreto, em decorrência de ser acolhida, no todo ou em parte, a oposição deduzida em sede de impugnação ao cumprimento de sentença[57]. Destarte, a multa constitui um encargo acessório em relação à obrigação de pagar quantia certa, de sorte, portanto, que sua existência depende da subsistência do crédito que se está a executar.

---

55. STJ, 3ª T., REsp 1.819.613/RJ, Rel. Min. Nancy Andrighi, j. 15.09.2020, DJe 18.09.2020.
56. STJ, Corte Especial (repetitivo), REsp 1.361.811/ES, Rel. Min. Paulo de Tarso Sanseverino, j. 04.03.2015, DJe 06.05.2015.
57. Em se tratando de execução provisória, eventual provimento do recurso contra a sentença exequenda, com o reconhecimento de insubsistência da obrigação de pagar antes nela identificada, fará, por óbvio, afastar a multa, ou limitá-la, se o valor for apenas reduzido. Admitindo o ataque à multa de 10% na impugnação: STJ, 3ª T., EDcl nos EDcl no AResp 202.458/MS, Rel. Min. João Otávio de Noronha, j. 24.09.2013, DJe 02.10.2013.

Vale dizer, se o executado obtiver sucesso com a impugnação, quer por ter obtido a extinção da fase executiva quer por ter reduzido a pretensão do exequente aos limites do *decisum*, disto importará a revogação da multa ou a redução proporcional de sua base de incidência.

11.3.12. Honorários advocatícios

O Superior Tribunal de Justiça, enquanto ainda vigente o CPC/73, firmou orientação de que não são cabíveis honorários advocatícios pela rejeição da impugnação ao cumprimento de sentença. Apenas no caso de acolhimento da impugnação, ainda que parcial, é que seriam arbitrados honorários em benefício do executado[58].

À luz do CPC/2015, este entendimento merece ser revisto e superado[59].

Com efeito, ao disciplinar os embargos à execução (CPC, art. 827, *caput* e § 2º), que servem de defesa para a execução de título executivo extrajudicial, o legislador previu que quando estes foram julgados improcedentes ou inadmitidos, o percentual de 10% (dez por cento) a título de honorários advocatícios inicialmente fixado deverá ser elevado até 20% (vinte por cento).

Considerando que no cumprimento de sentença também foi prevista a fixação inicial de 10% (dez por cento) de honorários advocatícios (CPC, art. 523, § 1º), tem-se que essa regra de majoração dessa verba em caso de rejeição da impugnação deve ser também aplicável[60], não apenas pelo previsto no referido art. 771 do CPC, mas também pela interpretação do previsto no art. 85, § 13, também do CPC.

Logo, acolhida a impugnação ao cumprimento de sentença, deverão ser fixados honorários a favor do patrono do executado, ainda que corresponda à inversão daqueles fixados ao início da execução. E, sendo esta defesa inadmitida ou julgada improcedente, o valor da verba honorária deverá ser elevado até 20% (vinte por cento).

11.3.13. Impugnação no cumprimento de sentença de obrigações de fazer, não fazer e entrega de coisa

Quando da reforma operada pela Lei 11.232, de 22 de dezembro de 2005, mesmo tendo sido instituída a fase de cumprimento de sentença para todas as modalidades de obrigação (CPC, art. 475-I), somente foi prevista a defesa mediante impugnação ao cumprimento de sentença para o cumprimento de obrigação de soma em dinheiro

---

58. STJ, Corte Especial (repetitivo), REsp 1.134.186/RS, Rel. Min. Luis Felipe Salomão, j. 1º.08.2011, *DJe* 21.10.2011.
59. Diferentemente do que sustentado no texto, o STJ continua aplicando o entendimento formado na vigência do CPC/73, ou seja, nas hipóteses de rejeição da impugnação ao cumprimento de sentença, não tem fixado honorários advocatícios: STJ, 1ª T., AgInt no AREsp 1.697.937/RS, Rel. Min. Sérgio Kukina, j. 25.10.2021, *DJe* 28.10.2021 e STJ, 3ª T., AgInt no AREsp 1.854.153/DF, Rel. Min. Nancy Andrighi, j. 04.10.2021, *DJe* 06.10.2021.
60. Em sentido contrário, Enunciado 51 da ENFAM: "A majoração de honorários advocatícios prevista no art. 827, § 2º, do CPC/2015 não é aplicável à impugnação ao cumprimento de sentença".

(CPC/73, arts. 475-L e 475-M). Por força disso, se questionava se esta forma de resistência estaria limitada às obrigações de quantia certa.

Já naquele momento, parecia que de modo algum poderia ficar o executado impossibilitado de exercer seu direito de defesa por ausência de mecanismos processuais adequados. Se isso pudesse ocorrer, haveria vulneração do direito material por insuficiência de previsão legal do ordenamento processual, o que seria incompatível com as garantias constitucionais do devido processo legal (CF, art. 5.º, LIV e LV). Seria, portanto, inconcebível excluir do executado, seja lá por qual for o meio, podendo até ser por simples petição[61], a possibilidade de apontar excessos ou quaisquer outras irregularidades verificadas, sejam de mérito ou processuais, quando da efetivação das medidas de alcance material.

A nova legislação processual supriu a omissão antes existente e autorizou que quer no cumprimento de obrigação de fazer ou não fazer (CPC, art. 536, § 4º) quer na de entrega de coisa (CPC, art. 538, § 3º c/c art. 536, § 4º), o executado pode apresentar impugnação ao cumprimento de sentença.

O prazo para que o executado apresente impugnação ao cumprimento de sentença nas execuções de fazer, não fazer e entrega de coisa, será de 15 (quinze) dias úteis a contar do primeiro dia útil após o fim do prazo para o cumprimento voluntário da obrigação contida no título executivo judicial (CPC, art. 525, *caput*). Se, no caso concreto, não for de se fixar prazo para o cumprimento voluntário, o prazo terá início do momento em que o executado foi intimado, nos termos do art. 513, §§ 2º e 4º, do CPC.

Para a atribuição de efeito suspensivo à impugnação nesses casos, tratando-se de cumprimento de obrigação de entrega de coisa, a *segurança do juízo* deverá ser feita mediante depósito e, no caso de cumprimento de obrigações de fazer e não fazer, por meio de caução. Além disso, deverão ser relevantes os fundamentos da defesa e restar demonstrada a hipótese de tutela provisória, urgente ou evidente.

Quanto ao conteúdo dessas impugnações, aplica-se, no que couber, o previsto no § 1º do art. 525 do CPC, apenas merecendo destaque que, se tratando de cumprimento de entrega de coisa, é hipótese de excesso de execução quando ela recai sobre coisa diversa daquela declarada no título executivo e nela não se pode arguir a existência de benfeitorias ou o direito de retenção por benfeitorias, porque essas questões deveriam ser suscitadas na fase de conhecimento (CPC, art. 538, §§ 1º e 2º).

11.3.14. Impugnação no cumprimento de sentença arbitral

Segundo a Lei de Arbitragem (Lei 9.307/1996, art. 33, *caput*), a sentença arbitral pode ser invalidada perante o órgão do Poder Judiciário competente por uma das hipóteses descritas no art. 32 da mesma lei.

---

61. STJ, 1ª T., REsp 654.583/BA, Rel. Min. Teori Albino Zavascki, j. 14.02.2006, *DJ* 06.03.2006.

Para tanto, a parte poderá manejar ação autônoma (Lei 9.307/1996, art. 33, § 1º), que deverá ser ajuizada num prazo decadencial de 90 (noventa) dias após o recebimento da notificação da respectiva sentença, parcial ou final, ou da decisão do pedido de esclarecimento ou poderá deduzir essa invalidade por meio de impugnação ao cumprimento de sentença (Lei 9.307/1996, art. 33, § 3º).

Se a execução da sentença arbitral for ajuizada após o decurso do prazo decadencial da ação de nulidade, a defesa da parte executada fica limitada às matérias especificadas pelo art. 525, § 1º, do CPC, sendo vedada a invocação de nulidade da sentença com base nas matérias definidas no art. 32 da Lei 9.307/96. Vale dizer, a decretação da nulidade da sentença arbitral também poderá ser requerida na impugnação ao cumprimento da sentença, se a impugnação ao cumprimento da sentença arbitral igualmente respeitar o prazo decadencial de 90 (noventa) dias previsto para o uso da ação autônoma[62].

11.3.15. Impugnação ao cumprimento de sentença oposta pela Fazenda Pública

Apesar de a impugnação ao cumprimento de sentença a ser apresentada pela Fazenda Pública ter previsão específica (CPC, art. 535), ela praticamente repete o previsto no art. 525 do CPC. A única hipótese de defesa que não se repete é a possibilidade de alegar penhora incorreta ou avaliação errônea, uma vez que os bens públicos não estão sujeitos à penhora. Logo, tudo o quanto se disse em relação ao conteúdo da impugnação aplica-se à impugnação a ser elaborada pela Fazenda Pública.

11.3.16. Impugnação ao cumprimento de sentença de obrigação alimentar

A defesa do executado no cumprimento de sentença que reconheça a exigibilidade de obrigação de alimentos irá variar conforme o meio executório escolhido pelo exequente.

Se o cumprimento de sentença se fizer por coerção pessoal (prisão civil), o executado terá a seu dispor uma mini-impugnação, a ser apresentada no prazo de 3 (três) dias úteis a contar da intimação para que pague o valor executado (CPC, art. 528, *caput*), que será restrita à demonstração de que o executado está temporariamente, mas de forma absoluta, impossibilitado de efetuar o pagamento. Se a impossibilidade em pagar do executado fosse permanente, seria caso de cessação da obrigação e se fosse parcial, seria caso da redução do seu valor. Todavia, essas situações demandam ação própria. Apesar de se propagar que essa demonstração tenha de ser imediata, sem dilações probatórias, parece mais consentâneo com o modelo processual, sob pena de cerceamento de de-

---

62. STJ, 3ª T., REsp 1.900.136/SP, Rel. Min. Nancy Andrighi, j. 06.04.2021, *DJe* 15.04.2021. Em julgado anterior, o STJ reconhecia o direito de o executado oferecer impugnação ao cumprimento da sentença arbitral sem exigir o respeito ao prazo decadencial: STJ, 3ª T., REsp 1.636.113/SP, Rel. Min. Ricardo Villas Bôas Cueva, j. 13.06.2017, *DJe* 05.09.2017.

fesa, permitir que o executado tenha condições de demonstrar o que alega[63]. No caso, portanto, somente será aceita justificativa que debele o decreto de prisão (CPC, art. 528, § 2º) se demonstrado um estado presente de penúria ou força maior[64], como no caso de ter sofrido um acidente que não o permita auferir renda ou tenha o valor destinado aos alimentos sido furtado ou roubado etc.; ou no caso de a verba executada não possuir o caráter de atual[65]; ou no caso do não pagamento ter ocorrido por um ato involuntário e escusável[66]. O acolhimento dessa defesa não impede que o juiz determine o protesto da decisão judicial, nos termos do art. 528, § 1º, do CPC.

Por sua vez, se o exequente optar pelo rito do desconto (CPC, art. 529) ou da expropriação (CPC, art. 528, § 8º), o executado será intimado para pagar voluntariamente o valor devido em 15 (quinze) dias úteis, na forma do art. 523 do CPC, de sorte, portanto, que lhe cabe apresentar impugnação ao cumprimento de sentença, na forma e prazo previstos no art. 525 do CPC.

No que se refere à impugnação ao cumprimento de sentença eventualmente apresentada pelo executado, dispõe o referido § 8º do art. 528 do CPC, que a concessão de efeito suspensivo à defesa, em regra, não obsta que o exequente levante mensalmente a importância da prestação alimentar. Excepcionalmente, portanto, o efeito suspensivo atribuído à impugnação ao cumprimento de sentença até poderá impedir o levantamento do dinheiro pelo exequente, o que dependerá do grau (aparente, evidente) de prejudicialidade da impugnação e de uma valoração comparativa entre a gravosidade a que estaria sujeito o executado em caso de prosseguimento da execução e o eventual prejuízo que o exequente suportaria com o atraso na continuidade do feito executivo.

11.3.17. Desistência da execução

A lei (CPC, art. 775) autoriza que o exequente desista do cumprimento de sentença. Para essa desistência, em princípio, não é preciso anuência da parte executada, tampouco precisa renunciar ao direito reconhecido na sentença[67].

Se quando da desistência já existir impugnação ao cumprimento de sentença pendente, é preciso observar que matéria (processual ou de mérito) nela foi suscitada. Se apenas versar a impugnação matéria de ordem processual, ela estará automaticamente extinta, respondendo o exequente por suas custas e honorários (CPC, art. 775, I). Tal situação se dá pela perda do interesse do impugnante. De outro lado, se a impugnação versar sobre matéria de mérito, o executado/impugnante pode ter interesse que prossiga a sua defesa até o final do julgamento e obtenha uma solução que defina o referido

---

63. STF, 1ª T., RHC 59.896/MG, Rel. Min. Rafael Mayer, j. 18.05.1982, *DJ* 06.08.1982, STJ, 4ª T., RHC 17.116/RS, Rel. Min. Barros Monteiro, j. 17.03.2005, *DJ* 09.05.2005 e STJ, 4ª T., REsp 1.185.040/SP, Rel. Min. Luis Felipe Salomão, j. 13.10.2015, *DJe* 09.11.2015.
64. STJ, 4ª T., REsp 1.185.040/SP, Rel. Min. Luis Felipe Salomão, j. 13.10.2015, *DJe* 09.11.2015.
65. STJ, 4ª T., HC 285.502/SC, Rel. Min. Raul Araújo, j. 18.03.2014, *DJe* 25.03.2014.
66. STF, 2ª T., HC 106.709/RS, Rel. Min. Gilmar Mendes, j. 21.06.2011, *DJe* 15.09.2011.
67. STJ, 1ª T., REsp 1.769.643/PE, Rel. Min. Sérgio Kukina, j. 07.06.2022, *DJe* 14.06.2022.

mérito. Daí, neste caso, exigir-se sua concordância para a extinção da impugnação (CPC, art. 775, II).

11.4. DEFESA POR SIMPLES PETIÇÃO

11.4.1. Histórico e introdução

No período do império já havia legislação (Decreto Imperial 9.885/1888, arts. 10 e 31) que permitia ao executado apresentar defesa direta na execução, por simples petição e independentemente de penhora, isto é, sem a prévia segurança do juízo. Entretanto, tal possibilidade não se manteve com o tempo, especialmente porque se passou a doutrinariamente defender que as atividades de cognição e execução deveriam ser tratadas autonomamente. Daí porque, tanto no CPC/1939 quanto no CPC/1973, apenas previam como forma de defesa na execução a ação de embargos, ainda que em mais de uma modalidade, e desde que já garantido o juízo.

O embrião que novamente trouxe a discussão sobre uma defesa na execução por simples petição e independentemente de prévia segurança do juízo, se deu a partir de parecer emitido por Pontes de Miranda, elaborado em 1966, ou seja, quando ainda vigente o CPC/1939. A companhia siderúrgica *Mannesmann* sofria várias ações executivas fundadas em títulos executivos extrajudiciais, cuja assinatura de um dos diretores era falsa. O jurista opinou a favor da defesa da companhia, por simples petição e independentemente de penhora, por entender que era injusto exigir a garantia do juízo, antes de discutir a respeito de execução que não poderia prosperar. A penhora, devido ao enorme valor do suposto crédito, traria prejuízo injustificável para a empresa, levando à sua paralisação.

A partir de então, a doutrina deu nova atenção à hipótese. Inicialmente, teve quem se apresentou contra a tese defendida por Pontes de Miranda (Alcides Mendonça de Lima) e quem a aceitou em parte (Galeno Lacerda). Foi no final da década de 1980 para cá que se construiu uma doutrina favorável e, aos poucos, seu uso difundiu-se, ocupando espaço no cenário jurisprudencial.

Passou a se designar essa modalidade de defesa como *exceção de pré-executividade*[68]. A exceção de pré-executividade, defesa por simples petição apresentada diretamente na

---

68. Na verdade, este mecanismo defensivo ficou amplamente conhecido por exceção de pré-executividade, mas houve quem o denominou de objeção de pré-executividade ou como objeção de não executividade. Como o entendimento doutrinário majoritário era de que somente seria arguível matérias de ofício por meio desse instrumento defensivo, o substantivo *exceção* da sua denominação foi sendo criticado, sendo sugerido o uso do substantivo *objeção*. Isso, pois, fala-se em *objeção*, para indicar a defesa que pode ser conhecida de ofício pelo juiz e em *exceção*, para indicar a defesa que só pode ser conhecida quando alegada pela parte. De outro lado, por meio dela, o que se pretendia era negar a executividade.
Não se estaria pensando em qualquer coisa que precedesse a execução, que lhe fosse anterior: o que se pretendia dizer, em última análise, é que a execução, apesar das aparências, não tinha condições de existir ou prosseguir. Daí a sugestão de falar em "não executividade" no lugar de "pré-executividade".

execução, ganhou relevância quando estava em vigor o CPC/1973 por ter significado uma forma de *romper*, ou ao menos *minimizar*, a rigidez deste diploma processual que, como já dito, até então previa apenas os embargos à execução para servir de defesa do executado e, até a reforma havida pela Lei 11.382/2006, condicionado à prévia segurança do juízo.

Todavia, a ausência de regulamentação dessa forma de defesa suscitou divergências doutrinárias e oscilações nas decisões judiciais e, mais recentemente, a concepção majoritária diferia muito daquela desenvolvida por Pontes de Miranda, uma vez que sua finalidade não era apenas evitar a penhora. O entendimento que vinha prevalecendo era de que o uso da exceção de pré-executividade era apenas para arguir matérias de ordem pública, cognoscíveis de ofício pelo juiz, e que pudessem ser demonstradas por prova documental, não ensejando dilação probatória[69].

Considerando a experiência de economia processual decorrente do reiterado uso da exceção de pré-executividade e, depois, as modificações legislativas operadas pela Lei 11.232/2005, que inseriu a impugnação ao cumprimento de sentença como forma de defesa interna na execução, o que também contribuiu para quebrar o dogma da impossibilidade de convívio entre as atividades cognitiva e executiva, o legislador do CPC/2015 foi inspirado a contemplar na nova lei, dispositivos (CPC, arts. 518; 525, § 11; 803, parágrafo único; 877; 903, § 2º e 917, § 1º) que novamente permitem ao executado impugnar atos executivos ou a própria execução por simples petição, de forma endoprocessual (interna à execução).

Tendo em conta essas previsões legais do CPC/2015, conclui-se que não há mais sentido em continuar se falando em exceção de pré-executividade, que acabou absorvida e até mesmo ampliada e repaginada por essa defesa por simples petição. Aliás, justamente porque o conteúdo dessa defesa por simples petição não se confundir com aquilo que se entendia ser o conteúdo da exceção de pré-executividade, bem como por através dessa nova concepção de defesa por simples petição se permitir uma cognição exauriente, sem limitação probatória, que é mesmo o caso de abandonar não só a nomenclatura, mas o tratamento que antes era dispensado à exceção de pré-executividade, que não pode e não deve ser aplicado à defesa por simples petição.

Em suma, a defesa por simples petição não se equipara à exceção de pré-executividade, ainda que naquela se possa ver algumas influências advindas desta.

11.4.2. Os arts. 518 e 803, parágrafo único, ambos do CPC

Segundo a previsão do art. 518 do CPC/2015, "todas as questões relativas à validade do procedimento e dos atos executivos subsequentes poderão ser arguidas nos próprios autos e nestes serão decididas pelo juiz".

---

69. Súmula 393/STJ: "A exceção de pré-executividade é admissível na execução fiscal relativamente às matérias conhecíveis de ofício que não demandem dilação probatória".

O primeiro aspecto que merece aqui ser apontado é que tendo o legislador previsto que *todas as questões de validade* relacionadas à execução podem ser objeto desta defesa, bem se percebe que o seu conteúdo pode versar sobre questões processuais e/ou de mérito. Assim, desde que o tema suscitado tenha por consequência uma nulidade, é irrelevante sua natureza, processual ou de mérito. Desse modo, não há mais óbice para que esta defesa por simples petição possa suscitar pagamento[70], prescrição ou decadência[71], compensação[72], nulidade do título executivo[73] etc., porquanto se trata de causas que retiram a certeza, a liquidez[74] ou a exigibilidade do título executivo e, por consequência, verifica-se nulidade que impede o início ou o prosseguimento da execução (CPC, art. 803, incisos I e III, e seu parágrafo único).

A seguir, esta defesa por simples petição agora pode versar sobre qualquer nulidade verificada no curso da execução, absoluta ou relativa, ou seja, as nulidades podem ser daquelas que cognoscíveis de ofício ou que exigem provocação da parte para serem enfrentadas pelo magistrado. Porém, não é demais o alerta que, em relação à nulidade relativa, a falta de provocação na primeira oportunidade em que couber a parte falar nos autos, acarretará a preclusão (CPC, art. 278). São exemplos de nulidade absoluta na execução: impenhorabilidade do bem penhorado[75] e ilegitimidade passiva[76]. É exemplo de nulidade relativa na execução: a inobservância da regra prevista no art. 313, I, do CPC, que determina a suspensão do processo com a morte de qualquer das partes[77]. Do mesmo modo, o excesso de penhora após ser realizada a avaliação do bem penhorado[78].

Outro aspecto que merece destaque é que a *defesa endoprocessual* prevista neste art. 518 do CPC pode ser aplicada tanto no cumprimento de sentença quanto na execução de título extrajudicial, diante do previsto no art. 771 do CPC. Seja como for, o uso desta defesa por simples petição não excluiu nem retira a necessidade de o executado apresentar defesa própria (impugnação ao cumprimento de sentença, nos termos do art. 525 do CPC, ou embargos à execução, nos termos do art. 914 do CPC).

---

70. STJ, 4ª T., REsp 1.078.399/MA, Rel. Min. Luis Felipe Salomão, j. 02.04.2013, *DJe* 09.04.2013; STJ, 2ª T., AgRg no AREsp 268.511/CE, Rel. Min. Herman Benjamin, j. 12.03.2013, *DJe* 18.03.2013 e STJ, 4ª T., REsp 204.626/RS, Rel. Min. Sálvio de Figueiredo Teixeira, j. 20.02.2003, *DJ* 24.03.2003.
71. STJ, 2ª T., REsp 595.979/SP, Rel. Min. Eliana Calmon, j. 07.04.2005, *DJ* 23.05.2005.
72. STJ, 1ª T., AgRg no REsp 1.085.914/RS, Rel. Min. Luiz Fux, j. 20.05.2010, *DJe* 15.06.2010.
73. STJ, 3ª T., AgRg no Ag 1.185.026/SP, Rel. Min. Nancy Andrighi, j. 07.10.2010, *DJe* 19.10.2010; STJ, 4ª T., REsp 812.004/SP, Rel. Min. Jorge Scartezzini, j. 20.06.2006, *DJ* 1º.08.2006 e STJ, 3ª T., REsp 264.850/SP, Rel. Min. Nancy Andrighi, j. 15.12.2000, *DJ* 05.03.2001.
74. STJ, 3ª T., REsp 1.725.612/RS, Rel. Min. Nancy Andrighi, j. 02.06.2020, *DJe* 04.06.2020.
75. STJ, 4ª T., AgRg no AREsp 652.666/SC, Rel. Min. Luis Felipe Salomão, j. 19.03.2015, *DJe* 25.03.2015; STJ, 1ª T., REsp 1.104.317/RS, Rel. Min. Teori Albino Zavascki, j. 10.05.2011, *DJe* 17.02.2011 e STJ, 3ª T., REsp 180.286/SP, Rel. Min. Ari Pargendler, j. 16.09.2003, *DJ* 15.12.2003.
76. STJ, 2ª T., REsp 1.018.779/SP, Rel. Min. Eliana Calmon, j. 22.04.2008, *DJe* 08.05.2008.
77. STJ, 3ª T., AgRg no AREsp 107.788/GO, Rel. Min. João Otávio de Noronha, j. 19.05.2015, *DJe* 25.05.2015 e STJ, 3ª T., REsp 2.033.239/SP, Min. Marco Aurélio Bellizze, j. 14.02.2023, *DJe* 16.02.2023.
78. STJ, 4ª T., AgRg no AREsp 88.893/SP, Rel. Min. Raul Araújo, j. 23.06.2015, *DJe* 03.08.2015.

Por fim, cabe assinalar que se a validade do procedimento ou do ato executivo atacado tiver sido realizado perante o juízo deprecado, a este caberá a competência para sua análise (CPC, art. 914, § 2º).

11.4.3. Arts. 525, § 11, e 917, § 1º, ambos do CPC

Atento ao fato de que o campo fértil para o uso de defesa por simples petição será depois de expirado o prazo da defesa própria na execução, e não escapando a possibilidade de influência de fatos ou direitos supervenientes, o legislador contemplou o uso desta defesa nos arts. 525, § 11 e 917, § 1º, ambos do CPC.

Elas não seriam propriamente um aditivo à impugnação ao cumprimento de sentença ou aos embargos à execução, mas verdadeira defesa superveniente, por simples petição, surgida por questões novas, antes não tratadas ou não ocorridas.

Aliás, apesar da limitação aparente de matérias descritas no art. 917, § 1º, do CPC (incorreção da penhora[79] ou da avaliação), quer parecer que mesmo na execução de título executivo extrajudicial qualquer questão poderá ser suscitada, nos termos do art. 518 e 525, § 11, ambos do CPC, diante do previsto no art. 771, também do CPC.

Questão que importará algum debate, diz respeito à previsão nestes dispositivos de que terá a parte o prazo de 15 (quinze) dias úteis da comprovada ciência do fato ou da intimação do ato para apresentar esta defesa por simples petição. Vale dizer, seria este prazo também aplicável às nulidades absolutas porventura verificadas?

Quer parecer que se a questão versar sobre nulidade absoluta, ela poderá ser arguida a qualquer tempo e grau de jurisdição (CPC, art. 485, § 3º) e, portanto, o prazo legal não seria peremptório e nem preclusivo. Ou seja, o referido prazo destinado ao executado arguir a irregularidade apenas seria aplicável se a questão tratar de nulidade relativa, sob pena de preclusão.

11.4.4. Os arts. 877 e 903, § 2º, do CPC

Os arts. 877, *caput* e 903, § 2º, do CPC também contemplam o uso de defesa por simples petição, mas tratam de situação específica: questões inerentes à validade ou à ineficácia da adjudicação ou arrematação, respectivamente[80]. Além disso, sua particularidade é o prazo menor de 5 (cinco) dias úteis no caso da adjudicação e de 10 (dez) dias úteis no caso de arrematação, após ser aperfeiçoada para ser utilizada pelo executado.

Um pouco diferente do que se disse ao final do item anterior, nesses casos, a não utilização desta defesa no prazo legal, apesar de poder tratar de eventual vício insanável ou nulidade absoluta, gera um efeito preclusivo. Vale dizer, ultimada a penhora, levado o bem a adjudicação ou a leilão judicial e realizada a arrematação, extraída a carta, não

---

79. STJ, 3ª T., REsp 555.968/PR, Rel. Min. Carlos Alberto Menezes Direito, j. 14.06.2004, *DJ* 23.08.2004.
80. STJ, 2ª T., REsp 1.006.875/RS, Rel. Min. Castro Meira, j. 19.06.2008, *DJe* 04.08.2008.

há mais a chance de discutir essas questões no próprio processo executivo, uma vez que não foi arguida a tempo e modo. Essa exceção à regra, certamente foi concebida pelo legislador para evitar que o procedimento executivo se eternize[81].

Não obstante isso, essa proibição/preclusão não impede que essas questões venham a ser tratadas por meio de uma defesa incidental, via ação autônoma (CPC, art. 903, § 4º)[82], que apesar de apenas prevista para os casos de alienação, também pode vir a ser utilizada nos casos de adjudicação.

Considerando o previsto no *caput* do art. 903 do CPC, que prevê que aperfeiçoado o ato de arrematação ele será considerado perfeito, acabado e irretratável, ainda que a defesa por simples petição venha a ser julgada procedente, poderá ser convertida em indenização por perdas e danos ao invés de permitir o retorno ao *status quo ante*.

11.4.5. Legitimidade

De regra, estão legitimados para oferecer a defesa por simples petição aqueles que podem figurar no polo passivo da demanda executiva, nos termos do artigo 779 do CPC: devedor principal; espólio, ou herdeiros ou sucessores; novo devedor que tenha assumido a dívida com o consentimento do credor; fiador; responsável tributário. Some-se a estes, o cônjuge ou companheiro que vise defender o patrimônio familiar.

Além destes, é possível atribuir legitimidade a terceiros para o uso da defesa por simples petição[83], desde que estes demonstrem interesse jurídico. Destarte, considerado o caráter eminentemente prático da execução, haverá interesse do terceiro para intervir na execução quando este suportar os efeitos concretos de atos executivos.

Nesse passo há os terceiros: a) legalmente atingidos pela execução (credor do credor, dador de garantia) que atuam visando a auxiliar uma das partes; e b) os que são ilegalmente atingidos pela execução (execução simulada) ou por ato executivo (terceiro que teve seu bem penhorado) e atuam visando à se opor a ambas as partes.

11.4.6. Forma e provas

A defesa por simples petição, tal como indica seu nome, não exige o rigor de forma de uma petição inicial. Trata-se de petição simples, que se apresenta nos próprios autos da execução, que deve identificar elementos básicos, tais como: competência, qualificação das partes, razões da defesa, requerimento de provas e pedido. Além disso, deve vir acompanhada dos documentos disponíveis que comprovem de plano a matéria alegada.

---

81. Neste sentido: STJ, 4ª T., REsp 273.248/MG, Rel. Min. Sálvio de Figueiredo Teixeira, j. 10.10.2000, *DJ* 02.04.2000.
82. Essa previsão legal corrigiu a conclusão do aresto citado na nota anterior, que não era juridicamente correta e adequada, de impedir o uso de ação autônoma para eventualmente tratar do defeito que macularia a arrematação. Não obstante isso, à luz do CPC/73 esse entendimento ainda tem prevalecido, a exemplo: STJ, 2ª Seção, AR 4.525/SP, Rel. Min. Maria Isabel Gallotti, j. 13.12.2017, *DJe* 18.12.2017.
83. STJ, 4ª T., REsp 98.655/RS, Rel. Min. Sálvio de Figueiredo Teixeira, j. 12.09.2000, *DJ* 17.03.2003.

Embora esta oposição por simples petição possa se concentrar em prova documental pré-constituída, nada impede que exija do juiz, para seu julgamento, alguma outra investigação instrutória, podendo até buscar auxílio de *expert*. Logo, essa defesa por simples petição inaugura uma *bolha* ou um *enxerto* de cognição dentro da execução.

11.4.7. Efeito suspensivo

Apesar de inexistir qualquer previsão legal a respeito, se o juiz entender ser adequado, poderá, depois da análise sumária desta defesa por simples petição, atribuir-lhe efeito suspensivo[84]. Vale dizer, a suspensão do curso da execução não se opera de forma automática, somente por força da apresentação da defesa por simples petição, sendo necessária a manifestação judicial a respeito da verossimilhança da alegação, nos termos do art. 294 do CPC (tutela provisória).

Trata-se de suspensão facultativa ou eventual, vinculada a um juízo de conveniência, que deve se fundar em motivos idôneos e consistentes – juízo de probabilidade – que tenham sido apresentados com a defesa, como também, se fundada na urgência, na valoração comparativa entre o dano que suportaria o executado e o eventual prejuízo que o exequente estaria sujeito com o atraso do prosseguimento do feito. Trata-se de razões de oportunidade que o juiz deve valorar em relação à finalidade do provimento suspensivo que é de natureza essencialmente asseguratória.

A execução poderá ser paralisada, no todo ou em parte.

Aplica-se ao efeito suspensivo aqui tratado o disposto no art. 525, §§ 6º a 10, do CPC. Porém, se reitera o que se disse na impugnação ao cumprimento de sentença quanto à dispensa da exigência de prévia segurança do juízo, ou seja, que tal requisito não seria necessário para a concessão do efeito suspensivo, muito embora haja grande resistência a essa posição[85].

A decisão relativa à concessão ou não do efeito suspensivo a esta defesa, por simples petição, desafia recurso de agravo de instrumento (CPC, art. 1.015, I) pela parte interessada.

11.4.8. Contraditório

Uma vez oferecida a defesa por simples petição, antes do juiz decidi-la, deve oportunizar o contraditório ao exequente, concedendo prazo razoável não superior a

---

84. Enunciado 531 do FPPC: "É possível, presentes os pressupostos do § 6º do art. 525, a concessão de efeito suspensivo à simples petição em que se alega fato superveniente ao término do prazo de oferecimento da impugnação ao cumprimento de sentença". Segundo esse enunciado, a atribuição de efeito suspensivo à defesa por simples petição dependeria dos mesmos requisitos que autorizam a suspensão na impugnação ao cumprimento de sentença. Como já foi apontado, esses requisitos são criticáveis, pelo que se remete ao item 11.3.6.
85. STJ, 4ª T., AgRg no AREsp 578.168/SP, Rel. Min. Maria Izabel Gallotti, j. 23.02.2016, *DJe* 02.03.2016; STJ, 4ª T., AgRg no Ag 1.131.064/SP, Rel. Min. João Otávio de Noronha, j. 10.05.2011, *DJe* 19.05.2011 e STJ, 4ª T., AgRg no REsp 848.110/SP, Rel. Min. Fernando Gonçalves, j. 16.06.2009, *DJe* 29.06.2009.

15 (quinze) dias úteis. Conforme o caso, o contraditório não se limitará ao exequente. Por exemplo, no caso da invalidade da arrematação, o arrematante também deverá ser previamente ouvido.

A manifestação também será por simples petição que deverá ser acompanhada dos documentos que sejam capazes de afastar as razões de defesa apresentadas.

Conforme seja o caso, poderá o exequente neste prazo tentar sanar o vício apontado, como se tratasse de uma emenda (CPC, art. 801). Se na execução fiscal isso é possível dentro de certos limites (Lei 6.830/80, art. Art. 2º, § 8º)[86], na execução comum essa possibilidade deve ser vista com cautela, pois se pode aplicar a regra geral de que, depois de formada a relação processual, não pode o autor alterar o pedido ou a causa de pedir, sem o consentimento do réu (CPC, art. 329).

Findo o prazo fixado para a manifestação, o feito comportará o julgamento do incidente, não sendo descartada a possibilidade de o juiz designar audiência (CPC, art. 772, I), ainda que não seja o caso de produção de prova pericial ou testemunhal.

11.4.9. Decisão, recursos e coisa julgada

Acolhida a defesa por simples petição, o juiz poderá extinguir a execução ou corrigir o vício, tudo dependendo do defeito nela apontado. Se dela resultar a extinção (total) da execução, será cabível apelação (CPC, art. 203, § 1º c/c o art. 1.009), que será recebido no duplo efeito. Caso a decisão relativa a esta oposição não resulte a extinção da execução, contra ela será cabível agravo de instrumento (CPC, art. 1.015, parágrafo único)[87].

Também comportará recurso de agravo de instrumento, se a defesa por simples petição for indeferida, uma vez que o processo executivo prosseguirá normalmente.

Se a execução tramita em tribunal, se for resolvida por decisão monocrática, caberá agravo interno (CPC, art. 1.021) e se for resolvida por acórdão, será objeto de recurso especial ou extraordinário (CPC, art. 1.029 e ss.).

Seja como for, como a atividade desenvolvida na impugnação ao cumprimento de sentença se funda em cognição exauriente, a decisão nela proferida que diga respeito a questões de mérito irá produzir coisa julgada material, o que além de impedir sua rediscussão, ainda que por outros meios de defesa, faz desafiar ação rescisória (CPC, art. 966) para sua revisão. Quanto às questões processuais por ela decididas, a coisa julgada será meramente formal.

---

86. Súmula 392/STJ: "A Fazenda Pública pode substituir a certidão de dívida ativa (CDA) até a prolação da sentença de embargos, quando se tratar de correção de erro material ou formal, vedada a modificação do sujeito passivo da execução". Vide, também: STJ, 1ª Seção (repetitivo), REsp 1.115.501/SP, Rel. Min. Luiz Fux, j. 10.11.2010, DJe 30.11.2010.
87. Em sentido mais restrito do que o texto, Enunciado 218 da III Jornada de Direito Processual Civil (CJF): "A decisão a que se refere o art. 903, § 2º, do CPC é interlocutória e impugnável por agravo de instrumento (art. 1.015, parágrafo único, do CPC)".

11.4.10. Custas e honorários advocatícios

Este incidente defensivo, por se apresentar por uma simples petição, não exige o pagamento de custas.

Quanto aos honorários advocatícios, aplica-se aqui o que foi exposto para a impugnação ao cumprimento de sentença.

11.5. EMBARGOS À EXECUÇÃO

11.5.1. Apresentação

Os embargos são a defesa mais tradicional à disposição do executado. Conforme o sistema legal vigente, os embargos somente serão cabíveis em execução fundada em título executivo extrajudicial, o que engloba, também, a execução fiscal[88].

11.5.2. Natureza jurídica

De modo geral, entende-se que os embargos à execução ou embargos do executado constituem *ação*[89] cujo exercício, *incidental ao processo de execução*, resulta em um processo de natureza cognitiva que tem por escopo uma providência de mérito.

A justificativa para que os embargos à execução tenham natureza de ação variaram no tempo. As últimas foram: a) somente a atividade de conhecimento era jurisdicional, isto é, a atividade executiva era apenas material e, portanto, qualquer eventual discussão que nela fosse necessária por parte do executado, deveria dar lugar a uma nova ação, via embargos; b) as atividades de conhecimento e de execução eram autônomas e, por isso não poderiam estar numa mesma base procedimental, logo, não cabendo conhecer dentro da execução, eventual discussão que fosse necessária pelo executado no curso da execução, deveria dar lugar a uma nova ação, via embargos; c) na execução a cognição é limitada (sumária) quanto ao seu plano vertical e é nos embargos que o ordenamento encontra vez para investigar as matérias de defesa (processual ou de mérito) que não se apresentem de plano aparentes, ou seja, é nos embargos que haverá cognição (completa) exauriente acerca das matérias que possam impedir ou limitar a atividade executiva.

Como já dito antes, as reformas porque passaram a legislação processual demonstram que não há mais justificativa técnica-jurídica para que a defesa do executado na execução fundada em título executivo extrajudicial se faça por meio de uma ação. Admitindo a lei que dentro da própria execução de título executivo judicial se

---
88. Na execução fiscal, os embargos encontram disciplina própria, sendo apenas subsidiariamente aplicável o previsto no CPC.
89. STJ, 1ª Seção (repetitivo), REsp 1.073.846/SP, Rel. Min. Luiz Fux, j. 25.11.2009, *DJe* 18.12.2009; STJ, 3ª T., EDcl no REsp 1.627.602/SP, Rel. Min. Ricardo Bôas Cueva, j. 14.03.2017, *DJe* 11.04.2017 e STJ, 2ª T., AgRg no REsp 1.461.825/SC, Rel. Min. Humberto Martins, j. 13.10.2015, *DJe* 20.10.2015.

apresentem defesas internas, algumas delas aplicáveis na execução fundada em título executivo extrajudicial, não haveria óbice para essa ser a regra para ambos os casos. Logo, a manutenção dos embargos como ação, que é o que tradicionalmente se teve, decorre apenas de opção legislativa.

Sendo os embargos ação, essa oportunidade de se discutir matérias excluídas do exame interno da execução é de iniciativa do executado. Portanto, resta evidente que os embargos representam forma do *direito de reação* do executado (exercício do contraditório) ou, em outros termos, têm *função* de preservar o *direito de defesa*[90].

Embora a natureza jurídica dos embargos seja apontada como sendo ação incidental, há no seio doutrinário, ainda, certa divergência. Alguns apontam, mesmo vislumbrando serem os embargos ação, tratar-se mais propriamente de uma ação reconvencional, uma vez que é manejada pelo réu (executado). Há, por sua vez, quem sustente sua natureza pura de contestação, por constituir-se em exercício de defesa, que não forma nova relação jurídica processual.

Por último – e, talvez, com mais acerto –, há quem identifique a natureza mista dos embargos, pois são eles *formalmente ação incidental*, mas cujo conteúdo é *materialmente defesa*.

11.5.3. O fim das modalidades de embargos à execução

Em sua redação original, o CPC/73 contemplava espécies distintas de embargos conforme a natureza do título executivo, o seu conteúdo ou o momento em que deviam ser opostos. Quanto à natureza do título executivo, havia os embargos à execução de título judicial (CPC/73, art. 741) e os embargos à execução de título extrajudicial (CPC/73, art. 745). Em relação ao conteúdo, havia a previsão de embargos de retenção por benfeitorias (CPC/73, art. 744). Quanto ao momento, os embargos podiam ser de primeira ou de segunda fase. Eram de primeira fase os embargos à execução (CPC/73, art. 738 e ss.) e os embargos na execução por carta (CPC/73, art. 747). Eram de segunda fase os embargos à adjudicação, alienação ou arrematação (CPC/73, art. 746), cabíveis apenas na execução por quantia certa.

Com o advento da Lei 11.232, de 22 de dezembro de 2005 e a instauração da fase de cumprimento de sentença, os embargos à execução fundada em título executivo judicial deixaram de existir, passando a defesa do executado a se fazer por meio da impugnação ao cumprimento de sentença. Por sua vez, com o advento da Lei 11.382, de 06 de dezembro de 2006, foi revogado o art. 744 do CPC/73, que contemplava a modalidade de embargos de retenção por benfeitorias. Todavia, embora extinta a modalidade autônoma, continuou sendo possível suscitar a retenção por benfeitorias, nos embargos à 1ª fase, nos termos do art. 745, IV do CPC/73.

---

90. STJ, 1ª T., AgRg no REsp 948.717/RJ, Rel. Min. Luiz Fux, j. 24.08.2010, *DJe* 10.09.2010.

Agora, no CPC/2015, deixaram de existir os embargos à 2ª fase, cuja previsão não se repetiu.

Portanto, segundo o novo diploma processual, somente existem embargos à execução, nos quais caberá ao executado deduzir toda e qualquer matéria de defesa (CPC, art. 914 e ss.).

11.5.4. Legitimidade ativa e passiva

Além do executado, seu cônjuge ou companheiro também podem opor embargos, se pretenderem discutir a própria execução, com o fim de evitar que o patrimônio familiar seja afetado.

Além destes, estão legitimados para opor embargos aqueles que podem figurar no polo passivo da demanda executiva, nos termos do artigo 779 do CPC: espólio, ou herdeiros ou sucessores; novo devedor que tenha assumido a dívida com o consentimento do credor; fiador; responsável tributário.

Se a citação do executado se deu por hora certa ou por edital, deverá ser nomeado curador especial (CPC, art. 72, II) que terá legitimidade para opor embargos[91].

Mesmo que a execução tenha sido apenas promovida por um dos credores solidários, os embargos poderão ser opostos contra todos esses credores solidários, que formarão litisconsórcio passivo nos embargos, se o embargante visar o reconhecimento da inexistência da dívida.

11.5.5. Requisitos de admissibilidade

Para que os embargos possam ser recebidos e processados, exige-se o respeito a alguns requisitos. A inobservância destes acarreta, em princípio, o indeferimento liminar dos embargos, que tem natureza de sentença (CPC, art. 203, § 1º) e desafia recurso de apelação (CPC, art. 1.009).

O primeiro requisito de admissibilidade é o da tempestividade dos embargos (CPC, art. 918, I). O prazo para o ajuizamento dos embargos é de 15 (quinze) dias úteis – salvo se houver convenção processual em sentido diverso (CPC, art. 190) – a contar da juntada aos autos do mandado de citação do executado devidamente cumprido (CPC, art. 915, *caput*), aplicando-se, portanto, o previsto no art. 231 do CPC[92].

Sendo vários executados, o prazo para oposição de embargos corre para cada um individualmente, a contar da juntada do respectivo mandado citatório (CPC, art.

---

91. Súmula 196/STJ: "Ao executado que, citado por edital ou por hora certa, permanecer revel, será nomeado curador especial, com legitimidade para apresentação de embargos".
92. STJ, Corte Especial, EREsp 1.040.974/DF, Rel. Min. Eliana Calmon, j. 16.03.2011, *DJe* 15.04.2011 e STJ, 4ª T., AgRg nos EDcl no AREsp 847.315/RS, Rel. Min. Raul Araújo, j. 05.05.2016, *DJe* 17.05.2016.

915, § 1º, 1ª parte)[93]. Tal regra somente não será aplicada quando os executados forem cônjuges ou companheiros, oportunidade em que o prazo lhes será comum, a partir da juntada do último mandado de citação aos autos (CPC, art. 915, § 1º, 2ª parte). Em reforço a essa mesma regra, o § 3º do art. 915 estabeleceu que não se aplica para os embargos o artigo 229 do CPC (que confere prazo em dobro para "de modo geral, falar nos autos", em caso de litisconsortes com procuradores distintos)[94]. Nas execuções por carta precatória, se o que se pretende atacar são os atos praticados no juízo deprecado (p. ex.: penhora indevida, avaliação errônea ou vícios na alienação do bem penhorado), o prazo para oposição dos embargos tem início com a juntada do mandado de citação nesta carta precatória ou a partir da ciência do ato (CPC, art. 915, § 2º, I c/c art. 917, § 1º). De outro lado, se apesar da citação ter sido feita por carta precatória, o que se pretende atacar são questões relativas à obrigação exequenda ou a admissibilidade da execução, o prazo dos embargos terá início quando, nos autos da origem perante o juízo deprecante for juntada a carta precatória cumprida ou da juntada da comunicação pelo juiz deprecado ao juiz deprecante, inclusive por meios eletrônicos, que o executado já foi citado (CPC, art. 915, § 2º, II c/c § 4º).

Ainda em relação à tempestividade dos embargos, cabe destacar que se verificada sua intempestividade, não é caso de decretar seu indeferimento liminar, mas, sim, de processá-lo como uma defesa heterotópica, uma vez que se trata de uma ação[95].

Se os embargos forem opostos antes do início do prazo, isto é, antes de citado o executado, além de suprida a citação, o executado estará renunciando ao exercício do direito de parcelar o débito (CPC, art. 916).

Sendo ação, devem ser observados, nos embargos, os requisitos exigidos para uma petição inicial, tais como os pressupostos processuais e as condições da ação, além das exigências de forma (CPC, art. 319). Eventual desrespeito ensejará a determinação de emenda à petição inicial que, se não atendida, resultará no indeferimento da petição inicial (CPC, art. 918, II, 1ª parte).

Os embargos ainda podem ser rejeitados liminarmente nas hipóteses que a lei contempla como sendo de improcedência liminar, nos termos do art. 332 do CPC (CPC, art. 918, II, 2ª parte).

Outra causa de rejeição liminar dos embargos é a constatação de que são manifestamente protelatórios (CPC, art. 918, III). Neste caso, caracteriza-se conduta atentatória à dignidade da justiça (CPC, art. 918, parágrafo único), razão pela qual poderá o juiz impor multa ao executado/embargante em favor do exequente/embargado, em valor não superior a 20% do valor da execução (CPC, art. 774, parágrafo único).

---

93. Na execução fiscal é do mesmo modo a contagem do prazo, apenas tendo como marco inicial a data da intimação da penhora de cada executado: STJ, 2ª T., EDcl no AgRg no REsp 1.191.304/SP, Rel. Min. Humberto Martins, j. 07.10.2010, *DJe* 21.10.2010.
94. STJ, 3ª T., REsp 1.151.015/RJ, Rel. Min. Massami Uyeda, j. 20.04.2010, *DJe* 10.05.2010.
95. STJ, 1ª T., REsp 729.149/MG, Rel. Min. Teori Albino Zavascki, j. 24.05.2005, *DJ* 06.06.2005.

Outro requisito específico para admissão dos embargos se verifica quando neles se tratar de excesso de execução. O embargante deverá declarar na petição inicial o valor que entende correto, apresentando memória de cálculo, sob pena de rejeição liminar dos embargos ou de não conhecimento desse fundamento (CPC, art. 917, §§ 3º e 4º)[96-97-98].

Preenchidos os requisitos, os embargos serão recebidos e processados.

11.5.6. Efeito suspensivo

Na redação original do CPC/73, a mera oposição e recebimento dos embargos gerava a suspensão automática da execução, o que foi objeto de críticas. Com as alterações procedidas pela Lei 11.382/2006, os embargos deixaram de ter efeito suspensivo automático, passando ao juiz o poder de, no caso concreto, conceder ou não este efeito suspensivo. Tal sistemática se manteve no CPC/2015 (art. 919), mas com avanço relevante, como se apontará abaixo.

Realmente, à luz do art. 739-A do CPC/73, exigiam-se quatro requisitos para a concessão do efeito suspensivo aos embargos: a) requerimento expresso do embargante na petição inicial; b) relevância da fundamentação (*fumus boni iuris*); c) risco de dano grave ou de difícil reparação (*periculum in mora*); e d) garantia do juízo por penhora, depósito ou caução suficientes. Tal concessão, na verdade, importava em antecipação de tutela fundada em urgência, concedida em favor do embargante.

Na nova disciplina do CPC/2015 (art. 919), o legislador ampliou a possibilidade de concessão de efeito suspensivo, pois não prevê sua atribuição apenas mediante tutela de urgência[99], pois remete à chamada *tutela provisória* (CPC, art. 294), que além da urgência pode se fundar na evidência (CPC, art. 919, § 1º)[100]. Como a evidência independe da demonstração do perigo de dano, isto permite concluir que, se fundado em evidência (CPC, art. 311), o efeito suspensivo poderá ser concedido independentemente do requisito da segurança do juízo. Destarte, não havendo risco de dano para o exequente,

---

96. STJ, 1ª T., REsp 1.115.217/RS, Rel. Min. Luiz Fux, j. 02.02.2010, *DJe* 19.02.2010.
97. Enunciado 590 do FPPC: "O demonstrativo de débito a que alude o § 3º do art. 917 deverá observar os mesmos requisitos dos incisos do parágrafo único do art. 798." O enunciado consagra o tratamento paritário que deve ser dado às partes. Assim, a mesma transparência que se exige do exequente em relação ao cálculo quando do início da execução, exige-se do executado quando ele alega excesso de execução. É essa colaboração de ambos que permitirá o efetivo contraditório em relação ao valor exequendo. Eventual defeito da memória de cálculo apresentada com os embargos, poderá ensejar determinação de complementação, uma vez que os embargos têm natureza de ação. Enunciado 719 do FPPC: "Quando o executado alegar que o exequente, em excesso de execução, pleiteia quantia superior à resultante do título, e os elementos necessários para a aferição do excesso não estiverem em seu poder, admite-se a concessão de prazo para a apresentação da planilha de cálculos".
98. Enunciado 55 da ENFAM: "Às hipóteses de rejeição liminar a que se referem os arts. 525, § 5º, 535, § 2º, e 917 do CPC/2015 (excesso de execução) não se aplicam os arts. 9º e 10 desse código".
99. STJ, 4ª T., AgInt no REsp 1.651.168/MT, Rel. Min. Raul Araújo, j. 28.03.2017, *DJe* 18.04.2017.
100. Nesse sentido, Enunciado 80 do FPPC: "A tutela antecipada prevista neste dispositivo pode ser de urgência ou de evidência".

a exigência de garantia do juízo apresenta-se como um ônus exageradamente severo para o executado/embargante[101].

Dada a natureza provisória do provimento que concede o efeito suspensivo aos embargos à execução, admitindo, pois, a modificação das circunstâncias que a motivaram, essa decisão pode ser revista a qualquer tempo (CPC, art. 917, § 2º).

Esse efeito suspensivo pode ser total ou parcial (CPC, 917, § 3º)[102], bem como pode ser requerido e concedido a qualquer momento durante o trâmite dos embargos[103] e, se concedido em favor de apenas um dos executados, não suspenderá a execução contra os que não embargaram, salvo se o fundamento lhes for comum (CPC, art. 917, § 4º). Seja como for, a concessão do efeito suspensivo não impedirá a efetivação dos atos de substituição, de reforço ou de redução da penhora e de avaliação dos bens (CPC, art. 917, § 5º).

Caso a execução tenha sido totalmente garantida pelo executado, eventual inscrição do nome do executado em cadastros de inadimplentes deverá ser imediatamente cancelada (CPC, art. 782, § 4º).

A decisão relativa à concessão ou não do efeito suspensivo aos embargos, por tratar de tutela provisória, desafia recurso de agravo de instrumento (CPC, art. 1.015, I)[104] pela parte interessada.

11.5.7. Objeto da cognição

Considerando que se está diante de processo executivo em que as partes não haviam litigado antes a respeito da obrigação exequenda, o conteúdo dos embargos à execução é mais amplo do que aquele visto na impugnação ao cumprimento de sentença, onde havia alguma restrição dada a anterior fase de conhecimento. Mesmo assim, diante de algumas coincidências, pode-se aqui aplicar o que lá foi exposto, pelo que se remete o leitor.

Em suma, os embargos podem versar sobre qualquer matéria de defesa[105], de ordem processual e de mérito (CPC, art. 917).

Entre as matérias processuais é possível o executado alegar: inexequibilidade do título executivo ou inexigibilidade da obrigação exequenda (CPC, art. 917, I); penhora incorreta ou avaliação errônea (CPC, art. 917, II); excesso de execução ou cumulação

---

101. Em sentido diverso do texto: "A relevância e a possibilidade de a matéria arguida ser apreciada em sede de exceção de pré-executividade não retira o requisito expressamente previsto para a concessão de efeito suspensivo dos embargos à execução" (STJ, 3ª T., REsp 1.772.516/SP, Rel. Min. Nancy Andrighi, j. 05.05.2020, DJe 11.05.2020).
102. Nesse sentido, Enunciado 547 do FPPC: "O efeito suspensivo dos embargos à execução pode ser parcial, limitando-se ao impedimento ou à suspensão de um único ou de apenas alguns dos atos executivos".
103. Nesse sentido, Enunciado 546 do FPPC: "O efeito suspensivo dos embargos à execução pode ser requerido e deferido a qualquer momento do seu trâmite, observados os pressupostos legais".
104. STJ, 3ª T., REsp 1.745.358/SP, Rel. Min. Nancy Andrighi, j. 26.02.2019, DJe 1º.03.2019 e STJ, 2ª T., REsp 1.694.667/PR, Rel. Min. Herman Benjamin, j. 05.12.2017, DJe 18.12.2017.
105. STJ, 1ª T., REsp 600.173/RS, Rel. Min. Teori Albino Zavascki, j. 28.11.2006, DJ 14.12.2006.

indevida de execuções (CPC, art. 917, III); incompetência absoluta ou relativa do juízo da execução (CPC, art. 917, V); falta de pressupostos do processo de execução (CPC, art. 803) ou ausência de condições de ação (ilegitimidade de parte e ausência de interesse de agir)[106].

No mérito é possível arguir qualquer matéria que lhe seria lícito deduzir como defesa em processo de conhecimento, especialmente impeditiva, modificativa ou extintiva da obrigação (CPC, art. 917, VI)[107].

É possível, também, arguir a retenção por benfeitorias necessárias ou úteis, nos casos de execução para entrega de coisa certa (CPC, art. 917, IV)[108]. Assim fazendo o executado/embargante, o exequente poderá requerer a compensação de seu valor com o dos frutos ou dos danos considerados devidos pelo executado, cumprindo ao juiz, para apuração dos respectivos valores, nomear perito, observando o previsto no art. 464 do CPC (CPC, art. 917, § 5º). Além disso, o exequente poderá ser emitido na posse da coisa a qualquer tempo, desde que preste caução ou deposite o valor devido pelas benfeitorias ou resultante da compensação (CPC, art. 917, § 6º).

As alegações de impedimento e suspeição do juiz, do agente do Ministério Público ou de auxiliar da justiça não devem integrar os embargos à execução, devendo ser arguidas conforme o disposto nos arts. 146 a 148 do CPC (CPC, art. 917, § 7º), ou seja, em petição própria.

Não se exclui a possibilidade de o executado/embargante formular pedido sucessivo de condenação do exequente/embargado por perdas e danos, em relação aos prejuízos suportados pela execução injusta (CPC, art. 776).

11.5.8. Petição inicial

A petição inicial segue, basicamente, o previsto nos arts. 319 e 320 do CPC.

Antes do juiz vir a indeferir a petição inicial, deve conceder ao executado/embargante a oportunidade de emendá-la[109].

Ressalte-se que o valor da causa deverá retratar a matéria discutida nos embargos, não coincidido, necessariamente, com o valor da execução[110]. Entretanto, nos casos em que se questiona a totalidade do título executivo, o valor da causa dos embargos à execução deve ser equivalente ao processo executivo[111]. De outro lado, não se requer a

---

106. Se a ilegitimidade passiva estava sendo objeto de discussão em agravo de instrumento, a oposição de embargos por esse recorrente não prejudica a análise do recurso: STJ, 3ª T., REsp 1.655.655/SP, Rel. Min. Ricardo Villas Bôas Cueva, j. 25.06.2019, DJe 1º.07.2019.
107. STJ, 3ª T., REsp 700.528/RS, Rel. Min. Carlos Alberto Menezes Direito, j. 14.12.2006, DJ 05.03.2007.
108. STJ, 4ª T., AgInt no AREsp 972.269/MG, Rel. Min. Luis Felipe Salomão, j. 22.11.2016, DJe 1º.12.2016.
109. STJ, 2ª T., REsp 1.609.951/PE, Rel. Min. Herman Benjamin, j. 06.12.2016, DJe 19.12.2016 e STJ, 3ª T., REsp 1.275.380/MS, Re. Min. Nancy Andrighi, j. 12.04.2012, DJe 23.04.2012.
110. STJ, 4ª T., AgInt no AREsp 938.910/SP, Rel. Min. Maria Izabel Gallotti, j. 07.02.2017, DJe 16.02.2017 e STJ, 4ª T., AgRg no AgRg no Ag 1.409.807/RJ, Re. Min. Raul Araújo, j. 17.11.2015, DJe 26.11.2015.
111. STJ, 3ª T., REsp 1.799.339/SP, Rel. Min. Paulo de Tarso Sanseverino, j. 08.09.2020, DJe 30.09.2020.

citação do exequente/embargado e, sim, sua intimação, nos termos do previsto no art. 920, I, do CPC.

As cópias das peças processuais da execução que instruem os embargos devem ser autenticadas, pelo advogado, sob sua responsabilidade pessoal (CPC, art. 914, § 1º), ou pelo cartório.

11.5.9. Procedimento

O procedimento dos embargos é simples e tende a ser célere. O juiz pode julgar o pedido imediatamente (CPC, art. 920, II, 1ª parte c/c art. 918, II e c/c art. 355) ou designar audiência de conciliação, instrução e julgamento (CPC, art. 920, II, 2ª parte). Encerrada a instrução, deverá proferir sentença (CPC, art. 920, III).

11.5.10. Resposta do embargado

Recebidos os embargos, o juiz determinará que sejam autuados em apenso aos autos do processo de execução (CPC, art. 914, § 1º) e mandará que seja intimado o embargado, por meio de seu advogado e não pessoalmente, para impugná-los no prazo de 15 (quinze) dias (CPC, art. 920, I).

Alguns autores sustentam tratar-se essa resposta de contestação, por considerar que a natureza dos embargos é de ação incidental. Todavia, assim não o é, não se aplicando aos embargos os princípios da concentração e eventualidade aplicáveis à contestação.

Admite-se reconvenção do exequente/embargado[112] nos embargos que atacam execução fundada em título executivo extrajudicial.

Havendo resposta do embargado e nela tendo sido arguido fatos impeditivos, modificativos ou extintivos, deve ser oportunizado ao embargante apresentar réplica (CPC, art. 350).

11.5.11. Revelia do embargado

Os autores que defendem a natureza de contestação da impugnação admitem que, no caso de inércia do embargado, seja ele considerado revel (CPC, art. 344). Todavia, a maioria da doutrina entende não ser aplicável, automaticamente, o principal efeito da revelia que é a presunção de verdade acerca dos fatos alegados nos embargos[113]. A abstração do título corresponderia a uma presunção a favor do exequente/embargado e sua inércia implicaria uma presunção negativa. Uma anularia os efeitos da outra.

---

112. É inadmissível o executado/embargante, depois de apresentar embargos, apresentar reconvenção: STJ, 4ª T., REsp 1.050.341/PB, Rel. Min. Marco Buzzi, j. 05.11.2013, DJe 25.11.2013.
113. STJ, 3ª T., AgRg no Ag 1.229.821/PR, Rel. Min. Paulo de Tarso Sanseverino, j. 27.03.2012, DJe 09.04.2012.

De outro lado, há também quem aponte que não havendo efetiva citação do embargado (que é pressuposto legal da revelia), não há como se cogitar da revelia e seus efeitos, pois não seria o embargado chamado a defender-se, sob pena de confesso.

Em que pese a polêmica, a questão parece mesmo depender de uma análise do caso concreto. Assim, se o embargante sustenta existirem fatos modificativos, impeditivos e extintivos ao crédito exequendo e, por sua vez, o embargado deixa de impugnar essa defesa indireta deduzida nos embargos, devem vigorar normalmente as regras acerca da presunção de veracidade associadas à revelia. Afinal, relativamente a estes, não existe nenhum convencimento no sentido contrário que o juiz possa extrair do título executivo. O mesmo se pode dizer quanto à não impugnação de fatos que fundem alegações de invalidades no processo executivo.

11.5.12. Intervenção de terceiros

Não cabem nos embargos a denunciação da lide e o chamamento ao processo[114].

Cabe assistência no processo dos embargos à execução, desde que demonstrado o interesse jurídico e não meramente econômico[115].

11.5.13. Desistência da execução

A lei (CPC, art. 775) autoriza que o exequente desista da ação de execução.

Se quando da desistência já existirem embargos pendentes, é preciso observar que matéria (processual ou de mérito) nele foi suscitada. Se apenas versarem os embargos matéria de ordem processual, os embargos estarão automaticamente extintos, respondendo o exequente por suas custas e honorários (CPC, art. 775, I)[116]. Tal situação se dá pela perda do interesse de agir do embargante. De outro lado, se os embargos versarem sobre matéria de mérito, o embargante pode ter interesse que prossiga o feito até o final do julgamento e obtenha uma solução que defina o referido mérito. Daí, neste caso, exigir-se sua concordância para a extinção dos embargos (CPC, art. 775, II).

11.5.14. Sentença e coisa julgada

Relativamente à sentença nos embargos[117], no caso de procedência, a doutrina é muito dividida, mas prepondera o entendimento de que ela é meramente declaratória e eventualmente desconstitutiva, não sendo mandamental nem executiva.

A sentença, sendo de mérito dos embargos, produzirá coisa julgada material e, portanto, admitirá o ataque via ação rescisória.

---

114. STJ, 2ª T., REsp 691.235/SC, Rel. Min. Castro Meira, j. 19.06.2007, *DJ* 1º.08.2007 e STJ, 3ª T., REsp 1.275.380/MS, Re. Min. Nancy Andrighi, j. 12.04.2012, *DJe* 23.04.2012.
115. STJ, Corte Especial, AgRg nos EREsp 1.262.401/BA, Rel. Min. Humberto Martins, j. 25.04.2013, *DJe* 10.05.2013.
116. STJ, 2ª T., AgRg no REsp 1.439.181/RS, Rel. Min. Mauro Campbell Marques, j. 15.05.2014, *DJe* 21.05.2014 e STJ, 1ª T., AgRg no AREsp 376.195/PB, Rel. Min. Ari Pargendler, j. 25.02.2014, *DJe* 21.03.2014.
117. Enunciado 158 da II Jornada de Direito Processual Civil (CJF): "A sentença de rejeição dos embargos à execução opostos pela Fazenda Pública não está sujeita à remessa necessária".

11.5.15. Apelação

Proferida sentença nos embargos à execução (de mérito ou não), ela desafia recurso de apelação (CPC, art. 1.009). Se a sentença foi sem resolução de mérito ou de improcedência dos embargos, a apelação será recebida apenas no efeito devolutivo (CPC, art. 1.012, § 1º, III). Sendo julgados procedentes os embargos, o recurso de apelação será recebido no duplo efeito.

Pendente recurso destituído de efeito suspensivo de sentença que julgou os embargos do executado improcedentes, tem-se entendido que o exequente poderá optar entre promover a execução, sujeitando-se à responsabilização por perdas e danos caso provido o apelo do executado (CPC, art. 776), ou aguardar o resultado do julgamento. Assim, por entender ser uma faculdade do credor prosseguir ou não na execução, se concluiu que não se pode impor ao exequente, em caso de resolver aguardar o pronunciamento do Tribunal, a prescrição intercorrente de sua pretensão executiva[118]. Tal conclusão, no entanto, poderá ser diferente no caso concreto, se o juiz intimar o exequente para prosseguir na execução e ele nada fizer, nem mesmo informar que prefere aguardar a solução do recurso pelo Tribunal. Nesta hipótese parece possível se reconhecer a prescrição intercorrente pela inércia injustificada do exequente[119].

11.5.16. Arbitragem e defesa do executado

A lei processual privilegia a arbitragem (CPC, art. 3º, § 1º e 485, VII). Na hipótese de o título executivo extrajudicial contemplar cláusula compromissória[120], muito embora a pretensão executória deva ser promovida junto ao Poder Judiciário, uma vez que a jurisdição arbitral carece de força executiva, a defesa do executado em relação ao conteúdo da obrigação (defesa de mérito), deverá ser objeto de apreciação pelo juízo arbitral[121]. Perante o Judiciário, somente tramitarão os embargos que versem sobre matérias de ordem processual.

11.6. DEFESA INCIDENTAL POR MEIO DE AÇÕES AUTÔNOMAS

11.6.1. Apresentação

Como assinalado antes, no novo diploma processual houve um aumento do grupo da defesa própria, porque nele se passou a contemplar algumas defesas que antes eram tipicamente impróprias.

---

118. STJ, 4ª T., REsp 1.549.811/BA, Rel. Min. Maria Isabel Gallotti, j. 15.12.2020, DJe 1º.02.2021.
119. Em outros tempos, em que a defesa do executado dependia da segurança do juízo para ser admitida e tramitar, acaso o juiz afastasse a penhora inicialmente realizada, os embargos não tinham condição de prosseguimento e, apesar de eventual recurso do executado, era comum o exequente ser instado pelo juízo a prosseguir na execução. Acaso não o fizesse, o prazo prescricional passaria a correr e poderia a prescrição intercorrente ser decretada.
120. Enunciado 544 do FPPC: "Admite-se a celebração de convenção de arbitragem, ainda que a obrigação esteja representada em título executivo extrajudicial".
121. Nesse sentido, Enunciado 543 do FPPC: "Em execução de título executivo extrajudicial, o juízo arbitral é o competente para conhecer das matérias de defesa abrangidas pela convenção de arbitragem".

É o que se tem aqui, em que algumas defesas que eram heterotópicas na vigência do CPC/73, passaram agora a ser *defesa incidental* por meio de ações autônomas e prejudiciais à execução (CPC, art. 525, § 15 e 903, § 4º).

11.6.2. A ação rescisória para reconhecer a inexigibilidade de decisão fundada em lei ou ato normativo declarados inconstitucionais ou incompatíveis com a Constituição pelo STF (CPC, art. 525, § 15)

Na vigência do CPC/73, o reconhecimento da inexigibilidade do título executivo judicial fundado em lei ou ato normativo declarados inconstitucionais pelo Supremo Tribunal Federal ou fundado em aplicação ou interpretação da lei ou ato normativo tidos pelo Supremo Tribunal Federal como incompatíveis com a Constituição Federal poderia ser veiculado no curso da própria execução, por meio de impugnação ao cumprimento de sentença (art. 475-L, § 1º) ou por meio de embargos à execução (art. 741, parágrafo único). Naquela época, portanto, era irrelevante se o título executivo judicial já era definitivo (transitado em julgado) quando o STF passou a reconhecer essa inconstitucionalidade. Bastava que a execução ainda não fosse finda para que essa inexigibilidade superveniente pudesse vir a ser suscitada e, por conseguinte, a execução fosse, no todo ou em parte, atingida pela decisão do STF.

Em que pese existisse discussão se o reconhecimento desta inconstitucionalidade operava no pano da existência, validade ou eficácia, nos pareceu mais adequado entender se tratava de ineficácia ou, mais precisamente, caso de *retroeficácia*, ou seja, quando uma lei ou ato jurídico posterior – no caso uma decisão do STF em controle difuso[122] ou concentrado – apanha uma situação jurídica já consolidada e a modifica desde o passado[123].

A par da discussão acerca da natureza do provimento proferido pelo STF, o que gerou grande perplexidade e, portanto, dúvida, foi admitir que a coisa julgada pudesse vir a ser desconstituída por outro remédio que não a ação rescisória e, pior, talvez através de mera objeção no curso da execução, parecendo levar a noção de *relativização* dessa garantia longe demais.

Diante disso, visando inegavelmente proteger a segurança jurídica advinda da coisa julgada que surgiu em momento anterior à decisão do Supremo Tribunal Federal, o novo diploma processual definiu que, se a decisão do STF é posterior ao trânsito em julgado da decisão exequenda, o seu comando somente poderá se tornar inexigível (ineficaz), se for objeto de ação rescisória (CPC, art. 525, § 15, 1ª parte)[124].

---

122. Tem prevalecido o entendimento que, em se tratando de controle difuso, ele tenha sido exercido pelo Plenário do STF.
123. Não é necessário que tenha havido resolução do Senado Federal suspendendo a eficácia da lei ou do ato normativo cuja inconstitucionalidade foi reconhecida pelo STF. Cabe também assinalar que é preciso observar como se deu a eventual modulação dos efeitos desta decisão pelo STF (CPC, art. 525, § 13).
124. Esse entendimento já foi acolhido pelo STF, mesmo antes da entrada em vigor do CPC/2015, mas no qual a previsão do novo diploma processual serviu de argumento para a conclusão alcançada: STF, Pleno, RE 730.462/SP, Rel. Min. Teori Zavascki, j. 28.05.2015, *DJe* 08.09.2015.

A ação rescisória (CPC, art. 966) é o meio pelo qual se pleiteia a desconstituição da sentença ou acórdão transitado em julgado, com possibilidade eventual de, em ato contínuo, haver o rejulgamento da matéria já apreciada, ou seja, o mérito da causa.

Considerando a previsão legal ora em comento (CPC, art. 525, § 15), o legislador instituiu remédio incidental único a fim de que a execução dessa decisão exequenda atingida pela decisão do STF possa vir a ser revista ou extinta, que é por meio de uma ação autônoma e prejudicial: a ação rescisória.

A prejudicialidade, no entanto, não se refere aqui à possibilidade de desconstituição da decisão objeto da execução. Destarte, a ação rescisória agora concebida como defesa incidental à execução, tem conteúdo diferente daquela ordinária, que tem lugar com o trânsito em julgado da condenação. Ela terá por fim exclusivo inibir os efeitos executivos da decisão exequenda, ou seja, em sede de juízo rescindente, poderá apenas reconhecer a sua inexigibilidade (ineficácia executiva), não atingindo o comando declaratório da decisão exequenda e não ensejando o rejulgamento da causa.

Ainda com o fim de viabilizar o manejo desta ação rescisória a fim de poder alcançar o título executivo judicial fundado em inconstitucionalidade, o legislador estabeleceu que o prazo legal de 2 (dois) anos (CPC, art. 975, *caput*) para essa ação rescisória será contado do trânsito em julgado da decisão proferida pelo Supremo Tribunal Federal (CPC, art. 525, § 15, 2ª parte). Essa previsão poderá causar perplexidade na prática, pois a decisão do STF poderá surgir muito tempo depois de transitada em julgado a decisão exequenda, situação em que estaremos diante de uma coisa julgada *precária* ou *instável*, apenas se podendo falar em *coisa soberanamente julgada* depois de findo esse novo prazo. Assim, a fim de evitar uma insegurança jurídica, deve ser igualmente aplicável na espécie o limite temporal definido no art. 975, § 2º, do CPC, isto é, se observar o prazo máximo de 5 (cinco) anos do trânsito em julgado da última decisão proferida no processo, que poderá ser até daquela advinda da impugnação ao cumprimento de sentença.

Se essa ação rescisória vier a ser ajuizada ainda enquanto estiver em curso a execução (a fase de cumprimento de sentença) é que se estará diante de uma *defesa incidental* e, a despeito do evidente liame de prejudicialidade entre as causas, não há como reuni-las, pois os feitos estão em fases inconciliáveis: enquanto a execução tramita em 1º grau de jurisdição, a ação rescisória se desenvolve em 2º grau de jurisdição.

Sendo impraticável a reunião das causas, resta possível a suspensão da causa prejudicada (processo na fase de cumprimento de sentença), o que pode ser determinado pelo tribunal onde tramita a ação prejudicial (rescisória), no todo ou em parte, por meio de tutela provisória, para o que não se exige garantia do juízo, como se retira do art. 969 do CPC[125].

---

125. STJ, 1ª T., AgInt no AREsp 262.705/RJ, Rel. Min. Napoleão Nunes Maia Filho, j. 27.10.2016, *DJe* 18.11.2016; STJ, 1ª Seção, AgRg na AR 5.767/RJ, Re. Des. Conv. do TRF/3 Diva Malerbi, j. 13.04.2016, *DJe* 19.04.2016 e STJ, 1ª Seção, AgRg na PET na AR 4.766/SP, Rel. Min. Humberto Martins, j. 09.09.2015, *DJe* 16.09.2015.

O ajuizamento da ação rescisória não inibe que o executado ofereça outras defesas típicas na fase de cumprimento de sentença. Aliás, considerando que a rescisória somente admitirá veicular matéria única e exclusiva (inexigibilidade da obrigação contida na decisão exequenda), será mesmo necessário que o executado precise das outras formas de oposição para, se for o caso, debater outras matérias de defesa que lhe sejam oportunas no caso. Logo, poderá existir diversas formas de defesa tramitando de forma simultânea.

Se a ação rescisória vier a ser ajuizada já quando a fase de cumprimento de sentença estiver encerrada, dentro do prazo de 5 (cinco) anos acima apontado, não será caso propriamente de defesa incidental, pois a execução já não mais está em curso. Nesta hipótese, além de elaborar pedido rescindente, caberá ao executado deduzir pedido para repetir o que pagou ou para retornar ao *status quo ante* que, acaso não seja possível na prática, deverá ser convertido em perdas e danos. Portanto, neste particular, a ação rescisória apresenta outro aspecto que o diferencia da ação rescisória ordinária.

11.6.3. A ação anulatória da arrematação (CPC, art. 903, § 4º)

Uma das formas de expropriação do bem penhorado se dá por meio de sua alienação/leilão judicial (CPC, art. 881 e ss.), também conhecida como arrematação.

Esse ato realizado no curso da execução, que tanto pode ser cumprimento de sentença quanto no processo de execução de título executivo extrajudicial, pode conter algum vício (CPC, art. 903, § 1º) que, se não suscitado por simples petição em até 10 (dez) dias úteis após o seu aperfeiçoamento (CPC, art. 903, § 2º), que se dá com a expedição da carta de arrematação e, conforme o caso da ordem de entrega do bem ou mandado de imissão na posse (CPC, art. 903, § 3º), somente poderá ser impugnado mediante ação autônoma e prejudicial à execução: ação anulatória da arrematação (CPC, art. 903, § 4º)[126].

Essa prática já era a que vinha sendo aceita perante a jurisprudência[127] e, ao ser assim consagrada no texto legal, mais uma vez, o que antes era uma defesa heterotópica, passou a ser uma defesa típica. Ademais, a supressão dos embargos à 2ª fase pelo novo diploma processual justifica ainda mais essa previsão e evita a duplicidade de meios[128].

---

126. Diante do silêncio do legislador e da supressão dos embargos à 2ª fase, que também eram opostos em caso de adjudicação, parece ser o caso de admitir que eventuais invalidades ou ineficácias do ato de adjudicação não suscitadas por meio de simples petição, conforme admite o *caput* do art. 877 do CPC, possam ser arguidas mediante ação autônoma de anulação, tal como previsto no art. 903, § 4º, do CPC, ou seja, ajuizável após a expedição da respectiva carta de adjudicação. Nesse caso, no entanto, estar-se-á diante de defesa heterotópica.
127. STJ, 3ª T., REsp 1.287.458/SP, Rel. Min. João Otávio de Noronha, j. 10.05.2016, *DJe* 19.05.2016; STJ, 4ª T., AgRg no REsp 1.328.153/SP, Rel. Min. Luis Felipe Salomão, j. 25.11.2014, *DJe* 02.12.2014; STJ, 2ª Seção, EDcl nos EDcl nos EDcl no AgRg no CC 109.541/PE, Rel. Min. Raul Araújo, j. 26.09.2012, *DJe* 23.04.2013 e STJ, 3ª T., RMS 22.286/PR, Rel. Min. Humberto Gomes de Barros, j. 22.05.2007, *DJ* 04.06.2007.
128. Na vigência do CPC/73, entendia-se que a não oposição de embargos à 2ª fase não impedia o ajuizamento de ação anulatória (STJ, 3ª T., EDcl no REsp 1.447.756/PB, Rel. Min. Ricardo Vilas Bôas Cueva, j. 16.04.2015, *DJe* 24.04.2015 e STJ, 1ª T., EDcl no REsp 1.020.886/RS, Rel. Min. Francisco Falcão, j. 05.08.2008, *DJe* 27.08.2008);

O prazo decadencial para o ajuizamento dessa ação anulatória, entre particulares, é de 4 (quatro) anos (CC, art. 178, II) a contar da data do aperfeiçoamento da arrematação (CPC, art. 903, § 3º: data da assinatura do auto de arrematação, ou data da assinatura da ordem de entrega do bem ou da data da assinatura do mandado de imissão na posse). Por sua vez, para o ajuizamento dessa mesma ação em face da Fazenda Pública, é de 5 (cinco) anos (Dec.-lei n. 20.910/32, art. 1º), com o mesmo termo inicial[129].

A competência para o ajuizamento dessa ação anulatória é do mesmo juízo onde o ato de arrematação foi realizado[130]. Por isso mesmo, ainda que o autor dessa demanda seja pessoa que atrairia a competência para a justiça federal, caso o ato tenha sido realizado perante juízo estadual, deste será a competência para processar e julgar a ação anulatória[131]. Ainda estando em curso a execução, a ação anulatória da arrematação será a ela conexa (CPC, art. 55, § 2º, I)[132].

Ainda segundo a previsão legal (CPC, art. 903, § 4º, parte final), no polo passivo dessa ação anulatória haverá um litisconsórcio passivo necessário formado entre o exequente e o arrematante e, se o executado não for dela autor, também o executado deverá estar neste litisconsórcio passivo[133]. Destarte, a ação anulatória poderá ser ajuizada por aquele terceiro (CPC, art. 804) em relação a quem a venda do bem é ineficaz, diante de sua não intimação[134]. Uma vez citado o arrematante para responder a essa ação anulatória, ele poderá desistir da arrematação, desde que o faça no prazo que dispõe para apresentar sua contestação (CPC, art. 903, § 5º, III). Operada a desistência do arrematante, será imediatamente devolvido o depósito que fez.

A ação anulatória poderá implicar a suspensão da eficácia do ato de arrematação, mediante a concessão de tutela provisória, especialmente diante do caráter prejudicial da anulatória em relação à ação principal, para o que, também não se exige prévia garantia do juízo[135].

Essa ação, apesar de visar a desconstituição do ato de alienação judicial realizado no curso da execução, pode veicular vício ocorrido no próprio ato ou que tenha ocor-

---

e a eventual intempestividade desses embargos permitia sua conversão em ação autônoma (STJ, 1ª T., REsp 539.153/RS, Rel. Min. Teori Albino Zavascki, j. 14.03.2006, *DJe* 03.04.2006).

129. STJ, 2ª T., REsp 1.399.916/RS, Rel. Min. Humberto Martins, j. 28.04.2015, *DJe* 06.05.2015; STJ, 3ª T., EDcl no REsp 1.447.756/PB, Rel. Min. Ricardo Vilas Bôas Cueva, j. 16.04.2015, *DJe* 24.04.2015 e STJ, 2ª T., REsp 1.254.590/RN, Re. Min. Mauro Campbell Marques, j. 07.08.2012, *DJe* 14.08.2012.

130. STJ, 2ª Seção, CC 86.065/MG, Rel. Min. Luis Felipe Salomão, j. 15.12.2010, *DJe* 16.12.2010 e STJ, 1ª Seção, CC 99.424/PB, Rel. Min. Benedito Gonçalves, j. 27.05.2009, *DJe* 10.06.2009.

131. STJ, 1ª Seção, CC 39.827/SP, Rel. Min. Castro Meira, j. 25.08.2004, *DJ* 27.09.2004 e STJ, 1ª Seção, CC 40.102/RS, Rel. Min. Teori Albino Zavascki, j. 24.03.2004, *DJ* 10.04.2004.

132. STJ, 2ª Seção, CC 1.044/SP, Rel. Min. Cláudio Santos, j. 25.04.1990, *DJ* 28.05.1990.

133. STJ, 1ª T., REsp 927.334/RS, Rel. Min. Luiz Fux, j. 20.10.2009, *DJe* 06.11.2009 e STJ, 1ª T., RMS 18.184/RS, Rel. Min. Teori Albino Zavascki, j. 05.04.2005, *DJe* 25.04.2005.

134. STJ, 1ª T., REsp 810.355/RS, Rel. Min. Luiz Fux, j. 08.04.2008, *DJe* 14.05.2008.

135. STJ, 4ª T., AgInt no AREsp 268.898/SP, Rel. Min. Maria Isabel Gallotti, j. 20.10.2016, *DJe* 28.10.2016; STJ, 1ª Seção, CC 128.239/MG, Rel. Min. Herman Benjamin, j. 09.04.2014, *DJe* 17.06.2014 e STJ, 4ª T., REsp 503.477/SP, Rel. Min. Cesar Asfor Rocha, j. 19.08.2003, *DJe* 06.10.2003.

rido antes, mas que por derivação, afete a alienação judicial[136]. Aliás, a própria redação do art. 903, § 1º, do CPC é clara em apontar que ali existe apenas um rol meramente exemplificativo: invalidade pela venda ter sido feita por preço vil[137-138]; ineficácia da alienação em relação àqueles interessados que não tenham sido intimados acerca da penhora de bem a eles relacionados (CPC, art. 804)[139]; entre outros vícios, tais como: defeito no edital de alienação que compromete a validade do ato; aquisição por quem está impedido de fazê-lo (CPC, art. 890)[140]; prescrição; nulidade da citação do executado;[141] impenhorabilidade absoluta do bem alienado[142], inexequibilidade do título executivo[143] etc. O que importa é que a questão nela suscitada não tenha sido apreciada por outros meios de defesa na execução, em cognição exauriente[144]. Logo, se apreciados em cognição sumária, ou não apreciados, poderão ser objeto dessa ação anulatória.

Como se vê dos exemplos dados, em alguns casos, não haverá como manter a alienação perfeita, acabada e irretratável (CPC, art. 903, *caput*), pois, certamente, a arrematação será desconstituída. Por isso mesmo, ao vislumbrar ser uma dessas hipóteses, é dado ao arrematante o direito de desistir da arrematação depois de citado para responder à ação de anulação (CPC, art. 903, § 5º, III).

De outro lado, nos outros casos em que é possível aplicar o previsto no *caput* do art. 903 do CPC, que prevê que aperfeiçoado o ato de arrematação ele será considerado perfeito, acabado e irretratável, ainda que a ação anulatória venha a ser julgada procedente, poderá ser convertida em indenização por perdas e danos ao invés de permitir o retorno ao *status quo ante*.

Se a ação anulatória for julgada improcedente e se conclua que o vício suscitado era infundado e, não obstante isso, o simples ajuizamento da ação tenha feito o arrematante ter desistido da compra (CPC, art. 903, § 5º, III), o autor dessa ação será condenado a

---

136. STJ, 4ª T., REsp 363.391/AL, Rel. Min. Aldir Passarinho Jr., j. 20.03.2007, *DJ* 16.04.2007.
137. A venda por preço vil não implica necessariamente em invalidade. Por isso mesmo é matéria que depende de provocação da parte para poder ser enfrentada, ou seja, não pode ser conhecida de ofício. Ademais, pode o magistrado preservar o ato de alienação mediante a determinação de que o valor seja complementado pelo adquirente. Enunciado 644 do FPPC: "A ação autônoma referida no § 4º do art. 903 com base na alegação de preço vil não pode invalidar a arrematação".
138. A caracterização de preço vil tem como parâmetro o valor de 50% (cinquenta por cento) da avaliação do bem (CPC, art. 890, parágrafo único): STJ, 3ª T., AgRg no AREsp 690.974/SP, Rel. Min. João Otávio de Noronha, j. 17.09.2015, *DJe* 22.09.2015; STJ, 3ª T., AgRg nos EDcl no AREsp 459.526/GO, Rel. Min. Sidnei Beneti, j. 24.04.2014, *DJe* 30.05.2014 e STJ, 1ª T., REsp 643.320/SE, Rel. Min. Luiz Fux, j. 05.04.2005, *DJ* 02.05.2005. Todavia, o critério também pode ser valor muito inferior ao valor de mercado para os padrões da área onde está localizado: STJ, 4ª T., AgRg no AREsp 613.459/DF, Rel. Min. Luis Felipe Salomão, j. 03.03.2015, *DJe* 11.03.2015.
139. STJ, 3ª T., REsp 1.447.687/DF, Rel. Min. Ricardo Vilas Bôas Cueva, j. 21.08.2014, *DJe* 08.09.2014; STJ, 3ª T., REsp 1.219.329/RJ, Rel. Min. João Otávio de Noronha, j. 11.03.2014, *DJe* 29.04.2014 e STJ, 4ª T., AgRg no Ag 638.146/GO, Rel. Min. Barros Monteiro, j. 21.06.2005, *DJ* 03.10.2005.
140. STJ, 3ª T., REsp 823.148/RJ, Rel. Min. Ari Pargendler, j. 07.12.2006, *DJe* 23.04.2007.
141. STJ, 2ª T., REsp 1.358.931/PR, Rel. Min. Og Fernandes, j. 16.06.2015, *DJe* 1º.07.2015.
142. STJ, 1ª T., REsp 539.153/RS, Rel. Min. Teori Albino Zavascki, j. 14.03.2006, *DJe* 03.04.2006.
143. STJ, 4ª T., REsp 273.248/MG, Rel. Min. Sálvio de Figueiredo Teixeira, j. 10.10.2000, *DJ* 02.04.2000.
144. STJ, 4ª T., REsp 776.272/SC, Rel. Min. Luis Felipe Salomão, j. 17.08.2010, *DJe* 24.08.2010 e STJ, 3ª T., REsp 54.374/AM, Rel. Min. Carlos Alberto Menezes Direito, j. 10.09.1996, *DJ* 14.10.1996.

pagar multa não superior a 20% (vinte por cento) do valor atualizado do bem por conduta atentatória à dignidade da justiça, sem prejuízo da responsabilidade por perdas e danos (CPC, art. 903, § 6º). Tal valor reverterá em benefício do exequente (CPC, art. 774, parágrafo único).

11.7. DEFESA HETEROTÓPICA

11.7.1. Apresentação

A defesa heterotópica[145], que se apresenta por meio de *qualquer ação autônoma prejudicial* à execução surgiu como alternativa de defesa ao executado, não apenas como corolário da garantia constitucional da ação e do acesso à justiça (CF, art. 5º, XXXV), mas, em decorrência da natureza jurídica formal de ação dos embargos à execução.

Se a natureza jurídica dos embargos fosse de contestação, a fixação das controvérsias acerca da relação jurídica de direito material que envolve as partes deveria seguir as regras do art. 336 e seguintes do CPC, o que implicaria dizer que a defesa através de embargos deveria se dar de forma concentrada e eventual. Caberia ao executado apresentar todas as defesas possíveis, pois depois não teria mais a oportunidade de fazê-lo. Por conseguinte, em caso de sentença de mérito desfavorável ao executado, o efeito preclusivo da coisa julgada recairia inclusive sobre aquelas alegações que ele poderia ter feito e não fez (CPC, art. 508).

Todavia, sendo os embargos formalmente ação, cada uma das alegações manejáveis contra a pretensão executiva do exequente constituirá em causa de pedir autônoma, que se não alegada nos embargos, não será acobertada pelo manto da coisa julgada. Com efeito, os embargos não são uma ação *típica*[146], possibilitando que a oposição do executado se dê por outros *remédios* capazes de fulminar a pretensão executiva do exequente.

Portanto, o fato de não se falar em coisa julgada material quando a execução não foi embargada ou impugnada, nem se verificando o fenômeno da preclusão *pro judicato*[147], contribuem para o reconhecer a possibilidade de os mesmos fundamentos de mérito serem deduzidos em outras ações distintas dos embargos.

O sistema legal apresenta quatro fundamentos legais para permitir reconhecer essa forma de defesa heterotópica. O art. 784, § 1º, do CPC, mesmo que de forma indi-

---

145. Reconhecendo essa nomenclatura: STJ, monocrática, REsp 1.326.715/MS, Rel. Min. Sidnei Beneti, j. 04.12.2013, *DJe* 16.12.2013 e STJ, monocrática, Ag 950.098/RS, Rel. Min. Denise Arruda, j. 12.02.2008, *DJe* 05.03.2008.
146. Considerar uma ação como sendo *típica* é reconhecer que ela é a única forma de obter-se o controle jurisdicional. Para ser típica, a ação exige dois elementos: a) causa de pedir integrada por um fato de natureza processual; e, b) modelo descrito de forma também taxativa pela lei processual. Exemplo de ação típica é a ação rescisória.
147. Não se pode cogitar de preclusão para a propositura da ação autônoma. A preclusão é um acontecimento que surge dentro do processo. Explica-se tão somente a impossibilidade de ajuizar a ação de embargos depois de vencido o termo legal, mas nunca a vedação de uma ação posterior, de cognição, sobre matéria que nem sequer foi ventilada na execução.

reta (interpretação *a contrario sensu*), autoriza a possibilidade de o executado propor "qualquer ação relativa a débito constante de título executivo", independentemente da fase em que se encontre a execução. Em virtude dessa primeira regra, o legislador dispôs no art. 55, § 2º, do CPC, que essa "ação de conhecimento relativa ao mesmo ato jurídico" é conexa "à execução de título executivo extrajudicial". Por sua vez, o art. 886, V, também do CPC, contempla, tanto a fim de evitar consequência danosa para o arrematante quanto para preservar ao executado a possibilidade de manter oponível vicissitude contra o eventual arrematante, que o edital de venda mencione, entre outros, a existência de "processo pendente sobre os bens a serem leiloados", o qual pode tratar de uma ação prejudicial. Por fim, o art. 38 da Lei 6.830/80 (Lei de Execução Fiscal) prevê expressamente a possibilidade de a discussão acerca da obrigação contida na CDA se dar em outras ações, a exemplo: mandado de segurança, ação anulatória do título executivo etc.

O uso da defesa heterotópica pode decorrer do executado ter deixado transcorrer em branco o prazo para oferecimento de defesa própria (impugnação ao cumprimento de sentença ou embargos à execução), quer assim tenha ocorrido por ter perdido o prazo quer por ter sido essa a sua opção[148]. Pode ainda surgir porque deixou de alegar matéria de defesa substancial na defesa própria[149], quer porque dela esqueceu quer porque dela somente tomou conhecimento de maneira superveniente e, dada a impossibilidade de emenda dessa defesa, terá que deduzi-la por meio de ação prejudicial. Também pode ainda precisar da defesa heterotópica, porque sua defesa própria não foi conhecida (não teve seu mérito analisado).

Enfim, a efetividade da execução também deve levar em consideração a situação do executado que, por vezes, se vê sujeito aos reflexos de uma pretensão infundada do exequente, permitindo-lhe a utilização de instrumentos que possam resguardar sua esfera de direitos indevidamente atingida e, por isso, permitam possa ele exercer uma defesa.

11.7.2. Classificação da defesa heterotópica

Consoante alguns critérios, podem-se classificar as ações prejudiciais que constituem a defesa heterotópica, sistematizando-as em relação à execução.

Considerando o *momento* do ajuizamento da ação prejudicial em relação à execução, poderá ser *antecedente*, quando ainda não ajuizada a execução (p. ex.: uma ação

---

148. Há quem entenda de forma diversa do exposto no texto, sustentando não ser possível admitir a propositura de uma defesa heterotópica após o decurso do prazo para opor embargos à execução, "por segurança jurídica, não se podendo permitir que o executado se defenda *quando e como quiser*" (ARAÚJO, Luciano Vianna. Defesas heterotópicas: defenda-se quando e como quiser. In: ASSIS, Araken de e BRUSCHI Gilberto Gomes (Coord.). *Processo de execução e cumprimento de sentença*. São Paulo: RT, 2021, v. 2, p. 766).
149. STJ, 3ª T., REsp 1.487.124/PR, Rel. Min. Paulo de Tarso Sanseverino, j. 26.09.2017, *DJe* 02.10.2017.

revisional de contrato antes deste ser inadimplido e executado) ou *incidente*, quando já em curso a execução (p. ex.: ação anulatória do art. 966, § 4º).

Em relação ao *efeito* que a ação prejudicial pode refletir perante a execução, poderá ser *inibitório*, para a hipótese em que a ação prejudicial impede o início da execução (p. ex.: liminar em mandado de segurança que suspende a exigibilidade de tributo, nos termos do art. 151 do CTN e, assim, impede seja ajuizada execução fiscal), ou *suspensivo*, quando apenas obstaculiza o normal prosseguimento da execução (p. ex.: ação rescisória, conforme art. 969 do CPC).

Quanto ao *objeto*, pode a ação prejudicial ser *formal*, quando visa atacar e suprimir o próprio título executivo, quer sob o aspecto da sua forma como em relação aos seus requisitos necessários ou vise, tão só, desfazer ato da própria execução (na primeira hipótese enquadra-se: a *querella nullitatis*, a ação rescisória, a ação declaratória de falsidade do título executivo, a ação anulatória da sentença exequenda etc.; é exemplo da segunda hipótese os embargos de terceiro do executado). Ainda em relação a este critério, a ação prejudicial pode ser *causal*, quando sustenta inexistir causa (direito material) que sustente o título executivo (p. ex.: ação de consignação em pagamento, ações revisionais de contratos ou de alimentos, ação para suspender a exigibilidade de crédito tributário etc.). O mandado de segurança pode se apresentar, conforme o caso, como ação prejudicial *formal* ou *casual*.

11.7.3. Competência

Como visto, a ação prejudicial pode ser *antecedente* ou *incidente* em relação à execução. Portanto, essa situação definirá a competência para o ajuizamento da ação prejudicial.

Destarte, se ajuizada antes da existência da ação de execução, tratando-se de ação de conhecimento, deverá seguir as regras de competência para distribuir uma ação dessa natureza (CPC, art. 42 e ss.). Neste caso, o foro para onde foi distribuída a ação prejudicial terá uma via atrativa, ou seja, estará prevento (CPC, art. 59) para a ação de execução, diante da conexão por prejudicialidade entre essas ações (CPC, art. 55, § 2º)[150].

Por sua vez, se ação de execução já estiver tramitando quando do ajuizamento da ação prejudicial, esta é que deverá ser distribuída por prevenção ao foro onde tramita a execução.

Apenas não será possível essa reunião de ações por conexão quando: i) a competência seja diferente em caráter absoluto (material ou funcional), pois essa não se prorroga (p.ex.: ação rescisória que tem competência originária de tribunal, enquanto a ação de

---

150. STJ, 1ª Seção, CC 38.045/MA, Rel. Min. Teori Albino Zavascki, j. 12.11.2003, *DJ* 09.11.2003 e STJ, 1ª T., REsp 787.408/RS, Rel. Min. José Delgado, j. 20.04.2006, *DJe* 22.05.2006.

execução tramita em 1º grau)[151]; ii) as fases em que se encontram as duas causas sejam inconciliáveis (o feito prejudicado está em grau recursal no tribunal e a ação prejudicial acabou de ser distribuída em 1º grau). Também não se poderá cogitar de conexão se uma das causas já estiver extintas[152].

11.7.4. Legitimidade ativa e passiva

Não obstante até aqui apenas se tenha referido ao executado, terceiros também podem propor ações prejudiciais à execução como forma de atingir, no todo ou em parte, a execução em curso.

O legitimado passivo será o exequente e, eventualmente, os demais credores solidários, ainda que não figurem no polo ativo a execução.

11.7.5. Conteúdo

Por meio dessas ações prejudiciais, poderá o executado alegar, preponderantemente, matéria referente à relação jurídica de direito material existente entre as partes, pois pouquíssimas serão as possibilidades de deduzir matéria de ordem processual, as quais, na sua maioria, se não deduzidas por meio de embargos ou impugnação ao cumprimento de sentença ou defesa por simples petição, reputar-se-ão atingidas pela preclusão. A hipótese mais aceita de questão processual que se admite discutir por meio de ação prejudicial é a falta ou nulidade de citação, seguida da revelia[153]. Também não se exclui a possibilidade de ser deduzida pretensão que diga respeito a qualquer ausência de pressuposto processual de existência (falta de jurisdição) ou de fator de eficácia (falta de capacidade postulatória) ou de impossibilidade jurídica da causa de pedir (cobrança de dívida de jogo).

11.7.6. Efeito suspensivo

Em homenagem à brevidade, remete-se o leitor ao que foi exposto no item 11.3.6 acima, quando se tratou do efeito suspensivo na impugnação ao cumprimento de sentença, por ser plenamente aplicável aqui, especialmente quanto à crítica de se exigir segurança do juízo para que se atribua efeito suspensivo à defesa heterotópica[154], uma vez que a suspensão deveria ser decorrência do evidente grau de prejudicialidade que o executado apresente nesta ação prejudicial em relação

---

151. STJ, 2ª T., AgInt no AREsp 928.045/SP, Rel. Min. Herman Benjamin, j. 18.10.2016, DJe 25.10.2016 e STJ, 2ª T., AgRg no REsp 1.463.148/SE, Rel. Min. Mauro Campbell Marques, j. 02.09.2014, DJe 08.09.2014.
152. Súmula 235-STJ: "A conexão não determina a reunião dos processos, se um deles já foi julgado".
153. STJ, 2ª T., REsp 1.358.931/PR, Rel. Min. Og Fernandes, j. 16.06.2015, DJe 1º.07.2015.
154. Exigindo a segurança do juízo para a concessão de efeito suspensivo: STJ, 2ª T., AgInt no AREsp 869.916/SP, Rel. Des. Conv. do TRF/3 Diva Malerbi, j. 14.06.2016, DJe 22.06.2016; STJ, 4ª T., AgRg no AREsp 578.168/SP, Rel. Min. Maria Isabel Gallotti, j. 23.02.2016, DJe 02.03.2016 e STJ, 2ª T., AgRg no Ag 1.146.326/SP, Rel. Min. Mauro Campbell Marques, j. 08.09.2009, DJe 16.09.2009.

à execução[155]. No mínimo, poder-se-ia aplicar na espécie a suspensão prevista no art. 313, § 4º, do CPC[156].

Em reforço à admissibilidade de atribuição de efeito suspensivo a qualquer ação prejudicial, basta perceber que numa das principais ações que pode ter esse caráter, que é a ação rescisória, o legislador concebeu a possibilidade de paralisação, total ou parcial, da execução, independentemente de garantia do juízo, como se vê do art. 969 do CPC[157]. O mesmo se revela nas hipóteses que autorizam a suspensão da exigibilidade do crédito tributário (CTN, art. 151), onde nem todas pressupõem garantia do crédito tributário. Por último e não menos importante, o rol do art. 921 do CPC, que trata das hipóteses de suspensão da execução, não é taxativo, pelo que outras causas podem também acarretar a paralisação da execução[158].

Portanto, não se percebe que a suspensão da execução não é fenômeno que deva se associar à segurança do juízo, mas, sim, ao caráter prejudicial que a ação de conhecimento tem em relação à execução. Logo, diante do caso concreto, cabe ao juiz valorar a prejudicialidade externa que exista entre a ação prejudicial e a execução em curso, de modo que, de forma fundamentada e fundada em elementos de convicção existentes do caso, atribua efeito suspensivo à demanda prejudicial, cuja natureza é essencialmente assecuratória.

Convém lembrar que somente se suspende o que já está em curso, de modo, portanto, que a ação prejudicial não pode impedir que a execução tenha início (CPC, art. 784, § 1º), apenas pode suspender, no todo ou parte, seu andamento. Se o exequente ajuizar a execução depois que a ação prejudicial tenha sido resolvida, deverá observar o que foi decidido naquela ação, sob pena de se reconhecer sua conduta maliciosa[159].

11.7.7. Procedimento das ações prejudiciais

Cada ação prejudicial utilizada como defesa heterotópica deverá obedecer seu rito próprio, que poderá ser comum ou especial, conforme seja a ação. Aliás, como esclarecido antes, optou-se designá-las como *heterotópica*, justamente por encontrarem regramento legal próprio em local diverso do capítulo da execução.

---

155. STJ, 3ª T., AgRg no AREsp 680.048/RJ, Rel. Min. Marco Aurélio Bellizze, j. 14.06.2016, *DJe* 22.06.2016; STJ, 3ª T., AgRg no REsp 1.046.570/RJ, Rel. Min. Sidnei Beneti, j. 18.10.2011, *DJe* 07.11.2011; STJ, 2ª T., EDcl no RO 25/DA, Rel. Min. Eliana Calmon, j. 04.12.2003, *DJ* 15.03.2003; e STJ, 3ª T., REsp 135.355/SP, Rel. Min. Eduardo Ribeiro, j. 04.04.2000, *DJ* 19.06.2000.
156. STJ, 2ª T., REsp 926.843/PR, Rel. Min. Mauro Campbell Marques, j. 28.09.2010, *DJe* 15.10.2010; STJ, 1ª T., AgRg no Ag 186.172/RJ, Rel. Min. Humberto Gomes de Barros, j. 17.08.1998, *DJ* 28.09.1998 e STJ, 4ª T., REsp 6.734/MG, Rel. Min. Athos Gusmão Carneiro, j. 31.10.1991, *DJ* 02.12.1991.
157. STJ, 1ª Seção, AgRg na AR 4.640/DF, Rel. Min. Hamilton Carvalhido, j. 23.03.2011, *DJe* 05.04.2011; STJ, 1ª Seção, AgRg na AR 3.971/GO, Rel. Min. Denise Arruda, j. 11.06.2008, *DJe* 30.06.2008; STJ, 4ª T., REsp 356.402/PB, Rel. Min. Jorge Scartezzini, j. 15.08.2006, *DJ* 11.09.2006 e STJ, 5ª T., REsp 263.110/RS, Rel. Min. Edson Vidigal, j. 24.10.2000, *DJ* 04.12.2000.
158. STJ, 4ª T., REsp 10.293/PR, Rel. Min. Athos Gusmão Carneiro, j. 08.09.1992, *DJ* 05.10.1992.
159. STJ, 3ª T., REsp 1.529.545/PE, Rel. Min. Marco Aurélio Bellizze, j. 1º.12.2016, *DJe* 19.12.2016.

Se ação autônoma e prejudicial for ajuizada depois da apresentação da defesa própria na execução, mas naquela existir, além da mesma matéria que esta defesa própria possua, outra diferente da alegada na defesa própria, somente quanto à parte idêntica aplica-se a regra da litispendência, que determina que essa matéria suscitada na ação prejudicial não tenha seu mérito apreciado (CPC, art. 485, V).

De outro lado, se a ação autônoma for proposta antes da existência da execução e, sendo esta iniciada, a fim de que não se repita na defesa própria aquilo que já está sendo judicialmente discutido e para que não haja prejuízo para o executado, será o caso de receber essa ação autônoma, na fase em que se encontra, como a própria defesa perante a execução. Isso não exclui, ainda, que o executado ofereça defesa própria, alegando outros temas, especialmente de natureza processual, que não eram objeto de discussão na ação prejudicial.

Tratando-se a ação prejudicial de ação de conhecimento, lhe são aplicáveis todas as demais disciplinas relativas a resposta, provas, decisões, recursos etc., sempre respeitando, também, o rito a ela aplicável.

Merece destaque a situação inerente a eventual efeito suspensivo que se tenha atribuído à ação prejudicial. A decisão a seu respeito é atacável mediante agravo de instrumento. A manutenção deste efeito suspensivo na pendência do recurso de apelo dependerá do previsto no art. 1.102, § 1º, V do CPC, isto é, se o juiz, na sentença, revogou ou manteve essa tutela provisória. Se foi mantido, o efeito se mantém em grau de recurso, até seu final julgamento. Do contrário, se houve sua revogação, terá o executado que tentar obtê-lo junto ao tribunal competente, na forma do art. 1.012, § 3º c/c o art. 995, parágrafo único (urgência) ou c/c o art. 932, V (evidência), todos do CPC.

Nelas sendo desempenhada técnica de cognição exauriente, se julgado o seu mérito, haverá produção de coisa julgada material.

11.7.8. Espécies de ações que podem ser prejudiciais à execução

Diversas são as ações que podem ser utilizadas como defesa heterotópica numa execução. Pode-se mencionar: ação rescisória (CPC, art. 966 e ss.)[160]; ação anulatória (CPC, art. 966, § 4º[161] e 903, § 4º, quando utilizada para atacar adjudicação após expedida a respectiva carta); ação declaratória de inexistência de relação jurídica ou de falsidade do título executivo (CPC, art. 19);[162] *querella nullitatis*[163]; ação de consignação em paga-

---

160. STJ, 1ª Seção, EREsp 770.847/PR, Rel. Min. Luiz Fux, j. 23.04.2008, *DJe* 19.05.2008 e STJ, 2ª T., REsp 926.843/PR, Rel. Min. Mauro Campbell Marques, j. 28.09.2010, *DJe* 15.10.2010.
161. STJ, 2ª T., REsp 572.756/RS, Rel. Min. Eliana Calmon, j. 02.03.2004, *DJ* 17.05.2004.
162. STJ, 4ª T., AgRg no REsp 1.196.806/MG, Rel. Min. Aldir Passarinho Jr., j. 22.03.2001, *DJe* 28.03.2011; STJ, 1ª T., AgRg no REsp 1.054.833/RJ, Rel. Min. Teori Albino Zavascki, j. 28.06.2011, *DJe* 02.08.2011; STJ, 3ª T., REsp 1.169.422/AL, Rel. Min. Massami Uyeda, j. 16.08.2011, *DJe* 22.06.2012.
163. STJ, 3ª T., REsp 19.241/SP, Rel. Min. Ari Pargendler, j. 02.03.2000, *DJ* 11.09.2000.

mento (CPC, art. 539 e ss.)[164]; mandado de segurança (Lei 12.016/2009)[165]; ações para suspensão da exigibilidade do crédito tributário (CTN, art. 151)[166]; ações revisionais de contratos[167] e de alimentos[168]; embargos de terceiro (CPC, art. 674 e ss.)[169] etc.

---

164. STJ, 1ª Seção, CC 55.584/SC, Rel. Min. Luiz Fux, j. 12.08.2009, DJe 05.10.2009; STJ, 1ª Seção, CC 3.419/PR, Rel. Min. Antônio de Pádua Ribeiro, j. 14.12.1993, DJ 07.02.1994 e STJ, 4ª T., REsp 2.793/MT, Rel. Min. Athos Gusmão Carneiro, j. 02.10.1990, DJ 03.12.1990.
165. STJ, 2ª T., REsp 713.045/PR, Rel. Min. Mauro Campbell Marques, j. 09.06.2009, DJe 23.06.2009.
166. STJ, 1ª T., AgRg no AREsp 129.803/DF, Rel. Min. Ari Pargendler, j. 06.08.2013, DJe 15.08.2013; STJ, 2ª T., AgRg no REsp 1.251.021/RJ, Rel. Min. Humberto Martins, j. 02.08.2011, DJe 10.08.2011 e STJ, 1ª Seção, CC 89.267/SP, Rel. Min. Teori Albino Zavascki, j. 14.11.2007, DJ 10.12.2007.
167. STJ, 2ª Seção, EDcl no CC 139.782/GO, Rel. Min. João Otávio de Noronha, j. 25.11.2015, DJe 27.11.2015; STJ, 4ª T., REsp 1.118.595/MT, Rel. Min. Luis Felipe Salomão, j. 19.11.2013, DJe 06.12.2013; STJ, 3ª T., AgRg no REsp 1.148.145/SP, Rel. Min. Massami Uyeda, j. 25.09.2012, DJe 10.10.2012 e STJ, 3ª T., REsp 800.880/PE, Rel. Min. Carlos Alberto Menezes Direito, j. 05.10.2006, DJ 05.03.2009.
168. STJ, 2ª Seção, CC 1.139/MT, Rel. Min. Sálvio de Figueiredo Teixeira, j. 08.05.1991, DJ 17.06.1991.
169. STJ, 2ª Seção, CC 31.696/MG, Rel. Min. Aldir Passarinho Jr., j. 09.05.2001, DJ 24.09.2001.

PAULO PINHEIRO

Parte V
DOS PROCEDIMENTOS ESPECIAIS

1
CONSIDERAÇÕES GERAIS

1.1. COMPREENSÃO DO PORQUÊ DA EXISTÊNCIA DE PROCEDIMENTOS ESPECIAIS: "PROCESSO JUSTO" E DETERMINAÇÃO CONSTITUCIONAL PARA A CONCESSÃO DE "TUTELAS ADEQUADAS"

O exame do ordenamento jurídico brasileiro permite afirmar que, a partir da Constituição, existem normas que disciplinam o exercício da jurisdição e, se consideradas em sua complexidade, indicam um esquema geral para o processo. Desse modo, há um modelo constitucional para o processo civil. E o aludido sistema é norteado pela busca do "processo justo", que remarca a insuficiência de mero acesso formal aos órgãos jurisdicionais. Nessa linha, o acesso deve ser assegurado por meio de um processo que, estruturalmente, apresente garantias de Justiça, ou seja, pelo modelo constitucional brasileiro (principalmente, CF, art. 5º, *caput*, XXXV, LIV, LV, LXXVIII; art. 93, IX), processo presidido por juiz natural e imparcial, em que haja igualdade entre as partes, respeito ao contraditório, motivação dos pronunciamentos e também seja apto a conceder uma *tutela jurisdicional* efetiva, *adequada* e tempestiva àquele que tem razão. Esses aspectos podem ser sintetizados pela cláusula do "devido processo legal". Desse modo, o "processo justo" se busca por meio do atendimento ao devido processo legal.

A tutela jurisdicional é a proteção concedida, por meio do exercício da atividade jurisdicional, àquele que tem razão. Não se pode desconhecer que, excepcionalmente, concede-se tutela, de forma provisória, àquele que provavelmente tem razão, sem que o direito dessa pessoa seja ou tenha sido reconhecido definitivamente. Entretanto, afora essas hipóteses extraordinárias, a tutela será a proteção outorgada, após o exercício da atividade jurisdicional. Cuida-se, pois, do resultado do processo.

O emprego do adjetivo "adequada", para qualificar substantivo "tutela", estabelece um exame relacional, isto é, a análise da relação de conformidade, de ajuste ou de adaptação entre objetos ou realidades. No caso, a relação se estabelece entre a "tutela jurisdicional" e o objeto tutelado. Dito de modo mais detalhado, ao se qualificar a tutela como adequada, se indica a necessidade de existência de conformidade entre a proteção jurisdicional (tutela) e o bem tutelado, que, em regra, é o direito material, cuja titularidade, evidentemente, é de uma pessoa. Assim sendo, constitucionalmente, há uma determinação, dirigida também ao legislador infraconstitucional, para que se promova a conformação da tutela jurisdicional ao direto material.

Ocorre que essa imposição de adaptação, para ser atendida, exige que sejam criados mecanismos, notadamente pelo legislador infraconstitucional, que são antecedentes à tutela e ao próprio processo. Em outras palavras, no ordenamento, devem ser disciplinados meios ou técnicas processuais para a efetivação do processo justo.

E, neste contexto, deve ser apreendida a figura do procedimento.

Para expressiva parcela dos estudiosos, processo e procedimento são realidades inconfundíveis[1]. O primeiro (processo) é continente, do qual o segundo (procedimento), juntamente com outros elementos, é conteúdo. O processo é a relação jurídica que, envolvendo demandante, Estado-Juiz e demandado, se movimenta e se exterioriza, por meio do contraditório e do procedimento. Dessa maneira, o arcabouço da relação jurídica é o procedimento, que confere unidade ao processo. Explica-se. O procedimento representa a reunião de vários atos que são organizados e encadeados sucessivamente, para o alcance do objetivo final. Em razão do procedimento, há um esqueleto uno, do qual, por sua vez, decorre e se sustenta a unidade do processo.

No mais das vezes, a construção do procedimento, por parte do legislador, não tem em mira as especificidades desta ou daquela relação jurídica de direito material, cujo litígio será resolvido mediante o processo. Exatamente por esse motivo, o procedimento comum é a regra, aplicando-se a todas as causas (CPC, art. 318). Nestas hipóteses, quando se investiga o procedimento à luz do direito material, é possível afirmar que há uma "neutralidade", porquanto os vários atos são organizados e encadeados sucessivamente, independentemente do conteúdo da relação jurídica de direito material. Isso não significa afirmar, obviamente, que, nessas situações de "neutralidade" se abriu mão da obtenção de uma tutela adequada. Daí a existência de meios ou técnicas processuais, aplicáveis ao procedimento comum – como, por exemplo, a tutela provisória (CPC, arts. 300 e 311) –, as quais são engendradas para que possa alcançar o "processo justo".

A visualização da mencionada "neutralidade" é relevante exatamente para remarcar o contraponto entre as características da atividade de se construir, de um lado, o procedimento comum, e, de outro, os procedimentos especiais. No primeiro, ainda que sem se perde de vista a estrutura e a busca pelo processo justo, o direito material não representa um elemento decisivo para a elaboração do procedimento. Já na concepção dos procedimentos especiais, ao contrário, almeja-se o processo justo, tendo em conta, dentre outros aspectos, as peculiaridades da relação de direito material, que será ali deduzida. Não por outro motivo, afora aqueles disciplinados no CPC (Título III, do Livro I, da Parte Especial, arts. 539 a 770), existem outros procedimentos especiais estabelecidos na legislação extravagante que, em regra, são estruturados no mesmo instrumento normativo em que também é estabelecido o regramento do direito material, relativo àquele determinado instituto. É o caso, por exemplo, da Lei de Locações (Lei 8.245/1991) e do

---

1. O contraponto a esta concepção, com indicação e exame da orientação majoritária e suas variações, foi realizado por Paula Sarno Braga (BRAGA, Paula Sarno. *Norma de processo e norma de procedimento*: o problema da repartição de competência legislativa no Direito Constitucional brasileiro. Salvador: JusPodivm, 2015, passim).

regime jurídico das desapropriações por interesse público (Decreto-lei 3.365/1941). Esses documentos normativos veiculam normas de direito material e procedimentais.

A compreensão do porquê da existência dos procedimentos especiais, nos termos acima apresentados, é um relevante critério interpretativo. Realmente, como visto, essa solução visa a fazer adaptação no processo, no mais das vezes particularmente no procedimento, às especificidades do direito material, em busca do "processo justo" que, por isso, seja apto a uma *tutela jurisdicional* efetiva, *adequada* e tempestiva àquele que tem razão. Se é assim, a existência e a disciplina de "procedimentos especiais" indicam um maior cuidado dispensado pelo ordenamento jurídico àquele tema e não podem justificar soluções nas quais, em função da existência e da aplicação somente do regramento do procedimento especial, o resultado do processo é menos efetivo. Com efeito, mesmo diante da existência de determinado procedimento especial, em busca da efetividade, não se pode perder de vista a possibilidade de aplicação subsidiária do procedimento comum (CPC, art. 318, parágrafo único) e a eventual necessidade de utilização de institutos da parte geral que, em princípio, têm maior incidência nos casos regidos pelo procedimento comum, como se dá, por exemplo, com a tutela provisória (CPC, arts. 300 a 311).

Esse parâmetro interpretativo, sob outra perspectiva, é confirmado na cumulação de pedidos. Às vezes, é viável a cumulação de pretensões cujos processos seguem procedimentos especiais ou de uma pretensão que observa o procedimento comum e outra jungida a um procedimento especial. Diante da cumulação, o autor deverá empregar o procedimento comum (CPC, art. 327, § 2º). Todavia, conforme inovação introduzida no § 2º do art. 327 do CPC, essa utilização se dará "sem prejuízo do emprego das técnicas processuais diferenciadas previstas nos procedimentos especiais a que se sujeitam um ou mais pedidos cumulados, que não forem incompatíveis com as disposições sobre o procedimento comum".

A partir desse texto, tem-se defendido significativa alteração, não somente na abrangência do instituto da cumulação objetiva de pedido, mas nas relações entre o procedimento comum e os procedimentos especiais. A norma decorrente desse dispositivo abre caminho para flexibilização do procedimento comum pelas técnicas especiais, estabelecendo livre trânsito dessas técnicas especiais entre os procedimentos[2].

Ainda a confirmar a pauta interpretativa aqui referida, deve-se mencionar a utilização do instituto do negócio jurídico processual, em sede de procedimentos especiais.

---

2. Existem duas obras fundamentais sobre esta perspectiva de análise: DIDIER JR., Fredie; CABRAL, Antonio do Passo; CUNHA, Leonardo Carneiro da. *Por uma nova teoria dos procedimentos especiais*: dos procedimentos às técnicas. 2. ed. Salvador: JusPodivm, 2020, *passim*. CERQUEIRA, Társis Silva de. *O procedimento comum e a sua relação com os procedimentos especiais*: a análise do conteúdo normativo do art. 327, § 2º, do Código de Processo Civil. Salvador: JusPodivm, 2020, passim. Nesse contexto, merece reanálise a posição restritiva assumida pelo STJ, já aplicando o CPC de 2015, mas com os olhos voltados à disciplina do tema no CPC de 1973, que rejeitou a possibilidade de cumulação dos embargos de terceiro com pedido de dano moral (STJ, 3ª T, REsp 1.703.707, Rel. Min. Marco Aurélio Bellizze, j. 25.05.2021, *DJe* 28.05.2021).

Nos termos do art. 190 do CPC, a convenção pode estipular "mudança nos procedimentos". É evidente que tal disposição se aplica e pode ser muito útil nos procedimentos especiais. A título de ilustração, pense-se no negócio jurídico entabulado antes do início ou no momento da abertura do inventário, por meio do qual os herdeiros estabeleçam a forma da realização da avaliação dos bens (extrajudicialmente, com tais ou quais características) ou mesmo parâmetros acerca da partilha. Ou também na convenção entre mandante e mandatário sobre especificidades da prestação de contas, caso venha existir discussão judicial relativamente a este dever.

Entretanto, o negócio jurídico processual encontrará limite na impossibilidade de desnaturação do procedimento especial, com a neutralização da característica que justificou a sua concepção. Outrossim existem procedimentos que, antes da instauração de qualquer processo, são de difícil conciliação com a ideia de convenção processual, como é o caso dos litígios possessórios e dos embargos de terceiro.

1.2. DAS CARACTERÍSTICAS QUE CONFEREM "ESPECIALIDADE" AO "PROCEDIMENTO"

As observações lançadas no item precedente poderiam conduzir à conclusão de que o caráter de "especialidade" está sempre e apenas vinculado à adaptação do procedimento a determinadas peculiaridades da relação jurídica de direito material. Entretanto, esse entendimento não encontra apoio no ordenamento jurídico, notadamente no Título III (Procedimentos Especiais), do Livro I (Do Processo de Conhecimento e Do Cumprimento de Sentença), da Parte Especial, do CPC. Na realidade, o exame das várias "ações" disciplinadas neste Título III revela que não há homogeneidade nos critérios eleitos para a sua catalogação dentre os procedimentos especiais.

Ainda assim, é relevante arrolar alguns parâmetros empregados para conferir "especialidade" ao procedimento.

O primeiro deles é exatamente a mudança ou a adaptação na estrutura procedimental, que pode ser verificada, a título de ilustração, na possibilidade de existência de duas fases na ação de exigir contas ou nas etapas procedimentais do inventário e da partilha, completamente distintas daquelas previstas no procedimento comum. Às vezes, neste campo, a alteração é pontual, como é a ausência de previsão, nos procedimentos especiais, da necessidade da audiência de conciliação ou de mediação, prevista no art. 334 do CPC, exceção feita às ações de família, nas quais, mesmo com peculiaridades, é contemplada a referida audiência (art. 696 do CPC).

Nos procedimentos especiais, encontra-se a disciplina processual relativa a determinadas relações de direito material, em que não há a fixação antecipada de quem figurará neste ou naquele polo da relação jurídica processual. Qualquer das partes pode atuar em qualquer dos polos, como autor ou réu, e consequentemente sempre poderá deduzir pretensão, independentemente da utilização da técnica processual da reconvenção. São as chamadas ações dúplices. Na ação demarcatória, a pretensão de fixar limites entre prédios pode ser apresentada por qualquer dos confinantes. Quando alguém administra bens alheios e são exigidas ou prestadas as contas, apresentadas as contas, o saldo credor pode ser tanto de titularidade do autor como do réu. Por conseguinte, cada parte pode, ao mesmo tempo, ocupar tanto a posição de autor como a de réu.

Outra característica é a previsão de tutela provisória de evidência, com base em pressupostos distintos dos estabelecidos no art. 311. É a hipótese do art. 562, que viabiliza a concessão de ordem de manutenção ou reintegração, desde que comprovados, já com a petição inicial, a posse, a turbação ou o esbulho praticado pelo réu, a data da ofensa à posse e as suas consequências.

Também nas ações possessórias constata-se a mitigação da regra da correlação entre o pedido e a tutela concedida (CPC, arts. 141 e 492), porquanto, conforme prescreve o art. 554, "a propositura de uma ação possessória em vez de outra não obstará a que o juiz conheça do pedido e outorgue a proteção legal correspondente àquela cujos pressupostos estejam provados". Outrossim, ordinariamente, há restrição à cognição ao debate possessório, com limitação à exceção de domínio (CPC, art. 557).

Ainda pode ser mencionada, no inventário, a restrição imposta à cognição judicial, no que tange às questões que exijam a produção de provas que não a documental (CPC, arts. 612 e 628, § 2º).

Às vezes, concebe-se técnica para viabilizar juízo de cognição sumária, que pode produzir pronunciamento definitivo, dependendo do comportamento do réu, como no mandado de pagamento, expedido na ação monitória (CPC, art. 701).

Igualmente merece lembrança a autorização para o julgamento com base em equidade, nos procedimentos de jurisdição voluntária (CPC, art. 723, parágrafo único).

Os vários cenários expostos mostram a grande dificuldade de elencar todas as características que permitem agregar ao substantivo "procedimento" a qualidade de "especial". Se tanto não bastasse, a heterogeneidade de situações constitui obstáculo à tentativa de sistematização. Entretanto, mesmo reconhecendo-se todas as limitações do resultado tarefa, vale a pena fixar os seguintes parâmetros:

i) a especialidade pode decorrer da modificação da estrutura procedimental, que é adaptada às peculiaridades da relação jurídica de direito material;

ii) outras características, que não se restringem à alteração da estrutura procedimental, repercutindo em outros aspectos do processo (cognição, poderes, direitos etc.), também justificaram a concepção, pelo legislador, de determinados "procedimentos especiais". É o que se dá, por exemplo, nos seguintes pontos: a) imposição de limitação da atividade cognitiva; b) a mitigação da regra de correlação entre a demanda e sentença; c) reconhecimento do caráter dúplice de determinadas ações; d) criação de novas hipóteses de tutela provisória, diversas daquelas previstas nos arts. 300 a 311 do CPC; e) criação de mecanismo para permitir, em outras situações que não as da tutela provisória, a prolação de decisão, com base em cognição sumária; e f) julgamento com base em equidade, nos procedimentos de jurisdição voluntária.

Conforme mencionado acima, a existência de procedimento especial não é, por si só, impedimento à cumulação de pedidos. Em havendo a reunião de pretensões, consoante já remarcado, observar-se-á o procedimento comum "sem prejuízo do emprego das técnicas processuais diferenciadas previstas nos procedimentos especiais a que se sujeitam um ou mais pedidos cumulados, que não forem incompatíveis com as disposições sobre o procedimento comum" (CPC, art. 327, § 2º). Todavia, pode suceder que a característica ou as características que conferem especialidade ao procedimento não podem ser adaptadas ao procedimento comum, o que impedirá a cumulação. Para ficar num caso, seja em razão de sua estrutura procedimental, seja em função da limitação cognitiva que lhe é imposta, não é possível cumular a pretensão relativa ao processo de inventário e de partilha com outra pretensão, por exemplo, relacionada à condição de sucessor de uma determinada pessoa.

2
DA AÇÃO DE CONSIGNAÇÃO EM PAGAMENTO

2.1. DO DIREITO DO DEVEDOR À LIBERAÇÃO DA OBRIGAÇÃO E SUAS REPERCUSSÕES: O PAGAMENTO EM CONSIGNAÇÃO

O caminho natural para a extinção da obrigação é o seu adimplemento, ou seja, a realização voluntária da prestação devida, pelo devedor, no tempo, no lugar e na forma convencionados. Existem outras formas de extinção da obrigação, que não envolvem o seu efetivo cumprimento. Exemplo eloquente é a remissão da dívida, cujo conteúdo corresponde à extinção, sem a realização da obrigação, que foi perdoada. Daí a distinção, proposta por alguns estudiosos, entre o adimplemento em sentido técnico ou estrito, que corresponde à extinção da obrigação, por meio do cumprimento da prestação, e o adimplemento em sentido amplo, que alcança toda e qualquer modalidade de extinção da obrigação, inclusive os casos em que não há a realização da prestação (*v.g.*, remissão) ou nos quais isso ocorra indiretamente (*v.g.*, compensação, confusão, novação).

Dessa maneira, o pagamento correspondente a uma modalidade de adimplemento em sentido estrito, isto é, à extinção da obrigação, mediante a realização da prestação pelo devedor.

A apresentação dos aspectos da relação obrigacional, acima promovida, pode ter como perspectiva a posição subjetiva do credor ou a do devedor. Sob a ótica do credor, visualiza-se o adimplemento como a realização de seu direito à prestação. No enfoque do devedor, flagra-se o adimplemento a partir do efeito provocado pela extinção do vínculo obrigacional, que é a liberação do obrigado. Bem por isso, quando se analisa as posições jurídico subjetivas decorrentes do pagamento como forma de adimplemento, de um lado, se verifica o direito do credor ao recebimento da prestação e a correspondente obrigação do devedor em realizá-la, e, de outro, se constata o direito do devedor à obtenção de sua liberação e a correlata obrigação do credor de receber o pagamento. É claro que, para que a consignação tenha força de pagamento, o devedor tem que observar, no que tange às pessoas, ao objeto, ao modo e ao tempo da obrigação, exatamente o que foi pactuado ou, na dicção do art. 336, do CC, "será mister concorram, em relação às pessoas, ao objeto, modo e tempo, todos os requisitos sem os quais não é válido o pagamento"[1].

---

1. O STJ já proclamou a vedação de utilizar o pagamento em consignação para coisa diversa da que constitui o objeto da prestação (1ª T., REsp 708.421, Rel. Min. Francisco Falcão, j. 16.03.2006, *DJ* 10.04.2006; 4ª T., AgInt

A verificação da existência do direito à liberação ainda pode ser atestada pela mora (art. 394 do CC), isto é, pelos efeitos desfavoráveis do inadimplemento (v.g., responsabilidade pelos prejuízos, juros, honorários – CC, art. 395), que devem ser suportados pelo devedor, caso ele não efetue o pagamento. É dizer: o direito à liberação é outorgado ao devedor como um meio de evitar os efeitos da mora. Daí o disposto no art. 540, do CPC, na direção de que a consignação faz cessar "para o devedor, à data do depósito, os juros e os riscos", obviamente, desde que a sua pretensão não seja julgada improcedente.

É também neste contexto que o ordenamento jurídico reconhece a mora do credor (CC, art. 394), que não quiser receber o pagamento no tempo, lugar e forma que a lei ou a convenção estabelecer. Sanciona-se aqui a violação, por parte do credor, do dever de cooperação, que, por sua vez, decorre do princípio da boa-fé objetiva (CC, arts. 113 e 422).

Contudo, a toda evidência, seria insuficiente somente reconhecer a mora do credor e não estabelecer mecanismos que permitam ao devedor, ainda que indiretamente, a realização do pagamento e o alcance da consequente liberação. Por isso, duas medidas foram tomadas para combater a vulneração da boa-fé, bem como prestigiar o reconhecimento e a proteção do direito à liberação: i) a concepção do mecanismo da consignação (CC, art. 334), que é uma modalidade de pagamento indireto ou um ato (depósito) equiparado ao pagamento, para fins de liberação do devedor; ii) previsão de hipóteses (CC, art. 335), nas quais, por algum fato ou ato relacionado ao credor, o devedor tem a consignação ao seu alcance, por não poder realizar a prestação devida, obtendo a liberação.

Em outras palavras, a partir do texto do art. 334, do CC, pode-se afirmar que a consignação é o depósito judicial ou em estabelecimento bancário, que, por se equiparar ao pagamento, extingue a obrigação, liberando o devedor. Trata-se, pois, de uma forma de extinção das obrigações. Tal medida será cabível sempre que fato ou ato relacionado ao credor impeça a realização da prestação devida, sendo que o art. 335 do CC traz rol das situações reveladoras dessa circunstância. Embora as hipóteses apresentadas no texto sejam amplas, a relação do art. 335 é meramente exemplificativa, de modo que o pagamento por consignação se mostrará viável toda vez que a falta de cooperação do credor[2] obstruir o cumprimento da prestação. De qualquer modo, a consignação é uma opção colocada à disposição do devedor, a quem competirá, diante da ausência de cooperação do credor, escolher pelo emprego dessa forma de pagamento indireto.

Ainda merece olhar mais atento a obrigação que se pretende solver. Cuida-se, evidentemente, de obrigação de dar, caracterizada pela entrega de dinheiro ou de coisa. É oportuno remarcar que não há nenhuma exigência legal, para que a obrigação seja

---

no AREsp 1.993.159, Rel. Min. Raul Araújo, j. 10.10.2022, *DJe* 21.10.2022; 4ª T., REsp 1.831.057, Rel. Min. Antonio Carlos Ferreira, j. 20.06.2023, *DJe* 26.06.2023).

2. STJ já decidiu que "a cobrança de juros ou encargos ilegais *descaracteriza* a mora do devedor, razão pela qual, se este não pagar, não incidirá em seus efeitos" (4ª T., AgRg no REsp 1.217.391, Rel. Ministro Raul Araújo, j. 25.09.2012, *DJe* 26.10.2012).

líquida e *certa*. Competirá ao devedor afirmar a existência e o valor da obrigação, o que poderá, especialmente no que se refere ao *quantum*, ser questionado ou controvertido pelo credor, seja por meio da recusa na consignação extrajudicial, seja mediante contestação, na consignação judicial. Além disso, embora, no mais das vezes, a obrigação objeto da consignação seja contratual, o STJ[3] já reconheceu: "(...) ser considerada adequada a veiculação, pelo autor de ação de consignação em pagamento, de pretensão consistente no correto pagamento de obrigação, contratual ou extracontratual, objeto de litígio entre ele, devedor, e o credor." Neste aresto, "havia controvérsia a respeito do montante da prestação (valor da indenização) da sua obrigação de reparar os danos causados ao veículo deste em acidente de trânsito".

Delimitados os contornos do pagamento em consignação, é fácil notar a incompatibilidade do encaminhamento de litígios deste tipo de relação jurídica de direito material, por meio de processo que observe o procedimento comum. Perceba-se, por exemplo, que o direito material afirmado pelo autor consistirá no direito ao depósito, para a obtenção da extinção da obrigação, com a sua liberação. Se tivesse que ser observada a lógica do procedimento comum, que, em regra, mantém o *status quo*, pelo menos, até a prolação de sentença, o depósito somente teria lugar no final do procedimento, o que certamente comprometeria a efetividade e adequação da tutela a ser prestada, seja para o autor, no caso de procedência, seja para o réu, na hipótese de improcedência. Deveras, para ambas as partes, o depósito no final do procedimento traria repercussões negativas, pois seria de difícil conciliação a implementação deste ato apenas nesta fase e o momento do cumprimento da obrigação, que, obviamente, não está vinculado ao encerramento ou qualquer outra etapa do procedimento.

Por isso, a "especialidade" do procedimento passa a ser esmiuçada nos próximos itens. Todavia, por força de sua influência na concepção do "procedimento", é inevitável não abordar, também neste contexto, questões ligadas ao direito material. A propósito, são as peculiaridades do direito material que impõem um desvio, antes mesmo da abordagem da ação de consignação em pagamento, para o esquadrinhar o regime jurídico da consignação em pagamento extrajudicial.

2.2. DA CONSIGNAÇÃO EM PAGAMENTO EXTRAJUDICIAL

Como visto, verificada a falta de cooperação do credor, o ordenamento jurídico coloca à disposição do devedor a opção da consignação, para a realização indireta do pagamento e a consequente extinção da obrigação, com efeito liberatório.

Ocorre que, quando a obrigação tiver como conteúdo o pagamento de soma em dinheiro, além da escolha pela via da consignação, o devedor pode eleger ou a sua realização judicialmente ou a efetivação da consignação extrajudicial, por meio de depósito em estabelecimento bancário.

---

3. STJ, 3ª T., AgRg nos EDcl no REsp 688.524, Rel. Min. Paulo de Tarso Sanseverino, j. 02.12.2010, *DJe* 10.12.2010.

Com efeito, a utilização da consignação extrajudicial pressupõe o preenchimento de dois requisitos, decorrentes do texto do § 1º, do art. 539, do CPC: i) obrigação em dinheiro; e ii) realização de depósito, no lugar pagamento, em estabelecimento bancário oficial, onde houver.

Nessa toada, ainda nos termos do § 1º, do art. 539, do CPC, o devedor poderá promover, no lugar do pagamento, o depósito do valor em dinheiro, em estabelecimento bancário oficial, se houver, sendo que o credor será cientificado, por carta com aviso de recebimento, a quem fica assegurada a possibilidade de, no prazo de 10 dias, manifestar a sua recusa.

Cumpre esmiuçar alguns dos pontos acima apresentados.

Quando não houver, no lugar do pagamento, estabelecimento bancário oficial, o depósito poderá ser realizado em instituição financeira privada. Por outro lado, necessariamente, a consignação deve ser realizada no lugar do pagamento, sob pena de não produzir o efeito liberatório, mesmo diante da ausência de recusa ou qualquer manifestação do credor[4]. Significa asseverar que, nas dívidas quesíveis (*queráble*) – que representam a regra geral, conforme dispõe o art. 327, do CC –, o lugar do pagamento é o domicílio do devedor e lá o depósito deverá ser efetuado. Em havendo convenção em sentido contrário, o que é autorizado pelo mesmo art. 327, do CC, a dívida será portável (*portable*), de maneira que o lugar do pagamento será o domicílio do credor, onde se realizará o depósito, para fins de consignação extrajudicial.

Promovido o depósito, o credor será comunicado, por meio de carta com aviso de recebimento, o que corresponde a afirmar, segundo interpretação prestigiada pelo STJ[5], que essa cientificação deve ser pessoal. De outro modo, para a produção do efeito liberatório, é necessário que se comprove o efetivo conhecimento do depósito pelo credor, o que se perfaz com a comunicação pessoal.

Tendo conhecimento do depósito, no prazo de 10 dias, o credor poderá manifestar a sua recusa, por meio de peça escrita, dirigida ao estabelecimento bancário, o que impedirá que a consignação produza efeito liberatório. Nesta hipótese, consoante prescreve o § 3º, do art. 539, do CPC, "poderá ser proposta, dentro de 1 (um) mês, a ação de consignação, instruindo-se a inicial com a prova do depósito e da recusa". Com o ajuizamento da demanda, compete ao autor comunicar ou solicitar a comunicação do banco depositante, para que este possa aplicar o regime de correção, incidente sobre os depósitos judiciais[6]. Não sendo ajuizada a demanda, neste prazo de 1 (um) mês, o depósito fica sem efeito e o devedor poderá levantá-lo (CPC, art. 539, § 4º).

---

4. O depósito em banco situado no local pagamento foi tido como requisito para a eficácia da consignação extrajudicial, no REsp 567.759/SP (STJ, *DJe* 17.03.2010), julgado por decisão monocrática do Desembargador Convocado Vasco Della Giustina.
5. STJ, 5ª T., REsp 618.295/DF, Rel. Min. Félix Fischer, j. 06.06.2006, *DJ* 1º.08.2006.
6. STJ, 3ª T., RMS 28.841, Rel. Min. Sidnei Beneti, j. 12.06.2012, *DJe* 02.08.2012.

Se o credor realizar o levantamento do valor depositado, considerar-se-á efetuado o pagamento indireto, mediante a consignação extrajudicial, com a consequente extinção da obrigação e liberação do devedor. Entretanto, ao credor é dada a possibilidade de levantar o valor depositado e, ao mesmo tempo, apresentar ressalva, apontando a insuficiência da quantia consignada, o que conduzirá apenas à extinção parcial da obrigação, nos limites do valor levantado, podendo o credor discutir, em via própria, a diferença por ele alegada[7].

Resta examinar o cenário em que o credor, embora cientificado, permaneça inerte, não apresentando recusa ou qualquer outra manifestação, no prazo de dez dias.

A letra do § 2º, do art. 539, do CPC, indica para a extinção da obrigação, valendo a pena transcrevê-la: "Decorrido o prazo do § 1º, contado do retorno do aviso de recebimento, sem a manifestação de recusa, considerar-se-á o devedor liberado da obrigação, ficando à disposição do credor a quantia depositada".

A melhor interpretação vai no mesmo rumo da literalidade do preceptivo. Realmente, o efeito liberatório, advindo a inércia do devedor, é elemento relevante para utilidade e eficácia da consignação extrajudicial. Outro entendimento torna inócua, para o devedor, a consignação extrajudicial, porquanto sempre o credor poderá exigir diferenças, mesmo quando não opôs nenhuma resistência. Por outro lado, até por força da boa-fé objetiva, especificamente da proibição da conduta contraditória (*venire contra factum proprium nulli conceditur*), não se pode admitir que o credor que, conquanto cientificado, manteve-se silente, desconsidere o seu comportamento, frustrando a legítima expectativa criada no sentido da extinção da obrigação.

Não obstante isso, existe pronunciamento do STJ reconhecendo que "o silencio do credor acerca do depósito extrajudicial não representa, *ipso facto*, a liberação da obrigação, impondo-se atentar às peculiaridades da causa"[8]. O caso submetido a julgamento tinha peculiaridades que poderiam justificar a solução ali esposada. Isso porque, embora silente após o recebimento da comunicação da consignação extrajudicial, o credor, na mesma data do depósito extrajudicial, ajuizou ação de cobrança, o que seria suficiente para retratar a sua recusa. Assim sendo, deve ser vista com cautelas a mitigação da norma que reconhece a extinção da obrigação quando, na consignação extrajudicial, mesmo notificado, o credor não apresenta recusa e nem ressalva.

2.3. DA LEGITIMIDADE

Não sendo viável ou não optando pela consignação extrajudicial ou ainda quando manifestada a recusa do credor, resta ao devedor judicializar a questão, buscando a declaração da extinção da obrigação e a sua liberação. Passa-se, assim, a estudar o re-

---

7. STJ, 4ª T., REsp 189.019, Rel. Min. Barros Monteiro, j. 06.05.2004, *DJ* 02.08.2004.
8. STJ, REsp 1.524.743, decisão monocrática do Min. Paulo de Tarso Sanseverino, *DJe* 17.02.2016.

gime jurídico da ação de consignação em pagamento, seguindo-se, em regra, o roteiro estabelecido pelo legislador, no CPC de 2015.

Segundo o art. 539, do CPC, "poderá o devedor ou terceiro requerer, com efeito de pagamento, a consignação da quantia ou da coisa devida". Destarte, como titular do direito à liberação, o devedor é o legitimado ativo, por excelência, indicado pela lei, para a propositura da ação de consignação. Contudo, novamente, se atesta a influência do direito material na conformação do regramento processual. Isso porque o direito material assegura, não apenas ao devedor, mas também a qualquer interessado na extinção da dívida a possibilidade de pagá-la, bem como de lançar mão, "se o credor se opuser, dos meios conducentes à exoneração do devedor" (CC, art. 304). Ora, em havendo oposição do credor, um dos meios apropriados à exoneração é o pagamento em consignação.

E mais: o terceiro não interessado igualmente pode fazer o pagamento – e, se necessário, consigná-lo –, "se o fizer em nome e à conta do devedor, salvo oposição deste" (CC, art. 304, parágrafo único).

Algumas especificações são relevantes.

O adjetivo "interessado", empregado pela lei civil, deve ser compreendido no âmbito da relação jurídica de direito material. Nessa ótica, o terceiro é juridicamente interessado quando direitos e obrigações de sua titularidade são influenciados pela obrigação do devedor. Não se confunde, pois, o "interesse" jurídico na realização do pagamento com a categoria do interesse processual.

Nesta linha, o terceiro interessado tem legitimidade ativa para propor a ação de consignação (CC, art. 304). A par disso, promovida a consignação e declarada a extinção da obrigação, o terceiro interessado se sub-rogará nos direitos do credor.

Já o terceiro não interessado é legitimado ativo, desde que faça pagamento em nome do devedor e sem a oposição deste. Outra interpretação significa ignorar o que foi prescrito pelo direito material. Realmente, como já assinalado, o *caput* do art. 304 confere ao terceiro interessado o direito ao pagamento e à utilização da consignação, que é um dos "meios conducentes à exoneração do devedor". E o parágrafo único, do mesmo preceptivo, assegura "*igual direito* ao terceiro não interessado, se o fizer em nome e à conta do devedor, salvo oposição deste" (grifo nosso).

Com efeito, embora tal entendimento não seja pacífico entre os estudiosos[9], nestas condições (consignação em nome do devedor e sem oposição deste), assim como fez ao terceiro interessado, o direito material conferiu legitimidade ao terceiro não interessado, que ajuizará a ação afirmando ser titular do direito de realizar o pagamento por consignação, em nome do devedor. Falecerá legitimidade ao terceiro não interessado que tentar realizar a consignação ou em nome próprio ou com oposição do devedor.

---

9. Em sentido contrário ao aqui defendido: MARCATO, Antonio Carlos. *Procedimentos especiais*. 16. ed. São Paulo: Atlas, 2016. p. 89.

Neste cenário, em se tratando de terceiro interessado ou não interessado, que faça a consignação em nome do devedor e sem oposição deste, a legitimidade se limita à afirmação do direito à consignação, não se estendendo às questões prévias que, eventualmente, deveriam ser suscitados e decididas para, em seguida, se reconhecer, por exemplo, que houve recusa injusta do credor. Pense-se na situação na qual a caracterização da recusa injusta tenha como pressuposto o reconhecimento da invalidade de disposição contratual. Em não havendo autorização do ordenamento, conferindo legitimidade ao terceiro, para pedir a revisão do contrato, a consignação por ele manejada não poderá ter como pressuposto a invalidação de cláusulas do negócio jurídico mantido entre credor e devedor[10]. Atente-se que, aqui, o problema não está na limitação da cognição judicial, em sede de consignação em pagamento – que inexiste –, como se verá adiante. A vedação se prende à ausência de legitimidade ativa do terceiro, que se restringe à afirmação do direito ao pagamento em consignação.

Resta o estudo da legitimidade passiva, que recairá sobre a pessoa do credor[11]. Quando o fundamento do pagamento em consignação for o desconhecimento da pessoa do credor (CC, art. 335, III), o réu será incerto e a sua citação promovida por edital. Já nas hipóteses de dúvida sobre quem deva legitimamente receber o objeto do pagamento (CC, art. 335, IV), no polo passivo, haverá litisconsórcio formado entre os que pretendem ser ou se supõem que sejam os credores.

2.4. DA COMPETÊNCIA

Para o ajuizamento da ação de consignação, é competente o foro do lugar do pagamento (CPC, art. 540).

Como afirmado acima, quando do estudo da consignação extrajudicial, isso corresponde a afirmar que, nas dívidas quesíveis (*queráble*) – que representam a regra geral, conforme dispõe o art. 327, do CC –, o lugar do pagamento é o domicílio do

---

10. O STJ discutiu e julgou, na sistemática dos recursos repetitivos, se o cessionário, no contrato de mútuo para aquisição de imóvel transferido sem a interveniência da instituição financeira, possui legitimidade para discutir e demandar em juízo questões pertinentes às obrigações assumidas e aos direitos adquiridos. A Corte Especial, ao julgar o REsp 1150429 (j. 25.04.2013, DJe 10.05.2013), relatado pelo Min. Ricardo Villas Bôas, decidiu que, por força da autorização conferida na Lei 10.150/2000, o cessionário tem legitimidade, em se tratando de contrato, avençado até 25.10.96. Já na hipótese de contrato originário de mútuo sem cobertura do FCVS, celebrado até 25.10.96, transferido sem a anuência do agente financiador e fora das condições estabelecidas pela Lei 10.150/2000, o cessionário não tem legitimidade ativa para ajuizar ação postulando a revisão do respectivo contrato. A nosso aviso, nesta hipótese, o cessionário até teria legitimidade para fazer o pagamento em consignação, na condição terceiro juridicamente interessado. No entanto, em face da ausência de autorização legal, a legitimidade não se estende e nem alcança a possibilidade de pedir revisão contratual.
11. Enfrentando caso interessante, que envolve o pagamento feito a credor putativo, em sede de consignação em pagamento, o STJ (3ª T., REsp 1.438.773, Rel. Min. Ricardo Villas Bôas Cueva, j. 13.03.2018, DJe 20.03.2018) assim se pronunciou: "4. Os depósitos realizados nos autos e levantados pelo credor originário, com autorização judicial, devem ser reputados válidos, pois o réu tinha aparência de credor e o pagamento foi feito de boa-fé. 5. Com a quitação parcial, a ação de consignação em pagamento deve prosseguir em relação aos valores controversos".

devedor e lá deverá ser promovida a ação consignatória. Em havendo convenção em sentido contrário, o que é autorizado pelo mesmo art. 327, do CC, a dívida será portável (*portable*), de maneira que o lugar do pagamento será o domicílio do credor e, por isso, o foro competente para a propositura da ação de consignação.

Cumpre destacar que o art. 540, do CPC, excepciona a regra geral do domicílio do réu (CPC, art. 46), o que, a propósito, já tinha sido o caminho utilizado pelo legislador, em situação semelhante, que estabeleceu, no art. 53, III, *d,* do CPC, também como exceção à regra geral, o foro do lugar "onde a obrigação deve ser satisfeita, para a ação em que se lhe exigir o cumprimento".

O CPC 2015 não reproduziu disposição contida no parágrafo único do art. 891, do Código anterior, pela qual, "quando a coisa devida for corpo que deva ser entregue no lugar em que está, poderá o devedor requerer a consignação no foro em que ela se encontra". Havia quem sustentasse que essa regra do parágrafo único constituía mera repetição da regra geral do lugar do pagamento, assinalando a inutilidade do dispositivo. Outros argumentavam que o campo de incidência da regra seria muito estreito e representado pelos casos nos quais o lugar do pagamento ou da entrega da coisa não tenha sido determinada com precisão ou ainda quando se contratou que a entrega deva ser feita onde quer que a coisa se encontre, na data do vencimento da obrigação. Havia ainda quem defendesse que o preceptivo se destinava àquelas situações nas quais, por força da natureza da obrigação ou das circunstâncias, seria difícil promover o cumprimento no local do domicílio ou do devedor ou do credor, como na hipótese da obrigação de entrega de coisa que tenha por objeto rebanho apascentado em outro local, que não o de seu cumprimento.

A ausência de previsão parece ter sido proposital e, certamente, se deveu à discussão em torno da aplicabilidade desta regra, inclinando-se o legislador de 2015 pela tese da inutilidade da disposição. Não obstante isso, o silencio não produzirá resultado, porquanto, em certa medida, a regra decorrente do dispositivo não reproduzido está prevista no art. 341, do CC, segundo o qual, se "a coisa devida for imóvel ou corpo certo que deva ser entregue no mesmo lugar onde está, poderá o devedor citar o credor para vir ou mandar recebê-la, sob pena de ser depositada". Nessa linha, o Fórum Permanente de Processualistas Civis aprovou o Enunciado 59, com o seguinte teor:

> Em ação de consignação e pagamento, quando a coisa devida for corpo que deva ser entregue no lugar em que está, poderá o devedor requerer a consignação no foro em que ela se encontra. A supressão do parágrafo único do art. 891 do Código de Processo Civil de 1973 é inócua, tendo em vista o art. 341 do Código Civil.

O campo de incidência da regra, agora construída apenas a partir do art. 341, do CC, é aquele propugnado pelos dois entendimentos, acima indicados, que não reconheciam a esterilidade do parágrafo único, do art. 891, do CPC de 1973. Aliás, são orientações complementares, que apontam para a competência do local em que deva ser entregue a coisa devida, que for "corpo certo": i) quando o lugar do pagamento ou da entrega da coisa não tenha sido determinado com precisão; ii) quando se contratou que a entrega deva ser feita onde quer que a coisa se encontre, na data do vencimento da obrigação; e iii) quando, por força da natureza da obrigação ou das circunstâncias, for difícil promover o cumprimento no local do domicilio ou devedor ou do credor.

As regras aqui esquadrinhadas se referem à competência territorial, que, como se sabe, é relativa e, portanto, prorrogável. Bem por isso, desatendida a norma, deverá o réu alegar a incompetência relativa, em sua contestação (CPC, arts. 64 e 337, II), sob pena de prorrogação (CPC, art. 65).

Além disso, por se tratar de competência relativa, o foro do lugar do cumprimento da obrigação pode ser modificado contratualmente, sendo que o foro de eleição prevalecerá sobre o primeiro. Conquanto se detecte entendimento doutrinário apontando pela predominância do foro do local do cumprimento[12], sistematicamente, é inviável reconhecer o caráter relativo da competência territorial e, ao mesmo tempo, não admitir o foro de eleição como dominante. Evidentemente, essa situação não se equipara aos casos em que se deva reconhecer a invalidade da cláusula de eleição de foro, em função de sua abusividade[13]. Entretanto, aqui, em função da invalidação, deixará de existir foro eleito pelas partes, incidindo a regra do local do cumprimento da obrigação[14].

2.5. DA DEMANDA CONSIGNATÓRIA: CAUSA DE PEDIR E PEDIDO

Preceitua o art. 539, do CPC, que, nos "casos previstos em lei, poderá o devedor ou terceiro requerer, com efeito de pagamento, a consignação da quantia ou da coisa devida". Dois pontos derivam do texto: i) as causas reveladoras da falta de cooperação do credor, cuja indicação é feita por remissão ao direito material ("nos casos previstos em lei"), campo no qual a principal fonte é o art. 335, do CC; e ii) as modalidades das obrigações que podem ser consignadas ("quantia ou da coisa devida").

A investigação desses dois aspectos fornece o material que forma a causa de pedir da demanda consignatória. Deveras, os fatos e os fundamentos jurídicos que amparam a pretensão de consignar dizem respeito aos atos do credor que impeçam a realização da prestação devida e ao tipo de obrigação cuja extinção se busca. Dito de maneira mais completa, a pretensão de consignar é constituída do fato revelador da falta de cooperação para o cumprimento da prestação da quantia ou coisa devida, bem como da consequência jurídica daí decorrente, que é a autorização, dada pelo ordenamento, para a obtenção da extinção da obrigação, por meio do pagamento por consignação.

---

12. MARCATO, Antonio Carlos. *Procedimentos especiais*. 16. ed. São Paulo: Atlas, 2016. p. 90.
13. Retratando orientação consolidada, a Min. Maria Isabel Gallotti (STJ, 4ª T., EDcl no AgRg no REsp 878757, j. 22.09.2015, *DJe* 1º.10.2015) averbou o seguinte: a "jurisprudência da Segunda Seção deste Superior Tribunal de Justiça encontra-se pacificada no sentido de ser válida a cláusula de eleição de foro, a qual somente pode ser afastada quando reputada ilícita em razão de especial dificuldade de acesso à justiça ou no caso de hipossuficiência da parte".
14. Não por outro motivo, quando, em ações de consignação, o STJ aponta a prevalência do local do cumprimento da obrigação, o fundamento é precisamente a invalidade da cláusula sobre foro de eleição (STJ, 2ª Seção, CC 31.408, Rel. Min. Aldir Passarinho, j. 26.09.2001, *DJ* 04.02.2002).

Acerca da causa de pedir existem particularidades que merecem ser ressaltadas.

Como antecipado, não há nenhuma exigência legal, para que a obrigação objeto da consignação seja *líquida* e *certa*. Cumpre ao devedor, agora na posição de autor da ação consignatória, ao formular a causa de pedir da demanda, afirmar a existência e o valor da obrigação. Por isso, deve ser afastada vetusta concepção de que a consignação se caracterizaria como "ação executiva invertida", o que pressuporia a liquidez e a certeza da obrigação. O que há apenas, insista-se, é o ônus do autor de alegar, na causa de pedir, a existência e a liquidez da obrigação.

E o vencimento da obrigação não constitui impedimento à consignação, pois esse mecanismo pode ser utilizado para a purgação da mora. Além disso, o atraso será irrelevante se verificada e continue existindo a falta de cooperação do credor, a impedir o adimplemento. Como já decidiu o STJ:

> (...) enquanto ao devedor é permitido pagar, admite-se requerer o depósito em consignação. A consignação pode abranger inclusive os casos de *mora debitoris*, pois servirá a purgá-la. Ocorrida a mora do credor, irrelevante a questão do tempo, pela permanência da recusa[15].

Note-se que, assim como em qualquer relação jurídica, as circunstâncias relativas ao atraso devem ser analisadas à luz do princípio da boa-fé objetiva. De fato, ainda que, em uma primeira aproximação, exista situação que possa sugerir a falta de cooperação do credor (*e.g.*, que nunca foi receber o pagamento), é preciso verificar se o exercício da pretensão consignatória não se revela incompatível com o princípio da boa-fé. É o que sucede nas hipóteses em que a conduta do autor/devedor é contraditória com a postura por ele assumida anteriormente ou ainda quando, por longuíssimo prazo, seguiu-se determinado comportamento, criando-se na contraparte expectativa legítima de que não haveria mudança de partido. No primeiro cenário, a proibição da conduta contraditória e, no segundo, a *supressio*, falam em desfavor do reconhecimento do direito à consignação[16].

Outro tema que sobressai diz respeito à possibilidade da alegação de pontos, na causa de pedir, e consequentemente, com a contestação, do surgimento de questões prévias àquelas que fundamentam a afirmativa do direito à realização do pagamento em consignação. A título de ilustração, têm-se as hipóteses, muito frequentes, em que a configuração da recusa injusta do credor depende do prévio reconhecimento da

---

15. STJ, 4ª T., REsp 1.426, Rel. Min. Athos Gusmão Carneiro, j. 13.03.1990, *DJ* 02.04.1990. No mesmo sentido: STJ, 2ª T., REsp 70.883, Rel. Min. Ari Pargendler, j. 21.08.1997, *DJ* 15.09.1997.
16. O STJ já chancelou a rejeição do pedido consignatório, registrando o seguinte: "No caso, a realidade e o princípio da boa-fé se impõem aos negócios jurídicos confrontados, pois não há como se julgar o feito, ignorando o transcurso de 30 anos de inércia do adquirente inadimplente, supondo estivesse a parte ora agravada – eventual credora na serôdia ação de consignação – a esperar, por impressionantes três décadas, o voluntário adimplemento da obrigação, máxime quando, chegado finalmente o momento escolhido pelo consignante para o demorado pagamento, manifesta lídima recusa" (4ª T., AgInt no REsp 1.627.969, Rel. Min. Raul Araújo, j. 22.06.2021, *DJe* 31.08.2021). Sobre a aplicação da teoria do ato próprio e da *supressio* no âmbito do direito das obrigações, confira-se julgado da 4ª T., AgInt nos EDcl no AREsp 1.294.253, Rel. Min. Maria Isabel Gallotti, j. 07.05.2019, *DJe* 10.05.2019.

invalidação de determinada disposição contratual. A nulidade da cláusula representa questão prejudicial, pois, como questão subordinante, o seu conhecimento e acolhimento poderá determinar o sentido da questão subordinada, que tem como conteúdo a adequação ou a injustiça da recusa oposta pelo credor. Reconhecida a nulidade, a recusa do credor poderá ser tida como injusta.

A mesma orientação restritiva, que reconhecia a necessidade da obrigação líquida e certa, propugnava pela limitação do objeto litigioso e da cognição judicial, apenas aos fundamentos autorizadores da consignação. Entretanto, de há muito, a jurisprudência do STJ reconhece a possibilidade de "apreciação incidental de todas as questões que se mostrem relevantes à solução, para aferir-se o *quantum* realmente devido e estabelecer correspondência com o valor depositado"[17].

Delineados os contornos da causa de pedir, o pedido consignatório terá sempre conteúdo declaratório[18], representado pela declaração da extinção da obrigação e da liberação do devedor. Exatamente por essa razão, por exemplo, que a jurisprudência rechaça a iniciativa de contribuintes de utilizar a ação consignatória, para a obtenção do direito ao parcelamento do tributo[19]. Nestes casos, não fosse o obstáculo ligado à busca de provimento de natureza constitutiva, há impedimento no direito material, porquanto jamais poderia o Poder Judiciário substituir a atuação do legislador, concedendo direito ao parcelamento, diverso daquele previsto legalmente.

É claro que nada obsta a cumulação do pedido consignatório com outras pretensões, o que conduzirá à observância do procedimento comum, nos termos do § 2º, do art. 327, do CPC[20]. Nesta seara, inovação relevante trazida pelo CPC de 2015 foi a possibilidade de "emprego das técnicas processuais diferenciadas previstas nos procedimentos especiais a que se sujeitam um ou mais pedidos cumulados, que não forem incompatíveis com as disposições sobre o procedimento comum". Em se tratando de consignação, praticamente todas as adaptações procedimentos são compatíveis com o procedimento comum.

---

17. STJ, 4ª T., REsp 23.717, Rel. Min. Salvio de Figueiredo Teixeira, j. 31.08.1992, *DJ* 21.09.1992; STJ, 2ª T., REsp 883.927, Rel. Min. Eliana Calmon, j. 28.10.2008, *DJe* 21.11.2008; STJ, 3ª T., AgRg. no Ag. 406.408, Rel. Min. Nancy Andrighi, j. 03.12.2001, *DJ* 18.02.2002, e STJ, 3ª T., REsp 919.243, Rel. Min. Nancy Andrighi, j. 19.04.2007, *DJ* 07.05.2007.
18. STJ, 3ª T., REsp 1.648.940, Rel. Min. Moura Ribeiro, j. 22.03.2018, *DJe* 03.04.2018.
19. STJ, 2ª T., Ag. no AREsp 470.987, Rel. Min. Mauro Campbell Marques, j. 20.03.2014, *DJe* 26.03.2014; STJ, 2ª T., AgRg. no REsp 1.397.419, rel. Min. Humberto Martins, j. 04.02.2014, *DJe* 10.02.2014; STJ, 2ª T., AgRg no REsp 996.890/SP, Rel. Min. Herman Benjamin, j. 18.12.2008, *DJe* 13.03.2009; STJ, 1ª T., AgRg no REsp 1.082.843/RS, j. 14.10.2008, *DJe* 29.10.2008, Rel. Min. Francisco Falcão; e STJ, 2ª T., AgRg no REsp 1.045.832/RS, Rel. Min. Castro Meira, j. 19.08.2008, *DJe* 11.09.2008. Diverso é o caso da consignação em que o autor já teve o direito ao parcelamento reconhecido em outro processo ou no qual se discute o cabimento de sua adesão ou, ainda, a ilegalidade de sua exclusão de programa de parcelamento, previsto e disciplinado legalmente. Reconhecendo o cabimento da consignação na primeira hipótese aventada (direito ao parcelamento declarado em outro processo): STJ, AgInt no AREsp 427.799, Rel. Min. Napoleão Nunes Maia Filho, j. 08.04.2019, *DJe* 11.04.2019.
20. STJ, 3ª T., REsp 616.357, Rel. Min. Carlos Alberto Menezes Direito, j. 07.06.2005, *DJ* 22.08.2005; STJ, 3ª T., REsp 464.439, Rel. Min. Nancy Andrighi, j. 15.05.2003, *DJ* 26.06.2003.

2.6. DA INEXISTÊNCIA DE LIMITES À COGNIÇÃO E A COISA JULGADA

A apreciação da causa de pedir e do pedido da demanda consignatória desvela as seguintes características: i) em função dos pontos de fato e de direito fixados na causa de pedir, com a contestação, podem surgir questões prejudiciais à questão do cabimento do pagamento em consignação. Essas questões prejudiciais podem ter como conteúdo, por exemplo, a interpretação de contrato, a invalidação total ou parcial do negócio jurídico ou a determinação de sua qualificação jurídica.

No CPC de 1973, a solução da questão prejudicial, decidida apenas incidentalmente, na motivação da sentença, não transitava em julgado (art. 469, III). A ampliação dos limites objetivos da coisa julgada dependia do ajuizamento de ação declaratória incidental (CPC de 1973, arts. 470 e 325), que deslocava a apreciação da questão prejudicial, para a parte dispositiva do pronunciamento. Desse modo, ordinariamente, o que transitava em julgado, na sentença de procedência proferida na ação consignatória, era apenas a declaração de extinção da obrigação e de liberação do autor, não recaindo o selo da imutabilidade sobre o resultado do enfretamento das questões prejudiciais. O mesmo raciocínio pode ser feito em relação à sentença de improcedência, que, na motivação, resolvia questões prejudiciais e, na parte dispositiva, declarava a inexistência de relação jurídica entre autor e réu, a justificar a concessão de bem da vida pretendido pelo primeiro.

Como já visto, o CPC de 2015 promoveu sensível alteração no regime dos limites objetivos da coisa julgada, possibilitando, nos termos do art. 503, § 1º, que a qualidade de imutável alcance à resolução da questão prejudicial, decidida expressa e incidentalmente no processo, desde que dessa resolução depender o julgamento do mérito, a seu respeito tiver havido contraditório prévio e efetivo, não se aplicando no caso de revelia, e o juízo tiver competência em razão da matéria e da pessoa para resolvê-la como questão principal.

Na ação consignatória, a resolução das questões prejudiciais poderá preencher os requisitos estabelecidos no art. 503, § 1º, do CPC, e, por isso, transitar em julgado. Entretanto, como em outras situações, deve ser visto com muito cuidado o atendimento do requisito da observância do contraditório prévio e efetivo. Conforme remarcado, por exemplo, não é incomum que, na ação de consignação, seja necessário decidir previamente à questão principal (adequação do pagamento por consignação e consequente extinção da obrigação) a interpretação ou validade de disposição contratual. Pois bem, o alcance da coisa julgada se restringirá à interpretação ou juízo de validade relativo à determinada cláusula, sobre qual houve efetivo contraditório. Nessa linha, nos casos de procedência, o autor não poderá invocar a coisa julgada de questões sobre interpretação ou validade do contrato, que não foram discutidas e decididas. Do mesmo modo o réu, quando o pedido de consignação for julgado improcedente e, como questão prejudicial, tiver sido apreciada a interpretação ou validade desta ou daquela disposição contratual.

2.7. DO PROCEDIMENTO

Atendendo os parâmetros acima analisados, em matéria de legitimidade, competência, causa de pedir e pedido, cumpre ao autor apresentar a petição inicial que, afora os requisitos dos arts. 319 e 320, do CPC, compatíveis com o procedimento especial em comento, conterá requerimento para a realização do depósito, bem como a citação do réu para levantá-lo ou oferecer contestação. Nestes termos, além dos requisitos mencionados e acima estudados, deve a peça inicial conter a qualificação das partes, o valor da causa e o requerimento de provas, prescritos no art. 319, V e VI, não sendo aqui necessária a manifestação do autor pela realização ou não da audiência de conciliação e mediação, inaplicável ao procedimento da consignação. A boa técnica impõe o cumprimento do art. 542, do CPC, o que conduz à formulação do mencionado requerimento específico, para a realização do depósito da quantia ou coisa devida. Porém, a ausência dessa postulação não pode produzir maiores consequências, devendo o juiz, de ofício, determinar a realização do depósito.

Cumpre assinalar que há peculiaridade no ato citatório, quando o objeto da prestação for coisa indeterminada e a escolha couber ao credor. Neste caso, nos termos do art. 543, do CPC, o réu será:

> (...) citado para exercer o direito dentro de 5 (cinco) dias, se outro prazo não constar de lei ou do contrato, ou para aceitar que o devedor a faça, devendo o juiz, ao despachar a petição inicial, fixar lugar, dia e hora em que se fará a entrega, sob pena de depósito.

Destaca-se que a propositura da ação de consignação provoca a interrupção da prescrição da pretensão relativa à cobrança[21] do valor ali discutido, que somente voltará a fluir com o final do processo. É um claro desdobramento do caráter dúplice desta ação.

Em se tratando de ação de consignação proposta após a realização de consignação extrajudicial frustrada e ainda no prazo de 1 (um) mês, contado da recusa, o depósito realizado na instituição bancária pode ser aproveitado, de modo que a petição inicial deve ser instruída com o respectivo comprovante e também com a recusa manifestada pelo credor. São documentos indispensáveis (CPC, art. 320) e a falta deles justifica a intimação do autor para emendar a petição inicial (CPC, art. 321).

Ao receber a petição inicial, duas vias se apresentam. Havendo a constatação do descumprimento de requisitos previstos nos arts. 319 e 320, do CPC, ou outra irregularidade capaz de impedir o julgamento do mérito, o juiz determinará a correção do problema, sob pena de indeferimento da petição inicial (CPC, art. 321). Passada a petição pelo exame de admissibilidade, o juiz determinará que autor realize o depósito, no prazo de cinco dias.

A não realização do depósito conduz à extinção do processo, sem resolução do mérito, conforme proclamado pelo STJ[22], em mais de uma oportunidade, sob a égide

---

21. STJ, 3ª T., AgRg. nos EDcl. no REsp 1.110.834, Rel. Min. Paulo de Tarso Sanseverino, j. 06.09.2011, *DJe* 13.09.2011.
22. STJ, 3ª T., REsp 1752185, Rel. Min. Paulo de Tarso Sanseverino, j. 06.04.2021, *DJe* 29.04.2021; STJ, 3ª T., AgRg. no AI 396.222, Rel. Min. Carlos Alberto Menezes Direito, j; 08.10.2001, *DJ* 19.11.2001; STJ, 3ª T., REsp 189.171, Rel. Min. Carlos Alberto Menezes Direito, j. 04.11.1999, *DJ* 17.12.1999.

do CPC de 1973, e agora expressamente previsto no parágrafo único do art. 542, do CPC 2015. Inclusive, nas manifestações do STJ fica remarcada a desnecessidade de intimação pessoal do autor, afastando-se a incidência da regra atualmente decorrente do §1º, do art. 485, do CPC. A ausência do depósito parece caracterizar a falta de interesse superveniente. Realmente, diante de sua não realização, a consignação deixa de ser a via adequada para obtenção da tutela pretendida, levando à extinção do processo sem resolução do mérito (CPC, art. 485, VI). Seja como for, em razão das normas que impõem a primazia do julgamento de mérito (CPC, arts. 4º e 6º), deve-se evitar este caminho, sendo oportuno, antes da sentença, promover a intimação do autor, por meio de seu advogado, para que promova o depósito, sob pena de extinção do processo sem resolução do mérito. Evidentemente, ainda que atendida a intimação, o depósito será feito extemporaneamente e, mesmo assim, aproveitado.

Propõe-se a distinção entre a não efetivação do depósito, mesmo após intimação específica para tanto, e a sua realização fora do prazo de 05 dias. A primeira hipótese resulta na extinção do processo, sem resolução do mérito. Já na segunda estará caracterizada a mora e imputar-se-á ao autor (devedor) as suas consequências desfavoráveis, até o momento da realização do depósito extemporâneo. Como já decidiu o STJ:

> (...) a finalidade do depósito é liberar o devedor-consignante da obrigação assumida e dos encargos decorrentes da mora, portanto, o descumprimento do prazo para o depósito só acarreta prejuízo ao autor da ação de consignação em pagamento, porque, enquanto não depositada a prestação, persiste a mora com todas as consequências a ela inerentes[23].

Em outro julgado[24], é reafirmada a tese da necessidade de aproveitamento do depósito feito a destempo. Entretanto, também se afirma a superação do entendimento de que a ausência de depósito proporciona a extinção sem resolução de mérito. Ocorre que, diante do texto expresso do parágrafo único do art. 542, do CPC, é inviável desconsiderar a possibilidade de extinção. Na linha do aqui proposto, a falta de depósito e o depósito intempestivo são situações diversas que devem, por isso, receber tratamentos distintos.

Com o depósito efetivado, será determinada a citação do réu, para que levante o depósito ou ofereça resposta, no prazo de 15 dias.

Em face desse chamado, o réu pode assumir os seguintes comportamentos:

i) requerer o levantamento do depósito;

ii) permanecer inerte, o que caracterizará à revelia; ou

iii) oferecer resposta, por meio de contestação e reconvenção.

Passa-se ao exame de cada uma dessas posturas e as suas consequências.

---

23. STJ, 3ª T., REsp 617.323, Rel. Min. Nancy Andrighi, j. 03.05.2005, *DJ* 20.06.2005.
24. STJ, 3ª T., REsp 702.739, Rel. Min. Nancy Andrighi, relator p/ acórdão Min. Ari Pargendler, j. 19.09.2006, *DJ* 02.10.2006.

O requerimento de levantamento, formulado pelo réu representado por advogado, consiste no reconhecimento jurídico do pedido, dando margem à extinção do processo, com resolução de mérito (CPC, art. 487, III, *a*). Ao postular o levantamento, o réu está concordando com o pagamento em consignação e as razões que o motivaram. Assim, tem-se a declaração de extinção da obrigação, com a liberação do devedor. Por outro lado, estará caracterizado que o réu deu causa ao processo e, por isso, responderá pelos ônus da sucumbência.

Outro é o cenário em que o réu, embora requeira o levantamento, concomitantemente, também conteste o valor depositado. Essa situação será estudada quando da análise da contestação e o seu conteúdo.

Se o réu, conquanto citado, permanecer inerte ou não oferecer contestação tempestiva será decretada a sua revelia (CPC, art. 344), o que, todavia, não significa o automático acolhimento do pedido. Como destacado no estudo deste instituto, o art. 345, do CPC, elenca situações em que a revelia não conduz à presunção de veracidade das alegações de fato formuladas pelo autor. Um desses casos é exatamente aquele em que "as alegações de fato formuladas pelo autor forem inverossímeis ou estiverem em contradição com prova constante dos autos". Exatamente por conta deste fundamento, são numerosos os julgados do STJ[25] em que, diante da discussão e dos elementos constantes dos autos, mesmo com a revelia, o pedido consignatório não é automaticamente acolhido. Neste contexto, o juiz determinará ao autor que especifique as provas com as quais pretende demonstrar as suas alegações.

Mais um comportamento a ser assumido pelo réu é o oferecimento de resposta, sendo que a primeira modalidade é a contestação. Nesta sede, afora as defesas de cunho processual, o réu poderá invocar um dos fundamentos prescritos nos incisos do art. 544, do CPC: i) que não houve recusa ou mora em receber a quantia ou a coisa devida; ii) que foi justa a recusa; iii) que o depósito não se efetuou no prazo ou no lugar do pagamento; e iv) que o depósito não é integral.

Vale perpassar cada uma das hipóteses, ressaltando, no entanto, que a lista contemplada nos incisos do art. 554, do CPC, não é taxativa, embora muitíssimo abrangente. Conquanto tal orientação seja controvertida entre os estudiosos[26], se revela permitida a apresentação de outros fundamentos, para a defesa de mérito. Isso porque, não há como impor limitação à atividade cognitiva, em detrimento do direito de defesa, sem expressa previsão legal.

Quando a defesa disser respeito à insuficiência do depósito, o réu deve indicar o montante que entende devido, sob pena da alegação ser reputada como inadmissível (art. 544, parágrafo único).

---

25. STJ, 1ª T., REsp 984.897, Rel. Min. Luiz Fux, j. 19.11.2009, *DJe* 02.12.2009; STJ, 3ª T., REsp 769.468, Rel. Min. Nancy Andrighi, j. 29.11.2005, *DJ* 06.03.2006; STJ, 3ª T., REsp 302280, Rel. Min. Carlos Alberto Menezes, j. 26.06.2001, *DJ* 18.02.2002; STJ, 4ª T., REsp 261.310, Rel. Min. Ruy Rosado, j. 03.10.2000 e *DJ* 27.11.2000.
26. Defendendo a limitação: THEODORO JR., Humberto. *Curso de direito processual civil*. 51. ed. Rio de Janeiro: Forense, 2017. p. 48.

Apontado que o depósito não é suficiente, concede-se ao autor a possibilidade de completá-lo, no prazo de dez dias (CPC, art. 545). Todavia, o complemento somente tem lugar quando ainda for viável o cumprimento da obrigação. Desse modo, se a prestação não mais tiver utilidade para o réu, não poderá ser feito o complemento, ficando a ele assegurada a possibilidade de pleitear, em sede própria, a resolução do contrato, bem como o pagamento de perdas e danos.

Em sendo cabível o complemento, e caso o autor não o faça, restará ao juiz decidir se o valor depositado inicial estava correto, ou não. Constatada a correção, o pedido será julgado procedente, declarando extinta a obrigação e condenando o réu, nos ônus da sucumbência (CPC, art. 546). Por outro lado, atestada a inadequação do valor depositado e a exatidão da impugnação do réu, a pretensão consignatória será rejeitada, com a imputação dos ônus da sucumbência ao autor. A par disso, o autor será condenado na diferença entre o valor depositado inicialmente e a quantia, corretamente, assinalada pelo réu em sua contestação. A possibilidade de condenação do autor, independentemente de reconvenção, evidencia o caráter dúplice da ação consignatória. A sentença constitui título executivo judicial e o réu poderá requerer o seu cumprimento nos próprios autos, após liquidação, se necessária (CPC, art. 545, § 2º).

Se o autor promover o complemento, haverá o reconhecimento de que a recusa do réu foi legítima, porquanto o credor não está o obrigado a receber prestação diversa, inclusive quantitativamente, da pactuada. Neste caso, o pedido será julgado improcedente, com a condenação do autor nos ônus da sucumbência.

Entretanto, vale realçar que a jurisprudência do STJ, em regra, sem fazer distinções, havia fixado entendimento no sentido de que:

> (...) o depósito efetuado a menor em ação de consignação em pagamento não acarreta a total improcedência do pedido, na medida em que a obrigação é parcialmente adimplida pelo montante consignado, acarretando a liberação parcial do devedor[27].

Perceba-se que o reconhecimento da extinção parcial, como consequência do depósito a menor – conclusão correta –, não corresponde e não pode corresponder, necessariamente, à procedência parcial do pedido. Ao contrário. Como visto, demonstrada a insuficiência do depósito, revelada estará a adequação da postura do réu/credor em recusar o recebimento da prestação diversa da convencionada e, consequentemente, o pedido deve ser julgado improcedente.

---

27. STJ, 4ª T., REsp 613.552/RS, Rel. Min. Jorge Scartezzini, j. 20.10.2005, DJ 14.11.2005. No mesmo sentido: STJ, 4ª T., Ag. no ARESP 609.219, Rel. Min. Raul Araújo, j. 11.10.2016, DJe 04.11.2016; STJ, 4ª T., Ag. no ARESP 735.436, Rel. Min. Luis Felipe Salomão j. 17.09.2015, DJe 25.09.2015; STJ, 4ª T., REsp 99.489, Rel. Min. Barros Monteiro, j. 23.04.2002. DJ 28.10.2002; STJ, 3ª T., REsp 599.520, Rel. Min. Nancy Andrighi, j. 14.12.2004, DJ 01.02.2005; STJ, 4ª T., REsp 448.602, Rel. Min. Ruy Rosado Aguiar, j. 10.02.2002, DJ 17.02.2003; STJ, 4ª T., AgRg. no REsp 41.953/SP, Rel. Min. Aldir Passarinho Júnior, j. 02.09.2003, DJ 06.10.2003; STJ, 4ª T., REsp 126.326, Rel. Min. Barros Monteiro, j. 24.06.2003, DJ 22.09.2003.

Mais recentemente, o STJ revisitou o assunto e superou o desacordo anteriormente destacado. No julgamento do Recurso Especial 1.108.058/DF[28], submetido à sistemática dos recursos repetitivos, a Segunda Seção fixou a seguinte tese:

"Em ação consignatória, a insuficiência do depósito realizado pelo devedor conduz ao julgamento de improcedência do pedido, pois o pagamento parcial da dívida não extingue o vínculo obrigacional".

O voto condutor do posicionamento que prevaleceu é da lavra da Ministra Maria Isabel Galotti que, adequadamente, assinala que a prolação de sentença de procedência parcial, no caso de insuficiência do depósito, "não é compatível com o princípio de direito civil de que não há mora simultânea".

Ocorre que, mesmo com a manifestação destacada, que, repita-se, corretamente, afastou antiga orientação de sempre julgar parcialmente procedente o pedido consignatório, no caso de insuficiência do depósito, cremos persistir distinção a ser feita, que não se enquadra na tese fixada e anteriormente transcrita.

Poderão existir casos de procedência parcial. Dir-se-á que esse cenário é incompatível com o princípio da inexistência de mora simultânea, do credor e do devedor, enfatizado pelo STJ. Ocorre que a concomitância é inviável quando analisada sob ótica da insuficiência do depósito como único fundamento para a recusa do réu/credor. Nesse contexto, se o réu/credor apresentou recusa em função do depósito incompleto, confirmada a insuficiência, o pedido consignatório é improcedente, não se podendo falar em mora *accipiendi*. Por outro lado, se o réu/credor manifesta a recusa, alegando apenas a insuficiência do valor, e fica demonstrada a exatidão do depósito, a pretensão consignatória deve ser acolhida, inexistindo mora do autor/devedor. Note-se que, nessa situação, realmente, não há e não se pode falar em procedência parcial.

Outra é a cena quando, em face da causa de pedir e do pedido formulados pelo autor/devedor, o réu/credor suscita a recusa, com base em outro ou em mais fundamentos, além daquele da insuficiência do depósito. A título de ilustração, o autor/devedor promove a consignação aduzindo, na causa de pedir, a invalidade de determinada disposição contratual, que disciplina os parâmetros para determinação do *quantum*, e deposita o valor que, no seu entender, seria devido, desconsiderando os critérios dessa cláusula. O réu/credor, por sua vez, sustenta que a sua recusa foi legítima, porquanto é válida a disposição contratual impugnada pelo autor/devedor. Além disso, defende que, mesmo em sendo admitida a invalidade da disposição, o autor/devedor errou na elaboração do cálculo, de modo que o depósito é insuficiente. Reconhecida a invalidade da disposição contratual, é inafastável deixar de constatar

---

28. STJ, 2ª Seção, REsp 1.108.058/DF, Rel. Min. Lázaro Guimarães (Desembargador Convocado do TRF-5ª Região), Rel. p/ acórdão Min. Maria Isabel Galotti, j. 10.10.2018, *DJe* 23.10.2018. Essa orientação continua sendo prestigiada: 4ª T., AgInt no AREsp 1251155, Rel. Min. Marco Buzzi, j. 24.06.2019, *DJe* 28.06.2019. Inclusive, invoca-se a tese para afastar a aplicação da teoria adimplemento substancial (3ª T., AgInt no REsp 1694480, Rel. Min. Marco Aurélio Bellizze, j. 10.06.2019, *DJe* 13.06.2019).

que parte da pretensão do autor/devedor foi acolhida. Contudo, se ficar caracterizada a insuficiência do depósito, diante da circunstância de que, mesmo com o reconhecimento da invalidade da disposição contratual, o autor/devedor errou na elaboração do cálculo, parcela do pedido deverá ser rejeitada. Haverá, portanto, procedência parcial da pretensão deduzida na inicial.

Nessa direção, mesmo com a tese fixada pela Segunda Seção, permanecem válidos os posicionamentos antes assumidos em alguns julgados do STJ que, fazendo a devida separação de situações, reconhecia a possibilidade de acolhimento parcial do pedido. A este propósito, já se decidiu que:

> (...) havendo injusta recusa do credor, de um lado, e depósito insuficiente pelo devedor, de outro, a hipótese é de acolhimento parcial do pedido de consignação no montante depositado, o que caracteriza a sucumbência recíproca[29].

Aspecto que merece destaque diz respeito aos efeitos decorrentes do depósito insuficiente, mesmo que o pedido seja julgado improcedente e, com muito mais razão, na hipótese de procedência parcial da pretensão. Dito de outra maneira, os encargos moratórios também incidirão sobre a parcela (insuficientemente) depositada? A leitura da parte final do art. 540 sugere a integral restauração dos efeitos da mora[30]. Contudo, não se pode perder de vista a letra do § 1º do art. 545, a indicar que, em havendo insuficiência de depósito, "poderá o réu levantar, desde logo, a quantia ou a coisa depositada, *com a consequente liberação parcial do autor*, prosseguindo o processo quanto à parcela controvertida". Sistematicamente, ainda que se admita a reestabelecimento dos efeitos da mora em razão da improcedência do pedido, desde que efetivamente disponibilizada essa quantia ao réu/credor, não se pode simplesmente desconhecer que, mesmo com a rejeição do pedido, esses valores estavam à disposição dele, que, inclusive, poderá levantá-los, liberando, parcialmente, o autor/devedor[31]. Nessa linha, a defesa da incidência dos encargos moratórios sobre a parcela depositada e levantada pelo réu/credor esbarra na necessidade de atendimento do dever de cooperação, advindo do princípio da boa-fé objetiva, e na proibição do enriquecimento sem causa, proporcionado àquele que, mesmo levantando os valores parciais, ainda receberia os encargos moratórios. Por outro lado, em não tendo havido ou enquanto não ocorreu o levantamento, o au-

---

29. STJ, 4ª T., Ag. Rg. no AResp 98.619, Rel. Min. Isabel Galotti, j. 09.09.2014, *DJe* 18.09.2014. No mesmo sentido: STJ, 4ª T., Ag. Rg. no AI 1.384.032, Rel. Min. Isabel Galotti, j. 10.03.2016, *DJe* 16.03.2016.
30. "Art. 540. Requerer-se-á a consignação no lugar do pagamento, cessando para o devedor, à data do depósito, os juros e os riscos, salvo se a demanda for julgada improcedente".
31. Conquanto não ferindo a questão diretamente na perspectiva da improcedência do pedido e até em contradição com o que foi decidido no REsp 1.108.058/DF (STJ, 2ª Seção, Rel. Min. Lázaro Guimarães – Desembargador Convocado do TRF-5ª Região, Rel. p/ acórdão Min. Maria Isabel Galotti, j. 10.10.2018, *DJe* 23.10.2018), o STJ proclamou que a "jurisprudência desta Corte é firme no sentido de que a consignação em pagamento somente afasta a mora em relação aos valores depositados, de modo que, efetuado o pagamento a menor, continuam incidindo encargos moratórios sobre os valores remanescentes" (4ª T., AgInt no REsp 1873375, Rel. Min. Raul Araújo, j. 23.11.2020, *DJe* 17.12.2020).

tor-devedor suportará a eventual diferença constatada entre a remuneração da conta de depósito e os encargos moratórios[32].

Dois outros pontos também merecem atenção.

Primeiro. A possibilidade de levantamento da parcela incontroversa, ao contrário do que poderia se inferir do texto, não se limita aos casos em que a controvérsia gira em torno da insuficiência do depósito. Qualquer que seja a discussão, *desde que não haja contradição entre o ato de levantar o valor depositado e o fundamento da defesa*, será facultado ao réu realizar o levantamento. Neste sentido, o Enunciado 61 no do Fórum Permanente de Processualistas Civis:

> É permitido ao réu da ação de consignação em pagamento levantar "desde logo" a quantia ou coisa depositada em outras hipóteses além da prevista no §1º do art. 545 (insuficiência do depósito), desde que tal postura não seja contraditória com fundamento da defesa.

Segundo. A realização do levantamento não autoriza supor que o réu tenha reconhecido, mesmo que parcialmente, a pretensão o autor ou a procedência das alegações apresentadas na petição inicial. Cuidar-se-á de recebimento do valor incontroverso. De outra parte, como já visto, detectada a insuficiência restará comprovado que a recusa apresentada pelo réu foi legítima.

Oferecida a contestação, não há nenhuma alteração significativa no procedimento da ação de consignação, que assumirá os contornos do procedimento comum. Essa característica permite sustentar o cabimento de outra modalidade de resposta. Ou seja, na contestação, o réu também pode apresentar reconvenção, desde que observada a disciplina do art. 343, do CPC.

Resta a referência a outras espécies de resposta. O CPC de 2015 não previu exceções rituais. A incompetência relativa deve ser suscitada preliminarmente na contestação (art. 337, II) e, com efeito, está contida na modalidade de resposta já apreciada. Embora possam ser apresentadas por ambas as partes, as objeções de suspeição e impedimento podem ser encaradas como modalidade de resposta e serão arguidas em petição específica (CPC, art. 146). A última possibilidade de reação do réu a ser mencionada é a que autoriza a apresentação de requerimento avulso, para o desmembramento de litisconsórcio facultativo multitudinário (CPC, art. 113, § 2º). Este requerimento também é admissível na consignação e interromperá o prazo para outras formas de resposta.

---

32. No julgamento do já citado REsp 1.108.058/DF (STJ, 2ª Seção, Rel. Min. Lázaro Guimarães – Desembargador Convocado do TRF-5ª Região, Rel. p/ acórdão Min. Maria Isabel Galotti, j. 10.10.2018, *DJe* 23.10.2018), a Min. Maria Isabel Galotti averbou o seguinte: "O depósito faz cessar para o devedor os efeitos da mora, inclusive a fluência de juros de mora, salvo se a demanda for julgada improcedente. Sendo julgada improcedente em razão da insuficiência do depósito, são restaurados os efeitos da mora, inclusive no que diz respeito à parcela consignada, conforme a lição de Pontes de Miranda acima lembrada. Sendo a conta de depósito sujeita à remuneração, naturalmente o complemento a ser exigido do devedor em função da fluência da mora haverá de ser, no tocante à parcela consignada, apenas eventual diferença entre os encargos da mora previstos no contrato e a remuneração creditada pelo estabelecimento onde feito o depósito, sob pena de enriquecimento ilícito do credor".

Apresentada a resposta, não sendo caso de extinção do processo (CPC, art. 354), julgamento antecipado (CPC, art. 355) e, em sendo necessária a produção de prova, superada a fase instrutória, o juiz proferirá sentença.

Como é cediço, a sentença de improcedência tem natureza declaratória, porquanto declara a inexistência de relação jurídica entre autor e réu, a justificar o cabimento do pagamento em consignação e afastar a mora. No pronunciamento, haverá capítulo condenatório destinado à imposição dos ônus da sucumbência. É interessante notar, remarcando o caráter dúplice da consignação, que a rejeição do pedido não autoriza o autor a levantar a quantia depositada, que será destinada ao réu[33].

Também a sentença de procedência será declaratória (CPC, art. 546), certificando a extinção da obrigação e a liberação do devedor. Do mesmo modo, haverá capítulo condenatório relativo à sucumbência.

Ainda por força da natureza dúplice, seja no caso de improcedência ou procedência parcial, a sentença que "concluir pela insuficiência do depósito determinará, sempre que possível, o montante devido e valerá como título executivo, facultado ao credor promover-lhe o cumprimento nos mesmos autos, após liquidação, se necessária" (CPC, art. 545, § 2º).

A regra decorrente do dispositivo acima transcrito confirma que, por força de iliquidez da sentença, às vezes, o valor a ser complementado é apenas determinado na fase de liquidação. Nestas hipóteses, o STJ tem admitido a complementação na mencionada fase processual[34].

2.8. AINDA O PROCEDIMENTO: CONSIGNAÇÃO DE PRESTAÇÕES SUCESSIVAS

Não é incomum que as relações jurídicas se prologuem no tempo. Nessas relações de trato continuado, as prestações podem ser periódicas. A título de ilustração, pense-se no contrato de prestação de serviços educacionais, no qual a mensalidade é paga ao longo do curso. Ou mesmo nos compromissos de compra e venda, com prazo para pagamento, ou ainda no recolhimento de tributos (*v.g.*, IPI, ICMS ou contribuições), decorrentes de relações continuativas.

---

33. STJ, 4ª T., Resp 1.160.697, Rel. Min. Luis Felipe Salomão, j. 28.04.2015, *DJe* 26.05.2015. Questão interessante é a da possibilidade, ou não, de levantamento pelo autor, no caso de desistência da ação. No STJ, existem acórdãos aceitando esse caminho: 3ª T., Ag. no REsp 816.413, Rel. Min. Humberto Gomes de Barros, j. 03.12.2007, *DJ* 18.12.2007; 4ª T., AgRg. no Ag. 664.268, Rel. Min. Fernando Gonçalves, j. 20.10.2005, *DJ* 14.11.2005. Há julgados, porém, afirmando a inviabilidade do levantamento: 1ª T., REsp 568.552, Rel. Min. Luiz Fux, j. 03.03.2005, *DJ* 28.03.2005; 3ª T., REsp 2.032.188, Rel. Min. Nancy Andrighi, j. 14.03.2023, *DJ* 16.03.2023. Parece-nos que o último entendimento é o único conciliável com a boa-fé objetiva. É contraditória e viola a boa-fé a conduta de quem faz a consignação e, por alguma circunstância, desiste da ação. E, ainda que se reconheça o direito à desistência, a boa-fé terá função limitadora, de modo a impedir que o exercício deste direito conduza ao levantamento, que frustra, na perspectiva do credor, a função da consignação. De qualquer modo, restará o réu/credor não concordar com o pedido de desistência, que somente pode ser deduzido até a sentença (CPC, art. 485, § 5º).
34. STJ, 2ª T., REsp 113.956, Rel. Min. Castro Meira, j. 16.09.2004, *DJ* 13.12.2004; STJ, 2ª T., REsp 180.438, Rel. Min. Franciulli Netto, j. 21.05.2002, *DJ* 30.09.2002.

Nestes casos, surgindo a necessidade do pagamento por consignação, não teria sentido, sem desprezar a economia e a racionalidade do sistema processual, exigir o ajuizamento de uma ação de consignação para cada prestação que fosse se vencer.

Com o fito de contornar esse problema, o art. 541, do CPC, autoriza que, "tratando-se de prestações sucessivas, consignada uma delas, pode o devedor continuar a depositar, no mesmo processo e sem mais formalidades, as que se forem vencendo, desde que o faça em até 5 (cinco) dias contados da data do respectivo vencimento". A propósito, essa possibilidade já deflui do art. 323, também do CPC, que confere ao cumprimento de obrigações sucessivas a condição de pedido implícito, devendo ser considerado "independentemente de declaração expressa do autor, e serão incluídas na condenação, enquanto durar a obrigação, se o devedor, no curso do processo, deixar de pagá-las ou de consigná-las".

Por conseguinte, ajuizada a ação de consignação, as prestações sucessivas que se vencerem no curso do processo, serão aí depositadas, devendo-se observar o prazo de 5 (cinco) dias contados da data do respectivo vencimento[35].

Questão que se coloca são as repercussões do descumprimento do prazo de 5 (cinco) dias. Há quem aponte para a impossibilidade de utilização do mesmo processo para fazer outros depósitos. Outro caminho, mais consentâneo com o princípio da economia processual, é admitir o depósito, imputando ao autor os desdobramentos desfavoráveis do atraso.

Diante da ausência de previsão expressa, ainda sob a vigência do CPC de 1973, surgiu discussão sobre o termo final do depósito no processo. Parte da doutrina sustentava a aplicação analógica de regra fixada na Lei do Inquilinato (Lei 8.245/1991, art. 67, III), para apontar que o depósito, no mesmo processo, tinha lugar apenas até prolação da sentença. Outra corrente defendia o cabimento do depósito, até o trânsito em julgado. O STJ aderiu à segunda vertente, pacificando a sua jurisprudência na direção de "admitir o depósito das prestações vincendas e vencidas após a sentença, sujeitando-as à conferência, pelo Juízo de primeiro grau, após o trânsito em julgado da sentença"[36].

O CPC de 2015 igualmente não estabeleceu norma específica sobre o assunto, mas certamente deve continuar prevalecendo a orientação vencedora, sob a égide do Código revogado, que é a mais consentânea com o princípio da economia processual. Daí o Enunciado 60 do Fórum Permanente de Processualistas Civis:

---

35. A 1ª Turma do STJ já decidiu, no julgamento do AgRg. no REsp 1.365.761 (j. 09.06.2015, *DJe* 17.06.2015), relatado pelo Min. Benedito Gonçalves, que esse prazo "não é aplicável aos depósitos judiciais referentes a créditos tributários, de tal sorte que são exigíveis multa e juros de mora caso o depósito não seja realizado dentro do prazo de vencimento do tributo". Isso porque, "não se pode permitir que o contribuinte ou responsável tributário, por estar em juízo, seja agraciado com mais 5 dias para adimplir o tributo, só porque ajuíza ação consignatória em pagamento, porquanto, diretamente, estar-se-ia criando distinção vedada pela Constituição Federal (art. 150, inciso I, da Constituição Federal), além de estar-se estabelecendo espécie de moratória tributária, de caráter geral, sem previsão legal".
36. STJ, 2ª Seção, REsp 439.489, Rel. Min. Menezes Direito, relatora para acórdão Min. Nancy Andrighi j. 10.12.2003, *DJ* 19.04.2004.

(...) na ação de consignação em pagamento que tratar de prestações sucessivas, consignada uma delas, pode o devedor continuar a consignar sem mais formalidades as que se forem vencendo, enquanto estiver pendente o processo.

2.9. AINDA O PROCEDIMENTO: CONSIGNAÇÃO FUNDADA EM DÚVIDA QUANTO À TITULARIDADE DO CRÉDITO

O procedimento acima descrito ganha especificidades, uma vez mais por força do direito material, quando a ação de consignação tiver como fundamento a dúvida quanto à titularidade do crédito[37].

Neste contexto, é necessário diferençar a situação em que não se sabe quem é o credor e aquela em que existam duas ou mais pessoas arrogando-se a titularidade do crédito.

Na primeira, a ação será promovida em face de réu desconhecido que será citado por edital. Em não sendo oferecida defesa – que é o resultado mais frequente –, será nomeado advogado dativo, para a defesa dos interesses do réu.

No segundo caso, diante da inexorável regra de que "quem paga mal paga duas vezes", o devedor deve se precaver do risco de pagar ao credor errado. Assim, o devedor, na condição de autor, requererá o depósito e a citação dos possíveis titulares do crédito (CPC, art. 547), que formarão litisconsórcio passivo.

Citados os réus, pode-se mostrar um dos seguintes cenários:

i) nenhum dos réus atende ao chamado citatório e ficará caracterizada a revelia. Com isso e reconhecidos os efeitos da revelia, o juiz promoverá o julgamento antecipado do mérito (CPC, art. 355, II), sendo que o depósito converter-se-á em arrecadação de coisas vagas (CPC, art. 548, I); ou

ii) comparecendo apenas um, o juiz decidirá de plano (CPC, art. 548, II)[38]. Se na contestação o réu somente defender a sua qualidade de titular do crédito, desde que convencido dessas alegações, o juiz julgará procedente o pedido, declarando extinta a obrigação e condenando o réu nos ônus da sucumbência, que será autorizado a promover o levantamento do valor. Em não estando convicto da condição do réu de titular do crédito, após eventual instrução, o juiz julgará procedente o pedido, declarando extinta a obrigação, e determinando a arrecadação da quantia ou coisa depositada como bem de ausente.

---

37. Foi a situação reconhecida pelo STJ, na qual, o "executado, celebrou contrato de comodato, de natureza gratuita, com seus filhos. Na sequência, os comodatários celebraram contrato de parceria rural com terceiro, que propôs a presente ação de consignação por ter dúvida de quem seria o credor: os comodatários ou o arrematante". Reconheceu-se que o titular do crédito era o arrematante, que se sub-rogou, a partir da arrematação, nos direitos e obrigações do parceiro outorgante (4ª T., AInt no ARESP 917482, j. 31.08.2020, *DJe* 08.09.2020).
38. No caso de cessão do crédito e indicação no novo credor, é "irrelevante se o devedor consignante discorda de tal indicação, visto que, se ocorrer dúvida sobre quem deva legitimamente receber o pagamento e comparecendo apenas um pretendente, cabe ao magistrado decidir de plano" (STJ, 3ª T., AgInt no ARESP 1.987.678, Rel. Min. Moura Ribeiro, j. 26.02.2024, *DJe* 28.02.2024).

Entretanto, se, na contestação, o réu (único que compareceu) defender a inexistência de dúvida, o juiz decidirá essa questão e a cena se desdobra em duas: a) não havia razão para se falar em dúvida e o pedido será julgado improcedente, com condenação do autor nos ônus da sucumbência, que responderá pela mora e suas consequências; ou b) realmente havia dúvida e o juiz julgará procedente o pedido, declarando extinta a obrigação, condenando o réu nos ônus da sucumbência.

Em qualquer desses dois casos, o réu levantará o depósito;

iii) comparecendo todos os réus ou, em sendo três ou mais, apresentando-se, pelo menos, dois deles, se nas contestações forem sustentadas apenas a qualidade do contestante de titular do crédito, "o juiz declarará efetuado o depósito e extinta a obrigação, continuando o processo a correr unicamente entre os presuntivos credores, observado o procedimento comum" (CPC, art. 548, III), sendo que os réus serão condenados a pagar custas e honorários advocatícios ao autor[39]. Perceba-se que o autor não terá nenhum interesse jurídico sobre a decisão da questão relativa à determinação do réu, reconhecido como titular do crédito[40]. O pronunciamento que exclui o autor tem natureza de decisão interlocutória e desafia a interposição de agravo de instrumento, embora o STJ tenha aqui, em face da existência de "dúvida objetiva", proclamado a aplicação da fungibilidade, para admitir o conhecimento de recurso de apelação[41].

Comparecendo todos os réus ou, em sendo três ou mais, apresentando-se, pelo menos, dois deles, se nas contestações forem sustentadas, além da qualidade do contestante de titular do crédito, matérias envolvendo o mérito do pagamento em consignação, o processo seguirá com o autor e os réus que apresentaram defesa, não incidindo a regra do inciso III, do art. 548, do CPC[42]. No caso de alegação de insuficiência do depósito, ao autor abrir-se-á a oportunidade do complemento, que, se aproveitada, conduzirá à exclusão dele do processo, o qual seguirá unicamente entre os presuntivos credores.

2.10. DA AÇÃO DE CONSIGNAÇÃO DE ALUGUÉIS E ACESSÓRIOS DA LOCAÇÃO

A ação de consignação que tiver por objeto aluguéis ou acessório da locação se submete ao regime prescrito pela Lei 8.245/1991, que, pontualmente, difere daquele supra explicitado.

---

39. STJ, 2ª T., REsp 325.140, Rel. Min. Eliana Calmon, j. 16.05.2002; STJ, 1ª T., REsp 784.256, Rel. Min. Denise Arruda, j. 16.09.2008, DJe 1º.10.2008.
40. O STJ já assinalou a "ausência de interesse recursal da autora para impugnar decisão que reconhece um dos entes como titular do imposto" (1ª T., AgRg. no AI 1.390.551, Rel. Min. Teori Zavascki, j. 06.09.2011, DJe 13.09.2011).
41. STJ, 3ª T., AgRg. no REsp 1.423.294, Rel. Min. Paulo de Tarso Sanseverino, j. 07.10.2014, DJe 13.10.2014; STJ, 4ª T., REsp 113.443, Rel. Min. Aldir Passarinho Júnior, relator para acórdão Min. Sálvio de Figueiredo Teixeira, j. 11.12.2001, DJ 1º.07.2004.
42. A este propósito, confira-se o Enunciado 62 do Fórum Permanente de Processualistas Civis: "A regra prevista no art. 548, III, que dispõe que, em ação de consignação em pagamento, o juiz declarará efetuado o depósito extinguindo a obrigação em relação ao devedor, prosseguindo o processo unicamente entre os presuntivos credores, só se aplicará se o valor do depósito não for controvertido, ou seja, não terá aplicação caso o montante depositado seja impugnado por qualquer dos presuntivos credores".

O foro competente será do lugar da situação do imóvel, salvo se outro houver sido eleito no contrato (at. 58, II, da Lei 8.245/1991). O valor da causa corresponderá a doze meses de aluguel (at. 58, III, da Lei 8.245/1991). Tratando-se de pessoa jurídica ou firma individual, as citações e as intimações, além das formas previstas no CPC, desde que autorizado no contrato, também poderão ser efetuadas mediante *telex* ou *fac-símile* (art. 58, IV, da Lei 8.245/1991).

Ajuizada a demanda e realizado juízo de admissibilidade positivo, o autor será intimado a realizar o depósito da quantia indicada na inicial, no prazo de 24 horas, sob pena de extinção do processo (art. 67, II, da Lei 8.245/1991). Os depósitos somente serão admitidos, no mesmo processo, até a prolação da sentença (art. 67, III, da Lei 8.245/1991). Com esse pronunciamento, impõe-se o ajuizamento de nova ação de consignação.

Na contestação, além de matéria de direito, o réu poderá alegar o seguinte (art. 67, V, da Lei 8.245/1991): i) não ter havido recusa ou mora em receber a quantia devida; ii) ter sido justa a recusa; iii) não ter sido efetuado o depósito no prazo ou no lugar do pagamento; e iv) não ter sido o depósito integral.

Há expressa limitação feita pelo legislador, no que diz respeito à cognição sobre alegações de fato, que seriam restritas às quatro hipóteses acima descritas. A restrição visa limitar o objeto litigioso, em homenagem à celeridade do processo. Conquanto as situações indicadas sejam amplas, a inconstitucionalidade desta regra, por indevida mitigação ao direito de defesa, poderá ser reconhecida, diante das especificidades de um caso concreto, quando restar demonstrado que a alegação de fato a ser apresentada, não representará alteração capaz de repercutir negativamente na celeridade do processo.

O réu também poderá reconvir, pedindo o despejo e a cobrança dos valores objeto da consignatória ou da diferença do depósito inicial (art. 67, VI, da Lei 8.245/1991). Note-se que a reconvenção está restrita à cobrança dos valores objeto da consignação, não sendo admissível a exigência de outras quantias. Surgindo discussão sobre a suficiência do depósito, abre-se a oportunidade para o autor fazer o complemento, com a seguinte peculiaridade: nos termos do art. 67, VII, da Lei 8.245/1991, "o autor poderá complementar o depósito inicial, no prazo de cinco dias contados da ciência do oferecimento da resposta, com acréscimo de dez por cento sobre o valor da diferença. Se tal ocorrer, o juiz declarará quitadas as obrigações, elidindo a rescisão da locação, mas imporá ao autor-reconvindo a responsabilidade pelas custas e honorários advocatícios de vinte por cento sobre o valor dos depósitos".

Por fim, vale destacar que o recurso de apelação, interposto contra a sentença que julga a ação consignatória de aluguéis ou acessórios da locação, terá efeito somente devolutivo (at. 58, V, da Lei 8.245/1991).

3
DA AÇÃO DE EXIGIR CONTAS

3.1. DA ADMINISTRAÇÃO DE INTERESSES, DIREITOS OU BENS ALHEIOS E AS SUAS REPERCUSSÕES

São variadas as situações da vida em razão das quais uma pessoa pode passar a guardar ou administrar interesses, diretos ou bens alheios. Esses casos podem decorrer de negócios jurídicos, tais como, o mandato[1] e os contratos de sociedade ou de depósito. Em outras ocasiões, a administração advém de ato unilateral (gestão de negócios) ou de múnus assumido por alguém (v.g., inventariança, tutela, curatela). Das relações jurídicas que envolvem a guarda ou a administração de interesses, direitos ou bens alheios sempre decorrerá o dever de prestar contas[2].

Nesse cenário, o dever de prestar de contas corresponde à conduta consistente na exposição detalhada, feita por quem administrou interesses, direitos ou bens alheios, dos débitos e créditos efetuados num determinado período, que deve ser concluída com a apuração de um saldo credor, devedor ou equivalente a zero. Geralmente, a prestação de contas tem por objeto dinheiro ou valores, mas nada impede que recaia sobre coisa, inclusive semoventes[3].

É fácil notar que o dever de prestar contas tem como par correspondente o direito de exigir as contas. Existem, pois, duas pretensões. A pretensão de exigir contas, que toca àquele que teve interesses, direitos ou bens alheios administrados por outrem. E a pretensão de prestar contas, que diz respeito a quem administrou interesses, direitos ou bens alheios.

Evidentemente, no mais das vezes, a prestação de contas é realizada entre as partes ligadas a este tipo de relação jurídica, independentemente de intervenção judicial.

---

1. Como remarcado pelo STJ, a "prestação de contas é inerente ao instituto do mandato, sendo obrigação do mandatário prevista no Código Civil e no Estatuto da Advocacia" (STJ, 3ª T., AgInt no AREsp 1035577, Rel. Min. Ricardo Villas Bôas Cueva, j. 24.08.2020, *DJe* 31.08.2020).
2. "A prestação de contas é devida por quantos administram bens de terceiros" (STJ, 4ª T., REsp 327.363/RS, Rel. Min. Barros Monteiro, j. 04.12.2003, *DJ* 12.04.2004). No mesmo sentido: STJ, 3ª T., AgRg no AREsp 796.933, Rel. Min. Marco Aurélio Bellizze, j. 15.12.2015, *DJe* 03.02.2016. Daí o reconhecimento do dever de prestar contas da empresa representada ao representante, relativamente ao valor das comissões (STJ, 3ª T., REsp 1.191.638, Rel. Min. Massami Uyeda, j. 12.04.2012, *DJe* 10.05.2012); ou do cônjuge, casado no regime de comunhão universal que, durante prolongada separação de fato, que antecedeu o divórcio e a partilha, administrou a meação dos bens que cabia ao consorte (STJ, 3ª T., REsp 1.300.250, Rel. Min. Ricardo Villas Bôas Cueva, j. 27.03.2012, *DJe* 19.04.2012; 4ª T., REsp 1.274.639, Rel. Min. Luis Felipe Salomão, j. 12.09.2017, *DJe* 23.10.2017).
3. STJ, 4ª T., REsp 327.363, Rel. Min. Barros Monteiro, j. 04.12.2003, *DJ* 12.04.2004.

Todavia, pode existir resistência ou divergência[4] quanto ao exercício da pretensão ou de exigir ou de prestar contas, o que levará à judicialização do conflito daí oriundo. O que é fundamental, para o surgimento da pretensão, é a guarda ou administração de interesses, direitos ou bens de outrem. Veja-se que o STJ, em recurso julgado na sistemática de processos repetitivos, decidiu que "nos contratos de mútuo e financiamento, o devedor não possui interesse de agir para a ação de prestação de contas"[5]. Isso porque, a obrigação do mutuante se caracteriza e extingue com a entrega do dinheiro, objeto do mútuo, inexistindo administração ou gestão de recursos alheios.

Por outro lado, a mesma Corte Federal, por meio da Súmula 259, firmou entendimento de que a "ação de prestação de contas pode ser proposta pelo titular de conta-corrente bancária". A instituição bancária administra os recursos do correntista e o fornecimento de extratos não afasta a pretensão de exigir contas, em função de eventuais dúvidas.

Na vigência do CC de 2002 (art. 205), a pretensão de exigir contas tem prazo prescricional de 10 anos[6] e, mesmo nos casos que possam ser qualificados como relação de consumo, é inaplicável o prazo decadencial, previsto no art. 26 do CDC. Neste diapasão, tem-se a tese estampada na Súmula 477 do STJ, segundo a qual a "decadência do art. 26 do CDC não é aplicável à prestação de contas para obter esclarecimentos sobre cobrança de taxas, tarifas e encargos bancários".

---

4. Nesta esteira, já decidiu o STJ (4ª T., REsp 533.814, Rel. Min. Aldir Passarinho Júnior, j. 19.02.2009, *DJe* 29.03.2009) que a "mera consignação de valores pela via extrajudicial não impede à outra parte o ajuizamento, aliás em época concomitante, de ação de prestação de contas relativa a valores recebidos por advogados em face de processos judiciais findos com êxito para seu cliente". Ademais, "mesmo tendo havido prestação de contas extrajudicial, admite-se o ajuizamento de ação de prestação de contas na hipótese em que os dados apresentados não tenham sido satisfatórios" (STJ, 4ª T., AgRg no Ag 1.307.820, Rel. Min. João Otávio de Noronha, j. 19.08.2010, *DJe* 31.08.2010).
5. STJ, Segunda Seção, REsp 1.293.558, Rel. Min. Luis Felipe Salomão, j. 11.03.2015, *DJe* 23.03.2015;. Esse posicionamento não se aplica aos contratos de cartão de crédito, que mais se aproximam do contrato de conta-corrente, sendo, portanto, cabível a ação de exigir contas (STJ, 3ª T., AgInt no REsp 1419781, Rel. Min. Paulo de Tarso Sanseverino, j. 02.12.2019, *DJe* 06.12.2019; STJ, 4ª T., AgRg no AREsp 597.770, Rel. Min. Luis Felipe Salomão, j. 10.02.2015, *DJe* 13.03.2015).
6. STJ, 3ª T., AgInt no AgInt no AgInt no AREsp 962510, Rel. Min. Marco Aurélio Bellizze, j. 26.10.2020, *DJe* 29.10.2020;. Na hipótese de mandato, o termo inicial do prazo prescricional é a data de sua revogação (STJ, 3ª T., AgInt no ARESP 1590431, Rel. Min. Marco Aurélio Bellizze, j. 21.09.2020, *DJe* 24.09.2020) ou, quando não houve revogação, da data do arquivamento do processo (STJ, 3ª T., REsp 1.877.742, Rel. Min. Nancy Andrighi, j. 16.03.2021, *DJe* 25.03.2021). Há discussão sobre a inércia daquele que tem o direito de exigir contas, que, por criar legítima expectativa na contraparte da desnecessidade da prestação de contas, autorizaria a aplicação da *supressio*, mesmo antes do final do prazo prescricional. Ou seja, em razão da inércia e do comportamento da pessoa por longuíssimo prazo, a exigência de contas seria incompatível com a boa-fé objetiva. Entretanto, o STJ (STJ, 3ª T., AgRg no AREsp 644.134, Rel. Min. Marco Aurélio Bellizze, j. 27.09.2016, *DJe* 06.10.2016) afastou tal possibilidade, argumentando que "a pretensão de aplicação da teoria da *supressio*, conforme pretendido pelo agravante, resultaria em negar aplicação a regra legal posta (...)". Essa orientação foi ratificada pela 4ª Turma: STJ, 4ª T., AgInt no AgInt no AREsp 1544404, Rel. Min. Maria Isabel Galotti, j. 24.08.2020, *DJe* 27.08.2020. Na hipótese de inventário, é inaplicável o prazo prescricional, quando se tratar de determinação judicial de prestação de contas pelo inventariante (STJ, 3ª T., REsp 1.941.686, Rel. Min. Nancy Andrighi, j. 17.05.2022, *DJe* 19.05.2022).

Notadamente quando se exige contas, é possível constatar a incompatibilidade dos atos que devem ser praticados (apresentação das contas e apuração de resultado) com as etapas do procedimento comum. Mesmo porque, com certa frequência, antes da prestação contas, é necessário encaminhar o debate sobre a existência do direito de exigi-las e a sua extensão, o que também evidencia o sério impedimento de promover a discussão dessas afirmativas de direito, no âmbito do procedimento comum.

O CPC de 1973 disciplinava, dentre os procedimentos especiais, o gênero da ação de prestação de contas (arts. 914 a 919), que abrangia a ação de exigir contas e a ação de dar contas, ou de prestação de contas em sentido estrito. O CPC de 2015 apenas estabeleceu, no título dos procedimentos especiais (Capítulo II, Título III, do Livro I, da Parte Especial), o regramento da ação de exigir contas, submetendo, portanto, a ação de prestar contas (em sentido estrito ou ação de dar contas) ao regime do procedimento comum[7].

Passa-se, então, à exposição do "procedimento especial" da ação de exigir contas, que, em regra, seguirá o caminho trilhado no CPC de 2015.

3.2. DA LEGITIMIDADE, INTERESSE DE AGIR E COMPETÊNCIA

Do acima exposto, sobressai que a legitimidade para a propositura da ação de exigir de contas é de quem teve interesses, direitos ou bens alheios administrados por outrem. Nessa linha, o art. 550 do CPC, reconhece legitimidade ativa àquele que "afirmar ser titular do direito de exigir contas (...)"[8]. Nesse contexto, já se reconheceu a legitimidade e o interesse para exigir contas nas seguintes situações: i) do sócio contra quem exerce a administração da empresa[9]; ii) após a separação de fato ou de corpos, o cônjuge em relação ao consorte que teve a posse ou administrou o patrimônio comum partilhável[10]; iii) participantes de plano previdenciário contra a entidade de previdência privada[11]; iv) o devedor fiduciário, em razão de leilão extrajudicial do bem objeto de alienação fiduciária, quanto aos valores decorrentes da venda e à correta imputação no débito (saldo

---

7. STJ, 4ª T., REsp 1.707.014, Rel. Min. Luis Felipe Salomão, j. 02.03.2021, DJe 06.04.2021.
8. O "sócio-gerente" ou "sócio administrador" não tem legitimidade para ajuizar ação de exigir contas relativas a contrato celebrado pela sociedade, pois a personalidade da pessoa jurídica tem autonomia em relação a seus sócios (STJ, 4ª T., Rel. Min. Paulo de Tarso Sanseverino, AgRg no REsp 1.554.658, j. 08.03.2016, DJe 14.03.2016). Reconhece-se, no entanto, a legitimidade ativa do sócio de holding, para promover ação de exigir contas em face da empresa controlada (STJ, 4ª T., REsp 125.400, Rel. Min. Barros Monteiro, j. 20.04.2009, DJ 28.06.1999). Ainda acerca da legitimidade ativa, o condômino não tem legitimidade para, isoladamente, ajuizar ação de exigir contas, pois "obrigação do síndico é de prestar contas à assembleia, nos termos do art. 22, § 1º, f, da Lei 4.591/1964" (STJ, 3ª T., REsp 1.046.652, Rel. Min. Ricardo Villas Bôas Cueva, j. 16.09.2014, DJe 30.09.2014). Com efeito, a legitimidade passiva será do síndico e não do condomínio (STJ, 3ª T., REsp 707.506, Rel. Min. Sidnei Beneti, j. 15.12.2009, DJe 18.12.2009). Não havendo convocação de assembleia, para prestação de contas pelo síndico, é cabível a ação de prestação de contas (STJ, 4ª T., AgInt no AREsp 1.429.563, j. 17.09.2020, DJe 24.09.2020).
9. STJ, 3ª T., AgInt no REsp 1892662, Rel. Marco Aurélio Bellizze, j. 1º.03.2021, DJe 03.03.2021.
10. STJ, 3ª T., AgInt no AREsp 1725324, Rel. Min. Nancy Andrighi, j. 08.03.2021, DJe 10.03.2021.
11. STJ, 3ª T., AgInt no AREsp 728567, Rel. Min. Ricardo Villas Bôas Cueva, j. 25.05.2021, DJe 04.06.2021.

remanescente)[12], sendo que o pedido não pode ser deduzido incidentalmente na ação de busca e apreensão que fora proposta pelo credor, devendo-se manejar ação autônoma de exigir contas[13]; v) nas locações de espaços em shopping centers, do locatório contra o locador, no que tange às despesas que lhe forem cobradas (Lei do Inquilinato, art. 54, § 2º), mesmo que o primeiro não tenha exercitado a faculdade, assegurada legalmente, de exigir contas, extrajudicialmente, a cada 60 (sessenta dias)[14].

Muito se controverteu sobre a legitimidade ativa do "sócio-gerente" ou, na linguagem no atual Código Civil, do sócio administrador para exigir contas dos outros coadministradores. O aspecto central é determinar se, de fato, o sócio-gerente ou administrador codirigia ou se sua função era apenas formal[15]. Ou ainda se não atuava na área ou setor em relação ao qual, especificamente, pretende exigir as contas[16]. Se o cargo for meramente figurativo ou se, em razão da divisão de funções, o sócio não tiver atuação naquela determinada área, tem ele legitimidade ativa para a propositura da ação de exigir contas.

O direito de exigir contas, em regra, é transmitido aos sucessores, de modo que, com o falecimento do mandante, os seus herdeiros têm legitimidade para exigir contas do mandatário[17].

No polo passivo, é legitimada qualquer pessoa que teve a guarda ou administração de interesses, direitos ou bens alheios[18]. Cuida-se de dever personalíssimo[19] e, desse modo, em princípio, não transmissível aos herdeiros, que não terão legitimidade passiva. Contudo, essa intransmissibilidade não se apresenta em toda e qualquer situação, porquanto a obrigação de prestar contas pode ter natureza patrimonial, de maneira que os herdeiros podem, eventualmente, suceder o falecido, também no dever de prestar contas[20]. Um caminho válido para aferir a transmissibilidade é o exame da natureza da relação jurídica da qual advém o dever de prestar contas. Naqueles casos em que o dever decorre de múnus (v.g., inventariança, curatela e tutela), o caráter personalíssimo

---

12. STJ, 3ª T., AgInt nos EDcl no REsp 1851447, Rel. Min. Ricardo Villas Bôas Cueva, j. 29.06.2020, DJe 03.08.2020.
13. STJ, 3ª T., REsp 1.866.230, Rel. Min. Nancy Andrighi, j. 22.09.2020, DJe 28.09.2020.
14. STJ, 3ª T., AgInt no REsp 1677057, Rel. Marco Aurélio Bellizze, j. 31.08.2020, DJe 08.09.2020. Situação diversa é aquela envolvendo o locatário e o condomínio. De fato, o locatário não pode exigir contas acerca de questões inerentes à relação jurídica estabelecida entre proprietário e condomínio (STJ, 4ª T., REsp 1.630.199, Rel. Antonio Carlos Ferreira, j. 05.08.2021, DJe 10.08.2021).
15. STJ, 3ª T., EDcl no AREsp 507.299, Rel. Min. João Otávio de Noronha, j. 10.05.2016, DJe 19.05.2016; STJ, 4ª T., REsp 474.596, Rel. Min. Barros Monteiro, j. 29.09.2004, DJ 13.12.2004.
16. STJ, 4ª T., AgInt no AREsp 1390679, Rel. Min. Luis Felipe Salomão, j. 21.06.2021, 29.06.2021.
17. STJ, 4ª T., AgInt no AREsp 1193258, Rel. Min. Raul Araújo, j. 09.08.2021, DJe 31.08.2021; STJ, 3ª T., AgInt no AREsp 865725, Rel. Min. Marco Aurélio Bellizze, j. 1º.07.2019, DJe 08.06.2019.
18. Cf. STJ, 3ª T., AgInt no AREsp 524.631, Rel. Min. Ricardo Villas Bôas Cueva, j. 25.10.2016, DJe 14.11.2016.
19. STJ, 4ª T., AgInt no REsp 1.087.461, Rel. Min. Antonio Carlos Ferreira, j. 30.05.2019, DJe 10.06.2019; STJ, 3ª T., REsp 1.354.347, Rel. Min. Nancy Andrighi, j. 06.05.2014, DJe 20.05.2014; STJ, 3ª T., REsp 1.122.589, Rel. Min. Paulo de Tarso Sanseverino, j. 10.04.2012, DJe 19.04.2012.
20. No julgamento do REsp 1.203.559 (STJ, 4ª T., Rel. Min. Luis Felipe Salomão, j. 25.02.2014, DJe 17.03.2014), foi esmiuçada e admitida a transmissibilidade.

impede a sua transmissão *causa mortis*[21], desde que já não tenham sido prestadas as contas e apurado saldo. Já quando o dever decorre de contrato – quando não evidenciado o seu caráter *intuito personae*, como no caso do mandato –, juntamente com outros direitos e obrigações patrimoniais, pode ser transmitido o dever de prestar contas.

Ademais, reconhecido o dever de prestar contas, na primeira fase da ação de exigir contas, os sucessores têm legitimidade para, na segunda fase, debater a prestação de contas e o seu respectivo saldo, credor ou devedor[22]. Nessa hipótese, mesmo que antes se tratasse de dever personalíssimo, com a apuração de saldo credor e devedor, exsurge uma obrigação de caráter essencialmente patrimonial[23]. Havendo saldo devedor, os sucessores responderão, no limite da herança recebida (CC, art. 1.792). Do mesmo modo, havendo saldo credor, os sucessores poderão exigi-lo.

Ainda sobre o tema da legitimidade passiva, no caso de mandato outorgado a vários advogados, a responsabilidade pela prestação de contas é solidária, de maneira que a ação de exigir contas pode ser manejada contra todos ou apenas em face de um dos ex-patronos[24].

Não haverá interesse de agir quando as contas já foram prestadas e aprovadas[25] por aquele que teve os seus interesses, direitos ou bens administrados. Daí não ser admissível a ação de exigir contas contra administradores de sociedades, quando estas foram aprovadas em assembleia[26].

Assunto que abrange o interesse de agir e também a legitimidade *ad causam* é o do cabimento da ação de exigir contas, movida pela alimentante em face do cônjuge que administra os recursos pagos ao filho, a título de alimentos. Existem acórdãos decretando

---

21. O STJ assinalou a intransmissibilidade aos sucessores de pessoa que atuou como inventariante e o falecimento dele se deu antes de que as contas tivessem sido prestadas (STJ, 3ª T., AgInt no AREsp 1034708, Rel. Min. Marco Aurélio Bellizze, j. 29.04.2019, *DJe* 06.05.2019).
22. STJ, 3ª T., REsp 1.374.447, Rel. Min. Moura Ribeiro, j. 15.03.2016, *DJe* 28.03.2016. Afastando a instransmitibilidade, o STJ (3ª T., REsp 1.480.810, Rel. Min. Nancy Andrighi, j. 20.03.2018, *DJe* 26.03.2018) já decidiu o seguinte: "O superveniente falecimento da pessoa a quem caberia prestar as contas não acarreta, obrigatoriamente, a extinção sem resolução do mérito da ação de prestação de contas, especialmente na hipótese em que fora desenvolvida, ainda na primeira fase da referida ação, atípica atividade cognitiva e instrutória, sob o crivo do contraditório e da ampla defesa, que excedeu o mero acertamento da legitimação ativa e passiva, adentrando às próprias contas que deverão ser prestadas pelos herdeiros e pelos beneficiários dos atos de disposição gratuita de bens de pessoa civilmente incapaz e que foram realizados por quem detinha o mandato e exercia a curatela." Na mesma direção: 3ª T., REsp 1.931.806, Rel. Min. Nancy Andrighi, j. 12.12.2023, *DJe* 15.12.2023.
23. STJ, 3ª T., REsp 1.776.035, Rel. Min. Nancy Andrighi, j. 16.06.2020, *DJe* 19.06.2019.
24. STJ, 4ª T., EDcl no AgRg no AREsp 604505, Rel. Min. Luis Felipe Salomão, j. 21.05.2013, *DJe* 27.05.2015.
25. A circunstância do titular dos interesses, bens ou direitos acompanhar a atividade daquele que administrou os seus bens não pode ser equiparada à prestação de contas. Por isso, o STJ reconhece o dever de o inventariante prestar contas ao sucessor, mesmo em relação a atos praticados no inventário que contaram com o acompanhamento do herdeiro (4ª T., AgInt no AREsp 540.604, Rel. Min. Maria Isabel Galotti, j. 14.03.2017, *DJe* 20.03.2017). Neste diapasão, "o mandante, ainda que tenha noção do saldo das contas, possui interesse de agir para ajuizar ação de prestação de contas contra o mandatário, em razão de sua gerência e administração de bem" (STJ, 4ª T., REsp 703.390, Rel. Min. João Otávio de Noronha, j. 03.12.2009, *DJe* 18.12.2009).
26. STJ, 4ª T., AgRg no AREsp 181670, rel. Min. Marco Buzzi, j. 21.05.2013, *DJe* 04.06.2013; STJ, 3ª T., REsp 1.102.688, Rel. Massami Uyeda, j. 07.10.2010, *DJe* 19.10.2010; STJ, 4ª T., AgRg no AREsp 504.625, rel. Min. Luis Felipe Salomão, j. 24.06.2014, *DJe* 1º.08.2014.

a falta de interesse, diante da inutilidade do provimento jurisdicional[27]. A uma, porque, mesmo que comprovado o uso indevido da verba alimentar, o valor pago seria irrepetível, especialmente em favor de quem está a exigir contas. A duas, porquanto a ação de exigir contas não é a via adequada para a exoneração da obrigação de pagar alimentos.

Vale mencionar, ainda, a existência de julgado[28] remarcando o dever do genitor não guardião de fiscalizar a destinação da verba em favor do alimentando. Contudo, essa contenda não poderia ser veiculada por meio de ação de exigir contas, sendo adequada a ação de obrigação de fazer, fundada no art. 461 do CPC de 1973, que corresponde ao art. 497 do CPC de 2015.

Sucede que, em tema de prestação de contas envolvendo alimentos, houve significativa alteração da jurisprudência do STJ, impulsionada pela inclusão do § 5º do art. 1.583 do Código Civil 2002, promovida pela Lei 13.058/2014. Segundo esse preceptivo, a "guarda unilateral obriga o pai ou a mãe que não a detenha a supervisionar os interesses dos filhos, e, para possibilitar tal supervisão, qualquer dos genitores sempre será parte legítima para solicitar informações e/ou prestação de contas, objetivas ou subjetivas, em assuntos ou situações que direta ou indiretamente afetem a saúde física e psicológica e a educação de seus filhos".

A partir da interpretação desse texto legal, a 3ª Turma da Corte Federal, por maioria de votos, decidiu que "é juridicamente viável a ação de exigir contas ajuizada por genitor(a) alimentante contra a(o) guardiã(o) e representante legal de alimentado incapaz, na medida em que tal pretensão, no mínimo, indiretamente, está relacionada com a saúde física e também psicológica do menor, lembrando que a lei não traz palavras inúteis"[29]. Advertiu-se, no entanto, que o "que justifica o legítimo interesse processual em ação dessa natureza é só e exclusivamente a finalidade protetiva da criança ou do adolescente beneficiário dos alimentos, diante da sua possível malversação, e não o eventual acertamento de contas, perseguições ou picuinhas com a(o) guardiã(ao), devendo ela ser dosada, ficando vedada a possibilidade de apuração de créditos ou preparação de revisional pois os alimentos são irrepetíveis".

A nova compreensão repercutiu na 4ª Turma, que também declarou o cabimento da ação de exigir contas de alimentos, cujo "objetivo veiculado não é apurar um saldo devedor a ensejar eventual execução – haja vista a irrepetibilidade dos valores pagos a esse título –, mas investigar se a aplicação dos recursos destinados ao menor é a que mais atende ao seu interesse, com vistas à tutela da proteção de seus interesses e patrimônio,

---

27. STJ, 3ª T., AgRg no Ag 1.269.320, Rel. Min. Massami Uyeda, j. 22.03.2011; STJ, 3ª T., REsp 985.061, Rel. Min. Nancy Andrighi, j. 20.05.2008, DJe 16.06.2008; STJ, 3ª T., REsp 1.637.378, Rel. Min. Ricardo Villas Bôas Cueva, j. 19.02.2019, DJe 06.03.2019.
28. STJ, 4ª T., REsp 970.147, Rel. Min. Luis Felipe Salomão e rel. p/ acórdão Min. Marco Buzzi, j. 04.09.2012, DJe 16.10.2012.
29. STJ, 3ª T., REsp 1.814.639, Rel. Min. Paulo de Tarso Sanseverino, Rel. p/ acórdão Min. Moura Ribeiro, j 26.05.2020, DJe 09.06.2020. Essa posição, agora por unanimidade, foi reafirmada no julgamento do AgInt no REsp 1750363, Rel. Min Moura Ribeiro, j. 11.11.2020, DJe 16.11.2020.

podendo dar azo, caso comprovada a má administração dos recursos alimentares, à alteração da guarda, à suspensão ou até mesmo à exoneração do poder familiar"[30].

Além da finalidade bem destacada nos precedentes acima invocados, cumpre alertar que o disposto no § 5º do art. 1.583 do Código Civil 2002, direcionado para as hipóteses de guarda unilateral, já indica limitações na utilização da ação de exigir contas, relativa a alimentos. Nessa esteira, em julgado subsequente, após anotar que a ação "reclama a existência de guarda unilateral que inviabilize (ou dificulte) a ciência do alimentante sobre as reais necessidades materiais e imateriais do alimentando e o exclusivo intento de proteção do bem-estar do menor", a 4ª Turma não admitiu o pedido de prestação de contas, fundada nos seguinte motivos: "a guarda exercida pelos genitores é compartilhada, tendo ambos, portanto, convivência cotidiana (habitual) com o menor. Outrossim, na inicial, o autor não apontou nenhum fato indicativo de danos à educação e à saúde física ou psicológica da criança – que conta, atualmente, com cinco anos de idade –, mas apenas a recusa da mãe em matriculá-la em escola de maior custo. Por outro lado, mostrou-se contrariado com as boas condições da moradia da ré (que exerce a atividade profissional de terapeuta ocupacional), a aquisição de veículo automotor, a utilização de roupas e acessórios (supostamente de marcas luxuosas) e a realização de tratamentos estéticos de beleza"[31].

Também a 3ª Turma afastou a aplicação do novel entendimento, remarcando que, diferentemente do recurso que estava sendo julgado no *leading case*, "o alimentante não era guardião do alimentado e jamais teve contato com filho especial (portador de Down), portanto, não tinha como saber das suas reais necessidades"[32].

O foro competente para o ajuizamento da ação de exigir contas é o do lugar em que for réu o administrador ou gestor de negócios alheios, consoante instituído pelo art. 53, IV, *b*, do CPC. Contudo, se está no ambiente da competência territorial e, dessa maneira, relativa. Assim, além da possibilidade de eleição de foro, se o réu não alegar a incompetência relativa na contestação (CPC, arts. 64 e 337, II), haverá a sua prorrogação (CPC, art. 65).

3.3. DO PROCEDIMENTO

Observados os aspectos supra explicados, acerca da legitimidade, interesse de agir e competência, o autor "requererá a citação do réu para que as preste ou ofereça contestação no prazo de 15 (quinze) dias" (art. 550).

---

30. STJ, 4ª T., REsp 1911030, Rel. Min. Luis Felipe Salomão, j. 1º.06.2020, *DJe* 31.08.2020.
31. STJ, 4ª T., AgInt nos EDcl no REsp 1857050, Rel. Min. Luis Felipe Salomão, j. 23.08.2021, *DJe* 26.08.2021.
32. STJ, 3ª T., AgInt no REsp 1930190, Rel. Min. Nancy Andrighi, j. 20.09.2021, *DJe* 22.09.2021. Essa posição restritiva tem se mantido no STJ, inclusive com indicação da inadequação da prestação de contas "para fiscalização do uso de recursos transmitidos ao alimentando por não gerar crédito em seu favor e não representar utilidade jurídica" (3ª T., AgInt no AREsp 1.450.163, Rel. Min. Ricardo Villas Bôas Cueva j. 23.05.2022, *DJe* 26.05.2022).

Na causa de pedir, o autor deve expor "detalhadamente, as razões pelas quais exige as contas, instruindo-a com documentos comprobatórios dessa necessidade, se existirem" (art. 550, § 1º)[33]. O pedido, por sua vez, tem por conteúdo um fazer, ou seja, o cumprimento do dever de prestar contas. A par disso, o pedido não pode ser genérico, sendo imperiosa a indicação do período em relação ao qual as contas são exigidas[34].

Os pontos de fato e de direito, bem como a resistência à pretensão opostos pelo autor girarão em torno do dever de prestar contas e do pedido. Em outras palavras, o contraditório e o exercício do direito de defesa terão em mira somente esses aspectos.

Assim, escapa ao objeto litigioso dessa modalidade de prestação de contas a pretensão de invalidar ou rever disposições contratuais. Aliás, no Recurso Especial 1.497.831[35], julgado sob a sistemática dos recursos repetitivos, a Segunda Seção do STJ fixou a seguinte tese: "Impossibilidade de revisão de cláusulas contratuais em ação de prestação de contas". Na oportunidade, com razão, anotou-se que o

> rito especial da ação de prestação de contas não comporta a pretensão de alterar ou revisar cláusula contratual, em razão das limitações ao contraditório e à ampla defesa. Essa impossibilidade de se proceder à revisão de cláusulas contratuais diz respeito a todo o procedimento da prestação de contas, ou seja, não pode o autor da ação deduzir pretensões revisionais na petição inicial (primeira fase), conforme a reiterada jurisprudência do STJ, tampouco é admissível tal formulação em impugnação às contas prestadas pelo réu (segunda fase).

Em linha com essa orientação, decidiu-se que a ação de exigir contas não é a via adequada para se postular a resolução ou a invalidação de negócios jurídicos[36].

---

33. STJ, 4ª T., REsp 1.274.639, Rel. Min. Luis Felipe Salomão, j. 12.09.2017, DJe 23.10.2017.
34. STJ, 3ª T., AgRg no AREsp 427.733, Rel. Min. João Otávio de Noronha, j. 1º.04.2014, DJe 07.04.2014; AgInt no AREsp 694.183, Rel. Min. Paulo de Tarso Sanseverino, j. 1º.12.2016, DJe 19.12.2016. Esses julgados foram proferidos em ação de exigir contas movida pelo correntista em face do Banco e, a nosso ver, refletem o entendimento mais correto. Contudo, existem julgados mais restritivos exigindo, para que não se possa falar em pedido genérico, a especificação do período e de quais movimentações financeiras se buscam esclarecimentos (e.g., STJ, 3ª T., Edcl no AREsp 779.472, Rel. Min. Ricardo Villas Bôas Cueva, j. 08.11.2016, DJe 17.11.2016). Ou ainda a indicação "de motivos consistentes, ocorrências duvidosas na conta-corrente, que justificam a provocação do Poder Judiciário mediante referida ação" (STJ, AgRg no REsp 1.455.450, Rel. Min. Maria Isabel Galotti, j. 05.08.2014, DJe 15.08.2014). E essa visão mais restritiva foi a que prevaleceu: "Nos termos da jurisprudência desta Corte, a petição inicial de ação de prestação de contas deve demonstrar o vínculo jurídico entre autor e réu, delimitar o período objeto da pretensão e expor os suficientes motivos pelos quais se busca a prestação de contas, para que esteja demonstrado o interesse de agir do autor da ação, o que ocorreu na espécie" (STJ, 3ª T., AgInt no EDcl 1364293, Rel. Min. Marco Aurélio Bellizze, j. 23.08.2021, DJe 25.08.2021). Na mesma direção: STJ, 4ª T., AgInt no EDcl no AREsp 1688559, Rel. Min. Raul Araújo, j. 14.09.2020, DJe 1º.10.2020.
35. STJ, 2ª Seção, Rel. Min. Paulo de Tarso Sanseverino, relatora p/acórdão Min. Maria Isabel Galotti, j. 14.09.2016, DJe 07.11.2016. Em face da impossibilidade, decreta-se a extinção sem resolução do mérito de processos instaurados, a partir de ação de prestação de contas na qual se busca a invalidação ou a revisão contratual. Todavia, mesmo com a extinção sem julgamento de mérito, "a citação válida promovida em anterior ação de prestação de contas, no prazo e na forma da lei processual, ainda que extinta sem resolução de mérito, é suficiente para interromper a prescrição para o ajuizamento de ação de revisão de cláusulas contratuais referente ao mesmo contrato" (STJ, 4ª T., AgInt no REsp 1939790, Rel. Min. Marco Buzzi, j. 04.10.2021, DJe 08.10.2021).
36. STJ, 3ª T., AgInt nos EDcl no AREsp 1366550, Rel. Marco Aurélio Bellizze, j. 04.05.2020, DJe 05.08.2020.

Como visto, o réu será citado para responder, no prazo de 15 dias, sendo que ele pode assumir os seguintes comportamentos:

i) não prestar contas e contestar.

Nessa hipótese, o réu não presta contas e contesta a existência de dever de prestá-las. Bem por isso, a prestação de contas poderá se desenvolver em duas fases: na primeira fase, se discutirá e decidirá *somente* sobre a existência, ou não, do dever de prestar contas[37]. Reconhecida a ausência deste dever, o pedido será julgado improcedente e o autor condenado nos ônus da sucumbência. Esse pronunciamento que rejeita a existência do dever de prestar contas tem natureza de sentença e, por isso, desafia a interposição do recurso de apelação. Admitido o dever de prestar contas, com julgamento de procedência e condenação do réu nos ônus da sucumbência[38], seguir-se-á à segunda fase, com a determinação para o réu "prestar as contas no prazo de 15 (quinze) dias, sob pena de não lhe ser lícito impugnar as que o autor apresentar" (CPC, art. 550, § 5º). Veja-se que, na segunda parte do texto agora transcrito, mais uma vez, o legislador presta homenagem à boa-fé objetiva. Realmente, se o réu não prestar contas lhe será vedado, num segundo momento, adotar postura contraditória e tentar impugnar as contas apresentadas pelo autor. De qualquer modo, se forem prestadas as contas pelo réu, aplica-se o disposto no § 2º do art. 550, abrindo-se prazo para impugnação do autor em 15 (quinze) dias (CPC, art. 550, § 6º, primeira parte). Verificada a outra hipótese (inércia do réu), para apresentar as contas, ao autor será concedido prazo de 15 (quinze) dias (CPC, art. 550, § 6º, segunda parte), sendo que devem ser atendidos os mesmos parâmetros impostos ao réu, no desenvolvimento desta tarefa. Mais precisamente, as contas do autor "serão apresentadas na forma adequada, já instruídas com os documentos justificativos, especificando-se as receitas, a aplicação das despesas e os investimentos, se houver, bem como o respectivo saldo" (CPC, art. 551, § 2º). Além disso, mesmo não tendo sido expostas as contas pelo réu, após a sua apresentação pelo autor, poderá "o juiz determinar a realização de exame pericial, se necessário" (CPC, art. 550, § 6º, *in fine*)[39].

Ainda sobre o pronunciamento de procedência, prolatado ao final da primeira fase, mesmo em se tratando de obrigação de fazer, é descabida a imposição de

---

37. Sobre a limitação do objeto da cognição, na primeira fase, confira-se os seguintes arestos: STJ, 3ª T., AgRg no AREsp 610.209, rel. Min. Marco Aurélio Bellizze, j. 15.10.2015, *DJe* 23.10.2015; STJ, 3ª T., AgRg no REsp 872990, rel. Des. Convocado Vasco Della Giustina, j. 06.05.2010, *DJe* 27.05.2010.
38. STJ, 4ª T., AgRg no REsp 1.578.998, Rel. Min. Marco Buzzi, j. 26.04.2016, *DJe* 05.05.2016.
39. Apreciando a questão sob ótica do CPC de 1973, o STJ decidiu o seguinte: "4. A sanção pelo não cumprimento da determinação de prestar contas no prazo legal é, como mesmo estipulado por lei, a perda do direito de impugnar as contas formuladas pelo autor, não dispensando, por parte do julgador, a análise acurada da apuração de eventual crédito a favor deste. 5. O simples fato de não serem apresentadas as contas pelo réu não significa que o julgador deve acatar, de plano, as fornecidas pelo autor. Ao magistrado são facultados poderes de investigação, podendo, a despeito do desentranhamento da resposta, instaurar a fase instrutória do feito, com a realização de perícia e colheita de prova em audiência" (STJ, 3ª T., REsp 1.943.830, Rel. Min. Nancy Andrighi, j. 21.09.2020, *DJe* 23.09.2020; STJ, 3ª T., REsp 2.299.174, Rel. Min. Moura Ribeiro, j. 27.11.2023, *DJe* 29.11.2023).

multa cominatória, para compelir o réu a prestar contas[40]. Sem ignorar a outorga, pelo CPC de 2015 (art. 139, IV), de poderes atípicos ao juiz, para alcançar o cumprimento dos pronunciamentos, a disciplina do procedimento já estabeleceu um meio para superar a eventual inércia do réu. Deveras, como visto, em não atendendo a determinação ao réu não será lícito impugnar as contas que o autor apresentar (CPC, art. 550, § 5º).

Até o momento, foi utilizado o termo "pronunciamento" para designar a "decisão" por meio da qual é julgada a primeira fase da ação de exigir contas, com o reconhecimento do dever de prestar contas. Isso porque, em face do CPC de 2015, certamente surgirá discussão acerca de sua natureza jurídica. O CPC de 1973, ao tratar deste pronunciamento, expressamente o qualificava como sentença (art. 915, § 2º). Já o CPC de 2015, no art. 550, § 5º, empregou a palavra "decisão", o que tem justificado manifestações sustentando a mudança de sistemática e a existência não mais de sentença e sim de decisão interlocutória. Consequentemente, esse pronunciamento que, na primeira fase, reconhece o dever de prestar contas, é de mérito e seria impugnável por meio de agravo de instrumento[41] (CPC, art. 1.015, II). Essa, aliás, foi a direção trilhada pelo Enunciado 177 do Fórum Permanente de Processualistas Civis: "A decisão interlocutória que julga procedente o pedido para condenar o réu a prestar contas, por ser de mérito, é recorrível por agravo de instrumento".

Realmente, o legislador de 2015 fez nova escolha, pautada pelo estímulo à celeridade do processo, para mudar o sistema até então vigente. Em se tratando de decisão interlocutória e diante do regime do agravo de instrumento, a regra será a produção imediata de efeitos do pronunciamento que reconhece o dever de prestar, ao contrário do que se dava com a sentença, impugnável por apelação, que, ordinariamente, tem efeito suspensivo. Seja como for, indubitavelmente, será o caso de admitir a aplicação da fungibilidade, para ter como admissível o recurso de apelação, ao invés do agravo de instrumento, mesmo que se repute o pronunciamento como decisão interlocutória[42]. A segunda fase, que será esmiuçada abaixo, poderá ser iniciada a partir do momento em que o pronunciamento que condenou o réu a prestar contas passar a produzir efeitos. De modo mais detalhado, admitido que efetivamente houve mudança de regime, consoante defendido no parágrafo

---

40. STJ, 4ª T., REsp 1.092.592, Rel. Min. Luis Felipe Salomão, j. 24.04.2012, DJe 23.05.2012.
41. Cf. THEODORO JR., Humberto. *Curso de direito processual civil*. 51. ed. Rio de Janeiro: Forense, 2017. p. 90; MARCATO, Antonio Carlos. *Procedimentos especiais*. 16. ed. São Paulo: Atlas, 2016. p. 110.
42. A 3ª Turma do STJ prestigiou o entendimento aqui defendido, também destacando a aplicação do princípio da fungibilidade (STJ, 3ª T., REsp 1.746.337, Rel. Min. Nancy Andrighi, j. 09.04.2019, DJe 12.04.2019). Está consolidada a jurisprudência do STJ, seja no que se refere ao cabimento de agravo de instrumento contra a decisão que julga primeira fase da ação de exigir contas, sem encerrar o processo, ou seja, com o reconhecimento do dever de prestar contas, seja no que concerne à aplicação da fungibilidade: STJ, 3ª T., AgInt no AREsp 1841262, Rel. Min. Marco Aurélio Bellizze, j. 04.10.2021; DJe 06.10.2021; STJ, 4ª T., AgInt no REsp 1846420, Rel. Min. Antonio Carlos Ferreira, j. 24.08.2020, DJe 28.08.2020; STJ, 4ª T., AgInt nos EDcl no REsp 1831900, Rel. Min. Maria Isabel Gallotti, j. 20.04.2020, DJe 24.04.2020.

anterior, o reconhecimento do dever de prestar contas se dá por decisão interlocutória. Como o agravo de instrumento não é dotado de efeito suspensivo, a segunda fase iniciar-se-á imediatamente[43], salvo se o relator desse recurso conceder efeito suspensivo (CPC, art. 1.019, I).

Saliente-se que a mudança promovida pelo CPC de 2015, da natureza jurídica do pronunciamento (decisão interlocutória) que julga a primeira fase, reconhecendo o dever de prestar contas, não afasta a existência de sucumbência e a sua imposição ao réu vencido[44]. Relativamente ao critério de fixação dos honorários, "considerando a extensão do provimento judicial na primeira fase da prestação de contas, em que não há condenação, inexistindo, inclusive, qualquer correspondência com o valor da causa, o proveito econômico mostra-se de todo inestimável, a atrair a incidência do § 8º do art. 85 do CPC/2015"[45].

A análise desenvolvida anteriormente teve em mira o pronunciamento que, na primeira fase, acolhe o pedido de exigir contas. Todavia, repita-se, que, na hipótese de reconhecimento de inexistência do dever de prestar contas (improcedência do pedido), o juiz colocará fim ao processo e, portanto, proferirá sentença, impugnável por meio de apelação (CPC, art. 1.012).

Relativamente ao acolhimento da pretensão, se prevalecer a orientação que o pronunciamento que julga procedente o pedido formulado na primeira fase continua sendo sentença, o percurso será distinto do anteriormente detalhado. O início da segunda fase não se dará logo após a sentença de procedência, quando esta for atacada por recurso de apelação, que terá efeito suspensivo. Todavia, confirmada a sentença em segundo grau, como os eventuais recursos extraordinário e especial não têm efeito suspensivo, poder-se-á inaugurar a segunda fase, com a intimação do réu, por meio do seu advogado[46], para prestar contas em 15 dias. Não obstante a posição aqui esposada, há posicionamento no STJ[47], condicionando o começo da segunda fase ao trânsito em julgado da sentença que admitiu a existência do dever de prestar contas.

---

43. Essa interpretação já foi validada pela 3ª Turma do STJ (STJ, 3ª T., REsp 1.847.194, Rel. Min. Marco Aurelio Bellizze, j. 16.03.2021, DJe 23.03.2021).
44. STJ, 3ª T., AgInt nos EDcl no REsp 1877347, Rel. Min. Marco Aurélio Bellizze, j. 15.06.2021, DJe 18.06.2021; STJ, 4ª T., AgInt no REsp 2.080.108, Rel. Ministra Maria Isabel Gallotti, j. 04.03.2024, DJe 07.03.2024.
45. STJ, 3ª T., REsp 1.874.920, Rel. Min. Nancy Andrighi, j. 04.10.2022, DJe 06.10.2022.
46. STJ, 3ª T., REsp 913.411, Rel. Min. Nancy Andrighi, j. 03.11.2009, DJe 23.11.2009; STJ, 4ª T., REsp 961.439, Rel. Min. Luis Felipe Salomão, j. 16.04.2009, DJe 27.04.2009. Os acórdãos datam da vigência do CPC de 1973, mas a orientação continua válida, inclusive sendo reforçada pelo disposto no art. 513, § 2º, I, do CPC de 2015.
47. STJ, 4ª T., REsp 1.129.498, Rel. Min. Fernando Gonçalves, j. 13.04.2010, DJe 27.04.2010. Já na vigência do CPC de 2015, o STJ reiterou o critério da intimação do transito em julgado como termo inicial do prazo (3ª T., REsp 1.582.877, Rel. Min. Nancy Andrighi, j. 23.04.2019, DJe 26.04.2019; 4ª T., AgInt no REsp 1.842.643, Rel. Min. Raul Araújo, j. 14.08.2023, DJe 18.08.2023). Além de reafirmar essa compreensão, há julgado decidindo que esse prazo de 48 (quarenta e oito) horas "não é peremptório, podendo ser flexibilizado pelo julgador, a depender da complexidade das contas a serem prestadas, devendo essa análise ser realizada em cada caso" (STJ, 3ª T., AgInt no REsp 1650460, Rel. Min. Marco Aurélio Bellizze, j. 31.08.2020, DJe 08.09.2020).

ii) apresentar as contas e não contestar.

Aqui, o procedimento não será bifásico, já se desenvolvendo a partir da prestação de contas, que corresponde à segunda fase[48].

O CPC de 1973 (art. 917) prescrevia que as contas deveriam ser prestadas na "forma mercantil"[49], o que era interpretado como a indicação dos lançamentos de crédito, débito e apuração de um resultado. O CPC de 2015 (art. 551) é mais específico, determinando que as contas devem ser "apresentadas na forma adequada, especificando-se as receitas, a aplicação das despesas e os investimentos, se houver".

Prestadas as contas em 15 (quinze) dias, o autor será intimado para se manifestar, no mesmo prazo (CPC, art. 550, § 2º)[50]. É relevante notar que a impugnação, obrigatoriamente, deve ser fundamentada e específica, com referência expressa ao lançamento questionado (CPC, art. 550, § 3º). Não é cabível, destarte, impugnação genérica, com intuito de rejeitar as contas apresentadas.

Consoante dispõe o do art. 551, § 1º, do CPC, "havendo impugnação específica e fundamentada pelo autor, o juiz estabelecerá prazo razoável para que o réu apresente os documentos justificativos dos lançamentos individualmente impugnados". Por um lado, essa disposição indica que, em regra, no momento da prestação de contas, não há necessidade de apresentação de todos os documentos, o que ocorrerá, após eventual questionamento e, especificamente, no que se refere aos lançamentos impugnados. Por outro lado, revela que, no bojo da prestação de contas, ao réu pode ser validamente determinada a exibição de documentos, sem que isso possa ser caracterizado como cumulação indevida de pretensões[51].

Em seguida, passa-se a observar o procedimento comum (CPC, art. 550, § 2º), o que, imediatamente, significará a realização de prova pericial[52], a qual, segundo já de-

---

48. STJ, 4ª T., AgInt no AREsp 1.154.959, Rel. Min. Marco Buzzi, j. 06.12.2018, DJe 17.12.2018.
49. A jurisprudência, no entanto, não tinha como indispensável este formato, aduzindo que "as contas apresentadas de forma não mercantil podem ser consideradas se forem apresentadas de maneira clara e inteligível de forma a atingir as finalidades do processo" (STJ, 4ª T., AgRg no REsp 1.344.102, Rel. Min. João Otávio de Noronha, j. 07.09.2013, DJe 23.09.2013). No mesmo sentido: STJ, 4ª T., AgInt nos EDcl no REsp 1.610.520, Rel. Min. Raul Araújo, j. 03.09.2019, DJe 19.09.2019.
50. "Prestadas as contas espontaneamente na contestação, a decisão do magistrado singular que determina sua complementação não impede o posterior julgamento das contas antes apresentadas e tidas por insuficientes, não havendo que se falar em preclusão" (STJ, 4ª T., AgInt no AREsp 1662268, Rel. Min. Raul Araújo, j. 21.09.2020, DJe 08.10.2020).
51. STJ, 4ª T., AgRg no Ag 823.488, Rel. Min. Luis Felipe Salomão, j. 02.10.2008, DJe 13.10.2008.
52. Acerca da determinação de perícia, há aresto do STJ na seguinte direção: "(...) a decisão interlocutória que, na segunda fase da ação de prestação contas, defere a produção de prova pericial contábil, nomeia perito e defere prazo para apresentação de documentos, formulação de quesitos e nomeação de assistentes, não se submete ao regime recursal estabelecido para as fases de liquidação e cumprimento da sentença (art. 1.015, parágrafo único, do CPC/15), mas, sim, aplica-se o regime recursal aplicável à fase de conhecimento (art. 1.015, caput e incisos, CPC/15), que não admite a recorribilidade imediata da decisão interlocutória com o referido conteúdo..." (STJ, 3ª T., REsp 1.821.793, Rel. Min. Nancy Andrighi, j. 20.08.2019, DJe 22.08.2019).

cidiu o STJ, pode ser determinada de ofício pelo juiz[53], mesmo quando as contas foram prestadas intempestivamente pelo réu[54].

Ao final do procedimento, será prolatada sentença[55], na qual o juiz aceitará, ou não, as contas prestadas e determinará o saldo credor[56], ou devedor ou equivalente a zero. Havendo saldo credor em favor do autor, o réu será condenado a pagar o valor determinado. Se o saldo for devedor em desfavor do autor, ele será condenado no pagamento do valor apurado. Nesse ponto, fica muito bem realçado o caráter dúplice da prestação de contas, porque o réu, mesmo não apresentando reconvenção, será favorecido pela condenação do autor no pagamento do crédito a ele atribuído. Como regra, esse pronunciamento, que julga a segunda fase, deve ser líquido[57] e, tratando-se de sentença, é impugnável por meio de apelação[58].

Também na segunda fase haverá imputação dos ônus da sucumbência à parte vencida, desde que, efetivamente, após a apresentação das contas, tenha havido litígio entre as partes[59].

Aquele que for titular do crédito apurado na segunda fase intimará a contraparte para promover o cumprimento da sentença, do Título II, do Livro I, da Parte Especial.

---

53. STJ, 4ª T., AgInt no AgInt no AREsp 992.083, Rel. Min. Raul Araújo, j. 09.03.2017, *DJe* 23.03.2017. Tem prevalecido que, na segunda fase, o juiz sempre pode determinar a perícia (STJ, 4ª T., AgInt no AgInt no ARESP 1.629.196, Rel. Min. Luis Felipe Salomão, j. 10.12.2020, *DJe* 15.12.2020). Quando isso se dá de ofício os honorários devem ser antecipados pelo autor (STJ, 3ª T., AgInt nos EDl no REsp 1737093, Rel. Min. Moura Ribeiro, j. 24.08.2020, *DJe* 26.08.2020).
54. STJ, 4ª T., AgInt no AgRg no REsp 1.200.271, Rel. Min. Marco Buzzi, j. 10.05.2016, *DJe* 15.05.2016.
55. "A sentença que decide a primeira fase da prestação de contas somente consolida o dever de o requerido prestar contas ao requerente, de forma que não viola a coisa julgada a decisão que, em segunda fase, entende pela quitação das contas e extingue a ação por falta de interesse de agir" (STJ, 3ª T., AgInt no ARESP 1.810.421, Rel. Min. Ricardo Villas Bôas Cueva, j. 22.11.2022, *DJe* 29.11.2022).
56. "Na ação de prestação de contas, o saldo credor declarado na sentença poderá ser cobrado em execução forçada (art. 918 do CPC/1973), sendo consectários os juros de mora e a atualização monetária" (STJ, 3ª T., AgInt no AREsp 728567, Rel. Min. Ricardo Villas Bôas Cueva, j. 25.05.2021, *DJe* 04.06.2021). Quanto ao momento de aplicação da correção monetária e dos juros, tendo em mira disposições do CPC de 1973, o STJ proclamou que "a correção monetária, com amparo na Súmula 43/STJ, deve incidir desde a efetivação do débito, que ocorre na 2ª fase da prestação de contas, quando verificado o montante eventualmente devido, e, nos termos do art. 219 do CPC/73, devem incidir os juros de mora desde a citação, mesmo em se tratando de ação de prestação de contas" (STJ, 4ª T., AgInt no AREsp 682.850, Rel. Min. Luis Felipe Salomão, j. 13.10.2020, *DJe* 20.10.2020). Saliente-se, no entanto, que, para a determinação do termo inicial de incidência dos juros, sempre será importante verificar a relação jurídica de direito material. Nessa esteira, apontou o STJ que, "tratando-se de mandato, a relação jurídica tem natureza contratual, sendo o termo inicial dos juros moratórios a data da citação (art. 405 do CC)" (STJ, 3ª T., REsp 1.403.005, Rel. Min. Paulo de Tarso Sanseverino, j. 06.04.2017, *DJe* 11.04.2017).
57. No entanto, ainda que por meio de *obter dictum*, o STJ já admitiu sentença ilíquida e a realização de liquidação após a segunda fase (STJ, 3ª T., REsp 1.821.793, Rel. Min. Nancy Andrighi, j. 20.08.2019, *DJe* 22.08.2019).
58. STJ, 4ª T., AgInt no AREsp 1337663, Rel. Min. Antonio Carlos Ferreira, j. 10.08.2020, *DJe* 14.08.2020.
59. Já decidiu o STJ: "Estabelecendo-se o contraditório na segunda fase, tal como ocorreu na espécie dos autos, e vencido o réu, desde que o laudo pericial deu inteira razão à autora, à sentença de procedência incumbia condenar o vencido ao pagamento dos encargos sucumbenciais" (STJ, 4ª T., REsp 240.925, Rel. Min. Barros Monteiro, j. 26.09.2000, *DJ* 06.11.2000). No mesmo sentido: STJ, 3ª T., REsp 10.147, Rel. Min. Nilson Naves, j. 18.06.1991, *DJ* 05.08.1991; STJ, 4ª T., REsp 154.925, Rel. Min. Ruy Rosado de Aguiar, j. 17.03.1998, *DJ* 12.04.1999.

iii) apresentar as contas e contestar.

Conquanto não previsto especificamente, o réu poderá prestar as contas e manejar contestação, que versará sobre a extensão ou conteúdo das contas exigidas.

iv) permanecer inerte, o que conduzirá à decretação da revelia.

Se a revelia produzir os seus efeitos, o juiz julgará antecipadamente o pedido (CPC, art. 550, § 4º e art. 355, II), determinando que o réu preste contas, no prazo de 15 (quinze) dias, sob pena de não lhe ser lícito impugnar as que o autor apresentar (CPC, art. 550, § 5º). Entretanto, vale reafirmar que, mesmo decretando à revelia, o juiz pode determinar a realização de prova pericial. Mesmo porque, conforme já se pronunciou o STJ, a "presunção de veracidade das alegações do autor, nas ações de prestação de contas em que o réu é omisso em prestá-las, não pode gerar a imediata procedência dos pedidos do demandante, devendo ser-lhe imputado o ônus de comprovar elementos mínimos de prova dos fatos constitutivos do seu direito"[60].

Como se sabe, outra forma de resposta é a reconvenção. Em regra, por força do caráter dúplice da ação de exigir contas, o réu não terá interesse para apresentar a reconvenção. Há na doutrina quem argumente que tal circunstância não é suficiente para afastar o cabimento da reconvenção, desde que tenha por objeto pretensão conexa, que não seja exatamente a de prestar ou pedir contas[61]. Inclusive, essa possibilidade já foi chancelada pelo STJ[62].

Por derradeiro, cumpre destacar que, na forma do art. 553 do CPC, as "contas do inventariante, do tutor, do curador[63], do depositário e de qualquer outro administrador serão prestadas em apenso aos autos do processo em que tiver sido nomeado"[64]. A prestação de contas pode ser feita incidentalmente, porquanto, em regra, não há um procedimento bifásico, quase sempre não havendo espaço para se defender a inexistência do dever de prestar contas, o qual decorre, diretamente, da lei[65]. Nesses casos, em havendo condenação[66] de quem exerce uma dessas funções,

---

60. STJ, AgInt no AREsp 1.601.350, Rel. Min. Raul Araújo, j. 19.04.2021, DJe 24.05.2021.
61. THEODORO JR., Humberto. Curso de direito processual civil. 51. ed. Rio de Janeiro: Editora Forense, 2017. p. 90.
62. STJ, 4ª T., REsp 239.311, Rel. Min. Ruy Rosado de Aguiar, j. 15.02.2000, DJ 08.05.2000.
63. "Esta Corte tem entendimento de que o curador do incapaz não será obrigado à prestação de contas quando for o cônjuge e o regime de bens for de comunhão universal, salvo se houver determinação judicial, nos termos do art. 1.783 do CC/2002" (STJ, 3ª T., AgInt nos EDcl no REsp 1851034, Rel. Min. Marco Aurélio Bellizze, j. 22.06.2020, DJe 25.06.2020).
64. O STJ prestigiou solução do TJSP que admitiu a possibilidade de ação autônoma de prestação de contas em face de inventariante, em relação ao período que exerceu tal mister, após extinção do processo de inventário, com a homologação da partilha e trânsito em julgado do correspondente pronunciamento (STJ, 4ª T., AgInt no AREsp 1799251, Rel. Min. Raul Araújo, j. 17.05.2021, DJe 18.06.2021).
65. STJ, 3ª T., REsp 1.776.035, Rel. Min. Nancy Andrighi, j. 16.06.2020, DJe 19.06.2019; 3ª T., REsp 1.931.806, Rel. Min. Nancy Andrighi, j. 12.12.2023, DJe 15.12.2023.
66. É entendimento fixado no STJ o não cabimento de condenação em honorários no incidente de prestação de contas do inventariante no processo de inventário e partilha (STJ, 3ª T., AgInt no AgInt no AREsp 1578523, Rel. Min. Moura Ribeiro, j. 21.09.2020, DJe 24.09.2020).

se não for realizado o pagamento do saldo no prazo legal, "o juiz poderá destituí-lo, sequestrar os bens sob sua guarda, glosar o prêmio ou a gratificação a que teria direito e determinar as medidas executivas necessárias à recomposição do prejuízo" (CPC, art. 553, parágrafo único).

4
DAS AÇÕES POSSESSÓRIAS

4.1. DA PROTEÇÃO POSSESSÓRIA

Há séculos, o instituto da posse provoca intensas disputas entre os estudiosos do direito material, sendo difícil encontrar espaços de consenso, o que desaconselha, nessa sede, incursões nesse pantanoso terreno. Por outro lado, como é necessária, para a compreensão do regime processual, a fixação de alguns elementos do direito material, tomar-se-á como guia o ordenamento jurídico brasileiro. Daí ser possível afirmar que a posse é o poder físico exercido por alguém sobre determinada coisa, a revelar que essa pessoa "tem de fato o exercício, pleno ou não, de algum dos poderes inerentes à propriedade" (CC, art. 1.196).

Enquanto poder físico[1], a posse é exteriorizada pela prática de atos possessórios. São esses atos que representam o exercício, de fato, de alguns poderes inerentes à propriedade. Pense-se num imóvel rural: são atos possessórios a fixação no local, pessoalmente ou por meio de prepostos, a existência de empregados vinculados ao imóvel, a semeadura, a aquisição e criação de animais, a compra de insumos, a venda da produção, o recolhimento dos tributos incidentes sobre o bem, a vinculação a cadastros governamentais (v.g., inscrição de produtor rural, cadastro ambiental rural – CAR), o pagamento das tarifas de energia elétrica etc.

Ainda novamente tendo-se como parâmetro o direito positivo, a proteção possessória constitui um efeito da posse. Realmente, o Código Civil expressamente prevê a proteção possessória como efeito da posse, estabelecendo uma relação de correspondência entre os ataques desferidos contra a posse e os remédios dispostos para combatê-los. É o que se infere do art. 1.210 do CC: "O possuidor tem direito a ser mantido na posse em caso de turbação, restituído no de esbulho, e segurado de violência iminente, se tiver justo receio de ser molestado".

Assim, como efeito da posse, concede-se a proteção dirigida a este poder físico exercido, de fato, sobre a coisa. Repita-se: poder físico e exercício de fato que, por sua

---

1. Analisando a questão sob a ótica do Poder Público, o STJ (3ª T., REsp 780.401, Rel. Min. Nancy Andrighi, j. 03.09.2009, DJe 21.09.2009) afasta a necessidade de demonstração do poder físico, para a caracterização da posse. Segundo esse posicionamento, a "posse do Estado sobre seus bens deve ser considerada permanente, independendo de atos materiais de ocupação, sob pena de tornar inviável, sempre, conferir aos bens do Estado a proteção possessória que, paralelamente a medidas administrativas, é-lhe facultada pelo art. 20 do DL 9.760/46".

vez, são desvelados pela prática de atos indicadores de alguns poderes inerentes ao domínio, ou seja, os atos possessórios.

Não obstante toda a conformação do instituto, vinculando-o ao exercício de poder físico de fato sobre determinada coisa, também se resguarda a posse indireta, transferida ao proprietário, por meio de título legítimo. Cuida-se da denominada cláusula *constituti*, em razão da qual o adquirente, assumindo a condição de proprietário, recebe a posse (indireta), sem nunca a ter exercido de fato, legitimando o alienante e ex-proprietário a permanecer com a posse (direta), por período entre eles convencionado. Nessa esteira, o Superior Tribunal de Justiça "pacificou o entendimento quanto à procedência da ação possessória na hipótese em que o autor comprova o exercício da posse indireta pela cláusula *constituti*, inserida em escritura pública de compra e venda de imóvel"[2].

Afora essa situação decorrente da cláusula *constituti*, a título de ilustração, são as seguintes as outras hipóteses nas quais o debate possessório pode decorrer de relação contratual e que o exercício do poder físico de fato sobre a coisa deixa de ocupar o papel central na caracterização da posse:

i) aquela do compromisso de compra e venda descumprido, que contenha cláusula resolutiva expressa. De fato, o STJ reviu orientação anterior, que impunha a declaração judicial para resolução do contrato, mesma havendo cláusula expressa, admitindo o "manejo de ação possessória fundada em cláusula resolutiva expressa decorrente de inadimplemento de contrato de compromisso de compra e venda imobiliária, sem que tenha sido ajuizada, de modo prévio ou concomitante, demanda judicial objetivando rescindir o ajuste firmado"[3];

ii) a do comodato por prazo determinado, em que, após o termo final do contrato, o comodatário não restitui a coisa. Verificada essa cena, é cabível a invocação de proteção possessória, mesmo sem notificação prévia. Já no comodato por prazo indeterminado, a utilização dos remédios possessórios exige a notificação premonitória, com a concessão de prazo de 30 dias para desocupação[4].

Constata-se que três são as possíveis investidas contra a posse, quais sejam, a turbação, o esbulho e a ameaça, que, respectivamente, podem ser combatidas por meio da manutenção, restituição e da asseguração de violência iminente. A proteção possessória é, pois, concedida para se opor ao fato que ofende a posse[5]. Dependendo do grau e intensidade da ofensa, tem-se um ou outro remédio protetivo.

---

2. STJ, 4ª T., REsp 1.147.826, Rel. Min. Antonio Carlos Ferreira, j. 17.09.2019. *DJe* 20.09.2019; 3ª T., AgInt no AREsp 1081186, Rel. Min. Ricardo Villas Bôas Cueva, j. 19.09.2017, *DJe* 28.09.2017.
3. STJ, 4ª T., REsp 1.789.863, Rel. Min. Marco Buzzi, j. 10.08.2021, *DJe* 04.10.2021.
4. STJ, 4ª T., REsp 1.947.697, Rel. Min. Nancy Andrighi. j. 28.09.2021, *DJe* 1º.10.2021.
5. Quando atuava como guardião do direito federal, antes da Constituição Federal de 1988, o STF fixou entendimento, retratado na Súmula 415, reconhecendo proteção possessória
   a ataques contra servidão de passagem "não titulada, mas tornada permanente, sobretudo pela natureza das obras realizadas". O STJ reafirmou essa compreensão, mas igualmente admitiu, no bojo da possessória, a possibilidade de arguição e análise de defesa envolvendo o instituto da remoção de servidão, previsto no art. 1.484 do CC/2002 (3ª T., REsp 1.642.994, Rel. Min. Nancy Andrighi, j. 14.05.2019, *DJe* 16.05.2019).

Pode o ofensor atrapalhar ou embaraçar o exercício da posse, sendo que o poder físico sobre o bem ainda permanece com o possuidor. A título de ilustração, uma vez mais, tomando-se como referência um imóvel rural, é o caso em que o ofensor corta as cercas divisórias ou entra em pontos da gleba e depois sai. O possuidor continua com a posse, porém, o exercício dos atos possessórios é embaraçado pelo ato do ofensor. Cuida-se de turbação da posse e a sua defesa se dá por meio da manutenção do possuidor.

A intensidade do ataque pode já começar em grau máximo ou subir de tom, comprometendo o poder físico que o possuidor tinha sobre a coisa. Na esteira do exemplo já fornecido, o ofensor não se restringe a empeçar a prática de atos possessórios, no imóvel rural. O ofensor invade o imóvel, em prejuízo do poder físico que o possuidor tinha sobre o bem. Trata-se de esbulho e o seu combate é feito mediante a reintegração.

Ainda remarcando a diferença entre os graus de intensidade da ofensa, na turbação o possuidor do imóvel rural continua com o poder físico, conseguindo entrar, sair e desenvolver suas atividades no bem. Todavia, essas atividades (v.g., semeadura, criação de animais etc.) são atrapalhadas ou pontualmente inviabilizadas, por exemplo, pela retirada da cerca ou pela presença eventual do ofensor no local. No esbulho, o possuidor fica impedido de entrar livremente no imóvel ou de desenvolver atividades no bem. Ou seja, torna-se inexequível o exercício dos atos possessórios.

Às vezes, a ofensa se revela com menor força. Sequer é embaraçada a prática de atos possessórios. Entretanto, atos objetivos provocam no possuidor justo receio de que a investida à posse ameaça se concretizar. Com apoio no modelo acima mencionado, é o caso em que os potenciais invasores estabelecem acampamento, ao lado das cercas divisórias do imóvel rural, difundido na região que o bem será invadido. Na verdade, em razão da reverência prestada pelo ordenamento ao instituto em comento, concede-se uma proteção preventiva, com o propósito de impedir que a ofensa à posse se consume.

No campo processual, tendo em vista alegação de prática de turbação, esbulho ou ameaça, o exercício da afirmativa de ofensa à posse é feito, por meio das ações de manutenção e reintegração de posse, bem como pelo interdito proibitório. As alegações de turbação e esbulho são apresentadas, respectivamente, nas ações de manutenção e reintegração. E a afirmação do justo receio, fundada em violência iminente, é deduzida na ação de interdito proibitório.

Desde já, é oportuno consignar que nem sempre é fácil distinguir os ataques entre si ou a turbação da ameaça. Não raramente é muito tênue a fronteira entre os atos que atrapalham o exercício da posse e o esbulho, assim como a separação entre a turbação e a intimidação. Por outro lado, mesmo que a ameaça e o tipo de ofensa estejam bem definidos, a experiência mostra que essas realidades são muito dinâmicas, podendo mudar complemente o panorama, em questão de horas. Ameaça e turbação podem rapidamente convolar para o esbulho. Do mesmo modo, não se pode desconsiderar ocasionais regressões na intensidade do ataque, que pode ir do esbulho à ameaça, passando pela turbação.

Como se verá, a dificuldade de determinação e a mutabilidade da situação são características que repercutem decisivamente na conformação do processo. Antes, porém, ainda se tendo em mira a interação entre direito material e processo, três pontos merecem ser destacados.

Engendrou-se o procedimento especial para que se deduzissem afirmativas de ofensa à posse. Contudo, recorrendo-se a divisão fundada no tempo decorrido entre a ofensa e o ajuizamento da ação (mais ou menos de ano e dia), que justifica a classificação binária "ação de força velha" e "ação de força nova", destinou-se o procedimento especial nas ações de manutenção e reintegração somente para o segundo caso. Isto é, nos termos do art. 558 do CPC, observar-se-á o procedimento especial, quando a ação de manutenção e de reintegração de posse for proposta dentro de ano e dia (ação de força nova) da turbação ou do esbulho afirmado na petição inicial. As ações propostas, após o prazo de ano e dia do ataque (ação de força velha), conquanto não percam o caráter possessório (CPC, art. 558, parágrafo único), seguirão o procedimento comum. A essa altura, impende anotar que a principal mudança, nas ações de força velha, diante da observância do procedimento comum, será o não cabimento da tutela provisória de evidência, prevista no art. 562, que será esquadrinhada mais adiante. Seja como for, mesmo nas ações de força velha, como em qualquer outro processo que siga o procedimento comum, será cabível a concessão de tutela provisória, de urgência ou de evidência, desde que demonstrada a presença dos requisitos estabelecidos no arts. 300 a 311 do CPC[6].

O segundo ponto passa por dar ênfase à existência de outras ações nas quais, mesmo não tendo sido contempladas nesse capítulo denominado "ações possessórias", igualmente se controverte sobre posse. É o caso das ações de manutenção e reintegração de "força velha", jungidas ao procedimento comum. Também é a situação em que não se discute afirmação de ofensa à posse, mas o direito à posse decorrente de determinada relação jurídica, como acontece na ação de imissão de posse[7], que tem a sua marcha pelo procedimento comum. O autor, que não tem a posse e, por isso, nem poderia ter suportado qualquer ataque, sustenta que tem direito à posse – e ser nela imitido – como consequência da criação, modificação ou extinção de uma relação jurídica. Deve ser,

---

6. STJ, 4ª T., AgRg no REsp 1.139.629, Rel. Min. Maria Isabel Galotti, j. 06.09.2012, DJe 17.09.2012; STJ, 3ª T., AgInt no REsp 1.752.612, Rel. Min. Ricardo Villas Bôas Cueva, j. 11.02.2019, DJe 12.02.2019. Questão interessante diz respeito aos efeitos produzidos pelo acolhimento de pretensão possessória, na defesa de imóvel esbulhado por várias pessoas, em futura ação de usucapião. Conforme já decidido pelo STJ, em "caso de invasão generalizada de imóvel, a sentença de procedência proferida em ação possessória anterior constitui verdadeira oposição à posse *ad usucapionem* dos invasores, ainda que não tenham sido nominalmente citados na demanda" (4ª T., AgInt no ARESP 580885, Rel. Min. Raul Araújo, j. 08.03.2021, DJe 26.03.2021).

7. Há julgado do STJ pontuando que, apesar "de seu nomen iuris, a ação de imissão na posse é ação do domínio, por meio da qual o proprietário, ou o titular de outro direito real sobre a coisa, pretende obter a posse nunca exercida. Semelhantemente à ação reivindicatória, a ação de imissão funda-se no direito à posse que decorre da propriedade ou de outro direito real (jus possidendi), e não na posse em si mesmo considerada, como uma situação de fato a ser protegida juridicamente contra atentados praticados por terceiros (jus possessionis)" (3ª T., REsp 1.909.196, Rel. Min. Nancy Andrighi, j. 15.06.2021, DJe 17.06.2021). Fixou-se essa premissa para impedir o ajuizamento da ação de imissão, diante de sua natureza petitória, na pendência de ação possessória, em função da vedação da exceção de domínio, prevista no art. 557 do CPC e que será estudada em item subsequente deste capítulo.

outrossim, mencionada a ação de embargos de terceiro (art. 674 a 681 do CPC), em que se defende a posse (não apenas) contra constrições judiciais determinadas em processo no qual o possuidor não atua como parte.

O terceiro ponto é a clara diferença entre as ações possessórias e a ação reivindicatória. Com o perdão pela redundância, nas primeiras, defende-se a posse, cuja existência deve ser comprovada por meio dos atos possessórios. Já a ação reivindicatória tem natureza petitória[8], invocando o autor o seu domínio. Ou ainda, exercitando um dos poderes inerentes à propriedade da qual afirma ser titular, o autor evoca o direito de sequela, para reaver a coisa onde essa estiver e das mãos de quem quer que seja.

4.2. DA FUNGIBILIDADE

Conforme antecipado, nem sempre é viável determinar exatamente o tipo de ataque desferido contra a posse ou precisar o momento em que a ameaça passa a caracterizar turbação. A par disso, a instabilidade quase sempre é companheira dessas situações, que podem mudar rapidamente, inclusive no que se refere ao grau do ataque à posse.

A chance de indeterminação da ofensa e a potencial mutabilidade poderiam ser um problema para o processo, que pressupõe estabilidade, notadamente em razão dos princípios do devido processo legal e do contraditório (CF, art. 5º, LV e LIV). Daí o ônus de alegar fatos na causa de pedir (CPC, art. 319, III) e formular o pedido do bem da vida perseguido (CPC, art. 319, IV), bem como os limites impostos à alterabilidade desses elementos objetivos da demanda (CPC, art. 329). É nesse campo que também se insere a vinculação do juiz à causa de pedir e ao pedido (CPC, arts. 141 e 492).

Pois bem. Para contornar o que poderia ser um problema, entra em cena a fungibilidade, a estabelecer que a "propositura de uma ação possessória em vez de outra não obstará a que o juiz conheça do pedido e outorgue a proteção legal correspondente àquela cujos pressupostos estejam provados" (CPC, art. 554). Há clara mitigação da regra da correlação obrigatória entre a demanda e a sentença (CPC, arts. 141 e 492). É dizer: deduzido pedido de manutenção, pode ser concedida a reintegração e vice-versa. Além disso, requerido o interdito, pode ser deferida a manutenção ou reintegração.

Por fim, vale destacar que a fungibilidade somente pode ser aplicada entre as tutelas possessórias, não sendo autorizada a sua invocação para a concessão de tutela petitória[9].

---

8. Remarcando a distinção entre os debates possessório e o petitório, o STJ (4ª T., AgInt no ARESP 857.532, Rel. Min. Luís Felipe Salomão, j. 24.05.2016, *DJe* 1º.06.2016) já decidiu que "as ações de manutenção de posse e de usucapião não são conexas, pois diversos o pedido e a causa de pedir (...)". Na mesma linha, o STJ não reconhece a existência de prejudicialidade entre ação de usucapião e ação possessória (4ª T., AgInt no REsp 19115674, Rel. Min. Luiz Felipe Salomão, j. 23.08.2021, *DJe* 26.08.2021; 3ª T., AgInt na Petição 14017, Rel. Min. Nancy Andrighi, j. 12.04.2021, *DJe* 15.04.2021).
9. A fungibilidade não permite a concessão de providência que não tem natureza possessória e não foi contemplada na causa de pedir e no pedido. Feito isso, haverá pronunciamento *extra petita*, conforme decidiu a 4ª Turma do STJ, no julgamento do REsp 1.426.239, Rel. Min. Marco Buzzi, relator p/ acórdão Min. Raul Araújo (j. 17.11.2015, *DJe* 03.02.2016).

4.3. DA CAUSA DE PEDIR, DO PEDIDO E DA CUMULAÇÃO DE PEDIDOS NAS AÇÕES DE MANUTENÇÃO E REINTEGRAÇÃO DE POSSE

Conforme prescreve o art. 561 do CPC, na causa de pedir, o autor deve demonstrar a sua posse, a turbação ou o esbulho praticado pelo réu, a data da turbação ou do esbulho e a continuação da posse, embora turbada, na ação de manutenção, ou a perda da posse, na ação de reintegração.

É fundamental que a descrição da existência de posse, por meio de elementos que corroborem a prática de atos possessórios. A afirmação de titularidade do domínio, com a apresentação da matrícula, se destina a comprovar a propriedade e não evidencia a existência de posse[10]. Novamente lançando-se mão do exemplo do imóvel rural, a alegação de posse deve estar amparada pela descrição de atos possessórios, tais como, a fixação no local, pessoalmente ou por meio de prepostos, a existência de empregados vinculados ao imóvel, a semeadura, a aquisição e criação de animais, a compra de insumos, a venda da produção, o recolhimento dos tributos incidentes sobre o bem, a vinculação a cadastros governamentais (v.g., inscrição de produtor rural, cadastro ambiental rural – CAR), o pagamento das tarifas de energia elétrica etc.

Outrossim, deve-se narrar o ataque à posse e a sua data, seja para especificar se se trata de turbação ou esbulho, seja para indicar que a ação é de "força nova", com a ofensa desfechada a menos de ano e dia. No relato do ataque, naturalmente será indicada a continuação na posse, no caso do pedido de manutenção, e a sua perda, na hipótese de reintegração.

É claro que as descrições acima indicadas sofrerão o influxo da fungibilidade, esmiuçada no item precedente. A representação do esbulho na causa de pedir não impedirá, na sentença, o reconhecimento de turbação e vice-versa, ou até mesmo de ameaça.

O pedido terá natureza mandamental ou executiva consistente ou na ordem para a cessação da turbação ou no desapossamento do réu, sendo que o bem da vida sempre será a proteção da posse, ou por meio de manutenção ou da reintegração. Em qualquer desses dois aspectos (providência jurisdicional pleiteada e o bem da vida perseguido) novamente atuará a fungibilidade, de modo a permitir a concessão de providência ou bem da vida diversos dos requeridos.

---

10. O STJ (4ª T., AgInt no REsp 1.502.728, Rel. Min. Maria Isabel Galotti, j. 17.04.2018, DJe 20.04.2018) anulou acórdão de tribunal local para que os embargos de declaração fossem novamente apreciados, enfrentando-se a questão da comprovação da posse. Na oportunidade, restou anotado que os "registros imobiliários comprovam apenas o domínio e delimitam seu objeto, ainda que, apenas para argumentar, possam sugerir remotamente o exercício da posse (por exemplo, a averbação de pendência de ação a demonstrar que o proprietário age em defesa do que é seu). A evidência do exercício de atos materiais que caracterizam a posse não emerge da consulta do registro imobiliário, muito menos o tempo de duração da posse." Em outro aresto, após registrar-se que "o Tribunal local avaliou o pedido possessório tão somente com base em prova da propriedade, como se avaliasse demanda de natureza petitória", indicou-se a necessidade "de reapreciação da causa, à luz de elementos probatórios relacionados à posse do imóvel" (4ª T., AgInt no REsp 1940545, Rel. Min. Marco Buzzi, j. 04.10.2021, DJe 08.10.2021).

A cumulação de uma pretensão deduzida em processo que observa o procedimento especial, no mais das vezes, mesmo que possível, conduz à utilização do procedimento comum (CPC, art. 327, § 2º). Entretanto, nas ações possessórias isso não acontece, pois a cumulação de pedido é expressamente autorizada (CPC, art. 555), sendo lícito ao autor também formular pedido de condenação em perdas e danos e de indenização dos frutos. A rigor, diga-se de passagem, a pretensão de indenização dos frutos já seria alcançada pelo pedido de perdas e danos.

No ato do ajuizamento da demanda, em regra, não será possível determinar a extensão das perdas e danos, inclusive no que se refere à indenização pelos frutos. Dessa maneira, esses pedidos serão genéricos (CPC, art. 324, § 1º, II) e, posteriormente, determinados na fase instrutória, por meio de perícia. Pode, porém, ser necessário[11] (CPC, art. 491, I) ou apenas útil (CPC, art. 491, II) a prolação de sentença ilíquida. Em qualquer dessas duas situações, o valor das perdas e danos será fixado na fase de liquidação de sentença.

O CPC de 1973, no inc. III do art. 921, ainda previa a cumulação do pedido possessório, com o "desfazimento de construção ou plantação feita em detrimento de sua posse". A omissão não representará nenhuma mudança, eis que o desfazimento de construção ou plantação são providências que estão inseridas no ato de reintegrar o autor na posse. Não se pode falar em efetiva reintegração se o imóvel não estiver integralmente liberado de pessoas ou coisas.

Inovação interessante é aquela trazida pelo parágrafo único do art. 555 do CPC de 2015. Segundo o preceptivo, pode o autor requerer, ainda, imposição de "medida necessária e adequada" para evitar nova turbação ou esbulho ou para o cumprimento da tutela provisória ou final. A nova fórmula substitui, com vantagem, a expressão "cominação de pena para caso de nova turbação ou esbulho", prevista no art. 921, II, do CPC de 1973[12].

Vê-se, portanto, que o novo CPC possibilita, atipicamente, o requerimento de medidas destinadas a dar efetividade ao pronunciamento judicial. A autorização para o autor formular requerimento corresponde também à outorga de poderes atípicos ao juiz, para, se for o caso, deferir a providência postulada. Reforça-se, nesta passagem, os poderes atipicamente já atribuídos ao juiz, no art. 139, IV, do CPC. Exatamente por essa razão, embora o texto do parágrafo único do art. 555 vincule a concessão da pro-

---

11. Acatando a determinação do valor dos danos em fase de liquidação, em razão da impossibilidade de produzir prova, diante da resistência oposta pelos réus: STJ, 4ª T., REsp 896.961, Rel. Min. Raul Araújo, j. 03.05.2016, DJe 03.05.2016.
12. Sob a égide do CPC de 1973, STJ declarava o cabimento de multa coercitiva para reforçar o cumprimento da reintegração (STJ, 4ª T., REsp 900.419, Rel. Min. Raul Araújo, j. 13.09.2016, DJe 03.10.2016). Veja-se que a multa, ou qualquer outra medida coercitiva, não pode ter como destinatário pessoas que não estejam diretamente vinculadas ao cumprimento da ordem judicial. Nesse contexto, o STJ afastou imposição de multa coercitiva à FUNAI, "em caso de nova invasão, que pressupõe descumprimento de obrigação de não fazer por parte da comunidade indígena" (2ª T., REsp 1.650.730, Rel. Min. Mauro Campbell Marques, j. 20.08.2019, DJe 20.08.2019).

vidência ao requerimento do autor, o juiz poderá atuar de ofício e conceder a "medida necessária e adequada", em razão do disposto no art. 139, IV, do CPC.

Conquanto as possibilidades sejam amplas, obviamente existem limites e parâmetros a serem observados pelo juiz. O modo de atuação e os limites destes poderes atípicos são revelados pelo resultado de um "jogo de interesses", o qual, por sua vez, depende da aplicação de princípios e de regras constitucionais, bem como das normas infraconstitucionais que lhes são subjacentes, sendo que esta aplicação é organizada pela intervenção de postulados normativos aplicativos. Ressalte-se, ainda, que as normas sobre poderes-deveres atípicos constituem manifestação do princípio da inafastabilidade da prestação jurisdicional (CPC, art. 5º, XXXV), que lhes é sobrejacente. Tais poderes não são abstratamente incompatíveis com o princípio da segurança jurídica. Entretanto, a sua aplicação pode se revelar inconciliável quando não observadas as seguintes condições prévias: observância do princípio do contraditório, a intervenção de postulados normativos aplicativos no encaminhamento dos princípios em conflito no caso específico e o cumprimento do dever de fundamentação. Fora desses parâmetros estará aberta a via para o decisionismo, em desabrido descompasso com o princípio da segurança jurídica.

Exemplificativamente, não é incomum, após o cumprimento da reintegração, os invasores ficarem em área vizinha ou muito próxima ao imóvel, com o claro propósito de desferir novos ataques à posse. Nessa circunstância, a "medida necessária e adequada", para evitar nova turbação ou esbulho ou para o cumprimento da tutela provisória ou final, é a ordem judicial proibindo que os invasores permaneçam a determinada distância do bem, sob pena de multa.

4.4. DO "CARÁTER DÚPLICE" E AS AÇÕES POSSESSÓRIAS

Tradicionalmente, apenas o autor deduz pretensão no processo, cabendo ao réu resistir ao seu acolhimento, requerendo a improcedência do pedido. Além disso, a partir da relação jurídica de direito material, afere-se as pessoas que têm legitimidade para figurar nos polos passivo e ativo da demanda. Em outras palavras, identifica-se quem figurará no polo ativo, deduzindo a pretensão, e quem ocupará o polo passivo, resistindo ao que foi pedido.

Ocorre que, em determinadas relações de direito material, não há essa fixação antecipada de quem figurará nesse ou naquele polo da relação jurídica processual. Qualquer das partes pode atuar em qualquer dos polos, como autor ou réu, e consequentemente sempre poderá deduzir pretensão. A pretensão de fixar limites entre prédios pode ser apresentada por qualquer dos confinantes. Quando alguém administra bens alheios e são exigidas ou prestadas as contas, apresentadas as contas, o saldo credor pode ser tanto de titularidade do autor como do réu. Nesses casos, cada parte pode, ao mesmo tempo, ocupar tanto a posição de autor como a de réu.

Assim, o instituto das ações dúplices encontra sua existência e razão de ser no direito material. Outra é hipótese da reconvenção que é técnica processual que, atendidos alguns pressupostos (CPC, art. 343), permite ao réu contra-atacar e propor demanda contra o autor, no mesmo processo já pendente. Trata-se, como dito, de técnica processual, disposta independentemente do direito material.

Quando se tem em mente a relação jurídica de direito material, as ações possessórias não têm exatamente caráter dúplice. Aquele que sofreu o ataque à posse é o legitimado ativo e o ofensor deve figurar no polo passivo. As posições de cada qual estão predeterminadas pelo direito material. Todavia, mesmo sem exigir os requisitos do art. 343 do CPC, confere-se ao réu, na contestação, a possibilidade de, "alegando que foi o ofendido em sua posse, demandar a proteção possessória e a indenização pelos prejuízos resultantes da turbação ou do esbulho cometido pelo autor" (CPC, art. 556).

Por isso, é corrente a assertiva de que as ações possessórias têm natureza dúplice[13]. Entretanto, conforme se procurou demonstrar, não se trata exatamente do fenômeno do caráter dúplice, mas de técnica processual que permite ao réu formular pedido de proteção possessória[14] e de ressarcimento de danos[15].

O réu pode postular a concessão de qualquer tipo de "proteção possessória", o que inclui o interdito proibitório. Igualmente o réu pode requerer a concessão de tutela provisória de evidência, prevista no art. 562 do CPC. Em face do pedido do réu, o juiz se deparará com duas alegações de posse contraditórias e excludentes, sendo que, como parâmetros para a definição da "melhor posse", se leva em conta a anterioridade da obtenção da posse, bem como a precedência no uso e ocupação do bem[16]. Com efeito, não haverá espaço para a apresentação de reconvenção, por falta de interesse de agir.

---

13. Cf. THEODORO JR., Humberto. *Curso de direito processual civil.* 51. ed. Rio de Janeiro: Forense, 2017. p. 140.
14. Diante da improcedência do pedido de manutenção e tendo em vista a técnica admitida, que, para muitos corresponde à natureza dúplice, o STJ reconhece a possibilidade de expedição de mandado de reintegração de posse em favor do réu (STJ, 3ª T., REsp 1.483.155, Rel. Min. João Otávio de Noronha, j. 24.02.2015, *DJe* 16.03.2015). Essa técnica, ou para outros o caráter dúplice, não autoriza o reconhecimento de indenização por benfeitorias, "em benefício do réu revel, ante a não apresentação de contestação ou da ausência de formulação de pedido indenizatório em momento posterior" (3ª T., REsp 1.836.846, Rel. Min. Nancy Andrighi, j. 22.09.2020, *DJe* 28.09.2020).
15. Como consequência da permissão para o réu formular pretensão indenizatória, o STJ fixou o cumprimento da liminar em ação de manutenção, posteriormente julgada improcedente, como termo inicial da prescrição da mencionada pretensão (STJ, 3ª T., REsp 1.297.425, Rel. Min. João Otávio de Noronha, j. 24.02.2015, *DJe* 27.02.2015).
16. STJ, 4ª T., REsp 1.148.631, Rel. Min. Luis Felipe Salomão, Rel. p/ acórdão Min. Marco Buzzi, j. 15.08.2013, *DJe* 04.04.2014. Nesse julgado, em posicionamento que restou vencido, o Min. Luis Felipe Salomão propunha o provimento do recurso especial "para anular a sentença e o acórdão recorridos, de modo a que o Juízo de origem analise a 'melhor posse' do caso em concreto à luz de sua função social". No voto vencedor, que desproveu o recurso, o Min. Marco Buzzi observou que "a própria função social da posse, como valor e critério jurídico-normativo, não tem caráter absoluto, sob pena deste Tribunal, caso cotejo de modo preponderante apenas um dos fatores ou requisitos integrados no instituto jurídico, gerar insegurança jurídica no trato de tema por demais relevante, em que o legislador ordinário e o próprio constituinte não pretenderam regrar com cláusulas amplamente abertas." Posteriormente, em situação muito peculiar, envolvendo imóvel que se transformou num bairro populoso, o STJ (4ª T., REsp 1.302.736, Rel. Min. Luis Felipe Salomão, j. 12.04.2016, *DJe* 23.05.2016) entendeu que, mesmo presentes os requisitos do art. 561, "o julgador, diante do caso concreto, não poderá se

4.5. DA LIMITAÇÃO À COGNIÇÃO NAS AÇÕES POSSESSÓRIAS (VEDAÇÃO DA EXCEÇÃO DE DOMÍNIO) E DA SUSPENSIVIDADE DO DEBATE PETITÓRIO

A posse e a sua proteção têm e devem ter plena autonomia em relação ao direito de propriedade. E isso pressupõe, em princípio, impedir que, no bojo de ações possessórias, o réu se defenda invocando a sua condição de proprietário. Outrossim, passa por não permitir que, durante a pendência de ação possessória, ou o autor ou o réu promova, em face do outro, ação de natureza petitória.

Não fossem estabelecidos esses parâmetros, a proteção possessória e, por extensão, o instituto da posse estariam demasiadamente fragilizados. A título de esclarecimento, lembre-se que, na condição de possuidor direto, o arrendatário não conseguiria proteger a sua posse de atos do arrendante, que sempre poderia invocar a sua posição de proprietário. Por outro lado, o ajuizamento de ação reivindicatória na pendência de discussão possessória poderia neutralizar a proteção outorgada nesse segundo processo.

Não por outro motivo, o art. 557 dispõe que: "Na pendência de ação possessória é vedado, tanto ao autor quanto ao réu, propor ação de reconhecimento do domínio, exceto se a pretensão for deduzida em face de terceira pessoa". No parágrafo único, deste mesmo artigo, praticamente repetindo o que estabelece o § 2º do art. 1.210 do CC, o legislador de 2015 averbou que: "Não obsta à manutenção ou à reintegração de posse a alegação de propriedade ou de outro direito sobre a coisa".

Desse modo, há uma limitação à cognição judicial nas ações possessórias, com a vedação de alegação de domínio[17], por parte do réu, com o intuito de combater a pretensão possessória. A par disso, as partes não poderão, enquanto pendente a ação possessória, propor ação de reconhecimento de domínio. Aqui, a limitação existe apenas entre as partes, não alcançado o pedido petitório dirigido contra terceiros.

Também haverá restrição no que tange ao terceiro que pretenda deduzir oposição. Em outro giro verbal, no debate possessório não cabe oposição fundada em alegação de domínio, devendo-se ressalvar a orientação contrária do STJ, nos casos em que o imóvel objeto do litígio possessório for bem público[18].

---

furtar da análise de todas as implicações a que estará sujeita a realidade, na subsunção insensível da norma. É que a evolução do direito não permite mais conceber a proteção do direito à propriedade e posse no interesse exclusivo do particular, uma vez que os princípios da dignidade humana e da função social esperam proteção mais efetiva". E mais recentemente, decidiu-se que, na análise do cabimento da proteção possessória, deve ser apreciada "a qualidade da posse, quanto ao cumprimento da função social da propriedade esbulhada" (3ª T., AgInt no REsp 1636012, Rel. Min. Paulo de Tarso Sanseverino, j. 14.08.2019, DJe 26.08.2019).

17. STJ, 4ª T., AgInt no ARESP 1.477.295, Rel. Min. Antonio Carlos Ferreira, j. 29.10.2019, DJe 05.11.2019.
18. Existiam julgados no STJ rechaçando o cabimento da oposição em ação possessória, ainda que o oponente fosse o poder público alegando que a área objeto do litígio era bem público (v.g., 1ª T., AgInt no ARESP 428.844, Rel. Min. Sérgio Kukina, j. 08.08.2017, DJe 21.08.2017; 2ª T., AgRg no AREsp 663.135, Rel. Min. Assusete Magalhães, j. 08.03.2017, DJe 10/04/2017; 2ª T., AgRg no REsp 1.294.492, Rel. Min. Og Fernandes, j. 22.09.2015, DJe 14.10.2015). No entanto, havia acórdão da Terceira Turma destoando desse entendimento (3ª T., REsp 780.401, Rel. Min. Nancy Andrighi, j. 03.09.2009, DJe 21.09.2009). No julgamento dos Embargos de Divergência em Recurso Especial 1.134.446 (Corte Especial, Rel. Min. Benedito Gonçalves, j. 21.02.2018,

Não há que se falar em restrição à cognição, quando o autor cumula as pretensões reivindicatória e a possessória, apresentando fundamentos distintos e autônomos para cada um desses pedidos[19].

Inegavelmente, houve delimitação no exercício do direito de ação concernente à demanda reivindicatória, o que poderia dar ensejo a questionamento acerca da inconstitucionalidade da norma decorrente do *caput* do art. 557 do CPC, por possível violação do art. 5º, XXXV, da Constituição Federal. Entretanto, a proibição de propositura de ação de reconhecimento de domínio, por paradoxal que possa parecer, também concretiza o princípio do acesso justiça. Isso porque, sem a limitação, a afirmação de lesão à posse não disporia, no ordenamento jurídico, de proteção efetiva e adequada. Em outro giro verbal, as afirmativas de lesão à posse somente terão a tutela efetiva e adequada, assegurada constitucionalmente, se não for temporariamente proibida a neutralização desse debate, por meio da invocação do direito de propriedade. A confirmar a inexistência de vício de inconstitucionalidade, há que se realçar que a vedação é apenas transitória, havendo, em última análise, uma condição suspensiva[20] ao direito à propositura da ação de reconhecimento de domínio.

Não obstante o acima exposto, quando o autor defender a sua posse com base em alegação de domínio, o réu igualmente poderá alegar a sua qualidade de proprietário para que seja ele reconhecido como possuidor[21]. A propósito, de há muito, por meio da Súmula 487, o STF fixou essa orientação, que continua válida atualmente, para in-

---

DJe 04.04.2018), discutiu-se, numa ação possessória entre particulares, o cabimento de oposição pelo Poder Público pleiteando a "posse do bem em seu favor, aos fundamentos de que a área pertence à União e de que a ocupação de terras públicas *não constitui posse*". Reconheceu-se o cabimento da oposição, sob o argumento de que a limitação do art. 557 do CPC de 2015, antes contemplada no art. 923 do CPC de 1973, "não alcança a hipótese em que o proprietário alega a titularidade do domínio apenas como fundamento para pleitear a tutela possessória". Ao apreciar os Embargos de Divergência no Recurso Especial 1.296.991, a Corte Especial (Rel. Min. Herman Benjamin, j. 19.09.2018, *DJe* 27.02.2019) superou a posição que prevalecia, notadamente das Primeira e Segunda Turmas, chancelando a tese do julgado da Terceira Turma, no sentido de que "nos casos em que o imóvel objeto do litígio é público, como aqueles destinados à Reforma Agrária, a discussão da posse em ação possessória decorre do próprio direito de propriedade, não se aplicando a restrição normativa prevista no art. 923 do CPC/73." Essa orientação continua sendo prestigiada pelo Corte Federal (1ª T., AgInt nos EDcl no REsp 1862206, Rel. Min. Sérgio Kukina, j. 23.02.2021, *DJe* 26.02.2021).

19. A propósito, o Enunciado 65 do Fórum Permanente de Processualistas Civis: "O art. 557 não obsta a cumulação pelo autor de ação reivindicatória e de ação possessória, se os fundamentos forem distintos".
20. STJ, 3ª T., REsp 1.655.582, Rel. Min. Nancy Andrighi, j. 12.12.2017, *DJe* 18.12.2017.
21. A condição de proprietário, apresentada pelo réu, pode se apoiar no pedido de reconhecimento de usucapião. Daí o Enunciado 443 do Fórum Permanente de Processualistas Civis: "Em ação possessória movida pelo proprietário é possível ao réu alegar a usucapião como matéria de defesa, sem violação ao art. 557". Entretanto, vale enfatizar que a possibilidade de alegação de usucapião, como matéria de defesa, somente tem lugar quando a causa de pedir da demanda possessória tem como fundamento a condição de proprietário do autor. Do contrário, como decido pelo STJ (4ª T., AgRg no REsp 1.389.622, Rel. Min. Luis Felipe Salomão, j. 18.02.2014, *DJe* 24.02.2014), ainda na vigência do CPC de 1973, para afastar pedido de usucapião formulado na contestação, na "pendência do processo possessório é vedado tanto ao autor como ao réu intentar a ação de reconhecimento de domínio, nesta compreendida a ação de usucapião (art. 923 do CPC)". Em outra ocasião, chancelou-se orientação que impediu a discussão sobre domínio em sede de interdito proibitório (4ª T., AgInt no RESP 1777692, Rel. Min. Antonio Carlos Ferreira, j. 18.05.2020, *DJe* 21.05.2020).

terpretar o direito federal então vigente: "Será deferida a posse a quem, evidentemente, tiver o domínio, se com base neste for ela disputada"[22].

Nessa linha, sempre se deve ter em mente o risco de defesa da posse com base em alegação de domínio, que franqueará, ao réu, acesso à exceção de domínio, tornando mais complexo o objeto litigioso. E o perigo se revela ainda mais grave, quando se constata que o reconhecimento do domínio será questão prejudicial à solução da questão possessória. Ou seja, a quem for atribuído o domínio, poderá ser concedida a posse.

Conforme já estudado, no CPC de 1973, a solução da questão prejudicial, decidida apenas incidentalmente, na motivação da sentença, não transitava em julgado (art. 469, III). A ampliação dos limites objetivos da coisa julgada dependia do ajuizamento de ação declaratória incidental (CPC de 1973, arts. 470 e 325), que deslocava a apreciação da questão prejudicial para a parte dispositiva do pronunciamento. Ocorre que, igualmente como já visto, o CPC de 2015 promoveu sensível alteração no regime dos limites objetivos da coisa julgada, possibilitando, nos termos do art. 503, § 1º, que a qualidade de imutável alcance à resolução da questão prejudicial, decidida expressa e incidentalmente no processo, desde que dessa resolução depender o julgamento do mérito; a seu respeito tiver havido contraditório prévio e efetivo, não se aplicando no caso de revelia ou o juízo não tiver competência em razão da matéria e da pessoa para resolvê-la como questão principal. Nesses termos, em sendo o domínio decidido como questão prejudicial, tendo havido contraditório prévio e efetivo sobre o assunto, a solução dessa questão será atingida pela coisa julgada.

Se tanto não bastasse, quando a discussão possessória é travada entre autor e réu, somente apoiada em alegação de domínio, caberá oposição (arts. 682 a 686 do CPC), manejada por terceiro, também baseada em alegação de domínio.

4.6. DA COMPETÊNCIA

Quando o bem for imóvel, o foro competente será o do local do imóvel, nos termos do art. 47, § 2º, do CPC. Cuida-se de competência absoluta e, por isso, improrrogável[23]. Na hipótese em que o imóvel se situar em mais de uma comarca, ambos os foros serão competentes. Todavia, em sendo promovida mais de uma ação possessória, relativa ao mesmo imóvel, em comarcas distintas, estando os processos pendentes, a competência será fixada pela prevenção, sendo que a competência territorial do juízo prevento estender-se-á sobre a totalidade do imóvel (CPC, art. 60). Dessa maneira, o juízo onde

---

22. O STJ seguiu aplicando tal orientação: STJ, 4ª T., REsp 327.214, Rel. Min. Sálvio de Figueiredo Teixeira, j. 04.09.2003, DJe 24.11.2003; STJ, 4ª T., AgInt no REsp 1.576.847, Rel. Min. Marco Buzzi, j. 12.09.2022, DJe 16.09.2022.
23. Por isso, já decidiu o STJ (2ª T., AgRg no Resp 1.281.850, Rel. Min Humberto Martins, j. 13.12.2011, DJe 19.12.2011) que a superveniente criação de nova comarca ou instalação de varas federais (em casos em que há interesse da união), situada no local do imóvel, desloca a competência para o novo Juízo, sendo inaplicável o princípio da *perpetuatio jurisdictionis*. Outrossim, é incabível a modificação da competência por conexão ou continência (STJ, 3ª T., Resp 660.094, Rel. Min. Nancy Andrighi, j. 25.09.2007, DJ 08.10.2007).

se deu o registro ou a distribuição da petição inicial (CPC, art. 59)[24] estará prevento e julgará simultaneamente ambos os processos (CPC, art. 58).

Entretanto, ainda que o bem seja imóvel, a competência será relativa quando "a ação possessória seja decorrente de relação de direito pessoal surgida em consequência de contrato existente entre as partes"[25].

Nas possessórias envolvendo bens móveis, o foro competente é o do domicílio do réu (CPC, art. 46). A competência é relativa e, por isso, modificável.

4.7. LEGITIMIDADE E INTEGRAÇÃO DE CAPACIDADE

Nos termos do art. 560 do CPC, o possuidor[26] é o legitimado ativo para a propositura das ações possessórias. E essa legitimidade toca tanto ao possuidor direto como ao indireto. Isso porque, nos termos do art. 1.197 do CC, a posse direta não anula a indireta. Inclusive, ambos podem formar litisconsórcio facultativo para defender a posse. Destaca-se, outrossim, que o possuidor direto pode defender a sua posse contra possuidor indireto (CC, art. 1.197, parte final). É o caso, por exemplo, do proprietário do imóvel (possuidor indireto) que transfere a posse direta ao arrendatário, mas pratica atos atentatórios ao seu exercício.

Já o mero detentor (CC, art. 1.198) não tem legitimidade ativa.

A legitimidade passiva será daquele que promoveu o ataque à posse ou a ameaça[27], que, como visto, pode até ser o possuidor indireto. Se a pessoa indicada no polo passivo não for agente da turbação ou do esbulho ou simplesmente praticou o ato em nome e por ordem de terceiro, deverá ele, na contestação, além de alegar a sua ilegitimidade, "indicar o sujeito passivo da relação jurídica discutida sempre que tiver conhecimento, sob pena de arcar com as despesas processuais e de indenizar o autor pelos prejuízos decorrentes da falta de indicação" (CPC, art. 339).

---

24. Na primeira edição do livro, equivocadamente, apontamos a citação como critério definidor do juízo prevento. O Prof. Renê Francisco Hellman percebeu e nos indicou o erro, de maneira que a ele agradecemos pela cuidadosa leitura.
25. STJ, 3ª T., AgInt no REsp 1797884. Rel. Min. Marco Aurélio Bellizze, j. 23.03.2020, DJe 30.03.2020; 3ª T., AgInt no REsp 1750435, Rel. Min. Marco Aurélio Bellizze, j. 19.11.2018, DJe 22.11.2018; 4ª T., AgRg nos EDcl no Ag 1.192.342, Rel. Min. Marco Buzzi, j. 02.09.2014, DJe 16.09.2014.
26. Consoante orientação jurisprudencial do STJ, "o INCRA não é parte legítima para discutir em juízo questões possessórias relativas a domínio de imóvel de propriedade da União" (STJ, 2ª T., AgInt no Resp 1.404.187, Rel. Min. Assusete Magalhães, j. 10.04.2018, DJe 17.04.2018; 1ª T., AgInt no REsp 1851208, Rel. Min. Regina Helena Costa, j. 15.06.2020, DJe 18.06.2020; 1ª T., AgInt no REsp 1.853.214, Rel. Min. Sérgio Kukina, j. 31.12.2020, DJe 09.09.2020). No entanto, há julgados reconhecendo o cabimento de oposição pelo INCRA (1ª T., AgInt no REsp 1.820.051, j. 11.11.2020, DJe 17.11.2020; 2ª T., REsp 1.819.861, Rel. Min. Herman Benjamin, j. 12.11.2019, DJe 19.12.2019), bem como a legitimidade para discutir questões possessória relativas a domínio do imóvel da União, quando a gleba é objeto de discriminação e destinada a projeto de assentamento (2ª T., AREsp 1.531.606, Rel. Min, Herman Benjamin, j. 03.09.2019, DJe 11.10.2019).
27. STJ, 3ª T., Resp 1.758.748, Rel. Min. Nancy Andrighi, j. 18.09.2018, DJe 24.09.2018.

Nem sempre é fácil identificar a pessoa do ofensor à posse, notadamente nos casos em que a invasão é perpetrada por várias pessoas. Nessas situações, na petição inicial não será determinada a pessoa do réu e serão citados os invasores encontrados no local, os quais integrarão o polo passivo, juntamente com os outros não identificados, que serão citados por edital (CPC, art. 554, § 1º).

Esclarecida a disciplina da legitimidade *ad causam*, é preciso registrar que o CPC normatiza a capacidade processual de pessoas casadas. Refletindo atenção conferida pelo Código Civil ao instituto do casamento, determina que, nas ações reais imobiliárias, a capacidade de um cônjuge para atuar no processo dependerá do consentimento do outro (polo ativo – CPC, art. 73, *caput*), salvo quando casados sob o regime de separação absoluta de bens. Além disso, impõe a formação de litisconsórcio necessário, no polo passivo (CPC, art. 73, § 1º, I), também ressalvado o regime de separação absoluta de bens. O litisconsórcio passivo necessário é ainda estendido aos casos de ação resultante de fato que diga respeito a ambos os cônjuges ou de ato praticado por eles, ação fundada em dívida contraída por um dos cônjuges a bem da família ou ação que tenha por objeto o reconhecimento, a constituição ou a extinção de ônus sobre imóvel de um ou de ambos os cônjuges (CPC, art. 73, § 1º, II, III e IV).

Essas prescrições também são aplicáveis à união estável comprovada nos autos (CPC, art. 73, § 3º).

O ordenamento não qualifica as ações possessórias como "ação real imobiliária", o que as excluiriam do regime supra descrito. Todavia, o legislador determina que, "nas ações possessórias, a participação do cônjuge do autor ou do réu somente é indispensável nas hipóteses de composse ou de ato por ambos praticado" (CPC, art. 73, § 2º).

Perceba-se que, nas ações possessórias, a imposição da "participação" decorre não exatamente do estado de família, mas da composse ou da realização conjunta do atentado à posse, embora, pelo menos topograficamente, o assunto tenha sido tratado juntamente com a integração de capacidade de cônjuges ou conviventes. De qualquer modo, essa advertência é relevante, pois a norma em pauta é inaplicável em não se tratando de composse e afirmação de ofensa praticada por ambos os cônjuges ou conviventes[28]. Por outro lado, em havendo composse haverá litisconsórcio necessário entre os compossuidores[29], independente da existência de casamento ou união estável entre eles.

A incidência do dispositivo se restringe às ações possessórias concernentes a bens imóveis. Ademais, na linha do que estabelecido para as ações reais imobiliárias, disciplinadas no mesmo artigo, o termo "participação" deve ser entendido como "consentimento" para a propositura de ação e litisconsórcio passivo necessário, sempre "nas hipóteses de composse ou de ato por ambos praticado".

---

28. STJ, 3ª T., AgRg no AREsp 629.436, Rel. Min. Ricardo Villas Bôas Cueva, j. 18.06.2015, *DJe* 06.08.2015; STJ, 4ª T., AgInt no ARESP 1576096, j. 30.03.2020, *DJe* 1º.04.2020.
29. . STJ, 3ª T., REsp 1.811.718, Rel. Min. Ricardo Villas Bôas Cueva, j. 02.08.2022, *DJe* 05.08.2022.

Por derradeiro, insta destacar que, para o ajuizamento dessas ações, o consentimento "pode ser suprido judicialmente quando for negado por um dos cônjuges sem justo motivo, ou quando lhe seja impossível concedê-lo" (CPC, art. 74). A propositura da demanda sem o consentimento ou sem o suprimento deste, conduzirá à invalidade do processo (CPC, art. 74, parágrafo único).

4.8. DO PROCEDIMENTO DA AÇÃO DE MANUTENÇÃO E REINTEGRAÇÃO DE POSSE

Atendidos os parâmetros já estudados, envolvendo competência, legitimidade, causa de pedir e pedido, a petição inicial deverá contemplar os outros requisitos do art. 319 do CPC, ressalvada a manifestação sobre a opção de realização ou não de audiência de conciliação e mediação, inaplicável ao caso.

Conquanto esmiuçada acima, merece menção a causa de pedir[30], na qual o autor deverá descrever a sua posse, a turbação ou o esbulho praticado pelo réu, a data da turbação ou do esbulho e a continuação da posse, embora turbada, na ação de manutenção, ou a perda da posse, na ação de reintegração (art. 561 do CPC).

Como visto, a existência de posse é revelada por atos possessórios, que deverão ser indicados.

Os atos possessórios, assim como o ataque à posse e suas características, inclusive a data desse evento, em regra, estarão representados por documentos. Realmente e tomando-se por base a posse em imóveis rurais, geralmente estão retratados em documentos, por exemplo, a fixação no local, pessoalmente ou por meio de prepostos, a existência de empregados vinculados ao imóvel, a semeadura, a aquisição e criação de animais, a compra de insumos, a venda da produção, o recolhimento dos tributos incidentes sobre o bem, a vinculação a cadastros governamentais (v.g., inscrição de produtor rural, cadastro ambiental rural – CAR), o pagamento das tarifas de energia elétrica etc.

Consoante já advertido, a apresentação de certidão da matrícula não demonstra a prática de nenhum ato possessório[31]. E mais: como estudado acima, se a causa de pedir se restringir à afirmação da existência de domínio como fundamento para a obtenção da posse, o réu também terá a possibilidade de apresentar exceção de domínio, sustentando que a sua posse decorre de sua condição de proprietário.

Às vezes, existe certa dificuldade para comprovar, por meio de documento, o esbulho ou a turbação, bem a como a sua data. O entrave pode ser contornado por ma-

---

30. Como já decidiu o STJ (3ª T., REsp 1.646.179, Rel. Min. Ricardo Villas Bôas Cueva, j. 04.12.2018, DJe 07.12.2018), não constitui requisito a "identificação dos limites da área rural objeto de demanda possessória deve ser feita mediante a apresentação de memorial descritivo georreferenciado". Ou seja, é "dispensável o georreferenciamento do imóvel rural em ações possessórias nas quais a procedência dos pedidos formulados na inicial não enseja a modificação no registro do imóvel". Essa exigência tem lugar "nas hipóteses de desmembramento, parcelamento, remembramento e transferência da titularidade do bem".
31. STJ, 4ª T., REsp 150.267, Rel. Min. César Asfor Rocha, j. 06.04.2000, DJ 29.05.2000.

térias jornalísticas dando conta do problema, o que acontece notadamente em regiões marcadas por conflitos agrários.

Outro documento muito utilizado é o boletim de ocorrência, lavrado perante a Polícia Civil ou Militar. Não é dado desconhecer, contudo, que o boletim representa a declaração unilateral de determinados fatos. Bem por isso, isoladamente esse documento não comprova, de modo satisfatório, o ataque à posse e a sua data. Daí a necessidade de combinação do boletim com outros elementos (fotografias, matéria jornalística etc.). Em se tratando de imóvel, cenário diverso é aquele em que, após a formalização da ocorrência, integrantes da força policial, civil ou militar, vão até o local, levantam informações e depois as exteriorizam em relatório ou documento similar. Inegavelmente, o documento com essas características tem o condão de demonstrar o ataque a posse, sem prejuízo, evidentemente, do réu ter a possibilidade de eficazmente questioná-lo, fazendo contraprova.

Nesse contexto, se mostra muito útil a lavratura de ata notarial (CPC, art. 384 e Lei 8.935/1994, art. 7º, III), onde o tabelião, após visitar o local e constatar os fatos, certificará os acontecimentos cuja existência constatou.

O valor da causa não corresponde ao valor do bem, que representa o conteúdo econômico da propriedade[32]. Assim, deve-se identificar o benefício econômico pretendido pelo autor[33]. Quando, por alguma razão, o conteúdo econômico da posse estiver quantificado, este será o valor da causa. Se assim não for, deve-se buscar o critério que mais se aproxime do conteúdo econômico perseguido pelo autor[34].

Em tema de valor da causa, ainda é relevante atentar para a extensão do ataque à posse, delineada na causa de pedir. Especialmente no caso de imóveis rurais, às vezes a turbação ou esbulho se restringem a uma parcela do bem.

Relativamente à citação, existem regras específicas quando os réus são indeterminados, figurando um grande número de pessoas no polo passivo. Nessas situações, "serão feitas a citação pessoal dos ocupantes que forem encontrados no local e a citação por edital dos demais, determinando-se, ainda, a intimação do Ministério Público e, se

---

32. Neste sentido, o Enunciado 178 do Fórum Permanente de Processualistas Civis: "O valor da causa nas ações fundadas em posse, tais como as ações possessórias, os embargos de terceiro e a oposição, deve considerar a expressão econômica da posse, que não obrigatoriamente coincide com o valor da propriedade".
33. STJ, 4ª T., AgInt nos Edcl no REsp 1772169, Rel. Min. Antonio Carlos Ferreira, j. 19.10.2020, DJe 26.10.2020; STJ, 2ª T., REsp 1.807.206, Rel. Min. Herman Benjamin, j. 19.09.2019, DJe 18.10.2019; STJ, 3ª T., REsp 490.089/RS, Rel. Min. Nancy Andrighi, j. 13.05.2003, DJ 09.06.2003.
34. No julgamento do REsp 1.230.839 (STJ, 3ª T., Rel. Min. Nancy Andrighi, j. 19.03.2013, DJe 26.03.2013), debateu-se o valor da causa em reintegração de posse cujo fundamento era um contrato de comodato. O STJ afastou o entendimento, fixado nas instâncias ordinárias, que impunha o valor do bem, como valor da causa. Ademais, reconhecendo o caráter gratuito do comodato, fixou o valor da causa a partir do benefício econômico proporcionado por este contrato, que corresponderia ao valor do aluguel. Desse modo, aplicando analogicamente o art. 58, III, da Lei de Locações, estabeleceu que o valor da causa deveria corresponder a doze meses de aluguel do imóvel.

envolver pessoas em situação de hipossuficiência econômica, da Defensoria Pública"[35] (CPC, art. 554, § 1º). Para fazer a citação pessoal, cumpre ao oficial de justiça procurar os ocupantes no local por uma vez, sendo que as pessoas não encontradas serão citadas por edital[36] (CPC, art. 554, § 2º). Outra peculiaridade é o dever imposto ao juiz para determinar que se dê ampla publicidade da existência da ação e dos respectivos prazos processuais, "podendo, para tanto, valer-se de anúncios em jornal ou rádio locais, da publicação de cartazes na região do conflito e de outros meios" (CPC, art. 554, § 3º)[37].

Recebida a petição inicial e realizado o juízo de admissibilidade positivo, três são os caminhos que se apresentam, tendo em vista a possibilidade de concessão de tutela provisória de evidência: concessão da medida sem a oitiva do réu, a designação de audiência de justificação ou o indeferimento de tutela provisória, sem audiência de justificação.

É preciso perpassar cada uma das vias.

Em juízo de cognição sumária, o juiz considera demonstradas a posse, a turbação ou o esbulho praticado pelo réu, a data da turbação ou do esbulho e a continuação da posse, embora turbada, na ação de manutenção, ou a perda da posse, na ação de reintegração[38]. Assim sendo, sem a oitiva do réu, concede liminar de reintegração ou manutenção de posse, expedindo-se o respectivo mandado (CPC, art. 562).

Vale advertir que, contra as pessoas jurídicas de direito público, "não será deferida a manutenção ou a reintegração liminar sem prévia audiência dos respectivos representantes judiciais" (CPC, art. 562, parágrafo único). Todavia, pode suceder que,

---

35. O propósito da regra, que determina a intimação do MP e da Defensoria, é "garantir e efetivar os princípios do *contraditório e da ampla defesa* de forma efetiva" (STJ, 2ª T., AgInt no Resp 1.729.246, Rel. Min. Herman Benjamin, j. 04.09.2018, *DJe* 20.11.2018). Ainda assim, mesmo nos litígios coletivos, não é nula a decisão que defere a liminar sem oitiva prévia do Ministério Público (STJ, 3ª T., REsp 792.130, Rel. Min. Humberto Gomes de Barros, j. 14.02.2008, *DJe* 05.03.2008).
36. Aplicando essas regras o STJ (4ª T., REsp 1.314.615, Rel. Min. Luís Felipe Salomão, j. 09.05.2017, *DJe* 12.06.2017) decidiu o seguinte: "(...) 2. Nas ações possessórias voltadas contra número indeterminado de invasores de imóvel, faz-se obrigatória a citação por edital dos réus incertos. 3. O CPC/2015, visando adequar a proteção possessória a tal realidade, tendo em conta os interesses público e social inerentes a esse tipo de conflito coletivo, sistematizou a forma de integralização da relação jurídica, com o fito de dar a mais ampla publicidade ao feito, permitindo que o magistrado se valha de qualquer meio para esse fim. 4. O novo regramento autoriza a propositura de ação em face de diversas pessoas indistintamente, sem que se identifique especificamente cada um dos invasores (os demandados devem ser determináveis e não obrigatoriamente determinados), bastando a indicação do local da ocupação para permitir que o oficial de justiça efetue a citação daqueles que forem lá encontrados (citação pessoal), devendo os demais serem citados presumidamente (citação por edital). 5. Na hipótese, deve ser reconhecida a nulidade de todos os atos do processo, em razão da falta de citação por edital dos ocupantes não identificados".
37. Acerca da divulgação, o Fórum Permanente dos Processualistas Civis aprovou o Enunciado 63, com a seguinte dicção: "No caso de ação possessória em que figure no polo passivo grande número de pessoas, a ampla divulgação prevista no § 3º do art. 554 contempla a inteligência do art. 301, com a possibilidade de determinação de registro de protesto para consignar a informação do litígio possessório na matrícula imobiliária respectiva".
38. Infere-se, pois, que a concessão ou não de liminar envolve, em princípio, o exame de fatos e provas. Daí a posição do STJ de não apreciar o tema, em sede de recurso especial, o que exigiria reexame de fatos e provas (AgRg no AREsp 633.734, Rel. Min. Raul Araújo; AgRg no Ag 1.262.107, Rel. Min. Marcos Buzzi; AgRg no AREsp 142.376, Rel. Min. Marcos Buzzi).

juntamente com os requisitos que permitem a concessão da tutela de evidência em comento, o caso concreto também torna patente a presença dos pressupostos necessários para a concessão de tutela de urgência, previstos no art. 300 do CPC ("probabilidade do direito e o perigo de dano"). Em tema possessório, imagine-se o ato do poder público tendente a desapossar o particular, adentrando em seu terreno, sem desapropriação e o pagamento da justa e prévia indenização, para a abertura de uma rua, cujas obras serão concluídas. Nessa situação, constatado que o tempo relativo à oitiva de representantes judiciais levará à consumação do dano, admite-se o deferimento liminar do pedido[39]. Trata-se, em última análise, da não aplicação de regra, em razão da inconstitucionalidade de sua aplicação naquele caso concreto, por força de suas especificidades.

Conforme antecipado, a tutela provisória[40] prevista no art. 562 do CPC se funda na evidência. É dizer: ainda que em exame apoiado em cognição sumária, os elementos apresentados representam forte evidência da procedência do ataque à posse, o que justifica a outorga da tutela provisória, de modo a transferir para o réu o ônus de suportar as consequências do tempo necessário até o julgamento definitivo. Veja-se que essa tutela provisória não está relacionada à urgência, não sendo adequado cogitar em dano irreparável, de difícil reparação ou outras características desse tipo de tutela.

Existem situações nas quais, após o cumprimento do mandado de reintegração ou esbulho, o réu volta a desferir ataques contra a posse. Caso isso se verifique na pendência do processo, nova tutela provisória poderá ser concedida, sendo desnecessário o ajuizamento de nova demanda.

O pronunciamento que conceder a tutela de urgência será atacável por meio de agravo de instrumento (CPC, art. 1.015, I).

Avulta-se que, concedida a tutela provisória, outorga-se ao réu a possibilidade de exigir caução, desde que demonstre que o autor "carece de idoneidade financeira para, no caso de sucumbência, responder por perdas e danos" (CPC, art. 559). Configurado tal cenário, "o juiz designar-lhe-á o prazo de 5 (cinco) dias para requerer caução, real ou fidejussória, sob pena de ser depositada a coisa litigiosa, ressalvada a impossibilidade da parte economicamente hipossuficiente". Conforme entendimento refletido no Enunciado 179 do Fórum Permanente de Processualistas Civis, o prazo de 5 (cinco) dias pode ser dilatado pelo juiz, nos termos art. 139, VI, do CPC.

Note-se que, conquanto não explicitado no art. 559, a possibilidade inversa deve ser reconhecida. É dizer: quando o réu obtém tutela provisória, com base no art. 556, é também aplicável o disposto no art. 559[41].

---

39. Ainda que não no campo possessório, validando a concessão liminar de tutelar de urgência contra o Poder Público e afastando a regra restritiva contida no art. 1º da Lei 9.494/1997: STJ, 5ª T., AgRg no REsp 1.120.170, Rel. Min. Jorge Mussi, j. 03.11.2009, DJe 07.12.2009.
40. Cf. Enunciado 66 do Fórum Permanente de Processualistas Civis: "A medida liminar referida no art. 565 é hipótese de tutela antecipada".
41. Nessa direção, o Enunciado 180 do Fórum Permanente de Processualistas Civis: "A prestação de caução prevista no art. 559 poderá ser determinada pelo juiz, caso o réu obtenha a proteção possessória, nos termos no art. 556".

A segunda via é aquela em que o juiz, mesmo que no âmbito da cognição sumária, não se convence da demonstração da posse e da ofensa perpetrada, determinando que autor justifique previamente o alegado, citando-se o réu[42] para comparecer à audiência que for designada[43] (CPC, art. 562). Toca ao autor o ônus de levar testemunhas nessa audiência de justificação para comprovar as suas alegações. O réu poderá ser assistido por advogado e, em atenção ao princípio do contraditório (CF, art. 5º, LV), efetivamente participar desse ato processual, inclusive com a formulação de reperguntas às testemunhas. Todavia, o entendimento majoritário é no sentido de que o réu não está autorizado a apresentar e ouvir testemunhas na audiência de justificação. Nesse ponto, o contraditório não está sendo desatendido, mas apenas mitigado, o que, aliás, é uma característica das tutelas provisórias. Com efeito, após a contestação, em sendo cabível essa espécie de prova em face dos pontos controvertidos, o réu terá oportunidade de apresentar e ouvir testemunhas.

Em razão dos elementos colhidos em audiência, se o juiz considerar suficiente a justificação, será deferida a tutela provisória de evidência, com a expedição do mandado de manutenção ou reintegração (CPC, art. 563).

O terceiro caminho é o indeferimento, de plano, do pedido de tutela provisória, o que é cabível quando juiz, à luz da inicial, tem como improvável a existência da posse ou do ataque a está promovido, apreciação que não pode ser revertida nem mesmo com a oitiva testemunha. Pense-se no caso de ação em que, pelos fatos narrados na inicial e também a partir dos documentos apresentados pelo autor, afere-se a sua condição de mero detentor. Contudo, advirta-se que, embora exista julgado[44] mais antigo dispensando a realização da audiência de justificação, o STJ firmou posicionamento pela obrigatoriedade de sua designação[45].

Nos termos do art. 564 do CPC, concedida ou não a liminar de "manutenção ou de reintegração, o autor promoverá, nos 5 (cinco) dias subsequentes, a citação

---

42. Diante das circunstâncias do caso analisado, o STJ (3ª T., REsp 1.232.904, Rel. Min. Nancy Andrighi, j. 14.052.013, DJe 23.05.2013) considerou ser viável, "sob uma perspectiva de utilidade, vislumbrar situações em que a ausência de citação do réu para comparecer à audiência de justificação prévia pode ser relevada, diante das conjunturas preexistentes e de suas decorrências".
43. O STJ (3ª T., REsp 1.668.360, Rel. Min. Marco Aurélio Bellizze, j. 05.12.2017, DJe 15.12.2017) já decidiu que, a audiência pode ser realizada ainda que o réu já tenha oferecido contestação. No caso apreciado, a liminar fora deferida em primeiro grau, sem a justificação. O tribunal deu provimento a agravo interposto pelo réu, determinando a realização da audiência, na qual deveria ser comprovada a posse, o esbulho e a data de sua ocorrência. Em recurso especial desprovido pelo STJ, o autor argumentou que não mais seria possível a realização da audiência, pois o réu já havia apresentado contestação. Em outra oportunidade, a Corte Federal decidiu que o "cancelamento da audiência de justificação de posse, a pedido do recorrente, autorizou que a demanda possessória seguisse o rito ordinário, com a citação da contraparte para contestar o feito, cabendo destacar que as provas necessárias à comprovação do direito possessório alegado deverão ser produzidas em audiência de instrução e julgamento, salvo disposição em contrário do julgador de primeira instância" (4ª T., AgInt no ARESP 1275824, Rel. Min. Antonio Carlos Ferreira, j. 12.08.2019, DJe 16.08.2019).
44. STJ, 3ª T., REsp 9.485, Rel. Min. Cláudio Santos, j. 09.03.1992, DJ 13.04.1992.
45. STJ, 4ª T., REsp 900.534, Rel. Min. João Otávio de Noronha, j. 1º.12.2009, DJe 14.12.2009; STJ, 3ª T., AgInt no AREsp 986.891, Rel. Min. Nancy Andrighi, j. 28.03.2017, DJe 31.03.2017; STJ, 4ª T., AgRg no AREsp 38.991, Rel. Min. Raul Araújo, j. 07.08.2014, DJe 26.08.2014.

do réu para, querendo, contestar a ação no prazo de 15 (quinze) dias". Na hipótese do segundo caminho acima explicitado, como já houve a citação do réu para comparecer à audiência de justificação, "o prazo para contestar será contado da intimação da decisão que deferir ou não a medida liminar" (CPC, art. 564, parágrafo único). Dessarte, em sendo a liminar concedida na audiência, esse será o termo inicial do prazo de contestação, ainda que o réu não tenha comparecido, embora citado e intimado para participar do ato. Se, no entanto, a deliberação sobre a tutela provisória não for tomada em audiência, o termo inicial do prazo dependerá da intimação do réu ou por meio do advogado[46] ou pessoalmente, caso ele ainda não esteja representado. Em se tratando de intimação pessoal, o início do prazo se dará com a juntada da carta ou mandado de intimação da decisão relativa à tutela provisória (CPC, art. 231, I e II)[47].

Promovida a citação e apresentada a contestação, serão utilizadas e aplicadas as regras do procedimento comum (CPC, art. 566).

Quanto à contestação, reafirma-se a limitação à atividade cognitiva, já estudada acima, que afasta, em regra, a exceção de domínio. De outra parte, convém assinalar que, afora a defesa da posse, tem-se admitido o debate sobre a sua qualificação[48], se de boa-fé ou má-fé, e as consequências de uma ou outra qualidade, inclusive com a condenação do autor no pagamento de indenização por benfeitorias[49], ou até mesmo por danos materiais e morais, desde que correlatos ao debate possessório[50], em função da possibilidade de o réu deduzir pretensão, conforme acima esmiuçado. A propósito,

---

46. STJ, 4ª T., REsp 39647, Rel. Min. Barros Monteiro, j. 12.04.1994, *DJ* 23.05.1994. Embora o aresto se refira ao CPC de 1973, a regra em questão não foi alterada pelo CPC de 2015.
47. STJ, 4ª T., REsp 59.599, Rel. Min. Sálvio de Figueiredo Teixeira, j. 09.05.1995, *DJ* 12.05.1995. Novamente, mesmo em se tratando de aresto relativo ao CPC de 1973, a regra em questão não foi alterada pelo CPC de 2015.
48. Nesse aspecto, pode ser reconhecida a condição de mero detentor, o que afasta o direito à indenização por benfeitorias. Enfrentando o tema sob ótica da ocupação de bens públicos, o STJ firmou entendimento pelo não cabimento da indenização por benfeitorias: STJ, 1ª T., AgRg no AREsp 362.913, Rel. Min. Regina Helena Costa, j. 26.04.2016, *DJe* 12.05.2016; STJ, 2ª T., REsp 1.310.458, Rel. Min. Herman Benjamin, j. 11.04.2013, *DJe* 09.05.2013. Essa orientação acabou por ser retratada no enunciado da Súmula 619 do STJ, com o seguinte teor: "A ocupação indevida de bem público configura mera detenção, de natureza precária, insuscetível de retenção ou indenização por acessões e benfeitorias." Contudo, ao decidir sobre a possibilidade do reconhecimento de proteção possessória, numa disputa entre particulares, mas envolvendo bem público, a Corte Federal assim declarou: "(...) embora não se possa falar em posse sobre bem público, mas mera detenção, quando a disputa se dá entre particulares é possível a garantia pela proteção possessória à parte que demonstrar sua autorização para ocupar o bem. Sobre a questão posta em debate, deve-se distinguir duas situações: uma, em que o particular invade imóvel público e busca proteção possessória contra o próprio ente estatal; e outra, em que dois particulares litigam para ver quem possui direito a permanecer nesse bem público. (...) Nessa situação, portanto, os interditos possessórios são adequados à discussão da melhor posse entre particulares, ainda que relativamente a terras públicas." (3ª T., AgInt no REsp 1577415, Rel. Min. Moura Ribeiro, j. 17.02.2020, *DJe* 19.02.2020. No mesmo sentido: 4ª T., AgInt no AgRg no AREsp 287922, Rel. Min. Maria Isabel Gallotti, j. 15.08.2022, *DJe* 17.08.2022).
49. Há julgado averbando que, relativamente "à pretensão de retenção e de indenização pelas benfeitorias realizadas no imóvel, entende este Tribunal Superior ser possível ao réu deduzir, na contestação das ações possessórias, pedido indenizatório, desde que correlato à matéria, dado o caráter dúplice dessas demandas" (STJ, AgInt no ARESP 1.314.158, Rel. Min. Marco Aurélio Bellizze, j. 20.04.2020, *DJe* 24.04.2020).
50. STJ, 3ª T., Edcl no REsp 1.368.565, Rel. Min. Paulo de Tarso Sanseverino, j. 1º.10.2015, *DJe* 07.10.2015.

o STJ tem decidido que "presente na contestação do pedido de reintegração de posse as arguições de boa-fé e resistência quanto à demolição das benfeitorias e julgada procedente em parte a reintegratória, com o acolhimento do pedido de demolição, a condenação da autora na indenização das benfeitorias destacadas na perícia não implica julgamento *extra petita*"[51].

Ainda sobre a matéria defensiva concernente à indenização por benfeitorias, cumpre destacar que a alegação de direito de retenção deve ser suscitada na fase cognitiva, em sede de contestação[52], não podendo ser invocado tal direito somente quando do cumprimento do mandado de reintegração.

Com a defesa, em atenção às regras do procedimento comum, em não sendo o caso de extinção do processo (CPC, art. 354) ou julgamento antecipado do mérito (CPC, art. 355), após a fase instrutória, prolatar-se-á sentença acolhendo ou rejeitando o pedido inicial[53], sendo que, nesse último caso, pode ser concedida proteção ao réu e o acolhimento de pretensão por ele formulada.

Outrossim, pode acontecer, notadamente em se tratando de bens móveis, que, acolhido o pedido de reintegração, se constate a perda ou perecimento da coisa. Desvelado esse cenário, viabiliza-se a conversão da tutela possessória – que é específica – em perdas e danos[54] (tutela genérica).

4.9. AINDA O PROCEDIMENTO: PECULIARIDADES EM SE TRATANDO DE "LITÍGIO COLETIVO" COM AFIRMAÇÃO DE ESBULHO OU TURBAÇÃO OCORRIDA OU LIMINAR CONCEDIDA E NÃO EFETIVADA HÁ MAIS ANO E DIA

Sem especificar o alcance da expressão "litígio coletivo", o art. 565 do CPC preceitua particularidades para tais situações, quando a afirmação de esbulho ou turbação tiver ocorrido ou a liminar não tiver sido efetivada há mais ano e dia.

---

51. STJ, 2ª T., REsp 1.072.462, Rel. Min. Castro Meira, j. 14.05.2013. No mesmo sentido: STJ, 2ª T., AgInt no AREsp 866.598, Rel. Min. Herman Benjamin, j. 15.12.2016, *DJe* 06.03.2017.
52. STJ, 4ª T., AgInt no EDcl no Resp 1.705.437, j. 27.08.2019, *DJe* 30.08.2019; STJ, 2ª T., AgRg no AREsp 385.662, Rel. Min. Herman Benjamin, j. 12.02.2015, *DJe* 06.04.2015; STJ, 3ª T., AgRg no REsp 652.394, Rel. Min. Paulo de Tarso Sanseverino, j. 28.09.2010, *DJe* 06.10.2010. Essa solução decorre da carga executiva do pronunciamento que acolhe a pretensão possessória. Por essa razão, o STJ admite a possibilidade daquele que foi réu em ação, na qual se veiculou e se reconheceu pretensão de cunho declaratório (no caso, ação de declaração de invalidade de escritura pública de compra e venda de imóveis), em buscar a indenização e o exercício do direito de retenção, por meio de em ação autônoma (4ª T., AgInt no REsp 1595685, Rel. Min. Marco Buzzi, j. 1º.06.2020, *DJe* 10.06.2020).
53. A não comprovação da posse e/ou outros elementos da causa de pedir conduz, obviamente, à improcedência do pedido e não à extinção do processo, sem resolução do mérito (Cf. STJ, 3ª T., REsp 930.336, Rel. Min. Ricardo Villas Bôas Cueva, j. 06.02.2104, *DJe* 20.02.2014).
54. STJ, 3ª T., REsp 1.358.726, Rel. Min. Nancy Andrighi, j. 06.05.2014, *DJe* 20.05.2014; 4ª T., AgInt no ARESP 859.995, Rel. Min. Luis Felipe Salomão, j. 25.06.2019, *DJe* 28.06.2019.

A locução "litígio coletivo" alcança as disputas envolvendo muitas pessoas, ou seja, quando há a formação de litisconsórcio multitudinário, especialmente no polo passivo, bem como os casos de ações coletivas, como, por exemplo, a ação civil pública.

Nesses casos, em sendo a ação possessória de força velha, isto é, contemplando narrativa de esbulho ou turbação de imóvel (CPC, art. 565, § 5º) ocorrida há mais de ano e dia, antes de apreciação do pedido de liminar, o juiz designará audiência de mediação[55]; a realizar-se em até 30 (trinta) dias. O Ministério Público será intimado para comparecer à audiência. Além disso, também será cientificada a Defensoria Pública, sempre que houver parte beneficiária de gratuidade da justiça (CPC, art. 565, § 2º).

Ainda poderão ser intimados para comparecer à audiência, órgãos responsáveis pela política agrária e pela política urbana da União, de Estado ou do Distrito Federal e de Município onde se situe a área objeto do litígio. A finalidade da eventual participação desses órgãos é obter posicionamento sobre o seu interesse no processo e sobre a existência de possibilidade de solução para o conflito possessório (CPC, art. 565, § 4º).

Vale destacar que, por se tratar de ação de força velha, não cabe o pedido de tutela provisória previsto no art. 562, de maneira que, necessariamente, a liminar deve estar fundamentada nos arts. 303 ou 311, II e III, do CPC. De qualquer modo, "juiz poderá comparecer à área objeto do litígio quando sua presença se fizer necessária à efetivação da tutela jurisdicional" (CPC, art. 565, § 3º).

Como acenado acima, essas mesmas regras específicas serão aplicáveis também nos litígios coletivos, quando, independentemente do momento do esbulho ou turbação (ação de força nova ou de força velha), concedida a liminar, se essa não for executada no prazo de 1 (um) ano, a contar da data de distribuição.

4.10. DO INTERDITO PROIBITÓRIO

O interdito proibitório é uma modalidade de tutela preventiva destinada a evitar a consumação do ato ilícito, consistente na turbação ou no esbulho possessório. Para a obtenção desta tutela, o possuidor direto ou indireto deve demonstrar a existência de "justo receio" de "turbação ou esbulho iminente". Nessa linha, haverá "justo receio" quando elementos objetivos indicarem a ameaça de concretização da turbação ou do esbulho.

---

55. Enunciado 67 do Fórum Permanente de Processualistas Civis: "A audiência de mediação referida no art. 565 (e seus parágrafos) deve ser compreendida como a sessão de mediação ou de conciliação, conforme as peculiaridades do caso concreto". O STJ decidiu pela necessidade de intimação "mesmo nos casos de esbulho coletivo ocorrido há menos de ano e dia, se faz necessária a realização da audiência de mediação quando o mandado de reintegração de posse não foi cumprido em 1 ano do deferimento da liminar" (3ª T., REsp 1.897.772, Rel. Min. Moura Ribeiro, j. 02.04.2024, *DJe* 08.04.2024).

Todas as considerações expendidas nos itens precedentes são aplicáveis ao interdito proibitório (CPC, art. 568), observadas, evidentemente, as especificidades dessa tutela preventiva. Inclusive, o interdito pressupõe a existência de bem passível de posse. Como as "coisas do espírito", em si mesmas, não podem ser objeto de posse, o STJ fixou entendimento, retratado na Súmula 228, com a seguinte dicção: "É inadmissível o interdito proibitório para a proteção do direito autoral".

5
DA AÇÃO DE DIVISÃO E DA DEMARCAÇÃO DE TERRAS PARTICULARES

5.1. CONSIDERAÇÕES GERAIS

Historicamente, as ações de divisão e de demarcação são disciplinadas conjuntamente, o que é justificável diante da existência muitas zonas de contato entre tais demandas, especialmente em determinadas fases procedimentais. O CPC de 2015 manteve esta tradição, dedicando o Capítulo IV, do Título dos Procedimentos Especiais, que abrange os arts. 569 a 598, à fixação do regime processual da ação de divisão e da demarcação de terras particulares.

O qualificativo "terras particulares" revela que a demarcação de terras devolutas não se submete à sistemática prevista no CPC. O reconhecimento da devolutividade de áreas e a separação entre essas terras e as glebas particulares são providências levadas à cabo mediante ação discriminatória, regida pela Lei 6.383/1976.

Retomando o tema sob a ótica das terras particulares, o procedimento de divisão e de demarcação é complexo, notadamente porque exige a prática de uma série de atos materiais. Por outro lado, a experiência mostra que os critérios que devem presidir a demarcação e divisão, quando impostos judicialmente, no mais das vezes, não atenderão os interesses de nenhuma das partes. Talvez animado por essa circunstância, o legislador rememora que a "demarcação e a divisão poderão ser realizadas por escritura pública, desde que maiores, capazes e concordes todos os interessados" (CPC, art. 571). Inegavelmente, a divisão e/ou demarcação extrajudiciais representam o melhor e menos oneroso caminho para a realização dessas providências.

Com o propósito de bem organizar e alcançar a regularização registral, inclusive com a exata localização e delimitação dos imóveis rurais, a Lei 10.267/2001 alterou dispositivos da Lei dos Registros Públicos (Lei 6.015/1973), para impor aos proprietários desses imóveis a obrigação de promover o georreferenciamento do bem e a certificação dessa providência junto ao Incra, observado cronograma pautado na extensão das áreas. O georreferenciamento consiste no mapeamento do imóvel, referenciando os vértices de seu perímetro ao Sistema Geodésico Brasileiro, definindo a sua área e localização. A implementação deste novo modelo levará à redução das discussões sobre os limites entre os imóveis rurais e ainda servirá de relevante instrumento para a solução desses conflitos. É isso que justificou, na disciplina das ações divisória e demarcatória, a possibilidade de dispensa da prova pericial, quando o imóvel for georreferenciado (CPC, art. 573). Advirta-se, porém, que a prescindibilidade da prova somente faz sentido quando o objeto da prova for a extensão, limites e localização dos imóveis, que são os elementos aferidos no georreferenciamento.

5.2. DO CABIMENTO E DA LEGITIMIDADE NAS AÇÕES DE DIVISÃO

A finalidade da ação de divisão é promover a extinção do condomínio, o que pode ser exigido a todo tempo por qualquer dos condôminos (CC, art. 1.320). Por isso, infere-se do art. 569, II, do CPC, que a ação de divisão cabe ao condômino para obrigar os demais consortes a decompor a área em quinhões que formarão imóveis individuados. Vê-se que são pressupostos para o cabimento da ação de divisão a existência de condomínio ou cotitularidade de direito real e a divisibilidade do bem[1].

Em sendo o bem de domínio exclusivo de uma pessoa, obviamente, não tem nenhum sentido se recorrer à ação de divisão.

A divisibilidade do bem mantido condomínio é igualmente vital para o cabimento da ação em comento. Prescreve o art. 87 do CC: "Bens divisíveis são os que se podem fracionar sem alteração na sua substância, diminuição considerável de valor, ou prejuízo do uso a que se destinam". A par disso, mesmo quando a divisão não provocar nenhuma dessas consequências (alteração da substância, diminuição do valor ou prejuízo ao uso), a indivisibilidade pode decorrer da lei ou da vontade das partes (CC, art. 88). No primeiro cenário (CC, art. 87), tem-se a indivisibilidade natural, enquanto no segundo, mesmo diante da divisibilidade natural, impõe-se a indivisibilidade jurídica (CC, art. 88).

Se o bem for natural ou juridicamente indivisível, não será adequada a propositura da ação de divisão, o que conduzirá à resolução do processo, sem resolução do mérito, por falta de interesse processual (CPC, art. 485, VI). Mesmo nos casos de indivisibilidade, o condômino não é obrigado a manter o condomínio (CC, art. 1.322). Contudo, deve ele se valer da alienação da coisa comum ou de quinhão em coisa comum (CPC, arts. 725, IV, V e 730), que é procedimento de jurisdição voluntária.

As legitimidades ativa e passiva serão aferidas a partir da relação jurídica de direito real, mantida em comunhão por duas ou mais pessoas. São, pois, legitimados ativa e passivamente os cotitulares de direito real sobre o bem. Com efeito, o comproprietário poderá figurar no polo ativo ou passivo, assim como o usufrutuário, devendo, nesta hipótese, também ser citado o nu-proprietário.

Mesmo não se tratando de direito real, é admitida a ação de divisão entre compossuidores (CC, art. 1.199).

---

1. Ainda na vigência do CPC de 1973, o STJ chancelou pronunciamento do TJGO, segundo o qual para "o acolhimento da pretensão divisória, urge que faça o autor a indicação da origem da comunhão e a denominação, situação, limites e características do imóvel, consoante inteligência da norma alforriada no artigo 967, inciso I, do Código de Processo Civil" (3ª T., AgRg no Ag 20555, Rel. Min. Nilson Naves, j. 23.08.1999, *DJe* 03.11.1999).

5.3. DO CABIMENTO E DA LEGITIMIDADE NAS AÇÕES DEMARCATÓRIAS DE TERRAS PARTICULARES

Segundo o art. 569, I, do CPC, cabe "ao proprietário a ação de demarcação, para obrigar o seu confinante a estremar os respectivos prédios, fixando-se novos limites entre eles ou aviventando-se os já apagados". Pela letra do dispositivo a demarcatória permitiria estremar os imóveis com a fixação de novos limites e o aviventamento dos limites já apagados. Porém, o art. 1.297 do CC, ainda assinala outras hipóteses de cabimento: proceder a demarcação de limites inexistentes e a renovação de marcos destruídos ou arruinados[2]. Seja como for, o cabimento da demarcatória sempre dependerá da existência de controvérsia entre os limites de imóveis contíguos[3], inclusive quando a divergência se der entre "a realidade fática dos marcos divisórios e o constante no registro imobiliário"[4].

Não é incomum que a ação demarcatória seja ajuizada após debate possessório travado entre confrontantes que atribuem um ao outro a turbação ou esbulho de sua posse. O STJ já se manifestou no sentido de que a "decisão sobre a posse de imóvel em ação de manutenção movida anteriormente não implica em coisa julgada sobre os limites dos terrenos lindeiros, de sorte que é juridicamente possível aos autores, conquanto vencidos na lide anterior, promoverem ação demarcatória para obter a definição da exata linha divisória entre os lotes contíguos, ante a alegação exordial de que a cerca viva antes existente foi derrubada e em seu lugar construído, unilateralmente, pelo réu, muro que alterou o local anterior, invadindo área a eles pertencente, consoante o título de propriedade"[5]. Entretanto, como já advertido no estudo da ação de consignação em pagamento e das ações possessórias, diante do novo regime acerca dos limites objetivos da coisa julgada, prescrito no § 1º do art. 503 do CPC, será necessário avaliar se a questão dos exatos limites entre os imóveis não foi decidida como questão prejudicial. Se houve solução a este respeito, numa ação possessória, com contraditório prévio e efetivo, a solução sobre os exatos limites entre os imóveis fará coisa julgada.

A ação demarcatória não se confunde com a ação reivindicatória. Na primeira, há incerteza quanto à extensão do bem e os limites entre os imóveis confrontantes, enquanto são pressupostos da ação reivindicatória o conhecimento e os limites dos imóveis reivindicandos[6]. Note-se que, mesmo existindo os marcos divisórios, caberá

---

2. Nesse sentido, o Enunciado 69 do Fórum Permanente de Processualistas Civis: "Cabe ao proprietário ação demarcatória para extremar a demarcação entre o seu prédio e do confinante, bem como fixar novos limites, aviventar rumos apagados e a renovar marcos destruído".
3. STJ, 4ª T., REsp 796.960, rel. Min. Fernando Gonçalves, j. 15.04.2010, DJe 26.04.2010.
4. . STJ, 4ª T., REsp 1.984.013, rel. Min. Ricardo Villas Bôas Cueva, j. 27.09.2022, DJe 28.09.2022.
5. STJ, 4ª T., REsp 402.513, rel. Aldir Passarinho Júnior, j. 07.12.2006, DJe 19.03.2007; STJ, 4ª T., EDcl no REsp 1.221.675, rel. Min. Maria Isabel Gallotti, j. 05.06.2012, DJe 15.06.2012. Nessa mesma linha, na hipótese de os objetos das ações demarcatória e possessória serem distintos, o resultado de uma não cria obstáculos na execução da outra, sendo desnecessário o aguardo da correta delimitação da área para que a reintegração de posse seja cumprida (STJ, 4ª T., AgInt no AREsp 442.866, rel. Min. Marco Buzzi, j. 08.08.2022, DJe 10.08.2022).
6. STJ, 3ª T., REsp 1.655.582, rel. Min. Nancy Andrighi, j. 12.12.2017, DJe 18.12.2017.

ação demarcatória se houver dúvida quanto à correção desses limites[7]. Há, porém, espaços de contato entre a demarcatória e a reivindicatória, porquanto ambos os processos podem resultar na restituição de parte de imóvel, possuído injustamente por outrem.

As legitimidades ativa e passiva são, respectivamente, do proprietário[8] e de seu confinante. Além disso, conforme o Enunciado 68 do Fórum Permanente dos Processualistas Civis:

> Também possuem legitimidade para a ação demarcatória os titulares de direito real de gozo e fruição, nos limites dos seus respectivos direitos e títulos constitutivos de direito real. Assim, além da propriedade, aplicam-se os dispositivos do Capítulo sobre ação demarcatória, no que for cabível, em relação aos direitos reais de gozo e fruição.

A determinação da composição do polo passivo dependerá da extensão da ação demarcatória. Se todos os limites forem objeto de demarcação, todos os confrontantes figurarão no polo passivo. Trata-se de litisconsórcio passivo necessário e simples. É dizer: a formação é obrigatória, mas, como entre o autor e cada um dos réus não se discute a mesma relação jurídica, a decisão não será uniforme. O pedido demarcatório pode ser acolhido em relação a um confinante e rejeitado no que tange ao outro. Se a demarcatória tiver por objeto apenas uma divisa do imóvel, somente integrará o polo passivo o confinante daquele limite demarcando, podendo nem existir litisconsórcio. Enfim, somente são litisconsortes necessários os confinantes das divisas que forem objeto da demarcação e não todos os lindeiros do imóvel[9]. Seja como for, sempre o litisconsórcio será simples.

Em se tratando de condomínio, qualquer condômino poderá propor a ação demarcatória, porém, deve ele requerer a "intimação" dos demais para, querendo, intervir no processo (CPC, art. 575).

5.4. DO SUPRIMENTO DE CAPACIDADE NAS AÇÕES DE DIVISÃO E DE DEMARCAÇÃO DE TERRAS PARTICULARES

Remarcada a legitimidade *ad causam*, é preciso também aqui rememorar que o CPC normatiza a capacidade processual de pessoas casadas. Refletindo atenção conferida pelo Código Civil ao instituto do casamento, determina que, nas ações reais imobiliárias, como é o caso da ação de divisão e demarcação, a capacidade de um cônjuge para atuar no processo dependerá do consentimento do outro (polo ativo – CPC, art. 73, *caput*), salvo quando casados sob o regime de separação absoluta de bens. Além disso, impõe a formação de litisconsórcio necessário, no polo passivo (CPC, art. 73, § 1º, I), também ressalvado o regime de separação absoluta de bens. O litisconsórcio passivo

---

7. STJ, 3ª T., AgRg no REsp 1243002, rel. Min. Massami Uyeda, j. 03.05.2011, *DJe* 17.05.2011.
8. A propriedade e a sua prova são requisitos essenciais para legitimar o ajuizamento da demarcatória: STJ, 3ª T., REsp 926.755, rel. Min. Sidnei Beneti, j. 12.05.2009, *DJe* 04.08.2009.
9. STJ, 3ª T., REsp 1.599.403, rel. Min. João Otávio de Noronha, j. 23.06.2016, *DJe* 1º.07.2016.

necessário é ainda estendido aos casos de ação resultante de fato que diga respeito a ambos os cônjuges ou de ato praticado por eles, ação fundada em dívida contraída por um dos cônjuges a bem da família ou ação que tenha por objeto o reconhecimento, a constituição ou a extinção de ônus sobre imóvel de um ou de ambos os cônjuges (CPC, art. 73, § 1º, II, III e IV).

Essas prescrições também são aplicáveis à união estável comprovada nos autos (CPC, art. 73, § 3º).

No caso ação de divisão, se a composse for o seu objeto e for exercida por ambos os cônjuges, juntamente com terceiro ou terceiros, impõe-se a participação do consorte (CPC, art. 73, § 2º). O termo "participação" deve ser entendido como "consentimento" para a propositura de ação e, quando figurarem como réus, formação de litisconsórcio passivo necessário.

Por derradeiro, insta destacar que, para o ajuizamento dessas ações, o consentimento "pode ser suprido judicialmente quando for negado por um dos cônjuges sem justo motivo, ou quando lhe seja impossível concedê-lo" (CPC, art. 74). A propositura da demanda sem o consentimento ou sem o suprimento deste, conduzirá à invalidade do processo (CPC, art. 74, parágrafo único).

5.5. DO CARÁTER DÚPLICE DAS AÇÕES DE DIVISÃO E DE DEMARCAÇÃO DE TERRAS PARTICULARES

Quando se analisa a relação jurídica de direito material relativa ao direito à extinção do condomínio e à demarcação entre prédios, não há uma predeterminação de quem tem legitimidade para figurar neste ou naquele polo de uma eventual relação jurídica processual. No condomínio, qualquer dos condôminos pode ser o autor ou o réu da ação de divisão. Em imóveis confrontantes, qualquer dos seus proprietários pode ser autor ou réu de ação de demarcação.

A ausência de determinação antecipada desvela o caráter dúplice destas ações, nas quais, ao mesmo tempo, cada parte pode ocupar tanto a posição de autor como a de réu. Neste contexto, o réu deduz pretensão independentemente do ajuizamento de reconvenção, que, aliás, é incabível por falta de interesse processual.

5.6. DA CUMULAÇÃO DAS PRETENSÕES DEMARCATÓRIA E DIVISÓRIA

Às vezes, o condômino pretende extinguir o condomínio. Entretanto, também existe incerteza no que tange aos limites do imóvel. Nesses casos, fica autorizada a cumulação das pretensões demarcatória e divisória (CPC, art. 570)[10].

---

10. STJ, 4ª T., REsp 790.206, rel. Des. Convocado Honildo Amaral de Mello Castro, j. 04.02.2010, *DJe* 12.04.2010.

Por imposição lógica, primeiramente processar-se-á "a demarcação total ou parcial da coisa comum, citando-se os confinantes e os condôminos". Perceba-se que, na demanda demarcatória, os condôminos serão citados para integrar o polo ativo, sendo que a condição de réu será exercida pelos confinantes. Já na ação divisória os condôminos serão réus e os confinantes são terceiros, porquanto não integram essa relação jurídica.

Fixados adequadamente os limites, far-se-á a divisão do bem, para a extinção do condomínio.

Estabelecidos os marcos da linha de demarcação, o processo segue apenas entre os condôminos, pois, como antecipado, os confrontantes são terceiros em relação ao processo divisório (CPC, art. 572).

Entretanto, pode suceder que, fixados os marcos da linha de demarcação, se constate que, de fato, esses limites não estão sendo observados. Desse modo, aos confiantes que participaram do processo demarcatório e que estão sendo prejudicados pelo desrespeito aos limites estabelecidos na sentença assegurar-se-ão duas possibilidades (CPC, art. 572): i) direito de reivindicar os terrenos de que se julguem despojados por invasão das linhas limítrofes constitutivas do perímetro; ii) ou de reclamar indenização correspondente ao seu valor.

Explica-se. A sentença determinou os limites entre os imóveis. Porém, de fato, essa linha não está sendo observada. O confinante ou os confinantes que têm o seu terreno invadido poderão reivindicar essa área ou pedir indenização. E a reivindicação ou o pedido de indenização, em tese, deveriam ser dirigidos contra os condôminos do imóvel confrontante. Ocorre que a pretensão divisória pode já ter sido julgada, com o trânsito em julgado da sentença que extinguiu o condomínio. Assim, tem-se duas situações (CPC, art. 572, § 1º): i) se a sentença homologatória da divisão ainda não houver transitado em julgado, todos os condôminos serão citados para a ação reivindicatória ou indenizatória proposta pelo confinante ou pelos confinantes que tiveram o seu terreno invadido; ii) se a ação reivindicatória ou indenizatória for proposta posteriormente ao trânsito em julgado da sentença homologatória da divisão, todos os quinhoeiros (e não mais condôminos) dos terrenos vindicados serão citados.

A segunda situação pode ter relevantes desdobramentos. Em sendo julgado procedente ou o pedido reivindicatório ou o indenizatório, proposto em face do quinhoeiro (antigo condômino), que não estava observando os limites, invadindo o imóvel do confinante ou dos confinantes, esse quinhoeiro (insista-se, antigo condômino) estará suportando sozinho prejuízo que também diz respeito àqueles que, antes da divisão, eram os seus condomínios. Por conseguinte, esse quinhoeiro poderá se voltar contra os seus antigos consortes para exigir reparação.

Com o propósito de disciplinar esse regresso do quinhoeiro contra os seus antigos condôminos, o § 2º do art. 572 do CPC, preceitua que

> a sentença que julga procedente a ação, condenando a restituir os terrenos ou a pagar a indenização, valerá como título executivo em favor dos quinhoeiros para haverem dos outros condôminos, que forem parte

na divisão ou de seus sucessores a título universal, na proporção que lhes tocar, a composição pecuniária do desfalque sofrido.

A literalidade do artigo sugere que a sentença, em qualquer caso, valerá como título executivo em favor dos quinhoeiros em relação aos outros condôminos. Entretanto, não se afigura viável a existência de título executivo em desfavor de quem não foi parte no processo em que se deu a sua formação, sob pena de violação do devido processo legal (CF, art. 5º, LIV). Desse modo, a sentença somente valerá com título executivo em favor dos quinhoeiros se os outros condôminos tiverem sido por eles denunciados à lide (CPC, art. 125, I e II), no momento em que os confinantes deduziram o pedido reivindicatório ou indenizatório.

5.7. DA COMPETÊNCIA E DO PROCEDIMENTO DA AÇÃO DEMARCATÓRIA

Por se tratar de ação fundada em direito real sobre imóveis, o foro competente é o da situação de imóvel (CPC, art. 47). Cuida-se de competência absoluta e improrrogável, que não pode ser afastada por convenção das partes. Se o imóvel estiver situado em mais de um Estado, comarca, seção ou subseção judiciária, a competência será estabelecida por meio da prevenção, cujo critério de determinação, por sua vez, é o registro ou a distribuição da petição inicial (CPC, art. 59). Assim sendo, "a competência territorial do juízo prevento estender-se-á sobre a totalidade do imóvel" (CPC, art. 60).

Averba o art. 574 do CPC, que a petição inicial será instruída com os títulos da propriedade, designando-se o imóvel pela situação e pela denominação, descrevendo-se os limites por constituir, aviventar ou renovar e nomeando-se todos os confinantes da linha demarcanda.

Far-se-á a citação dos réus por correio (CPC, art. 576), que terão 15 (quinze) dias para contestar (CPC, art. 577). Ademais, será publicado edital, com o propósito de provocar interessados incertos ou desconhecidos, para participação no processo (CPC, art. 259, III).

Com a resposta, passa-se a observar o procedimento comum (CPC, art. 578). Na contestação, o réu pode apresentar exceção de usucapião, tendo decidido o STJ que se essa matéria não for arguida na peça defensiva ocorrerá preclusão[11].

Antes de proferir sentença, o juiz nomeará um ou mais peritos para levantar o traçado da linha demarcanda (CPC, art. 579). Conquanto não exista previsão específica, por força do princípio do contraditório, as partes poderão indicar assistentes técnicos, formular quesitos e acompanhar o desenvolvimento da perícia[12].

---

11. STJ, 3ª T., REsp 761.911, Rel. Min. Carlos Alberto Menezes Direito, j. 14.11.2006, *DJe* 12.02.2007; STJ, 4ª T., REsp 35.145, Rel. Min. Sálvio Figueiredo Teixeira, j. 12.08.1996, *DJ* 16.09.1996. O segundo julgado foi proferido em ação reivindicatória, mas o entendimento é igualmente aplicável à demarcatória.
12. Na direção do texto, mas de forma restritiva, colhe-se o Enunciado 70 Fórum Permanente de Processualistas Civis: "Do laudo pericial que traçar a linha demarcanda, deverá ser oportunizada a manifestação das partes interessadas, em prestígio ao princípio do contraditório e da ampla defesa".

Os peritos apresentarão laudo minucioso sobre a linha demarcanda, considerando os títulos das partes, marcos, rumos e todas as informações que foram por eles apuradas (art. 580). Às partes e seus assistentes deve ser assegurada a possibilidade de se manifestarem sobre o laudo.

A sentença que acolher o pedido determinará o exato traçado da linha demarcanda (CPC, art. 581), bem como, se for o caso, "determinará a restituição da área invadida, se houver, declarando o domínio ou a posse do prejudicado, ou ambos" (CPC, art. 581, parágrafo único).

Encerra-se com essa sentença, de natureza preponderantemente declaratória, a primeira fase da ação demarcatória.

Nos termos do art. 582 do CPC, transitada em julgado a sentença, o perito efetuará a demarcação e colocará os marcos necessários. Todos os atos materiais concernentes à colocação dos marcos serão devidamente documentados, por meio de plantas e memórias descritivos (CPC, art. 582, parágrafo único e art. 583). Colocados os marcos, ocasião em que serão atendidos determinados parâmetros (CPC, art. 584), e promovida a conferência deste trabalho (CPC, art. 585), os peritos elaborarão e apresentarão relatório, que será juntado aos autos, para manifestação das partes no prazo comum de 15 (quinze) dias (CPC, art. 586).

Promovidos eventuais ajustes, "lavrar-se-á, em seguida, o auto de demarcação em que os limites demarcandos serão minuciosamente descritos de acordo com o memorial e a planta" (CPC, art. 586, parágrafo único). Nos termos do art. 587 do CPC, "assinado o auto pelo juiz e pelos peritos, será proferida a sentença homologatória da demarcação".

5.8. DA COMPETÊNCIA E DO PROCEDIMENTO DA AÇÃO DE DIVISÃO

Do mesmo modo como destacado no estudo da ação demarcatória, também na ação de divisão, por se tratar de ação fundada em direito real sobre imóveis, o foro competente é o da situação de imóvel (CPC, art. 47). Cuida-se de competência absoluta e improrrogável, que não pode ser afastada por convenção das partes. Se o imóvel estiver situado em mais de um Estado, comarca, seção ou subseção judiciária, a competência será estabelecida por meio da prevenção, cujo critério de determinação, por sua vez, é o registro ou a distribuição da petição inicial (CPC, art. 59). Assim sendo, "a competência territorial do juízo prevento estender-se-á sobre a totalidade do imóvel" (CPC, art. 60).

A petição inicial será instruída com os títulos da propriedade[13], indicando-se a "origem da comunhão e a denominação, a situação, os limites e as características do imó-

---

13. O STJ já decidiu que "o prévio registro do título translativo no Registro de Imóveis, anotando-se a situação de copropriedade sobre frações ideais entre os herdeiros e não mais a copropriedade sobre o todo indivisível chamado herança, não é condição *sine qua non* para o ajuizamento de ação de divisão ou de extinção do condomínio por qualquer deles, especialmente porque a finalidade do registro é a produção de efeitos em relação a terceiros e a viabilização dos atos de disposição pelos herdeiros, mas não é indispensável para a comprovação

vel", além das benfeitorias comuns (CPC, art. 588, I e III). O polo passivo será composto pelos condôminos, devidamente qualificados, e, em relação a quem, apontar-se-ão os estabelecidos no imóvel, com as benfeitorias e culturas (CPC, art. 588, II).

Far-se-á a citação dos réus por correio (CPC, art. 589 c.c. 576), que terão 15 (quinze) dias para contestar (CPC, art. 589 c.c. art. 577).

Com a resposta, passa-se a observar o procedimento comum (CPC, art. 589 c.c. art. 578).

Na forma do art. 590 do CPC, o "juiz nomeará um ou mais peritos para promover a medição do imóvel e as operações de divisão, observada a legislação especial que dispõe sobre a identificação do imóvel rural". Nesse trabalho, o "perito deverá indicar as vias de comunicação existentes, as construções e as benfeitorias, com a indicação dos seus valores e dos respectivos proprietários e ocupantes, as águas principais que banham o imóvel e quaisquer outras informações que possam concorrer para facilitar a partilha" (art. 590, parágrafo único, do CPC).

Aqui novamente não há previsão específica, mas as partes poderão nomear assistentes técnicos e formular quesitos, para o acompanhamento da perícia[14].

Concluído o trabalho técnico, "todos os condôminos serão intimados a apresentar, dentro de 10 (dez) dias, os seus títulos, se ainda não o tiverem feito, e a formular os seus pedidos sobre a constituição dos quinhões" (CPC, art. 591).

Apresentado os títulos e formulados os pedidos de quinhão, as partes serão ouvidas sobre tais aspectos, no prazo comum de 15 (quinze) dias (CPC, art. 592). Em havendo consenso acerca do pedido de quinhão deduzido por cada uma das partes, o juiz determinará a divisão geodésica do imóvel (CPC, art. 592, § 1º). Conforme prescreve § 2º do art. 592 do CPC, "havendo impugnação, o juiz proferirá, no prazo de 10 (dez) dias, decisão sobre os pedidos e os títulos que devam ser atendidos na formação dos quinhões".

Em seguida, os peritos "proporão, em laudo fundamentado, a forma da divisão, devendo consultar, quanto possível, a comodidade das partes, respeitar, para adjudicação a cada condômino, a preferência dos terrenos contíguos às suas residências e benfeitorias e evitar o retalhamento dos quinhões em glebas separadas" (CPC, art. 595).

Após a oitiva das partes, no prazo comum de 15 (quinze) dias, o juiz proferirá sentença partilhando o imóvel (CPC, art. 596). Com esse pronunciamento, encerra-se a primeira fase da ação de divisão.

---

da propriedade que foi transferida aos herdeiros em razão da saisine" (3ª T., REsp 1.813.862, Rel. Min. Nancy Andrighi, j. em 15.12.2020, *DJe* 18.12.2020. No mesmo sentido: 4ª T., REsp 48.199-6, Rel. Min. Salvio de Figueiredo Teixeira, j. 30.05.1994, *DJU* 27.06.1994).

14. O STJ já admitiu a indicação de assistente técnico, na segunda fase da ação divisão (STJ, 4ª T., REsp 38.026, rel. Min. Barros Monteiro, j. 25.10.1993, *DJ* 06.12.1993).

Com a sentença produzindo efeitos, na forma do parágrafo único do art. 596, o perito praticará os atos materiais concernentes à demarcação dos quinhões, seguindo os mesmos parâmetros estabelecidos para a ação de demarcação (arts. 584 e 585 do CPC), além de regras sobre compensação de benfeitorias, instituição de servidões, bem como compensações e as reposições que serão feitas em dinheiro.

Em seguida, o perito elaborará memorial descritivo (CPC, art. 597). O escrivão, por sua vez, lavrará auto de divisão, acompanhado de uma folha de pagamento para cada condômino (CPC, art. 597, § 1º). Nos termos do § 2º do art. 597 do CPC, "assinado o auto pelo juiz e pelo perito, será proferida sentença homologatória da divisão".

No curso da ação de divisão, os confinantes do imóvel dividendo podem demandar a restituição dos terrenos que lhes tenham sido usurpados (CPC, art. 594). Configurada essa situação, seguir-se-á o regime previsto no art. 572 do CPC, acima analisado, o que não desautoriza nova explicação. Neste processo, formar-se-á litisconsórcio passivo necessário com todos os condôminos, se a sentença homologatória da divisão ainda não houver transitado em julgado (CPC, art. 594, § 1º). Após a prolação e trânsito em julgado da sentença homologatória, serão citados todos os quinhoeiros dos terrenos vindicados (CPC, art. 594, § 1º).

No segundo cenário, "terão os quinhoeiros o direito, pela mesma sentença que os obrigar à restituição, a haver dos outros condôminos do processo divisório ou de seus sucessores a título universal a composição pecuniária proporcional ao desfalque sofrido" (CPC, art. 594, § 2º). Como destacado acima, a sentença somente poderá ser utilizada em favor dos quinhoeiros se os outros antigos condôminos tiverem sido por eles denunciados à lide (CPC, art. 125, I e II), no momento em que os confinantes deduziram o pedido reivindicatório ou indenizatório.

5.9. DA SUCUMBÊNCIA E DOS HONORÁRIOS ADVOCATÍCIOS NA AÇÃO DEMARCATÓRIA E NA AÇÃO DE DIVISÃO

Como visto anteriormente, o procedimento da ação demarcatória e da ação de divisão pode se desdobrar em duas fases. A primeira delas se instaura quando há resistência, por parte do réu, ao pedido demarcatório ou de divisão. Nessa hipótese, a parte vencida nesse litígio suportará as despesas processuais e os honorários advocatícios.

Entretanto, é possível que o réu não ofereça nenhuma resistência à pretensão demarcatória ou relativa à divisão. Aqui, na realidade, o réu adere ao pedido, devendo-se lembrar que a sua localização no polo passivo é meramente circunstancial, por força do caráter dúplice da pretensão. Não há, portanto, nem vencido e nem vencedor, de modo que inexistirão honorários e as despesas serão suportadas proporcionalmente (CPC, art. 89). Ou seja, na ação demarcatória o rateio se dá em partes iguais entre os lindeiros e, na ação de divisão, de acordo com a participação de cada condômino.

Reitera-se: na segunda fase, não há condenação em honorários. Além disso, conforme prescreve o art. 89 do CPC, "nos juízos divisórios, não havendo litígio, os interessados pagarão as despesas proporcionalmente a seus quinhões". Mais especificamente, em se tratando de ação demarcatória, as despesas serão divididas em partes iguais entre os confinantes. Já na ação de divisão as despesas serão suportadas proporcionalmente ao quinhão atribuídos cada um dos ex-condôminos.

6
DA AÇÃO DE DISSOLUÇÃO PARCIAL DE SOCIEDADE

6.1. CONSIDERAÇÕES GERAIS

A adequada compreensão do regramento da ação de dissolução parcial de sociedade passa por esquadrinhar o direito anterior.

O CPC de 1973 não concebia um procedimento especial para a ação de *dissolução parcial* de sociedade. Entretanto, em suas disposições finais e transitórias (art. 1.218, VII), o Diploma revogado ressalvou, dentre outros, a vigência dos arts. 655 a 674 do CPC de 1939 (Decreto-lei 1.608/1939), que cuidam do procedimento especial da "dissolução e liquidação das sociedades". Esse procedimento, por sua vez, era dirigido aos casos de *dissolução total* da sociedade.

Ocorre que, como desdobramento do princípio da conservação da empresa, já no antigo direito comercial, condenava-se a dissolução total, quando um ou alguns sócios pretendiam deixar a sociedade, diante da quebra do *affectio societatis*. Daí toda a construção doutrinária e jurisprudencial, para admitir a ação de dissolução parcial que, por não se confundir com a dissolução total, dava margem à instauração de processo que se submetia ao *procedimento ordinário*[1].

No mais das vezes, além da dissolução parcial do vínculo societário também se postulava a apuração de haveres do sócio egresso. Nessa hipótese, havia cumulação de pedidos, de modo que a sentença tinha uma carga constitutiva negativa, concernente à pretensão de dissolução, e também condenatória, ligada à pretensão de apuração de haveres. Com muita frequência, a condenação era ilíquida e a determinação do valor dos haveres era apurado em fase de liquidação de sentença.

A diferença entre a desconstituição do vínculo societário e a apuração de haveres levava ao reconhecimento da autonomia dessa última pretensão. Realmente, nos casos em que, por qualquer razão (v.g., falecimento ou exercício do direito de retirada), já havia sido extinto o vínculo societário não mais se falava em ação de dissolução parcial de sociedade. Mesmo porque não mais havia relação societária a ser dissolvida. Quando muito, com o propósito de conferir certeza jurídica à re-

---

1. STJ, 4ª T., AgRg no REsp 1.149.871, Rel. Min. Luis Felipe Salomão, j. 21.08.2014, *DJe* 26.08.2014; STJ, 3ª T., REsp 613.629, Rel. Min. Nancy Andrighi, j. 26.09.2006, *DJe* 16.10.2006.

solução do vínculo já ocorrida, utilizava-se a ação dissolução parcial para declarar a sua extinção, produzindo seus efeitos *ex tunc,* com retroação à data da efetiva extinção[2]. Em não havendo dúvida quanto à extinção do vínculo, empregava-se somente a ação de apuração de haveres, cujo processo igualmente observava o procedimento ordinário[3].

Ainda se assinalava a distinção entre a ação de dissolução parcial de sociedade, fundada no fim do *affectio societatis,* e aquela resultante da exclusão de sócio, em função da diversidade de pressupostos instituídos pelo direito material, para o acolhimento de uma ou outra pretensão. Conquanto em ambos os casos os pedidos e sentenças tivessem natureza desconstitutiva, envolvendo a dissolução parcial do vínculo, na primeira dissolução, o acolhimento da pretensão exigia simplesmente a demonstração da quebra da *affectio societatis,* enquanto que a exclusão de sócio ou decorria de sanção atribuída ao sócio remisso (CC, art. 1.004, parágrafo único) ou impunha a comprovação da prática de atos graves, pelo sócio excluendo, contra a sociedade (CC, art. 1.030 e 1.085).

O CPC de 2015 optou por disciplinar, sob a denominação "ação de dissolução parcial de sociedade", o procedimento do processo em que se afirma a existência de todas três pretensões acima indicadas. Tratou-se conjuntamente a dissolução parcial pedida pelo sócio por quebra da *affectio societatis,* a apuração de haveres e a dissolução parcial decorrente da exclusão de sócio. E o problema não é somente de ordem terminológica. A mistura de realidades díspares, que receberam tratamento diverso do direito material, cria embaraços, exigindo cuidado redobrado por parte do intérprete.

Registre-se que o CPC de 2015 não regrou o procedimento da dissolução total. Por outro lado, revogou o CPC de 1973, inclusive o art. 1.218 que franqueava o emprego, na dissolução total, do procedimento previsto nos arts. 655 a 674 do CPC de 1939 (Decreto-lei 1.608/1939).

Assim sendo, cuidando-se de dissolução total[4], seguir-se-á o procedimento comum, conforme se extrai da disposição final estabelecida no § 3º do art. 1.046 do CPC de 2015. Advirta-se, porém, que, na fase de liquidação da sociedade, as regras do procedimento comum são manifestamente insuficientes. Diante da lacuna, o que sobra é aplicar analogicamente as normas disciplinadoras da liquidação convencional de sociedade, estabelecidas no Código Civil (art. 1.102 a 1.112).

---

2. Consoante proclamou o STJ (3ª T., REsp 646.221, Rel. Min. Humberto Gomes de Barros, relatora p/ acórdão Min. Nancy Andrighi, j. 19.04.2005, *DJ* 30.05.2005), "o vínculo singular que prendia o sócio à sociedade é rompido independentemente da prolação da sentença, que irá somente declarar a dissolução parcial já ocorrida, produzindo seus efeitos *ex tunc,* com retroação à data da efetiva retirada".
3. STJ, 3ª T., Resp 1.139.593, Rel. Min. Nancy Andrighi, j. 22.04.2014, *DJe* 02.05.2014.
4. O STJ reconheceu a legitimidade do Ministério Público para postular a dissolução total de sociedade constituída com o fito de praticar atos incompatíveis com a ordem jurídica (STJ, 3ª T., REsp 1.305.918, Rel. Min. Paulo de Tarso Sanseverino, j. 13.11.2018, *DJe* 20.11.2018).

6.2. DA CAUSA DE PEDIR E DO PEDIDO NA AÇÃO DE DISSOLUÇÃO PARCIAL DE SOCIEDADE

O estudo da causa de pedir e do pedido na ação de dissolução parcial deve ter como ponto de partida o art. 599 do CPC, vazado nos seguintes termos:

> Art. 599. A ação de dissolução parcial de sociedade pode ter por objeto:
> I – a resolução da sociedade empresária contratual ou simples em relação ao sócio falecido, excluído ou que exerceu o direito de retirada ou recesso; e
> II – a apuração dos haveres do sócio falecido, excluído ou que exerceu o direito de retirada ou recesso; ou
> III – somente a resolução ou a apuração de haveres.

Esse dispositivo indica os pedidos que podem ser formulados na ação de dissolução parcial, sendo que tais pretensões serão também identificadas e delimitadas pelos fatos e fundamentos articulados na causa de pedir.

Ocorre que já o inc. I confirma as consequências indesejáveis da tentativa de uniformização de realidades distintas. Por imposição lógica, não se pode falar em resolução de vínculo societário, que já está parcialmente dissolvido, em razão da morte do sócio, de sua retirada ou exclusão. Como já observado, quando muito, nessas situações, pode-se utilizar a dissolução parcial, somente com o propósito de declarar e conferir certeza jurídica à resolução do vínculo já ocorrida. Afora essa pretensão declaratória, restaria somente a apuração de haveres.

Na realidade, apenas haverá resolução do vínculo quando, diante da quebra do *affectio societatis*, um ou alguns sócios pretendam deixar a sociedade[5]. Ou ainda quando se pretenda excluir sócio, que não honrou as contribuições estabelecidas no contrato, tornando-se remisso (CC, art. 1.004, parágrafo único), ou se busque expulsar o sócio que praticou atos graves contra a sociedade (CC, art. 1.030 e 1.085). Nesses dois casos, o pedido é desconstitutivo e, se acolhido, levará à prolação de sentença, igualmente desconstitutiva, que decretará a resolução do vínculo societário.

Entretanto, numa e n'outra das hipóteses mencionadas acima, as causas de pedir serão completamente distintas[6]. Na primeira, o sócio que pretender sair deverá alegar

---

5. Tendo sido postulada a dissolução total da sociedade não constitui julgamento *extra petita* a decretação da dissolução parcial (STJ, 3ª T., REsp 796.719, Rel. Min. Humberto Gomes de Barros, j. 21.11.2006, *DJ* 18.12.2006; STJ, 1ª T., AgInt no REsp 1.449.065, Rel. Min. Raul Araújo, j. 29.08.2017, *DJe* 21.09.2017). Há precedente (STJ, 3ª T., Resp 1.139.593, Rel. Min. Nancy Andrighi, j. 22.04.2014, *DJe* 02.05.2014), já citado, no qual o STJ, pelo voto condutor da Min. Nancy Andrighi, decidiu que a "ausência de pedido expresso, bem como de causa de pedir que permita deduzi-lo, impede a declaração da dissolução parcial da empresa, situação de fato já consolidada, por ofender o princípio da adstrição e importar em julgamento extra petita". Todavia, como assinalado no acórdão e conforme distinção feita pelo Min. Raul Araujo, na apreciação do supra referido AgInt no REsp 1.449.065, no julgamento de relatoria da Min. Nancy Andrighi, "havia situação fática consolidada quanto à dissolução total da sociedade, inclusive com arquivamento perante a junta comercial competente, sendo manifesto o desinteresse em retomar a sociedade. Assim, a lide estava mesmo limitada à mera apuração de haveres".
6. Remarcando expressamente a distinção: STJ, 4ª T., REsp 917.531, Rel. Min. Luis Felipe Salomão, j. 17.11.2011, *DJe* 1º.02.2012.

e demonstrar o fim do *affectio societatis*, cuja consequência jurídica é a possibilidade de dissolução parcial decorrente de sua saída. Já a exclusão de um sócio não pode se apoiar simplesmente na quebra do *affectio societatis*[7]. A causa de pedir deverá ser composta por alegações consistentes no não pagamento das contribuições estabelecidas no contrato (CC, art. 1.004, parágrafo único) ou na prática de atos graves contra a sociedade (CC, art. 1.030 e 1.085), as quais, como desdobramento jurídico, conduzem à dissolução parcial resultante da exclusão do sócio.

Lembre-se que, notadamente a partir do Código de Civil de 2002, apenas se revelará viável a exclusão extrajudicial de sócio minoritário, se concorrem os seguintes requisitos: i) deliberação da maioria dos sócios, representativa de mais da metade do capital social; ii) colocação da sociedade em risco pela prática de atos de inegável gravidade; iii) previsão expressa no contrato social; e iv) cientificação do excluendo[8].

Por conseguinte, é obrigatória a judicialização da tentativa de exclusão de sócio, quando faltar qualquer desses pressupostos, inclusive nos casos do pedido de exclusão de sócio majoritário[9], fundado no princípio da preservação da empresa, ou do sócio excluendo que detém a metade da capital social, assim como o outro ou os outros que buscam sua expulsão[10].

Afora pedir a resolução do vínculo, nos termos do inc. II do art. 599 do CPC, o sócio que pretende sair sociedade, por meio de sua dissolução parcial por quebra de *affectio societatis*, também poderá deduzir pretensão relativa à apuração de seus haveres. O preceptivo em análise parece indicar que seria possível apenas o pedido de apuração de haveres. Todavia, se ainda existe o vínculo, necessariamente de forma antecedente o pedido de apuração deve ser cumulado com a pretensão de extinção desse vínculo.

No caso de exclusão do sócio, se a sociedade e os outros sócios já têm o valor que acreditam ser devido ao sócio excluendo, em decorrência de seus haveres, poderão também deduzir pedido para obter a extinção dessa obrigação. Conquanto tratada pelo CPC como apuração de haveres (CPC, art. 599, II), cuida-se claramente de pretensão consignatária, ou seja, exercitando o direito à liberação, o devedor deposita (CPC, art. 604, § 1º) o valor que entende devido para obter a declaração de extinção da obrigação. Evidentemente, o sócio excluendo não estará vinculado ao valor e aos critérios empregados pelos outros sócios e pela sociedade, de maneira que lhe será lícito controverter todos esses aspectos.

Em resumo, tem-se o seguinte panorama: i) o pedido de resolução do vínculo societário, previsto no inc. I do art. 599 do CPC, será realizado nas ações de dissolução

---

7. STJ, 3ª T., AgInt no REsp 1568664, Rel. Min. Nancy Andrighi, j. 22.08.2017, *DJe* 05.09.2017; STJ, 4ª T., AgInt no REsp 557.192, Rel. Min. Marco Buzzi, j. 18.09.2018, *DJe* 25.09.2018.
8. STJ, 4ª T., REsp 1.459.190, Rel. Min. Luis Felipe Salomão, j. 15.12.2015, *DJe* 1º.02.2016.
9. STJ, 4ª T., REsp 1.121.530, Rel. Min. Marco Buzzi, j. 13.09.2011, *DJe* 26.04.2012.
10. STJ, 4ª T., AgRg no Ag 1.203.778, rel. Min. Luis Felipe Salomão, j. 09.03.2010, *DJe* 19.03.2010.

parcial propostas pelos sócios que pretendam sair da sociedade, em função do fim do *affectio societatis,* alegação que comporá a causa de pedir. Com o pedido de resolução, na forma do inc. II do art. 599 do CPC, poderá ser cumulada a pretensão concernente à apuração dos haveres devidos ao sócio que está saindo da sociedade; ii) nos casos em que a resolução já ocorreu (falecimento, direito de recesso ou retirada), pode-se utilizar a dissolução parcial (CPC, art. 599, I), somente com o propósito de declarar e conferir certeza jurídica à extinção do vínculo societário, sendo viável a cumulação com o pedido de apuração de haveres (CPC, art. 599, II); iii) o pedido de resolução do vínculo, previsto no inc. I do art. 599 do CPC, também será formulado na ação de dissolução parcial, que tenha por objeto a exclusão de sócio remisso ou que atentou gravemente contra os interesses da sociedade. Esses serão os fatos integrantes da causa de pedir, a serem alegados e provados, sendo insuficiente apenas a invocação e demonstração do fim o *affectio societatis.* Nesse caso, ao pedirem a exclusão, os sócios e a sociedade podem também apresentar pretensão envolvendo o depósito dos haveres que entendem devidos (CPC, art. 604, § 1º) ao sócio excluendo, que tem nítida natureza consignatória, mas foi rotulada pelo inc. II do art. 599 do CPC, como apuração de haveres.

Como visto, quando já houve a resolução do vínculo societário, seja pelo falecimento, seja pelo exercício do direito de retirada ou recesso, seja pela exclusão extrajudicial do sócio, não há necessidade e, consequentemente, interesse processual para pedir a resolução do liame já extinto. Ademais, se não houver incerteza jurídica acerca da resolução, outrossim, será desnecessária a sua declaração. Assim, não obstante a letra do inc. I do art. 599 do CPC, nesses casos, não é cabível a formulação de pedido de resolução, sendo apenas viável a pretensão de apuração de haveres (CPC, art. 599, II), a ser formulada pelos sucessores do sócio falecido, pelo sócio egresso ou excluído.

Consoante prescreve o inc. III do art. 599 do CPC, a ação de dissolução parcial pode se restringir apenas ao pedido de resolução da sociedade. É o caso do sócio que busca ainda sair da sociedade, mas já tem elementos para saber que inexistem haveres a serem apurados. Outrossim, é o cenário da ação de dissolução parcial, por meio da exclusão do sócio, quando os outros sócios e a sociedade sustentam não existirem haveres a serem pagos ao sócio excluendo.

Também pode a pretensão se restringir ao pedido de apuração de haveres (CPC, art. 599, III), o que se mostrará adequado somente quando o vínculo societário já tiver sido extinto (v.g., falecimento do sócio, direito de recesso ou retirada, exclusão extrajudicial) e não houver incerteza jurídica quanto a tal circunstância. Aqui, uma vez mais, entram pelos olhos as impropriedades advindas da unificação indevida de regimes distintos. Se o pedido é somente de apuração de haveres não há dissolução parcial de sociedade. Constitui, pois, verdadeira *contradictio in terminis* falar-se em ação de dissolução parcial, que tenha por objeto apenas a apuração de haveres.

Muito se discutiu na jurisprudência sobre o cabimento da ação de dissolução parcial, por força do fim do *affectio societatis,* em se tratando de sociedade anônima de capital fechado. De um lado, afirmava-se que a sociedade anônima é sociedade de capital (*intuito pecuniae*) e não de pessoas, sendo irrelevante a existência, ou não, do *affectio societatis*. Por outra banda, defendia-se que, às vezes, as peculiaridades de determinadas sociedades anônimas podiam caracterizar o *affectio societatis*, especialmente nas de capital fechado, em que havia afinidade e identificação entre os acionistas, não raramente integrante de uma mesma família. O STJ[11] firmou orientação pelo cabimento da ação de dissolução parcial, destacando o seguinte: i) mesmo nas sociedades anônimas, "reconhecida a existência da *affectio societatis* como fator preponderante na constituição da empresa, não pode tal circunstância ser desconsiderada por ocasião de sua dissolução"; ii) "a ruptura da *affectio societatis* representa verdadeiro impedimento a que a companhia continue a realizar o seu fim, com a obtenção de lucros e distribuição de dividendos, em consonância com o artigo 206, II, *b*, da Lei 6.404/76, já que dificilmente pode prosperar uma sociedade em que a confiança, a harmonia, a fidelidade e o respeito mútuo entre os seus sócios tenham sido rompidos".

O propósito da introdução do § 2º do art. 599 do CPC, parece ter sido positivar a solução jurisprudencial. Todavia, pelo menos num ponto, adotou postura mais restritiva. A dicção do preceptivo é a seguinte: "a ação de dissolução parcial de sociedade pode ter também por objeto a sociedade anônima de capital fechado quando demonstrado, por acionista ou acionistas que representem cinco por cento ou mais do capital social, que não pode preencher o seu fim".

Infere-se que se criou requisito ligado à participação no capital social. Somente tem legitimidade para a propositura da ação o acionista ou os acionistas que representarem 5% ou mais do capital social. Tomou-se como parâmetro o art. 206, II, *b*, da Lei 6.404/1976 (Lei das Sociedades Anônimas). Entretanto, esse artigo cuida da dissolução total. De outra parte, sob a perspectiva constitucional, é altamente questionável impor-se a alguém o dever de permanecer acionista, mesmo diante da quebra da *affectio societatis*. Como padrão, toma-se o comando constitucional sobre a liberdade de associação (CF, art. 5º, XX). Com efeito, em não estando presente nenhuma hipótese que permita o exercício do direito de retirada, previsto nos arts. 136-A e 137 da Lei das Sociedades Anônimas, comprovado o fim da *affectio societatis*, revelar-se-á inconstitucional a exigência mínima de 5% (cinco por cento), para se reconhecer legitimidade ao acionista, para manejar ação de dissolução parcial de sociedade anônima.

No mais, o legislador seguiu as linhas fixadas pela jurisprudência. Isso porque, para demonstrar a impossibilidade da sociedade de "preencher o seu fim", poder-se-á invocar a quebra da *affectio societatis*, consoante reconhecia o STJ, a partir do *leading case*, cujo trecho acima se transcreveu.

---

11. STJ, Segunda Seção, EREsp 111.294, Rel. Min. Castro Filho, j. 28.06.2006, *DJ* 10.09.2007. Posteriormente: STJ, 2ª Seção, EREsp 1.079.763, Rel. Min. Sidnei Beneti, j. 25.04.2012, *DJe* 06.09.2012; STJ, 3ª T., REsp 1.321.263, Rel. Min. Moura Ribeiro, j. 06.12.2016, *DJe* 15.12.2016.

6.3. DA LEGITIMIDADE NA AÇÃO DE DISSOLUÇÃO PARCIAL DE SOCIEDADE

O art. 600 do CPC preceitua os legitimados ativamente para ajuizar a ação de dissolução parcial de sociedade. Colocam-se na interpretação deste dispositivo as mesmas dificuldades supra denunciadas e advindas da reunião de realidades heterogêneas.

Os incs. I e II preveem a legitimidade do espólio, enquanto pendente o inventário, e dos sucessores do sócio falecido, após a efetivação da partilha, que não ingressaram na sociedade. Na realidade, como visto, a ação de "dissolução" parcial não se destinará à resolução de nenhum vínculo – que já foi extinto. Ou a dissolução parcial (CPC, art. 599, I) visará à declaração da extinção do vínculo societário ou terá por objeto somente a apuração de haveres.

O inc. III confere legitimidade à sociedade para propor ação em face do espólio ou sucessores dos falecidos, quando, nos termos do contrato social, o ingresso dessas pessoas não foi aprovado pelos sócios sobreviventes. A sociedade pretende pagar ao espólio ou sucessores os haveres correspondentes à participação do falecido. Aqui, igualmente, não há resolução do liame societário, sendo, a rigor, impróprio falar-se em ação de "dissolução" parcial de um vínculo inexistente. Tampouco se pode dizer que, em sentido próprio, há apuração de haveres. Por reconhecer a sua condição de devedora dos haveres, a sociedade deduz pretensão para fazer pagamento consignado do valor que entende devido e obter a sua liberação. Quando muito o debate relativo à apuração de haveres (critérios de cálculo, termo inicial da saída etc.) seria composto por questões prejudiciais à consignação.

O inc. IV confere legitimidade ativa ao "sócio que exerceu o direito de retirada ou recesso, se não tiver sido providenciada, pelos demais sócios, a alteração contratual consensual formalizando o desligamento, depois de transcorridos 10 (dez) dias do exercício do direito". Nessa condição, deve-se avaliar com cuidado a necessidade de ajuizamento da ação e a consequente caracterização do interesse processual.

Nas sociedades por prazo indeterminado, a retirada pode ser aviada mediante notificação aos demais sócios, com antecedência mínima de 60 (sessenta) dias, a contar da notificação do último sócio (CC, art. 1.029). Passado esse prazo, em não sendo realizada a alteração contratual formalizando a retirada, existem providências administrativas que tornam desnecessária a provocação do Poder Judiciário. Realmente, conforme regulamentado no Manual de Registro da Sociedade Limitada, aprovado pela Instrução Normativa 38, de 02.03.2017, do Departamento de Registro Empresarial e Integração, as medidas são as seguintes: i) passado o prazo, deverá ser providenciado arquivamento da notificação, que poderá ser por qualquer forma que ateste a cientificação dos sócios; ii) a junta anotará no prontuário a retirada do sócio; iii) a sociedade deverá, na alteração contratual seguinte, regularizar o quadro societário.

Se, por qualquer razão, não puder ser implementada a retirada extrajudicialmente, o pedido de dissolução parcial terá natureza declaratória, conferindo-se certeza jurídica à resolução do vínculo já ocorrida, com a produção de efeitos *ex tunc*, com retroação à data da efetiva retirada.

Nas sociedades por prazo determinado, aplica-se o inc. IV do art. 600 CPC, ora examinado, porquanto a retirada será sempre judicial, a fim de que o sócio retirante prove a justa causa de sua saída (CC, art. 1.029).

Nos termos do inc. V do art. 600 do CPC, a sociedade tem legitimidade ativa para requerer a exclusão de sócio, "nos casos em que a lei não autoriza a exclusão extrajudicial". Inegavelmente, a relação jurídica discutida neste processo diz respeito a todos os sócios. O acolhimento ou rejeição do pedido envolve a resolução, ou não, do liame societário existente entre os sócios, que, por isso, serão incontornavelmente atingidos pela sentença e pela coisa julgada. Desse modo, conferiu-se à sociedade legitimidade extraordinária, para demandar afirmativa de direito dos sócios. Ainda assim, nas ações propostas pela sociedade para requerer a exclusão de sócio, é conveniente determinar-se a cientificação de todos os outros sócios, para, caso queiram, integrar a relação jurídica processual, como assistentes litisconsorciais (CPC, art. 124).

O inc. VI do art. 600 prevê a legitimidade do sócio excluído. Claramente, refere-se o preceptivo ou à pretensão de declarar a extinção já ocorrida, conferindo-lhe certeza jurídica, ou ao pedido de apuração de haveres, não havendo nenhum óbice na cumulação de ambos. Não se trata de discussão envolvendo o ato de exclusão, que deve ser encaminhada por meio de ação de anulação de deliberação social, cujo ajuizamento redundará na instauração de processo, jungido ao procedimento comum.

No campo da legitimidade ativa, falta examinar a situação do cônjuge ou companheiro, que recebeu quotas sociais, em razão de partilha decorrente do divórcio ou da extinção de união estável. O cônjuge ou companheiro não ingressará automaticamente na sociedade e nem terá o direito de ingressar, porquanto a afeição social existia apenas entre o seu ex-consorte e os demais sócios. Em sendo vedada a sua entrada, colocava-se o tema da apuração de haveres correspondentes à participação societária que lhe foi atribuída na partilha, especialmente em razão do disposto no art. 1.027 do CC, segundo o qual "os herdeiros do cônjuge de sócio, ou o cônjuge do que se separou judicialmente, não podem exigir desde logo a parte que lhes couber na quota social, mas concorrer à divisão periódica dos lucros, até que se liquide a sociedade".

Num primeiro momento, o STJ[12] decidiu pela ilegitimidade do ex-cônjuge para pedir a apuração desses haveres. Isso, contudo, significava não atribuir nenhum conteúdo econômico às quotas partilhadas ao ex-cônjuge, esvaziando-se assim aspecto relevante do direito fundamental de propriedade (CF, art. 5º, XXII). Daí a alteração de posicionamento do STJ, para anunciar que o "cônjuge que recebeu em partilha a metade das cotas sociais tem legitimidade ativa para apurar os seus haveres"[13].

---

12. STJ, 3ª T., REsp 29.897, Rel. Min. Dias Trindade, j. 14.12.1992, *DJ* 1º.03.1993.
13. STJ, 3ª T., REsp 114.708, Rel. Min. Waldemar Zveiter e relator para acórdão Min. Carlos Alberto Menezes Direito, j. 19.02.2001, *DJ* 16.04.2001.

O parágrafo único do art. 600 do CPC positiva essa solução dispondo exatamente que o "cônjuge ou companheiro do sócio cujo casamento, união estável ou convivência terminou poderá requerer a apuração de seus haveres na sociedade, que serão pagos à conta da quota social titulada por este sócio".

A legitimidade passiva na ação de dissolução parcial recebeu a atenção do art. 601, *caput* e parágrafo único, do CPC. Para melhor interpretar esses textos é apropriado verificar o que se dava no direito anterior.

Quando a ação de dissolução parcial de sociedade visava exclusivamente à resolução do vínculo entre os sócios, a relação jurídica que estava em pauta era somente a do contrato de sociedade, ou seja, do negócio jurídico plurilateral mantido entre eles. Dessa maneira, a rigor, deveriam figurar no polo passivo da ação proposta pelo sócio que buscava a dissolução parcial todos os outros sócios da sociedade. Por outro lado, a pretensão concernente à apuração de haveres dizia respeito tão somente à sociedade, que é quem tem a obrigação de pagá-los. Nesses moldes, apenas a sociedade teria que figurar no polo passivo da ação na qual se discutia exclusivamente a apuração de haveres.

Entretanto, o pedido de dissolução, quase que invariavelmente, vinha cumulado com a pretensão de apuração de haveres, a qual, como dito, está diretamente ligada à sociedade que é quem deverá ser condenada a pagá-los. Nesse sentido, após inicialmente remarcar, para fins de legitimidade passiva, a diferença entre o pedido isolado de dissolução e a hipótese de sua cumulação com a apuração de haveres[14], sempre da mesma maneira, o STJ passou proclamar que, na ação de dissolução parcial e de apuração, os sócios e a sociedade deveriam figurar como litisconsortes passivos necessários[15].

Ao prescrever que "os sócios e a sociedade serão citados", o art. 601 referendou o litisconsórcio passivo necessário na ação de dissolução parcial, ainda que, com perdão pela contradição instituída pelo regime posto, essa se destine exclusivamente à apuração de haveres. Não obstante isso, o parágrafo único, do art. 601, de modo infeliz, prescreveu que a "sociedade não será citada se todos os seus sócios o forem, mas ficará sujeita aos efeitos da decisão e à coisa julgada".

Há mais de um julgado do STJ[16] que admitiu a ausência da formação do litisconsórcio, chancelando a inclusão de todos os sócios no polo passivo, sem a sociedade.

---

14. STJ, 3ª T., REsp 44.132, Rel. Min. Eduardo Ribeiro, j. 11.12.1995, *DJ* 1º.04.1996. A mencionada distinção fica clara já própria ementa, a seguir parcialmente transcrita. "Embora a pretensão de retirada de sócio, enquanto envolve modificação do contrato, só possa ser atendida pelos remanescentes, o certo é que o pagamento dos haveres far-se-á com o patrimônio da sociedade. Justifica-se sua presença no processo".
15. STJ, 3ª T., REsp 1.371.843, Rel. Min. Paulo de Tarso Sanseverino, j. 20.03.2014, *DJe* 26.03.2014; STJ, 4ª T., REsp 1.015.547, Rel. Min. Raul Araújo, j. 1º.12.2016, *DJe* 14.12.2016.
16. STJ, 3ª T., REsp 788.886, Rel. Min. Sidnei Beneti, j. 15.12.2009, *DJe* 18.12.2009; STJ, Corte Especial, EREsp 332.650, Rel. Min. Humberto Gomes de Barros, j. 07.05.2003, *DJ* 09.06.2003; STJ, 4ª T., AgInt no AgInt no REsp 1.922.029, Rel. Min. Marco Buzzi, j. 18.04.2023, *DJe* 24.04.2023. Também em razão da especificidade do caso, o STJ (3ª T., REsp 1.400.264, Rel. Min. Nancy Andrighi, j. 24.10.2017, *DJe* 30.10.2017) já reconheceu a desnecessidade de litisconsórcio necessário entre os sócios e a sociedade, chancelando a participação apenas dessa última, em ação de dissolução parcial. Enfatizou-se que, em função das peculiaridades, embora a dis-

Porém, se enfatizou que a regra era a formação do litisconsórcio necessário entre sócios e sociedade, sendo que, excepcionalmente, seria admitida a sua não aplicação àqueles processos, por suas especificidades.

O legislador foi além e positivou a esdrúxula possibilidade. A personalidade jurídica da sociedade é distinta da dos seus sócios. A presença desses não afasta a necessidade de participação daquela, que é a quem será atingida pela condenação no pagamento dos haveres.

Poder-se-ia dizer que a sociedade jamais suscitará ou poderá suscitar qualquer prejuízo pela sua não participação, porquanto a unanimidade dos sócios remanescentes integrou o processo. Entretanto, o problema persiste quando se pensa nas relações entre a sociedade e terceiros. Deveras, como a sociedade não é parte na ação de dissolução parcial, os terceiros que fazem negócios com a sociedade poderão nem mesmo ter conhecimento da demanda que pode atingir significativamente o seu patrimônio. Vê-se, pois, que a regra atenta contra o princípio da segurança jurídica, devendo-se fazer interpretação conforme à Constituição, entendendo-se que, com as citações dos sócios, já houve a citação da sociedade que, por isso, também integra o polo passivo.

6.4. DO PROCEDIMENTO

A petição inicial deve ser instruída com o contrato social ou estatuto consolidado (CPC, art. 599, § 1º), que é documento indispensável (CPC, art. 320) à propositura da demanda.

Citados os réus terão 15 (quinze) dias para concordar com o pedido ou contestar (CPC, art. 601).

Nos termos do art. 603 do CPC, "havendo manifestação expressa e unânime pela concordância da dissolução, o juiz a decretará, passando-se imediatamente à fase de liquidação". Neste caso, "não haverá condenação em honorários advocatícios de nenhuma das partes, e as custas serão rateadas segundo a participação das partes no capital social" (CPC, art. 603, § 1º)[17].

Alguns aspectos decorrem do dispositivo e devem ser aqui analisados.

Como visto anteriormente, são distintos e inconfundíveis a pretensão de resolução e o pedido de apuração de haveres. Com efeito, a partir do texto do art. 603, têm-se os seguintes cenários:

---

cussão envolvesse a dissolução, o aspecto central da causa era a apuração de haveres, ou seja, tema que dizia respeito somente à sociedade. Esse entendimento foi igualmente invocado para justificar a não formação de litisconsórcio entre cooperativa e cooperados, admitindo-se apenas a participação da pessoa jurídica em ação de liquidação de quotas sociais (STJ, 3ª T., REsp 1.653.141, Rel. Min. Paulo de Tarso Sanseverino, j. 26.06.2018, DJe 29.06.2018).

17. A existência de litigiosidade afasta a aplicação dessa regra: STJ, 4ª T., AgInt no AREsp 1.268.423, Rel. Min. Luis Felipe Salomão, j. 18.02.2020, DJe 03.03.2020.

i) o autor formula somente pedido de resolução do vínculo ou declaração de sua extinção – a concordância dos réus representa reconhecimento jurídico do pedido, permitindo o julgamento antecipado do mérito (CPC, art. 355), com a prolação de sentença. Entretanto, o § 1º do art. 603 do CPC previu "sanção premial" afastando a condenação "das partes" no pagamento de honorários e estabelecendo rateio das custas proporcional à participação dos sócios no capital social;

ii) o autor cumula pedido de resolução do vínculo ou declaração de sua extinção com a apuração de haveres – a concordância dos réus representa reconhecimento jurídico do pedido relativo à primeira das pretensões (resolução), permitindo o julgamento antecipado parcial mérito (CPC, art. 356), com a prolação de decisão interlocutória de mérito, impugnável por meio de agravo (CPC, art. 356, § 1º). Não obstante posicionamento aqui esposado, o entendimento que vem prevalecendo na doutrina, com a chancela do STJ, é no sentido de que, mesmo tendo havido a concordância do réu, o pronunciamento que decreta a dissolução encerra a primeira fase do procedimento e tem natureza de sentença, sendo impugnável por meio de apelação[18]. Aqui também atuará a "sanção premial", dispensando a condenação nos honorários e determinando o rateio das custas proporcional à participação dos sócios no capital social.

Conquanto tendo sido empregada a expressão "fase de liquidação" (CPC, art. 603), nem o pronunciamento que julgou a resolução é ilíquido – porque tem natureza desconstitutiva ou declaratória –, nem a apuração de haveres pode ser reputada como "fase de liquidação" da resolução. Na realidade, realizado o julgamento antecipado parcial do mérito, com enfrentamento da pretensão dissolutória, o procedimento seguirá para a análise do pedido de apuração de haveres.

Ainda nessa perspectiva, vale destacar que a concordância existente no que tange à resolução do vínculo societário, pode não se estender ao pedido de apuração, notadamente no que diz respeito aos critérios a serem aí aplicados (metodologia do cálculo, data de apuração etc.). Desse modo, mesmo expressando sua adesão ao pedido de resolução do vínculo, os réus poderão contestar os elementos apresentados pelo autor para a apuração dos haveres.

Além disso, a sociedade "poderá formular pedido de indenização compensável com o valor dos haveres a apurar" (CPC, art. 602). Trata-se de reconvenção que, na forma do art. 343 do CPC, será proposta na contestação. Perceba-se que essa reconvenção apenas se justificará quando autor cumulou pedido de resolução com o de apuração de haveres. Por outro lado, assim como se dá na generalidade das reconvenções (CPC, art. 343), o contra-ataque deve ter conexão com a causa de pedir ou com o pedido da apuração de haveres. Pressuposto das reconvenções em geral, com muito mais razão, o requisito da conexidade tem lugar na apuração de haveres, em função da limitação à cognição

---

18. STJ, 3ª T., REsp 1.954.643, Rel. Min. Nancy Andrighi, j. 15.02.2022, *DJe* 18.02.2022.

horizontal do juiz, presente nesse ambiente, o que, aliás, já reconhecia o STJ[19]. Nessa linha, o juiz tem o poder-dever de verificar se a reconvenção, objetiva ou subjetivamente ampliativas, não serão incompatíveis com as restrições impostas à cognição horizontal.

Afora os dois cenários acima, em que há reconhecimento do pedido de resolução do vínculo, os réus podem apresentar contestação dirigida à pretensão dissolutória e, se houve cumulação, ao pedido de apuração de haveres. Também caberá reconvenção por parte da sociedade, sendo aplicáveis os comentários articulados no parágrafo anterior.

Havendo contestação, seguir-se-á o procedimento comum, observados, porém, conforme prescreve o § 2º do art. 603, os critérios para apuração de haveres prescritos no capítulo da ação de dissolução parcial, mais precisamente, nos arts. 604 a 609 do CPC.

São esses parâmetros que devem ser esquadrinhados.

6.5. AINDA O PROCEDIMENTO: PARÂMETROS A SEREM OBSERVADOS NA APURAÇÃO DE HAVERES

Em regra, a apuração de haveres é empreendida por meio de perícia, consistente na realização de balanço de determinação, que constatará a situação patrimonial da sociedade e permitirá a valoração da participação que será liquidada. Ocorre que a atividade do *expert* depende essencialmente da data da resolução e dos outros critérios empregáveis nesse mister, os quais, por sua vez, envolvem a interpretação e aplicação de normas jurídicas e consequentemente a atuação judicial.

Por conseguinte, o CPC concede ao juiz o poder-dever de fixar a data da resolução da sociedade (art. 604, I) e o critério de apuração dos haveres à vista do contrato social (art. 604, II), para, em seguida, nomear o perito (art. 604, III), que, preferencialmente, em razão da complexidade desse trabalho, deve ser especialista em avaliação de sociedades (art. 606, parágrafo único).

O juiz ainda deverá determinar à sociedade ou aos sócios que depositem os valores incontroversos (CPC, art. 604, § 1º), que poderão, desde logo, ser levantados pelo ex-sócio, pelo espólio de seus bens ou por seus sucessores (CPC, art. 604, § 2º). No depósito

---

19. No julgamento do REsp 1.444.790 (STJ, 4ª T., j. 26.08.2014, DJe 25.09.2014), a limitação foi destacada no voto condutor do Min. Luis Felipe Salomão, cuja ementa é parcialmente transcrita a seguir: "(...) 4. A ação de dissolução parcial de haveres é contenda deveras específica, que se limita à superficialidade das questões atinentes a forma de apuração do patrimônio contábil e seus haveres – seja adotando o contrato social, seja em balanço especialmente levantado, o que sumariza o seu conhecimento, limitando sua extensão e/ou profundidade. 5. Com efeito, discussões sobre eventuais vícios de gestão, atos *ultra vires societatis* ou ainda abusos ou desvios em atos de administração, concorrência desleal, bem como eventuais artimanhas para fins de prejudicar determinado sócio, por certo, escapam aos limites objetivos da ação de resolução que, com a análise da situação patrimonial da sociedade, terá a função de apurar os cabedais do sócio egresso e, ao mesmo tempo, permitir o prosseguimento da sociedade empresária, com eventual preservação da empresa. 6. No caso, eventual indenização por descumprimento contratual, concorrência desleal, uso indevido da firma social, desvio de capital, há de ser apurada, se for o caso, por meio de ação própria, permitindo ampla defesa e produção de provas aos réus e chamando à lide possíveis terceiros prejudicados, sob pena de desvirtuar a dissolução em comento".

da parte incontroversa atentar-se-á às regras do contrato social sobre pagamento de haveres. Desse modo, como usualmente previsto, se o pagamento for em parcelas, o depósito igualmente assim será realizado (CPC, art. 604, § 3º).

Essas prescrições são complementadas pelos arts. 605, 606, *caput,* e 607.

Em seus incisos, o art. 605 assinala os marcos para os quais se deve atentar na fixação da data da resolução da sociedade. Isto é, a data da resolução da sociedade será: "no caso de falecimento do sócio, a do óbito" (I); "na retirada imotivada, o sexagésimo dia seguinte ao do recebimento, pela sociedade, da notificação do sócio retirante" (II); "no recesso, o dia do recebimento, pela sociedade, da notificação do sócio dissidente" (III); "na retirada por justa causa de sociedade por prazo determinado e na exclusão judicial de sócio, a do trânsito em julgado da decisão que dissolver a sociedade" (IV); e "na exclusão extrajudicial, a data da assembleia ou da reunião de sócios que a tiver deliberado" (V).

Na hipótese do inc. IV do art. 605, relativa à retirada por justa causa de sociedade por prazo determinado e na exclusão judicial de sócio, a vinculação da data de resolução da sociedade ao trânsito em julgado do pronunciamento poderá trazer distorções. No mais das vezes, o sócio excluendo terá todo interesse em postergar o trânsito em julgado o máximo possível. Ademais, mesmo quando esse empenho não se traduzir em abuso de direito, à espera do trânsito em julgado poderá trazer dano irreparável ou de difícil reparação à sociedade. Nesse contexto, preenchidos os pressupostos ou do art. 311 ou do art. 300, ambos do CPC, será cabível a antecipação dos efeitos da tutela, com o fito de mudar a data de resolução da sociedade para momento anterior ao trânsito em julgado.

Nos termos do *caput* do art. 606 do CPC

> em caso de omissão do contrato social, o juiz definirá, como critério de apuração de haveres, o valor patrimonial apurado em balanço de determinação, tomando-se por referência a data da resolução e avaliando-se bens e direitos do ativo, tangíveis e intangíveis, a preço de saída, além do passivo também a ser apurado de igual forma.

De forma mais completa, o art. 606 reafirma regra que já decorria do art. 1.031 do CC. Fica evidenciada a necessidade, há muito proclamada na jurisprudência, de avaliação dos bens e direito do ativo, tangíveis e intangíveis. Isso envolverá, quase sempre, reavaliação dos bens integrantes do ativo fixo, em regra, contabilizados em valores históricos. Do mesmo modo, é necessário aferir os bens e direitos imateriais[20], tais como, marca, clientela, capacidade de geração de lucro etc.

---

20. São designadas de sociedades simples aquelas em que não há atividade econômica organizada para produção ou a circulação de bens e serviços, ou seja, não há atividade empresarial. Está aí encartado o exercício de "profissão intelectual, de natureza científica, literária ou artística, ainda com o concurso de auxiliares ou colaboradores, salvo se o exercício da profissão constituir elemento de empresa" (CC, art. 966, parágrafo único). Também existem os casos em que a condição de sociedade simples é determinada pela própria lei, independentemente da forma como a exploração da atividade se organiza. É o que ocorre com as sociedades de advogados, que, nos termos dos arts. 15 e 16 da Lei 8.906/94 (EOAB), são qualificadas como "sociedades civis", que era a terminologia utilizada pelo CC de 1916 para as sociedades classificadas pelo CC de 2002 como simples. Para fins de dissolução,

Outro ponto a ser destacado é o poder-dever do juiz de definir critérios, nos casos de omissão do contrato social[21] e também nas situações em que tais disposições sejam abusivas ou incompatíveis com a boa-fé.

Segundo o art. 607 do CPC, a "data da resolução e o critério de apuração de haveres podem ser revistos pelo juiz, a pedido da parte, a qualquer tempo antes do início da perícia". Evidentemente, a revisão dependerá de fundamentação específica (CPC, art. 489, § 1º), a demonstrar ou que houve equívoco no pronunciamento anterior ou que as circunstâncias se alteraram.

O pronunciamento que fixa a data da resolução e os critérios de apuração (CPC, art. 604) ou que revê esses parâmetros (art. 607) tem natureza de decisão interlocutória. Destaca-se, porém, que se cuida de decisão interlocutória cujo conteúdo diz respeito a aspectos do mérito da apuração de haveres. Por isso, essas decisões são recorríveis por meio de agravo de instrumento (CPC, art. 1.015, II).

A data de resolução produzirá efeitos relevantes. Até esse momento, estará preservada a condição de sócio e consequentemente a fruição dos direitos daí decorrentes (percepção de lucros ou de juros sobre capital próprio e, somente quando o sócio trabalha para a sociedade, a remuneração como administrador). Patrimonialmente, isso significa reconhecer que, nos termos do art. 608 do CPC, "até a data da resolução, integram o valor devido ao ex-sócio, ao espólio ou aos sucessores a participação nos lucros ou os juros sobre o capital próprio declarados pela sociedade e, se for o caso, a remuneração como administrador".

é relevantíssima a distinção entre sociedade empresarial e sociedade simples. Conforme já decidiu o STJ (4ª T., REsp 1.227.240, Rel. Min. Luís Felipe Salomão, j. 26.05.2015, *DJe* 18.06.2015), é "impossível que sejam levados em consideração, em processo de dissolução de sociedade simples, elementos típicos de sociedade empresária, tais como bens incorpóreos, como a clientela e seu respectivo valor econômico e a estrutura do escritório". No mesmo sentido, REsp 1.531.288, 3ª T., Rel. Min. Marco Aurélio Bellizze, j. 24.11.2015, *DJe* 17.12.2015; e 4ª T., REsp 958.116, Rel. Ministro João Otávio de Noronha, relator p/ Acórdão Ministro Raul Araújo, j. 22.05.2012, *DJe* 06.03.2013, sendo que este último litigio envolveu sociedade de prestação de serviços intelectuais na área de engenharia. Todavia, em 05.10.2021, proveu-se agravo interno, para posterior julgamento de recurso especial, a fim de que esse assunto fosse debatido, tendo em vista que inexistiria "uma jurisprudência já consolidada sobre a matéria jurídica em análise" (4ª T., AgInt no REsp 1936473, Rel. Min. Luis Felipe Salomão, j. 05.10.2021, *DJe* 19.10.2021).

21. Ainda quando também desempenhava a função constitucional de uniformizar o direito federal, o STF fixou premissa no tema da apuração de haveres, segundo a qual "deve ser assegurada ao sócio retirante situação de igualdade na apuração de haveres, fazendo-se esta com maior amplitude possível, com a exata verificação, física, e contábil dos valores do ativo" (STF, 2ª T., RE 89.464, Rel. Min. Cordeiro Guerra, Rel. p/ acórdão Min. Décio Miranda, j. 12.12.1978, *DJ* 04.05.1979). Na jurisprudência do STJ esse precedente foi expressamente referido, para decidir que "o critério previsto no contrato social para a apuração dos haveres do sócio retirante somente prevalecerá se houver consenso entre as partes quanto ao resultado alcançado". Desse modo, em "caso de dissenso, a jurisprudência do Superior Tribunal de Justiça está consolidada no sentido de que o balanço de determinação é o critério que melhor reflete o valor patrimonial da empresa" (3ª T., REsp 1.335.619, Rel. Min. Nancy Andrighi, Rel. p/ acórdão Min. João Otávio de Noronha, j. 03.03.2015, *DJe* 27.03.2015). Todavia, também no STJ, há julgados prestigiando o critério estabelecido no contrato social, sob o argumento de que "nessa seara, prevalece o princípio da força obrigatória dos contratos, cujo fundamento é a autonomia da vontade, desde que observados os limites legais e os princípios gerais do direito" (4ª T., AgInt no ARESP 1.174.472, Rel. Min. Luis Felipe Salomão, j. 13.12.2018, *DJe* 19.12.2018).

Após a data de resolução, deixa de existir o *status socii* e nenhum direito desta condição será considerado ou usufruído. Daí o parágrafo único do art. 608 do CPC, segundo o qual, "após a data da resolução, o ex-sócio, o espólio ou os sucessores terão direito apenas à correção monetária dos valores apurados e aos juros contratuais ou legais".

Apurados os haveres, estes serão pagos na forma estabelecida no contrato social (CPC, art. 609), porquanto "nessa seara, prevalece o princípio da força obrigatória dos contratos, cujo fundamento é a autonomia da vontade, desde que observados os limites legais e os princípios gerais do direito"[22]. Assim, em havendo cláusula parcelando o pagamento, tal disposição será atendida. Contudo, conforme já decidido pelo STJ[23], a citação na ação de dissolução parcial constitui a sociedade em mora, de modo que o vencimento das parcelas começa a ser computado a partir do mencionado ato processual. Ao final do processo, todas as parcelas vencidas devem ser pagas de uma só vez.

Em não havendo previsão contratual, incidirá o § 2º do art. 1.031 do CC, que determina que "a quota liquidada será paga em dinheiro, no prazo de noventa dias, a partir da liquidação"[24].

Cumpre destacar, finalmente, que "discussões sobre eventuais vícios de gestão, atos ultra vires societatis ou ainda abusos ou desvios em atos de administração, concorrência desleal, bem como eventuais artimanhas para fins de prejudicar determinado sócio, por certo, escapam aos limites objetivos desse tipo de ação, que, com a análise da situação patrimonial da sociedade, terá a função de apurar os cabedais do sócio egresso e, ao mesmo tempo, permitir o prosseguimento da sociedade. Isso ocorre porque tal ação se limita à superficialidade das questões atinentes à forma de apuração do patrimônio contábil e dos respectivos haveres, o que sumariza o seu conhecimento, limitando a sua extensão e/ou profundidade"[25].

---

22. STJ, 4ª T., AgInt no AREsp 1.174.472, Rel. Min. Luis Felipe Salomão, j. 13.12.2018, *DJe* 19.12.2018. No mesmo sentido: STJ, 3ª T., REsp 1.413.237, Rel. Min. João Otávio de Noronha, j. 03.05.2016, *DJe* 09.05.2016. Todavia, o STJ já decidiu que, ainda que previstos contratualmente, os juros remuneratórios não podem ser incluídos, na fase de apuração de haveres, se não houve pronunciamento sobre a questão na sentença que decretou a dissolução parcial, sob pena de ofensa à coisa julgada (STJ, 4ª T., AgInt no AREsp 840.960, Rel. Min. Maria Isabel Gallotti, j. 20.03.2018, *DJe* 05.04.2018).
23. STJ, 1ª T., REsp 1.239.754, rel. Min. Luis Felipe Salomão, j. 15.05.2012, *DJe* 22.05.2012.
24. Conforme jurisprudência do STJ (3ª T., AgInt no REsp 1.704.505, Rel. Min. Paulo de Tarso Sanseverino, j. 27.02.2018, *DJe* 12.03.2018), em se tratando de apuração relativa a fatos verificados na vigência do CC de 2002, o "termo inicial dos juros de mora, decorrentes do pagamento dos haveres devidos em face da retirada do sócio, é o momento do vencimento do prazo legal nonagesimal, contado desde a liquidação dos haveres". No mesmo sentido: STJ, 3ª T., REsp 1.602.240, Rel. Min. Marco Aurélio Bellizze, j. 06.12.2016, *DJe* 15.12.2016). Entretanto, "nas ações de dissolução de sociedade com apuração de haveres relativas a fatos anteriores à vigência do Código Civil vigente, os juros de mora contam-se desde a citação inicial, mesmo que não tenha ainda sido quantificada a dívida" (3ª T., EDcl no REsp 1.483.333, Rel. Min. Moura Ribeiro, j. 10.03.2020, *DJe* 12.03.2020). Na mesma direção: 3ª T., REsp 1.784.792, Re. Min. Ricardo Villas Bôas Cueva, j. 03.12.2019, *DJe* 06.12.2019).
25. STJ, 4ª T., AgInt no AREsp 1.192.710, Rel. Min. Raul Araújo, j. 26.09.2022, *DJe* 03.10.2022.

7
DO INVENTÁRIO E DA PARTILHA

7.1. CONSIDERAÇÕES GERAIS

Com o falecimento, tem-se a abertura sucessão e a imediata transmissão da herança aos herdeiros legítimos e testamentários (CC, art. 1.784)[1]. Cuida-se de ficção jurídica denominada "*saisine*", há muito incorporada ao ordenamento brasileiro. Acontece que a herança é deferida como um todo unitário, ainda que vários sejam os herdeiros (CC, art. 1.791). Assim, enquanto não realizada a partilha, os bens que compõem o acervo hereditário integram um todo indivisível, aplicando-lhes o regime jurídico do condomínio (CC, art. 1.791)[2]. Inclusive, para efeitos legais, o direito à sucessão aberta é equiparado a um bem imóvel (CC, art. 80, II)[3].

A indivisibilidade da herança indica que a sua transmissão imediata aos herdeiros é insuficiente para lhes assegurar o recebimento e a fruição desses bens. Mais do que isso. Conquanto a transferência, na perspectiva jurídica, já tenha ocorrido, ainda não há nem a determinação de quem são os sucessores e nem de quais bens, direitos e obrigações que integram o patrimônio deixado pelo *de cujus*. É necessário, pois, a identificação dos sucessores e dos bens, direitos e obrigações que pertenciam ao falecido. Outrossim, no mais das vezes, esses bens e direitos devem ser avaliados. Ainda é preciso cuidar do recolhimento do ITCMD, que é o tributo incidente também sobre a transmissão patrimonial *causa mortis*. Igualmente pode ser necessário verificar os reflexos, na composição dos quinhões, de bens e direitos que, como antecipação de herança, foram doados ou cedidos gratuitamente pelo falecido a algum ou alguns de seus sucessores. Por fim, o falecido pode ter deixado dívidas, que deverão ser liquidadas.

O procedimento do processo de inventário dá curso a todos esses atos, permitindo a identificação dos sucessores e do consorte sobrevivente, se for o caso, a arrecadação,

---

1. Essa transmissão não afasta a possibilidade de renúncia da herança. A renúncia é abdicativa quando manifestada antes da aceitação da herança, expressa ou tacitamente, não incidindo novo ITCMD, além daquele decorrente da transmissão pelo falecimento. Já a renúncia translativa, que correspondente a uma cessão gratuita de direitos hereditários, é feita após a aceitação da herança, expressa ou tacitamente, dando margem a nova incidência de ITCMD. Em qualquer dos casos, cuida-se do ato solene (CC, art. 1.806) que deve constar de instrumento público ou termo nos autos (STJ, 4ª T., AgInt no REsp 1.420785, Rel. Min. Raul Araújo, j. 11.04.2022, *DJe* 13.05.2022).
2. STJ, 4ª T., AgInt no AREsp 1.220.947, Rel. Min. Maria Isabel Gallotti, j. 04.06.2019, *DJe* 07.06.2019.
3. Reiterando a aplicação do regime jurídico concernente aos bens imóveis, o art. 1.793 estabelece a escritura pública como forma a ser empregada na cessão de direitos hereditários. Promovendo a aplicação dessa regra, confira-se: STJ, 3ª T., AgInt no AREsp 1.865.719, Rel. Min. Paulo de Tarso Sanseverino, j. 15.12.2020, *DJe* 18.12.2020.

descrição e avaliação dos bens e direitos deixados, o cálculo e o recolhimento do tributo devido, além dos ajustes relativos aos bens e direitos eventualmente recebidos, antecipadamente, pelos herdeiros, por meio de doação ou cessão gratuita feita em vida pelo falecido, e aqueles concernentes ao pagamento de credores.

Cumpridas essas etapas, existirão condições ou para adjudicação dos bens, quando houver apenas um herdeiro, ou para a realização da partilha dos bens entre os herdeiros, o que colocará fim à indivisibilidade da herança.

A partir da morte e enquanto não realizada a partilha, os bens, direitos e obrigações deixados pelo falecido permanecem em estado de indivisão e integram o espólio, que, por sua vez, conquanto não tenha personalidade jurídica, recebe personalidade judiciária, para agir ativa e passivamente em juízo, representado pelo inventariante. Antes da instauração do inventário existe a figura do administrador provisório que gerencia, nesse período, o espólio. A existência do espólio e a outorga que lhe é feita de personalidade judiciária decorrem da indivisibilidade da herança. Desse modo, enquanto não concluída a partilha, em regra[4], apenas o espólio terá legitimidade ativa e passiva para figurar em processo judicial, o que não se estende aos herdeiros[5].

Ultimada a partilha, há a extinção do espólio[6].

---

4. Interpretando o art. 43 do CPC de 1973, correspondente ao art. 110 do CPC de 2015, em acórdão relatado pelo Min. Vicente Leal, no julgamento do REsp 254.180 (6ª T., j. 11.09.2001, *DJ* 15.10.2001), o STJ decidiu o seguinte: "Embora no caso de morte do autor da ação seja efetuada a substituição processual pelo seu espólio, é admissível a simples habilitação dos seus herdeiros na hipótese de inexistência de patrimônio susceptível de abertura de inventário". Ainda, em aresto relatado pelo Min. Torreão Braz (STJ, 4ª T., AgRg no AI 8545, j. 18.10.1993, *DJ* 29.11.1993), anotou-se que, "ocorrendo a morte de qualquer uma das partes, dar-se-á a substituição pelo seu espólio, salvo se motivo devidamente justificado determine a habilitação dos herdeiros". No RMS 15.377, relatado pelo Min. Luiz Fux, reconheceu-se a legitimidade ativa dos herdeiros por direito transmissível, até que, inaugurado o inventário, um deles assuma a inventariança. Ainda impende citar posição assumida no julgamento do REsp 554.529 (STJ, 2ª T., Rel. Min. Eliana Calmon, j. 21.06.2005, *DJ* 15.08.2005), pela qual "considera-se regular a representação ativa do espólio quando a viúva e todos os herdeiros se habilitam pessoalmente em juízo, independentemente de nomeação de inventariante quando o inventário já tenha se encerrado ou não exista".
5. STJ, 3ª T., REsp 1.622.544, rel. Min. Nancy Andrighi, j. 22.09.2016, *DJe* 04.10.2016. Sob a ótica da ilegitimidade passiva dos herdeiros: STJ, 3ª T., REsp 1.559.791, Rel. Min. Nancy Andrighi, j. 28.08.2018, *DJe* 31.08.2018; STJ, 4ª T., AgInt no AREsp 373.523, Rel. Min, Marco Buzzi, j. 27.09.2021, *DJe* 1º.10.2021. Nesse último acórdão, restou observado que na "ausência de ação de inventário ou de inventariante compromissado, o espólio será representado judicialmente pelo administrador provisório, responsável legal pela administração da herança até a assunção do encargo pelo inventariante". Em outro julgado, aponta-se que, em não havendo inventário, a legitimidade é do espólio, competindo ao credor do falecido postular a abertura daquele processo (STJ, 4ª T., AgInt no REsp 1.761.773, Rel. Min. Marco Buzzi, j. 04.03.2024, *DJe* 07.03.2024). Todavia, admitindo outra solução, anotou-se que, "se falecido o titular do direito, a legitimação processual para pleitear em juízo é do seu espólio, por meio do inventariante, ou como vem sendo admitido pela jurisprudência, se não aberto o inventário, pela sucessão, por meio de todos os herdeiros" (STJ, 3ª T., AgInt no REsp 1.815.883, Rel. Min. Ricardo Villas Bôas Cueva, j. 16.03.2020, *DJe* 19.03.2020).
6. O STJ reconhece, no entanto, que, ainda que encerrado o inventário, mas havendo bens a partilhar, o espólio ainda possui legitimidade ativa (STJ, 3ª T., AgInt no REsp 1.761.881, j. 19.10.2020, *DJe* 27.10.2020). Além disso, a extinção do processo, com o reconhecimento da ilegitimidade do espólio, em função do encerramento do inventário, deve ser evitada, promovendo-se a regularização: "Em observância aos princípios da economia, celeridade e da instrumentalidade, o Tribunal de origem não poderia extinguir o processo de imediato, sem a oportunidade para que o autor da ação regularizasse o feito, mas somente lhe caberia tal providência se, devi-

7.2. DAS MODALIDADES DE INVENTÁRIO

Duas são as modalidades de inventário e partilha: extrajudicial e judicial.

A autorização e o estímulo à realização extrajudicial do inventário representam manifestação da tendência de desjudicialização de atos que antes, em qualquer circunstância, estavam submetidos ao Poder Judiciário.

O inventário extrajudicial pressupõe a existência de herdeiros maiores, capazes e concordes. Também se exige a inexistência de testamento ou, mesmo havendo testamento, nos seguintes casos: i) se houver expressa autorização do juízo sucessório competente, emitida nos autos do procedimento de abertura e cumprimento de testamento, sendo todos interessados capazes e concordes[7]; ii) nos casos de testamento revogado ou caduco, ou quando houver decisão judicial, com trânsito em julgado, declarando a invalidade do testamento, observadas a capacidade e concordância dos herdeiros[8].

Afora essa indicação dos requisitos do inventário extrajudicial, cumpre destacar alguns aspectos práticos dessa modalidade.

O Conselho Nacional de Justiça (CNJ) editou a Resolução 35/2007 que, dentre outros pontos, regulamenta o inventário extrajudicial.

Mesmo pendente o inventário judicial é cabível, a qualquer tempo, a sua desistência, para a promoção do inventário extrajudicial (Resolução 35/2007, art. 2º)[9].

Todas as partes interessadas devem ser assistidas por advogado, cuja qualificação e assinatura constarão da escritura (CPC, art. 610, § 2º). As escrituras públicas de partilha constituem títulos hábeis para o registro civil e o imobiliário, bem como para a transferência de bens de direitos, inclusive levantamento de valores (CPC, art. 610, § 1º, e Resolução 35/2007, art. 3º).

As partes podem escolher livremente o tabelião de notas para a lavratura do inventário, não sendo aplicáveis as regras de competência do CPC (Resolução 35/2007, art. 1º).

---

damente intimada, a parte não suprisse a falha" (STJ, 4ª T., AgInt no REsp 1.338.735, Rel. Min. Raul Araújo, j. 1º.12.2016, *DJe* 14.12.2016; STJ, 4ª T., AgInt no REsp 1.534.149, Rel. Min. Antonio Carlos Ferreira, j. 16.09.2019, *DJe* 27.09.2019).

7. Neste sentido, o Enunciado 51 do Centro de Estudos Judiciários (CEJ), do Conselho da Justiça Federal: "Havendo registro judicial ou autorização expressa do juízo sucessório competente, nos autos do procedimento de abertura, registro e cumprimento de testamento, sendo todos os interessados capazes e concordes, poderão ser feitos o inventário e a partilha por escritura pública". Tal possibilidade já foi reconhecida pela Corte Federal (STJ, 3ª T., REsp 1.808.767, Rel. Min. Luis Felipe Salomão, j. 15.10.2019, *DJe* 03.12.2019).

8. No Estado de São Paulo, a Corregedoria do Tribunal de Justiça editou o Provimento CGJ 37/2016 regulamentando o inventário extrajudicial com testamento, desde que autorizado judicialmente.

9. A conversão do inventário judicial em extrajudicial, ainda que prolatada sentença com extinção do processo de inventário sem resolução de mérito, não alcança as decisões proferidas no curso do processo, antes da sentença, envolvendo a decretação de nulidade de negócios jurídicos (STJ, 3ª T., REsp 1.829.945, Rel. Min. Nancy Andrighi, j. 27.04.2021, *DJe* 05.05.2021).

Na escritura de inventário e partilha, nomeia-se o cônjuge ou companheiro sobrevivente ou um sucessor para representar o espólio, com poderes de inventariante (Resolução 35/2007, art. 11).

O recolhimento dos tributos, especialmente o ITCMD, deve anteceder a lavratura da escritura (Resolução 35/2007, art. 15).

Em se tratando de união estável, a meação de companheiro(a) poderá ser reconhecida na escritura de inventário e partilha, desde que todos os interessados e herdeiros na herança sejam absolutamente capazes e estejam de acordo (Resolução 35/2007, art. 19).

A sobrepartilha pode ser promovida extrajudicialmente, ainda que referente a inventário e partilha judiciais já findos (Resolução 35/2007, art. 25).

Na hipótese de herdeiro único, maior e capaz, com direito à totalidade da herança, lavrar-se-á escritura de inventário e adjudicação de bens (Resolução 35/2007, art. 26).

Não se optando ou não sendo admissível a modalidade extrajudicial, o inventário será feito judicialmente. Nesse campo, tem-se o procedimento do inventário e ainda as espécies mais simplificadas do arrolamento sumário (CPC, art. 659) ou do arrolamento comum (CPC, art. 664).

Trilhado o caminho judicial, seja por imposição legal, seja por escolha, é preciso destacar que o inventário constitui um campo fértil para a celebração de negócio jurídico processual (CPC, art. 190). Realmente, pode ser convencionada a postura a ser assumida pelas partes relativamente a cada um dos atos do inventário (v.g., conteúdo das primeiras declarações, realização de avaliação extrajudicial, em caso de divergência, concordância com a venda de bens, para recolhimento de tributos, e critérios a serem observados na partilha ou até a convenção para a não realização de partilha – pacto de não partilhar).

Mesmo quando não houver nenhum bem a ser partilhado, é possível a realização de *inventario negativo por escritura pública* (Resolução 35/2007, art. 28) *ou judicialmente,* com a seguintes finalidades: i) afastar a causa suspensiva para o casamento, que se apresenta enquanto o viúvo ou a viúva que tiver filho do cônjuge falecido, não fizer inventário dos bens do casal e der partilha aos herdeiros (CC, art. 1.523, I); ii) demonstrar que os sucessores não receberam nenhum bem do falecido e, por isso, não respondem para com as suas dívidas (CC, art. 1.792).

Nos termos do art. 666 do CPC, que faz remissão à Lei 6.858/1980, é dispensável o inventário para o levantamento de valores que eram de titularidade do falecido junto ao Fundo de Garantia do Tempo de Serviço – FGTS e do Fundo de Participação PIS-Pasep, bem como para o recebimento de "restituições relativas ao Imposto de Renda e outros tributos, recolhidos por pessoa física, e, não existindo outros bens sujeitos a inventário, aos saldos bancários e de contas de cadernetas de poupança e fundos de investimento de valor até 500 (quinhentas) Obrigações do Tesouro Nacional" (Lei 6.858/1980, art. 2º)[10]. Nesses casos, é necessária uma distinção entre as situações em que há dependentes habilitados daquelas hipóteses em que inexistem tais dependentes[11].

Explica-se.

A Lei 6.858/1980 foi regulamentada pelo Decreto 85.845/1981 que, por sua vez, prescreveu que os valores anteriormente assinalados, "não recebidos em vida pelos respectivos titulares, serão pagos, em quotas iguais, aos dependentes habilitados" (art. 1º). E o Decreto 85.845/1981 qualifica como habilitado o dependente assim declarado em documento fornecido pela "instituição de Previdência ou, se for o caso, pelo órgão encarregado, na forma da legislação própria, do processamento do benefício por morte" (art. 2º). Assim sendo, havendo essa declaração de habilitação, *independentemente de alvará ou qualquer outra providência judicial*, "o pagamento das quantias devidas será feito aos dependentes do falecido pelo empregador, repartição, entidade, órgão ou unidade civil ou militar, estabelecimento bancário, fundo de participação ou, em geral, por pessoa física ou jurídica a quem caiba efetuar o pagamento".

À falta de dependentes habilitados, o recebimento dessas quantias dependerá de alvará judicial[12].

Para a apreciação desses pedidos de alvará, conquanto dirigidos à Caixa Econômica Federal, a competência é da Justiça Estadual, o que, inclusive, é a orientação retratada pela Súmula 161 do STJ[13], ressalvadas as hipóteses de litigiosidade caracterizada pela resistência do Conselho Curador do FGTS ou da Caixa Econômica Federal, ocasiões em que a competência será da Justiça Federal[14].

---

10. Embaraço sempre encontrado à aplicação dessa regra é a determinação do valor das Obrigações do Tesouro Nacional (OTN). Em função da extinção desse fator de indexação, ainda em 1989, bem como de outros que o sucederam (BTN e UFIR), não constitui tarefa simples a elaboração de cálculo para se chegar ao valor correspondente, em reais, a 500 OTN. Por isso, seria uma boa e singela medida se os tribunais – ou mesmo o Conselho Nacional de Justiça (CNJ) – providenciassem e divulgassem anualmente o resultado desse cálculo.
11. Na primeira edição, não havíamos mencionado essa distinção, o que foi notado pelo Dr. Dalton Gabardo. Desse modo, a ele registramos os nossos agradecimentos pela atenta leitura e observação.
12. O STJ abordou o tema em sede de conflito de competência (Primeira Seção, CC 15.367, Rel. Min. Ari Pargendler, j. 14.11.1995, *DJ* 04.12.1995): "Conflito de competência. PIS. Valor não recebido em vida. Liberação aos sucessores. Lei n. 6.858, de 1980. Os montantes das contas individuais do fundo de garantia do tempo de serviço e do Fundo de Participação PIS-PASEP, não recebidos em vida pelos respectivos titulares, devem ser liberados aos dependentes habilitados, independentemente de inventário ou arrolamento; o levantamento só depende de autorização judicial se não houver dependentes habilitados, hipótese em que serão recebidos pelos sucessores previstos na lei civil, mediante alvará a ser requerido ao juízo competente para o inventario ou arrolamento. Conflito de Competência conhecido para declarar a competência do MM. Juízo de direito de Tubarão – SC."
13. "É da competência da Justiça Estadual autorizar o levantamento dos valores relativos ao PIS/Pasep e FGTS, em decorrência do falecimento do titular da conta".
14. STJ, 1ª Seção, CC 35.395, rel. Min. Eliana Calmon, j. 28.08.2002, *DJ* 30.09.2002; STJ, 1ª Seção, CC 51.218, rel. Min. Luiz Fux, j. 14.12.2005, *DJ* 13.02.2006.

7.3. DOS PRAZOS PARA A ABERTURA E ENCERRAMENTO DO INVENTÁRIO

Prescreve o art. 611 do CPC, que o "processo de inventário e de partilha deve ser instaurado dentro de 2 (dois) meses, a contar da abertura da sucessão, ultimando-se nos 12 (doze) meses subsequentes, podendo o juiz prorrogar esses prazos, de ofício ou a requerimento de parte".

O principal propósito da fixação de prazo para a abertura do inventário é a preservação dos interesses fazendários, representado na arrecadação do ITCMD. Tanto é assim, que a consequência do desatendimento do prazo de abertura, ordinariamente, provoca a imposição de multa pelo fisco, cujos contornos são definidos na legislação de cada um dos Estados-membros, que são os entes competentes para a arrecadação do ITCMD.

A não observância do prazo de encerramento não produz nenhum efeito prático. O que sucede em alguns Estados, como é o caso de São Paulo, se o recolhimento do ITCMD (e não o encerramento do inventário) não ocorrer em até 180 (cento e oitenta) da abertura da sucessão, passam a ser cobrados multa e juros[15].

Em qualquer situação, fica assegurada ao juiz a possibilidade de prorrogar esses prazos, desde que a requerimento da parte e justificadamente.

7.4. DA LIMITAÇÃO À COGNIÇÃO NO INVENTÁRIO

Preceitua o art. 612 do CPC de 2015, que o "juiz decidirá todas as questões de direito desde que os fatos relevantes estejam provados por documento, só remetendo para as vias ordinárias as questões que dependerem de outras provas".

No CPC de 1973, havia disposição semelhante no art. 984[16], que, contudo, introduzia outros elementos, afora daqueles considerados no art. 612 do Código vigente. Realmente, o art. 984 fazia menção às "questões de direito" e às "questões de fato", "quando este se achar provado por documento", sendo que a remessa para as vias ordinárias se daria relativamente às questões que demandassem "alta indagação" ou dependessem "de outras provas".

Tanto no CPC revogado como no CPC de 2015, nas passagens ora investigadas, o termo "questão" era e é empregado como "pontos controvertidos". Uma parte fixa pontos de fato ou de direito, que são contraditados pela outra, exsurgindo as questões de fato e direito.

A interpretação do art. 984 do CPC de 1973 caminhou, com razão, para vinculação da expressão "alta indagação" às questões de fatos. Dito de outro modo, todas as questões de direito eram cognoscíveis no inventário e, relativamente às questões de fato, somente aquelas cujos fatos controvertidos estivessem provados por documentos, sendo

---
15. Lei Estadual 10.705/2000, art. 17, § 1º.
16. "Art. 984. O juiz decidirá todas as questões de direito e também as questões de fato, quando este se achar provado por documento, só remetendo para os meios ordinários as que demandarem alta indagação ou dependerem de outras provas".

reputadas de "alta indagação" as questões de fatos não provadas ou cujo esclarecimento dependesse de outras provas, além da documental.

Resumindo esse entendimento, tem-se a seguinte passagem constante do acórdão do Recurso Especial 114.524[17], que, quase literalmente, reafirmou o entendimento já manifestado no julgamento do Recurso Especial 4.625[18]: "Na linha da doutrina e da jurisprudência desta Corte, questões de direito, mesmo intrincadas, e questões de fato documentadas resolvem-se no juízo do inventário e não na via ordinária".

Ainda no aresto concernente ao Recurso Especial 114.524[19], consignou-se que "eventual prejuízo da legítima em face de doação feita pelo pai aos filhos, ainda em vida (art. 1.776, CC/1916), *sem haver fatos a provar,* prescinde dos 'meios ordinários', podendo ser discutido no próprio inventário" (grifo nosso).

O art. 612 consagrou essa via. Entretanto, infelizmente, cometeu imprecisão, que deve ser contornada por meio de interpretação. O legislador de 2015, no art. 612, fez menção apenas às questões de direito. Na realidade, devem ser aí compreendidas as questões de direito e também as questões de fato[20].

Todas as questões de direito são cognoscíveis no inventário. Relativamente às questões de fato, serão apreciáveis somente aquelas provadas documentalmente. Por outro lado, serão remetidas às vias ordinárias as questões de fato não comprovadas ou cujo esclarecimento dependa de outros meios, que não a prova documental.

E a restrição à atividade cognitiva se justifica pela preservação da finalidade que se busca com a realização do inventário, consistente na identificação dos sucessores, arrecadação dos bens e direitos, além da realização da partilha. A dilação probatória é incompatível com o procedimento destinado ao atingimento do mencionado fim.

Num inventário, a companheira do falecido, assim reconhecida por todos os outros herdeiros, pode questionar a constitucionalidade do discrímen estabelecido no art. 1.790 do CC, em relação aos direitos sucessórios previstos no art. 1.829 do CC, relativos ao cônjuge. Trata-se de discussão exclusivamente de direito, que pode e deve ser decidida no inventário[21]. Outra é a perspectiva, por exemplo, quando a pessoa, não

---

17. STJ, 4ª T., Rel. Min. Sálvio de Figueiredo Teixeira, j. 27.05.2003, *DJ* 23.06.2003. No mesmo sentido: STJ, 3ª T., AgRg no Ag 855.543, Rel. Min. Humberto Gomes de Barros, j. 21.06.2007, *DJ* 1º.08.2007.
18. STJ, 4ª T., Rel. Min. Sálvio de Figueiredo Teixeira, j. 16.04.1991, *DJ* 20.05.1991.
19. STJ, 4ª T., Rel. Min. Sálvio de Figueiredo Teixeira, j. 27.05.2003, *DJ* 23.06.2003.
20. STJ, 4ª T., AgInt no REsp 1.584.129, Rel. Min. Luis Felipe Salomão, j. 24.11.2020, *DJe* 10.03.2021; e STJ, 4ª T., AgInt no AREsp 1.759.389, Rel. Min. Raul Araújo, j. 15.03.2021, *DJe* 07.04.2021.
21. No julgamento RE 878.694 (j. 10.05.2017, *DJe* 06.02.2018), relatado pelo Min. Roberto Barroso, o plenário do STF já julgou o tema, com repercussão geral. Ao proclamar o resultado do julgamento, foi fixada a seguinte tese: "É inconstitucional a distinção de regimes sucessórios entre cônjuges e companheiros prevista no art. 1.790 do CC/2002, devendo ser aplicado, tanto nas hipóteses de casamento quanto nas de união estável, o regime do art. 1.829 do CC/2002". Houve modulação dos efeitos deste julgado, de maneira que a tese deve incidir "apenas aos inventários judiciais em que não tenha havido trânsito em julgado da sentença de partilha e às partilhas extrajudiciais em que ainda não haja escritura pública". Aplicando a modulação, confira-se: STJ, CE, AgInt no RE no AgInt no REsp 1.538.147, Rel. Min. Jorge Mussi, j. 09.02.2021, *DJe* 17.02.2021.

reconhecida como companheira, pretende a declaração da existência da união estável. Negada a entidade familiar pelos sucessores, o seu reconhecimento e declaração pressupõem a solução de questão de fato (existência a união estável), que, por sua vez, exige a produção de prova não exclusivamente documental.

A título de ilustração, têm-se hipóteses de questões de fato nos seguintes casos: i) discussão sobre condição de herdeiro; ii) debate sobre a necessidade de trazer bem ou direito à colação, quando a liberalidade não foi representada em documento e é negada pelo herdeiro favorecido[22]; iii) a nulidade de testamento; iv) divergência quanto à crédito de terceiro, que pretende se habilitar no inventário; v) pedido de decretação da anulação ou do reconhecimento de nulidade de negócio jurídico realizado pelo falecido, por exemplo, a cessão onerosa de quotas societárias[23].

A remessa às vias ordinárias levará ao ajuizamento de demanda, relativa àquela questão de fato, e a sua distribuição, por sorteio, a um dos juízos competentes para analisá-la. Diga-se, porém, que existem arestos do STJ validando a "distribuição por dependência", do novo processo, ao juízo do inventário[24].

7.5. DO ADMINISTRADOR PROVISÓRIO

Como visto, com a morte, a massa dos bens, direitos e obrigações deixados pelo falecido, enquanto não finalizada a partilha, comporá o espólio. E, também consoante já remarcado, essa massa hereditária é administrada pelo inventariante. Acontece que a nomeação do inventariante exige a abertura do inventário.

Precisamente para permitir a administração do espólio no período compreendido entre o falecimento e a abertura do inventário, com a nomeação do inventariante, concebe-se a figura do administrador provisório.

---

22. STJ, 4ª T., AgInt no REsp 1.583.106, Rel. Min. Lázaro Guimarães (Desembargador convocado no TRF 5ª Região), j. 05.06.2018, DJe 13.06.2018.
23. STJ. 4ª T., AgInt no REsp 1.359.060, Rel. Min. Lázaro Guimarães (Desembargador convocado no TRF 5ª Região) rel. para acórdão Min. Maria Isabel Gallotti, j. 19.06.2018, DJe 1º.08.2018.
24. STJ, 3ª T., REsp 1.438.576, rel. Min. Ricardo Villas Bôas Cueva, j. 23.10.2014, DJe 21.11.2014. Cumpre reproduzir parte da ementa do acórdão proferido no REsp 1.558.007 (STJ, 3ª T., j. 15.12.2016, DJe 02.02.2016), também relatado pelo Min. Ricardo Villas Bôas Cueva: "(...) 4. As questões do inventário que demandam 'alta indagação' ou 'dependerem de outras provas' devem ser resolvidas pelos meios ordinários, nos termos do art. 984 do Código de Processo Civil, o que não significa necessariamente o afastamento do juízo do inventário. 5. Destaca-se a diferença entre juízo e processo. Ao determinar a remessa para os meios ordinários, a lei processual não pretende o afastamento do juízo do inventário de debate a respeito de tema relacionado com a herança, mas que matéria probatória não seja conduzida no processo de inventário, em que se discute apenas questões de direito. 6. Se a ação relaciona-se com a herança, muito embora observe o rito ordinário, por comportar, em tese, dilação probatória, não há óbice para que tenha seu curso regular perante o juízo do inventário". No julgamento do REsp 1.459.192 (3ª T., j. 23.06.2015, DJe 12.08.2015), o Min. Ricardo Villas Bôas Cueva defendeu a competência do juízo do inventário (Vara de Sucessões) para o processamento de apuração de haveres de quotas sociais deixadas pelo falecido. No entanto, o Min. Ricardo Villas Bôas Cueva ficou vencido, prevalecendo a divergência inaugurada pelo Min. João Otávio de Noronha, que apontou a competência da vara cível.

Por conseguinte, "até que o inventariante preste o compromisso, continuará o espólio na posse do administrador provisório" (CPC, art. 613).

E as atribuições do administrador provisório consistem na representação e administração do espólio, nesse período, sendo que ele suportará os ônus decorrentes desse múnus e terá o direito ao reembolso de despesas necessárias ou úteis. Ou, nos termos ditados pelo art. 614 do CPC, "o administrador provisório representa ativa e passivamente o espólio, é obrigado a trazer ao acervo os frutos que desde a abertura da sucessão percebeu, tem direito ao reembolso das despesas necessárias e úteis que fez e responde pelo dano a que, por dolo ou culpa, der causa".

7.6. DO PROCEDIMENTO DO INVENTÁRIO

Compreendido o porquê do inventário, as suas modalidades e a necessária limitação à atividade cognitiva nele desenvolvida, bem como conhecida a função do administrador provisório, resta descrever o procedimento do inventário, que envolve o percurso a ser trilhado até a adjudicação dos bens ao herdeiro único ou a partilha. Por isso, serão investigados os aspectos ligados à instauração do processo e à figura do inventariante, a apresentação das primeiras declarações, com as citações dos interessados e as possíveis impugnações por eles apresentadas, a avaliação dos bens e direitos, o cálculo do imposto, as colações e o pagamentos das dívidas.

7.6.1. Da competência

Nos termos do art. 1.785 do CC, a "sucessão abre-se no lugar do último domicílio do falecido". Donde a regra do art. 48 do CPC, segundo a qual o "foro de domicílio do autor da herança, no Brasil, é o competente para o inventário, a partilha, a arrecadação, o cumprimento de disposições de última vontade, a impugnação ou anulação de partilha extrajudicial e para todas as ações em que o espólio for réu, ainda que o óbito tenha ocorrido no estrangeiro".

Além de estabelecer o primeiro critério para a determinação da competência territorial no processo de inventário (domicílio do autor da herança), o *caput* do art. 48 do CPC, também prescreve a *vis atractiva* do foro inventário, que será competente "para todas as ações em que o espólio for réu", até o trânsito em julgado da sentença que homologou a partilha[25]. Como decidido pelo STJ, a *vis atractiva* é abrangente e chega a abarcar não "somente as ações relativas à herança, tais como a de sonegados, de petição de herança, de anulação de testamento e outras diretamente ligadas ao direito sucessório, mas também traz para o seu foro, outras ações que, a princípio, seriam da competência de outro"[26].

---

25. STJ, 2ª Seção, CC 51.061, Rel. Min. Menezes Direito, j. 09.11.2005, *DJ* 19.12.2005.
26. STJ, 3ª T., REsp 420.394, Rel. Min. Nancy Andrighi, j. 19.09.2002, *DJ* 04.11.2002. No mesmo sentido e com a mesma relatoria, STJ, 3ª T., REsp 1.153.194, j. 13.11.2012, *DJe* 21.11.2012. Inclusive para fins de fixação de

Lembre-se que, existindo bens no Brasil, mesmo em se tratando de pessoa estrangeira ou domiciliada no exterior, a competência para o processamento do inventário será da autoridade judiciária brasileira, com exclusão de qualquer outro (CPC, art. 23, II)[27]. Não por outro motivo, sistematicamente, o STJ tem deixado de homologar sentença estrangeira que, diante de disputa entre os sucessores, dispõe sobre a partilha de bens imóveis situados no Brasil[28]. Outro é o resultado, recebendo a homologação, de sentença estrangeira que apenas ratifica acordo celebrado entre as partes, acerca da partilha dos bens localizados no Brasil[29].

Quando o autor da herança não possuía domicílio certo[30], secundariamente a esse foro, a determinação da competência territorial terá em conta os seguintes lugares (CPC, art. 48, parágrafo único): i) o foro de situação dos bens imóveis; ii) havendo bens imóveis em foros diferentes, qualquer destes; iii) não havendo bens imóveis, o foro do local de qualquer dos bens do espólio.

A condição da União de credora do autor da herança, mesmo que admitida a sua habilitação, não autoriza a aplicação do art. 109, I, da CF, para a transferência do processamento do inventário para a Justiça Federal, permanecendo competente a Justiça Estadual[31].

Determinada a competência territorial, em muitas comarcas, existem juízos especializados em sucessões, nos quais será processado o inventário. Trata-se de competência absoluta, fixada em razão da matéria.

7.6.2. Da legitimidade para requerer a abertura do inventário

O primeiro legitimado para requerer a abertura do inventário é o administrador provisório, que é quem se encontra posse e na administração do espólio (CPC, art. 615).

---

competência do juízo do inventário, o STJ reconhece a prejudicialidade entre este processo e a ação de nulidade de testamento (STJ, 3ª T., REsp 1.153.194, Rel. Min. Nancy Andrighi, j. 13.11.2012, DJe 21.11.2012). Para além do tema da competência, invocou-se a prejudicialidade para justificar o indeferimento da "liberação imediata do quinhão hereditário da herdeira testamentária diante da pendência de ação de nulidade do testamento" (STJ, 3ª T., AgInt no REsp 1.763.298, Rel. Min. Paulo de Tarso Sanseverino, j. 10.08.2020, DJe 21.08.2020).

27. STJ, 3ª T., REsp 1.447.246, Rel. Min. Maria Isabel Gallotti, j. 18.04.2023, DJe 02.05.2023.
28. STJ, Corte Especial, SEC 9.531, Rel. Min. Mauro Campbell Marques, j. 19.11.2014, DJe 11.12.2014; STJ, Corte Especial, AgRg na SE 8.502, Rel. Min. Felix Fischer, j. 16.10.2013, DJe 23.10.2013.
29. STJ, Corte Especial, SEC 5.528, Rel. Min. Sidnei Beneti, j. 25.04.2013, DJe 04.06.2013; STJ, Corte Especial, SEC 6.894, Rel. Min. Castro Meira, j. 20.02.2013, DJe 04.03.2013; STJ, Corte Especial, SEC 5.822, Rel. Min. Eliana Calmon, j. 20.02.2013, DJe 22.02.2013; STJ, Corte Especial, SEC 3.269, Rel. Min. João Otávio de Noronha, j. 07.05.2012, DJe 22.05.2012. Promovida a homologação, o juízo do inventário tem competência para, "em cognição plena, decida especificamente sobre os bens situados no Brasil, observando, por exemplo, a existência de bens eventualmente excluídos da partilha, a ordem de vocação hereditária e as questões relativas à jurisdição exclusiva do Poder Judiciário brasileiro, nos termos do art. 23, I a III, do CPC/15" (STJ, CE, HDE 966, Rel. Min. Nancy Andrighi, j. 07.10.2020, DJe 16.10.2020).
30. Essas regras subsidiárias somente são aplicáveis quando o autor da herança não tinha domicílio certo. Se tinha, a competência será sempre definida pelo seu último domicílio (STJ, 2ª Seção, CC 100.931, Rel. Min. Sidnei Beneti, j. 13.10.2010, DJe 27.10.2010; STJ, 2ª Seção, AgInt no CC 147.082, Rel. Min. Ricardo Villas Bôas Cueva, j. 25.10.2017, DJe 31.10.2017).
31. STJ, 2ª Seção, CC 62.082, Rel. Min. Sidnei Beneti, j. 23.06.2010, DJe 02.08.2010.

O requerimento de abertura[32] do inventário e partilha deve ser instruído com a certidão de óbito do autor da herança (CPC, art. 615, parágrafo único).

Não obstante isso, o art. 616 do CPC confere legitimidade concorrente às seguintes pessoas: i) o cônjuge ou companheiro supérstite; ii) o herdeiro; iii) o legatário; iv) o testamenteiro; v) o cessionário do herdeiro ou do legatário; vi) o credor do herdeiro, do legatário ou do autor da herança[33]; vii) o Ministério Público, havendo herdeiros incapazes; viii) a Fazenda Pública, quando tiver interesse; ix) o administrador judicial da falência do herdeiro, do legatário, do autor da herança ou do cônjuge ou companheiro supérstite.

O rol estabelecido no art. 616 do CPC não institui uma ordem de precedência entre as várias pessoas ali indicadas.

No mais das vezes, o exercício da legitimidade concorrente não pressupõe que se aguarde o decurso de 2 (dois) meses prazo estipulado no art. 611 do CPC.

O cônjuge ou companheiro supérstite, o herdeiro, o legatário e o cessionário do herdeiro ou do legatário podem requerer a abertura sem aguardar eventual iniciativa do administrador provisório. Mesmo porque, aguardar o final do prazo de 2 (dois) meses significa se sujeitar a sanções tributárias, as quais repercutiriam na esfera de direito desses legitimados concorrentes, que são beneficiários dos direitos hereditários.

Conquanto possa não ser beneficiário de direitos sucessórios, essa iniciativa também deve ser reconhecida ao testamenteiro, diante da função que lhe foi conferida pelo falecido, de cumprir as suas disposições de última vontade.

A lógica acima exposta não se aplica àqueles outros que não são titulares do direito à herança, ou seja, o credor do herdeiro, do legatário ou do autor da herança, o Ministério Público (havendo herdeiros incapazes), a Fazenda Pública (quando tiver interesse) e o administrador judicial da falência do herdeiro, do legatário, do autor da herança ou do cônjuge ou companheiro supérstite, que devem aguardar o decurso do prazo de abertura do inventário pelo administrador provisório e ou por qualquer um dos outros legitimados concorrentes.

O CPC de 1973, no art. 989, assegurava ao juiz o poder de determinar, "de ofício, que se inicie o inventário, se nenhuma das pessoas mencionadas nos artigos antecedentes o requerer no prazo legal". Era uma das pouquíssimas hipóteses de mitigação da regra

---

32. Evidentemente, não é possível a abertura de mais de um inventário relativo ao mesmo acervo, o que, caso ocorra, caracterizará litispendência (STJ, 3ª T., REsp 1.591.224, Rel. Min. João Otávio de Noronha, j. 26.04.2016, *DJe* 29.04.2016).
33. Consoante proclamado pelo STJ, "o artigo 616, VI, do CPC/2015 prevê a legitimidade concorrente do credor do herdeiro, do legatário e do autor da herança para requerer o inventário, o que não equivale a alçá-lo à condição de parte no feito sucessório, permitindo ampla atuação como se herdeiro fosse, requerendo prestações de contas, regularização de representação processual e outras medidas específicas" (STJ, 4ª T., AgInt no AREsp 1.154.425, j. 29.03.2021, *DJe* 29.04.2021).

da iniciava da parte, para a provocação do exercício da atividade jurisdicional. O CPC de 2015 não reproduziu essa norma.

7.6.3. Do inventariante

O inventariante cumpre múnus de representar e administrar o espólio, no período compreendido entre a abertura do inventário e o trânsito em julgado da sentença que homologa ou julga a partilha.

Analisando-se o rol do art. 617 do CPC, constata-se que foram três os parâmetros para designar as pessoas habilitadas para o exercício da inventariança: i) pessoas que são titulares de direito à meação ou de direitos sucessórios; ii) pessoa designada pelo *de cujus* para fazer cumprir as suas disposições de última vontade; e iii) pessoas que, conquanto desprovida de qualquer direito ligado à herança ou de função atribuída pelo falecido, atuam como auxiliar do juízo.

A aplicação do primeiro parâmetro indica o seguinte grupo: i) o cônjuge ou companheiro sobrevivente, desde que estivesse convivendo com o outro ao tempo da morte deste; ii) os herdeiros, sendo relevante a divisão dessa categoria em subgrupos – ii.a) o herdeiro que se achar na posse e na administração do espólio, se não houver cônjuge ou companheiro sobrevivente ou se esses não puderem ser nomeados; ii.b) qualquer herdeiro, quando nenhum deles estiver na posse e na administração do espólio; ii.c) o herdeiro menor, por seu representante legal; iii) o cessionário do herdeiro ou do legatário.

Constitui novidade a possibilidade do exercício da inventariança pelo herdeiro menor, por meio de seu representante legal. Afora não se tratar de hipótese expressamente prevista no art. 990 do CPC de 1973, havia acórdão do STJ[34] interditando essa via, sob o argumento de que a inventariança é ato personalíssimo, o que impediria a atuação do representante legal.

Por serem titulares de direito à meação ou de direitos sucessórios, essas pessoas desempenham a função também tendo em vista os seus próprios interesses. Desse modo, o exercício da inventariança não é remunerado.

Já a segunda bitola revela a figura do testamenteiro, cuja função é dar cumprimento às disposições de última vontade do falecido (CC, art. 1.976). Para o exercício dessa atividade, o testamenteiro, que não seja herdeiro ou legatário, "terá direito a um prêmio, que, se o testador não o houver fixado, será de 1% a 5%, arbitrado pelo juiz, sobre a herança líquida, conforme a importância dela e maior ou menor dificuldade na execução do testamento" (CC, art. 1.987). Perceba-se que, dependendo das circunstâncias, a viabilização do cumprimento das disposições de última vontade acaba por impor o exercício da inventariança. Desse modo, quando o testamenteiro tem direito ao prêmio, ele não será remunerado pelo exercício da inventariança.

---

34. STJ, 3ª T., REsp 658.831, rel. Min. Nancy Andrighi, j. 15.12.2005, *DJ* 1º.02.2006.

O emprego de terceiro parâmetro revela o inventariante judicial e o inventariante dativo, que, como visto, atuam como auxiliares da justiça. Não é comum a existência de inventariante judicial, que é servidor público e, portanto, remunerado pelo exercício de sua função. Já o inventariante dativo é particular. Cuida-se de pessoa estranha e idônea, que goza da confiança do magistrado. A sua atuação é remunerada. À falta de regras específicas, para a definição dessa remuneração, propugnava-se a aplicação, por analogia, dos critérios estabelecidos para a determinação do prêmio do testamenteiro. Todavia, o STJ afastou essa solução e decidiu pela utilização de critério remuneratório "estritamente aderente às atividades efetivamente desempenhadas na ação de inventário"[35].

De há muito, a jurisprudência declara que a ordem de nomeação estabelecida pelo legislador não é absoluta[36]. Era assim sob a égide do CPC de 1973 e continua do mesmo modo na vigência do CPC de 2015.

Embora não se possa ignorar o interesse do cônjuge ou do companheiro e dos herdeiros, a inventariança representa um múnus, uma função. Isto é, o inventariante recebe competências (administração e representação), para o atingimento de finalidade no interesse alheio (preservação do patrimônio do espólio e atuação para a adequada conclusão do inventário e da partilha). Ainda na hipótese de herdeiro único, a característica aqui realçada não desaparece por completo, porquanto competirá ao inventariante praticar todos os atos necessários ao recolhimento do ITCMD.

Nesse cenário, o que justificará o acatamento ou a alteração de ordem preestabelecida no art. 617 do CPC são as circunstâncias de cada caso, que indicarão quem está mais e mais bem habilitado para o desempenho da função. Evidentemente, que a regra é o atendimento da sequência assentada no art. 617, de modo que, para excepcioná-la, o juiz deve observar o contraditório (CPC, arts. 6º e 9º) e se desincumbir de relevante ônus argumentativo, demonstrando, objetivamente, a adequação da solução. Não raramente a grave desinteligência entre os sucessores é o que motiva a alteração da ordem e até a nomeação do inventariante dativo[37]. Ou, ainda, a mudança se apoia na existência de alguém com maior capacidade de aglutinar os interesses em jogo. A propósito, o STJ já convalidou a nomeação de viúva, que não mais convivia com o falecido ao tempo do óbito, se os fatos revelarem que "a sua indicação atende aos interesses da grande maioria dos herdeiros e sucessores porquanto, à exceção de uma única filha, todos os demais e até a ex-companheira do extinto concordam que seja àquela atribuído o encargo"[38].

Às vezes, o falecido indicou, em suas disposições testamentárias, quem deveria assumir a inventariança[39]. O juiz não está vinculado a esse apontamento, mas a sua rea-

---

35. STJ, 3ª T., REsp 1.989.894, rel. Min. Nancy Andrighi, j. 17.05.2022, DJ 26.05.2022.
36. STJ, 4ª T., REsp 402.891, rel. Min. Barros Monteiro, j. 1º.03.2005, DJ 02.05.2005. STJ, 3ª T., REsp 1.537.292, Rel. Ricardo Villas Bôas Cuevas, j. 17.10.2017, DJe 24.10.2017.
37. STJ, 4ª T., AgInt no AREsp 1.826.879, Rel. Min. Antonio Carlos Ferreira, j. 30.08.2021, DJe 1º.09.2021.
38. STJ, 4ª T., REsp 357.577, Rel. Min. Aldir Passadinho Júnior, j. 03.08.2004, DJ 08.11.2004.
39. Em decisão monocrática na MC 3.823 (STJ, Rel. Min. Carlos Alberto Menezes Direito, DJ 29.05.2001) e, posteriormente, em agravo regimental (STJ, 3ª T., AGRG na MC 3.823, rel. Min. Carlos Alberto Menezes Direito,

lização é relevante sinal de que a pessoa nominada pelo *de cujus* é quem reúne melhores condições para a função, notadamente quando são apresentados motivos objetivos e razoáveis no testamento. Assim, para tomar a sua decisão sobre a nomeação, sempre tendo em vista todas as circunstâncias, o juiz deve ter em consideração a designação feita no testamento.

7.6.3.1. Das incumbências do inventariante

Os encargos do inventariante estão elencados nos art. 618 e 619 do CPC.

No art. 618 estão arroladas atividades que o inventariante desenvolve, independentemente da oitiva dos interessados e de autorização judicial. Antes do estudo desses itens, convém tentar agrupá-los, nos seguintes termos: i) atos de representação do espólio, em juízo ou fora dele, e de administração dessa massa de bens (CPC, arts. 618, I e II)[40]; ii) atos que devem ser por ele praticados no processo de inventário (CPC, arts. 618, III a VII); iii) providência a ser tomada, quando detectada a insolvência do espólio (CPC, arts. 618, VIII).

O primeiro conjunto é composto pelas atividades essenciais desempenhadas pelo inventariante: representação e administração.

Toca ao inventariante a representação do espólio para prática de atos extrajudiciais em geral, o que envolve, por exemplo, as relações com órgãos da administração pública, direta ou indireta, com instituições bancárias e a participação em assembleias de sociedades das quais o falecido era quotista ou acionista.

Também compete ao inventariante a representação do espólio em juízo, ativa e passivamente (CPC, art. 75, VII). Como visto, é o espólio quem figurará nos polos ativo e passivo das demandas relativas aos bens, direitos e obrigações que o integram.

Em se tratando de inventariante dativo, o § 1º do art. 75 do CPC prescreve que "os sucessores do falecido serão intimados no processo no qual o espólio seja parte". No CPC de 1973, no § 1º do art. 12 falava-se que "todos os herdeiros e sucessores do falecido serão autores ou réus nas ações em que o espólio for parte", o que levou à jurisprudência a reconhecer a necessidade de formação de litisconsórcio necessário[41].

Era correto e louvável o propósito da inclusão dos sucessores nos polos ativo e passivo, o que, inevitavelmente, resultava na formação do litisconsórcio. Todavia, do ponto de vista prático, a solução nem sempre era satisfatória. Basta lembrar que a exigência

---

j. 07.08.2001, *DJ* 17.09.2001) interposto contra o mencionado pronunciamento, a questão da validade da indicação de inventariante por meio de testamento foi tangenciada pelo STJ. Não obstante o teor de parte da ementa a seguir transcrita, em função da sumariedade da cognição em sede cautelar, é correto afirmar que o tema foi analisado apenas superficial e lateralmente: "Agravo regimental. Medida cautelar. Liminar deferida. Efeito suspensivo. Recurso especial. Inventariante nomeado em testamento. Validade".

40. A representação se extingue com a homologação da partilha (STJ, 4ª T., REsp 1.524.638, Rel. Min. Antonio Carlos Ferreira, j. 03.12.2019, *DJe* 10.12.2019).
41. STJ, 2ª T., REsp 1.053.806, rel. Min. Herman Benjamin, j. 14.04.2009, *DJe* 06.05.2009.

de participação como autores conduzia à tormentosa problemática do litisconsórcio ativo necessário. E, eventualmente, o herdeiro podia se recusar a integrar a demanda sem nenhum motivo razoável e até em descompasso com os interesses do espólio.

No já mencionado § 1º do art. 75, o CPC de 2015 trouxe equacionamento mais operativo. Os sucessores serão intimados no processo no qual o espólio for parte ativa ou passiva. Com a intimação, caso queiram, os sucessores poderão passar a integrar a relação processual, na condição de litisconsorte do espólio.

A função de administrar abrange a gerência dos bens, direitos e obrigações do espólio. Como regra, essa governança encontrará limite nos atos de disposição patrimonial, direta ou indireta. Em outro giro verbal, não se tratará de administração a alienação de bens, a transação, o pagamento de dívidas e a realização de despesas concernentes aos bens do espólio, que, como será visto, dependerão de autorização judicial, após a oitiva dos interessados (art. 619). Entretanto, consoante será examinado a seguir, essa regra deve ser vista e calibrada de acordo com a atividade econômica dos bens que compõem o acervo deixado pelo falecido.

São atos que devem ser praticados pelo inventariante no processo de inventário (CPC, arts. 618, III a VII): prestar as primeiras e as últimas declarações pessoalmente ou por procurador com poderes especiais; exibir em cartório, a qualquer tempo, para exame das partes, os documentos relativos ao espólio; juntar aos autos certidão do testamento, se houver; trazer à colação os bens recebidos pelo herdeiro ausente, renunciante ou excluído; e prestar contas de sua gestão ao deixar o cargo ou sempre que o juiz lhe determinar[42].

Outrossim, detectando que os ativos que integram o espólio são insuficientes para fazer frente ao passivo, é atribuição do inventariante requerer declaração de insolvência do espólio (CPC, arts. 618, VIII).

Em seu art. 619, o CPC arrola os atos que o inventariante somente pode praticar, com autorização judicial, dada após a oitiva dos interessados.

Como antecipado, a administração feita pelo inventariante encontra limite nos atos de disposição patrimonial, direta ou indireta. Donde a proibição de alienação de bens, de celebração de transação, do pagamento de dívidas e da realização de despesas necessárias para a conservação e o melhoramento dos bens do espólio sem autorização judicial, que será concedida após a oitiva dos interessados.

Igualmente como adiantado, essa limitação não pode perder de vista o tipo de atividade econômica dos bens que compõem o acervo deixado pelo falecido.

---

42. As contas serão prestadas em apenso ao processo de inventário (CPC, art. 553). Nesse incidente, não há condenação em honorários (STJ, 3ª T., AgInt no AREsp 1.266.368, Rel. Min. Moura Ribeiro, j. 16.09.2019, *DJe* 19.09.2019; STJ, 3ª T., AgInt no AgInt no AREsp 1.578.523, Rel. Min. Moura Ribeiro, j. 21.09.2020, *DJe* 24.09.2020). Todavia, mesmo após a encerramento do inventário e homologação da partilha, podem ser exigidas as contas, por meio de ação autônoma (STJ, 4ª T., AgInt no AREsp 1.799.251, Rel. Min. Raul Araújo, j. 17.05.2021, *DJe* 18.06.2021).

Às vezes, a venda, a compra e o pagamento de contas são atos inerentes à administração dos bens do espólio, sendo que o tempo para a realização de um desses atos poderá ditar o desenlace positivo ou negativo da operação. Para ficar numa hipótese, é o caso da atividade pecuária. Nessas situações, constatado que a oitiva dos sucessores e autorização judicial prévias inviabilizam ou atuam em desfavor dos interesses do espólio, deve-se recorrer a alternativas mitigadoras desse problema[43], como, por exemplo, a fixação de valores de alçada, dentro da qual a compra, a venda, os pagamentos e as despesas relativas aos bens são realizadas sem autorização prévia, com posterior prestação de contas.

7.6.3.2. Da remoção e destituição do inventariante

Distinguem-se a remoção e a destituição do inventariante. A primeira se deve a ato praticado no inventário, enquanto a destituição decorre de fato externo ao processo, mas que compromete a idoneidade técnica ou moral do inventariante. Imagine-se o inventariante condenado criminalmente por apropriação indébita ou estelionato ou ainda aquele que teve decretada a falência da empresa que administrava e da qual era sócio.

Ainda no tema da remoção, deve ser mencionada a peculiar situação do inventariante dativo, cuja nomeação e permanência decorrem da confiança que nele é depositada pelo juiz da causa. Quebrada a fidúcia, por qualquer razão, ou alterado o juiz da causa, é cabível a destituição do inventariante dativo.

Na esteira do entendimento jurisprudencial[44], o CPC de 2015 previu expressamente a decretação da remoção *ex officio* pelo juiz (art. 622, *caput*), devendo o magistrado, contudo, submeter o assunto ao contraditório previamente (CPC, art. 10).

As hipóteses de remoção estão contempladas no art. 622 do CPC e são as seguintes: i) não prestar, no prazo legal, as primeiras ou as últimas declarações; ii) não der ao inventário andamento regular, se suscitar dúvidas infundadas ou se praticar atos meramente protelatórios; iii) por culpa sua, bens do espólio se deteriorarem, forem dilapidados ou sofrerem dano; iv) se não defender o espólio nas ações em que for cita-

---

43. Debateu-se o tema no julgamento do REsp 1.358.430, relatado pela Min. Nancy Andrighi (STJ, 3ª T., j. 03.06.2014, *DJe* 17.06.2014), sendo oportuno trazer à balha o seguinte trecho da ementa do acórdão: "(...) 2. Cinge-se a controvérsia em definir se o juiz pode permitir o levantamento de valores, pelo inventariante, para pagamento de dívidas e realização de despesas para conservação e melhoramento do patrimônio inventariado, sem a prévia oitiva dos herdeiros interessados. 3. É imperiosa a adequada ponderação entre a necessidade de oitiva dos herdeiros imposta por lei e a própria eficiência da administração dos bens do espólio. 4. O juiz pode, excepcionalmente, permitir o levantamento, pelo inventariante, de valores para pagamento de dívidas do espólio e realização de despesas para conservação e melhoramento do patrimônio inventariado, sempre condicionado à autorização judicial, dispensada a prévia oitiva dos herdeiros interessados, desde que as ações pretendidas pelo inventariante, por sua própria natureza o importância, não recomendem essa manifestação e desde que seja obedecido um limite a ser fixado conforme às situações do caso concreto. 5. Tendo em vista o patrimônio inventariado, composto de fazendas que somam área considerável, tem-se por sensata a fixação do valor de R$ 10.000,00 (dez mil reais) como limite máximo para pagamentos ou despesas realizadas pelo inventariante sem que haja oitiva dos herdeiros".
44. STJ, 3ª T., REsp 539.898, rel. Min. Carlos Alberto Menezes Direito, j. 29.03.2005, *DJ* 06.06.2005.

do, se deixar de cobrar dívidas ativas ou se não promover as medidas necessárias para evitar o perecimento de direitos; v) não prestar contas ou se as que prestar não forem julgadas boas; vi) sonegar, ocultar ou desviar bens do espólio.

São atos reveladores de desídia, do desatendimento do dever de transparência ou de lealdade. A abordagem acerca da característica desses atos é relevante, porquanto não é exaustiva a lista do art. 622 do CPC, o que, aliás, já foi remarcado pelo STJ[45]. A título ilustração, uma causa frequentemente empregada para a remoção, não prevista no art. 622 do CPC, é o alto grau de litigiosidade entre o inventariante e o outro ou outros herdeiros, que compromete o processamento do inventário[46].

Formulado o pedido de destituição ou remoção, "será intimado o inventariante para, no prazo de 15 (quinze) dias, defender-se e produzir provas" (CPC, art. 623), instaurando-se respectivo incidente que correrá em apenso aos autos do inventário (CPC, art. 623, parágrafo único).

Decorrido o prazo, com a defesa do inventariante ou sem ela, após eventual produção de prova, o juiz decidirá (CPC, art. 624). Saliente-se, neste incidente, não há limitação quanto à produção de prova e nem no que se refere à cognição, que poderá alcançar todos os aspectos envolvendo ao fundamento da remoção ou destituição.

Ainda vale destacar que o pronunciamento que julga o pedido destituição ou remoção tem natureza de decisão interlocutória, podendo ser combatido por meio de agravo de instrumento[47].

Nos termos do parágrafo único do art. 624, decretada a remoção ou a destituição, o juiz nomeará outro inventariante, observando a ordem fixada no art. 617, sempre atendidas as circunstâncias do caso, como visto acima. Prescreve o art. 625, que:

> O inventariante removido entregará imediatamente ao substituto os bens do espólio e, caso deixe de fazê-lo, será compelido mediante mandado de busca e apreensão ou de imissão na posse, conforme se tratar de bem móvel ou imóvel, sem prejuízo da multa a ser fixada pelo juiz em montante não superior a três por cento do valor dos bens inventariados.

7.6.4. Das primeiras declarações

Essencialmente, o inventário se destina à identificação dos sucessores e à arrecadação, descrição e avaliação dos bens e direitos deixados, bem como das obrigações existentes. As primeiras declarações constituem o passo inicial para alcançar esse objetivo e, por isso, representam uma peça fundamental do inventário.

Não por outra razão, prescreve o art. 620 do CPC, que, dentro de 20 dias contados da data em que prestou o compromisso, o inventariante fará as primeiras declarações

---

45. STJ, 4ª T., AgInt no REsp 1.921.746, Rel. Min. Antonio Carlos Ferreira, j. 10.05.2022, *DJe* 20.05.2022.
46. STJ, 4ª T., AgInt nos EDcl no AREsp 1.414.100, Rel. Min. Raul Araújo, j. 30.10.2023, *DJe* 08.11.2023.
47. STJ, 4ª T., AgInt no AgInt nos EDcl no AREsp 867.973, Rel. Min. Luis Felipe Salomão, j. 20.04.2017, *DJe* 03.05.2017.

contendo os seguintes elementos: i) o nome, o estado, a idade e o domicílio do autor da herança, o dia e o lugar em que faleceu e se deixou testamento; ii) o nome, o estado, a idade, o endereço eletrônico e a residência dos herdeiros e, havendo cônjuge ou companheiro supérstite, além dos respectivos dados pessoais, o regime de bens do casamento ou da união estável[48]; iii) a qualidade dos herdeiros e o grau de parentesco com o inventariado; iv) a relação completa e individualizada de todos os bens do espólio, inclusive aqueles que devem ser conferidos à colação, e dos bens alheios que nele forem encontrados, descrevendo-se: a) os imóveis[49], com as suas especificações, nomeadamente local em que se encontram, extensão da área, limites, confrontações, benfeitorias, origem dos títulos, números das matrículas e ônus que os gravam; b) os móveis, com os sinais característicos; c) os semoventes, seu número, suas espécies, suas marcas e seus sinais distintivos; d) o dinheiro, as joias, os objetos de ouro e prata e as pedras preciosas, declarando-se-lhes especificadamente a qualidade, o peso e a importância; e) os títulos da dívida pública, bem como as ações, as quotas e os títulos de sociedade, mencionando-se-lhes o número, o valor e a data; f) as dívidas ativas e passivas, indicando-se-lhes as datas, os títulos, a origem da obrigação e os nomes dos credores e dos devedores; g) direitos e ações; h) o valor corrente de cada um dos bens do espólio.

Há debate acerca de necessidade de inclusão no inventário e de realização de partilha dos valores relativos à previdência complementar privada aberta, na modalidade VGBL (Vida Gerador de Benefícios Livres) e PGBL (Plano Gerador de Benefícios Livres). De um lado, defende-se a natureza securitária desses planos, o que afastaria a sua inclusão no inventário e consequente partilha dos valores, os quais seriam diretamente pagos ao(s) beneficiário(s) indicado(s) pelo titular ou, na falta de nomeação, aos sucessores legais. Pelo outro ângulo de análise, sustenta-se a natureza de aplicação financeira das quantias endereçadas a estes planos, o que imporia o lançamento destes valores no inventário e a sua partilha, respeitando-se, evidentemente, a parcela disponível do patrimônio, que pode ser destinada a quem o seu titular indicar.

Já existem pronunciamentos do STJ, no sentido de que, "no período que antecede a percepção dos valores, ou seja, durante as contribuições e formação do patrimônio, com múltiplas possibilidades de depósitos, de aportes diferenciados e de retiradas, inclusive antecipadas, a natureza preponderante do contrato de previdência complementar aberta é de investimento, razão pela qual o valor existente em plano de previdência complementar aberta, antes de sua conversão em renda e pensionamento ao titular,

---

48. Aplicando orientação refletida no enunciado da Súmula 377 do STF, em se tratando do regime da separação obrigatória, o STJ tem decidido que somente são partilháveis com o cônjuge sobrevivente os bens "adquiridos na constância do casamento, desde que comprovado o esforço comum para sua aquisição" (STJ, 3ª T., AgInt nos EDcl no AgInt no AREsp 1.084.439, Rel. Min. Marco Aurélio Bellizze, j. 03.05.2021, DJe 05.05.2021; STJ, 4ª T., AgInt nos EDcl no REsp 1.873.590, Rel. Min. Luis Felipe Salomão, j. 19.10.2020, DJe 26.10.2020).

49. O STJ (3ª T., REsp 1.637.359, Rel. Min. Nancy Andrighi, j. 08.05.2018, DJe 11.05.2018) reconheceu que a regra contida na Lei de Registros Públicos (art. 167, II, "4" e 169), "que determina a obrigatoriedade de averbar as edificações efetivadas em bens imóveis autoriza a suspensão da ação de inventário até que haja a regularização dos referidos bens no respectivo registro, inclusive porque se trata de medida indispensável a adequada formação do conteúdo do monte partível e posterior destinação do quinhão hereditário".

possui natureza de aplicação e investimento, devendo ser objeto de partilha por ocasião da dissolução do vínculo conjugal ou da sucessão por não estar abrangido pela regra do art. 1.659, VII, do CC/2002"[50].

Questão tormentosa do ponto de vista prático é o da definição do "valor corrente de cada um dos bens".

É inaceitável exigir que o inventariante, desde já, disponha de todos os elementos para uma criteriosa avaliação e indicação do valor de mercado do bem. Por outro lado, a chancela dessa imposição representa a criação de ambiente fomentador de disputas entre os sucessores, bastando, para tanto, que alguém discorde do valor de mercado indicado pelo inventariante. Por isso, caminho aceitável é utilizar o mesmo critério que o fisco estadual emprega para o lançamento do ITCMD, ressalvando-se que tais valores poderão ser revistos, para fins de partilha. Evita-se o surgimento prematuro ou desnecessário de divergência e ainda já se tem parâmetros para o cálculo do tributo. Na partilha, tais valores poderão ser revisitados, sendo que, nessa ocasião, afora o valor de mercado que orientará a composição igualitária dos quinhões, não se pode perder de vista, para fins de transferência patrimonial, os valores declarados no último imposto de renda do falecido, sem o que o espólio eventualmente poderá apurar e ser obrigado a pagar o tributo por último mencionado (IR), incidente sobre ganho de capital.

Ainda sobre o valor dos bens, o § 1º do art. 620 preceitua que o juiz determinará que se proceda "ao balanço do estabelecimento, se o autor da herança era empresário individual" (inc. I), ou "à apuração de haveres, se o autor da herança era sócio de sociedade que não anônima" (inc. II). Tais disposições devem ser conciliadas com o art. 612, já examinado. Ou seja, apresentado o balanço ou indicados os haveres, diante da existência de controvérsia entre os sucessores, exigir-se-á a produção de prova, provocando a remessa da discussão para as vias ordinárias.

Em havendo litígio, é completamente inviável se pretender apurar os haveres no bojo do inventário. Basta lembrar que o dissenso necessariamente incluirá, além dos sucessores, a sociedade que é quem, efetivamente, deve promover o pagamento dos haveres. Nessa situação, ou o espólio (antes de ultimada a partilha) ou os sucessores deverão promover a ação de "dissolução de sociedade", para a apuração dos haveres, assunto que foi estudado em capítulo próprio, ao qual se faz remissão.

As primeiras declarações serão prestadas por meio de termo circunstanciado, assinado pelo juiz, pelo escrivão e pelo inventariante (CPC, art. 620, *caput*), ou, o que é muito mais funcional e frequente, "mediante petição, firmada por procurador com poderes especiais, à qual o termo se reportará" (CPC, art. 620, § 2º).

---

50. STJ, 3ª STJ, REsp 1.726.577, Rel. Min. Nancy Andrighi, j. 14.09.2021, *DJe* 1º.10.2021. Essa posição parece já consolidada na 3ª Turma: STJ, REsp 1.880.056, Rel. Min. Nancy Andrighi, j. 16.03.2021, *DJe* 22.03.2021. Na 4ª Turma, feriu-se o tema apenas lateralmente, ao não se conhecer recurso especial, por questões processuais (óbices retratados nas Súmulas 5 e 7 do STJ), que havia sido manejado contra acórdão que determinou a inclusão na partilha de valores relativos a plano VGBL (AgInt no AREsp 921.715, Rel. Min. Raul Araújo, j. 26.10.2020, *DJe* 24.11.2020).

Conquanto representem o passo inicial para a identificação e arrecadação dos bens, é factível que possam existir equívocos ou omissões involuntárias nas primeiras declarações, sendo aceitável e até natural a sua retificação ou o seu aditamento.

Nessa linha, a ocasional preterição de bens nas primeiras declarações não caracteriza sonegação. Como se sabe, a sonegação é instituto de direito material, disciplinado nos arts. 1.992 a 1.996 do CC, caracterizado pela imposição de pena consistente na perda do direito sobre o bem que deveria ter sido declarado no inventário e foi dolosamente omitido. Relativamente ao inventariante, somente poder-se-á arguir a sonegação "depois de encerrada a descrição dos bens, com a declaração, por ele feita, de não existirem outros por inventariar" (CPC, art. 621), o que somente ocorrerá quando forem prestadas as últimas declarações (CPC, art. 636)[51].

7.6.5. Das citações e impugnações

Apresentadas as primeiras declarações, "o juiz mandará citar, para os termos do inventário e da partilha, o cônjuge, o companheiro, os herdeiros e os legatários e intimar a Fazenda Pública, o Ministério Público, se houver herdeiro incapaz ou ausente, e o testamenteiro, se houver testamento" (CPC, art. 626).

É importante dedicar toda a atenção da atuação do cônjuge, companheiro e sucessores, para, em seguida, tratar-se separadamente da participação da Fazenda Pública, do Ministério Público e do testamenteiro.

O cônjuge[52] ou o companheiro, os herdeiros e os legatários são litisconsortes necessários e serão citados pelo correio, nos termos do art. 247 do CPC, sendo que a carta de citação será acompanhada das primeiras declarações (CPC, art. 626, §§ 1º e 2º)[53].

Se o cônjuge ou sucessores estiverem em local incerto e não sabido promover-se-á a citação por edital. Em se conhecendo o domicílio do cônjuge ou sucessor, ainda que situado em outra comarca ou no exterior, não é cabível a citação por edital. Inclusive, o CPC de 2015 suprimiu essa possibilidade, antes prevista no § 1º do art. 999 do CPC de 1973 e validada pela jurisprudência[54], não obstante a sua vitanda inconstitucionalidade.

---

51. STJ, 3ª T., REsp 52, Rel. Min. Gueiros Leite, j. 15.08.1989, *DJ* 18.09.1989; STJ, 4ª T., REsp 265859, Rel. Min. Salvio de Figueiredo Teixeira, j. 20.03.2003, *DJ* 07.04.2003.
52. Nos termos do art. 1.829, I, do CC, relativamente ao patrimônio particular do *de cujus*, no "regime de separação convencional de bens, o cônjuge sobrevivente concorre com os descendentes do falecido, sendo apenas afastada a concorrência quanto ao regime de separação legal de bens previsto no art. 1.641, do Código Civil" (STJ, 2ª Seção, REsp 1.382.170/SP, Rel. Min. Moura Ribeiro, Rel. p/ Acórdão Min. João Otávio de Noronha, j. 22.04.2015, *DJe* 26.05.2015; STJ, 3ª T., REsp 1.830.753, j. 03.12.2019, *DJe* 06.12.2019).
53. Conforme decidido pelo STJ, "em regra, responde o espólio pelo pagamento dos honorários devidos ao advogado contratado para a abertura do inventário. No entanto, constatado que os herdeiros possuem interesse antagônico e que foram representados por patronos distintos, cada qual deve responder pelos honorários contratuais de seu advogado" (STJ, 4ª T., AgInt no AgInt no REsp 1.750.234, Rel. Min. Antonio Carlos Ferreira, j. 29.06.2020, *DJe* 1º.07.2020).
54. STF, Plenário, RE 552.598, Rel. Min. Carlos Alberto Menezes Direito, j. 08.10.2008, *DJe* 20.10.2008. Há, no entanto, julgado do STJ (3ª T., REsp 1.584.088, Rel. Min. Nancy Andrighi, j. 15.05.2018, *DJe* 18.05.2018) que,

Também prevê o § 1º do art. 626 a utilização do edital para a provocação, para participação no processo, de interessados incertos ou desconhecidos, nos termos do inc. III do art. 259 do CPC.

Citados, o cônjuge ou o companheiro, os herdeiros e os legatários terão 15 dias, contados da data da juntada aos autos da última carta de citação (CPC, art. 231, § 1º), para se manifestarem sobre as primeiras declarações.

Abre-se caminho para as partes se manifestarem, no prazo comum de 15 (quinze) dias, sobre as primeiras declarações, seja para arguir erros, omissões e "sonegação" de bens, seja para reclamar contra a nomeação de inventariante, seja para contestar a qualidade de quem foi incluído no título de herdeiro (CPC, art. 627).

A alegação de imprecisões ou omissões nas primeiras declarações se destina a assegurar a correta arrecadação dos bens, direitos e obrigações que compõem o espólio. O termo sonegação deve ser visto com restrição, porquanto, conforme salientado, tecnicamente, a caracterização da sonegação pelo inventariante somente se viabiliza com a apresentação das últimas declarações.

A reclamação sobre a nomeação do inventariante colocará em pauta a questão de sua escolha, sendo aplicáveis as considerações desenvolvidas acima sobre o tema. Resumidamente, à luz da ordem preestabelecida no art. 617, que não é absoluta, as circunstâncias de cada caso indicarão quem está mais e mais bem habilitado para o desempenho da função.

Além da catalogação e descrição dos bens, as primeiras declarações se destinam à identificação dos sucessores. Daí a possibilidade de contestação da qualidade de quem foi incluído no título de herdeiro.

As impugnações serão apreciadas pelo juiz, o que resultará num dos seguintes cenários (CPC, art. 627, §§ 1º, 2º e 3º): i) rejeição das impugnações; ii) acolhimento da(s) impugnação(ões) que apontava(m) erros ou omissões e consequente determinação de retificação das primeiras declarações; iii) acolhimento da(s) impugnação(ões) que questionava(m) a nomeação do inventariante, o que redundará na designação do outro à luz do art. 617 do CPC; iv) verificando que a disputa sobre a qualidade de herdeiro a demanda produção de provas que não a documental, o juiz remeterá a parte às vias ordinárias e sobrestará, até o julgamento da ação, a entrega do quinhão que na partilha couber ao herdeiro admitido.

---

corretamente, mitiga a incidência dessa regra, para compatibilizá-la com a Constituição: "3 – A regra do art. 999, § 1º, do CPC/73, que autoriza a citação por edital daqueles que residem em comarca distinta daquela em que tramita a ação de inventário, não deve ser interpretada de forma assistemática, devendo, em observância ao modelo constitucional de processo e à garantia do contraditório, ser lida em sintonia com as hipóteses de cabimento da citação editalícia, previstas no art. 231 do mesmo diploma, que sempre devem ser consideradas excepcionais. 4 – Na hipótese, tendo sido declinados na petição inicial todos os dados pessoais indispensáveis a correta identificação dos herdeiros, inclusive os seus respectivos endereços, devem ser eles citados pessoalmente, por carta com aviso de recebimento, vedada apenas a citação por oficial de justiça, que comprometeria a garantia a razoável duração do processo".

No último caso, em regra, não haverá o sobrestamento do inventário. Far-se-á a reserva de bens na proporção da participação desse herdeiro, desde que configurados os requisitos da relevância do direito e do perigo na demora.

O pronunciamento que julga as impugnações tem natureza de decisão interlocutória e desafia a interposição de agravo de instrumento (CPC, art. 1.015, II).

7.6.5.1. Das intimações da Fazenda Pública, do Ministério Público e do testamenteiro

A intimação da Fazenda Pública (CPC, art. 626, *caput*) se deve ao seu interesse em acompanhar o inventário, para fiscalizar o adequado recolhimento do ITCMD. Inclusive, após a vista de 15 dias conferida às pessoas citadas, a Fazenda Pública, também no prazo de 15 dias "informará ao juízo, de acordo com os dados que constam de seu cadastro imobiliário, o valor dos bens de raiz descritos nas primeiras declarações" (CPC, art. 629).

Em havendo herdeiro incapaz ou ausente, haverá a intimação (CPC, art. 626, *caput*) do Ministério Público para autuar na defesa dos interesses dessas pessoas.

Por fim, a intimação do testamentário (CPC, art. 626, *caput*) ensejará a sua atuação para fiscalizar o cumprimento das disposições de última vontade do falecido.

7.6.6. Do herdeiro preterido

Proclama o art. 628 do CPC, que "aquele que se julgar preterido poderá demandar sua admissão no inventário, requerendo-a antes da partilha".

Feito o pedido de admissão, ouvidas as partes no prazo de 15 dias, o juiz decidirá (CPC, art. 628, § 1º).

No julgamento incidem as limitações impostas à cognição judicial previstas no art. 612 do CPC. Desse modo, "se para solução da questão for necessária a produção de provas que não a documental, o juiz remeterá o requerente às vias ordinárias, mandando reservar, em poder do inventariante, o quinhão do herdeiro excluído até que se decida o litígio" (CPC, art. 628, § 2º).

A reserva de bem tem natureza cautelar[55], devendo ser analisada à luz dos requisitos dessa modalidade de tutela provisória (CPC, art. 300), isto é, a probabilidade do direito afirmado e o risco ao resultado último do processo que instaurado pelas vias ordinárias.

---

55. STJ, 3ª T., REsp 976.649, Rel. Min. Nancy Andrighi, j. 17.12.2009, *DJe* 02.02.2010; STJ, 3ª T., REsp 660.897, Rel. Min. Carlos Alberto Menezes Direito, j. 02.08.2007, *DJ* 05.11.2007.

7.6.7. Da avaliação e do cálculo do tributo

Em não tendo havido impugnação ou julgados os questionamentos apresentados, na forma do art. 630 do CPC, o juiz nomeará, se for o caso, perito para avaliar os bens do espólio, se não houver na comarca avaliador judicial.

Antes de se falar da avaliação em geral, impende destacar alguns pontos da fixação de valor dos direitos relativos a quotas sociais. Nessa hipótese, o juiz "nomeará perito para avaliação das quotas sociais ou apuração dos haveres" (CPC, art. 630, parágrafo único). Duas notas, contudo, são necessárias: i) aqui também incide a restrição cognitiva do art. 612, de modo que o assunto será remetido para as vias ordinárias, quando existirem fatos a serem provados por outros meios, que não a prova documental; ii) essa avaliação das quotas ou apuração dos haveres é inoponível à sociedade e aos outros sócios, que, por óbvio, não participam do inventário. Se os sucessores pretenderem exigir os seus haveres da sociedade deverão propor a correspondente ação de "dissolução parcial de sociedade".

Relativamente a outros bens e direitos, o perito observará, no que couber, as regras sobre avaliação prescritas no processo de execução por quantia certa, mais precisamente, nos arts. 872 e 873 do CPC. Ou seja, avaliador apresentará laudo no prazo fixado pelo juiz, devendo-se, em qualquer hipótese, especificar os bens, com as suas características, e o estado em que se encontram, afora o seu valor (CPC, art. 872, I e II). Além disso, é admitida nova avaliação quando "qualquer das partes arguir, fundamentadamente, a ocorrência de erro na avaliação ou dolo do avaliador", "se verificar, posteriormente à avaliação, que houve majoração ou diminuição no valor do bem", ou "o juiz tiver fundada dúvida sobre o valor atribuído ao bem na primeira avaliação" (CPC, art. 873, I, II e III).

Para a realização de avaliação em bens localizados em outras comarcas, dispensa-se a expedição de precatória quando estes forem de pequeno valor ou perfeitamente conhecidos pelo perito nomeado (CPC, art. 632).

Apresentado o laudo, as partes terão o prazo comum de 15 (quinze) dias para se manifestarem (CPC, art. 635). Com a oitiva, o juiz decidirá e, em sendo acolhida a impugnação, determinará que o perito retifique a avaliação (CPC, art. 635, § 1º e § 2º).

Não se promoverá avaliação desde que sejam capazes todas as partes e a Fazenda Pública, intimada pessoalmente, concorde expressamente com os valores atribuídos aos bens nas primeiras declarações (CPC, art. 633). Por outro lado, quando a Fazenda Pública divergir do valor assinalado nas primeiras declarações, se os sucessores concordarem com o valor dos bens de raiz descritos nas primeiras declarações, informado pelo Estado em atendimento ao art. 629 do CPC, a avaliação recairá apenas sobre os demais bens e direitos (CPC, art. 634).

Mesmo que existam dúvidas acerca dos valores dos bens, recomenda-se fortemente a escolha, pelos sucessores, da via da avaliação extrajudicial. A experiência revela que a avaliação judicial é ponto relevante de entraves à marcha processual, bem como fonte de potenciais disputas. Tudo isso pode ser contornado por profissional contratado comum e diretamente pelas partes. Inclusive, como dito inicialmente, esse é campo propício para a celebração de negócio jurídico processual (CPC, art. 190), que terá por objeto, por exemplo, a escolha do profissional, o custeio do trabalho, os critérios que devem ser observados na elaboração e apresentação do trabalho, além da vinculação das partes ao seu resultado.

Sendo a hipótese de dispensa da avaliação ou concluído esse trabalho, inclusive com a solução das eventuais impugnações, "lavrar-se-á em seguida o termo de últimas declarações, no qual o inventariante poderá emendar, aditar ou completar as primeiras" (CPC, art. 636).

As partes serão ouvidas sobre as últimas declarações, no prazo comum de 15 (quinze) dias, e passar-se-á para a fase do cálculo do tributo (CPC, art. 637).

Dispõe o art. 638 do CPC, que "feito o cálculo, sobre ele serão ouvidas todas as partes no prazo comum de 5 (cinco) dias, que correrá em cartório, e, em seguida, a Fazenda Pública". Em havendo e sendo acolhida eventual impugnação, "o juiz ordenará nova remessa dos autos ao contabilista, determinando as alterações que devam ser feitas no cálculo" (CPC, art. 638, § 1º). Feitas as correções, o juiz julgará o cálculo do tributo (CPC, art. 638, § 2º)[56].

Não obstante essas disposições específicas, o recolhimento o tributo é fortemente influenciado pela legislação estadual, com critérios variáveis em cada ente da federação, que também cuida do procedimento de recolhimento do ITCMD. Em muitos Estados, a determinação e o recolhimento do tributo são realizados após declaração realizada administrativa e eletronicamente. Com isso, instaura-se processo administrativo onde ou são declarados os valores para a validação do fisco ou a própria Fazenda indica a base de cálculo que entende como correta. Evidentemente, nesses processos deve existir espaço para o contribuinte questionar os critérios da Fazenda Pública e, se for o caso, trazer o tema à apreciação do juízo do inventário. Determinado o valor devido e efetuado o recolhimento, após o recebimento das informações do respectivo órgão da administração tributária, a Fazenda Estadual noticia no inventário que houve processo administrativo e o devido pagamento do ITCMD.

---

56. Nos termos da jurisprudência do STJ, "o prazo decadencial, nos casos de ITCMD, tem início a partir do primeiro dia do exercício seguinte àquele em que ocorreu o trânsito em julgado da sentença homologatória da partilha, que seria a data em que o lançamento poderia ter ocorrido" (STJ, 2ª T., AgInt no AREsp 1.473.619, Rel. Min. Og Fernandes, j. 08.06.2020, *DJe* 15.06.2020). No mesmo sentido: STJ, 1ª T., AgInt no AREsp 1.273.589, Rel. Min. Gurgel de Faria, j. 12.04.2021, *DJe* 05.05.2021. Ainda há divergência envolvendo a impossibilidade, ou não, do Fisco proceder o lançamento enquanto pende discussão sobre a alíquota aplicável. Há julgamento, da 2ª Turma, declarando que "existência de discussão judicial acerca do percentual de alíquota aplicável não impossibilita o Fisco de proceder ao lançamento com a intenção de evitar a decadência" (STJ, 1ª T., AgInt no AREsp 1.625.877, Rel. Min. Mauro Campbell Marques, j. 16.12.2020, *DJe* 18.12.2020). Contudo, na 1ª Turma, encontra-se manifestação na direção de que, "durante a pendência da discussão judicial acerca da alíquota aplicável, o Fisco gaúcho estava impossibilitado de constituir o crédito tributário" (STJ, 1ª T., AgInt no AREsp 1.926.495, Rel. Min. Regina Helena Costa, j. 14.06.2021, *DJe* 16.06.2021).

O STJ[57] declarou que o juiz do inventário tem competência para, no julgamento do cálculo, apreciar pedido de isenção de ITCMD, a despeito da competência administrativa atribuída à autoridade fiscal pelo art. 179 do CTN. Com o fito de evitar mal-entendido, remarca-se que a mesma Corte Federal[58] apontou exatamente para o caminho oposto no procedimento do arrolamento, sustentando, neste caso, diante simplificação de suas fases, a competência exclusiva da autoridade administrativa.

Antes da Constituição de 1988, enquanto ainda exercia função de guardião do direito federal, o STF editou algumas súmulas sobre a incidência e o recolhimento do ITCMD.

Ainda é muito atual a discussão que deu margem à tese retratada na Súmula 114 e vazada nos seguintes termos: "O imposto de transmissão *causa mortis* não é exigível antes da homologação do cálculo".

A tese foi proclamada ainda tendo em conta o CPC de 1939, mais precisamente, o art. 500[59] que tem redação próxima aos arts. 637 e 638 do CPC de 2015.

Na vigência do Código de 1939, houve Estados que pretenderam desvincular o prazo do recolhimento do ITCMD da homologação do cálculo. Em outro giro verbal, buscou-se desatar o vencimento do prazo para pagamento do tributo (e consequentemente a caracterização do atraso, com suas repercussões) do procedimento estabelecido no CPC.

E isso deu margem a debates que acabaram por levar o assunto ao Supremo Tribunal Federal. Aí está a origem do entendimento consagrado pela Súmula 114. No *leading case* que propiciou a edição da súmula, o Ministro Pedro Chaves assim se manifestou:

> No extraordinário ficou decidido que a ora embargada não estaca sujeita à multa moratória pelo retardamento no recolhimento do imposto de transmissão *causa mortis, exigido na forma da lei local e no termo por ela firmado,* porque sobre essa lei imperava hierarquicamente o disposto no art. 500 do Código de Processo Civil. (....) A decisão local em boa hora reformada, além de atentar contra a hierarquia das leis, atenta também contra a lógica, pois antes da liquidação e julgamento do cálculo, não é possível recolher o imposto (Grifo nosso).

O STJ tem decidido que "a prolação da sentença de homologação da partilha é que possibilita a identificação dos aspectos material, pessoal e quantitativo da hipótese normativa de incidência do ITCMD, não sendo possível a realização de lançamento

---

57. STJ, 1ª Seção, REsp 1.150.356, Rel. Min. Luiz Fux, j. 09.08.2010, *DJe* 25.08.2010; STJ, 2ª T., REsp 138.843, Rel. Min. Castro Meira, j. 08.03.2005, *DJ* 13.06.2005; STJ, 1ª T., REsp 143.542/RJ, Rel. Min. Milton Luiz Pereira, j. 15.02.2001, *DJ* 28.05.2001; e STJ, 4ª T., REsp 114.461, Rel. Min. Ruy Rosado de Aguiar, j. 09.06.1997, *DJ* 18.08.1997.
58. STJ, 1ª Seção, REsp 1.150.356, rel. Min. Luiz Fux, j. 09.08.2010, *DJe* 25.08.2010.
59. "Art. 500. Ouvidos os interessados no prazo comum de cinco (5) dias, e o representante da Fazenda Pública no de quarenta e oito (48) horas, o juiz julgará por sentença a liquidação e mandará expedir guias para o pagamento do imposto cinco (5) dias após a intimação da sentença às partes. Vencido o prazo sem que as partes, ou o representante da Fazenda Pública, tenham impugnado o cálculo, este será havido como aprovado".

antes de tal homologação"[60]. Em não sendo viável a realização do lançamento, não se pode falar em imposição de multa.

Em São Paulo, por exemplo, se o recolhimento do ITCMD (e não o encerramento do inventário) não ocorrer em até 180 (cento e oitenta) da abertura da sucessão, passam a ser cobrados multa e juros[61]. Ou seja, contrariando o procedimento estabelecido no CPC, dissociam-se da data de constituição definitiva do crédito tributário, o vencimento dos tributos e as repercussões do pretenso atraso.

Em tema de ITCMD a ser recolhido no inventário, o STF ainda editou as Súmulas 112[62], 113[63], 331[64] e 590[65].

7.6.8. Das colações

O ordenamento jurídico assegura a validade e eficácia de liberalidades praticadas entre ascendentes e descendentes. Todavia, esse ato jurídico deve ser compatibilizado com a regra que contempla a existência de herdeiros necessários (CC, art. 1.845) e ainda com aquela que confere a tais herdeiros o direito à metade dos bens da herança, os quais formam a legítima (CC, art. 1.846).

Com efeito, se algum herdeiro necessário recebeu doação em vida do ascendente têm-se os seguintes desdobramentos: i) em regra, a doação importa adiantamento do que lhes cabe por herança (CC, art. 544); ii) como houve recebimento antecipado da herança, por ocasião do inventário, devem ser equiparados ou acertados os quinhões que integram a legítima, a fim de que todos os herdeiros dela participem igualitariamente.

A colação é exatamente a obrigação imposta aos herdeiros necessários de levarem para o inventário os bens ou direitos recebidos antecipadamente, com o propósito de promover a equiparação das legítimas, sob pena de sonegação[66]. Ou, segundo a letra do art. 2002 do CC, "os descendentes que concorrerem à sucessão do ascendente comum

---

60. STJ, 2ª T., AgInt no REsp 1.786.162, Rel. Min. Herman Benjamin, j. 16.05.2019, DJe 30.05.2019.
61. Lei Estadual 10.705/2000, art. 17, § 1º.
62. "Súmula 112. O imposto de transmissão 'causa mortis' é devido pela alíquota vigente ao tempo da abertura da sucessão.
63. "Súmula 113. O imposto de transmissão 'causa mortis' é calculado sobre o valor dos bens na data da avaliação".
64. "Súmula 331. É legítima a incidência do imposto de transmissão 'causa mortis' no inventário por morte presumida".
65. "Súmula 590. Calcula-se o imposto de transmissão 'causa mortis' sobre o saldo credor da promessa de compra e venda de imóvel, no momento da abertura da sucessão do promitente vendedor".
66. Já decidiu o STJ: "Para efeito de cumprimento do dever de colação, é irrelevante o fato de o herdeiro ter nascido antes ou após a doação, de todos os bens imóveis, feita pelo autor da herança e sua esposa aos filhos e respectivos cônjuges. O que deve prevalecer é a ideia de que a doação feita de ascendente para descendente, por si só, não é considerada inválida ou ineficaz pelo ordenamento jurídico, mas impõe ao donatário obrigação protraída no tempo de, à época do óbito do doador, trazer o patrimônio recebido à colação, a fim de igualar as legítimas, caso não seja aquele o único herdeiro necessário (arts. 2.002, parágrafo único, e 2.003 do CC/2002)" (STJ, 3ª T., REsp 1.298.864, Rel. Min. Marco Aurpelio Bellizze, j. 19.05.2015, DJe 29.05.2015). Reafirmando o posicionamento: STJ, 4ª T., AgInt no EDcl no REsp 961.404, Rel. Min. Antonio Carlos Ferreira, j. 20.09.2018, DJe 27.09.2018.

são obrigados, para igualar as legítimas, a conferir o valor das doações que dele em vida receberam, sob pena de sonegação"[67].

Destaque-se que a legitimidade de exigir a colação é exclusiva dos herdeiros necessários[68].

Somente não haverá a obrigação em comento se, no momento da liberalidade, o bem integrar a parte disponível do patrimônio do ascendente, que declara estar o herdeiro dispensado de trazer o bem à colação. A dispensa também pode ser outorgada pelo doador em testamento (CC, art. 2.006). Ainda se admite a dispensa "no caso de doação na qual há concordância de todos os herdeiros"[69].

Daí dispor o art. 639 do CPC, que, no mesmo prazo de impugnação às primeiras declarações, "o herdeiro obrigado à colação conferirá por termo nos autos ou por petição à qual o termo se reportará os bens que recebeu ou, se já não os possuir, trar-lhes-á o valor".

Lembre-se que essa obrigação deve ser cumprida pelo inventariante, já nas primeiras declarações (CPC, 620, IV).

Atualmente, o critério para a determinação do valor do bem a ser colacionado é o do momento da abertura da sucessão. Assim, para a recomposição dos quinhões, o bem deve ser considerado pelo valor que tiver ao tempo da abertura da sucessão (CPC, art. 639, parágrafo único). Esse preceptivo do CPC repete regra antes contemplada no parágrafo único do art. 1.014 do CPC de 1973. No entanto, o CC de 2002, no seu art. 2.004, prescrevia que dever-se-ia ter em conta o valor do bem, na data da liberalidade. Diante da antinomia entre o CPC de 1973 e o CC de 2002, com razão, entendia-se que prevalecia o critério do CC (data da liberalidade), porquanto a norma posterior (CC, art. 2.004) revogara a anterior (CPC, art. 1.014, parágrafo único)[70]. Os mesmos motivos autorizam afirmar que o parágrafo único do art. 639 do CPC de 2015 revogou o art. 2.004 do CC de 2002. Por conseguinte, nas sucessões abertas após o início da vigência do CPC de 2015, prevalece o critério, segundo o qual, para a reequilíbrio dos quinhões da legítima, o bem deve ser considerado pelo valor que tiver ao tempo da abertura da sucessão.

A obrigação de colacionar os bens não é extinta em razão da renúncia à herança ou na hipótese de exclusão do herdeiro da sucessão. Deve, pois, o herdeiro renunciante ou excluído "conferir, para o efeito de repor a parte inoficiosa, as liberalidades que obteve do doador" (CPC, art. 640). Nesse caso, "é lícito ao donatário escolher, dentre os bens doados,

---

67. STJ, 3ª T., AgInt no REsp 1839600, Rel. Min. Marco Aurélio Bellizze, j. 1º.06.2021, *DJe* 07.06.2021.
68. STJ, 3ª T., REsp 167.421, Rel. Min. Paulo de Tarso Sanseverino, j. 07.12.2010, *DJe* 17.12.2010.
69. STJ, 4ª T., AgInt no AREsp 837.816, Rel. Min. Maria Isabel Gallotti, j. 28.09.2020, *DJe* 10.02.2020.
70. O assunto foi abordado no julgamento do REsp 595.742, Rel. Min. Nancy Andrighi (STJ, 3ª T., j. 06.11.2003, *DJe* 1º.12.2003). No caso, como abertura da sucessão aconteceu antes da vigência do CC de 2002, reconhece-se a aplicação do CPC de 1973. Situação idêntica a essa foi decidida nos seguintes julgamentos: STJ, 3ª T., REsp 1.698.638, Rel. Min. Nancy Andrighi, j. 14.05.2019, *DJe* 16.05.2019; STJ, 4ª T., REsp 1.495.667, Rel. Min. Lázaro Guimarães (Desembargador convocado no TRF 5ª Região), j. 15.05.2018, *DJe* 30.05.2018.

tantos quantos bastem para perfazer a legítima e a metade disponível, entrando na partilha o excedente para ser dividido entre os demais herdeiros" (CPC, art. 640, § 1º). Ademais, se a parte inoficiosa recair sobre imóvel indivisível ou que não comporte divisão cômoda, realizar-se-á licitação entre os herdeiros, na qual, em igualdade de condições, o donatário terá direito de preferência sobre os terceiros (CPC, art. 640, §§ 2º e 3º).

Quando o herdeiro nega o recebimento de liberalidades ou se recusa a conferir o bem, o juiz ouvirá as partes no prazo de 15 (quinze) dias e, produzidas as provas documentais eventualmente existentes, decidirá a questão (CPC, art. 641). Incide aqui a restrição à cognição imposta no art. 612, de modo que "se a matéria exigir dilação probatória diversa da documental, o juiz remeterá as partes às vias ordinárias, não podendo o herdeiro receber o seu quinhão hereditário, enquanto pender a demanda, sem prestar caução correspondente ao valor dos bens sobre os quais versar a conferência" (CPC, art. 641, § 2º).

Rejeitada a oposição, o herdeiro deverá fazer a conferência imediatamente e, se não o fizer no prazo improrrogável de 15 (quinze) dias, o "juiz mandará sequestrar-lhe, para serem inventariados e partilhados, os bens sujeitos à colação ou imputar ao seu quinhão hereditário o valor deles, se já não os possuir" (CPC, art. 641, § 1º).

Como enfatizado na caracterização do instituto da colação, a não conferência dos bens pelo herdeiro beneficiado pela liberalidade representará sonegação, com a pena daí decorrente, conforme abaixo estudado.

7.6.9. Da sonegação

A sonegação é o ato de herdeiro de ocultar bens da herança "não os descrevendo no inventário quando estejam em seu poder, ou, com o seu conhecimento, no de outrem, ou que os omitir na colação, a que os deva levar, ou que deixar de restituí-los" (CC, art. 1.992).

Como punição o herdeiro perderá o direito que lhe caiba sobre o bem sonegado (CC, art. 1.992). Em sendo o sonegador o próprio inventariante, ele será removido (CC, art. 1.993).

A admissão da sonegação e a imposição da pena correspondente exige o ajuizamento de ação (ação de sonegados), para a qual tem legitimidade o sucessor prejudicado. A prazo prescricional para o exercício da pretensão relativa à ação de sonegação é de 10 (dez) anos (CC, art. 205), sendo que "o termo inicial do lapso prescricional para o exercício de pretensão em ação de sonegados é o encerramento do inventário, assim compreendido como a oportunidade em que declinadas as últimas declarações no respectivo processo"[71]. Entretanto, "na hipótese de ocultação de bem imóvel ocorrida

---

71. STJ, 3ª T., REsp 1.390.022, Rel. Min. Sidnei Beneti, rel. p/ acórdão Min. João Otávio de Noronha, j. 19.08.2014, *DJe* 08.09.2014; STJ, 4ª T., AgInt nos EDcl no AREsp 1.591.559, Rel. Min. Maria Isabel Gallotti, j. 06.03.2023, *DJe* 08.03.2023.

mediante artifício que não permitiu que os demais herdeiros sequer identificassem a existência do bem durante a tramitação do inventário do *de cujus*", o STJ tem reconhecido a aplicação da teoria da *actio nata* subjetiva, para definir que a fixação do termo inicial se "relaciona com o momento em que aquela violação de direito subjetivo passa a ser de conhecimento inequívoco da parte que poderá exigir a prestação"[72].

7.6.10. Do pagamento das dívidas

Com o falecimento, os herdeiros respondem pelas dívidas do antecessor[73] até as forças da herança (CC, art. 1.792). Todavia, a responsabilidade dos herdeiros somente terá lugar após a realização da partilha, cada qual em proporção que na herança lhe coube (CC, art. 1.997). Enquanto não efetuada a divisão, a herança responde pelo pagamento das dívidas do falecido (CC, art. 1.997, primeira parte). Daí a possibilidade dos credores do espólio, antes da partilha, requererão juízo do inventário o pagamento *das dívidas vencidas e exigíveis* (CPC, art. 642).

O pedido formulado pelo credor, acompanhado de prova literal da dívida, será distribuído por dependência e autuado em apenso aos autos do inventário. Diante da postulação, surgem duas possibilidades:

i) as partes concordam com o pedido e o juiz declarará habilitado o credor, mandando que se faça a separação do dinheiro ou, em sua falta, de bens suficientes para o pagamento (CPC, art. 642, § 2º), os quais serão alienados observando-se o procedimento expropriatório da execução por quantia certa (CPC, art. 642, § 3º). Ao invés de aguardar a alienação, o credor pode requerer a adjudicação dos bens já reservados, o que será deferido, desde que concordem todas as partes (CPC, art. 642, § 4º);

ii) as partes não concordam e o pedido de pagamento será remetido para as vias ordinárias (CPC, art. 643)[74]. Neste caso, porém, o juiz mandará "reservar, em poder do inventariante, bens suficientes para pagar o credor quando a dívida constar de documento que comprove suficientemente a obrigação e a impugnação não se fundar em quitação" (CPC, art. 643, parágrafo único)[75].

---

72. STJ, 3ª T., REsp 1.698.732, Rel. Min. Nancy Andrighi, j. 12.05.2020, *DJe* 18.05.2020.
73. Aqui, obviamente, não podem ser incluídas dívidas da pessoa jurídica da qual o falecido era sócio, seja em razão da diversidade de personalidade jurídica, seja porque o falecimento do sócio não leva, por si só, ao desfazimento da pessoa jurídica (STJ, 4ª T., REsp 1.508.597, Rel. Maria Isabel Gallotti, j. 05.11.2019, *DJe* 19.11.2019).
74. STJ, 4ª T., AgInt no AgRg no REsp 1.293.000, Rel. Min. Antonio Carlos Ferreira, j. 22.03.2018, *DJe* 02.04.2018.
75. Segundo o STJ (3ª T., REsp 1.431.036, Rel. Min. Moura Ribeiro, j. 17.04.2018, *DJe* 24.04.2018), "havendo resistência dos herdeiros, a rejeição do pedido de habilitação de crédito em inventário enseja a condenação do habilitante em honorários. Contudo, havendo também determinação de reserva de bens e de remessa do feito às vias ordinárias, em razão da existência de documentos suficientes para comprovar o crédito, deve-se concluir que houve sucumbência recíproca, donde decorre a compensação da verba honorária e divisão das custas processuais entre os litigantes". Por outro lado, inexistindo litigiosidade no incidente de habilitação, não há condenação em honorários (STJ, 4ª T., AgInt no REsp 1.906.912, Rel. Min. Raul Araújo, j. 09.08.2021, *DJe* 31.08.2021). Para a delimitação do que deve ser qualificado como litigiosidade, cumpre mencionar que, diferentemente do precedente da 3ª Turma citado supra (REsp 1.431.036), em outra oportunidade, o STJ pontuou que a "sentença que denega a habilitação de crédito na sucessão, por mera discordância de qualquer

Destaca-se que a habilitação constitui faculdade do credor, que pode optar pela sua não realização, promovendo a cobrança de seu crédito por meio de ações autônomas ajuizadas em face do espólio[76].

Cuidando-se de dívida líquida e certa, mas ainda não vencida, o credor poderá requerer a habilitação do crédito no inventário (CPC, art. 644). Se as partes concordarem com o pedido, o juiz declarará habilitado o crédito e mandará que se faça a separação de bens para o futuro pagamento (CPC, art. 644, parágrafo único). Em caso de divergência, após o vencimento da dívida, o credor poderá formular o pedido de habilitação com fundamento no art. 642 do CPC, ou realizar a cobrança por meio de ação autônoma.

7.7. DA PARTILHA

Conforme salientado, os bens e direitos que compõem a herança são transferidos imediatamente aos herdeiros, no momento da abertura da sucessão. Entretanto, também consoante anotado, a herança é deferida como um todo unitário, ainda que vários sejam os herdeiros (CC, art. 1.791). Com efeito, enquanto não realizada a partilha, os bens que compõem o acervo hereditário integram um todo indivisível.

Em existindo apenas um herdeiro, todos os bens do acervo que já foram transferidos, serão por ele adjudicados.

Se houver dois ou mais herdeiros, caso o falecido não tenha, por meio de testamento, indicado os bens e valores que comporão os respectivos quinhões hereditários (CC, art. 2.014), é preciso realizar a partilha para colocar fim ao estado de divisão. Por conseguinte, a partilha se traduz na repartição equilibrada dos bens e direitos, assinalando quais deles integrarão a "porção" ou "quinhão" cabente a cada um dos herdeiros.

Em vista da indivisibilidade prevalecente até o momento da partilha, como regra, nenhum herdeiro poderá usufruir individualmente de um bem. Extraordinariamente, tem-se a *antecipação da partilha*[77], isto é, em decisão fundamentada, o juiz defere

> antecipadamente a qualquer dos herdeiros o exercício dos direitos de usar e de fruir de determinado bem, com a condição de que, ao término do inventário, tal bem integre a cota desse herdeiro, cabendo

---

interessado, não enseja a condenação em honorários advocatícios, pois não torna litigiosa a demanda, não havendo falar em condenação, nem de se cogitar em qualquer proveito econômico, já que o direito ao crédito e à sua cobrança são remetidos às vias ordinárias" (STJ, 4ª T., AgInt no REsp 1.792.709, Rel. Min. Luis Felipe Salomão, j. 06.08.2019, DJe 13.08.2019).

76. STJ, 3ª T., ROMS 58.653, Rel. Min. Nancy Andrighi, j. 02.04.2019, *DJe* 04.04.2019; e STJ, 4ª T., AgInt no AREsp 1.612.510, j. 20.04.2020, *DJe* 04.05.2020.

77. Aplicável aos legados, consoante Enunciados 181 e 182 do Fórum Permanente de Processualistas Civis: "181. (arts. 645, I, 647, parágrafo único, 651) A previsão do parágrafo único do art. 647 é aplicável aos legatários na hipótese do inciso I do art. 645, desde que reservado patrimônio que garanta o pagamento do espólio" e "182. (arts. 647 e 651) Aplica-se aos legatários o disposto no parágrafo único do art. 647, quando ficar evidenciado que os pagamentos do espólio não irão reduzir os legados".

a este, desde o deferimento, todos os ônus e bônus decorrentes do exercício daqueles direitos (CPC, art. 647, parágrafo único)[78].

Destacado o cabimento excepcional da *antecipação da partilha*, cumpre descrever a *partilha amigável*, realizada direta e consensualmente pelas partes, e a *partilha judicial*, decorrente de pronunciamento judicial.

Quando os herdeiros forem maiores e capazes a partilha poderá ser feita amigavelmente, por escritura pública, termo nos autos do inventário, ou escrito particular, homologado pelo juiz (CC, art. 2.015). É a *partilha amigável*.

Havendo divergência entre os herdeiros ou se algum deles for incapaz, necessariamente, ter-se-á a *partilha judicial* (CC, art. 2.016), que observará o procedimento a seguir relatado.

No prazo comum de 15 (quinze) dias, o juiz facultará às partes que formulem o pedido de quinhão (CPC, art. 647). Em seguida, o juiz "proferirá a decisão de deliberação da partilha, resolvendo os pedidos das partes e designando os bens que devam constituir quinhão de cada herdeiro e legatário" (CPC, art. 647), na qual devem ser atendidas as seguintes regras (CPC, art. 648): i) a máxima igualdade possível quanto ao valor, à natureza e à qualidade dos bens; ii) a prevenção de litígios futuros; e iii) a máxima comodidade dos coerdeiros, do cônjuge ou do companheiro, se for o caso.

Nos termos do art. 649 do CPC, os

> bens insuscetíveis de divisão cômoda que não couberem na parte do cônjuge ou companheiro supérstite ou no quinhão de um só herdeiro serão licitados entre os interessados ou vendidos judicialmente, partilhando-se o valor apurado, salvo se houver acordo para que sejam adjudicados a todos.

---

78. Em determinado caso, os herdeiros celebraram convenção para que todos eles tivessem direito a determinada retirada mensal, cuja fonte seriam os frutos dos bens que compunham o espólio, até a efetivação da partilha. Coube ao juiz determinar o valor a ser distribuído. Posteriormente, um dos herdeiros pretendeu aumentar o valor recebido e, diante da resistência dos outros, deduziu pedido para que o juiz aumentasse o valor. Houve o indeferimento da pretensão, que foi confirmada pelo TJRJ sob os seguintes argumentos: i) o Poder Judiciário não poderia alterar a convenção processual, sendo essencial, portanto, a concordância de todos os herdeiros; ii) sem nova convenção, o pedido somente poderia ser admitido, "com base no art. 647, parágrafo único, do novo CPC, cujos pressupostos devem ser examinados à luz das hipóteses de tutela da evidência genericamente previstas no art. 311 do novo CPC". Anotando que não se trata de convenção de natureza exclusivamente processual, o STJ invalidou o julgado aduzindo o quanto segue: i) "o acordo se limitou a existência de um adiantamento ao herdeiro. Isso – e apenas isso – deve ser objeto de observância pelo juiz e – ainda assim – em linha de princípio, porque convenção entre as partes jamais poderá subtrair da jurisdição estatal o controle sobre eventuais abusos, invalidades, ilegalidades e nulidades que daquele acordo porventura decorram"; II) "o art. 647, parágrafo único, do novo CPC, nada mais fez do que disciplinar uma situação específica – antecipação de tutela em ação de inventário – que, a bem da verdade, já era suscetível de concessão, nas modalidades urgência e evidência, antes mesmo da entrada em vigor do novo diploma processual. Desse modo, o referido dispositivo legal, além de ser até mesmo despiciendo, não pode, por óbvio, excluir da apreciação do Poder Judiciário pretensão antecipatória que se funde em urgência, ante a sua matriz essencialmente constitucional". Por conseguinte, determinou-se que "o agravo de instrumento interposto pelo recorrente seja rejulgado pelo TJRJ à luz dos pressupostos da tutela provisória de urgência, observando-se, por fim, que eventual majoração deverá respeitar o limite correspondente ao quinhão hereditário que couber ao recorrente" (STJ, 3ª T., REsp 1.738.656, Rel. Min. Nancy Andrighi, j. 03.12.2019, *DJe* 05.12.2019).

O inventariante reservará em seu poder o quinhão que couber ao herdeiro que for nascituro, até o seu nascimento (CPC, art. 650).

Tendo em vista os parâmetros declarados na decisão judicial que deliberou sobre a partilha, o partidor organizará a partilha observando a seguinte ordem (CPC, art. 651): i) dívidas atendidas; ii) meação do cônjuge ou do companheiro[79]; iii) meação disponível; e iv) quinhões hereditários, a começar pelo coerdeiro mais velho.

As partes manifestar-se-ão sobre o esboço, no prazo comum de 15 dias, e, resolvidas as questões suscitadas, a partilha será lançada nos autos (CPC, art. 652), dele constando os elementos a seguir elencados: i) auto de orçamento, que mencionará os nomes do autor da herança, do inventariante, do cônjuge ou companheiro supérstite, dos herdeiros, dos legatários e dos credores admitidos; ativo, o passivo e o líquido partível, com as necessárias especificações; o valor de cada quinhão; ii) de folha de pagamento para cada parte, declarando a quota a pagar-lhe, a razão do pagamento e a relação dos bens que lhe compõem o quinhão, as características que os individualizam e os ônus que os gravam.

Com a informação prestada da Fazenda Pública de que o ITCMD foi devidamente pago ou que não há recolhimento a ser feito, o juiz julgará por sentença a partilha (CPC, art. 654). Todavia, em havendo disputa com o Fisco Estadual, haverá julgamento da partilha, desde que o pagamento esteja garantido (CPC, art. 654, parágrafo único)[80].

Com o trânsito em julgado da sentença, expedir-se-á o formal de partilha, composto pelo termo de inventariante e título de herdeiros, pela avaliação dos bens que constituíram o quinhão do herdeiro, pelo pagamento do quinhão hereditário, pela quitação dos impostos e pela sentença (CPC, art. 655). O formal servirá de título executivo, em relação aos sucessores (CPC, art. 515, IV), e título para a formalização da transferência aos herdeiros dos bens que lhe tocaram.

Em alguns Estados, como é o caso de São Paulo (Provimento da Corregedoria Geral do TJSP 31/2013), o formal de partilha, assim como outras cartas de sentença, pode ser formado extrajudicialmente, a partir dos autos originais, pelos tabeliães de notas.

Saliente-se que a realização da partilha não constitui providência obrigatória. Caso os sucessores assim entendam, desde que sejam maiores e capazes, poderão celebrar o chamado "pacto de não partilhar", de maneira que os bens transmitidos permanecerão no estado de indivisão.

---

79. Nesta direção, o Enunciado 51 do Centro de Estudos Judiciários (CEJ), do Conselho da Justiça Federal: "Na organização do esboço da partilha tratada pelo art. 651 do CPC, deve-se incluir a meação do companheiro".
80. Todavia, conforme correto entendimento expressado pelo Fórum Permanente de Processualistas Civis, por meio do Enunciado 71, "poderá ser dispensada a garantia mencionada no parágrafo único do art. 654, para efeito de julgamento da partilha, se a parte hipossuficiente não puder oferecê-la, aplicando-se por analogia o disposto no art. 300, § 1º".

7.7.1. Da emenda da partilha

Mesmo após o trânsito em julgado da sentença que a homologou ou a julgou, a partilha "pode ser emendada nos mesmos autos do inventário, convindo todas as partes, quando tenha havido erro de fato na descrição dos bens, podendo o juiz, de ofício ou a requerimento da parte, a qualquer tempo, corrigir-lhe as inexatidões materiais" (CPC, art. 656)[81].

É incabível a emenda, não se tratando de erro de fato e havendo dissenso entre as partes[82].

7.7.2. Da anulação da partilha amigável

A partilha amigável é negócio jurídico celebrado entre os herdeiros maiores e capazes. Ocorre que o consentimento externado pode estar viciado, comprometendo a manifestação de vontade, seja em razão de erro essencial (CC, arts. 138 a 144), dolo (CC, arts. 145 a 150) ou coação (CC, arts. 151 a 155). Ainda que não expressamente previstos no art. 657 do CPC, também justificam a invalidação da partilha os defeitos do estado de perigo (CC, art. 156) e da lesão (CC, art. 157), os quais igualmente atingem o consentimento.

Afora esses defeitos, outro vício a comprometer a validade da partilha amigável é a incapacidade de um dos herdeiros que figuraram no acordo.

A ação cabível para suscitar e discutir os defeitos ou a incapacidade é a ação anulatória, prevista no § 4º do art. 966 do CPC[83]. Qualquer pessoa que tenha participado da partilha amigável tem legitimidade ativa para a propositura da ação anulatória, no polo passivo da qual devem figurar todos os beneficiados com a partilha[84].

O direito de postular a anulação decai no prazo de 01 (um) ano[85], contado dos seguintes eventos (CPC, art. 657, parágrafo único): i) no caso de coação, do dia em que

---

81. STJ, 2ª T., AgRg no AREsp 290.919, Rel. Min. Herman Benjamin, j. 21.03.2013, *DJe* 09.05.2013; STJ, 4ª T., REsp 35.873, Rel. Min. Ruy Rosado de Aguiar, j. 28.03.1995, *DJ* 29.05.1995.
82. STJ, 4ª T., REsp 109.188, rel. Min. Barros Monteiro, j. 21.03.2002, *DJ* 26.08.2002.
83. Existem enunciados do Fórum Permanente de Processualistas Civis que dão outro encaminhamento ao tema. Se houver o trânsito em julgado do pronunciamento, ainda que se trate de sentença homologatória, seria cabível a ação rescisória. É o que se extrai do Enunciado 137: "(art. 658; art. 966, § 4º; art. 1.068) Contra sentença transitada em julgado que resolve partilha, ainda que homologatória, cabe ação rescisória". Nesta esteira, a ação anulatória seria cabível somente nos casos de partilha amigável extrajudicial ou partilha amigável judicial homologada por decisão, ainda não transitada em julgado, conforme o Enunciado 138: "(art. 657; art. 966, § 4º; art. 1.068) A partilha amigável extrajudicial e a partilha amigável judicial homologada por decisão ainda não transitada em julgado são impugnáveis por ação anulatória".
84. "No caso de a anulação de partilha acarretar a perda de imóvel já registrado em nome de herdeiro casado sob o regime de comunhão universal de bens, a citação do cônjuge é indispensável, tratando-se de hipótese de litisconsórcio necessário" (STJ, 3ª T., REsp 1.706.999, Rel. Min. Ricardo Villas Bôas Cueva, j. 23.02.2021, *DJe* 1º.03.2021).
85. "É assente perante este Superior Tribunal de Justiça que o prazo ânuo para se pleitear a anulação de partilha, disposto nos artigos 1.029, parágrafo único, do Código de Processo Civil de 1973, atual 567, parágrafo único; e 2.027, do Código Civil, aplica-se, tão somente, ao âmbito sucessório, de modo que, quando se tratar de anula-

ela cessou; ii) no caso de erro ou dolo, do dia em que se realizou o ato; iii) quanto ao incapaz, do dia em que cessar a incapacidade.

Outra situação é aquela que diz respeito à nulidade da partilha, seja porque houve preterição de herdeiro ou porque dela participou pessoa que não é herdeira. Nesses casos, a partilha é nula (e não anulável) e o prazo de prescrição de pretensão é de 10 (dez) anos (CC, art. 205), contado a partir do momento que se tomou conhecimento do vício[86] ou, no caso de reconhecimento de filiação *post mortem*, "do trânsito em julgado da sentença proferida na ação de investigação de paternidade, quando resta confirmada a sua condição de herdeiro"[87], surgindo, assim, a pretensão (*actio nata*).

7.7.3. Da rescisão da partilha judicial

Outro é o regime jurídico da partilha julgada por sentença. Diferentemente da atividade homologatória ligada à partilha amigável, quando houver incapazes ou dissenso entre os herdeiros, a divisão dos bens e a atribuição dos quinhões é feita judicialmente, por meio de pronunciamento que resolve a disputa existente entre os sucessores[88]. Na linha da distinção acima sustentada, cuida-se de partilha judicial, em que há julgamento do mérito da controvérsia concernente à divisão dos bens.

Uma consequência da mudança de regime é exatamente o meio de impugnação, após o trânsito em julgado. Ao invés da ação anulatória, o remédio cabível é o da ação rescisória que, conforme prescrito no art. 658 do CPC, terá pelo menos um dos seguintes fundamentos: i) erro essencial, dolo, coação ou incapacidade, indicados no art. 657 do CPC, afora os vícios da lesão e do estado de perigo que, conquanto não mencionados

---

ção de partilha por ocasião de dissolução de união estável, separação judicial ou divórcio, o prazo decadencial aplicável é o previsto no artigo 178, do Código Civil, de 4 (quatro) anos" (STJ, 4ª T., AgInt no REsp 1.897.743, j. 13.11.2023, DJe 21.11.2023).

86. O STJ decidiu que a "inclusão no inventário de pessoa que não é herdeira torna a partilha nula de pleno direito, porquanto contrária à ordem hereditária prevista na norma jurídica, a cujo respeito as partes não podem transigir ou renunciar" (STJ, 2ª Seção, EDAREsp 226.991, Rel. Min. Ricardo Villas Bôas Cueva, j. 10.06.2020, DJe 1º.07.2020). Na hipótese vertente, aplicando o CC de 1916, em sede de embargos de divergência, o STJ fixou entendimento de que a prescrição seria vintenária, aplicando o art. 177 do CC de 1916, que corresponde ao art. 205 do CC de 2002.

87. STJ, 3ª T., REsp 1.605.483, Rel. Min. Paulo de Tarso Sanseverino, j. 23.02.2021, DJe 1º.03.2021; e STJ, 3ª T., REsp 1.762.852, Min. Ricardo Villas Bôas Cueva, j. 18.05.2021, DJe 25.05.2021.

88. Sobre o tema, vale a pena transcrever parte da ementa do acórdão proferido no REsp 1.238.684, relatado pela Min. Nancy Andrighi (STJ, 3ª T., j. 03.12.2013, DJe 12.12.2013): "(...) 2. Discute-se a ação adequada para desconstituir a partilha homologada por sentença nos autos do inventário, assim como a legitimidade dos herdeiros para figurar no polo passivo. 3. A análise da ação adequada à invalidação da partilha tem por pressuposto a análise do conteúdo e dos limites da sentença proferida nos autos do inventário: se homologada, simplesmente, a partilha, mesmo que para aprovar o plano apresentado pelo inventariante, mas desde que ausente litigiosidade, deve-se ajuizar a ação anulatória; se, ao revés, na sentença forem resolvidas questões suscitadas pelos interessados quanto à divisão de bens e/ou à admissão de herdeiros, cabível é a ação rescisória. 4. Na espécie, a invalidação pretendida na ação anulatória é do ato homologado e não da sentença homologatória, porquanto ficou demonstrado nos autos que, ao elaborar as primeiras declarações e o esboço de partilha, a inventariante (recorrente), intencionalmente, omitiu a condição de meeira da então companheira do falecido, embora a tenha indicado na petição inicial do inventário, preterindo, assim, o seu direito à meação".

expressamente nesse dispositivo, também comprometem o consentimento válido; ii) preterição de formalidades legais na partilha julgada; iii) preterição de herdeiro habilitado no inventário ou inclusão quem não o seja.

A disciplina aqui aplicável é a da ação rescisória, de maneira que também se pode impugnar o pronunciamento que julgou a partilha com base num dos fundamentos do art. 966 do CPC. Além disso, a legitimidade toca a qualquer das partes do processo ou seus sucessores, bem como ao Ministério Público, ao terceiro juridicamente interessado e àquele que não foi ouvido no processo em que lhe era obrigatória a intervenção (CPC, art. 967). O direito à rescisão se extingue no prazo de 02 (dois) anos, contado do trânsito em julgado da sentença que julgou a partilha (art. 975).

A preterição de herdeiro habilitado no inventário, exposta no inc. III do art. 658, não pode ser equiparada à situação do herdeiro necessário não incluído nesse processo *e consequentemente não contemplado na partilha*[89]. *É o que se dá, por exemplo, com o filho que teve a relação de filiação declarada após o falecimento de seu sucessor e do encerramento do inventário. Esse herdeiro, que nem mesmo foi parte no inventário, não está submetido ao prazo decadencial da ação rescisória e deve se valer da ação de petição de herança. A pretensão relativa à petição de herança prescreve em 20 anos (Súmula 149 do STF), quando a abertura da sucessão se deu sob a égide do CC de 1916, o que atrai a aplicação do art. 177 do mencionado diploma legal. Já nas sucessões abertas na vigência do CC de 2002, o prazo prescricional é de 10 (dez) anos, incidindo o disposto no art. 205 deste documento normativo.*

7.8. DO ARROLAMENTO

Ao invés do caminho até aqui estudado, desde que presentes determinados requisitos, o CPC prevê outra via para que se promova a arrecadação dos bens do falecido e a sua divisão, com a atribuição dos quinhões aos herdeiros. Por meio da supressão de fase ou concentração de etapas, promove-se a simplificação do procedimento. É o chamado arrolamento de bens, consistente processo simplificado de arrecadação e repartição dos bens do falecido cabível nas seguintes hipóteses: i) quando os herdeiros, maiores e capazes, já apresentam a partilha amigável dos bens (CPC, art. 659); ii) se houver apenas um herdeiro a quem a herança será adjudicada (CPC, art. 659, § 1º); iii) o valor dos bens do espólio for igual ou inferior a 1.000 salários-mínimos (art. 664).

Existem duas espécies de arrolamento: o *sumário* (art. 659 a 663) e o *comum* (art. 664).

---

89. Nesse sentido, o Enunciado 183 do Fórum Permanente de Processualistas Civis: "A ação rescisória de partilha com fundamento na preterição de herdeiro, prevista no inciso III do art. 658, está vinculada à hipótese do art. 628, não se confundindo com a ação de petição de herança (art. 1.824 do Código Civil), cujo fundamento é o reconhecimento do direito sucessório e a restituição da herança por aquele que não participou, de qualquer forma, do processo de inventário e partilha".

Independentemente dos valores dos bens que integram o espólio, o *arrolamento sumário* tem lugar sempre que os herdeiros, maiores e capazes, estejam concordes e apresentem a partilha amigável. Por óbvio, igualmente aplicar-se-á o arrolamento sumário se se tratar de herdeiro único, que adjudicará os bens.

Preenchidos os requisitos, o inventário pode ser convertido em arrolamento sumário.

Já o cabimento do arrolamento comum está vinculado ao valor dos bens do espólio. Ou seja, se valor for igual ou inferior a 1.000 salários-mínimos, esse é o procedimento a ser observado. Respeitado esse teto, mesmo que haja interesse de incapazes, far-se-á o arrolamento comum, desde que concordem todas as partes e o Ministério Público (CPC, art. 665).

Tanto no arrolamento sumário como no arrolamento comum são aplicáveis subsidiariamente as regras do inventário e da partilha (CPC, art. 667).

7.8.1. Do arrolamento sumário

Realiza-se a instauração do arrolamento sumário, por meio de petição formulada por todos os herdeiros, com os seguintes requisitos: i) requerimento de nomeação do inventariante, independentemente da lavratura de termo de inventariança ou de qualquer espécie; ii) declaração dos títulos dos herdeiros e dos bens que integram o espólio; iii) atribuição de valor aos bens, para fins de partilha.

Ajuizado o arrolamento, já será apresentada a partilha amigável ou pedido de adjudicação, a serem homologados pelo juiz.

Em regra, não há espaço para realização de avaliação, para nenhuma finalidade (CPC, art. 661), salvo quando houver credor habilitado nos autos que impugnar a estimativa de valor feita pelos interessados (CPC, art. 663, parágrafo único). Nos termos do *caput* do art. 663, a "existência de credores do espólio não impedirá a homologação da partilha ou da adjudicação, se forem reservados bens suficientes para o pagamento da dívida".

Com o trânsito em julgado da sentença de homologação de partilha ou de adjudicação, lavrar-se-á formal de partilha ou a carta de adjudicação, com a expedição dos alvarás referentes aos bens e às rendas por ele abrangidos (CPC, art. 659, § 2º).

A emissão do formal de partilha ou carta de adjudicação não está vinculada à comprovação do recolhimento dos tributos. Na realidade, após a expedição, o fisco será intimado "para lançamento administrativo do imposto de transmissão e de outros tributos porventura incidentes, conforme dispuser a legislação tributária" (CPC, art. 659, § 2º).

A desvinculação entre o recolhimento de tributos e a conclusão do arrolamento sumário é confirmada pelo art. 662, que interdita nesse procedimento o conhecimento e apreciação de "questões relativas ao lançamento, ao pagamento ou à quitação de taxas judiciárias e de tributos incidentes sobre a transmissão da propriedade dos bens do espólio"[90]. Inclusive, o STJ fixou a seguinte tese repetitiva, na apreciação do Tema 1074: "No arrolamento sumário, a homologação da partilha ou da adjudicação, bem como a expedição do formal de partilha e da carta de adjudicação, não se condicionam ao prévio recolhimento do imposto de transmissão *causa mortis*, devendo ser comprovado, todavia, o pagamento dos tributos relativos aos bens do espólio e às suas rendas, a teor dos arts. 659, § 2º, do CPC/2015 e 192 do CTN"[91]. Essa compreensão, por outro lado, confirma o entendimento do STJ[92], que tem como inviável, no arrolamento, a análise pelo juiz do pedido de isenção do ITCMD.

A taxa judiciária será calculada com base no valor atribuído aos herdeiros. Todavia, nesse ponto e também no que se refere ao ITCMD, as autoridades fazendárias não estão adstritas aos valores dos bens do espólio atribuídos pelos herdeiros (CPC, art. 662, §§ 1º e 2º).

7.8.2. Do arrolamento comum

Quando o valor dos bens do espólio for igual ou inferior a 1.000 salários-mínimos, far-se-á o pedido de instauração do arrolamento comum e de nomeação do inventariante.

Assim que nomeado, independentemente de assinatura de termo de compromisso, o inventariante apresentará com suas declarações, a atribuição de valor aos bens do espólio e o plano da partilha (CPC, art. 664).

As partes serão citadas e, se houver incapaz, o Ministério Público intimado das declarações, da estimativa e do plano de partilha apresentado pelo inventariante. Se houver impugnação sobre a utilização do arrolamento comum, compete ao juiz decidir o tema e apontar pela continuação do procedimento ou a observância do regime do inventário.

Se a divergência se situar na estimava feita pelo inventariante, o juiz nomeará avaliador, que oferecerá laudo em dez dias (CPC, art. 664, § 1º).

Com o laudo, o juiz deliberará sobre a partilha, decidindo de plano todas as reclamações e mandando pagar as dívidas não impugnadas (CPC, art. 664, § 2º). Em seguida, "lavrar-se-á de tudo um só termo, assinado pelo juiz, pelo inventariante e pelas partes presentes ou por seus advogados" (CPC, art. 664, § 3º).

Distintamente do arrolamento sumário, no arrolamento comum, o julgamento da partilha dependerá da comprovação da quitação dos tributos (CPC, art. 664, § 5º).

---

90. STJ, 2ª T., AREsp 1.596.714, Rel. Min. Francisco Falcão, j. 04.08.2020, *DJe* 07.08.2020.
91. STJ, 1ª Seção, REsp 1.896.526, Rel. Min. Regina Helena Costa, j. 26.10.2022, *DJe* 28.10.2022.
92. STJ, 1ª Seção, REsp 1.150.356, rel. Min. Luiz Fux, j. 09.08.2010, *DJe* 25.08.2010.

Acerca do ITCMD e da taxa judiciária, aplica-se, no que couber, o disposto no art. 662 (no CPC há um erro de remissão, sendo indevidamente indicado o art. 672), que cuida do tema em sede de arrolamento sumário. Com isso, deve-se entender que, no arrolamento comum, o julgamento da partilha pressupõe a prova do recolhimento do tributo e da taxa judiciária. Entretanto, eventuais divergências apresentadas pelo fisco, no que se refere ao recolhimento e aos seus critérios, deverão ser encaminhadas em processo administrativo, não impedindo o julgamento da partilha e nem a expedição do respectivo formal.

7.9. DA DISPENSA DE INVENTÁRIO E ARROLAMENTO

Revisitando tema já tratado, cumpre lembrar que, nos termos do art. 666 do CPC – que faz remissão à Lei 6.858/1980 –, é dispensável o inventário para o levantamento de valores que eram de titularidade do falecido junto ao Fundo de Garantia do Tempo de Serviço – FGTS e do Fundo de Participação PIS-Pasep, bem como para o recebimento de "restituições relativas ao Imposto de Renda e outros tributos, recolhidos por pessoa física, e, não existindo outros bens sujeitos a inventário, aos saldos bancários e de contas de cadernetas de poupança e fundos de investimento de valor até 500 (quinhentas) Obrigações do Tesouro Nacional" (Lei 6.858/1980, art. 2º). Nesses casos, é necessária uma distinção entre as situações em que há dependentes habilitados daquelas hipóteses em que inexistem tais dependentes[93].

Explica-se.

A Lei 6.858/1980 foi regulamentada pelo Decreto 85.845/1981 que, por sua vez, prescreveu que os valores acima assinalados, "não recebidos em vida pelos respectivos titulares, serão pagos, em quotas iguais, aos dependentes habilitados" (art. 1º). E o Decreto 85.845/1981 qualifica como habilitado o dependente assim declarado em documento fornecido pela "instituição de Previdência ou, se for o caso, pelo órgão encarregado, na forma da legislação própria, do processamento do benefício por morte" (art. 2º). Assim sendo, havendo essa declaração de habilitação, *independentemente de alvará ou qualquer outra providência judicial*, "o pagamento das quantias devidas será feito aos dependentes do falecido pelo empregador, repartição, entidade, órgão ou unidade civil ou militar, estabelecimento bancário, fundo de participação ou, em geral, por pessoa física ou jurídica a quem caiba efetuar o pagamento".

À falta de dependentes habilitados, o recebimento dessas quantias dependerá de alvará judicial[94].

---

93. Na primeira edição, não havíamos mencionado essa distinção, o que foi notado pelo Dr. Dalton Gabardo. Desse modo, a ele registramos os nossos agradecimentos pela atenta leitura e observação.
94. O STJ abordou o tema em sede de conflito de competência (Primeira Seção, CC 15.367, Rel. Min. Ari Pargendler, j. 14.11.1995, *DJ* 04.12.1995): "Conflito de competência. PIS. Valor não recebido em vida. Liberação aos sucessores. Lei n. 6.858, de 1980. Os montantes das contas individuais do fundo de garantia do tempo de serviço e do Fundo de Participação PIS-PASEP, não recebidos em vida pelos respectivos titulares, devem ser liberados aos dependentes

7.10. DAS DISPOSIÇÕES COMUNS DO INVENTÁRIO, PARTILHA E ARROLAMENTO

O CPC reserva seção (Seção X) para tratar de institutos ou disposições que, embora heterogêneas, podem ter aplicação no inventário, na partilha e no arrolamento.

7.10.1. Eficácia da tutela provisória

No curso do inventário ou do arrolamento, o juiz pode conceder tutelas provisórias, relacionadas, por exemplo, à condição de herdeiro ou ao interesse de credores (em ambos os casos, reserva de bens) ou à fruição antecipada de determinados bens.

Assim sendo, estabelece-se regra sobre a cessação da eficácia da tutela provisória eventualmente concedida. Mais precisamente, a tutela provisória deixará de produzir efeitos se "a ação não for proposta em 30 (trinta) dias contados da data em que da decisão foi intimado o impugnante, o herdeiro excluído ou o credor não admitido" (CPC, art. 668, I). Ainda haverá cessação da eficácia "se o juiz extinguir o processo de inventário com ou sem resolução de mérito" (CPC, art. 668, II).

7.10.2. Da sobrepartilha

Em mais de uma oportunidade, afirmou-se que o propósito central do inventário e da partilha é arrecadar e dividir os bens deixados pelo falecido. Sucede que, eventualmente, bens que eram do falecido deixam de ser inventariados. É o que ocorre com os bens sonegados, os descobertos após a partilha, os litigiosos ou situados em lugar remoto da sede do juízo onde se processa o inventário.

Esses bens não inventariados ficam sujeitos a sobrepartilha (CPC, art. 669)[95], que observa toda a disciplina do inventário e da partilha (CPC, art. 670), esquadrinhada até aqui, e correrá nos autos do próprio inventário (CPC, art. 669, parágrafo único).

7.10.3. Do curador especial

No processo de inventário ou arrolamento, nos termos do art. 671 do CPC, compete ao juiz nomear curador especial ao ausente, se não o tiver, e ao incapaz, se concorrer na partilha com o seu representante, desde que exista colisão de interesses.

---

habilitados, independentemente de inventário ou arrolamento; o levantamento só depende de autorização judicial se não houver dependentes habilitados, hipótese em que serão recebidos pelos sucessores previstos na lei civil, mediante alvará a ser requerido ao juízo competente para o inventário ou arrolamento. Conflito de Competência conhecido para declarar a competência do MM. Juízo de direito de Tubarão – SC".

95. O encerramento do inventário constitui o termo inicial da pretensão relativa à sobrepartilha (STJ, 4ª T., AgInt no AREsp 1.625.974, Rel. Min. Luis Felipe Salomão, j. 31.08.2020, *DJe* 29.09.2020).

7.10.4. Da cumulação de inventários

É cabível a cumulação de inventários, destinados a partilhar herança de pessoas diversas, nas seguintes situações (CPC, art. 672): i) houver identidade de pessoas entre as quais devam ser repartidos os bens[96]; ii) houver heranças deixadas pelos dois cônjuges ou companheiros; iii) houver dependência de uma das partilhas em relação à outra.

Na terceira hipótese, "se a dependência for parcial, por haver outros bens, o juiz pode ordenar a tramitação separada, se melhor convier ao interesse das partes ou à celeridade processual" (CPC, art. 672, parágrafo único).

---

96. O não atendimento desse requisito impede a cumulação: STJ, 4ª T., AgInt no REsp 1.448.746, j. 07.11.2017, *DJe* 22.11.2017.

8
DOS EMBARGOS DE TERCEIRO

8.1. CONSIDERAÇÕES GERAIS

Representa direito individual, constitucionalmente assegurado (CF, art. 5º, LIV), a observância do devido processo legal, para legitimar a imposição de restrições a bens, inclusive por meio de medidas determinadas por autoridade judicial. Sucede que, em regra, o pressuposto primeiro para o atendimento do devido processo legal é a condição de parte no processo. Ou seja, ordinariamente, somente aquele que figura como parte é quem estará no processo, que, por seu turno, deve se submeter ao devido processo legal.

Em sendo assim, num determinado processo, em relação a quem é terceiro, sequer é possível colocar a questão do cumprimento do devido processo legal, para que os bens de sua titularidade possam ser submetidos a limitação. A posição de terceiro é aqui obtida por exclusão, alcançando consequentemente a pessoa que não é parte naquele determinado processo.

Entretanto, a experiência revela a existência de inúmeras situações nas quais pessoas acabam por suportar ameaças de ou constrições judiciais sobre a posse de bens ou acerca dos quais tenham direito, emanadas em processo em que elas são terceiras, precisamente por não atuarem como parte. Diante desse cenário, o ordenamento jurídico deve dispor de instrumento por meio do qual o terceiro tenha como afirmar a existência dessas situações e combatê-las. Com isso, por meio desse instrumento e após o devido processo legal, ou a ameaça ou a constrição judicial serão afastadas ou ter-se-á a confirmação de sua legitimidade. Esse remédio é a ação de embargos de terceiro, na qual, em regra, o debate tem por conteúdo a legitimidade da constrição, o que repercute na conformação da cognição judicial aqui desenvolvida, como será estudado adiante.

Os eixos dos embargos de terceiro são os seguintes: a constrição sobre bens em processo judicial e a posição de terceiro. Parcela expressiva da disciplina gira em torno ou decorre desses dois elementos, conforme será esmiuçado mais adiante. Desde logo, porém, impende destacar e extrair alguns desdobramentos.

Para justificar a oposição dos embargos de terceiro, a restrição ou a ameaça de embaraço devem ter sido expedidas em processo judicial[1]. Pouco importa o tipo de tutela

---

1. Segundo a jurisprudência do STJ, "não é cabível a oposição de embargos de terceiro contra ordem judicial de despejo, tendo em vista que tal ato não configura apreensão ou constrição judicial" (STJ, 3ª T., AgInt no REsp 1.690.269, Rel. Min. Marco Aurélio Bellizze, j. 19.06.2018, *DJe* 29.06.2018). Na mesma linha: STJ, 4ª T., AgInt

perseguida no processo (de conhecimento, executiva[2] ou cautelar), embora, no mais das vezes, o ato judicial tenha origem em sede de atividade executiva. Igualmente não é relevante se a tutela que justificou a ameaça ou a apreensão é provisória ou definitiva. Tampouco é decisivo se a determinação judicial foi proferida em sede de jurisdição contenciosa ou voluntária[3]. Basta, repita-se, que a constrição ou ameaça decorra de ato praticado em processo judicial[4]. Nesse contexto, o CPC de 2015 fez bem ao não repetir a fórmula da indicação casuística de atos constritivos, prevista, ainda que exemplificativamente, no art. 1.046 do CPC de 1973. De qualquer modo, vale sempre destacar que a constrição deve ser, necessariamente, judicial. Restrições impostas administrativamente, mesmo que advindas de processos administrativos, ou embaraços criados por particulares não autorizam o emprego dos embargos de terceiro.

Ademais, conforme acima já sugerido, insta realçar que, no CPC de 2015, categoricamente (art. 674), admite-se a utilização preventiva dos embargos de terceiro para se contrapor à ameaça de restrição, o que, conquanto não decorresse da letra dos dispositivos do CPC de 1973, era prestigiado pela jurisprudência[5].

Inegavelmente, a figura do terceiro é a que dá margem a maiores dificuldades no exame do assunto. O ponto de partida, como antecipado, é a determinação dos contornos deste personagem por exclusão. Será terceiro quem não for parte. Todavia, essa noção não representa termo de chegada, porquanto nem sempre é fácil, notadamente na atividade executiva, divisar as partes e os terceiros que podem ser atingidos por atos executivos.

Assim sendo, como se infere do disposto no *caput* do art. 674, a seguir reproduzido, cumpre reiterar que a disciplina dos embargos se fundamenta nos conceitos de terceiro e de ameaça de constrição ou constrição emanada de processo judicial:

> Art. 674. Quem, não sendo parte no processo, sofrer constrição ou ameaça de constrição sobre bens que possua ou sobre os quais tenha direito incompatível com o ato constritivo, poderá requerer seu desfazimento ou sua inibição por meio de embargos de terceiro.

Embora possam também se destinar à defesa da posse, os embargos de terceiros não se confundem com as ações possessórias. Nos embargos de terceiro a constrição à posse decorre de ato judicial, o que não acontece nas ações possessórias.

---

no REsp 1802412, j. 19.10.2020, *DJe* 26.10.2020. Em face da ausência de constrição, também não são cabíveis embargos de terceiro contra protesto de alienação de bens (STJ, 3ª T., REsp 1.863.999, Rel. Min. Nancy Andrighi, j. 03.08.2021, *DJe* 09.08.2021).

2. Seja advinda do processo de execução ou cumprimento de sentença, conforme o Enunciado 185 do Fórum Permanente de Processualistas Civis.
3. Assim já se pronunciou o STJ: "Os embargos de terceiro constituem meio hábil para livrar da constrição judicial bem de propriedade de quem não é parte na demanda, ainda que se trate decisão proferida em processo de jurisdição voluntária" (3ª T., AgInt no RMS 64.250, Rel. Min. Ricardo Villas Bôas Cueva, j. 30.08.2021, *DJe* 03.09.2021).
4. Por isso, discorda-se do entendimento do STJ, que afastou o cabimento dos embargos de terceiro, no caso de ato executivo demolitório, determinado no julgamento de ação civil pública (STJ, 1ª T., REsp 1.800.120, Rel. Min. Herman Benjamin, j. 03.03.2020, *DJe* 14.09.2020).
5. STJ, 2ª T., AgRg no REsp 1155796, Rel. Des. convocada Diva Malerbi, j. 09.08.2016, *DJe* 18.08.2016; STJ, 3ª T., REsp 176186, Rel. Min. Nancy Andrighi, j. 08.05.2018, *DJe* 11.05.2018.

Saliente-se que, mesmo em se tratando de constrição oriunda de ato de autoridade – no caso, judicial –, não é possível substituir os embargos de terceiro pelo mandado de segurança[6].

Por último, os embargos de terceiro não se confundem com a oposição. Na oposição, o oponente arroga-se a titularidade do direito material controvertido entre a autor e o réu. Ou seja, o opoente defende que o direito material controvertido é seu e não do autor ou do réu. Já nos embargos de terceiro, independentemente de, em regra, se discutir a titularidade do direito material debatido no processo, busca-se a defesa da posse ou do domínio constritos indevidamente, por determinação judicial emanada daquele processo. A controvérsia sobre o afastamento da constrição não passa pela atribuição ao embargante do direito material discutido do processo, que não lhe diz respeito.

Passa-se a esquadrinhar a disciplina dos embargos de terceiro, tomando-se como parâmetro o roteiro estabelecido no CPC de 2015.

8.2. DA LEGITIMIDADE ATIVA

No tópico anterior, asseverou-se que a natureza de terceiro representa elemento central nesses embargos. Com efeito, a legitimidade ativa toca exatamente ao terceiro que sofreu a constrição ou a ameaça de constrição sobre bens que possua ou acerca dos quais tenha direito incompatível com o ato constritivo. Nesse contexto, preceitua-se a legitimidade dos terceiros proprietário, inclusive fiduciário, ou possuidor (CPC, art. 674, § 1º). Contudo, não raramente, é insuficiente a afirmação de que terceiro é aquele que não ostenta o feitio de parte.

Essa regra impõe o aprofundamento do tema, em duas perspectivas: a delimitação dos contornos da figura do terceiro e a natureza de possuidor ou de proprietário evocada pelo terceiro.

Em atos constritivos vindos de processo ainda na fase cognitiva, será terceiro aquele que não for parte, ou, mais especificamente, quem não integrar o polo passivo.

Esse mesmo parâmetro deve ser aplicado na atividade executiva, seja a realizada no cumprimento de sentença, seja no processo de execução. Isto é, quem for parte no cumprimento de sentença ou na execução não pode utilizar os embargos de terceiro[7]. Porém, aqui a realidade se revela mais complexa, exigindo especificações, o que se faz novamente recorrendo-se ao método da exclusão.

Será parte – e, portanto, não será terceiro e não terá legitimidade para os embargos aqui estudados – quem figurar no título executivo, como devedor ou responsável, e

---

6. STJ, 1ª T., AgRg no RMS 45226, Rel. Min. Regina Helena Costa, j. 23.08.2016, DJe 05.09.2016.
7. STJ, 3ª T., AgRg no AREsp 604057, Rel. Min. Marco Aurélio Bellizze, j. 03.02.2015, DJe 12.02.2015; STJ, 4ª T., AgInt no ARESP 1.303.493, Rel. Min. Maria Isabel Gallotti, j. 02.04.2019, DJe 08.04.2019.

for incluído no processo de execução ou no cumprimento de sentença. Também será parte quem, mesmo não compondo o título executivo, ainda que indevidamente, foi incluído no polo passivo da execução. Nesse caso, suscitar-se-á a ilegitimidade passiva pelos meios de defesas reservados ao executado, não apenas, mas especialmente, pelos embargos à execução.

Volta-se ao ponto de partida. Também na atividade executiva, o principal critério será composição do polo passivo da relação processual executiva. Quem for executado, foi ou deva ser citado na execução, tem ao seu alcance os meios de defesa típicos dessa posição, notadamente os embargos à execução. Sucede que, embora a regra geral de reponsabilidade patrimonial esteja jungida ao devedor e ao seu patrimônio (CPC de 2015, art. 789), existem hipóteses nas quais o patrimônio do terceiro fica vinculado à atividade executiva. São os casos de responsabilidade patrimonial secundária, previstos no art. 790 do CPC de 2015. Insista-se: aquele que não é parte no processo tem os seus bens submetidos à atividade executiva.

A questão que se coloca é se esses terceiros teriam legitimidade para a oposição dos embargos de terceiro.

Saliente-se, reafirmando o que foi exposto anteriormente, que o problema não surgirá caso se determine, com o reconhecimento da existência de responsabilidade patrimonial secundária, a inclusão do terceiro no polo passivo, que, por esse motivo, passará a ostentar a condição de parte e poderá empregar os meios de defesa reservados ao executado, sem a necessidade de recorrer aos embargos de terceiro.

Em não havendo a inclusão do terceiro no polo passivo, deve-se reconhecer a legitimidade para oposição de embargos de terceiro àquele que teve os seus bens sujeitos à execução, por força das regras de responsabilidade patrimonial secundária, estipuladas no art. 790 do CPC. Isso porque, no § 2º do art. 674, o CPC de 2015 expressamente reputou como terceiros, para fins desses embargos, algumas pessoas que tiverem os seus bens submetidos à atuação executiva, com base nas regras de responsabilidade patrimonial secundária. São os casos, por exemplo, do cônjuge ou companheiro que teve os seus bens próprios ou de sua meação sujeitos à execução, mas pretende defendê-los (CPC, arts. 674, § 2º, I, e art. 790, IV), ou de fraude de execução (CPC, arts. 674, § 2º, II, e 792, § 4º).

Do ponto de vista sistemático, não seria adequado conferir diferentes instrumentos para a defesa de bens atingidos pela execução, sempre em razão de responsabilidade patrimonial secundária. Nesses embargos, a discussão terá por objeto a legitimidade da utilização do instituto da responsabilidade patrimonial secundária, para atingir o bem de terceiro. Demonstrado que não era cabível a responsabilidade patrimonial secundária, os embargos de terceiro serão julgados procedentes. Do contrário, os embargos serão rejeitados.

Fixada essa posição, é oportuno esmiuçar situações do § 2º do art. 674 do CPC, nem sempre relacionadas ao instituto da responsabilidade patrimonial secundária.

Como antecipado, o inc. I do § 2º do art. 674 do CPC, considera terceiro, para ajuizamento dos embargos, "o cônjuge ou companheiro, quando defende a posse de bens próprios ou de sua meação, ressalvado o disposto no art. 843".

A situação do cônjuge ou companheiro é peculiar, pois, às vezes, ao mesmo tempo, viabiliza-se a oposição dos embargos de devedor e também dos embargos de terceiro. Por isso, a necessidade de estudar as variações factíveis.

O primeiro cenário é aquele em que o cônjuge ou companheiro figura no título executivo como devedor ou responsável, juntamente com o seu consorte. Cuida-se de dívida do próprio cônjuge ou companheiro ou em relação à qual ele integra a relação obrigacional como responsável. Desse modo, o cônjuge ou companheiro será parte, juntamente com o seu consorte, sendo que os seus bens, próprios ou de sua meação, estão sujeitos à execução, em função da regra geral de responsabilidade patrimonial (CPC, art. 789). Aqui, a sua defesa deve ser deduzida por meio de embargos à execução, sendo inadmissíveis os embargos de terceiro[8].

Diversamente se dá quando o cônjuge ou companheiro não é nem devedor e nem responsável, mas, nos termos do art. 842 do CPC, porque o casamento ou união estável não está submetida ao regime da separação absoluta de bens, é intimado da penhora, que recaiu sobre bem imóvel ou direito real sobre imóvel. Surgirão daí duas possibilidades de defesa. Em razão da intimação, o cônjuge ou companheiro estará habilitado para opor embargos à execução, mesmo não sendo nem devedor e nem responsável. Por força do especial cuidado dedicado pelo ordenamento às entidades familiares, o cônjuge ou o companheiro tem legitimidade extraordinária para questionar o débito, apresentado afirmativas de direito que, na realidade, tocam ao seu consorte. Todavia, afora o título jurídico que lhe autoriza o ajuizamento dos embargos à execução, o cônjuge ou companheiro pode lançar mão dos embargos de terceiro, para defender a posse de bens próprios ou de sua meação. Nessa direção, a Súmula 134 do STJ, com o seguinte conteúdo: "Embora intimado da penhora em imóvel do casal, o cônjuge do executado pode opor embargos de terceiro para defesa de sua meação".

Perceba-se que o título jurídico que legitima os embargos de terceiro é diverso daquele que justifica a oposição dos embargos à execução. Nessa ação, estribado em legitimidade extraordinária, o cônjuge ou companheiro apresenta questionamento envolvendo a própria obrigação retratada no título executivo, defendendo, por isso, afirmativa de direito relativa ao seu consorte. Já nos embargos de terceiro, o cônjuge ou companheiro sustenta direito próprio, para resguardar a posse de bens próprios ou de sua meação.

Questões relevantes são a do objeto da discussão e a do ônus da prova, nos embargos de terceiro manejado pelo cônjuge ou companheiro na defesa da posse de bens próprios ou de sua meação.

---

8. STJ, 4ª T., AgInt no AREsp 790350, Rel. Min. Antonio Carlos Ferreira, j. 06.04.2017, *DJe* 18.04.2017; STJ, Corte Especial, EREsp 306465, Rel. Min. Laurita Vaz, j. 20.03.2013, *DJe* 04.06.2013.

O debate girará em torno da reversão, ou não, em benefício da família, do valor que deu margem à constituição da obrigação contraída pelo cônjuge ou companheiro executado. Se houve a utilização do valor, relativo à dívida contraída pelo executado, em benefício da família, os bens particulares ou a meação do cônjuge ou companheiro estranho à execução ficarão sujeitos aos atos expropriatórios. Ou seja, nessa hipótese, os embargos de terceiro serão julgados improcedentes. Se, ao contrário, o valor que deu origem à dívida não redundou em proveito da família, os bens particulares ou a meação não responderão pelo débito e os embargos de terceiro serão julgados procedentes.

Conforme jurisprudência pacífica do STJ, é do cônjuge ou do companheiro alheio à execução o ônus de provar que a dívida não foi contraída em benefício da família[9]. Distintamente, quando se imputa a um dos cônjuges a prática de ato ilícito (v.g., infração a lei ou ao contrato, para autorizar a desconsideração da personalidade de pessoa jurídica), o consorte somente responderá se restar comprovado que ele foi beneficiado pelo produto da infração, sendo que o ônus da prova desse fato compete ao credor[10].

Enfatizada a atuação do cônjuge ou companheiro ou pelos embargos à execução ou pelos embargos de terceiro, resta examinar a limitação imposta ao cabimento dessa demanda de terceiro, para a defesa da meação do cônjuge ou companheiro. Trata-se da ressalva estabelecida na parte final do inc. I do § 2º do art. 674, que faz remissão ao art. 843, ambos do CPC.

Na execução movida contra um dos consortes ou um dos companheiros[11], recaindo a penhora sobre bem indivisível pertencente a ambos, como a constrição se restringe ao quinhão do executado, em princípio, ter-se-ia a alienação judicial de apenas uma parte ideal desse bem. Dois motivos desaconselhavam essa solução: i) o arrematante deveria estar disposto a formar um condomínio com o cônjuge ou companheiro do executado, o que, evidentemente, constituía um desestímulo à participação no leilão; ii) ainda que se encontrasse alguém disposto a arrematar e formar o condomínio, estaria criado ambiente para potencial disputa entre o arrematante e o cônjuge ou companheiro do executado, destinada à extinção do condomínio.

Por isso, quando a penhora incide sobre parte ideal de bem indivisível, o melhor caminho para se conferir efetividade à tutela executiva é permitir a alienação integral do bem, assegurando-se que a quota-parte do cônjuge ou companheiro alheio à execução recaia sobre o produto do ato expropriatório. Foi exatamente a via trilhada pelo art. 843 do CPC, vazado nos seguintes termos:

---

9. STJ, 4ª T., AgInt no AREsp 790350, Rel. Min. Antonio Carlos Ferreira, j. 06.04.2017, *DJe* 18.04.2017; STJ, 3ª T., AgRg no AgRg no Ag 594642, Rel. Min. Humberto Gomes de Barros, j. 21.02.2006, *DJ* 08.05.2006.
10. STJ, 1ª T., AgRg no REsp 261438, Rel. Min. Francisco Falcão, j. 18.03.2004, *DJ* 17.05.2004; STJ, 2ª T., REsp 1569910, Rel. Min. Herman Benjamin, j. 04.02.2016, *DJe* 18.05.2016.
11. A jurisprudência do STJ (3ª T., AgInt nos EDcl no REsp 1.711.164, Rel. Min. Ricardo Villas Bôas Cueva, j. 24.09.2018, *DJe* 27.09.2018) "orienta-se no sentido de não ser nula, nem anulável, a fiança prestada por fiador convivente em união estável sem a outorga uxória do outro companheiro, e de ser possível que os bens indivisíveis sejam levados à hasta pública por inteiro, reservando-se ao cônjuge meeiro do executado a metade do preço obtido."

Art. 843. Tratando-se de penhora de bem indivisível, o equivalente à quota-parte do coproprietário ou do cônjuge alheio à execução recairá sobre o produto da alienação do bem.

Nota-se que, embora, neste momento, o foco seja o papel do cônjuge ou companheiro, a regra decorrente do art. 843 também se aplica a outras hipóteses de copropriedade, em que houver a penhora de bem *indivisível*.

Voltando à abordagem do tema sob a ótica do cônjuge ou companheiro, diante do encaminhamento dado pelo art. 843 do CPC, deixa de ser possível, nesta situação, a oposição dos embargos de terceiros para resguardar a meação. Daí a ressalva, contida na parte final do inc. I do § 2º do art. 674, impedindo, quando for aplicável o art. 843, a utilização dos embargos de terceiro, pelo cônjuge ou companheiro, que teve a sua meação constrita em execução movida contra o seu consorte.

Como dito, a resposta dada pelo ordenamento no art. 843 é a melhor quando se tem em mira a efetividade da tutela executiva. Entretanto, não se pode perder de vista que essa saída igualmente constitui relevante restrição ao direito do cônjuge ou companheiro, que perderá o bem objeto de sua meação, a qual passará a ser representada pela metade do valor obtido na arrematação. Por isso, nos parágrafos do art. 843 são estabelecidas determinadas salvaguardas. Assim como nos outros casos de copropriedade, assegura-se ao cônjuge ou companheiro direito de preferência na arrematação do bem, em igualdade de condições com outros licitantes (CPC, art. 843, § 1º). A par disso, jamais poder-se-á realizar a alienação por valor inferior ao da avaliação, nos termos do § 2º do art. 843 que tem a seguinte dicção: "Não será levada a efeito expropriação por preço inferior ao da avaliação na qual o valor auferido seja incapaz de garantir, ao coproprietário ou ao cônjuge alheio à execução, o correspondente à sua quota-parte calculado sobre o valor da avaliação".

Ainda do âmbito da proteção familiar, cumpre noticiar o entendimento fixado pelo STJ, no sentido de que o "filho, integrante da entidade familiar, é parte legítima para opor embargos de terceiro a fim de discutir a característica de bem de família do imóvel onde reside com os pais"[12].

Apresentado o regime dos embargos de terceiro do cônjuge ao companheiro, passa-se à segunda hipótese prevista no § 2º do art. 674 do CPC. Cuida-se do reconhecimento da condição de terceiro do "adquirente de bens cuja constrição decorreu de decisão que declara a ineficácia da alienação realizada em fraude à execução" (CPC, art. 674, § 2º, II)

Caracterizada a fraude à execução (CPC, art. 792), o bem alienado ou onerado ficará sujeito à execução, ainda que a sua titularidade agora seja do adquirente, que é pessoa estranha à execução. Isso porque, mesmo que existente e válida, a alienação é ineficaz (CPC, art. 792, § 1º), no que tange ao exequente, ou seja, não produz efeitos

---

12. STJ, 3ª T., AgRg no REsp 1.349.180, Rel. Min. Ricardo Villas Bôas Cueva, j. 1º.03.2016, *DJe* 07.03.2016; STJ, 3ª T., AgRg no REsp 1.490.430, j. 02.09.2020, *DJe* 05.09.2020; e STJ, 4ª T., AgInt no AREsp 1.628.344, j. 11.05.2020, *DJe* 25.05.2020.

em relação à sua pessoa. Por conseguinte, o patrimônio que é de terceiro é submetido à execução, estando caracterizada a responsabilidade patrimonial secundária do adquirente (CPC, art. 790, V).

Como eventualmente, em razão da constrição judicial e posterior alienação, o terceiro adquirente terá seu patrimônio atingido, deve existir algum espaço ou mecanismo para que ele possa se defender, até para que se cumpra a norma constitucional de que ninguém será privado dos seus bens sem o devido processo legal (CF, art. 5º, LIV).

Nessa esteira, "antes de declarar à fraude de execução, o juiz deverá intimar o terceiro adquirente, que, se quiser, poderá opor embargos de terceiro, no prazo de 15 dias" (CPC, art. 792, § 4º).

Nesses embargos, a controvérsia envolverá o atendimento, ou não, dos pressupostos ensejadores da fraude de execução. Delineada a fraude, os embargos de terceiro serão rejeitados. Afastada a sua configuração, a defesa do terceiro será rejeitada.

Na vigência do CPC de 1973 ou julgando casos submetidos a esse regime jurídico, há arestos na jurisprudência do STJ afastando a legitimidade ativa para a oposição dos embargos de terceiro do adquirente do bem ou direito litigioso, sendo reputada a citação válida como marco decisivo para a caracterização da litigiosidade (CPC de 1973, art. 42, § 3º), independentemente da averbação da existência da demanda no respectivo registro público[13]. Essa hipótese excepcionaria a regra da restrição às partes dos efeitos subjetivos da coisa julgada, decorrente do art. 472 do CPC de 1973, de modo que o terceiro adquirente seria alcançado pela sentença e pela imutabilidade do conteúdo de sua parte dispositiva. Entretanto, também podem ser encontrados precedentes mitigando essa solução, quando constatada a "boa-fé dos adquirentes, que não poderiam ter ciência da lide, uma vez que não havia averbação na matrícula do imóvel nem constavam como parte no processo os alienantes"[14].

O CPC de 2015 também qualifica o bem ou o direito como litigioso após a citação válida do réu (art. 240), além de estender, com a litigiosidade, "os efeitos da sentença proferida entre as partes originárias ao adquirente ou cessionário", de maneira a excepcionar a limitação às partes dos efeitos subjetivos da coisa julgada (CPC, art. 503). Todavia, ao disciplinar a fraude à execução, o CPC de 2015 estabeleceu que a sua caracterização se dará "quando sobre o bem pender ação fundada em direito real ou com pretensão reipersecutória, desde que a pendência do processo tenha sido averbada no respectivo registro público, se houver" (CPC de 2015, art. 792, I).

E mais: nos bens sujeitos a registro, em não sendo averbada a pendência do processo, toca ao credor/exequente o ônus de provar que o adquirente tinha conhecimento da demanda (CPC de 2015, art. 792, § 2º, *contrario sensu*).

---

13. STJ, 4ª T., REsp 1.102.151, Rel. Min. Honildo Amaral de Mello Castro (Desembargador convocado do TJ/AP), j. 13.10.2009, *DJe* 26.10.2009; STJ, 3ª T., AgInt no AREsp 1293353, Rel. Min. Ricardo Villas Bôas Cueva, j. 03.12.2018, *DJe* 06.12.2018.
14. STJ, 4ª T., AgInt no REsp 1.574.382/MT, Rel. Min. Marco Buzzi, j. 23.10.2018, *DJe* 29.10.2018.

Assim sendo, mesmo que caracterizada a litigiosidade com a citação válida do réu (CPC, art. 240), para a decretação da fraude à execução, se o bem ou direito forem sujeitos a registro, caberá ao credor/exequente comprovar que o terceiro adquirente tinha ciência da demanda. A par disso, mesmo em se tratando de bem ou coisa litigiosa, por disposição legal expressa (CPC de 2015, art. 792, § 4º), caso o credor/exequente faça a arguição de fraude à execução, o terceiro adquirente terá legitimidade para a oposição dos embargos de terceiro. E, nesse processo, discutir-se-á a boa-fé do adquirente, tendo-se em conta os parâmetros supra assinalados.

A mesma lógica apresentada acima preside a hipótese disciplinada no inc. III do § 2º do art. 674, que considera terceiro "quem sofre constrição judicial de seus bens por força de desconsideração da personalidade jurídica, de cujo incidente não fez parte".

Para a desconsideração da personalidade jurídica deve ser instaurado o correspondente incidente, que constitui modalidade de intervenção de terceiro, disciplinada nos arts. 133 a 137 do CPC. A razão da instauração do incidente é exatamente permitir que ao terceiro eventualmente atingido pela desconsideração seja assegurado o contraditório e o devido processo legal. Dessa maneira, quando houve a instauração do incidente, o terceiro teve a oportunidade de apresentar suas razões. Se os motivos por ele articulados foram rejeitados, deu-se o acolhimento da desconsideração e o seu patrimônio legitimamente estará sujeito à atividade executiva.

Se por qualquer razão não houve a instauração do incidente ou dele a pessoa não tenha feito parte, havendo ameaça ou constrição judicial sobre os bens em decorrência de desconsideração da personalidade, aquele que suportar a restrição judicial é considerado terceiro e tem legitimidade para a oposição dos embargos. Nessa ação, a cognição terá por objeto a caracterização, ou não, dos pressupostos da desconsideração da personalidade, o que corresponderá ou à rejeição dos embargos, no caso da comprovação dos requisitos, ou na sua rejeição, quando esses não forem corroborados.

A quarta e última hipótese normatizada no § 2º do art. 674 do CPC, é a do inc. IV, que considera terceiro "o credor com garantia real para obstar expropriação judicial do objeto de direito real de garantia, caso não tenha sido intimado, nos termos legais dos atos expropriatórios respectivos".

O ordenamento confere proteção aos credores pignoratício, hipotecário[15], anticrético ou fiduciário, a fim de que a sua garantia não seja esvaziada em razão de atividade executiva promovida por outro credor. Neste ponto, os embargos não têm por finalidade exatamente nem a defesa da posse e nem do domínio. Os embargos buscam preservar a efetividade da destinação dada ao bem, antecipadamente, pelo devedor em favor do

---

15. E a hipoteca alcança o imóvel e suas benfeitorias, ainda que introduzidas posteriormente. Desse modo, de um lado, o credor pode lançar mão dos embargos de terceiro para defender e impedir o esvaziamento de sua garantia. Por outro, o terceiro que, mantendo relação jurídica com o devedor, erigir acessões e/ou benfeitorias no imóvel hipotecado não conseguirá defendê-las, por meio de embargos de terceiro, contra a atividade executiva encetada pelo credor hipotecário (STJ, 3ª T., REsp 1.361.214, Rel. Min. Ricardo Villas Bôas Cueva, j. 27.11.2018, *DJe* 06.12.2018).

credor, no momento da constituição da garantia. Por conseguinte, compete ao exequente, ao instaurar a atividade executiva, requerer a intimação (CPC, art. 799, I) do credor pignoratício, hipotecário, anticrético ou fiduciário. Também é necessária a cientificação desses credores da alienação judicial (art. 889, V). Em caso de não intimação, ter-se-á a ineficácia da alienação (CPC, art. 804) em relação a esses titulares de garantia real.

Não obstante a sanção de ineficácia, em reforço ao sistema protetivo estabelecido, confere-se aos credores pignoratício, hipotecário, anticrético ou fiduciário legitimidade ativa para a oposição dos embargos de terceiro. Nesse caso, apresentados os embargos, a defesa dos embargos se restringe a determinados indicados no art. 680 do CPC, o que será objeto de estudo no item relativo à cognição nos embargos de terceiro.

Delimitados os contornos da figura do terceiro, passe-se a esquadrinhar a segunda perspectiva acima proposta, ou seja, a condição de possuidor ou de proprietário evocada pelo terceiro.

Tradicionalmente, os embargos de terceiro constituíam remédio de caráter possessório. Nessa esteira, no § 1º do art. 1.046 do CPC de 1973 reservavam-se os embargos ao terceiro senhor e possuidor ou apenas possuidor[16]. Contudo, não sem posicionamentos em contrários[17], igualmente se reconhecia legitimidade também ao terceiro somente proprietário não possuidor.

Por meio do art. 674, § 1º, o CPC de 2015 prestigiou a via mais ampla. Além da defesa da posse, o terceiro pode defender direitos de sua titularidade, que sejam incompatíveis com a constrição ou ameaça de constrição[18], conferindo-se expressamente legitimidade ao proprietário, inclusive fiduciário. Nessa toada, ao usufrutuário também se atribui legitimidade para a defesa de seu direito por meio dos embargos de terceiro[19].

Os possuidores direto e indireto terão legitimidade. Por isso, podem se verificar situações de legitimidade autônoma e concorrente, como no caso da venda com reserva de domínio, onde tanto o comprador (possuidor direto) como o vendedor (possuidor indireto) poderão manejar os embargos. Do mesmo modo, o proprietário e o locatário têm legitimidade para combater constrições, por meio dos embargos.

Nessas hipóteses, o possuidor direto pode alegar, além da sua posse, o domínio alheio (CPC, art. 677, § 2º). Isto é, além da legitimidade ordinária para a defesa de sua posse, o possuidor direito tem legitimidade extraordinária para invocar o domínio alheio.

O compromissário comprador igualmente pode se valer dos embargos, para a defesa de sua posse, mesmo quando o mencionado negócio jurídico não tenha sido

---
16. STJ, 4ª T., AgInt no AREsp 1.401.021, Rel. Min. Raul Araújo, j. 10.08.2020, *DJe* 26.08.2020; STJ, 3ª T., AgInt no AREsp 1.536.152, Rel. Min. Paulo de Tarso Sanseverino, j. 31.08.2020, *DJe* 04.09.2020.
17. STJ, 3ª T., REsp 1417620, Rel. Min. Paulo de Tarso Sanseverino, j. 02.12.2014, *DJe* 11.12.2014.
18. Por exemplo, direitos obrigacionais que seriam frustrados pela constrição: STJ, 3ª T., REsp 1.554.729, Rel. Min. Paulo de Tarso Sanseverino, j. 03.05.2016, *DJe* 10.05.2016.
19. STJ, 1ª T., AgInt no REsp 1.870.423, Rel. Min. Benedito Gonçalves, j. 28.06.2021, *DJe* 30.06.2021.

levado a registro, o que, aliás, reflete entendimento há muito consagrado no STJ, por meio da Súmula 84[20]. Com muito mais razão, igualmente pode lançar mão dos embargos de terceiro o donatário de imóvel, que deixou de registrar a correspondente escritura[21].

8.3. DA LEGITIMIDADE PASSIVA

O ato judicial combatido por meio dos embargos foi expedido para atender requerimento ou em benefício de alguém. Esse é o critério para a determinação da legitimidade passiva nos embargos de terceiro.

Sucede que, notadamente nos casos de penhora, embora levada a efeito em proveito do exequente, às vezes, a constrição se efetivou por força de indicação do bem promovida pelo próprio executado. Existem julgados do STJ reconhecendo, apenas nesses casos, a existência de litisconsórcio passivo necessário entre exequente e o executado[22], isto é, o favorecido pela constrição e aquele que concorreu para tanto, fazendo a indicação. Menciona-se, porém, outros arestos da referida Corte Federal[23] que decidiram pelo litisconsórcio passivo necessário, entre o exequente e o executado, ainda que este último não tenha indicado o bem para a realização da constrição.

O § 4º do art. 677 do CPC contemplou somente duas possibilidades, dispondo o quanto segue: "Será legitimado passivo o sujeito a quem o ato de constrição aproveita, assim como o será seu adversário no processo principal quando for sua a indicação do bem para a constrição judicial".

Portanto, no regime atual, diversamente do que já proclamou o STJ sob a égide do CPC de 1973, o executado somente figurará como litisconsorte passivo necessário quando indicou o bem para a implementação da constrição.

8.4. DO PRAZO PARA A OPOSIÇÃO DOS EMBARGOS DE TERCEIRO

O prazo para a oposição dos embargos de terceiro varia de acordo com o tipo de processo em que se determinou a realização da constrição judicial. No processo

---

20. "É admissível a oposição de embargos de terceiro fundados em alegação de posse advinda do compromisso de compra e venda de imóvel, ainda que desprovido do registro". No entanto, essa orientação, "que relativiza a necessidade do registro imobiliário para fins de oposição de embargos de terceiro, não afasta a observância do art. 108 do Código Civil de 2002, no sentido de que a escritura pública é essencial para a validade do negócio jurídico de transferência de direitos reais sobre imóvel de valor superior ao de alçada legal" (STJ, 3ª T., AgInt nos EDcl no AREsp 1.301.832, Rel. Min. Ricardo Villas Bôas Cueva, j. 16.03.2020, DJe 19.03.2020).
21. STJ, 3ª T., AgInt no AREsp 1.601.220, Rel. Min. Ricardo Villas Bôas Cueva, j. 22.06.2021, DJe 30.06.2021.
22. STJ, 3ª T., REsp 282674, Rel. Min. Nancy Andrighi, j. 03.04.2001, DJ 07.05.2001; STJ, 1ª T., REsp 1033611, Rel. Min. Napoleão Nunes Maia Filho, j. 28.02.2012, DJe 05.03.2012; STJ, 4ª T., AgInt no AREsp 1.340.660, Rel. Min. Antonio Carlos Ferreira, j. 07.10.2019, DJe 14.10.2019.
23. STJ, 4ª T., REsp 601920, Rel. Min. Maria Isabel Gallotti, j. 13.12.2011, DJe 26.04.2012; STJ, 1ª T., AgRg no REsp 1050763, Rel. Min. Napoleão Nunes Maia Filho, com ressalva de posicionamento pessoal, j. 05.05.2016, DJe 14.06.2016.

de conhecimento, os embargos podem ser opostos, a qualquer tempo, enquanto não transitada em julgado a sentença (CPC, art. 675). Já no cumprimento de sentença ou processo de execução "até 5 (cinco) dias depois da adjudicação, da alienação por iniciativa particular ou da arrematação, mas sempre antes da assinatura da respectiva carta" (CPC, art. 675).

Esses dois critérios, vinculados ao tipo de processo, exigem especificações.

Sabe-se que em muitos processos qualificados como "de conhecimento" a atividade cognitiva, conquanto preponderante, não é exclusiva. É o que ocorre quando se defere tutela provisória antecipada (CPC, arts. 300, 303 e 311), abrindo-se caminho para a realização conjunta de atos cognitivos e executivos. Há claramente um sincretismo de atividades cognitiva e executiva, sendo que, em razão dessa última, podem ser constritos bens de terceiro. A tutela provisória cautelar (CPC, arts. 300 e 305 a 310) também pode representar a fonte de pronunciamentos conducentes à restrição de bens de terceiro, conquanto, rigorosamente, não se possa falar em ato executivo, que sempre terá cunho satisfativo, o que, obviamente, não se verifica nos provimentos genuinamente cautelares.

Como desdobramento da concessão de tutela provisória, seja antecipada, seja cautelar, em sede do denominado processo de conhecimento, bens de terceiro podem ser atingidos por atos judiciais. E o combate ao ato constritivo é feito mediante os embargos de terceiros, cujo prazo de oposição se esgotará com o trânsito em julgado do pronunciamento final emitido nesse processo.

Entretanto, nesses casos de tutela provisória e em outros de tutela veiculada em sentença ou acórdão, é possível que a constrição judicial seja efetivada em sede de cumprimento provisório (CPC, arts. 520 a 522). Realmente, a efetivação da tutela provisória antecipada observa, no que couber, o cumprimento provisório sentença (CPC, art. 297, parágrafo único). É o que igualmente se dá quando prolatados sentença ou acórdão em ações relativas às obrigações de fazer, de não fazer e de entrega de coisa (CPC, arts. 497 e 498), atacados por recurso sem efeito suspensivo, situações submetidas, no que couber, à disciplina do cumprimento provisório (CPC, art. 520, § 5º). Outrossim, nas sentenças ou acórdãos, impugnados por recurso sem efeito suspensivo, reconhecendo a existência de obrigação de pagar quantia certa, em relação aos quais é integral a aplicação do regime do cumprimento provisório (CPC, art. 520, *caput*).

Quando o ato constritivo for determinado no campo do cumprimento provisório, o prazo para a oposição dos embargos será de "até 5 (cinco) dias depois da adjudicação, da alienação por iniciativa particular ou da arrematação, mas sempre antes da assinatura da respectiva carta" (CPC, art. 675). Note-se que, ressalvada a hipótese da intimação prevista no parágrafo único do art. 675, que pode ter desdobramentos conforme será esmiuçado a seguir, o termo final do prazo para a oposição dos embargos de terceiro está objetivamente vinculado a esse marco (05 dias depois da expropriação, mas anteriormente à assinatura da carta), pouco importando se o terceiro, antes disso, teve ciência, ou não, da constrição[24]. Esse se refere ao exercício de situação jurídica ou posição jurídica subjetiva de caráter processual. Dito de outro modo, o prazo está ligado ao exercício do direito de veicular a pretensão de defesa de posse, do domínio ou do direito incompatível com a constrição, mediante a utilização do procedimento especial dos embargos de terceiro. Assim sendo, cuida-se de prazo processual, que deve ser contado em dias úteis (CPC, art. 219).

Evidentemente, nos casos pronunciamentos judiciais concernentes às obrigações de fazer, não fazer e de entrega de coisa a atividade executiva não será realizada por meio de adjudicação ou alienação, que são mecanismos expropriatórios. Assim, por simetria e desde caracterizada a constrição, o prazo será de até cinco dias depois do último ato executivo de transformação (obrigações de fazer e não fazer) ou de desapossamento (obrigação de entrega de coisa).

Não obstante isso, a experiência revela que, às vezes, o terceiro apenas tem ciência do ato constritivo, após a expedição da carta de adjudicação ou arrematação. Tal constatação levou a jurisprudência do STJ[25] a admitir a oposição dos embargos, mesmo posteriormente a expedição da carta de adjudicação ou arrematação, quando demonstrado que o terceiro não tinha ciência a execução, ocasiões nas quais o prazo de cinco dias é contado da efetiva turbação da posse, o que geralmente se caracteriza no momento do cumprimento do mandado de imissão de posse expedido em favor do adjudicante ou do arrematante.

Cumpre destacar, ainda, relevante especificidade no prazo dos embargos de terceiro, a serem manejados pelo adquirente de bem que se pretende constringir com fundamento na existência de fraude de execução. Antes de declarar a fraude, em homenagem à economia processual e ao dever de cooperação, o juiz intimará o adquirente, que terá o prazo de 15 dias, para ajuizar os embargos de terceiro (CPC, art. 792, § 4º), sob pena de preclusão[26]. Evidentemente, em sendo declarada a fraude *sem a intimação*

---

24. STJ, 3ª T., AgInt no EDcl no REsp 1.760.200, Rel. Min. Paulo de Tarso Sanseverino, j. 23.04.2019, *DJe* 29.04.2019.
25. SSTJ, 3ª T., AgInt no AREsp 1.569.845, Rel. Min. Marco Buzzi, j. 29.06.2020, *DJe* 03.08.2020; STJ, 4ª T., AgRg no AREsp 739.614, Rel. Min. Maria Isabel Gallotti, j. 15.03.2021, *DJe* 19.03.2021; STJ, 4ª T., AgInt no AREsp 1.615.293, Rel. Min. Marco Buzzi, j. 24.05.2021, *DJe* 28.05.2021.
26. Nesse sentido, o Enunciado 54 da Escola Nacional de Formação e Aperfeiçoamento de Magistrados (ENFAM): "A ausência de oposição de embargos de terceiro no prazo de 15 (quinze) dias prevista no art. 792, § 4º, do CPC/2015 implica preclusão para fins do art. 675, *caput*, do mesmo código". Abordando esse mesmo ponto, o Enunciado 102 do Centro de Estudo Judiciários (CEJ), do Conselho da Justiça Federal, faz a distinção entre os embargos de terceiro de cunho preventivo e os de natureza repressiva, para sustentar que o prazo de 15 dias somente existe nessa última situação. Veja-se: "Enunciado 102. A falta de oposição dos embargos de terceiro preventivos no prazo do art. 792, § 4º, do CPC não impede a propositura dos embargos de terceiro repressivos no prazo do art. 675 do mesmo Código". Contudo, temos como relevante essa separação, apenas para a determinação do prazo de embargos no contexto da intimação decorrente do parágrafo único do art. 675. No caso do art. 792, § 4º, nos alinhamos ao entendimento contemplado no Enunciado 54 da ENFAM. Realmente, nos termos do § 4º do art. 792, o terceiro deverá ser intimado antes da declaração da fraude, o que, como regra, ocorrerá antes de qualquer constrição judicial, ensejando a utilização dos embargos preventivamente. Por isso, a interpretação prestigiada no Enunciado 102 do CEJ praticamente neutraliza o campo de incidência da norma, o que impede, nesse ponto, a utilização da distinção entre os embargos preventivos e repressivos.

do terceiro, além da invalidade que poderá surgir em função do descumprimento dessa norma, o prazo dos embargos seguirá o comando geral do *caput* do art. 675.

A mesma razão que justificou essa regra de intimação do adquirente no caso de fraude à execução parece ter orientado o preceito fixado no parágrafo único do art. 675. Após prescrever no *caput* as disposições sobre prazo aqui esmiuçadas, o legislador inseriu o parágrafo único no art. 675, com a seguinte dicção: "Caso identifique a existência de terceiro titular de interesse em embargar o ato, o juiz mandará intimá-lo pessoalmente"[27].

Conquanto se deva, desde já, considerar a potencialidade do dispositivo para criar grande dissenso interpretativo[28], neste ponto será necessário distinguir os embargos de terceiro de cunho preventivo daqueles de caráter repressivo.

Quando não há nenhuma constrição, mas o juiz identifica a existência de terceiro que potencialmente pode ser atingido pelo pronunciamento judicial, a intimação não terá o condão de iniciar nenhum prazo. Assim, se posteriormente for realizada a apreensão judicial, mesmo que tenha permanecido inerte diante da intimação e não atendido o prazo de 15 dias, o terceiro poderá lançar mão dos embargos[29].

Outra é a cena quando a função dos embargos é repressiva. É dizer: realizada a constrição, o juiz detecta a existência de interesse do terceiro e o intima. Aqui, sistematicamente, é desaconselhável não reconhecer que, aplicado o parágrafo único do art. 675 e feita a intimação ao terceiro titular do interesse em embargar, ele terá 15 dias, para ajuizar os embargos de terceiro. A ausência de previsão de prazo, no parágrafo único do art. 675 do CPC, poderia justificar exegese diversa da aqui sustentada. Porém, a percepção da existência e do início do prazo de 15 dias, mesmo diante do silêncio do legislador, é reforçada por dois fatores: i) os efeitos dos embargos de terceiro sobre a atividade constritiva; ii) o dever o terceiro intimado em observar a boa-fé objetiva e as suas repercussões.

---

27. Recomenda-se a oitiva das partes antes da intimação. Nesta direção, tem-se o Enunciado 185 do Fórum Permanente de Processualistas Civis: "O juiz deve ouvir as partes antes de determinar a intimação pessoal do terceiro".
28. Sem fazer a separação entre embargos preventivos e repressivos, bem como analisando especificamente o art. 792, § 4º (e não ao parágrafo único do art. 675), há o Enunciado 191 do Fórum Permanente de Processualistas Civis, segundo o qual o prazo de 15 dias apenas é aplicável à hipótese desse dispositivo, não se amoldando a nenhum outro caso de embargos de terceiro. Confira-se o teor do enunciado: "O prazo de quinze dias para opor embargos de terceiro, disposto no § 4º do art. 792, é aplicável exclusivamente aos casos de declaração de fraude à execução; os demais casos de embargos de terceiro são regidos na forma do caput do art. 675". Cuidando do parágrafo único do art. 675 e claramente se referindo aos embargos preventivos, Humberto Theodoro Júnior anota que a "intimação não é para o que terceiro oponha, necessariamente, embargos de terceiro. O objetivo é dar oportunidade para que o terceiro se manifeste. E essa manifestação poderá ensejar que o juiz se abstenha de determinar a constrição do bem" (THEODORO JR., Humberto. *Curso de direito processual civil*. 51. ed. Rio de Janeiro: Editora Forense, 2017. p. 356).
29. O STJ decidiu nessa direção, remarcando que, tais "embargos têm cunho preventivo, porquanto se destinam apenas a possibilitar que o terceiro evite a constrição judicial enquanto se defende da alegação de ter praticado ato em fraude à execução. Daí que o transcurso do referido lapso temporal não obsta a oposição de embargos repressivos, com fundamento no art. 675, *caput*, do CPC/2015. Ou seja, o prazo previsto no art. 792, § 4º, do CPC/2015 não é preclusivo" (3ª T., REsp 2.082.253, Rel. Min. Nancy Andrighi, j. 12.09.2023, *DJe* 20.09.2023).

Como se verá mais adiante, o recebimento dos embargos, com o deferimento da liminar, conduz à paralisação da atividade constritiva, o que pode, por exemplo, desaguar na paralisação do processo de execução, pelo menos no que diz respeito à atuação executiva sobre o bem constrito. Diante da necessidade de sempre se promover a efetividade e tempestividade da tutela jurisdicional, detectada a possibilidade de se atingir interesse de terceiro, é muito relevante que debate a este respeito se instaure desde já.

Se tanto não bastasse, ao ser cientificado pelo juiz e já existindo a constrição, o silêncio do terceiro revelará o seu desinteresse em embargar. Com efeito, salvo se demonstrada mudança importante das circunstâncias, o terceiro que pretendesse embargar posteriormente estaria agindo de forma contraditória, o que lhe é vedado pela necessidade de observância da boa-fé objetiva (CPC, art. 5º).

Destarte, ordinariamente, no caso de embargos repressivos, aplicado o parágrafo único do art. 675 e feita a intimação ao terceiro titular do interesse em embargar, ele terá 15 dias, para a ajuizar os embargos de terceiro.

O último aspecto a ser esquadrinhado diz respeito às consequências da perda do prazo.

A perda do prazo compromete apenas a faculdade de combater a constrição judicial, por meio do procedimento especial dos embargos de terceiro. Dito de outro modo, a perda do prazo não atinge o direito material que o terceiro eventualmente tem sobre o bem constrito[30]. Há uma preclusão a impedir a utilização dos embargos de terceiro, que, por se tratar de fenômeno processual, não alcança o direito material. E, por essa razão, o terceiro pode se valer de ação autônoma, para a proteção de sua posse ou de seu direito de propriedade sobre o bem.

Ao se atestar o não atingimento do direito material e o cabimento de remédio autônomo, após a perda do prazo dos embargos de terceiro, questão que se revela interessante é a possibilidade de aproveitamento e julgamento dos embargos de terceiro opostos intempestivamente, como se fossem uma demanda autônoma. Com razão e prestigiando os princípios da economia processual e da tempestividade da proteção jurisdicional, o STJ consente com esse caminho[31].

Entretanto, nessa ação autônoma, em regra, não haverá a suspensão dos atos constritivos, que dependerá da concessão de tutela provisória antecipada, de urgência ou de evidência, prevista, juntamente com a tutela provisória cautelar, nos arts. 294 a 311, localizados na Parte Geral do CPC de 2015. Como será visto no estudo do procedimento, diferentemente desse regime situado na Parte Geral, nos embargos de terceiro, a concessão da tutela provisória pressupõe apenas a comprovação ou do domínio ou da posse.

---

30. STJ, 3ª T., REsp 1627608, Rel. Min. Paulo de Tarso Sanseverino, j. 06.12.2016, *DJe* 13.12.2016; STJ, 3ª T., REsp 150893, Rel. Min. Ari Pargendler, j. 11.12.2001, *DJ* 25.03.2002.
31. STJ, 3ª T., REsp 1627608, Rel. Min. Paulo de Tarso Sanseverino, j. 06.12.2016, *DJe* 13.12.2016.

8.5. DA COMPETÊNCIA

O juízo competente é aquele que determinou a realização do ato constritivo. Trata-se de competência funcional e, por isso, improrrogável[32]. Donde o preceituado no art. 676 do CPC, segundo o qual os "embargos serão distribuídos por dependência ao juízo que ordenou a constrição e autuados em apartado".

Dúvidas quanto à origem da ordem poderiam existir nos atos constritivos realizados por meio de carta precatória. Por isso, muito oportunamente, o parágrafo único do art. 676 estabelece, como regra, que a competência será do juízo deprecado. Contudo, a regra não incide e os embargos serão opostos perante o juízo deprecante, quando o bem constrito foi indicado pelo juízo deprecante ou quando já devolvida a carta[33].

8.6. DA COGNIÇÃO JUDICIAL NOS EMBARGOS DE TERCEIRO

A cognição nos embargos é parcial, porquanto, em regra, limitada à análise da legitimidade do ato constritivo. Desse modo, mesmo limitada à adequação do ato, a cognição varia de acordo com o tipo de posse ou direito alegado pelo embargante, com o propósito de afastar a restrição judicial.

Explica-se com exemplos.

Nos embargos do adquirente do bem com ameaça ou constrição decorrente da alegação de fraude de execução, a cognição envolverá os pressupostos caracterizadores da fraude de execução. Nos embargos de terceiro manejados pelo cônjuge ou companheiro o objeto da cognição será a possibilidade de a meação responder por obrigação contraída pelo consorte. Assim como nos embargos de terceiro apresentados pelo sócio, em função de atos constritivos originários de processos movidos contra a sociedade, a discussão girará em torno da presença dos requisitos da desconsideração da personalidade jurídica.

Para além da indicação casuística, a cognição recairá sobre a demonstração da existência do direito incompatível com o ato constritivo[34]. Para o terceiro, não bastará demonstrar a posse ou o domínio, mas que tal posse ou propriedade tornam ilegítimo o ato constritivo.

A limitação da cognição à legitimidade do ato constritivo impede que, em sede de embargos de terceiro, seja decretada a invalidade de negócio jurídico por fraude contra

---

32. STJ, 2ª Seção, CC 142.849, Rel. Min. Luis Felipe Salomão, j. 22.03.2017, *DJe* 11.04.2017.
33. STJ, 3ª T., REsp 2.095.460, Rel. Min. Marco Aurélio Bellizze, j. 06.02.2024, *DJe* 09.02.2024.
34. Com razão, a manifestação retratada no Enunciado 186 do Fórum Permanente de Processualistas Civis: "A alusão à 'posse' ou ao 'domínio' nos arts. 677, 678 e 681 deve ser interpretada em consonância com o art. 674, *caput*, que, de forma abrangente, admite os embargos de terceiro para afastar constrição ou ameaça de constrição sobre bens que possua ou sobre os quais tenha 'direito incompatível com o ato constritivo'".

credores. Inclusive, esse entendimento é retratado na Súmula 195 do STJ, com a seguinte tese: "Em embargos de terceiro não se anula ato jurídico, por fraude contra credores"[35].

Advirta-se, contudo, que a inviabilidade de prolação de sentença desconstitutiva, invalidando o negócio jurídico, é o argumento central da impossibilidade de alegação, pelo credor/embargado, de fraude contra credores, em sede de embargos de terceiro. Por outro lado, no regime do CPC de 1973, os embargos de terceiro, após a contestação, observavam o procedimento do processo cautelar (CPC de 1973, art. 1.053, parte final), o que interditava a utilização, pelo credor/embargado, da reconvenção[36]. Ocorre que, na sistemática inaugurada pelo CPC de 2015, os embargos de terceiro, após a contestação, estão jungidos ao procedimento comum (CPC de 2015, art. 679, parte final), ficando, assim, removido o obstáculo antes existente ao emprego da reconvenção[37]. Por conseguinte, deverá ser revisto o entendimento retratado na Súmula 195 do STJ, para se admitir, em sede de embargos de terceiro, a anulação do ato jurídico, por fraude contra credores, *desde que o embargado/credor tenha deduzido tal pretensão por meio de reconvenção*.

Enfrentando especificamente o debate sob a ótica da simulação, a Terceira Turma do STJ expressamente sinalizou mudança de interpretação e afastou a aplicação do entendimento refletido no enunciado da Súmula 195[38]. O argumento central desenvolvido se apoia na nulidade (e não anulabilidade) do negócio jurídico simulado, por força do art. 167 do CC de 2002, que alterou regra do direito anterior (CC de 1916), no qual a simulação era qualificada como causa de anulabilidade do ato jurídico. Como a nulidade é matéria de ordem pública, podendo ser reconhecida independentemente de ação autônoma e até mesmo de ofício, a simulação pode ser decretada em sede de embargos de terceiro.

Essa compreensão representou significativo avanço. Sucede que, tendo-se em mente o regime dos embargos de terceiro no CPC de 2015, que impõem a estes, após a contestação, o procedimento comum (CPC de 2015, art. 679, parte final), como já salientado, nada impede a aceitação, no ambiente dos embargos de terceiro, da anu-

---

35. O mesmo impedimento tem sido invocado pelo STJ, para não admitir o reconhecimento de outros vícios do ato jurídico, como a simulação (STJ, 3ª T., REsp 1.677.921, Rel. Min. Ricardo Villas Bôas Cueva, j. 19.03.2019, *DJe* 02.04.2019).
36. STJ, 3ª T., REsp 1.578.848, Rel. Min. Ricardo Villas Bôas Cuevas, j. 19.06.2018, *DJe* 25.06.2018. Colhe-se da ementa desse julgado a seguinte passagem: "A teor dos artigos 803 e 1.053 do CPC/1973, os embargos de terceiro, após a fase de contestação, seguem o rito especial previsto para as medidas de natureza cautelar, o que impede o oferecimento de reconvenção por incompatibilidade procedimental."
37. Aliás, no julgamento referido na nota anterior (STJ, 3ª T., REsp 1.578.848, Rel. Min. Ricardo Villas Bôas Cuevas, j. 19.06.2018, *DJe* 25.06.2018), a mudança não passou despercebida pelo Ministro Ricardo Villas Bôas Cuevas: "Apenas a título de registro, anote-se que o Código de Processo Civil de 2015, alterando profundamente a sistemática anterior, passou a prever, além da possibilidade de reconvenção e contestação em peça única (artigo 343), a adoção do procedimento comum após a fase de contestação nos embargos de terceiro (artigo 679), o que certamente reascenderá a discussão em torno do cabimento da reconvenção nas demandas ajuizadas sob a égide do novo diploma".
38. STJ, 3ª T., REsp 1.927.496, Rel. Min. Moura Ribeiro, j. 27.04.2021, *DJe* 05.05.2021.

lação do ato jurídico, por fraude contra credores, *desde que o embargado/credor tenha deduzido tal pretensão por meio de reconvenção*.

A mesma razão retroapontada (observância do procedimento comum, após a contestação) e ainda a relevante evolução em tema de cumulação, trazida pelo § 2º do art. 327 do CPC[39], recomendam a superação das restrições estabelecidas à reunião de pedidos nos embargos de terceiro[40]. Assim, abre-se caminho para deduzir, por exemplo, pedidos de indenização por danos materiais ou de compensação por danos morais, juntamente com a pretensão desconstitutiva destes embargos.

O CPC de 2015 ainda traz outra possibilidade de ampliação da cognição na ação de embargos de terceiros. Isso porque se estabelece que, na sentença de acolhimento do pedido, além do cancelamento do ato de constrição judicial indevida, haverá "o reconhecimento do domínio, da manutenção da posse ou da reintegração definitiva do bem ou do direito ao embargante" (CPC, art. 681). É dizer: abre-se caminho para a apreciação e reconhecimento do próprio direito afirmado pelo embargante envolvendo o domínio, a posse ou outro direito que seja incompatível com a constrição judicial.

Todavia, para que se possa alargar a cognição, é fundamental que o embargante tenha formulado pedido nesse sentido, sob pena de violação do princípio dispositivo (CPC, art. 2º), bem como das regras de vinculação do juiz ao pedido (CPC, arts. 141 e 492).

Em não havendo pedido, será prejudicial a questão sobre o domínio, ou a posse ou a outro direito inconciliável com a restrição judicial, de modo que a sua solução somente se revestirá da imutabilidade da coisa julgada, em sendo atendidos os pressupostos do art. 503, § 3º (contraditório prévio e efetivo e juízo absolutamente competente).

E mais.

Conforme o Enunciado 53 do Centro de Estudos Judiciários (CEJ) do Conselho da Justiça Federal, "para o reconhecimento definitivo do domínio ou da posse do terceiro embargante (art. 681 do CPC), é necessária a presença, no polo passivo dos embargos, do réu ou do executado a quem se impute a titularidade desse domínio ou dessa posse no processo principal".

Nos embargos dos credores pignoratício, hipotecário, anticrético ou fiduciário a defesa do embargado está restrita às matérias indicadas no art. 680 do CPC. Ou seja,

---

39. "Art. 327 (...)
    § 2º Quando, para cada pedido, corresponder tipo diverso de procedimento, será admitida a cumulação se o autor empregar o procedimento comum, sem prejuízo do emprego das técnicas processuais diferenciadas previstas nos procedimentos especiais a que se sujeitam um ou mais pedidos cumulados, que não forem incompatíveis com as disposições sobre o procedimento comum". Como observado no capítulo que inaugurou o estudo dos procedimentos especiais, esse preceptivo estabeleceu no padrão de análise e aplicação da relação entre procedimento comum e procedimentos especiais.
40. Já aplicando o CPC de 2015, mas com os olhos voltados à disciplina do tema no CPC de 1973, o STJ rejeitou a possibilidade de cumulação dos embargos de terceiro com pedido de dano moral (STJ, 3ª T., REsp 1.703.707, Rel. Min. Marco Aurélio Bellizze, j. 25.05.2021, *DJe* 28.05.2021).

somente poder-se-á alegar que o devedor comum é insolvente, ou que o título é nulo ou não obriga terceiro, ou que outra é a coisa dada em garantia.

Relativamente à defesa do embargo fundado na insolvência do devedor comum, caso o embargante demonstre que existiam outros bens passíveis de constrição, os embargos serão acolhidos. Ao contrário, os embargos serão rejeitados se não existirem outros bens para responder pelo crédito do devedor quirografário.

8.7. DO PROCEDIMENTO

Afora os requisitos gerais do art. 319, nos termos do art. 677 do CPC, "o embargante fará a prova sumária de sua posse ou de seu domínio e da qualidade de terceiro, oferecendo documentos e rol de testemunhas".

De forma rigorosa, a jurisprudência do STJ[41] sedimentou entendimento de que a não apresentação do rol de testemunhas acarreta preclusão.

Quanto ao valor da causa, deve-se distinguir quando, por meio dos embargos de terceiro, se faz a defesa da posse e quando a defesa diz respeito ao domínio. Em se cuidando de proteção da posse, o valor da causa não corresponde ao valor do bem, que representa o conteúdo econômico da propriedade[42]. Já nos embargos em que se busca a defesa do domínio, o valor da causa equivale ao valor do bem, que é o benefício econômico pretendido pelo autor. Entretanto, em qualquer situação (defesa da posse ou domínio), o valor da causa não será superior ao valor do débito que justificou o ato constritivo.

Não obstante a orientação aqui esposada, cumpre advertir, que, para a definição do valor da causa nos embargos de terceiro, a jurisprudência do STJ não faz a distinção se os embargos se fundam em defesa de posse ou de domínio. Entende-se simplesmente que o "valor da causa nos embargos de terceiro deve corresponder ao valor do bem penhorado, não podendo exceder o valor do débito"[43].

Ajuizada a demanda, pode ser feito o juízo de admissibilidade negativo, a justificar a sua emenda (CPC, art. 321), ou, se for o caso, o indeferimento da petição inicial (CPC, art. 330). Também pode se desvelar algumas das hipóteses de improcedência liminar do pedido (CPC, 332).

Sendo positivo o juízo de admissibilidade da petição inicial, o juiz avaliará, com base em cognição sumária, se está provado o domínio ou a posse ou o direito incompatível

---

41. STJ, 2ª T., REsp 362.504, Rel. Min. João Otávio de Noronha, j. 04.04.2006, *DJ* 23.05.2006.
42. Nesse sentido, o Enunciado 178 do Fórum Permanente de Processualistas Civis: "O valor da causa nas ações fundadas em posse, tais como as ações possessórias, os embargos de terceiro e a oposição, deve considerar a expressão econômica da posse, que não obrigatoriamente coincide com o valor da propriedade".
43. STJ, 3ª T., REsp 1.689.175, Rel. Min. Ricardo Vilas Bôas Cueva, j. 06.03.2018, *DJe* 12.03.2018; STJ, 4ª T., AgInt no AREsp 1.080.542, Rel. Min. Maria Isabel Gallotti, j. 07.06.2021, *DJe* 09.06.2021.

com a constrição. Entendendo que a posse não está bem demonstrada, será designada audiência preliminar destinada à sua comprovação (CPC, art. 677, § 1º).

Confirmada a suficiência da comprovação do domínio ou da posse, o juiz "determinará a suspensão das medidas constritivas sobre os bens litigiosos objeto dos embargos, bem como a manutenção ou a reintegração provisória da posse, se o embargante a houver requerido" (CPC, art. 678).

Saliente-se que o único requisito para a concessão da liminar é a comprovação do domínio ou da posse, de maneira que se está diante de tutela provisória cujo pressuposto de cabimento difere daqueles previstos nos arts. 294 a 311, localizados na Parte Geral do CPC de 2015.

A não concessão da liminar é inconfundível com o indeferimento da petição ou rejeição liminar dos embargos. No caso de indeferimento da liminar, não há extinção do processo, que prosseguirá sem a suspensão imediata do ato constritivo.

Por se tratar de modalidade de tutela provisória, a decisão que concede ou nega a liminar desafia a interposição de agravo de instrumento (CPC, art. 1.015, I).

Nesse ponto, há mudança relevante em relação ao regime anterior. O CPC de 1973 disciplinava o deferimento liminar dos embargos no art. 1.051, o que dependia a constatação pelo juiz da comprovação da posse. Contudo, no art. 1.052 o legislador de 1973 dispôs sobre a suspensão do processo principal, nos seguintes termos: "Quando os embargos versarem sobre todos os bens, determinará o juiz a suspensão do curso do processo principal; versando sobre alguns deles, prosseguirá o processo principal somente quanto aos bens não embargados".

Ao interpretar o art. 1.052 do CPC de 1973, o STJ cristalizou orientação "de que o recebimento da petição inicial dos embargos de terceiro enseja a suspensão automática da execução em relação aos bens ou direitos objeto desses embargos"[44]. Essa solução, que realmente decorria do texto da lei, eventualmente ensejava a utilização indevida dos embargos de terceiro, notadamente no processo de execução. Em conluio com o executado, o terceiro supostamente prejudicado opunha embargos manifestamente desprovidos de consistência e, ou porque o juízo de admissibilidade não se dava atentamente ou porquanto não era possível a sua rejeição liminar, os embargos eram recebidos e provocavam a automática suspensão da execução, no que tange aos bens ou direitos objeto dos embargos. E, mesmo sendo infundados, o desfecho dos embargos de terceiro retardava o andamento da atividade executiva e a consequente satisfação do direito.

O CPC de 2015 não contemplou dispositivo correspondente ao art. 1.052 do CPC de 1973. Com efeito, a suspensão dos atos constritivos não pode ser tida como automática e dependerá da concessão da liminar.

---

44. STJ, 3ª T., AgInt no ARESP 957.421, Rel. Min. Nancy Andrighi, j. 21.02.2017, *DJe* 24.02.2017. No mesmo sentido: STJ, 4ª T., AgRg no AREsp 463.551, Rel. Min. Luis Felipe Salomão, j. 04.11.2014, *DJe* 11.11.2014.

Nos termos do parágrafo único do art. 678 do CPC, o "juiz poderá condicionar a ordem de manutenção ou de reintegração provisória de posse à prestação de caução pelo requerente, ressalvada a impossibilidade da parte economicamente hipossuficiente". Perceba-se que, diante das circunstâncias do caso e das condições econômicas do embargante, o juiz analisará se deve ser prestada a caução.

Na regulamentação da caução, novamente o CPC de 2015 se distanciou do Código revogado. No CPC de 1973, concedida a liminar, a expedição de mandado de manutenção ou de restituição em favor do embargante ficava condicionada ao oferecimento de caução (art. 1.051, segunda parte). Contudo, o STJ julgava que a caução poderia ser substituída pelo depósito judicial do bem[45], especialmente quando não exigida ou se inviável o seu oferecimento[46].

Como visto, no CPC de 2015 claramente concede-se ao juiz a possibilidade de dispensar a caução, em vista das circunstâncias do caso ou da hipossuficiência do embargante.

O embargado será citado na pessoa de seu advogado, salvo quando não existir procurador constituído nos autos do processo principal, quando a citação será pessoal (CPC, art. 677, § 3º).

Citado, o embargado poderá contestar o pedido "no prazo de 15 (quinze) dias, findo o qual se seguirá o procedimento comum" (CPC, art. 679).

Conforme prescreve o art. 681 do CPC, "acolhido o pedido inicial, o ato de constrição judicial indevida será cancelado, com o reconhecimento do domínio, da manutenção da posse ou da reintegração definitiva do bem ou do direito ao embargante".

Para os adeptos da classificação quinária, a sentença de procedência dos embargos tem caráter mandamental. Já para os defensores da divisão trinária, a sentença será constitutiva.

Atribuir-se-ão os ônus de sucumbência a quem deu causa, indevidamente, ao ajuizamento dos embargos[47]. Daí a Súmula 303 do STJ, editada em 2004, segundo a qual, "em embargos de terceiro, quem deu causa à constrição indevida deve arcar com os honorários advocatícios".

A propósito, quando o possuidor deixar de promover o registro do compromisso de compra e venda, mesmo que acolhidos os seus embargos, em razão da causalidade, ele que responderá pelos ônus de sucumbência. Tanto é assim que, em 2016, a 1ª Seção

---

45. STJ, 4ª T., REsp 475156, Rel. Min. Ruy Rosado, j. 19.12.2002, *DJ* 24.02.2003.
46. STJ, 3ª T., AgRg no REsp 1289626, Rel. Min. Paulo de Tarso Sanseverino, j. 20.05.2014, *DJe* 02.06.2014.
47. STJ, 3ª T., AgInt nos EDcl no AgInt nos EDcl no REsp 1.849.929, Rel. Min. Marco Aurélio Bellizze, j. 1º.03.2021, *DJe* 03.03.2021; STJ, 4ª T., AgInt no AREsp 1.782.332, Rel. Min. Luis Felipe Salomão, j. 30.08.2021, *DJe* 09.09.2021; STJ, 3ª T., AgInt no AREsp 1.563.837, Rel. Min. Moura Ribeiro, j. 11.10.2021, *DJe* 14.10.2021. Apresentados os embargos e havendo o reconhecimento do pedido com desistência da constrição, incide a regra do § 4º do art. 90, que determina a redução dos honorários pela metade (STJ, 3ª T., AgInt no REsp 1.679.739, Rel. Min. Paulo de Tarso Sanseverino, j. 02.09.2019, *DJe* 05.09.2019).

do STJ, na análise do REsp 1.452.840 (Tema 872), julgado na sistemática dos recursos repetitivos e relatado pelo Min. Herman Benjamim, fixou a seguinte tese: "Nos Embargos de Terceiro cujo pedido foi acolhido para desconstituir a constrição judicial, os honorários advocatícios serão arbitrados com base no princípio da causalidade, responsabilizando-se o atual proprietário (embargante), se este não atualizou os dados cadastrais. Os encargos de sucumbência serão suportados pela parte embargada, porém, na hipótese em que esta, depois de tomar ciência da transmissão do bem, apresentar ou insistir na impugnação ou recurso para manter a penhora sobre o bem cujo domínio foi transferido para terceiro". Desse modo, vale repisar que, quando não houve o registro do compromisso de compra e venda, mas, mesmo após ter ciência desse negócio jurídico, o credor/exequente responderá pela sucumbência se permanecer defendendo a constrição e impugnar os embargos de terceiro[48].

---

48. STJ, 1ª T., AgInt no AREsp 553.710, Rel. Min. Gurgel de Faria, j. 13.12.2018, *DJe* 12.02.2019; STJ, 4ª T., AgInt no REsp 1.931.283, Rel. Min. Raul Araújo, j. 21.06.2021, *DJe* 1º.07.2021; STJ, 3ª T., AgInt nos EDcl no AREsp 2.400.941, Rel. Min. Nancy Andrighi, j. 26.02.2024, *DJe* 27.02.2024.

9
DA OPOSIÇÃO

9.1. CONSIDERAÇÕES GERAIS

Às vezes, sucede que quem não é parte num processo afirma ser titular da coisa ou do direito nele controvertido. Desse modo, essa pessoa assevera que a titularidade da coisa ou do direito controvertido no processo toca a ele, não dizendo respeito nem ao autor e nem ao réu.

A oposição viabiliza que esse terceiro deduza a sua pretensão em face do autor e do réu, exatamente para ver reconhecida a sua condição de titular da coisa ou do direito debatido no processo[1], do qual não é parte. Daí o disposto no art. 682 do CPC: "Quem pretender, no todo ou em parte, a coisa ou o direito sobre que controvertem autor e réu poderá, até ser proferida a sentença, oferecer oposição contra ambos".

Perceba-se que o opoente deve pretender e afirmar a titularidade diretamente do próprio direito controvertido, total ou parcialmente, não sendo cabível a oposição para obtenção do reconhecimento do direito diverso que, por consequência, permitiria a invocação da titularidade do direito controvertido[2]. Contudo, reconhecido o descabimento da oposição e, ainda assim atestada a conexão entre as demandas, deve-se admitir o aproveitamento da oposição como ação conexa à ação principal[3].

Destaca-se que eventuais limitações cognitivas impostas ao processo originário também serão aplicáveis à oposição. Por conseguinte, conforme estudado, no debate exclusivamente possessório não cabe oposição fundada em alegação de domínio, devendo-se ressalvar a orientação contrária do STJ, nos casos em que o imóvel objeto do litígio possessório for bem público[4].

---

1. Entendeu o STJ (3ª T., REsp 1.726.292, rel. Min. Ricardo Villas Bôas Cueva, j. 12.02.2019, *DJe* 15.02.2019) que, na ação de usucapião, o terceiro não tem interesse de agir para apresentação de oposição. Por se tratar de processo encartado nos denominados juízos universais, diante da convocação feita por edital, o terceiro poderá apresentar contestação.
2. Confira-se o seguinte precedente do STJ: "A oposição à ação de divisão supõe título em nome do opoente, que exclua os títulos do autor e do réu na ação principal, não servindo para anular partilha, levada a efeito em inventário, que ignorou cessão de direitos hereditários em favor do opoente" (STJ, 3ª T., REsp 91.153, rel. Min. Ari Pargendler, j. 20.06.2000, *DJe* 1º.08.2000). Essa mesma lógica orienta o reconhecimento da inadequação da oposição, deduzida em ação de despejo, para buscar anular acordo de confissão de dívida (STJ, 4ª T., AgInt no AREsp 2.006.120, Rel. Min. Antonio Carlo Ferreira, j. 08.08.2022, *DJe* 12.08.2022).
3. STJ, 3ª T., REsp 1.889.164, Rel. Min. Paulo de Tarso Sanseverino, j. 21.06.2022, *DJe* 22.06.2022.
4. Existiam julgados no STJ rechaçando o cabimento da oposição em ação possessória, ainda que o opoente fosse o poder público alegando que a área objeto do litígio era bem público (*v.g.*, 1ª T., AgInt no AREsp 428.844, rel.

No CPC de 1973, a oposição era tratada como modalidade de intervenção terceiro, enquadramento que não era apoiado por todos os doutrinadores. O consenso que existia girava em torno da natureza de ação da oposição, promovida em face do autor e do réu, embora os estudiosos apontassem a existência de duas modalidades, dependendo da necessidade de julgamento simultâneo com o processo principal (oposição interventiva, caracterizada como incidente desse processo) ou separadamente (oposição autônoma). Nessa esteira, o CPC de 2015 optou por não classificar a oposição como forma interventiva e disciplina-la, como ação, no título dos procedimentos especiais, conquanto, deva-se registrar, inexista qualquer nota ou caraterística (especificidade de direito matéria, mudança da estrutura procedimental etc.) a justificar a "especialidade" deste procedimento.

Cumpre destacar que a oposição não se confunde com a ação de embargos de terceiro. Na oposição, como dito, o oponente arroga-se a titularidade do direito material controvertido entre a autor e o réu. Ou seja, o opoente defende que o direito material controvertido é seu e não do autor ou do réu. Já nos embargos de terceiro, independentemente de, em regra, se discutir a titularidade do direito material debatido no processo, busca-se a defesa da posse ou do domínio constritos indevidamente, por determinação judicial emanada daquele processo. A controvérsia sobre o afastamento da constrição não passa pela atribuição ao embargante do direito material discutido do processo, que não lhe diz respeito.

9.2. PROCEDIMENTO

O opoente deduzirá o seu pedido atendendo todos os requisitos exigidos para a propositura da ação (CPC, art. 683). Com efeito, elaborará petição inicial observando o disposto no art. 319 do CPC. No polo passivo, formar-se-á um litisconsórcio necessário entre autor e o réu, que são designados como opostos. Contudo, embora necessário, o litisconsórcio será simples, porquanto o resultado da solução da relação jurídica pode não ser o mesmo para ambos os opostos. Tanto é assim que, na hipótese de reco-

---

Min. Sérgio Kukina, j. 08.08.2017, *DJe* 21.08.2017; 2ª T., AgRg no AREsp 663.135, rel. Min. Assusete Magalhães, j. 28.03.2017, *DJe* 10.04.2017; 2ª T., AgRg no REsp 1.294.492, rel. Min. Og Fernandes, j. 22.09.2015, *DJe* 14.10.2015). No entanto, havia acórdão da 3ª Turma destoando desse entendimento (3ª T., REsp 780.401, rel. Min. Nancy Andrighi, j. 03.09.2009, *DJe* 21.09.2009). No julgamento dos Embargos de Divergência em Recurso Especial 1.134.446 (Corte Especial, rel. Min. Benedito Gonçalves, j. 21.03.2018, *DJe* 04.04.2018), discutiu-se, numa ação possessória entre particulares, o cabimento de oposição pelo Poder Público pleiteando a "posse do bem em seu favor, aos fundamentos de que a área pertence à União e de que a ocupação de terras públicas *não constitui posse*". Reconheceu-se o cabimento da oposição, sob o argumento de que a limitação do art. 557 do CPC de 2015, antes contemplada no art. 923 do CPC de 1973, "não alcança a hipótese em que o proprietário alega a titularidade do domínio apenas como fundamento para pleitear a tutela possessória". Ao apreciar os Embargos de Divergência no Recurso Especial 1.296.991, a Corte Especial (rel. Min. Herman Benjamin, j. 19.09.2018, *DJe* 27.02.2019) superou a posição que prevalecia, notadamente das Primeira e Segunda Turmas, chancelando a tese do julgado da Terceira Turma, no sentido de que "nos casos em que o imóvel objeto do litígio é público, como aqueles destinados à Reforma Agrária, a discussão da posse em ação possessória decorre do próprio direito de propriedade, não se aplicando a restrição normativa prevista no art. 923 do CPC/73".

nhecimento do pedido por um dos opostos, a oposição prosseguirá entre o outro e o oponente (CPC, art. 684).

A oposição será distribuída por dependência ao juízo em que tem curso a ação principal e os opostos serão citados na pessoa de seus advogados, concedendo-se o prazo comum de 15 dias para contestar o pedido (CPC, art. 683, parágrafo único). Se o réu não tiver advogado nos autos, notadamente quando houve a decretação de sua revelia, a citação será feita pessoalmente.

Admitido o processamento da oposição, esta "será apensada aos autos e tramitará simultaneamente à ação originária, sendo ambas julgadas pela mesma sentença" (CPC, art. 685)[5]. A determinação do processamento simultâneo enfrentará dificuldade, dependendo da fase procedimental da ação originária. Por isso, nos termos da primeira parte do parágrafo único do art. 685 do CPC, se "oposição for proposta após o início da audiência de instrução, o juiz suspenderá o curso do processo ao fim da produção das provas". Isto é, será encerrada a fase instrutória do processo principal, que ficará suspenso até que a oposição atinja o mesmo estágio procedimental, de modo a permitir o julgamento conjunto.

Entretanto – e essa é a *ratio* da ressalva contemplada na segunda parte do parágrafo único, do art. 685 do CPC –, eventualmente, mesmo estando o processo originário em etapa procedimental avançada, com instrução iniciada, a realização conjunta da fase instrutória é a solução que melhor atende ao princípio da duração razoável do processo. Nessa hipótese, ao invés de suspender o processo principal somente no final da produção das provas, serão imediatamente paralisados os atos instrutórios, a fim de que a oposição possa avançar na marcha procedimental, até chegar a fase instrutória, que será então realizada conjuntamente.

A resolução da oposição é questão prejudicial à deliberação relativa à ação principal. Realmente, na oposição veicula-se questão subordinante que, se acolhida, determinará o sentido da questão subordinada, objeto da ação principal. Dito de outro modo, se for reconhecido que a coisa ou direito são de titularidade do opoente (questão subordinante) nem o autor e nem o réu terá razão, restando determinado o sentido da questão objeto da ação principal (questão subordinada). Por esse motivo, o juiz decidirá simultaneamente, e na mesma sentença, o processo originário e a oposição, conhecendo desta em primeiro lugar (CPC, art. 686)[6].

---

5. A exigência de tramitação simultânea pode ser afastada, caso o curso do processo principal constitua óbice ao andamento da oposição. Na vigência do CPC de 1973, mesmo em se tratando da modalidade interventiva, o STJ admitiu a tramitação independente da oposição, "diante da manifesta inércia das partes em dar prosseguimento ao processo principal" (4ª T., REsp 208.311, Rel. Min. Salvio de Figueiredo Teixeira, j. 18.05.2000, *DJe* 07.08.2000).
6. Sobre a ordem de julgamento, ainda sob a égide do CPC de 1973, STJ já decidiu o seguinte: Não obstante tenha sido a causa principal decidida antes da oposição, em afronta a letra do art. 61 do CPC, a sentença deu a cada parte o que lhe era de direito. Apesar de não obedecida a forma, criada, aliás, por uma questão de lógica, o fim visado pelo dispositivo foi atingido. Aplicação do princípio da instrumentalidade das formas (STJ, 6ª T., REsp 420216, rel. Min. Fernando Gonçalves, j. 1º.10.2002, *DJ* 21.10.2002). Além disso, a extinção do processo prin-

cipal em razão de acordo, não impede o julgamento da oposição e nem justifica a sua extinção sem resolução de mérito. Já decidiu o STJ (3ª T., REsp 1.367.718, rel. Min. Moura Ribeiro, j. 06.11.2018, *DJe* 09.11.2018): "8. A existência de lide pendente entre autor e réu só é requisito processual para a admissão da oposição no momento de sua propositura. Uma vez protocolada a petição de oposição, ela pode ser apreciada independentemente da superveniência de sentença na ação principal ou mesmo da sua existência. 9. Se a mesma pretensão pode ser veiculada tanto antes (oposição interventiva) quanto depois da audiência (oposição autônoma), não há motivo razoável para sustentar que, no primeiro caso, ela deva ser fulminada pelo advento da sentença na ação principal e, no segundo caso, deva ela prosseguir para julgamento independente." No mesmo sentido: 4ª T., REsp 1.552.230, Rel. Min. Luis Felipe Salomão, j. 10.10.2019, *DJe* 27.11.2019; 4ª T., AiInt no REsp 1569393, Rel. Min. Luis Felipe Salomão, j. 24.08.2020, *DJe* 26.08.2020.

10
DA HABILITAÇÃO

10.1. CONSIDERAÇÕES GERAIS

Como não poderia deixar de ser, a morte de uma das partes repercute no processo. E esse reflexo, em regra, é representado pela sucessão da parte pelo seu espólio ou pelos seus sucessores (CPC, art. 110)[1]. Assim, com a morte, *num primeiro momento* e no mais das vezes, o falecido é substituído pelo espólio formado pelos bens que deixou, que tem personalidade judiciária e é representado pelo inventariante (CPC, art. 75, VII). Nos casos em que não houve abertura ou já se deu a extinção do inventário ou ainda no caso de inexistência de patrimônio, bem como naqueles em que a legitimidade toca diretamente ao herdeiro, a sucessão será implementada por meio do processo incidente de habilitação[2]. O art. 687 do CPC preceitua que a "habilitação ocorre quando, por falecimento de qualquer das partes, os interessados houverem de suceder-lhe no processo". Vê-se que, com a habilitação, os sucessores passarão a figurar no polo antes ocupado pelo falecido[3]. Embora destinada à sucessão da pessoa natural, o procedimento da habilitação pode e deve ser utilizado para encaminhar discussões decorrentes da extinção de pessoas jurídicas, em razão do distrato do pacto societário[4].

Evidentemente, a habilitação tem lugar se o falecimento se dá após a instauração do processo. Consoante manifestação do STJ[5], "a propositura de ação em face de réu preteritamente falecido não se submete à habilitação, sucessão ou substituição pro-

---

1. STJ, 1ª T., AgInt no REsp 1681373, Rel. Min. Benedito Gonçalves, j. 28.09.2020, *DJe* 1º.10.2020.
2. Interpretando o art. 43 do CPC de 1973, correspondente ao art. 110 do CPC de 2015, em acórdão relatado pelo Min. Vicente Leal, no julgamento do REsp 254180 (6ª T., j. 11.09.2001, *DJ* 15.10.2001), o STJ decidiu o seguinte: "Embora no caso de morte do autor da ação seja efetuada a substituição processual pelo seu espólio, é admissível a simples habilitação dos seus herdeiros na hipótese de inexistência de patrimônio susceptível de abertura de inventário". Ainda, em aresto relatado pelo Min. Torreão Braz (STJ, 4ª T., AgRg no AI 8545, j. 18.10.1993, *DJ* 29.11.1993), anotou-se que, "ocorrendo a morte de qualquer uma das partes, dar-se-á a substituição pelo seu espólio, salvo se motivo devidamente justificado determine a habilitação dos herdeiros". Por outro lado, o STJ vem proclamando que, nas ações de investigação de paternidade *post mortem* a legitimidade é do herdeiro e não do espólio (STJ, 3ª T., REsp 1.080.614, rel. Min. Nancy Andrighi, j. 1º.09.2009. *DJe* 21.09.2009).
3. Enquanto não realizada a habilitação, há suspensão do prazo prescricional (STJ, 2ª T., AgRg no AREsp 269.902, rel. Min. Humberto Martins, j. 07.02.2013, *DJe* 19.02.2013).
4. Já decidiu o STJ (3ª T., REsp 1.784.032, rel. Min. Marco Aurélio Bellizze, j. 02.04.2019, *DJe* 04.04.2019) que o distrato se equipara à morte da pessoa jurídica. Com efeito, "a demonstração da existência de fundamento jurídico para a sucessão da empresa extinta pelos seus sócios poderá ser objeto de controvérsia a ser apurada no procedimento de habilitação (art. 1.055 do CPC/1973 e 687 do CPC/2015), aplicável por analogia à extinção de empresas no curso de processo judicial".
5. STJ, 3ª T., REsp 1.559.791, rel. Min. Nancy Andrighi, j. 28.08.2018, *DJe* 31.08.2018. Todavia, também reconheceu a Corte Federal (STJ, 2ª T., AgInt no AgInt no REsp 1.670.334, rel. Min. Mauro Campbell Marques, j.

cessual, nem tampouco deve ser suspensa até o processamento de ação de habilitação de sucessores, na medida em que tais institutos apenas são aplicáveis às hipóteses em que há o falecimento da parte no curso do processo judicial". Assim sendo, "o correto enquadramento jurídico da situação em que uma ação judicial é ajuizada em face de réu falecido previamente à propositura da demanda é a de ilegitimidade passiva do *de cujus*, devendo ser facultado ao autor, diante da ausência de ato citatório válido, emendar a petição inicial para regularizar o polo passivo, dirigindo a sua pretensão ao espólio".

A não realização da sucessão tem desdobramentos. Realmente, não regularizada a sucessão, ao tomar conhecimento do falecimento, o juiz determinará a suspensão do processo e observará o seguinte: i) "falecido o réu, ordenará a intimação do autor para que promova a citação do respectivo espólio, de quem for o sucessor ou, se for o caso, dos herdeiros, no prazo que designar, de no mínimo 2 (dois) e no máximo 6 (seis) meses" (CPC, art. 313, § 2º, I); ii) "falecido o autor e sendo transmissível o direito em litígio, determinará a intimação de seu espólio, de quem for o sucessor ou, se for o caso, dos herdeiros, pelos meios de divulgação que reputar mais adequados, para que manifestem interesse na sucessão processual e promovam a respectiva habilitação no prazo designado, sob pena de extinção do processo sem resolução de mérito" (CPC, art. 313, § 2º, II)[6]. Essas são as consequências da não realização da habilitação, inexistindo prazo prescricional relativo à pretensão ligada a tal providência[7].

Esses dispositivos confirmam que a sucessão, num primeiro momento e ordinariamente, se dá com a inclusão do espólio para ocupar o polo antes integrado pelo falecido. Extraordinariamente, quando não houve ou não haverá a abertura do inventário ou quando este já se encerrou, com a ultimação da partilha, ou nas ações em que legitimidade é diretamente do herdeiro, a sucessão deve ser realizada, mediante processo de habilitação.

As regras dos incs. I e II do § 2º do art. 313 do CPC, também incidem na fase recursal. Entretanto, promovida a "intimação" do espólio ou dos herdeiros e não tomada nenhuma providência, ou o recurso não será conhecido, se a medida competir ao recorrente, ou as contrarrazões serão desentranhadas dos autos, quando a providência tocar ao recorrido (CPC, art. 76, § 2º, I e II)[8]. Além dessas regras, a habilitação observará o disposto no regimento interno do respectivo tribunal[9].

08.02.2018, *DJe* 21.02.2018) que "a morte do autor antes do processo de execução autoriza a habilitação dos sucessores, reconhecendo-se, salvo comprovada má-fé, a validade dos atos praticados pelo mandatário".
6. Aplicando essa regra, o STJ (2ª T., AgInt no EDcl no ARESP 1109455, rel. Min. Mauro Campbell Marques, j. 13.11.2018, *DJe* 22.11.2018) decidiu que a "ausência de manifestação da parte autora e de habilitação dos herdeiros, mesmo após a intimação por edital, inviabiliza a continuidade do feito ante a falta de pressuposto de constituição e de desenvolvimento válido e regular do processo, ensejando, assim, a extinção do processo sem resolução de mérito".
7. STJ, 1ª T., AgInt no REsp 1.508.584, rel. Min. Napoleão Nunes Maia Filho, j. 27.11.2018, *DJe* 06.12.2018.
8. STJ, 3ª T., AgRg no ARESP 589.310, rel. Min. Moura Ribeiro, j. 18.02.2016, *DJe* 23.02.2016.
9. A propósito, menciona-se o Enunciado 54 do Centro de Estudos Judiciários (CEJ) da Justiça Federal: "Estando o processo em grau de recurso, o requerimento de habilitação far-se-á de acordo com o Regimento Interno do respectivo tribunal (art. 687 do CPC)".

Três aspectos ainda devem ser realçados.

Ordinariamente, o falecido pode ser substituído pelos seus sucessores. Porém, existem casos nos quais, da relação jurídica de direito material deduzida no processo, decorrem direitos[10] ou obrigações personalíssimas, que, portanto, dizem respeito exclusivamente ao autor ou ao réu e não são transmissíveis aos sucessores (v.g., divórcio, algumas espécies de prestação de contas). Nessas hipóteses, não é viável a sucessão, sendo, consequentemente, incabível a habilitação. Na realidade, com o falecimento de parte titular afirmativa de direito ou de obrigação personalíssima haverá a extinção do processo, sem resolução do mérito (CPC, art. 485, IX).

O segundo ponto se refere ao campo de aplicação da habilitação, que se prende à sucessão *causa mortis*. As situações de sucessão por ato entre vivos se submetem ao regime estabelecido no art. 109, CPC.

O terceiro ângulo de observação está ligado à atividade cognitiva, que, por sua vez, deve ser esmiuçada em duas perspectivas.

Primeiramente, cabe a análise da possibilidade de deduzir questão prejudicial, cumulando-se pedido com a habilitação, a fim de que seja reconhecida a condição de sucessor e, consequentemente, acolhida a pretensão à habilitação. Seria a hipótese, por exemplo, da cumulação da pretensão de reconhecimento do vínculo de paternidade, com o falecido, e do pedido de habilitação. Entretanto, essa cumulação se revela incabível, ainda que se reconheça a amplitude das regras decorrentes do art. 327, do CPC. E a impossibilidade é constatada nos dois incisos do art. 688, que vinculam a prévia condição de sucessor do falecido à legitimidade, seja para figurar no polo passivo, seja para apresentar o pedido de habilitação.

A segunda ótica está ligada ao estudo dos pontos que podem ser articulados na contestação ao pedido de habilitação. E aqui a cognição está limitada, exclusivamente, às questões envolvendo a própria habilitação. Dito de outro modo, os pontos que podem ser suscitados e a cognição judicial dizem respeito exclusivamente ao cabimento, ou não, da habilitação ou de suas características (*v.g.*, negativa da condição de sucessor, renúncia ou não recebimento de herança, atendimento à proporcionalidade de quinhões, obrigação personalíssima etc.). Não há nenhum espaço, por exemplo, para se deduzir alegações ou defesas relativas à causa principal, na qual o falecimento da parte deu margem ao processo incidente de habilitação. Mesmo porque, a pessoa habilitada sempre receberá o processo na fase em que este se encontrar, não sendo possível inovar ou desconsiderar preclusões, já verificadas em relação às faculdades processuais da pessoa sucedida.

---

10. Muito se discutiu se o direito à indenização por dano moral seria, ou não, transmissível. O STJ pacificou entendimento, que está refletido na Súmula 642: "O direito à indenização por danos morais transmite-se com o falecimento do titular, possuindo os herdeiros da vítima legitimidade ativa para ajuizar ou prosseguir a ação indenizatória" (Súmula 642, CE, j. 02.12.2020, *DJe* 07.12.2020).

10.2. DA LEGITIMIDADE E DO PROCEDIMENTO

Tem legitimidade para requerer a habilitação a parte, em relação aos sucessores do falecido, bem como os sucessores do falecido no que concerne à parte (CPC, art. 688). Frise-se que a habitação sempre exige a formulação de pedido, sendo vedada, por isso, a sua determinação de ofício pelo juiz. Mesmo sendo uma ação incidente, a habilitação processar-se-á "nos autos do processo principal, na instância em que estiver suspendendo-se, a partir de então, o processo" (CPC, art. 689).

Recebida a petição de habilitação, o juiz determinará a citação dos requeridos, para que se pronunciem no prazo de cinco dias (CPC, art. 690). Quando a habilitação é requerida pelos sucessores em relação à parte, esta, em regra, terá procurador constituído nos autos, por meio de quem realizar-se-á a citação. O mesmo não acontece na habilitação postulada pela parte, no que se refere aos sucessores, que deverão ser citados pessoalmente. De qualquer modo, a citação sempre será pessoal, se a parte não tiver procurador constituído nos autos (CPC, art. 690, parágrafo único).

Citados, os requeridos poderão simplesmente reconhecer que é o caso de habilitação ou contestá-la, seja porque não são sucessores, seja porque não se está a observar a proporcionalidade dos quinhões hereditários, seja porque o direito ou obrigação é personalíssimo[11].

Em havendo impugnação, se necessário, será produzida prova diversa da documental, o que exigirá a autuação em apartado da documentação relativa a essa atividade instrutória (CPC, art. 691).

Havendo ou não a impugnação e, nesse segundo cenário, após fase instrutória eventualmente necessária, o juiz decidirá o pedido de habilitação por sentença, que, transitada em julgado, permitirá que o processo principal retome o seu curso (CPC, art. 692). E, como já dito, promovida a habilitação, o(s) sucessor(es) habilitado(s) recebe(m) o processo na fase em que este se encontra, não sendo possível inovar ou desconsiderar preclusões, já verificadas em relação às faculdades processuais da pessoa sucedida.

No CPC de 1973, eram disciplinadas duas formas de habilitação. Uma que dava margem à instauração de processo, autuado em apartado e julgado por sentença (art. 1.057 e 1.058). Outra promovida nos próprios autos e que independia de sentença, cabível nas hipóteses do art. 1.060. No CPC de 2015, a habilitação será processada e julgada nos próprios autos, quando não houver impugnação ou quando o julgamento

---

11. O STF e o STJ firmaram entendimento que, no mandado de segurança, o direito discutido é personalíssimo, o que impede a habilitação dos sucessores, cabendo a eles recorrerem às vias ordinárias, para o reconhecimento de eventual direito. No STJ, há também julgados apontando que a limitação somente se aplica à fase cognitiva, sendo possível a habilitação na fase de "execução" do mandado de segurança. No STF: 1ª T., AgR no RMS 26806, rel. Min. Dias Toffoli, j. 22.05.2012, DJe 19.06.2012. No STJ: Primeira Seção, AgRg no ExeMS 115, rel. Min. Humberto Martins, j. 08.04.2015, DJe 15.04.2015; 3ª Seção, EDcl no MS 11581, rel. Min. Og Fernandes, j. 26.06.2013, DJe 1º.08.2013; 2ª T., AgInt nos Edcl no RMS 55.146, rel. Min. Herman Benjamin, j. 21.08.2018, DJe 16.11.2018.

dessa oposição independer de produção de prova diversa da documental. De outra parte, a habilitação será autuada em apartado se houver impugnação e necessidade de produção de prova, que não seja documental. Em qualquer caso, no entanto, a habilitação dá lugar ao surgimento de processo incidente e o pronunciamento que a julga tem natureza de sentença.

Diante do caminho eleito pelo CPC de 2015, que sempre leva à instauração de processo incidente e prolação de sentença, o recurso cabível será o de apelação[12-13] (CPC, art. 1.009), seja no caso do indeferimento ou de acolhimento do pedido de habilitação, seja quando processada nos próprios autos ou autuada em apartado.

Nessa linha, não se mostra compatível com o regramento, introduzido pelo CPC de 2015, a distinção que apontava para o cabimento do agravo de instrumento, no caso de habilitação processada nos próprios autos, e para o recurso de apelação, quando a habilitação fosse autuada em apartado.

Não obstante isso, é forçoso remarcar que a determinação do recurso cabível será fonte de dissídio interpretativo, ainda sendo possível a existência de orientação sustentando o cabimento do agravo de instrumento, em determinadas situações. Esse dissenso justificará a aplicação da fungibilidade recursal, pelo menos até que seja sedimentado um dos posicionamentos.

---

12. Nesse sentido, o Enunciado 55 do Centro de Estudos Judiciários (CEJ) da Justiça Federal: "É cabível apelação contra sentença proferida no procedimento especial de habilitação (arts. 687 a 692 do CPC)".
13. Cf., THEODORO JR., Humberto. *Curso de direito processual civil*. 51. ed. Rio de Janeiro: Forense, 2017. p. 376. Após afirmar o cabimento da apelação, Medina faz a seguinte ressalva: "Não se pode excluir, porém, a possibilidade de a questão ser resolvida por decisão interlocutória, hipótese em que o recurso cabível será o de agravo de instrumento (cf. art. 1.015, II, do CPC/2015)" (MEDINA, José Miguel Garcia. *Curso de direito processual civil moderno*. 4. ed. São Paulo: RT, 2018. p. 828).

11
DAS AÇÕES DE FAMÍLIA

11.1. CONSIDERAÇÕES GERAIS

Representa característica do processo civil atual o forte estímulo às soluções consensuais dos conflitos. Se essa é nota relevante em qualquer tipo de litígio, a necessidade de encaminhamento consensual do conflito ganha tons ainda mais fortes nas ações nas quais se controverte pretensão ligada ao direito de família. Realmente, nesse campo, a resolução sentencial, imposta pelo Estado, quase sempre será o pior caminho, numa relação que, não raramente, perdurará ou produzirá reflexos por toda a vida dos contendores. Além disso, em muitos casos, o direito reconhecido a uma das partes representa, ainda que inconscientemente, o ponto de partida para o surgimento de novos litígios.

O fomento às formas consensuais dos conflitos dos processos envolvendo direito de família é o aspecto central do procedimento especial, disciplinado nos arts. 693 a 699, do CPC de 2015.

Esse regime, em princípio, será aplicável aos processos contenciosos de divórcio, separação, reconhecimento e extinção de união estável, guarda, visitação e filiação (CPC, art. 693). Contudo, nos exatos termos do Enunciado 72 do Fórum Permanente de Processualistas Civis, "o rol do art. 693 não é exaustivo, sendo aplicáveis os dispositivos previstos no Capítulo X a outras ações de caráter contencioso envolvendo o Direito de Família".

Subsidiariamente, nos termos do parágrafo único do art. 693 do CPC, essa disciplina também se destina à ação de alimentos, normatizada pela Lei 5.478/1968, e aos conflitos relativos à crianças e adolescentes, regidos pelo Estatuto da Criança e do Adolescente (ECA – Lei 8.069/1990).

11.2. DO PROCEDIMENTO

Na linha do acima exposto, em comando dirigido aos sujeitos do processo e também aos procuradores das partes, o art. 694 prescreve que "nas ações de família, todos os esforços serão empreendidos para a solução consensual da controvérsia, devendo o juiz dispor do auxílio de profissionais de outras áreas de conhecimento para a mediação e conciliação".

Concede-se, com razão, destaque à atuação multidisciplinar para a realização da mediação e conciliação. Realmente, com muita frequência, profissionais da área da psicologia e assistência social, por exemplo, disporão de interessantes e eficazes ferramentas para a resolução consensual do litígio. Também pelo estímulo e possibilidade de intervenção de equipe composta por profissionais de outras especialidades, nos processos de família, "o juiz pode determinar a suspensão do processo enquanto os litigantes se submetem a mediação extrajudicial ou a atendimento multidisciplinar" (CPC, art. 694, parágrafo único). Atente-se que, nesse processo, não existe prazo máximo de suspensão, não sendo aplicável o prescrito no § 4º do art. 313 do CPC. O atendimento multidisciplinar pode, por exemplo, indicar a necessidade de tratamento, não sendo adequado vincular esta medida a um prazo máximo de suspensão.

Recebida a petição inicial e, se for o caso, tomadas as providências referentes à tutela provisória, o juiz ordenará a citação do réu para comparecer à audiência de mediação e conciliação (CPC, art. 695), observada sempre a antecedência de 15 dias entre a realização da audiência e a citação (CPC, art. 695, § 2º). É nesse momento, ou a partir dessa audiência, que o juiz, as partes e seus procuradores, que necessariamente devem se fazer presentes na audiência (CPC, art. 695, § 4º), valer-se-ão de todas as estratégias, para a obtenção da solução consensual da disputa, inclusive, se necessário, recorrendo a profissionais de outras especialidades ou determinando a suspensão do processo.

A citação do réu será pessoal (CPC, art. 695, § 3º), sendo que, nos termos do § 1º do art. 695 do CPC, "o mandado de citação conterá apenas os dados necessários à audiência e deverá estar desacompanhado de cópia da petição inicial, assegurado ao réu o direito de examinar seu conteúdo a qualquer tempo". Busca-se com a não entrega de cópia da inicial evitar que as afirmações lançadas pelo autor conspirem contra a solução consensual. Conquanto a regra possa até ser bem-intencionada, é criticável o caminho de não entregar, desde já ao réu, cópia da petição inicial. A visível restrição ao contraditório não é superada pela concessão do direito de examinar o conteúdo da petição inicial, a qualquer tempo. Além disso, mesmo que imbuído da máxima disposição em chegar ao acordo, é recomendável e prudente que o réu tenha ciência dos fatos articulados pelo autor, antes da composição. Isso porque o réu ou estará seguro que os termos do acordo contemplam todos os aspectos da pretensão do autor, até para evitar novos litígios, ou estará ciente que, propositadamente, um ou outro ponto não foi objeto de ajuste.

Conforme dispõe o art. 696 do CPC, "a audiência de mediação e conciliação poderá dividir-se em tantas sessões quantas sejam necessárias para viabilizar a solução consensual, sem prejuízo de providências jurisdicionais para evitar o perecimento do direito". A regra remarca o alto grau de empenho e disponibilidade que deve presidir o comportamento de todos os sujeitos do processo e dos procuradores das partes, sempre com vistas à eficácia da conciliação ou mediação. Todavia, o vigor para a resolução amigável não pode se transmudar em constrangimentos ou ameaças de um possível resultado desfavorável. Merece apoio, destarte, o Enunciado 187 do Fórum Permanente de Processualistas Civis: "No emprego de esforços para a solução consensual do litígio familiar, são vedadas iniciativas de constrangimento ou intimidação para que as partes conciliem, assim como as de aconselhamento sobre o objeto da causa".

Não realizado o acordo, observar-se-á o procedimento comum (CPC, art. 697), de modo que o réu terá 15 dias para apresentar resposta[1], contados a partir do dia da audiência de conciliação e mediação.

Nos processos em análise, o Ministério Público intervirá quando houver interesse de incapaz (CPC, art. 698, primeira parte)[2]. Além disso, mesmo que não exista interesse de incapaz, o *Parquet* deve ser ouvido previamente à homologação do acordo (CPC, art. 698, segunda parte)[3].

A par disso, reafirmando a relevância da autuação multidisciplinar nos casos de família, o art. 699 do CPC preceitua que, "quando o processo envolver discussão sobre fato relacionado a abuso ou a alienação parental, o juiz, ao tomar o depoimento do incapaz, deverá estar acompanhado por especialista".

Por derradeiro, "nas ações de guarda, antes de iniciada a audiência de mediação e conciliação de que trata o art. 695 deste Código, o juiz indagará às partes e ao Ministério Público se há risco de violência doméstica ou familiar, fixando o prazo de 5 (cinco) dias para a apresentação de prova ou de indícios pertinentes" (CPC, art. 699-A). Essa disposição dialoga com o disposto na parte final do parágrafo segundo do art. 1.584 do

---

1. É marcante o caráter dúplice em algumas pretensões relacionadas ao direito de família, o que torna desnecessária a apresentação de reconvenção. É o caso, por exemplo, da demanda envolvendo guarda de filhos. Nesse sentido, a expressiva manifestação do STJ (4ª T., REsp 1.085.664, rel. Min. Luis Felipe Salomão, j. 03.08.2010, *DJe* 12.08.2010) em aresto cuja ementa é parcialmente reproduzida a seguir: "1. As ações dúplices são regidas por normas de direito material, e não por regras de direito processual. 2. Em ação de guarda de filho menor, tanto o pai como a mãe podem perfeitamente exercer de maneira simultânea o direito de ação, sendo que a improcedência do pedido do autor conduz à procedência do pedido de guarda à mãe, restando evidenciada, assim, a natureza dúplice da ação. Por conseguinte, em demandas dessa natureza, é lícito ao réu formular pedido contraposto, independentemente de reconvenção".
2. Em ação de anulação de registro civil, após o teste de DNA afastando o vínculo biológico, mesmo sem o réu (menor incapaz representado por sua genitora) ter feito referência ao vinculo socioafetivo ou ter requerido prova neste sentido, o Ministério Público pleiteou a realização de estudo social. Nesse contexto, o STJ decidiu que o "Ministério Público, ao atuar como fiscal da ordem jurídica, possui legitimidade para requerer provas e recorrer em processos nos quais oficia, tais como os que discutem direitos de incapazes em ação de investigação de paternidade com manifesto interesse público primário e indisponível (art. 2º, §§ 1º e 6º, da Lei 8.560/1992)". Ainda observou que a "averiguação da presença de socioafetividade entre as partes é imprescindível, pois o laudo de exame genético não é apto, de forma isolada, a afastar a paternidade", arrematando no sentido de que a "anulação de registro depende não apenas da ausência de vínculo biológico, mas também da ausência de vínculo familiar, cuja análise resta pendente no caso concreto, sendo ônus do autor atestar a inexistência dos laços de filiação ou eventual mácula no registro público" (3ª T., REsp 1.664.554, Rel. Min. Ricardo Villas Bôas Cueva, j. 05.02.2019, *DJe* 15.02.2019).
3. Todavia, proclamou o STJ que a "inércia do Ministério Público em atuar em audiência de conciliação quando devidamente intimado não impõe a nulidade de acordo celebrado entre as partes e homologado em juízo, especialmente na ausência de demonstração de prejuízo" (3ª T., REsp 1.831.660, Rel. Min. Ricardo Villas Bôas Cueva, j. 10.12.2019, *DJe* 13.02.2019).

CC, que disciplina a guarda compartilhada, como regra geral. Segundo esse preceptivo, "quando não houver acordo entre a mãe e o pai quanto à guarda do filho, encontrando-se ambos os genitores aptos a exercer o poder familiar, será aplicada a guarda compartilhada, *salvo se um dos genitores declarar ao magistrado que não deseja a guarda da criança ou do adolescente ou quando houver elementos que evidenciem a probabilidade de risco de violência doméstica ou familiar*" (CC, art. 1.584, § 2º).

12
DA AÇÃO MONITÓRIA

12.1. CONSIDERAÇÕES GERAIS

Como regra, para atingir esfera jurídica do réu, a concessão de tutela jurisdicional ao autor deve ser precedida da possibilidade de contraditório, do exercício do direito de defesa e do direito à prova. Conquanto esse seja o padrão, para prestar reverência à efetividade da proteção jurisdicional, o ordenamento jurídico deve também dispor de técnicas e mecanismos para, em determinadas circunstâncias, viabilizar a sua concessão antes do exercício ou do completo desenvolvimento do contraditório e da defesa.

Na concepção dessas técnicas ou mecanismos, a cognição judicial desempenha papel relevantíssimo, pois é por meio de sua calibração que se concebem técnicas que conferem maior efetividade à tutela jurisdicional.

A cognição judicial é ato intelectivo do juiz caracterizado pelo conhecimento e pela análise de fatos, alegações e provas, com propósito de decidir as questões que lhe são submetidas. Essa atividade pode ser vista horizontalmente, a partir das questões que podem ou não ser conhecidas relativas a determinado litígio. Quando todas as questões puderem ser conhecidas, diz-se que a cognição é total. Se apenas uma parte das questões puder ser apreciada, a cognição é parcial, como é o caso da restrição imposta, no processo de inventário, pelo art. 612 do CPC. Em outra perspectiva, avalia-se a cognição verticalmente, tendo em mira, sobre determinada ou determinas questões, a profundidade da análise a ser empreendida. Se forem consideradas algumas alegações ou algumas provas, no mais das vezes apresentadas apenas por uma das partes, tem-se a chamada cognição sumária. Quando o exame tem em conta todas as alegações e provas existentes, apresentadas e potencialmente debatidas por ambas as partes, fala-se em cognição exauriente.

O ajuste da cognição em busca da efetividade pode recair sobre a cognição horizontal (total ou parcial) ou a vertical (exauriente ou sumária). Focando nessa última, uma aplicação da modulação, por exemplo, é a criação de técnicas autorizando a concessão de tutelas com base em cognição sumária. Emprega-se a expressão "tutela diferenciada" para representar essas tutelas concedidas com apoio na técnica da sumarização da cognição.

Nesse contexto se insere a ação monitória, que é um meio para a obtenção de uma espécie de tutela jurisdicional diferenciada. Dito de modo mais detalhado, sob certa circunstância, autoriza-se ao juiz, como base em cognição sumária, a expedir uma ordem, representada pelo chamado mandado monitório, cuja suspensão ou estabilização da eficácia, com a constituição de título judicial, dependerá do comportamento assumido pelo réu, diante do comando que lhe foi dirigido, que poderá, ou não, resistir à pretensão, instaurando o contraditório[1].

A circunstância autorizadora da emissão da ordem varia de acordo com o modelo adotado pelo ordenamento. O CPC de 2015 manteve-se vinculado ao processo monitório documental, de maneira que a condição para a expedição da ordem é a existência de prova escrita.

Basicamente, apoiado na prova escrita e convencido da probabilidade de existência do direito afirmada dela decorrente, o juiz defere a expedição do mandado monitório. Se o réu não reage a essa ordem ou se a sua reação for afastada, constitui-se o título executivo judicial.

12.2. CABIMENTO E OBJETO DA AÇÃO MONITÓRIA

O cabimento da ação monitória está jungido à existência de "prova escrita sem eficácia de título executivo".

A compreensão do alcance da expressão "prova escrita" está relacionada com a técnica que autoriza a emissão de ordem com base em cognição sumária. O juízo de cognição sumária é um juízo de probabilidade. Avaliar-se-á se os motivos conducentes a dado resultado são superiores àqueles apropriados a levar a outro caminho. Se tais motivos forem superiores, haverá probabilidade. Com efeito, a prova escrita que ampara a demanda monitória é aquela capaz de revelar a probabilidade da existência do direito afirmado pelo autor, justificando a emissão da ordem[2].

Não há, portanto, um modelo ou uma predeterminação do que possa ser considerado como "prova escrita", para amparar a ação monitória[3]. Essencial, repita-se, é aptidão para demonstrar a probabilidade de existência do direito afirmado pelo autor. Donde o pronunciamento do STJ, na direção de que "a prova hábil a instruir a ação monitória, isto é, apta a ensejar a determinação da expedição do mandado monitório – a que alude os arts. 1.102-A

---

1. Nessa direção, decidiu o STJ (3ª T., REsp 1.531.676, Rel. Min. Nancy Andrighi, j. 18.05.2017, DJe 26.05.2017) que "o contraditório consiste em uma eventualidade, a ser instaurado apenas se o devedor expressamente resistir à pretensão, por meio dos embargos".
2. STJ, 4ª T., AgInt no AREsp 1.814.163, Rel. Min. Raul Araújo, j. 30.08.2021, DJe 10.09.2021.
3. Nessa esteira, colhe-se o seguinte pronunciamento do STJ: "Uma das características marcantes da ação monitória é o baixo formalismo predominante na aceitação dos mais pitorescos meios documentais, inclusive daqueles que seriam naturalmente descartados em outros procedimentos. O que interessa, na monitória, é a possibilidade de formação da convicção do julgador a respeito de um crédito, e não a adequação formal da prova apresentada a um modelo predefinido, modelo esse muitas vezes adotado mais pela tradição judiciária do que por exigência legal" (STJ, 3ª T., REsp 1.025.377, Rel. Min. Nancy Andrighi, j. 03.03.2009, DJe 04.08.2009). Essa ideia foi reafirmada pela 4ª Turma, no julgamento do AgInt no AREsp 1.313.801, Rel. Min. Luis Felipe Salomão, j. 30.05.2019, DJe 06.04.2019.

do CPC/1973 e 700 do CPC/2015 –, precisa demonstrar a existência da obrigação, devendo o documento ser escrito e suficiente para, efetivamente, influir na convicção do magistrado acerca do direito alegado, não sendo necessário prova robusta, estreme de dúvida, mas sim documento idôneo que permita juízo de probabilidade do direito afirmado pelo autor"[4].

Diante deste panorama, reconhece-se no STJ que pode caracterizar prova escrita o documento não emanado pelo devedor que revela razoavelmente a existência da obrigação[5].

A prova escrita pode consistir em prova oral documentada, produzida antecipadamente (CPC, art. 700, § 1º), ou não. Seja como for, mesmo que produzida antecipadamente, sempre a prova deverá revelar a probabilidade de existência da obrigação e de seu valor[6].

Evidentemente, com a monitória, busca-se determinado bem da vida. Todavia, quando não há o cumprimento imediato do mandado monitório, o atingimento de tal resultado passa pela formação do título executivo judicial. Por isso, se o autor já dispuser de título executivo extrajudicial, em tese, lhe faltaria interesse para a propositura da ação monitória. Ocorre que, como vem decidindo o STJ, "é possível a propositura de ação monitória pelo detentor de título executivo para perseguir seus créditos, uma vez que o referido procedimento não traz maiores prejuízos ao réu"[7]. Ou seja, mesmo havendo o título extrajudicial, pode ser ajuizada a ação monitória[8].

---

4. STJ, 4ª T., REsp 1381603, Rel. Min. Luis Felipe Salomão, j. 06.10.2016, DJe 11.11.2016 (Neste caso, aceitou-se a mensagem eletrônica como prova escrita hábil a amparar a demanda monitória); 3ª T., REsp 1.677.895, Rel. Min. Nancy Andrighi, j. 06.02.2018, DJe 08.02.2018; 4ª T., AgInt no AREsp 1208811, Rel. Min. Marco Buzzi, j. 04.09.2018, DJe 14.09.2018. Nessa mesma toada, o STJ reputou como prova escrita apta: i) a cópia de contrato e a confirmação da efetiva contraprestação (4ª T., AgInt nos EDcl no AREsp 1.361.644, Rel. Min. Raul Araujo, j. 19.10.2020, DJe 16.11.2020); ii) a cópia de documento que reflita o reconhecimento da obrigação (3ª T., AgInt no REsp 1.930.120, Rel. Min. Nancy Andrighi, j. 16.08.2021, DJe 19.08.2021; 4ª T., AgInt no REsp 1.914.266, Rel. Min. Raul Araújo, j. 07.06.2021, DJe 1º.07.2021); iii) a duplicata sem aceite, protestada sem que tenha havido impugnação (4ª T., AgInt no AREsp 1.441.446, Rel. Min. Maria Isabel Gallotti, j. 26.11.2019, DJe 06.12.2019); iv) a nota fiscal, ainda que sem a assinatura do devedor (3ª T., AgInt no AREsp 1.618.550, Rel. Min. Nancy Andrighi, j. 26.06.2020; DJe 1º.07.2020); v) num caso em que o cheque foi "emprestado" para que terceiro pudesse utilizá-lo, invocando o princípio da boa-fé objetiva, em sede de ação monitória, o STJ declarou que estavam obrigados ao cumprimento da obrigação tanto o terceiro como o eminente, resguardado o direito de regresso deste último em relação àquele (3ª T., REsp 1.787.274, Rel. Min. Nancy Andrighi, j. 23.04.2019, DJe 26.04.2019). Entretanto, o juízo de probabilidade não deve ser positivo, na hipótese de contrato bilateral sem a comprovação da contraprestação devida pelo autor (STJ, 3ª T., EDcl no AgInt no REsp 1.326.671, Rel. Min. Ricardo Villas Bôas Cueva, j. 18.05.2020, DJe 26.05.2020).
5. STJ, 2ª T., AgRg no AREsp 130353, Rel. Min. Eliana Calmon, j. 02.05.2013, DJe 10.05.2013; STJ, 4ª T., REsp 167.618, Rel. Min. Barros Monteiro, j. 26.05.1998, DJ 14.06.1999.
6. Confira-se o seguinte entendimento fixado pelo STJ, no julgamento do REsp 1.633.391 (4ª T., Rel. Des. Convocado Lázaro Guimarães, j. 20.11.2017, DJe 04.12.2017): "(...) 2. No caso, a autora intentou a ação monitória com base em laudo pericial obtido em ação cautelar de produção antecipada de prova destinada à apuração dos danos ocorridos no imóvel de sua propriedade e que, segundo afirma, teriam sido causados durante a ocupação pela ré, já falecida. 3. O laudo pericial, por si só, não se mostra suficiente à demonstração do vínculo obrigacional, visto que apenas estabelece o *quantum debeatur*, ou seja, a extensão do dano, não o alegado direito à indenização (*an debeatur*), que, na hipótese, exige a produção de prova complementar".
7. STJ, 4ª T., AgRg nos EDcl no AREsp 118562, Rel. Min. Maria Isabel Gallotti, j. 02.06.2015, DJe 09.06.2015; STJ, 2ª T., REsp 1281036, Rel. Min. Herman Benjamin, j. 10.05.2016, DJe 24.05.2016.
8. Nessa direção, colhe-se o Enunciado 446 do Fórum Permanente de Processualistas Civis: "(arts. 785 e 700) Cabe ação monitória mesmo quando o autor for portador de título executivo extrajudicial". Do mesmo modo, o Enunciado 101 do Centro de Estudo Judiciários (CEJ), do Conselho da Justiça Federal: "É admissível ação

Essas considerações permitem compreender o porquê de a ação monitória ter ganhado larga aplicabilidade no caso de título executivos com prescrição[9] da pretensão executória ou de documentos que, por alguma razão, tiveram eficácia executiva desnaturada ou lhes faltavam os requisitos, como a certeza e a liquidez. Aqui, de um lado, a probabilidade da existência da obrigação é evidente, e, de outro, não há mais a força executiva. Não por outro motivo, a maior parte das súmulas editadas pelo STJ (Súmulas 247[10], 299[11], 384[12], 503[13], 504[14] e 531[15]), acerca da monitória, tem como conteúdo discussões direta ou indiretamente relacionadas a esses temas.

Não obstante isso, é necessário distinguir duas situações: de um lado, aquelas nas quais, ao se propor o debate no ambiente do processo de execução, esse caminho foi rechaçado, simplesmente, reconhecendo-se a extinção da força executiva do título, que se pretende utilizar como prova escrita; de outro, aquelas em que se colocou em dúvida a própria validade da constituição da obrigação. Nesse segundo caso, não será cabível a ação monitória, após a rejeição da execução. Explica-se. Se for manejado processo de execução e for oposta defesa, no julgamento da qual se reconhece a impossibilidade da via executiva, em razão da invalidade da forma como se deu a formação da obrigação (v.g. a pessoa que assinou o documento, representado a pessoa jurídica, não dispunha de poderes), também não será admissível a ação monitória. Isso porque o fundamento utilizado para rejeitar a via executiva também comprometerá a probabilidade da

---

monitória, ainda que o autor detenha título executivo extrajudicial". Invocando essas manifestações, o STJ reconheceu a possibilidade de ajuizamento de ação monitória, pela Fazenda Pública, para a cobrança de multas de trânsito: STJ, 2ª T., REsp 1.748.849, Rel. Min. Herman Benjamin, j. 04.12.2018, DJe 17.12.2018.

9. Diante da existência de prova escrita, quase sempre, cuidar-se-á da hipótese de pretensão de cobrança de dívida líquida, constante de instrumento público ou particular, cuja prescrição ocorre em 05 anos, nos termos do art. 206, § 5º, I, do CC. Nesse sentido, firmou-se a jurisprudência do STJ: 3ª T., AgInt no REsp 1.939.890, Rel. Min. Marco Aurélio Bellizze, j. 11.10.2021, DJe 14.10.2021; 4ª T., AgInt nos EDcl no REsp 1.845.370, Rel. Min. Maria Isabel Gallotti, j. 14.09.2020, DJe 18.09.2020. Essa regra geral, de prescrição da pretensão para a cobrança de dívida retratada em instrumento público ou particular, não prevalecerá em havendo disposição mais específica. A título de ilustração, em se tratando de cobrança de aluguel e acessórios, há previsão no art. 206, § 3º, IV, do CC, impondo prazo prescricional de 03 anos (STJ, 3ª T., AgInt no AREsp 1.714.826, Rel. Min. Moura Ribeiro, j. 29.03.2021, DJe 06.04.2021).

10. "Súmula 247 – O contrato de abertura de crédito em conta corrente, acompanhado do demonstrativo de débito, constitui documento hábil para o ajuizamento da ação monitória".

11. "Súmula 299 – É admissível a ação monitória fundada em cheque prescrito". Saliente-se, no entanto, que a prescrição atinge a relação cambiária. Consequentemente, o avalista não tem legitimidade para figurar no polo passivo da ação monitória fundada em cheque ou qualquer outro título de crédito prescrito (STJ, 4ª T., AgInt no AREsp 1.763.758, j. 28.06.2021, DJe 05.08.2021; STJ, 4ª T., AgInt no ARESP 1.520.570, Rel. Min. Maria Isabel Gallotti, j. 30.03.2020, DJe 02.04.2020).

12. "Súmula 384 – Cabe ação monitória para haver saldo remanescente oriundo de venda extrajudicial de bem alienado fiduciariamente em garantia".

13. "Súmula 503 – O prazo para ajuizamento de ação monitória em face do emitente de cheque sem força executiva é quinquenal, a contar do dia seguinte à data de emissão estampada na cártula".

14. "Súmula 504 – O prazo para ajuizamento de ação monitória em face do emitente de nota promissória sem força executiva é quinquenal, a contar do dia seguinte ao vencimento do título".

15. "Súmula 531 – Em ação monitória fundada em cheque prescrito ajuizada contra o emitente, é dispensável a menção ao negócio jurídico subjacente à emissão da cártula". Destaca-se, contudo, que o réu da ação monitória pode alegar e discutir o negócio jurídico subjacente (causa debendi) nos embargos monitórios (STJ, 4ª T., AgInt no AREsp 850.433, Rel. Min. Antonio Carlos Ferreira, j. 30.09.2019, DJe 03.10.2019).

existência da obrigação, indispensável para a prolação da decisão que determina a expedição do mandado monitório. No CPC de 1973, a relação obrigacional retratada na ação monitória tinha por objeto o pagamento de soma em dinheiro ou a entrega de coisa fungível[16] ou determinado bem móvel (art. 1.102-A). Em seu art. 700, o CPC de 2015 ampliou esse objeto, permitindo-se que se exija o quanto segue: i) o pagamento de quantia; ii) a entrega de coisa fungível ou infungível ou de bem móvel ou imóvel; iii) o adimplemento de obrigação de fazer ou de não fazer.

É relevante a delimitação do objeto e a quantificação da obrigação, o que não corresponde a se estabelecer como requisito a liquidez com o mesmo rigor existente nos títulos executivos[17]. Fala-se em liquidez, no entanto, para retratar que a prova escrita deve "ser juridicamente hábil para, à primeira vista, comprovar o valor devido"[18].

12.2.1. Ação monitória e devedor incapaz

A ação monitória pode ser proposta por credor incapaz, devidamente representado. Todavia, era objeto de discussão a exequibilidade da ação monitória contra devedor incapaz, em razão do certo grau de indisponibilidade de suas posições jurídicas, a impedir a formação do título executivo, mesmo no caso de inércia ao mandado monitório.

O art. 700 positivou essa solução afastando a utilização da ação monitória contra devedor incapaz.

12.2.2. Ação monitória e Fazenda Pública

Sob a égide do CPC de 1973, o STJ pacificou entendimento e editou a Súmula 339, admitindo o cabimento da ação monitória contra a Fazenda Pública. Com razão, a Corte Federal[19] averbava que

---

16. Hipótese de ação monitória visando à entrega de coisa fungível foi analisada pelo STJ (3ª T., REsp 1.266.975, Rel. Min. Ricardo Villas Bôas Cueva, j. 10.03.2016, DJe 28.03.2016), nos seguintes termos: "(...) 3. É nula cláusula contratual que fixa o preço do arrendamento rural em frutos ou produtos ou seu equivalente em dinheiro, nos termos do art. 18, parágrafo único, do Decreto 59.566/1966. Essa nulidade não obsta que o credor proponha ação de cobrança, caso em que o valor devido deve ser apurado, por arbitramento, em liquidação. Precedentes. 4. O contrato de arrendamento rural que estabelece pagamento em quantidade de produtos pode ser usado como prova escrita para aparelhar ação monitória com a finalidade de determinar a entrega de coisa fungível, porquanto é indício da relação jurídica material subjacente. 5. A interpretação especial que deve ser conferida às cláusulas de contratos agrários não pode servir de guarida para a prática de condutas repudiadas pelo ordenamento jurídico, de modo a impedir, por exemplo, que o credor exija o que lhe é devido por inquestionável descumprimento do contrato".
17. STJ, 4ª T., REsp 1197638, Rel. Min. Luis Felipe Salomão, j. 08.09.2015, DJe 29.09.2015; STJ, 3ª T., REsp 631.192, Rel. Min. Nancy Andrighi, j. 16.05.2006, DJe 30.06.2006.
18. STJ, 3ª T., AgInt no EDcl no AREsp 1.782.548, Rel. Min. Ricardo Villas Bôas Cueva, j. 11.10.2021, DJe 15.10.2021; STJ 3ª T., AgInt no ARESP 2.285.268 Rel. Min. Ricardo Villas Bôas Cueva, j. 11.12.2023, DJe 15.12.2023.
19. STJ, 2ª T., REsp 1170037, Rel. Min. Castro Meira, j. 04.02.2010, DJe 24.02.2010.

O administrador público, ante o princípio da moralidade, não só pode como deve cumprir voluntariamente a ordem de pagamento, caso reconheça a obrigação e o montante devido. Assim, se à administração é lícito adimplir espontaneamente a dívida, também pode resgatá-la em razão de um mandamento injuntivo ou sujeitar-se à execução fundada no título obtido pela via monitória, o que demonstra que a indisponibilidade do interesse público é apenas relativa.

Registrava, ainda, que

[...] nem todo crédito oponível à Fazenda Pública necessita de execução forçada para seu regular cumprimento. As obrigações documentalmente assumidas pelo Poder Público, presumidamente, já contam com a indispensável dotação orçamentária, sob pena de caracterizar-se crime de responsabilidade do gestor público.

O CPC de 2015 seguiu a mesma via e expressamente admitiu o ajuizamento de ação monitória contra a Fazenda Pública (CPC, art. 700, § 6º). Inclusive, a Fazenda Pública será beneficiada com o cumprimento da ordem de pagamento, em função da isenção de honorários (CPC, art. 701, § 1º).

Expedido o mandado, não apresentados os embargos e nem realizado o pagamento, o pronunciamento que ordenou ficará sujeito ao reexame necessário previsto no art. 496 do CPC, desde que o caso não se enquadre numa das exceções estabelecidas a este regime. Em não sendo hipótese de reexame ou após a sua realização, serão aplicáveis as regras do cumprimento de sentença (Título II, do Livro I, da Parte Especial).

12.3. DA COMPETÊNCIA E DO PROCEDIMENTO

A ação monitória segue as regras gerais de fixação da competência territorial (art. 46, domicílio do réu, o que pode ser alterado por convenção das partes – art. 63). Já se discutiu se a força atrativa do juízo falimentar também incidiria em se tratando de ação monitória, ajuizada pela massa falida. Encarando o tema, o STJ decidiu que, "em se tratando de ação monitória proposta pela massa falida, não há falar-se em aplicação do princípio da universalidade, pois a demanda não é prevista na lei falimentar, tampouco existirá prejuízo a afetar os interesses da massa"[20].

A Justiça Federal será competente para processar e julgar a ação monitória proposta em face de União Federal, autarquia ou empresa pública federal (CF, art. 109, I).

Aparelhar-se-á a petição inicial com a prova escrita[21], sem eficácia de título executivo, mas apta a demonstrar a probabilidade da existência da obrigação. Nessa peça, nos termos do § 2º do art. 700, incumbe ao autor explicitar, conforme o caso,

---

20. 4ª T., REsp 715.289, Rel. Min. Luis Felipe Salomão, j. 25.08.2009, DJe 08.09.2009.
21. O STJ referendou julgado que teve como sanada a irregularidade relativa à ausência de juntada da prova escrita se esta não foi detectada no exame para a expedição do mandado monitório e houve a apresentação posterior do documento, antes da sentença, tendo-se assegurado ao réu a oportunidade de manifestação (4ª T., AgInt no AREsp 1.574.122, Rel. Min. Maria Isabel Gallotti, j. 24.08.2020; DJe 27.08.2020).

ou a importância devida[22], instruindo-a com memória de cálculo, ou o valor atual da coisa reclamada, ou o conteúdo patrimonial em discussão ou o proveito econômico perseguido.

O valor da causa corresponderá o conteúdo econômico, determinado ou pela importância devida, ou pelo valor atual da coisa ou pelo proveito econômico perseguido (CPC, art. 700, § 3º).

Ao receber a inicial, o juiz fará a sua admissibilidade o que envolve, além do exame das causas gerais de indeferimento (art. 330) e das providências do §§ 1º e 2º do art. 700, principalmente a verificação da existência de prova escrita, sem eficácia de título executivo, capaz de indicar a probabilidade da existência do direito afirmado. Quanto a este aspecto, o CPC de 2015 confere ao juiz a possibilidade de, havendo dúvida quanto à idoneidade de prova documental apresentada pelo autor, intimá-lo-á para, querendo, emendar a petição inicial, adaptando-a ao procedimento comum (CPC, art. 700, § 5º)[23]. Intimado o autor também pode emendar a inicial, convencendo o juiz do cabimento da monitória[24].

Perquire-se se o juiz, ao receber a inicial, poderia conhecer questão de ordem pública ligadas ao mérito, como a prescrição. O STJ feriu a matéria, respondendo negativamente. Julgou-se que os embargos monitórios constituem "o âmbito adequado para o conhecimento e apreciação de matérias de mérito, às quais resultarão ao final na constituição, ou não, daquele documento monitório em título executivo. Noutros termos, mesmo as questões conhecíveis de ofício, tal como a prescrição debatida nestes autos, só poderiam ser apreciadas se aberto o conhecimento pela oposição dos embargos monitórios"[25]. Ao que tudo indica, a posição é demasiadamente restritiva. Como dito e redito, a monitória é uma técnica de tutela de evidência, fundada na sumarização da cognição, inexistindo qualquer motivo, especialmente do ponto de vista sistemático, para aqui afastar a atuação de ofício do juiz, nas questões de ordem pública concernentes ao mérito. Veja-se que a previsão de títulos executivos extrajudiciais também constitui

---

22. Aplicando o CPC de 1973, a Segunda Seção do STJ fixou a seguinte tese, na apreciação do julgamento do Recurso Especial 1154730, Rel. Min. João Otávio de Noronha (j. 08.04.2015, DJe 15.04.2015), julgado na sistemática dos recursos repetitivos: "a petição inicial da ação monitória para cobrança de soma em dinheiro deve ser instruída com demonstrativo de débito atualizado até a data do ajuizamento, assegurando-se, na sua ausência ou insuficiência, o direito da parte de supri-la, nos termos do art. 284 do CPC".
23. A intimação e a conversão devem ser feitas antes da citação. Embora cuidando do tema sob a ótica da conversão da execução em monitória, continua atual a tese fixada pela Segunda Seção do STJ no REsp 1129938, Rel. Min. Massami Uyeda (j. 28.09.2011, DJe 28.03.2012), julgado sob a sistemática dos recursos repetitivos: "Para fins do art. 543-C, do Código de Processo Civil, é inadmissível a conversão, de ofício ou a requerimento das partes, da execução em ação monitória após ter ocorrido a citação, em razão da estabilização da relação processual a partir do referido ato". Inclusive, na vigência do CPC de 2015, é essa a compreensão que permanece: STJ, 1ª T., REsp 1.872.155, Rel. Min. Benedito Gonçalves, j. 21.09.2021, DJe 23.09.2021.
24. Confira-se o Enunciado 188 do Fórum Permanente de Processualistas Civis: "Com a emenda da inicial, o juiz pode entender idônea a prova e admitir o seguimento da ação monitória".
25. O STJ decidiu que "mesmo as questões cognoscíveis de ofício, tal como a prescrição, só poderiam ser apreciadas se aberto o conhecimento pela oposição dos embargos monitórios".

técnica de sumarização da cognição[26], o que não impede a atuação do juiz para conhecer de matérias de ordem pública.

Recebida a inicial e sendo evidente o direito do autor, o juiz "deferirá a expedição de mandado de pagamento, de entrega de coisa ou para execução de obrigação de fazer ou de não fazer, concedendo ao réu prazo de 15 (quinze) dias para o cumprimento e o pagamento de honorários advocatícios de 5% do valor atribuído à causa" (CPC, art. 701). Juntamente com o mandado de pagamento o réu também será citado, por qualquer dos meios permitidos para o procedimento comum (CPC, art. 700, § 7º)[27].

12.4. AINDA O PROCEDIMENTO: POSSÍVEIS REAÇÕES DO RÉU

Citado[28] e diante do mandado monitório, o réu pode, no prazo de 15 dias, cumprir a ordem que lhe foi dirigida ou promovendo o pagamento ou entrega da coisa ou o atendimento da obrigação de fazer ou não fazer. Ao agir assim, o réu é beneficiado por "sanção premial" consistente na isenção de honorários (CPC, art. 701, § 1º).

Ao invés do cumprimento integral e imediato, no caso de mandado de pagamento, com apoio no § 5º do art. 701 do CPC, o réu pode invocar o art. 916 do CPC, "comprovando o depósito de trinta por cento do valor em execução, acrescido de custas e de honorários de advogado, e requerendo que lhe seja permitido pagar o restante em até 6 (seis) parcelas mensais, acrescidas de correção monetária e de juros de um por cento ao mês".

Se o réu permanecer inerte ao mandado, não promovendo o cumprimento e nem oferecendo embargos, constituir-se-á de pleno direito o título executivo judicial, independentemente de qualquer formalidade (CPC, art. 701, § 2º). Especificamente neste caso (CPC, art. 701, § 3º), é cabível ação rescisória para impugnar o mandado monitório, desde que apoiada em um dos fundamentos estabelecidos no art. 966 do CPC.

---

26. Calha rememorar-se que os títulos executivos extrajudiciais constituem forma de sumarização da cognição (PISANI, Proto. *Appunti sulla Tutela Sommaria*. *Studi Offerti a Virgilio Andrioli dai suoi Allievi*. Napoli: Jovene, 1979, p. 317-318) e, numa perspectiva histórica, foi identificado, desde sua origem, como hipótese de restrição à bilateralidade da audiência. Robert Wyness Millar (*Los Principios Formativos del Procedimiento Civil*. Buenos Aires: Ediar Editores, 1945, p. 53-54) faz a reconstituição histórica a seguir indicada: "Una tal restricción también puede fundarse en el hecho de que el deudor haya renunciado con anterioridad, sea en términos expresos sea implícitamente por su actitud, a su derecho de ser oído antes de ordenarse la ejecución. Esta idea era desconocida en el derecho romano, pero la desarrollaron los juristas italianos de la Edad Media, por la fusión de la noción germanica de la ocupación privada de los bienes del deudor con la máxima romana confessus in iure pro iudicato habetur. Ella dió origen al uso de los llamados instrumenta guarentigiata o documentos asegurados, por los que el deudor, en la constancia escrita de su deuda, acordó a su acreedor el derecho a proceder a la ejecución sin ser previamente oído".
27. A Súmula 282 do STJ já dava este caminho: "Cabe a citação por edital em ação monitória".
28. A depender da obrigação, a citação não será o marco para a incidência de juros. Isso porque, também na ação monitória, o termo inicial dos juros é definido pelo direito material. Assim, "nos termos da jurisprudência desta Corte Especial, ainda que o débito seja cobrado por meio de ação monitória, se a obrigação for positiva e líquida e com vencimento certo, devem os juros de mora fluírem a partir da data do inadimplemento – a do respectivo vencimento –, nos termos em que definido na relação de direito material" (STJ, CE, EAREsp, 502.132, Rel. Min. Raul Araújo, j. 05.05.2021, *DJe* 03.08.2021).

Destaca-se que, por reconhecer o cabimento da ação rescisória, para impugnar o mandado monitório quando o réu permanece inerte, o CPC de 2015 conferiu ao pronunciamento, que determina a expedição do mandado, grau de estabilização correspondente àquelas decisões aptas a fazer coisa julgada material, ainda que esse tenha sido emitido com base em cognição sumária[29]. Além disso, deixa de ter relevância prática as discussões relativas à natureza jurídica desse pronunciamento[30]. Haverá estabilidade equivalente àquela alcançada pela coisa julgada material, independentemente de se tratar de decisão interlocutória ou de sentença[31].

A constituição do título executivo[32] abrirá caminho para o cumprimento de sentença, cujo regime jurídico está posto no Título II do Livro I da Parte Especial.

É no cenário até aqui esmiuçado (inércia do réu) que podem ser atestadas as características que conferem especialidade ao procedimento monitório. Isto é, modalidade de tutela provisória de evidência, com o seguinte perfil: a prova escrita, analisada com base em cognição sumária, autoriza a expedição do mandado monitório, o qual, tendo em vista a inércia do réu, dá margem à constituição de pleno direito o título executivo judicial, independentemente de qualquer formalidade (CPC, art. 701, § 2º).

Outro comportamento que pode ser assumido pelo réu, no prazo de 15 dias contado da juntada do ato citatório, é o oferecimento dos embargos ao mandado mo-

---

29. Parece que a estabilização não terá o condão de alcançar "questão" prejudicial, articulada pelo autor, para indicar a existência da obrigação. Suponha-se que o autor qualifique determinada relação jurídica como locação e, com base em prova escrita, promova ação monitória cobrando aluguéis. A ausência de oposição de embargos não viabilizará o surgimento de "questão" (ponto controvertido) acerca da qualificação jurídica da relação contratual. Ainda que assim não fosse mesmo permanecendo inerte neste processo, em outra ação e diante de outro mandado monitório, o réu poderá apresentar embargos discutindo a qualificação jurídica do contrato, defendendo, por exemplo, se tratar de comodato. A estabilização do primeiro mandado não açambarca a "questão" prejudicial, em relação à qual não houve contraditório efetivo (CPC, art. 503, § 1º, II)
30. Neste sentido: THEODORO JR., Humberto. *Curso de Direito Processual Civil*. 51. ed. Rio de Janeiro: Editora Forense, 2017. p. 426. Em outra direção, após fazer exame dos posicionamentos doutrinários sobre o tema, Daniel Amorim Assumpção Neves relaciona a análise do assunto ao mérito do processo monitório, o que conduz à solução mais restritiva, conquanto reconheça a existência da coisa julgada. Confira-se: "(...) o fenômeno da coisa julgada material está presente no processo monitório. Não está relacionado ao direito afirmado pelo autor, mas ao mérito do próprio processo monitório, consistente na pretensão do autor de ver satisfeito seu crédito ou, subsidiariamente, obter título executivo judicial" (NEVES, Daniel Amorim Assumpção. *Manual de Direito Processual Civil*. 10. ed. Salvador: JusPodivm, 2018. p. 1028).
31. Julgando caso submetido ao regime do CPC de 1973, o STJ (4ª T., Rel. Min. Raul Araújo, REsp 1.038.133, j. 14.03.2017, *DJe* 27.03.2017) qualificou como sentença o pronunciamento que determina a expedição do mandado monitório e reconheceu a formação da coisa julgada material, diante da inércia do réu: "1. A decisão liminar que defere a expedição do mandado de pagamento, posteriormente convertido em mandado executivo em razão da não oposição de embargos à ação monitória (CPC/73, art. 1.102-C, caput), tem a natureza jurídica de sentença. 2. A não oposição de embargos, com a consequente conversão do mandado inicial em mandado definitivo e a constituição do título executivo judicial, enseja a produção de coisa julgada material, inviabilizando a posterior propositura de ação de conhecimento relativa ao mesmo contrato objeto da ação monitória anterior".
32. Conquanto o CPC de 2015 não preveja a "conversão" do mandado monitório em executivo, apontando, diretamente, a constituição do título executivo, continua válido o entendimento de que o "ato judicial que determina a conversão do mandado de pagamento em executivo é mero despacho, razão pela qual é irrecorrível" (STJ, 3ª T., AgInt no REsp 1.947.656, j. 20.09.2021, *DJe* 22.09.2021).

nitório[33], que independem de segurança do juízo (CPC, art. 702) e nos quais pode ser deduzida qualquer alegação de defesa, como no procedimento comum (CPC, art. 702, § 1º). Além da ausência de limitação quanto à matéria, como os embargos viabilizam o exercício do direito de defesa, não pode ser exigido o pagamento de custas iniciais, para a sua apresentação[34].

Em face da possibilidade de apresentação dos embargos e das características desse meio de defesa (amplitude, desnecessidade de segurança do juízo, descabimento de custas etc.), o réu não tem interesse recursal para impugnar, por meio de agravo de instrumento, a decisão que determinou a expedição do mandado de pagamento.

Cumpre destacar que, com o oferecimento dos embargos, as principais características decorrentes da especialidade do procedimento perdem destaque, sendo que o procedimento comum é o parâmetro que passa a prevalecer.

E essa constatação tem repercussões práticas relevantes.

A primeira decorre de orientação, recepcionada pelo STJ[35], segundo a qual a "fase monitória (ou injuntiva) do procedimento existe até o limite do prazo para a resposta do réu, de sorte que o exame sobre a capacidade da prova documental para embasar a ação monitória só deve ocorrer até o momento em que proferida a ordem para a expedição do mandado inicial, no primeiro estágio do procedimento". Por conseguinte, com a "oposição dos embargos, adotado o procedimento ordinário, não se mostra razoável a ulterior extinção da demanda a pretexto da inaptidão da prova para aparelhar o pedido monitório".

Outro reflexo tem ligação com a prova. Ainda que não se deixe de reconhecer a relevância da prova escrita e do juízo de probabilidade que justificou a expedição do mandado monitório, essa "força" pode ceder pelos pontos deduzidos nos embargos e pela prova que os acompanham ou que venha a ser produzida no curso do procedimento. Nessa situação, em sendo infirmado pelo réu/embargante o juízo de probabilidade que amparou a emissão do mandado monitório, competirá ao autor/embargado o ônus de provar a existência da obrigação[36]. Assim, "a cognição da ação monitória, que

---

33. Defendendo que esses embargos têm natureza de contestação, que admite ampla defesa do réu, sem restrições quanto à matéria: STJ, 3ª T., REsp 1.713.099, Rel. Min. Nancy Andrighi, j. 09.04.2019, DJe 12.04.2019. Nesse contexto, por meio dos embargos, na hipótese de cobrança de dívida já paga, pode-se postular a aplicação da sanção de pagamento em dobro, prevista no art. 940 do CC. Aliás, o STJ reconheceu que esse pedido não só pode ser feito em sede de embargos ao mandado monitório como a pena do art. 940 CC pode ser aplicada de ofício: STJ, 2ª Seção, EREsp 1106999, Rel. Min. Moura Ribeiro, j. 27.02.2019, DJe 13.03.2019.
34. STJ, 3ª T., REsp 1265509, Rel. Min. João Otávio de Noronha, j. 19.03.2015, DJe 27.03.2015.
35. STJ, 4ª T., AgInt no REsp 1.331.111/SP, Rel. Ministro Antonio Carlos Ferreira, j. 20.03.2018, DJe 27.03.2018. Reafirmando esse ponto de vista: STJ, 4ª T., AgInt no AREsp 163.575, Rel. Min. Raul Araújo, j. 1º.06.2020, DJe 15.06.2020. Cremos que essa posição é muito limitadora, notadamente para quem, como nós, sustenta a irrecorribilidade da decisão que determina a expedição do mandado monitório. Ou seja, a irrecorribilidade pressupõe que o réu possa alegar qualquer matéria nos embargos, inclusive assuntos envolvendo o cabimento da monitória.
36. Sobre o tema, o STJ assinalou o seguinte: "(...) 6. Nos embargos monitórios, cabe ao réu/embargante desconstituir a presunção inicial que milita em favor do autor/embargado, utilizando-se dos meios de prova disponíveis em

em princípio é sumária, será dilatada mediante iniciativa do réu em opor embargos, permitindo que se forme um juízo completo e definitivo sobre a existência ou não do direito do autor"[37].

Outro reflexo do emprego das diretrizes do procedimento comum é a admissão das intervenções de terceiro, desde que, evidentemente, preenchidos os requisitos da modalidade interventiva invocada.

Em se tratando de mandado de pagamento, quando os embargos versarem sobre cobrança de valor superior ao devido, compete ao réu "declarar de imediato o valor que entende correto, apresentando demonstrativo discriminado e atualizado da dívida" (CPC, art. 702, § 2º). Caso o réu não se desincumba desse ônus, "os embargos serão liminarmente rejeitados, se esse for o seu único fundamento, e, se houver outro fundamento, os embargos serão processados, mas o juiz deixará de examinar a alegação de excesso" (CPC, art. 702, § 3º).

Os embargos suspendem a eficácia do mandado monitório, *até o julgamento em primeiro grau* (CPC, art. 702, § 4º). Juntamente com a ampliação das hipóteses de cabimento (CPC, art. 700, I, II e III), essa foi a principal inovação do regime da ação monitória, no CPC de 2015.

Quando forem apresentados os embargos, o autor da ação monitória, desde que comprovados os requisitos (CPC, art. 300 e 311), pode pedir a antecipação dos efeitos da tutela monitória pretendida. Realmente, não há nenhuma incompatibilidade entre o procedimento da ação monitória e o instituto da tutela antecipada, sendo necessária a demonstração do preenchimento dos pressupostos da última medida mencionada, à luz do caso concreto.

Recebidos os embargos, que poderão, a critério do juiz, ser autuados em apartado (CPC, art. 702, § 7º, primeira parte), o autor será intimado para respondê-los, no prazo de 15 dias (CPC, art. 702, § 5º).

Se os embargos forem parciais, constituir-se-á o título executivo judicial em relação à parcela incontroversa (CPC, art. 702, § 7º, segunda parte).

Nos termos de orientação já consagrada no direito anterior, por meio da Súmula 292 do STJ, admite-se a reconvenção (CPC, art. 702, § 6º). E não poderia ser diferente, pois, conforme observado, o parâmetro a ser observado é o do procedimento comum. Veda-se, contudo, o oferecimento de reconvenção à reconvenção (CPC, art. 702, § 6º).

---

direito. 7. Se o réu/embargante apresenta prova hábil para infirmar a idoneidade do documento escrito no qual se funda a ação monitória, passa a ser do autor/embargado a incumbência de provar a presença dos requisitos necessários para a atribuição de força executiva ao mandado monitório. 8. A presunção que se estabelece em favor do autor da ação monitória no momento em que se expede o mandado para pagamento cede diante da produção de prova capaz de ilidir a existência do crédito" (STJ, 3ª T., REsp. 1.783.253, Rel. Min. Ricardo Villas Bôas Cueva, j. 06.08.2019, *DJe* 13.08.2019).

37. STJ, 3ª T., REsp., 1.955.835, Rel. Min. Nancy Andrighi, j. 14.06.2022, *DJe* 21.06.2022.

Em regra, os embargos são julgados por sentença, fundada em cognição exauriente, que tem aptidão para fazer coisa julgada material[38]. Por se tratar de sentença, este pronunciamento é impugnável pelo recurso de apelação (CPC, art. 702, § 9º). Caso a apreciação dos embargos enseje a extinção parcial do processo sem resolução de mérito (*e.g.*, reconhecimento da ilegitimidade de um dos réus) ou julgamento antecipado parcial do mérito (*v.g.*, prova suficiente para o reconhecimento da (in)existência de parte da obrigação), este pronunciamento terá natureza de decisão interlocutória e desafiará a interposição de agravo de instrumento.

Julgados e rejeitados os embargos – agora a partir da sentença, proferida com base em cognição exauriente –, constituir-se-á de pleno direito o título executivo judicial, prosseguindo-se o processo com o cumprimento de sentença (Título II do Livro I da Parte Especial). Pendente o recurso de apelação, já houve a constituição do título executivo e será possível o cumprimento provisório (CPC, arts. 520/522), a rigor, da sentença que rejeitou os embargos (cognição exauriente) e não mais do mandado monitório (cognição sumária). A ausência de suspensividade da apelação se explica pelos seguintes fatores: i) consoante já indicado, os embargos suspendem a eficácia do mandado monitório, *até o julgamento em primeiro grau* (CPC, art. 702, § 4º); ii) em última análise, a sentença que rejeita os embargos está a confirmar a tutela provisória de evidência, veiculada pelo mandado monitório, atraindo a incidência do disposto no inciso V do § 1º do art. 1.012.

Acolhidos os embargos, declara-se a inexistência da obrigação que justificou a expedição do mandado monitório.

12.5. DAS SANÇÕES POR LITIGÂNCIA DE MÁ-FÉ

O CPC de 2015 tomou medidas para coibir a utilização indevida da ação monitória. Assim, o "juiz condenará o autor de ação monitória proposta indevidamente e de má-fé ao pagamento, em favor do réu, de multa de até dez por cento sobre o valor da causa" (CPC, art. 702, § 10).

Do mesmo modo, o legislador combate a resistência infundada, oposta pelo réu. Por conseguinte, o "juiz condenará o réu que de má-fé opuser embargos à ação monitória ao pagamento de multa de até dez por cento sobre o valor atribuído à causa, em favor do autor" (CPC, art. 702, § 11).

---

38. STJ, 4ª T., REsp 966.688, Rel. Min. João Otávio de Noronha, j. 16.03.2010, *DJe* 29.03.2010.

13
HOMOLOGAÇÃO DE PENHOR LEGAL

13.1. CONSIDERAÇÕES GERAIS

O penhor é direito real de garantia, que tem por objeto coisa móvel suscetível de alienação e se constitui, em regra, pela transferência da posse ao credor ou a quem o represente.

É instituto do direito material, disciplinado pelo Código Civil nos arts. 1.431 a 1.472. Divide-se esse direito real de garantia em penhor convencional e o penhor legal.

O penhor convencional, que tem como característica o acordo de vontades para a sua constituição, pode ser classificado em comum (CC, arts. 1.431 a 1.437) e especial, sendo que esse último, por sua vez, se divide em penhor rural (CC, arts. 1.438 a 1.441), penhor agrícola (CC, arts. 1.442 e 1.443), penhor pecuário (CC, arts. 1.444 a 1.446), penhor industrial e mercantil (CC, arts. 1.447 a 1.450), penhor de direitos e títulos de crédito (CC, arts. 1.451 a 1.460) e penhor de veículos (CC, arts. 1.461 a 1.466).

O penhor legal independe de convenção das partes para a sua constituição. O art. 1467 e os seus incs. I e II prescrevem que são credores pignoratícios: "os hospedeiros, ou fornecedores de pousada ou alimento, sobre as bagagens, móveis, joias ou dinheiro que os seus consumidores ou fregueses tiverem consigo nas respectivas casas ou estabelecimentos, pelas despesas ou consumo que aí tiverem feito" (I) e; "o dono do prédio rústico ou urbano, sobre os bens móveis que o rendeiro ou inquilino tiver guarnecendo o mesmo prédio, pelos aluguéis ou rendas" (II).

A Lei 6.533, de 24 de maio de 1978, que dispõe sobre a regulamentação das profissões de Artistas e de técnico em Espetáculos de Diversões, em seu art. 31[1], traz mais uma hipótese de penhor legal.

Como se extrai do art. 1.469 do CC, poderão ser objetos de empenho um ou mais objetos, até que se obtenha garantia do valor integral da dívida.

No caso dos hospedeiros ou fornecedores de pousada ou alimento, para a determinação do valor das despesas e do consumo, utilizar-se-á a "tabela impressa, prévia e

---

1. "Art. 31. Os profissionais de que trata esta Lei têm penhor legal sobre o equipamento e todo o material de propriedade do empregador, utilizado na realização de programa, espetáculo ou produção, pelo valor das obrigações não cumpridas pelo empregador".

ostensivamente exposta na casa, dos preços de hospedagem, da pensão ou dos gêneros fornecidos, sob pena de nulidade do penhor" (CC, art. 1.468).

Na hipótese de penhor em razão de dívida fundada em contrato de locação, pode o "locatário impedir a constituição do penhor mediante caução idônea" (CC, art. 1.472).

Nas situações retroindicadas, os credores "podem fazer efetivo o penhor, antes de recorrerem à autoridade judiciária, sempre que haja perigo na demora, dando aos devedores comprovante dos bens de que se apossarem" (CC, art. 1.470). Ocorre que, tomado o penhor, o credor deve requerer, "ato contínuo", a sua homologação judicial (CC, art. 1.471). O CPC disciplina exatamente o procedimento para a homologação legal, nos arts. 703 a 706.

Três observações são necessárias.

O penhor legal representa uma espécie de autotutela que, como se sabe, constitui modalidade excepcional para solução de conflitos. Isto é, o ordenamento confere ao credor o direito de se apossar, com as próprias mãos, de bens do devedor, para a garantia do seu crédito. O exercício desse direito deve ser proporcional e razoável, não sendo permitido ao credor cometer abusos e excessos na efetivação do penhor legal.

A constituição do penhor legal exige a existência do "perigo da demora", sem o que o credor não pode recorrer a esse expediente.

Conquanto utilizada a expressão "ato contínuo", tanto no CC (art. 1.471) como no CPC (art. 703), o legislador não fixou o prazo em que deve ser requerida a homologação judicial, sendo aplicável, por analogia, o período de 30 dias previsto no art. 308 do CPC, para o ajuizamento do pedido principal quando requerida tutela cautelar em caráter antecedente. Em não sendo pleiteada a homologação, a posse do credor será qualificada como injusta e o devedor poderá se valer da proteção possessória.

13.2. DA COMPETÊNCIA E DO PROCEDIMENTO DA HOMOLOGAÇÃO JUDICIAL

É competente para analisar o pedido de homologação o foro do lugar em que obrigação deve ser satisfeita, aplicando-se, por analogia, o disposto na alínea "d", do inciso III, do art. 53, do CPC. A petição inicial será instruída com o contrato de locação ou a conta pormenorizada das despesas, a tabela dos preços e a relação dos objetos retidos, cabendo ao credor pedir citação do devedor para pagar ou contestar na audiência preliminar que for designada (CPC, art. 703, § 1º).

Citado, na audiência, fica assegurado ao devedor o direito de oferecer defesa, que, no entanto, nos termos dos incs. I a IV do art. 704 do CPC, somente poderá consistir nas seguintes alegações: nulidade do processo; extinção da obrigação; não estar a dívida compreendida entre as previstas em lei ou não estarem os bens sujeitos a penhor legal; haver sido ofertada caução idônea, rejeitada pelo credor.

Conforme dispõe o art. 705 do CPC, a partir da audiência preliminar, observar-se-á o procedimento comum.

A homologação judicial do penhor legal consolidará a posse do autor sobre a coisa (CPC, art. 706). Na forma do § 1º do art. 706 do CPC, "negada a homologação, o objeto será entregue ao réu, ressalvado ao autor o direito de cobrar a dívida pelo procedimento comum, salvo se acolhida a alegação de extinção da obrigação".

Da sentença caberá apelação, e, consoante prescreve § 2º do art. 706 do CPC, "poderá o relator ordenar que a coisa permaneça depositada ou em poder do autor".

13.3. DO PROCEDIMENTO DE HOMOLOGAÇÃO EXTRAJUDICIAL

O CPC autoriza a tentativa de homologação extrajudicial do penhor, por meio de procedimento a ser observado perante o tabelionato de notas de livre escolha do credor (CPC, art. 703, § 2º). Optando por essa via, o credor apresentará requerimento (CPC, art. 703, § 1º) ao notário, instruído com o contrato de locação ou a conta pormenorizada das despesas, a tabela dos preços e a relação dos objetos retidos, pedindo a notificação extrajudicial do devedor para pagar o débito. Ao crédito podem ser acrescidas as despesas com o notário[2].

Recebido o requerimento, o tabelião notificará extrajudicialmente o devedor, para, no prazo de prazo de cinco dias, pagar o débito ou impugnar sua cobrança (CPC, art. 703, § 3º). Assim como se dá na homologação judicial, a impugnação (CPC, art. 703, § 3º), que deverá formulada por escrito, somente poderá consistir nas seguintes alegações: nulidade do processo; extinção da obrigação; não estar a dívida compreendida entre as previstas em lei ou não estarem os bens sujeitos a penhor legal; haver sido ofertada caução idônea, rejeitada pelo credor.

Apresentada a impugnação, o procedimento será encaminhado ao juízo competente (CPC, art. 703, § 3º). Por outro lado, transcorrido o prazo de 5 (cinco) dias sem que haja manifestação do devedor, o notário formalizará a homologação do penhor legal por escritura pública (CPC, art. 703, § 4º).

---

2. Nesse sentido, o Enunciado 73 do FPPC: "No caso de homologação do penhor legal promovida pela via extrajudicial, incluem-se nas contas do crédito as despesas com o notário, constantes do § 2º do art. 703".

14
DA REGULAÇÃO DE AVARIA GROSSA

14.1. CONSIDERAÇÕES GERAIS

O velho Código Comercial (Lei 556/1850) reputa como avarias "todas despesas extraordinárias feitas a bem do navio ou da carga, conjunta ou separadamente, e todos os danos acontecidos àquele ou a esta, desde o embarque e partida até a sua volta e desembarque" (art. 761).

O art. 763 do mesmo Código classifica as avarias em duas espécies: de um lado, as avarias grossas ou comuns, e, de outro, as avarias simples ou particulares. Por serem comuns, ou seja, pertencente a todos, a importância das avarias grossas devia ser repartida proporcionalmente entre o navio, seu frete e a carga. Já as avarias simples ou particulares, por dizerem respeito apenas a determinadas pessoas, seriam suportadas, ou só pelo navio, ou só pela coisa que sofreu o dano ou deu causa à despesa.

Após essa divisão, em seu art. 764, o Código Comercial apresenta casos qualificados como avarias grossas, dentre os quais, destacam-se os seguintes: i) tudo o que se dá ao inimigo, corsário ou pirata por composição ou a título de resgate do navio e fazendas, conjunta ou separadamente; ii) as coisas alijadas para salvação comum; iii) os cabos, mastros, velas e outros quaisquer aparelhos deliberadamente cortados, ou partidos por força de vela para salvação do navio e carga; iv) as âncoras, amarras e quaisquer outras coisas abandonadas para salvamento ou benefício comum; v) os danos causados pelo alijamento às fazendas restantes a bordo; vi) danos feitos deliberantemente ao navio para facilitar a evacuação d'água e os danos acontecidos por esta ocasião à carga.

Além da indicação casuística, em parte acima reproduzida, no art. 764 do Código Comercial, para definir o que pode ser considerado como avaria grossa, há "cláusula de encerramento" vazada nos seguintes termos:

> E, em geral, os danos causados deliberadamente em caso de perigo ou desastre imprevisto, e sofridos como consequência imediata destes eventos, bem como as despesas feitas em iguais circunstâncias, depois de deliberações motivadas (artigo 509), em bem e salvamento comum do navio e mercadorias, desde a sua carga e partida até o seu retorno e descarga.

Além dessas disposições do Código Comercial, para a análise dos casos de avaria grossa devem ser consideradas as regras criadas na cidade de York, em 1864, e discutidas, em 1867, na cidade de Antuérpia, as quais passaram a ser utilizadas no comércio internacional e designadas de Regras de York-Antuérpia. Tais regras sobre avaria grossa foram submetidas a revisões nos anos de 1890, 1903, 1924, 1974 e 2004.

Portanto, constituem avarias grossas todos os danos deliberadamente causados ao navio ou à carga em razão de perigo ou desastre imprevisto, bem como as despesas extraordinárias realizadas em razão desses eventos e em proveito de todos, para resguardar o navio e as mercadorias, desde o carregamento e partida até o seu retorno e descarga[1].

Como visto, a importância relativa à avaria grossa deve ser repartida proporcionalmente entre o dono do navio, o responsável pelo frete e pelos titulares das cargas. Também poderão participar seguradoras que contrataram o seguro do navio ou da carga. Havendo consenso entre essas pessoas, far-se-á o rateio dos prejuízos e despesas decorrentes da avaria grossa. Inexistindo concordância, recorre-se ao Poder Judiciário, por meio do procedimento especial atualmente denominado "da regulação de avaria grossa".

No CPC de 1973 o tema não foi tratado. No entanto, o seu art. 1.218, no inc. XIV, ressalvou a vigência do título das avarias, contido no CPC de 1939 e composto pelos arts. 765 a 768.

O CPC de 2015 dedicou ao assunto os arts. 707 e 711.

14.2. DA LEGITIMIDADE E DO PROCEDIMENTO

Nos termos do art. 707, "quando inexistir consenso acerca da nomeação de um regulador de avarias, o juiz de direito da comarca do primeiro porto onde o navio houver chegado, provocado por qualquer parte interessada, nomeará um de notório conhecimento".

Qualquer interessado tem legitimidade para provocar a instauração da regulação de avaria grossa[2].

O regulador constitui terceiro com conhecimento técnico e especializado, que contribuirá fornecendo elementos para que o juiz possa decidir o conflito. Com efeito, conforme preceitua o art. 711 do CPC, aplicam-se ao regulador, no que couber, as disposições relativas ao perito, previstas nos arts. 156 a 158 do CPC, inclusive a

---

1. Não foram detectados julgados, no âmbito do STJ, acerca da regulação de avaria grossa. Por isso, e diante da adequação e atualidade das noções neles fixadas, ainda que sejam pronunciamentos antigos, vale a pena verificar manifestações sobre o tema, emitidas pelo STF, antes da promulgação da CF de 1988. No julgamento do Recurso Extraordinário 52803 (3ª T., j. 05.10.1967, DJ 20.11.1967) e dos Embargos Infringentes no Recurso Extraordinário 38938 (Pleno, j. 18.11.1960, DJ 30.01.1961), ambos relatados pelo Min. Luiz Gallotti, houve a delimitação dos atos caracterizadores da avaria grossa.
2. Em avoengo aresto, relatado pelo Min. Moacyr Amaral Santos (1ª T., REx 57.591, j. 04.03.1969, DJ 09.05.1969), o STF decidiu que se o armador não provocou a instauração da regulação, competia a qualquer interessado promovê-la. Se assim não fez, a parte que se sentiu lesada com o rateio estipulado, não pode alegar violação do ordenamento fundada na necessidade de instauração da regulação.

possibilidade de arguição de seu impedimento ou suspeição, na forma do art. 465, § 1º, I, do CPC.

Conforme o Enunciado 75 do Fórum Permanente de Processualistas Civis, "no mesmo ato em que nomear o regulador de avaria grossa, o juiz deverá determinar a citação das partes interessadas".

Assim que nomeado e promovida a citação dos interessados, o "regulador declarará justificadamente se os danos são passíveis de rateio na forma de avaria grossa e exigirá das partes envolvidas a apresentação de garantias idôneas para que possam ser liberadas as cargas aos consignatários" (art. 708).

Esse ato é a declaração de abertura avaria grossa e compõe a primeira fase do procedimento, que definirá a existência, ou não, da avaria grossa e as suas características. A parte poderá impugnar a declaração de abertura, sendo que o juiz decidirá os questionamentos formulados, no prazo de 10 (dez) dias (art. 708, § 1º). Duas são as possibilidades de pronunciamento: i) extinção do processo, com o reconhecimento que não deveria ter sido declarada aberta a avaria grossa. Trata-se de sentença, que desafia a interposição de apelação (CPC, art. 1.009); ii) decide-se pela confirmação da abertura da regulação da avaria grossa e o prosseguimento do procedimento, o que levará à inauguração da segunda fase do procedimento. Caso o pronunciamento judicial envolva o mérito da regulação, dessa decisão caberá agravo de instrumento (CPC, art. 1.015, II).

Nessa segunda hipótese, o consignatário deve apresentar garantia idônea, que será definida pelo regulador (art. 708, § 2º). Em não sendo apresentada a garantia, o regulador "fixará o valor da contribuição provisória com base nos fatos narrados e nos documentos que instruírem a petição inicial, que deverá ser caucionado sob a forma de depósito judicial ou de garantia bancária" (art. 708, § 2º). Conforme estabelece o § 3º do art. 708, recusando-se o consignante a prestar caução, o regulador requererá a alienação judicial de sua carga, que poderá ser levada a efeito por qualquer das modalidades previstas no art. 879 do CPC, ou seja, por alienação por iniciativa particular ou por leilão judicial eletrônico ou presencial. Realizada a alienação e arrematado o bem será lavrado o respectivo auto, nos termos do art. 903 do CPC, sendo que as quantias aí obtidas poderão ser levantadas, por meio de alvará, para "o pagamento das despesas da alienação a serem arcadas pelo consignatário, mantendo se o saldo remanescente em depósito judicial até o encerramento da regulação" (CPC, art. 708, § 4º).

Com a declaração de abertura da avaria grossa e superada eventual impugnação, "as partes deverão apresentar nos autos os documentos necessários à regulação da avaria grossa em prazo razoável a ser fixado pelo regulador" (CPC, art. 709).

Feito isso, dispõe o art. 710 do CPC que "o regulador apresentará o regulamento da avaria grossa no prazo de até 12 (doze) meses, contado da data da entrega dos documentos nos autos pelas partes, podendo o prazo ser estendido a critério do juiz".

Apresentado o regulamento da avaria grossa, as partes poderão impugná-lo, no prazo comum de 15 dias. Se não houver questionamento ou esgotado o prazo sem impugnação, o regulamento será homologado por sentença (CPC, art. 710, § 1º). Havendo impugnação, o juiz a decidirá no prazo de dez dias, após a oitiva do regulador (CPC, art. 710, § 2º). A impugnação será decidida por sentença, que determinará o valor da avaria grossa e a forma do rateio a ser observado entre as partes. A sentença é passível de apelação, a qual não terá efeito suspensivo, por força do art. 793 do Código Comercial, aqui aplicado supletivamente conforme determinada o § 2º do art. 1.046 do CPC.

15
DA RESTAURAÇÃO DE AUTOS

15.1. CONSIDERAÇÕES GERAIS

Como visto, o processo é a relação jurídica que, envolvendo demandante, Estado-Juiz e demandado, se movimenta e se exterioriza, por meio do contraditório e do procedimento. O processo é continente, do qual o procedimento, juntamente com outros elementos, é conteúdo. O procedimento representa a reunião de vários atos que são organizados e encadeados sucessivamente, para o alcance do objetivo final. Com efeito, o procedimento é composto por atos processuais ordenados em sequência.

Ocorre que é necessária a documentação dos vários atos e termos processuais organizados e encadeados sucessivamente que formam o procedimento. Tais atos devem ser representados em algum meio. Os autos constituem exatamente a representação dos atos e termos processuais, sendo, portanto, inconfundíveis seja com o processo, seja com o procedimento.

Tradicionalmente, os atos e termos processuais eram retratados e representados em papel. É o que, atualmente, se designa "autos físicos". Com evolução tecnológica, os atos e termos dos processos passaram ser representados eletronicamente, recebendo a designação de autos eletrônicos ou digitais.

Quando, por qualquer razão, se verificar o desaparecimento dos autos, eletrônicos ou não, deve ser promovida a sua restauração, seguindo-se, para tanto, o disposto nos arts. 712 a 718 do CPC.

Destarte, consiste a restauração no processo de conhecimento, submetido ao procedimento especial prescrito pelos arts. 712 a 718 do CPC, por meio do qual se busca a reconstituição dos autos do processo que, por qualquer razão, desapareceram[1].

Nesse processo deve atuar em todo o seu vigor princípio da cooperação entre os sujeitos do processo (CPC, arts. 5º e 6º). Nessa linha, como proclamou o STJ, "devem as partes, de preferência, evitar a litigiosidade e oferecer mútua cooperação, uma vez que o objetivo da restauração é repor materialmente o processo"[2]. Cumpre consignar que o STJ tem qualificado como abandono da causa, decretando a extinção de execu-

---
1. Além da violação do devido processo legal e das normas federais relativas à restauração de autos, falece competência à corregedoria de tribunais para fixar prazo limite decadencial, para a formulação de pedido de restauração de autos (STJ, 3ª T., REsp 1722633, rel. Min. Nancy Andrighi, j. 07.08.2018, DJe 10.08.2018).
2. STJ, 3ª T., REsp 198721, rel. Min. Antonio de Pádua Ribeiro, j. 25.11.2003, DJ 19.12.2003.

ções fiscais, sem resolução do mérito, as situações em que a Fazenda Pública, embora intimada para tanto, deixe de promover a restauração dos autos[3]. Além disso, a Corte Federal já afastou o reconhecimento da prescrição intercorrente, quando a paralisação adveio do desaparecimento dos autos, cujo credor não tenha dado causa[4].

15.2. DA COMPETÊNCIA, LEGITIMIDADE E DO PROCEDIMENTO

A competência será do juízo em que tinha curso o processo cujos autos serão restaurados[5], observado o disposto no art. 717, aplicado quando a causa estiver no tribunal.

A restauração pode ser determinada de ofício pelo juiz ou promovida por qualquer das partes (CPC, art. 712). Quando o Ministério Público (CPC, art. 712) intervir no processo (CPC, art. 178), também tem ele legitimidade para requerer a restauração.

No CPC de 1973 (art. 159) ordenava-se aos ofícios judiciais, ressalvados os localizados no Distrito Federal e nas Capitais dos Estados, a formação de autos suplementares, compostos por cópias de todas as petições e documentos que instruírem o processo. O CPC de 2015 não repetiu essa regra, que, mesmo no direito anterior, não era observada em grande parte das comarcas. Na hipótese de desaparecimento dos autos em que houver autos suplementares, o processo seguirá e os atos e termos processuais passarão a ser neles retratados e representados (CPC, art. 712, parágrafo único).

Constatado o desaparecimento, a parte que promover a restauração dos autos apresentará petição inicial indicando a fase em que o processo se encontrava ao tempo em que os autos se perderam, que, nos termos dos incs. I a III do art. 713, será instruída pelo seguinte: certidões dos atos constantes do protocolo de audiências do cartório por onde haja corrido o processo; cópia das peças que tenha em seu poder; e qualquer outro documento que facilite a restauração[6].

Recebida a inicial, a parte contrária será citada para "contestar o pedido no prazo de cinco dias, cabendo-lhe exibir as cópias, as contrafés e as reproduções dos atos e dos documentos que estiverem em seu poder" (CPC, art. 714). Se for o caso, a contestação, evidentemente, se dirigirá contra o pedido de restauração e não contra a pretensão deduzida no processo cujos autos se pretende restaurar[7].

Se a parte, ao invés de contestar, "concordar com a restauração, lavrar-se-á o auto que, assinado pelas partes e homologado pelo juiz, suprirá o processo desaparecido"

---

3. STJ, 2ª T., PET no REsp 141189, rel. Min. Og Fernandes, j. 27.02.2018, *DJe* 08.03.2018.
4. STJ, 2ª T., REsp 31653, Rel. Min. Américo Luz, j. 22.02.1995, *DJe* 20.03.1995.
5. STJ, 2ª Seção, CC 22501, rel. Min. Sálvio de Figueiredo Teixeira, j. 13.10.1999, *DJ* 1º.08.2000.
6. No REsp 1.411.713 (j. 21.03.2017, *DJe* 28.03.2017), relatado pelo Min. Og Fernandes, a Segunda Turma do STJ decidiu que "a falta de apresentação dos documentos elencados no art. 1.064 do CPC/1973 (correspondente ao art. 713 do CPC/2015) não implica o indeferimento do pedido de restauração dos autos, máxime a necessidade de cooperação de todos os atores do processo".
7. STJ, 4ª T., AgInt no ARESP 1145526, rel. Min. Maria Isabel Gallotti, j. 03.05.2018, *DJe* 08.05.2018.

(CPC, art. 714, § 1º). Em havendo discordância com a restauração, o processo de restauração seguirá o procedimento comum (CPC, art. 714, § 2º).

Alguns cuidados são exigidos quando a perda dos autos se dá após a produção de provas em audiência, circunstância em que, se necessário, os atos instrutórios serão repetidos (CPC, art. 715). Desse modo, "serão reinquiridas as mesmas testemunhas, que, em caso de impossibilidade, poderão ser substituídas de ofício ou a requerimento" (CPC, art. 715, § 1º). Da mesma maneira, "não havendo certidão ou cópia do laudo, far-se-á nova perícia, sempre que possível pelo mesmo perito" (CPC, art. 715, § 2º). Outrossim, não havendo certidão de documentos, esses serão reconstituídos mediante cópias ou, na falta dessas, pelos meios ordinários de prova" (CPC, art. 715, § 3º).

Na reconstituição da prova anteriormente produzida, os serventuários e auxiliares da justiça poderão ser chamados a depor como testemunhas dos que tenham praticado ou assistido, sendo-lhes vedado eximir-se dessa convocação (CPC, art. 715, § 4º).

Na hipótese de prolação de sentença, a cópia mantida com o juiz ou escrivão será juntada aos autos e valerá como a original (CPC, art. 715, § 5º)[8].

Julgada a restauração de autos, processo seguirá os seus termos (CPC, art. 716). Esse pronunciamento, que julga a restauração, tem natureza jurídica de sentença[9], desafiando a interposição de recurso de apelação[10]. Contudo, saliente-se que a sentença somente pode dizer respeito à restauração, não podendo produzir nenhum efeito na solução da causa principal, sendo indevida qualquer incursão nas questões no processo cujos autos estão sendo restaurados[11].

Aparecendo os originais, neles se prosseguirá, sendo-lhes apensados os autos da restauração (CPC, art. 716, parágrafo único). A propósito, cumpre reproduzir o Enunciado 76 do Fórum Permanente de Processualistas Civis:

> Localizados os autos originários, neles devem ser praticados os atos processuais subsequentes, dispensando-se a repetição dos atos que tenham sido ultimados nos autos da restauração, em consonância com a garantia constitucional da duração razoável do processo (CF/88, 5º, LXXVIII) e inspiração no art. 964 do Código de Processo Civil Português.

---

8. O STJ validou a restauração de autos com a utilização de publicação do Diário da Justiça contendo apenas a parte dispositiva da sentença (2ª T., REsp 322140, rel. Min. Castro Meira, j. 08.11.2005, *DJ* 20.02.2006). Segundo o aresto, "tratando-se de restauração de autos, considerou o acórdão recorrido que seria dispensável o rigorismo do art. 458 do Código de Processo Civil e, ainda, que a ausência das formalidades legais previstas em tal dispositivo não acarretara prejuízos ao autor, ora recorrente, fundamento que o especial não considerou". Não nos parece adequado ter como desnecessária a fundamentação da sentença, que comporá os autos restaurados. O único fundamento a sustentar a solução é o da ausência de prejuízo.
9. Defendendo a natureza de decisão interlocutória: SICA, Heitor Vitor Mendonça. *Comentários ao Código de Processo Civil*: artigos 674 ao 718. 3. ed. São Paulo: Thompson Reuters Brasil, 2021. p. 211-212.
10. No entanto, o STJ aplicou o princípio da fungibilidade, para permitir o conhecimento de agravo de instrumento, apontando divergência doutrinária e, consequentemente, a existência de dúvida objetiva (4ª T., AgInt no ARESP 1.418.883, Rel. Min. Raul Araújo, j. 24.09.2019, *DJe* 21.10.2019).
11. STJ, 1ª T., REsp 780.390, rel. Min. Teori Zavascki, j. 02.04.2009, *DJe* 15.04.2009.

15.3. AINDA O PROCEDIMENTO: RESTAURAÇÃO PERANTE O TRIBUNAL

Quando o desaparecimento se verificar com os autos no tribunal, o pedido de restauração será distribuído, sempre que possível, ao relator do processo (CPC, art. 717). Entretanto, a restauração concernente aos atos praticados em primeiro grau será aí realizada, perante o juízo de origem (CPC, art. 717, § 1º). Recuperada a documentos dos atos e termos praticados em primeiro grau, os autos serão remetidos ao tribunal, nele completar-se-á a restauração e proceder-se-á ao julgamento (CPC, art. 717, § 2º).

Entretanto, já se admitiu a realização da restauração integralmente perante o STJ[12].

15.4. DAS CUSTAS E HONORÁRIOS NA RESTAURAÇÃO DE AUTOS

Nos termos do art. 718, do CPC, "quem houver dado causa ao desaparecimento dos autos responderá pelas custas da restauração e pelos honorários de advogado, sem prejuízo da responsabilidade civil ou penal em que incorrer". Note-se que os honorários são devidos, ainda que a parte que deu causa ao desaparecimento não ofereça contestação na restauração de autos[13].

A responsabilidade civil é subjetiva e abrangerá todos os danos causados em razão do desaparecimento dos autos, o que deverá ser apurado e cobrado em ação própria[14].

---

12. STJ, 1ª T., PET 3753, rel. Min. Luiz Fux, j. 25.08.2009, *DJe* 17.09.2009; STJ, 3ª T., PET 2128, Min. Antônio Pádua Ribeiro, j. 27.05.2003, *DJ* 30.06.2003.
13. STJ, 1ª T., PET 3753, rel. Min. Luiz Fux, j. 25.08.2009, *DJe* 17.09.2009; STJ, 3ª T., PET 2128, Min. Antônio Pádua Ribeiro, j. 27.05.2003, *DJ* 30.06.2003.
14. Conquanto o tema não tenha sido enfrentado diretamente, o STJ validou condenação ao pagamento de danos morais, imposta na restauração de autos (3ª T., AgAInt em ARESP 828.829, rel. Min. Marco Aurélio Bellizze, j. 28.03.2017, *DJe* 06.04.2017).

16
DA JURISDIÇÃO VOLUNTÁRIA

16.1. CONSIDERAÇÕES GERAIS

Tradicionalmente, divide-se a jurisdição civil em contenciosa e voluntária.

Na primeira, diante do conflito de interesses, o Estado intervém, substitui as partes no encaminhamento do litígio e fixa a norma jurídica para regular aquele caso concreto.

Já a jurisdição voluntária consistiria na administração pública de interesses privados. Não se trataria de atividade jurisdicional, mas administrativa. Além disso, não seria exatamente voluntária, em função do ordenamento impor aos interessados que determinados assuntos sejam necessariamente conduzidos perante o Poder Judiciário, ainda que não exista litígio. Nesse contexto, não se fala em litígio, mas em controvérsia, e nem em partes[1], mas em interessados. Haveria apenas procedimento, mas não processo. Igualmente não se reconhece a formação de coisa julgada material, em sede de jurisdição voluntária.

Todavia, mesmo que se possa constatar distinções na atividade desenvolvida na chamada jurisdição voluntária, há quem aponte que não se pode negar o seu caráter jurisdicional[2]. O seu principal escopo é a pacificação social e a tutela de pessoas, o que, por si só, é suficiente para reconhecer o caráter jurisdicional. Além disso, mesmo que não se tenha a produção de coisa julgada material, há sim certo grau de imunização dos pronunciamentos emanados no campo da jurisdição voluntária, os quais não podem ser simplesmente desconsiderados.

---

1. Do acórdão proferido no REsp 1.138.103 (4ª T., rel. Min. Luis Felipe Salomão, j. 06.09.2011, DJe 29.09.2011), colhe-se o seguinte trecho: "Desnecessária a inclusão de todos os componentes do tronco familiar no polo ativo da ação, uma vez que, sendo, via de regra, um procedimento de jurisdição voluntária, no qual não há lide nem partes, mas tão somente interessados, incabível falar-se em litisconsórcio necessário, máxime no polo ativo, em que sabidamente o litisconsórcio sempre se dá na forma facultativa".
2. No julgamento do REsp 942.658 (3ª T., rel. Min. Paulo de Tarso Sanseverino, j. 02.06.2011, DJe 09.06.2011), averbou-se o quanto segue: "... não parece adequado afirmar categoricamente que na jurisdição voluntária não há bem litigioso e tampouco lide. A mais recente doutrina processualista tem ressaltado o equívoco em se qualificar a chamada jurisdição administrativa de atividade não jurisdicional em razão da suposta ausência de lide. Afirma-se, modernamente, que a jurisdição voluntária não equivale a demanda sem lide. O litígio pode ou não se verificar no seio da jurisdição administrativa: ele apenas não é essencial para a propositura da ação".

Em regra, na jurisdição voluntária, diante da ausência de litigiosidade, não há condenação em honorários advocatícios. Todavia, a existência de disputa excepciona essa lógica e autoriza a condenação na verba honorária[3].

16.2. DO PROCEDIMENTO PADRÃO NA JURISDIÇÃO VOLUNTÁRIA

Existem vários procedimentos específicos jurisdicional voluntária, os quais serão estudados. Entretanto, são estabelecidas regras para os casos não disciplinados e ainda que se aplicam subsidiariamente aos procedimentos específicos (CPC, art. 725, parágrafo único).

O procedimento pode ser instaurado por provocação do interessado, do Ministério Público ou da Defensoria Pública[4], que formularão pedido "devidamente instruído com os documentos necessários e com a indicação da providência judicial" (CPC, art. 720).

Apresentado o pedido, serão citados todos os interessados para que se manifestem, querendo, no prazo de 15 dias[5]. Quando houver interesse público ou social, interesse de incapaz e litígios coletivos pela posse de terra rural ou urbana, nos termos do art. 178 do CPC, o Ministério Público será intimado para intervir, no prazo de 30 dias, na condição de fiscal da ordem jurídica.

Se a Fazenda Pública tiver interesse, igualmente determinar-se-á a sua oitiva (CPC, art. 722).

O juiz apreciará o pedido no prazo de dez dias, sendo que, no julgamento, poderá se apoiar em juízo de equidade (CPC, art. 723). É dizer: "o juiz não é obrigado a observar critério de legalidade estrita, podendo adotar em cada caso a solução que considerar mais conveniente ou oportuna" (art. 723, parágrafo único)[6].

---

3. STJ, 2ª T., AgInt no Resp 1901733, Rel. Min. Francisco Falcão, j. 27.09.2021, DJe 10.08.2021; STJ, 3ª T., REsp 1431036, rel. Min. Moura Ribeiro, j. 17.04.2018, DJe 24.04.2018; STJ, 3ª T., REsp 1.524.634, rel. Min. Ricardo Villas Bôas Cueva, j. 27.10.2015, DJe 03.11.2015; STJ, 4ª T., AgRg no AG 1.362.095, rel. Min. Maria Isabel Gallotti, j. 10.04.2012, DJe 18.04.2012.
4. Conforme o Enunciado 56 do Centro de Estudos Judiciários (CEJ) da Justiça Federal, "A legitimidade conferida à Defensoria Pública pelo art. 720 do CPC compreende as hipóteses de jurisdição voluntária previstas na legislação extravagante, notadamente no Estatuto da Criança e do Adolescente".
5. O STJ admitiu a apresentação de reconvenção, em pedido de autorização judicial para alienação de imóvel, diante da existência de litigiosidade, em função da qual houve a "transmutação do procedimento especial de jurisdição voluntária em verdadeiro processo de jurisdição contenciosa" (3ª T., REsp 1.453.193, Rel. Min. Nancy Andrighi, j. 15.08.217, DJe 22.08.2017).
6. A aplicação dessa regra levou o STJ (3ª T., REsp 758.739, rel. Min. Castro Filho, j. 20.09.2005, DJ 10.10.2005) à seguinte solução: "No caso, o curador também subscreveu a petição onde é postulada a juntada do substabelecimento feito pelo causídico que, até então, atuara no feito. Assim, pode-se entender que ratificou o mandato anterior, que fora outorgado pelo interdito, e aquiesceu na concessão de poderes ao novo advogado, pelo que descabe falar em ausência de representação processual. Ainda que defeituoso o ato, à luz da ortodoxia do processo, é de se ter presente tratar-se de feito com curso pelo procedimento especial de jurisdição voluntária, não havendo propriamente uma lide a ser decidida. Em casos que tais, é aplicável o disposto na segunda parte do artigo 1.109 do vigente Diploma processual civil, que autoriza o juiz a não observar critério de legalidade estrita". Ainda com apoio no parágrafo único, do art. 723 do CPC, o STJ confirmou a possibilidade de alteração do procedimento pelo juiz, que postergou o interrogatório do interditando para após a perícia médica (4ª T., AgInt no RMS 57.544, j. 19.11.2019, DJe 06.12.2019).

Da sentença caberá apelação (CPC, art. 724).

Submetem-se ao procedimento padrão os seguintes pedidos (CPC, art. 725): i) emancipação; ii) sub-rogação; iii) alienação, arrendamento ou oneração de bens de crianças ou adolescentes, de órfãos e de interditos; iv) alienação, locação e administração da coisa comum; v) alienação de quinhão em coisa comum; vi) extinção de usufruto, quando não decorrer da morte do usufrutuário, do termo da sua duração ou da consolidação, e de fideicomisso, quando decorrer de renúncia ou quando ocorrer antes do evento que caracterizar a condição resolutória; vii) expedição de alvará judicial; e viii) homologação de autocomposição extrajudicial, de qualquer natureza ou valor.

17
DA NOTIFICAÇÃO E DA INTERPELAÇÃO

17.1. CONSIDERAÇÕES GERAIS

Dentre as cautelares em espécie, o CPC de 1973 dedicava seção aos "protestos, notificações e interpelações" (arts. 867 a 873). Com razão, criticava-se essa sistematização, seja porquanto essas medidas não podiam ser reputadas como cautelares, seja em razão de seu caráter marcadamente ligado à jurisdição voluntária.

O CPC de 2015 corrigiu essa distorção encartando a seção da notificação e da interpelação nos procedimentos especiais de jurisdição voluntária (CPC, art. 726/729), dentro da qual há expressa menção ao protesto judicial (art. 726, § 2º).

Não há uniformidade entre os estudiosos acerca da caracterização e distinção das figuras da notificação, da interpelação e do protesto. Em sendo assim, toma-se como guia o direito positivo, para traçar os contornos dessas figuras.

A notificação é o ato por meio do qual o notificante manifesta ao notificado a sua vontade sobre assunto juridicamente relevante, com a finalidade de dar-lhe ciência de seu propósito (CPC, art. 726). A título de ilustração, notifica-se a contraparte para manifestar que ela está violando o contrato.

Embora também retrate uma manifestação, a interpelação é ato por meio do qual o interpelante requer que o interpelado faça ou deixe de fazer alguma coisa, que o primeiro entenda ser de seu direito (CPC, art. 727). Interpela-se o devedor para que ele pague, sob pena de ser constituído em mora.

Já o protesto tem por escopo prevenir responsabilidade ou prover a conservação ou ressalva de direitos. O vizinho promove o protesto de seu confrontante, para prevenir a responsabilidade decorrente do eventual colapso do muro divisório, erigido pelo segundo sem projeto e sem o atendimento das técnicas de engenharia. Com o intuito de conservar o seu direito, o credor realiza o protesto interruptivo da prescrição. Ou ainda, para ressalvar os seus direitos, o credor faz o protesto contra a alienação de bens do devedor que está a praticar atos para se tornar insolvente.

Acerca do protesto contra alienação de bens, proclamou o STJ que o seu escopo primordial é "dar conhecimento a terceiros de situação desfavorável de bem, incrementando a segurança jurídica nas relações negociais", consignando ainda que, em contrapartida, "a medida deve ser indeferida quando dela resultar agravamento da insegurança jurídica e óbice concreto à realização de negócios jurídicos lícitos"[1].

Ainda na esteira do decidido pelo STJ, impende destacar que:

(...) o protesto contra alienação de bens não tem o condão de obstar o respectivo negócio tampouco de anulá-lo; apenas tornará inequívocas as ressalvas do protestante em relação ao negócio, bem como a alegação desse – simplesmente alegação – em ter direitos sobre o bem e/ou motivos para anular a alienação[2].

17.2. DO PROCEDIMENTO

A notificação ou a interpelação ou o protesto são apresentados em juízo, para ser dirigido ao requerido. Deve o promovente demonstrar o seu interesse jurídico na utilização de uma dessas medidas. Além disso, o juiz deve constatar e coibir o exercício abusivo dessas providências conservativas, especialmente quando manejadas almejando-se fins ilícitos, como com o exclusivo propósito de causar dano ao requerido ou para cercear a liberdade de contratar ou de agir.

Caso o requerente tenha a pretensão de dar conhecimento geral ao público de sua manifestação, será postulada a expedição de edital, que somente será deferida se o juiz "a tiver por fundada e necessária ao resguardo de direito" (art. 726, § 1º).

Em homenagem ao contraditório, o requerido "será previamente ouvido antes do deferimento da notificação ou do respectivo edital", nos seguintes casos (CPC, art. 728): i) "se houver suspeita de que o requerente, por meio da notificação ou do edital, pretende alcançar fim ilícito; ii) "se tiver sido requerida a averbação da notificação em registro público" (CPC, art. 728, I e II).

Afora a manifestação decorrente das hipóteses descritas no art. 928, diante da ausência de litigiosidade e do cunho não contencioso das medidas, não há espaço para a apresentação de defesa pelo requerido, que, em outro procedimento, poderá promover a notificação, interpelação ou protesto da contraparte, manifestando o seu posicionamento contrário.

O inciso II do art. 728 deixa clara a possibilidade de averbação do ato no registro, o que já era admitido pelo STJ[3], notadamente no caso do protesto contra alienação de bens. A Corte Federal recorria ao poder geral de cautela para fundamentar a medida, o que, diante do CPC de 2015, não é mais necessário.

O indeferimento da notificação, interpelação ou protesto terá natureza de sentença, conduzindo à sua não realização e ensejando a interposição do recurso de apelação (CPC, art. 1.009).

Com o seu deferimento, ter-se-á a sua efetivação e a entrega dos autos ao requerente.

---

1. STJ, 3ª T., REsp 1.432.831, rel. Min. Marco Aurélio Bellizze, j. 17.03.2015, DJe 24.03.2015.
2. STJ, 3ª T., REsp 1.229.449, Rel. Min. Nancy Andrighi, j. 07.06.2011, DJe 15.09.2011.
3. STJ, 3ª T., AgRg no RMS 33.772, rel. Min. Ricardo Villas Bôas Cueva, j. 20.05.2014, DJe 30.05.2014.

Não é simples classificar este pronunciamento dentre aqueles no art. 1.015 do CPC, o que pode levar ao entendimento de não ser cabível o agravo de instrumento. Se for assim, o requerido poderá atacar o ato por meio de mandado de segurança. Inclusive, no caso específico do protesto contra a alienação de bens, o STJ se pronunciou pelo cabimento da mencionada ação constitucional, "por não existir recurso específico contra essa decisão"[4].

---

4. 3ª T., AgRg no RMS 49.034, rel. Min. João Otávio de Noronha, j. 15.03.2016, *DJe* 28.03.2016.

18
DA ALIENAÇÃO JUDICIAL

18.1. CONSIDERAÇÕES GERAIS

Em razão de características próprias (de fácil deterioração, avariados, que exijam grandes despesas de conservação) ou de interesses a serem preservados (por exemplo: CC/2002, art. 497, I a IV; art. 504; art. 1.237; arts. 1.748, IV e 1.750; art. 1.774; art. 2.019 e CPC, art. 725, III, IV e V), alguns bens somente podem ser alienados desde que se observe um procedimento especial.

As hipóteses expressamente indicadas pelo CPC, que justificam o procedimento em análise, são as seguintes: i) alienação de bens de crianças ou adolescentes ou interdito (art. 725, III); ii) alienação da coisa comum (art. 725, IV); e iii) alienação de quinhão em coisa comum (art. 725, V).

Não raras vezes, a alienação judicial tem lugar em razão da alienação de coisa comum, utilizada para promover a extinção de condomínio. Como decidido pelo STJ, a "primeira possibilidade de extinção do condomínio consiste na adjudicação de todo o bem a apenas um dos consortes, sem prévia oferta a terceiros, depositando-se o valor correspondente aos quinhões dos demais. A venda em leilão eletrônico ou presencial, com a possibilidade de lance por terceiros, somente terá lugar se os condôminos não entrarem em acordo quanto à adjudicação da coisa comum a um deles (art. 1.322, *caput*, do CC/02 e art. 730 do CPC/2015). Nessa hipótese, porém, a lei assegura, em condições iguais de oferta, o direito de preferência do condômino em relação a estranho"[1].

A alienação poderá ocorrer de forma incidental ao processo judicial ou de forma autônoma.

18.2. LEGITIMIDADE PARA REQUERER A ALIENAÇÃO

No curso do processo, a alienação pode ser determinada de ofício pelo juiz, ou pode ser feita mediante requerimento dos interessados ou do depositário (CPC, art. 730, *caput*).

---

1. STJ, 3ª T., REsp 1.989.409, Rel. Min. Nancy Andrighi, j. 13.06.2023, *DJe* 16.06.2023.

18.3. PROCEDIMENTO

A alienação será realizada observando-se os mecanismos expropriatórios previstos no art. 879 do CPC, ou seja, a alienação por iniciativa particular (CPC, art. 880) e o leilão judicial eletrônico ou presencial (CPC, art. 881), os quais já foram objeto de análise quando do estudo do processo de execução. Conquanto não indicado expressamente, a alienação deve ser antecedida de avaliação, sendo também aqui aplicável a disciplina estabelecida para o processo de execução, nos arts. 870 a 875, do CPC. Na mesma linha, são igualmente aplicáveis as disposições sobre publicidade dos atos expropriatórios e todos os seus parâmetros, inclusive a possibilidade de alienação por valor inferior ao da avaliação, desde que observado o limite imposto judicialmente e não se trate de preço vil, bem como ressalvado, o caso de imóveis de menores e incapazes, cujo lanço não pode ser inferior a 80% do valor da avaliação (CPC, 896).

Por fim, no caso de surgimento de controvérsia, como "constatadas nulidades na arrematação, o julgador, no procedimento de alienação judicial em jurisdição voluntária, pode utilizar-se da legislação aplicável ao processo executivo"[2].

---

2. STJ, 3ª T., REsp 1.273.104, rel. Min. João Otávio de Noronha, j. 24.03.2015, *DJe* 31.03.2015.

19
DO DIVÓRCIO E DA SEPARAÇÃO CONSENSUAIS, DA EXTINÇÃO CONSENSUAL DE UNIÃO ESTÁVEL E DA ALTERAÇÃO DO REGIME DE BENS DO MATRIMÔNIO

19.1. CONSIDERAÇÕES GERAIS

No título dos procedimentos de jurisdição voluntária, o CPC de 1973 destinava um capítulo à separação consensual. O CPC de 2015 também disciplinou a separação consensual, atualizando as regras existentes. Aproveitou a oportunidade para regrar o divórcio consensual e a extinção consensual da união estável, além de incorporar os preceitos relativos à separação, ao divórcio e à extinção de união estável realizadas extrajudicialmente. Ainda estabeleceu procedimento a ser observado nos pedidos de alteração do regime de bens do matrimônio.

19.2. DO DIVÓRCIO E DA SEPARAÇÃO CONSENSUAIS E DA EXTINÇÃO CONSENSUAL DE UNIÃO ESTÁVEL

Como visto, o CPC de 2015 normatizou o procedimento para a separação e para o divórcio consensuais. Por isso, pode-se afirmar que o legislador deixou de lado a discussão sobre o desaparecimento do instituto da dissolução da sociedade conjugal, após a alteração introduzida no § 6º do art. 226 da CF, com a redação dada pela EC 66/2010[1]. Em face da disposição autorizadora do divórcio, independentemente do prazo do casamento ou de outro requisito, muitos entendiam que a separação tinha sido eliminada do ordenamento jurídico[2]. Este posicionamento ficou vencido no STJ, o que confirma que o CPC de 2015 acertou ao se referir tanto à separação como ao divórcio.

---
1. "Art. 226. A família, base da sociedade, tem especial proteção do Estado.
   (...)
   § 6º O casamento civil pode ser dissolvido pelo divórcio.
2. A separação não promove a dissolução do vínculo conjugal, que permanece íntegro. Por isso, os separados continuam impedidos de casar com outra pessoa. Já o divórcio promove a dissolução do casamento (CC, art. 1.571, § 1º).

Inclusive, a manutenção da disciplina no CPC foi um dos argumentos para se sustentar a sobrevivência da separação na ordem jurídica[3].

O pedido de homologação do divórcio ou da separação deve ser deduzido em petição que, além dos requisitos gerais, deve conter a assinatura de ambos os cônjuges, bem como os pressupostos a seguir descritos: i) as disposições relativas à descrição e à partilha dos bens comuns; ii) as disposições relativas à pensão alimentícia entre os cônjuges; iii) o acordo relativo à guarda dos filhos incapazes e ao regime de visitas; e iv) o valor da contribuição para criar e educar os filhos.

Houve simplificação do procedimento, com a supressão de audiência preliminar, destinada a esclarecer os cônjuges da separação e confirmar a sua real intenção, bem como de audiência de ratificação, designada quando o juiz não se convencesse da manifestação de vontade de pôr fim ao casamento, colhida na primeira audiência. Aliás, o CPC de 2015 secundou a tendência já detectada na jurisprudência, que recusava a decretação de nulidade do processo, em razão da homologação da separação, sem a realização de audiência[4].

São viáveis o pedido e a homologação da separação e divórcio consensuais, ainda que não haja requerimento ou consenso quanto à partilha dos bens.

A divisão do patrimônio pode ser realizada após a homologação da separação ou do divórcio, de forma consensual ou litigiosa. Se for consensual, a partilha pode ser realizada extrajudicialmente ou por meio de pedido de homologação de partilha amigável (CPC, art. 657). Homologada a partilha, nada impede que as partes promovam novo acordo, alterando a divisão antes estabelecida e postulando nova homologação. Nesse caso, não há que se falar em impedimento ou impossibilidade de nova homologação, por violação à coisa julgada. Como bem decidiu o STJ[5], ao substituir julgado que chancelou o indeferimento de pedido de nova homologação, "quando mais se incentiva a desjudicialização dos conflitos e o sistema multiportas de acesso à justiça, mediante a adoção e o estímulo à solução consensual, aos métodos autocompositivos e ao uso dos mecanismos adequados de solução das controvérsias, sempre apostando na capacidade que possuem as partes de livremente convencionar e dispor sobre os seus bens, direitos e destinos do modo que melhor lhes convier (o que se reflete, inclusive no âmbito do processo, com a possibilidade de celebração de negócios jurídicos processuais atípicos a partir de uma cláusula geral – art. 190 do CPC/15), conclui-se que o acórdão recorrido

---

3. 4ª T., REsp 1.247.098, j. 14.03.2017, DJe 16.05.2017. Destaca-se do voto da Min. Isabel Gallotti, entre outras coisas, o seguinte: "... novo Código de Processo Civil manteve em diversos dispositivos referências à separação judicial, a exemplo dos artigos 693 e seguintes, e constando no próprio título da seção IV do capítulo XV, que trata dos procedimentos de jurisdição voluntária (artigo 731 e seguintes), demonstrando, novamente e de forma indiscutível, a mens legis em manter a figura da separação no ordenamento jurídico pátrio. É o que se verifica da simples leitura dos artigos 23, III, 53, I, 189, II e § 2º, 693, 732 e 733 do mencionado diploma processual". O mesmo entendimento foi, posteriormente, manifestado pela 3ª Turma (REsp 1.431.370, rel. Min. Ricardo Villas Bôas Cueva, j. 15.08.2017, DJe 22.08.2017).
4. STJ, 3ª T., REsp 1.483.841, rel. Min. Moura Ribeiro, j. 17.03.2015, DJe 27.03.2015.
5. STJ, 3ª T., REsp 1.623.475, rel. Min. Nancy Andrighi, j. 17.04.2018, DJe 20.04.2018.

está na contramão desse movimento e materializa uma injustificável invasividade do Poder Judiciário na esfera privada".

Havendo disputa, seguir-se-á o procedimento da partilha previsto no capítulo do inventário e da partilha, mais precisamente, nos arts. 647 a 655, bem como arts. 656 e 658, todos do CPC.

Na hipótese de separação, diante da reconciliação do casal, "é permitido aos cônjuges restabelecer a todo o tempo a sociedade conjugal, nos termos em que fora constituída, contanto que o façam mediante requerimento nos autos da ação de separação" (Lei 6.515, art. 46). Por ter havido a dissolução do vínculo conjugal, no divórcio, não é possível o restabelecimento da sociedade conjugal, sem a realização de novo casamento.

À extinção consensual da união estável aplica-se o mesmo regime jurídico acima descrito.

19.3. DO DIVÓRCIO E DA SEPARAÇÃO CONSENSUAIS E DA EXTINÇÃO CONSENSUAL DE UNIÃO ESTÁVEL REALIZADOS EXTRAJUDICIALMENTE

Novamente fomentando a desjudicialização de atos antes submetidos ao Poder Judiciário, o CPC de 2015 incorporou legislação anterior que autorizava a realização extrajudicial do divórcio e da separação consensuais, bem como da extinção consensual de união estável.

Conforme preceitua o art. 733 do CPC, em não havendo nascituro ou filhos incapazes, o divórcio, ou separação consensuais ou a extinção consensual de união estável será feita por escritura pública, que contemplará os mesmos requisitos da petição de separação ou divórcio, acima mencionados e previstos nos incisos do art. 731 do CPC.

Na forma do § 1º do art. 733, "a escritura não depende de homologação judicial e constitui título hábil para qualquer ato de registro, bem como para levantamento de importância depositada em instituições financeiras".

As partes devem ser assistidas por advogado, sem a presença de quem o tabelião não lavrará a escritura (CPC, art. 733, § 2º).

O Conselho Nacional de Justiça (CNJ) esmiuçou aspectos do procedimento de separação e divórcio consensuais, realizados extrajudicialmente (Resolução 35/2007). Da mencionada Resolução, cumpre destacar os seguintes pontos:

i) Nos termos do art. 33, "para a lavratura da escritura pública de separação e de divórcio consensuais, deverão ser apresentados: a) certidão de casamento; b) documento de identidade oficial e CPF/MF; c) pacto antenupcial, se houver; d) certidão de nascimento ou outro documento de identidade oficial dos filhos absolutamente capazes, se houver; e) certidão de propriedade de bens imóveis e direitos a eles relativos; e f) documentos necessários à comprovação da titularidade dos bens móveis e direitos, se houver";

ii) As partes devem declarar ao tabelião que não têm filhos comuns ou que eles são capazes, bem como a separanda ou divorcianda deve declarar que não se encontra em estado gravídico ou que não tenha conhecimento dessa condição (art. 34);

iii) É dispensável o comparecimento pessoal dos separandos ou divorciandos, que podem "se fazer representar por mandatário constituído, desde que por instrumento público com poderes especiais, descrição das cláusulas essenciais e prazo de validade de trinta dias" (art. 36);

iv) Conforme indicado pelo art. 39, a "partilha em escritura pública de separação e divórcio consensuais far-se-á conforme as regras da partilha em inventário extrajudicial, no que couber";

v) Detalha o art. 41 que, "havendo alteração do nome de algum cônjuge em razão de escritura de separação, restabelecimento da sociedade conjugal ou divórcio consensuais, o Oficial de Registro Civil que averbar o ato no assento de casamento também anotará a alteração no respectivo assento de nascimento, se de sua unidade, ou, se de outra, comunicará ao Oficial competente para a necessária anotação";

vi) Não haverá sigilo nas escrituras de separação e divórcio consensuais (art. 42).

19.4. DA ALTERAÇÃO DO REGIME DE BENS DO MATRIMÔNIO

O CC tem como admissível a alteração de regime de bens, "mediante autorização judicial em pedido motivado de ambos os cônjuges, apurada a procedência das razões invocadas e ressalvados os direitos de terceiros" (CC, art. 1.639, § 2º).

Assim, os cônjuges podem formular pedido, em petição também assinada por ambos, expondo as razões que justificam[6] a alteração, sempre ressalvados os direitos de terceiros (CPC, art. 734).

Recebida a inicial, o juiz determinará a intimação do Ministério Público e a publicação de editais, para que se dê publicidade ao pedido de alteração. Após 30 (trinta) dias da divulgação, o pedido poderá ser decidido.

Os cônjuges podem propor meio alternativo para a divulgação da alteração, sempre com o propósito de resguardar direitos de terceiros (CPC, art. 734, § 2º).

---

6. STJ, 3ª T., REsp 1.427.639 rel. Min. Ricardo Villas Bôas Cueva, j. 10.03.2015, DJe 16.03.2015. Cumpre realçar o seguinte passo da ementa: "1. À luz da melhor interpretação do art. 1.639, § 2º, do CC/2002, são exigíveis justificativas plausíveis e provas concretas de que a alteração do regime de bens eleito para reger o matrimônio não prejudicará nenhum dos cônjuges, nem terceiros interessados. 2. Incidência do enunciado 113 na I Jornada de Direito Civil do Conselho da Justiça Federal: 'É admissível a alteração do regime de bens entre os cônjuges, quando então o pedido, devidamente motivado e assinado por ambos os cônjuges, será objeto de autorização judicial, com a ressalva dos direitos de terceiros, inclusive dos entes públicos, após perquirição de inexistência de dívida de qualquer natureza, exigida ampla publicidade'".

Acolhido o pedido, a sentença produz efeitos *ex nunc*[7]. Após o trânsito em julgado da sentença, "serão expedidos mandados de averbação aos cartórios de registro civil e de imóveis e, caso qualquer dos cônjuges seja empresário, ao Registro Público de Empresas Mercantis e Atividades Afins" (CPC, art. 734, § 3º). Resguardado o direito de terceiro, nada impede que os cônjuges, além da mudança de regime, também promovam a partilha dos bens adquiridos no regime anterior[8].

Rejeitado o pedido, cuidar-se-á de sentença que pode ser impugnada por meio de apelação (CPC, art. 1.009).

---

7. STJ, 3ª T., REsp 1.533179, rel. Min. Marco Aurélio Bellizze, j. 08.09.2015, *DJe* 23.09.2015, destacando-se a seguinte passagem da ementa: "(...) 2. É possível a alteração de regime de bens de casamento celebrado sob a égide do CC de 1916, em consonância com a interpretação conjugada dos arts. 1.639, § 2º, 2.035 e 2.039 do Código atual, desde que respeitados os efeitos do ato jurídico perfeito do regime originário. 3. No caso, diante de manifestação expressa dos cônjuges, não há óbice legal que os impeça de partilhar os bens adquiridos no regime anterior, de comunhão parcial, na hipótese de mudança para separação total, desde que não acarrete prejuízo para eles próprios e resguardado o direito de terceiros. Reconhecimento da eficácia *ex nunc* da alteração do regime de bens que não se mostra incompatível com essa solução".
8. STJ, 3ª T., REsp 1533179, rel. Min. Marco Aurélio Bellizze, j. 08.09.2015, *DJe* 23.09.2015.

20
DOS TESTAMENTOS E CODICILOS

20.1. CONSIDERAÇÕES GERAIS

Ocorrida a morte, a sucessão poderá ser feita conforme a última vontade do falecido, expressa de maneira solene em testamento, pela qual tenha disposto dos seus bens, no todo ou em parte (CC, art. 1.857), observadas, evidentemente, as limitações legais (*v.g.*, havendo herdeiros necessários, deve ser preservada a legítima composta pela metade dos bens do testador – CC, art. 1.789). O codicilo diferencia-se do testamento em razão de seu conteúdo, que é restrito, envolvendo disposições especiais sobre "enterro, sobre esmolas de pouca monta a certas e determinadas pessoas, ou, indeterminadamente, aos pobres de certo lugar, assim como legar móveis, roupas ou joias, de pouco valor, de seu uso pessoal". (CC, art. 1.881).

Ainda cumpre anotar a existência de várias modalidades de testamento.

Os chamados testamentos ordinários (CC, art. 1.862) se dividem em testamento público, cerrado e particular.

O testamento público é assim caracterizado, porquanto "escrito por tabelião ou por seu substituto legal em seu livro de notas, de acordo com as declarações do testador, podendo este servir-se de minuta, notas ou apontamentos" (CC, art. 1.864, I). Com a lavratura do instrumento, o testamento público deve ser "lido em voz alta pelo tabelião ao testador e a duas testemunhas, a um só tempo; ou pelo testador, se o quiser, na presença destas e do oficial" (CC, art. 1.864, II). Em seguida, esse instrumento deve ser "assinado pelo testador, pelas testemunhas e pelo tabelião" (CC, art. 1.864, III).

O testamento cerrado é "escrito pelo testador, ou por outra pessoa, a seu rogo, e por aquele assinado" (CC, art. 1.868). Caso opte por escrevê-lo mecanicamente, o testador deve numerar e autenticar com sua assinatura todas as páginas (CC, art. 1.868, parágrafo único). De qualquer modo, a validade do testamento cerrado depende da aprovação pelo tabelião ou seu substituto legal, que observará as formalidades prescritas nos incisos I a IV do art. 1.868, a seguir reproduzidos: "I – que o testador o entregue ao tabelião em presença de duas testemunhas; II – que o testador declare que aquele é o seu testamento e quer que seja aprovado; III – que o tabelião lavre, desde logo, o auto de aprovação, na presença de duas testemunhas, e o leia, em seguida, ao testador e testemunhas; IV – que o auto de aprovação seja assinado pelo tabelião, pelas testemunhas e pelo testador".

O testamento particular "pode ser escrito de próprio punho ou mediante processo mecânico" (CC, art. 1.876). Se escrito de próprio punho, a validade do testamento particular pressupõe a sua leitura e assinatura "por quem o escreveu, na presença de pelo menos três testemunhas, que o devem subscrever" (CC, art. 1,876, § 1º). Se confeccionado mecanicamente, "não pode conter rasuras ou espaços em branco, devendo ser assinado pelo testador, depois de o ter lido na presença de pelo menos três testemunhas, que o subscreverão (CC, art. 1,876, § 2º).

São designados de especiais os testamentos marítimo, aeronáutico e militar. O primeiro é elaborado se o testador "estiver em viagem, a bordo de navio nacional, de guerra ou mercante", "perante o comandante, em presença de duas testemunhas, por forma que corresponda ao testamento público ou ao cerrado" (CC, art. 1888), devendo ser registrado no diário de bordo (CC, art. 1.888, parágrafo único). O testamento aeronáutico pode ser feito por "quem estiver em viagem, a bordo de aeronave militar ou comercial", "perante pessoa designada pelo comandante" (CC, art. 1.889), na presença de duas testemunhas e por forma que corresponda ao testamento público ou cerrado (CC, art. 1.889, parte final). Qualifica-se como militar, o testamento "dos militares e demais pessoas a serviço das Forças Armadas em campanha, dentro do País ou fora dele, assim como em praça sitiada, ou que esteja de comunicações interrompidas" (CC, art. 1.893). Será elaborado em "não havendo tabelião ou seu substituto legal, ante duas, ou três testemunhas, se o testador não puder, ou não souber assinar, caso em que assinará por ele uma delas" (CC, art. 1.893).

O diploma processual regulou de forma especial o procedimento necessário para se conhecer a vontade do falecido, verificar se o testamento (ou codicilo), seja lá qual tenha sido a sua modalidade, teve observada a solenidade exigida pela lei, bem como determinar o seu cumprimento.

20.2. COMPETÊNCIA E PROCEDIMENTO

A competência é do foro no qual se encontre o apresentante do testamento, não havendo vinculação ou prevenção de competência da comarca do inventário.

Existe procedimento adequado para cada espécie de testamento.

Se o testamento for cerrado, inicialmente o juiz procederá sua abertura, examinando se estava intacto. Se não estiver intacto, será considerado revogado (CC, art. 1.972) e, por isso mesmo, não será cumprido. De outra parte, em não sendo encontrado nenhum vício, o juiz "o abrirá e mandará que o escrivão o leia em presença do apresentante" (CPC, art. 735).

Autuado o testamento, depois de ouvido o agente do Ministério Público, o juiz determinará registrar, arquivar e cumprir o testamento (CPC, art. 735, § 2º).

Também depois do registro deve o escrivão intimar o testamenteiro nomeado, para assinar o respectivo termo (CPC, art. 735, § 3º). Caso o testador não tenha indicado um testamenteiro ou este não aceite o encargo, o juiz nomeará um testamenteiro dativo, observando-se a preferência legal (CPC, art. 735, § 4º).

O testamenteiro nomeado deverá cumprir as disposições de última vontade. Em seguida, deverá "prestar contas em juízo do que recebeu e despendeu, observando o disposto em lei" (CPC, art. 735, § 5º).

Se o testamento for público, qualquer interessado pode requerer o seu cumprimento, exibindo seu traslado ou certidão. A este se aplica o mesmo procedimento do testamento cerrado (CPC, art. 736).

Como visto, o testamento cerrado é validado pelo tabelião. Já o testamento público conta com a participação direta do tabelião, que o escreve de acordo com a declaração de vontade manifestada pelo testador. Por essa razão, no procedimento de abertura, registro e cumprimento (testamento cerrado) ou de registro e cumprimento (testamento público), a cognição judicial tem por objeto, exclusivamente, aspectos formais e extrínsecos do testamento[1]. Afora as questões meramente formais, não podem ser discutidos temas ligados à validade ou mesmo à eficácia do testamento. Qualquer discussão relativa a esses assuntos (*e.g.*, capacidade do testador, vício na declaração de vontade, rompimento do testamento) deve ser endereçada por meio de ação autônoma ou no bojo do inventário, desde que, nessa sede, atendida a regra de limitação da cognição, prevista no art. 612 do CPC[2].

Quando o testamento é particular tem legitimidade o herdeiro, o legatário ou o testamenteiro ou ainda um terceiro detentor do testamento, se impossibilitado de entregá-lo a algum dos outros legitimados para requerê-lo (CPC, art. 737).

Serão intimados os herdeiros que não tiverem requerido a publicação do testamento (CPC, art. 737, § 1º). Verificando "a presença dos requisitos da lei", ouvido o Ministério Público, o juiz confirmará o testamento (CPC, art. 737, § 2º). Aqui, em certa medida, a cognição judicial é mais ampla, pois alcança facetas concernentes à própria validade do testamento, que extrapolam os elementos meramente extrínsecos do documento[3]. De fato, a verificação da "presença dos requisitos da lei" exigirá a oitiva das

---

1. O STJ chancelou julgado do TJPB, que não negara o registro de testamento por grave vício formal, consistente na ausência de assinatura e identificação do tabelião. No voto condutor, o relator registra os limites à atividade cognitiva, observando o quanto segue: "De início, cumpre registrar que nos termos do art. 736 combinado com 735 do NCPC, o juiz, após ouvido o Ministério Público, somente mandará registrar, arquivar e cumprir o testamento público, se não achar vício externo, que o torne suspeito de nulidade ou falsidade, de modo que eventuais defeitos quanto à formação e manifestação da vontade do testador devem ser apurados no inventário ou em ação de anulação, pois o procedimento a ser seguido para apresentação de testamento é de jurisdição voluntária não comportando cognição ampla. Desse modo, cabe ao magistrado aferir a observância das formalidades extrínsecas do testamento, consistindo a sua atribuição em verificar se estão presentes os requisitos essenciais de validade do instrumento apresentado, bem como as nulidades reconhecíveis de ofício, o que é possível em qualquer tipo de procedimento, de tal jaez" (3ª T., REsp 1.703.376, Rel. Min. Moura Ribeiro, j. 06.10.2020, DJe 14.10.2020).
2. "Art. 612. O juiz decidirá todas as questões de direito desde que os fatos relevantes estejam provados por documento, só remetendo para as vias ordinárias as questões que dependerem de outras provas".
3. A jurisprudência do STJ "se consolidou no sentido de que, para preservar a vontade do testador, são admissíveis determinadas flexibilizações nas formalidades legais exigidas para a validade do testamento particular,

testemunhas que subscreveram o testamento particular. Se as testemunhas estiverem de acordo "sobre o fato da disposição, ou, ao menos, sobre a sua leitura perante elas, e se reconhecerem as próprias assinaturas, assim como a do testador, o testamento será confirmado" (CC, art. 1.878). Pode suceder que as testemunhas que subscreveram o testamento não possam depor, ou porque falecidas ou porque ausentes. Neste caso, "se pelo menos uma delas o reconhecer, o testamento poderá ser confirmado, se, a critério do juiz, houver prova suficiente de sua veracidade" (CC, art. 1.878, parágrafo único).

As mesmas disposições supra, relativas ao testamento particular, se aplicam aos testamentos marítimo, aeronáutico, militar, nuncupativo[4] e ao codicilo (CPC, art. 737, § 3º).

No cumprimento do testamento particular observar-se-á o procedimento estabelecido para o testamento cerrado, nos parágrafos do art. 735.

---

a depender da gravidade do vício de que padece o ato de disposição" (3ª T., REsp 1.583.314, Rel. Min. Nancy Andrighi, j. 21.08.2018, *DJe* 23.08.2018). Na mesma direção: 3ª T., AgInt no AREsp 1.439.053, Rel. Min. Ricardo Villas Bôas Cueva, j. 29.06.2020, *DJe* 03.08.2020.

4. O testamento nuncupativo ou *in extremis* é oral, sendo manifestado por militar que se encontra na iminência da morte, perante duas testemunhas. Com o falecimento, essas testemunhas relatam ao oficial o teor das declarações de última vontade, que devem ser reduzidas a termo e que será por elas assinado.

21
HERANÇA JACENTE

21.1. CONSIDERAÇÕES GERAIS

Designa-se como herança jacente o patrimônio deixado por falecido que não possua herdeiros conhecidos e nem tenha deixado testamento (CC, art. 1.819). Também será reputada como jacente a herança quando, embora existam herdeiros conhecidos ou haja testamento, os sucessores a ela renunciem.

O diploma processual estabelece procedimento especial para arrecadar e preservar o patrimônio do *de cujus* (CPC, art. 738), até que apareça o eventual sucessor ou se declare a vacância (CPC, art. 739).

Essa guarda e preservação do patrimônio toca ao curador, que será nomeado pelo juiz (CPC, art. 739, § 1º) e terá as seguintes incumbências: i) "representar a herança em juízo ou fora dele, com intervenção do Ministério Público"; ii) "ter em boa guarda e conservação os bens arrecadados e promover a arrecadação de outros porventura existentes"; iii) "executar as medidas conservatórias dos direitos da herança"; iv) "apresentar mensalmente ao juiz balancete da receita e da despesa"; v) "prestar contas ao final de sua gestão".

21.2. COMPETÊNCIA, LEGITIMAÇÃO E PROCEDIMENTO

O foro competente para a arrecadação dos bens que compõem a herança jacente é o da comarca onde o falecido tinha domicílio (CPC, art. 738). A abertura do procedimento se dá por iniciativa do próprio juiz (CPC, art. 738)[1], conquanto isso igualmente possa ser feito pelo Ministério Público, pela Fazenda Pública ou qualquer outro interessado.

Após a nomeação do curador, o procedimento tem início pela arrecadação dos bens, por meio de ato do oficial de justiça que, acompanhado do escrivão ou chefe da secretaria e do curador (CPC, art. 740, *caput*), deverá arrolar os bens e descrevê-los

---

1. Em decorrência dessa mitigação do princípio da demanda, afastando-se a inércia da jurisdição, "ainda que a parte autora/requerente não junte todas as provas necessárias à comprovação dos fatos que legitimem o regular processamento da demanda, deve o juiz, antes de extinguir o feito, diligenciar minimamente, adotando as providências necessárias e cabíveis, visto que a atuação inaugural e instrutória da herança jacente, por iniciativa do magistrado, constitui um poder-dever" (STJ, 3ª T., REsp 1.812.459, Rel. Min. Marco Aurélio Bellizze, j. 09.03.2021, *DJe* 11.03.2021).

em auto circunstanciado. Se o juiz não puder comparecer ao local onde estão os bens, poderá solicitar que a autoridade policial realize o ato, acompanhada de duas testemunhas (CPC, art. 740, § 1º).

Não havendo curador, o juiz designará depositário e lhe entregará os bens (CPC, art. 740, § 2º).

Durante o ato de arrecadação, o juiz tentará reunir junto às pessoas que encontrar (vizinhos, conhecidos, etc.) o máximo de informações acerca do falecido, de seus eventuais sucessores e da existência de outros bens (CPC, art. 740, § 3º).

Os documentos pessoais do falecido serão verificados reservadamente pelo magistrado que mandará empacotá-los e lacrá-los para posterior entrega a eventual sucessor e, caso isso não aconteça, serão queimados (CPC, art. 740, § 4º).

Existindo bens a serem arrecadados em outra comarca, caberá ao juiz expedir carta precatória (CPC, art. 740, § 5º).

A arrecadação não será feita ou será suspensa, assim que se apresentar para reclamar os bens algum herdeiro, legatário ou testamenteiro e não houver oposição do curador, de qualquer interessado, do Ministério Público ou do representante da Fazenda Pública (CPC, art. 740, § 6º).

Ultimada a arrecadação, o juiz mandará expedir edital:

> (...) que será publicado na rede mundial de computadores, no sítio do tribunal a que estiver vinculado o juízo e na plataforma de editais do Conselho Nacional de Justiça, onde permanecerá por 3 (três) meses, ou, não havendo sítio, no órgão oficial e na imprensa da comarca, por 3 (três) vezes com intervalos de 1 (um) mês, para que os sucessores do falecido venham a habilitar-se no prazo de 6 (seis) meses contado da primeira publicação (CPC, art. 741).

Constatada a existência de sucessor ou de testamenteiro em lugar certo, far-se-á a sua citação, sem prejuízo do edital (CPC, art. 741, § 1º). Comprovada a qualidade daquele que se apresentar, a arrecadação converte-se em inventário (CPC, art. 741, § 3º). Tratando-se de falecido estrangeiro ainda será comunicada do fato a autoridade consular (CPC, art. 741, § 2º).

Os credores da herança poderão habilitar-se tal como no inventário, ou propor ação de cobrança (CPC, art. 741, § 4º).

O art. 742 do CPC prevê as seguintes situações extraordinárias que autorizam a alienação de bens: i) "de bens móveis, se forem de conservação difícil ou dispendiosa"; ii) "de semoventes, quando não empregados na exploração de alguma indústria"; iii) "de títulos e papéis de crédito, havendo fundado receio de depreciação"; iv) "de ações de sociedade quando, reclamada a integralização, não dispuser a herança de dinheiro para o pagamento"; v) "de bens imóveis: a) se ameaçarem ruína, não convindo a reparação; b) se estiverem hipotecados e vencer-se a dívida, não havendo dinheiro para o pagamento".

Depois de 1 (um) ano a contar da primeira publicação, não se apresentando nenhum herdeiro, a herança será declarada vacante (CPC, art. 743)[2]. Transitada em julgada a sentença que declarou a vacância, eventual reclamação deverá ser feita mediante ação própria (CPC, art. 743, § 2º).

Para que os bens passem definitivamente[3] ao domínio do Poder Público, além da sentença supra, é preciso respeitar o prazo de 5 (cinco) anos de abertura da sucessão (CC, art. 1.822).

---

2. Em mais de uma oportunidade, o STJ decidiu que, até a prolação da sentença que declara a herança vacante, o imóvel que a compõe pode ser objeto de posse *ad usucapionem*: 4ª T., AgRg no ARESP 126.047, rel. Min. Luis Felipe Salomão, j. 26.11.2013, *DJe* 03.12.2013; 3ª T., AgRg no Ag. 12127, rel. Min. Sidnei Benetti, j. 19.10.2010, *DJe* 03.11.2010; e 4ª T., REsp 170.666, rel. Min. Aldir Passarinho Júnior, j. 14.02.2006, *DJ* 13.03.2006. Nessa mesma linha, "é entendimento consolidado neste Superior Tribunal de Justiça que os bens jacentes são transferidos ao ente público no momento da declaração da vacância, não se aplicando, dessa forma, o princípio da *saisine*" (STJ, 3ª T., AgRg no Ag 851.228/RJ, rel. Min. Sidnei Beneti, j. 23.09.2008, *DJe* 13.10.2008).
3. Ou seja, com a sentença que declara a vacância, o bem é transferido ao patrimônio público. Contudo, diante da possibilidade de habilitação dos herdeiros, ressalvados apenas os colaterais, após declaração de vacância (CC, art. 1.822), o domínio será resolúvel, sendo que a transferência definitiva somente se dá após 5 (cinco) anos da abertura da sucessão.

22
DOS BENS DOS AUSENTES

22.1. CONSIDERAÇÕES GERAIS

A pessoa é ausente quando desaparece de seu domicílio sem deixar notícia e sem ter indicado quem administrará o seu patrimônio (CC, art. 22).

Desse modo, declarada a ausência, se faz necessário um procedimento para que se promova a arrecadação dos bens do ausente e que se nomeie curador (CPC, art. 744).

22.2. COMPETÊNCIA

Será competente para esse procedimento, o foro do último domicílio conhecido daquele a quem se declarará ausente (CPC, art. 49).

22.3. PROCEDIMENTO

A arrecadação dos bens do ausente far-se-á da mesma forma que na herança jacente, competindo ao juiz nomear curador que igualmente terá por função administrar e preservar os bens arrecadados (CPC, art. 744).

No entanto, para a nomeação do curador na ausência, a lei estabelece ordem de preferência: a) inicialmente ao cônjuge do ausente, desde que não esteja dele separado, ainda que de fato, por mais de 2 (dois) anos (CC, art. 25, *caput*); b) na falta do cônjuge, os pais (CC, art. 25, § 1º); c) na falta dos pais, os descendentes (CC, art. 25, § 1º) e, entre estes, os mais próximos precedem aos mais remotos (CC, art. 25, § 2º); d) na falta de descendentes, o juiz nomeará alguém de sua confiança (CC, art. 25, § 3º).

Encerrada a fase de arrecadação, passa-se à fase de procura do ausente. Para tanto:

> (...) o juiz mandará publicar editais na rede mundial de computadores, no sítio do tribunal a que estiver vinculado e na plataforma de editais do Conselho Nacional de Justiça, onde permanecerá por 1 (um) ano, ou, não havendo sítio, no órgão oficial e na imprensa da comarca, durante 1 (um) ano, reproduzida de 2 (dois) em 2 (dois) meses, anunciando a arrecadação e chamando o ausente a entrar na posse de seus bens (CPC, art. 745).

Decorrido o prazo de 1 (um) ano a contar da arrecadação dos bens (CC, art. 26), sem que o ausente ou seu representante tenham se apresentado em juízo, os interessados poderão requerer a abertura da sucessão provisória (CC, art. 27).

Requerida a sucessão provisória, que forma processo incidente, deve se providenciar a citação pessoal dos herdeiros presentes e do curador e, via edital, dos herdeiros ausentes (CPC, art. 745, § 2º).

A sentença que determina a abertura da sucessão provisória fica com seus efeitos suspensos por 180 (cento e oitenta) dias depois de publicada na imprensa; porém, depois de transitada em julgado, permitirá a abertura do testamento ou do inventário e partilha (CC, art. 28, *caput*).

Como a sucessão é provisória, eventual herdeiro que se imita na posse dos bens precisará apresentar garantias, destinadas a assegurar a possibilidade de restituição daquilo que lhe foi entregue (CC, art. 30).

A sucessão provisória cessará se o ausente se apresentar ou quando for requerida e deferida a sucessão definitiva (CC, art. 37 e CPC, art. 745, § 3º). O requerimento de conversão da sucessão provisória em definitiva poderá ser feito ou quando houver certeza da morte do ausente, ou quando passados 10 (dez) anos do trânsito em julgado da sentença que concedeu a abertura da sucessão provisória (CC, art. 37), ou, ainda, quando se provar "que o ausente conta oitenta anos de idade, e que de cinco datam as últimas notícias dele" (CC, art. 38).

Nos 10 (dez) anos seguintes à abertura da sucessão definitiva, regressando o ausente ou algum de seus herdeiros, para requerer ao juiz a entrega de bens, aquele ou estes haverão só os bens existentes no estado em que se encontrarem, os sub-rogados em seu lugar, ou o preço que os herdeiros e demais interessados houverem recebido pelos bens alienados depois daquele tempo (CC, art. 39 e CPC, art. 745, § 4º).

Do requerimento destinado à entrega de bens, deduzido pelo ausente que regressou ou por seus herdeiros, serão citados, para contestar, os sucessores provisórios ou definitivos, o Ministério Público e o representante da Fazenda Pública, devendo-se observar, no processo agora instaurado, o procedimento comum (CPC, art. 745, § 4º). Em havendo contestação, embora iniciado como de jurisdição voluntária, o processo passa a ser contencioso.

Por fim, se nos 10 (dez) anos seguintes à abertura da sucessão definitiva, "o ausente não regressar, e nenhum interessado promover a sucessão definitiva, os bens arrecadados passarão ao domínio do Município ou do Distrito Federal, se localizados nas respectivas circunscrições, incorporando-se ao domínio da União, quando situados em território federal" (CC, art. 39, parágrafo único).

23
DAS COISAS VAGAS

23.1. CONSIDERAÇÕES GERAIS

Aquele que ache coisa perdida (coisa vaga) é designado como descobridor e tem o dever de restituí-la ao seu dono ou legítimo possuidor (CC, art. 1.233, *caput*). Em não se conhecendo a quem deva se devolver a coisa, será o caso de encontrá-lo e, não tendo êxito na busca, o descobridor deverá entregar a coisa à autoridade policial (CC, art. 1.233, parágrafo único).

23.2. PROCEDIMENTO

Na forma do art. 746 do CPC, recebendo do descobridor coisa alheia perdida, o juiz[1] mandará lavrar o respectivo auto, do qual constará a descrição do bem e as declarações do descobridor.

Sendo a coisa entregue à autoridade policial, esta remeterá ao juízo competente (art. 746, § 1º).

Em seguida, na forma do art. 746, § 2º:

> (...) depositada a coisa, o juiz mandará publicar edital na rede mundial de computadores, no sítio do tribunal a que estiver vinculado e na plataforma de editais do Conselho Nacional de Justiça ou, não havendo sítio, no órgão oficial e na imprensa da comarca, para que o dono ou o legítimo possuidor a reclame, salvo se se tratar de coisa de pequeno valor e não for possível a publicação no sítio do tribunal, caso em que o edital será apenas afixado no átrio do edifício do fórum.

Consoante determinação contida no Código Civil, o descobridor "terá direito a uma recompensa não inferior a 5% (cinco por cento) do seu valor, e à indenização pelas despesas que houver feito com a conservação e transporte da coisa, se o dono não preferir abandoná-la" (CC, art. 1.234).

---

1. Mesmo se tratando de procedimento de jurisdição voluntária, mediante decisão monocrática prolatada pelo Min. Moura Ribeiro (CC 157339, j. 20.04.2018, *DJe* 24.04.2018), o STJ decidiu que compete à Justiça Federal julgar ação de arrecadação de coisas vagas, promovida pela Empresa Brasileira de Infraestrutura Aeroportuária – INFRAERO, em razão de bens esquecidos no aeroporto.

24
DA INTERDIÇÃO

24.1. CONSIDERAÇÕES GERAIS

O pedido de interdição deve ser compreendido como o meio pelo qual, judicialmente, se obtém a declaração de que a pessoa é incapaz relativamente a certos atos da vida civil ou à maneira de os exercer (CC, art. 4º, incisos II a IV c/c o art. 1.767).

Por meio do inciso II, do art. 1.072, o CPC de 2015 revogou expressamente os arts. 1.768 a 1.773 do Código Civil, os quais cuidavam da interdição. Ocorre que esses preceptivos haviam sido alterados pela Lei 13.146, de 06 de julho de 2015, que instituiu o Estatuto da Pessoa com Deficiência e, nos termos de seu art. 127, teve período de *vacatio legis* correspondente a 180 dias, entrando em vigor em 02 de janeiro de 2016. Tendo em vista que o CPC de 2015 (Lei 13.105) teve período de vacância de 01 (um) ano (art. 1.045), entrando em vigor em 18 de março de 2016, em evidente falta de coordenação da atividade legislativa, conquanto o Estatuto da Pessoa com Deficiência tenha sido aprovado posteriormente, as alterações promovidas por esse diploma, nos arts. 1.768 a 1.773 do Código Civil, foram revogadas pelo CPC de 2015 (art. 1.072, II), aprovado anteriormente. Assim sendo, devem ser considerados os reflexos desse desencontro na atuação do legislador.

A primeira mudança relevante é aquela introduzida, pela Lei 13.146/2015, na conformação dos institutos da incapacidade absoluta e relativa. Realmente, o Estatuto da Pessoa com Deficiência alterou os artigos 3º e 4º do Código Civil. Segundo o novo regime, somente são absolutamente incapazes os menores de 16 (dezesseis) anos (CC, art. 3º). E haverá incapacidade relativamente a certos atos ou à maneira de os exercer (CC, art. 4º), no que tange aos maiores de dezesseis e menores de dezoito anos (CC, art. 4º, I), aos ébrios habituais e os viciados em tóxico (CC, art. 4º, II); àqueles que, por causa transitória ou permanente, não puderem exprimir sua vontade (CC, art. 4º, III); e aos pródigos (CC, art. 4º, IV).

Além disso, o regime estabelecido pelo Estatuto da Pessoa com Deficiência, que, como visto, também alterou o Código Civil, repercute nos próprios contornos da curatela. Deveras, somente estão sujeitos à curatela aqueles que, por causa transitória ou permanente, não puderem exprimir sua vontade (CC, art. 1.767, I), os ébrios habituais e os viciados em tóxico (CC, art. 1.767, III); e os pródigos (CC, art. 1.767, V). Outra mudança relevante é a prescrição segundo a qual a "curatela afetará tão somente os atos relacionados aos direitos de natureza patrimonial e negocial" (Lei 13.146/2015, art. 85). Mesmo porque, conforme estabeleceu o art. 6º do referido Estatuto, a "deficiência não afeta a plena capacidade civil da pessoa, inclusive para: I – casar-se e constituir união estável; II – exercer direitos sexuais e reprodutivos; III – exercer o direito de decidir sobre o número de filhos e de ter acesso a informações adequadas sobre reprodução e planejamento familiar; IV – conservar sua fertilidade, sendo vedada a esterilização compulsória; V – exercer o direito à família e à convivência familiar e comunitária; e VI – exercer o direito à guarda, à tutela, à curatela e à adoção, como adotante ou adotando, em igualdade de oportunidades com as demais pessoas".

Esse mosaico normativo demonstra que a "ação de interdição" se destina à obtenção do reconhecimento da incapacidade, relativamente a certos atos da vida civil ou à maneira de os exercer, sendo que a curatela, decorrente de sua decretação, "afetará tão somente os atos relacionados aos direitos de natureza patrimonial e negocial".

24.2. LEGITIMADOS PARA PROMOVER A INTERDIÇÃO

São legitimados (CPC, art. 747, I a IV): i) cônjuge ou companheiro; ii) parentes ou tutores; iii) o representante da entidade em que se encontra abrigado o interditando; e iv) o Ministério Público.

Relativamente ao Ministério Público, a sua atuação será admitida somente no caso de doença mental grave e se não existir nenhum dos outros colegitimados ou eles não promoverem a interdição.

Na interdição não requerida pelo *Parquet*, é desnecessária a nomeação de curador especial, que tem como pressuposto a presença de conflito de interesses entre o interditando e o seu representante. Nesses casos, o Ministério Público é quem age na defesa dos interesses do suposto incapaz[1].

A legitimidade deve ser comprovada por meio de documento que acompanhará a petição inicial (CPC, art. 747, parágrafo único).

Nos termos do inciso IV do art. 1.768 do Código Civil, introduzido pela Lei 13.105/2015, a interdição igualmente pode ser requerida pela própria pessoa. Cuida-se da chamada "autointerdição". Entretanto, como visto, em função da descoordenação legislativa, esse preceito foi revogado pelo CPC de 2015 (art. 1.072, II). Ainda assim, não se pode negar legitimidade à pessoa, para formular pedido ligado a aspectos de sua própria capacidade.

24.3. COMPETÊNCIA

Será competente para esse procedimento, o foro do domicílio do interditando (CPC, art. 46, *caput*; ECA, arts. 147 e 148, IV e Lei 10.741/2003, art. 80)[2].

---
1. STJ, 3ª T., AgInt no REsp 1652854, rel. Min. Ricardo Villas Bôas Cueva, j. 18.03.2019, *DJe* 21.03.2019.
2. STJ, 2ª Seção, AgRg no CC 100739, rel. Min. Sidnei Beneti, j. 26.08.2009, *DJe* 05.10.2009.

24.4. PROCEDIMENTO

O procedimento depende de petição inicial em que, além dos requisitos gerais, o requerente deverá especificar os fatos que demonstram a incapacidade do interditando para administrar seus bens e, se for o caso, de praticar atos da vida civil, bem como o momento em que a incapacidade se revelou. (CPC, art. 749). Além disso, o requerente deve juntar laudo médico destinado a provar as alegações apresentadas ou ainda informar a impossibilidade de fazê-lo (CPC, art. 750).

Havendo urgência, o "juiz pode nomear curador provisório ao interditando para a prática de determinados atos" (CPC, art. 749, parágrafo único).

Estando a petição apta, o juiz determinará a citação do interditando, que obrigatoriamente deverá ser pessoal, não podendo se dar pelo correio (CPC, art. 247, I, e art. 695, § 3º). O réu será citado para comparecer em audiência em que o juiz procederá o interrogatório do interditando, a fim de examinar suas condições e discernimento sobre os fatos de sua vida (CPC, art. 751). Daí porque, neste ato, o juiz entrevistará o interditando "minuciosamente acerca de sua vida, negócios, bens, vontades, preferências e laços familiares e afetivos e sobre o que mais lhe parecer necessário para convencimento quanto à sua capacidade para praticar atos da vida civil, devendo ser reduzidas a termo as perguntas e respostas".

Caso o interditando esteja impossibilitado de deslocar-se, o juiz irá ao local em que ele estiver para ouvi-lo (CPC, art. 751, § 1º).

Recomenda-se que a entrevista seja acompanhada por especialistas e nela deve ser assegurado o emprego de "recursos tecnológicos capazes de permitir ou de auxiliar o interditando a expressar suas vontades e preferências e a responder às perguntas formuladas" (CPC, art. 751, § 3º).

Também, a critério do juiz, podem ser ouvidos parentes e pessoas próximas (CPC, art. 751, § 4º).

O interditando terá prazo de 15 (quinze) dias, a contar da audiência, para impugnar o pedido de interdição (CPC, art. 752, *caput*). Tal defesa poderá ser apresentada pelo curador nomeado[3] ou por advogado, sendo que, em havendo contratação do causídico,

---

3. Acerca da nomeação de curador, confira-se julgado do STJ (3ª T., REsp 1.686.161, rel. Min. Nancy Andrighi, j. 12.09.2017, *DJe* 15.09.2017), assim ementado: "I. A ação de interdição é o meio através do qual é declarada a incapacidade civil de uma pessoa e nomeado curador, desde que fique demonstrada a incapacidade para praticar os atos da vida civil do interditando. II. A questão que exsurge nesse recurso é julgar se a ausência de nomeação de curador à lide e de interrogatório do interditando dão ensejo à nulidade do processo de interdição. III. A participação do Ministério Público como *custos legis* em ação de interdição não supre a ausência de nomeação de curador à lide, devido à antinomia existente entre as funções de fiscal da lei e representante dos interesses do interditando. IV. O interrogatório do interditando é medida que garante o contraditório e a ampla defesa de pessoa que se encontra em presumido estado de vulnerabilidade. V. São intangíveis as regras processuais que cuidam do direito de defesa do interditando, especialmente quando se trata de reconhecer a incapacidade e restringir direitos. VI. Recurso especial provido para nulificar o processo".

o cônjuge, companheiro ou qualquer parente sucessível do interditando, poderá intervir como assistente (CPC, art. 752, §§ 2º e 3º).

Findo o referido prazo, o juiz determinará a realização de prova pericial, que é essencial para a decretação da interdição[4]. Essa prova técnica poderá ser conduzida por equipe multidisciplinar (CPC, art. 753, *caput* e § 1º), devendo o laudo indicar especificadamente, se for o caso, os atos para os quais haverá necessidade de curatela (CPC, art. 753, § 2º). Apresentado o laudo, produzidas outras provas e ouvidos os interessados, o juiz prolatará a sentença (CPC, art. 754, *caput*).

Julgado procedente o pedido, a sentença será constitutiva[5] e tratará dos seguintes pontos (CPC, art. 755): i) nomeação de curador, que poderá ser o requerente da interdição, e fixação dos limites da curatela, segundo o estado e o desenvolvimento mental do interdito; ii) indicação das características pessoais do interdito, observando suas potencialidades, habilidades, vontades e preferências.

A sentença, que passa a produzir efeitos imediatamente a sua publicação (CPC, art. 1.012, § 1º, VI), desafia a interposição de recurso de apelação (CPC, art. 1.009).

Com a decretação da interdição, na prática de todos os atos de natureza patrimonial e negocial (art. 85 da Lei 13.146/2015), o interditando deve ser representado pelo curador, sob pena de nulidade (CC, art. 166, I). Como a sentença não tem efeitos retroativos, os atos pretéritos ao pronunciamento são anuláveis e dependerão da comprovação da incapacidade à época de sua prática.

Conquanto a nomeação do curador possa ser atribuída ao requerente da interdição, para este múnus, o juiz deve designar quem melhor possa atender aos interesses do curatelado (CPC, art. 755, § 1º). Inclusive, consoante prescreve o art. 1.775-A do Código Civil, introduzido pela Lei 13.146/2015, "o juiz poderá estabelecer curatela compartilhada a mais de uma pessoa". Ainda deve ser considerada a situação da existência de pessoa incapaz sob a guarda e responsabilidade do interdito. Neste caso, o juiz atribuirá à curatela a quem melhor puder atender aos interesses do interdito e do incapaz (CPC, art. 755, § 2º) e a autoridade do curador estender-se-á:

---

4. O STJ (REsp 253.733, 4ª T., rel. Min. Fernando Gonçalves, j. 16.03.2004, *DJ* 05.04.2004) já decidiu que "constatado pelas instâncias ordinárias que o interditando, por absoluta incapacidade, não tem condições de gerir sua vida civil, com amparo em laudo pericial (extrajudicial) e demais elementos de prova, inclusive o interrogatório de que trata o art. 1.181 do Código de Processo Civil, a falta de nova perícia em juízo não causa nulidade, porquanto, nesse caso, é formalidade dispensável (art. 244 do CPC)". Todavia, em pronunciamento mais recente (STJ, 3ª T., REsp 1.685.826, rel. Min. Nancy Andrighi, j. 19.09.2017, *DJe* 26.09.2017), no qual se fez referência a julgado retrocitado, a mesma Corte Federal fixou o seguinte entendimento: "(...) 6 – O laudo pericial não pode ser substituído por mero relatório médico, especialmente quando há divergência entre o conteúdo do relatório em confronto com os demais elementos de prova produzidos no processo. 7 – Nas hipóteses de interdição, é imprescindível que o exame médico resulte em laudo pericial fundamentado, no qual deverão ser examinadas todas as circunstâncias relacionadas à existência da patologia do interditando, bem como a sua extensão e limites".
5. STJ, 3ª T., REsp 1.251.728, rel. Min. Paulo de Tarso Sanseverino, j. 14.05.2013, *DJe* 23.05.2013.

(...) à pessoa e aos bens do incapaz que se encontrar sob a guarda e a responsabilidade do curatelado ao tempo da interdição, salvo se o juiz considerar outra solução como mais conveniente aos interesses do incapaz (CPC, art. 757).

Entre as suas atribuições, o curador tem o dever de buscar tratamento e apoio apropriados à conquista da autonomia pelo interdito (CPC, at. 758).

Dar-se-á publicidade à sentença que decretou a interdição, por meio da sua inscrição no registro de pessoas naturais e da imediata publicação:

(...) na rede mundial de computadores, no sítio do tribunal a que estiver vinculado o juízo e na plataforma de editais do Conselho Nacional de Justiça, onde permanecerá por 6 (seis) meses, na imprensa local, 1 (uma) vez, e no órgão oficial, por 3 (três) vezes, com intervalo de 10 (dez) dias, constando do edital os nomes do interdito e do curador, a causa da interdição, os limites da curatela e, não sendo total a interdição, os atos que o interdito poderá praticar autonomamente (CPC, art. 755, § 3º).

A interdição poderá ser levantada na hipótese de cessar a causa determinante (CPC, art. 756, *caput*). Tal pedido, que poderá ser formulado pelo próprio interditado, seu curador ou pelo agente do Ministério Público[6], tramitará em apenso aos autos da interdição, cabendo ao juiz nomear perito ou equipe multidisciplinar que examine a condição do interditado, designando audiência de instrução e julgamento após a apresentação do laudo (CPC, art. 756, § 2º). Sendo acolhido o pedido de levantamento, a sentença, depois do trânsito em julgado, será igualmente registrada, além de ser divulgada pela rede mundial de computadores e na imprensa (CPC, art. 756, § 3º).

Constatado que a incapacidade se restringe a alguns atos da vida civil, os quais sempre serão de natureza patrimonial e negocial (art. 85 da Lei 13.146/2015), a interdição poderá ser levantada parcialmente (CPC, art. 756, § 4º).

24.5. DA TOMADA DE DECISÃO APOIADA

O art. 1.783-A do Código Civil, introduzido pelo Lei 13.146/2015, trouxe o instituto da tomada de decisão apoiada. Trata-se do "processo pelo qual a pessoa com deficiência elege pelo menos 2 (duas) pessoas idôneas, com as quais mantenha vínculos e que gozem de sua confiança, para prestar-lhe apoio na tomada de decisão sobre atos da vida civil, fornecendo-lhes os elementos e informações necessários para que possa exercer sua capacidade" (CC, art. 1.783-A).

A legitimidade para o pedido de decisão apoiada toca à própria pessoa deficiente, que deve indicar expressamente as pessoas aptas a prestarem o apoio (CC, art. 1.783 A, § 2º). A postulação deve ser acompanhada de termo em que a pessoa e os apoiadores devem assinalar "os limites do apoio a ser oferecido e os compromissos dos apoiadores,

---

6. Nos termos do Enunciado 57 do Centro de Estudos Judiciários (CEJ) da Justiça Federal, "todos os legitimados a promover a curatela, cujo rol deve incluir o próprio sujeito a ser curatelado, também o são para realizar o pedido do seu levantamento".

inclusive o prazo de vigência do acordo e o respeito à vontade, aos direitos e aos interesses da pessoa que devem apoiar" (CC, art. 1.783-A, § 1º).

Recebido o pedido, "o juiz, assistido por equipe multidisciplinar, após oitiva do Ministério Público, ouvirá pessoalmente o requerente e as pessoas que lhe prestarão apoio" (CC, art. 1.783-A, § 3º).

Na forma do § 4º do art. 1.784-A do Código Civil, a "decisão tomada por pessoa apoiada terá validade e efeitos sobre terceiros, sem restrições, desde que esteja inserida nos limites do apoio acordado". Por sua vez, o "terceiro com quem a pessoa apoiada mantenha relação negocial pode solicitar que os apoiadores contra assinem o contrato ou acordo, especificando, por escrito, sua função em relação ao apoiado" (CC, art. 1.783-A, § 5º).

Nos negócios jurídicos que possam trazer riscos ou prejuízo relevante, se existir divergência entre a opinião de pelo menos um dos apoiadores e da pessoa apoiada, o tema deverá ser submetido ao juiz que, após a oitiva do Ministério Público, decidirá a solução a ser dada à questão (CC, art. 1.783-A, § 6º).

O apoiado ou qualquer pessoa poderá formular denúncia, dirigida ao Ministério Público ou ao juiz, para apurar se o apoiador está agindo com negligência ou pressionando indevidamente o apoiado ou ainda descumprindo as obrigações por ele assumidas (CC, art. 1.783-A, § 7º). Após o indispensável contraditório, se procedente a denúncia, "o juiz destituirá o apoiador e nomeará, ouvida a pessoa apoiada e se for de seu interesse, outra pessoa para prestação de apoio" (CC, art. 1.783-A, § 8º).

A qualquer tempo, a pessoa apoiada pode requerer ao juiz "o término do acordo firmado em processo de tomada de decisão apoiada" (CC, art. 1.783-A, § 9º). Do mesmo modo, "o apoiador pode solicitar ao juiz a exclusão de sua participação do processo de tomada de decisão apoiada, sendo seu desligamento condicionado à manifestação do juiz sobre a matéria" (CC, art. 1.783-A, § 10).

25
DAS DISPOSIÇÕES COMUNS À TUTELA E À CURATELA

25.1. CONSIDERAÇÕES GERAIS

A tutela é o múnus atribuído a alguém para a proteção de menores, em razão do falecimento de seus pais, da declaração da ausência deles ou da destituição do poder familiar (CC, art. 1.728). A curatela é igualmente um múnus, mas destinada a proteção daqueles que, por causa transitória ou permanente, não puderem exprimir sua vontade, dos ébrios habituais e dos viciados em tóxico, bem como dos pródigos (CC, art. 1.767).

O CPC disciplina aspectos relacionados à nomeação de tutor e curador, bem como o exercício de suas funções.

25.2. DO COMPROMISSO, DA ALEGAÇÃO DE ESCUSA, DA REMOÇÃO E DA CESSAÇÃO DO CARGO

Com a nomeação, o tutor e o curador devem prestar compromisso. O CPC (art. 759) estabelece o prazo de 5 (cinco) dias para a realização desse ato, contado da nomeação ou da intimação do despacho que mandar cumprir o testamento ou o instrumento público que o houver instituído.

Diante da designação, o tutor ou o curador podem eximir-se do cargo (CPC, art. 760), apresentando escusa ao juiz, no prazo de 5 (cinco) dias contados, antes da aceitação, da intimação para prestar compromisso e, depois do início do exercício, do dia em que sobrevier o motivo da escusa.

O não atendimento do prazo estabelece presunção de que houve renúncia do direito de alegação da escusa (CPC, art. 760, § 1º).

Deduzido o pedido no prazo legal, o juiz o decidirá de plano e, não o admitindo, exercerá o nomeado a tutela ou a curatela enquanto não for dispensado por sentença transitada em julgado (CPC, art. 760, § 2º).

Feita a nomeação e prestado o compromisso, o Ministério Público ou quem tenha interesse legítimo pode postular a remoção do tutor ou do curador (CPC, 761). Formulado o pedido de remoção, o tutor ou o curador será citado para contestar a arguição, no prazo de 5 (cinco) dias, sendo que, após a apresentação da defesa, observar-se-á o procedimento comum (CPC, art. 761, parágrafo único).

Independentemente da existência do pedido de remoção ou na pendência deste, "em caso de extrema gravidade, o juiz poderá suspender o tutor ou o curador do exercício de suas funções, nomeando substituto interino" (CPC, art. 762)[1].

Se a nomeação for por tempo determinado, cessado o prazo, ao tutor ou ao curador é lícito requerer a exoneração do encargo (CPC, art. 763). Caso isso não seja feito em até 10 (dez) dias após o termo final do prazo, entender-se-á que houve a recondução do tutor ou do curador, salvo se o juiz dispensá-lo (CPC, art. 763, § 1º).

Seja como for, cessada a tutela ou a curatela, é indispensável a prestação de contas pelo tutor ou pelo curador (CPC, art. 763, § 2º), atendendo ao disposto nos arts. 1.755 a 1.762 do CC[2].

---

1. A propósito, ainda sob a égide do CPC de 1973, colhe-se a seguinte manifestação do STJ (3ª T., REsp 1.137.787, rel. Min. Nancy Andrighi, j. 09.11.2010, DJe 24.11.2010): "(...) 2. A suspensão da curatela, prevista no art. 1.197 do CPC, pode ser determinada no bojo de outra ação, desde que esteja configurado caso de extrema gravidade que atinja a pessoa ou os bens do curatelado. 3. Admitida a existência de fatos sérios passíveis de causar dano ao patrimônio da curatelada, deve ser mantida a decisão que determinou a suspensão do exercício da função de curador regularmente nomeado nos autos de interdição, para, somente após a apuração dos fatos, mediante o devido processo legal e ampla defesa, decidir-se pela remoção definitiva ou retorno do curador à sua função".
2. O dever de prestar contas não se extingue com a morte do curatelado. Nesse caso, as contas são devidas a seu espólio (STJ, 3ª T., REsp 1.444.677, rel. Min. João Otávio de Noronha, j. 03.05.2016, DJe 09.05.2016).

26
ORGANIZAÇÃO E FISCALIZAÇÃO DAS FUNDAÇÕES

26.1. CONSIDERAÇÕES GERAIS

Estabelece o art. 62 do Código Civil que, para "criar uma fundação, o seu instituidor fará, por escritura pública ou testamento, dotação especial de bens livres, especificando o fim a que se destina, e declarando, se quiser, a maneira de administrá-la".

Ocorre que, conforme determina o art. 65 do Código Civil, aquele a quem o instituidor cometeu a aplicação do patrimônio que irá compor a fundação deve formular o estatuto da fundação projetada e submetê-lo à autoridade competente, que é o Ministério Público estadual, da sede da pessoa jurídica que está sendo criada.

Se for negada a aprovação do estatuto pelo Ministério Público ou forem exigidas modificações, com a qual o interessado não concorde, ou, ainda, se o interessado discordar do estatuto elaborado pelo *Parquet*, ele poderá requerer ao juiz que decida sobre a "aprovação do estatuto das fundações e de suas alterações" (CPC, art. 764).

Basicamente, estabelece-se o procedimento para suprir a aprovação do Ministério Público, em função da divergência entre a posição do *Parquet* e do interessado.

As alterações no estatuto de fundações já constituídas também devem ser submetidas à aprovação do Ministério Público (CC, art. 67, III). Desse modo, o pedido de suprimento da autorização ministerial é igualmente aplicável aos casos em que o *Parquet* não aprove as modificações ou exija mudanças com as quais o interessado desconcorde.

26.2. PROCEDIMENTO

Nas situações acima descritas, o interessado submeterá requerimento ao juiz explicando as razões de sua divergência com a negativa de aprovação, com as alteraçoes ou com a proposta de estatuto formulada pelo Ministério Público (CPC, art. 764).

Analisando o requerimento, "antes de suprir a aprovação, o juiz poderá mandar fazer no estatuto modificações a fim de adaptá-lo ao objetivo do instituidor" (CPC, art. 764, § 2º).

O julgamento do pedido de suprimento da autorização do Ministério Público é feito por sentença, que pode ser impugnada pelo recurso de apelação (CPC, art. 1.009).

A extinção da fundação também se submete a um procedimento especial (CC, art. 69 e CPC, art. 765), podendo ser postulado por qualquer interessado ou pelo Ministério Público quando se tornar ilícito o seu objeto, for impossível a sua manutenção ou vencer o prazo de sua existência.

27
DA RATIFICAÇÃO DOS PROTESTOS MARÍTIMOS E DOS PROCESSOS TESTEMUNHÁVEIS FORMADOS A BORDO

27.1. CONSIDERAÇÕES GERAIS

Como qualquer outro ato da vida, é natural que durante uma viagem marítima aconteçam fatos. Todavia, podem suceder fatos com relevância jurídica. E mais: em razão do interesse jurídico destes fatos, pode ser importante constituir prova a seu respeito. É o que se verifica, por exemplo, quando, durante a viagem, ocorrem sinistros, avarias ou perdas.

Nesse contexto, o Código Comercial impõe ao capitão do navio a obrigação de escriturar regularmente tudo o que disser respeito à administração do navio e à sua navegação (CCo, art. 501). Para tanto, devem existir três livros (Livro da Carga; Livro da Receita e Despesa da Embarcação; e Livro Diário da Navegação). Nos termos do art. 504 do Código Comercial, no Diário da Navegação "se assentarão diariamente, enquanto o navio se achar em algum porto, os trabalhos que tiverem lugar a bordo, e os consertos ou reparos do navio. No mesmo livro se assentará também toda a derrota da viagem, notando-se diariamente as observações que os capitães e os pilotos são obrigados a fazer, todas as ocorrências interessantes à navegação, acontecimentos extraordinários que possam ter lugar a bordo, e com especialidade os temporais, e os danos ou avarias que o navio ou a carga possam sofrer, as deliberações que se tomarem por acordo dos oficiais da embarcação, e os competentes protestos".

Assim sendo, o protesto marítimo e os processos testemunháveis se destinam exatamente a registrar fatos ocorridos na viagem relacionados ao navio ou à sua tripulação.

Realizado o registro, é necessário ratificá-lo perante o juiz competente para que este tenha valor probatório, especialmente em benefício do capitão do navio. Assim, o CPC disciplina o procedimento de ratificação dos protestos marítimos e dos processos testemunháveis formados a bordo.

27.2. DO PROCEDIMENTO

Na linha do que já dispunha o art. 505 do Código Comercial, determina o art. 766 do CPC, que os protestos e processos testemunháveis constituídos a bordo e lançados no livro Diário da Navegação devem ser apresentados pelo comandante ao "juiz de direito do primeiro porto, nas primeiras 24 (vinte e quatro) horas de chegada da embarcação, para sua ratificação judicial" (CPC, art. 766).

Já decidiu o STJ que a Justiça Estadual é a competente para a análise do pedido de ratificação. Entendeu-se que a "ação de ratificação de protesto marítimo, ainda que guarde certa correlação com as hipóteses previstas nos incisos III e IX do artigo 109 da Constituição da República, determinantes da competência da Justiça Federal, trata de feito de natureza não contenciosa, onde não se estabeleceu relação jurídica na qual figurassem os entes federais com prerrogativa de foro"[1].

Nos termos do art. 767:

> (...) a petição inicial conterá a transcrição dos termos lançados no livro Diário da Navegação e deverá ser instruída com cópias das páginas que contenham os termos que serão ratificados, dos documentos de identificação do comandante e das testemunhas arroladas, do rol de tripulantes, do documento de registro da embarcação e, quando for o caso, do manifesto das cargas sinistradas e a qualificação de seus consignatários, traduzidos, quando for o caso, de forma livre para o português.

A petição será distribuída com urgência e encaminhada ao juiz, que, no mesmo dia, ouvirá o comandante e testemunhas, no mínimo 2 (duas) e no máximo 4 (quatro) testemunhas (CPC, art. 768). O comandante e as testemunhas serão ouvidas sob compromisso e deverão comparecer independentemente de intimação, sendo exigida a nomeação de tradutor, também sob compromisso, em se tratando de um estrangeiro que não domine a língua portuguesa (CPC, art. 768, §§ 1º e 2º).

Prescreve o art. 769 que, "aberta a audiência, o juiz mandará apregoar os consignatários das cargas indicadas na petição inicial e outros eventuais interessados, nomeando para os ausentes curador para o ato".

Em seguida:

> (...) inquiridos o comandante e as testemunhas, o juiz, convencido da veracidade dos termos lançados no Diário da Navegação, em audiência, ratificará por sentença o protesto ou o processo testemunhável lavrado a bordo, dispensado o relatório (CPC, art. 770), sendo que os autos serão entregues ao autor, mediante a apresentação de translado (CPC, art. 770, parágrafo único).

Cumpre destacar que a ratificação pressupõe o convencimento do juiz da veracidade dos termos lançados no Diário da Navegação. Com efeito, sempre cumprindo o dever de fundamentação (CPC, art. 489, § 1º), na sentença, o juiz poderá não atender o pedido de ratificação do protesto ou do processo testemunhável.

Quando, por meio da sentença, houver a ratificação do protesto ou do processo testemunhável, tais documentos constituirão prova a ser eventualmente utilizada em outros processos. Por conseguinte, o ato judicial de homologação do protesto ou do processo testemunhável, por si só, não cria, nem modifica ou extingue direitos. Na

---

1. STJ, 2ª Seção, CC 59.018, rel. Min. Castro Filho, j. 27.09.2006, *DJ* 19.10.2006.

realidade, isso poderá ocorrer em outro processo no qual forem utilizados como prova os documentos que foram ratificados, mediante o procedimento em análise[2].

A sentença que ratifica ou recusa a ratificação do protesto ou do processo testemunhável desafia a interposição de recurso de apelação (CPC, art. 1.009).

---

2. No AI 1.171.695-SP, por meio de decisão monocrática do Min. Humberto Martins, proferida em 29.08.2009 e publicada no *DJ* de 16.09.2009, o STJ reconheceu o "direito à anulação de crédito tributário, consistente na exigência do imposto de importação e respectiva multa, sobre bens extraviados sob a guarda da autora", sendo que a exclusão da responsabilidade tributária se deu com a comprovação do fato de que a avaria ou extravio da mercadoria decorreu de forte borrasca que atingiu a embarcação. E o elemento de prova para o reconhecimento do fato foi exatamente o protesto marítimo, ratificado pelo Poder Judiciário. No dizer da r. decisão, "cercou-se a autora de todas as cautelas, quanto ao fato noticiado, trazendo além do Protesto Marítimo ratificado pelo Poder Judiciário (fls. 27), onde ficou comprovada a forte borrasca, o laudo da vistoria conjunta, para o acionamento do seguro da carga, que atesta o caso fortuito para aquele fim, nos termos do prescrito pelo Regulamento Aduaneiro".

SANDRO KOZIKOSKI

Parte VI
PROCESSOS E INCIDENTES NOS TRIBUNAIS

1
DA ORDEM DOS PROCESSOS NO TRIBUNAL

1.1. GENERALIDADES

O Livro III da Parte Especial congrega um conjunto de regras que disciplinam o procedimento aplicável aos processos que tramitem nos Tribunais brasileiros, aplicando-se aos recursos, meios de impugnação das decisões judiciais e eventuais incidentes correlatos.

Assim, o Livro III foi subdividido em 02 (duas) partes ("títulos"). As disposições genéricas foram reunidas na forma do Título I do Livro III, identificadas sob o manto da expressão genérica "da ordem dos processos e dos processos de competência originária dos tribunais". Por certo, essas regras contemplam exame a partir das disposições constitucionais que assinalam regras de competência aplicáveis às Cortes nacionais, complementadas pelas disposições regimentais que regulamentam a matéria (Constituição da República, art. 96, I, "a"). O Título II, ao seu turno, voltou-se à disciplina e a regulamentação dos "recursos em espécie", contendo ainda regras alusivas à teoria geral dos recursos.

1.2. TRÂMITE DOS PROCESSOS NOS TRIBUNAIS

a) Registro e distribuição

O art. 929 do CPC dispõe que "os autos serão registrados no protocolo do tribunal no dia de sua entrada, cabendo à secretaria ordená-los, com imediata distribuição". A Emenda Constitucional 45, de 30.12.2004, instituiu a *obrigatoriedade* de distribuição *imediata* dos processos (Constituição da República, art. 93, inc. XV). Isto porque, ao menos em algumas Cortes, era comum que os processos físicos ficassem sujeitos a uma espécie de "fila de espera"[1], aguardando oportuna distribuição e definição do relator e órgão fracionário que iria apreciá-los.

Observados os critérios de alternatividade, sorteio eletrônico e publicidade (CPC, art. 930), far-se-á a distribuição do processo. É certo que os sorteios *eletrônicos* não são

---

1. "A pretexto de acúmulo de processos, alguns tribunais vinham há algum tempo represando a distribuição e só a praticando dentro de quantitativos que consideravam razoáveis". (THEODORO JR., Humberto. Alguns reflexos da Emenda Constitucional 45, de 08.12.2004, sobre o processo civil. *Revista de Processo*, n. 124, p. 37, a. 30, jun. 2005. p. 36).

efetivamente acompanhados pelas partes e procuradores. Porém, o arrefecimento da *publicidade* é compensado pela possibilidade de sua fiscalização (CPC, art. 289, aplicável por analogia). Com isso, realizado o sorteio, tem-se a designação do juiz *relator* responsável pela condução do julgamento e a sua afetação a algum órgão interno da Corte. Ou seja, escolhe-se o relator e, por via de consequência, o órgão fracionário.

Em seguida, os autos do processo serão imediatamente remetidos ao relator designado que, em 30 (trinta) dias, depois de elaborar o voto, restitui-los-á, com relatório, a secretaria (CPC, art. 931). Ou seja, além de outras incumbências que serão examinadas logo adiante (CPC, art. 932), o relator promoverá os atos logísticos necessários à guisa de encaminhar o julgamento.

O Enunciado 522 do FPPC aponta que "o relatório nos julgamentos colegiados tem função preparatória e deverá indicar as questões de fato e de direito relevantes para o julgamento e já submetidas ao contraditório". Ou seja, o relatório deverá versar sobre os pontos controversos discutidos na ação de competência originária, no recurso, reexame necessário etc. Trata-se de uma análise primária, que servirá de orientação a seus pares.

b) Inclusão em pauta presencial e ordem de julgamento

Não sendo o caso de decisão monocrática ou unipessoal (CPC, art. 932), seguir-se-ão as providências para o julgamento colegiado presencial, com a submissão dos autos ao presidente do órgão fracionário, que ficará responsável pela designação do dia do julgamento, ordenando a prévia publicação da pauta no órgão oficial, com a intimação das partes (CPC, art. 934).

É imprescindível que entre a data de publicação da pauta e a da sessão de julgamento presencial decorra, pelo menos, prazo de 5 (cinco) dias, incluindo-se em nova pauta os processos que não tenham sido julgados, salvo aqueles cujo julgamento tiver sido expressamente *adiado* para a primeira sessão seguinte (CPC, art. 935), sob pena de nulidade (Súmula 117 do STJ). Aliás, o Enunciado 84 do FPPC assinala que "a ausência de publicação da pauta gera nulidade do acórdão que decidiu o recurso, ainda que não haja previsão de sustentação oral, ressalvada, apenas, a hipótese do § 1º do art. 1.024, na qual a publicação da pauta é dispensável". Além disso, a pauta ainda deverá ser afixada na entrada da sala onde será realizada a sessão de julgamento presencial (CPC, art. 935, § 2º).

Ou seja, incluem-se "em nova pauta os processos que não tenham sido julgados" (CPC, art. 935), salvo aqueles expressamente *adiados* para a primeira sessão seguinte. Ocorre que alguns Tribunais se inclinam por distinguir os casos de *adiamento* das hipóteses de "retirada de pauta". Ainda que forçosa a distinção, recomenda-se atenção com esse tipo de prática. Isto porque, como regra geral, os processos não julgados estão sujeitos à nova inclusão em pauta precedida da intimação com 05 (cinco) dias de antecedência, com exceção daqueles expressamente *adiados* para a sessão seguinte.

Dispensam nova inclusão em pauta os processos que tiverem seu julgamento iniciado e prosseguirão em sessão seguinte, hipótese em que se consideram adiados.

No entanto, os casos de simples "retirada de pauta", motivados para um melhor exame, acúmulo na pauta etc., estão sujeitos à nova inclusão, com a publicação prévia que observe o intervalo mínimo de 05 (cinco) dias. Ainda que formalizada a publicação prévia com inclusão em determinada sessão, há que se aceitar que a "retirada de pauta", com a posterior realocação em data futura dissociada de qualquer outra intimação, pode frustrar expectativas legítimas de acompanhamento do julgamento e oferecimento de sustentação oral, com prejuízos ao contraditório e ao devido processo legal. Por isso, o Enunciado 649 do FPPC também aponta que "a retomada do julgamento após devolução de pedido de vista depende de inclusão em nova pauta, a ser publicada com antecedência mínima de cinco dias, ressalvada a hipótese de o magistrado que requereu a vista declarar que levará o processo na sessão seguinte".

Esse interstício temporal é vital para que o advogado possa preparar, se for o caso, sua *sustentação oral*, observadas as prescrições do art. 937 do CPC ou, quando menos, venha a tomar as demais precauções destinadas ao acompanhamento do julgamento.

O art. 936 do CPC regulamenta a ordem prioritária dos julgamentos na sessão que venha a ser designada, ao dispor que, ressalvadas as preferências legais e regimentais, os recursos, a remessa necessária e os processos de competência originária serão julgados na seguinte ordem: (i) aqueles nos quais houver sustentação oral, observada a ordem dos pedidos (inciso I); (ii) os requerimentos de preferência apresentados até o início da sessão de julgamento (inciso II); (iii) aqueles cujo julgamento tenha iniciado em sessão anterior (inciso III); e, por fim, os demais casos (inciso IV).

Por sua vez, o art. 946 do CPC aponta que "o agravo de instrumento será julgado antes da apelação interposta no mesmo processo", com a imposição de que, se ambos os recursos forem julgados na mesma sessão, "terá precedência o agravo de instrumento" (CPC, art. 946, parágrafo único).

c) A sustentação oral

Aberta a sessão de julgamento presencial ou remota, os recursos e processos serão julgados de acordo com as preferências legais. O art. 937 do CPC prevê que, nessa sessão, depois de feita a exposição da causa pelo relator, o presidente concederá a palavra, sucessivamente, ao recorrente e ao recorrido e, nos casos de sua intervenção, ao membro do Ministério Público, pelo prazo improrrogável de 15 (quinze) minutos para cada um, a fim de sustentarem as razões do recurso.

A sustentação oral será admitida nos casos de (i) recurso de apelação; (ii) recurso ordinário; (iii) recurso especial; (iv) recurso extraordinário; (v) embargos de divergência; (vi) ação rescisória, mandado de segurança e reclamação; (vii) agravo de instrumento interposto contra decisões interlocutórias que versem sobre tutelas provisórias de urgência ou da evidência; (viii) incidente de resolução de demandas repetitivas, observado o disposto no art. 984 do CPC; (ix) processos de competência originária previstos no inciso VI do art. 937 do CPC em caso de decisão monocrática de extinção; e ainda (x) outras hipóteses previstas em lei ou no regimento interno do tribunal. Ou seja, o rol é *exemplificativo*, comportando ampliação por disposição legal ou regimental. Ao se cogitar de outras disposições legais, cabe destacar que a Lei n. 13.676/2018 alterou a redação do art. 16 da Lei 12.016/2009 (Lei do Mandado de Segurança), para fins de assegurar "a defesa oral na sessão do julgamento do mérito ou do pedido liminar". Ou seja, na esteira do que estava previsto no inciso VI do art. 937 do CPC/2015, nos mandados de segurança de competência originária dos Tribunais, caberá sustentação oral não só na sessão de julgamento do mérito do pedido, mas ainda por ocasião da deliberação colegiada acerca do pedido liminar (caso o relator não utilize da prerrogativa de decidir monocraticamente a respeito).

Conforme advertência de Sandro Gilbert Martins, compete ao advogado analisar a pertinência ou viabilidade do uso da sustentação oral. Subsistem variados motivos que podem desaconselhá-la, mas uma gama ainda maior de motivos em favor do uso dessa faculdade[2].

A inscrição para proferir sustentação oral deverá ser feita, até o início da sessão, observadas as preferências legais (CPC, art. 937, § 2º). Por fim, em caso de disponibilidade dos recursos técnicos compatíveis, faculta-se ao:

> (...) advogado com domicílio profissional em cidade diversa daquela onde está sediado o tribunal realizar sustentação oral por meio de videoconferência ou outro recurso tecnológico de transmissão de sons e imagens em tempo real, desde que o requeira até o dia anterior ao da sessão (CPC, art. 937, § 4º).

Acrescente-se, por fim, que, ao analisar situação que envolveu o indeferimento regular do pedido em prol da realização de sustentação oral, com vistas à retirada do processo incluído em pauta virtual, tendo sido negada a sustentação "na ocasião do próprio julgamento do mérito recursal", dando provimento ao recurso especial que veio

---

2. Oportuno transcrever a síntese de Sandro Gilbert Martins acerca da *pertinência* e *viabilidade* do uso da sustentação oral: "Várias são as justificativas para que os advogados deixem de fazer a sustentação oral, entre elas: por entenderem que não há nada a dizer diferente do que já foi escrito; ou que a sustentação oral é uma perda de tempo, além de ser inútil, pois ela não é capaz de modificar o julgamento, especialmente porque o voto do relator já está pronto e nenhum juiz gosta de alterar seu posicionamento; ou porque os juízes não prestam atenção no que o advogado está dizendo; ou porque tem dificuldades das mais variadas (em fazer uso da palavra, deslocar-se até a sede do tribunal, não foi contratado para isso etc.). (...) Em suma, a presença do advogado no tribunal mediante a sustentação oral é válida e importante, tanto para o cliente quanto para a própria justiça. Não bastasse isso, os advogados que realmente utilizam deste expediente processual certamente ganham destaque no cenário profissional, valorizando seu trabalho (reputação) e sua remuneração. Por essas razões, é o caso de os advogados se conscientizarem dos ganhos que podem obter, para o cliente e para si, desmistificando os fatores negativos apontados; até porque continua sendo possível afirmar que a preocupação de acertar ainda prevalece nos tribunais. (...) Quanto maior for a complexidade da causa ou recurso, mais se recomenda a sustentação oral, especialmente para o detalhamento e destaque dos aspectos jurídicos e fáticos (probatórios) que auxiliem na melhor compreensão do caso" (MARTINS, Sandro Gilbert. Sustentação oral. In: WAMBIER, Teresa Arruda Alvim; NERY JÚNIOR, Nelson (Coord.). *Aspectos polêmicos e atuais dos recursos cíveis e assuntos afins*. São Paulo: RT, 2007. v. 11, Série: Aspectos polêmicos e atuais dos recursos. p. 417-418).

a ser interposto, a 3ª Turma do STJ reconheceu a ocorrência de cerceamento de defesa, para fins de assegurar o exercício da defesa oral ao patrono que teve obstado o direito[3].

d) *Relatório, proposta de voto e encaminhamento do julgamento*

Como dito acima, o relatório contemplará uma exposição dos pontos controvertidos sobre o que versar o recurso. Semelhante exposição é realizada oralmente na sessão de julgamento. Cabe ao relator, objetivamente, expor seu relatório, narrando os dados relevantes da causa, particularizando as questões de especial interesse para o julgamento.

Não há que se olvidar que:

> (...) qualquer dos juízes participantes do julgamento pode solicitar ao relator, desde logo, esclarecimentos sobre algum ponto da exposição que lhe haja parecido obscuro ou contraditório, ou mesmo, simplesmente, a confirmação de algum dado que não tenha podido reter ao ouvir a exposição[4].

Forçoso reconhecer, no entanto, que os órgãos fracionários e seus respectivos relatores passaram a adotar o expediente de distribuir – antes da sessão de julgamento – as *propostas de voto*[5], que são repassadas nos mecanismos de comunicação interna dos Tribunais.

Oportuno registrar que o CPC de 2015 não faz alusão ao papel do juiz *revisor*, tal como era assente na regra do art. 551 do CPC de 1973. Entretanto, o art. 40 da Lei 8.038/1990 não foi revogado, mantendo-se a revisão em determinadas ações da competência originária do Superior Tribunal de Justiça[6]. Portanto, os demais integrantes do quórum terão contato com a matéria subjacente ao processo apenas por ocasião da sessão de julgamento.

e) *Quórum de votação e pedido de vistas*

No julgamento de apelação ou agravo de instrumento, a decisão será tomada, na câmara ou turma, pelo voto de 3 (três) juízes (CPC, art. 941, § 2º). Qualquer um deles

---

3. "(...) Consoante art. 937, VIII, do CPC/15, tratando-se de agravo de instrumento interposto contra decisão interlocutória que versa sobre tutela provisória de urgência ou de evidência – como na hipótese dos autos –, incumbe ao Presidente da sessão de julgamento, antes da prolação dos votos, conceder a palavra aos advogados que tenham interesse em sustentar oralmente. (...) Quando o indeferimento do pedido de retirada de pauta virtual formulado adequadamente ocorrer no próprio acórdão que apreciar o recurso, e tiver como efeito inviabilizar a sustentação oral da parte que ficou vencida, há violação da norma legal supracitada" (STJ, REsp 1.903.730-RS, 3ª T., Rel. Ministra Nancy Andrighi, j. 08.06.2021, *DJe* 11.06.2021).
4. MOREIRA, José Carlos Barbosa. *Comentários ao Código de Processo Civil*. 7. ed. Rio de Janeiro: Forense, 1998. v. V. p. 626.
5. "Todavia, o conteúdo de cada voto é conhecido, antes de sua emissão, pelos demais integrantes do órgão fracionário do tribunal. Raras se mostram as improvisações. (...) Nada exclui, por óbvio, a repentina mudança de entendimento na própria sessão, persuadido o julgador pelo teor do debate oral" (ASSIS, Araken de. Formação do julgamento colegiado nos tribunais. Homenagem ao professor Celso Neves. *Revista do Advogado* – AASP, n. 88, a. XXVI, nov. 2006, p. 14).
6. STJ, AR 5.241-DF, Corte Especial, Rel. Min. Mauro Campbell Marques, j. 05.04.2017, *DJe* 12.05.2017.

que não estiver habilitado a proferir imediatamente o seu voto, poderá solicitar vista dos autos pelo prazo máximo de 10 (dez) dias, "após o qual o recurso será reincluído em pauta para julgamento na sessão seguinte à data da devolução" (CPC, art. 940). Atente-se ainda que:

> (...) se os autos não forem devolvidos tempestivamente ou se não for solicitada pelo juiz prorrogação de prazo de no máximo mais 10 (dez) dias, o presidente do órgão fracionário os requisitará para julgamento do recurso na sessão ordinária subsequente, com publicação da pauta em que for incluído (CPC, art. 940, § 1º).

Por fim, "se aquele que fez o pedido de vista ainda não se sentir habilitado a votar, o presidente convocará substituto para proferir voto, na forma estabelecida no regimento interno do tribunal" (CPC, art. 940, § 2º).

Qualquer dos juízes participantes do órgão colegial poderá alterar seu voto antes de proclamado o resultado do julgamento (CPC, art. 941, § 1º), ressalvadas apenas as situações de votos anteriormente proferidos por juízes afastados ou substituídos, pois isso poderia resultar em manipulações do resultado da votação. Não raro acontece que, diante de novos argumentos trazidos à baila pelos demais integrantes do colegiado, aquele juiz que já havia proferido seu voto, convence-se pela inadequação do mesmo. Não haveria sentido em proibir a adoção de novo posicionamento.

Considera-se julgado o recurso quando o presidente do órgão colegial anunciar o resultado do julgamento. Uma vez lavrado, o acórdão conterá *ementa* (CPC, art. 943, § 1º), que será publicada no órgão oficial no prazo de 10 (dez) dias (CPC, art. 943, § 2º). Conforme definição de José Carlos Barbosa Moreira, a ementa consiste "no enunciado sintético da tese jurídica (ou das várias teses jurídicas) esposada(s) no julgamento"[7]. Com efeito, a utilidade da *ementa* decorre de vários aspectos, podendo-se destacar a facilidade na identificação do tema versado no julgamento e à simplificação na consulta da jurisprudência e aferição da *ratio decidendi* extraída da decisão. Em sessão realizada em 13.08.2024, o CNJ deliberou pela padronização da forma de apresentação das ementas, privilegiando ainda o Pacto do Judiciário pela Linguagem Simples. Deste modo, por força da recomendação do CNJ, a ementa deve ser estruturada em 05 (cinco) partes: (i) um cabeçalho enxuto; (ii) a descrição resumida do caso examinado; (iii) a identificação concisa das questões em discussão; (iv) a solução proposta; e (v) ou dispositivo ou tese, com a conclusão do julgamento e o enunciado que sintetiza o que foi decidido pelo órgão *ad quem*.

Por sua vez, em consonância com o Enunciado 654 do FPPC, "erro material identificado na ementa, inclusive decorrente de divergência com o acórdão, é corrigível a qualquer tempo, de ofício ou mediante requerimento". E, nesse sentido, o Superior Tribunal de Justiça reconheceu a possibilidade de correção de erro material no resultado do julgamento, mesmo após o trânsito em julgado da referida decisão[8].

---

7. MOREIRA, José Carlos Barbosa. *Comentários ao Código de Processo Civil.* 7. ed. cit., p. 663.
8. Ao definir a ocorrência de erro material, o precedente em questão assentou que: "Embora relacionado ao conteúdo decisório, mas sem com ele se confundir, configura-se o erro material quando o resultado proclamado

Caso "não publicado o acórdão no prazo de 30 (trinta) dias, contado da data da sessão de julgamento, as notas taquigráficas o substituirão, para todos os fins legais, independentemente de revisão" (CPC, art. 944).

Por fim, o art. 943 do CPC assinala que "os votos, os acórdãos e os demais atos processuais podem ser registrados em documento eletrônico inviolável e assinados eletronicamente, na forma da lei, devendo ser impressos para juntada aos autos do processo quando este não for eletrônico".

f) Julgamento de questões preliminares

Há que se observar ainda que "a questão preliminar suscitada no julgamento será decidida antes do mérito, deste não se conhecendo caso seja incompatível com a decisão" (CPC, art. 938, *caput*). Para fins decisórios, seja no tocante às preliminares discutidas, seja no tocante ao mérito recursal, valerá a decisão tomada por *maioria* dos integrantes do órgão julgador, não sendo necessária *unanimidade*[9] e, tampouco importará os fundamentos adotados para a posição assumida. Em suma: os votos são considerados quanto as suas conclusões. Atente-se que a adoção de fundamentos decisórios diversos pode dificultar, contudo, a delimitação da *ratio decidendi*, questão da maior relevância para o fortalecimento de um sistema de precedentes. Uma vez proferidos, o presidente proclamará o resultado, indicando o relator do acórdão, conforme previsão do art. 941 do CPC.

Afastada a preliminar ou se a apreciação do mérito for compatível, seguir-se-á "o julgamento da matéria principal, sobre a qual deverão se pronunciar os juízes vencidos na preliminar" (CPC, art. 939). Em última análise, o juiz vencido na preliminar, que – em tese – não vislumbrava possibilidade de análise do *mérito* do recurso, sobre este deverá se manifestar, em função da superação daquele *thema decidendum*. E, nesse sentido, o STJ reconheceu a nulidade de determinado julgamento, no qual o Tribunal de origem "procedeu à tomada global dos votos no julgamento da apelação, anotando o resultado das questões preliminar e meritória como resultado final do julgamento"[10]. Por força deste expediente reputado equivocado, o integrante do quórum que ficou

---

do julgamento se encontra clara e completamente dissociado de toda a motivação e do dispositivo, revelando nítida incoerência interna no acórdão, o que, em última análise, compromete o fim último da atividade jurisdicional que é a entrega da decisão congruente e justa para permitir a pacificação das pessoas e a eliminação dos conflitos" (STJ, REsp 1.685.092-RS, 3ª T., Rel. Ministra Nancy Andrighi, j. 18.02.2020, *DJe* 21.02.2020).

9. "A disparidade de votos pode ser quantitativa. Acontece de os três julgadores acolherem o pedido, mas condenarem o réu em quantias diferentes. Para remediá-la, alvidram-se dois expedientes. Primeiro, o sistema da continência, segundo o qual – e assim estabelece o artigo 196, III, do RITJRS – somam-se os votos em ordem decrescente, até ser atingida a maioria absoluta. Assim, supondo-se que sejam cinco os componentes do órgão fracionário, e o primeiro voto tenha condenado o réu a pagar 80; o segundo, 50; o terceiro, 40; o quarto, 30; e o último, 10; prevalece o último voto proferido que reúne a maioria absoluta, ou seja, o do terceiro votante, pois os que condenaram a pagar 80 e 50 também condenam em 40; ao invés, os que condenaram a pagar 30 ou 10 ficam aquém do montante mínimo". (ASSIS, Araken de. Formação do julgamento colegiado nos tribunais cit., p. 17).
10. STJ, REsp 1.843.523-CE, 5ª T., Rel. Min. Ribeiro Dantas, j. 09.03.2021, *DJe* 15.03.2021.

vencido em questão preliminar absteve-se de se pronunciar sobre o mérito recursal, fato que originou o reconhecimento da nulidade.

g) Cisão no julgamento recursal ou julgamento parcial do recurso

Como é de se observar, o parágrafo único do art. 354 do CPC alude expressamente à possibilidade de julgamento de "parcela do processo". Por sua vez, o *caput* do art. 356 do CPC autoriza o julgamento *parcial* do mérito, quando um ou mais dos pedidos formulados ou parcela deles (i) mostrar-se incontroverso, e (ii) estiver em condições de imediato julgamento. Pode-se cogitar, então, do expresso *fracionamento* da apreciação do objeto litigioso em detrimento do dogma da incindibilidade da sentença de mérito.

Cabe indagar, portanto, se os dispositivos que autorizam a *cisão* do julgamento de mérito poderão ser empregados nos *recursos ordinários* submetidos à apreciação dos Tribunais de grau. Uma eventual resposta negativa poderia ser pautada na literalidade do texto legal, haja vista que o artigo 356 do CPC faz menção à pessoa do *juiz* (poderia ter feito uso da expressão "julgador" ou similar, mas não o fez). Além disso, a matéria foi tratada estritamente no contexto das intercorrências do procedimento comum, não havendo previsão similar no Livro III da Parte Especial, que diz respeito aos "processos nos tribunais e meios de impugnação das decisões judiciais".

Entretanto, antes de qualquer outro precedente de Corte Superior, o Tribunal de Justiça do Estado do Paraná mostrou-se favorável à *cisão* do julgamento com a aplicação analógica do art. 356 do CPC aos processos recursais, ao analisar os efeitos da *suspensão* imposta por força de recurso repetitivo. Ou seja, o julgamento de apelação foi *cindido* em duas fases, com a apreciação imediata das matérias não alcançadas pela decisão de afetação emanada de Corte Superior, mantendo-se *sobrestados* aqueles capítulos decisórios afetados pela decisão de suspensão do Superior Tribunal de Justiça, advertindo expressamente que a cognição dessa parcela do apelo dar-se-á após o exame definitivo do recurso repetitivo[11].

---

11. "Ementa 1) (...) repercussão geral pendente de julgamento. possibilidade de julgamento das matérias não incluídas em sobrestamento determinado pelo STJ, inteligência do art. 356 do CPC/15. Não obstante o art. 356 do CPC/15 dirija-se ao 'juiz' (primeira instância), tendo em vista a finalidade do instituto e, ainda, o princípio da celeridade, da razoável duração e também a ideia de poderes implícitos conferidos à Corte revisora, afigura-se possível decidir o recurso, desde logo, na parte não sobrestada e não influenciada por ela. (...) 3) tarifa de registro do contrato. serviço de terceiros. suspensão do processo determinada pelo STJ no Recurso Especial 1.578.526/SP. a) Despacho do Relator Ministro Paulo de Tarso Sanseverino (Tema 958, REsp 1.578.526) determinou o sobrestamento do trâmite dos processos que versem sobre a 'validade da cobrança, em contratos bancários, de despesas com serviços prestados por terceiros, registro de contrato e/ou avaliação do bem'. b) É o caso, portanto, de suspender, até julgamento do mérito da repercussão, a análise do presente recurso na parte em que verse sobre as matérias afetadas. c) Após o fim do sobrestamento, será o julgamento do presente recurso complementado, com a aplicação do entendimento a ser determinado por aquela Corte Superior. 4) Direito Processual Civil julgamento parcial de recurso sucumbência. a) Diante do julgamento parcial do recurso que se estima em 85% daquilo que em causa fixo, também neste percentual, a parte líquida e exigível da verba *sucumbencial*. *b) Assim, estando mantidas as cominações sucumbenciais, inclusive* sua distribuição, a partir do trânsito em julgado desta decisão poderá o beneficiário executar 85% daquilo que lhe couber a este título. c) Os

Em decisão monocrática proferida no AREsp 1.399.950, o Min. Raul Araújo permitiu que um processo que estava *suspenso* perante instância *ordinária*, por força da afetação *parcial* ocasionada pelo processamento de recurso especial repetitivo com trâmite perante o Superior Tribunal de Justiça, tivesse o seu mérito parcialmente julgado, aduzindo-se que não se justifica a interrupção integral do feito em instância local quando esse envolvia outras questões não abrangidas pela controvérsia do repetitivo e porque esse último ainda estava no início de sua tramitação recursal[12].

É preciso aceitar, de fato, que não existe regra ou princípio capaz de coibir o desmembramento praticado. O axioma da razoável duração do processo resulta enaltecido com tal perspectiva de cisão do mérito recursal. Aliás, a partir das premissas adotadas, qual seja, a *extensão* do tema afetado e a existência de capítulos da sentença não abarcados pela regra de afetação do recurso repetitivo, forçoso convir que o julgamento *parcial* do recurso ordinário é absolutamente aceitável quando decorrido o prazo de 01 (um) ano previsto no § 4º do art. 1.037 do CPC e ainda no § 9º do art. 1.035 do CPC (nesse último caso, aplicável ao recurso extraordinário com repercussão geral reconhecida).

Assim, a 3ª Turma do STJ deliberou pela possibilidade de aplicação da técnica de cisão do mérito recursal, desde que atendidos os requisitos prescritos no art. 356 do CPC:

> Presentes tais requisitos, não há óbice para que os tribunais apliquem a técnica do julgamento antecipado parcial do mérito. Tal possibilidade encontra alicerce na teoria da causa madura, no fato de que a anulação dos atos processuais é a *ultima ratio,* no confinamento da nulidade (art. 281 do CPC/2015, segunda parte) e em princípios que orientam o processo civil, nomeadamente, da razoável duração do processo, da eficiência e da economia processual[13].

h) Constatação de vício sanável

Constatada a ocorrência de vício sanável, inclusive aquele que possa ser conhecido de ofício, o relator determinará a realização ou a renovação do ato processual, no próprio tribunal ou em primeiro grau de jurisdição, intimadas as partes (CPC, art. 938, § 1º).

Ou seja, o § 1º do art. 938 do CPC trata ainda das *nulidades sanáveis*, constatáveis na fase de julgamento recursal. Certas situações corriqueiras poderão ser sanadas com a aplicação da regra do § 1º do art. 938 do CPC. Em caráter exemplificativo, é possível cogitar do recurso de apelação enviado ao juízo *ad quem* sem a coleta das contrarrazões do apelo. Observada a ausência de intimação do apelado, ter-se-ia hipótese em que o Tribunal estaria autorizado a resguardar os atos processuais já praticados (remessa do feito ao Tribunal, sorteio, distribuição, designação de relator etc.), sanando o vício com a intimação do apelado para o oferecimento da minuta de resposta ao recurso.

15% restantes serão atribuídos a quem de direito quando da complementação do julgado, após o julgamento do REsp 1.578.526. 5) apelo a que se nega provimento na parte cujo trâmite está desimpedido. sobrestado o trâmite do processo em relação às matérias afetadas pelo despacho proferido no recurso especial 1.578.526/SP" (TJPR, 5ª Câmara Cível, Ap 1.625.509-7, Rel. Des. Leonel Cunha, j. 25.04.2017, *DJe* 10.05.2017 – original sem destaque).

12. STJ, AREsp 1.399.950-DF, Rel. Min. Raul Araújo, j. 20.03.2019, *DJe* 1º.04.2019.
13. STJ, REsp 1.845.542-PR, 3ª T., Rel. Ministra Nancy Andrighi, *DJe* 14.05.2021.

Assim, a regra em comento chancelou a possibilidade de o próprio Tribunal, reconhecendo o vício *sanável*, determinar as medidas saneadoras sem a remessa e devolução dos autos à primeira instância. Pode-se concluir que há um verdadeiro *dever* de saneamento. Nesse sentido, o Enunciado 82 do FPPC corrobora que "é dever do relator, e não faculdade, conceder o prazo ao recorrente para sanar o vício ou complementar a documentação exigível, antes de inadmitir qualquer recurso, inclusive os excepcionais". Contudo, o STJ já decidiu que, "concedido o prazo de cinco dias para o recorrente sanar o vício ou complementar documentação exigível, a regularização processual fora do prazo fixado na lei é causa de não conhecimento do recurso interposto"[14].

Eventual omissão do relator acerca das providências saneadoras não induz preclusão, pois nada impede que a constatação das nulidades sanáveis venha a ocorrer durante a sessão de julgamento (CPC, art. 938, § 4º)[15]. Uma vez "cumprida a diligência de que trata o § 1º, o relator, sempre que possível, prosseguirá no julgamento do recurso" (CPC, art. 938, § 2º).

Por fim, subsistirão casos em que o julgamento poderá ficar sobrestado por força da sua *conversão em diligência*. Anote-se que o § 3º do art. 938 do CPC dispõe que, "reconhecida a necessidade de produção de prova, o relator converterá o julgamento em diligência, que se realizará no tribunal ou em primeiro grau de jurisdição, decidindo-se o recurso após a conclusão da instrução". O Enunciado 646 do FPPC assevera tratar-se de *dever* do relator a conversão do julgamento em diligência. Entretanto, revela-se percuciente a observação de Paulo Osternack Amaral, ao afirmar que:

> Rigorosamente, a 'conversão em diligência' significa que o julgamento será suspenso até que seja concluída uma determinada diligência probatória, 'que se realizará no tribunal ou em primeiro grau de jurisdição' (art. 938, § 3º, do CPC). Após a produção da prova, considerar-se-á concluída a instrução e então o recurso estará pronto para ser julgado[16].

i) Pauta virtual e sessões remotas

Os julgamentos em formato virtual e remoto ganharam espaço e relevo. A pandemia da Covid-19 impulsionou a adoção de padrões de julgamento intermediados por plataformas tecnológicas. Ademais, o fenômeno das sessões *virtuais* já vinha se fazendo sentir nos Tribunais de Cúpula e ainda nas demais Cortes de 2º grau. Entretanto, apesar de inequívocas vantagens, a sistemática de julgamento dos processos recursais por meio do modelo de sessões *remotas* e pela via do que comumente tem sido denominado plenário virtual também desperta inquietações. São fenômenos imbricados que,

---

14. STJ, AgInt no AREsp 1.106.797, 1ª T., Rel. Min. Sérgio Kukina, *DJe* 22.02.2018.
15. OLIANI, José Alexandre Manzano. Atribuições e poderes do relator no NCPC. In: WAMBIER, Luiz Rodrigues; WAMBIER, Teresa Arruda Alvim (Coord.). *Temas essenciais do novo CPC*: análise das principais alterações do sistema processual civil brasileiro. São Paulo: RT, 2016. p. 583.
16. AMARAL, Paulo Osternack. Provas: atipicidade, liberdade e instrumentalidade. 3. ed. São Paulo: Thomson Reuters Brasil, 2021. p. 51.

atualmente, se somam à experiência acumulada das decisões monocráticas e ainda dos padrões de votação "em lista".

Ao lado da sistemática dos julgamentos virtuais (plenário virtual) que são *assíncronos* e tendem a se tornar perenes, os Tribunais pátrios ainda passarão a operar com agendas conjugadas de sessões de julgamento presenciais e remotas, ambas com atividade *síncrona* de seus integrantes (juízes, procuradores, advogados, auxiliares etc.). Assim, algumas situações despertam particular atenção em ambos os modelos (plenário virtual e sessões remotas), tais como a forma de inclusão dos processos nas pautas respectivas, as particularidades envolvendo a intenção de se fazer sustentação oral, a apresentação de questões de ordem por parte de advogados e julgadores, a ordem de coleta e exteriorização de votos etc.

Como é de se notar, para ficar apenas num exemplo pontual, o Supremo Tribunal Federal ampliou substancialmente a utilização do plenário virtual e, nos termos do art. 1º da Resolução 642/2019, todos "os processos de competência do Tribunal poderão, a critério do relator ou do ministro vistor com a concordância do relator, ser submetidos a julgamento em listas de processos em ambiente presencial ou eletrônico, observadas as respectivas competências das Turmas ou do Plenário". Em tais situações, as manifestações são colhidas em ordem cronológica, não necessariamente conforme a ordem de votação presencial, com níveis diversos de atenção decisória. Atento a tais nuances, o Enunciado 732 do FPPC sugere que "o relatório e os votos proferidos nos julgamentos no Plenário Virtual dos Tribunais Superiores devem ser publicizados em tempo real".

Não se pode perder de vista que, observadas disposições legais e regimentais, as partes poderão manifestar sua oposição ao julgamento virtual, pugnando pela inclusão dos processos recursais em pautas presenciais, físicas ou pelo emprego de plataformas de videoconferências (vide Enunciado n. 709 do FPPC).

Por fim, há que se atentar para o fato de que os Tribunais de cúpula são responsáveis pela formação de precedentes relevantes e temas sensíveis que despertam atenção de outros atores sociais podem ficar dispersos em agendas congestionadas de julgamento. A justaposição de votos também pode despertar dificuldades adicionais para se firmar a *ratio decidendi* de certos julgamentos, pois a convergência quanto ao prognóstico final de julgamento não induz, necessariamente, alinhamento de argumentos esposados.

j) Certificação do trânsito em julgado

O art. 1.006 do CPC aperfeiçoou a redação do art. 510 do CPC de 1973, fazendo menção à baixa dos autos após a certificação do trânsito em julgado (e não a sua "ocorrência" como constava na regra revogada), competindo ainda ao escrivão ou chefe de secretaria precisar a *data* de sua verificação.

É preciso atentar, porém, para os casos de indeferimento da petição inicial e improcedência liminar do pedido. Com efeito, o art. 331 do CPC dispõe que "indeferida a petição inicial, o autor poderá apelar, facultado ao juiz, no prazo de 5 (cinco) dias, retratar-se". O § 3º do referido dispositivo prevê que "não interposta a apelação, o réu será intimado do trânsito em julgado da sentença". O art. 332 do CPC, ao tratar das hipóteses que autorizam o julgamento liminar de improcedência, também contempla regra similar, assinalando que "não interposta a apelação, o réu será intimado do trânsito em julgado da sentença, nos termos do art. 241" (CPC, art. 332, § 2º). Em tais casos, por óbvio, a *certificação* do trânsito em julgado dar-se-á no juízo *a quo*.

1.3. PODERES DO RELATOR

Apesar da tradição recursal consagrar a apreciação *colegial* dos processos recursais, não se pode ignorar a gama de atos preparatórios desempenhados pelo relator designado e ainda as prerrogativas que o autorizam a proferir as decisões *singulares* ou *unipessoais*. Aliás, conforme identificado por Cândido R. Dinamarco, a ampliação dessas prerrogativas conduz a uma *tendência de singularização* dos julgamentos recursais[17]. Não se trata de simples conjectura, pois as estatísticas extraídas dos relatórios anuais divulgados pelo CNJ (Resolução 76, de 12.05.2009) permitem antever um disparate entre o número de decisões unipessoais e colegiadas.

Portanto, em apertada síntese, pode-se afirmar que o sistema recursal confere ao relator (i) prerrogativas de *gestão processual*; (ii) a apreciação das *tutelas provisórias* nos recursos e processos de competência originária do Tribunal; (iii) o *dever de saneamento* dos vícios sanáveis; (iv) a possibilidade de julgamento unipessoal dos recursos *inadmissíveis, prejudicados* ou que não contenham impugnação específica dos fundamentos da decisão recorrida; (v) a capacidade de *negar provimento* aos recursos alinhados com os precedentes de observância obrigatória; e ainda (vi) a prerrogativa de *dar provimento* ao recurso cuja decisão recorrida for contrária aos precedentes com potencial vinculante. Essas incumbências, previstas nos arts. 932 e 933 do CPC, permitem-lhe atuar no juízo de admissibilidade dos recursos ou ainda no exame do mérito dos pleitos recursais.

Entre as hipóteses assinaladas no art. 932 do CPC, o 1º (primeiro) inciso faz alusão aos poderes de gestão e condução do processo no Tribunal. Além disso:

> (...) o art. 932, I, reserva ao relator a homologação da autocomposição das partes, o que enseja dúvida sobre a possibilidade de delegação dessa atividade para as Centrais, Núcleos ou Gabinetes de Concilia-

---

17. "Constitui regra tradicional e ordinária a de que sempre será destinatário da devolução operada pelos recursos (imediata, gradual ou diferida, conforme o caso) um órgão superior da jurisdição, em composição colegial; compete aos regimentos internos determinar quando o julgamento caberá ao tribunal em sua formação plena (ou pelo órgão especial) e quando, por um órgão fracionário (câmaras, turmas, grupos de câmaras, seções). Mas a evolução relativamente recente do processo civil brasileiro aponta alguma tendência à *singularização dos julgamentos*, com a instituição de hipóteses em que, no tribunal, o julgamento será singular e não colegiado; há também casos em que um órgão monocrático tem o poder de *interceptar* excepcionalmente o recurso em seu trâmite ordinário, julgando-o ele próprio" (DINAMARCO, Cândido Rangel. *Nova era do processo civil*. São Paulo: Malheiros, 2004, p. 128-129).

ção (órgãos normalmente descentralizados) existentes nos Tribunais, conforme permissão da Resolução 125/2010, do CNJ[18].

Entretanto, apesar do inciso I do art. 932 aludir à figura do relator, excecionalmente, o papel de homologação da autocomposição pode ficar a cargo do Presidente ou Vice-Presidente incumbido de formalizar o juízo de admissibilidade dos recursos excepcionais (vide Enunciado 664 do FPPC).

Em relação ao *dever de saneamento* e *prevenção*, atente-se que o art. 933 do CPC dispõe que:

> (...) se o relator constatar a ocorrência de fato superveniente à decisão recorrida ou a existência de questão apreciável de ofício ainda não examinada que devam ser considerados no julgamento do recurso, intimará as partes para que se manifestem no prazo de 5 (cinco) dias.

Assim, o relator não conhecerá de recurso *inadmissível*, *prejudicado* ou que não tenha *impugnado especificamente* os fundamentos da decisão recorrida (CPC, art. 932, III). Ao cogitar de recurso *inadmissível*, o operador deverá vislumbrar a ausência de um dos pressupostos inerentes à admissibilidade que não comporte saneamento. Evita-se que o recurso inadmissível siga à câmara ou turma recursal. Estão inseridos nesta categoria os recursos *intempestivos* ou que não contenham a impugnação especificada dos fundamentos da decisão recorrida. Ademais, segundo Barbosa Moreira, "diz-se 'prejudicado' o recurso quando a impugnação perde o objeto, e, por conseguinte cai no vazio o pedido de reforma ou anulação: *v.g.*, se o juiz *a quo* reforma *in totum* a decisão agravada, prejudicado fica o agravo"[19]. Ou seja, o recurso *prejudicado* revela hipótese de perda do *interesse recursal*, desaparecendo a utilidade e o proveito eventualmente propiciado pelo seu julgamento[20]. São frequentes as situações em que, após a interposição do recurso, as partes envolvidas na demanda vêm a transigir, desaparecendo a utilidade prática resultante do julgamento. Além disso, o art. 1.039 do CPC consagra uma hipótese de *prejudicialidade* ao dispor que "decididos os recursos afetados, os órgãos colegiados declararão prejudicados os demais recursos versando sobre idêntica controvérsia ou os decidirão aplicando a tese firmada". O § 1º do art. 1.018 do CPC também consagra outra hipótese de prejudicialidade, ao dispor que, em matéria de agravo de instrumento, "se o juiz comunicar que reformou inteiramente a decisão, o relator considerará prejudicado o agravo de instrumento".

Poderá o relator *negar provimento* ao recurso que for contrário a (i) súmula do STF, do STJ ou do próprio tribunal; (ii) acórdão proferido pelo STF ou pelo STJ em

---

18. DONOSO, Denis; SERAU JR., Marco Aurélio. *Manual dos recursos cíveis*: teoria e prática. Salvador: JusPodivm, 2016. p. 120-121.
19. MOREIRA, José Carlos Barbosa. *Comentários ao Código de Processo Civil*. 7. ed. cit., p. 640.
20. *Prejudicado* "é o recurso que perdeu o seu objeto, com a retratação do juiz *a quo* da decisão agravada, ou pelo julgamento, ou, ainda, pela desistência da ação principal". (CAMBI, Accácio. Aspectos polêmicos na aplicação do art. 557 do CPC. In: NERY JR., Nelson; WAMBIER, Teresa Arruda Alvim (Coord.). *Aspectos polêmicos e atuais dos recursos cíveis e de outros meios de impugnação às decisões judiciais*. São Paulo: RT, 2003. v. 7, Série: Aspectos polêmicos e atuais dos recursos. p. 15).

julgamento de recursos repetitivos; (iii) entendimento firmado em incidente de resolução de demandas repetitivas ou de assunção de competência (CPC, art. 932, IV). Mantém-se atual a crítica de José Carlos Barbosa Moreira a respeito da impropriedade do texto legal, pois o inciso IV do art. 932 do CPC cogita de "recurso" contrário à súmula do STF, do STJ ou do próprio tribunal[21], ou ainda acórdão proferido em julgamento de recursos repetitivos, quando, em verdade, o que pode ser oposto a estas categorias é a tese jurídica desenvolvida no recurso[22].

O contraditório deve balizar, inclusive, os julgamentos *monocráticos*[23]. Assim, o art. 932, V, do CPC dispõe que "depois de facultada a apresentação de contrarrazões", o relator poderá:

> (...) dar provimento ao recurso se a decisão recorrida for contrária a: a) súmula do Supremo Tribunal Federal, do Superior Tribunal de Justiça ou do próprio tribunal; b) acórdão proferido pelo Supremo Tribunal Federal ou pelo Superior Tribunal de Justiça em julgamento de recursos repetitivos; c) entendimento firmado em incidente de resolução de demandas repetitivas ou de assunção de competência; (...).

Entretanto, o Enunciado 80 do FPPC assinala que "por não haver prejuízo ao contraditório, é dispensável a oitiva do recorrido antes do provimento monocrático do recurso, quando a decisão recorrida: (a) indeferir a inicial; (b) indeferir liminarmente a justiça gratuita; ou (c) alterar liminarmente o valor da causa".

Em todas as hipóteses assinaladas no art. 932 do CPC, o relator atua como uma espécie de porta-voz do colegiado[24]. Pode-se discutir, entretanto, se o relator atua por *delegação* do colegiado (função avançada de porta-voz) ou se exerce *competência jurisdicional* conferida legalmente. Como é de se notar, não se trata de mera indagação teórica, pois a questão se reveste de índole prática. Isto porque, ao se reiterar que o relator atua como um *representante avançado* do colegiado, torna-se imperioso o controle dessa função jurisdicional, de modo a justificar o emprego dos mecanismos recursais

---

21. "O papel do entendimento sedimentado nas Súmulas não pode ser ignorado, especialmente porque faz parte da cultura jurídica nacional outorgar especial relevância aos julgados". (GOMES JR., Luiz Manoel. *A arguição de relevância* – a repercussão geral das questões constitucional e federal. Rio de Janeiro: Forense, 2001. p. 11).
22. "Neste ponto é menos feliz a redação. A rigor, o que pode contrariar súmula é a *tese jurídica* sustentada pelo recorrente, não o recurso em si". (MOREIRA, José Carlos Barbosa. *Comentários ao Código de Processo Civil*. 7. ed. cit., p. 640).
23. "Nos recursos cujo processamento ocorre perante o juízo *a quo*, a atuação unipessoal do relator no sentido de não conhecer, prover ou desprover o recurso terá sido precedida da possibilidade do contraditório. Nessas hipóteses, como, por exemplo, na apelação, no recurso especial, no recurso extraordinário, no agravo de instrumento contra decisão denegatória de recurso especial ou extraordinário, às partes, antes de o recurso chegar ao relator, já terá sido assegurada oportunidade para, em razões ou contrarrazões, se pronunciar sobre a admissibilidade e mérito do recurso, isto é, sobre as matérias que poderão ser enfrentadas individualmente pelo relator" (OLIANI, José Alexandre Manzano. *O contraditório nos recursos e no pedido de reconsideração*. São Paulo: RT, 2007. v. 14, Recursos no processo civil. p. 133).
24. "O relator atua como uma espécie de porta-voz do colegiado; cumpre, no entanto, abrir a quem se sinta injustamente agravado o ensejo de pleitear que também se ouçam os outros membros – que 'se complete', por assim dizer, o julgamento. A eficácia prática da inovação, bem se compreende, naturalmente variará de acordo com a disposição que tenha(m) o(s) prejudicado(s) para aceitar sem reação uma derrota imposta por ato exclusivo do relator". (GOMES JR., Luiz Manoel. *A arguição de relevância* cit., p. 90-91).

com devolutividade para o órgão colegiado. Portanto, no sistema recursal vigente, em regra, as decisões *unipessoais* estão sujeitas à impugnação imediata, na forma do art. 1.021 do CPC. Com efeito, subsistem hipóteses de decisões monocráticas irrecorríveis (v.g., art. 1.007, § 6º, do CPC).

Assim,

> (...) ao prestigiar a celeridade e a segurança jurídica, conferindo ao relator poderes mais amplos, o legislador infraconstitucional não feriu ou tampouco aboliu a tradicional colegialidade das decisões dos Tribunais, razão pela qual se conclui não ser obrigatória a previsão de mecanismos para que o órgão colegiado se pronuncie sobre a decisão monocrática do relator[25].

Por fim, cabe examinar se as prerrogativas conferidas pelo art. 932 do CPC comportam aplicação no tocante à remessa necessária (CPC, art. 496). Isto porque, à luz do sistema revogado, o enunciado 253 da Súmula da jurisprudência dominante do Superior Tribunal de Justiça autorizava a aplicação do art. 557 do CPC de 1973 ao *reexame necessário*[26].

1.4. JULGAMENTO COLEGIADO

O sistema recursal foi pensado em prol do *julgamento colegial*. Aliás, "o princípio da colegialidade preconiza que o juiz natural das decisões tomadas em âmbito recursal – e, mais amplamente, nos tribunais da federação (TJ's, TRF's, STJ e STF) nas suas mais diversas atuações – é um órgão colegiado, conforme previsto em lei (...)"[27].

Ademais, a conformação constitucional do Poder Judiciário nacional, com os seus órgãos estruturados na forma da Constituição da República (art. 92 e seguintes.) permite antever uma gradação hierárquica, com o sentido de permitir a revisão colegiada dos pronunciamentos oriundos dos juízes de escalões inferiores. Em prol dos melhores resultados e da revisão cognitiva mais ampla dos pronunciamentos decisórios, os órgãos colegiais são compostos de vários juízes. Essa é a estrutura orgânico-funcional dos Tribunais brasileiros. Como visto, em regra, os recursos ordinários serão julgados com a participação de 03 (três) juízes (CPC, art. 941, § 2º), cujos votos serão colhidos na sessão de julgamento. Dessa forma, o acórdão representa a materialização do resultado do julgamento colegial (CPC, art. 204).

Logo, ao menos em tese, os órgãos colegiais permitem um espaço de reflexão privilegiado no tocante ao acertamento dos processos recursais. Exatamente por isso, ao tempo que a tradição impõe a perspectiva de controle dos atos decisórios, o CPC 2015 ainda confere aos julgamentos colegiados a responsabilidade adicional pela formação dos precedentes de observância obrigatória. Com efeito,

---

25. OLIANI, José Alexandre Manzano. Agravo interno. In: WAMBIER, Luiz Rodrigues; WAMBIER, Teresa Arruda Alvim (Coord.). *Temas essenciais do novo CPC*: análise das principais alterações do sistema processual civil brasileiro. São Paulo: Editora Revista dos Tribunais, 2016. p. 559.
26. Súmula 253 do STJ: "O art. 557 do CPC, que autoriza o relator a decidir o recurso, alcança o reexame necessário".
27. DONOSO, Denis; SERAU JR., Marco Aurélio. Op. cit., p. 47.

(...) a colegialidade ganha especial destaque no sistema brasileiro em decorrência da busca de efetiva formação de precedentes, que precisam ser extraídos da fundamentação das decisões, e que somente podem ser encontrados se cada julgador analisar os mesmos argumentos de modo colegiado[28].

Aliás, o Enunciado 317 do FPPC assinala que "o efeito vinculante do precedente decorre da adoção dos mesmos fundamentos determinantes pela maioria dos membros do colegiado, cujo entendimento tenha ou não sido sumulado".

Logo, a construção de um sistema de precedentes sugere a reconstrução dos órgãos colegiais, como espaço privilegiado de discussão das questões jurídicas relevantes, até mesmo para evitar o retrabalho resultante da reanálise dos temas jurídicos mais constantes, próprios das lides multitudinárias.

Deste modo, a partir do julgamento colegial, com o debate qualificado das questões controversas, os órgãos colegiais contribuem para a uniformidade da jurisprudência, garantindo-lhe estabilidade, integridade e coerência (CPC, art. 926).

1.5. AMPLIAÇÃO DA COLEGIALIDADE

a) A técnica de julgamento do art. 942 do CPC

Com a abolição dos embargos infringentes (CPC 1973, art. 530), o legislador 2015 instituiu uma técnica substitutiva em que o julgamento da apelação *não unânime* prosseguirá:

> (...) em sessão a ser designada com a presença de outros julgadores, que serão convocados nos termos previamente definidos no regimento interno, em número suficiente para garantir a possibilidade de inversão do resultado inicial, assegurado às partes e terceiros o direito de sustentar oralmente suas razões perante os novos julgadores.

Ou seja, certos julgamentos não unânimes estão sujeitos ao padrão de ampliação de quórum instituído pelo art. 942 do CPC, que passa a ser implantado de ofício, independentemente da vontade e(ou) posição contrária do recorrente. O incidente processual decorrente da votação não unânime deve garantir a chamada de novos juízes, de forma a propiciar a alteração do *prognóstico inicial* de julgamento. Aliás, a simples perspectiva de mudança do alinhamento inicial de votação impõe a advertência de que as notas taquigráficas da sessão de julgamento (CPC, art. 944) deverão contemplar o objeto da divergência e a instauração do incidente ora comentado, pois não se pode descartar que, por força da posição externada pelos novos julgadores, ocorra a revisão do entendimento *divergente* ou *inicialmente majoritário*, resultando em prognóstico final de votação *unânime*. Logo, não havendo o registro do desenrolar da coleta dos votos, poder-se-ia estranhar a proclamação de votação *unânime* da apelação por 05 (cinco) ou mais juízes, em detrimento da regra do art. 941, § 2º, do CPC, que proclama

---

28. NUNES, Dierle. Colegialidade corretiva e CPC 2015 In: DIDIER JR., Fredie (Coord.); MACÊDO, Lucas Buril de; PEIXOTO, Ravi; FREIRE, Alexandre (Org.). *Novo CPC doutrina selecionada, v. 6*: processo nos tribunais e meios de impugnação às decisões judiciais. 2. ed. Salvador: JusPodivm, 2015. p. 36.

o voto de apenas 03 (três) juízes. Por tais razões, o Enunciado 599 do FPPC assinala que "a revisão do voto, após a ampliação do colegiado, não afasta a aplicação da técnica de julgamento do art. 942".

Não se olvida, entretanto, que os órgãos colegiados que funcionem com três membros terão maiores dificuldades na convocação dos demais participantes do quórum de deliberação[29]. Além disso, ressalvada disposição regimental em sentido diverso, a convocação dos demais integrantes do quórum não lhes garante prévio acesso ou consulta aos autos do processo recursal[30]. É certo, porém, que "ofende o juiz natural a convocação de julgadores no caso do art. 942, ou no de qualquer substituição, sem critério objetivo estabelecido previamente em ato normativo" (Enunciado 684 do FPPC).

b) Extensão da matéria a ser decidida pelo quórum ampliado

Uma das questões nevrálgicas envolvendo o dispositivo em comento diz respeito à *extensão* da matéria submetida ao quórum ampliado. Ainda que o dispositivo esteja alinhado e conectado com a previsão de garantir *integridade*, *coerência* e *estabilidade* à jurisprudência (CPC, art. 926), o que, aprioristicamente, poderia induzir uma posição *restritiva* quanto ao papel desempenhado pelo *colegiado qualificado*, não se pode perder de vista que a questão objeto da divergência pode ser prejudicial ao exame de outras matérias ou mesmo influenciar os temas subsequentes, como é o caso da dosimetria de honorários advocatícios etc. Por isso, tem-se discutido se os juízes *convocados* (i) estarão vinculados estritamente à matéria objeto da divergência ou, (ii) em outro viés, tendo sido convocados, atuarão em prol da continuidade do julgamento recursal apreciando os demais aspectos do apelo, prejudiciais ou não.

Oportuno repisar que a técnica de julgamento é implantada *ex officio*, razão pela qual não há como firmar paralelo com a parte final da norma extraída do art. 530 do CPC 1973[31], que sinalizava com a *extensão* restritiva da matéria a ser enfrentada nos embargos infringentes. Daí porque, os demais integrantes do quórum permanecem vinculados ao julgamento recursal e estão autorizados a examinar outros temas que

---

29. "Muitos desses órgãos em diversos colegiados funcionam com apenas três membros, o que lhes implicará, nessa hipótese, na previsão regimental de convocação de nova sessão todas as vezes que o julgado não seja unânime" (DIAS, Francisco Barros. Técnica de julgamento: criação do novo CPC (Substitutivo dos Embargos Infringentes). In: DIDIER JR., Fredie. (Coord.). MACÊDO, Lucas Buril de; PEIXOTO, Ravi; FREIRE, Alexandre (Org.). *Novo CPC doutrina selecionada*. Salvador. JusPodivm, 2015. v. 6: processo nos tribunais e meios de impugnação às decisões judiciais. p. 53).
30. "Assim, constata-se que com a nova 'técnica de julgamento' há um risco considerável de a Turma julgadora não ter sequer efetivamente prévio acesso à íntegra dos autos do processo, com prévia análise de todos os argumentos e questões, o que acarretará, consequentemente, a ausência de debate de forma compartimentada, com garantia de influência, comprometendo-se a possibilidade de reversão do julgado" (COUY, Giselle Santos. Da extirpação dos embargos infringentes no Novo Código de Processo Civil – um retrocesso ou avanço? In: DIDIER JR., Fredie (Coord.); MACÊDO, Lucas Buril de; PEIXOTO, Ravi; FREIRE, Alexandre (Org.). *Novo CPC doutrina selecionada*. Salvador: JusPodivm, 2015., v. 6: processo nos tribunais e meios de impugnação às decisões judiciais. p. 32).
31. "Art. 530. (...) Se o desacordo for parcial, os embargos serão restritos à matéria objeto da divergência".

guardem conexão com a continuidade da questão objeto da divergência (como, por exemplo, eventuais questões atinentes aos honorários advocatícios recursais). Em abono à tese, o STJ decidiu que "os novos julgadores convocados não ficam restritos aos capítulos ou pontos sobre os quais houve inicialmente divergência, cabendo-lhes a apreciação da integralidade do recurso"[32]. Questão que demandará exame atento dos Tribunais ordinários, com prognóstico de análise das Cortes Superiores, diz respeito à possibilidade de eventual regra regimental dispor em sentido contrário, *limitando* a atuação dos juízes convocados.

Por coerência de raciocínio, parece razoável que, em caso de interposição de embargos de declaração contra o acórdão local que julgou a apelação, far-se-á necessário verificar se houve ou não ampliação do colegiado. Isto porque, ao se conjecturar com a aplicação analógica do § 2º do art. 1.024 do CPC, forçoso concluir que, em caso de interposição de embargos de declaração em face da matéria objeto de deliberação pelo quórum ampliado, o julgamento dos aclaratórios também fica condicionado à análise qualificada dos juízes convocados, ainda que certamente essa solução possa comprometer a celeridade processual desejada. Tenha-se em vista ainda que os embargos de declaração podem veicular pedido de *efeitos infringentes* (CPC, art. 1.024, § 3º), tornando desaconselhável sua apreciação pelo quórum originário, notadamente quando a decisão embargada tiver surgido pela *composição ampliada*. O Enunciado 700 do FPPC preleciona que o julgamento dos embargos de declaração que tenham sido opostos ao acórdão prolatado pelo colegiado ampliado far-se-á pelo mesmo quórum.

A ampliação colegial ainda comporta exame com o regime dos recursos repetitivos, notadamente por força do inciso II do art. 1.040 do CPC de 2015. Isto porque, após a publicação do acórdão *paradigma*, subsistirão casos em que os órgãos colegiais locais estarão convidados a formalizar o *juízo de retratação*[33] em relação ao tema subjacente. Contudo, não se pode descartar a hipótese de que o acórdão local anterior tenha sido proferido à luz do quórum ampliado, fato esse que ainda exigirá a formação do juízo de retratação em moldes similares.

É certo que a *complexidade* subjacente à implementação da técnica do art. 942 do CPC não pode servir de escusa para depurar eventuais divergências jurídicas entre os integrantes dos órgãos colegiais[34]. Ademais, a *conveniência* em firmar certas conver-

---

32. STJ, REsp 1.771.815-SP, 3ª T., Rel. Min. Ricardo Villas Bôas Cueva, j. 13.11.2018, *DJe* 21.11.2018.
33. "Depois de decididos os recursos extraordinários afetados como repetitivos, tanto os escolhidos pelo Tribunal *a quo* quanto os eleitos pelo próprio Tribunal Superior e os que tenham eventualmente sido selecionados por alguns Tribunais do país – um acórdão para cada um –, os recursos cujo procedimento tenha sido sobrestado voltarão à vida: uns não serão admitidos; outros gerarão a necessidade de adaptação à tese firmada no STJ ou no STF. No caso de haver necessidade desta adaptação, os autos serão remetidos ao Tribunal de 2º grau. Não sendo feita esta adaptação (retratação) o recurso interposto sobe, e será julgado pelo relator (art. 932, I, b)" (WAMBIER, Teresa Arruda Alvim et al (Coord.). *Primeiros comentários ao novo código de processo civil*: artigo por artigo. São Paulo: RT, 2015. p. 1.524).
34. "Entretanto, corre-se o risco desta técnica de julgamento ter a consequência de eliminar a instauração da divergência entre os julgadores, que preferirão chegar a um (pseudo) consenso antes do julgamento (em seus gabinetes), com a finalidade de evitar o procedimento legal de suspender o julgamento e convocar outros de-

gências artificiais[35], capaz de gerar certas distorções no julgamento de causas relevantes, não pode se sobrepor ao julgamento qualificado propiciado pelo art. 942 do CPC, ainda que subsistam novos desafios e intrincados arranjos regimentais.

c) Hipóteses de incidência e casos de não aplicação da técnica

Por disposição expressa, a técnica de integração do quórum não comporta aplicação em casos de deliberação não unânime adotada no julgamento da *remessa necessária* (CPC, art. 942, § 4º, II). Da mesma forma, a *ampliação da colegialidade* não é aplicável no (i) incidente de assunção de competência (IAC) ou ainda na técnica de resolução de demandas repetitivas (IRDR); e tampouco no julgamento não unânime proferido, nos tribunais, pelo plenário ou pela corte especial (CPC, art. 942, § 4º, I e III). O Enunciado 552 do FPPC ainda dispõe que "não se aplica a técnica de ampliação do colegiado em caso de julgamento não unânime no âmbito dos Juizados Especiais".

Porém, se o permissivo legal do art. 942 do CPC faz alusão ao julgamento *não unânime* da apelação, "sem se referir explicitamente à necessidade de que a sentença seja de mérito, pode-se afirmar que incide também na hipótese de sentenças processuais"[36]. Diferentemente do regime extraído do CPC 1973 aplicável aos embargos infringentes, não há exigência de que a divergência esteja relacionada à *reforma* da sentença de mérito[37]. Por isso, parece acertada a conclusão de que "o art. 942 do CPC não circunscreve a ampliação do julgamento apenas às questões de mérito. Qualquer julgamento não unânime – quer verse questões de direito material – quer verse questões de direito processual, pode ser subjetivamente ampliado"[38]. Essa observação é importante, pois, por força do § 1º do art. 1.009 do CPC 2015, não se pode descartar hipótese de uma apelação voltada única e exclusivamente à impugnação de decisão interlocutória não

---

sembargadores para dirimir a controvérsia" (NUNES, Dierle; DUTRA, Victor Barbosa; OLIVEIRA JÚNIOR, Délio Mota de. Apelação e honorários no novo CPC. In: OLIVEIRA, Pedro Miranda de (Coord.). *Impactos do novo CPC na advocacia*. Florianópolis: Conceito Editorial, 2015. p. 86-87).

35. À luz do sistema revogado, Vicente Greco Filho fazia menção à *síndrome da unanimidade* presente nas Cortes de 2º Grau: "Os Tribunais de Segundo Grau, tendo em vista o excesso de serviço, têm sofrido da 'síndrome da unanimidade'. O Revisor ou o Terceiro Juiz, para evitar terem de redigir o voto vencido, preferem concordar com o Relator, salvo situação de extrema gravidade ou divergência absoluta". (GRECO FILHO, Vicente. Reformas, para que reformas. In: COSTA, Hélio Rubens Batista Ribeiro; RIBEIRO, José Horácio Halfed Rezende; DINAMARCO, Pedro da Silva (Org.). *Linhas mestras do processo civil*. São Paulo: Atlas, 2004. p. 637).
36. WAMBIER, Teresa Arruda Alvim. Ampliação da colegialidade como técnica de julgamento. In: WAMBIER, Luiz Rodrigues; WAMBIER, Teresa Arruda Alvim (Coord.). *Temas essenciais do novo CPC: análise das principais alterações do sistema processual civil brasileiro*. São Paulo: RT, 2016. p. 577.
37. "A incidência do art. 942, *caput*, do CPC/2015 não se restringe aos casos de reforma da sentença de mérito, tendo em vista a literalidade da disposição legal, que não estabelece nenhuma restrição semelhante ao regime dos extintos embargos infringentes" (STJ, REsp 1.762.236-SP, 3ª T., Rel. Min. Ricardo Villas Bôas Cueva, j. 19.02.2019, DJe 15.03.2019). E ainda: "... a técnica de julgamento prevista no CPC/2015 deverá ser utilizada quando o resultado da apelação for não unânime, independentemente de ser julgamento que reforma ou mantém a sentença impugnada" (STJ, REsp 1.733.820-SC, 4ª T., Rel. Min. Luis Felipe Salomão, j. 02.10.2018, DJe 10.12.2018).
38. MARINONI, Luiz Guilherme; ARENHART, Sérgio Cruz; MITIDIERO, Daniel. *O novo processo civil*. 2. ed. São Paulo: RT, 2016. p. 558.

preclusa. E, também nessa conjectura, pode surgir o prognóstico de votação não unânime, desafiando a ampliação de quórum. Assim, é possível concluir que o art. 942 do CPC não condiciona a ampliação colegial apenas para o julgamento de questões meritórias. Aliás, o STJ decidiu que "a técnica de ampliação do colegiado deve ser aplicada a qualquer julgamento não unânime, incluindo as questões preliminares relativas ao juízo de admissibilidade do recurso"[39].

Entretanto, a despeito das observações retrotranscritas, o STJ decidiu que "a decisão de recebimento da inicial, nos termos do art. 17, § 7º, da Lei 8.429/1992, não pode ser interpretada como sentença de mérito, de modo que resta afastada a aplicação da técnica de julgamento prevista no art. 942, § 3º, II, do CPC/15"[40], a qual demanda a existência de julgamento não unânime proferido em agravo de instrumento quando houver reforma de decisão que julgar parcialmente o mérito.

Ademais, no tocante às ações rescisórias e em relação ao julgamento do agravo de instrumento foram contempladas restrições adicionais à ampliação da colegialidade. Em relação ao seu uso por força da regra do inciso II, do § 3º, do art. 942 do CPC, a 4ª Turma do STJ ressalvou que "a interpretação restritiva do dispositivo impõe concluir que a regra se dirige apenas às ações de conhecimento, não se aplicando ao processo de execução e, por extensão, ao cumprimento de sentença"[41]. Em se tratando da regra do inciso II do § 3º do art. 942 do CPC, o STJ ainda deliberou pela ampliação da colegialidade em ação incidental declaratória de impugnação de crédito em recuperação judicial, afirmando que, tratando-se de "pronunciamento a respeito do crédito e sua classificação, mérito da ação declaratória, o agravo de instrumento interposto contra essa decisão, julgado por maioria, deve se submeter à técnica de ampliação do colegiado prevista no art. 942, § 3º, II, do Código de Processo Civil de 2015"[42].

E, no tocante ao emprego da referida técnica de julgamento em ação rescisória (CPC 2015, art. 942, § 3º, I), o STJ realçou que o seu emprego "é condicionado ao resultado da parte meritória da demanda que acarreta a rescisão da coisa julgada e não na fase de admissibilidade desta ação"[43].

Além disso, há que se concluir pela revogação *tácita* do art. 25 da Lei 12.016/2009[44], pois a regra do art. 942 do CPC 2015 "aplica-se ao julgamento da apelação em mandado

---

39. STJ, REsp 1.798.705-SC, 3ª T., Rel. Min. Paulo de Tarso Sanseverino, DJe 28.10.2019.
40. STJ, AgInt no REsp 1.711.887-RJ, 1ª T., Rel. Min. Sérgio Kukina, DJe 26.06.2018.
41. STJ, AgInt no AREsp 1.233.242-RS, 4ª T., Rel. Des. Convocado Lázaro Guimarães, j. 18.09.2018, DJe 24.09.2018. Posteriormente, o entendimento em questão também foi adotado no âmbito da 3ª Turma (STJ, AgInt no AREsp 1.654.813-SP, 3ª T., Rel. Min. Nancy Andrighi, j. 29.06.2020, DJe 1º.07.2020).
42. STJ, REsp 1.797.866/SP, 3ª T., Rel. Min. Ricardo Villas Bôas Cueva, DJe 24.05.2019.
43. STJ, EDcl nos EDcl no AgInt no REsp 1.739.593/ES, 2ª T., Rel. Min. Mauro Campbell Marques, j. 11.04.2019, DJe 22.04.2019.
44. "Art. 25. Não cabem, no processo de mandado de segurança, a interposição de embargos infringentes e a condenação ao pagamento dos honorários advocatícios, sem prejuízo da aplicação de sanções no caso de litigância de má-fé".

de segurança, não havendo qualquer dispositivo que a afaste ou impeça sua incidência"[45]. Aliás, o STJ decidiu que "o procedimento previsto no art. 942 do CPC também tem aplicação para julgamento não unânime de apelação interposta em sede de mandado de segurança"[46].

Por fim, tendo em vista a ausência de restrição legal, o STJ decidiu pela aplicação do art. 942 do CPC aos procedimentos relativos ao Estatuto da Criança e do Adolescente, nos casos em que o julgamento da apelação ocorreu por maioria de votos[47]. No entanto, há precedente contrário do STJ que afasta o emprego da técnica de ampliação da colegialidade nos procedimentos afetos à Justiça da Infância e Juventude quando a decisão não unânime for *favorável* ao adolescente, hipótese em que se considerou que seu emprego "implicaria em conferir ao menor tratamento mais gravoso que o atribuído ao réu penalmente imputável"[48].

d) Outras questões controversas

Ao se firmar a premissa que a técnica do art. 942 do CPC 2015 está voltada ao aperfeiçoamento *qualitativo* das decisões colegiais, comportando aplicação *ex officio*, pode-se indagar acerca das eventuais consequências de sua desatenção. Afinal, em caso de votação *não unânime* da apelação, o julgamento final dissociado da ampliação colegial pode despertar dúvidas acerca do exaurimento da instância local, obstando análise de eventual recurso excepcional que venha a ser interposto na sequência (preservando, por vias oblíquas a *ratio decidendi* subjacente à Súmula 207 do STJ[49]). Ao observar a lavratura do voto divergente, dissociado da ampliação de quórum (CPC, art. 942), torna-se imprescindível que a parte interessada aponte eventual *nulidade* do julgamento proclamado de forma precipitada pelo órgão colegial[50], sob pena de ver frustrado o seu recurso excepcional, numa espécie de efeito repristinatório da súmula 207 do STJ. Por óbvio, as situações são díspares, eis que os embargos infringentes extintos possuíam natureza recursal e iniciativa particular, enquanto a técnica de julgamento é implementada *ex officio*, não dependendo propriamente de nenhuma manifestação da parte recorrente. Ainda assim, recomenda-se a advertência via embargos de declaração e(ou) mecanismo similar, à guisa de evitar surpresas futuras no regime de admissibilidade das instâncias extraordinárias.

---

45. DIDIER JR., Fredie. *Curso de direito processual civil*: o processo civil nos tribunais, recursos, ações de competência originária de tribunal e *querela nullitatis*, incidentes de competência originária de tribunal. In: DIDIER JR., Fredie; CUNHA, Leonardo Carneiro da (Org.). 13. ed. Salvador: JusPodivm, 2016. p. 78.
46. STJ, AgInt nos EDcl no REsp 1.659.188/RJ, 1ª T., Rel. Min. Gurgel de Faria, j. 11.10.2021, *DJe* 22.10.2021.
47. STJ, AgRg no REsp 1.763.919-RJ, 5ª T., Rel. Min. Ribeiro Dantas, j. 07.02.2019, *DJe* 15.02.2019. No mesmo sentido: AgRg no REsp 1.673.215-RJ, 5ª T., Rel. Min. Reynaldo Soares da Fonseca, j. 17.05.2018, *DJe* 30.05.2018.
48. STJ, REsp 1.694.248-RJ, 6ª T., Rel. Min. Maria Thereza de Assis Moura, j. 03.05.2018, *DJe* 15.05.2018.
49. Súmula 207 do STJ: "É inadmissível recurso especial quando cabíveis embargos infringentes contra o acórdão proferido no tribunal de origem".
50. "Assim, caso não seja observada a técnica do art. 942, CPC, o acórdão será nulo, por vício de competência funcional" (DIDIER JR., Fredie; CUNHA, Leonardo Carneiro da (Org.) cit., 13. ed., p. 78).

Aliás, no tocante à ampliação colegial, a 3ª Turma do STJ ainda reputou que a prática de dispensar a coleta do 5º (quinto) voto, sob o fundamento de já ter sido atingida uma maioria circunstancial, é ofensiva ao art. 942 do CPC, pois a técnica em comento tem como "objetivo maximizar e aprofundar as discussões jurídicas ou fáticas a respeito da divergência então instaurada, possibilitando, para tanto, inclusive, nova sustentação oral e a retratação dos votos já proferidos"[51].

Atente-se ainda que a ampliação da colegialidade assegura aos envolvidos a possibilidade de *nova* sustentação oral. Isso se dá, inclusive, nos casos em que a parte recorrente tenha inicialmente declinado do uso da palavra (Enunciado 682 do FPPC)[52]. Não há comportamento contraditório nesse particular, pois a ampliação do quórum se dá numa nova etapa de julgamento, inexistindo preclusão lógica.

Por fim, conforme já exaltado em outro estudo sobre a matéria[53], ao privilegiar a divergência, o legislador conferiu um espaço de excelência para o aprofundamento do exame de determinadas matérias controversas, com a ampliação colegial. Logo, não se pode perder de vista que se trata de uma técnica de julgamento em prol do fomento da qualidade da decisão judicial, o que permite assegurar, por via reflexa, o mandamento contido no art. 926 do CPC, em prol da estabilidade, integridade e coerência da jurisprudência.

1.6. SUCUMBÊNCIA RECURSAL

O art. 85, § 11º, do CPC 2015 dispõe sobre a fixação de honorários advocatícios em sede recursal. O STJ decidiu que a aplicação da regra em questão dar-se-á nos casos de *não conhecimento* ou *improvimento* integral do recurso, seja por força de decisão *monocrática* ou *colegial*, ficando adstrita aos limites percentuais dos §§ 2º a 6º do mesmo dispositivo legal[54].

Em decisão *paradigmática*, o STJ decidiu que:

---

51. STJ, REsp 1.890.473/MS, 3ª T., Rel. Min. Ricardo Villas Bôas Cueva, *DJe* 20.08.2021.
52. "Assim, em homenagem ao direito de ser adequadamente ouvido por um juiz, como previsto na Convenção Americana de Direitos Humanos, o litigante deve ter o direito de dirigir sua palavra aos novos julgadores incluídos no colegiado, mesmo que houvesse dispensado a sustentação diante dos magistrados originalmente competentes para a ação ou o recurso" (MARCACINI, Augusto Tavares Rosa. In: CRUZ E TUCCI, José Rogério et. al (Coord.). *Código de Processo Civil Anotado*. Rio de Janeiro: LMJ Mundo Jurídico, 2016. p. 1.291).
53. KOZIKOSKI, Sandro Marcelo; e, PUGLIESI, William Soares. Uniformidade da jurisprudência, divergência e vinculação do colegiado. In: MARANHÃO, Clayton et al (Coord.). *Ampliação da colegialidade*: técnica de julgamento do art. 942 do CPC. Belo Horizonte: Arraes Editores, 2017.
54. "Na prática isso quer dizer que, quanto mais a condenação em honorários de sucumbência em percentuais próximos do limite máximo, maiores serão os incentivos para que as partes apresentem recursos, especialmente na hipótese de a interposição do recurso, por si só, independentemente do seu provimento, representar um ganho puro (isto é, quanto as partes têm incentivos para protelar o andamento do processo, independentemente de terem decisões favoráveis nas fases subsequentes do procedimento)" (FREIRE, Alexandre; MARQUES, Leonardo Albuquerque. Os honorários de sucumbência no novo CPC. In: DIDIER JR., Fredie (Coord.); COELHO, Marcus Vinicius Furtado; CAMARGO, Luiz Henrique Volpe (Coord. geral). *Honorários advocatícios*. Salvador: JusPodivm, 2015. v. 2, Coleção Grandes Temas do Novo CPC, p. 81).

(...) para fins de arbitramento de honorários advocatícios recursais, previstos no § 11 do art. 85 do CPC de 2015, é necessário o preenchimento cumulativo dos seguintes requisitos: 1) Direito Intertemporal: deve haver incidência imediata, ao processo em curso, da norma do art. 85, § 11, do CPC de 2015, observada a data em que o ato processual de recorrer tem seu nascedouro, ou seja, a publicação da decisão recorrida, nos termos do Enunciado 7 do Plenário do STJ: 'Somente nos recursos interpostos contra decisão publicada a partir de 18 de março de 2016, será possível o arbitramento de honorários sucumbenciais recursais, na forma do art. 85, § 11, do novo CPC'; 2) o não conhecimento integral ou o improvimento do recurso pelo Relator, monocraticamente, ou pelo órgão colegiado competente; 3) a verba honorária sucumbencial deve ser devida desde a origem no feito em que interposto o recurso; 4) não haverá majoração de honorários no julgamento de agravo interno e de embargos de declaração oferecidos pela parte que teve seu recurso não conhecido integralmente ou não provido; 5) não terem sido atingidos na origem os limites previstos nos §§ 2º e 3º do art. 85 do Código de Processo Civil de 2015, para cada fase do processo; 6) não é exigível a comprovação de trabalho adicional do advogado do recorrido no grau recursal, tratando-se apenas de critério de quantificação da verba[55].

Portanto, o *provimento* do recurso se resolve pela conhecida técnica de *inversão* e *adequação* dos ônus sucumbenciais. Mas o Enunciado 243 do FPPC sugere ainda que "no caso de provimento do recurso de apelação, o tribunal redistribuirá os honorários fixados em primeiro grau e arbitrará os honorários de sucumbência recursal".

Portanto, os honorários recursais estão relacionados com os recursos que tratem do mérito da causa[56] e ainda com as decisões anteriores que admitiram fixação de verba honorária. Por isso, em julgado diverso, o STJ decidiu que não é possível fixá-los em caso de recurso anterior voltado à impugnação de provimento *interlocutório*, o qual estava dissociado da incidência de honorários advocatícios[57].

Além disso, conforme posição do Superior Tribunal de Justiça, os honorários recursais não são aplicáveis aos recursos interpostos no mesmo grau de jurisdição[58]. Essa orientação já estava disposta no Enunciado 16 da ENFAM, ao dispor que "Não é possível majorar os honorários na hipótese de interposição de recurso no mesmo grau de jurisdição (art. 85, § 11º, CPC/2015)". A partir dessas premissas, o STJ desenvolveu a

---

55. STJ, 3ª T., EDcl no AgInt no REsp 1.573.573/RJ, Rel. Min. Marco Aurélio Bellizze, j. 04.04.2017, *DJe* 08.05.2017.
56. "Interessante observar que não será toda decisão ao longo do trâmite processual que ensejará a condenação em honorários de sucumbência. Esses serão cabíveis quando o recurso versar sobre o mérito da causa e deve ocorrer *uma única vez pelo tribunal*" (FRANZOI, Juliana Borinelli. Honorários advocatícios e sucumbência recursal, In: OLIVEIRA, Pedro Miranda de (Org.). *Impactos do novo CPC na advocacia*. Florianópolis, Conceito Editorial, 2015. p. 77). Da mesma forma, Dierle Nunes também apregoa que "não é toda decisão ao longo do trâmite processual que enseja a condenação em honorários de sucumbência. Logo, apenas as decisões aptas a prever esse tipo de condenação (v.g. sentença ou acórdão) viabilizarão a fixação de honorários recursais no tribunal *ad quem*; e apenas os recursos que tencionem reformar profundamente tais decisões [v.g. apelação, agravo de instrumento contra decisão meritória, recursos ordinário, especial e extraordinário] permitirão a referida condenação (o que exclui, por óbvio, os embargos de declaração, agravos internos/regimentais etc.)" (NUNES, Dierle. Apelação e honorários no novo CPC. In: OLIVEIRA, Pedro Miranda de (Org.). *Impactos do novo CPC na advocacia*. Florianópolis: Conceito Editorial, 2015. p. 91).
57. "Consoante a jurisprudência do Superior Tribunal de Justiça, o caso dos autos não enseja arbitramento de honorários recursais de sucumbência, por se tratar de recurso oriundo de provimento interlocutório, sem a prévia fixação da verba honorária" (STJ, 2ª T., REsp 1.663.365/RS, Rel. Min. Herman Benjamin, j. 02.05.2017, *DJe* 10.05.2017).
58. STJ, 3ª T., Edcl no AgInt no AREsp 859.998/SP, Rel. Min. Paulo de Tarso Sanseverino, j. 27.04.2017, *DJe* 09.05.2017.

tese de que embargos de divergência inauguram um novo grau de jurisdição, de modo a permitir a fixação de honorários advocatícios recursais[59].

Logo, certos recursos poderão *agravar* a situação do recorrente que, doravante, deverá sopesar a conveniência do manejo recursal. O *não conhecimento* ou o *improvimento integral* do recurso aumentam *qualitativamente* a sucumbência imposta ao recorrente, relativizando o princípio da proibição da *reformatio in pejus*.

A incidência da verba honorária prevista no § 11º do art. 85 do CPC 2015 funciona como *contrapartida* ao *presumido* acréscimo de trabalho ocasionado ao advogado do recorrido, pouco importando o papel deste profissional no acompanhamento do procedimento recursal. O STF também decidiu que é cabível a fixação de honorários recursais, na forma prevista pelo art. 85, § 11, do CPC/2015, mesmo quando não apresentadas contrarrazões ou contraminuta pelo advogado[60]. A *efetiva comprovação* do trabalho adicional é critério de *dosimetria* dos honorários recursais, para fins de permitir a majoração, ocasião serão estimados o oferecimento de contrarrazões, entrega de memoriais, sustentação oral etc.[61].

É certo que, em acórdão diverso, o STJ sugeriu que os honorários advocatícios recursais pressupõem algum trabalho adicional imposto ao advogado do recorrido. Ao afastar os honorários recursais, o STJ considerou que, naquele específico caso concreto analisado, sequer houve intimação do advogado a respeito da interposição do recurso[62].

O provimento do recurso se resolve pela *inversão* da sucumbência, pois a decisão originária contemplou honorários advocatícios em proveito do vencedor[63]. Questões

---

59. STJ, AgInt nos EREsp 1.649.709/SP, Segunda Seção, Rel. Min. Antonio Carlos Ferreira, j. 08.11.2017, *DJe* 13.11.2017.
60. STF, Plenário, AO 2063 AgR/CE, rel. orig. Min. Marco Aurélio, red. p/ o ac. Min. Luiz Fux, j. 18.05.2017 (Info 865).
61. "Outro pressuposto para a majoração dos honorários em virtude da sucumbência recursal é a ocorrência de efetivo trabalho por parte do advogado da parte vencedora no recurso. Por conseguinte, não poderia ser a parte condenada ao pagamento/majoração de honorários a advogado que não respondeu ao recurso ou, ao menos, não atuou efetivamente na defesa dos interesses do seu constituinte (...)" (FAZIO, César Cipriano de. Honorários advocatícios e sucumbência recursal. In: DIDIER JR., Fredie; COELHO, Marcus Vinicius Furtado; CAMARGO, Luiz Henrique Volpe (Coord.). *Honorários advocatícios*. Salvador: JusPodivm, 2015. v. 2, Coleção Grandes Temas do Novo CPC. p. 621.
62. O julgado em questão consignou que "nos termos do art. 85, § 11, do CPC/2015, deve-se majorar o valor atualizado dos honorários advocatícios, arbitrados na instância ordinária em favor da parte recorrida, observando-se os limites dos §§ 2º e 3º do referido dispositivo. No presente caso, ao serem indeferidos liminarmente os embargos de divergência, sem prévia intimação da parte recorrida, não foram arbitrados honorários recursais em favor do embargado por não serem devidos. Com efeito, (i) o acórdão embargado foi publicado na vigência do CPC/1973, e (ii) não houve trabalho adicional desenvolvido pelo respectivo advogado, que nem mesmo foi intimado da interposição dos embargos. Publicada a decisão ora agravada na vigência do CPC/2015, tais honorários são fixados agora por se ter intimado o recorrido, através do seu representante judicial, para impugnar e, também, acompanhar o *julgamento do agravo interno*, constatando-se o trabalho adicional indicado no art. 85, § 11, do CPC/2015, que deve ser remunerado" (STJ, 2ª Seção, AgInt nos EREsp 1.307.732/SC, Min. Antonio Carlos Ferreira, j. 26.04.2017, *DJe* 03.05.2017).
63. "Se, porém, o recurso for conhecido e provido para reformar a decisão, o que há é a *inversão* da sucumbência: a condenação inverte-se, não havendo honorários recursais" (DIDIER JR., Fredie; CUNHA, Leonardo Carneiro da (Org.) cit., 13. ed., p. 159).

delicadas surgirão com o provimento *parcial* do recurso, pois isso exigirá que o juízo *ad quem* faça um prognóstico acerca da proporcionalidade da sucumbência fixada na esfera recursal. Majoração da verba honorária em relação ao capítulo recursal improvido ou simples redistribuição da sucumbência? Ao que parece, o provimento *parcial* do recurso se resolve pela adequação proporcional dos ônus sucumbenciais, afastando a incidência do § 11 do art. 85 do CPC.

Além disso, o recurso *autônomo* inserido em *contrarrazões* também merece atenção especial no tocante a esse tema, pois, como visto nos comentários ao § 1º do art. 1.009 do CPC 2015, não está afastada a possibilidade de o vencedor se insurgir contra eventuais decisões interlocutórias *não preclusas*. Neste caso, prevalece a lógica de que o Tribunal só irá *majorar* honorários advocatícios constantes do pronunciamento anterior e, como tal, tratando-se de decisão interlocutória não preclusa[64], não haverá espaço, em princípio, para a cumulação da verba honorária recursal prevista no § 11 do art. 85 do CPC.

Por fim, cabe observar que os honorários de sucumbência são fixados na origem com base em percentual sobre o valor da condenação, estimativa do proveito econômico envolvido ou ainda valor atualizado da causa, restando de todo conveniente que "o tribunal mantenha a coerência na majoração, de forma a utilizar o mesmo parâmetro"[65].

1.7. INTERCORRÊNCIAS NA INTERPOSIÇÃO E JULGAMENTO DO RECURSO

a) Morte da parte ou do advogado durante o prazo recursal

O art. 1.004 do CPC consagra hipótese de *interrupção* de prazo recursal[66], nos casos de falecimento da parte com interesse em recorrer. A restituição do prazo recursal opera-se após a *suspensão* do processo preconizada pelo art. 313, I, do CPC. Ou seja, ocorrendo a morte de qualquer das partes, suspende-se o processo. Sem prejuízo da suspensão do feito, tem-se que o prazo recursal será restituído em favor do espólio e(ou) do(s) herdeiro(s), na qualidade de sucessor(es) do falecido. A hipótese assinalada pelo art. 1.004 do CPC é absolutamente razoável, pois o exercício do direito de recorrer exige a realização do preparo e outras providências a cargo da parte interessada.

---

64. "Assim, somente haverá sucumbência recursal se já houver uma prévia condenação da parte vencida ao pagamento de honorários advocatícios. Isso significa que os recursos de agravo de instrumento, ao menos aqueles protocolados durante a fase de conhecimento, não serão passíveis de condenar o vencido ao pagamento de sucumbência recursal, uma vez que não há condenação prévia ao pagamento de honorários, o que somente ocorre quando a sentença é proferida" (CAMBI, Eduardo, e, POMPÍLIO, Gustavo. Majoração dos honorários sucumbenciais no recurso de apelação. In: DIDIER JR., Fredie (Coord.); MACÊDO, Lucas Buril de; PEIXOTO, Ravi; FREIRE, Alexandre (Org.). *Novo CPC doutrina selecionada* Salvador: JusPodivm, 2015. v. 6: processo nos tribunais e meios de impugnação às decisões judiciais. p. 541-542).
65. STJ, AgInt nos EDcl no AREsp 1.256.262/MS, 3ª T., Relatora Min. Nancy Andrighi, j. 18.03.2019, *DJe* 22.03.2019.
66. Art. 1.004. Se, durante o prazo para a interposição do recurso, sobrevier o falecimento da parte ou de seu advogado ou ocorrer motivo de força maior que suspenda o curso do processo, será tal prazo restituído em proveito da parte, do herdeiro ou do sucessor, contra quem começará a correr novamente depois da intimação.

Por outro lado, a morte do advogado durante o prazo recursal induz perda de capacidade postulatória superveniente. Porém, a interrupção do prazo recursal dar-se-á apenas nos casos de falecimento do único procurador constituído pela parte interessada em recorrer. Havendo mais de um advogado habilitado, em princípio não haverá prejuízo processual à parte dotada de interesse recursal. Situações especiais podem ser resolvidas pela regra do art. 223 do CPC. Com a *suspensão* do feito motivada por tais circunstâncias, "não ocorre a prescrição"[67].

b) Força maior capaz de suspender o curso do processo

O art. 313, VI, do CPC contempla hipótese de *suspensão* do processo "por motivo de força maior". Não se confunde com a hipótese do art. 1.004 do CPC, o qual envolve restituição subsequente do prazo recursal em proveito do interessado em recorrer, cuja faculdade foi obstada pela intercorrência do evento imprevisível[68].

c) Interposição de recurso por litisconsorte

c.1) Litisconsórcio unitário

À luz do CPC 1973, costumava-se afirmar que a regra do art. 509 aplicava-se unicamente ao litisconsórcio *unitário*. Porém, o § único do art. 1.005 do CPC 2015 consagrava verdadeira hipótese de *extensão subjetiva* dos efeitos do julgamento relacionada com hipótese de litisconsórcio *simples* (devedores solidários), sendo que, "ainda que não se trate de litisconsórcio unitário, o legislador optou por estender os efeitos do recurso interposto por um dos réus aos demais, excepcionando o princípio da autonomia dos litisconsortes (art. 117, primeira parte)"[69]. Ao comentar a conveniência de solução harmônica para o litígio, Sandro Gilbert Martins observa que, muito embora a tendência no enquadramento da *expansão subjetiva* do recurso interposto pelo litisconsorte seja associar tal situação apenas ao litisconsórcio unitário, "também é possível estender esse mesmo benefício ao litisconsórcio simples em que as teses defendidas pelos diversos sujeitos integrantes do litisconsórcio sejam comuns. O mesmo se diga quando houver assistentes litisconsorciais que não tenham apresentado recurso"[70].

---

67. STJ, AgInt no AREsp 1.334.188/RJ, 1ª T., Rel. Min. Benedito Gonçalves, *DJe* 28.02.2019.
68. "Se a força maior for capaz de perturbar o feito de modo geral, haverá a interrupção do prazo recursal. Se somente atingir a parte vitoriosa, em nada alterará o prazo recursal, pois esta parte não tem interesse em recorrer. Se atingir unicamente a parte vencida, não será caso de interrupção, mas, sim de justo impedimento ou justa causa, capaz de possibilitar a restituição do prazo, (...)" (JORGE, Flávio Cheim. *Teoria geral dos recursos*. 7. ed. São Paulo: RT, 2015. p. 179).
69. JORGE, Flávio Cheim. Dos recursos. In: WAMBIER, Teresa Arruda Alvim et. al. *Breves comentários ao Novo Código de Processo Civil*. São Paulo: RT, 2015. p. 2.231.
70. MARTINS, Sandro Gilbert. Dos recursos. In: CUNHA, José Sebastião Fagundes (Coord. geral); BOCHENEK, Antonio César; CAMBI, Eduardo (Coord.). *Código de processo civil comentado*. São Paulo: RT, 2016. p. 1.372-1.373.

c.2) Fixação de verba honorária

Questão que deverá comportar exame atento dos Tribunais diz respeito à fixação de verba honorária recursal (CPC, art. 85, § 11º) nos casos envolvendo litisconsórcio. Logo, cabe assentar que recorrente "responderá com exclusividade pelos honorários recursais, ainda que o recurso aproveite aos demais litisconsortes, (...)"[71]. Tal raciocínio está assentado na 1ª (primeira) parte do art. 117 do CPC 2015, ao dispor que "os litisconsortes serão considerados, em suas relações com a parte adversa, como litigantes distintos (...)".

c.3) Litisconsortes e recurso adesivo

Por fim, nos casos em que a parte adversa e os litisconsortes sofram sucumbência *recíproca*, o uso do recurso adesivo está restrito à hipótese de insurgência manifestada pelo integrante do polo processual oposto, não podendo se originar do recurso manejado pelo seu consorte.

c.4) Autonomia ou prejudicialidade dos recursos concomitantes interpostos pelos diferentes litisconsortes

Caso diferentes litisconsortes venham a recorrer, o *não conhecimento* ou improvimento *a priori* de um desses recursos não obsta o exame *autônomo* dos demais[72]. Contudo, o provimento de um deles poderá resultar na perda do interesse recursal dos demais recursos que se voltaram contra a mesma decisão.

---

71. LOPES, Bruno Vasconcellos Carrilho. Os honorários recursais no novo código de processo civil. O novo código de processo civil, *Revista do Advogado – AASP*, n. 126, a. XXXV, maio de 2015. p. 31.
72. Afinal, "no caso de improvimento do recurso, não há como se aceitar que tal fato impeça o outro litisconsorte de se insurgir contra a decisão que lhe é prejudicial. O segundo recurso deverá ser julgado livremente, sob pena de cercear à parte (litisconsorte) o direito de recorrer. (...) A solução deve ser diversa quando existe o provimento do primeiro recurso. Neste caso haverá falta de interesse processual superveniente no julgamento do segundo recurso, pelo fato de o primeiro ter propiciado antecipadamente o resultado pretendido neste último recurso" (JORGE, Flávio Cheim. *Teoria geral dos recursos* cit., p. 382).

2
INCIDENTES NA FASE RECURSAL

2.1. DO INCIDENTE DE ASSUNÇÃO DE COMPETÊNCIA

O art. 947 do CPC autoriza a instauração do incidente de assunção de competência no julgamento de recurso, remessa necessária ou processo de competência originária, reservado às hipóteses de relevante questão de direito, com grande repercussão social, independente da repetição da matéria em múltiplos processos.

Evidentemente, um dos traços da pós-modernidade é a complexidade intrínseca das relações sociais e jurídicas, de modo que as sociedades contemporâneas convivem com os dilemas capitaneados por diferentes concepções e ideologias dos sujeitos processuais que, diga-se de passagem, não raras vezes resultam em divergências na tarefa de identificação da norma jurídica aplicável ao caso concreto. Por força disso, o legislador 2015 instituiu diversos expedientes processuais voltados à garantia de integridade da jurisprudência, com o objetivo final de salvaguardar a *uniformidade* na aplicação do direito objetivo, permitindo ainda o enfrentamento da litigiosidade repetitiva. Portanto, ao dispor que a relevante questão de direito não precisa estar atrelada a existência de múltiplos processos, o instituto da assunção de competência não é dotado propriamente de função *corretiva*, prevalecendo o seu aspecto de *preventividade*, buscando evitar a divergência jurisprudencial. Desse modo, o instituto conserva certos traços do incidente de uniformização de jurisprudência então previsto no § 1º do art. 555 do CPC de 1973[1].

Trata-se de um *incidente processual* – e *não* propriamente de um recurso – haja vista a inexistência de voluntariedade na sua instauração ou mesmo o propósito de devolver o conhecimento da matéria a outra instância recursal. Assim, o incidente em questão está focado no exame central de *teses jurídicas* relevantes, sem prejuízo do acertamento do caso. Poderá ser utilizado perante os Tribunais Superiores e perante os Tribunais de 2º Grau. Com vistas ao seu correto balizamento, oportuno transcrever o precedente seguinte emanado do STJ.

> (...) 1. A assunção de competência disciplinada nos arts. 947 do CPC/2015 e 271-B do RISTJ não constitui instrumento autônomo de irresignação, ou seja, não se equipara a um novo recurso. Na verdade, é um incidente mediante o qual se transfere a competência de um órgão fracionário interno do Tribunal para

---

1. "Art. 555. (...) § 1º Ocorrendo relevante questão de direito, que faça conveniente prevenir ou compor divergência entre câmaras ou turmas do tribunal, poderá o relator propor que seja o recurso julgado pelo órgão colegiado que o regimento indicar; reconhecendo o interesse público na assunção de competência, esse órgão colegiado julgará o recurso".

outro, adotando-se um rito especial, com consequências diferenciadas, para o julgamento de recurso, de remessa necessária e de processo de competência originária, quando presentes determinados requisitos processuais[2].

a) Requisitos

Para sua utilização, devem concorrer os seguintes fatores: a) existência de relevante questão de direito, com grande repercussão social; b) interesse público na assunção da competência, como forma de prevenir eventual divergência; c) provocação do relator originário, requerimento da parte, do Ministério Público ou da Defensoria, de modo a permitir o deslocamento da competência para julgamento do recurso, da remessa necessária ou processo de competência originária; d) aceitação do órgão colegiado.

Ou seja, ainda que a relevante questão de direito esteja presente num único caso, a relevância da matéria e a possibilidade de grande repercussão social podem aconselhar "que o Tribunal profira seu julgamento por órgão colegiado mais amplo e de maior representatividade perante a sociedade, revelando um julgamento muito mais cuidadoso, com debates mais extensos, revelando maior maturidade da decisão final"[3].

Além disso, em leitura compassada com a regra do § 4º do art. 976 do CPC, extraída do regime jurídico aplicável ao IRDR, o Enunciado 600 do FPPC aponta ainda que "o incidente de assunção de competência pode ter por objeto a solução de relevante questão de direito material ou processual"[4].

Além disso, o § 4º do art. 947 do CPC faz menção à conveniência na prevenção da divergência ou ainda a possibilidade de composição de divergência entre câmaras ou turmas do tribunal. A função de prevenção sugere a não configuração de decisões divergentes, enquanto a composição da divergência pressupõe decisões díspares em órgãos colegiados da mesma Corte. Apesar da ênfase ao aspecto da preventividade, o Enunciado 702 do FPPC sugere a possibilidade de "conversão de incidente de assunção de competência em incidente de resolução de demandas repetitivas e vice-versa, garantida a adequação do procedimento".

b) Procedimento

Presentes os pressupostos legais, "o relator proporá, de ofício ou a requerimento da parte, do Ministério Público ou da Defensoria Pública, que seja o recurso, a remessa

---

2. STJ, AgInt. no IAC no REsp 1.539.334-ES, 4ª T., Rel. Min. Antonio Carlos Ferreira, j. 26.10.2020, *DJe* 29.10.2020.
3. SPADONI, Joaquim Felipe. Incidente de assunção de competência. In: WAMBIER, Luiz Rodrigues; WAMBIER, Teresa Arruda Alvim (Coord.). *Temas essenciais do novo CPC*: análise das principais alterações do sistema processual civil brasileiro. São Paulo: RT, 2016. p. 492.
4. Ao examinar determinada proposta de afetação, o STJ erigiu como *thema decidendum* do IAC questão de índole estritamente processual, em torno da necessidade de "fixação da competência prevalecente para julgamento de matérias de direitos coletivos e individuais quando haja conflito entre norma infralegal ou lei estadual e a previsão de leis federais, no que tange a foro especializado em lides contra a Fazenda Pública" (STJ, ProAfR no RMS 64.525-MT, 1ª Seção, Rel. Min. Og Fernandes, j. 16.03.2021, *DJe* 19.03.2021).

necessária ou o processo de competência originária julgado pelo órgão colegiado que o regimento indicar" (CPC, art. 947, § 1º).

O § 2º do art. 947 do CPC dispõe que "o órgão colegiado julgará o recurso, a remessa necessária ou o processo de competência originária se reconhecer interesse público na assunção de competência". A locução *interesse público* utilizada pelo dispositivo é ligeiramente diversa das categorias contidas no *caput* do art. 947 do CPC, alusivas à *relevante* questão de direito com grande *repercussão social*[5], mas ainda assim possuem uma certa convergência em torno da *transcendência* do tema, que exorbite a esfera particular dos contendores.

Importante frisar, no tocante ao julgamento, que não se trata apenas de fixar o entendimento da relevante "questão de direito", mas decidir o caso concreto com análise do mérito do recurso, da remessa necessária ou ação de competência originária da Corte.

c) Efeitos do julgamento

A tese jurídica fixada no julgamento do incidente de assunção de competência será de observância obrigatória para juízos subordinados ao tribunal que venha fixá-la (CPC, art. 927, III) ou ainda para os seus órgãos fracionários (CPC, art. 947, § 3º). Portanto, o fundamento determinante (*ratio decidendi*) extraído do IAC produzirá eficácia *extravasante*, alcançando outros processos que venham a ser ajuizados, servindo para (i) embasar a improcedência liminar do pedido, com a prolação de sentença de mérito na forma do art. 332, III, do CPC; (ii) dispensará o aspecto compulsório da remessa necessária, quando a sentença contrária ao ente fazendário estiver fundada na tese jurídica apreciada no incidente em questão (CPC, art. 496, § 4º, III); (iv) possibilitará ao relator a apreciação monocrática de recursos que venham a encontrar óbice na tese resultante da assunção de competência (CPC, art. 932, IV, "c") etc.

d) Institutos similares

Oportuno registrar que o art. 14 da Lei 10.259, de 12.07.2001 contempla mecanismo análogo de uniformização de jurisprudência, aplicável na seara dos Juizados Especiais Federais. Com efeito, o *caput* do art. 14 da Lei 10.259/2001, prevê que "caberá pedido de uniformização de interpretação de lei federal quando houver divergência entre decisões sobre questões de direito material proferidas por Turmas Recursais na interpretação da lei". O objeto do referido incidente de uniformização consiste na *interpretação de lei federal de direito material*. Porém, o instituto da assunção de competência, ora examinado, não guarda tal limitação quanto ao seu objeto e instauração.

---

5. "O mais provável é que as expressões sejam consideradas como sinônimas – ainda que não o sejam –, sendo admissível o incidente sempre que interessar a quantidade razoável de sujeitos" (NEVES, Daniel Amorim Assumpção. *Novo código de processo civil*. São Paulo: Método, 2015, p. 480-481).

Outro aspecto distintivo diz respeito à circunstância de que o incidente da Lei 10.259/2001 poderá cotejar posições externas (por exemplo, julgamentos de turmas julgadoras de diferentes regiões, ou mesmo a contraposição com súmula ou jurisprudência dominante do Superior Tribunal de Justiça). Entretanto, a técnica de assunção de competência dar-se-á em caráter *interna corporis*, sem o cotejo com posições externas.

2.2. DO INCIDENTE DE ARGUIÇÃO DE INCONSTITUCIONALIDADE

O controle concentrado de constitucionalidade é confiado ao Supremo Tribunal Federal e desencadeado por meio da ação direta de inconstitucionalidade de lei ou ato normativo federal ou estadual, da ação declaratória de constitucionalidade de lei ou ato normativo federal (Constituição da República, art. 102, I, "a") e ainda por meio da arguição de descumprimento de preceito fundamental. Em outra vertente, o controle *incidental* é exercido de modo *difuso*, competindo, indistintamente, aos diversos órgãos do Poder Judiciário. Trata-se, neste particular, de verdadeira sindicância da ordem jurídica, permitindo-lhes afastar a aplicação do ato normativo conflitante com as normas constitucionais.

Contudo, nos Tribunais pátrios, por força da *presunção de constitucionalidade* das leis e atos normativos, a declaração de inconstitucionalidade está submetida ao princípio da *reserva de plenário* extraído do art. 97 da Constituição Federal (*full bench*, do direito norte-americano[6]). Conforme advertência de Luis Roberto Barroso, a tarefa similar confiada ao juízo de primeiro grau é realizada com mais singeleza comparativamente à função desempenhada pelos Tribunais. Isto porque, "para a declaração incidental de inconstitucionalidade, os tribunais sujeitam-se ao princípio da *reserva de plenário* (CF, art. 97) – sendo vedada aos órgãos fracionários, como câmaras ou turmas, a declaração de inconstitucionalidade (...)"[7]. Ou seja, por força da cláusula de reserva de plenário, a inconstitucionalidade de lei ou ato normativo só pode ser pronunciada pela *maioria absoluta* dos membros do tribunal ou de seu órgão especial, caso existente.

Atente-se ainda que, para o controle *difuso*, não há óbice no exame de compatibilidade das regras editadas antes do advento da Constituição de 1988. Tal sistemática difere daquela concebida para o modelo *abstrato*, no qual a melhor exegese aponta que

---

6. "Cuida-se da chamada reserva de plenário, a que a doutrina norte-americana costuma emprestar o nome de *full bench*. Conforme já visto, configura ela uma regra prudencial, destinada a permitir a formação de um colegiado qualificado (composição plenária do tribunal, ou respectiva corte especial), perante o qual se há de deduzir questão relevante, como a da declaração de inconstitucionalidade de ato normativo. A reserva de plenário praticamente resolve-se por uma cisão de competência no julgamento do processo, cabendo ao plenário a solução da questão constitucional incidentalmente suscitada e ao órgão fracionário a posterior continuação do julgamento, com a utilização da premissa lançada pelo colegiado maior. A competência fixada neste caso segue o critério funcional e é, destarte, por esse motivo, competência absoluta, sendo, ademais, estabelecida por norma constitucional, o que lhe agrega importância" (MENDES, Leonardo Castanho. *O recurso especial e o controle difuso de constitucionalidade*. São Paulo: RT, 2006. v. 13. p. 181).
7. BARROSO, Luis Roberto. *O controle de constitucionalidade no direito brasileiro*. 7. ed. São Paulo: Saraiva, 2016. p. 122.

as normas jurídicas antecedentes à Constituição da República não estão sujeitas ao modelo de sindicabilidade constitucional[8]. São suficientes, neste particular, as regras do direito intertemporal e o critério da hierarquia[9].

Portanto, cabe frisar que, embora seja possível o *reconhecimento* da constitucionalidade da lei ou ato normativo, "nenhum órgão fracionário de qualquer tribunal dispõe de competência para declarar a inconstitucionalidade de uma norma, a menos que essa inconstitucionalidade já tenha sido anteriormente reconhecida pelo plenário ou pelo órgão especial do próprio tribunal ou pelo plenário do Supremo Tribunal Federal, em controle incidental ou principal"[10]. De outro lado, nenhum Tribunal está autorizado a deixar de aplicar a lei sob o fundamento de sua inconstitucionalidade, mesmo que não expressamente reconhecida, sob pena de violação à Súmula Vinculante 10 do STF: "Viola a cláusula de reserva de plenário (CF, artigo 97) a decisão de órgão fracionário de tribunal que, embora não declare expressamente a inconstitucionalidade de lei ou ato normativo do poder público, afasta sua incidência no todo ou em parte".

À guisa de firmar seu retrospecto legislativo, o procedimento da declaração de inconstitucionalidade estava disciplinado nos arts. 480, 481 e 482 do CPC 1973. A Lei 9.868, de 10.11.1999, acrescentou 03 (três) parágrafos ao art. 482 do CPC revogado, atribuindo-lhe as feições que permaneceram em vigor até o advento do CPC 2015. Ou seja, o incidente estava estruturado na forma de um procedimento bifásico, envolvendo um juízo *desdobrado* de admissibilidade, passando pela deliberação *prévia* do órgão fracionário, responsável pela sua admissão e proposição para julgamento, com o posterior deslocamento da sindicância da norma impugnada para o órgão plenário do Tribunal[11]. Observava-se, então, verdadeira cisão do julgamento, competindo ao pleno

---

8. "O STF admitiu, inicialmente, a possibilidade de examinar no processo do controle abstrato de normas a questão da derrogação do Direito pré-constitucional, em virtude de colisão entre este e a Constituição superveniente (...). Essa posição foi abandonada, todavia, em favor do entendimento de que o processo do controle abstrato de normas destina-se, fundamentalmente, à aferição da constitucionalidade de normas pós-constitucionais. Dessa forma, eventual colisão entre o Direito pré-constitucional e a nova Constituição deveria ser simplesmente resolvida segundo os princípios de Direito Intertemporal." (MENDES, Gilmar Ferreira. Ação direta de inconstitucionalidade e ação declaratória de constitucionalidade. In: MEIRELLES, Hely Lopes. *Mandado de segurança*. São Paulo: Malheiros, 2004. p. 352).
9. "Tampouco é caso de invocação da regra de reserva de plenário na hipótese de ser dar a incompatibilidade da norma infraconstitucional com Constituição que lhe seja posterior. Neste caso, tem-se entendido, com acerto, que não se trata de inconstitucionalidade, mas de simples revogação da norma anterior, por mera aplicação de critério cronológico, ao passo que a declaração de inconstitucionalidade pressupõe a valoração hierárquica da norma constitucional frente à infraconstitucional" (MENDES, Leonardo Castanho. Op. cit., p. 185).
10. BARROSO, Luis Roberto. *O controle de constitucionalidade no direito brasileiro* cit., p. 125.
11. "A declaração incidental de inconstitucionalidade perante tribunal é feita em duas etapas: a primeira perante o órgão fracionário e a segunda perante o pleno ou órgão especial. De fato, arguida a inconstitucionalidade – por qualquer das partes, pelo Ministério Público, pelo juiz de 1º grau, pelo relator ou por um de seus pares – o relator submeterá a questão à turma, câmara, grupo de câmaras, seção ou qualquer outro órgão do tribunal ao qual incumba proceder ao julgamento do caso. Se a arguição for rejeitada, o processo prosseguirá regularmente, com a aplicação da norma questionada, cuja eficácia não terá sido afetada" (BARROSO, Luis Roberto. *O controle de constitucionalidade no direito brasileiro* cit., p. 126).

ou órgão especial o exame da questão constitucional, enquanto o órgão fracionário julgaria o caso concreto[12].

O CPC 2015 conservou esses traços fundamentais, ao dispor que:

> (...) arguida, em controle difuso, a inconstitucionalidade de lei ou de ato normativo do poder público, o relator, após ouvir o Ministério Público e as partes, submeterá a questão à turma ou à câmara à qual competir o conhecimento do processo (CPC, art. 948).

Como é de se notar, o incidente em comento "somente é cabível para declaração de inconstitucionalidade de lei ou ato normativo do Poder Público, não se aplicando às decisões judiciais"[13].

O Enunciado 601 do FPPC ainda sugere que "instaurado o incidente de arguição de inconstitucionalidade, as pessoas jurídicas de direito público responsáveis pela edição do ato normativo questionado deverão ser intimadas para que tenham ciência do teor do acórdão do órgão fracionário que o instaurou".

No tocante ao julgamento, o art. 949 do CPC dispõe que se a arguição for rejeitada, prosseguirá o julgamento (inciso I). Ou seja, caso o órgão fracionário repute constitucional o dispositivo de lei, poderá prosseguir no julgamento do processo. Porém, uma vez acolhida, "a questão será submetida ao plenário do tribunal ou ao seu órgão especial, onde houver" (inciso II).

Além disso, o parágrafo único do art. 949 do CPC estabelece que "os órgãos fracionários dos tribunais não submeterão ao plenário ou ao órgão especial a arguição de inconstitucionalidade quando já houver pronunciamento destes ou do plenário do Supremo Tribunal Federal sobre a questão"[14].

---

12. "A admissão do incidente *sub examine* implica a *cisão da competência* interna do Tribunal, uma vez que a questão da constitucionalidade deverá ser decidida pelo Plenário ou pelo órgão especial do Tribunal (art. 949, II, do NCPC) e o órgão fracionário permanecerá competente para julgar o objeto restante do processo. Cuida-se, portanto, de julgamento *objetiva* e *subjetivamente complexo*, haja vista que dois órgãos distintos do Tribunal decidirão, no mínimo, duas questões igualmente distintas – a questão da constitucionalidade e o mérito do processo" (OLIANI, José Alexandre Manzano. Incidente de arguição de inconstitucionalidade. In: WAMBIER, Luiz Rodrigues; WAMBIER, Teresa Arruda Alvim (Coord.). *Temas essenciais do novo CPC*: análise das principais alterações do sistema processual civil brasileiro. São Paulo: RT, 2016. p. 519).
13. STJ, EDcl no AgInt. no AREsp 1.619.488-SP, 3ª T., Rel. Min. Ricardo Villas Bôas Cueva, j. 11.11.2020, *DJe* 17.11.2020.
14. Ainda à luz do par. único do art. 481 do CPC revogado, Leonardo Castanho Mendes destacava que a interpretação restritiva dos Tribunais havia sido prestigiada naquele dispositivo de lei, conclusão que ainda se mantém diante do par. único do art. 949 do CPC 2015: "Favorecendo a mesma finalidade, de desobstruir o trabalho judiciário, com o atendimento ao núcleo mínimo do disposto no art. 97 da Constituição Federal de 1988, assentou também o Supremo Tribunal Federal, em interpretação que se pode qualificar de desburocratizante, que a prévia manifestação do plenário ou órgão especial do tribunal seria dispensável não apenas quando a declaração de inconstitucionalidade já houvesse sido proferida, ainda que incidentalmente, pelo Supremo Tribunal Federal, como decorre dos precedentes antes citados, mas também quando o próprio tribunal local já contasse com a manifestação de seu pleno no sentido da desconformidade do ato normativo com a Carta da República. Confiram-se, assim, os seguintes precedentes: RE 199.017, 1ª T., *DJU* 28.05.1999, Rel. Min. Ilmar Galvão; RE 164.103, 1ª T., *DJU* 27.03.1998, Rel. Min. Moreira Alves." (MENDES, Leonardo Castanho. Op. cit., p. 182-183).

Portanto, ressalvado o cabimento de eventuais embargos de declaração, o pronunciamento proferido pelo órgão plenário no bojo desse incidente de arguição de inconstitucionalidade não desperta interesse recursal, competindo ao interessado, ao se deparar com a decisão do órgão fracionário, recorrer dessa última, na continuidade do julgamento do caso concreto. Não por outra razão, o enunciado 513 da súmula da jurisprudência dominante do Supremo Tribunal Federal realça que "a decisão que enseja a interposição de recurso ordinário ou extraordinário não é a do plenário, que resolve o incidente de inconstitucionalidade, mas a do órgão (Câmaras, Grupos ou Turmas) que completa o julgamento do feito".

2.3. DO CONFLITO DE COMPETÊNCIA

a) Objeto e finalidade

Conforme disposto no art. 66 do CPC 2015, "há conflito de competência quando: I – 2 (dois) ou mais juízes se declaram competentes; II – 2 (dois) ou mais juízes se consideram incompetentes, atribuindo um ao outro a competência; III – entre 2 (dois) ou mais juízes surge controvérsia acerca da reunião ou separação de processos. Trata-se de incidente processual que, em apertada síntese, "pressupõe a manifestação de dois ou mais juízes que se declaram competentes ou incompetentes, ou, ainda, a existência de controvérsia entre eles acerca da reunião ou da separação dos processos"[15]. O Capítulo V do Título I do Livro III da Parte Especial regulamenta os trâmites do julgamento do conflito de competência.

São legitimados para suscitá-lo (i) as partes, (ii) o Ministério Público, ou (iii) o juiz. O parágrafo único do art. 951 do CPC relativizou a necessidade de interveniência obrigatória do Ministério Público, nas hipóteses em que não for o suscitante. A legitimidade conferida às partes "não afasta a exigência de pronunciamento de ambos os juízos conflitantes para o conhecimento do incidente"[16].

Entretanto, é preciso advertir que os limites estreitos do conflito de competência "não permitem rediscutir a legitimidade ad causam da lide principal, porquanto se trata de questão a ser dirimida pelo Juízo indicado como competente para o julgamento da causa"[17]. Não permitem julgar o mérito da causa e "tampouco qualquer modificação do polo ativo ou passivo da demanda"[18]. Porém, conforme disposto no enunciado da Súmula 224 do STJ, "excluído do feito o ente federal, cuja presença levara o Juiz Estadual a declinar da competência, deve o Juiz Federal restituir os autos e não suscitar o conflito".

---

15. STJ, AgInt no CC 201.159-RJ, 1ª Seção, Rel. Min. Gurgel de Faria, *DJe* 02.04.2024.
16. STJ, AgInt. no CC 187.471-SP, 1ª Seção, Rel. Min. Regina Helena Costa, *DJe* 18.08.2022.
17. STJ, AgInt. nos EDcl no CC 1.756.686-PR, 1ª Seção, Rel. Min. Og Fernandes, *DJe* 10.11.2021.
18. STJ, AgInt. no CC 177.471-PR, 1ª Seção, Rel. Min. Herman Benjamin, *DJe* 27.03.2023.

b) Procedimento

O art. 953 do CPC alude ao mecanismo apto ao desencadeamento do conflito de competência. Após a distribuição, o relator determinará a oitiva dos juízes em conflito ou, se um deles for suscitante, apenas do suscitado (CPC, art. 954). Não há previsão de oitiva das partes[19], ainda que "diretamente afetadas pela decisão a respeito do juízo competente"[20]. O parágrafo único do art. 953 dispõe que "o ofício e a petição serão instruídos com os documentos necessários à prova do conflito".

Competirá ao relator, de ofício ou a requerimento de qualquer das partes, "determinar, quando o conflito for positivo, o sobrestamento do processo e, nesse caso, bem como no de conflito negativo, designará um dos juízes para resolver, em caráter provisório, as medidas urgentes" (CPC, art. 955).

O relator poderá julgar a matéria de forma monocrática baseado em (i) súmula do STF, do STJ ou do próprio tribunal; ou (ii) tese firmada em julgamento de casos repetitivos ou em incidente de assunção de competência.

Não sendo o caso de decisão *unipessoal*, após as providências assinaladas no art. 956 do CPC, o conflito irá a julgamento. Ao decidi-lo, o tribunal declarará qual o juízo competente, pronunciando-se também sobre a validade dos atos do juízo incompetente (CPC, art. 957[21]).

Tratando-se de conflito que envolva "órgãos fracionários dos tribunais, desembargadores e juízes em exercício no tribunal, observar-se-á o que dispuser o regimento interno do tribunal" (CPC, art. 958).

2.4. DO INCIDENTE DE RESOLUÇÃO DE DEMANDAS REPETITIVAS

a) As altas taxas de congestionamento do Judiciário nacional e a litigiosidade repetitiva

As altas taxas de congestionamento dos Tribunais brasileiros refletiram na idealização de mecanismos de coletivização. É inegável que as demandas repetitivas se tornaram um dos grandes desafios do sistema jurídico contemporâneo, notadamente por força do desafio de garantir *integridade, coerência* e *uniformidade* das decisões judiciais (CPC, art. 926).

---

19. "O procedimento do conflito de competência, previsto nos arts. 951 a 959 do CPC não prevê a necessidade de manifestação da parte suscitante após o fornecimento de informações pelos Juízos suscitados, inexistindo qualquer violação ao princípio do contraditório" (STJ, AgInt. no CC 173.569-SP, 2ª Seção, Rel. Min. Luis Felipe Salomão, *DJe* 18.02.2021).
20. NEVES, Daniel Amorim Assumpção. *Novo código de processo civil* cit., p. 484.
21. "Para solver tal controvérsia, prevê o vigente diploma processual procedimento adequado, no qual incumbe ao tribunal tão somente declarar qual é o juiz competente, pronunciando-se, ainda e se necessário, quanto à validade dos atos praticados pelo juízo reconhecidamente incompetente. Inteligência do art. 957 do CPC" (STJ, AgInt. no CC 144.175-MG, 1ª Seção, Rel. Min. Sérgio Kukina, *DJe* 08.11.2016).

O IRDR destina-se, em tese, a garantir soluções minimamente uniformes para litígios massificados[22]. O art. 976 do CPC dispõe que "é cabível a instauração do incidente de resolução de demandas repetitivas quando houver, simultaneamente: I – efetiva repetição de processos que contenham controvérsia sobre a mesma questão unicamente de direito; II – risco de ofensa à isonomia e à segurança jurídica". Por isso, conforme assinalado pelo STJ, ostenta natureza de *processo objetivo*[23]. Ou seja, o IRDR é voltado ao exame da *questão jurídica comum*; não propriamente dos processos repetitivos.

É possível cogitar, em caráter exemplificativo, de produto comercializado com riscos à saúde dos potenciais adquirentes, equipamento vendido em discrepância das informações anunciadas (por exemplo, veículo automotivo com potência inferior às especificações do fabricante) ou danos ambientais e materiais advindos do rompimento de uma barragem, de uma adutora de água etc. Em tais casos, é previsível a propositura de múltiplas demandas, com a constância de uma "mesma questão", vale dizer, a responsabilidade do fornecedor de produtos ou serviços, a comercialização de bem durável fora das especificações, os limites da responsabilidade advinda do dano ambiental etc. Portanto, para fins de instauração do IRDR, a questão "unicamente de direito" reclama uma "interpretação da norma ou solução jurídica com base em substrato fático incontroverso"[24].

Oportuno registrar que o IRDR pressupõe a solução da questão comum sem pronunciamento da inconstitucionalidade de lei ou ato normativo, hipótese sujeita à observância da cláusula de reserva de plenário (Constituição Federal, art. 97), por meio do incidente previsto no art. 949, II, do CPC.

b) *Efetiva repetição de processos, riscos à isonomia e à segurança jurídica*

Como visto, o incidente de resolução de demandas repetitivas está pautado (i) na necessidade de enfrentamento da "mesma questão unicamente de direito" (CPC, art. 976, I), comum aos processos repetidos, ou (ii) com riscos de ofensa à isonomia e à

---

22. "O Incidente de Resolução de Demandas Repetitivas (IRDR) é instrumento processual com inequívoco objetivo de imprimir celeridade e uniformização na solução de demandas de massa, sendo cabível somente no âmbito dos tribunais de justiça e tribunais regionais federais quando houver repetição de processos sobre a mesma questão de direito ou nas situações de risco à isonomia ou à segurança jurídica" (STJ, AgInt nos EDcl na Pet. 13.602 DF, Corte Especial, Rel. Min. Humberto Martins, j. 25.05.2021, *DJe* 27.05.2021).
23. "(...) VI – Inserido no microssistema de formação concentrada de precedente obrigatório (arts. 489, § 1º, 984, § 2º, e 1.038, § 3º, CPC/2015), o IRDR extrai sua legitimidade jurídica não apenas de simples previsão legal. Afastando-se de mero processo de partes (destinado à decisão de um conflito singular), ostenta natureza de processo objetivo, em que legitimados adequados previstos em lei requerer a instauração de incidente cuja função precípua é permitir um ambiente de pluralização do debate, em que sejam isonomicamente enfrentados todos os argumentos contrários e favoráveis à tese jurídica discutida; bem como seja ampliado e qualificado o contraditório, com possibilidade de audiências públicas e participação de *amicus curiae* (art. 138, 927, § 2º, 983, 1.038, I e II, todos do CPC/2015)" (STJ, AgInt nos Edcl na Pet. 13.602 DF, Corte Especial, Rel. Min. Humberto Martins, *DJe* 27.05.2021).
24. MARINONI, Luiz Guilherme. *Incidente de resolução de demandas repetitivas*: decisão de questão idêntica x precedente. São Paulo: RT, 2016. p. 54.

segurança jurídica (CPC, art. 976, II). Ou seja, diversamente da técnica de assunção de competência (CPC, art. 947), a instauração do IRDR pressupõe uma certa *maturação* no debate jurídico a respeito da questão jurídica controversa.

Isto porque, "o dissenso inicial a respeito da mesma questão jurídica, apesar de ofender a isonomia e a segurança jurídica, é essencial para uma maior exposição e mais aprofundada reflexão sobre todos os entendimentos possíveis a respeito da matéria"[25]. Portanto, o IRDR não pressupõe apenas a repetição de processos contendo a mesma *questão jurídica comum*, mas também os riscos à isonomia e à segurança jurídica[26]. Note-se, porém, que o art. 976 do CPC também não pressupõe a existência de decisões *controversas*. É suficiente que estejam em trâmite processos versando sobre a mesma questão de direito. E, aliás, a temática jurídica controversa "não precisa ser a questão principal da demanda. Não precisa, nem mesmo, ser pertinente ao mérito da causa, podendo ser referente à matéria de direito material ou processual (art. 928, parágrafo único e art. 976, § 4º)"[27].

É de se notar, porém, que o STJ deliberou pela impossibilidade de instauração de IRDR em instância local, por entender que o recurso ordinário já havia sido julgado, concluindo, assim, não vislumbrar a ocorrência de causa pendente:

> (...) Ocorre que, após o julgamento do mérito do recurso do qual se extrairia a tese jurídica, não há que se falar em pendência do caso para fins de instauração do IRDR, diante do obstáculo à formação concentrada do precedente obrigatório.
>
> VI. O cabimento do IRDR condiciona-se à pendência de julgamento, no tribunal, de uma causa recursal ou originária. Se já encerrado o julgamento, não caberá mais a instauração do IRDR, senão em outra causa pendente; mas não naquela que já foi julgada. Nesse sentido, o Enunciado 344 do Fórum Permanente de Processualistas Civis[28].

Além disso, mesmo quando atendidos os demais pressupostos retrotranscritos, "é incabível o incidente de resolução de demandas repetitivas quando um dos tribunais superiores, no âmbito de sua respectiva competência, já tiver afetado recurso para definição de tese sobre questão de direito material ou processual repetitiva" (CPC, art. 976, § 4º). Ou seja, enquanto os Tribunais Superiores, no âmbito de suas competências, não tenham erigido determinado tema controverso ao procedimento afeto dos recursos repetitivos (CPC, art. 1.036 e ss.), permite-se a instauração do IRDR no âmbito de eventual tribunal de justiça ou corte regional federal. Portanto:

---

25. NEVES, Daniel Amorim Assunção. *Novo código de processo civil* cit., p. 502.
26. O Enunciado 87 do FPPC aponta que: "A instauração do incidente de resolução de demandas repetitivas não pressupõe a existência de grande quantidade de processos versando sobre a mesma questão, mas preponderantemente o risco de quebra da isonomia e de ofensa à segurança jurídica".
27. SPADONI, Joaquim Felipe. Incidente de resolução de demandas repetitivas. In: WAMBIER, Luiz Rodrigues, WAMBIER, Teresa Arruda Alvim (Coord.). *Temas essenciais do novo CPC*: análise das principais alterações do sistema processual civil brasileiro. São Paulo: RT, 2016. p. 498.
28. STJ, AREsp 1.470.017-SP, 2ª T., Rel. Min. Francisco Falcão, j. 15.10.2019, *DJe* 18.10.2019.

(...) a decisão que reputa que não há suficiente controvérsia em nível nacional para a afetação pelo STJ ou STF não afasta o eventual reconhecimento de que possa existir uma controvérsia regional repetitiva relevante a ser solucionada no âmbito do IRDR[29].

c) Legitimidade para deflagração do IRDR

O art. 977 do CPC prevê que são legitimados para instauração do IRDR (i) o juiz ou relator; (ii) as partes; (iii) o Ministério Público e a Defensoria Pública. Ou seja, o dispositivo apenas se refere àqueles que podem instaurá-lo, não havendo previsão de provocação por litigantes alheios ao primeiro caso concreto relevante. Chama atenção, assim, que certos litigantes habituais possam provocá-lo, pois "o incidente certamente é o procedimento 'dos sonhos' daquele que habitualmente viola direitos em massa, que, assim, deve estar muito agradecido à generosidade do legislador. Uma das partes, aquela que é ré em todas ou em grande parte das demandas repetitivas, participará efetivamente do incidente, enquanto as centenas ou milhares de litigantes lesados que exerceram o direito fundamental à tutela jurisdicional estarão excluídos da discussão"[30].

Em qualquer das hipóteses, seja por meio de ofício competente ou petição, dar-se-á a necessidade de instruí-lo com "os documentos necessários à demonstração do preenchimento dos pressupostos para a instauração do incidente".

Em relação à legitimidade outorgada ao Ministério Público, parece aceitável concluir que a sua iniciativa em prol da promoção do IRDR dar-se-á nos casos de direitos indisponíveis ou disponíveis com repercussão social. Porém, ainda que não venha a fazê-lo, não sendo o requerente, "o Ministério Público intervirá obrigatoriamente no incidente e deverá assumir sua titularidade em caso de desistência ou de abandono" (CPC, art. 976, § 2º).

Por fim, parece aceitável ainda concluir que a legitimidade da Defensoria Pública está atrelada à verificação de questões jurídicas que afetem grupos, classes, categorias de pessoas vulneráveis ou hipossuficientes.

d) Competência para conhecer do IRDR

O Enunciado 343 do FPPC sugere que "o incidente de resolução de demandas repetitivas compete a tribunal de justiça ou tribunal regional". Portanto, é correto concluir que:

---

29. CARDOSO, André Guskow. O incidente de resolução de demandas repetitivas – IRDR e os serviços concedidos, permitidos ou autorizados In: TALAMINI, Eduardo (Coord.). *Processo e Administração Pública*. Coleção Repercussões do Novo CPC. DIDIER JÚNIOR, Fredie (Coord.), v. 10, Salvador: JusPodivm, 2016. p. 228.
30. MARINONI, Luiz Guilherme. *Incidente de resolução de demandas repetitivas* cit., p. 76.

> (...) os tribunais de superposição não têm competência para julgar originariamente o incidente de resolução de demandas repetitivas, mas poderão participar do julgamento em grau recursal e proferir decisão determinando a suspensão de todos os processos em trâmite no território nacional (...)[31].

Isto porque, as competências originárias do STF e do STJ estão previstas taxativamente na Constituição, de modo que não compete ao legislador ordinário impor-lhes novas hipóteses de acesso *per saltum*. Além disso, para as Cortes Superiores foi reservada a técnica de recursos repetitivos, com funções similares na afetação de matérias controversas.

O art. 978 do CPC dispõe que o julgamento do IRDR competirá "ao órgão indicado pelo regimento interno entre aqueles responsáveis pela uniformização de jurisprudência do tribunal"[32].

e) Publicidade e divulgação

O art. 979 do CPC sugere que "a instauração e o julgamento do incidente serão sucedidos da mais ampla e específica divulgação e publicidade, por meio de registro eletrônico no Conselho Nacional de Justiça". Assim, os tribunais deverão manter "banco eletrônico de dados atualizados com informações específicas sobre questões de direito submetidas ao incidente, comunicando-o imediatamente ao Conselho Nacional de Justiça para inclusão no cadastro" (CPC, art. 979, § 1º). Tais providências são essenciais:

> (...) para que os potenciais interessados possam tomar conhecimento das questões de direito que tenham sido submetidas ao processo de resolução de demandas repetitivas e não exclui providências adicionais que sejam eventualmente adotadas pelos tribunais e pelo CNJ para assegurar a divulgação da forma mais ampla, permanente e atualizada possível de tais informações[33].

Ou seja, a efetiva comunicação da instauração do incidente "oferece aos legitimados à tutela dos direitos individuais homogêneos oportunidade para intervir no processo como representantes adequados"[34]. Convergindo com tal raciocínio, o Enunciado 575 do FPPC sugere que a ampla divulgação do IRDR nos cadastros eletrônicos dos Tribunais e do CNJ permitirá "a participação de mais sujeitos na qualidade de *amicus curiae*". Recomendável ainda observar os parâmetros de saneamento e organização do processo, nos moldes do Enunciado 723 do FPPC.

---

31. NEVES, Daniel Amorim Assunção. *Novo código de processo civil* cit., p. 506.
32. O STJ decidiu que "pela sistemática estabelecida no parágrafo único do art. 978 do CPC/2015, 'o órgão colegiado incumbido de julgar o incidente e de fixar a tese jurídica julgará igualmente o recurso, a remessa necessária ou o processo de competência originária de onde se originou o incidente', orientação que visa o esgotamento do trâmite recursal na instância ordinária e que está de acordo com os enunciados 21, 22 e 24 do Seminário 'O Poder Judiciário e o Novo Código de Processo Civil', promovido pela Escola Nacional de Formação e Aperfeiçoamento de Magistrados – ENFAM" (STJ, ProAfr no REsp 1.881.272-RS, 1ª Seção, Rel. para acórdão Min. Gurgel de Faria, *DJe* 26.11.2021).
33. CARDOSO, André Guskow. Op. cit., p. 51.
34. MARINONI, Luiz Guilherme. *Incidente de resolução de demandas repetitivas* cit., p. 80.

Portanto, com vistas à seleção dos processos afetados e alcançados pelo incidente, "o registro eletrônico das teses jurídicas constantes do cadastro conterá, no mínimo, os fundamentos determinantes da decisão e os dispositivos normativos a ela relacionados" (CPC, art. 979, § 2º), sendo que a referida técnica aplica-se ainda ao julgamento de recursos repetitivos e ao regime da repercussão geral em recurso extraordinário (CPC, art. 979, § 3º).

f) Suspensão dos processos envolvendo a mesma matéria

Com a admissão do incidente, o relator "suspenderá os processos pendentes, individuais ou coletivos, que tramitam no Estado ou na região, conforme o caso" (CPC, art. 982, I). A suspensão "será comunicada aos órgãos jurisdicionais competentes" (CPC, art. 982, § 1º). Ou seja, o IRDR resultará na suspensão das demandas que estejam tramitando na jurisdição territorial do tribunal responsável por aceitá-lo, sobrestamento esse que perdurará pelo prazo de 01 (um) ano (CPC, art. 980).

Entretanto, o § 3º do art. 982 do CPC dispõe que:

> (...) qualquer legitimado mencionado no art. 977, incisos II e III, poderá requerer, ao tribunal competente para conhecer do recurso extraordinário ou especial, a suspensão de todos os processos individuais ou coletivos em curso no território nacional que versem sobre a questão objeto do incidente já instaurado.

Como é de se notar, o dispositivo autoriza a formulação de:

> (...) pedido junto ao Superior Tribunal de Justiça e ao Supremo Tribunal Federal para que todos os processos repetitivos em trâmite no território nacional sejam suspensos ainda que o incidente tenha sido suscitado em apenas um Estado (Justiça Estadual) ou em uma Região (Justiça Federal)[35].

Trata-se, portanto, de mecanismo "destinado à ampliação dos limites territoriais da suspensão, que passará a abranger todo o território nacional"[36]. Para Joaquim Felipe Spadoni, essa peculiar modalidade de pedido de suspensão pode ser solicitada por qualquer interessado que venha a ser parte em demanda que verse sobre a questão jurídica objeto do IRDR. Ou seja:

> (...) acaso seja instaurado o incidente no Tribunal de Justiça de Mato Grosso, uma parte cujo processo tramita em comarca no interior do Paraná pode requerer ao STJ ou STF a suspensão de seu processo e de todos em curso no território nacional, desde que tenha em seu bojo a discussão da mesma questão jurídica delimitada para julgamento no incidente admitido[37].

Em suma: sem prejuízo da *suspensão* das demandas que tramitem na jurisdição do tribunal estadual ou federal responsável pelo processamento do IRDR, é possível ainda que a questão repetitiva tenha efetiva repercussão nacional, sendo possível postular ao relator do recurso especial ou extraordinário repetitivo o *sobrestamento* das

---

35. NEVES, Daniel Amorim Assumpção. *Novo código de processo civil* cit., p. 511.
36. CARDOSO, André Guskow. Op. cit., p. 53.
37. SPADONI, Joaquim Felipe. Incidente de resolução de demandas repetitivas, p. 502.

demandas similares que tramitem nacionalmente. Se é certo que a admissão do IRDR induz suspensividade "automática" das demandas locais ou regionais, subsiste uma certa margem de discricionariedade para o relator do recurso repetitivo em estender os efeitos dessa suspensão em âmbito nacional. O Enunciado 721 do FPPC sugere ainda que é facultado ao tribunal local *suspender*, em vez de *extinguir* o IRDR admitido localmente, ainda não julgado, "quando houver afetação superveniente de tema idêntico pelos tribunais superiores".

Entretanto, o Enunciado 348 do FPPC sugere que:

> (...) os interessados serão intimados da suspensão de seus processos individuais podendo requerer o prosseguimento ao juiz ou tribunal onde tramitarem, demonstrando a distinção entre a questão a ser decidida e aquela a ser julgada no incidente de resolução de demandas repetitivas, ou nos recursos repetitivos.

Ainda que não subsista regra de competência específica, por força da aplicação analógica do § 2º do art. 982 do CPC[38], o pedido de prosseguimento com base nas particularidades e distinção do feito deve ser dirigido ao juízo onde tramita o processo suspenso.

Por fim, o parágrafo único do art. 980 do CPC dispõe que superado o prazo de 01 (um) ano, "cessa a suspensão dos processos prevista no art. 982, salvo decisão fundamentada do relator em sentido contrário". Nesse último caso, trata-se de situação excepcional, cujas circunstâncias do caso assim venham a recomendar[39].

g) Procedimento e julgamento

O art. 981 do CPC dispõe que "após a distribuição, o órgão colegiado competente para julgar o incidente procederá ao seu juízo de admissibilidade, considerando a presença dos pressupostos do art. 976". E, por sua vez, o Enunciado 556 do FPPC assinala que "é irrecorrível a decisão do órgão colegiado que, em sede de juízo de admissibilidade, rejeita a instauração do incidente de resolução de demandas repetitivas, salvo o cabimento dos embargos de declaração".

Com a admissão, o relator "poderá requisitar informações a órgãos em cujo juízo tramita processo no qual se discute o objeto do incidente, que as prestarão no prazo de 15 (quinze) dias (CPC, art. 982, II); e "intimará o Ministério Público para, querendo, manifestar-se no prazo de 15 (quinze) dias" (CPC, art. 982, III). Além disso, o incidente permite a oitiva dos "demais interessados, inclusive pessoas, órgãos e entidades com interesse na controvérsia" (CPC, art. 983). Porém, não parece razoável exigir que esses

---

38. Art. 982. (...) § 2º Durante a suspensão, o pedido de tutela de urgência deverá ser dirigido ao juízo onde tramita o processo suspenso.
39. "Portanto, a decisão que determinar a suspensão dos processos individuais ou coletivos versando sobre a matéria repetitiva deve se apoiar em circunstâncias excepcionais e ser amplamente fundamentada. Não é cabível que simplesmente se prolongue o prazo de suspensão, sem que haja motivos adequados e suficientes para tanto" (CARDOSO, André Guskow. Op. cit., p. 54).

órgãos ou entidades tenham um interesse próprio na fixação da tese jurídica, bastando a comprovação de um interesse institucional "voltado à melhor solução possível do processo por meio do maior conhecimento da matéria e dos reflexos no plano prático da decisão"[40]. Para Luiz Guilherme Marinoni, a regra do art. 983 do CPC envolve flagrante *paradoxo*, pois permite-se a participação de *amicus* no incidente de resolução de demandas repetitivas em detrimento de certos litigantes excluídos, não representados pelas partes originárias da demanda onde foi suscitado o IRDR[41].

Em seguida, o relator ouvirá as partes e os demais interessados que:

> (...) no prazo comum de 15 (quinze) dias, poderão requerer a juntada de documentos, bem como as diligências necessárias para a elucidação da questão de direito controvertida, e, em seguida, manifestar-se-á o Ministério Público, no mesmo prazo (CPC, art. 983).

À guisa de instruir o incidente, com a ampliação das informações pertinentes, poder-se-á designar audiência pública, para coleta de depoimentos de pessoas com experiência e conhecimento da matéria (CPC, art. 983, § 1º). Concluídas as diligências, "o relator solicitará dia para o julgamento do incidente" (CPC, art. 983, § 2º).

O art. 984 do CPC disciplina a dinâmica de julgamento. Competirá ao relator a explanação dos contornos da questão jurídica, com o alinhamento dos argumentos explicitados pelas partes e interessados. Oportuno ressalvar que o § 2º do referido dispositivo afasta a técnica da motivação *suficiente*, exigindo expressamente que o acórdão a ser prolatado venha a abranger "todos os fundamentos suscitados concernentes à tese jurídica discutida, sejam favoráveis ou contrários"[42].

A decisão final de mérito do incidente poderá ser impugnada por recurso extraordinário ou especial, os quais serão dotados de efeito suspensivo (CPC, art. 987). Não sendo interposto o recurso excepcional cabível, cessa a suspensão dos processos afetados (CPC, art. 982, § 5º)[43].

---

40. NEVES, Daniel Amorim Assumpção. *Novo código de processo civil* cit., p. 509.
41. "A instituição da técnica que abre oportunidade à intervenção de *amicus* num incidente destinado à resolução de questão repetitiva – na maioria das vezes de simples solução e unicamente do interesse dos litigantes excluídos – é surpreendente, pois pretende *incentivar o diálogo* sobre questão que está *proibida de ser discutida* pelas próprias partes que têm o *direito constitucional de litigá-la*" (MARINONI, Luiz Guilherme. *Incidente de resolução de demandas repetitivas* cit., p. 17). Para o autor, "não há sentido em ter *amicus* e não ter representante adequado, pois desta forma há alguém falando em prol de uma posição social, mas ninguém argumentando em nome de quem possui direito concretamente em disputa ou em litígio. Perceba-se que o *amicus* é muito mais importante quando se tem em jogo a elaboração de um precedente, enquanto que o representante adequado é *simplesmente indispensável* quando se discute um direito pertencente a pessoas que não participaram diretamente do processo" (MARINONI, Luiz Guilherme. *Incidente de resolução de demandas repetitivas* cit., p. 91).
42. "Não basta apenas a motivação objetiva e explícita, que normalmente se extrai da noção de livre convencimento do juiz, mas de dever ampliado de motivação. A motivação do acórdão que apreciar o incidente deve relacionar e apreciar todos os argumentos favoráveis e contrários à tese discutida, quer tenham sido suscitados pelos interessados ou pelas partes originárias, quer tenham sido levantados pelos julgadores, por ocasião do julgamento colegiado." (CARDOSO, André Guskow. Op. cit., p. 57).
43. A 2ª Turma do STJ decidiu que processos suspensos por força de IRDR não terão o seu curso retomado de maneira automática após o julgamento local, tornando-se necessário aguardar eventual análise dos recursos

h) Fixação da tese jurídica

O art. 985 do CPC dispõe que a tese jurídica advinda da apreciação do IRDR será aplicada "a todos os processos individuais ou coletivos que versem sobre idêntica questão de direito e que tramitem na área de jurisdição do respectivo tribunal, inclusive àqueles que tramitem nos juizados especiais do respectivo Estado ou região" (inc. I); bem como ainda "aos casos futuros que versem idêntica questão de direito e que venham a tramitar no território de competência do tribunal" (inc. II)[44].

A tese jurídica controversa será aplicável, inclusive, aos processos sujeitos à competência dos juizados especiais, ainda que não afetos propriamente à competência recursal do tribunal estadual ou federal. Note-se que o art. 985 do CPC diz respeito unicamente à extensão da tese resultante do julgamento do IRDR aos Juizados Especiais. Entretanto, o Enunciado 605 do FPPC sugere que "os juízes e as partes com processos no Juizado Especial podem suscitar a instauração do incidente de resolução de demandas repetitivas". Em sentido próximo, o Enunciado 21 da ENFAM também preleciona que "o IRDR pode ser suscitado com base em demandas repetitivas em curso nos juizados especiais". Ainda que salutar a opção pela extensão da *ratio decidendi* do IRDR aos feitos que tramitem nos Juizados Especiais, não se pode ignorar o risco de conflito entre as teses estabelecidas no julgamento do incidente com outras "decisões adotadas em sede de uniformização de jurisprudência no âmbito do microssistema processual dos juizados especiais"[45].

Oportuno frisar que a *ratio decidendi* extraída do IRDR será aplicada aos processos individuais e coletivos que tramitem na área de jurisdição do tribunal estadual ou federal. Porém, o regramento da matéria não impede que:

> (...) existam decisões não uniformes relativamente a incidentes de resolução de demandas repetitivas em diferentes Estados da federação. Basta que os tribunais competentes tenham fixado teses jurídicas total ou parcialmente divergentes para uma mesma questão de direito e não tenha havido decisão do STJ ou do STF uniformizando o entendimento sobre a tese jurídica a ser aplicada[46].

Não se pode perder de vista que a tese jurídica fixada no julgamento do IRDR é *equiparada* a precedente de observância obrigatória para juízos subordinados ao tribu-

---

especial e extraordinário pelos Tribunais Superiores: "(...) 6. Admitir o prosseguimento dos processos pendentes antes do julgamento dos recursos extraordinários interpostos contra o acórdão do IRDR poderia ensejar uma multiplicidade de atos processuais desnecessários, sobretudo recursos. Isso porque, caso se admita a continuação dos processos até então suspensos, os sujeitos inconformados com o posicionamento firmado no julgamento do IRDR terão que interpor recursos a fim de evitar a formação de coisa julgada antes do posicionamento definitivo dos tribunais superiores" (STJ, REsp 1.869.867-SC, 2ª T., Rel. Min. Og Fernandes, *DJe* 03.05.2021).

44. "A decisão do incidente produz coisa julgada *erga omnes*, beneficiando ou prejudicando todos aqueles que participam por meio do representante adequado. Não há racionalidade em tomar em conta uma situação jurídica, sujeita a demandas que já pendem e que podem vir a serem propostas, sem com que aqueles que estão inseridos em tal situação concreta possam participar do processo em que é discutida a questão prejudicial à tutela dos seus direitos" (MARINONI, Luiz Guilherme. *Incidente de resolução de demandas repetitivas* cit., p. 106).
45. CARDOSO, André Guskow. Op. cit., p. 61.
46. CARDOSO, André Guskow. Op. cit., p. 62.

nal que venha fixá-la (CPC, art. 927, III). Sendo assim, a tese jurídica (*ratio decidendi*) extraída do IRDR produzirá eficácia *extravasante*, alcançando outros processos em curso ou que venham a ser ajuizados, servindo para (i) embasar tutela da evidência em favor de outros interessados, em caso de demandas similares (CPC, art. 311, II); (ii) poderá ensejar a improcedência liminar do pedido, com a prolação de sentença de mérito na forma do art. 332, III, do CPC; (iii) dispensará o aspecto compulsório da remessa necessária, quando a sentença contrária ao ente fazendário estiver fundada na tese jurídica apreciada no incidente em questão (CPC, art. 496, § 4º, III); (iv) possibilitará ao relator a apreciação monocrática de recursos que venham a encontrar óbice na tese central do IRDR (CPC, art. 932, IV, "c"); etc. Nesse aspecto, tem-se a crítica relevante de Luiz Guilherme Marinoni, ao afirmar que o incidente poderá alcançar jurisdicionados alijados de participação no debate ou de representação adequada no processo em que os seus direitos são definidos. Para o autor:

> (...) a resolução de uma questão de direito que pertine a um grupo de pessoas só pode atingi-las quando estas participam diretamente do processo ou foram adequadamente representadas. Significa que a decisão só pode alcançar os membros do grupo que foram representados adequadamente no incidente[47].

Por fim, a não observância da tese fixada no IRDR autorizará o emprego da reclamação (CPC, art. 985, § 1º), observadas as demais prescrições aplicáveis a espécie (CPC, art. 988 e ss.).

i) Revisão da tese adotada

O art. 986 do CPC contempla a possibilidade de *revisão* da tese jurídica que poderá ser feita pelo mesmo tribunal, instaurada de ofício ou a requerimento do Ministério Público ou da Defensoria Pública. Atente-se, porém, que o § 4º do art. 927 do CPC assinala que a modificação de enunciado de "tese adotada em julgamento de casos repetitivos observará a necessidade de fundamentação adequada e específica, considerando os princípios da segurança jurídica, da proteção da confiança e da isonomia". Por força do impacto presumido que a revisão da tese alcançará, "pode haver modulação dos efeitos da alteração no interesse social e no da segurança jurídica" (CPC, art. 927, § 2º).

Em outra medida, o § 2º do art. 987 do CPC prevê que a tese fixada no julgamento local do IRDR poderá ser superada pelo entendimento que venha a ser adotado pelo Supremo Tribunal Federal ou pelo Superior Tribunal de Justiça, o qual será aplicado "no território nacional a todos os processos individuais ou coletivos que versem sobre idêntica questão de direito".

Situação peculiar pode ocorrer nas situações em que o acórdão final do IRDR julgado em determinado tribunal estadual ou regional não tenha sido impugnado por recurso especial ou extraordinário (CPC, art. 987), mas ainda assim a matéria de fundo

---

47. MARINONI, Luiz Guilherme. *Incidente de resolução de demandas repetitivas* cit., p. 72.

tenha sido alçada à Corte Superior por força de recurso excepcional interposto em outro incidente envolvendo a mesma matéria. Não se pode descartar o risco de que, com a interposição de recurso especial ou extraordinário no IRDR que tenha tramitado em tribunal diverso, o STF ou o STJ venham a superar a tese local, de forma discrepante daquela que não tenha sido objeto de recurso. Por tal razão, o Enunciado 660 do FPPC sugere que o recurso especial ou extraordinário manejado contra o pronunciamento de mérito exarado no IRDR "ainda que único, submete-se ao regime dos recursos repetitivos". Assim, por força do papel conferido às Cortes superiores:

> (...) a decisão proferida pelo STJ ou pelo STF ao julgar os recursos interpostos contra acórdão que aprecia o incidente de resolução de demanda repetitiva prevalece sobre as teses fixadas pelos tribunais locais, ainda que não tenha havido recurso. A tese jurídica estabelecida nacionalmente pelo STJ ou STF prevalece sobre a tese regional definida pelos tribunais estaduais ou tribunais regionais federais[48].

Cabe ressaltar, finalmente, que o § 2º do art. 987 do CPC não resolve uma das principais críticas endereçadas ao IRDR, eis que a ausência de impugnação da decisão final proferida no incidente pode resultar na fixação de teses divergentes, formadas em tribunais estaduais ou federais diversos[49], as quais serão de observância obrigatória nas jurisdições de cada Corte.

j) Comunicação do resultado do julgamento ao órgão responsável, ente público ou agência reguladora de serviços concedidos, permitidos ou autorizados

O § 2º do art. 985 do CPC ainda dispõe que:

> (...) se o incidente tiver por objeto questão relativa à prestação de serviço concedido, permitido ou autorizado, o resultado do julgamento será comunicado ao órgão, ao ente ou à agência reguladora competente para fiscalização da efetiva aplicação, por parte dos entes sujeitos a regulação, da tese adotada[50].

Há disposição similar no art. 1.040, IV, do CPC[51], no tocante ao resultado do julgamento extraído dos recursos repetitivos. Em ambos os casos, ainda que não se possa

---

48. CARDOSO, André Guskow. Op. cit., p. 59.
49. "Um incidente de resolução de demandas repetitivas é julgado pelo Tribunal de Justiça de São Paulo e, em razão da não interposição de recurso, tem sua decisão transitada em julgado. A eficácia vinculante obrigará a todos os juízos paulistas a aplicar a tese jurídica fixada pelo tribunal. Mas em outro incidente proposto perante o Tribunal de Justiça da Paraíba há prolação de decisão em sentido diametralmente oposto, e que também transita em julgado pela ausência de interposição de recurso" (NEVES, Daniel Amorim Assumpção. *Novo código de processo civil* cit., p. 517).
50. "A menção à necessária cooperação entre o órgão jurisdicional e as pessoas administrativas responsáveis pela regulação e fiscalização de serviços públicos delegados não esclarece a natureza da regra do art. 985, § 2º. Tampouco afirmar que a comunicação destina-se a 'persuadir' tais entidades permite definir as consequências efetivas da referida comunicação. Não se define se se trata de uma ordem ou de uma mera recomendação. Não esclarece as consequências para eventual não observância do decidido em sede de IRDR pelas entidades administrativas" (CARDOSO, André Guskow. Op. cit., p. 66).
51. Art. 1.040. Publicado o acórdão paradigma: (...) IV – se os recursos versarem sobre questão relativa a prestação de serviço público objeto de concessão, permissão ou autorização, o resultado do julgamento será comunicado ao órgão, ao ente ou à agência reguladora competente para fiscalização da efetiva aplicação, por parte dos entes sujeitos a regulação, da tese adotada.

cogitar de uma ordem mandamental dirigida ao órgão competente, ente público ou agência reguladora responsável pelos serviços concedidos, permitidos ou autorizados, chama atenção o fato de que os dispositivos mencionados sugerem que, a partir daí, dar-se-á a *fiscalização* por parte do Poder Público quanto à efetiva encampação da tese adotada no IRDR ou no recurso repetitivo.

Cabe advertir que os reflexos práticos da atuação esperada do órgão governamental, ente público ou agência reguladora são da maior relevância, porque a tese jurídica fixada no IRDR ou ainda advinda do julgamento do recurso repetitivo poderá alcançar ainda quem não judicializou a matéria. É certo que a *ratio decidendi* do IRDR ou ainda do recurso repetitivo alcançará processos futuros. Mas, em contrapartida, não é possível cogitar propriamente de um efeito vinculante oponível a quem não judicializou o seu direito individual homogêneo envolvendo a matéria repetitiva, principalmente se aqueles que permaneceram alheios ao processo que deu origem ao IRDR, não estavam adequadamente representados.

Outra questão salutar é que os dispositivos alcançam os serviços públicos concedidos, permitidos ou autorizados, mas não aludem aos que são prestados diretamente pelo Estado. Conforme observado por André Guskow Cardoso, "trata-se de parcela relevante de serviços públicos, com igual potencial para gerar demandas de natureza repetitiva"[52], não havendo qualquer justificativa para que o § 2º do art. 985 do CPC não tenha se ocupado deles[53]. Portanto, ainda que o dispositivo em questão faça menção à comunicação dos efeitos do julgamento do incidente em relação aos serviços públicos *delegados*, há que se dispensar tratamento similar aos que são prestados diretamente pelo Poder Público.

Além disso, poder-se-ia ainda discutir em que medida os órgãos governamentais, entes públicos ou agências reguladoras responsáveis pela fiscalização estão sujeitos à tese fixada no IRDR, sem que tenham participado da formação do precedente. O mesmo raciocínio se aplica, analogicamente, aos sujeitos regulados, pois:

> nas demandas envolvendo serviços públicos delegados ou atividades sujeitas à regulação estatal, deverá necessariamente se oportunizar aos sujeitos regulados – mesmo àqueles que não sejam parte em processo que tenha por objeto a discussão da tese jurídica que será examinada no âmbito do incidente – a plena participação no processo do incidente[54].

Por fim, ao menos em tese, podem surgir decisões divergentes em incidentes (IRDR) processados perante tribunais estaduais ou federais diversos, o que pode en-

---

52. CARDOSO, André Guskow. Op. cit., p. 71.
53. "Tome-se, por exemplo, o caso das atividades bancárias (reguladas pelo Banco Central), de seguros (reguladas pela Susep – Superintendência de Seguros Privados), de prestação de planos de saúde (reguladas pela ANS – Agência Nacional de Saúde Suplementar), e de fabricação e comercialização de medicamentos (reguladas pela ANVISA – Agência Nacional de Vigilância Sanitária). Em todos esses casos, trata-se de atividades que não envolvem propriamente a prestação de serviço público, mas que, por sua relevância coletiva, são reguladas em maior ou menor intensidade." (CARDOSO, André Guskow. Op. cit., p. 71).
54. CARDOSO, André Guskow. Op. cit., p. 75.

sejar controvérsias advindas das diferentes comunicações feitas às agências e órgãos responsáveis pela regulação de serviços públicos. Ou seja, ainda que subsista a decisão uniformizadora resultante do julgamento de recurso extraordinário ou especial (CPC, art. 987, § 2º), ao menos por determinado lapso temporal, pode ocorrer que:

> (...) as entidades, órgãos e agências reguladoras serão comunicados para fiscalizar a aplicação de duas teses total ou parcialmente divergentes, o que criará um impasse. Do mesmo modo, os agentes regulados deverão observar teses diversas, conforme o território em que prestem os serviços[55].

Em tal hipótese, à guisa de solucionar o impasse, dar-se-á o procedimento de revisão de tese previsto no art. 986 do CPC, que poderá ser provocado pelos eventuais interessados.

---

55. CARDOSO, André Guskow. Op. cit., p. 78.

Parte VII
TEORIA GERAL DOS RECURSOS

1
MEIOS DE IMPUGNAÇÃO DOS PRONUNCIAMENTOS JUDICIAIS

1.1. NATUREZA JURÍDICA DOS RECURSOS

Os recursos devem ser visualizados na perspectiva de uma categoria *jurídico-positiva*, pois estão jungidos aos contornos do ordenamento jurídico ao qual estão vinculados[1]. Atente-se que o legislador de 2015 não dispensou aos mesmos uma definição conceitual semelhante a que foi emprestada para outros institutos processuais típicos, como é o caso da litispendência e da coisa julgada, os quais são catalogados nos §§ 1º a 4º do art. 337 do CPC. É certo que, além de contemplar a sua tipologia e os pressupostos típicos de cada modalidade recursal, o CPC 2015 cuidou de alocá-los em harmonia com os demais meios impugnativos dos pronunciamentos judiciais (vide Livro III da Parte Especial).

Portanto, sob a ótica *privatista* do processo, costuma-se afirmar que aquele que se sentir *lesado* pelo conteúdo ou efeitos de determinado pronunciamento judicial poderá pleitear a sua *reforma* ou *invalidação*, visando reparação do gravame sofrido ou melhoria de sua própria sorte. Em certos casos, a impugnação recursal permitirá a *integração* do julgado ou, ainda, o *esclarecimento* de pontos controversos ou obscuros da decisão impugnada. Sob essa perspectiva tradicional, os recursos representam uma *faculdade* de ordem subjetiva extraída dos desdobramentos do direito de ação ou, então, da garantia constitucional de ampla defesa[2], os quais conferem às partes e interessados outras prerrogativas processuais que podem ser exercitadas com a fluência do processo. Ainda sob a ótica do Código Buzaid, era comum a ressalva de que, diante do caráter

---

1. "O *conceito jurídico-positivo* é construído a partir da observação de uma determinada realidade normativa e, por isso mesmo, apenas a ela é aplicável. (...) O conceito de casamento também é jurídico-positivo. No Brasil, casamento é a união formal familiar entre pessoas de sexos diferentes (art. 1.514 do Código Civil). Em Portugal, casamento é negócio celebrado entre duas pessoas, pouco importa o gênero a que pertençam (art. 1.577 do Código Civil português)" (DIDIER JR., Fredie. *Sobre a teoria geral do processo, essa desconhecida*. 2. ed. Salvador: JusPodivm, 2013, p. 40).
2. "É uma extensão do direito de ação ou de defesa, e, portanto, apenas prolonga a vida do processo e a litispendência existente, dentro da mesma relação processual". (PINTO, Nelson Luiz. *Manual dos recursos cíveis*. 3. ed. São Paulo: Malheiros, 2002. p. 27). Fredie Didier Jr. e Leonardo Carneiro da Cunha defendem posição semelhante ao afirmarem que "o direito de recorrer é conteúdo do direito de ação (e do direito de exceção), e o seu exercício revela-se como desenvolvimento do direito de acesso aos tribunais" (DIDIER JR., Fredie; CUNHA, Leonardo Carneiro da. *Curso de Direito Processual Civil*: meios de impugnação às decisões judiciais e processo nos tribunais. 20. ed. Salvador: JusPodivm, 2023, v. 3, p. 124).

bilateral da ação, os recursos deveriam ser vistos como simples extensão do direito de invocar a tutela jurisdicional. Porém, sob o viés *publicista*, os recursos devem ser compreendidos com instrumentos voltados à garantia de estabilidade, integridade e coerência dos pronunciamentos judiciais relevantes, auxiliando na formação dos precedentes. Esta temática será retomada nos tópicos voltados ao estudo do sistema de precedentes.

Além disso, está subjacente ao manejo recursal a noção de *reiteração* de um pedido ou reclamação formulada perante órgãos do Poder Judiciário[3], relativamente ao que foi decidido anteriormente. Por isso, Araken de Assis prefere conceituá-los como "pretensão autônoma deduzida *in simultaneous processus*. É autônoma, porque os respectivos elementos objetivos, a causa e o pedido, distinguem-se, tecnicamente, dos já alegados pelas partes"[4].

Ainda à guisa de revisitar brevemente as posições teóricas delineadas nas últimas décadas, convém anotar que, à luz do sistema jurídico pátrio, não há guarida para construções doutrinárias que conferiam aos recursos a natureza jurídica de *ação*, como é o caso da posição assumida por Emilio Betti[5]. De acordo com tal concepção, o recurso se apresentava como uma ação *autônoma* em relação à demanda na qual foi proferida a decisão recorrida, cujo pronunciamento desejado assumiria natureza constitutiva negativa, pois sua finalidade seria tornar inócua a decisão judicial anterior[6]. Portanto, firmada a premissa de que os recursos devem ser compreendidos como categorias jurídico-positivas, estarão inseridos e vinculados à relação jurídico-processual em que foi proferida a decisão impugnada. Em suma: são oponíveis "dentro" do "processo" em curso, mas não necessariamente insertos nos mesmos *autos*.

O recurso ainda se *enquadra* como ônus processual típico, cujo exercício não se confunde com o adimplemento de uma mera *obrigação*[7], a qual pode ser satisfeita

---

3. À luz do CPC 1973, Ovídio Baptista da Silva e Fábio L. Gomes observavam que: "Daí, desta idéia de reexame, é que se explica o vocábulo recurso, originário do verbo *recursare*, que em latim significa correr para trás, ou correr para o lugar de onde se veio *(re + cursus)*. Sendo o processo um progredir ordenado no sentido de obter-se com a sentença a prestação da tutela jurisdicional que se busca, o recurso corresponderá sempre a um retorno (um *recursus*), no sentido de refluxo sobre o próprio percurso do processo, a partir daquilo que se decidiu para trás, a fim de que se reexamine a legitimidade e os próprios fundamentos da decisão impugnada" (SILVA, Ovídio A. Baptista da; GOMES, Fábio Luiz. *Teoria geral do processo civil*. São Paulo: RT, 1997, p. 302).
4. ASSIS, Araken de. *Manual dos recursos*. 8. ed. São Paulo: RT, 2016, p. 54.
5. De fato, para o professor da Universidade de Milão, "*il potere d'impugnare una sentenza è un'azione, che dalle altre azioni differisce per le speciali caratteristiche de'suoi elementi costitutivi e per la natura della ragione cui è coordinata*" (BETTI, Emilio. *Procedimenti d'impugnativa della sentenza*. Milano: Dott. A. Giuffrè, 1934, p. 834).
6. A respeito da polêmica, José Carlos Barbosa Moreira salientava que "chegou-se à precisão de atribuir-lhe natureza *constitutiva*, por tender, pelo menos no comum dos casos, à remoção de um pronunciamento. A favor dessa tese, tem-se invocado a circunstância de que a ação originária se funda em fato extraprocessual, isto é, ocorrido fora do processo, antes de sua instauração, ao passo que o recurso se origina de fato verificado dentro do processo: a decisão recorrida, justamente" (MOREIRA, José Carlos Barbosa. *Comentários ao Código de Processo Civil*. 7. ed. cit., p. 233-234).
7. Como é salutar, "o ônus permite que o titular do direito opte em exercê-lo ou não, sendo que a omissão do seu exercício implica, normalmente, a privação de um benefício. Os deveres, por outro lado, representam a imposição coercitiva de uma conduta cuja finalidade é tornar efetiva a realização dos valores que o direito deve assegurar. Desse modo, a conduta omissiva de quem deixa de exercer um ônus ou um direito não é antijurídica,

com o propósito de evitar seu cumprimento coercitivo, realizada prioritariamente em proveito do interesse alheio. Aliás, repisando o magistério de Eduardo Couture, é possível recordar que:

> (...) quem tem sobre si o ônus está implicitamente forçado a efetuar o ato de que se trate; é o seu próprio interesse que o compele. O ônus aparece com uma espécie de ameaça, como uma situação embaraçosa que grava o direito do titular. Mas a êste é dado desembaraçar-se da carga, cumprindo o que é visado por ela[8].

Portanto, a fim de precisar-lhe sua natureza jurídica, o recurso se apresenta simultaneamente como um *direito*[9] e uma *faculdade* da parte sucumbente, exercitável nos moldes de um ônus típico e inserido na perspectiva da tutela jurisdicional adequada. Ao se colocar em evidência a satisfação de um ônus, sobressai-se a iniciativa *voluntária* do recorrente em impugnar o pronunciamento judicial causador de gravame ou sucumbência. Logo, a definição de recurso propalada por José Carlos Barbosa Moreira permite enquadrá-lo como "remédio voluntário idôneo a ensejar, dentro do mesmo processo, a reforma, a invalidação, o esclarecimento ou a integração de decisão judicial que se impugna"[10]. Desta definição se extraem dois elementos integrativos relevantes: a) a sua condição de remédio *voluntário*, excluindo de sua abrangência determinadas formas de revisão de certas sentenças judiciais, como é o caso do reexame necessário (CPC, art. 496); e b) a circunstância de corresponder o recurso a um expediente técnico, empregado como desdobramento da relação processual na qual foi proferido o pronunciamento impugnado.

1.2. O REEXAME NECESSÁRIO

1.2.1. Evolução legislativa e características gerais

Como visto acima, os recursos são marcados pela *iniciativa* do recorrente e pela sua *voluntariedade intrínseca*. Isso permite distingui-los de outros institutos hábeis a propiciar efeitos similares. É o que ocorre com a *remessa obrigatória* ou *reexame necessário*, compreendido como *condição legal de eficácia* de certas *sentenças*, capaz de propiciar a reapreciação obrigatória desses pronunciamentos pelo tribunal hierarquicamente superior, ainda que o ente público prejudicado não tenha se utilizado do recurso *voluntário*. Trata-se de providência compassada com a proteção de certos interesses *fazendários*,

---

tendo como consequência o sacrifício do próprio interesse" (CAMBI, Eduardo. *Direito constitucional à prova no processo civil*. São Paulo: RT, 2001. p. 32).
8. COUTURE, Eduardo J. *Fundamentos do direito processual civil*. Trad. Benedicto Giaccobini. Campinas: Red Livros, 1999. p. 120.
9. Para Luiz Guilherme Marinoni, Sérgio Cruz Arenhart e Daniel Mitidiero, "o direito ao recurso é uma posição jurídica que contém tanto direito a prestações – como o direito à tutela jurisdicional – como direitos potestativos – como o direito de desistir do próprio recurso" (MARINONI, Luiz Guilherme; ARENHART, Sérgio Cruz; MITIDIERO, Daniel. *O novo processo civil* cit., p. 496).
10. MOREIRA, José Carlos Barbosa. *Comentários ao Código de Processo Civil*. 7. ed. cit., p. 231.

sujeitando a decisão do Juiz de 1ª Instância à revisão obrigatória do Tribunal *ad quem*[11], ainda que em detrimento da celeridade processual[12].

Sob a égide dos Códigos de 1939 e 1973, a praxe forense vinha consagrando a denominação de *recurso de ofício*, aplicando-lhe os princípios e normas que regem a apelação, inclusive para fins de atribuição dos efeitos suspensivo e devolutivo. Como muito bem registrado, as críticas voltadas a uma possível inconstitucionalidade no tratamento desigual conferido em prol do ente fazendário parecem ter cedido espaço à constatação de certo *anacronismo* do emprego do instituto[13].

1.2.2. Previsão no CPC 2015

Apesar de seus opositores, o instituto foi mantido em suas linhas gerais pelo art. 496 do CPC 2015, ao estabelecer que:

> [...] está sujeita ao duplo grau de jurisdição, não produzindo efeito senão depois de confirmada pelo tribunal, a sentença: I – proferida contra a União, os Estados, o Distrito Federal, os Municípios e suas respectivas autarquias e fundações de direito público; II – que julgar procedentes, no todo ou em parte, os embargos à execução fiscal[14].

Porém, o § 3º do art. 496 do CPC 2015 dispensa o reexame necessário:

---

11. Nesse sentido, Jefferson Carús Guedes realça que "sempre foi defendida a preservação do reexame necessário sob o fundamento de que nas causas a ele sujeitas é preciso a sucessão de decisões, pelo perigo contido num só julgamento, seja pelo resguardo do interesse público ou pela proteção diferenciada a outro interesse" (GUEDES, Jefferson Carús. Duplo grau ou duplo exame e a atenuação do reexame necessário nas leis brasileiras. In: NERY JR.; Nelson; WAMBIER, Teresa Arruda Alvim (Coord.). *Aspectos polêmicos e atuais dos recursos e de outros meios de impugnação às decisões judiciais*. São Paulo: RT, 2002. Série: Aspectos polêmicos e atuais dos recursos, v. 6. p. 300). Para Luiz Manoel Gomes Jr. e Miriam F. Chueiri, "a finalidade do instituto, na hipótese de sentenças proferidas contra a Fazenda Pública justifica-se por motivo de conveniência e de interesse de ordem pública, dada a natureza do objeto de determinadas causas ou o seu sujeito, impedindo que casos em que aquela figure como vencida, não sejam objeto de reexame na instância superior. Ainda entre os motivos determinantes, cite-se a possibilidade de suposta desídia dos procuradores que oficiam na representação judicial da Fazenda Pública" (GOMES JR., Luiz Manoel; CHUEIRI, Miriam Fecchio. Anotações sobre o sistema recursal no novo código de processo civil. In: MACÊDO, Lucas Buril de; PEIXOTO, Ravi; FREIRE, Alexandre (Org.). *Novo CPC doutrina selecionada*. Salvador: JusPodivm, 2015. v. 6: processo nos tribunais e meios de impugnação às decisões judiciais, p. 405-406).
12. Vide: WELSCH, Gisele Mazzoni. *O reexame necessário e a efetividade da tutela jurisdicional*. Porto Alegre: Livraria do Advogado, 2010, p. 137.
13. "O art. 475 CPC/1973 previu o cabimento da remessa necessária como método orientado a condicionar a eficácia da sentença proferida contra a Fazenda Pública à análise pelo tribunal. A existência da remessa necessária na legislação processual brasileira sempre se pautou no discurso de que a relevância de determinadas causas exigiria um cuidado adicional, que seria complementar (por vezes, supletivo) à conduta das procuradorias públicas. Essa regra sempre foi de questionável constitucionalidade; quando menos, de evidente anacronia, diante da atual estrutura e organização existentes no âmbito das procuradorias" (AMARAL, Paulo Osternack. A remessa necessária no Novo CPC. In: TALAMINI, Eduardo (Coord.). *Processo e administração pública*. Salvador: JusPodivm, 2016. v. 10, Coleção Repercussões do Novo CPC, p. 228.).
14. O CPC de 1973, alterado pela Lei 10.352, de 26.12.2001, tratava da matéria em seu artigo 475, ao dispor que estava "sujeita ao duplo grau de jurisdição, não produzindo efeito senão depois de confirmada pelo tribunal, a sentença: I – proferida contra a União, o Estado, o Distrito Federal, o Município, e as respectivas autarquias e fundações de direito público; II – que julgar procedentes, no todo ou em parte, os embargos à execução de dívida ativa da Fazenda Pública".

> [...] quando a condenação ou o proveito econômico obtido na causa for de valor certo e líquido inferior a: I – 1.000 (mil) salários-mínimos para a União e as respectivas autarquias e fundações de direito público; II – 500 (quinhentos) salários-mínimos para os Estados, o Distrito Federal, as respectivas autarquias e fundações de direito público e os Municípios que constituam capitais dos Estados; III – 100 (cem) salários-mínimos para todos os demais Municípios e respectivas autarquias e fundações de direito público.

Nas duas primeiras edições dessa obra, defendeu-se a posição de que as exceções contempladas no § 3º do art. 496 do CPC não seriam aplicáveis às sentenças *ilíquidas*[15], prevalecendo para tais hipóteses o reexame necessário (inteligência da Súmula 490 do STJ[16]). Ou seja, caso a Fazenda Pública fosse condenada à obrigação de pagar quantia *ilíquida*, a sentença submeter-se-ia à revisão compulsória. Entretanto, o STJ inclinou-se por *dispensar* o reexame necessário em casos de sentenças *ilíquidas*, forte nos parâmetros preconizados pelo § 3º do art. 496 retrotranscrito:

> (...) 4. A orientação da Súmula 490 do STJ não se aplica às sentenças ilíquidas nos feitos de natureza previdenciária a partir dos novos parâmetros definidos no art. 496, § 3º, I, do CPC/2015, que dispensa do duplo grau obrigatório as sentenças contra a União e suas autarquias cujo valor da condenação ou do proveito econômico seja inferior a mil salários-mínimos. 5. A elevação do limite para conhecimento da remessa necessária significa uma opção pela preponderância dos princípios da eficiência e da celeridade na busca pela duração razoável do processo, pois, além dos critérios previstos no § 4º do art. 496 do CPC/15, o legislador elegeu também o do impacto econômico para impor a referida condição de eficácia de sentença proferida em desfavor da Fazenda Pública (§ 3º)[17].

Oportuno contextualizar ainda que a norma *revogada* do § 2º do art. 475 do CPC de 1973 *dispensava* o reexame necessário sempre que a condenação, ou o direito controvertido, possuísse valor certo não excedente a 60 (sessenta) salários-mínimos ou, ainda, nos casos de procedência dos embargos do devedor na execução de dívida ativa do mesmo valor. Contudo, diante da competência material conferida aos Juizados Especiais Federais, criados sob a égide do CPC 1973, o art. 13 da Lei 10.259/2001 dispensou que as sentenças condenatórias proferidas naqueles órgãos jurisdicionais venham a se submeter à observância desse tipo de expediente, critério esse que foi mantido pelo art. 11 da Lei 12.153, de 22.12.2009, ao dispor que não haverá incidência do reexame nas causas afetas aos Juizados da Fazenda Pública.

O § 4º do art. 496 do CPC 2015 ainda afasta a aplicabilidade do referido instituto:

---

15. "Há um aperfeiçoamento frente ao atual sistema, ou seja, não sendo possível ser indicado o conteúdo econômico preciso da demanda, torna-se necessária a remessa ao Tribunal, evitando deste modo o expediente do autor no sentido de atribuir à causa valor inexpressivo" (GOMES JR., Luiz Manoel; CHUEIRI, Miriam Fecchio. Anotações sobre o sistema recursal no novo código de processo civil cit., p. 406).
16. Súmula 490 do STJ: "A dispensa de reexame necessário, quando o valor da condenação ou do direito controvertido for inferior a 60 salários-mínimos, não se aplica a sentenças ilíquidas".
17. STJ, REsp 1.735.097/RS, 1ª T., Rel. Min. Gurgel de Faria, j. 08.10.2019, *DJe* 11.10.2019. Em seguida ao precedente em comento, o STJ acolheu a proposta de afetação atinente ao tema repetitivo n. 1.081, com objetivo de "definir se a demanda previdenciária cujo valor da condenação seja aferível por simples cálculos aritméticos deve ser dispensada da remessa necessária, quando for possível estimar que será inferior ao montante previsto no artigo 496, § 3º, inc. I, do Código de Processo Civil".

[...] quando a sentença estiver fundada em: I – súmula de tribunal superior; II – acórdão proferido pelo Supremo Tribunal Federal ou pelo Superior Tribunal de Justiça em julgamento de recursos repetitivos; III – entendimento firmado em incidente de resolução de demandas repetitivas ou de assunção de competência; IV – entendimento coincidente com orientação vinculante firmada no âmbito administrativo do próprio ente público, consolidada em manifestação, parecer ou súmula administrativa[18].

Trata-se de conferir prestígio à celeridade e às teses jurídicas consolidadas pelos Tribunais superiores; porém, "a súmula, ou mesmo a jurisprudência invocada *deve ser atual e não defasada ou ultrapassada*"[19].

Ainda que não se possa enquadrá-la como categoria recursal autônoma, a *remessa necessária* comporta processamento similar aos recursos, destacando-se os seguintes aspectos: a) identidade de rito na fase de julgamento, consoante disposto no art. 936 do CPC 2015[20]; b) a atribuição de efeitos processuais tipicamente recursais, seja pela *suspensividade* imposta à sentença, seja pela sua *devolutividade* em relação ao conteúdo decisório prejudicial à Fazenda Pública[21]; e c) a *substitutividade* que o acórdão proferido no reexame opera em relação à decisão *revista*. Apesar das similitudes, o entendimento majoritário sempre foi refratário ao enquadramento da remessa obrigatória como modalidade recursal[22]. Como visto, falta-lhe o requisito da *voluntariedade*, pois o reexame da instância superior é *obrigatório* como condição de eficácia da sentença prejudicial à Fazenda Pública. Ademais, os recursos estão submetidos à taxatividade legal do art. 994 do CPC 2015, do qual o reexame necessário está excluído.

Situação que demandará análise jurisprudencial acurada está relacionada à incidência do reexame necessário nos casos de *julgamento parcial de mérito*, na forma do art. 354, parágrafo único, e 356, do CPC, da qual a Fazenda Pública não está imune[23].

---

18. "De fato, não faz sentido o Procurador estar dispensado de recorrer quanto a uma tese e os autos subirem ao Tribunal para a reanálise de matéria que a própria Fazenda Pública reconhece como sendo perdida. Para a aplicação dessa disposição faz-se necessário que as diversas procuradorias deem publicidade desses atos que dispensam a interposição de recurso, pois muitas vezes são atos internos e o juiz não sabendo da existência de tal ato, pode enviar indevidamente um processo ao Tribunal para o julgamento da Remessa Necessária. Ou quando menos, que os próprios procuradores informem nos autos a existência da orientação para a não apresentação de recurso, até em nome dos princípios da lealdade, boa-fé e da cooperação" (MOLLICA, Rogério. A remessa necessária e o Novo Código de Processo Civil. In: MACÊDO, Lucas Buril de; PEIXOTO, Ravi; FREIRE, Alexandre (Org.). *Novo CPC doutrina selecionada*: processo nos tribunais e meios de impugnação às decisões judiciais. Salvador: JusPodivm, 2015. p. 73, v. 6).
19. MARINONI, Luiz G.; ARENHART, Sérgio C.; MITIDIERO, Daniel. *O novo processo civil* cit., p. 497.
20. Art. 936. Ressalvadas as preferências legais e regimentais, os recursos, a remessa necessária e os processos de competência originária serão julgados na seguinte ordem: (...).
21. A respeito da *devolutividade* ínsita ao reexame necessário, a Súmula 325 do STJ dispõe que "a remessa oficial devolve ao Tribunal o reexame de todas as parcelas da condenação suportadas pela Fazenda Pública, inclusive dos honorários de advogado".
22. De acordo com Juarez Rogério Félix, "a remessa necessária nunca foi considerada recurso pela maior parte da doutrina. E com toda a razão, pois não é apenas a tipicidade ou nome que recebe que caracterizam os recursos, mas todo um conjunto de características que devem ocorrer ao mesmo tempo" (FÉLIX, Juarez Rogério. O duplo grau de jurisdição obrigatório. In: NERY JÚNIOR, Nelson; WAMBIER, Teresa Arruda Alvim (Coord.). *Aspectos polêmicos e atuais dos recursos cíveis de acordo com a Lei 9.756/98*. São Paulo: RT, 1999, p. 425).
23. Para Fernando Alcântara Castelo, em caso de decisão parcial de mérito proferida contra a Fazenda Pública, "deverá haver a remessa obrigatória ao tribunal, ressalvadas as hipóteses dos §§ 3º e 4º do art. 496. Por fim, há

Com a possibilidade de *fracionamento* do objeto litigioso, o juiz decidirá parcialmente o mérito, quando um ou mais dos pedidos formulados ou parcela deles (i) mostrar-se incontroverso e (ii) estiver em condições de imediato julgamento. Em prol da submissão de tais decisões à remessa obrigatória, tem-se que os pronunciamentos dessa natureza poderão ser alcançados pela coisa julgada material[24]. Porém, não há que se cogitar da incidência do reexame necessário em face da tutela provisória estabilizada (CPC, art. 304) concedida contra o Poder Público[25].

Por fim, não há que se cogitar de reexame necessário nos casos em que a Fazenda Pública figure como assistente simples. E, ainda que hipotético e improvável, diante do interesse público que lhe é subjacente, o reexame necessário não pode ser afastado por convenção processual (CPC 2015, art. 190).

1.2.3. A remessa necessária à luz da legislação especial

O regramento conferido pelo art. 496 do CPC deve ser interpretado sistematicamente com outras situações previstas na legislação especial. Assim, o § 1º do art. 14 da Lei 12.016, de 07.08.2009, assinala que a sentença concessiva da *segurança* também estará sujeita ao duplo grau obrigatório[26]. Para Cassio Scarpinella Bueno, a sujeição da sentença *concessiva* da segurança ao reexame necessário independe do valor da causa ou, ainda, da orientação jurisprudencial dos Tribunais Superiores[27], não estando circunscrita às hipóteses excepcionais dos §§ 3º e 4º do art. 496 do CPC 2015.

No caso da ação popular, o art. 19 da Lei 4.717/1.965 dispõe que a sentença que concluir pela *carência* ou pela *improcedência* do pedido autoral, estará "sujeita ao duplo

---

que se destacar que, tendo em vista que o processo não findará em primeiro grau após a prolação da decisão parcial de mérito, a remessa necessária desta decisão para análise pelo tribunal deverá ocorrer através de autos suplementares, tal como previsto pelo § 4º do art. 356 que trata da liquidação e cumprimento da decisão que julga parcialmente o mérito" (CASTELO, Fernando Alcantara. *Coisa julgada parcial e ação rescisória*, Curitiba: Juruá, 2021, p. 64).

24. "A técnica de julgamento parcial de mérito é aplicável a quaisquer litígios, inclusive às demandas promovidas em face da Fazenda Pública. É perfeitamente possível que seja proferida uma decisão parcial de mérito contrária ao Estado em momento anterior à sentença. Disso decorre que também será cabível remessa necessária em face de decisão parcial de mérito proferida em face da Fazenda Pública" (AMARAL, Paulo Osternack. A remessa necessária no Novo CPC cit., p. 235).

25. "A estabilização da tutela antecipada antecedente contra o Poder Público não se submete à remessa necessária porque não é hipótese prevista no art. 496 do NCPC e porque não é possível aplicar analogicamente a regra da ação monitória não embargada, uma vez que há diferenças substanciais entre os direitos tutelados e às limitações de cada procedimento" (GOMES, Frederico Augusto. Estabilização da tutela antecipada antecedente contra o poder público. In: TALAMINI, Eduardo; DIDIER JR., Fredie (Coord.). *Processo e Administração Pública*. Salvador: JusPodivm, 2016. v. 10, Coleção Repercussões do Novo. p. 293).

26. "Art. 14. Da sentença, denegando ou concedendo o mandado, cabe apelação. § 1º Concedida a segurança, a sentença estará sujeita obrigatoriamente ao duplo grau de jurisdição".

27. Escrevendo sob a vigência do CPC de 1973, o autor destacava que: "A sua sujeição ao reexame necessário não depende do valor da causa (art. 475, § 2º, do Código de Processo Civil), e tampouco de a sua fundamentação afinar-se com a jurisprudência predominante ou sumulada do Supremo Tribunal Federal ou do tribunal superior competente (art. 475, § 3º, do Código de Processo Civil)" (BUENO, Cassio Scarpinella. *A nova lei do mandado de segurança*: comentários sistemáticos à Lei 12.016, de 07.08.2009. São Paulo: Saraiva, 2009. p. 80).

grau de jurisdição, não produzindo efeito senão depois de confirmada pelo tribunal; da que julgar a ação procedente caberá apelação, com efeito suspensivo". As hipóteses de extinção *anômala* do processo (carência) ou, ainda, a sua improcedência, sugerem que a demanda não alcançou seus objetivos possíveis, com repercussões desfavoráveis à Fazenda Pública[28].

Em caráter similar, o § 1º do art. 4º da Lei 7.853/1989 (Estatuto das Pessoas Portadoras de Deficiência) prevê que "a sentença que concluir pela carência ou pela improcedência da ação fica sujeita ao duplo grau de jurisdição, não produzindo efeito senão depois de confirmada pelo tribunal".

Além disso, há uma particularidade no tocante a sua incidência em relação às ações de desapropriação, pois o § 1º do art. 28 do Decreto-lei 3.365/1941 contempla que "a sentença que condenar a Fazenda Pública em quantia superior ao dobro da oferecida fica sujeita ao duplo grau de jurisdição". Portanto, neste tipo de demanda o reexame necessário estará *dispensado* caso o valor da condenação fixado na sentença não ultrapasse o "dobro" da quantia *ofertada* pelo ente responsável pela expropriação, observados os parâmetros de correção monetária para fins de aplicação do critério em questão. Assim, a regra do § 1º do art. 28 do Decreto 3.365/1941 não foi revogada *expressamente* pelos parâmetros excludentes do § 3º do art. 496 do CPC/2015, de modo que, nas raras hipóteses de confluência desses critérios, dar-se-á a necessidade de verificação (i) do valor da oferta feita pelo ente público no procedimento expropriatório; ii) do montante da condenação judicial imposta pela sentença proferida em demanda desapropriatória; e (iii) da verificação dos limites em que o reexame é dispensável em relação aos diversos entes fazendários[29].

Contudo, em matéria de ação de improbidade, a nova redação outorgada pela Lei 14.230/2021 ao § 19 do art. 17 da Lei 8.429/1992 optou por excluir o reexame obrigatório da "sentença de improcedência ou de extinção sem resolução de mérito". Da mesma

---

28. "Considerando que a ação popular destina-se primordialmente a tutelar o patrimônio público, reputa-se que a sentença de carência (ou qualquer motivo que implique a extinção sem apreciação do mérito), de improcedência ou de parcial procedência não conseguiu atingir tal objetivo, ou seja, que foi proferida contrariamente ao interesse da Fazenda Pública defendido pelo autor popular" (AMARAL, Paulo Osternack. A remessa necessária no Novo CPC cit., p. 232).

29. "Ora, tendo-se em vista que o art. 42 do Dec.-lei 3.365/1941 estabelece aplicar-se o Código de Processo Civil naquilo em que a lei de desapropriações for omissa, segue-se que o art. 475 do Estatuto Processual só não se aplica no tocante ao limite de sessenta (60) salários mínimo previsto no § 2º do referido preceito, porquanto incide, aqui, a norma especial inserta no § 1º do art. 28 do Dec.-lei 3.365/1941, segundo a qual fica sujeita ao duplo grau de jurisdição 'sentença que condenar a Fazenda Pública em quantia superior *ao dobro da oferecida*' (grifo nosso). Em outras palavras, o limite para que não haja a remessa necessária será o *dobro da oferta* feita pelo expropriante. Se a sentença condenar o expropriante em quantia superior ao dobro da oferta feita, haverá, obrigatoriamente, remessa necessária ao tribunal *ad quem*. Por isso, ainda que a condenação, na ação expropriatória, venha a ser de valor inferior 60 (sessenta) salários-mínimos, caberá a remessa necessária, se a indenização fixada na sentença for superior ao dobro da oferta feita pelo expropriante e apesar desse dobro ser menor do que aquele número de salários-mínimos. Esse é o nosso entendimento a respeito da questão aqui versada. Quanto ao mais e naquilo que for relacionado com a ação de desapropriação, entendemos que o art. 475 do CPC se aplica inteiramente" (SALLES, José Carlos de Moraes. *A desapropriação à luz da doutrina e da jurisprudência*. 6. ed. São Paulo: RT, 2009. p. 577).

forma, o § 3º do art. 17-C da Lei 8.429/1992 também passou a consignar que não haverá remessa necessária nas sentenças proferidas com base neste diploma legal.

1.2.4. Processamento

Quanto ao processamento da remessa necessária, o § 1º do art. 496 do CPC dispõe que "[...] não interposta a apelação no prazo legal, o juiz ordenará a remessa dos autos ao tribunal, e, se não o fizer, o presidente do respectivo tribunal avocá-los-á". E, por fim, o § 2º do art. 496 do CPC 2015 aponta ainda que "[...] em qualquer dos casos referidos no § 1º, o tribunal julgará a remessa necessária". No Tribunal, a remessa necessária será apreciada pelo órgão fracionário competente, submetida ao quórum de 03 (três) juízes, não estando sujeita à regra de ampliação da colegialidade (CPC, art. 942, § 4º, II).

1.3. A CLASSIFICAÇÃO DOS MEIOS DE IMPUGNAÇÃO DOS PRONUNCIAMENTOS JUDICIAIS

Em uma acepção ampla, pode-se afirmar que o recurso permite o reexame da questão decidida (i) pela autoridade judiciária que a proferiu, (ii) por outra hierarquicamente superior ou, ainda, (iii) pelo colegiado competente. Com a sua interposição, não há inauguração de nova relação jurídica. Aliás, conforme apregoado por Coqueijo Costa, "o recurso é uma operação de controle que não instaura novo processo, pois apenas distende a relação processual"[30].

Entretanto, as decisões judiciais também comportam impugnação por meio de ações autônomas, que dão ensejo à constituição de uma nova relação jurídico-processual.

Por força da importação de certas lições hauridas do direito comparado, costuma-se distinguir os recursos e as ações impugnativas autônomas a partir do critério segundo o qual essas últimas se dirigem contra decisões transitadas em julgado, ao passo que aqueles são obstativos da formação da coisa julgada. Dessa forma, embora persiga o objetivo de anulação de uma *decisão de mérito* transitada em julgado (CPC, art. 966), a ação rescisória assume a natureza de ação constitutiva negativa[31], afastando-se, por conseguinte, da conceituação reservada para os recursos em geral, enquanto instrumentos genéricos de impugnação de pronunciamentos judiciais, que não instauram relação jurídico-processual distinta.

Entretanto, não se pode tomar o critério como algo absoluto, pois, se é verdade que o recurso é empregado *antes* da formação da coisa julgada, ainda assim poder-se-ia

---

30. COSTA, Coqueijo. *Direito processual do trabalho*. 2. ed. Rio de Janeiro: Forense, 1984, p. 453.
31. Não por outra razão, Pontes de Miranda afirmou que a "força da sentença rescindente é desfazer a outra sentença e permitir o *rescissorium*. O efeito do *rescissorium* é dar de novo, isto é, entregar, com outro conteúdo, no sentido próprio, ou sob outra forma (decisão por nulidade, ou anulação, ou ineficácia), a prometida prestação jurisdicional. Temos, assim, que a força sentencial é constitutiva negativa: desfez o que era. Mas desfez com especialidade: rescindiu". PONTES DE MIRANDA, Francisco Cavalcanti. *Tratado da ação rescisória*: das sentenças e de outras decisões. Campinas: Bookseller, 1998, p. 532).

identificá-lo com determinadas ações impugnativas autônomas, como é o caso (i) da ação anulatória prevista no § 4º do art. 966 do CPC[32] ou, ainda, (ii) com os embargos de terceiro, admissíveis nas hipóteses exemplificativas do art. 674 do CPC. Então, para fins de distinguir os recursos das demais ações impugnativas autônomas, o cerne da questão reside na instauração ou não de uma nova relação processual, independentemente da ocorrência de coisa julgada.

Logo, as medidas impugnativas das decisões judiciais representam o *gênero*, dos quais fazem parte os recursos e demais ações autônomas[33]. Conclui-se, então, que *todo recurso revela-se como um meio de impugnação de uma decisão jurisdicional*, enquanto, de outro vértice, *nem todo meio de impugnação das decisões judiciais pode ser considerado como recurso*, tal como é próprio dos condicionantes atinentes ao gênero e espécie. Atente-se que o Livro III da Parte Especial do CPC 2015 é dedicado à regulamentação "[...] dos processos nos tribunais e dos meios de impugnação das decisões judiciais", o que reforça essa *gênese* comum.

Não se pode ignorar ainda que, em determinadas situações, as mencionadas ações impugnativas autônomas passam a ser utilizadas como *sucedâneos recursais*[34]. Afinal, o Judiciário brasileiro jamais ignorou o uso do mandado de segurança impetrado contra ato judicial, apesar das restrições *legais* e das *ressalvas* construídas jurisprudencialmente. Aliás, o art. 5º da Lei 12.016/2009 admite, em tese, o cabimento de mandado de segurança em face dos atos decisórios que não comportam impugnação por meio de recursos dotados de suspensividade[35]. Ainda assim, ao se cogitar das ações impugnativas empregadas como sucedâneos recursais, persiste o critério diferenciador apontado supra.

---

32. Aliás, o Enunciado 138 do FPPC assinala que: "A partilha amigável extrajudicial e a partilha amigável judicial homologada por decisão ainda não transitada em julgado são impugnáveis por ação anulatória".
33. Fredie Didier Jr. e Leonardo Carneiro da Cunha ainda incluem no sistema de impugnação das decisões judiciais os chamados sucedâneos recursais, definindo-os como categoria *residual*: "o que não for recurso, nem ação autônoma, será um *sucedâneo recursal*. A categoria dos *sucedâneos recursais* engloba, enfim, todas as outras formas de impugnação da decisão. São exemplos: pedido de reconsideração, pedido de suspensão da segurança (Lei 8.437/1992, art. 4º; Lei 12.016/2009, art. 15) e a correição parcial" (DIDIER JR., Fredie; CUNHA, Leonardo Carneiro da. *Curso de Direito Processual Civil* cit., 20. ed., p. 126).
34. "Nos sucedâneos, os 'problemas' a serem resolvidos situam-se na salvaguarda de interesses que apenas o recurso, por sua sistemática (e morosidade), é incapaz solitariamente de solucioná-los. Portanto, o *remédio* tradicional (recurso) *não existe* ou é *ineficaz* no tratamento da doença" (FERREIRA, Willian Santos. Sistema recursal brasileiro: de onde viemos, onde estamos e para onde (talvez) iremos. In: COSTA, Hélio Rubens Batista Ribeiro; RIBEIRO, José Horácio Halfed Rezende; DINAMARCO, Pedro da Silva (Org.). *Linhas mestras do processo civil*. São Paulo: Atlas, 2004. p. 668).
35. "Por sua vez, a Lei 12.016/2009, que disciplina a ação de mandado de segurança, admite a impetração contra qualquer ato judicial irrecorrível ou que possa ser impugnado por recurso despido de efeito suspensivo. O disposto no art. 5º, inciso II, da Lei do Mandado de Segurança é mais abrangente do que a norma revogada e do que a Súmula STF 267; ambas inadmitiam mandado de segurança contra despacho ou decisão judicial quando houvesse recurso previsto nas leis processuais ou pudesse ser modificado por via de correição. Concomitantemente à nova redação da Lei do Mandado de Segurança contra ato judicial, forma-se no Superior Tribunal de Justiça uma jurisprudência liberalizante que reconhece o caráter garantístico do mandado de segurança e, portanto, cabível contra ato judicial" (JAYME, Fernando Gonzaga; SANTOS, Marina França. A irrecorribilidade das decisões interlocutórias no anteprojeto de novo código de processo civil. In: BARROS, Flaviane de

1.4. CLASSIFICAÇÃO DOS RECURSOS

Não há consenso nos critérios utilizados para classificação dos recursos. Comportam atenção os fatores classificatórios que despontem alguma utilidade para compreensão e processamento das categorias recursais[36]. Assim, (i) quanto à *extensão* da matéria impugnada, os recursos são *totais* ou *parciais*. Com relação (ii) ao *momento* de *interposição*, é possível distinguir o recurso *autônomo* ou *principal* e a forma *adesiva*. No tocante à (iii) matéria alegável, subsistem recursos dotados de fundamentação *livre* ou *vinculada*. E, finalmente, (iv) em relação ao *objeto*, são classificados em *ordinários* (comuns) ou *extraordinários* (especiais).

Em relação ao âmbito de extensão da matéria impugnada, delimitado que é pela própria parte recorrente em consonância com o princípio dispositivo, se diz *total* o recurso que se volta contra o conteúdo integral da sucumbência. Em contrapartida, tem-se como *parcial* o recurso que se volta somente contra um ou alguns dos *pontos* ou *capítulos* versados pela decisão impugnada. Assim, o recurso *parcial* abarca tão somente uma parte da sucumbência imposta à parte recorrente. Porém, há quem considere o critério *tautológico*, porque:

> (...) o fato de o recorrente não se insurgir contra todo o ato não permite agrupar alguns recursos na classe da impugnação 'total', e outros na 'parcial', porque todos se transformam totais ou parciais, conforme a livre opção do recorrente. Não há elemento ou característica que reúna alguns numa classe, os demais na outra[37].

No que diz respeito ao *momento de interposição*, ao lado do recurso *principal*, a sistemática processual vigente confere à parte que sucumbiu parcialmente a prerrogativa de recorrer *adesivamente* para as hipóteses da apelação, recurso extraordinário e especial, tal como resulta do inciso II, do § 2º, do art. 997 do CPC. Não se trata de nova modalidade recursal. Cuida-se apenas da forma de interposição dos recursos previstos no inciso II, do § 2º, do art. 997 do CPC[38], respeitadas as demais exigências legais. Em última análise, o recurso principal e a forma adesiva estão direcionados em face da mesma decisão; porém, cada qual deles versando extensão de determinado

---

Magalhães; MORAIS, José Luis Bolzan de (Coord.). *Reforma do processo civil*: perspectivas constitucionais, Belo Horizonte: Fórum, 2010. p. 272).

36. Conforme anotado por Genaro Carrió, "(...) as classificações não são verdadeiras nem falsas, são úteis ou inúteis: suas vantagens estão submetidas ao interesse de quem as formula e à sua fecundidade para apresentar um campo de conhecimento de maneira mais facilmente compreensível ou mais rica em consequências práticas desejáveis (...). Sempre há múltiplas maneiras de agrupar ou classificar um campo de relações ou de fenômenos; o critério para escolher uma delas não está circunscrito senão por considerações de conveniência científica, didática ou prática. Decidir-se por uma classificação não é como preferir um mapa fiel a um que não o seja (...) é como optar pelo sistema métrico decimal face ao sistema de medição dos ingleses" (CARRIÓ, Genaro. *Notas sobre derecho y lenguaje*. Buenos Aires: Abeledo-Perrot, 1965. p. 72-73).

37. ASSIS, Araken de. *Manual dos recursos*. 8. ed. cit., p. 67.

38. "Vencidos, autor e réu podem assumir uma de quatro posições possíveis de serem tomadas: (i) não impugnarem a decisão; (ii) ambos impugnarem a decisão, no prazo comum, cada qual na parte em que ficou vencido; (iii) apenas uma das partes impugnar a decisão; e (iv) a outra poderá, no prazo da resposta, se insurgir contra a decisão na parte em que ficou vencido" (CARVALHO, Fabiano. Admissibilidade do recurso adesivo. *Revista de Processo*, n. 137, a. 31, jul. 2006, p. 32).

aspecto da sucumbência[39]. Portanto, o adesivo, assim colocado, nada mais é do que um recurso *contraposto* à impugnação da parte adversa, utilizado tão somente porque ela veio a recorrer. Deve ser apresentado no prazo de resposta do principal. Há quem visualize esse mesmo critério classificatório, distinguindo os recursos *independentes* e as modalidades *subordinadas*[40].

Compreende-se ainda a distinção entre recursos de *fundamentação livre* ou *vinculada*, delimitando-se, com isso, o tipo de crítica oponível à decisão impugnada. Via de regra, confere-se ampla margem de discricionariedade ao litigante vencido, permitindo qualquer tipo de crítica à decisão impugnada. É o caso da apelação ou, ainda, do agravo de instrumento. Em contrapartida, os recursos de fundamentação vinculada, como é o caso do especial e do extraordinário, exigem para o seu conhecimento determinados condicionantes previstos na legislação em vigor. Os embargos de divergência também são enquadráveis na acepção dos recursos de fundamentação *vinculada*, pois o art. 1.043 do CPC exige a comprovação da *divergência* entre o acórdão embargado oriundo de órgão fracionário em contraste com decisão "de qualquer outro órgão do mesmo tribunal" (CPC, art. 1.043, I).

Os recursos se dividem ainda em *ordinários* e *extraordinários*, sendo os primeiros utilizados unicamente com a finalidade de proteger o *direito subjetivo* da parte recorrente, enquanto os demais têm por objetivo imediato a tutela do direito objetivo. Porém, a distinção entre os recursos *ordinários* e os *extraordinários* não pode ser feita segundo os *parâmetros* do *direito comparado*. Em alguns países (como, por exemplo, Portugal), designa-se de *ordinário* o recurso interposto em face de decisão ainda não transitada em julgado, enquanto *extraordinário* é o recurso interposto contra decisão já transitada em julgado. Como tal, os recursos *extraordinários* somente de uma forma *reflexa* ou *mediata* protegem o direito subjetivo da parte sucumbente, apesar de ser este o móvel psicológico que a impulsiona a recorrer. São exemplos dessa última categoria o recurso extraordinário *stricto sensu* e o recurso especial, que possuem em comum as seguintes características: a) exigem o prévio esgotamento das instâncias ordinárias; b) não são vocacionados à correção de injustiças presentes no julgado recorrido; c) não se prestam à formação de novo juízo de valor sobre matéria fática, ainda que determinante para a ocorrência do *error in iudicando* (de fato, tem-se o "erro de fato" como circunscrito aos lindes de determinada causa, o que lhe confere o *status* de ser menos pernicioso do

---

39. Ou seja, "no caso de julgamento simultâneo de duas ou mais ações reunidas em razão de conexão ou continência, sendo o pedido de uma totalmente acolhido e o da outra totalmente desacolhido, não há que se cogitar de sucumbência recíproca, uma vez que, a rigor, se trata de duas ações, de cujos julgamentos não resultou sucumbência recíproca. Mesmo raciocínio deve ser utilizado no caso de julgamento simultâneo de ação e reconvenção" (OLIVEIRA, Gleydson Kleber Lopes de. *Apelação no direito processual civil*. São Paulo: RT, 2009, v. 20, Recursos no processo civil. p. 173).
40. "Recurso *subordinado* contrapõe-se a *recurso independente*, que é aquele interposto *independentemente do comportamento da outra parte* e, por isso, não tem o seu destino ligado a eventual recurso que a outra parte interponha", grifos nossos. (DIDIER JR., Fredie, e CUNHA, Leonardo Carneiro da. *Curso de direito processual civil*: meios de impugnação às decisões judiciais e processo nos tribunais. 15. ed. Salvador: JusPodivm, 2018, v. 3, p. 179).

que o "erro de direito", que deve ser coibido a bem da integridade e coerência da ordem jurídica (CPC, art. 926); e d) as suas hipóteses de cabimento estão traçadas na Constituição Federal. De fato, percebe-se que esses recursos excepcionais foram criados com a finalidade precípua de garantir a integridade e a incolumidade do ordenamento jurídico[41]. Por essa razão, Leonardo Castanho Mendes defende que os recursos excepcionais assumem a condição de subespécies das categorias de fundamentação vinculada[42].

O critério classificatório é defendido igualmente por Vicente Greco Filho, que enxerga nos recursos extraordinários uma *função política* e não apenas a correção do caso concreto[43].

Em certa medida, o critério que diferencia recursos ordinários e extraordinários confunde-se com outra distinção clássica promovida pela doutrina, que os agrupa em *comuns* e *especiais*. Assim, comuns são aqueles cujo direito de recorrer pressupõe tão somente a sucumbência. Em contrapartida, conforme evidenciado por Antônio Carlos Costa e Silva, os recursos especiais são aqueles que reclamam algum outro pressuposto exigido por lei[44].

Acaso a sucumbência seja condição suficiente para o pedido de novo julgamento, diz-se que o recurso é comum. Entretanto, se a lei processual exigir um *plus* em relação à sucumbência ou circunstância qualificadora, tem-se o caso de um recurso especial.

Tendo em vista que alguns fatores classificatórios sugeridos giram em torno do conceito de sucumbência, parece acertado compreendê-lo na acepção de *prejuízo* ou

---

41. Dizer que o recurso extraordinário e o especial não se destinam precisamente à revisão de decisões injustas é algo que, nas palavras de Rodolfo de Camargo Mancuso, "*prima facie* pode chocar, mas que é compreensível, dentro do sistema. Assim como o STF não é simplesmente *mais um* Tribunal Superior, e sim a Corte Suprema, encarregada de manter o império e a unidade do direito constitucional, também o recurso extraordinário não configura *mais uma* possibilidade de impugnação, e sim o remédio de cunho político-constitucional (seus pressupostos não estão na lei processual) que permite ao STF dar cumprimento àquela sua função. Naturalmente, ao fazê-lo, a Corte também provê sobre o direito subjetivo individual acenado pelo recorrente; todavia, cremos que esse é um efeito 'indireto' ou 'reflexo' do provimento do recurso, já que – repetimos – a finalidade precípua é o asseguramento da 'inteireza positiva' do direito constitucional, na expressiva locução de Pontes de Miranda" (MANCUSO, Rodolfo de Camargo. *Recurso extraordinário e recurso especial*. 4. ed. São Paulo: RT, 1996. p. 82).
42. "De tudo, fica claro que os recursos excepcionais, antes de consistirem em categoria autônoma, em verdade integram, na condição de subespécie, a categoria dos recursos de fundamentação vinculada, enquanto, em simetria, os recursos ordinários são apenas uma subespécie de recursos de fundamentação livre" (MENDES, Leonardo Castanho. *O recurso especial e o controle difuso de constitucionalidade*. São Paulo: RT, 2006. v. 13, p. 121).
43. Ao passo que os recursos ordinários são previstos para correção de algum prejuízo, Vicente Greco Filho observa que os extraordinários têm por função "também a uniformidade de interpretação da legislação federal e a eficácia e integridade das normas da própria Constituição. Têm estes últimos, portanto, uma função política" (GRECO FILHO, Vicente. *Direito processual civil brasileiro*. 11. ed. São Paulo: Saraiva, 1996. v. 2, p. 291).
44. "Saliente-se, portanto, que os *recursos ordinários comuns* possuem como pressuposto a sucumbência e apenas se distinguem, um do outro, isto é, o agravo da apelação, em razão da natureza da decisão que causou o prejuízo. Já nos *recursos ordinários especiais* não basta apenas o fator prejuízo para que se possa exercitá-lo. Faz-se mister que, antes de mais nada, o recorrente atenda a um pressuposto que a lei assinala, objetivamente, para sua interposição" (SILVA, Antônio Carlos Costa e. *Dos recursos em primeiro grau de jurisdição*. 2. ed. Rio de Janeiro: Forense, 1980. p. 8).

gravame imposto à parte. Destarte, James Goldschmidt ensinava que o recurso supõe, como fundamento jurídico, a existência de um gravame, de um prejuízo da parte, o que significa dizer uma diferença injustificada e desfavorável entre sua pretensão e o que lhe concedeu a decisão da qual se impugna[45]. A sucumbência define a *pertinência subjetiva* do recurso. Não obstante a necessidade do prejuízo imposto pela decisão desfavorável, em certas hipóteses, a interposição de determinados recursos está atrelada à ocorrência de outras circunstâncias *simultâneas* à sucumbência. Neste sentido, à guisa de exemplo, pode-se mencionar a exigência de demonstração da repercussão geral para interposição do recurso extraordinário, nos termos do art. 103, § 2º, da CF, regulamentado pelo art. 1.035 do CPC 2015.

1.5. RECURSO ADESIVO

1.5.1. Origem e nomenclatura

O art. 500 do CPC de 1973 incorporou a forma *adesiva* ao sistema recursal brasileiro, sob a inspiração dos direitos português e alemão. A sua adoção foi festejada pelos doutrinadores da época, não obstante as críticas oponíveis à denominação do instituto[46]. Isso porque, sob a ótica do sistema nacional, o interessado na modalidade adesiva não *adere* ao recurso *independente* do seu adversário, mas em verdade se *contrapõe* ao mesmo. Assim, "com muito mais propriedade deveria o recurso denominar-se 'subordinado' – como faz o Código português – pois a característica é a de ficar, o seu conhecimento, subordinado ao conhecimento da primeira impugnação"[47]. A *subordinação*[48] é uma de suas notas características.

Mas é preciso advertir que – no direito comparado – subsistem recursos *autônomos*, também processados sob a forma *adesiva*. Com efeito, a *adhesión* espanhola é

---

45. Nas palavras do autor, cujo prestígio tornou-se clássico, tem-se que: "Todo recurso supone, como fundamento jurídico, la existencia de un gravamen (perjuicio) de la parte; es decir, una diferencia injustificada, desfavorable para ella entre su pretensión y lo que le haya concedido la resolución que impugna. La parte recurrente ha de alegar el perjuicio para que el recurso sea admisible, y debe motivarlo en forma legal para que sea fundado" (GOLDSCHMIDT, James. *Derecho procesal civil*. Trad. da 2. ed. alemã por Leonardo Prieto Castro. Barcelona: Labor, 1936. p. 399).
46. De acordo com Vicente Greco Filho, "a denominação recurso adesivo não é muito apropriada porque 'adesão' dá a entender que a atividade se faz no mesmo sentido. Seria o termo adesivo mais adequado no caso de sucumbência paralela (entre litisconsortes)" (GRECO FILHO, Vicente. *Direito processual civil brasileiro*. 11. ed. cit., p. 285).
47. ROENICK, Hermann Homem de Carvalho. *Recursos no Código de Processo Civil*. Rio de Janeiro: Aide, 1997. p. 49.
48. Leonardo Carneiro da Cunha e Fredie Didier Jr. defendem igualmente a *subordinação* do recurso oferecido em contrarrazões, na forma do § 1º do art. 1.009 do CPC, daí porque, sob essa perspectiva, afirmam ainda que "no sistema do Código de Processo Civil de 1973, recurso subordinado e recurso adesivo eram designações sinônimas; no sistema do Código de Processo Civil de 2015, recurso subordinado passa a ser *gênero*, de que é espécie o recurso *adesivo*" (CUNHA, Leonardo Carneiro da; DIDIER JR., Fredie. Apelação contra decisão interlocutória não agravável: a apelação do vencido e a apelação subordinada do vencedor: duas novidades do CPC/2015. In: MACÊDO, Lucas Buril de; PEIXOTO, Ravi; FREIRE, Alexandre (Org.). *Novo CPC doutrina selecionada*. Salvador: JusPodivm, 2015. v. 6: processo nos tribunais e meios de impugnação às decisões judiciais. p. 518).

um recurso autônomo que permite "al tribunal dictar una resolución conforme a las pretensiones del apelado convertido em apelante adhesivo"[49].

O legislador de 2015 não ignorou tais nuances, podendo-se deduzir que o art. 997 do CPC manteve a terminologia inaugurada pelo Código Buzaid apenas pelo seu aspecto familiar aos operadores nacionais, mas é preciso insistir que o interesse perseguido com o adesivo não é *convergente* com o recurso principal.

1.5.2. Oportunidade: momento para interposição do recurso adesivo

O art. 997, *caput*, do CPC dispõe que "[...] cada parte interporá o recurso independentemente, no prazo e com observância das exigências legais". O inciso I do § 2º do art. 997 do CPC prevê que a modalidade adesiva poderá ser adotada no prazo de *resposta* do recurso principal, não sendo exigível *sincronismo* absoluto com a apresentação da peça de contrarrazões[50].

Portanto, ao se retomar a classificação acerca dos *momentos* de interposição dos recursos, subsistem duas oportunidades distintas para a impugnação de decisões que ocasionem sucumbência recíproca aos contendores. A parte sucumbente que não recorreu *originariamente* poderá fazê-lo *adesivamente* caso se depare com o recurso de seu adversário. Não se trata de nova modalidade impugnativa, substanciando tão somente forma de interposição *tardia* dos recursos previstos no inc. II do § 2º do art. 997 do CPC, desde que respeitadas outras exigências legais. O seu objetivo é assegurar a situação de quem só deseja recorrer se o adversário eventualmente o fizer, atuando como um estímulo às avessas. Poderá ser usado pela parte inicialmente *conformada* com a decisão *parcialmente* desfavorável.

Não é óbice para a admissibilidade do recurso adesivo o fato de a parte ter interposto antes apelo principal intempestivo. Muito embora não se desconheça existir quem defenda que, uma vez exercido o direito de recorrer, consumou-se a oportunidade de fazê-lo, de sorte a impedir que o recorrente torne a impugnar o pronunciamento judicial já impugnado, tal entendimento não se apresenta adequado, quando o recurso inicialmente interposto tenha sido intempestivo.

Com efeito, não se pode perder de vista que o ato intempestivo está no plano da eficácia, ou melhor, no caso, o ato intempestivo é ineficaz. Assim, o recurso deve ser elaborado conforme exige a lei; porém protocolado além do prazo legal, não será defeituoso em si mesmo, mas deixará de produzir efeitos porque desatendido o requisito do tempo do ato processual[51].

---

49. ARAGONESES, Gisbert. *La apelación en los procesos civiles*. Madrid: Thomson-Civitas, 2003, p. 112-113.
50. "Importa realçar a desnecessidade de a parte apresentar a resposta e a petição de interposição do recurso subordinado simultaneamente" (ASSIS, Araken de. *Manual dos recursos*. 8. ed. cit., p. 81).
51. MARTINS, Sandro Gilbert. *Processo, procedimento e ato processual* – o plano da eficácia. Ed. Elsevier, 2012. p. 111.

Portanto, se o ato intempestivo não produz efeitos, não se pode atribuir ao mesmo o princípio da consumação (ou preclusão consumativa) porque esse somente terá lugar se o ato anteriormente praticado foi eficaz e, por isso mesmo, impede seja ele novamente refeito.

Nesse sentido, em julgado proferido à luz do regime revogado, o STJ reconheceu que a eventual perda do prazo no tocante ao recurso principal não obsta o manuseio da forma adesiva, desde que respeitados os demais condicionantes legais para o emprego desta modalidade de recurso tardio[52]. Ademais, a ausência de recurso principal da parte recorrente adesiva é requisito que não está previsto no art. 997 do CPC e, deste modo, não pode ser óbice ao recurso adesivo.

1.5.3. Pressuposto: sucumbência recíproca

A forma recursal *adesiva* está atrelada à ocorrência de *sucumbência recíproca* imposta pela decisão recorrida. Ainda que atrelado a propósito distinto (distribuição dos encargos sucumbenciais), o art. 86 do CPC faz alusão à ocorrência desse tipo de situação, ao dispor que "se cada litigante for, em parte, vencedor e vencido [...]". Em suma: principal e adesivo se voltam contra a *mesma* decisão; porém, cada qual versando determinado *capítulo* decisório ou *extensão* da *sucumbência* imposta aos litigantes adversários.

1.5.4. Processamento

O recurso adesivo é *contraposto* à impugnação recursal da parte adversa. Deve ser apresentado perante o juízo *a quo*, no prazo de *resposta* do recurso principal (CPC, art. 997, § 2º, I)[53], ficando *subordinado* à admissibilidade do principal. Apresentação no prazo *comum* não significa protocolo *concomitante*[54], bastando que seja respeitada

---

52. "(...) A Segunda Turma desta Corte, quando do julgamento do REsp 864.579/SP, publicado no DJ de 29.05.2007, de relatoria da Ministra Eliana Calmon, concluiu pela possibilidade de interposição de apelação adesiva mesmo que patente a manobra de contornar eventual perda de prazo para a interposição de apelação autônoma, desde que atendidos os requisitos estabelecidos no art. 500 do CPC. (...)" (STJ, REsp 1.076.522/AL, 2ª T., Rel. Min. Mauro Campbell Marques, j. 11.11.2008, DJe 12.12.2008).
53. Ao se cogitar de sua apresentação no prazo de resposta, a redação do inciso I, do § 2º, do art. 997 do CPC, está conectada com as prerrogativas fazendárias, pois "o art. 183, *caput*, do Novo CPC prevê que a Fazenda Pública tem prazo em dobro para qualquer manifestação processual, de forma que seu prazo para contra-arrazoar também passa a ser contado em dobro, o que torna a regra consagrada no art. 997, § 2º, I, correta, inclusive quando o recorrente adesivo for a Fazenda Pública" (NEVES, Daniel Amorim Assumpção. *Novo código de processo civil*. São Paulo: Método, 2015, p. 480-481, p. 528).
54. Pedro Miranda de Oliveira afirma que o "adesivo não está condicionado à apresentação de contrarrazões ao recurso principal, porque são independentes ambos os institutos de direito processual, restando assegurado, pela ampla defesa e contraditórios constitucionais, tanto o direito de recorrer, como o de responder ao recurso. E mais: a resposta do recurso principal e a interposição da impugnação adesiva não precisam ser apresentadas simultaneamente, na mesma data. Por serem atos processuais distintos, os prazos são autônomos, apesar de coincidentes" (OLIVEIRA, Pedro Miranda de. *Ensaios sobre recursos e assuntos afins*. In: LAMY, Eduardo de Avelar; ABREU, Pedro Manoel; OLIVEIRA, Pedro Miranda de (Coord.) São Paulo: Conceito Editorial, 2011, Coleção Ensaios de processo civil. p. 229).

a "janela de oportunidade"[55]. Não conhecido o recurso originário, tampouco será admitido o processamento do adesivo (CPC, art. 997, § 2º, III)[56].

É certo, porém, que o recurso *subordinado adesivo* está sujeito à satisfação dos respectivos pressupostos recursais. Ainda que *admitido* o chamado recurso principal, isso não afasta a possibilidade de o adesivo vir a ser declarado *inadmissível*, "por algum motivo que lhe seja próprio. A inadmissibilidade do subordinado não afeta o recurso subordinante. Assim, desistindo o recorrente subordinado, sobrevive o recurso principal"[57].

Conhecidos ambos – principal e adesivo –, é perfeitamente possível que seja provido este último e não aquele, eis que, superada a fase de admissibilidade, o *mérito* dos recursos é apreciado de forma autônoma.

1.5.5. Prejudicialidade ou perda de interesse recursal superveniente do recurso adesivo

Admitido o recurso principal, o mérito do recurso adesivo comporta exame autônomo. Porém, eventual anulação da decisão recorrida decretada com o provimento do recurso principal poderá tornar *prejudicado* o exame do adesivo[58].

1.5.6. Taxatividade do inc. II do § 2º do art. 997 do CPC e demais restrições jurisprudenciais

O inciso II do § 2º do art. 997 do CPC limita o emprego da forma adesiva aos casos de interposição de apelação, recurso extraordinário e recurso especial. O rol é *taxativo* e não há como "ampliá-lo em virtude de considerações teleológicas. Por exemplo, não cabem embargos de declaração adesivos"[59]. Nesse sentido, o STJ decidiu que não é possível interpor agravo interno na modalidade adesiva[60].

---

55. "(...) 3. A controvérsia ora apresentada para julgamento pauta-se na exegese do art. 500, I, do CPC/1973, a fim de definir se o Recurso Adesivo deve, necessariamente, ser interposto em conjunto com a apresentação das contrarrazões, sob pena de preclusão; ou se, ao revés, é possível a interposição do Recurso em momento posterior, desde que respeitado o prazo para contrarrazoar. (...) 9. Forte nestas considerações, compreende-se que o art. 500, I do CPC/1973 não determina a apresentação simultânea das contrarrazões e do Recurso Adesivo, sendo suficiente que este respeite o prazo para protocolo daquelas" (STJ, REsp 1.620.762/MT, 1ª T., Rel. Min. Napoleão Nunes Maia Filho, *DJe* 20.11.2019).
56. "(...) Nos termos do art. 997, § 2º, III, do CPC/15, não pode ser conhecido o recurso adesivo quando for declarado inadmissível o recurso principal" (STJ, AgInt no AREsp 2.479.164/MG, 3ª T., Rel. Min. Nancy Andrighi, *DJe* 14.03.2024).
57. ASSIS, Araken de. *Manual dos recursos*. 8. ed. cit., p. 85.
58. "Outra situação que também certamente leva ao não conhecimento do recurso adesivo é aquela que ocorre quando, no julgamento do recurso principal, a decisão é anulada. Em tal caso, o tribunal não pode conhecer do recurso adesivo, porque ele restará prejudicado" (JORGE, Flávio Cheim. *Teoria geral dos recursos*. 7. ed. São Paulo: RT, 2015. p. 428).
59. ASSIS, Araken de. *Manual dos recursos*. 8. ed. cit., p. 78.
60. STJ, 1ª T., Ag. Int. no REsp 1.329.395/RS, Rel. Min. Sérgio Kukina, j. 16.02.2017, *DJe* 06.03.2017. No mesmo sentido: STJ, AgInt nos EDcl no REsp 1.810.860/SP, 4ª T., Rel. Min. Maria Isabel Gallotti, *DJe* 11.04.2024.

Atente-se que a forma adesiva pressupõe a existência de partes antagônicas. Portanto, o Ministério Público não poderá utilizá-la na condição de *fiscal da ordem jurídica* (CPC 2015, art. 996), hipótese que lhe assegura tão somente o uso de recurso autônomo. Não se costuma aceitar o adesivo nos Juizados Especiais, diante das particularidades do subsistema recursal da Lei 9.099/1995[61].

O STJ decidiu que ainda que, tratando-se de recurso especial afetado sob a modalidade dos recursos repetitivos, torna-se desnecessário processar a modalidade adesiva[62]. Trata-se de uma peculiar forma de *prejudicialidade*, conectada com o regime de formação dos precedentes emanados dos recursos repetitivos.

1.6. IMPUGNAÇÃO DOS ATOS DECISÓRIOS RELEVANTES

Os recursos se voltam contra uma categoria específica de pronunciamentos judiciais, que são aqueles dotados de conteúdo decisório. Ao ocasionar *prejuízo* ou *gravame* à parte prejudicada, os atos judiciais decisórios são passíveis de impugnação. Logo, tinha razão Pontes de Miranda ao sintetizar o princípio da recorribilidade das resoluções judiciais *relevantes*[63]. A técnica legislativa, ao seu turno, poderá discriminar o que é significativo para fins de despertar interesse recursal, seja por meio de um critério de exclusão, fixando de antemão aquilo que é irrelevante, seja pelo emprego da enumeração taxativa das decisões que comportam recurso.

O art. 504 do CPC de 1973 firmou a regra de que "dos despachos não cabe recurso" (redação conferida pela Lei 11.276, de 07.02.2006), pois o texto original era alusivo aos *despachos de mero expediente*. O art. 1.001 do CPC 2015 manteve a última redação do art. 504 do CPC revogado.

A irrecorribilidade dos despachos é justificável diante da ausência de prejuízo às partes. Porém, torna-se imprescindível examinar o conteúdo *material* de certos pronunciamentos, não importando o *rótulo* ou *forma* como estejam classificados nas rotinas processuais[64]. Sob a vigência do CPC de 1973, parcela considerável da doutrina

---

61. "Não cabe recurso adesivo em sede de Juizado Especial, por falta de expressa previsão legal (Aprovado no XV Encontro – Florianópolis – SC)" (Enunciado 88, do Fórum Permanente de Juízes Coordenadores dos Juizados Especiais Cíveis e Criminais do Brasil – XV Encontro Nacional – Florianópolis – SC).
62. STJ, 3ª T., AgRg no AREsp. 37.675/PR, Rel. Min. Sidnei Beneti, j. 06.08.2013, *DJe* 28.08.2013.
63. PONTES DE MIRANDA, Francisco Cavalcanti. *Comentários ao Código de Processo Civil*. Rio de Janeiro: Forense, 1999. t. VII, arts. 496 a 538, atualização legislativa de Sérgio Bermudes. p. 2.
64. "Logo, é importante ter certeza de que o 'despacho' é, realmente, de mero expediente (v.g., determinando sejam os autos enviados ao MP; determinando a juntada aos autos de petição; determinando ao autor que se manifeste sobre documentos juntados pelo réu etc.), ou então oculta uma decisão sobre questão incidente levantada pelas partes e, neste sentido, causando prejuízo, mesmo que processual a quaisquer delas, caracterizando-se em típica decisão interlocutória, desafiando, portanto, no modelo do CPC atual, o recurso de agravo" (GAIO JR., Antonio Pereira. Teoria geral dos recursos: análise e atualizações à luz do novo código de processo civil brasileiro. In: MACÊDO, Lucas Buril de; PEIXOTO; Ravi; FREIRE, Alexandre (Org.). *Novo CPC doutrina selecionada*: processo nos tribunais e meios de impugnação às decisões judiciais. Salvador: JusPodivm, 2015, p. 473, v. 6).

sustentava que os despachos dotados de conteúdo decisório *implícito* poderiam ser impugnados por meio de agravo de instrumento. No entanto, à luz do sistema atual, ao se cogitar de eventuais *despachos* dotados de conteúdo decisório *implícito*, quando muito se pode cogitar de questões não sujeitas à preclusão (CPC, art. 1.009, § 1º), comportando exame por ocasião da apreciação do recurso de apelação. Entretanto, o STJ entendeu admissível agravo de instrumento manejado contra decisão que apreciou embargos de declaração, os quais, por sua vez, haviam sido opostos em face de despacho que, a despeito de intimar as partes para o início de cumprimento provisório de sentença, decidiu de forma correlata matéria relacionada à liquidez da obrigação, com perspectiva de "gerar danos e prejuízos aos interesses da recorrente"[65].

1.7. EXTENSÃO DO RECURSO

O art. 1.002 do CPC dispõe que "a decisão pode ser impugnada no todo ou em parte". Em consonância com o princípio dispositivo, quanto à *extensão* da matéria impugnada, é considerado *total* o recurso que permite abarcar todo o conteúdo da sucumbência suportada pela parte. Em contrapartida, tem-se como *parcial* aquela insurgência que se volta somente contra um ou alguns dos pontos ou capítulos decisórios versados pela decisão impugnada. Assim, o recurso *parcial* abarca tão somente uma parte da sucumbência imposta ao recorrente que, por certo, pode delimitá-lo. Entretanto, "os capítulos *acessórios* (*dependentes*) ao capítulo impugnado ficam abrangidos pela irresignação, ainda que o recorrente nada fale a respeito deles"[66]. À guisa de exemplo, a reforma da sentença no tocante ao pagamento da *quantia principal* produzirá reflexos nos *capítulos acessórios* (juros de mora, correção monetária, verbas de sucumbência etc.) ainda que o recorrente nada tenha mencionado a respeito dos mesmos.

---

65. STJ, 3ª T., REsp 1.725.612/PR, Rel. Min. Nancy Andrighi, j. 02.06.2020, *DJe* 04.06.2020.
66. JORGE, Flávio Cheim. Dos recursos. In: WAMBIER, Teresa Arruda Alvim et al. (Coord.). *Breves comentários ao Novo Código de Processo Civil*. São Paulo: RT, 2015. p. 2.227.

2
PRINCÍPIOS INFORMATIVOS DO SISTEMA RECURSAL

A delimitação de uma teoria geral dos recursos está atrelada à identificação dos princípios e regras fundamentais que disciplinam ou relacionam a admissão, o processamento e julgamento dos processos recursais ou, ainda, fenômenos correlatos. Logo, torna-se recomendável um breve exercício de abstração, à guisa de identificação das normas e premissas estruturantes do sistema recursal do CPC/2015.

É preciso registrar que, durante muito tempo, os princípios foram compreendidos de forma débil[1], pois era corrente a visão de que apenas conferiam *sistematicidade* às regras jurídicas ou se prestavam ao papel de resolver supostas *lacunas* do ordenamento positivado. Os princípios também eram compreendidos na perspectiva de uma certa *força gravitacional*, capaz de influenciar a aplicação de regras positivadas. Aliás, costumava-se afirmar que os elementos que gravitam em torno de um determinado sistema de direito se organizavam em torno de princípios jurídicos. Nessa perspectiva, Claus-Wilhelm Canaris apontava que o ordenamento jurídico representava a "ordem axiológica ou teleológica de princípios jurídicos gerais"[2].

Porém, os princípios não podem ser compreendidos apenas como álibis interpretativos ou mesmo como *manifestos retóricos* acerca das possíveis *intenções* do legislador. Por isso, torna-se oportuno retomar, nesse aspecto, as tradicionais diferenças entre *princípios* e *regras*. A propósito do tema, J. J. Gomes Canotilho sustenta que tais categorias representam duas espécies normativas, eis que as normas jurídicas podem se revelar por intermédio de princípios ou de regras[3]. Para o jurista português, as normas representam um modelo de ordenação juridicamente vinculante. Assim, os princípios se distinguem das regras basicamente sob dois aspectos.

---

1. "Nesse sentido, os princípios são normalmente associados aos elementos que outorgam coerência às regras: daí a razão pela qual a doutrina alude aos princípios como garantia de sistematicidade do direito. Essa é uma maneira de conceituar os *princípios com um sentido fraco* – não propriamente como normas, mas como fundamentos normativos. Esse modo de compreendê-los, porém, hoje integra apenas um *capítulo da história* do pensamento jurídico, na medida em que superado a favor de uma *compreensão forte dos princípios* – vistos aí como normas que outorgam finalidades que devem ser promovidas de maneira gradual" (MARINONI, Luiz Guilherme; ARENHART, Sérgio Cruz; MITIDIERO. Daniel. *O novo processo civil*. 2. ed. São Paulo: RT, 2016. p. 499).
2. CANARIS, Claus-Wilhelm. *Pensamento sistemático e conceito de sistema na ciência do direito*. Lisboa: Calouste Gulbenkian, 1989, p. 280.
3. CANOTILHO, J. J. Gomes. *Direito constitucional e teoria da Constituição*. Coimbra: Almedina, 1998, p. 1.075-1.076 e p. 1.094-1.095.

De um lado, demandam uma "otimização" para o caso concreto, experimentando vários graus de concretização, passíveis de diferenciação em face de peculiaridades fáticas e jurídicas de cada situação a qual se aplicam. Ademais, a convivência entre princípios é *conflitual*, enquanto a convivência entre regras é *antinômica*. Por isso, os princípios coexistem, enquanto as regras antinômicas se excluem. Exigindo uma otimização no ato de sua aplicação, os princípios jurídicos permitem o balanceamento e harmonização de valores e interesses, variando de acordo com a tensão provocada com outros vetores principiológicos eventualmente conflitantes. Quando estiverem em *aparente* oposição, aquele que estiver incumbido de resolver o impasse deverá observar o peso relativo de cada um. Quanto às regras, vigora a "lógica do tudo ou nada". De duas, uma: ou a regra é válida e aplicável e, por conseguinte, seus efeitos jurídicos serão suportados pelos interessados, ou não comportará incidência no plano normado. Assim, é insustentável a aplicabilidade simultânea de regras contraditórias e excludentes. É bom asseverar, de qualquer modo, que o autor português firmou tais distinções a partir do contexto do fenômeno constitucional, com o intuito de explicar o fato de que a Constituição de um país, por vezes, pode albergar inúmeros valores e interesses substancialmente contraditórios entre si. Isso pode ser explicado como manifestações de uma sociedade pluralista. Conforme Canotilho, é imprescindível harmonizar os diversos princípios antagônicos, questão que demanda ponderação e equilíbrio. Se os interesses tensionados se encontram igualmente consagrados pela ordem jurídica, há de se observar os condicionantes fáticos, otimizando-se, assim, o conteúdo de cada princípio em face das peculiaridades do caso concreto. Isso assume substancial relevo no caso da aplicação da Constituição brasileira, espelho de um Estado pluralista e reflexo de uma sociedade complexa, marcada por diversos grupos antagônicos e oposicionistas. Do mesmo modo, Eros Roberto Grau compreende a *norma jurídica* como *gênero*, do qual os *princípios* e as *regras* representam *espécies normativas*[4].

Fixadas, então, as premissas acerca da dicotomia entre princípios e regras, convém examinar o conteúdo daqueles. Assim, costuma-se enfatizar que os princípios encerram um:

> (...) grau de abstração maior que os demais elementos do sistema, possuindo características específicas que vão, desde a abstratalidade, indeterminação, vaguidade e baixa densidade normativa, até a funcionalidade diversa (mormente otimização do sistema e funções hermenêuticas)[5].

No entanto, como foi ressalvado acima, o desenvolvimento da teoria dos princípios permitiu conceber-lhes como espécies normativas e, deste modo, não representam mera

---

4. "Logo, temos que, em realidade, norma jurídica é *gênero* que alberga, como *espécies*, regras e princípios positivos de direito – entre estes últimos incluídos tanto os princípios positivos de direito quanto os princípios gerais do direito." (GRAU, Eros Roberto. *A ordem econômica na Constituição de 1988*. 7. ed. São Paulo: Malheiros, 2002, p. 120).
5. SCHIER, Paulo Ricardo. *Filtragem constitucional* – construindo uma nova dogmática jurídica. Porto Alegre: Fabris, 1999, p. 89.

técnica *integrativa*. A partir dessa perspectiva, os princípios passam a atuar sobre outras normas jurídicas de forma *direta* ou *indireta*[6]. No sítio processual, em consonância com Rui Portanova, os princípios deixam "(...) cada vez mais distante a ideia de aferramento à ritualística inconsequente, burocrática, mecanicista e alienante de origem positivista"[7]. É sintomática, ademais, a advertência do art. 1º do CPC 2015, ao substanciar claramente o fenômeno da constitucionalização do direito processual.

Para Fredie Didier Jr., os princípios da ordem processual desempenham funções relevantes e complementares, prestando-se ao papel *integrativo, definitório, interpretativo* e *bloqueador* da incidência de outras normas[8]. Mas a importância conferida aos princípios não autoriza utilizá-los de forma arbitrária ou dissociada do contexto argumentativo. Portanto, são bastante eloquentes as premissas de que *"juízes, assim como todos os demais sujeitos do processo, estão sobremaneira vinculados à normatividade. A invocação de um princípio precisa encontrar lastro normativo*. Não bastam argumentos lógicos, morais, pragmáticos etc. para se 'inferir' um princípio (...)"[9].

Firmadas tais premissas, não se pode ignorar a importância dos princípios recursais para compreensão dos meios de impugnação dos pronunciamentos judiciais. Por isso, o estudo das regras positivadas em matéria recursal deve ser conduzido à luz dos princípios pertinentes, reforçando o repertório do operador do direito em prol da identificação da *norma jurídica* aplicável ao acertamento do caso.

Conclui-se, então, que alguns dos princípios informativos que serão tratados a seguir estão previstos em regras expressas, enquanto outros são extraídos *implicitamente* do sistema jurídico positivado[10]. Atente-se, entretanto, que não há consenso em relação ao rol dos princípios informativos da teoria geral dos recursos[11], pois a sua enumeração costuma variar de acordo com o entendimento dogmático daqueles que se debruçam sobre o assunto. Aliás, o CPC 2015 parece colocar em xeque algumas premissas discursivas que eram correntes sob a vigência do CPC revogado.

---

6. ÁVILA, Humberto. *Teoria dos princípios*. 5. ed. São Paulo: Malheiros, 2006, p. 97.
7. PORTANOVA, Rui. *Princípios do processo civil*. Porto Alegre: Livraria do Advogado, 1997, p. 283.
8. DIDIER JR., Fredie. *Curso de direito processual civil*: introdução ao direito processual civil, parte geral e processo de conhecimento. 17. ed. Salvador: JusPodivm, 2015, v. 1, p. 48 e ss.
9. THEODORO JR., Humberto; NUNES, Dierle; BAHIA, Alexandre Melo Franco; PEDRON, Flávio Quinaud. *NCPC*: fundamentos e sistematização. Rio de Janeiro: Forense, 2015. p. 52-53.
10. Roque Antonio Carrazza destaca que princípio jurídico "é um enunciado lógico, implícito ou explícito, que, por sua grande generalidade, ocupa posição de preeminência nos vastos quadrantes do Direito e, por isso mesmo, vincula, de modo inexorável, o entendimento e a aplicação das normas jurídicas que com ele se conectam" (CARRAZZA, Roque Antonio. *Curso de direito constitucional tributário*. 12. ed. São Paulo: Malheiros, 1998, p. 31).
11. "Em resumo, e após essas considerações, podemos arrolar como princípios que regem o sistema recursal os seguintes: voluntariedade; dialeticidade; singularidade; duplo grau de jurisdição; taxatividade; dispositivo; inquisitório e fungibilidade" (JORGE, Flávio Cheim. *Teoria geral dos recursos*. 7. ed. São Paulo: RT, 2015. p. 255).

2.1. DUPLO GRAU DE JURISDIÇÃO

O duplo grau de jurisdição pode ser estudado a partir de várias nuances. Interessa, particularmente, o viés de controlabilidade dos atos jurídicos decisórios. E, como tal, para aqueles que lhe emprestam forte prestígio, guarda suas reminiscências históricas com a Revolução Francesa, cujos desdobramentos óbvios se projetaram aos demais países continentais europeus. Portanto, apesar de paradoxal[12], a visão contemporânea do duplo grau de jurisdição remonta às revoluções burguesas, como uma das conquistas em prol da segurança das liberdades conseguidas pela burguesia emergente[13]. A partir daí, aparelharam-se os ordenamentos jurídicos com a instituição de mecanismos que possibilitem ao interessado solicitar novo julgamento. Mas, ao se afirmar que a origem do princípio do duplo grau de jurisdição se prende à Revolução Francesa, não se pretende sugerir que antes daquele momento histórico não houvesse fórmulas recursais. Afinal, os povos primitivos conheceram mecanismos de impugnação das decisões de seus Tribunais.

a) Conveniência ou não da adoção do duplo grau de jurisdição

Não obstante a persistência da divergência acerca de sua razoabilidade, ainda assim o princípio do duplo grau de jurisdição encontra guarida, em maior ou menor extensão, no âmbito das legislações hodiernas. São diversas as razões pela sua manutenção[14] e os argumentos contrários utilizados pelos seus opositores[15]. Assim, nas palavras de Oreste Nestor de Souza Laspro, as vantagens apregoadas podem ser sintetizadas no:

> (...) fato de o juiz de segunda instância ser mais experiente e instruído, a possibilidade de erro e prevaricação do juiz de primeira instância, controle psicológico do julgador de primeira instância, sabedor que sua decisão será examinada por outros juízes, maior exame da questão, inconformismo natural da parte que perde em primeira instância e necessidade de controle dos atos jurisdicionais, enquanto atividade estatal[16].

---

12. Aliás, conforme anotado por Luiz Guilherme Marinoni, torna-se até mesmo curiosa a ênfase conferida ao duplo grau, atrelada aos influxos da Revolução francesa, pois, se o juiz deve apenas declarar as palavras da lei, não há razão para se ter dois juízos sobre o mérito (MARINONI, Luiz Guilherme. A segurança jurídica como fundamento do respeito aos precedentes. In: CORRÊA, Estevão Lourenço (Coord.). *Revista do Instituto dos Advogados do Paraná*. Curitiba, 2009, n. 37, p. 63).
13. "Destarte, a partir da Revolução Francesa o duplo grau de jurisdição passa a ser apresentado como uma garantia da parte a uma decisão melhor. Aliás, é a partir desse momento que surge o conceito de duplo grau de jurisdição, na medida em que, anteriormente, o que existia era uma pluralidade de graus de jurisdição" (LASPRO, Oreste Nestor de Souza. *Duplo grau de jurisdição no direito processual civil*. São Paulo: RT, 1995, p. 176).
14. Conforme observa Moacyr Amaral Santos, "(...) objeções à conveniência do duplo grau de jurisdição e, assim, à recorribilidade das decisões foram insistentes em outras épocas e ainda hoje, de quando em quando, se fazem ouvir. O sistema terá seus defeitos, mas que são superados por inequívocas vantagens" (SANTOS, Moacyr Amaral. *Primeiras linhas de direito processual civil*. 21. ed. São Paulo: Saraiva, 2003, v. 3, p. 86).
15. Aliás, em monografia acerca do assunto, Oreste Nestor de Souza Laspro apresenta críticas entusiastas ao modo como as legislações consagram tal princípio, asseverando que se trata de "(...) mecanismo adotado sem maior reflexão, com base mais em aspectos histórico-políticos que jurídicos, no mais das vezes com base em uma alegada contradição. Representa obstáculo à eficiência da organização judiciária, na medida em que não se pode demonstrar, cientificamente, que atinja de modo eficaz à única meta para ser mantido, qual seja a de que a decisão de segundo grau é 'melhor' que a de primeiro" (LASPRO, Oreste Nestor de Souza. *Duplo grau de jurisdição no direito processual civil* cit., p. 117).
16. LASPRO, Oreste Nestor de Souza. *Duplo grau de jurisdição no direito processual civil* cit., p. 99.

Em sentido oposto, é possível alinhar os inconvenientes desta opção, que resulta em um desprestígio da 1ª instância (reduzida, sob certa perspectiva, à função *coletora das provas*).

Oportuno passar em revista, brevemente, os argumentos principais que balizam a discussão envolvendo o duplo grau de jurisdição. Certo é que, a par de seus defensores homéricos, existem aqueles que comungam da opinião de que não há garantia substancial de que o segundo pronunciamento seja tecnicamente mais correto ou justo que a decisão impugnada. Embora se eleja a premissa da falibilidade humana para justificá-lo, não há nenhum critério objetivo a respeito, mas tão somente alusão a certos juízos apriorísticos.

Com efeito, a menção à inexperiência do juiz de 1ª instância comparativamente ao membro integrante do tribunal baseia-se, no mais das vezes, na assertiva de que este último exerce suas atividades há mais tempo. Porém, ainda que se admita que o juiz singular não conta com a experiência daqueles magistrados de segunda instância[17], o conhecimento dos fatos resultante da imediação culmina por favorecê-lo. Logo, a assertiva de que os juízes de segundo grau são mais experientes e, por via de consequência, dispõem de maior aptidão para julgar, revela-se como um postulado de cunho eminentemente subjetivo, dissociado, por este viés, de um critério lógico ou científico[18]. Tal afirmação está lastreada "tão somente no fato de que, tendo a segunda decisão caráter substitutivo, é natural que a reforma leve à crença de que o primeiro juiz decidiu incorretamente"[19]. Sob tal prisma – se é necessária a opção pela *substitutividade* das decisões – é igualmente compreensível o argumento acerca da falibilidade humana, sem que com isso haja garantia de maior retidão da decisão subsequente. É certo que "a separação e a sobreposição dos órgãos judiciários fundam-se na hierarquia, sobretudo, e, não, na qualidade intrínseca do corpo julgador"[20].

---

17. Aliás, o STJ encampou tal suposição argumentativa ao afirmar que não haveria sentido em se exigir o duplo grau em ações penais de competência originária dos Tribunais, eis que o exame de tais casos é feito por "magistrados de hierarquia funcional superior, em tese mais qualificados e experientes" (STJ, EDcl no REsp 1.484.415-DF, 6ª T., Rel. Min. Rogério Schietti Cruz, j. 03.03.2016, *DJe* 14.04.2016).
18. Por outro lado, a experiência está umbilicalmente conectada com os conceitos *prévios* na formação do convencimento do julgador: "A idéia de partir do zero para fundamentar e aumentar o próprio acervo só pode vingar em culturas de simples justaposição, em que um fato conhecido é imediatamente uma riqueza. Mas, diante do mistério do real, a alma não pode, por decreto, tornar-se ingênua. É impossível anular, de um só golpe, todos os conhecimentos habituais. Diante do real, aquilo que cremos saber com clareza ofusca o que deveríamos saber. *Quando o espírito se apresenta à cultura científica, nunca é jovem. Aliás, é bem velho, porque tem a idade de seus preconceitos.* Aceder à ciência é rejuvenescer espiritualmente, é aceitar uma brusca mutação que contradiz o passado" (BACHELARD, Gaston. *A formação do espírito científico*: contribuição para uma psicanálise do conhecimento. Trad. Estela dos Santos Abreu. Rio de Janeiro: Contraponto, 1996, p. 17-18. grifos nossos). Com apoio em Gadamer, Boaventura de Sousa Santos destaca que: "Os preconceitos são constitutivos do nosso ser e da nossa historicidade e, por isso, não podem ser levianamente considerados cegos, infundados ou negativos. São eles que nos capacitam a agir e nos abrem à experiência e, por isso, a compreensão do nosso estar no mundo não pode de modo nenhum dispensá-los" (SANTOS, Boaventura de Sousa. *Introdução a uma ciência pós-moderna*. 3. ed. Rio de Janeiro: Graal, 1989. p. 39).
19. LASPRO, Oreste Nestor de Souza. *Duplo grau de jurisdição no direito processual civil* cit., p. 100.
20. ASSIS, Araken de. *Manual dos recursos*. 8. ed. São Paulo: RT, 2016, p. 92.

O raciocínio em questão aplica-se ainda às hipóteses aventadas de má-fé do julgador *a quo*, pois, igualmente, nada autoriza supor que isso não possa ocorrer em relação ao juízo revisor. Cabe reconhecer, no entanto, que a adoção de órgãos colegiados representa um óbice tenaz à ocorrência de julgamentos parciais ou suspeitos, haja vista a dificuldade intrínseca de contaminação de todos os seus membros. Em outras palavras, o funcionamento colegiado dos órgãos de instância superior revela-se, nesse sentido, como um critério positivo, coibindo práticas desonrosas e inconfessáveis.

Com relação à premissa de que o juízo monocrático se dedica de forma mais cuidadosa e aprofundada no exame da questão *sub judice*, sabedor que sua decisão poderá ser revista pelo tribunal, ou mesmo de que haveria um controle psicológico pela simples existência do duplo grau de jurisdição, carecem, igualmente, de demonstrações científicas[21]. De mais a mais, em regra, os mecanismos recursais são colocados à disposição do interesse das partes, e não como ferramenta de controle da qualidade das decisões judiciais.

Por outro lado, diversas são as desvantagens advindas da consagração do duplo grau de jurisdição. Afinal, além de contribuir para a excessiva dilação do processo, em franca oposição à celeridade processual[22], o duplo grau representa ainda um desprestígio indireto à primeira instância. Além disso, a possibilidade de eventuais decisões antagônicas exacerba ainda mais a litigiosidade das partes, porque comprova que a pretensão da parte vencedora não é unívoca, evidenciando posição diversa do Estado-jurisdição. A divergência quanto à interpretação das normas jurídicas cria ainda reverberações indiretas no sistema jurídico, desacreditando, assim, o aparato jurisdicional como instância privilegiada de solução de conflitos.

Independentemente das críticas e mediações apontadas, é inequívoco que a perspectiva de reexame das decisões judiciais atende a uma expectativa inerente ao

---

21. A crítica a esse ponto de vista é fornecida por Luiz Guilherme Marinoni que, discorrendo acerca da necessidade de abreviamento da tutela jurisdicional em uma perspectiva da efetividade do processo, afirma: "O problema, portanto, é o de se exigir uma maior responsabilidade do juiz de primeiro grau, sendo completamente descabido aceitar que o juiz somente exercerá com zelo e proficiência as suas funções quando ciente de que a sua decisão será revista. Esse raciocínio despreza a importância da figura do juiz de primeiro grau, que deve ter maior poder e, portanto, maior responsabilidade para que a função jurisdicional possa ser exercida de forma mais racionalizada e efetiva" (MARINONI, Luiz Guilherme. Garantia da tempestividade da tutela jurisdicional e duplo grau de jurisdição – a execução imediata da sentença como alternativa. *Questões do novo direito processual civil brasileiro*. Curitiba: Juruá, 1999. p. 304).
22. Por medida de coerência, assim como se estabeleceram nas passagens anteriores as ponderações e críticas às propaladas vantagens do duplo grau de jurisdição, parece válido, igualmente, apontar algumas das desvantagens de sua adoção. Exatamente por isso, a ideia de que o sistema recursal depõe contra o ideal de celeridade e efetividade da tutela jurisdicional merece alguns apartes. Nessa linha de raciocínio, Sérgio Luiz Kukina afirma que não se pode "(...) debitar todos os males do processo, que depõem contra sua ambiciosa efetividade, unicamente ao leque recursal. Ingredientes outros haverão de ser agregados com vistas a um correto diagnóstico, tais como a sempre lembrada carência de recursos humanos e materiais para melhor desempenho da máquina judiciária, o insuficiente número de magistrados, calendários forenses inadequados e – talvez o pior de todos os problemas – a deficiência técnica de operadores do Direito (advogados, juízes e promotores)" (KUKINA, Sérgio Luiz. Apontamentos sobre um novo projeto de reforma recursal. In: MARINONI, Luiz Guilherme; DIDIER JR., Fredie (Coord.). *A segunda etapa da reforma processual civil*. São Paulo: Malheiros, 2001, p. 213).

espírito humano. Sem dúvida, do ponto de vista psicológico, pode-se afirmar que o recurso expressa o inconformismo do ser humano em relação ao conteúdo da decisão judicial que o desagradou. Ao se posicionar a respeito desse fenômeno, Vicente Greco Filho identifica razões de ordem cultural e histórica que o condicionam, falando na existência de cenário de *desconfiança recíproca* entre os operadores jurídicos[23]. Porém, nem todos os meios de impugnação das decisões judiciais têm por fundamento único o inconformismo da parte vencida[24].

b) Duplo grau e ampla recorribilidade

O duplo grau não assegura recorribilidade ampla e irrestrita[25]. Afinal, não há nenhuma regra constitucional *impositiva* da observância do duplo grau de jurisdição no âmbito da recorribilidade ordinária[26]. É inequívoco, então, que o duplo grau de jurisdição não pode ser pensado com foros de *universalidade*[27]. Não se pode perder de vista que o CPC 2015 está assentado em premissas epistemológicas muito diversas daquelas extraídas do Código Buzaid. Afinal, para ficar apenas nesse exemplo, foram instituídas técnicas de *desestímulo* aos recursos *indiscriminados*, com a instituição da *sucumbência em grau recursal* (CPC, art. 85, § 11)[28]. Parece adequado compreender, então, que:

---

23. "A de ordem histórica e cultural, que aliás é a geradora da primeira razão, de origem bastante portuguesa, trata-se do fenômeno que tenho chamado de 'princípio processual da desconfiança'. O juiz desconfia das partes e, especialmente, dos advogados; as partes e os advogados não confiam no juiz; por sua vez, os Tribunais de segundo grau não confiam nos juízes, que reciprocamente não têm confiança nos Tribunais; e a 'Corte', no caso os Tribunais Superiores e o Supremo Tribunal Federal, não confia em ninguém. (...) Do ponto de vista das partes, tal desconfiança generalizada suscita o inconformismo, a tendência de serem usados todos os recursos possíveis, porque as partes querem ouvir a última palavra, 'a palavra do Rei'. Isso sem falar na advocacia pública, para a qual o recurso é dever de ofício". (GRECO FILHO, Vicente. Reformas, para que reformas? In: COSTA, Hélio Rubens Batista Ribeiro; RIBEIRO, José Horácio Halfed Rezende; DINAMARCO, Pedro da Silva (Org.). *Linhas mestras do processo civil*. São Paulo: Atlas, 2004. p. 636).
24. Conforme ressalva Ada Pellegrini Grinover, "(...) o princípio do duplo grau de jurisdição exaure-se nos recursos cabíveis no âmbito de cada organismo judiciário (ou 'justiças'). O recurso extraordinário – embora tenha indubitavelmente a natureza de recurso – não é preordenado a corrigir injustiças nos casos concretos, mas é destinado à tutela do ordenamento jurídico nacional" (GRINOVER, Ada Pellegrini. *Os princípios constitucionais e o Código de Processo Civil*. São Paulo: Bushatsky, 1975, p. 141-142).
25. A respeito da matéria, são pertinentes as opiniões de: (i) TICIANELLI, Maria Fernanda Rossi. *Princípio do duplo grau de jurisdição*. Curitiba: Juruá, 2005; e (ii) MELLO, Marco Aurélio de. Considerações acerca da competência originária e recursal do supremo tribunal federal. In: BONAVIDES, Paulo; MORAES, Germana; ROSAS, Roberto (Org.). *Estudos de direito constitucional em homenagem a Cesar Asfor Rocha* (teoria da constituição, direitos fundamentais e jurisdição). Rio de Janeiro/São Paulo/Recife: Renovar, 2009, p. 465.
26. "Não há, na Constituição, nenhuma referência textual expressa à obrigatoriedade do assim chamado 'duplo grau de jurisdição'. Isto é, não há nenhum dispositivo que determine expressamente que todo e qualquer caso deve ser analisado por duas instâncias judiciais diferentes" (CERDEIRA, Pablo de Camargo; FALCÃO, Joaquim; CERDEIRA, Pablo de Camargo; ARGUELHES, Diego Werneck (Org.). *I Relatório Supremo em números: o múltiplo Supremo*. Rio de Janeiro: Escola de Direito do Rio de Janeiro da Fundação Getúlio Vargas, 2011, p. 31).
27. "(...) não se trata de um direito fundamental: o legislador infraconstitucional pode dispor a respeito da sua conformação. Em outras palavras: o direito ao duplo grau de jurisdição no processo civil não está inafastavelmente garantido pela Constituição" (MARINONI, Luiz Guilherme; ARENHART, Sérgio Cruz; MITIDIERO, Daniel. *O novo processo civil* cit., p. 500).
28. Ora, "(...) o propósito do artigo 85, § 11, do NCPC é justamente desestimular o uso indiscriminado do direito de recorrer, para que o processo tramite em um prazo razoável, sem provocar atos processuais desnecessários ou manifestamente protelatórios. Pretende, ainda, impor ao recorrente ônus econômico pelo prolongamento

(...) o direito ao recurso não é – ao menos no campo do processo civil – um direito constitucionalmente assegurado. E não deve mesmo existir um direito constitucional ao recurso. O direito de recorrer deve ser matéria reservada à lei ordinária, a qual deve ser capaz de estabelecer filtros destinados a evitar recursos em alguns casos, especialmente naqueles em que a impugnação da decisão judicial se revele manifestamente protelatória[29].

Sob os auspícios do sistema recursal do CPC 1973, costumava-se assentar a premissa de que o duplo grau de jurisdição estava excluído de qualquer forma de *convenção das partes*[30]. Porém, ao admitir a realização de negócios jurídicos processuais, a previsão do art. 190 do CPC impõe uma nova racionalidade no dirigismo processual. Por certo, o universo das convenções processuais alcança o sistema recursal, permitindo-se até mesmo a possibilidade de *supressão* do duplo grau de jurisdição[31].

2.2. TAXATIVIDADE

Por meio deste princípio, extrai-se que somente são considerados recursos aqueles previstos em lei federal, ditados em elenco exaustivo (*numerus clausus*)[32], de forma que não é deixada ao arbítrio das partes, por meio de convenções processuais, a criação de formas diferenciadas de exteriorização de sua indignação, nem tampouco se confere legitimidade para os Estados e Municípios legislarem a respeito, de forma a modificá-los, ampliá-los ou extingui-los. Por decorrência do art. 22, I, da Constituição Federal, a iniciativa de legislar em matéria processual é de competência *privativa* da União Federal.

---

indevido do tempo do processo e, assim, evitar recursos automáticos, sem nenhum risco para a parte que recorre ou com uma análise prévia, mais rigorosa, da viabilidade da tese recursal. (...) Com isso, espera-se que a sucumbência recursal sirva como fator de desestímulo ao abuso do direito de recorrer" (CAMBI, Eduardo; POMPÍLIO, Gustavo. Majoração dos honorários sucumbenciais no recurso de apelação. In: MACÊDO, Lucas Buril de; PEIXOTO, Ravi; FREIRE, Alexandre (Org.). *Novo CPC doutrina selecionada*. Salvador: JusPodivm, 2015, v. 6: processo nos tribunais e meios de impugnação às decisões judiciais. p. 546).

29. CÂMARA, Alexandre Freitas. Honorários de sucumbência recursal. In: COÊLHO, Marcus Vinicius Furtado; CAMARGO, Luiz Henrique Volpe (Coord.). *Honorários advocatícios*. Salvador: JusPodivm, 2015, v. 2, Coleção Grandes Temas do Novo CPC. p. 592.

30. Sob a égide do CPC 1973, Nelson Nery Jr. afirmava que: "Não poderia haver renúncia prévia ao recurso porque estaria sendo suprimido o duplo grau de jurisdição, princípio de ordem pública sobre o qual não se admite convenção das partes; a admitir-se convenção sobre a recorribilidade ou não dos atos judiciais, estar-se-ia pactuando com o 'processo convencional', desrespeitando-se norma de ordem pública, (...)". (NERY JÚNIOR, Nelson. *Princípios fundamentais*: teoria geral dos recursos. 4. ed. São Paulo: RT, 1997, p. 333).

31. Ao tratar dos negócios jurídicos processuais (CPC 2015, art. 190), Flávio Luiz Yarshell ressalva que: "Afigura-se possível, portanto: I. regular os atos de comunicação processual; II. regular prazos e datas (a lei fala em fixação de calendário), embora sujeitos ao controle do órgão judicial; III. suprimir recursos; IV. determinar que recurso de apelação não tenha efeito suspensivo; V. condicionar o cumprimento de decisão ao trânsito em julgado; VI. restringir ou alargar a regra de responsabilidade patrimonial (ressalvados direitos de terceiros); VII. autorizar que o juiz decida por equidade; VIII. limitar litisconsórcio ou intervenção de terceiros; IX. flexibilizar a rigidez do processo, de sorte a afastar a preclusão para atos postulatórios (afastando a estabilização do processo, preservado o contraditório); X. restringir a publicidade do processo (tal como ocorre com a arbitragem)" (YARSHELL, Flávio Luiz. Convenção das partes em matéria processual no Novo CPC. O novo código de processo civil. *Revista do Advogado* – AASP. São Paulo, n. 126, ano 35, 05/2015, p. 94).

32. "(...) 2. Segundo os princípios da legalidade e da taxatividade, respectivamente: (I) não há recursos sem que a Lei Federal ou a Constituição Federal os estabeleça; e (II) só existem os recursos que forem previstos por essas vias" (STJ, AgInt na Rcl 36.414-AM, 2ª Seção, Rel. Min. Raul Araújo, j. 22.05.2019, *DJe* 05.06.2019).

E mais, à guisa de garantir a taxatividade legal, as normas que tipificam os recursos não comportam interpretação extensiva. Por isso, o art. 994 do CPC 2015 representa verdadeira síntese dos mecanismos recursais que permeiam o sistema de revisão das decisões judiciais. Oportuno consignar, então, que os *pedidos de reconsideração* – tão usuais no cotidiano forense – não são considerados recursos e, como tal, não geram reflexos em relação à fluência do prazo recursal[33], para fins de *suspendê-lo* ou gerar sua *interrupção*.

Por fim, cabe ressalvar que, além das categorias arroladas no art. 994 do CPC, a legislação excepcional ainda prevê o cabimento de outras modalidades recursais, como é o caso do art. 41 da Lei 9.099/1995, ao instituir a figura do *recurso inominado* nos Juizados Especiais Estaduais.

2.3. UNIRRECORRIBILIDADE OU SINGULARIDADE

O princípio da *unirrecorribilidade* ou da *singularidade* impõe o uso de uma única forma recursal para fins de impugnação de cada espécie de pronunciamento judicial[34]. Está assentado em origem remotíssima, pois no direito romano prevaleceu a regra de que *electa una via, non datur ingressus ad alteram*. O CPC de 1939, em seu art. 809, era categórico ao consignar que "(...) a parte poderá variar de recursos dentro do prazo legal, não podendo, todavia, usar ao mesmo tempo, de mais de um recurso". Em linhas gerais, por força da *taxatividade* legal, fica reservado um meio recursal para cada pronunciamento ou capítulo decisório. Fixada a *natureza* do provimento jurisdicional, a insurgência do recorrente deverá estar adstrita à modalidade recursal delineada legalmente.

Mas é preciso ressalvar que o sistema recursal repele apenas que eventuais recursos *simultâneos* persigam o mesmo objetivo, ou seja, incidam sobre as mesmas

---

33. Em relação aos pedidos de reconsideração, cabe diferenciá-los dos pleitos de revisão: "Assim, imperioso revisitar este tema, pois essa sutil e importante diferenciação carece ser feita. Não mais cabe continuar confundindo *pedido de reconsideração* com *pedido de revisão*, distinção que se faz importante tanto para a identificação do marco de fluência do prazo recursal como para se evitarem recursos desnecessários, sem contar com a afronta a um dos princípios fundamentais em matéria de recursos: o do duplo grau de jurisdição. Por tais motivos, há que distinguir pedido de *reconsideração*, que é o veículo pela parte cuja pretensão foi desatendida pelo juiz, de pedido de *revisão*, formulado por quem se sujeitou à decisão que foi proferida em favor da parte *ex adversa* e que vem pela primeira vez a juízo trazendo suas razões (...). Imperiosa é a identificação de um marco inicial para o uso do recurso, não havendo como emprestar efeito suspensivo ao pedido de reconsideração formulado pela parte cuja pretensão já obteve uma manifestação judicial. Assim, rejeitada determinada pretensão, descabido facultar à parte que viu frustrado seu intento de, a qualquer tempo, recorrer, pela só formulação – e desacolhimento – de mero pedido de reconsideração" (DIAS, Maria Berenice. Reconsideração *versus* revisão: uma distinção que se impõe. Revista de Processo, São Paulo, n. 113, a. 29, jan.-fev. 2004, p. 129-130).
34. De acordo com Flávio Cheim Jorge, "o nosso sistema processual adotou a correspondência recursal no que tange aos recursos, de modo que para cada decisão existirá apenas um recurso cabível. Tal constatação pode facilmente ser percebida quando se observa que o nosso legislador, no art. 203 do CPC 2015, procurou conceituar e definir os pronunciamentos judiciais e, consequentemente, estipulou o cabimento dos recursos contra cada um deles, de modo que para que este requisito seja preenchido, basta que se identifique o pronunciamento" (JORGE, Flávio Cheim. *Teoria geral dos recursos* cit., p. 113).

questões fáticas e/ou jurídicas[35]. Em certas hipóteses, o pronunciamento judicial, embora *formalmente* uno, pode estar dividido *materialmente* em vários *capítulos* autônomos. Em última análise, se os recursos possuírem finalidades diversas, isto é, impugnarem pontos distintos da decisão judicial, o sucumbente poderá ingressar com recursos concomitantes[36]. Esses atos decisórios de natureza *complexa*, ao enfeixarem diversas questões decididas de forma cumulada, poderão desencadear o emprego de mais de uma modalidade recursal[37]. Atente-se que, em tese, o art. 1.029 do CPC 2015 mantém a possibilidade de interposição *conjunta* de recurso extraordinário e recurso especial, desde que observadas as hipóteses constitucionais de cabimento, o que costuma ser visto como exceção ao princípio em comento[38]. Aliás, em abono à tese, o STJ consignou o entendimento pontual de que "a única exceção ao princípio da unirrecorribilidade no ordenamento jurídico brasileiro tem previsão constitucional. É a de interposição simultânea de recurso especial e recurso extraordinário"[39].

No entanto, os §§ 1º e 3º do art. 1.009 do CPC prestam deferência ao princípio da *unirrecorribilidade* ao preverem o uso da apelação para fins de impugnação *concentrada* de certas questões interlocutórias. Nesses casos, a insurgência contra o pronunciamento interlocutório dar-se-á de forma cumulada com o ataque dispensado à decisão final de mérito. Ou seja, na 1ª (primeira) hipótese aventada (CPC, art. 1.009, § 1º), as questões interlocutórias não preclusas poderão ser suscitadas no apelo, sem prejuízo da impugnação contra os demais capítulos da sentença, desde que presente o interesse recursal (leia-se: um único recurso dirigido contra duas decisões *formal* e *materialmente* distintas). De acordo com o § 3º do art. 1.009 do CPC, a técnica cumulativa ainda se reserva para a insurgência da parte interessada contra eventual questão *tardiamente* decidida como "capítulo" da sentença (ou seja, um único apelo que se volta contra duas decisões *materialmente* distintas, ainda que o substrato *formal* seja comum a ambas).

---

35. "(...) Revela-se defesa a oposição simultânea de dois recursos contra o mesmo ato judicial, ante o princípio da unirrecorribilidade e a ocorrência da preclusão consumativa, o que demanda o não conhecimento da segunda insurgência" (STJ, AgInt no AREsp 2.180.163/RJ, 4ª T., Rel. Min. Marco Buzzi, j. 06.03.2023, *DJe* 10.03.2023.
36. É o que defende Sônia M. Hase de Almeida Baptista: "O que a lei proíbe é que dois recursos simultâneos tenham o mesmo objetivo, incidam sobre as mesmas questões ou demandem a mesma controvérsia de fato e de direito" (BAPTISTA, Sônia Marcia Hase de Almeida. *Dos embargos de declaração*. 2. ed. São Paulo: RT, 1993, p. 54).
37. Comentando a matéria, Nelson Luiz Pinto afirma: "Contudo, pode ocorrer que, numa única decisão judicial, formalmente considerada, existam decisões de diversas questões, e, portanto, estar-se-á diante de mais de uma decisão, sob o aspecto substancial. Tratar-se-á de um ato judicial objetivamente complexo e formalmente uno. É possível, assim, que contra esse mesmo ato complexo caibam diversos recursos, cada um contra uma parte substancial e independentemente da decisão, sem que isto se considere afronta ou exceção ao princípio da singularidade" (PINTO, Nelson Luiz. *Manual dos recursos cíveis*. 3. ed. São Paulo: Malheiros, 2002, p. 88).
38. Pedro Miranda de Oliveira afirma que "(...) essa interposição simultânea de dois recursos da mesma decisão é uma exceção ao *princípio da singularidade recursal*" (OLIVEIRA, Pedro Miranda de. *Novíssimo sistema recursal conforme o CPC 2015*. Florianópolis: Conceito Editorial, 2015, p. 265).
39. STJ, AgInt no Ag 1.433.660/PE, 2ª T., Rel. Min. Mauro Campbell Marques, j. 04.04.2017, *DJe* 07.04.2017.

2.4. FUNGIBILIDADE RECURSAL

Por força do princípio da fungibilidade, autoriza-se o conhecimento do recurso interposto de forma *errônea*, em descompasso com a regra de *adequação* imposta pela unirrecorribilidade recursal. Isto porque dificuldades intrínsecas em identificar a natureza jurídica de certos pronunciamentos decisórios e impropriedades do texto positivado[40] não podem resultar em prejuízos ao jurisdicionado. Trata-se de diretriz assente, inclusive, no direito comparado[41].

O CPC de 1973 não contemplou regra específica consagradora do *princípio da fungibilidade* e, nesse aspecto, se distanciou do art. 810 do CPC de 1939[42] que, por sua vez, foi influenciado pela legislação portuguesa pretérita[43]. Portanto, ainda que certos setores da doutrina tivessem recusado sua dedução do sistema recursal revogado, acabou prevalecendo a tese favorável à sua encampação, mesmo que distanciado de regra expressa. Como visto, os princípios são normas otimizadoras de conduta, de forma que alguns deles decorrem *implicitamente* do sistema jurídico-processual, sem contrapartida em texto positivado. Ao tempo da edição do CPC de 1973, afirmava-se que, ao contrário do *confuso* e *intrincado* sistema recursal de 1939, não haveria dúvidas a serem dirimidas com relação à *recorribilidade* e *adequação* dos meios recursais. Essa posição foi assumida pela própria *exposição de motivos* do CPC revogado, ao defender uma pretensa simplificação do modelo recursal[44]. Portanto, eventual inobservância do critério *dual* resultaria em *erro grosseiro* do recorrente, considerado fator excludente da aplicação da fungibilidade recursal. Não demorou para que a vigência do CPC 1973 e,

---

40. Ainda sob a vigência do CPC 1973, José Rogério Cruz e Tucci apontava "(...) inúmeros provimentos na legislação vigente que, no plano ontológico, têm a natureza de sentença, mas que excepcionalmente são agraváveis, como, *v.g.*, a decisão que indefere liminarmente a reconvenção ou a ação declaratória incidental, o pronunciamento judicial que decreta a falência; (...)". (CRUZ E TUCCI, José Rogério. *Ação monitória*. 3. ed. São Paulo: RT, 2001, p. 92).
41. "Além do direito germânico, também no direito lusitano consagra-se a teoria do recurso indiferente, também denominada teoria do 'tanto vale', no texto do Código de Processo Civil português de 1939, em seu art. 688, bem como no atual Código de Processo Civil português, na letra do art. 687, n. 3". (BRUSCHI, Gilberto Gomes. Aplicação de fungibilidade recursal em exceção de pré-executividade. In: NERY JÚNIOR, Nelson; WAMBIER, Teresa Arruda Alvim (Coord.). *Aspectos polêmicos e atuais dos recursos cíveis e de outros meios de impugnação às decisões judiciais*. São Paulo: RT, 2003. Série: Aspectos polêmicos e atuais dos recursos, v. 7, p. 315).
42. "Art. 810. Salvo a hipótese de má-fé ou erro grosseiro, a parte não será prejudicada pela interposição de um recurso por outro, devendo os autos ser enviados à Câmara ou Turma, a que competir o julgamento."
43. Com efeito, não se pode afastar a influência histórica do direito lusitano: "O princípio do *recurso indiferente* era aplicado, também, no direito português, já na vigência do Código de Processo Civil de 1876 (a despeito de não haver regra expressa prevendo a fungibilidade), tendo sido acolhido, no Brasil, por alguns dos Códigos estaduais. Desse princípio deve ter sido originada, portanto, a regra do Código de Processo Civil de 1939. É importante mencionar que as condições sob as quais se aplicava o princípio, na época (inexistência de má-fé ou de erro grosseiro), eram detectadas por critérios casuísticos e empíricos, pois não havia um critério científico para definir, precisamente, erro grosseiro e má-fé" (VASCONCELOS, Rita de Cássia Corrêa. *Princípio da fungibilidade*: hipóteses de incidência no processo civil brasileiro contemporâneo. São Paulo: RT, 2007. Recursos no processo civil, v. 17, p. 81).
44. "Concede apelação só de sentença; de todas as decisões interlocutórias, agravo de instrumento" (Exposição de motivos do Código de Processo Civil – Lei 5.869, de 11.01.1973).

por conseguinte, as dúvidas quanto ao recurso correto fizessem por ressurgir o princípio em toda a sua plenitude, o qual passou a ser considerado *implícito*.

Ora, faltando consenso na doutrina e jurisprudência acerca do recurso cabível, não há como transferir esse ônus ao recorrente, punindo-o pela interposição equivocada de um recurso tomado pelo outro. É certo, ademais, que o princípio da *fungibilidade* está intrinsecamente vinculado ao postulado da *singularidade*, pois a *adequação* do recurso com a decisão recorrida passou a sofrer abrandamentos na prática judiciária brasileira, tal como denotam Ovídio A. Baptista da Silva e Fábio Luiz Gomes[45].

O sistema recursal do CPC 2015 é receptício ao princípio da fungibilidade[46]. Permite-se, então, o *aproveitamento* e *cognição* do recurso errôneo, aceitando-o como se correto fosse, o que, em última análise, é justificável por força de diversas diretrizes do processo civil contemporâneo, entre elas, o princípio da instrumentalidade das formas (CPC 2015, art. 277) e ainda o direito ao julgamento de mérito (CPC 2015, art. 4º).

Forçoso convir, entretanto, que a aplicabilidade da técnica de fungibilidade costumava estar atrelada a certos condicionantes para sua aplicabilidade, sendo afastada nos casos de *erro grosseiro* ou *má-fé* do recorrente[47]. À luz dos diplomas legais precedentes (CPC de 1939 e 1973), o cerne para admissão do recurso interposto de forma errônea estava relacionado à configuração da chamada "dúvida objetiva", caracterizada pela falta de consenso em setores da doutrina e jurisprudência[48] ("objetiva", uma vez que, *a contrario sensu*, não é "*subjetiva*", de índole pessoal). Para alguns, dar-se-ia ainda a investigação acerca da *boa-fé* do recorrente, principalmente no tocante à observância

---

45. "A exata correspondência entre a decisão recorrida e o recurso que a impugna, dito requisito da *adequação do recurso*, tem sofrido constante abrandamento na prática judiciária brasileira, que vem tolerando, cada vez com maior frequência, o emprego equivocado de um recurso por outro, sempre que os pressupostos de admissibilidade do recurso cabível estejam satisfeitos, de modo que se pode afirmar, sem exagero, que o sistema brasileiro consagra – não obstante a ausência de qualquer previsão legal – o chamado *princípio da fungibilidade dos recursos*" (SILVA, Ovídio A. Baptista; GOMES, Fábio Luiz. *Teoria geral do processo civil*. São Paulo: RT, 1997. p. 312).
46. Vide, nesse aspecto, o Enunciado 104 do FPPC: "O princípio da fungibilidade recursal é compatível com o CPC e alcança todos os recursos, sendo aplicável de ofício".
47. É o que ressalva Ada Pellegrini Grinover: "(...) O erro grosseiro poderia ser aferido por algumas circunstâncias objetivas, como, por exemplo, a disposição expressa e induvidosa de lei indicando o recurso cabível, sem divergência na doutrina e na jurisprudência. Quanto à má-fé, também se indicavam casuisticamente algumas circunstâncias que a caracterizariam: a) usar do recurso impróprio no prazo maior, por estar perdido o prazo do recurso cabível; b) valer-se de recurso de maior devolutividade para escapar à coisa julgada formal; c) protelar o processo, ao lançar mão de recurso mais demorado; d) provocar apenas divergência jurisprudencial para assegurar-se, depois, outro recurso (Pontes de Miranda)" (GRINOVER, Ada Pellegrini. Um enfoque constitucional da teoria geral dos recursos. In: TUBENCHLAK, James; BUSTAMANTE, Ricardo Silva de (Coord.). *Livro de Estudos Jurídicos*, n. 08. Rio de Janeiro: Instituto de Estudos Jurídicos, 1994, p. 80).
48. "Necessário que se volte a repisar, correndo-se o risco da repetitividade: pressuposto da incidência deste princípio é a existência de uma zona cinzenta. Esta zona cinzenta é significativa da existência de opiniões divergentes manifestadas no plano doutrinário e jurisprudencial conflitante no país (não importando, para fins de incidência do princípio da fungibilidade, que haja unanimidade a respeito do tema no Tribunal) sobre qual seja o veículo correto para formular determinado pedido ou pretensão perante o Poder Judiciário" (WAMBIER, Teresa Arruda Alvim. O óbvio que não se vê: a nova forma do princípio da fungibilidade. *Revista de Processo*, n. 137, a. 31, p. 135, jul. 2006).

dos prazos recursais. Contudo, no diploma revogado, a falta de uniformidade em matéria de prazo resultava em critério impróprio para aferir a boa-fé do recorrente em prol da fungibilidade. Não era razoável que alguém se dispusesse a fazer uso de certa modalidade recursal, empregando o prazo previsto para outro tipo de recurso[49]. Esse critério parece definitivamente superado sob a ótica do CPC 2015, dada a regra uniformizadora do § 5º do art. 1.003.

Assim, por força da herança gravitacional deixada pela legislação de 1939, o dilema que sempre acompanhou o regime recursal do Código de 1973 consistiu na averiguação do que deveria se entender por *erro grosseiro*. Era comum, então, precisar sua ocorrência nos casos de recurso deduzido de forma contrária à dicção expressa do texto normativo. Logo, um exemplo atual de erro grosseiro seria a interposição de agravo de instrumento na hipótese de o juiz indeferir *integral* e *liminarmente* a petição inicial, eis que o art. 331 do CPC 2015 prevê o cabimento do recurso de apelação com vistas a tal impugnação[50]. Aliás, nesse sentido, mantendo tal categoria, a 1ª Turma do STJ considerou *erro grosseiro* a interposição de agravo de instrumento contra a "decisão extintiva da execução", coibindo a utilização do princípio da fungibilidade recursal[51]. Calha observar, com Luiz Guilherme Marinoni e Sérgio Arenhart, que:

> (...) a fungibilidade não se presta para legitimar o equívoco crasso, ou para chancelar o profissional inábil; serve sim, porém, para salvar ato praticado erroneamente, mas sob a crença de ser o correto, diante de circunstâncias do caso concreto[52].

Constitui ainda erro grosseiro a interposição de agravo interno em face de decisão colegiada, restando vedada em tal hipótese a "aplicação do princípio da fungibilidade recursal"[53].

É preciso aceitar, porém, que o CPC 2015 encampou o princípio da fungibilidade, conectando-o com a primazia do julgamento de mérito. Ou seja, as premissas epistemológicas atuais são diversas, de modo que não há espaço para tergiversar sobre a boa ou má-fé do recorrente ou mesmo ainda para reduzi-lo ao contexto de eventual dúvida

---

49. A crítica, nesse ponto, era de Nelson Luiz Pinto: "Se existe dúvida objetiva a respeito de qual o recurso cabível, parece-nos ser o prazo irrelevante, devendo ser obedecido o prazo do recurso efetivamente interposto, e não daquele que, segundo o entendimento do órgão que receberá o recurso, deveria ter sido interposto. Não se pode, pois, presumir a má-fé do recorrente que o interpôs dentro do prazo legal previsto para o recurso utilizado" (PINTO, Nelson Luiz. *Manual dos recursos cíveis* cit., p. 90-91).
50. Nada obstante o caráter didático imputado ao exemplo, é de se observar que o art. 4º, parágrafo único, da Lei 9.868/1999, prevê o cabimento de agravo em determinadas situações específicas de indeferimento da inicial: "Considerando a sistemática específica referente ao controle concentrado de constitucionalidade e à natureza do STF, a lei determinou que a decisão que indefere liminarmente a petição inicial poderá ser agravada. De forma diversa do CPC, que prevê a apelação (art. 296), pela Lei 9.868/99 esse agravo será julgado pelo Tribunal na forma de seu Regimento" (MARTINS, Ives Gandra da Silva; MENDES, Gilmar Ferreira. *Controle concentrado de constitucionalidade*: comentários à Lei 9.868, de 10.11.1999. São Paulo: Saraiva, 2001. p. 155)
51. STJ, 1ª T., AgInt. no AREsp 1.420.170/SC, Rel. Min. Napoleão Nunes Maia Filho, j. 09.03.2020, DJe 11.03.2020.
52. MARINONI, Luiz Guilherme; ARENHART, Sérgio Cruz. *Manual do processo de conhecimento*: a tutela jurisdicional através do processo de conhecimento. São Paulo: RT, 2001, p. 510.
53. STJ, 1ª T., AgInt no AgInt no AREsp 1.953.127/RS, Rel. Min. Manoel Erhardt (Des. Conv. TRF5), j. 25.10.2021, DJe 27.10.2021.

objetiva, nos moldes até então praticados. Nada mais *contraditório* do que encampar epistemologicamente o discurso principiológico e, na solução das situações não disciplinadas pelas regras jurídicas, obstar a normatividade dos princípios informativos do sistema recursal.

Entretanto, a admissão do princípio da fungibilidade conduz à necessidade de adequação procedimental, notadamente nos casos em que a dúvida objetiva gravite em torno do uso do recurso de apelação ou agravo de instrumento sujeitos à forma de interposição distintas[54].

De outro lado, o CPC 2015 contempla expressamente hipóteses de *conversibilidade* entre determinados recursos com o intuito de maximizar o resultado do processo. Forçoso convir que as hipóteses previstas nos arts. 1.032 e 1.033 do CPC 2015 não estão atreladas intrinsecamente à ocorrência de dúvida objetiva e não se coadunam propriamente com a fungibilidade. Idêntico raciocínio pode ser feito à luz do § 3º do art. 1.024 do CPC, em que os embargos de declaração podem ter sido direcionados de maneira adequada, mas, em prol da celeridade processual, por opção única e exclusiva do órgão julgador, passam a comportar cognição como agravo interno[55]. Note-se que, em paralelo com a fungibilidade, poder-se-ia até mesmo cogitar de um verdadeiro *princípio de conversão* aplicável às hipóteses sinalizadas, sem qualquer cognição acerca da ocorrência de "erro grosseiro", "dúvida objetiva" ou sindicância acerca de eventual "má-fé"[56].

Pode-se afirmar, então, que o princípio da fungibilidade passa a se prestar à *otimização* da prestação jurisdicional, notadamente naqueles casos em que não há propriamente *dúvida objetiva*, mas ainda assim determinado recurso é conhecido em prol da devolutividade de matérias ou amplitude do tema objeto de julgamento. Neste particular, a ênfase não é conferida à salvaguarda do interesse *subjetivo* do recorrente, que norteou a concepção tradicional de fungibilidade, mas, ao contrário, reside na

---

54. "Ao que parece, a solução mais adequada para tais situações é, ao aplicar o princípio da fungibilidade, determinar à parte recorrente a adequação da petição e da tramitação do recurso aos ditames corretos para o procedimento previsto para o recurso efetivamente cabível. Trata-se de solução decorrente do *princípio da colaboração judicial*, especialmente dos *deveres de prevenção e de auxílio do juiz* para com as partes. Intimado o recorrente a completar a petição (pela juntada, por exemplo, dos documentos necessários) ou a conformar o procedimento, terá então o recurso seguimento regular, na forma prevista para o recurso realmente adequado" (MARINONI, Luiz Guilherme; ARENHART, Sérgio Cruz; MITIDIERO, Daniel. *O novo processo civil* cit., p. 504).
55. Afinal, "(...) é bastante comum na prática forense verificar a aplicabilidade do princípio para receber embargos de declaração como agravo interno (usualmente chamado de 'agravo *regimental*') – ambos interponíveis no prazo de cinco dias –, mormente nos casos em que os declaratórios apresentam, em alguma medida, *efeitos modificativos*" (BUENO, Cassio Scarpinella. *Curso sistematizado de direito processual civil*: Recursos: Processos e incidentes nos Tribunais. Sucedâneos recursais: técnicas de controle das decisões jurisdicionais. 2. ed. São Paulo: Saraiva, v. 5, 2010, p. 55, v. 5).
56. "Além disso, não há qualquer referência nesses dispositivos a 'erro grosseiro', a 'dúvida objetiva' ou a 'má-fé', o que indica sua desnecessidade para que os recursos sejam conhecidos independentemente da forma escolhida, sem que enfrentemos qualquer congestionamento processual" (MARÇAL, Felipe Barreto. Levando a fungibilidade recursal a sério: pelo fim da "dúvida objetiva", do "erro grosseiro" e da "má-fé" como requisitos para a aplicação da fungibilidade e por sua integração com o CPC/15, *Revista de Processo*, v. 292, p. 199-214, jun. 2019, p. 06).

própria *racionalização* da prestação jurisdicional. Trata-se, por este viés, de reconhecer a aplicação do princípio recursal da fungibilidade em prol daquilo que se convencionou denominar de *litigância de interesse público*[57]. Ou, dito de outra forma, há que se reconhecer que a função do sistema recursal *transcende* a mera satisfação de questões privatísticas. A questão assume particular importância no dimensionamento da *litigância repetitiva*, subsidiando as técnicas processuais que possam estar amparadas no postulado da fungibilidade.[58]

Em síntese: o princípio da fungibilidade não comporta interpretação nos moldes estreitos preconizados pelo regime anterior[59]. E, por fim, a sua aplicação parece extrapolar os quadrantes da *teoria geral* dos recursos, assumindo a condição de um axioma geral do processo civil contemporâneo[60], com evidentes projeções em outras áreas de estudo.

2.5. PRIMAZIA DO JULGAMENTO DE MÉRITO

Em suas diretrizes principiológicas, o art. 4º do CPC 2015 dispõe que "as partes têm o direito de obter em prazo razoável a solução integral do mérito, incluída a atividade satisfativa". Conectado com tal premissa, que deve permear a interpretação de todo o sistema recursal (Enunciado 372 do FPPC)[61], o parágrafo único do art. 932 do CPC

---

57. "Dentro deste pano de fundo, faz-se mister a necessária percepção de que a função do sistema processual civil transcende em muito a busca de resolução de questões privatísticas para viabilizar, mediante uma processualização constitucionalmente idônea, um dimensionamento da litigância individual, coletiva e repetitiva (especialmente, nas últimas duas, de interesse público – Public interest litigation – PIL)" (NUNES, Dierle. Precedentes, padronização decisória preventiva e coletivização. In: WAMBIER, Teresa Arruda Alvim (Coord.). *Direito jurisprudencial*. São Paulo: RT, 2012, p. 253).
58. Não por outra razão, Vinicius Silva Lemos defende a possibilidade de fungibilidade entre o IRDR e o IAC: "Se falta previsibilidade expressa sobre a questão, a saída pela aceitação de tal situação jurídica – a fungibilidade entre o IAC e IRDR – está presente na possibilidade, em ambos os institutos, da suscitação oficiosa: no IAC, pela dicção do art. 947, há a disposição sobre o relator propor de ofício; já no IRDR, o art. 977, II, discorre que o juiz ou o relator poderão suscitar oficiosamente" (LEMOS, Vinicius Silva. A possibilidade de fungibilidade entre o IRDR e o IAC: viabilidade e necessidade de sistematização. *Revista de Processo*, v. 274, p. 255-289, dez. 2017, p. 10).
59. Em lição expressada à luz do CPC de 1973, Flávio C. Jorge realçava a impropriedade de se "(...) transportar os requisitos de admissibilidade do princípio da fungibilidade do sistema passado para o atual, se a própria sistemática recursal foi bastante modificada. O princípio da fungibilidade deve ser visto e erigido com as necessidades e características do sistema atual" (JORGE, Flávio Cheim. *Apelação cível*: teoria geral e admissibilidade. 2. ed. São Paulo: RT, 2002, p. 222). A advertência em questão ganha novo fôlego com o CPC 2015, pautado em diretrizes bastante diversas.
60. De acordo com Fernando Gajardoni, "(...) a fungibilidade não deve ficar limitada às hipóteses previstas em lei ou na jurisprudência, devendo, por isso, ser considerada princípio geral do processo, apta a ser empregada em qualquer situação. Raciocínios mais flexíveis trazem, como regra, melhores soluções ao sistema, principalmente porque as situações de dúvida são incontáveis e tendem a se multiplicar (...)" (GAJARDONI, Fernando. *Flexibilização procedimental*: um novo enfoque para o estudo do procedimento em matéria processual. São Paulo: Atlas, 2008, p. 189-190. Coleção Atlas de Processo Civil/. Coord. Carlos Alberto Carmona).
61. "Daí se enxergar em boa perspectiva as premissas interpretativas da primazia do julgamento do mérito e do máximo aproveitamento processual, encampada desde o art. 4º do Novo CPC que perpassam toda a redação da nova legislação no sentido de se fundar o aludido novo formalismo (democrático) que abandone a antiquíssima premissa ritual" (THEODORO JR., Humberto; NUNES, Dierle; BAHIA, Alexandre Melo Franco; PEDRON, Flávio Quinad. *NCPC*: fundamentos e sistematização cit., p. 19).

assinala que "antes de considerar inadmissível o recurso, o relator concederá o prazo de 5 (cinco) dias ao recorrente para que seja sanado vício ou complementada a documentação exigível". Além disso, o § 1º do art. 938 do novo diploma legal ainda ressalva que "constatada a ocorrência de vício sanável, inclusive aquele que possa ser conhecido de ofício, o relator determinará a realização ou a renovação do ato processual, no próprio tribunal ou em primeiro grau de jurisdição, intimadas as partes". Portanto, "a regra é a de que a parte tem direito à correção de um determinado vício contido em seu recurso, sem qualquer ônus, além de fazê-lo no prazo de cinco dias"[62]. Trata-se, portanto, de preceito aplicável a qualquer modalidade recursal, permitindo o *salvamento* da impugnação deduzida pelo recorrente[63].

Cabe destacar que a regra do parágrafo único do art. 932 do CPC impõe uma nova *racionalidade* em prol do *aproveitamento* do recurso interposto, com o objetivo velado (ou, quiçá, expresso) de suplantar certas práticas que, sob a vigência do CPC de 1973[64], eram enquadráveis como hipóteses de *jurisprudência defensiva* (para alguns, jurisprudência *ofensiva*[65]) e que resultavam na *inadmissibilidade* de inúmeros recursos ordinários e extraordinários. Tem-se, então, verdadeira normatização *contrafática*, com vistas a coibir os padrões decisórios que buscavam tão somente descongestionar os Tribunais[66]. Em caráter exemplificativo, pode-se recordar que o Superior Tribunal de Justiça editou a Súmula 115, para fins de decretar a inadmissibilidade de recurso

---

62. JORGE, Flávio Cheim; SIQUEIRA, Thiago Ferreira. Um novo paradigma para o juízo de admissibilidade dos recursos cíveis. O novo código de processo civil. *Revista do Advogado* – AASP, São Paulo, n. 126, ano 35, 05/2015, p. 86.
63. "Além do princípio da duração razoável, pode-se construir do texto normativo também o princípio da primazia do julgamento do mérito, valendo dizer que as regras processuais que regem o processo civil brasileiro devem balizar-se pela preferência, pela precedência, pela prioridade, pelo primado da análise ou do julgamento do mérito. O juiz deve, sempre que possível, superar os vícios, estimulando, viabilizando e permitindo sua correção ou sanação, a fim de que possa efetivamente examinar o mérito e resolver o conflito posto pelas partes. O princípio da primazia do exame do mérito abrange a instrumentalidade das formas, estimulando a correção ou sanação de vícios, bem como o aproveitamento dos atos processuais, com a colaboração mútua das partes e do juiz para que se viabilize a apreciação do mérito" (CUNHA, Leonardo Carneiro da. Princípio da primazia do julgamento do mérito no novo CPC. In: OLIVEIRA, Pedro Miranda de (Org.). *Impactos do novo CPC na advocacia*. Florianópolis: Conceito Editorial, 2015, p. 52).
64. Comentando a praxe anterior à vigência do CPC 2015, Luiz Henrique Volpe Camargo observa que: "Atualmente, é muito comum nos depararmos com o não julgamento do mérito de recursos por aspectos formais. Há, nesse sentido, um conjunto de itens que parecem fazer parte de *check-list* de obstáculos construídos pela jurisprudência para barrar o conhecimento dos recursos" (CAMARGO, Luiz Henrique Volpe. Processo justo e democrático e o novo CPC. In: OLIVEIRA, Pedro Miranda de (Org.). *Impactos do novo CPC na advocacia*. Florianópolis: Conceito Editorial, 2015, p. 34).
65. "Aquilo que se convencionou chamar de 'jurisprudência defensiva', ao nosso ver, é, na verdade, *jurisprudência ofensiva*: ofende o princípio da legalidade; ofende o princípio da inafastabilidade do controle jurisdicional; ofende o princípio do contraditório; ofende o princípio da boa-fé; ofende o princípio da cooperação. Enfim, ofende o bom senso, a segurança jurídica e o princípio da razoabilidade. É ofensiva ao exercício da advocacia, pois coloca em xeque a relação cliente/advogado. E, dessa forma, ofende a cidadania" (OLIVEIRA, Pedro Miranda de. Aspectos relevantes do sistema recursal previsto no novo CPC. In: OLIVEIRA, Pedro Miranda de (Org.). *Impactos do novo CPC na advocacia*. Florianópolis: Conceito Editorial, 2015. p. 315).
66. "Ao se perceber uma série de vícios e descumprimentos à normatização (inclusive constitucional), *a nova legislação tenta, contrafaticamente, implementar comportamentos mais consentâneos com as finalidades de implementação de efetividade e garantia de nosso modelo processual constitucional*" (NUNES, Dierle. A função

especial subscrito por procurador não habilitado. Sob os auspícios do CPC 2015, constatada ausência de capacidade postulatória, a questão se resolve pela intimação da parte recorrente, assinalando-lhe prazo para regularização de sua representação processual (CPC, art. 76, § 2º)[67]. Apenas em caso de *omissão* do recorrente quanto à regularização de sua representação processual é que poder-se-á cogitar o não conhecimento do recurso interposto. Situação semelhante ocorre nos casos de ausência de subscrição física da peça recursal. Nesses casos, a regra do parágrafo único do art. 932 do CPC também impõe a intimação do advogado responsável pelo recurso apócrifo. Para os processos eletrônicos, as assinaturas digitais suplantam o problema da ausência corpórea de assinatura na petição recursal. A superação do padrão decisório envolvendo o recurso precipitado (CPC, art. 218, § 4º) e as mudanças em prol da viabilização do preparo (CPC, art. 1.007) também se amoldam na linha da primazia do mérito.

É certo, porém, que subsistirão situações diante das quais não há como superar o óbice ao exame do mérito recursal. Eventual *intempestividade* do recurso protocolado após o decurso do prazo não comportará saneamento pela via do art. 932 do CPC[68].

2.6. DIALETICIDADE

Por força do *princípio da dialeticidade*, exige-se que o recorrente apresente os motivos específicos de seu inconformismo, declinando os fundamentos que demandam a *anulação, reforma* ou *integração* da decisão recorrida. Costuma-se afirmar, então, que o recurso deverá ser dialético e discursivo.

O emprego de razões *remissivas* deverá ser evitado. Obviamente, isso não significa que não se possam utilizar argumentos pontuais extraídos da petição inicial ou da contestação[69]. Trata-se apenas de reconhecer a existência de um ônus intrínseco a ser observado pelo recorrente, qual seja: a impugnação dos fundamentos adotados pela decisão judicial, sob pena de não conhecimento do recurso.

---

contrafática do Direito e o Novo CPC. O novo código de processo civil. *Revista do Advogado* – AASP. São Paulo, n. 126, ano 35, 05/2015, p. 53).

67. Flávio Cheim Jorge parece distinguir a *existência* do recurso das demais situações que possam envolver ausência de *representatividade* no processo, ao considerar que "(...) a capacidade postulatória poder ser considerada como um pressuposto processual de existência, na esfera recursal ela será qualificada como um requisito formal, cuja existência implica o não conhecimento do recurso. Tal situação é vista de forma mais clara quando existe mudança de advogado após a prolação da sentença e o procurador substabelecido, por exemplo, não está inscrito na OAB ou mesmo impedido de advogar. A pergunta que se faz, nesse caso, é se o Tribunal deverá conhecer do recurso de apelação. A resposta deve ser negativa. O recurso interposto por quem não é advogado é um ato processual inexistente, e como tal deve ser tido" (JORGE, Flávio Cheim. *Teoria geral dos recursos* cit., p. 109).
68. "(...) 4. A intempestividade é tida pelo Código atual como vício grave e, portanto, insanável. Daí porque não se aplica à espécie o disposto no parágrafo único do art. 932 do CPC/15, reservado às hipóteses de vícios sanáveis" (STJ, Corte Especial, AgInt no AREsp 957.821/MS, Relatora para acórdão Ministra Nancy Andrighi, j. 20.11.2017, *DJe* 19.12.2017).
69. STJ, 1ª T., AgInt no REsp 1.695.125/SP, Rel. Min. Regina Helena Costa, j. 08.02.2018, *DJe* 21.02.2018.

O relator não conhecerá de recurso que não tenha impugnado especificamente os fundamentos da decisão recorrida (CPC, art. 932, III). Poder-se-ia cogitar, então, de uma aparente tensão da regra do inciso III do art. 932 do CPC, com o princípio da primazia do julgamento de mérito e, particularmente, com a técnica de salvamento prevista no próprio parágrafo único do dispositivo em questão. Mas, salvo melhor juízo, a *ausência* (ou ainda a *deficiência* na fundamentação recursal) não estão albergadas pelas técnicas de aproveitamento do recurso mencionadas acima[70]. Ainda que o julgador firme a *convicção* que o recurso possui fundamentação *deficiente*, eventual iniciativa de sua parte para fins de correção desse vício poderia resultar numa pré-compreensão do caso (ou mesmo pré-julgamento da pretensão recursal). Logo, ainda que sanável, a deficiência de fundamentação[71] não se resolve pela via da técnica de salvamento (primazia de mérito) antes mencionada[72]. A oportunidade de complementação ocasionaria abertura de prazo em prol do recorrido com riscos de celeumas processuais.

Aliás, as alegações deduzidas pelo recorrente balizam os contornos da cognição em grau de recurso, pois é vedado ao juízo *ad quem* decidir com substrato em matérias que não tenham sido submetidas ao contraditório em sua acepção *substancial* (CPC, art. 10). Portanto, para que o recurso comporte análise, imprescindível a demonstração de *motivação suficiente*, "(...) que compreende não só as razões que fundamentam o pedido de determinada resolução jurisdicional, como ainda, aquelas que apontam os motivos pelos quais a nova decisão deve ser diversa da recorrida"[73].

O princípio da dialeticidade ainda comporta exame por outro viés, para garantir a oitiva do recorrido, facultando-lhe oferecimento de contrarrazões.

2.7. SUPERAÇÃO DO PRINCÍPIO DA PROIBIÇÃO DA *REFORMATIO IN PEJUS*

O princípio da proibição da *reformatio in pejus* surgiu como contraposição à teoria do "benefício comum" (*communio remedii*), dedutível das Ordenações Filipinas,

---

70. "Esta Corte, ao interpretar o previsto no art. 932, parágrafo único, do CPC/2015 (o qual traz disposição similar ao § 3º do art. 1.029 do mesmo Código de Ritos), firmou o entendimento de que esse dispositivo só se aplica para os casos de regularização de vício estritamente formal, não se prestando para complementar a fundamentação de recurso já interposto" (STJ, 4ª T., RDC no AREsp 1.230.302/SC, Rel. Min. Luis Felipe Salomão, j. 24.04.2018, *DJe* 02.05.2018).
71. "A situação é diversa quando se está diante de 'ausência de fundamentação'. Ante a ausência de fundamentação quanto ao capítulo ou motivos (fundamento) autônomo da decisão recorrida não deve se dar oportunidade ao recorrente para corrigir esse vício, pois isso implicará diretamente na 'complementação do recurso', 'na ampliação da sua impugnação' – tudo isso após escoado o prazo para recorrer. (...) Repita-se: a sanabilidade prevista no CPC/2015 não serve para corrigir defeitos atinentes à ausência de fundamentação" (JORGE, Flávio Cheim. *Teoria geral dos recursos* cit., p. 242-243).
72. "(...) O art. 4º do CPC/2015 dispõe sobre o princípio da primazia do mérito, contudo, no caso em análise, não há como superar as deficiências de fundamentação verificadas nas razões do recurso especial, inclusive com indicação de dispositivos que não correspondem aos pedidos formulados e a ausência de configuração do dissídio jurisprudencial" (STJ, 2ª T., AgInt no REsp 1.761.261/RO, Rel. Min. Og Fernandes, *DJe* 28.02.2019).
73. CARNELUTTI, Francesco. *Sistema de derecho procesal civil*. Trad. Niceto Alcala Zamora y Castilho e Santiago Sentis Melindo. Buenos Aires: 1944, p. 653.

segundo a qual o recurso serviria para levar "matéria de fato" ao conhecimento da Corte competente que, por sua vez, poderia julgar em benefício do recorrente ou do recorrido. Conforme anotado por Araken de Assis, "o direito brasileiro percorreu caminhos sinuosos e nem sempre no mesmo rumo. Admitiu durante vários séculos o benefício comum. As Ordenações Filipinas (Livro 3, Título 72, parte inicial) outorgavam efeito devolutivo irrestrito à apelação e, portanto, consagravam o princípio do benefício comum"[74]. Assim, quando da vigência do Código de Processo Civil de 1939, alguns doutrinadores defendiam que, "em matéria cível, o juízo superior tanto pode prover ao apelante como ao apelado"[75].

Por força dessas reminiscências, o sistema recursal do CPC de 1973 foi estruturado com substrato no postulado da proibição da *reformatio in pejus*. Propugnava-se, então, que o julgamento do recurso não poderia resultar no agravamento da sucumbência imposta pela decisão impugnada, ocasionando um cenário ainda mais adverso ao recorrente, seja do ponto de vista *quantitativo* ou, ainda, sob o prisma *qualitativo*. Para alguns setores clássicos da doutrina nacional, trata-se de um consectário do princípio *dispositivo*, vinculando o órgão julgador ao enfrentamento da matéria impugnada[76].

No entanto, é preciso advertir que a conformação do princípio da proibição da *reformatio in pejus* não resulta de nenhuma categoria *lógico-jurídica*, dedutível aprioristicamente, mas, em verdade, decorre dos contornos jurídico-positivos do organograma recursal. Não por outra razão, costumava-se afirmar que não há propriamente reforma para pior, caso o tribunal venha a decidir em desfavor do recorrente, por força do exame de matérias de ordem pública, passíveis de cognição *ex officio* em qualquer tempo ou grau de jurisdição (CPC 2015, art. 485, § 3º), hipótese que se amolda à incidência do *efeito translativo* decorrente de certos julgamentos recursais[77]. Aliás, em abono à tese, o STJ assentou que "a alteração dos índices de correção monetária e juros de mora, por se tratar de consectários legais da condenação principal, possuem natureza de ordem pública, cognoscível de ofício, motivo pelo qual não prospera a alegação de ocorrência de *reformatio in pejus*"[78].

Com o advento do CPC/2015, torna-se conveniente examinar se o princípio em questão ainda encontra guarida no sistema recursal. A hipótese é aventada com o viés *epistemológico*, pois, em linhas generalistas, os princípios jurídicos costumam

---

74. ASSIS, Araken de. Proibição da *reformatio in pejus* no processo civil brasileiro. *Revista Jurídica*, v. 57, n. 375, Porto Alegre: Nota Dez, 2009, p. 13-14.
75. ALMEIDA JR., João Mendes de. *Direito judiciário brasileiro*. Rio de Janeiro: Freitas Bastos, 1940, p. 442.
76. "A vedação da *reformatio in pejus* tem suas raízes, sem dúvida, no respeito pelo citado princípio dispositivo (acepção ampla) ou princípio da demanda, conjugado com o princípio da sucumbência como legitimação para impugnar" (LIMA, Alcides de Mendonça. *Introdução aos recursos cíveis*. São Paulo: RT, 1976, p. 333).
77. "(...) Não caracteriza reforma para pior a decisão que dá provimento à apelação para anular a sentença, acolhendo pedido da parte recorrente nas razões de recurso" (STJ, 4ª T., AgInt no REsp 1.972.586/PA, Rel. Min. Maria Isabel Gallotti, *DJe* 25.08.2022).
78. STJ, 1ª T., AgInt no REsp 1.742.460/CE, Rel. Min. Napoleão Nunes Maia Filho, j. 14.09.2020, *DJe* 18.09.2020.

fornecer repositório normativo indispensável à compreensão das diversas categorias jurídico-positivas.

Atente-se, assim, que o § 11 do art. 85 do CPC 2015 dispõe sobre a fixação de honorários advocatícios em sede recursal. Ao inovar na distribuição dos encargos da sucumbência, o dispositivo impõe uma nova racionalidade do sistema recursal[79], pois o recurso poderá agravar a situação do recorrente que, doravante, deverá sopesar a conveniência acerca de seu manejo[80]. Ou seja, o *improvimento* do recurso aumenta *quantitativamente* a sucumbência imposta ao recorrente no tocante aos honorários advocatícios devidos[81]. Conforme já ressalvado no curso deste trabalho, a regra em questão comporta aplicação apenas nos casos de *improvimento* do recurso.

Convém examinar ainda a situação do § 1º do art. 1.009 do CPC 2015, ao assinalar que:

> (...) as questões resolvidas na fase de conhecimento, se a decisão a seu respeito não comportar agravo de instrumento, não são cobertas pela preclusão e devem ser suscitadas em preliminar de apelação, eventualmente interposta contra a decisão final, ou nas contrarrazões.

Ora, subsistindo decisões interlocutórias que não estejam contempladas no rol do art. 1.015 do CPC 2015, não fica descartada a possibilidade de impugná-las em contrarrazões. Nessa hipótese, a tradicional peça de *resposta* do *vencedor* poderá assumir funções *híbridas*, veiculando o pleito de *manutenção* da sentença e, paradoxalmente, uma espécie de apelo *subordinado* deduzido nessa oportunidade, referente à impugnação daquelas questões que não despertaram interesse recursal via agravo de instrumento. Atente-se que não se trata da forma recursal adesiva que segue adstrita à ocorrência de sucumbência *recíproca* (CPC, art. 997, § 1º) dedutível da decisão que despertou o recurso principal. Portanto, em situações muito singulares, poderá subsistir o interesse do vencedor (ou vencido) em atacar questões interlocutórias não impugnadas anteriormente, que não comportavam agravo de instrumento (v.g., "falsidade documental" resolvida

---

79. "Assim, (...) com a previsão desse novo encargo financeiro decorrente da instituição da sucumbência recursal, espera-se que o ato de recorrer decorra de uma escolha racional das partes e não seja mais uma tática para postergar a duração do processo" (LUCON, Paulo Henrique dos Santos. Honorários advocatícios no CPC de 2015. In: SARRO, Luís Antônio Giampaulo (Org.). *Novo Código de Processo Civil*: principais alterações do sistema processual civil. 2. ed. São Paulo: Rideel, 2016, p. 350).
80. "Sabe-se que os Entes Públicos costumam recorrer sistematicamente das decisões que lhes são desfavoráveis, entretanto, com a instituição da sucumbência recursal, os Procuradores deverão refletir melhor se valeria recorrer ou não, pois o ajuizamento de um recurso com poucas chances de êxito pode significar a majoração dos honorários no Tribunal. De fato, caberá também às Procuradorias editarem normas dispensando os seus procuradores de recorrerem em casos em que as decisões desfavoráveis ao Fisco já estejam pacificadas" (MOLLICA, Rogério. A remessa necessária e o Novo Código de Processo Civil. In: MACÊDO, Lucas Buril de; PEIXOTO, Ravi; FREIRE, Alexandre (Org.); DIDIER JR., Fredie (Coord.). *Processo nos tribunais e meios de impugnação às decisões judiciais*. Salvador: JusPodivm, 2015. p. 76).
81. Ainda defendendo o princípio da proibição da *reformatio in pejus*, Fredie Didier Jr. e Leonardo Carneiro da Cunha preferem afirmar que "o agravamento da situação do recorrente ocorrerá apenas nessa parte; em relação ao capítulo da decisão que fora recorrido, ao tribunal cabe apenas mantê-lo ou revê-lo (total ou parcialmente)" (DIDIER JR., Fredie; CUNHA, Leonardo Carneiro da. *Curso de Direito Processual Civil*: meios de impugnação às decisões judiciais e processo nos tribunais. 15. ed. Salvador: JusPodivm, 2018. v. 3. p. 139).

como *questão incidental*, na forma do parágrafo único do art. 430 do CPC). Assim, caso seja retomado esse tema em contrarrazões, ao menos *qualitativamente*, o acolhimento da falsidade documental suscitada pelo vencedor, retomada nessa fase "pós-sentença", poderá agravar a situação do recorrente originário. Ou seja, no exemplo em questão, tal situação poderá resultar em apelo *improvido*, sem prejuízo do acolhimento do pleito recursal autônomo do apelado (v.g., referente à falsidade documental rejeitada em 1ª instância), por força do regime do § 1º do art. 1.009 do CPC. É bem verdade que os Tribunais podem deduzir uma construção hermenêutica para fins de precisar que os pleitos autônomos em contrarrazões serão examinados tão somente nas hipóteses de acolhimento do recurso principal. Mas isso não afasta o arrefecimento do princípio da proibição da *reformatio in pejus*.

Também se revela sintomática a situação do inciso III do § 3º do art. 1.013, do CPC 2015, ao dispor que "se o processo estiver em condições de imediato julgamento, o tribunal deve decidir desde logo o mérito quando: [...] III – constatar a omissão no exame de um dos pedidos, hipótese em que poderá julgá-lo". A técnica em questão é similar ao regime instituído pelo § 3º do art. 515 do CPC 1973 ("teoria da causa madura"). Portanto, em caráter exemplificativo, o apelante pode suscitar a *omissão* decorrente do não enfrentamento de pedido deduzido na inicial (decisão *citra petita*), não sanada via embargos de declaração. Ocorrendo tal hipótese, o pedido de *integração* do julgado originário poderá ser apreciado em instância única e, paradoxalmente, de forma *contrária* ao interesse do recorrente, com aumento *quantitativo* e/ou *qualitativo* da sucumbência originária.

Em suma, diante dessas inusitadas e intrincadas situações, parece acertado concluir que o princípio da proibição da *reformatio in pejus* perdeu densidade normativa, não estando albergado no regime do CPC 2015, ao menos nos moldes tradicionalmente conhecidos[82].

---

82. Ainda assim, Sandro Gilbert Martins identifica a existência do referido princípio no sistema recursal do CPC 2015, afirmando que "o julgamento do recurso, apenas em relação ao seu objeto (efeito devolutivo), não pode prejudicar a situação do próprio recorrente (STJ, AgRg no REsp 1.384.909/RS, 2ª T., j. 03.09.2013, rel. Min. Humberto Martins, *DJe* 11.09.2013)" (MARTINS, Sandro Gilbert. Dos recursos. In: CUNHA, José Sebastião Fagundes. (Coord. geral); BOCHENEK, Antonio César; CAMBI, Eduardo (Coord.). *Código de Processo Civil comentado*. São Paulo: RT, 2016. p. 1.356).

3
JUÍZO DE ADMISSIBILIDADE DOS RECURSOS

A interposição de um recurso, sob o prisma procedimental, equivale a um ato de natureza *postulatória*, realçando o desejo do recorrente de tornar mais vantajosa sua condição no processo. Entretanto, o exame da pretensão recursal está sujeito a um juízo *prévio* de admissibilidade. Em outras palavras, o julgamento dos recursos está subordinado ao preenchimento de certos requisitos ou pressupostos[1], cujo exame antecede, lógica e cronologicamente, a análise do *mérito* recursal. De acordo com Frederico Marques, o "objeto desse juízo de admissibilidade são os pressupostos recursais, isto é, os requisitos necessários para que o juízo *ad quem* decida o mérito do recurso interposto"[2]. Não é difícil concluir que a ausência de quaisquer deles, nos casos em que não for possível aplicar a técnica de salvamento prevista no parágrafo único do art. 932 do CPC, acarreta a impossibilidade de *conhecimento* do recurso, obstando o exame do seu *mérito*. Oportuno ressalvar que o CPC de 1973 não continha nenhuma regra expressa acerca das consequências advindas da ausência dos requisitos de admissibilidade recursais, apesar de mencionar hipóteses de *inadmissibilidade manifesta* (CPC 1973, art. 557).

O *mérito recursal*, por outro lado, não deve ser confundido com o *objeto* ou *mérito* da *demanda* ou *lide*. É possível, desse modo, que o objeto do recurso verse sobre questão exclusivamente processual, distante do *mérito* da causa.

Costumava-se afirmar ainda que, similarmente ao regime das condições da ação e pressupostos processuais, também no que diz respeito ao recurso haverá uma investigação preliminar destinada a atestar se aquele que fez seu uso cumpriu com os requisitos exigidos pela lei processual. À guisa de reforçar esse paralelismo entre os condicionantes de admissibilidade do recurso e as condições da ação[3], ao discorrer

---

1. "A essência do juízo de admissibilidade reside, portanto, na verificação da existência ou inexistência dos requisitos necessários para que o órgão competente possa legitimamente exercer sua atividade cognitiva, no tocante ao mérito do recurso." (JORGE, Flávio Cheim. *Teoria geral dos recursos*. 7. ed. São Paulo. RT, 2015. p. 76).
2. MARQUES, José Frederico. *Manual de direito processual civil*. Atual. Vilson Rodrigues Alves. Campinas: Millennium, 1998. v. III, p. 182.
3. Teresa Arruda Alvim, ao seu turno, estabelece um paralelismo idêntico, em relação ao que denomina "pressupostos de admissibilidade do julgamento da lide", abarcando nesta categoria as condições da ação e os pressupostos processuais: "Sem medo de errar, pode-se fazer uma analogia entre, o mecanismo que há entre os *pressupostos de admissibilidade do julgamento da lide* (que são, especificamente, os pressupostos processuais e as condições da ação) e o *mérito* da ação, e as *condições de admissibilidade* de um *recurso e o mérito do recurso*" (WAMBIER, Teresa Arruda Alvim. *Os agravos no CPC brasileiro*. 3. ed. São Paulo: RT, 2000. v. 2, Série Recursos no processo civil, p. 103-104.).

sobre o interesse de agir, Enrico T. Liebman ressalvou que não se trata de requisito só da ação "mas de todos os direitos processuais: direito de contestar, isto é, defender-se (cf. CPC, art. 100, cit.); direito de propor exceção em sentido estrito (cf. CPC, art. 112); direito de recorrer de uma sentença desfavorável etc."[4]. Parece que tal analogia ainda persiste válida, eis que o art. 17 do CPC/2015 dispõe que, para se postular em juízo, é necessário demonstrar o interesse processual respectivo. Além disso, o novo diploma processual norteou-se pela primazia do julgamento de mérito, com técnicas voltadas à correção de certos vícios que possam obstar o exame da pretensão deduzida em juízo.

Ou seja, em matéria de juízo de admissibilidade recursal, oportuno ressalvar que foram idealizadas diversas regras pelo CPC de 2015 com vistas à superação do rigorismo excessivo adotado pelas Cortes Superiores[5], praticado intensamente nos últimos anos que, não raro, os Tribunais de vértice se apegavam em certos artificialismos como forma de obstar o exame do mérito dos recursos pendentes de julgamento, imprimindo-lhes decisões *denegatórias* padronizadas. Aliás, a posição draconiana do STF e do STJ, revelada na forma de interpretações rígidas relativamente à verificação dos pressupostos recursais, influenciou sobremaneira os demais Tribunais brasileiros, fenômeno que mereceu exame atento do legislador.

3.1. COMPETÊNCIA PARA O EXAME DE ADMISSIBILIDADE DOS RECURSOS

De acordo com a versão originariamente sancionada do CPC de 2015, o exame dos pressupostos recursais far-se-ia tão somente pelo órgão *ad quem*, responsável pelo julgamento do recurso. Ou seja, a *admissibilidade* recursal seria feita numa única oportunidade.

Com vistas à celeridade e ainda com o propósito de *abolir* os recursos voltados à impugnação das decisões de *inadmissão*, o CPC de 2015 norteou-se por uma tendência de *simplificação* do procedimento recursal. No caso da apelação, a sua admissibilidade será feita diretamente pelo Tribunal competente (CPC, art. 1.010, § 3º); o mesmo se diga em relação ao agravo de instrumento (CPC, art. 1.016) e recurso ordinário (CPC, art. 1.028, § 3º).

---

4. LIEBMAN, Enrico Tullio. *Manual de direito processual civil*. Trad. e notas de Cândido Rangel Dinamarco. Rio de Janeiro: Forense, 1984. v. I, p. 156.
5. Como visto, "costuma-se designar por 'jurisprudência defensiva' a postura, adotada sobretudo pelos Tribunais Superiores, excessivamente rigorosa e exigente no que tange ao preenchimento dos requisitos de cabimento de recursos. O rigor, não raro, ultrapassa os limites do razoável. Daí o nome: embora absurdas, as teses seriam uma 'defesa' empregada pelas Cortes diante de uma quantidade de recursos supostamente capaz de inviabilizar o seu funcionamento, ou de transformá-las em uma mera e ordinária 'terceira instância' recursal" (MACHADO SEGUNDO, Hugo de Brito. Os recursos no novo CPC e a "Jurisprudência defensiva". In: DIDIER JUNIOR, Fredie (Coord. geral); MACÊDO, Lucas Buril de; PEIXOTO, Ravi; FREIRE, Alexandre (Org.). *Novo CPC doutrina selecionada*: processo nos tribunais e meios de impugnação às decisões judiciais. Salvador: JusPodivm, 2015. v. 6, p. 381).

Ainda no prazo de *vacatio legis* do CPC de 2015, a Lei 13.256, de 04.02.2016 (resultante do Projeto de Lei 168/2015) conferiu nova redação ao art. 1.030 do CPC/2015, dispondo que a *autoridade presidencial* local estará incumbida do exame *prévio* de admissibilidade no tocante aos recursos *excepcionais*. Neste último caso, *ainda* que admitido o recurso extraordinário ou especial pela instância *a quo*, não há garantia de sua apreciação pelo juízo *ad quem*. Em tais hipóteses, pode-se afirmar que o juízo *a quo* dispõe de competência *diferida* para o exame provisório de admissibilidade do recurso excepcional. Em contrapartida, ao órgão *ad quem* compete decidir definitivamente sobre sua admissibilidade, não havendo vinculação ao juízo praticado pela instância *a quo*.

Portanto, ao se cotejar as diversas categorias recursais do art. 994 do CPC, tem-se que o recurso extraordinário e o especial estão sujeitos à observância do art. 1.030 do CPC, competindo ao presidente ou vice-presidente do tribunal local, além de aplicar os critérios de *afetação* ou *desafetação* dos recursos repetitivos, realizar o juízo de admissibilidade prévio "e, se positivo, remeter o feito ao Supremo Tribunal Federal ou ao Superior Tribunal de Justiça" (CPC, art. 1.030, V). Por sua vez, os demais recursos arrolados no art. 994 do CPC estão sujeitos ao juízo de admissibilidade praticado pelo órgão responsável pelo seu julgamento.

3.2. CONHECIMENTO E PROVIMENTO DO RECURSO. VÍCIOS DAS DECISÕES E QUESTÕES DE ORDEM PÚBLICA

Tradicionalmente, a expressão *conhecer* do recurso foi reservada para as hipóteses atinentes ao seu juízo de admissibilidade, enquanto *dar-lhe ou não provimento* são locuções empregadas em relação ao exame de mérito, com o acolhimento ou não do pedido recursal[6]. É que, ao interpor o recurso, por força do princípio dispositivo, compete ao recorrente delimitar-lhe sua extensão, seu âmbito de abrangência, de forma a alcançar ou não a plenitude da decisão judicial, bem como dizer o que almeja com sua interposição (reforma, invalidação, esclarecimento ou integração da decisão impugnada) e nisso reside seu mérito.

De acordo com José Carlos Barbosa Moreira, o juízo de mérito ainda pode envolver os diferentes vícios da decisão impugnada, permitindo-se a distinção entre *error in iudicando* e *error in procedendo*[7]. Os vícios de *atividade* (*errores in procedendo*), na

---
6. "Decidindo favoravelmente ao recorrente quanto à admissibilidade, o tribunal irá tão somente declará-lo *cabível*, passando, a partir de então, a examinar-lhe o mérito, para julgá-lo *procedente* ou *improcedente*, dando-lhe ou não provimento. Quando o *juízo de admissibilidade* concluir pelo não cabimento do recurso, por faltar-lhe algum pressuposto, diz-se que o recurso *não foi conhecido*; se, ao contrário, o juízo *ad quem* dele conhecer, isto significa que o juízo de admissibilidade foi afirmativo e, a partir daí, o recurso será julgado no mérito, podendo o tribunal declará-lo procedente ou improcedente" (SILVA, Ovídio A. Baptista da. *Curso de processo civil*: processo de conhecimento. 4. ed. São Paulo: RT, 1998, v. 1, p. 418).
7. "Quando nela se denuncia vício de juízo (*error in iudicando*, resultante de má apreciação da questão de direito, ou da questão de fato, ou ambas), pedindo-se em consequência a *reforma* da decisão, acoimada de *injusta*, o objeto do juízo de mérito, no recurso, identifica-se (ao menos qualitativamente) com o objeto da atividade cognitiva no grau inferior de jurisdição, com a matéria neste julgada. Quando se denuncia vício de atividade (*error in*

expressão realçada por Robson Carlos de Oliveira, são aqueles que envolvem certo desrespeito ou inobservância de "norma procedimental e que provoquem prejuízo à parte litigante"[8]. Cuida-se, portanto, de *vícios da atividade procedimental* com riscos de tumulto ou celeuma processual. O *error in procedendo* pode ocorrer na condução do processo ou no pronunciamento jurisdicional (vide hipóteses de julgamento *citra, extra* ou *ultra petita*). Para efeitos de sua caracterização, importa destacar que a regra de procedimento foi desrespeitada. São, por assim dizer, defeitos de *forma*. Em contrapartida, apontar-se-iam ainda os *vícios de juízo* (*errores in iudicando*). Em tais hipóteses, o vício seria *de fundo, de conteúdo*, errando "o magistrado quanto aos efeitos jurídicos que devia conferir ao caso concreto através de uma norma específica aplicável à demanda"[9].

Em conclusão, satisfeitas determinadas condições impostas pela lei, poderá se conhecer do recurso, sendo que, a partir daí, duas são as possibilidades que se abrem para o órgão *ad quem*: (a) o recurso poderá ser provido, por entender-se fundada a impugnação apresentada, o que implicará, geralmente, a reforma ou a invalidação da decisão recorrida; ou, (b) o recurso será improvido, por entender-se insubsistente a fundamentação oferecida pelo recorrente.

Não se pode subtrair do órgão *ad quem* o exame de admissibilidade do recurso em relação à presença dos pressupostos recursais, os quais podem ser apreciados *ex officio*, embora sujeitos à regra do art. 10 do CPC/2015. Isto porque, as questões atinentes ao juízo de admissibilidade são de *ordem pública*, obrigando o juiz a conhecê-las de ofício[10]. Porém, como já foi dito, os critérios rígidos adotados em relação ao juízo de admissibilidade recursais sob a vigência do CPC de 1973[11] não estão alinhados com o

---

procedendo), e por isso se pleiteia a *invalidação* da decisão, averbada de *ilegal*, o objeto do juízo de mérito, no recurso, é o julgamento mesmo proferido no grau inferior. Ao examinar o mérito do recurso, verifica o órgão *ad quem* se a impugnação é ou não *fundada* (procedente) e, portanto, se lhe deve ou não dar *provimento*, para reformar ou anular, conforme o caso, a decisão recorrida" (MOREIRA, José Carlos Barbosa. *Comentários ao Código de Processo Civil*. 7. ed. Rio de Janeiro: Forense, 1998. p. 264-265).

8. OLIVEIRA, Robson Carlos de. O efeito rescindente e substitutivo dos recursos: uma tentativa de sistematização. In: NERY JUNIOR, Nelson; WAMBIER, Teresa Arruda Alvim (Coord.). *Aspectos polêmicos e atuais dos recursos cíveis de acordo com a lei 9.756/98*. 1. ed. 2. tir. São Paulo: RT, 1999, p. 499.
9. OLIVEIRA, Robson Carlos de. Op. cit., p. 500.
10. Oportuna a advertência de que "questões de ordem pública e questões cognoscíveis de ofício não são a mesma coisa, e não se justifica a imprópria associação que se costuma fazer entre tais fenômenos. Há um universo muito amplo de poderes de ofício, que decorrem apenas e tão somente de política legislativa. São escolhas do legislador, baseadas em critérios os mais diversos. Sobre este universo amplo de poderes de ofício, um rol bem mais reduzido compõem a ordem pública recursal" (APRIGLIANO, Ricardo de Carvalho. *Ordem pública e processo*: o tratamento das questões de ordem pública no direito processual civil. São Paulo: Atlas, 2011. p. 241). Em caráter excepcional, o não atendimento da regra do art. 1.018, *caput*, do CPC, por parte do agravante, gera para o agravado o ônus de arguir e provar tal omissão, matéria essa que escapa ao exame *ex officio* da Corte, conforme detalhado mais adiante.
11. Afinal, as posturas excessivamente formalistas devem ser evitadas, conforme adverte Ricardo de Carvalho Aprigliano: "A temática da ordem pública em sede recursal é ainda enriquecida pela grande casuística dos requisitos de admissibilidade dos recursos. (...) Tal circunstância, porém, não justifica a maior parte dos comportamentos verificados em relação à admissibilidade recursal. É necessário combater a postura dos Tribunais brasileiros, que se valem justamente destes aspectos formais, da ordem pública, para identificar causas de inadmissibilidade dos recursos, com a finalidade distorcida (e severamente criticável sob as premissas éticas de um Estado

princípio da primazia do mérito dedutível do CPC de 2015. Oportuno repisar que, nos casos de vícios capazes de comprometer o exame do mérito do recurso, competirá ao relator, nos termos do parágrafo único do art. 932 do CPC, conceder prazo de cinco dias ao recorrente para que seja sanada a questão ou complementada a documentação. O Enunciado 82 do FPPC assinala que "é dever do relator, e não faculdade, conceder o prazo ao recorrente para sanar o vício ou complementar a documentação exigível, antes de inadmitir qualquer recurso, inclusive os excepcionais".

3.3. NATUREZA DO PRONUNCIAMENTO JUDICIAL RELATIVO À ADMISSIBILIDADE RECURSAL

Por fim, *positivo* ou *negativo*, o *juízo de admissibilidade* acerca do recurso interposto assume natureza *declaratória*, eis que, ao declarar *admissível* ou *inadmissível* um recurso, o órgão julgador nada mais faz do que atestar situação preexistente[12]. Produz, portanto, eficácia *ex tunc* (efeitos retroativos). A questão revela-se como de extrema importância, pois, em última análise, o pronunciamento acerca da *inadmissibilidade* do recurso determinará o momento em que a decisão impugnada transitou em julgado, com os reflexos no cômputo do prazo decadencial para ajuizamento da ação rescisória.

Oportuno registrar a opinião de Fredie Didier Jr. e Leonardo Carneiro da Cunha, ao defenderem que apenas o juízo *positivo* em matéria de admissibilidade recursal é que detém natureza *declaratória*. Para os autores, "se *negativo*, o juízo de admissibilidade será *constitutivo negativo*, em que se aplica a sanção da inadmissibilidade (invalidade) ao ato-complexo, que se apresenta defeituoso/viciado"[13]. O raciocínio está assentado na premissa de que os atos processuais defeituosos produzem efeitos até a decretação de sua invalidade. Ainda assim, o entendimento majoritário apregoa a natureza *declaratória* do juízo de admissibilidade, seja positivo ou negativo.

3.4. OS PRESSUPOSTOS DE ADMISSIBILIDADE DOS RECURSOS

Como visto, o juízo de admissibilidade recursal diz respeito ao exame dos pressupostos ou requisitos exigidos para o exame de mérito dos recursos. Ainda que passíveis de enquadramento em diversos critérios classificatórios, no âmbito desse trabalho, os

---

que se pretende de Direito) de eliminar o excesso de recursos. Em termos práticos, a partir do segundo grau, os julgamentos passam a se realizar sob a perspectiva de uma 'jurisprudência defensiva', em que a primeira e principal preocupação é a de eliminar o excesso de processos" (APRIGLIANO, Ricardo de Carvalho. Op. cit., p. 159).

12. Com efeito, ainda sob a perspectiva do CPC de 1973, Barbosa Moreira sustenta que "positivo ou negativo, o juízo de admissibilidade é essencialmente *declaratório*. Ao proferi-lo, o que faz o órgão judicial é verificar se estão ou não satisfeitos os requisitos indispensáveis à legítima apreciação do mérito do recurso. A existência ou a inexistência de tais requisitos é, todavia, *anterior* ao pronunciamento, que não a *gera*, mas simplesmente a *reconhece*" (MOREIRA, José Carlos Barbosa. *Comentários ao Código de Processo Civil*. 7. ed. cit., p. 262).
13. DIDIER JR., Fredie; CUNHA, Leonardo Carneiro da. *Curso de direito processual civil*: o processo civil nos tribunais, recursos, ações de competência originária de tribunal e *querela nullitatis*, incidentes de competência originária de tribunal. 13. ed. Salvador: JusPodivm, 2016. p. 131.

referidos pressupostos ou requisitos de admissibilidade serão classificados em *intrínsecos* ou *extrínsecos*, sendo que os primeiros dizem respeito à própria decisão impugnada[14], enquanto os demais resultam da análise de fatores externos à decisão judicial, respeitantes, portanto, o modo de exercer o recurso.

Adotando-se célebre classificação de José Carlos Barbosa Moreira, é possível identificar na primeira categoria, o *cabimento*, a *legitimação do recorrente*, o *interesse recursal* e a *inexistência de algum fato impeditivo ou extintivo do direito de recorrer*[15]; pertencem à segunda modalidade a *tempestividade*, a *regularidade formal* e o *preparo*.

3.4.1. Cabimento

Integrando a categoria dos pressupostos recursais intrínsecos, o *cabimento* do recurso comporta exame sob dois prismas distintos: a sua *previsão* na lei processual e a *adequação* da espécie recursal perante a natureza jurídica da decisão impugnada.

a) Taxatividade legal

Os recursos cíveis foram elencados no rol *taxativo* do art. 994 do CPC, de modo que não se faculta aos interessados a criação de formas diferenciadas de impugnação das decisões judiciais, não se admitindo o uso de negócios jurídicos processuais (CPC, art. 190) para tal mister (vide Enunciado 20 do FPPC[16]). Por força da competência privativa assinalada pelo art. 22, I, da Constituição da República, tampouco se admite que os Estados e demais entes legiferantes venham a legislar a respeito, de forma a modificá-los, ampliá-los ou extingui-los.

---

14. Para Nelson Nery Junior "os pressupostos *intrínsecos* são aqueles que dizem respeito à decisão recorrida em si mesmo considerada. Para serem aferidos, leva-se em consideração o conteúdo e a forma da decisão impugnada. De tal modo que, para proferir-se o juízo de admissibilidade, toma-se o ato judicial impugnado no momento e da maneira como foi prolatado. São eles *o cabimento, a legitimação para recorrer e o interesse em recorrer*" (NERY JR., Nelson. *Princípios fundamentais* – Teoria geral dos recursos. 4. ed. São Paulo: RT, 1997, p. 238).
15. Embora subscreva o critério sugerido por Barbosa Moreira, Nelson Nery Junior contempla a inexistência de fato impeditivo ou extintivo do poder de recorrer na categoria dos pressupostos *extrínsecos*: "Os pressupostos *extrínsecos* respeitam aos fatores externos à decisão judicial que se pretende impugnar, sendo normalmente posteriores a ela. Neste sentido, para serem aferidos não são relevantes os dados que compõem o conteúdo da decisão recorrida, mas sim fatos a esta supervenientes. Delas fazem parte *a tempestividade, a regularidade formal, a inexistência de fato impeditivo ou extintivo do poder de recorrer e o preparo*" (NERY JUNIOR, Nelson. *Princípios fundamentais* – Teoria geral dos recursos. 4. ed. cit., p. 238).
16. O Enunciado 20 do FPPC assinala que: "Não são admissíveis os seguintes negócios bilaterais, dentre outros: acordo para modificação da competência absoluta, acordo para supressão da primeira instância, acordo para afastar motivos de impedimento do juiz, acordo para criação de novas espécies recursais, acordo para ampliação das hipóteses de cabimento de recursos". No mesmo sentido, o Enunciado 36 da Enfam defende que "a regra do art. 190 do CPC/2015 não autoriza às partes a celebração de negócios jurídicos processuais atípicos que afetem os poderes e deveres do juiz, tais como os que: (a) limitem seus poderes de instrução ou de sanção à litigância ímproba; (b) subtraiam do Estado/juiz o controle da legitimidade das partes ou do ingresso de *amicus curiae*; (c) introduzam novas hipóteses de recorribilidade, de rescisória ou de sustentação oral não previstas em lei; (d) estipulem o julgamento do conflito com base em lei diversa da nacional vigente; e (e) estabeleçam prioridade de julgamento não prevista em lei".

Por isso, o art. 994 do CPC substancia a síntese do sistema recursal brasileiro, sem afastar outras modalidades recursais previstas na legislação extravagante. Em caráter exemplificativo, podem ser mencionadas as seguintes figuras recursais: (i) o recurso inominado previsto no art. 41 da Lei 9.099/1995; e os (ii) os embargos infringentes dispostos no art. 34 da Lei 6.830/1980[17]. De qualquer sorte, a enumeração dos recursos se dá em *numerus clausus*. Em última análise, há um recurso próprio para cada espécie de pronunciamento judicial ou capítulo decisório, que poderão ser manuseados conforme caso concreto e hipóteses de cabimento respectivas.

Acrescente-se ainda que, por opção legislativa, certas decisões são reputadas irrecorríveis. À guisa de exemplo, tem-se a hipótese do § 4º do art. 382 do CPC, ao dispor que no procedimento de produção antecipada de prova "não se admitirá defesa ou recurso, salvo contra decisão que indeferir totalmente a produção da prova pleiteada pelo requerente originário". Ou seja, a regra em questão prevê a interposição de recurso apenas para o caso do indeferimento do pedido de produção antecipada de provas. Além disso, o § 6º do art. 1.007 do CPC contempla outra hipótese de decisão irrecorrível, relacionada com a relevação da deserção. Em mais um exemplo, o art. 16 da Lei 13.140/2016 reputa irrecorrível a decisão que suspende o processo com vistas a sua submissão do caso à mediação, visando solução consensual do litígio.

Atente-se ainda que, no plano jurisprudencial, a 3ª Turma do STJ reputou que, na fase de desencadeamento do cumprimento de sentença, a decisão que venha a determinar a intimação do devedor enquadra-se como "despacho de mero expediente", com vistas ao impulsionamento do processo[18]. Logo, à luz do precedente em questão, tem-se a *irrecorribilidade* do referido pronunciamento judicial.

b) Extinção dos embargos infringentes e do agravo retido

Os embargos infringentes foram abolidos pelo legislador em 2015. Em caráter paliativo, o art. 942 do CPC/2015 passou a contemplar a técnica de julgamento que resulta na *ampliação da colegialidade*, que passa a ser implementada de ofício. Em igual medida, foi extinta a figura do agravo retido extraída dos arts. 522 e 523 do CPC revogado.

Ao que parece, algumas das críticas dirigidas à morosidade processual resultaram na abolição dessas figuras[19]. Cabe assinalar, contudo, que a simples previsão de deter-

---

17. STJ, 1ª Seção, REsp 1.168.625/MG, Rel. Min. Luiz Fux, j. 09.06.2010, DJe 01.07.2010.
18. "(...) Com o advento do Novo Código de Processo Civil, o início da fase de cumprimento de sentença para pagamento de quantia certa passou a depender de provocação do credor. Assim, a intimação do devedor para pagamento é consectário legal do requerimento, e, portanto, irrecorrível, por se tratar de mero despacho de expediente, pois o juiz simplesmente cumpre o procedimento determinado pelo Código de Processo Civil (art. 523 do NCPC), impulsionando o processo" (STJ, 3ª T., REsp 1.837.211/MG, Rel. Min. Moura Ribeiro, j. 09.03.2021, DJe 11.03.2021).
19. "As mais severas críticas, formuladas pelos mais diversos setores da sociedade civil, ao funcionamento do Poder Judiciário brasileiro são direcionadas em regra ao seu sistema recursal. Imputa-se a ele, dentre outras, a responsabilidade pela não entrega da tutela jurisdicional em prazo considerado razoável pelos jurisdicionados. A maior causa de desconfiança do cidadão em relação ao Poder Judiciário pode ser atribuída à longa espera para

minada modalidade recursal não pode servir de parâmetro para embasar certas críticas que se voltam, verdadeiramente, ao emprego *abusivo* dos mecanismos recursais. São coisas muito diferentes.

c) Tipicidade

A partir da relação de adequação, costuma-se afirmar que cada modalidade decisória comporta impugnação por meio de um determinado tipo de recurso. Contudo, é certo que os embargos de declaração refogem "à lógica da tipicidade e são cabíveis contra todas as decisões (interlocutórias, sentença ou acórdão), desde que as mesmas apresentem os vícios apontados no art. 1.022 do CPC/2015"[20].

3.4.2. Legitimidade em matéria recursal

A *legitimidade para recorrer* se enquadra na categoria dos pressupostos recursais *intrínsecos*. Não se confunde com a legitimidade ativa e passiva *ad causam* (CPC, arts. 17 e 18).

3.4.2.1. Legitimidade recursal das partes

Gozam de legitimidade recursal aqueles que são partes no processo, integrantes do polo ativo ou passivo da relação processual, desde que tenham sofrido gravame ou prejuízo. Ainda que o réu tenha sido *revel* poderá valer-se do direito de recorrer[21], pois o parágrafo único do art. 346 do CPC assegura-lhe o direito de *intervir* no feito em qualquer fase processual, "recebendo-o no estado em que se encontrar". Não apenas matérias de ordem pública podem ser suscitadas pelo revel, "mas todo e qualquer argumento jurídico que possa alterar o resultado do julgamento"[22]. Em caso de litisconsórcio, qualquer dos consortes terá legitimação para efeitos de interposição do recurso (CPC, art. 1.005).

---

a obtenção de uma resposta definitiva. (...) O grande problema do sistema recursal brasileiro, considerado por muitos como um 'vilão' para a efetividade do processo, não é o suposto número excessivo de recursos previstos, mas sim a sua utilização desarrazoada" (LUCON, Paulo Henrique dos Santos. Honorários advocatícios no CPC de 2015. In: SARRO, Luís Antônio Giampaulo (Coord.). *Novo Código de Processo Civil*: principais alterações do sistema processual civil. 2. ed. São Paulo: Rideel, 2016, p. 349-350).

20. JORGE, Flávio Cheim. *Teoria geral dos recursos*, 7. ed. cit., p. 180.
21. "Poderá o revel, ainda, no seu recurso de apelação, alegar *prescrição*, que é matéria que, nos termos do art. 193 do NCC, pode ser arguida a qualquer tempo pela parte. Poderá, também, alegar *decadência*, que é questão de ordem pública que o juiz pode conhecer de ofício ou a parte alegar a qualquer momento. Igualmente a *falta das condições da ação e de pressupostos processuais* é matéria que o réu revel pode alegar em seu recurso de apelação, uma vez que é conhecível de ofício pelo juiz. Assim, por exemplo, o réu revel poderá, no apelo, alegar a existência de coisa julgada e, para comprovação de suas alegações, poderá juntar, caso se faça necessário, prova documental (cópia dos autos de ação idêntica, em que foi proferida sentença que transitou em julgado)" (MEDEIROS, Maria Lúcia L. C. de. *A revelia sob o aspecto da instrumentalidade*. São Paulo: RT, 2003. p. 162-163).
22. STJ, AgInt no REsp 1.848.104/SP, Rel. Min. Luis Felipe Salomão, *DJe* 11.05.2021.

3.4.2.2. Situações equiparáveis

Em matéria de legitimidade recursal, aqueles que tiverem ingressado no processo na qualidade de *assistentes*, quer na modalidade *simples* ou *litisconsorcial* (CPC, art. 119), são equiparados à posição de parte. Aliás, de acordo com o art. 124 do CPC, o *assistente litisconsorcial* é considerado *litisconsorte* da parte principal, deduzindo-se daí sua legitimação recursal.

O *assistente simples* também poderá recorrer à medida que o art. 121 do CPC lhe confere os mesmos poderes atribuídos à parte. Contudo, não se poderá olvidar da própria concepção deste último instituto, de sorte a verificar que o *assistente simples* jamais poderá praticar atos contrários aos interesses do *assistido*[23]. Aliás, o STJ decidiu que o assistente não poderá recorrer no caso de manifestação *desabonadora* expressa do assistido[24], cessando ainda a *intervenção* daquele caso este último não recorra[25]. O CPC de 2015 parece ter seguido essa diretriz, pois:

> (...) se o assistido expressamente tiver manifestado a vontade de não recorrer, renunciando ao recurso ou desistindo do recurso já interposto, o recurso do assistente não poderá, efetivamente, ser conhecido, pois a atuação do assistente simples fica vinculada à manifestação de vontade do assistido (art. 122, CPC)[26].

Por fim, são equiparáveis à parte, para fins recursais, os sucessores, adquirentes ou cessionários[27].

3.4.2.3. Legitimidade recursal dos terceiros

Em maior ou menor extensão, os pronunciamentos judiciais afetam a esfera jurídica de terceiros, eis que as relações travadas entre as pessoas não são estanques. Note-se,

---

23. "A assistência somente existe como forma de auxílio à parte assistida na procedência da demanda a seu favor e de acordo, única e exclusivamente, com a sua vontade. (...) Destarte, por exercer o assistente simples uma atividade de auxílio, ajuda ou apoio ao assistido – titular da relação jurídica –, está, de certa forma, a ele subordinado, não podendo por isso, praticar atos que contrariem seus interesses. Caso sejam praticados atos contrários aos interesses do assistido, tais atos devem ser considerados inválidos. Com isso, quer-se dizer que apesar de possuir legitimidade para interpor recursos, o assistente simples nunca poderá contrariar a vontade do assistido" (JORGE, Flávio Cheim. *Teoria geral dos recursos*, 7. ed. cit., p. 118).
24. "Ao assistente simples é permitido interpor recurso, desde que não haja expressa manifestação do assistido em sentido contrário." (STJ, 5ª T., REsp 146.482/PR, Rel. Min. Félix Fischer, j. 20.04.1999, *DJU* 31.05.1999, p. 167).
25. "(...) Na linha dos precedentes desta Corte, à assistência simples impõe-se o regime da acessoriedade, cessando a intervenção do assistente caso o assistido não recorra" (STJ, 5ª T., REsp 1.842.613/SP, Rel. Min. Luis Felipe Salomão, *DJU* 10.05.1922).
26. DIDIER JR., Fredie; CUNHA, Leonardo Carneiro da. *Curso de direito processual civil*: o processo civil nos tribunais, recursos, ações de competência originária de tribunal e *querela nullitatis*, incidentes de competência originária de tribunal, 13. ed., 2016 cit., p. 112.
27. "Os sucessores no curso do processo, assumindo a qualidade de parte, também têm legitimidade para interpor recurso. Se o adquirente ou o cessionário ingressa em juízo, sucedendo o alienante ou cedente, com o consentimento da parte contrária, nos termos do art. 109, § 1º, do CPC 2015, pode recorrer como parte, pois parte será. Se a parte contrária não consentir, mesmo assim, na qualidade de assistente (art. 109, § 2º) litisconsorcial, o adquirente ou cessionário terá legitimidade para recorrer, pois, nesse caso, o Código de Processo Civil lhe dispensa o tratamento de litisconsorte (art. 124)." (JORGE, Flávio Cheim. *Teoria geral dos recursos*, 7. ed. cit., p. 117).

contudo, que os reflexos do pronunciamento judicial ou da sentença não guardam correspondência com a coisa julgada material[28].

a) Retrospecto histórico

Os registros históricos apontam que, no processo germânico-bárbaro, a sentença era prolatada na Assembleia do Povo (*Ding*) e, portanto, não se cogitava de sua ineficácia em relação a terceiros, sabedores que eram do litígio. Diversa era a concepção do direito romano, ao admitir os efeitos da sentença exclusivamente às partes figurantes da relação jurídico-processual, não alcançando aqueles que não a integraram. O processo liberal clássico, envolvendo lides *intersubjetivas*, vinha mantendo a tradição romanista. Como regra, a eficácia da sentença vinculava apenas os integrantes da relação processual. Hodiernamente, os processos multitudinários, incidentes de coletivização e recursos repetitivos parecem desafiar o modelo tradicional, haja vista a projeção dos precedentes.

De qualquer sorte, diante da perspectiva de que os pronunciamentos judiciais podem afetar terceiros, confere-se a estes a possibilidade de interposição de recursos, prerrogativa essa que já havia sido agasalhada pelo Código de 1939 (art. 815) e pelo CPC Buzaid (art. 499).

b) A condição de "terceiro"

Antes de indagar quais são os *terceiros* legitimados à interposição de recursos, oportuno consignar que essa condição é determinada por *exclusão*, em confronto com a posição das partes processuais. Assim, Barbosa Moreira apontava que "é terceiro quem não seja parte, quer *nunca* o tenha sido, quer haja *deixado* de sê-lo em momento anterior àquele em que se profira a decisão"[29]. Sob tal ponto de vista, não há como endossar a afirmação de Alfredo Araújo Lopes da Costa, que sustentava que "o recurso do terceiro prejudicado é uma intervenção de terceiros no processo"[30]. À luz do CPC de 1973, Fredie Didier Jr. apontava outra leitura, afirmando que "o recurso de terceiro é figura híbrida: de um lado, é recurso; de outro, é intervenção de terceiro. A conceituação do instituto, portanto, tem de levar em consideração estas duas circunstâncias"[31]. Para o autor baiano, o recurso de terceiro é modalidade *interventiva*. Diferencia-se, contudo, de institutos semelhantes previstos no direito estrangeiro, como a oposição de terceiro

---

28. A respeito da matéria, Liebman ponderava que esses efeitos são resultantes da *eficácia natural* da sentença, que não reconhece limitações de ordem *subjetiva*. Assim, embora a coisa julgada não alcance terceiros, a eficácia natural da sentença pode atingi-los, causando-lhes prejuízo reflexo. É justamente esse tipo de prejuízo que legitima o terceiro a intervir no processo, recorrendo da decisão causadora do gravame (vide: LIEBMAN, Enrico Tullio. *Eficácia e autoridade da sentença*. 3. ed. Trad. Alfredo Buzaid e Benvindo Aires. Rio de Janeiro: Forense, 1983. p. 110-111).
29. MOREIRA, José Carlos Barbosa. *Comentários ao Código de Processo Civil*. 7. ed. cit., p. 291.
30. COSTA, Alfredo Araújo Lopes da. *Direito processual civil brasileiro*. 2. ed. Rio de Janeiro: Forense, 1959. v. III, p. 330.
31. DIDIER JR., Fredie. *Recurso de terceiro*: juízo de admissibilidade. São Paulo: RT, 2002. p. 30.

do direito italiano e a *tierce opposition* do direito francês, que são meios de impugnação da coisa julgada (ações autônomas), e não recurso[32].

c) O interesse recursal do "terceiro"

Sob os auspícios do CPC de 1939, a prerrogativa recursal conferida a terceiros causou enormes polêmicas. Para uma corrente mais liberal, capitaneada por Rui Barbosa[33], entendia-se que qualquer *espécie* de interesse era suficiente para motivar a insurgência recursal e o ingresso de tais interessados. Em contrapartida, opunham-se os detentores de uma visão mais restritiva, para os quais eram legitimados somente aqueles que pudessem intervir como *assistentes*. Ao tratar do terceiro prejudicado, o § 1º do art. 499 do CPC/1973 passou a exigir a comprovação do "nexo de interdependência entre o seu interesse de intervir e a relação jurídica submetida à apreciação judicial". Sob tal perspectiva, exigia-se que o terceiro interessado na impugnação do ato decisório deveria demonstrar que a decisão recorrida era capaz de afetar, direta ou indiretamente, uma relação jurídica da qual se repute titular[34] Costumava-se afirmar que o terceiro legitimado era detentor de *interesse jurídico*[35] na impugnação da decisão que lhe fosse prejudicial, não sendo suficiente uma motivação fática ou econômica.

Trata-se, então, de prerrogativa norteada pelo princípio da economia processual, pois ainda que não se cogite da sucumbência *formal* imposta ao terceiro prejudicado, é possível vislumbrar a ocorrência de um *gravame* ou prejuízo *indireto* imposto pela decisão judicial.

d) A posição atual

De acordo com o parágrafo único, do art. 996 do CPC, "cumpre ao terceiro demonstrar a possibilidade de a decisão sobre a relação jurídica submetida à apreciação

---

32. DIDIER JR., Fredie. *Recurso de terceiro* cit., p. 48-49.
33. "O pensamento de Rui Barbosa fomentou intensa discussão quanto ao tipo de prejuízo apto a ensejar recurso pelo terceiro. Defendia que era lícito ao terceiro recorrer sempre que a sentença lhe prejudicasse, fosse tal prejuízo direto, indireto, mediato, imediato, jurídico, econômico, moral etc." (DIDIER JR., Fredie. *Recurso de terceiro* cit., p. 42).
34. "O mero prejuízo de fato não confere legitimação recursal ao terceiro, sendo imprescindível que o prejuízo possa ser qualificado como jurídico" (FERREIRA FILHO, Manoel Caetano. *Comentários ao Código de Processo Civil*: do processo de conhecimento, arts. 496 a 565. São Paulo. RT, 2001. v. 7, p. 35).
35. "O prejuízo exigido é o jurídico; trata-se da repercussão que a decisão opere em relação jurídica titularizada por terceiro. É derivação da exigência do interesse jurídico como fator legítimante. Realmente não teria sentido permitir-se o recurso por prejuízo simplesmente econômico ou emocional, quando se impõe, para a legitimação, a existência de vínculo jurídico do terceiro com o objeto do processo. Trata-se de concepção assente na literatura nacional, conforme acentuado linhas atrás. Se assim não fosse, um filho poderia recorrer em processo contra o pai, alegando prejuízo emocional; um credor poderia recorrer em processo contra um seu devedor, alegando prejuízo econômico, com a diminuição do seu patrimônio; uma associação de médicos poderia recorrer de uma decisão que condenasse um de seus associados ao ressarcimento por imperícia etc. São todas situações que não autorizam a interposição do recurso de terceiro, pela ausência do prejuízo jurídico" (DIDIER JR., Fredie. *Recurso de terceiro* cit., p. 107).

judicial atingir direito de que se afirme titular ou que possa discutir em juízo como substituto processual". Conclui-se, então, que o CPC vigente assumiu orientação diversa dos diplomas anteriores, pois o terceiro prejudicado deverá demonstrar sua legitimidade recursal a partir da afirmativa de certa *titularidade*, ou ainda da possibilidade de defendê-la em juízo na condição de substituto processual.

Oportuna a observação de Flávio Cheim Jorge, ao afirmar que "o direito que o terceiro pode defender por meio de seu recurso é, apenas, aquele já discutido em juízo, lhe sendo vedado deduzir novos pedidos ou causas de pedir, ampliando, assim, o objeto do processo"[36]. Firmada tal premissa, pode-se apontar em caráter exemplificativo o caso do fiador ou avalista do título, ao pretender afastar a cobrança da dívida.

Porém, analisando recurso especial julgado sob o regime do art. 543-C do CPC/1973, o STJ não reconheceu a legitimidade recursal da pessoa jurídica para fins de interpor recurso em proveito da pessoa do sócio[37]. Por outro lado, o STJ reconheceu que a pessoa jurídica dispõe de legitimidade para impugnar a "decisão que autoriza a constrição de bem de sócio que não integra o polo passivo da ação, desde que faça para defender interesse próprio, sem se imiscuir indevidamente na esfera de direitos do sócio"[38].

e) O regime recursal do "terceiro" prejudicado e o processo eletrônico

Sob a vigência do CPC de 1973, costumava-se afirmar que o prazo e os critérios de contagem disponibilizados para o terceiro recorrer dar-se-iam de forma análoga aos parâmetros assinalados em proveito das partes processuais (*dies a quo, dies ad quem*, fluência etc.)[39].

Porém, há que se aceitar que o processo eletrônico, baseado em modelos de intimação *acessadas* ou "logadas", exige nova conformação para a matéria, até porque as intimações dirigidas às partes habilitadas podem seguir critérios assimétricos. Logo, torna-se importante a advertência do § 3º do art. 205 do CPC, ao dispor que "os despachos, as decisões interlocutórias, o dispositivo das sentenças e a ementa dos acórdãos serão publicados no *Diário de Justiça Eletrônico*". Ou seja, ainda que não se possa aceitar a fluência do prazo recursal a partir do momento da ciência da decisão judicial obtida

---

36. JORGE, Flávio Cheim. Dos recursos. In: WAMBIER, Teresa Arruda Alvim et al. (Coord.). *Breves comentários ao Novo Código de Processo Civil*. São Paulo: RT, 2015. p. 2.222.
37. "A pessoa jurídica não tem legitimidade para interpor recurso no interesse do sócio. Recurso especial desprovido. Acórdão submetido ao regime do art. 543-C do CPC e da Resolução STJ 8/2008" (STJ, 1ª Seção, REsp 1.347.627/SP, Rel. Min. Ari Pargendler, j. 09.10.2013, DJe 21.10.2013 – tema 649 dos "recursos repetitivos").
38. STJ, 3ª T., REsp 2.057.706/RO, Rel. Min. Nancy Andrighi, DJe 16.06.2023.
39. "(...) O terceiro prejudicado, embora investido de legitimidade recursal (CPC, art. 499), não dispõe, para recorrer, de prazo maior que o das partes. A igualdade processual entre as partes e o terceiro prejudicado, em matéria recursal, tem a finalidade relevante de impedir que, proferido o ato decisório, venha este, por tempo indeterminado – e com graves reflexos na estabilidade e segurança das relações jurídicas -, a permanecer indefinidamente sujeito a possibilidade de sofrer impugnação recursal" (STF, 1ª T., RE 167.787 AgR, Rel. Min. Celso de Mello, j. 28.04.1995, DJe 30.06.1995).

pelo terceiro, parece acertado concluir que o *dies a quo*, para fins de interposição de seu recurso, dar-se-á com a intimação preconizada no § 3º do art. 205 do CPC[40].

Entretanto, a posição jurisprudencial dominante ainda adota o referencial da intimação das partes, para fins de verificar a tempestividade do recurso oferecido pelo terceiro prejudicado.

f) Mecanismos impugnativos autônomos

Em determinadas hipóteses, caso não se insurja pela via recursal, o terceiro prejudicado poderá se voltar contra o ato decisório por meio de mecanismos de impugnação autônomos (Súmula 202 do STJ)[41]. Entretanto, em julgados mais recentes, o STJ consignou que "a Súmula n. 202/STJ outorga ao terceiro a faculdade de impetrar mandado de segurança, independentemente de recurso, desde que não houvesse condições de ter ciência da decisão que lhe prejudicou e que tenha ficado impossibilitado de utilizar o recurso cabível no prazo legal"[42]. Assim, compete ao terceiro demonstrar que não ter "sido cientificado da decisão que o prejudicou ou que apresente ele razões que justifiquem a não interposição própria"[43].

3.4.2.4. *Legitimação do Ministério Público*

O art. 996 do CPC ainda confere legitimidade recursal ao Ministério Público, nas hipóteses em que atue como *parte* (CPC, art. 177) e nos casos em que venha a operar como *fiscal da ordem jurídica* (CPC, art. 178), competindo-lhe o exame de tal conveniência[44]. Entretanto, à luz do CPC de 1973, o STJ decidiu que a legitimidade recursal conferida ao Ministério Público por decorrência de sua atuação como fiscal da lei não lhe confere possibilidade de recorrer *adesivamente*[45], ficando o adesivo reservado aos casos em que o agente ministerial atue como *parte*.

Ademais, acompanhando Flávio Cheim Jorge, oportuno registrar que:

---

40. Defendendo posição construída sob os auspícios do CPC 1973, Flávio Cheim Jorge afirma que "o prazo para recorrer será o mesmo das partes (15 dias). O terceiro não goza, portanto, de nenhum privilégio, devendo o recurso interposto preencher todos os demais requisitos de admissibilidade" (JORGE, Flávio Cheim. *Teoria geral dos recursos*, 7. ed. cit., p. 127).
41. "Ementa: Mandado de segurança. Terceiro prejudicado. Recurso. Não interposição do recurso cabível. Possibilidade. Súmula 202. 'À impetração de segurança por terceiro, contra ato judicial, não se condiciona à interposição de recurso' (Súmula 202/STJ)" (STJ, 3ª T., REsp 320.497/RJ, Rel. Min. Humberto Gomes de Barros, j. 10.02.2004).
42. STJ, 4ª T., RMS 67.105/SP, Rel. Min. Luis Felipe Salomão, j. 21.09.2021, *DJ* 17.11.2021.
43. STJ, 4ª T., AgInt na Pet 12.650/RN, Rel. Min. Maria Isabel Gallotti, j. 01.03.2021, *DJ* 04.03.2021.
44. "A aferição, sob o ângulo da utilidade, do interesse em recorrer do Ministério Público deve ser feita pela própria instituição, quer quando atue como parte, quer como fiscal da lei, tendo em vista que a interpretação quanto à presença do interesse público a justificar a sua intervenção cabe à própria instituição" (OLIVEIRA, Gleydson Kleber Lopes de. *Apelação no direito processual civil*. São Paulo: RT, 2009, v. 20, Recursos no processo civil. p. 129).
45. STJ, 2ª T., REsp 6.795/SP, Rel. Min. Luiz Vicente Cernicchiaro, j. 17.12.1990, *DJ* 04.03.1991.

(...) quando o Ministério Público atua como fiscal da ordem jurídica, tem legitimidade para recorrer independentemente da irresignação de qualquer uma das partes. Mesmo que as partes tenham transacionado no curso do processo, tem o Ministério Público legitimidade para interpor recurso de apelação da sentença homologatória[46].

Assim, a Súmula 99 do STJ esclarece que "o Ministério Público tem legitimidade para recorrer no processo em que oficiou como fiscal da lei, ainda que não haja recurso da parte". Ou seja, a participação do agente ministerial como fiscal da ordem jurídica é *complementar* à atuação das partes originárias, não havendo *subordinação*, daí por que a Súmula 226 do STJ dispõe que "o Ministério Público tem legitimidade para recorrer na ação de acidente do trabalho, ainda que o segurado esteja assistido por advogado". Na mesma linha, o STF reafirmou que "o Ministério Público ostenta legitimidade para recorrer no processo em que oficia como fiscal da lei, ainda que não haja recurso das partes"[47].

Atente-se ainda que o Ministério Público estadual já teve sua legitimidade recursal questionada nas eventuais hipóteses de atuação perante as Cortes Superiores. No entanto, o STJ aderiu à posição do STF, para fins de reconhecer a possibilidade de o Ministério Público Estadual formalizar a interposição de recurso perante as Cortes Superiores[48]. Cabe salientar, por fim, que o Ministério Público detém a prerrogativa de ser intimado pessoalmente da decisão (CPC, art. 180).

3.4.2.5. *Legitimidade de outros sujeitos processuais*

Apesar de rara ocorrência, hipótese inusitada diz respeito à *legitimação recursal* outorgada à pessoa física do *juiz*, do *promotor* e de eventuais *auxiliares da justiça*, no que tange às decisões judiciais que afetem diretamente a esfera jurídica desses sujeitos processuais[49]. Em princípio, o juiz, o promotor e os auxiliares da Justiça não são sujeitos *parciais* da demanda[50]. Tampouco são enquadráveis na categoria dos terceiros

---

46. JORGE, Flávio Cheim. *Teoria geral dos recursos*, 7. ed. cit., p. 129.
47. STF, 1ª T., RMS 25.920 Agr/DF, Relatora Ministra Rosa Weber, *DJ* 06.02.2019.
48. "1. Este Tribunal Superior, em recente posicionamento da Corte Especial datado de 16.12.2015, por ocasião do exame do EREsp 1.236.822/PR, Relator o Min. Mauro Campbell Marques, aderiu ao posicionamento sufragado pelo Plenário do Supremo Tribunal Federal, na QO no RE 593.727/MG, Relator o Min. Cezar Peluso, de 21.06.2012, reconhecendo a legitimidade do Ministério Público Estadual para atuar diretamente no âmbito da Corte Constitucional nos processos em que figurar como parte." (STJ, 3ª T., EDcl no AgRg no REsp 1.417.765/RJ, Rel. Min. Moura Ribeiro, j. 07.06.2016, *DJe* 21.06.2016).
49. Sob a perspectiva do CPC de 1973, Fredie Diddier Jr. apontava decisões judiciais capazes de gerar prejuízo a outros sujeitos processuais que atuam no processo: "São exemplos: (a) decisão que julga procedente uma exceção de suspeição ou impedimento, condenando o magistrado ao pagamento das custas processuais (art. 314, CPC); (b) decisão que fixa os honorários periciais (art. 33, CPC, e art. 10, LF 9.289/1996); (c) decisão de substituição do perito por negligência (art. 424, II, CPC), em que se podem aplicar as sanções previstas no parágrafo único do art. 424; (d) decisão que condena a testemunha a responder pelas despesas do adiamento da audiência (art. 412, CPC); (e) decisão que resolve o incidente de impugnação do perito (art. 423, CPC); (f) prestação de contas do administrador judicial (art. 919, CPC) entre outras" (DIDIER JR., Fredie. *Recurso de terceiro* cit., p. 134-135).
50. Assim, Gleydson Kleber Lopes de Oliveira sustentava que: "Na exceção de impedimento ou de suspeição, em sendo acolhido o requerimento nela formulado, o juiz é condenado ao pagamento das custas e das despesas pro-

legitimados. Por tais razões, parcela significativa da doutrina negava a tais sujeitos processuais a possibilidade de ingressar com recursos[51]. Fredie Didier Jr., a respeito da temática, ainda sob a vigência do CPC de 1973, afirmava que "estas pessoas (auxiliares, promotor e juiz) são partes, porquanto sofrem diretamente as consequências de uma decisão, exarada após um procedimento (maior ou menor; em autos apartados, ou não, pouco importa) de que participaram, ou poderiam participar"[52]. Apesar de não se enquadrarem como *sujeitos parciais da demanda*, permanecem suscetíveis a figurarem em certos incidentes processuais. Para Fredie Didier Jr., o juiz, o promotor, os auxiliares da Justiça têm legitimidade recursal na condição de *partes* (e não de *terceiros*). Em sentido diverso, discorrendo *genericamente* sobre a situação dos *auxiliares da justiça*, Flávio Cheim Jorge afirma que, em situações dessa natureza, pode estar em voga tão somente um interesse *econômico*, que não lhes autoriza o ingresso em juízo na condição de terceiros, faltando-lhes, então, legitimidade recursal[53].

A despeito da posição doutrinária negacionista, o STJ entendeu que o juiz é sujeito do processo e figura como parte no incidente de suspeição, por defender direitos e posição própria, "possuindo, portanto, interesse jurídico e legitimação recursal para impugnar, via recurso, a decisão que julga procedente a exceção de suspeição, ainda que não lhe seja atribuído o pagamento de custas e honorários advocatícios"[54]. Aliás, nos termos do precedente em questão, a legitimidade recursal reconhecida em proveito do magistrado não decorre exclusivamente de sua condenação ao pagamento de custas e encargos processuais, pois também não ficam descartados reflexos em seu patrimônio moral. Em abono à tese, o § 5º do art. 146 do CPC assinala que, "acolhida a alegação, tratando-se de impedimento ou de manifesta suspeição, o tribunal condenará o juiz nas custas e remeterá os autos ao seu substituto legal, podendo o juiz recorrer da decisão"[55].

3.4.2.6. *A hipótese do art. 77 do CPC de 2015*

Equiparam-se ainda à hipótese abordada no tópico anterior aquelas pessoas que tenham participado do processo e, nessa condição, foram sancionadas com a multa

---

cessuais – havendo atingimento da sua esfera jurídica –, tendo legitimidade em dela decorrer não como terceiro, uma vez que a lide não lhe diz respeito, mas como parte, cuja acepção centra-se, também, na sujeição aos efeitos jurídicos da decisão" (OLIVEIRA, Gleydson Kleber Lopes de. *Apelação no direito processual civil* cit., p. 118).

51. "Os auxiliares do juízo em geral, como o escrivão, diretor de secretaria, escrevente, contador, partidor, depositário judicial, perito judicial e os assistentes técnicos, não têm legitimidade para recorrer porque não são parte nem terceiro prejudicado" (NERY JR., Nelson. *Princípios fundamentais* – Teoria geral dos recursos. 4. ed. cit., p. 260).
52. DIDIER JR., Fredie. *Recurso de terceiro* cit., p. 136.
53. "Por isso é que não possuem legitimidade para recorrer o depositário judicial, o leiloeiro, o escrivão, o oficial de justiça, o administrador e o intérprete. Todas essas figuras, caso tenham algum prejuízo com alguma decisão proferida no curso da demanda, podem utilizar-se de ação autônoma, mas não interpor recursos, eis que lhes falta legitimidade para recorrer" (JORGE, Flávio Cheim. *Teoria geral dos recursos*, 7. ed. cit., p. 130).
54. STJ, 4ª T., REsp 1.237.996/SP, Rel. Min. Marco Buzzi, j. 20.10.2020, *DJ* 03.11.2020.
55. "(...) Preliminarmente, deve-se reconhecer a legitimidade recursal do Juiz Excepto, representado por Advogado, para figurar como recorrente (§ 5º do art. 146 do CPC/2015)" (STJ, 2ª T., REsp 1.881.175/MA, Rel. Min. Herman Benjamin, *DJ* 04.04.2023).

prevista no art. 77, § 2º, do CPC, em decorrência do descumprimento de decisões jurisdicionais, de natureza provisória ou final, ou ainda que tenham oferecido embaraços à efetivação das mesmas.

3.4.2.7. Legitimação recursal do advogado

De acordo com o art. 23 da Lei 8.906/1994:

> Os honorários incluídos na condenação, por arbitramento ou sucumbência, pertencem ao advogado, tendo este direito autônomo para executar a sentença nesta parte, podendo requerer que o precatório, quando necessário, seja expedido em seu favor.

O § 14 do art. 85 do CPC, a seu turno, dispõe que:

> Os honorários constituem direito do advogado e têm natureza alimentar, com os mesmos privilégios dos créditos oriundos da legislação do trabalho, sendo vedada a compensação em caso de sucumbência parcial.

Com o expresso reconhecimento dessa titularidade, coloca-se o problema relacionado às decisões judiciais que versam sobre *honorários advocatícios*. Fredie Didier Jr. afirma que o não reconhecimento de tal legitimidade recursal em proveito do advogado significa "negar-lhe totalmente o acesso à justiça, pois haverá um *direito* cujo titular não poderá protegê-lo (para a hipótese de não haver *recurso* da parte)"[56]. Portanto, em tais casos, o advogado poderá recorrer em nome próprio[57], para defesa de interesses afetos a sua esfera jurídica[58]. Aliás, o STJ vem reconhecendo que partes e advogados dispõem de legitimidade recursal *concorrente* no tocante à impugnação da decisão sobre honorários advocatícios[59].

Porém, no caso de recurso versando exclusivamente a *majoração* da verba honorária, "o benefício da assistência judiciária gratuita concedido ao jurisdicionado (cliente) não pode ser estendido ao seu advogado, o que enseja o recolhimento das

---

56. DIDIER JR., Fredie. *Recurso de terceiro* cit., p. 146.
57. "É entendimento pacífico desta Corte Superior que o causídico tem legitimidade para recorrer da decisão judicial relativa à verba honorária. Precedentes." (STJ, 5ª T., AgRg nos EDcl no Ag 1.053.257/SP, Rel. Min. Napoleão Nunes Maia Filho, *DJe* 13.12.2010). Em outro julgado, reconhecendo o *direito autônomo* do advogado em impugnar verba honorária, o STJ afastou o interesse recursal da parte exitosa na demanda em recorrer do capítulo que tratou dos honorários advocatícios (STJ, 3ª T., REsp 244.802/MS, Rel. Min. Waldemar Zveiter, j. 16.02.2001, *DJU* 16.04.2001).
58. "Em última análise, se pode afirmar que a natureza jurídica da atuação do advogado, em relação aos honorários sucumbenciais, corresponde ao do assistente litisconsorcial, aquele que, sendo estranho ao processo, pode intervir em razão de o direito material deduzido em juízo lhe pertencer. De fato, o advogado – mesmo não sendo parte – possui relação jurídica com a parte contrária, *ex adversa* de seu cliente, tendo a sentença o condão de atingi-lo" (JORGE, Flávio Cheim. *Teoria geral dos recursos*, 7. ed. cit., p. 135).
59. "(...) 3. A própria parte, seja na vigência do CPC de 1973, inclusive após o reconhecimento do direito autônomo dos advogados sobre a verba honorária, ou mesmo na vigência do CPC de 2015, pode interpor, concorrentemente com o titular da verba honorária, recurso acerca dos honorários advocatícios" (STJ, 3ª T., REsp 1.776.425/SP, Rel. Min. Paulo de Tarso Sanseverino, j. 08.06.2021, *DJ* 11.06.2021).

custas recursais (preparo), para o conhecimento do referido recurso"[60]. Nesse sentido, há que se observar a regra do art. 99, § 5º, do CPC, ficando ressalvada a possibilidade de o advogado demonstrar que também faz jus à gratuidade. Por via oblíqua, o § 5º do art. 99 do CPC corrobora a legitimidade recursal autônoma concedida ao advogado, ainda que a matéria não tenha sido disciplinada no art. 996 do CPC. De outro lado, não estando afastada a hipótese de o recurso vir a ser aventado em nome da própria parte, ainda que voltado à discussão dos honorários sucumbenciais (legitimidade concorrente), não ocorrerá deserção, se ela (parte) "litiga sob o pálio da gratuidade da justiça"[61].

3.4.2.8. Legitimidade recursal concorrente entre advogado e sociedade de advogados

Ainda em relação ao interesse na possível *majoração* da verba honorária, com substrato na regra do § 15 do art. 85 do CPC, Dierle Nunes compreende subsistir uma espécie de legitimidade recursal *concorrente*, ao afirmar:

> Constata-se, portanto, que a parte (cliente), o advogado e a sociedade de advogados possuem legitimidade concorrente para requerer, em sede recursal, a majoração dos honorários sucumbenciais, bem como para promover a execução desses honorários, conforme reconhece a jurisprudência do Superior Tribunal de Justiça[62].

Da mesma forma, em relação aos honorários advocatícios, por força da regra do § 15 do art. 85 do CPC, Rodolpho Vannucci defende que a sociedade de advogados pode recorrer na condição de terceira interessada[63]. Porém, o STJ decidiu que, à luz de *renúncia* ao mandato manifestada nos autos, a sociedade de advogados perde sua legitimidade recursal para recorrer acerca da verba honorária[64]. Da mesma forma, a 4ª Turma do STJ ressalvou que a sociedade de advogados não detém legitimidade recursal para atuar em nome próprio e buscar a majoração de verba honorária sucumbencial[65].

3.4.2.9. Legitimidade recursal do amicus curiae

Embora não comporte enquadramento na classificação tradicional das formas de intervenção de terceiros, a jurisprudência e a doutrina vinham reconhecendo a possibilidade de participação de *amicus curiae* em determinados tipos de demandas.

---

60. NUNES, Dierle. *Apelação e honorários no novo CPC*. In: OLIVEIRA, Pedro Miranda de (Org.). *Impactos do novo CPC na advocacia*. Florianópolis: Conceito Editorial, 2015. p. 101.
61. STJ, 2ª T., REsp 1.777.628/SE, Rel. Min. Herman Benjamin, j. 21.02.2019, *DJ* 11.03.2019.
62. NUNES, Dierle. *Apelação e honorários no novo CPC* cit., p. 99.
63. "Portanto, caso não se admita a legitimidade da sociedade de advogados como titular do crédito, deve-se ao menos reconhecer sua posição de terceira interessada, permitindo-lhe interpor o recurso em seu próprio nome" (VANNUCCI, Rodolpho. Recurso de apelação para majoração de honorários advocatícios. In: DIDIER JR., Fredie (Coord. geral); COÊLHO, Marcus Vinicius Furtado; CAMARGO, Luiz Henrique Volpe (Coord.). *Honorários advocatícios*. Salvador: JusPodivm, 2015. p. 751. Coleção Grandes Temas do Novo CPC, v. 2).
64. STJ, 4ª T., AgIn nos EDcl no AgREsp 43.083/SP, Rel. Min. Raul Araújo, j. 06.04.2017, *DJe* 27.04.2017.
65. STJ, 4ª T., AgInt no REsp 1.752.640/DF, Rel. Min. Antonio Carlos Ferreira, *DJe* 14.05.2020.

Importante assinalar que, antes do advento da Lei 13.105/2015, o STF manifestou-se refratariamente à possibilidade de interposição de recurso por parte de *amicus curiae*[66].

Porém, esse posicionamento da Corte Suprema comporta revisão diante da autorização concedida pelo § 1º do art. 138 do CPC quanto à interposição de embargos de declaração por parte de tais intervenientes[67], sendo que o § 3º do referido dispositivo dispõe que "o *amicus curiae* pode recorrer da decisão que julgar o incidente de resolução de demandas repetitivas". Por analogia, afigura-se razoável estender-lhe tal prerrogativa recursal no tocante aos incidentes de *assunção de competência*, regulamentados pelo art. 947 do CPC. Isto porque as matérias envolvendo relevante repercussão social, ainda que dissociadas de processos múltiplos, justificam a intensificação do debate, com a oitiva de cientistas, órgãos ou entidades especializadas. Instaurado tal incidente e aceita a assunção de competência, o § 3º do art. 947 do CPC dispõe que o acórdão proferido no seu julgamento "vinculará todos os juízes e órgãos fracionários, exceto se houver revisão de tese".

3.4.2.10. Outros casos de legitimidade recursal extraordinária

A Lei 12.529, de 30.11.2011, instituiu o Sistema Brasileiro de Defesa da Concorrência, definindo o papel do Conselho Administrativo de Defesa Econômica (Cade) como agência regulatória da ordem econômica e da livre concorrência. Assim, o art. 118 daquele diploma legal[68] permite-lhe *intervir* como *assistente* em causas que envolvam temas desta natureza:

> (...) a exemplo das demandas individuais ou coletivas envolvendo práticas concorrenciais abusivas, ou tolhimento da livre concorrência, através da dominação do mercado, como acontece nos casos de oligopólio e de cartel, em que os ajustes comerciais prejudicam os consumidores[69].

É certo que, ao fazê-lo, tratando-se de *autarquia federal*, isso redundará no *deslocamento* da competência da demanda originária para a Justiça Federal, inclusive para fins de apreciação da admissibilidade da intervenção pretendida (Súmula 150 do STJ). A partir daí, o Cade exercerá os poderes e prerrogativas próprios da assistência,

---

66. Afirmava-se que "entidades que participam na qualidade de *amicus curiae* dos processos objetivos de controle de constitucionalidade, não possuem legitimidade para recorrer, ainda que aportem aos autos informações relevantes ou dados técnicos" (STF, Tribunal Pleno, ADI-EDcl 2.591/DF, Rel. Min. Eros Grau, *DJ* 13.04.2007, p. 83). Na mesma linha: STF, Tribunal Pleno, ADI 4.449 ED/AL, Rel. Min. Alexandre de Moraes, j. 22.03.2021, *DJ* 14.04.2021.
67. Entretanto, o Superior Tribunal de Justiça alinhou-se com a tese do STF, concluindo que "a intervenção do *amicus curiae* não autoriza a interposição de recursos, ressalvada a oposição de embargos de declaração, já que é terceiro admitido no processo para que forneça subsídios instrutórios (probatórios ou jurídicos) à melhor solução da controvérsia, não assumindo a condição de parte" (STJ, RCD no REsp 1.568.244/RJ, 2ª Seção, Rel. Min. Ricardo Villas Bôas Cueva, j. 23.08.2017, *DJe* 28.08.2017).
68. Art. 118. Nos processos judiciais em que se discuta a aplicação desta Lei, o Cade deverá ser intimado para, querendo, intervir no feito na qualidade de assistente.
69. ASSIS, Araken de. Intervenção do Conselho Administrativo de Defesa Econômica no processo civil. In: DIDIER JR., Fredie (Coord. geral); TALAMINI, Eduardo (Coord.). *Processo e Administração Pública*. Salvador: JusPodivm, 2016. p. 397. Coleção Repercussões do Novo CPC, v. 10.

subsumindo-se a possibilidade de intentar *recursos*[70]. Entretanto, ainda que subsistam certas semelhanças com a atuação de *amicus curiae*:

> (...) legitima-se o Cade, por exemplo, a impugnar as decisões desfavoráveis à linha preconizada na petição de intervenção, mas não porque os seus poderes equivalem aos do Ministério Público, e, sim, porque fictamente equiparado ao assistente, repelindo a incidência do art. 138, 1º, do NCPC[71].

Em moldes similares, a Comissão de Valores Mobiliários (CVM) também dispõe de legitimidade para recorrer em determinadas causas específicas (Lei 6.385/1976, art. 31, § 3º[72]), identificada como hipótese de legitimação *subsidiária* por Fredie Didier Jr.[73], cujo prazo recursal terá início depois de findado o lapso assinalado às partes. Ao que parece, estas duas *legitimações extraordinárias* (concedidas à CVM e ao Cade) não se enquadram nas formas clássicas de intervenção de terceiro e, tampouco, podem ser compreendidas no âmbito da legitimação outorgada aos *terceiros* estranhos ao feito.

3.4.2.11. Legitimação recursal da autoridade coatora

Por fim, de forma consentânea com os demais critérios de legitimação recursal extraordinária, tem-se que o § 2º do art. 14 da Lei 12.016/2009 confere à autoridade coatora a faculdade de interpor recurso para defesa de prerrogativa funcional ou posição de seu interesse[74]. De acordo com Cassio Scarpinella Bueno, a legitimidade recursal conferida à autoridade coatora abrange a possibilidade de interpor qualquer tipo de recurso, não se restringindo ao manejo da apelação[75]. Porém, a autoridade coatora não

---

70. Em artigo publicado sob a vigência da Lei 8.884/1994, Fredie Didier Jr. afirmava "plenamente possível que o Cade possa recorrer na qualidade de parte. Acaso não tenha sido intimado e, portanto, não esteja participando do feito, poderá a autarquia recorrer como terceiro, já que, se pode o mais (propor a ação), pode o menos (pô-la em desenvolvimento com o recurso); aplica-se a regra segundo a qual quem poderia intervir pode recorrer como terceiro" (DIDIER JR., Fredie. A intervenção judicial do conselho administrativo de defesa econômica [art. 89 da Lei Federal 8.884/94] e da comissão de valores mobiliários [art. 31 da Lei Federal 6.385/76]. *Revista de Processo*, v. 115, a. 29, p. 158, maio-jun. 2004).
71. ASSIS, Araken de. Intervenção do Conselho Administrativo de Defesa Econômica no processo civil cit., p. 400.
72. Art. 31. (...) § 3º À Comissão é atribuída legitimidade para interpor recursos, quando as partes não o fizerem [Redação dada ao parágrafo pela Lei 6.616/1978.] § 4º O prazo para os efeitos do parágrafo anterior começará a correr, independentemente de nova intimação, no dia imediato àquele em que findar o das partes.
73. "Além de determinar a intervenção 'será intimada', semelhante à hipótese do Cade, inclusive sob pena de nulidade –, o legislador também legitimou a CVM para interpor recursos, acaso as partes não o interponham (§§ 3º e 4º do art. 31). Trata-se de espécie de legitimação recursal subsidiária, cujo prazo, inclusive, começa a correr após findado o das partes" (DIDIER JR., Fredie. A intervenção judicial do Conselho Administrativo de Defesa Econômica cit., p. 160).
74. Art. 14. Da sentença, denegando ou concedendo o mandado, cabe apelação. (...) § 2º Estende-se à autoridade coatora o direito de recorrer.
75. "Quanto à conclusão a que chega o parágrafo único, cabe criticar a nova lei que, pelo local que escolheu para disciplinar a hipótese, pode dar a (falsa) impressão de que a legitimidade recursal da autoridade coatora limita-se à interposição do recurso de *apelação*, o que não merece prevalecer" (BUENO, Cassio Scarpinella. *A nova lei do mandado de segurança*: comentários sistemáticos à Lei n. 12.016, de 7-8-2009. São Paulo: Saraiva, 2009. p. 81).

disporá de prazo em dobro para manejo de seu recurso, o qual, sabidamente, é reservado apenas às pessoas jurídicas de direito público[76].

3.4.2.12. Extensão da legitimação recursal em matéria de ação popular

O § 2º do art. 19 da Lei 4.717/1965 dispõe que "das sentenças e decisões proferidas contra o autor da ação e suscetíveis de recurso, poderá recorrer qualquer cidadão e também o Ministério Público". Por força do dispositivo em questão, o cidadão que não tenha se habilitado no feito poderá fazê-lo em regime de *litisconsórcio superveniente*, inclusive com o intuito de interpor recurso cabível contra sentença e (ou) decisões desfavoráveis ao autor popular. Não se trata de recurso de terceiro prejudicado, mas hipótese de legitimação extraordinária *anômala*.

3.4.3. Interesse recursal

3.4.3.1. A sucumbência e o binômio utilidade ou necessidade

O art. 17 do CPC/2015 dispõe que "para postular em juízo é necessário ter interesse e legitimidade". Portanto, o interesse recursal deve ser aferido por ocasião da admissão do recurso, mas também deverá estar presente na apreciação do mérito recursal. Não são poucas as situações que despertam a perda *superveniente* do *interesse recursal* ou, conforme expressão consagrada na praxe forense, induzem a *perda* de seu *objeto*[77].

O interesse recursal deve ser visto a partir de uma postura *prospectiva*[78], a partir da observância do binômio *utilidade* ou *necessidade*[79]. De um lado, portanto, o *prejuízo* ou *gravame* e, de outro, a perspectiva de melhoria da situação do recorrente com o acatamento do recurso. É preciso, portanto, que o recurso se revele como um mecanismo idôneo para fins de alçar o recorrente a uma condição mais *favorável*, sendo que, nesse

---

76. STJ, 2ª T., AgInt no AREsp 1.430.628/BA, Rel. Min. Francisco Falcão, *DJe* 25.11.2022.
77. "(...) sendo relevantíssimo relembrar que a sentença de improcedência, ou que extingue o processo sem julgamento do mérito, também revogará a tutela antecipada, sendo que, existindo ainda recursos em trâmite quanto à decisão anterior à sentença, perderão seu objeto, ocorrendo um autêntico 'efeito dominó' (salvo se outras matérias forem objeto do recurso)" (FERREIRA, William Santos. *Tutela antecipada no âmbito recursal*. São Paulo: RT, 2000. p. 400. Recursos no Processo Civil, 8).
78. "A construção de um conceito *unitário* do interesse em recorrer, ao que nos parece, exige a adoção de uma óptica antes *prospectiva* que *retrospectiva*: a ênfase incidirá mais sobre o que é possível ao recorrente *esperar que se decida*, no novo julgamento, do que sobre o teor daquilo que *se decidiu*, no julgamento impugnado" (MOREIRA, José Carlos Barbosa. *Comentários ao Código de Processo Civil*. 7. ed. cit., p. 296).
79. Barbosa Moreira ensina que "a noção de interesse, no processo, repousa sempre, a nosso ver, no binômio *utilidade + necessidade*: utilidade *da providência* judicial pleiteada, necessidade da via que se escolhe para obter essa providência. O interesse em recorrer, assim, resulta da conjugação de dois fatores: de um lado, é preciso que o recorrente possa esperar, da interposição do recurso, a consecução de um resultado a que corresponde situação *mais vantajosa*, do ponto de vista *prático*, do que a emergente da decisão recorrida; de outro lado, que lhe seja necessário usar o recurso para alcançar tal vantagem" (MOREIRA, José Carlos Barbosa. *Comentários ao Código de Processo Civil*. 7. ed. cit., p. 294-295).

ponto, a doutrina realça, geralmente, o gravame ou sucumbência suportados pela parte, como forma de caracterização do interesse em recorrer. Entretanto, embora se costume associar o preenchimento desse requisito recursal à ideia de parte *vencida* ou *sucumbente*, parece mais correto entender que haverá interesse em recorrer toda vez que a parte não obteve tudo aquilo que de melhor ela poderia ter alcançado em seu favor com o processo.

Sobre o prisma da *sucumbência*, portanto, a lei aufere a utilidade ou a necessidade do recurso, atestando a presença do interesse em recorrer. Assim, a sucumbência deve ser verificada *objetivamente*, no seu aspecto *material* e não puramente *formal*. Ou seja, determinadas decisões não geram *formalmente* nenhuma espécie de prejuízo à parte; porém, ainda assim podem frustrar determinadas expectativas processuais[80], denotando uma forma de sucumbência *material* e o respectivo interesse recursal na sua impugnação. Em síntese: decorre a sucumbência do desatendimento de uma *expectativa* juridicamente possível. Caso a modificação da decisão impugnada resulte em benefício ao recorrente, haverá interesse no processamento do recurso, afigurando-se atendido o requisito ora em comento.

De mais a mais, a sucumbência pode ser *total* ou *parcial*, sendo que, nesta última hipótese, ela é *recíproca*, atingindo ambas as partes, eis que se desatendeu parcialmente uma pretensão, na mesma medida em que se socorreram os interesses da outra parte. No caso da sucumbência recíproca e, portanto, bilateral, ambas as partes legitimam-se a recorrer da parte afetada da qual discordam[81]. Há, assim, hipóteses de sucumbência subjetivamente múltipla, desde que a decisão recorrida afete mais de um litigante, conforme sistematizado por Frederico Marques. De acordo com o ilustre processualista, quando essa decisão ou sentença prejudicar simultaneamente interesses idênticos de várias partes, a sucumbência múltipla diz-se *paralela*, enquanto, se da decisão recorrida resultar gravame a interesses opostos, haveria sucumbência múltipla *recíproca*[82].

3.4.3.2. O interesse recursal na impugnação dos fundamentos da decisão

Pelo prisma do interesse em recorrer, costumava-se defender, à luz do sistema revogado, que não era possível a interposição de recurso baseado tão somente nas razões do decidir ou na motivação apresentada pela decisão impugnada, eis que era necessário se ater ao conteúdo dispositivo do pronunciamento judicial, sendo irrelevantes os argumentos acolhidos ou rejeitados. Em outras palavras, se a causa de pedir estivesse

---

80. "Ocorre que, em determinados casos, o critério da sucumbência formal não é suficiente para configurar o interesse em recorrer. O Ministério Público, quando atua como fiscal da lei, tendo em vista que não formula pedido, não pode ser considerado vencido na demanda, não tendo, por conseguinte, interesse em recorrer. (...)" (OLIVEIRA, Gleydson Kleber Lopes de. *Apelação no direito processual civil* cit., p. 122).
81. Contudo, o *arbitramento* de dano moral em quantia inferior àquela que foi pleiteada na inicial não induz *sucumbência recíproca*. Neste particular, tem-se o Enunciado 326 da Súmula da jurisprudência dominante do STJ: "Na ação de indenização por dano moral, a condenação em montante inferior ao postulado na inicial não implica sucumbência recíproca".
82. MARQUES, José Frederico. *Manual de direito processual civil* cit., p. 171.

assentada em mais de um fundamento, qualquer deles suficiente para a procedência do pedido, a rejeição de alguns dos mesmos não era suficiente para caracterizar a parte como sucumbente. Aliás, o inciso I do art. 469 do CPC/1973 afastava da formação da coisa julgada material os *motivos* consagrados pela decisão, "ainda que importantes para determinar o alcance da parte dispositiva da sentença". Vale dizer: a simples rejeição dos argumentos desenvolvidos pela parte não lhe conferia interesse em recorrer. Tratando-se de sentença de mérito, o que importava para delimitação da sucumbência era a conclusão contida na parte dispositiva e não os motivos do decidir.

Porém, o legislador de 2015 alterou os limites objetivos da coisa julgada (CPC, art. 503). Ou seja, sob certas circunstâncias, não pode causar estranheza o interesse recursal para fins de alteração dos *fundamentos* da decisão, com vistas à delimitação do alcance da coisa julgada material. Portanto, determinado litigante poderá vislumbrar possível interesse recursal na impugnação de resolução de questão prejudicial decidida incidentalmente de forma contrária aos seus interesses, se a mesma possuir "aptidão" para formação da coisa julgada material[83].

Hipótese semelhante ocorre nos casos em que o recurso está voltado ao aperfeiçoamento do precedente obrigatório. Ora, se "o *amicus curiae* pode recorrer da decisão que julgar o incidente de resolução de demandas repetitivas" (CPC, art. 138, § 3º), é possível concluir que o legislador reconheceu, ao menos em situações excepcionais, a existência de um interesse jurídico recursal direcionado à *conformação* de precedente obrigatório[84].

Essas situações extraídas do CPC de 2015 não representam verdadeira novidade, pois, à luz do sistema revogado, situações excepcionais chancelavam o interesse recursal voltado à impugnação dos *fundamentos* de determinadas decisões. Lembre-se, neste particular, de eventual sentença que tenha julgado *improcedente* a pretensão deduzida em ação popular motivada na ausência de provas suficientes (Lei 4.717/1965, art. 18). O legislador objetivou prevenir os efeitos deletérios da *colusão* entre as partes. Em tal hipótese, ainda que ausente a *sucumbência* em seu aspecto formal, o réu da ação popular dispõe de interesse na reforma da sentença, para ficar a salvo quanto à propositura de outras demandas com idêntico objeto. Portanto, o interesse prático do recorrente prende-se ao fato de afastar aquele fundamento deduzido na sentença, impedindo novo ajuizamento de demanda semelhante. Isto porque, no caso da improcedência baseada na insuficiência de provas, haverá apenas a formação da coisa julgada *formal*[85].

---

83. "Embora se trate de questão resolvida na fundamentação, o interesse recursal existe, na medida em que essa questão pode tornar-se indiscutível pela coisa julgada" (DIDIER JR., Fredie; CUNHA, Leonardo Carneiro da. *Curso de direito processual civil*: o processo civil nos tribunais, recursos, ações de competência originária de tribunal e *querela nullitatis*, incidentes de competência originária de tribunal. 13. ed., 2016 cit., p. 118).
84. Idem, p. 119.
85. "Cabe lembrar, outrossim, que se a *causa* da improcedência for a 'insuficiência de prova' (e não a circunstância de a pretensão do autor ter sido *infundada*), a sentença de improcedência, conquanto mantenha sua natureza declaratória negativa, ensejará, apenas, a formação de coisa julgada formal (Lei 4.717/1965, art. 18)" (MAN-

Em ações coletivas também é possível vislumbrar interesse recursal na impugnação voltada a discutir a fundamentação da decisão impugnada, de modo a condicionar o regime da produção da coisa julgada (Lei 8.078/1990, art. 103).

Por fim, no tocante ao tema, é de se registrar ainda a opinião de Patrícia Carla de Deus Lima, apontando que o vencedor não se satisfaz apenas com uma decisão de mérito favorável; mas, sobretudo, com uma decisão isenta de vícios ou nulidades processuais[86]. Nesta perspectiva, poder-se-ia cogitar do interesse recursal do vencedor da demanda em apelar de uma sentença *ultra* ou *extra petita*[87].

3.4.3.3. Outras situações excepcionais em matéria de interesse recursal

O interesse em recorrer deve ser cotejado com a situação dos pedidos *alternativos* e *subsidiários*. Quanto aos primeiros, caso a sentença tenha concedido um dos pedidos *alternativos*, é possível firmar a premissa de que não há interesse em recorrer da referida decisão, pois foi concedido exatamente aquilo que se pretendeu. Contudo, diversa é a situação do pedido subsidiário, no caso em que foi negado o primeiro pedido. Em tal hipótese, o interesse em recorrer relativamente à denegação do primeiro pedido permanecerá hígido[88]. Ainda "quando acolhido o pedido subsidiário, o autor tem interesse de recorrer em relação ao principal" (Enunciado 288 do FPPC).

Ainda sob a perspectiva do interesse em recorrer, há que se atentar para o problema resultante do acórdão decidido por um fundamento de índole constitucional e outro de natureza infraconstitucional, eis que se reputa inadmissível, pela ausência do interesse em recorrer[89], o recurso manifestado em relação apenas a um dos fundamentos da de-

---

CUSO, Rodolfo de Camargo. *Ação popular*: proteção do erário público, do patrimônio cultural e natural; e do meio ambiente. São Paulo: RT, 1993. p. 176).

86. "Isso porque a pretensão do autor não se satisfaz apenas com uma decisão de mérito favorável ao pedido formulado, mas com uma decisão apta a surtir efeitos sobre a realidade, porque proferida de acordo com as regras processuais que lhe conferem validade enquanto ato processual. A decisão eivada de vícios tão graves quanto os mencionados até pode surtir algum efeito, mas deixa o autor em situação extremamente precária, tanto mais que, para abalizadíssima doutrina, essas decisões podem ser discutidas a qualquer tempo, independentemente da propositura de ação rescisória." (LIMA, Patrícia Carla de Deus. Sobre a possibilidade de interposição de recurso pela parte vencedora que sofreu cerceamento de defesa: algumas reflexões. In: NERY JUNIOR, Nelson; WAMBIER, Teresa Arruda Alvim (Coord.). *Aspectos polêmicos e atuais dos recursos cíveis e assuntos afins*. São Paulo: RT, 2006. p. 365. Série: Aspectos polêmicos e atuais dos recursos, v. 10).

87. "No caso de a sentença ser *ultra* ou *extra petita*, o autor, vencedor da demanda, tem interesse recursal, a fim de obter decisão judicial que afaste a nulidade, ajustando-a ao seu pedido e afastando, em tese, a propositura de ação rescisória por violação aos arts. 128 e 460 do Código de Processo Civil." (OLIVEIRA, Gleydson Kleber Lopes de. *Apelação no direito processual civil* cit., p. 127).

88. "Desatendido o pedido principal, passa o juiz ao pedido subsidiário imediatamente posterior. O atendimento deste (pedido subsidiário) importará a procedência da demanda, o que gera mais uma dúvida: cabe recurso de apelação por parte do autor? A resposta é positiva, já que a cumulação eventual mostra que a aceitação do pedido subsidiário significa – automaticamente – a rejeição do pedido principal, o que importa sucumbência (presente, portanto, o interesse recursal)" (CARMONA, Carlos Alberto. Em torno da petição inicial. *Revista de Processo*. São Paulo: RT, v. 119, a. 30, p. 17, jan. 2005).

89. A explicação é a seguinte: "Se a decisão do tribunal *a quo* encontra-se amparada em mais de um fundamento, não complementares entre si, mas suficientes, autonomamente considerados, para sustentar a conclusão do

cisão, quando a simples prevalência dos demais seria suficiente, por si só, para fins de justificá-la. Tal entendimento, aliás, é revelado pela interpretação do Enunciado 283 da súmula da jurisprudência dominante do STF e ainda pelo teor da Súmula 126 do STJ, cujo exame mais atento dar-se-á no capítulo voltado à análise dos recursos excepcionais.

Ainda atrelado ao exame do interesse recursal, poder-se-ia discutir a possibilidade de impugnação *imediata* da decisão *declinatória* de foro, pois, a rigor, a questão demandaria pronunciamento do juízo para o que se declinou a competência. Oportuno registrar a opinião de Fernando César Zeni acerca da ausência de *lesividade* na decisão declinatória da competência material, gerando a irrecorribilidade das decisões declinatórias de foro, sob pena de se frustrar a manifestação do *juízo declinado*, eis que, em caso de *conflito negativo*, competirá ao STJ decidir a matéria (CF, art. 105, I, *d*)[90]. Entretanto, atendidos os demais pressupostos de cabimento, o recurso proferido contra o pronunciamento declinatório deve ser encaminhado ao Tribunal ao qual esteja vinculado o juízo prolator da referida decisão. Pode-se extrair essa compreensão da Súmula 55 do STJ, ao dispor que: "Tribunal Regional Federal não é competente para julgar recurso de decisão proferida por juiz estadual não investido de Jurisdição Federal". Da mesma forma, a Súmula 225 do STJ ainda preleciona que "compete ao Tribunal Regional do Trabalho apreciar recurso contra sentença proferida por órgão de primeiro grau da Justiça Trabalhista, ainda que para declarar-lhe a nulidade em virtude de incompetência". Ou seja, é inviável que o Tribunal de Justiça venha a "se negar a reconhecer a incompetência absoluta da Justiça Estadual, quando tal reconhecimento é o único ato processual para o qual a lei considera competente, o mesmo ocorrendo com a Justiça Federal"[91].

3.4.4. Fatos extintivos, modificativos ou impeditivos da admissibilidade recursal

Circunstâncias *anteriores* ou *posteriores* à interposição do recurso podem se revelar como um óbice ao seu exame. Determinados fatos pretéritos ou mesmo posteriores à impugnação recursal podem importar na extinção do direito de recorrer ou ainda obstam o exame do recurso. A *renúncia* (CPC, art. 999) e a *aquiescência* (CPC, art.

---

julgamento, o recurso que se pretenda interpor atacando apenas um ou mais desses fundamentos, mas não todos aqueles em que se apoia a decisão, não pode trazer qualquer benefício para o recorrente, já que, ainda que provido o recurso no que respeita ao fundamento impugnado, a conclusão ainda se manteria pelos demais, que não foram objeto de recurso, ou em relação aos quais o recurso não é cabível" (PINTO, Nelson Luiz. *Recurso especial para o STJ*: teoria geral e admissibilidade. 2. ed. São Paulo: Malheiros, 1996. p. 183).

90. "Por ausência de lesividade, é irrecorrível o ato judicial que declara a incompetência absoluta em razão da matéria, pois somente o conflito negativo de jurisdição pode ensejar o conhecimento da matéria para a instância superior, desde que suscitado (art. 116 do CPC)." (ZENI, Fernando César. Decisões irrecorríveis em conflitos de competência – A irrecorribilidade das decisões declinatórias do foro em caso de conflito de competência negativo suscitado entre tribunal e juízes a ele não vinculados e entre juízes vinculados a tribunais diversos. In: NERY JUNIOR, Nelson; WAMBIER, Teresa Arruda Alvim (Coord.). *Aspectos polêmicos e atuais dos recursos cíveis e de outros meios de impugnação às decisões judiciais*. São Paulo: RT, 2003. p. 232. Série Aspectos polêmicos e atuais dos recursos, v. 7).

91. NEVES, Daniel Amorim Assumpção. *Competência no processo civil*. 2. ed. Rio de Janeiro: Forense, 2010. p. 200.

1.000) são consideradas *fatos impeditivos à admissibilidade dos recursos*, enquanto a *desistência* (CPC, art. 998[92]) revela-se como um *fato extintivo* do seu processamento.

3.4.4.1. Desistência (CPC, art. 998)

a) Ato unilateral

A *desistência* dar-se-á após interposição efetiva do recurso, revelando-se como ato *unilateral* de quem recorreu (CPC, art. 998). Equivale à *revogação* do propósito motivador da impugnação recursal. Em regra, não está sujeita à anuência do recorrido, pois tal ato em nada lhe prejudica. Em casos de litisconsórcio simples, a desistência externada por um dos litisconsortes não projeta efeitos em relação ao demais[93]. Exige poderes especiais outorgados pelo instrumento de mandato (CPC, art. 105) em favor do procurador que venha a manifestá-la para fins de abdicar do recurso interposto.

b) Desistência recursal e a pendência de questões interlocutórias proferidas na fase de cognição não preclusas

Situação interessante dar-se-á nos casos em que as contrarrazões contemplarem a impugnação de *questões interlocutórias* proferidas na fase de cognição, que restaram excluídas da *preclusão* (CPC, art. 1.009, § 1º). Nesses casos, parece razoável que o recorrido seja intimado para se manifestar nos casos de *desistência* do recurso alheio, externando seu eventual *interesse* na apreciação das questões interlocutórias não preclusas, suscitadas em contrarrazões e que não foram impugnadas previamente em função da impossibilidade de manejo do agravo de instrumento. Caso manifeste a persistência de seu interesse na apreciação dessas matérias, deverá ser sopesada a *autonomia* dessas questões, para fins de análise *prospectiva* envolvendo possível vantagem em prol do recorrido com o julgamento das mesmas. Em prol da *autonomia* dessas matérias e subsistência de interesse no seu enfrentamento, é preciso observar que a impugnação *tardia*, veiculada em contrarrazões, está assentada na inviabilidade de manejo de agravo de instrumento contra as mesmas. Assim, não parece aceitável cogitar da simples *prejudicialidade* das questões interlocutórias não preclusas em virtude da *desistência* do recurso principal. É certo que o art. 997, § 2º, III, do CPC reputa *prejudicado* o recurso adesivo em função da *desistência* do "principal". Porém, nestes casos, a *prejudicialidade* imposta pelo dispositivo está assentada na premissa de que o recorrente adesivo já havia se *conformado* com a decisão impugnada, de forma que a *desistência* em relação ao recurso principal apenas devolve as partes ao *status quo*. Não é o caso das questões

---

92. O art. 998 do CPC/2015 mantém absoluta similitude com o art. 501 do Código de 1973.
93. "Havendo litisconsórcio simples, a desistência operar-se-á normalmente e terá seus efeitos direcionados unicamente ao litisconsorte desistente. Havendo litisconsórcio unitário, a desistência do recurso não terá eficácia, pois o julgamento do recurso interposto pelo outro litisconsorte unitário também aproveitará o desistente" (JORGE, Flávio Cheim. *Teoria geral dos recursos*, 7. ed. cit., p. 162).

interlocutórias proferidas na fase de cognição não preclusas, que simplesmente não comportavam impugnação autônoma via agravo de instrumento.

c) Autonomia das questões subjacentes aos recursos repetitivos

Antes mesmo do advento da regra contida no parágrafo único do art. 998 do CPC 2015, o STJ manifestou-se pela *autonomia* das questões subjacentes aos recursos repetitivos após sua seleção para julgamento (STJ, QO REsp 1.063.343/RS, Rel. Min. Nancy Andrighi, *DJ* 04.06.2009). Porém, a ressalva expressa do parágrafo único do art. 998 do CPC desperta certas inquietações[94], pois diante da desistência recursal se dará o trânsito em julgado respectivo, desaparecendo o substrato procedimental para exame da matéria[95], relativizando-se ainda o princípio dispositivo. O Enunciado 213 do FPPC sugere ainda que "no caso do art. 998, parágrafo único, o resultado do julgamento não se aplica ao recurso de que se desistiu". Em termos práticos, o parágrafo único do art. 998 do CPC permite o exame da questão jurídica subjacente ao recurso *afetado*.

Examinando questão de ordem levantada no julgamento do REsp 1.721.705, a relatora do feito decidiu que "o pedido de desistência não deve servir de empecilho a que o STJ prossiga na apreciação do mérito recursal, consolidando orientação que possa vir a ser aplicada em outros processos versando sobre idêntica questão de direito"[96]. Na ocasião, foi ressalvado ainda que a possibilidade de se autorizar o recorrente a livremente desistir dos seus recursos especiais, "viabiliza a manipulação da jurisprudência desta Corte, conduzindo os rumos da sua atividade de uniformização, pois a parte poderá atuar no sentido de que sejam julgados apenas aqueles processos em que, pela prévia análise do posicionamento de cada Relator, Turma ou Seção, o resultado lhe será favorável".

d) Efeitos da desistência

A desistência do recurso não se confunde com a desistência da demanda, eis que "oferecida contestação, o autor não poderá, sem o consentimento do réu, desistir da ação" (CPC, art. 485, § 4º) que, obviamente, possui direito a um pronunciamento de mérito (CPC, art. 4º). A desistência *parcial* restringe a cognição *horizontal* do recurso, ao passo que a *total* produz a extinção do procedimento recursal.

---

94. "Se o pedido de desistência do recorrente for deferido, a decisão impugnada transita em julgado, e a decisão sobre a questão jurídica objeto do recurso representativo será julgada fora desse recurso, o que deixa no ar a inevitável pergunta: onde ocorrerá tal julgamento? Criar-se-á uma espécie de incidente processual no tribunal? Impossível, porque não haverá mais processo em trâmite para que exista incidente processual. O tribunal se limitará a dar sua opinião sobre o tema, já que não julgará especificamente um pedido da parte? Tal postura contraria a fundamental regra de que o Poder Judiciário não serve como órgão consultivo, exceção feita à Justiça Eleitoral" (NEVES, Daniel Amorim Assumpção. *Novo Código de Processo Civil*. São Paulo: Método, 2015. p. 541).
95. Para Flávio Cheim Jorge, "a questão, portanto, será julgada no plano abstrato" (JORGE, Flávio Cheim. Dos recursos cit., p. 2.225).
96. STJ, Questão de Ordem no REsp 1.721.705/SP, 3ª T., Rel. Min. Nancy Andrighi, j. 28.08.2018.

e) Momento de exteriorização

O recorrente pode exteriorizar sua desistência a qualquer momento por meio de petição escrita. Há que se admitir, inclusive, a desistência *oral* manifestada na própria sessão, antes do início do julgamento, mediante intervenção do procurador constituído em juízo[97]. O STJ reconheceu, inclusive, possibilidade de desistência após *iniciado* julgamento do recurso[98].

f) Honorários recursais e desistência

Por força do § 11 do art. 85 do CPC, observados os demais condicionantes legais, dar-se-á a *majoração* dos honorários de sucumbência fixados pela decisão recorrida. Portanto, em atenção à regra de *causalidade*, ainda que o recorrente venha a *desistir* do recurso, deverá arcar com eventuais honorários recursais, os quais deverão ser fixados na decisão homologatória, ficando ressalvados os casos em que a desistência foi manifestada *antes* da resposta do recorrido ou da prática de quaisquer atos por seu procurador[99].

3.4.4.2. Renúncia (CPC, art. 999)

a) Ato unilateral

A *renúncia* consiste em manifestação de vontade equivalente à *abdicação* do direito de recorrer (CPC, art. 999). Representa verdadeiro negócio jurídico unilateral não receptício. Não se confunde com a *desistência* que pressupõe recurso *interposto*. Então, a renúncia dar-se-á em caráter *prévio*, tornando inadmissível o recurso, enquanto a desistência o extingue. Isto é, "o recorrente renuncia ao direito de recorrer e desiste do recurso interposto"[100]. Sob a égide do CPC revogado, Manoel Caetano Ferreira Filho apontava que a praxe forense revelava certa confusão entre estas categorias, notadamente quando a parte interessada formulava desistência do "prazo" para a interposição do recurso. Sob sua ótica, tratava-se "de verdadeira renúncia ao direito de recorrer e não

---

97. Em comentário ainda atual, Manoel Caetano Ferreira Filho observa que, mesmo não se admitindo a sustentação oral, ainda assim "poderá o advogado do recorrente, na sessão de julgamento, sempre antes do início da votação, manifestar a desistência" (FERREIRA FILHO, Manoel Caetano. *Comentários ao Código de Processo Civil*: do processo de conhecimento, arts. 496 a 565 cit., p. 58). Em idêntico sentido, Flavio Cheim Jorge assinala que "pode-se, inclusive, desistir oralmente, na própria sessão, desde que antes de iniciado o julgamento" (JORGE, Flávio Cheim. Dos recursos cit., p. 2.224).
98. STJ, AgInt no REsp 1.927.674/SP, 2ª T., Rel. Min. Mauro Campbell Marques, j. 07.03.2023, DJe 30.06.2023.
99. "O recorrente deverá, portanto, ser condenado ao pagamento de honorários recursais na decisão que homologa a desistência do recurso. (...) Portanto, se o recorrente desistir do recurso antes de ser apresentada a resposta ou praticado qualquer ato pelo advogado do recorrido, não serão devidos honorários recursais" (LOPES, Bruno Vasconcellos Carrilho. Os honorários recursais no novo código de processo civil. O novo Código de Processo Civil. *Revista do Advogado – AASP*, n. 126, a. XXXV, maio, p. 31).
100. OLIVEIRA E CRUZ, João Claudino. *Dos recursos no Código de Processo Civil*. Rio de Janeiro: Forense, 1954. p. 81.

de desistência do recurso, pois este não fora sequer interposto"[101]. Porém, o art. 225 do CPC 2015 dispõe que "a parte poderá renunciar ao prazo estabelecido exclusivamente em seu favor, desde que o faça de maneira expressa".

Atente-se que "independentemente da data de intimação, o direito ao recurso contra as decisões unipessoais nasce com a publicação em cartório, secretaria do juízo ou inserção nos autos eletrônicos da decisão a ser impugnada, o que primeiro ocorrer" (Enunciado 476 do FPPC). À luz do CPC de 1973, a doutrina apregoava que a renúncia se daria nos casos em que o direito de recorrer fosse ao menos exercitável[102]. Porém, parece acertado concluir que a celebração de negócio jurídico processual permite renúncia prévia a certos direitos e faculdades processuais. É certo, entretanto, que não há possibilidade de se renunciar ao 1º grau de jurisdição (Enunciado 20 do FPPC).

b) Efeitos da renúncia

A *renúncia* produz efeitos independentemente da aceitação da parte contrária (CPC, art. 999). Independe de homologação judicial, produzindo eficácia imediata. Trata-se de ato de caráter potestativo. Mesmo nas hipóteses de direitos *indisponíveis*, é possível a renúncia, porque tal ato não incide sobre o direito material versado na causa, ficando restrito à seara processual[103]. Ou seja, a renúncia ao direito de recorrer não deve ser confundida com a renúncia envolta ao direito material.

c) Renúncia e recurso adesivo

Ainda em face do texto legal, pode-se cogitar da possibilidade de o renunciante interpor ou não, futuramente, o recurso adesivo. À luz do CPC de 1973, Barbosa Moreira afirmava que, se não houvesse nenhuma ressalva prévia acerca da forma adesiva, a renúncia manifestada alcançaria ainda o emprego do recurso adesivo[104]. Em sentido contrário, se posicionavam Humberto Theodoro Júnior e Manoel Caetano Ferreira Filho, para quem a aceitação da sentença ou mesmo a renúncia ao direito de recorrer vedam

---

101. FERREIRA FILHO, Manoel Caetano. *Comentários ao Código de Processo Civil*: do processo de conhecimento, arts. 496 a 565 cit., p. 57.
102. Comentando a regra do art. 999 do CPC/2015, Flávio Cheim Jorge insiste na tese de que "somente se pode renunciar validamente ao direito de recorrer, a partir do momento que esse direito possa ser exercido de modo concreto. Não se desiste de recurso ainda não interposto, tampouco se renuncia a recurso ainda não interponível" (JORGE, Flávio Cheim. *Teoria geral dos recursos* 7. ed. cit., p. 157).
103. "É irrelevante a natureza da demanda discutida, se cuida de direitos indisponíveis ou disponíveis. Como a renúncia refere-se a um poder de natureza estritamente processual, poderá sempre ser exercitada e conhecida de ofício pelo juiz)". JORGE, Flávio Cheim. *Teoria geral dos recursos* 7. ed. cit., p. 156).
104. "Entre nós, no silêncio da lei, parece razoável lançar mão da analogia e aplicar à renúncia o que se estabelece para a aquiescência: ora, quanto a esta, o art. 503, *caput*, é categórico em recusar a possibilidade de recorrer a quem aceitou, expressa ou tacitamente, a decisão, e não faz distinção alguma, ao propósito, entre recurso independente e recurso adesivo. Todavia, não há obstáculo a que se reconheça como válida a ressalva porventura feita, *expressis verbis*, pelo renunciante; quem pode renunciar *ilimitadamente* ao direito de recorrer pode também, é claro, renunciar tão só ao direito de recorrer por via *independente*, reservando-se a possibilidade de fazê-lo em caráter adesivo, se a outra parte vier a impugnar a decisão. Não se tratará propriamente de renúncia *condicional*, mas de renúncia *parcial*." (MOREIRA, José Carlos Barbosa. *Comentários ao Código de Processo Civil*. 7. ed. cit., p. 341).

tão somente o acesso ao recurso *principal*, deixando íntegra a possibilidade de recorrer adesivamente[105]. Parece mais coerente esta última posição, pois o renunciante vislumbra uma determinada situação que, por sua vez, poderá ser substancialmente alterada com a interposição do recurso alheio. O STJ acolheu esse último posicionamento[106].

3.4.4.3. Aquiescência (CPC, art. 1.000)

a) Aceitação

Em paralelo com as figuras da *desistência* e da *renúncia*, posiciona-se ainda a *aquiescência*, caracterizada pela aceitação *expressa* ou *tácita* da decisão judicial (CPC, art. 1.000). Ou seja, a *aquiescência* revela a intenção da parte de se conformar com a decisão judicial. Ao cogitar dessa hipótese extintiva do direito de recorrer, o art. 503 do CPC/1973 fazia menção tão somente às sentenças; porém, o art. 1.000 do CPC/2015 contempla a possibilidade de aceitação em relação a qualquer modalidade decisória, até mesmo por estar situado nas disposições gerais acerca do cabimento recursal.

b) Modalidades

Considera-se expressa a aquiescência quando revelada a partir de manifestação dirigida ao órgão judicial, enquanto a forma tácita identifica-se com a "prática, sem nenhuma reserva, de ato incompatível com a vontade de recorrer" (CPC, art. 1.000, parágrafo único)[107]. Não está atrelada ao aceite da parte contrária.

c) A execução provisória e o depósito realizado em Juízo

O § 3º do art. 520 do CPC dispõe que "se o executado comparecer tempestivamente e depositar o valor, com a finalidade de isentar-se da multa, o ato não será havido

---

105. Para Humberto Theodoro Júnior, "a aceitação da sentença e a renúncia ao direito de recorrer vedam acesso ao recurso principal, mas não atingem o recurso adesivo, porquanto a faculdade não havia nascido para a parte quando ela manifestou sua vontade de conformar-se com a sentença parcialmente hostil a seus interesses" (THEODORO JÚNIOR, Humberto. *Recursos* – Direito processual civil ao vivo. 2. ed. Rio de Janeiro: Aide, 1996. v. 2, p. 200). Analisando o tema, Manoel Caetano Ferreira Filho afirmava que "a posterior interposição de recurso pela parte contrária fez surgir situação de fato e de direito muito diversa daquela em que houve a renúncia. Logo, apesar de ter renunciado ao recurso principal, pode o renunciante interpor o recurso adesivo" (FERREIRA FILHO, Manoel Caetano. *Comentários ao Código de Processo Civil*. do processo de conhecimento cit., arts. 496 a 565, p. 61).
106. "(...) 4. A renúncia expressa ao prazo para interposição do recurso principal não pode ser estendida, de forma presumida e automática, ao prazo recursal do recurso adesivo, porquanto se trata de um direito exercitável somente após a intimação para contrarrazões ao recurso da parte contrária" (STJ, REsp 1.899.732-PR, 3ª T., Rel. Min. Marco Aurélio Bellizze, j. 14.03.2023, DJe 20.03.2023).
107. Para Flávio Cheim Jorge, considera-se "aquiescência tácita, o fato da parte, após sentença, requerer a expedição do mandado de levantamento do valor depositado em ações como de despejo por falta de pagamento e de consignação em pagamento. Esse fato corresponde à clara concordância da parte com a sentença, ocasionando o não conhecimento do recurso de apelação posteriormente interposto" (JORGE, Flávio Cheim. *Teoria geral dos recursos* 7. ed. cit., p. 159).

como incompatível com o recurso por ele interposto". Assim, iniciado o cumprimento provisório de sentença que reconhece obrigação de pagar quantia, o executado poderá optar pelo depósito judicial como forma de isentar-se da multa de 10% *prevista no § 1º do art. 523 do CPC*. No entanto, o depósito não induz *aceitação* da decisão que deu origem ao título exequendo[108].

3.4.5. Tempestividade

A *tempestividade* dos recursos representa um dos pressupostos *genéricos* de ordem objetiva e impõe ao órgão judiciário o seu controle. A inobservância do prazo recursal impossibilita o exame do pronunciamento judicial recorrido. É *intempestivo* o recurso interposto *após* o decurso do prazo. Importante assinalar que, sob a égide do CPC de 1973, a jurisprudência igualmente vinha obstando o exame dos recursos *precipitados*, considerando-os *extemporâneos*. Porém, o § 4º do art. 218 do CPC/2015 foi taxativo em dispor que "será considerado tempestivo o ato praticado antes do termo inicial do prazo" (vide Enunciado 22 do FPPC).

Não sendo exercitado o direito de recorrer dentro do prazo assinalado legalmente, operar-se-á a preclusão temporal e, após esgotadas as demais nuances legais, a coisa julgada. Pode-se afirmar, então, que não subsistindo convenção negocial firmada pelas partes (CPC, art. 190), são aplicáveis subsidiariamente os critérios legais, de modo que os prazos assumirão caráter *peremptório*.

Contudo, é preciso lembrar que o art. 223 do CPC permite ao interessado praticar o ato processual extemporaneamente, provando a ocorrência de *justa causa*, permissão esta que, à luz do regime revogado, era objeto de interpretação *restritiva* por parte dos Tribunais[109]. Assim, o STJ concluiu que revela-se como *justa causa* "apta a afastar o juízo negativo de admissibilidade do recurso anterior a comprovada indisponibilidade do sistema eletrônico desta Corte no último dia do prazo recursal por tempo superior ao disciplinado no art. 7º da Resolução STJ n. 14/2013"[110]. Informações incorretas fornecidas pelo "serviço eletrônico" também configuram hipótese de *justa causa*[111].

---

108. "(...) Afora isso, não se deve condicionar o depósito realizado na fase de execução provisória ao pagamento ou mesmo à anuência irrestrita quanto ao valor devido, pois, adotando esse último entendimento, ficaria obstado o próprio recurso contra a decisão provisoriamente executada, dado que o pagamento representa ato incompatível com o direito de recorrer – uma contradição em termos" (STJ, AgInt no REsp 1.824.210-SP, 4ª T., Rel. Min. Luis Felipe Salomão, *DJe* 1º.12.2021).

109. Em julgado *paradigmático*, o STJ decidiu que a informação certificada de maneira errônea nos autos do processo não afasta o dever da parte de computar o prazo recursal de maneira correta: "Recurso. Prazo. Serventia judicial que certifica erroneamente o termo inicial do lapso. Circunstância que não configura justa causa, a impedir a prática do ato no momento oportuno. Ementa oficial: I. Em se tratando de prazo legal, não se configura justa causa, a impedir a prática do ato no momento oportuno, o fato de a serventia judicial ter certificado erroneamente o termo inicial do prazo. II. Na espécie, a informação equivocada da serventia judicial não poderia ter o condão de modificar texto de lei, que se deve presumir ser do conhecimento geral, notadamente dos operadores do direito" (STJ, 4ª T., REsp 399.562/PR, j. 02.05.2002, Rel. Min. Sálvio de Figueiredo Teixeira, *DJU* 09.09.2002).

110. STJ, EDcl no AgRg no AREsp 434.000-BA, 2ª T., Rel. Min. Og Fernandes, *DJe* 02.04.2014.

111. STJ, AgInt no AREsp 1.245.630-TO, 1ª T., Rel. Min. Gurgel de Faria, *DJe* 04.06.2019.

Em hipótese emblemática, a 4ª Turma do STJ reconheceu comprovada a ocorrência de "justa causa para devolução do prazo recursal não apenas pelo falecimento do filho do causídico, mas pela internação de seu cônjuge gestante, ocorrida quando ainda em curso o prazo recursal"[112]. Além disso, em hipótese na qual o advogado afirmou-se enfermo, diagnosticado com Covid-19, "sem explicitar o grau de tais sintomas", o STJ entendeu que a doença em questão não se enquadrava necessariamente como justa causa[113].

O Enunciado 551 do FPPC ainda sugere que "cabe ao relator, antes de não conhecer do recurso por intempestividade, conceder o prazo de cinco dias úteis para que o recorrente prove qualquer causa de prorrogação, suspensão ou interrupção do prazo recursal a justificar a tempestividade do recurso". Aliás, a postura cautelosa no tocante à prévia intimação da parte para se manifestar acerca da tempestividade do recurso advém da advertência preconizada pelo § único do art. 932 do CPC de 2015. Anote-se, nesse particular, que no cenário dos processos físicos, o Superior Tribunal de Justiça reconheceu a possibilidade de a parte recorrente providenciar certidão comprobatória do protocolo, à guisa de chancelar a tempestividade do recurso interposto, podendo fazê-lo inclusive pela via de agravo interno (primeira oportunidade possível), a ser manejado em face da decisão monocrática que reconheceu suposta intempestividade da peça recursal[114].

a) Padronização dos prazos

Após o advento da Lei 8.950/1994, o art. 508 do CPC/1973 fixou prazo de 15 dias para interposição de apelação, embargos infringentes, recurso ordinário, recurso especial, recurso extraordinário e embargos de divergência.

Se é certo afirmar que a fixação dos prazos em matéria recursal observa parâmetros de política legislativa, tem-se que o legislador de 2015 foi ainda mais categórico ao buscar tal padronização, fixando que "excetuados os embargos de declaração, o prazo para interpor os recursos e para responder-lhes é de 15 (quinze) dias" (CPC, art. 1.003, § 5º). O art. 1.070 do CPC[115] também reforça tal diretriz. Por imposição direta do *contraditório* e da *isonomia*, assiste ao recorrido semelhante prazo para oferecimento de resposta. Com relação aos embargos de declaração, o art. 1.023 do CPC conferiu prazo de cinco dias para interposição dos mesmos. Em relação aos Juizados Especiais, não houve alteração na regra do art. 49 da Lei 9.099, de 26.09.1995, prevalecendo o prazo

---

112. STJ, AgInt no AREsp 1.548.753-SP, 4ª T., Rel. Min. Raul Araújo, *DJe* 18.02.2020.
113. STJ, AgInt. no RMS 66.858-DF, 4ª T., Rel. Min. Antonio Carlos Ferreira, j. 25.10.2021, *DJe* 28.10.2021.
114. Afinal, "se o carimbo de protocolo e a digitalização – atos a serem praticados pelo Poder Judiciário – ocorrem no instante ou após a interposição do recurso, não há como se exigir da parte que, no ato da interposição, comprove eventual vício que, a rigor, naquele momento, sequer existia" (STJ, EDcl no AgInt no REsp 1.880.778-PR, 3ª T., Rel. Min. Nancy Andrighi, j. 28.09.2021, *DJe* 1º.10.2021).
115. Art. 1.070. É de 15 (quinze) dias o prazo para a interposição de qualquer agravo, previsto em lei ou em regimento interno de tribunal, contra decisão de relator ou outra decisão unipessoal proferida em tribunal.

de cinco dias para a interposição dos embargos de declaração[116]. E, apesar de conferir nova redação ao art. 275 do Código Eleitoral, o art. 1.067 do CPC/2015 manteve o prazo distinto dos embargos declaratórios oponíveis naquela Justiça Especializada[117].

b) Critérios de contagem

Os prazos recursais contar-se-ão em dias úteis (CPC, art. 219), com a *suspensão* dos mesmos nos períodos de férias[118]. Aliás, em relação ao período de recesso, a suspensão dos prazos não impede que venham a se realizar intimações para fluência dos mesmos[119].

Não obstante os posicionamentos favoráveis ao cômputo dos prazos processuais em dias úteis nos Juizados Especiais[120], afastando qualquer dúvida a respeito, a Lei 13.728, de 31.10.2018, acrescentou o art. 12-A à Lei 9.099/1995, para estabelecer que, na contagem de prazo para a prática de qualquer ato processual, inclusive para a interposição de recurso, serão computados somente os dias úteis. Entretanto, por força da Lei 13.509/2017, o referido critério de contagem em dias úteis foi excepcionado dos feitos que tratam de crianças e adolescentes, estipulando-se no § 2º do art. 152 do ECA que "os prazos estabelecidos nesta Lei e aplicáveis aos seus procedimentos são contados em dias corridos, excluído o dia do começo e incluído o dia do vencimento, vedado o prazo em dobro para a Fazenda Pública e o Ministério Público".

Além disso, para fins de aferição da tempestividade, por força do advento da Lei n. 14.939/2024, o § 6º do art. 1.003 do CPC passou a dispor que "o recorrente comprovará a ocorrência de feriado local no ato de interposição do recurso, e, se não o fizer, o tribunal determinará a correção do vício formal, ou poderá desconsiderá-lo caso a informação já conste do processo eletrônico (Redação dada pela Lei 14.939, de 2024)"[121]. Oportuno

---

116. Além disso, o Enunciado 46 da Enfam aponta que "o § 5º do art. 1.003 do CPC/2015 (prazo recursal de 15 dias) não se aplica ao sistema de juizados especiais".
117. Art. 1.067. O art. 275 da Lei 4.737, de 15 de julho de 1965 (Código Eleitoral), passa a vigorar com a seguinte redação: "Art. 275. São admissíveis embargos de declaração nas hipóteses previstas no Código de Processo Civil. § 1º Os embargos de declaração serão opostos no prazo de 3 (três) dias, contado da data de publicação da decisão embargada, em petição dirigida ao juiz ou relator, com a indicação do ponto que lhes deu causa".
118. "2. A ocorrência de suspensão do expediente forense do Tribunal de origem deve ser comprovada no ato de interposição do recurso, sob pena de preclusão consumativa. 3. Nos termos do art. 220 do CPC/15, para fins de aferição da tempestividade, suspende-se o curso do prazo processual no período de 20 de dezembro a 20 de janeiro, inclusive, o que não impede que publicações sejam realizadas, não sendo possível considerar esse período como dia não útil" (STJ, 3ª T., AgInt nos EDcl no AREsp 1.554.741-SP, Rel. Min. Nancy Andrighi, j. 21.09.2020, *DJe* 24.09.2020).
119. "3. Nos termos do 220 do CPC/2015, para fins de aferição de tempestividade, suspende-se o curso do prazo processual no período de 20 de dezembro a 20 de janeiro, inclusive, o que não impede que publicações sejam realizadas" (STJ, 3ª T., AgInt no AREsp 1.468.810-GO, Rel. Min. Marco Aurélio Bellizze, j. 02.09.2019, *DJe* 10.09.2019).
120. O Enunciado 45 da Enfam preleciona que "a contagem dos prazos em dias úteis (art. 219 do CPC/2015) aplica-se ao sistema de juizados especiais". Da mesma forma, o Enunciado 416 do FPPC também preconiza que "a contagem do prazo processual em dias úteis prevista no art. 219 aplica-se aos Juizados Especiais Cíveis, Federais e da Fazenda Pública".
121. "Conquanto o novo CPC tenha adotado o entendimento mais restritivo à admissibilidade do recurso, parece-nos que, nas situações em que o recorrente *afirme*, mas *não comprove* a existência do feriado, deve ser aplicado

registrar que, conforme Eduardo Talamini e Felipe Scripes Wladeck, a exigência não concerne propriamente "à tempestividade do recurso, mas à sua regularidade formal"[122]. Entretanto, tem sido tradicional a sua abordagem em confluência com os temas afetos à tempestividade. Assim, apenas para fins de registro, antes do advento da Lei n. 14.939/2024, a Corte Especial do STJ havia decidido que a "falta de comprovação prévia da tempestividade de recurso, em razão de feriado local, configura vício insanável e torna o recurso intempestivo"[123].

Ao que parece, a regra excepcional não pode ser invocada para fins de *prorrogação* de prazos, no tocante ao cômputo de eventuais "pontos facultativos" que não ensejam, necessariamente, encerramento do expediente forense. O acesso à consulta processual, aliado ao expediente forense obstado representam os critérios úteis para fins de balizar ou não a prorrogação. Aliás, em abono à tese, o STJ adota "o entendimento de que o Dia de Corpus Christi não é feriado nacional. Desse modo, é dever da parte comprovar nos autos, por documento idôneo, a suspensão do expediente forense no Tribunal de origem (...)"[124].

Por fim, a despeito da polêmica que se seguiu à luz da possibilidade ou não de comprovação dos feriados locais, ao analisar questão de ordem no REsp 1.813.684/SP, o STJ também particularizou a situação da segunda-feira de Carnaval, passando a considerá-la feriado nacional *notório*[125], dissociando-a da necessidade de comprovação dos feriados locais. Em outras palavras, a exigência de comprovação do feriado local persiste em matéria de checagem da tempestividade recursal, com a ressalva da segunda-feira de Carnaval.

A comprovação do feriado local e(ou) suspensão dos prazos ainda exige postula cautelosa, devendo ser realizada por meio de documento idôneo ou dotado de fé pública (vide disposto no Enunciado 724 do FPPC), com a "juntada de cópia de lei ou ato administrativo exarado pela Corte de origem, ou por meio de certidão, sendo insuficiente a juntada de páginas extraídas da internet (...) ou cópia do calendário editado pelo Tribunal a quo"[126].

c) Fazenda Pública: equiparações e distinções

O art. 188 do CPC/1973 conferia, em proveito da Fazenda Pública, prazo em quádruplo para *contestar* e em dobro para *recorrer*. O art. 183 do CPC vigente confere prazo em dobro para *todas* as manifestações da União, Estados, Distrito Federal, Municípios, bem como de suas respectivas autarquias e fundações de direito público

---

o disposto no art. 930, parágrafo único, oportunizando que, no prazo de cinco dias, traga aos autos referida comprovação" (JORGE, Flávio Cheim. Dos recursos cit., p. 2.229).
122. TALAMINI, Eduardo; WLADECK, Felipe Scripes. *Comentários ao Código de Processo Civil*. São Paulo: Saraiva, 2017, v. 4, Coord. Cassio Scarpinella Bueno, p. 376.
123. STJ, AgInt no AREsp 957.821-MT, Corte Especial, Rel. Min. Nancy Andrighi, j. 20.11.2017, *DJe* 19.12.2017.
124. STJ, AgInt no AREsp 1.638.127-SP, 3ª T., Rel. Min. Moura Ribeiro, j. 25.05.2020, *DJe* 27.05.2020.
125. STJ, Corte Especial, QO no REsp 1.813.684-SP, Relatora Ministra Nancy Andrighi, j. 03.02.2020, *DJe* 28.02.2020.
126. STJ, AgInt no AREsp 1.735.184-RS, 2ª T., Rel. Min. Assusete Magalhães, *DJe* 29.04.2022.

(vide ainda Enunciado 400 do FPPC)[127]. A regra vigente é prerrogativa da Fazenda Pública e, como tal, aplica-se inclusive nas eventuais situações em que estiver *representada* por advogado *privado*[128], beneficiando ainda os órgãos da administração direta, autarquias e fundações públicas. Aplica-se, por analogia, aos entes despersonalizados que dispõem de capacidade para estar em Juízo[129]. Não se estende às sociedades de economia mista e as empresas públicas. Porém, o art. 12 do Decreto-lei 509/1969 dispõe que a Empresa Brasileira de Correios e Telégrafos (ECT) gozará dos "privilégios concedidos à Fazenda Pública, quer em relação a imunidade tributária, direta ou indireta, impenhorabilidade de seus bens, rendas e serviços, quer no concernente a foro, prazos e custas processuais"[130].

Por fim, subsistem exceções ao regime geral do art. 183 do CPC contempladas em legislação especial, como é o caso dos processos afetos aos Juizados Especiais Fazendários, cujo art. 7º da Lei 12.153/2009 ressalvou que não se aplica qualquer contagem privilegiada de prazo em prol dos entes públicos[131]. Além disso, o § 2º do art. 152 do ECA passou a contemplar a vedação de prazo em dobro para a Fazenda Pública (Lei 13.509/2007).

---

127. "O fundamento desse tratamento diferenciado seria a suposta diferença entre o Estado e os demais litigantes, caracterizando-se aquele como uma estrutura pesada e burocrática em que as providências e decisões costumam ser mais demoradas" (DINAMARCO, Cândido Rangel. *Instituições de direito processual civil*. São Paulo: Malheiros, 2001. v. I, p. 211).
128. "A duplicação do prazo é benefício atribuído à parte – União, Estados, Distrito Federal, Municípios e suas respectivas autarquias e fundações –, e não meramente aos advogados públicos. Isso significa que, se o ente da Fazenda Pública atuar no processo representado por um advogado privado (especialmente contratado para atual atuação, em hipótese excepcional), também vigorará a regra geral do art. 183, *caput*. É o que se extrai do teor literal da norma – e é também a única conclusão extraível da sua *ratio*: as dificuldades burocráticas que justificam o prazo em dobro concernem à estrutura interna da Administração Pública como um todo, e não apenas à sua Procuradoria Jurídica" (TALAMINI, Daniele Coutinho; TALAMINI, Eduardo. Advocacia pública no CPC/2015. In: DIDIER JR., Fredie (Coord. geral); TALAMINI, Eduardo (Coord.). *Processo e Administração Pública*. Salvador: JusPodivm, 2016. p. 105. Coleção Repercussões do Novo CPC, v. 10).
129. É válido ressaltar, nesta seara, que mesmo carecendo de personalidade *jurídica*, determinados entes públicos *despersonalizados* possuem *capacidade para estar em juízo* na defesa de interesses próprios (vide Súmula 525 do STJ). Sob a vigência do CPC de 1973, o art. 188 do CPC vinha sendo aplicado em relação às Câmaras de Vereadores: "Ementa: Prazo. Contestação. Fazenda Pública. Câmara Municipal. Abrangência desta na expressão 'Fazenda Pública'. Consequente direito ao prazo contestatório em quádruplo. A Câmara Municipal, por estar abrangida na expressão 'Fazenda Pública' e gozar, portanto, do benefício a que se refere o art. 188 do Estatuto Instrumentário Civil, tem prazo em dobro (sic) para contestar. (...)". (TJMG, AgIn 1.0000.00.322138-9/000 – Comarca de Mariana, Agravante: Câmara Municipal Mariana, Agravado: Ministério Público do Estado de Minas Gerais, Rel. Des. Hyparco Immesi, j. 06.11.2003, *DJU* 10.12.2003).
130. O STF concluiu que o dispositivo foi recepcionado pela ordem constitucional de 1988 (STF, RE 220.906, Rel. Min. Maurício Correa, *DJ* 14.11.2002), o que foi reafirmado pelo STJ: "A jurisprudência desta Corte firmou entendimento no sentido de que é aplicável a regra constante do art. 188 do CPC à Empresa Brasileira de Correios e Telégrafos, empresa pública federal, entidade da Administração Indireta da União, criada pelo Decreto-Lei 509/1969" (STJ, 2ª T., EDcl. nos EDcl no AgRg. no REsp 1.416.337/SC, Rel. Min. Humberto Martins, j. 28.04.2015, *DJe* 06.05.2015).
131. Art. 7º Não haverá prazo diferenciado para a prática de qualquer ato processual pelas pessoas jurídicas de direito público, inclusive a interposição de recursos, devendo a citação para a audiência de conciliação ser efetuada com antecedência mínima de 30 (trinta) dias.

d) Defensor Público, Ministério Público e Procuradorias Fazendárias

O art. 186 do CPC confere prerrogativa similar ao *defensor público*, mas tal situação não se projeta para as partes beneficiárias da assistência judiciária gratuita[132]. O Ministério Público, ao seu turno, também dispõe de tal benesse, podendo usufruir de prazo em dobro para suas manifestações (CPC, art. 180)[133], observando-se ainda o critério de *intimação pessoal*.

Ainda em matéria de intimação pessoal, o art. 17 da Lei 10.910/2004 dispõe que "nos processos em que atuem em razão das atribuições de seus cargos, os ocupantes dos cargos das carreiras de Procurador Federal e de Procurador do Banco Central do Brasil serão intimados e notificados pessoalmente". Por fim, notícia divulgada no sítio eletrônico do STJ em 19.12.2023[134] consignou precedente da 3ª Turma daquela Corte, oriundo de processo com segredo de justiça, apontando que os Núcleos de Prática Jurídica das Faculdades de Direito também dispõem de prerrogativa de intimação pessoal por força da regra do art. 186º, § 1º, do CPC.

e) Diferentes procuradores

O art. 229 do CPC confere prazo em dobro para os "litisconsortes que tiverem diferentes procuradores, de escritórios de advocacia distintos", independentemente de requerimento expresso para fruição da contagem diferenciada[135]. É preciso ressalvar, contudo, que essa regra não se aplica aos casos de processos que tramitem sob a forma eletrônica (CPC, art. 229, § 2º)[136].

Para os processos *físicos*, permanece hígida a orientação da Súmula 641 do STF: "Não se conta em dobro o prazo para recorrer, quando só um dos litisconsortes haja sucumbido"[137]. Por outro lado, figurando a Fazenda Pública em regime de litisconsór-

---

132. "O prazo assinado pelo artigo 5º, § 5º, da Lei 1.060, de 1950 aproveita apenas às partes patrocinadas pelo serviço estatal de assistência judiciária, não se estendendo àquelas beneficiadas pela justiça gratuita." (STJ, 3ª T., AgRg no Ag 705.507/RJ, Rel. Ari Pargendler, j. 15.02.2007, *DJ* 12.03.2007).
133. Súmula 116 do STJ: "A Fazenda Pública e o Ministério Público têm prazo em dobro para interpor agravo regimental no Superior Tribunal de Justiça".
134. Disponível em: [https://www.stj.jus.br/sites/portalp/Paginas/Comunicacao/Noticias/2023/19122023-Prerrogativa-de-intimacao-pessoal-tambem-se-aplica-aos-nucleos-de-pratica-juridica-das-faculdades-de-direito.aspx].
135. "(...) Com efeito, é preciso ter presente que a existência de procuradores diferentes deve ser verificada até o momento em que não se tenha escoado o prazo simples. Assim, devem existir nos autos, dentro desse prazo de 15 dias, os instrumentos de mandato que indiquem que os litisconsortes possuem procuradores diferentes. A configuração da hipótese do art. 229 do CPC/2015, após o decurso do prazo singelo, não tem o condão de reabrir o prazo recursal, eis que, por ser de natureza preclusiva, consuma-se de pleno direito, extinguindo-se em desfavor da parte interessada a prerrogativa de praticar o ato por ela pretendido." (JORGE, Flávio Cheim. *Teoria geral dos recursos* 7. ed. cit., p. 195).
136. STJ, AgInt no AREsp 1.162.554-SP, 4ª T., Rel. Min. Antonio Carlos Ferreira, j. 21.11.2017, *DJe* 04.12.2017.
137. Nesse sentido, o STJ reconheceu que a "inteligência" da Súmula 641 do STF resta "preservada em relação aos recursos interpostos sob a vigência do CPC 2015" (STJ, REsp 1.709.562-ES, 3ª T., Rel. Min. Nancy Andrighi, j. 16.10.2018, *DJe* 18.10.2018).

cio com outro litigante, não parece aceitável a cumulação dos arts. 183 e 229 do CPC vigente[138].

f) Critérios de intimação

Conforme previsto no *caput* do art. 1.003 do CPC, "o prazo para interposição de recurso conta-se da data em que os advogados, a sociedade de advogados, a Advocacia Pública, a Defensoria Pública ou o Ministério Público são intimados da decisão". Atente-se ainda que o art. 346 do CPC assinala que "os prazos contra o revel que não tenha patrono nos autos fluirão da data de publicação do ato decisório no órgão oficial".

Continuam válidas as regras gerais que compõem a *sistemática da comunicação eletrônica dos atos processuais*, pois o art. 4º da Lei 11.419/2006 prevê que "os tribunais poderão criar *Diário da Justiça eletrônico*, disponibilizando-o em sítio da rede mundial de computadores, para publicação de atos judiciais e administrativos próprios e dos órgãos a ele subordinados, bem como comunicações em geral". O § 2º do art. 4º da Lei do Processo Eletrônico estabelece ainda que "a publicação eletrônica na forma deste artigo substitui qualquer outro meio de publicação oficial, para quaisquer efeitos legais, à exceção dos casos que, por lei, exigem intimação ou vista pessoal". No caso da *publicação eletrônica* por *Diário de Justiça* digital, "considera-se como data da publicação o primeiro dia útil seguinte ao da disponibilização da informação no *Diário da Justiça eletrônico*" (Lei 11.419/2006, art. 4º, § 3º). Ademais, o § 4º do art. 4º daquele diploma legal dispõe ainda que "os prazos processuais terão início no primeiro dia útil que seguir ao considerado como data da publicação".

g) O prazo de interposição de recurso pelo réu contra decisão proferida anteriormente à citação

O § 2º do art. 1.003 do CPC assinala que "aplica-se o disposto no art. 231, incisos I a VI, ao prazo de interposição de recurso pelo réu contra decisão proferida anteriormente à citação". Oportuno complementar que o Enunciado 271 do FPPC assevera que:

> (...) quando for deferida tutela provisória a ser cumprida diretamente pela parte, o prazo recursal conta a partir da juntada do mandado de intimação, do aviso de recebimento ou da carta precatória; o prazo para o cumprimento da decisão inicia-se a partir da intimação da parte.

Em relação à matéria, o STJ decidiu, à luz de processo eletrônico que, por força da teoria da ciência inequívoca, "considera-se comunicado o ato processual, indepen-

---

138. Ou seja, "não incidirão cumulativamente as regras dos arts. 183 e 229. O prazo originalmente fixado na lei será dobrado apenas uma vez. Esse já é o entendimento consolidado nos tribunais relativamente aos art. 188 e 191 do CPC/1973 (STJ, AgREsp AgRg 8.510, 1ª T., j. 27.09.2011, rel. Min. Benedito Gonçalves, *DJe* 30.09.2011)" (TALAMINI, Daniele Coutinho; TALAMINI, Eduardo. Advocacia pública no CPC/2015 cit., p. 106).

dentemente da sua publicação, quando a parte ou seu representante tenha, por outro meio, tomado conhecimento do processado no feito"[139]. No caso em tela, a 3ª Turma do STJ manteve decisão do TJSP que considerou intempestivo recurso manifestado contra decisão proferida após expedição do mandado de citação, mas que teve prazo recursal computado a partir da juntada do mandado aos autos do processo respectivo. O colegiado considerou que a parte teve acesso aos autos eletrônicos para elaboração da contestação e, desse modo, tal fato resultou em ciência inequívoca de todos os atos processuais praticados até aquele momento.

h) Intimações via portal eletrônico

O art. 5º da Lei 11.419/2006 dispõe ainda que "as intimações serão feitas por meio eletrônico em portal próprio aos que se cadastrarem na forma do art. 2º desta lei, dispensando-se a publicação no órgão oficial, inclusive eletrônico". A intimação *acessada* é regulada na forma do § 1º daquele dispositivo, ao dispor que "considerar-se-á realizada a intimação no dia em que o intimado efetivar a consulta eletrônica ao teor da intimação, certificando-se nos autos a sua realização". Além disso, o § 3º do art. 5º ainda impõe que "a consulta referida nos §§ 1º e 2º deste artigo deverá ser feita em até 10 (dez) dias corridos contados da data do envio da intimação, sob pena de considerar-se a intimação automaticamente realizada na data do término desse prazo" ("janela de acesso"). Portanto, parece válido concluir que a regra do § 3º do art. 205 do CPC/2015 não revogou *tacitamente* as disposições da Lei 11.419/2006, ao dispor que: "Os despachos, as decisões interlocutórias, o dispositivo das sentenças e a ementa dos acórdãos serão publicados no *Diário de Justiça Eletrônico*"[140]. Para os processos com tramitação em meio físico, dar-se-á a observância do § 3º do art. 205 do CPC/2015. Em relação aos processos eletrônicos, tem-se a utilização da regra em conjunto com as intimações "logadas" dos portais eletrônicos.

i) Atos processuais praticados por meio eletrônico

O art. 2º da Lei 11.419/2006 dispõe ainda que "consideram-se realizados os atos processuais por meio eletrônico no dia e hora do seu envio ao sistema do Poder Judiciário, do que deverá ser fornecido protocolo eletrônico" (Lei 11.419/2006, art. 3º). Por sua vez, o parágrafo único do art. 3º do referido diploma prevê que "quando a petição eletrônica for enviada para atender prazo processual, serão consideradas tempestivas as transmitidas até as 24 (vinte e quatro) horas do seu último dia". Ao dispor sobre a *distribuição* da petição inicial, juntada da contestação e demais atos processuais em

---

139. STJ, REsp 1.656.403-SP, 3ª T., Rel. Min. Ricardo Villas Bôas Cueva, j. 26.02.2019, *DJe* 06.03.2019. No mesmo sentido: STJ, AgInt no AREsp 2.130.733-SP, 3ª T., Rel. Min. Nancy Andrighi, j. 24.10.2022, *DJe* 26.10.2022.
140. Havendo "duplicidade" de intimações, para fins de cômputo do prazo recursal, a data de intimação eletrônica do advogado prevalece em relação à data da publicação da decisão no Diário de Justiça Eletrônico (STJ, AgInt no AREsp 1.330.052-RJ, 4ª T., Rel. Min. Luis Felipe Salomão, j. 26.03.2019, *DJe* 29.04.2019).

formato digital, o § 2º do art. 10 da Lei 11.419/2006[141] ainda ressalva que "no caso do § 1º deste artigo, se o Sistema do Poder Judiciário se tornar indisponível por motivo técnico, o prazo fica automaticamente prorrogado para o primeiro dia útil seguinte à resolução do problema". A partir dessas diretrizes gerais, o art. 213 do CPC/2015 assegura que "a prática eletrônica de ato processual pode ocorrer em qualquer horário até as 24 (vinte e quatro) horas do último dia do prazo"[142].

j) Protocolo integrado e postagem no correio

Nos casos de processos que tramitem em meio físico, dar-se-á a observância do § 3º do art. 1.003 do CPC, ao dispor que "no prazo para interposição de recurso, a petição será protocolada em cartório ou conforme as normas de organização judiciária, ressalvado o disposto em regra especial". Portanto, são válidos e úteis os sistemas de protocolo integrado previstos nas regras de organização judiciária. O parágrafo único do art. 929 do CPC ainda contempla a possibilidade de "descentralização dos serviços de protocolo". Em relação à postagem no correio da peça recursal, o § 4º do art. 1.003 do CPC dispõe que "para aferição da tempestividade do recurso remetido pelo correio, será considerada como data de interposição a data de postagem". Logo, resulta superada a Súmula 216 do STJ, que apontava para critério diverso de aferição da tempestividade.

k) O prazo de interposição do recurso contra decisão em matéria de tutela de urgência nos Juizados Federais

O art. 4º da Lei 10.259/2001 dispõe que "o juiz poderá, de ofício ou a requerimento das partes, deferir medidas cautelares no curso do processo, para evitar dano de difícil reparação". E, nesta perspectiva, o art. 5º da Lei 10.259/2001 autoriza, implicitamente, a possibilidade de impugnação das tutelas de urgência[143]. Esse padrão normativo se repete nos arts. 3º e 4º da Lei 12.153/2009, ao contemplarem, respectivamente, a possibilidade de provimentos cautelares ou antecipatórios nos Juizados Fazendários e a recorribilidade

---

141. Com efeito, o *caput* do art. 10 da Lei 11.419, de 19.12.2006, definiu que a *movimentação processual* pode ser feita diretamente pelos advogados, públicos e privados: "A distribuição da petição inicial e a juntada da contestação, dos recursos e das petições em geral, todos em formato digital, nos autos de processo eletrônico, podem ser feitas diretamente pelos advogados públicos e privados, sem necessidade da intervenção do cartório ou secretaria judicial, situação em que a autuação deverá se dar de forma automática, fornecendo-se recibo eletrônico do protocolo".
142. No tocante à norma em questão, Luiza Silva Rodrigues e André Vasconcelos Roque realçam que "o critério para a incidência da regra não é o fato de os autos serem físicos ou eletrônicos, ao contrário do que se poderia supor, pela interpretação literal do art. 212, § 3º; mas, sim, a forma de que se reveste o ato, sujeito ao prazo em análise (isto é, se praticado de forma eletrônica ou não)" (RODRIGUES, Luiza Silva; ROQUE, André Vasconcelos. Novo CPC e processo eletrônico: o que há de novo, o que preocupa e o que faltou? In: OLIVEIRA, Pedro Miranda de (Org.). *Impactos do novo CPC na advocacia*. Florianópolis: Conceito Editorial, 2015. p. 127).
143. Art. 5º Exceto nos casos do art. 4º, somente será admitido recurso de sentença definitiva.

interlocutória[144]. Ocorre que as Leis 10.259/2001 e 12.153/2009 são *lacônicas* em relação à delimitação dos demais requisitos de admissibilidade do recurso em questão, regulamentando tão somente o seu cabimento. Tal hipótese dá ensejo à aplicação *analógica* do sistema recursal da justiça ordinária[145]. Portanto, nada obstante algumas iniciativas para regulamentação da matéria por meio de resoluções e normativas infralegais, sob a vigência do Código Buzaid fixou-se a orientação jurisprudencial que o prazo para o recurso em questão é o do agravo.

l) O prazo recursal nos Juizados: particularidades e contagem em dias úteis

O CPC de 2015 se inclinou pela "padronização" dos prazos recursais (CPC, art. 1.003, § 5º), fixando-os em 15 dias. Logo, ao menos em princípio, o recurso que venha a ser manejado contra as tutelas de urgência no contexto dos Juizados Especiais deveria estar sujeito ao prazo de 15 dias, por força da regra do § 5º do art. 1.003 e ainda em função do art. 1.070 do CPC, tornando-se recomendável a confirmação ou revisão do Enunciado 58 do Fonajef[146] à luz do CPC 2015. Isto porque o Enunciado 46 da Escola Nacional de Formação e Aperfeiçoamento de Magistrados assumiu diretriz diversa, apontando que "o § 5º do art. 1.003 do CPC/2015 (prazo recursal de 15 dias) não se aplica ao sistema de juizados especiais".

Apesar do entendimento pela não incidência da regra geral do § 5º do art. 1.003 do CPC/2015, o Enunciado 45 da Enfam dispõe que "a contagem dos prazos em dias úteis (art. 219 do CPC/2015) aplica-se ao sistema de juizados especiais". Cabe repisar que a Lei 13.728/2018 introduziu o art. 12-A no âmbito da Lei 9.099/95, o qual passou a dispor que "na contagem de prazo em dias, estabelecido por lei ou pelo juiz, para a prática de qualquer ato processual, inclusive para a interposição de recursos, computar-se-ão somente os dias úteis".

Situação diversa dar-se-ia ainda no tocante ao recurso oponível contra as sentenças proferidas nos Juizados Estaduais da Fazenda Pública, porque o art. 4º da Lei 12.153/2009 também não explicita o prazo desta outra modalidade recursal. E, por força do art. 27 da Lei dos Juizados Fazendários são aplicáveis, à hipótese, as disposições da Lei 9.099/1995 e da Lei 10.259/2001. Assim, o prazo recursal para impugnação das sentenças nos Juizados Fazendários deverá ser computado na forma do art. 41 da Lei 9.099/1995. É certo que a opção pela aplicação *subsidiária* do CPC de 2015

---

144. Art. 3º. O juiz poderá, de ofício ou a requerimento das partes, deferir quaisquer providências cautelares e antecipatórias no curso do processo, para evitar dano de difícil ou de incerta reparação. (...) Art. 4º Exceto nos casos do art. 3º, somente será admitido recurso contra a sentença.
145. "Resta, então, buscar no Código de Processo Civil a solução para a omissão legislativa quanto ao prazo de interposição do recurso contra decisão que aprecia medida cautelar e, aí, entendemos que a única opção salta aos olhos: o prazo a ser adotado por analogia deve ser o da interpretação do recurso de agravo" (XAVIER, Flávia da Silva; SAVARIS, José Antonio. *Recursos cíveis nos juizados especiais federais*. Curitiba: Juruá, 2010. p. 151).
146. Enunciado 58 do Fonajef: "Excetuando-se os embargos de declaração, cujo prazo de oposição é de cinco dias, os prazos recursais contra decisões de primeiro grau no âmbito dos Juizados Especiais Federais são sempre de dez dias, independentemente da natureza da decisão recorrida".

nos Juizados da Fazenda Pública, apenas no tocante ao prazo do *agravo* implicaria aceitação de intervalo mais "exíguo" para a impugnação dos recursos *finais* oponíveis contra as sentenças, relegando *lapso* "maior" (15 dias) para impugnação das interlocutórias em matéria de tutelas de urgência. Talvez por isso a opção do Enunciado 46 da Enfam. Portanto, de duas uma: (i) diante da regra do § 5º do art. 1.003 e do art. 1.070 do NCPC, ou é o caso de firmar a orientação *geral* do Enunciado 58 do Fonajef e do Enunciado 46 da Enfam, para contornar a *assimetria* entre o prazo do recurso oponível contra as sentenças e o prazo dos expedientes recursais manejados contra as tutelas de urgência; ou (ii) dar-se-á a compreensão de que os embargos de declaração e os recursos manejados contra as tutelas de urgência dispõem de prazos distintos, por força da eventual ordem de precedência traçada pelo art. 27 da Lei 12.153/2009, no tocante à subsidiariedade da Lei 13.105/2015.

m) Regras especiais em matéria de prazo

As demais exceções à regra, afrontosas à confortável uniformidade desejada pelos operadores do direito, explicam-se diante de leis especiais, como é o caso do prazo para a interposição dos embargos infringentes nas causas de menor alçada, consoante art. 34, § 2º, da Lei 6.830, de 22.09.1980, sendo igualmente de 10 (dez) dias o prazo para a interposição do recurso inominado traçado pelo art. 42 da Lei 9.099/1995. Particularidades também existem no caso do art. 198, II, do ECA (Lei 8.069/1990).

3.4.6. Regularidade formal

Entre os pressupostos extrínsecos de recorribilidade, impõe-se que o recurso seja interposto de *forma regular*, por meio de petição que conterá as razões recursais com a impugnação especificada dos fundamentos da decisão recorrida e o pedido de nova decisão. Embora de rara utilização, é admissível ainda a interposição *oral* de embargos de declaração no âmbito dos Juizados Especiais Cíveis, tal como decorre do art. 49 da Lei 9.099/1995.

Como já foi dito, ao dispor sobre a informatização do processo judicial, a Lei 11.419, de 19.12.2006, chancelou a possibilidade de interposição de recursos por *meios eletrônicos* (art. 2º), estabelecendo que "o envio de petições, de recursos, e a prática de atos processuais em geral por meio eletrônico serão admitidos mediante uso de assinatura eletrônica, na forma do art. 1º desta Lei, sendo obrigatório o credenciamento prévio no Poder Judiciário, conforme disciplinado pelos órgãos respectivos". Para tais fins, o § 2º do art. 1º da Lei 11.419/2006 considera como meio eletrônico qualquer "forma de armazenamento ou tráfego de documentos e arquivos digitais" (inc. I); reputando como "transmissão eletrônica", "toda forma de comunicação à distância com a utilização de redes de comunicação, preferencialmente a rede mundial de computadores" (inc. II).

Ao firmar o protocolo de recursos por meios eletrônicos, o legislador condicionou tal prática ao "credenciamento prévio no Poder Judiciário" (Lei 11.419/2006, art. 1º, § 2º, III, *a* e *b*). Assim, "o credenciamento no Poder Judiciário será realizado mediante procedimento no qual esteja assegurada a adequada identificação presencial do interessado" (Lei 11.419/2006, art. 2º, § 1º), observada a atribuição de "registro e meio de acesso ao sistema, de modo a preservar o sigilo, a identificação e a autenticidade de suas comunicações" (Lei 11.419/2006, art. 2º, § 2º).

A certificação digital poderá obedecer aos padrões ICP-Brasil[147], chancelando o sistema de *chaves públicas*[148] *assimétricas*. Com efeito, o ICP-Brasil substancia um "conjunto de técnicas, práticas e procedimentos, que deve ser utilizado pelas organizações governamentais e privadas brasileiras com o objetivo de estabelecer os fundamentos técnicos e metodológicos de um sistema de certificação digital baseado em chave pública" (www.iti.gov.br/icp-brasil). A assinatura digital, a seu turno, é viabilizada por meio da criptografia, combinando duas chaves, sendo que o ato de conferência é realizado pelos programas e *softwares* específicos[149].

Como já foi ressaltado acima, para fins de averiguar a observância do prazo recursal, observar-se-á o disposto no art. 213 do CPC/2015, que considera *tempestiva* a *petição eletrônica* transmitida "até as 24 (vinte e quatro) horas do último dia do prazo".

Além disso, a pretensão recursal, veiculada em petição escrita, observará as disposições genéricas do art. 1.010 do CPC (regra integrativa da teoria geral dos recursos), ao exigir: (i) o nome e a qualificação das partes; (ii) a exposição do fato e do direito; (iii) as razões do pedido de reforma ou de decretação de nulidade; e (iv) o pedido de nova decisão. Porém, em situação pontual, o STJ concluiu que "o equívoco da parte em denominar a peça de interposição recursal – recurso inominado, em vez de apelação – não é

---

147. A Medida Provisória 2.200-2, de 24.08.2001, instituiu o sistema de Infraestrutura de Chaves Públicas Brasileira – ICP-Brasil, voltado à garantia de autenticidade, integridade e validade jurídica de documentos em forma eletrônica, das aplicações de suporte e das aplicações habilitadas que utilizem certificados digitais, visando realizar transações eletrônicas seguras. Contudo, o sistema ICP-Brasil não é excludente de outro meio que venha a ser empregado para comprovar a autoria e a integridade de documentos produzidos em forma eletrônica (MP 2.200-2, art. 10, § 2º).
148. "Uma infraestrutura de chaves públicas (ICP) constitui-se em um sistema que tem por finalidade principal permitir, por meio das autoridades certificadoras (ACs), a distribuição e o controle de chaves públicas e certificados digitais" (WAMBIER, Luiz Rodrigues; WAMBIER, Teresa Arruda Alvim; MEDINA, José Miguel Garcia. *Breves comentários à nova sistemática processual civil*. 3: Leis 11.382/2006, 11.417/2006, 11.418/2006, 11.341/2006, 11.419/2006, 11.441/2006 e 11.448/2007. São Paulo: RT, 2007. p. 298).
149. O documento eletrônico é estruturado numa sequência de números binários (zero e um) que, reconhecidos e traduzidos pelos sistemas informáticos, substanciam informações variadas. A questão que se coloca é chancelar a autoria do documento e a sua própria integridade. Para tal mister, tem-se o emprego da técnica da criptografia assimétrica. Assim, as assinaturas digitais são baseadas em operação matemática que utiliza como variável o documento a ser assinado e um segredo particular (chave privada). A conferência da chave privada se dará por meio do acesso à chave pública correspondente (daí porque, falar-se em *chaves assimétricas*). A conferência da assinatura eletrônica é viabilizada pelo emprego de operações matemáticas que, com o acesso à chave pública, pode-se atestar que foi produzida a chave privada correspondente. Em suma: para que seja gerada uma assinatura digital, o interessado deverá possuir um par de chaves assimétricas. Além disso, a autenticidade dos documentos digitais pode ser atestada por meio de certificados eletrônicos.

suficiente para o não conhecimento da irresignação se atendidos todos os pressupostos recursais do recurso adequado"[150].

Qualquer que seja a forma de interposição, afigura-se indispensável a demonstração de inconformismo em relação ao ato decisório, com a explicitação de fundamentação condizente e hábil à impugnação detalhada dos fundamentos da decisão, à guisa de convencer o órgão julgador do desacerto da decisão recorrida. Não se admite, por via de consequência, o recurso genérico, como um mero protesto por novo julgamento. Finalmente, é necessário que o recorrente pleiteie ao órgão julgador o provimento substitutivo do ato impugnado, observada a finalidade desejada pelo ato recursal, seja pela reforma, invalidação ou mesmo explicitação do julgado, este último intento almejado por meio dos embargos de declaração ou ainda pela via integrativa propiciada pelo inciso III do § 3º do art. 1.013 do CPC. Em resumo: o recurso deverá conter a exposição dos fatos e do direito, a articulação dos argumentos hábeis à impugnação crítica da decisão recorrida (conforme se fizer necessário), acompanhados do pedido de nova decisão.

3.4.7. Preparo (CPC, art. 1.007)

No sistema processual brasileiro, as partes remuneram o Estado pela prestação jurisdicional. Assim, o *preparo* representa um requisito de admissibilidade *extrínseco* dos recursos, consistindo numa *taxa* a ser recolhida em função dos serviços prestados ao recorrente,[151] relacionada com o processamento dessa etapa processual, abarcando quando for o caso o retorno dos autos *físicos* ao juízo de origem. Aliás, o legislador foi explícito quanto à inclusão do porte de retorno no momento de realização do preparo, dispensando-o nos casos de processos eletrônicos (CPC, art. 1.007, § 3º). Tratando-se de *taxa*, o preparo submete-se ao regime legal dessa categoria de tributos, sendo necessária a sua previsão em legislação prévia.

a) Insuficiência, não recolhimento, pagamento "em dobro" e deserção

De acordo com o § 2º do art. 1.007 do CPC, em caso de *insuficiência* do valor recolhido, inclusive porte de remessa e retorno, haverá *deserção* apenas se o recorrente "não vier a supri-lo no prazo de 5 (cinco) dias"[152]. Por outro lado, em caso de *omissão total*

---

150. STJ, 3ª T., REsp 1.822.640/SC, Rel. Min. Nancy Andrighi, *DJ* 19.11.2019.
151. "Quando alguém vai a juízo rogando a atuação da máquina judiciária para a solução de conflito de interesses em que esteja envolvido, está, em tese, requerendo a prestação de um serviço público, divisível e específico e, por isso mesmo, autorizando a incidência de normas tributárias que desenham o fato gerador da taxa judiciária" (MENDES, Leonardo Castanho. *O recurso especial e o controle difuso de constitucionalidade*. São Paulo: RT, 2006. v. 13. p. 128).
152. Não tem sido admitida a possibilidade de complementação nos Juizados Especiais: "O recurso inominado será julgado deserto quando não houver o recolhimento integral do preparo e sua respectiva comprovação pela parte, no prazo de 48 horas, não admitida a complementação intempestiva (art. 42, § 1º, da Lei 9.099/95 – Aprovada no XI Encontro – Brasília/DF – Alteração no XII Encontro – Maceió/AL)" (Enunciado 80, do Fórum Permanente de Juízes Coordenadores dos Juizados Especiais Cíveis e Criminais do Brasil – XV Encontro

no recolhimento, o § 4º do art. 1.007 do CPC dispõe que o recorrente será intimado, via procurador, para fazê-lo em "dobro". O Enunciado 97 do FPPC realça que "nos casos previstos no § 4º do art. 1.007 do CPC, é de cinco dias o prazo para efetuar o preparo". Mas é preciso estar atento para a natureza jurídica da multa fixada pela omissão no recolhimento. Conforme advertem Fredie Didier Jr. e Leonardo Carneiro da Cunha, por se tratar de "multa" e, tão somente por isso, "caso o recorrente seja vencedor, esse valor não entrará no monte 'despesas da sucumbência', que deve ser suportado pelo vencido"[153].

Em suma: (i) não efetuada a *complementação* nos casos de *insuficiência* ou (ii) *não realizado o pagamento em dobro no caso da omissão inicial, dar-se-á a deserção do recurso. Ambas as situações comportam exame ex officio*[154]. As oportunidades de regularização concedidas ao recorrente estão baseadas no princípio da *primazia do julgamento de mérito* (CPC, art. 4º).

b) Complementação

As mudanças impostas pelo art. 1.003 do CPC não foram suficientes para fins de balizar eventuais parâmetros de valores à guisa de considerá-los como *complementares*. Aliás, à luz do CPC de 1973, Teresa Arruda Alvim Wambier sustentava que "não sendo a quantia a ser paga consideravelmente menor do que aquela que já foi paga, não se tratará de *complementação*"[155]. Sob tal ponto de vista, considerava-se *complementação* do preparo o pagamento de quantia inferior àquela que foi *recolhida*. Por sua vez, Vicente Greco Filho afirmava que a discussão em torno de percentuais ou valores a serem considerados para efeitos de enquadramento como *insuficiência* do preparo assumiria foros *esotéricos*[156], devendo prevalecer, em qualquer hipótese, o propósito de salvamento do recurso. Para o deslinde da questão, poder-se-ia argumentar com a teoria do adimplemento substancial absorvida do direito privado, alvo de profunda construção jurisprudencial a seu respeito. É certo que, do ponto de vista pragmático, pouco importa se a complementação do preparo envolve valor irrisório ou se terá por objeto a sua quase totalidade. Para Gleydson Kleber Lopes de Oliveira[157] e Donaldo

---

Nacional – Florianópolis-SC). Em sentido contrário, ainda que de forma meramente sugestiva, o Enunciado 98 do FPPC sugere que "o disposto nos §§ 2º e 4º do art. 1.007 do CPC aplica-se aos Juizados Especiais".
153. DIDIER JR., Fredie; CUNHA, Leonardo Carneiro da. *Curso de direito processual civil*: o processo civil nos tribunais, recursos, ações de competência originária de tribunal e *querela nullitatis*, incidentes de competência originária de tribunal. 13. ed., 2016 cit., p. 129.
154. STJ, Corte Especial, EREsp 978.782/RS, Rel. Min. Ari Pargendler, j. 20.05.2009.
155. WAMBIER, Teresa Arruda Alvim. Anotações a respeito da Lei 9.756, de 17 de dezembro de 1998. In: NERY JR., Nelson; WAMBIER, Teresa Arruda Alvim (Coord.). *Aspectos polêmicos e atuais dos recursos cíveis de acordo com a Lei 9.756/98*. 1. ed. 2. tir. São Paulo: RT, 1999. p. 575.
156. Destarte, o raciocínio praticado por Vicente Greco Filho é no sentido de que, "se alguém morre por insuficiência cardíaca, não importa se foi por pouca, pela metade ou total" (GRECO FILHO, Vicente. Questões sobre a Lei 9.756, de 17.12.1998. In: NERY JR., Nelson; WAMBIER, Teresa Arruda Alvim (Coord.). *Aspectos polêmicos e atuais dos recursos cíveis de acordo com a Lei 9.756/98*. 1. ed. 2. tir. São Paulo: Ed. RT, 1999. p. 602).
157. "Pelo fato de a lei não ter fixado limites, não é lícito ao órgão do Poder Judiciário impor limites à complementação, de forma que, constatada a insuficiência do preparo, qualquer que seja a diferença, o apelante terá direito

Armelin[158] não é razoável qualquer discriminação à guisa de implemento da técnica de complementação. Aliás, este último autor adverte que estão em situações díspares aquele que efetua o preparo insuficiente por *erro* e o que o faz apenas para *procrastinar* o feito. Todavia, segundo seu alvitre, impera regra hermenêutica segundo a qual, se o legislador não distinguiu, veda-se ao intérprete fazê-lo. A fim de coibir os abusos, situações excepcionais em que despontar a má-fé processual do recorrente poderão ensejar a aplicação dos consectários do art. 80 do CPC. Mas não se pode perder de vista que os posicionamentos extremados em matéria de cobrança de custas e emolumentos afrontam o axioma do *acesso à ordem jurídica justa* e ainda o postulado da primazia do julgamento de mérito (CPC, art. 4º), sendo merecedores de repulsa.

Em síntese: quando o preparo é insuficiente, a imposição da pena de deserção fica condicionada à *inércia* do recorrente em relação à *complementação* dos valores (CPC, art. 1.007, § 2º). Além disso, com a oportunidade para complementá-lo, não poderá o recorrente fazê-lo em quantia inferior ao valor devido (CPC, art. 1.007, § 5º). Intimado à formalização do preparo "em dobro", caso a parte *sancionada* deseje formalizar a interposição de recurso subsequente voltado à impugnação desta nova decisão, depreende-se que sua insurgência recursal deverá estar acompanhada do recolhimento "duplicado", sob pena de se decretar a deserção do recurso anterior[159].

c) Justo impedimento

Por força do § 6º do art. 1.007 do CPC, "provando o recorrente justo impedimento, o relator relevará a pena de deserção, por decisão irrecorrível, fixando-lhe prazo de 5 (cinco) dias para efetuar o preparo". Diversamente da disciplina do art. 519 do CPC/1973, a regra atual não está inserida no capítulo recursal referente à apelação (Cap. II, Título II, Livro III), situando-se na *parte geral* do sistema recursal, tornando-se inequívoca sua aplicabilidade em relação aos óbices que venham a ocorrer em relação a qualquer das modalidades recursais. Importante destacar que o justo impedimento não poderá ser invocado como obstáculo quanto à própria interposição do recurso. Para essa hipótese, subsistindo situação excepcional impeditiva da prática do ato processual[160],

---

subjetivo a efetuar a referida complementação" (OLIVEIRA, Gleydson Kleber Lopes de. *Apelação no direito processual civil* cit., p. 159).

158. Sob a vigência do § 2º do art. 511 do CPC, Donaldo Armelin afirmava que "o novo dispositivo legal não discrimina entre uma complementação versando valor irrisório e outra tendo por objeto quase a totalidade do preparo. Nem a insuficiência decorrente de erro daquela resultante de negligência. Há, assim, sob o pálio dessa norma, uma equiparação de situações díspares. Deveras, quem complementa com 90% do valor do preparo não se encontra em igualdade de posição com aquele que o faz por apenas 10% ou 5% desse valor" (ARMELIN, Donaldo. Apontamentos sobre as alterações ao Código de Processo Civil e à Lei 8.038/90, impostas pela Lei 9.756/98. In: NERY JR., Nelson; WAMBIER, Teresa Arruda Alvim (Coord.). *Aspectos polêmicos e atuais dos recursos cíveis de acordo com a Lei 9.756/98*. 1. ed. 2. tir. São Paulo: RT, 1999. p. 203).

159. STJ, 4ª T., AgInt no AREsp 1.176.388/SP, Rel. Min. Luis Felipe Salomão, j. 18.09.2018, *DJ* 24.09.2018.

160. "Processual civil. Internação de advogado da parte. Perda do prazo recursal. Justa causa ante a situação excepcional. Dilação do prazo. Precedentes. (...) 2. Há de se interpretar o art. 183, § 1º, do CPC, com compreensão voltada para o laço de confiança firmado entre cliente e advogado. Em consequência, se este adoece e fica

enquadrável na categoria *justa causa*, aplica-se o disposto no art. 223 do CPC. No caso do justo impedimento, o recorrente deverá deduzir o pedido pela *relevação* da pena de deserção, cuja decisão assume caráter irrecorrível.

Em linhas gerais, para fins de caracterização de *justo impedimento* ou ainda da *justa causa*, a jurisprudência vinha exigindo demonstração de situações de ordem *objetiva*, afastando impedimentos ou óbices de natureza exclusivamente *pessoal*. No tocante à hipótese do justo impedimento, a doutrina costumava mencionar, em caráter exemplificativo, a ocorrência de greve generalizada do serviço bancário, impedindo a realização do preparo[161]. Note-se, assim, que devido ao aspecto particularista, o STJ decidiu que "a mera ausência de publicação do valor a ser recolhido não tem o condão de caracterizar justo impedimento"[162].

Provado o justo impedimento de que trata o § 6º do art. 1.007 do CPC, "a parte será intimada para realizar o recolhimento do preparo de forma simples, e não em dobro" (Enunciado 610 do FPPC).

d) A questão envolvendo a recepção ou não da Súmula 484 do STJ

Antes da padronização sugerida pela Resolução 130 do CNJ[163], em vários Estados da Federação eram comuns situações em que o expediente bancário se encerrava antes do horário forense. Portanto, não raro o recorrente que deixava para protocolar seu recurso nos últimos minutos do prazo, via-se em dificuldades para fins de apresentar o comprovante de recolhimento de custas. Após algumas vacilações jurisprudenciais, a matéria acabou sendo pacificada por meio da edição da Súmula 484 do STJ[164]. Ocorre que, diante da regra do § 4º do art. 1.007 do CPC, o dilema que se coloca é o seguinte: a ausência de recolhimento pelo prévio encerramento do expediente bancário permitirá aplicar o entendimento subjacente à Súmula 484 do STJ (postergação para o 1º dia subsequente) ou ensejará recolhimento em dobro? Questão similar dar-se-á nos casos de protocolo *eletrônico* do recurso, sem que o recorrente possa realizar o pagamento das custas recursais pelo decurso do horário de compensação bancária. No entanto,

---

impossibilitado, por ter sido internado em hospital, de preparar, no prazo, peça recursal, há de o juiz relevar a intempestividade, considerando a excepcionalidade da situação. (...)", (STJ, 1ª T., REsp 627.867/MG, Rel. Min. José Delgado, j. 11.05.2004, v.u.).

161. "(...) A greve dos bancários constitui justo impedimento ao recolhimento do preparo, desde que efetivamente impeça a parte de assim proceder, circunstância que deve ser manifestada e comprovada no ato da interposição do respectivo recurso, com o posterior pagamento das custas e a juntada da respectiva guia aos autos, no dia subsequente ao término do movimento grevista (ou no prazo eventualmente fixado pelo respectivo Tribunal via portaria), sob pena de preclusão" (STJ, 2ª Seção, AgRg nos EREsp 1.002.237/SP, Relatora Ministra Nancy Andrighi, j. 14.11.2012, *DJ* 20.11.2012).
162. STJ, 1ª T., AgInt no AREsp 1.189.733/SP, Rel. Min. Sérgio Kukina, j. 25.09.2018, *DJ* 12.11.2018.
163. O CNJ – no uso de suas prerrogativas – editou a Resolução 130, de 28.04.2011, com o intuito de fixar parâmetros *uniformes* e horários de expedientes *razoáveis* para o funcionamento dos órgãos do Poder Judiciário, os quais poderão adequá-los de acordo com a insuficiência de recursos e a necessidade de respeito a costumes locais.
164. Súmula 484 do STJ: "Admite-se que o preparo seja efetuado no primeiro dia útil subsequente, quando a interposição do recurso ocorrer após o encerramento do expediente bancário".

se o pagamento eletrônico resultar *prejudicado* diante da eventual discrepância de horários, não resta dúvida que o recorrente poderá fazê-lo *a posteriori*, à guisa de não comprometer o processamento do seu recurso (deserção). Este cenário extraído do acesso eletrônico às contas bancárias remete aos chamados pagamentos "agendados", sujeitos à provisão de fundos. Frustrada por qualquer outro motivo essa possibilidade de *quitação*, parece acertado concluir que o recorrente estará sujeito ao recolhimento em "dobro", na forma do § 4º do art. 1.007 do CPC. Eventual compreensão pela simples aplicabilidade direta da Súmula 484 do STJ parece encontrar óbice no dever de boa-fé processual, gerando certas prorrogações de prazo com intimações dirigidas aos patronos judiciais para fins de pagamento em dobro. Em contrapartida, eventual alegação de encerramento bancário não obsta o processamento do recurso, sujeitando o recorrente somente ao pagamento em duplicidade. Essa solução parece mais adequada com os deveres de cooperação e boa-fé impostos às partes.

e) Equívoco no preenchimento da guia

De acordo com o § 7º do art. 1.007 do CPC, "o equívoco no preenchimento da guia de custas não implicará a aplicação da pena de deserção, cabendo ao relator, na hipótese de dúvida quanto ao recolhimento, intimar o recorrente para sanar o vício no prazo de 5 (cinco) dias"[165]. O dispositivo em questão ainda pode ser aplicado para os casos de pagamentos "agendados" via sistemas *internet banking*, *caixas eletrônicos* ou similares. Isto porque, em casos de transações que excedam horários de compensação bancária, são correntes os casos de emissão de comprovantes de "agendamento" do pagamento, hipótese que difere da quitação efetiva do preparo[166]. Há que se aceitar, realmente, que o mero *agendamento* não se confunde com a efetiva quitação da taxa recursal. Porém, o STJ já decidiu não sendo meio apto a comprovar que o preparo havia sido recolhido, também "não seria possível sua juntada posterior, em decorrência da preclusão consumativa"[167]. Tal postura parece incongruente com a regra de suplantação dos vícios sanáveis.

---

165. Oportuno transcrever, nesse aspecto, o Enunciado 332 do FPPC: "Considera-se vício sanável, tipificado no art. 938, § 1º, a apresentação da procuração e da guia de custas ou depósito recursal em cópia, cumprindo ao relator assinalar prazo para a parte renovar o ato processual com a juntada dos originais". Aliás, em precedente ilustrativo, aferindo situação concreta, o STJ decidiu que "o erro no preenchimento da guia é mínimo (de apenas dois dígitos, em uma sequência de mais de vinte) e a numeração restante permite identificar o processo a que se refere, não se afigurando possível a utilização da mesma guia para um outro feito judicial. Por sua vez, os valores do preparo ingressaram nos cofres do Erário. Trata-se, pois, de mero equívoco material de pouca relevância, sem consequências graves no campo prático" (STJ, 4ª T., AgInt no AgInt nos EDcl no AREsp 1.559.070/SP, Rel. Min. Antonio Carlos Ferreira, *DJ* 14.12.2020).
166. "(...) 3. O mero comprovante de agendamento do preparo não serve para a comprovação da quitação da obrigação do recorrente, resultando na deserção do recurso especial" (STJ, 3ª T., AgInt nos EDcl no REsp 2.074.357/SP, Rel. Min. Nancy Andrighi, *DJ* 03.11.2023).
167. STJ, 4ª T., AgInt nos EDcl no AREsp 2.098.989/SP, Rel. Min. Maria Isabel Gallotti, *DJ* 18.11.2022.

Assim, subsistindo quaisquer dúvidas acerca de sua ocorrência, dar-se-á a intimação do recorrente para sanar ou esclarecer a situação. O Enunciado 333 do FPPC ainda dispõe que:

> (...) em se tratando de guia de custas e depósito recursal inseridos no sistema eletrônico, estando o arquivo corrompido, impedido de ser executado ou de ser lido, deverá o relator assegurar a possibilidade de sanar o vício, nos termos do art. 938, § 1º.

f) Exceções à exigência da comprovação do preparo

O § 1º do art. 1.007 do CPC prevê que "são dispensados de preparo, inclusive porte de remessa e de retorno, os recursos interpostos pelo Ministério Público, pela União, pelo Distrito Federal, pelos Estados, pelos Municípios, e respectivas autarquias, e pelos que gozam de isenção legal"[168]. É preciso ressaltar, porém, que os Conselhos de Fiscalização Profissional, entidades classistas, não gozam de isenção no recolhimento do preparo recursal. O STJ decidiu, em julgamento submetido ao rito dos recursos especiais repetitivos, que "o benefício da isenção do preparo, conferido aos entes públicos previstos no art. 4º, *caput*, da Lei 9.289/1996, é inaplicável aos Conselhos de Fiscalização Profissional"[169]. Ao se cogitar dos recursos que gozam de isenção legal, tem-se o caso dos embargos de declaração (CPC, art. 1.023)[170] ou ainda os recursos que venham a ser interpostos com substrato no art. 198 do Estatuto da Criança e do Adolescente[171]. Apesar da inexistência de regra expressa, a isenção legal de custas concedida em relação ao recurso principal não se transmite ao eventual recorrente adesivo[172].

---

168. Súmula 483 do STJ: "O INSS não está obrigado a efetuar depósito prévio do preparo por gozar das prerrogativas e privilégios da Fazenda Pública".
169. STJ, 1ª Seção, REsp 1.338.247/RS, Rel. Min. Herman Benjamin, j. 10.12.2012, *DJ* 19.12.2012 (tema 625 dos "recursos repetitivos").
170. Para Fredie Didier Jr. e Leonardo Carneiro da Cunha, "não há *fato gerador* para o pagamento de custas, sendo desnecessário o preparo. A hipótese não é de isenção, mas de não incidência tributária" (DIDIER JR., Fredie; CUNHA, Leonardo Carneiro da. *Curso de direito processual civil*: o processo civil nos tribunais, recursos, ações de competência originária de tribunal e *querela nullitatis*, incidentes de competência originária de tribunal. 13. ed., 2016 cit., p. 261).
171. Art. 198. Nos procedimentos afetos à Justiça da Infância e da Juventude, inclusive os relativos à execução das medidas socioeducativas, adotar-se-á o sistema recursal da Lei 5.869, de 11 de janeiro de 1973 (Código de Processo Civil), com as seguintes adaptações: I – os recursos serão interpostos independentemente de preparo (...).
172. Para Araken de Assis: "Nenhum motivo plausível justifica a adoção de simetria entre o recurso interposto em caráter principal e o subordinado relativamente ao preparo. Em outras palavras, a isenção do recorrente principal não se transmite ao recorrente adesivo" (ASSIS, Araken de. Condições de admissibilidade dos recursos cíveis. In: WAMBIER, Teresa Arruda Alvim; NERY JR., Nelson (Coord.). *Aspectos polêmicos e atuais dos recursos cíveis de acordo com a Lei 9.756/98*. 1. ed. 2. tir. São Paulo: Ed. RT, 1999. p. 46). O STJ inclinou-se contrariamente à extensão: "A possibilidade de interposição adesiva de determinados recursos cíveis enseja a aplicação das mesmas regras objetivamente consideradas do recurso independente, quanto às condições de admissibilidade, preparo e julgamento no tribunal superior" (STJ, 2ª T., REsp 1.649.504/SP, Rel. Min. Mauro Campbell Marques, *DJ* 22.02.2017).

g) Assistência judiciária gratuita

Enquadram-se ainda na categoria das *exceções* à exigência do preparo os recursos interpostos pelo beneficiário da *assistência judiciária*, pessoas físicas ou jurídicas[173]. De acordo com as prescrições do art. 99 do CPC, o benefício da assistência judiciária poderá ser concedido em qualquer fase do processo (Enunciado 246 do FPPC), com isenção total ou parcial das custas e emolumentos, inclusive para fins de dispensa do preparo recursal (CPC, art. 99, § 7º). Cabe observar, porém, que o *indeferimento* da assistência judiciária induz certa peculiaridade no regime de recolhimento de custas recursais, pois não faz sentido exigi-las daquele que está se dizendo impossibilitado de recolhê-las. Observe-se, portanto, que a regra do art. 101 do CPC confere a possibilidade de processamento do recurso, independentemente do recolhimento prévio, até posterior decisão do relator designado. Por sua vez, o § 5º do art. 99 do CPC dispõe que "o recurso que verse exclusivamente sobre valor de honorários de sucumbência fixados em favor do advogado de beneficiário estará sujeito a preparo, salvo se o próprio advogado demonstrar que tem direito à gratuidade"[174].

h) Justiça Federal

Além das despesas inerentes ao processamento do recurso, nos feitos em trâmite na Justiça Federal o recorrente ver-se-á na contingência de efetuar o recolhimento da metade remanescente das custas processuais. O art. 1.060 do CPC conferiu nova redação ao art. 14 da Lei 9.289, de 04.07.1996.

---

173. Súmula 481 do STJ: "Faz jus ao benefício da justiça gratuita a pessoa jurídica com ou sem fins lucrativos que demonstrar sua impossibilidade de arcar com os encargos processuais".
174. "O vocábulo 'exclusivamente', empregado nesse parágrafo, deixa claro que, em caso de recurso mais amplo no interesse do assistido, o preparo não será devido, mesmo que a insurgência do recorrente também abranja a majoração da verba honorária a ser paga pelo adversário" (MARCACINI, Augusto Tavares Rosa. O advogado e a gratuidade de justiça, In: CRUZ E TUCCI, José Rogério; DIDIER JR., Fredie (Coord.). *Advocacia*. Salvador: JusPodivm, 2015. Coleção Repercussões do Novo CPC. v. 2. p. 28).

4
EFEITOS DOS RECURSOS

4.1. EFEITO DEVOLUTIVO

Em épocas remotas, a justiça era exercida pelo monarca que, eventualmente, delegava seus poderes jurisdicionais aos pretores ou emissários reais. Então, caso o jurisdicionado discordasse da decisão proferida pelos agentes reais, veiculando insurgimento na forma de um recurso, o conhecimento da matéria discutida no processo era *devolvido* ao soberano. Esse arranjo rudimentar do sistema jurídico deu ensejo ao rótulo outorgado ao *efeito devolutivo*.

Urge destacar que o efeito devolutivo é inerente a qualquer espécie recursal[1], transferindo ao órgão julgador a cognição da matéria nos limites do pedido formulado.[2] Em outras palavras, o âmbito de devolutividade vincula *objetivamente* o juízo *ad quem* à vontade do recorrente, obstando eventual pronunciamento decisório a respeito de capítulos não suscitados no recurso, em estrita consonância com o preceito *tantum devolutum quantum appellatum*.

Por meio do efeito devolutivo[3] permite-se ao órgão julgador o reexame da questão fática ou jurídica já decidida, sendo que a sua amplitude é variável em função dos contornos de cada categoria recursal, variando desde os simples esclarecimentos complementares ou supressão de lacunas passíveis de enfrentamento por força dos embargos de declaração e abarcando até mesmo o conhecimento de todas as questões mencionadas e

---

1. "O efeito devolutivo, dizem os especialistas da matéria, caracteriza o recurso como tal. É de sua própria essência – da própria ontologia do recurso – que ele se corporifique no inconformismo de alguém diante de uma situação mais prejudicial ou menos benéfica do que, legitimamente, se poderia esperar, criada por uma decisão judicial na mesma relação processual" (BUENO, Cassio Scarpinella. Efeitos dos recursos. In: NERY JUNIOR, Nelson; WAMBIER, Teresa Arruda Alvim (Coord.). *Aspectos polêmicos e atuais dos recursos cíveis e assuntos afins*. São Paulo: RT, 2006. p. 79. Série Aspectos polêmicos e atuais dos recursos, v. 10).
2. Conforme ensina Moacyr Amaral Santos, cuida-se de efeito inerente à natureza intrínseca do recurso: "( ) se este se conceitua como o poder de provocar o reexame de um ato decisório, pela mesma autoridade judiciária ou por outra hierarquicamente superior, visando a obter a sua reforma ou modificação, segue-se que o juízo ao qual se recorre deverá estar armado de condições capazes e suficientes para proferir novo julgamento. Por isso, *devolve-se* ao juízo para o qual se recorre o conhecimento pleno do material de que se valeu, ou podia ter-se valido, o juiz que proferiu o ato decisório recorrido" (SANTOS, Moacyr Amaral. *Primeiras linhas de direito processual civil*. 21. ed. São Paulo: Saraiva, 2003, v. 3, p. 100).
3. "O primeiro efeito, denominado devolutivo, não obstante a impropriedade do nome (como se analisará nos itens subsequentes), é o único que genuinamente poderia ser considerado *efeito* do recurso, já que corresponde, em qualidade e quantidade, àquilo que constitui o objeto e razão de ser dos recursos" (JORGE, Flávio Cheim. *Teoria geral dos recursos*. 7. ed. São Paulo: RT, 2015, p. 338).

discutidas no processo (como é o caso, por exemplo, do recurso de apelação). Assim, o âmbito de abrangência do efeito devolutivo depende das disposições legais pertinentes a cada espécie recursal. Em certas situações, o órgão *ad quem* poderá examinar todas as questões que foram suscitadas e debatidas perante o juízo *a quo* (CPC, art. 1.013, § 1º), mas não pode se pronunciar quando da elaboração do seu julgado, com respeito àquilo que não foi objeto do pedido de nova decisão.

Portanto, em maior ou menor extensão todo recurso dispõe do chamado efeito devolutivo, ou seja, aquela qualidade própria de devolver ao Poder Judiciário o conhecimento da matéria impugnada, nos estreitos limites da impugnação, visando com isso ao reexame da matéria subjacente. Com efeito, por força do princípio *dispositivo* (CPC 2015, art. 141), conjugado com a exigência de *congruência* dos pronunciamentos, o órgão julgador está jungido aos exatos termos do pedido (CPC 2015, art. 492). Logo:

> (...) não pode o órgão recursal julgar nem além, nem aquém, nem fora do mérito do recurso. Aí, está a *extensão* do efeito devolutivo. Contudo, essa *extensão* guarda coerência com o conteúdo do *decisum* impugnado. Aí está a *profundidade* do efeito devolutivo. A maioria do acórdão não pode, em princípio, ser diversa da analisada pela decisão recorrida[4].

Registre-se ainda que, sob os auspícios do CPC de 1973, ao menos num primeiro momento, constatou-se certa celeuma na doutrina, a respeito de se poder ou não qualificar como *devolutivo* o efeito daqueles recursos em que o reexame é feito pelo próprio órgão jurisdicional que proferiu a decisão impugnada (como ocorre, por exemplo, no caso dos embargos de declaração). Para alguns, não se poderia falar propriamente em efeito devolutivo em tais situações[5], pois não haveria um pedido de nova decisão dirigido para outro órgão posicionado hierarquicamente acima do juízo responsável pela decisão impugnada. Contudo, embora multifacetado por critérios de hierarquia e competência, nem por isso o Poder Judiciário perde sua unicidade, de modo que a devolutividade recursal se realiza com o mero pedido de reexame da decisão impugnada, independentemente do responsável pelo seu julgamento[6]. Aliás, para Alcides de Mendonça Lima, a devolução:

---

4. OLIVEIRA, Robson Carlos de. O efeito rescindente e substitutivo dos recursos: uma tentativa de sistematização. In: NERY JR., Nelson; WAMBIER, Teresa Arruda Alvim (Coord.). *Aspectos polêmicos e atuais dos recursos cíveis de acordo com a Lei 9.756/98*. 1. ed. 2. tir. São Paulo: RT, 1999, p. 498.
5. É o caso de Barbosa Moreira, para quem, "quando a lei, a título de exceção, atribui competência ao próprio órgão *a quo* para reexaminar a matéria impugnada, o efeito devolutivo ou não existe (como nos embargos de declaração), ou fica *diferido*, produzindo-se unicamente após o juízo de retratação: assim no agravo retido (art. 523, § 2º, na redação da Lei 9.139). Fora dessas hipóteses, ao órgão *a quo* é vedado praticar qualquer ato que importe modificação, total ou parcial, do julgamento, ressalvada a possibilidade de corrigir *ex officio* ou a requerimento da parte, inexatidões materiais ou erros de cálculo (art. 463, n. I)" (MOREIRA, José Carlos Barbosa. *Comentários ao Código de Processo Civil*. 7. ed. Rio de Janeiro: Forense, 1998. p. 257-258).
6. Suscitando a controvérsia, Luiz Rodrigues Wambier defende o elasticimento do conceito de devolutividade: "(...) parece assistir plena razão a quem defende a amplitude do conceito de devolutividade, capaz de abranger os embargos de declaração, que provocam o reexame pelo próprio órgão prolator da decisão embargada" (WAMBIER, Luiz Rodrigues. Do manejo da tutela cautelar para obtenção de efeito suspensivo no recurso especial e no recurso extraordinário. In: WAMBIER, Teresa Arruda Alvim (Coord.). *Aspectos polêmicos e atuais do recurso especial e do recurso extraordinário*. São Paulo: Ed. RT, 1997. p. 360).

(...) deve ser entendida em face do Poder Judiciário, em sua estrutura e em sua unidade: o recorrente provoca, novamente, a manifestação do Poder Judiciário a respeito da matéria controvertida, por via do recurso hábil. Com esta solução simples e prática, afastam-se as digressões e divergências, doutrinárias e técnicas, sobre quais os recursos que ensejam, ou não, a devolução[7].

Ou seja, a *devolução* da matéria recorrida em prol de determinado Tribunal representa pura reminiscência histórica, eis que, em passado remoto, os juízes eram delegados do soberano, a quem se devolvia o conhecimento da causa.

Logo, é adequado o conceito de efeito devolutivo apresentado por José Miguel Garcia Medina, "em virtude do qual o conhecimento da matéria é devolvido ao órgão judicante, seja superior àquele do qual emanou a decisão, seja ao próprio órgão prolator da decisão"[8]. Não é necessário que o segundo julgamento seja conferido a órgão diverso ou de categoria hierárquica superior à daquele que realizou o primeiro exame. Por isso, vale o arremate de Sérgio Shimura, ao afirmar que "todo e qualquer recurso é provido de efeito devolutivo"[9]. Sendo assim, haverá *devolução* com o simples pedido de revisão, não importando a quem a lei defira competência para julgamento da controvérsia suscitada no recurso.

4.2. EFEITO SUSPENSIVO

O *efeito suspensivo* – presente em certos recursos – impede a imediata produção de efeitos da decisão recorrida[10]. Em contrapartida, no dizer de Nelson Luiz Pinto, recursos "não suspensivos são aqueles desprovidos, como regra geral, deste efeito e que, por isto, não obstam a que haja execução provisória da decisão impugnada"[11].

É de todo pertinente, no entanto, retomar a advertência de Barbosa Moreira, no sentido de que a expressão "efeito suspensivo" é, de certa maneira, equívoca, porque admite a suposição de que, somente com a interposição do recurso, passem a ficar tolhidos os efeitos da decisão, como se até esse momento estivessem eles a produzir suas consequências naturais e intrínsecas[12]. Em verdade, a mera *expectativa*

---

7. LIMA, Alcides de Mendonça. *Introdução aos recursos cíveis*. São Paulo: RT, 1976, p. 286.
8. MEDINA, José Miguel Garcia. *O prequestionamento nos recursos extraordinário e especial*. São Paulo: RT, 1998. p. 50.
9. SHIMURA, Sergio. O regime recursal no Estatuto da Criança e do Adolescente. In: WAMBIER, Teresa Arruda Alvim (Coord.). *Aspectos polêmicos e atuais do recurso especial e do recurso extraordinário*. São Paulo: RT, 1997. p. 552.
10. Nas palavras de Vicente Greco Filho: "O efeito suspensivo dos recursos significa o poder que tem o recurso de impedir que a decisão recorrida produza sua eficácia própria. O efeito suspensivo nada acrescenta à decisão, mas, ao contrário, impede que seja executada em sentido amplo" (GRECO FILHO, Vicente. *Direito processual civil brasileiro*. 11. ed. São Paulo: Saraiva, 1996. v. 2., p. 281).
11. PINTO, Nelson Luiz. *Recurso especial para o STJ*: teoria geral e admissibilidade. 2. ed. São Paulo: Malheiros, 1996. p. 37.
12. "Na realidade, o contrário é que se verifica: mesmo antes de interposto o recurso, a decisão, pelo simples fato de estar-lhe sujeita, é ato *ainda* ineficaz, e a interposição apenas *prolonga* semelhante ineficácia, que *cessaria* se não se interpusesse o recurso" (BARBOSA MOREIRA, José Carlos. *Comentários ao Código de Processo Civil*. 7. ed. cit., p. 255).

de interposição do recurso dotado de efeito suspensivo gera um óbice à eficácia da decisão[13]. Cândido Rangel Dinamarco sustenta que, nestas situações, há que se promover uma *prospecção* relacionada à espécie recursal cabível, como forma de delimitar o momento de incidência do efeito suspensivo[14]. Ou seja, a eficácia típica do efeito suspensivo é voltada para a não executoriedade da decisão impugnada. O efeito suspensivo nada acrescenta à decisão. Apenas obsta sua eficácia. Por isso, a suspensividade não é essencial à caracterização dos recursos, conforme anotado por Cândido Rangel Dinamarco[15].

Portanto, em função de critérios de política legislativa, o legislador estabelece quais são os recursos dotados de efeito suspensivo (*ope legis*). É o caso, por exemplo, do recurso especial ou extraordinário que venha a ser interposto contra a decisão que julgue o incidente de resolução de demandas repetitivas (CPC, art. 987, § 1º).

Ocorre, porém, que em determinadas situações, mesmo quando a decisão recorrida for impugnada por um recurso classificado como não suspensivo, ainda assim seus efeitos excepcionalmente podem ser obstados por determinação judicial (*ope judicis*), tal como oportunizado pelo parágrafo único do art. 995 e §§ 3º e 4º do art. 1.012 do CPC 2015. Em tais hipóteses, a *atribuição* do efeito suspensivo servirá para obstar os efeitos de certas decisões capazes de, potencialmente, ocasionar graves prejuízos ou de difícil reparação à parte recorrente.

Firmadas tais considerações, oportuno concluir que:

> (...) a sentença sujeita a recurso é um ato em si mesmo perfeito, ou seja, existente, e em princípio apto a representar a regra jurídica concreta. No entanto, cuida-se de ato *sub conditione* suspensiva ou resolutiva, porque as partes e demais legitimados podem impugná-la, inibindo-lhe ou não a eficácia própria[16].

---

13. "Em certos casos, a previsão do cabimento de recurso contra determinada decisão impede que esta produza, de imediato, seus regulares efeitos. Fala-se, então, em *efeito suspensivo* do recurso, expressão que, todavia, não exprime corretamente o fenômeno, por dar a entender que é a interposição do recurso quem faz cessar a eficácia da decisão, quando, de fato, a decisão, nestes casos, já não produz qualquer efeito desde que publicada. O que há, assim, são decisões que têm eficácia imediata, e decisões que não produzem efeitos imediatos, estado este que é simplesmente prolongado pela interposição do recurso. De todo modo, além de ser expressão consagrada na prática, é a própria lei que, em certas ocasiões, se refere ao 'efeito suspensivo' dos recursos (arts. 495, § 1º, III; 520; 522, parágrafo único, II; 987, § 1º; 1.012, *caput* e § 3º; 1.019, II; 1.029, § 5º)." (JORGE, Flávio Cheim. Dos recursos. In: WAMBIER, Teresa Arruda Alvim et al. (Coord.). *Breves comentários ao Novo Código de Processo Civil*. São Paulo: RT, 2015. p. 2.219).

14. "A sentença ou acórdão tem seus efeitos obstados desde o momento da prolação, sempre que o recurso *cabível* seja portador de efeito suspensivo: proferida a sentença ou acórdão, faz-se uma prospecção sobre o recurso que em tese poderá ser validamente interposto e, se essa prospecção apontar a um recurso que tenha tal eficácia, o ato judicial reputa-se desde logo impedido de produzir os efeitos programados" (DINAMARCO, Cândido Rangel. *Nova era do processo civil*. São Paulo: Malheiros, 2003. p. 141).

15. "Nem todos os recursos são suspensivos da eficácia das decisões judiciárias, só aqueles aos quais o direito positivo confere tal poder; a suspensividade não é coessencial aos recursos ou ao conceito de recurso, como o efeito devolutivo o é." (DINAMARCO, Cândido Rangel. *Nova era do processo civil* cit., p. 138).

16. ASSIS, Araken de. *Manual dos recursos*. 8. ed. São Paulo: RT, 2016. p. 65.

Por fim, ainda que presente o efeito suspensivo de certos recursos, isso não impede que se extraia uma eficácia mínima da decisão, como é o caso da *hipoteca judiciária* (CPC, art. 495, § 1º, III[17]).

a) Eficácia imediata das decisões

Como regra geral, a decisão judicial produz efeitos imediatos. O efeito suspensivo nada acrescenta à decisão. Apenas obsta sua eficácia. Assim:

> Se a regra legal é de que a decisão judicial tem eficácia imediata, independentemente da interposição de recurso, deve-se afastar a prática habitual de os juízes condicionarem essa eficácia ao aguardo do esgotamento do prazo recursal. Portanto, decisão que condiciona ou difere a eficácia de seu conteúdo a não interposição de recurso, viola o art. 995 do CPC/2015[18].

b) Imposição legal ou concessão judicial

De acordo com o art. 995 do CPC, "os recursos não impedem a eficácia da decisão, salvo disposição legal ou decisão judicial em sentido diverso". Ainda que a decisão venha a ser impugnada por um recurso classificado como não suspensivo, seus efeitos podem ser obstados excepcionalmente por determinação judicial, conforme oportunizado pelo parágrafo único do art. 995 do CPC. Em tais hipóteses, para fins de obtenção do efeito suspensivo, dar-se-á a necessidade de demonstrar (i) que tais decisões são capazes de causar graves prejuízos ou de difícil reparação à parte recorrente; e (ii) a probabilidade de provimento do recurso.

c) Tutela provisória recursal e a suspensão judicial da eficácia da decisão recorrida

O parágrafo único do art. 299 do CPC contempla regra de *competência funcional* para apreciação dos pedidos dessa natureza, ao dispor que "na ação de competência originária de tribunal e nos recursos a tutela provisória será requerida ao órgão jurisdicional competente para apreciar o mérito". Importante assinalar, então, que:

> A concessão ou não de efeito suspensivo tem natureza de tutela provisória e pode ser tanto cautelar, quanto antecipatória. Se a pretensão do recorrente for a de impedir que a decisão produza eficácia até o julgamento do recurso, por certo que se trata de provimento de natureza cautelar. Contudo, se pretender obter aquela pretensão que lhe foi negada, bem como retirar o efeito suspensivo legal do recurso, se estará diante de provimento de natureza antecipatória[19].

---

17. Art. 495. (...) § 1º A decisão produz a hipoteca judiciária: (...) III – mesmo que impugnada por recurso dotado de efeito suspensivo.
18. MARTINS, Sandro Gilbert. Dos recursos. In: CUNHA, José Sebastião Fagundes. (Coord. geral); BOCHENEK, Antonio César; CAMBI, Eduardo (Coord.). *Código de Processo Civil comentado*. São Paulo: RT, 2016, p. 1.359.
19. JORGE, Flávio Cheim. *Teoria geral dos recursos*, 7. ed. cit., p. 413.

O art. 10 da Lei 13.188/2015, responsável pela regulamentação do direito de resposta em proveito do ofendido em matéria divulgada, publicada ou transmitida por veículo de comunicação social, contempla previsão especial de outorga de *efeito suspensivo* diretamente pelo tribunal competente, com o objetivo de suspensão dos efeitos das decisões proferidas nos processos submetidos ao rito especial daquele diploma legal. Para outorga do efeito suspensivo previsto naquela regra especial, o interessado deverá demonstrar (i) a plausibilidade do direito invocado e (ii) a urgência na concessão da medida. Ocorre que, conforme previsão do texto legal, a constatação dos requisitos legais para concessão do efeito suspensivo se daria por meio de "juízo colegiado prévio". Entretanto, o Conselho Federal da OAB ajuizou ação direta de inconstitucionalidade questionando a inadequação da prévia submissão da matéria ao "juízo colegiado prévio" (ADI 5.415), aduzindo ofensa ao princípio da razoabilidade e da proporcionalidade, com violação do devido processo legal substantivo[20].

4.3. EFEITO SUBSTITUTIVO

Para efeitos de caracterização do *efeito substitutivo*, há que se partir da regra prescrita no art. 1.008 do CPC/2015, ao dispor que "o julgamento proferido pelo tribunal substituirá a decisão impugnada no que tiver sido objeto de recurso". O dispositivo guarda similitude com o art. 512 do CPC/1973. Portanto, continuam válidas certas premissas extraídas do sistema recursal revogado, pois:

> (...) somente se poderá cogitar de efeito substitutivo do recurso quando este for conhecido e julgado pelo mérito, pois, do contrário, não terá havido pronunciamento da instância recursal sobre o acerto ou desacerto da decisão recorrida[21].

Ou seja, se não foi possível o seu *salvamento* por meio da técnica prevista no art. 932 do CPC, em caso de *inadmissão* do recurso não haverá análise de *mérito* e, portanto, impossível cogitar do *efeito substitutivo* assentado pelo art. 1.008 do CPC. Cabe assinalar que a *substituição* da decisão recorrida se opera nas hipóteses de *provimento* do recurso ou de *improvimento*.

4.3.1. Honorários recursais

Parece acertado concluir que a *substituição* imposta pelo art. 1.008 do CPC não é exatamente similar ao regime *revogado* (CPC, art. 512)[22], pois, em caso de *improvimento*

---

20. O Min. Dias Toffoli concedeu liminar, garantindo interpretação conforme em proveito do dispositivo impugnado (Lei 13.188/2015, art. 10), aduzindo o seguinte fundamento: "Admitir que um juiz integrante de um Tribunal não possa, ao menos, conceder efeito suspensivo a recurso dirigido contra decisão de juiz de 1º grau é subverter a lógica hierárquica estabelecida pela Constituição, pois é o mesmo que atribuir ao juízo de primeira instância mais poderes que ao magistrado de segundo grau de jurisdição".
21. NERY JR., Nelson. *Princípios fundamentais* – Teoria geral dos recursos. 4. ed. São Paulo: RT, 1997. p. 415.
22. Era assente que, nos casos de *provimento* ou *improvimento*, a decisão do juízo *ad quem* era hábil à *substituição*: "Na linguagem forense, costuma dizer-se, respectivamente, que o tribunal *reformou* ou que *confirmou* a decisão

do recurso por instância superior, dar-se-á ainda a fixação de honorários de sucumbência (CPC, art. 85, § 11), sendo que o julgamento proferido pelo tribunal dará novos contornos ao caso (Enunciado 241 do FPPC). Portanto, a substituição mencionada pelo art. 1.008 do CPC opera-se com maior fidedignidade nos casos de *provimento integral do recurso*.

4.3.2. Vício de procedimento

Não haverá efeito *substitutivo* nos casos de *error in procedendo*, quando não for possível prosseguir no julgamento com o exame do mérito da demanda (CPC, art. 1.013, § 3º). Em caso de provimento por força de *error in procedendo*, se dará a *anulação* da decisão recorrida[23]. Por um princípio de exclusão lógica, a *anulação* da decisão jamais terá o condão de, simultaneamente, representar sua *substituição*. Em tais hipóteses, dar-se-á apenas um julgamento *rescindente*[24], de modo que não haverá uma decisão do órgão *ad quem* substituindo o pronunciamento anterior.

4.3.3. Substituição parcial

Em caso de recurso parcial:

> (...) apenas a parte efetivamente recorrida é que será substituída pelo julgamento do tribunal. Fala-se, então, em substituição parcial. O mesmo ocorre quando o recurso é parcialmente inadmitido, caso em que apenas quanto à parcela conhecida é que haverá substituição da decisão recorrida[25].

4.3.4. Importância da matéria

A conformação do efeito substitutivo assume particular relevo para a salvaguarda da competência *funcional*, no que tange à verificação da autoridade competente para apreciar eventual ação rescisória que venha a ser ajuizada questionando o julgado[26].

---

impugnada. Essa maneira de falar não autoriza a suposição de que, uma vez desprovido o recurso, prevaleça o pronunciamento do juízo *a quo*. Nada importa, na perspectiva em que agora nos situamos, que a decisão de grau superior tenha conteúdo idêntico ao da outra: de qualquer sorte, há substituição" (BARBOSA MOREIRA, José Carlos. *Comentários ao Código de Processo Civil*. 7. ed. cit., p. 392).

23. "Ordinariamente, o acórdão que decreta a nulidade do ato recorrido *cassa-o* porque o reduz à ineficácia, mas *não o substitui*, porque não põe outro julgamento em seu lugar: da anulação resulta que os efeitos do ato foram reduzidos a nada e, consequentemente, julgar o mérito nesse momento significaria suprimir um grau jurisdicional" (DINAMARCO, Cândido Rangel. *Nova era do processo civil* cit., p. 148).
24. "Entretanto, a *apelação*, o *recurso especial* e o *extraordinário* têm por vezes *efeito rescindente*, no sentido de que cassam a decisão e remetem o processo ao órgão a quo *para que profira outra*" (WAMBIER, Teresa Arruda Alvim et al. *Primeiros comentários ao Novo Código de Processo Civil*: artigo por artigo. São Paulo: RT, 2015. p. 1.438).
25. JORGE, Flávio Cheim. *Dos recursos* cit., p. 2.234.
26. Em lição que permanece atual, Cassio S. Bueno afirma que: "Assim, por exemplo, se recurso especial interposto de acórdão de Tribunal de Justiça não é conhecido porque intempestivo, a decisão do Superior Tribunal de Justiça não tem o condão de *substituir* o acórdão recorrido, e isto porque o juízo de admissibilidade do recurso foi negado. Neste caso, não terá o Superior Tribunal de Justiça competência para julgamento da rescisória, que permanece no próprio Tribunal de Justiça prolator da decisão que se pretende rescindir. Diferentemente, na medida em que o recurso seja conhecido, mesmo que a ele se negue provimento (juízo de admissibilidade

Com efeito, em precedente didático, foi ressalvado que "quando o STJ adentra o mérito da questão federal controvertida no recurso especial, opera-se o efeito substitutivo previsto no art. 512 do CPC de 1973 (art. 1.008 do NCPC), o que atrai a competência para apreciação da ação rescisória"[27].

4.4. DEMAIS EFEITOS DECORRENTES DA INTERPOSIÇÃO DO RECURSO

4.4.1. Efeito obstativo

Os recursos obstam a ocorrência de preclusão em relação à matéria impugnada[28], retardando ainda a ocorrência da coisa julgada[29]. Para Sandro Gilbert Martins, "interposto o recurso, este prolonga o estado de litispendência da demanda e, com isso, impede (obsta) a ocorrência de preclusão e, em se tratando de pronunciamento que resolva o mérito, obsta a produção da coisa julgada". No entanto, a exata compreensão da matéria deve levar em consideração ainda os limites da impugnação, à guisa de verificar a ocorrência dos capítulos decisórios impugnados ou ainda a formação da coisa julgada material em relação aos capítulos que não foram objeto do recurso.

4.4.2. Efeito regressivo

Em alguns casos, o recurso é direcionado à apreciação do próprio órgão prolator da decisão recorrida. Além disso, a possibilidade de retratação por parte do responsável pela decisão impugnada é *intrínseca* a certas modalidades recursais[30]. Poder-se-ia exemplificar essa projeção do efeito *regressivo* com a regra do art. 331 do CPC, ao veicular que, em caso de apelação interposta contra o indeferimento da petição inicial, o juiz está autorizado a retratar-se. Fenômeno idêntico é previsto no § 7º do art. 485 do CPC, no caso de apelo oponível contra sentença terminativa.

4.4.3. Efeito expansivo

Conforme advertência de Nelson Nery Junior, em seu exame de mérito, o recurso será apreciado de acordo com a *extensão* da matéria objeto da impugnação. Contudo,

---

recursal *positivo* e juízo de mérito recursal *negativo*), a competência é do Superior Tribunal de Justiça" (BUENO, Cassio Scarpinella. *Curso sistematizado de direito processual civil*: Recursos: Processos e incidentes nos Tribunais. Sucedâneos recursais: técnicas de controle das decisões jurisdicionais. 2. ed. São Paulo: Saraiva, 2010. p. 118).

27. STJ, 4ª T., AgInt nos EDcl no REsp 1.611.431/MT, Rel. Min. Luis Felipe Salomão, j. 28.11.2017, *DJe* 1º.12.2017.
28. "A *interposição* de todo e qualquer recurso cria um primeiro efeito (uma primeira consequência, de acordo com uma visão mais crítica do assunto) que é o de obstar a ocorrência de preclusão (coisa julgada formal) e, em se tratando de sentença que aprecia o mérito em primeiro grau de jurisdição ou nos próprios seguimentos recursais, a formação da coisa julgada *material*" (BUENO, Cassio Scarpinella. Efeitos dos recursos cit., p. 69).
29. "O efeito retardatário ou impeditivo é aquele pelo qual fica *impedida ou simplesmente retardada* a ocorrência do trânsito em julgado da decisão" (MENDES, Leonardo Castanho. *O recurso especial e o controle difuso de constitucionalidade*. São Paulo: RT, 2006. p. 158).
30. "Ocorre quando o recurso interposto é encaminhado para julgamento perante o próprio órgão prolator da decisão recorrida" (MARTINS, Sandro Gilbert. Dos recursos cit., p. 1.357).

o "julgamento do recurso pode ensejar decisão mais abrangente do que o reexame da matéria impugnada, que é o mérito do recurso. Dizemos que, nesse caso, existe o *efeito expansivo*, que pode ser objetivo ou subjetivo, interno ou externo"[31]. Em outras palavras, o efeito *expansivo* advém de certas consequências que o julgamento do recurso possa acarretar à decisão recorrida, a outros atos do processo ou, eventualmente, em relação a outros sujeitos processuais.

Nessa ótica, há efeito *expansivo objetivo interno* quando, por exemplo, ao apreciar apelação interposta contra sentença de mérito o tribunal dá-lhe provimento, acolhendo preliminar de litispendência. O acolhimento da questão preliminar estende-se por toda a sentença, invalidando-a, de forma que o resultado do julgamento será a extinção do processo sem exame do mérito. Ou seja, se o efeito *expansivo* se dá relativamente ao mesmo ato impugnado, diz-se que é *interno*.

O efeito expansivo externo está relacionado à *anulação* ou *afetação* de outros atos processuais. Com efeito, por força do provimento de determinados recursos, certos atos processuais praticados no cumprimento provisório da sentença poderão ser alcançados, ensejando o seu desfazimento (CPC 2015, art. 520, II e III[32]). Por força do *efeito expansivo externo*, o que estiver em desacordo com a decisão que deu provimento ao recurso restará anulado ou afetado. O fenômeno em questão poderá ocorrer com o acolhimento de questão interlocutória não preclusa que venha a ser suscitada em apelação (CPC, art. 1.009, § 1º).

Além dessas duas modalidades, o objeto da extensão dos efeitos do julgamento do recurso pode ocorrer do ponto de vista subjetivo, daí falar-se em *efeito expansivo subjetivo*. Como regra geral, o recurso aproveita ao responsável pela sua interposição, não surtindo efeitos na esfera jurídica de terceiros. Em certos casos, no entanto, a decisão resultante do provimento do recurso poderá repercutir de maneira mais abrangente. É o caso, por exemplo, do recurso interposto por apenas um dos litisconsortes sob o regime da *unitariedade*[33]. De igual sorte, o recurso interposto pelo assistente litisconsorcial também aproveita ao assistido, sendo a recíproca verdadeira.

4.4.4. Efeito translativo

O *efeito translativo* está relacionado ao exame das questões de ordem pública, eis que, ainda que não decididas pelo juízo *a quo*, ficariam transferidas ao tribunal desti-

---

31. NERY JUNIOR, Nelson. *Princípios fundamentais* – Teoria geral dos recursos. 4. ed., 1997 cit., p. 404.
32. Art. 520. O cumprimento provisório da sentença impugnada por recurso desprovido de efeito suspensivo será realizado da mesma forma que o cumprimento definitivo, sujeitando-se ao seguinte regime: I – corre por iniciativa e responsabilidade do exequente, que se obriga, se a sentença for reformada, a reparar os danos que o executado haja sofrido; II – fica sem efeito, sobrevindo decisão que modifique ou anule a sentença objeto da execução, restituindo-se as partes ao estado anterior e liquidando-se eventuais prejuízos nos mesmos autos; III – se a sentença objeto de cumprimento provisório for modificada ou anulada apenas em parte, somente nesta ficará sem efeito a execução (...).
33. STJ, 2ª T., REsp 1.842.866/CE, Rel. Min. Francisco Falcão, j. 13.04.2021, *DJe* 26.04.2021. Ainda no mesmo sentido: STJ, 3ª T., REsp 1.829.945/TO, Rel. Min. Nancy Andrighi, j. 27.04.2021, *DJe* 04.05.2021

natário do recurso por força dos arts. 485, § 3º, e 1.013, §§ 1º e 2º, do CPC. De acordo com o STJ, sua ocorrência está adstrita ainda à "abertura da instância recursal, ou seja, que o recurso interposto ultrapasse o juízo de admissibilidade e, assim, a matéria possa ser conhecida"[34].

Ou seja, o *efeito translativo* deve ser contextualizado a partir da permissão concedida ao Tribunal quanto ao exame das questões de ordem pública (CPC, art. 485, § 3º) insuscetíveis de *preclusão*. Sendo possível o seu exame em qualquer tempo e grau de jurisdição, desde que contornada e satisfeita a exigência do prequestionamento (CPC, art. 1.025), nada obsta que o julgamento dos recursos extraordinários possa redundar no efetivo *translativo* ora examinado. A constatação de questão de ordem pública perante os Tribunais está sujeita à prévia intimação das partes (CPC, art. 933), evitando-se decisões surpresas. Assim, em caso de nulidade processual absoluta, o STJ reconheceu o emprego do efeito translativo em matéria recursal[35].

Oportuno identificar, contudo, que o CPC de 2015 consagrou a teoria dos capítulos da sentença e, além disso, assumiu expressamente a possibilidade de cindir o julgamento de mérito (CPC, arts. 354, parágrafo único, e 356, § 5º). Portanto, algumas premissas usadas para compreensão do efeito translativo, sob a ótica do Código Buzaid, comportam nova investigação sob os auspícios do CPC de 2015. Assim, se é possível o trânsito em julgado *progressivo*, parece válido concluir que:

> (...) as questões de ordem pública relativas ao capítulo de mérito autônomo não impugnado não estão abarcadas pelo efeito translativo, mormente quando se leva em conta que a ausência de impugnação ocasiona o trânsito em julgado daquela parte do decisório[36].

Em prol dessa tese, tem-se ainda o Enunciado 100 do FPPC ao ressalvar que "não é dado ao tribunal conhecer de matérias *vinculadas* ao pedido transitado em julgado pela ausência de impugnação" (original sem destaque).

---

34. STJ, 2ª T., REsp 1.469.761/PR, Rel. Min. Og Fernandes, j. 15.12.2020, *DJe* 18.12.2020.
35. STJ, 1ª T., AgInt no REsp 1.585.723/MG, Rel. Min. Paulo Sérgio Domingues, j. 28.11.2023, *DJe* 1º.12.2023.
36. RUDINIKI NETO, Rogério. O efeito devolutivo do recurso de apelação no Novo Código de Processo Civil. In: DIDIER JR., Fredie (Coord. geral); MACÊDO, Lucas Buril de; PEIXOTO, Ravi; FREIRE, Alexandre (Org.). *Novo CPC doutrina selecionada*: processo nos tribunais e meios de impugnação às decisões judiciais. Salvador: JusPodivm, 2015. v. 6, p. 577.

Parte VIII
RECURSOS EM ESPÉCIE

1
APELAÇÃO

1.1. CABIMENTO

O recurso de apelação é cabível para impugnação dos provimentos do juiz que encerram a fase cognitiva do procedimento comum, identificados nas situações dos arts. 485 e 487 do CPC, voltando-se, assim, contra as sentenças *terminativas* ou *definitivas* (CPC, art. 203, § 1º) ou ainda capazes de extinguir a execução (CPC, art. 925). Ademais, o sistema recursal contém relevante alteração, pois a apelação servirá ainda para a impugnação das decisões interlocutórias não preclusas, que não comportaram agravo de instrumento (CPC, art. 1.009, § 1º). Importante destacar, então, que:

> (...) o mérito da apelação poderá conter tantas pretensões recursais quantas sejam as decisões impugnadas; como as decisões impugnadas podem ter, cada uma, mais de um capítulo, a apelação poderá veicular *mais pretensões recursais* que o número de decisões *impugnadas*. Haverá aí uma cumulação de pedidos recursais[1].

Em apertada síntese, pode-se dizer que o recurso de apelação é cabível para impugnação de sentenças e decisões interlocutórias não sujeitas à preclusão (CPC, art. 1.009, § 1º)[2]. Além disso, a apelação servirá ainda ao propósito de impugnação das decisões interlocutórias identificadas com os conteúdos versados no art. 1.015 do CPC que tenham sido proferidas *dentro da sentença* (CPC, art. 1.009, § 3º), além de se prestar à impugnação do capítulo que confirma, concede ou revoga a tutela provisória (CPC, art. 1.013, § 5º).

---

1. CUNHA, Leonardo Carneiro da; DIDIER JR., Fredie. Apelação contra decisão interlocutória não agravável: a apelação do vencido e a apelação subordinada do vencedor: duas novidades do CPC/2015. In: MACÊDO, Lucas Buril de; PEIXOTO, Ravi; FREIRE, Alexandre (Org.). *Processo nos tribunais e meios de impugnação às decisões judiciais*. Salvador: JusPodivm, 2015. p. 514.
2. Ao se cogitar de decisões interlocutórias não sujeitas à preclusão, tem-se como oportuna a observação de Vinicius Silva Lemos, ao ressalvar a dispensabilidade do protesto dedutível do art. 278 do CPC, pois, "o teor do art. 1.009, § 1º deixa claro que não há necessidade de nenhuma atitude pela parte, com a elasticidade da preclusão para momento pós prolação da sentença, colocando-a conjuntamente à interposição da apelação ou das contrarrazões. Sem determinação legal para tal ponto, não há motivos para realizar o protesto antipreclusivo e, ainda, se assim o fizer, este será muito mais um pedido de reconsideração do que um protesto com fins de evitar a preclusão" (LEMOS, Vinicius Silva. A regra da não preclusão imediata do art. 1.009, § 1º, e a conjunção com o art. 278: protesto antipreclusivo no CPC/2015? *Revista Eletrônica de Direito Processual – REDP*, Rio de Janeiro, Ano 12, v. 19, n. 1, jan.-abr. 2018, p. 289-290).

1.2. QUESTÕES NÃO PRECLUSAS RESOLVIDAS NA FASE COGNITIVA

Com a extinção do agravo retido, subsistindo questões resolvidas na fase cognitiva, na forma de interlocutórias não contempladas no art. 1.015 do CPC, essas matérias poderão ser retomadas em tópico preliminar da apelação ou das contrarrazões. Nesse último caso, em atenção ao contraditório, observar-se-á o disposto no § 2º do art. 1.009 do CPC. Em reforço à possibilidade de impugnação tardia das questões interlocutórias não preclusas, tem-se o Enunciado n. 662 do FPPC.

Em tais hipóteses, a *resposta* do *vencedor* assumirá funções *híbridas*, com o pleito de *manutenção* da sentença e, paradoxalmente, uma espécie de recurso *subordinado* deduzido simultaneamente, referente à impugnação das questões que não despertaram interesse recursal via agravo de instrumento. Não se trata da forma recursal *adesiva*, que pressupõe sucumbência *recíproca* subjacente à decisão final que despertou o recurso principal (CPC, art. 997, § 1º). Também não há como equiparar a função *recursal* eventualmente assumida pelas contrarrazões com a exigência de *ratificação* de recurso anterior, prática que vigorava no CPC 1973, ao menos no tocante ao agravo retido[3]. Oportuno acrescentar que "tratando-se de verdadeiro *recurso*, e não de meras contrarrazões, essa apelação do vencido, subordinada e eventual, se sujeita a toda teoria geral dos recursos, daí porque deve estar acompanhada de preparo, sob pena de deserção"[4].

Assim, em situações singulares, poderá subsistir interesse do *vencedor* em atacar questões interlocutórias não impugnadas anteriormente[5], pela simples razão de que não comportavam agravo de instrumento. É o caso da falsidade documental resolvida previamente, antes da sentença, como *matéria incidental*, na forma do parágrafo único do art. 430 do CPC. Caso seja retomado esse tema em contrarrazões, ao menos *qualitativamente*, eventual acolhida da falsidade documental nessa fase "pós-sentença", poderá agravar a situação do recorrente originário, relativizando o princípio da proibição da *reformatio in pejus*. Tal situação poderá resultar em apelo *improvido*, sem prejuízo do acolhimento do pleito *autônomo* do apelado (v.g., referente à falsidade documental rejeitada em 1ª instância).

Por força do § 1º do art. 1.009 do CPC, o *não conhecimento* do apelo não impede o enfrentamento das questões não preclusas, *recorridas* em contrarrazões. Eventual desistência do apelo não terá o condão de obstar o exame das questões não preclusas

---

3. "Não se trata de *ratificação de recurso interposto*, como no revogado modelo do agravo retido, exatamente porque não há o que ser ratificado: a parte não havia recorrido; a parte *recorre* neste exato momento. Assim, as contrarrazões, nesse caso, tornam-se instrumento de dois atos jurídicos processuais: (a) a resposta à apelação da parte adversária; (b) o recurso contra as decisões interlocutórias não agraváveis proferidas ao longo do procedimento" (CUNHA, Leonardo Carneiro da; DIDIER JR., Fredie. Apelação contra decisão interlocutória não agravável cit., p. 517).
4. DONOSO, Denis; SERAU JR., Marco Aurélio.. *Manual dos recursos cíveis*: teoria e prática. Salvador: JusPodivm, 2016. p. 148.
5. "É possível, ainda, que o vencido interponha apelação apenas para atacar alguma interlocutória não agravável, deixando de recorrer da sentença" (CUNHA, Leonardo Carneiro da; DIDIER JR., Fredie. Apelação contra decisão interlocutória não agravável cit., p. 515).

reiteradas e impugnadas em contrarrazões. Cabe reiterar, então, que é perfeitamente admissível que "o vencido interponha apelação *apenas para atacar alguma interlocutória não agravável, deixando de recorrer da sentença*"[6].

a) Autonomia ou dependência do pleito deduzido em contrarrazões

Sob a ótica do interesse recursal, o pleito deduzido pelo apelado em contrarrazões comporta exame *autônomo*[7]. Ou seja, não está adstrito ao enfrentamento do recurso principal[8]. Entretanto, opiniões abalizadas defendem a *subordinação* do recurso manifestado em contrarrazões[9] ao conhecimento e ao processamento do apelo principal. No tocante ao debate envolvendo autonomia e subordinação do pedido recursal inserto na peça de resposta do apelo, Cristiano Duro apresenta argumento relevante, aduzindo que as contrarrazões não estão elencadas no rol do art. 994 do CPC, o que, sob seu ponto de vista, conduziria à ideia de compreendê-la de maneira *subordinada* ao apelo principal[10].

Numa posição adiante, fala-se ainda que o recurso deduzido em contrarrazões está *condicionado* ao provimento do apelo principal[11]. É possível, portanto, que os Tribunais

---

6. DIDIER JR., Fredie; CUNHA, Leonardo Carneiro da. Op. cit., p. 167.
7. "*Não devem ser vistas, estas contrarrazões, como um recurso*, cuja existência e cujo procedimento seja 'dependente' da apelação do vencedor. Se assim devesse ser, o legislador teria de ter-se manifestado expressamente, e, ainda, assim, parece-nos que neste caso, haveria indevida (inconstitucional) supressão de recurso contra interlocutória não agravável de instrumento. Isto por *ofensa ao princípio da isonomia*, já que o recurso existe para o apelante e o apelado ficaria sem recurso. A dependência existe só na medida em que for *resposta*, mas não na medida em que for *recurso* – ou seja, em que aquele que maneja as contrarrazões impugna interlocutórias, não sujeitas a agravo de instrumento – e que prejudicariam. Por essa razão, deve-se provocar o contraditório, para que o apelante obtenha uma resposta no mesmo prazo (§ 2º). As interlocutórias impugnáveis nas contrarrazões serão devolvidas ao Tribunal. Pode, é claro, acontecer que o 'recurso' (= contrarrazões de apelação) não seja conhecido por falta de interesse. Mas pode haver casos em que o interesse sobreviva. Imagine-se que o juiz tenha fixado um valor para a causa no início do processo, por meio de decisão de que não caiba recurso. Afinal, na sentença, fixam-se os honorários com base nesse valor. Mesmo que o apelante desista da apelação, as contrarrazões terão devolvido a impugnação a essa interlocutória, e o vencedor no mérito tem direito a ver essa questão apreciada pelo Tribunal" (WAMBIER, Teresa Arruda Alvim et. al., p. 1.440. *Primeiros comentários ao novo código de processo civil*: artigo por artigo. São Paulo: RT, 2015).
8. "As contrarrazões nas quais se impugna decisão interlocutória funcionam, neste pormenor, como autêntico recurso, ex vi do § 1º do art. 1.009 ora analisado, e neste aspecto não guardam dependência com o recurso principal, como se recurso adesivo fosse" (MELLO, Rogério Licastro Torres de. Da apelação. In: WAMBIER, Teresa Arruda Alvim et. al. *Breves comentários ao novo código de processo civil*. São Paulo: RT, 2015. p. 2.236).
9. "A apelação do vencedor, neste caso, é um recurso *subordinado*. Ela seguirá o destino da apelação do vencido. Caso o vencido desista da apelação interposta ou essa não seja admissível, a apelação do vencedor perde o sentido: por ter sido o vencedor, o interesse recursal somente subsiste se a apelação do vencido for para frente. O sistema passa a ter duas espécies de recurso subordinado. Ao lado do tradicional recurso *adesivo*, regulado pelos §§ do art. 997, passa a existir a apelação subordinada interposta pelo vencedor" (CUNHA, Leonardo Carneiro da; DIDIER JR., Fredie. Apelação contra decisão interlocutória não agravável cit., p. 518).
10. "Desde já, cumpre destacar que o Código de Processo Civil enumera as espécies recursais no art. 994, no qual não se encontra prevista contrarrazões à apelação, barreira intransponível para tratar as contrarrazões com pedido recursal como espécie recursal autônoma" (DURO, Cristiano. Admissibilidade do recurso de apelação no CPC/2015: a transcendência do pressuposto recursal da tempestividade. *Revista de Direito da Faculdade Guanambi*, v. 4, n. 2, jul.-dez. 2017, p. 104).
11. "Além de subordinada, a apelação do vencedor prevista no § 1º do art. 1.009 do CPC é condicionada. Isso significa que somente será examinada se a apelação do vencido for acolhida, afinal, repise-se, quem se vale dela

deduzam uma construção hermenêutica diversa da *autonomia* ora defendida, para fins de precisar que os pleitos recursais apresentados em contrarrazões serão examinados tão somente nas hipóteses de *conhecimento* do recurso principal.

b) Apelo principal e adesivo concomitantes?

Ao se admitir que as questões interlocutórias não preclusas comportam impugnação por ocasião do recurso *final* (CPC, art. 1.009, § 1º), tem-se que essa é a oportunidade reservada para a impugnação destas. Assim, tal situação poderá ser contrastada com eventual hipótese de sucumbência *recíproca* imposta pela sentença de 1º grau. Portanto, podem advir situações singularíssimas em que uma das partes interponha apelação para impugnação tão somente da questão interlocutória não preclusa e, diante do apelo *principal* de seu adversário relativamente ao *mérito* da sentença, poder-se-ia discutir o cabimento do recurso *adesivo* por parte daquele que já havia *precipitado* a apelação originária com vistas à impugnação da decisão interlocutória que não aceitava o agravo de instrumento. O exemplo em questão contempla hipótese inusitada de apelação *principal* e *adesiva* interpostas pelo mesmo sujeito processual, pois é possível imaginar que a parte tenha se limitado a recorrer da questão interlocutória *não preclusa* diante do momento *final preclusivo* (CPC, art. 1.009, § 1º) e, surpreendido com o manejo da apelação de seu adversário direcionada contra a sentença que gerou sucumbência recíproca, venha a se inclinar pela impugnação dos capítulos de mérito pela via adesiva[12].

Ao que parece, não é possível cogitar de preclusão *consumativa* com base na assertiva de que a 1ª (primeira) apelação deveria *esgotar* o interesse recursal da parte que sucumbiu no tocante à decisão interlocutória não preclusa e ainda em relação aos capítulos da sentença que lhe foram prejudiciais. Isso porque admitir-se a ocorrência de preclusão consumativa em tal situação significa tornar letra morta a regra do art. 997 do CPC. No entanto, ainda que sem examinar a *singularidade* da hipótese ora aventada, Araken de Assis adverte *genericamente* que "não assiste interesse em recorrer na via subordinada à parte que já interpôs recurso principal", concluindo ainda que o recurso subordinado não se destina à *complementação* do recurso interposto[13].

é o vencedor, que somente perderá essa qualidade se a apelação do vencido originário for provida" (CUNHA, Leonardo Carneiro da; DIDIER JR., Fredie. Apelação contra decisão interlocutória não agravável cit., p. 519).

12. Com exemplo ligeiramente diverso, Fredie Didier Jr. e Leonardo Carneiro da Cunha defendem outra hipótese de cumulação de recursos: "Como o prazo para o recurso adesivo é o prazo para as contrarrazões ao recurso independente, poderá a parte, então, *cumular*, em um mesmo recurso de apelação, a apelação adesiva, dirigida ao *capítulo da sentença* em que restou vencida, e a *apelação subordinada do vencedor* contra a decisão interlocutória não agravável relacionada ao capítulo da sentença em que restou vencedora. *Duas apelações, em um mesmo instrumento, dirigidas a decisões distintas, em que o apelante se revela a um só tempo um vencido (no recurso adesivo) e um vencedor (na apelação subordinada do § 1º do art. 1.009)*" (DIDIER JR., Fredie; CUNHA, Leonardo Carneiro da. *Curso de direito processual civil*: o processo civil nos tribunais, recursos, ações de competência originária de tribunal e *querela nullitatis*, incidentes de competência originária de tribunal. 13. ed. Salvador: JusPodivm, 2016, p. 172).

13. ASSIS, Araken de. *Manual dos recursos*. 8. ed. São Paulo: RT, 2016. p. 80.

1.3. A RECORRIBILIDADE DAS SENTENÇAS PARCIAIS

As *decisões parciais* de mérito são impugnáveis por meio de agravo de instrumento (CPC, art. 1.015, II e Enunciado 103 do FPPC). Pode-se cogitar, então, do fracionamento da apreciação do objeto litigioso, na forma dos arts. 354, parágrafo único, e 356, § 5º, do CPC. Assim, o juiz decidirá parcialmente o mérito, quando um ou mais dos pedidos formulados ou parcela deles (i) mostrar-se incontroverso e (ii) estiver em condições de imediato julgamento.

1.4. MATÉRIAS ARROLADAS NO ART. 1.015 DO CPC E DECIDIDAS NA SENTENÇA

O § 3º do art. 1.009 do CPC presta deferência ao princípio da *unirrecorribilidade* ao prever o uso da apelação para fins de impugnação de matérias constantes do rol do art. 1.015 do CPC, nos casos em que estas integrarem *capítulo* decisório da sentença.

1.5. A REGRA DO § 5º DO ART. 1.013 DO CPC

O dispositivo em tela prevê que "o capítulo da sentença que confirma, concede ou revoga a tutela provisória é impugnável na apelação". Não há que se olvidar que a hipótese em questão é reveladora de uma decisão materialmente *complexa*, ainda que marcada por certa *unidade formal*. Portanto, de duas, uma (i) ou é caso de se repisar que tal ocorrência representará verdadeira *exceção* ao princípio da singularidade recursal, ou (ii) afirmar-se-á que o aspecto *finalístico* da sentença, com seu conteúdo mais abrangente, prepondera sobre o *capítulo* da decisão referente à tutela provisória[14], justificando a impugnação concentrada.

1.6. MATÉRIAS ARGUÍVEIS NA APELAÇÃO

A apelação é dotada de ampla devolutividade, possibilitando o reexame integral da sentença ou de seus capítulos, bem como das demais questões resolvidas na fase cognitiva, não cobertas pela preclusão, que tenham sido suscitadas nas razões recursais ou ainda em contrarrazões, propiciando a impugnação das questões de fato ou de direito. Poderá voltar-se contra os vícios de forma (*error in procedendo*) ou de conteúdo (*error in judicando*). Nada impede que o recorrente venha a se insurgir contra ambos, apontando pedidos cumulados com base em diferentes tipos de vícios presentes na decisão[15]. Caberá ao apelante delimitar o alcance de seu recurso (CPC, art. 1.002).

---

14. Essa posição era defendida à luz do CPC 1973: "A tutela antecipada concedida na sentença deve ser impugnada por apelação porque, diante do princípio da singularidade, quando uma decisão contiver inúmeros pronunciamentos *no mesmo ato*, o de conteúdo mais abrangente, em sentido finalístico, prevalece sobre as demais decisões abrangidas, recebendo apenas *uma denominação* e, consequentemente, apenas a possibilidade de interposição de *um recurso*. Esse ato é denominado de *objetivamente complexo*" (FERREIRA, William Santos. *Tutela antecipada no âmbito recursal*. São Paulo: RT, 2000, p. 399).
15. "Com efeito, o *error in procedendo* e o *error in iudicando* podem ser alegados, simultaneamente, no recurso. Há possibilidade de cumulação dos mencionados 'vícios' como 'causas de pedir' recursais" (DIDIER JR., Fredie, e

1.7. SISTEMÁTICA DE INTERPOSIÇÃO E REQUISITOS

a) Sistemática de interposição

A apelação, principal ou adesiva (CPC, art. 997, § 1º), deverá ser protocolizada perante o juízo *a quo*, qualquer que seja a forma de interposição (impressa ou eletrônica). A interposição dar-se-á no prazo de até 15 (quinze) dias úteis (CPC, art. 1.003, § 5º, combinado com o art. 219). A petição de interposição, dirigida ao juízo *a quo*, é acompanhada das razões recursais, destinadas à apreciação do Tribunal competente.

b) Qualificação das partes

A petição de apelo deverá permitir a identificação do(s) sujeito(s) processual(is) que está(ao) apresentando o recurso, é dizer, o(s) apelante(s). A qualificação dos recorrentes poderá ser dispensada quando já identificados em peças processuais anteriores, bastando, nesses casos, a mera individuação do recorrente (apelante) e do recorrido (apelado). Indispensável a qualificação quando o recurso for intentado por terceiro prejudicado (CPC, art. 996). Deve-se evitar o emprego da locução "e outros" – consagrada pela praxe forense –, quando algum dos litisconsortes não tenha interesse em recorrer.

c) Razões do pedido de reforma ou decretação de nulidade

Os fundamentos da apelação consistem na dedução dos argumentos pelos quais se pleiteia a *anulação* ou a *reforma* da sentença ou ainda das questões interlocutórias *não preclusas*. Em observância ao princípio da dialeticidade, o emprego de razões *remissivas* deverá ser evitado. O relator não conhecerá de recurso que não tenha impugnado especificamente os fundamentos da decisão recorrida (CPC, art. 932, III). Por força do inciso IV do § 3º do art. 1.013 do CPC, ainda se permite que o tribunal decrete "a nulidade de sentença por falta de fundamentação".

d) O pedido de "nova" decisão

Caberá ao apelante pleitear a *anulação* da sentença, nos casos de vícios de forma, ou ainda sua *reforma*, nas hipóteses de vícios de conteúdo[16]. A ausência de pedido expresso induz *inépcia* do apelo.

CUNHA, Leonardo Carneiro da. *Curso de direito processual civil*: o processo civil nos tribunais, recursos, ações de competência originária de tribunal e *querela nullitatis*, incidentes de competência originária de tribunal. 13. ed., 2016 cit., p. 137).

16. Cabe ressalvar, porém, que ao tratar da hipótese envolvendo o indeferimento da petição inicial, o § 2º do art. 331 do CPC faz menção à *reforma* da sentença pelo tribunal, quando, em verdade, dar-se-á sua anulação (NEVES, Daniel Amorin Assumpção. *Novo código de processo civil* – Lei 13.105/2015. São Paulo: Método, 2015, p. 228).

e) Ausência de juízo de admissibilidade prévio

De acordo com o § 3º do art. 1.010 do CPC, aboliu-se a admissibilidade recursal *compartilhada*, realizada de forma *bipartida*, na qual o exame *provisório* envolvendo a *admissão* ou a *inadmissão* do apelo ficava a cargo do juízo *a quo*. A análise dos pressupostos recursais *extrínsecos* e *intrínsecos*, exigíveis para *admissão* e *conhecimento* do recurso, ficará ao encargo do juízo *ad quem*. Apesar da alteração legislativa do art. 1.030 do CPC (Lei 13.256/2016), persiste válida a advertência do Enunciado 99 do FPPC ao consignar que "o órgão *a quo* não fará juízo de admissibilidade da apelação". Entretanto, Mauricio Pereira Doutor sugere a hipótese de atuação *obstativa* pelo juiz de primeiro grau, em casos de inadmissibilidade flagrante do recurso de apelação[17].

f) Juízo de retratação

A interposição do apelo permitirá o exercício do *juízo de retratação* em relação às sentenças prolatadas em todos os casos identificados com o art. 485 e ainda nas hipóteses dos arts. 331, *caput*, e 332, § 3º, do CPC, o que deverá ser feito após o prazo de contrarrazões[18]. Entretanto, o Enunciado 293 do FPPC recomenda que "o juízo de retratação, quando permitido, somente poderá ser exercido se a apelação for tempestiva" (redação revista IX FPPC Recife). Além disso, o art. 198, inciso VIII, do Estatuto da Criança e do Adolescente ainda contempla outra hipótese de retratação em caso de interposição de apelação.

g) Intimação do apelado

O apelado será intimado para ofertar contrarrazões (CPC, art. 1.010, § 1º). Procedimento similar dar-se-á nos casos de *indeferimento* da petição inicial ou ainda nas hipóteses de *improcedência liminar* do pedido; porém, nesses dois casos, o legislador 2015 faz menção à *citação* do réu para "responder ao recurso" (CPC, art. 331, § 1º) ou ainda para "apresentar contrarrazões" (CPC, art. 332, § 4º). Ao se cogitar do conteúdo

---

17. "Afinal, se, por um lado, o estabelecimento *a priori* da admissibilidade recursal apenas em segundo grau elimina o risco da interposição de agravo contra a decisão de inadmissibilidade em instância inicial, por outro, impele o juiz sentenciante a remeter os autos ao tribunal mesmo em casos absurdos, evidentemente equivocados ou claramente mal-intencionados. (...) Alguém ganharia com essa lacuna de regulação ou, no mínimo, o processo civil perderia. A prestação da tutela jurisdicional tardaria injustificadamente, ou sob a justificativa de respeito a uma liturgia preordenada [na realidade] ao atendimento [somente] de situações ordinárias" (DOUTOR, Maurício Pereira. A inadmissibilidade flagrante do recurso de apelação e a atuação obstativa do juiz de primeiro grau. *Revista de Processo*, v. 305, p. 249-269, jul. 2020, p. 10).
18. "Naturalmente, o juízo de retratação só pode ser realizado após o juízo de admissibilidade, porque não pode o juiz se retratar de sua sentença sem antes receber a apelação. Afinal, apelação inadmissível não gera efeitos, inclusive a possibilidade de retratação do juiz que proferiu sentença impugnada. (...) Nas situações em que a própria lei confere competência para o juízo de primeiro grau se retratar de sua sentença diante da interposição de apelação, entendo que haja competência implícita para o juízo de admissibilidade. A competência implícita, entretanto, é parcial, limitada a um juízo positivo de admissibilidade para permitir a retratação. Não pode, portanto, deixar de receber a apelação, mesmo nos casos em que poderia se retratar de sua sentença" (NEVES, Daniel Amorin Assumpção. *Novo código de processo civil* cit., p. 550).

dessas peças, conclui-se que "o ato do réu apelado se limitará à resposta da apelação, não se cogitando da contestação"[19].

1.8. PROCESSAMENTO DA APELAÇÃO: DECISÕES UNIPESSOAIS OU JULGAMENTO COLEGIADO

O art. 1.011 do CPC refere-se ao processamento do apelo em 2ª instância, autorizando, em seu 1º (primeiro) inciso, que o relator venha a julgá-lo *monocraticamente* apenas nas hipóteses do art. 932, incisos III a V. Importante reiterar que nos casos de vícios capazes de comprometer o exame do mérito do recurso, competirá ao relator, nos termos do parágrafo único, do art. 932 do CPC, conceder de 5 (cinco) dias para que seja sanada a questão ou complementada a documentação[20] (vide teor do Enunciado 82 do FPPC). Não sendo o caso de decisão monocrática, dar-se-á o julgamento colegiado até por se tratar do *juízo natural* do apelo. Os demais integrantes do quórum não terão ciência prévia dos autos do processo contendo o recurso de apelação.

a) Técnica de julgamento do art. 942 do CPC

Em caso de decisão colegiada não unânime, observar-se-á o disposto no art. 942 do CPC. Conforme já referido em tópico anterior, com a abolição dos embargos infringentes (CPC 1973, art. 530), foi instituída a técnica em que o julgamento da apelação não unânime prosseguirá:

> (...) em sessão a ser designada com a presença de outros julgadores, que serão convocados nos termos previamente definidos no regimento interno, em número suficiente para garantir a possibilidade de inversão do resultado inicial, assegurado às partes e a eventuais terceiros o direito de sustentar oralmente suas razões perante os novos julgadores.

b) Honorários recursais

Por força do § 11 do art. 85 do CPC, ao julgar o recurso o tribunal:

> (...) majorará os honorários fixados anteriormente levando em conta o trabalho adicional realizado em grau recursal, observando, conforme o caso, o disposto nos §§ 2º a 6º, sendo vedado ao tribunal, no cômputo geral da fixação de honorários devidos ao advogado do vencedor, ultrapassar os respectivos limites estabelecidos nos §§ 2º a 3º para a fase de conhecimento.

Portanto, numa primeira perspectiva de análise, a aplicação da regra em questão dar-se-á nos casos de *improvimento* do recurso[21]. Mas é possível interpretá-la ainda à luz

---
19. DONOSO, Denis; e, SERAU JR., Marco Aurélio. Op. cit., p. 165.
20. "Nada se diz na lei sobre a possibilidade de o juiz dar prazo para que a parte *emende* o próprio recurso" (WAMBIER, Teresa Arruda Alvim et. al. *Primeiros comentários ao novo código de processo civil* cit., p. 1.443).
21. "Quando o recurso é provido, não haverá majoração dos honorários fixados anteriormente, pois a condenação em honorários imposta na decisão recorrida beneficiava o advogado do recorrido e será cassada. Uma conde-

dos casos de inversão do ônus sucumbencial. Nessa perspectiva, "no caso de provimento de recurso para reforma integral da decisão recorrida, a sucumbência anteriormente estabelecida será invertida e, além disso, ao advogado da parte vitoriosa também se deverá fixar, em acréscimo, nova verba honorária"[22]. Ao que parece, essa forma de interpretação ainda não é uníssona. Ao fazer menção à *majoração* dos honorários, a norma do § 11º do art. 85 do CPC "está a disciplinar o julgamento de recurso que tem origem na decisão que já havia arbitrado honorários, ou seja, uma sentença"[23]. O Enunciado 16 da ENFAM sugere que "não é possível majorar os honorários na hipótese de interposição de recurso no mesmo grau de jurisdição (art. 85, § 11, do CPC/2015)". Portanto, o *improvimento* dos embargos de declaração não desperta incidência da majoração da verba honorária. De acordo com a posição sugerida pela Escola Nacional de Formação e Aperfeiçoamento de Magistrados (Enunciado 16), eventual *rejeição* do agravo interno também desautoriza o aumento dos honorários advocatícios. De qualquer sorte, o preceito em questão permite a cumulação de honorários, renumerando o trabalho advocatício desempenhado perante o Tribunal, relativamente ao acompanhamento do recurso. Em suma: "Os honorários de sucumbência recursal serão somados aos honorários pela sucumbência em primeiro grau, observados os limites legais" (Enunciado 241 do FPPC). Dar-se-á a fixação destes nos casos de decisões *unipessoais* ou *colegiadas* (Enunciado 242 do FPPC). Tais questões estão abarcadas pelo efeito devolutivo.

1.9. EFEITOS DA APELAÇÃO

Diversamente do que se passava com o CPC 1973, o juízo *a quo* não está obrigado a se pronunciar acerca dos efeitos típicos do recurso (CPC, art. 1.012), até mesmo porque não há previsão expressa a respeito. O art. 518 do CPC de 1973 consagrou a sistemática de pronunciamento judicial acerca dos efeitos do recurso prescritos em lei ("interposta a apelação, o juiz, declarando os efeitos em que a recebe, mandará dar vista ao apelado (...)"). É certo que não há nenhum óbice quanto ao eventual pronunciamento do juiz acerca dos efeitos típicos do apelo interposto, desde que feita a ressalva de que não está se fazendo admissibilidade acerca de seu cabimento. Em suma: a ausência de um pronunciamento judicial "tradicional" noticiando os efeitos do apelo pode despertar algumas dúvidas acerca da eficácia imediata da sentença apelada.

---

nação em honorários totalmente nova deverá ser imposta pelo tribunal, agora em benefício do advogado do recorrente, devendo ser considerado no arbitramento da verba o trabalho realizado pelo advogado no decorrer de todo o processo, inclusive na fase recursal" (LOPES, Bruno Vasconcellos Carrilho. Os honorários recursais no novo código de processo civil. O novo Código de Processo Civil. *Revista do Advogado – AASP*, n. 126, a. XXXV, maio 2015. p. 28).

22. SANTOS, Evaristo Aragão. Honorários advocatícios. In: WAMBIER, Luiz Rodrigues; WAMBIER, Teresa Arruda Alvim (Coord.). *Temas essenciais do novo CPC*: análise das principais alterações do sistema processual civil brasileiro. 2. tir., São Paulo: RT, 2016. p. 106.
23. LOPES, Bruno Vasconcellos Carrilho. Op. cit., p. 29.

1.9.1. Efeito suspensivo

Como regra, o apelo será dotado do efeito *suspensivo*[24]. A previsão geral do *caput* do art. 1.012 do CPC obsta a eficácia da *sentença* recorrida com a simples expectativa de impugnação por meio de apelo dotado de suspensividade. No entanto, a regra do *caput* do art. 1.012 do CPC "aplica-se exclusivamente à apelação contra sentença; a apelação contra as decisões interlocutórias não agraváveis não possui efeito suspensivo automático"[25]. Ou dito, de outra forma, "o efeito suspensivo *ope legis* do recurso de apelação não obsta a eficácia das decisões interlocutórias nele impugnadas" (Enunciado 559 do FPPC). Isso porque é preciso reiterar o regime de impugnação das decisões interlocutórias não preclusas, na forma assinalada pelo § 1º do art. 1.009 do CPC.

a) Hipóteses excepcionais envolvendo a ausência do efeito suspensivo

O § 1º do art. 1.012 do CPC elenca hipóteses em que a sentença produzirá eficácia imediata autorizando seu cumprimento provisório (CPC, art. 1.012, § 2º).

Não há efeito suspensivo por imposição legal (*ope legis*) nos casos de sentenças *homologatórias* de *divisão* ou *demarcação*, pois tais demandas normalmente se baseiam em prova técnica, com certo prognóstico de manutenção da sentença apelada.

O inciso II do § 1º do art. 1.012 do CPC faz menção às sentenças *condenatórias* em *matéria alimentar*. A eficácia imediata dessas decisões é justificada em prol da *subsistência* do alimentando; a *urgência* é privilegiada em detrimento da *segurança*. No regime do CPC de 1973, apesar de certas posições doutrinárias recomendarem a atribuição do efeito devolutivo único apenas nos casos de sentenças *condenatórias* ou que *envolvessem majoração* dos alimentos, excluindo-se os casos de *redução* e *exoneração* (dado o caráter predominantemente *declaratório* dessas sentenças), a jurisprudência do STJ vinha equalizando tais hipóteses[26]. O CPC de 2015 perdeu a oportunidade de dispensar idêntico tratamento excepcional às sentenças condenatórias referentes aos alimentos *indenizativos*. Em caso de eventuais pedidos cumulados (v.g., "alimentos" e "investigação de paternidade"), o apelo interposto contra sentença que julgou procedente a investigação de paternidade e os alimentos não terá o condão de impedir exigibilidade desses últimos.

---

24. Apesar de inúmeras vozes apregoarem que o CPC 2015 perdeu a oportunidade de abolir o efeito suspensivo *ope legis*, parece acertada a opinião de Dierle Nunes ao ressalvar que "tais assertivas costumam desprezar as altas taxas de reforma das sentenças (...) e o superficial debate para formação das mesmas, com o fortalecimento da importância do sistema recursal como viabilizador do contraditório como influência e não surpresa e da cooperação" (NUNES, Dierle. Novo CPC acerta ao manter efeito suspensivo em certas apelações. *Consultor jurídico*. São Paulo. On-line, v. 22.06.2014. p. I. 2014).
25. DIDIER JR., Fredie; CUNHA, Leonardo Carneiro da. *Curso de direito processual civil*: o processo civil nos tribunais, recursos, ações de competência originária de tribunal e *querela nullitatis*, incidentes de competência originária de tribunal, 13. ed., 2016 cit., p. 184.
26. "A jurisprudência da Seção de Direito Privado pacificou-se no sentido de atribuir efeito devolutivo à apelação não importando se houve redução ou majoração dos alimentos" (STJ, 2ª Seção, AgRg nos EREsp 1.138.898/PR, j. 25.05.2011, *DJe* 02.06.2011).

O inciso III do § 1º do art. 1.012 do CPC refere-se às sentenças terminativas ou que julguem improcedentes os embargos à execução. Convém lembrar que estes não dispõem de efeito suspensivo *automático* (CPC, art. 919). Com isso, permite-se que o exequente prossiga com a execução na forma definitiva (Súmula 317 do STJ).

O inciso IV do § 1º do art. 1.012 do CPC diz respeito à sentença que julga procedente o pedido de *instituição da arbitragem*. Não havendo consenso quanto à instituição do juízo arbitral, poderá a parte interessada solicitar provimento jurisdicional que fará às vezes do *compromisso arbitral*.

O penúltimo inciso do § 1º do art. 1.012 do CPC faz alusão às sentenças *confirmatórias, concessivas* ou *revogatórias* da tutela provisória. Para esses casos, não se pode aceitar que a atribuição do efeito suspensivo obste a *eficácia* resultante da tutela provisória (vide Enunciado 217 do FPPC). No caso de "cassação" da tutela *provisória*, a eventual interposição da apelação não é hábil para prorrogar os efeitos da decisão *revogada*. O último inciso do § 1º do art. 1.012 do CPC mantém a tradição do art. 1.184 do CPC de 1973, de modo que a sentença de interdição produz efeitos imediatamente.

b) Atribuição de efeito suspensivo ope iudicis

O § 3º do art. 1.012 do CPC preleciona que nos casos *excepcionais* em que o apelo é recebido somente no efeito *devolutivo*, sujeitando a sentença ao regime do cumprimento *provisório*, dar-se-á a possibilidade de atribuição da eficácia suspensiva, por meio de requerimento avulso dirigido (i) ao tribunal, no período compreendido entre a interposição do apelo e sua distribuição, ficando o relator designado para tal exame prevento para julgá-lo; ou ainda (ii) ao relator, quando já distribuída a apelação.

A hipótese versada no inciso II do § 3º do art. 1.012 do CPC revela sua natureza tipicamente *incidental*. E, de outro lado, no tocante ao pedido *avulso* advindo da hipótese do inciso I do mesmo dispositivo legal, cabe registrar que essa solução encampada pelo legislador 2015 vinha sendo defendida sugestivamente por determinados setores da doutrina, ainda sob os auspícios do sistema revogado[27].

Para concessão do efeito suspensivo, compete ao interessado demonstrar a probabilidade de provimento do recurso ou, sendo relevante a fundamentação, o risco de dano grave ou de difícil reparação advindo da execução provisória do julgado.

c) Requisitos para suspensão da eficácia da sentença

O § 4º do art. 1.012 do CPC assinala que "a eficácia da sentença poderá ser suspensa pelo relator se o apelante demonstrar a probabilidade de provimento do recurso ou se,

---

27. "Após a interposição da apelação e antes da remessa ao tribunal, o pedido de tutela antecipada, em congruência com a conclusão anterior, deverá ser apresentado ao tribunal mediante simples petição, requerendo-se designação prévia e imediata de um relator ou, na falta, apreciação pelo presidente ou vice-presidentes do tribunal" (FERREIRA, William Santos. *Tutela antecipada no âmbito recursal* cit., p. 398).

sendo relevante a fundamentação, houver risco de dano grave ou de difícil reparação". Diante do conectivo "ou", pode-se inferir que a 1ª (primeira) hipótese – "probabilidade de provimento do recurso" – assemelha-se, em certa medida, com uma *tutela da evidência* (CPC, art. 311), porém adstrita à seara recursal (vide Enunciado 423 do FPPC). Por outro lado, sendo "relevante a fundamentação"[28], far-se-á necessário demonstrar ainda o risco de dano grave ou de difícil reparação. Há que se observar, então, que a regra do § 4º do art. 1.012 do CPC difere sutilmente da norma extraível do parágrafo único do art. 995 do CPC[29].

d) Discrepância com o regime da impugnação das sentenças parciais de mérito

A regra *geral* impositiva do efeito suspensivo (CPC, art. 1.012, *caput*) induz uma possível discrepância com o cabimento do agravo de instrumento (não suspensivo) voltado à impugnação das decisões *parciais* de mérito, na forma dos arts. 354, parágrafo único, e 356, § 5º, do CPC[30]. É compreensível que aquelas situações estejam alinhadas com o regime de admissibilidade e processamento do agravo de instrumento, mas tais hipóteses sugerem a falta de tratamento sistemático da matéria.

e) Outras hipóteses extraídas da legislação extravagante em prol da eficácia imediata das sentenças

Além dos casos enunciados no § 1º do art. 1.012 do CPC, certos apelos previstos na legislação especial são desprovidos de efeito suspensivo, podendo-se recordar os seguintes dispositivos legais: (i) art. 14 da Lei 7.347/1985, aplicável ao procedimento da ação civil pública; (ii) parágrafo único do art. 15 da Lei 9.507/1997, relativo à sentença que venha a conceder o *habeas data*; (iii) art. 199-B da Lei 8.069/1990, relativamente à sentença que venha a destituir o poder parental etc.

---

28. "De algum modo, a expressão *fundamentação relevante* supõe alguma dose de *fumus boni iuris*, de aparência de bom direito, de probabilidade ou possibilidade concreta de que o recurso seja provido. Do contrário, não há falar-se em *dano*. A eficácia da sentença, mesmo que, por exemplo, invasiva do patrimônio do réu *não pode ser qualificada de dano*, se não há possibilidade concreta (não remota, em tese) de que o recurso seja provido" (*Primeiros comentários ao novo código de processo civil* cit., p. 1.446).
29. "Com efeito, ao passo em que para toda espécie recursal a atribuição de efeito suspensivo encontra-se vinculada à cumulação da probabilidade do provimento do recurso com a possibilidade de risco de dano grave, de difícil ou incerta reparação caso a decisão produza efeitos imediatamente, no que tange à apelação, além de o legislador limitar as hipóteses para fins de eficácia da sentença, mesmo provisoriamente, ressalvou que tal poderá ser suspensa caso seja demonstrada a probabilidade de provimento, ou, sendo relevante a fundamentação, houver risco de dano grave ou de difícil reparação – abstraindo-se qualquer juízo de incerteza quanto à reparação" (CURI, Rodrigo Brandeburgo. Apelação, eficácia da sentença e o novo CPC: breves considerações, In: OLIVEIRA, Pedro Miranda de Oliveira (Org.). *Impactos do novo CPC na advocacia*. Florianópolis. Conceito Editorial, 2015. p. 338).
30. Para alguns autores, "é incongruente a manutenção do efeito suspensivo *ope legis* à apelação, a sustar a eficácia da sentença, em cognição exauriente; enquanto em cognição sumária, na decisão interlocutória, não se tem o efeito suspensivo *ope legis* no agravo de instrumento, senão *ope judicis*" (CURI, Rodrigo Brandeburgo. Op. cit., p. 343).

1.9.2. Efeito devolutivo e julgamento da causa madura

O *efeito devolutivo* é tradicionalmente compreendido como apto a ensejar a *devolução* da matéria impugnada à instância *ad quem* (CPC, art. 1.013). O apelante poderá arguir qualquer vício da sentença; entretanto, o tribunal deverá ficar adstrito ao julgamento dos *limites* do pedido formulado no apelo (CPC, art. 1.002). A apelação deverá ser apreciada nos limites especificados pelo próprio recorrente, entendimento esse consubstanciado no brocardo *tantum devolutum quantum appellatum*[31].

a) Os §§ 1º e 2º do art. 1.013 do CPC

O efeito devolutivo deve ser compreendido em torno da distinção entre sua *extensão* e sua *profundidade* (para alguns, dimensões *horizontal* e *vertical*[32]). Vale dizer, no plano *horizontal* (*extensão*), o tribunal exercerá atividade cognitiva atendo-se ao objeto da impugnação (CPC, art. 1.002), que pode alcançar capítulos da sentença ou questões interlocutórias não preclusas (CPC, art. 1.009, § 1º). O Enunciado 100 do FPPC ressalva que "não é dado ao tribunal conhecer de matérias vinculadas ao pedido transitado em julgado pela ausência de impugnação. Por sua vez, a *profundidade* assegura a reapreciação pelo órgão *ad quem* de todas as questões suscitadas e discutidas no processo[33], ainda que não tenham sido julgadas por inteiro na sentença. Ou seja, em relação à *profundidade*

---

31. "A expressão que consta do *caput* refere-se à *extensão do efeito devolutivo*: o conhecimento da matéria será delimitado pelo recorrente, que poderá impugnar a decisão recorrida total ou parcialmente. Sob esse prisma, por meio do recurso, se determinará a matéria compreendida na decisão recorrida, e que poderá ser conhecida pelo juízo *ad quem*" (WAMBIER, Teresa Arruda Alvim .et al (Coord.). *Primeiros comentários ao novo código de processo civil* cit., p. 1.447).
32. "Há, por assim dizer, duas dimensões a serem analisadas em termos de efeito devolutivo dos recursos: uma dimensão horizontal, consistente na amplitude da impugnação que se faz no recurso de apelação (o que se pede, vale dizer, a reforma, a anulação etc.), e uma dimensão vertical (sob qual fundamento se pede). (...) Em termos de dimensão horizontal (para Barbosa Moreira, extensão), contendo a sentença diversos capítulos (apreciação de matérias preliminares, de matérias componentes do mérito da causa, condenação em honorários), será devolvida à apreciação do tribunal os capítulos objeto de expressa impugnação recursal, e os capítulos da sentença não impugnados não poderão ser apreciados; em termos de dimensão vertical do efeito devolutivo (para Barbosa Moreira, profundidade), para a apreciação dos capítulos impugnados no recurso, não estará ao (sic) tribunal adstrito apenas aos fundamentos constantes do recurso, podendo valer-se de outros fundamentos debatidos no processo, ainda que não reiterados no recurso, e podendo apreciar outras questões controvertidas entre as partes, mesmo que não julgadas em sentença, desde que, contudo, tenham a ver com o capítulo impugnado. Esta a intelecção dos §§ 1º e 2º do art. 1.013 em análise" (MELLO, Rogerio Licastro Torres de. Da apelação. In: WAMBIER, Teresa Arruda Alvim et al. (Coord.). *Breves comentários ao Novo Código de Processo Civil*. São Paulo: RT, 2015. p. 2.245).
33. "Quando se pensa na profundidade do efeito devolutivo preocupa-se com a esfera de cognição aberta ao tribunal com a interposição do recurso. São transferidas ao órgão *ad quem*, além das questões efetivamente apreciadas e julgadas pelo juiz de primeiro grau, tanto as matérias que podem ser examinadas *ex officio*, embora não tenham sido debatidas no juízo *a quo* (v.g., a carência de ação, a falta dos pressupostos processuais, as nulidades processuais absolutas etc.), quanto aquelas que não foram julgadas na sentença mas foram suscitadas e discutidas pelas partes no curso do processo. Nesse caso, todavia, quando a questão não seja de ordem pública, para que o tribunal possa dela conhecer é necessário que seja impugnada pelo recorrente" (CAMBI, Eduardo. Efeito devolutivo da apelação e duplo grau de jurisdição. In: MARINONI, Luiz Guilherme; DIDIER JR., Fredie (Coord.). *A segunda etapa da reforma processual civil*. São Paulo: Malheiros, 2001. p. 240).

(plano *vertical*), a devolução é considerada *plena*, abarcando todos os pontos e argumentos discutidos no processo, ainda que não solucionados, desde que adstritos ao(s) capítulo(s) impugnado(s). Mesmo em caso de apelo *parcial*, ao deliberar sobre o pedido recursal, o tribunal poderá examinar temas ou matérias não enfrentadas pelo juízo *a quo*; porém, em regra, não estará autorizado a promover mudanças que extrapolem os limites da pretensão do recorrente. Dito de outra forma, "a extensão relaciona-se ao *objeto litigioso* do recurso (a questão principal do recurso); a profundidade, ao *objeto de conhecimento* do recurso, às questões que devem ser examinadas pelo órgão *ad quem* como fundamentos para a solução do objeto litigioso recursal"[34].

Quanto às *matérias de ordem pública* que venham a ser constatadas pelo Tribunal, dar-se-á o dever de observância do art. 10 do CPC, a fim de submetê-la ao prévio debate das partes.

b) O § 3º do art. 1.013 do CPC

O dispositivo consagra o princípio da *causa madura*, ao fazer menção aos processos em *condições de imediato julgamento*, ou seja, quando inexistam outras questões de fato a serem solucionadas. O Tribunal deverá verificar, portanto, a *maturidade* do processo para o enfrentamento do mérito da causa. Assim, o juízo *ad quem deve* prosseguir com o exame do mérito da demanda nos casos de *superação* das sentenças terminativas identificadas com as hipóteses do art. 485 do CPC (CPC, art. 1.013, § 3º, I). Igual tratamento deverá ser dispensado nos casos de nulidade da sentença não congruente com os limites do pedido ou da causa de pedir, hipótese que remete para as decisões *ultra* ou *extra petita* (CPC, art. 1.013, § 3º, II). Aliás, "a decisão que julga além dos limites da lide não precisa ser anulada, devendo ser eliminada a parte que constitui o excesso"[35]. Também se revela sintomática a situação do inciso III do § 3º do art. 1.013 do CPC, ao dispor que *constatada* "omissão no exame de um dos pedidos", o Tribunal poderá desde logo julgá-lo. Ou seja,

> (...) no inciso II, ora examinado, fala-se apenas em "constatar a omissão": não há defeito (não há defeito no que não existe), porque não houve decisão sobre aquele pedido. O tribunal limita-se a reconhecer o fato "omissão quanto ao pedido" e integrar a sentença, julgando o pedido que deveria ter sido julgado[36].

O mesmo regime aplica-se ainda à decretação de nulidade por falta de *fundamentação* (CPC, art. 1.013, § 3º, IV)[37]. O Enunciado 307 do FPPC dispõe que "reconhecida

---

34. DIDIER JR., Fredie; CUNHA, Leonardo Carneiro da. *Curso de direito processual civil*: o processo civil nos tribunais, recursos, ações de competência originária de tribunal e *querela nullitatis*, incidentes de competência originária de tribunal. 13. ed., 2016 cit., p. 145.
35. STJ, 4ª T., AgInt no AREsp 1.339.385/SP, Rel. Min. Maria Isabel Gallotti, j. 09.04.2019, *DJe* 12.04.2019.
36. DIDIER JR., Fredie; CUNHA, Leonardo Carneiro da. *Curso de direito processual civil*: o processo civil nos tribunais, recursos, ações de competência originária de tribunal e *querela nullitatis*, incidentes de competência originária de tribunal. 13. ed., 2016 cit., p. 198.
37. Para Teresa Arruda Alvim Wambier, Maria Lúcia Lins Conceição, Leonardo Ferres da Silva Ribeiro e Rogério Licastro Torres de Mello, a técnica de suplantação da sentença carente de fundamentação somente poderá ser

a insuficiência da sua fundamentação, o Tribunal decretará a nulidade da sentença e, preenchidos os pressupostos do § 3º do art. 1.013, decidirá desde logo o mérito da causa". Ao que parece, nesse específico caso, o Tribunal "não decretará a nulidade da sentença (como diz a lei), mas, reconhecendo-a e pretendendo manter a decisão do mérito no mesmo sentido, corrigirá o defeito de fundamentação, que faz que seja considerada juridicamente inexistente"[38]. São técnicas alinhadas com o regime instituído pelo § 3º do art. 515 do CPC 1973 ("teoria da causa madura"[39]), substanciando certa relativização do postulado do duplo grau de jurisdição. Portanto, em caráter exemplificativo, o apelante pode suscitar a *omissão* no enfrentamento de pedido deduzido na inicial (decisão *citra petita*), não sanada via embargos de declaração. Ocorrendo tal hipótese, o pedido de *integração* do julgado originário poderá ser apreciado em instância única e, paradoxalmente, de forma contrária ao interesse do recorrente, com aumento *quantitativo* e(ou) *qualitativo* da sucumbência originária.

c) *O pedido recursal das partes e o § 3º do art. 1.013 do CPC*

A incidência da técnica preconizada pelo § 3º do art. 1.013 do CPC 2015 não está limitada à vontade da parte recorrente[40], ainda que o recurso possa contemplar tal pleito com o intuito de *advertir* o órgão julgador (projeção do princípio da colaboração). Por razões de *isonomia*, também não é prerrogativa do recorrido *evitar* o julgamento de mérito ou a correção das *incongruências*. É certo que, ainda sob o regime do CPC de

---

utilizada para "confirmar" a tese decisória adotada pelo dispositivo da decisão: "E, por último, diz a nova lei que a *falta de fundamentação* deverá ser suprimida pelo Tribunal. A norma só se aplica se o Tribunal for decidir no mesmo sentido. *O Tribunal não pode, é claro, 'alterar' o sentido da decisão sem fundamentação, porque não terá condições nem mesmo de 'entender' o que foi decidido, muito menos de qualificar de 'errada' a decisão e 'corrigi-la'*" (WAMBIER, Teresa Arruda Alvim et al (Coord.). *Primeiros comentários ao novo código de processo civil* cit., p. 1.451).

38. WAMBIER, Teresa Arruda Alvim. Embargos de declaração. In: WAMBIER, Luiz Rodrigues; WAMBIER, Teresa Arruda Alvim (Coord.). *Temas essenciais do novo CPC*: análise das principais alterações do sistema processual civil brasileiro. 2. tir. São Paulo: RT, 2016, p. 568.

39. "(...) A teoria da causa madura é aplicável às hipóteses em que o tribunal, ao julgar apelação, anula a sentença e julga imediatamente o mérito da causa, não sendo necessário o retorno dos autos ao Juízo de primeiro grau e desde que o processo esteja em condições de imediato julgamento, sem a necessidade de dilação probatória" (STJ, 3ª T., REsp 1.959.787/SP, Rel. Min. Marco Aurélio Bellizze, j. 12.12.2023, DJe 15.12.2023).

40. "Há que se considerar que o dispositivo prevê verdadeira *regra de julgamento*, outorgando possibilidade de análise do mérito até então inexistente no sistema processual. Dessa forma, não cabe às partes determinar ou não sua aplicação, simplesmente porque não lhes cabe determinar *quando* há de ser julgado o *mérito causae*". (SIQUEIRA, Thiago Ferreira. Duplo grau de jurisdição e 'teoria da causa madura' no novo código de processo civil. In: DIDIER JR., Fredie, MACEDO, Lucas Buril de, PEIXOTO, Ravi, FREIRE, Alexandre (Coord.). *Novo CPC doutrina selecionada, v. 6*: processo nos tribunais e meios de impugnação às decisões judiciais. Salvador: JusPodivm, 2015. p. 599). Em sentido *contrário*, Fredie Didier Jr. e Leonardo Carneiro da Cunha afirmam que "para que seja aplicada a regra do § 3º do art. 1.013 do CPC, é preciso que o recorrente, em suas razões recursais, requeira expressamente que o Tribunal dê provimento à apelação e, desde logo, aprecie o mérito da demanda. Caso o apelante requeira que, após o provimento do recurso, sejam os autos devolvidos ao juízo de primeira instância para análise do mérito, não poderá o tribunal, valendo-se do § 3º do art. 1.013 do CPC, adentrar o exame do mérito, sob pena de proferir decisão *extra petita*" (DIDIER JR., Fredie; CUNHA, Leonardo Carneiro da. *Curso de direito processual civil*: o processo civil nos tribunais, recursos, ações de competência originária de tribunal e *querela nullitatis*, incidentes de competência originária de tribunal. 13. ed., 2016 cit., p. 195).

1973, alguns autores defendiam que o pedido expresso da parte recorrente quanto ao julgamento de mérito da causa madura serviria, ao menos, para balizar as matérias a serem tratadas em contrarrazões. No entanto, salvo melhor juízo, tal posição não se sustenta a partir da conformação outorgada ao § 3º do art. 1.013 do CPC 2015, pois (i) a aferição da maturidade da causa ("condições de imediato julgamento") é *prerrogativa* do Tribunal e; além disso, (ii) a técnica em questão ainda se volta à correção de outros vícios (v.g., ausência de fundamentação do *decisum*) ou afastamento das decisões *incongruentes*. Não é aceitável que a parte recorrida pretenda evitar a solução desses problemas pelo simples fato de que a decisão viciada lhe era favorável.

d) Superação da prescrição e decadência

O § 4º do art. 1.013 do CPC permite ainda ao Tribunal prosseguir no julgamento, nos casos em que resulte afastada a prescrição e(ou) decadência reconhecidas pela sentença. Com efeito, o Superior Tribunal de Justiça ratificou que, uma vez "afastada a decadência ou a prescrição pelo órgão judicante *ad quem*, estando o feito devidamente instruído e sendo a causa exclusivamente de direito, a princípio, não há impedimento para a aplicação do art. 515, § 3º, do CPC/1973 (art. 1.013, § 3º, do CPC/2015)"[41].

1.10. INOVAÇÃO RECURSAL (CPC, ART. 1.014)

a) Fatos novos na apelação

O art. 1.014 do CPC aponta para a devolutividade dos fatos não propostos no juízo inferior, competindo à parte interessada provar que deixou de alegá-los por razões de *força maior*. Ou seja, o dispositivo refere-se aos fatos *antigos* (preexistentes), mas que não foram alegados. Em contrapartida, o art. 493 do CPC refere-se aos fatos *supervenientes*.

Cumpre ao apelante demonstrar a ocorrência de *força maior* no momento da interposição do recurso, cabendo ao Tribunal verificar, no caso concreto, a circunstância que justifique a incidência da regra. Nesses casos, deverá ser observado o disposto no art. 933 do CPC.

b) Fato constitutivo, modificativo ou extintivo capaz de influenciar no julgamento do mérito

O art. 493 do CPC prevê que "se, depois da propositura da ação, algum fato constitutivo, modificativo ou extintivo do direito influir no julgamento do mérito, caberá ao juiz tomá-lo em consideração, de ofício ou a requerimento da parte, no momento de proferir a decisão". Para José Alexandre Manzano Oliani, a conjugação dos arts. 493 e 1.014 do CPC confere os contornos do:

---

41. STJ, 2ª T. REsp 1.758.078/RN, Rel. Min. Herman Benjamin. j. 25.09.2018, *DJe* 27.11.2018.

(...) *princípio da atualidade da decisão*, segundo o qual a decisão deve refletir a situação existente no momento em que é proferida. Esses dispositivos legais autorizam que o juiz, de ofício ou a requerimento, tome em consideração fato novo apto a influir no julgamento do processo[42].

c) Matérias de ordem pública

A restrição do art. 1.014 do CPC não induz vedação para o exame de matérias de ordem pública, que comportam análise por força do efeito devolutivo e ainda do eventual efeito *translativo* do recurso.

---

42. OLIANI, José Alexandre Manzano. Apelação WAMBIER, Luiz Rodrigues; WAMBIER, Teresa Arruda Alvim. *Temas essenciais do novo CPC*: análise das principais alterações do sistema processual civil brasileiro. 2. tir. São Paulo: RT, 2016. p. 547.

2
AGRAVO DE INSTRUMENTO

2.1. SÍNTESE DAS LEIS REFORMISTAS ANTERIORES

Para fins de compreensão do atual sistema de recorribilidade das decisões interlocutórias, parece conveniente uma breve resenha do tratamento dispensado por diplomas legislativos pretéritos. Assim, o CPC 1939 disciplinou as seguintes modalidades de agravo: *de instrumento* (art. 842), no *auto do processo* (art. 851) e *de petição* (para fins de impugnação de decisões terminativas, sem julgamento de mérito). Em sua versão sancionada, o CPC 1973 norteou-se por uma tendência simplificadora, abolindo a figura do *agravo de petição*, mantendo o *agravo de instrumento* e concebendo o *agravo retido*. Contudo, o manuseio dessas duas modalidades de agravo sofreu profundas modificações com o advento da Lei 9.139/1995, editada ainda no regime do CPC revogado.

Com efeito, naquela oportunidade, se buscava simplificar a interposição do agravo de instrumento, o que gerou a proliferação de seu emprego nas instâncias recursais ordinárias. O número de agravos de instrumento cresceu gradativamente nos Tribunais pátrios de 2º grau. Contribuíram para tal fenômeno a ampliação das tutelas de urgência e a disseminação da técnica antecipatória, redundando em inúmeras decisões interlocutórias recorríveis. As mazelas intrínsecas à morosidade processual resultavam em apego às tutelas de urgência, disseminadas na forma de decisões interlocutórias agraváveis, com projeções óbvias na seara recursal.

Por tais razões, a Lei 10.352/2001 balizou alguns parâmetros dessa modalidade recursal, corrigindo algumas incongruências do sistema recursal revogado, sinalizando com a *tendência* de privilegiar o agravo retido, restringindo o cabimento do agravo de instrumento.

Passados, então, 10 (dez) anos da experiência implementada pela Lei 9.139/1995, os reclamos que ecoaram nos Tribunais de 2º grau[1] contribuíram para o advento da Lei 11.187, de 19.10.2005, que acentuou as restrições quanto ao uso do agravo de instru-

---

1. Walter Piva Rodrigues, neste particular, destacava que "uma década de experiência, todavia, sinalizou outro tipo de distorção já agora em Segundo Grau, e não por acaso em virtude da reforma, sobretudo, pelo fato de gerar uma quantidade enorme de agravos propostos diretamente no Tribunal (ao que consta, com preocupante porcentual de reforma de decisões singulares dos juízos *a quo*), absorvendo o esforço e o tempo dos que, por princípio, devem ocupar-se de rever os julgamentos de mérito prolatados em Primeiro Grau (...)". (RODRIGUES, Walter Piva. Responsabilidade da magistratura: o agravo de instrumento e a "reforma" de suas reformas legislativas. *Revista do Advogado*: homenagem ao Professor José Ignácio Botelho de Mesquita, n. 84, a. XXV, dez. 2005, p. 234).

mento, priorizando, em contrapartida, a *opção compulsória* pelo agravo retido, com a ressalva de certas situações específicas. Em linhas gerais, o cabimento do agravo de instrumento passou a exigir a demonstração do interesse recursal imediato, notadamente naquelas situações que envolviam urgência na apreciação de certas matérias.

A Lei 11.187/2005 originou-se de projeto do Poder Executivo, englobando outros anteprojetos legislativos que tramitavam no Congresso, na linha da pretendida reforma infraconstitucional do Poder Judiciário, pautada pela intervenção da Secretaria de Reforma do Judiciário, órgão vinculado ao Ministério da Justiça.

O que se viu, portanto, com essa sucessão das leis reformistas, foi um certo movimento "pendular", ora facilitando o agravo de instrumento, ora dificultando seu manuseio, com certa perplexidade dos advogados e operadores, pois inúmeras situações concretas continuavam reclamando imediato acesso à segunda instância.

Em suma: o CPC revogado contemplava o recurso de agravo voltado à impugnação das decisões interlocutórias, o qual foi previsto com diferentes formas de interposição e processamento (agravo retido, de instrumento, interno e ainda as modalidades regimentais).

No entanto, o art. 994 do CPC 2015 tratou como espécies recursais diversas:

> (...) o agravo de instrumento (cabível contra as decisões interlocutórias arroladas no art. 1.015), o agravo interno (cabível contra decisão proferida pelo relator, nos termos do art. 1.021) e o agravo em recurso especial ou extraordinário (cabível contra decisão do presidente ou vice-presidente local que se enquadre numa das situações descritas no art. 1.042)[2].

2.2. CABIMENTO DO AGRAVO DE INSTRUMENTO

a) Opção pela concentração da recorribilidade ordinária

O CPC 2015 aboliu a figura do agravo retido, alterando-se a sistemática de preclusões. O § 1º do art. 1.009 do CPC dispõe que "as questões resolvidas na fase de conhecimento, se a decisão a seu respeito não comportar agravo de instrumento, não são cobertas pela preclusão e devem ser suscitadas em preliminar de apelação, eventualmente interposta contra a decisão final, ou nas contrarrazões".

b) A discussão envolvendo a taxatividade das hipóteses de cabimento do agravo de instrumento

Conforme mencionado, após a reforma empreendida pela Lei 11.187/2005, o CPC de 1973 consagrou a fórmula de acesso imediato ao Tribunal, com emprego do agravo de instrumento nos casos em que a decisão interlocutória substanciasse risco de lesão

---

2. JORGE, Flávio Cheim. Dos recursos. In: WAMBIER, Teresa Arruda Alvim et al. (Coord.). *Breves comentários ao Novo Código de Processo Civil*. São Paulo: RT, 2015. p. 2.218.

grave ou de difícil reparação[3]. Esse modelo foi abandonado pelo legislador 2015 em prol da recorribilidade *concentrada*. Portanto, uma das discussões mais fecundas do sistema recursal vigente, que demanda exame parcimonioso da jurisprudência, diz respeito à taxatividade ou não do art. 1.015 do CPC[4]. Conforme ver-se-á a seguir, em julgamento de recurso repetitivo, o STJ fixou a tese de que "o rol do art. 1.015 do CPC é de taxatividade mitigada, por isso admite a interposição de agravo de instrumento quando verificada a urgência decorrente da inutilidade do julgamento da questão no recurso de apelação".

A discussão é relevante, pois as reformas legislativas impostas ao recurso de agravo (Leis 10.352/2001 e 11.187/2005) ainda sob a égide do CPC 1973 permitem constatar que as restrições à recorribilidade *imediata* das decisões interlocutórias despertavam o uso do mandado de segurança como sucedâneo recursal, o que, diga-se de passagem, não pode causar verdadeira surpresa ante a dicção expressa do art. 5º, II, da Lei 12.016/2009[5].

No entanto, ao se examinar o sistema recursal da Lei 13.105/2015, é indisputável que o legislador fez uma opção pela recorribilidade *imediata* de certas decisões interlocutórias, relegando as demais para o modelo de impugnação tardia. Como já foi dito, o § 1º do art. 1.009 do CPC contempla a possibilidade de impugnação *tardia* das interlocutórias não sujeitas à preclusão, relegando tal insurgência para o momento de interposição do recurso *final*.

Logo, foram observadas as seguintes posições doutrinárias em relação à taxatividade do rol do art. 1.015 do CPC: (i) adeptos de um rol taxativo em relação ao cabimento do agravo de instrumento, ainda que não circunscrito à lista do art. 1.015 do CPC (mas adstritos à estrita legalidade); (ii) defensores da existência de um rol *taxativo*, porém, maleável às interpretações *analógicas* ou *extensivas*[6]; e, por fim, (iii) partidários da tese de que as restrições ou as lacunas quanto ao cabimento do agravo de instrumento per-

---

3. "Considerando a opção do legislador pela remoção da chamada 'cláusula de abertura' do art. 522 contida no CPC/1973, que permite a recorribilidade de qualquer decisão interlocutória, desde que demonstrada sua potencialidade para causar à parte lesão grave e de difícil reparação, como já defendido acima, acredita-se que o rol trazido pelo NCPC é taxativo, *numerus clausus*, resgatando, dessa forma, a sistemática adotada pelo CPC/1939 e claramente objetivando a limitação do número desses recursos em tramitação nos tribunais" (JOBIM, Marco Félix; CARVALHO, Fabrício de Farias. A disciplina dos agravos no novo código de processo civil. In: DIDIER JR., Fredie (Coord.), MACÊDO, Lucas Buril; PEIXOTO, Ravi; FREIRE, Alexandre (Org.). *Novo CPC doutrina selecionada*. Salvador: JusPodivm, 2015. v. 6: processo nos tribunais e meios de impugnação às decisões judiciais p. 638).
4. Para Dierle Nunes, "as questões resolvidas em decisões interlocutórias que são passíveis de impugnação através do recurso de agravo de instrumento são taxativas (art. 1.015)" (NUNES, Dierle. Apelação e honorários no novo CPC. In: OLIVEIRA, Pedro Miranda de (Org.). *Impactos do novo CPC na advocacia*. Florianópolis: Conceito Editorial, 2015. p. 84).
5. Art. 5º Não se concederá mandado de segurança quando se tratar: I – (...); II – de decisão judicial da qual caiba recurso com efeito suspensivo; III – de decisão judicial transitada em julgado.
6. "As hipóteses de agravo de instrumento estão previstas em rol taxativo. A *taxatividade* não é, porém, incompatível com a interpretação extensiva. Embora taxativas as hipóteses de decisões agraváveis, é possível interpretação extensiva de cada um dos seus tipos" (DIDIER JR., Fredie; CUNHA, Leonardo Carneiro da. *Curso de direito processual civil*: o processo civil nos tribunais, recursos, ações de competência originária de tribunal e *querela nullitatis*, incidentes de competência originária de tribunal. 13. ed. Salvador: JusPodivm, 2016. p. 209).

mitiriam o emprego do mandado de segurança como sucedâneo recursal[7]. Oportuno firmar, portanto, uma breve resenha e juízo crítico acerca das opções defendidas.

Ao se advogar em proveito do cabimento do mandado de segurança, são frequentes as afirmativas de que certas decisões não podem aguardar o desfecho da fase cognitiva em 1ª instância. A decisão denegatória da decretação do segredo de justiça se enquadra nessa perspectiva, despertando interesse recursal imediato[8]. Contudo, a aceitação do mandado de segurança para impugnação de decisões interlocutórias deve sopesar a previsão dos regimentos internos dos Tribunais, pois, via de regra, esse tipo de *writ* manejado contra o ato judicial costuma ser direcionado aos órgãos *plenários* dessas Cortes, o que pode resultar, em tese, na transposição de matérias afetas a órgãos especializados para julgadores distanciados do tema a ser impugnado[9].

Além disso, no tocante ao emprego do mandado de segurança como sucedâneo recursal, a despeito da dicção expressa do art. 5º, II, da Lei 12.016/2009, não se pode perder de vista que, as Cortes de 2º grau vinham rechaçando o emprego do *writ*, sob o fundamento de que as restrições legais ao uso do agravo de instrumento não impedem a via recursal: apenas obstam o seu uso imediato. Ademais, essa tese também foi submetida à apreciação do STJ que, a despeito da controvérsia acerca da exegese do art. 1.015 do CPC, defendeu que o mandado de segurança "contra ato judicial é medida excepcional, admissível somente nas hipóteses em que se verifica de plano decisão teratológica, ilegal ou abusiva, contra a qual não caiba recurso"[10]. O STJ ainda assentou que:

---

[7]. Antonio Notariano Júnior e Gilberto Bruschi são fiéis a essa opinião: "Outro posicionamento é o de que o rol é taxativo, mas que não restringe o cabimento de outro meio de impugnação, ou seja, o mandado de segurança contra o ato judicial, com o qual concordamos. (...) Significa dizer que, ao menos em tese, sempre que a decisão for suscetível de causar a parte lesão grave e de difícil reparação e não estiver no rol exaustivo das hipóteses de cabimento do agravo de instrumento, será cabível o mandado de segurança contra o ato judicial. Ou seja, o mandado de segurança torna-se um sucedâneo recursal do agravo de instrumento" (NOTARIANO JR., Antonio; BRUSCHI, Gilberto. *Agravo contra as decisões de primeiro grau*: de acordo com as recentes reformas processuais e com o CPC/2015. 2. ed. Rio de Janeiro: Forense; São Paulo: Método, 2015. p. 124-125).

[8]. "De qualquer maneira, na ausência de cabimento de agravo de instrumento, a decisão sobre a decretação de segredo de justiça poderá ser atacada por meio de mandado de segurança, eis que apta a causar lesão grave e de difícil reparação" (JUSTEN NETO, Marçal. Segredo de justiça e administração pública, In: TALAMINI, Eduardo (Coord.). *Processo e administração pública*. DIDIER JR., Fredie (Org.). Salvador: JusPodivm, 2016. v. 10, p. 322). Coleção Repercussões do Novo CPC.

[9]. Sob a ótica do CPC revogado, mas em lição ainda útil e válida, William Santos Ferreira afirmava que: "As ações autônomas não só são mais tumultuárias em relação à marcha processual, como também geram um trabalho muito maior ao Poder Judiciário, como ocorre com o mandado de segurança, que, além de requisitos específicos nem sempre adequados ao caso concreto, não se limita à concessão ou não de liminares, exigindo distribuição autônoma, por vezes o órgão prolator da liminar não é o mesmo que integrará o colegiado que apreciará o recurso, informações da autoridade impetrada, manifestações dos interessados e, o que é pior, a necessidade do julgamento do mérito desta ação, e os recursos que virão (...)" (FERREIRA, William Santos. *Tutela antecipada no âmbito recursal*. São Paulo: RT, 2000. p. 218).

[10]. STJ, RMS 54.969-SP, Rel. Min. Herman Benjamin, j. 10.10.2017, *DJe* 23.10.2017. Essa mesma orientação foi mantida em outro precedente que invocou a inexistência de situação *teratológica* para obstar o cabimento de mandado de segurança (STJ, AgInt no RMS 59.470-SP, 4ª T., Rel. Min. Isabel Gallotti, j. 07.05.2019, *DJe* 10.05.2019).

É inadmissível o mandado de segurança impetrado contra decisão interlocutória que havia sido objeto de anterior impugnação por agravo de instrumento não conhecido, pois, embora não se possa falar em violação ao princípio da unirrecorribilidade, deve ser aplicada a Súmula 267/STF, segundo a qual 'não cabe mandado de segurança contra ato judicial passível de recurso ou correição', ainda que o exercício do poder de recorrer ocorra de modo diferido no tempo, como na hipótese em que a impugnação da interlocutória apenas ocorrerá em apelação ou em contrarrazões de apelação[11].

Porém, de forma ligeiramente distinta do que restou decidido no precedente anterior, onde se enfatizou o princípio da unirrecorribilidade para obstar o emprego de mandado de segurança em caso de decisão já agravada, o STJ aceitou o cabimento deste remédio, por vislumbrar ocorrência de "ato judicial manifestamente ilegal e irrecorrível, consistente em decisão interlocutória que impôs à parte ré multa pelo não comparecimento pessoal à audiência de conciliação, com base no § 8º do art. 334 do CPC, por suposto ato atentatório à dignidade da justiça"[12].

A opção pela interpretação *analógica* permite abarcar certas decisões interlocutórias *relevantes*, não contempladas *literalmente* pelo art. 1.015 do CPC, com a admissão da recorribilidade imediata pela via do agravo de instrumento. Em abono à tese e, diga-se, antes do julgamento dos recursos especiais repetitivos 1.696.396--MT e 1.704.520-MT (tema 988), a 4ª Turma do STJ concluiu que, "apesar de não previsto expressamente no rol do art. 1.015 do CPC/2015, a decisão interlocutória relacionada à definição de competência continua desafiando recurso de agravo de instrumento, por uma interpretação analógica ou extensiva da norma contida no inciso III do art. 1.015 do CPC/2015"[13]. A questão mantinha-se no centro das discussões, pois, antes da adoção da tese envolta à taxatividade *mitigada*, ao se pronunciar sobre o cabimento de agravo de instrumento em face de decisão de primeira instância que reconheceu *conexão* entre ação de cobrança e ação declaratória de dissolução parcial de sociedade anônima, decisão monocrática do Min. Marco Bellizze orientou-se pela sua impossibilidade, sugerindo a recorribilidade em preliminar de apelação ou contrarrazões[14].

Diante das posições divergentes acerca da taxatividade do art. 1.015 do CPC, o STJ submeteu a matéria ao regime de *afetação* na forma do art. 1.036 do CPC (sem promover, contudo, a *suspensão nacional* de processos pendentes, individuais ou coletivos, na forma do acórdão proferido em 28.02.2018), com a proposta de exame da questão: "definir a natureza do rol do art. 1.015 do CPC/15 e verificar possibilidade de sua interpretação extensiva, para se admitir a interposição de agravo de instrumento contra decisão interlocutória que verse sobre hipóteses não expressamente versadas nos incisos de referido dispositivo do novo CPC"[15] (tema 988).

---

11. STJ, RMS 60.641-MG, 3ª T., Rel. Min. Nancy Andrighi, *DJe* 07.11.2019.
12. STJ, AgInt no RMS 56.422-MS, 4ª T., Rel. Min. Raul Araújo, *DJe* 16.06.2021.
13. STJ, REsp 1.679.909-RS, 4ª T., Rel. Min. Luis Felipe Salomão, *DJe* 1º.02.2018.
14. STJ, REsp 1.700.500-SP, Rel. Min. Marco A. Bellizze, j. 16.10.2017, *DJe* 07.11.2017.
15. STJ, REsp 1.704.520-MT, Rel. Min. Laurita Vaz, j. 20.02.2018, *DJe* 28.02.2018.

Assim, a Corte Especial do STJ fixou a seguinte tese: "O rol do art. 1.015 do CPC é de taxatividade mitigada, por isso admite a interposição de agravo de instrumento quando verificada a urgência decorrente da inutilidade do julgamento da questão no recurso de apelação". Em defesa da segurança jurídica, foi assentada a modulação dos efeitos da tese, reservadas apenas às "decisões interlocutórias proferidas após a publicação do presente acórdão" (*DJe* 19.12.2018).

O julgamento da matéria no STJ ocorreu na sessão de 05.12.2018, precedido pela participação de diversas entidades classistas, intervenientes na qualidade de *amicus curiae*, como o Conselho Federal da Ordem dos Advogados do Brasil, o Instituto Brasileiro de Direito Processual – IBDP, a Associação Brasileira de Direito Processual – ABDPro, e a Associação Norte e Nordeste de Professores de Processo – ANNEP, resultando na prolação de acórdãos em relação aos recursos repetitivos 1.696.396-MT e 1.704.520-MT, cuja ementa comum segue a seguir transcrita:

> Recurso especial representativo de controvérsia. Direito processual civil. Natureza jurídica do rol do art. 1.015 do CPC/2015. Impugnação imediata de decisões interlocutórias não previstas nos incisos do referido dispositivo legal. Possibilidade. Taxatividade mitigada. Excepcionalidade da impugnação fora das hipóteses previstas em lei. Requisitos.
>
> 1 – O propósito do presente recurso especial, processado e julgado sob o rito dos recursos repetitivos, é definir a natureza jurídica do rol do art. 1.015 do CPC/15 e verificar a possibilidade de sua interpretação extensiva, analógica ou exemplificativa, a fim de admitir a interposição de agravo de instrumento contra decisão interlocutória que verse sobre hipóteses não expressamente previstas nos incisos do referido dispositivo legal.
>
> 2 – Ao restringir a recorribilidade das decisões interlocutórias proferidas na fase de conhecimento do procedimento comum e dos procedimentos especiais, exceção feita ao inventário, pretendeu o legislador salvaguardar apenas as *"situações que, realmente, não podem aguardar rediscussão futura em eventual recurso de apelação".*
>
> 3 – A enunciação, em rol pretensamente exaustivo, das hipóteses em que o agravo de instrumento seria cabível revela-se, na esteira da majoritária doutrina e jurisprudência, insuficiente e em desconformidade com as normas fundamentais do processo civil, na medida em que sobrevivem questões urgentes fora da lista do art. 1.015 do CPC e que tornam inviável a interpretação de que o referido rol seria absolutamente taxativo e que deveria ser lido de modo restritivo.
>
> 4 – A tese de que o rol do art. 1.015 do CPC seria taxativo, mas admitiria interpretações extensivas ou analógicas, mostra-se igualmente ineficaz para conferir ao referido dispositivo uma interpretação em sintonia com as normas fundamentais do processo civil, seja porque ainda remanescerão hipóteses em que não será possível extrair o cabimento do agravo das situações enunciadas no rol, seja porque o uso da interpretação extensiva ou da analogia pode desnaturar a essência de institutos jurídicos ontologicamente distintos.
>
> 5 – A tese de que o rol do art. 1.015 do CPC seria meramente exemplificativo, por sua vez, resultaria na repristinação do regime recursal das interlocutórias que vigorava no CPC/73 e que fora conscientemente modificado pelo legislador do novo CPC, de modo que estaria o Poder Judiciário, nessa hipótese, substituindo a atividade e a vontade expressamente externada pelo Poder Legislativo.
>
> 6 – Assim, nos termos do art. 1.036 e seguintes do CPC/2015, fixa-se a seguinte tese jurídica: *O rol do art. 1.015 do CPC é de taxatividade mitigada, por isso admite a interposição de agravo de instrumento quando verificada a urgência decorrente da inutilidade do julgamento da questão no recurso de apelação.* (...). (grifo nosso)

Ou seja, apesar de ressalvar que a atribuição de caráter meramente *exemplificativo* ao rol do art. 1.015 do CPC redundaria em certo efeito *repristinatório* indesejado do sistema recursal revogado, a tese fixada pelo STJ em prol da *taxatividade mitigada* exige que a parte interessada demonstre o *interesse recursal imediato* no emprego do agravo de instrumento "quando verificada a urgência decorrente da inutilidade do julgamento da questão no recurso de apelação". E, desse modo, há certa *convergência* com o regime imposto pela Lei 11.187/2005, abordado em resenha no início do presente capítulo.

Não se pode deixar de registrar, entretanto, que no atual quadrante normativo e jurisprudencial, a opção pela *taxatividade mitigada* pode ocasionar eventuais prejuízos à parte, ante o risco de se considerar *preclusa* a decisão interlocutória não impugnada por agravo de instrumento, sob a premissa de que, em relação a certo provimento interlocutório, dar-se-ia o regime de impugnação diferida por ocasião da apelação ou contrarrazões. Em termos práticos, a tese fixada pelo STJ não imuniza o risco dos Tribunais de 2º grau taxarem como *preclusa* uma determinada questão resolvida na fase de conhecimento, usando a premissa de que a matéria era urgente e, ausente o agravo de instrumento no momento oportuno, dar-se-ia a impossibilidade de se retomá-la por ocasião do exame do apelo final.

Não se pode perder de vista, por fim, que a ocorrência de erro de procedimento, com inversão tumultuária do processo ou negativa de prestação jurisdicional, mesmo não autorizado o uso imediato do agravo de instrumento, permite cogitar do emprego da *correição parcial*, figura que remanesce em vários regimentos internos dos Tribunais de 2º grau. Porém, a respeito dessa opção, é preciso reconhecer ainda que subsiste uma discussão periférica acerca de possível inconstitucionalidade desse instituto[16].

2.3. HIPÓTESES TAXATIVAS DE CABIMENTO

Após firmar o entendimento acerca da taxatividade mitigada, o STJ ainda esclareceu que esse regime interpretativo se aplica apenas às decisões proferidas na fase de cognição:

> (...) Somente as decisões interlocutórias proferidas na fase de conhecimento se submetem ao regime recursal disciplinado pelo art. 1.015, caput e incisos do CPC/2015, segundo o qual apenas os conteúdos elencados na referida lista se tornarão indiscutíveis pela preclusão se não interposto, de imediato, o recurso de agravo de instrumento, devendo todas as demais interlocutórias aguardar a prolação da sentença para serem impugnadas na apelação ou nas contrarrazões de apelação, observado, quanto ao ponto, a tese da taxatividade mitigada fixada pela Corte Especial do Superior Tribunal de Justiça por ocasião do julgamento dos recursos especiais repetitivos n. 1.696.396/MT e 1.704.520/MT[17].

a) Agravo de instrumento contra as decisões que envolvam tutelas provisórias

Conforme previsão da exposição de motivos da Lei 13.105/2015:

---
16. "Instituto inconstitucional, quer tivesse natureza administrativa (decisão administrativa não pode modificar decisão jurisdicional) quer tivesse natureza processual (o Estado não pode legislar sobre a material processual: CF, art. 22, I), não tem mais nenhum significado relevante no sistema do CPC de 1973, no qual se admite agravo contra toda e qualquer decisão interlocutória ..." (NERY JR., Nelson; NERY, Rosa Maria de Andrade. *Código de processo civil comentado e legislação extravagante*. 14 ed. rev., ampl. e atual. São Paulo: RT, 2014. p. 1.079).
17. STJ, REsp 1.803.925-SP, Corte Especial, Rel. Min. Nancy Andrighi, *DJe* 06.08.2019.

(...) o agravo de instrumento ficou mantido para as hipóteses de concessão, ou não, de tutela de urgência, para as interlocutórias de mérito, para as interlocutórias proferidas na execução (e no cumprimento de sentença) e para todos os demais casos a respeito dos quais houver previsão legal.

Logo, o agravo de instrumento é cabível para impugnação das decisões interlocutórias relacionadas com as tutelas provisórias (CPC, arts. 294 e ss.) fundadas em *urgência* ou *evidência*. O Enunciado 29 do FPPC ainda sugere que "é agravável o pronunciamento judicial que postergar a análise do pedido de tutela provisória ou condicionar sua apreciação ao pagamento de custas ou a qualquer outra exigência". Além disso, o Enunciado n. 693 do FPPC sugere o cabimento de "agravo de instrumento contra a decisão interlocutória que converte o rito da tutela provisória de urgência requerida em caráter antecedente".

Assim, o provimento que nega a concessão de efeito suspensivo em embargos à execução enquadra-se na mesma acepção de *tutela provisória* e, desse modo, admite o uso imediato de agravo de instrumento. Da mesma forma, diante da regra do inciso I, do art. 1.015 do CPC, tratando-se de tutela provisória, o STJ decidiu que o provimento que envolve busca e apreensão de menor é agravável de plano[18]. Entretanto, em situação de busca e apreensão de coisa, o STJ ressalvou que o provimento "que impõe ao beneficiário o dever de arcar com as despesas da estadia do bem móvel objeto da apreensão em pátio de terceiro não se relaciona de forma indissociável com a tutela provisória, mas, sim, diz respeito a aspectos externos e dissociados do conceito elementar desse instituto, relacionando-se com a executoriedade, operacionalização ou implementação fática da medida"[19] e, desse modo, não admite o agravo de instrumento de forma imediata.

Portanto, em complementação ao que foi dito a respeito da interpretação do inciso I do art. 1.015 do CPC, o STJ realçou que:

> (...) O conceito de 'decisão interlocutória que versa sobre tutela provisória' abrange as decisões que examinam a presença ou não dos pressupostos que justificam o deferimento, indeferimento, revogação ou alteração da tutela provisória e, também, as decisões que dizem respeito ao prazo e ao modo de cumprimento da tutela, a adequação, suficiência, proporcionalidade ou razoabilidade da técnica de efetiva da tutela provisória e, ainda, a necessidade ou dispensa de garantias para a concessão, revogação ou alteração da tutela provisória, motivo pelo qual o art. 1.015, I, do CPC/15, deve ser lido e interpretado como uma cláusula de cabimento de amplo espectro, de modo a permitir a recorribilidade imediata das decisões interlocutórias que digam respeito não apenas ao núcleo essencial da tutela provisória, mas também que se refiram aos aspectos acessórios que estão umbilicalmente vinculados a ela[20].

Na linha da *ratio decidendi* do precedente acima, a decisão interlocutória subsequente que venha a majorar valor da multa fixada para a hipótese de descumprimento da ordem judicial também versa sobre tutela provisória e, com substrato no inciso I, do art. 1.015 do CPC, autoriza o cabimento do agravo de instrumento.

---

18. STJ, REsp 1.744.011-RS, 4ª T., Rel. Min. Ricardo Villas Bôas Cueva, *DJe* 02.04.2019.
19. STJ, REsp 1.752.049-PR, 3ª T., Rel. Min. Nancy Andrighi, *DJe* 15.03.2019.
20. STJ, REsp 1.827.553-RJ, 3ª T., Rel. Min. Nancy Andrighi, *DJe* 29.08.2019.

Porém, é preciso atentar-se que "o capítulo da sentença que confirma, concede ou revoga a tutela provisória é impugnável na apelação" (CPC, art. 1.013, § 5º).

b) Decisões relativas ao mérito

Admite-se o emprego do agravo de instrumento contra as decisões *parciais* de mérito, na forma dos arts. 354, parágrafo único, e 356, § 5º, do CPC[21]. Pode-se cogitar, então, acerca do fracionamento da apreciação do objeto litigioso. Isso porque o juiz decidirá parcialmente o mérito, quando um ou mais dos pedidos formulados ou parcela deles: (i) mostrar-se incontroverso e (ii) estiver em condições de imediato julgamento. A decisão *parcial* de mérito proferida com base no art. 356 do CPC é impugnável por agravo de instrumento. Nesse sentido, o Enunciado 103 do FPPC corrobora que "a decisão parcial proferida no curso do processo com fundamento no art. 487, I, sujeita-se a recurso de agravo de instrumento".

Por força da regra do inciso II do art. 1.015 do CPC, o STJ admitiu o cabimento de agravo de instrumento em face do provimento que reconhece *prescrição*, ressalvando ainda que, caso a questão venha a ser julgada "no âmbito da sentença, pondo fim ao processo ou a capítulo da sentença, caberá apelação nos termos do art. 1.009 do CPC"[22]. Desse modo, forte no inciso II do art. 1.015 do CPC, eventual pronunciamento *parcial* que reconheça ocorrência de *decadência* sem resolver a fase de cognição do procedimento comum ou especial deve receber idêntico tratamento, concluindo-se pelo cabimento de agravo de instrumento em tal situação.

Em situação digna de destaque, o STJ deliberou que o provimento interlocutório que fixou a data da "separação de fato" para efeitos de partilha de bens foi compreendido como decisão afeta ao *mérito* do processo e, portanto, agravável pela via do inciso II do art. 1.015 do CPC[23]. Ou seja, a "data" da ocorrência da separação de fato é indissociável do mérito da pretensão atinente à partilha de bens e, nesse particular, pode vir a ser pronunciada antecipadamente (inclusive em decisão saneadora), razão pela qual torna-se imprescindível que o referido critério de julgamento seja passível de revisão via agravo de instrumento.

O STJ ainda reconheceu que a possibilidade jurídica do pedido compõe uma parcela do *mérito* da causa e, portanto, comporta exame de forma apartada dos "demais fragmentos que o compõem, de modo que a decisão interlocutória que versar sobre essa

---

21. "Embora o cabimento de recurso não seja o critério definitivo para a classificação de um ato jurisdicional, sem dúvida a previsão de cabimento de agravo de instrumento reforça o entendimento decorrente do art. 203, § 1º, do CPC/2015, de modo que sob o novo código não há dúvida sobre o caráter interlocutório da decisão que julgar fração do mérito" (SILVA, Ricardo Alexandre da. Julgamento antecipado parcial do mérito no novo CPC. In: OLIVEIRA, Pedro Miranda de Oliveira (Org.). *Impactos do novo CPC na advocacia*. Florianópolis: Conceito Editorial, 2015. p. 189).
22. STJ, REsp 1.778.237-RS, 4ª T., Rel. Min. Luis Felipe Salomão, *DJe* 28.03.2019.
23. STJ, REsp 1.798.975-SP, 3ª T., Rel. Min. Nancy Andrighi, *DJe* 04.04.2019.

matéria, seja para acolher a alegação, seja também para afastá-la, poderá ser objeto de impugnação imediata por agravo de instrumento com base no art. 1.015, II, CPC/2015"[24].

Foi assentado ainda em outro precedente do STJ que eventual situação de rejeição de ato autocompositivo emanado das partes, envolve mérito do processo e, não sendo apto à extinção do processo, esse tipo de pronunciamento comporta impugnação por meio de agravo de instrumento[25].

Por fim, em outro de seus julgados, o STJ firmou a seguinte resenha acerca dos requisitos hábeis ao enquadramento de determinada decisão interlocutória como hipótese que verse sobre o mérito do processo:

> (...) Embora se trate de conceito jurídico indeterminado, a decisão interlocutória que versa sobre o mérito do processo que justifica o cabimento do recurso de agravo de instrumento fundado no art. 1.015, II, do CPC/2015, é aquela que: (i) resolve algum dos pedidos cumulados ou parcela de único pedido suscetível de decomposição, que caracterizam a decisão parcial de mérito; (ii) possui conteúdo que se amolda às demais hipóteses previstas no art. 487 do CPC/2015; ou (iii) diga respeito a substância da pretensão processual deduzida pela parte em juízo, ainda que não expressamente tipificada na lista do art. 487 do CPC[26].

c) Rejeição da alegação de convenção arbitral

Por força do inciso III do art. 1.015 do CPC é admissível o agravo de instrumento contra a decisão que *rejeitar* a alegação de convenção de arbitragem. Para Fredie Didier Jr. e Leonardo Carneiro da Cunha, a decisão que rejeita a alegação de convenção de arbitragem representa uma situação singular em que se decide, na verdade, matéria de competência. Por isso, concluem que "se a decisão que rejeita a alegação de convenção de arbitragem é agravável, também deve ser agravável a que trata de uma competência, relativa ou absoluta"[27]. Nesse diapasão, antes da afetação do tema 988 retratado supra, o STJ decidiu que "a decisão interlocutória relacionada à definição de competência continua desafiando recurso de agravo de instrumento, por uma interpretação analógica ou extensiva da norma contida no inciso III do art. 1.015 do CPC/2015, já que ambas possuem a mesma *ratio* –, qual seja, afastar o juízo incompetente para a causa, permitindo que o juízo natural e adequado julgue a demanda"[28].

Mas, ao se considerar a redação do inciso III do art. 1.015 do CPC, é preciso observar que o agravo de instrumento é possível nos casos de *rejeição* da convenção arbitral, pois, com seu acolhimento, o processo será extinto sem resolução de mérito, o que

---

24. STJ, REsp 1.757.123-SP, 3ª T., Rel. Min. Nancy Andrighi, *DJe* 15.08.2019.
25. "(...) O decisum que deixa de homologar pleito de extinção consensual da lide configura decisão interlocutória de mérito a ensejar agravo de instrumento, interposto com fulcro no art. 1.015, II, do CPC 2015" (STJ, REsp 1.817.205-SC, 1ª T., Rel. Min. Gurgel de Faria, j. 05.10.2021, *DJe* 09.11.2021.
26. STJ, REsp 1.702.725-RJ, 3ª T., Rel. Min. Nancy Andrighi, *DJe* 28.06.2019.
27. DIDIER JR., Fredie; CUNHA, Leonardo Carneiro da. *Curso de direito processual civil*: o processo civil nos tribunais, recursos, ações de competência originária de tribunal e *querela nullitatis*, incidentes de competência originária de tribunal. 13. ed., 2016 cit., p. 216.
28. STJ, REsp 1.679.909-RS, 4ª T., Rel. Min. Luis Felipe Salomão, *DJe* 1º.02.2018.

ensejará o emprego da apelação. Por fim, o Enunciado 435 do FPPC ainda prevê que "cabe agravo de instrumento contra a decisão do juiz que, diante do reconhecimento de competência pelo juízo arbitral, se recusar a extinguir o processo judicial sem resolução de mérito". Entretanto, em hipótese na qual a preliminar envolvendo existência de convenção de arbitragem restou postergada para a fase de julgamento do mérito, o STJ decidiu que esse tipo de situação não está prevista no rol do art. 1.015 do CPC e "não configura situação de urgência que justifique a imediata análise da questão por meio de agravo de instrumento"[29].

d) Desconsideração da personalidade jurídica

No tocante à impugnação das decisões proferidas no incidente de desconsideração da personalidade jurídica (CPC, art. 1.015, IV), o cabimento do agravo de instrumento é reforçado pela menção expressa à natureza *interlocutória* desse tipo de decisão, na forma do art. 136 do CPC 2015. Atente-se, contudo, que o ordenamento jurídico pátrio é verdadeiramente pródigo ao contemplar as hipóteses de desconsideração da pessoa jurídica[30].

Nesses casos, há que se admitir o agravo de instrumento em face das decisões *finais*, que venham a apreciar o mérito do incidente de desconsideração, bem como ainda aquelas que reputem *inadmissível* seu emprego. O Enunciado 390 do FPPC ressalva, no entanto, que "resolvida a desconsideração da personalidade jurídica na sentença, caberá apelação".

e) Rejeição do pedido de gratuidade da justiça ou acolhimento do pedido de sua revogação

O art. 101 do CPC dispõe que "contra a decisão que indeferir a gratuidade ou a que acolher pedido de sua revogação caberá agravo de instrumento, exceto quando a questão for resolvida na sentença, contra a qual caberá apelação". Oportuno registrar que o art. 101 do CPC sinaliza com uma hipótese de *assimetria*, pois são agraváveis por instrumento apenas (i) a decisão que *indeferir* a gratuidade ou (ii) que *acolher* seu pedido de revogação. O Enunciado 612 do FPPC sinaliza ainda pelo cabimento do agravo de instrumento contra decisão interlocutória que, "apreciando pedido de concessão integral da gratuidade da Justiça, defere a redução percentual ou o parcelamento de despesas processuais".

---

29. STJ, AgInt no REsp 1.771.616-PR, 4ª T., Rel. Min. Raul Araújo, *DJe* 04.05.2020.
30. Ou seja, são "vários os casos mencionados, como por exemplo o art. 50 do Código Civil, o art. 28 do Código de Defesa do Consumidor (Lei 8.078/1990), o art. 34 da Lei de Defesa da Ordem Econômica (Lei 12.529/2011), o art. 14 da Lei Anticorrupção (Lei 12.846/2013) e o art. 4º da Lei de Defesa ao Meio Ambiente (Lei 9.605/1998), entre outros" (DONOSO, Denis; SERAU JR., Marco Aurélio. *Manual dos recursos cíveis*: teoria e prática. Salvador: JusPodivm, 2016. p. 188).

A *rejeição* da impugnação, resultando na *manutenção* da assistência gratuita, é matéria que poderá ser discutida na fase de apelação (CPC, art. 1.009, § 1º). Entretanto, há quem defenda que:

> (...) não apenas a decisão que indefere ou que revoga, mas também a que defere e/ou mantém o benefício, deva ser objeto de agravo de instrumento (interpretação extensiva do inciso V do art. 1.015). Afinal, o indeferimento e a concessão são duas faces de uma mesma moeda, gerando riscos equivalentes para a parte prejudicada por uma decisão indevida relativa à gratuidade[31].

f) Exclusão de litisconsorte e rejeição do pedido de limitação do litisconsórcio

O inciso VII do art. 1.015 do CPC autoriza o emprego do agravo de instrumento para o caso de decisões que versarem sobre *exclusão* de litisconsorte. Assim, o STJ *ratificou* o cabimento de agravo de instrumento em tais hipóteses e, de acordo com a interpretação praticada, o permissivo legal não faz "nenhuma restrição ou observação aos motivos jurídicos que possam ensejar tal exclusão"[32]. Porém, em precedente anterior, o STJ afastou o cabimento de agravo para a hipótese de *mantença* do litisconsorte na relação processual, pois a decisão interlocutória que rejeita a sua exclusão, mantendo-o no processo "não é capaz de tornar nula ou ineficaz a sentença de mérito, podendo a questão ser reexaminada, sem grande prejuízo, por ocasião do julgamento do recurso de apelação"[33].

Por sua vez, com vistas a se evitar eventuais inversões tumultuárias do processo, o inciso VIII do referido dispositivo legal tratou de contemplar o cabimento do agravo no caso de *rejeição* do pedido de limitação do litisconsórcio.

Como é de se aceitar, os incisos VII e VIII do art. 1.015 do CPC também chancelam o emprego imediato do agravo de instrumento, até porque envolvem matérias que tornariam contraproducente a opção de reservá-las para a fase de julgamento da apelação.

g) Exibição ou posse de documento ou coisa

O inciso VI do art. 1.015 do CPC versa sobre cabimento de agravo de instrumento em face de decisões que envolvam "exibição ou posse de documento ou coisa". E, nesse diapasão, o STJ decidiu pelo seu cabimento em face de decisão que autoriza "exibição de documento ou coisa, seja ela objeto de incidente processual instaurado conforme os arts. 396 a 404 do CPC 2015, de pedido de produção de provas, ou de requerimento singelo de expedição de ofício para apresentação ou juntada de documento ou coisa"[34].

---

31. REDONDO, Bruno Garcia. Gratuidade de justiça. In: WAMBIER, Luiz Rodrigues; WAMBIER, Teresa Arruda Alvim (Coord.). *Temas essenciais do novo CPC*: análise das principais alterações do sistema processual civil brasileiro. 2. tir. São Paulo: RT, 2016. p. 119-120.
32. STJ, REsp 1.772.839-SP, 4ª T., Rel. Min. Antonio Carlos Ferreira, *DJe* 23.05.2019.
33. STJ, REsp 1.724.453-SP, 3ª T., Rel. Min. Nancy Andrighi, *DJe* 22.03.2019.
34. STJ, REsp 1.853.458-SP, 1ª T., Rel. Min. Regina Helena Costa, *DJe* 02.03.2022.

h) Admissão ou inadmissão de intervenção de terceiros

O inciso IX do art. 1.015 do CPC prevê o cabimento de agravo de instrumento em face dos casos de "admissão ou inadmissão de intervenção de terceiros"[35]. Oportuno ressalvar, entretanto, que o *caput* do art. 138 do CPC contempla hipótese de *irrecorribilidade* da decisão que admite a participação do *amicus curiae*, ainda que se trate de uma intervenção de terceiros anômala.

i) Concessão, modificação ou revogação do efeito suspensivo aos embargos à execução

A hipótese versando concessão do efeito suspensivo aos embargos à execução autoriza que o exequente maneje o agravo de instrumento com vistas à retomada das providências executivas. Em certa medida, trata-se de preciosismo do legislador, pois poder-se-ia afirmar que a impugnação do provimento que resulta na suspensão da execução já estaria albergada pela previsão genérica do inciso I do art. 1.015 do CPC (vide, nesse sentido, o enunciado 743 do FPPC).

Por outro lado, ainda que o inciso X não tenha contemplado o cenário do indeferimento do efeito suspensivo aos embargos à execução, o STJ concluiu pela possibilidade de interpretação extensiva da norma em questão, concluindo que "qualquer deliberação sobre efeito suspensivo dos Embargos à Execução é agravável"[36]. Por se tratar de pronunciamento equiparável à tutela provisória, o entendimento acerca do cabimento imediato de agravo de instrumento em face da decisão que negou efeito suspensivo aos embargos à execução foi reafirmado no julgamento do recurso especial n. 1.745.358-SP, ocasião em que foi reforçada a hipótese de interpretação extensiva ou analógica da regra do inciso X do art. 1.015 do CPC[37].

j) Redistribuição ou inversão do ônus da prova nos termos do § 1º do art. 373 do CPC

O inciso XI do art. 1.015 do CPC contempla hipótese relevante, ao aludir aos casos de cabimento de agravo de instrumento contra as decisões que venham a redistribuir o ônus da prova nos termos do § 1º do art. 373 do CPC. Ao admitir a hipótese de interpretação analógica, poder-se-ia concluir que "também é agravável a decisão que *não redistribui* o ônus da prova. (...) Na verdade, é agravável a decisão que indefere, nega, rejeita a redistribuição do ônus da prova"[38].

---

35. STJ, RMS 65.943-SP, 2ª T., Rel. Min. Mauro Campbell Marques, DJe 16.11.2021.
36. STJ, REsp 1.694.667-PR, 2ª T., Rel. Min. Herman Benjamin, DJe 18.12.2017.
37. "A decisão que versa sobre a concessão de efeito suspensivo aos embargos à execução de título extrajudicial é uma decisão interlocutória que versa sobre tutela provisória, como reconhece o art. 919, § 1º, do CPC/2015, motivo pelo qual a interposição imediata do agravo de instrumento em face da decisão que indefere a concessão do efeito suspensivo é admissível com base no art. 1.015, I, do CPC/2015, tornando inadequado o uso de interpretação extensiva ou analogia sobre a hipótese de cabimento prevista no art. 1.015, X, do CPC/2015" (STJ, REsp 1.745.358-SP, 3ª T., Rel. Min. Nancy Andrighi, DJe 1º.03.2019).
38. DIDIER JR., Fredie; CUNHA, Leonardo Carneiro da. *Curso de direito processual civil*: o processo civil nos tribunais, recursos, ações de competência originária de tribunal e *querela nullitatis*, incidentes de competência originária de tribunal. 13. ed., 2016 cit., p. 224.

E, no tocante ao tema, o STJ decidiu pela possibilidade de interposição de agravo de instrumento em face de decisão interlocutória que deliberou sobre inversão do ônus da prova em demandas que versavam sobre relação de consumo. Ao analisar situação que envolveu inversão do ônus da prova com substrato no CDC, foi ressalvado o seu cabimento não apenas na hipótese de distribuição dinâmica do ônus da prova, "mas, igualmente, na hipótese de decisão interlocutória que *defere* ou *indefere* quaisquer outras atribuições do ônus da prova *distintas da regra geral*, desde que se operem *ope judicis* e mediante autorização legal"[39].

Em precedente bastante esclarecedor, o STJ albergou hipóteses anteriores, concluindo que:

> É cabível o agravo de instrumento nas hipóteses de distribuição judicial do ônus da prova, seja nas situações em que há inversão autorizada pelo legislador (p. ex., art. 6º, VIII, do CDC, combinado com art. 373, § 1º, primeira parte, do CPC/15), seja com base na cláusula aberta de distribuição dinâmica do art. 373, § 1º, segunda parte, do CPC/15, tratando-se de regras de instrução com as quais o julgador deve se preocupar na fase instrutória[40].

Por fim, vale destacar que, via de regra, as deliberações sobre inversão do ônus da prova ocorrem na decisão de saneamento e organização do processo (CPC, art. 357, III). Ocorre que, este tipo de pronunciamento comporta pedido de esclarecimentos ou ajustes (CPC, art. 357, § 1º). E, nesse particular, o STJ assentou que o prazo para oferecimento de agravo de instrumento fica sobrestado até o julgamento do pedido de esclarecimentos ou ajustes ou, não havendo requerimento, com o transcurso do prazo de 05 (cinco) dias[41].

l) *Outros casos expressamente referidos em lei*

Ao fazer menção a *outros casos* expressamente referidos em lei (CPC, art. 1.015, XIII), estão incluídas no rol das hipóteses de cabimento do agravo de instrumento determinadas disposições esparsas do mesmo diploma legal ou ainda dedutíveis da legislação especial. Sem o propósito de esgotá-las, torna-se conveniente a abordagem de algumas dessas situações.

Assim, o indeferimento *liminar* ou *antecipado* da reconvenção também autoriza o emprego do agravo de instrumento. Isso porque, ao se conjugar o parágrafo único do art. 321, com o parágrafo único do art. 354 e ainda com o disposto no § 5º do art. 356 do CPC, é possível concluir que a reconvenção pode ser rejeitada *liminarmente*, ou ainda sua apreciação pode ser dissociada do pedido principal. Atente-se que o CPC 2015 não repetiu a regra prevista no art. 318 do CPC de 1973, estando autorizado o julgamento *fracionado* do mérito. Logo, a rejeição *liminar* ou *antecipada* da reconvenção

---

39. STJ, REsp 1.729.110-PR, 3ª T., Rel. Min. Nancy Andrighi, j. 02.04.2019, *DJe* 04.04.2019.
40. STJ, REsp 1.802.025-RJ, 3ª T., Rel. Min. Nancy Andrighi, j. 17.09.2019, *DJe* 20.09.2019.
41. STJ, REsp 1.703.571-DF, 4ª T., Rel. Min. Antonio Carlos Ferreira, j. 22.11.2022.

permite o emprego do agravo de instrumento. O Enunciado 154 do FPPC prescreve que "é cabível agravo de instrumento contra o ato decisório que indefere parcialmente a petição inicial ou a reconvenção". Por outro lado, a decisão que concluir pela impossibilidade de sua rejeição liminar ou antecipada não induz semelhante tratamento, de modo que essa situação está abarcada pelo regime instituído pelo § 1º do art. 1.009 do CPC. Da mesma forma, a decisão que venha a permitir a emenda à inicial não induz recorribilidade imediata, permitindo sua retomada em apelação ou contrarrazões, consoante decidiu o STJ[42].

Atente-se ainda que o Enunciado 177 do FPPC sugere ainda que "a decisão interlocutória que julga procedente o pedido para condenar o réu a prestar contas, por ser de mérito, é recorrível por agravo de instrumento". Isso porque, ao tratar da ação de *exigir* contas, o § 5º do art. 550 do CPC dispõe que "a decisão que julgar procedente o pedido condenará o réu a prestar as contas no prazo de 15 (quinze) dias, sob pena de não lhe ser lícito impugnar as que o autor apresentar". E, nesse sentido, o STJ ratificou o referido entendimento, ressalvando, entretanto, que se o pedido de exigir contas for julgado *improcedente* na 1ª (primeira) fase do rito ou se extinto o processo *sem* resolução de mérito, o pronunciamento judicial assumirá natureza de *sentença*, impugnável por meio de apelação[43]. Por força dessa compreensão, o prazo preconizado para o cumprimento da obrigação de prestar contas começa a fluir automaticamente da intimação acerca do conteúdo da decisão que julga a 1ª (primeira) fase do procedimento, eis que o recurso de agravo de instrumento, erigido como meio hábil, não dispõe de efeito suspensivo *ope legis*[44].

m) Afetação e desafetação de recursos

O inciso I do § 13º do art. 1.037 do CPC faz menção à hipótese relevante de cabimento de agravo de instrumento, para fins de impugnação da decisão responsável pela *afetação* ou *desafetação* de determinado processo alcançado pela sistemática de processamento dos recursos especial e extraordinários *repetitivos*. Isso porque o § 9º do art. 1.037 do CPC dispõe que "demonstrando distinção entre a questão a ser decidida no processo e aquela a ser julgada no recurso especial ou extraordinário afetado, a parte poderá requerer o prosseguimento do seu processo". Oportuno consignar que o STJ entendeu possível aplicar o regime dedutível do § 13º do art. 1.037, aplicável ao regime dos recursos repetitivos, em prol do cabimento de agravo de instrumento contra a decisão interlocutória que resolveu pedido de "distinção" em relação à matéria

---

42. STJ, REsp 1.682.120-RS, 3ª T., Rel. Min. Nancy Andrighi, *DJe* 1º.03.2019.
43. STJ, REsp 1.746.337-RS, 3ª T., Relatora Min. Nancy Andrighi, *DJe* 12.04.2019.
44. "(...) Por essa razão, a contagem do prazo previsto no art. 550, § 5º, do CPC/2015 começa a fluir automaticamente a partir da intimação do réu, na pessoa do seu advogado, acerca da respectiva decisão, porquanto o recurso cabível contra o *decisum*, em regra, não tem efeito suspensivo (art. 995 do CPC/2015)" (STJ, REsp 1.847.194-MS, 3ª T., Rel. Min. Marco Aurélio Bellizze, j. 16.03.2021, *DJe* 23.03.2021).

objeto de IRDR, desde que previamente exauridas etapas que precedem propriamente a interposição do recurso[45].

n) Leis especiais

Com relação às hipóteses dedutíveis de *leis especiais*, o STJ assentou que a previsão de cabimento de agravo de instrumento em ação popular (Lei 4.717/1965, art. 19) "não é afastada pelo rol taxativo do art. 1.015 do CPC/2015, notadamente porque o inciso XIII daquele preceito contempla o cabimento daquele recurso em 'outros casos expressamente referidos em lei'"[46].

Em matéria de ação de improbidade, com a nova redação outorgada pela Lei 14.230/2021, o § 9º do art. 16 da Lei 8.429/1992 passou a prever o cabimento de agravo de instrumento em face da "decisão que deferir ou indeferir a medida relativa à indisponibilidade de bens". Além disso, com as alterações impingidas no rito da ação de improbidade, o § 9º-A do art. 17 da Lei 8.429/1992 passou a dispor que "da decisão que rejeitar questões preliminares suscitadas pelo réu em sua contestação caberá agravo de instrumento". Por sua vez, o § 17º do art. 17 do referido diploma assegurou o cabimento do agravo de instrumento em face da "decisão que converter a ação de improbidade em ação civil pública". E, finalmente, o § 21º do art. 17 da Lei 8.429/1992 contemplou hipótese *genérica* de cabimento de agravo de instrumento, destacando que "das decisões interlocutórias caberá agravo de instrumento, inclusive da decisão que rejeitar questões preliminares suscitadas pelo réu em sua contestação". Portanto, por força da redação *aberta* preconizada pelo § 21º do art. 17 da Lei 8.429/1992, as diferentes espécies de decisões interlocutórias proferidas no curso do procedimento da ação de improbidade passam a despertar interesse recursal imediato, afastando-se do regime taxativo dedutível do art. 1.015 do CPC 2015. Aliás, válido registrar que, antes do advento da Lei 14.230/2021, a 2ª Turma do STJ já havia reputado admissível o emprego de agravo de instrumento nas decisões interlocutórias proferidas em ações de improbidade, fazendo alusão ao microssistema de tutela coletiva, invocando a precedência do contido na Lei 4.717/1965 responsável pela regulamentação da ação popular e, como tal, apontando a *subsidiariedade* do CPC no tocante à matéria[47].

O art. 34 da Lei 12.431/2011 também dispõe sobre outra modalidade de agravo de instrumento. Ainda da legislação extravagante, colhe-se a regra do § 1º do art. 7º da Lei 12.016/2009: "Da decisão do juiz de primeiro grau que conceder ou denegar a liminar caberá agravo de instrumento, observado o disposto na Lei 5.869, de 11 de janeiro de

---

45. "(...) 8. Considerando que a decisão interlocutória que resolve o pedido de distinção em relação a matéria submetida ao rito dos recursos repetitivos é impugnável imediatamente por agravo de instrumento (art. 1.037, § 13º, I, do novo CPC), é igualmente cabível o referido recurso contra a decisão interlocutória que resolve o pedido de distinção em relação a matéria objeto de IRDR" (STJ, REsp 1.846.109-SP, 3ª T., Rel. Min. Nancy Andrighi, j. 10.12.2019, *DJe* 13.12.2019).
46. STJ, AgInt no REsp 1.733.540-DF, 1ª T., Rel. Min. Gurgel de Faria, *DJe* 04.12.2019.
47. STJ, REsp 1.925.492-RJ, 2ª T., Rel. Min. Herman Benjamin, *DJe* 1º.07.2021.

1973 – Código de Processo Civil" (vide, nesse particular, o disposto no Enunciado 351 do FPPC).

O art. 100 da Lei 11.101/2005 prevê ainda que "da decisão que decreta a falência cabe agravo, e da sentença que julga a improcedência do pedido cabe apelação". No tocante ao tema, o STJ decidiu que "o rol taxativo do art. 1.015 do CPC/2015 não afasta a incidência das hipóteses previstas na LREF, pois o próprio inciso XIII estabelece o cabimento do agravo de instrumento nos 'outros casos expressamente referidos em lei'"[48]. Por ocasião desse julgado, foi acrescentado ainda que "havendo disposição expressa da Lei de Recuperação de Empresas e Falência, essa prevalecerá sobre o *numerus clausus* do dispositivo do CPC, de modo que a aplicação desse Código será apenas para suprimento das lacunas e omissões". Em complemento ao entendimento exarado pelo STJ, tem-se o Enunciado 706 do FPPC (Brasília, 22 e 23 de março de 2019), apontando o cabimento de agravo de instrumento "contra as decisões interlocutórias proferidas após a decretação da falência ou o deferimento da recuperação judicial".

Por fim, o Enunciado 560 do FPPC ainda sugere que "as decisões de que tratam os arts. 22, 23 e 24 da Lei 11.340/2006 (Lei Maria da Penha), quando enquadradas nas hipóteses do inciso I, do art. 1.015, podem desafiar agravo de instrumento".

o) Agravo de instrumento dirigido ao STJ

O § 1º do art. 1.027 do CPC prevê o cabimento de agravo de instrumento dirigido ao STJ, nos casos de decisões interlocutórias proferidas nos "processos em que forem partes, de um lado, Estado estrangeiro ou organismo internacional e, de outro, Município ou pessoa residente ou domiciliada no País".

p) Cabimento do agravo de instrumento contra as decisões interlocutórias proferidas na fase de liquidação de sentença ou de cumprimento de sentença, no processo de execução e no processo de inventário

O parágrafo único do art. 1.015 do CPC retrata as hipóteses de decisões interlocutórias proferidas na fase de liquidação[49], cumprimento de sentença e também afetas ao processo de execução, além de fazer menção ao processo de inventário. Em tais situações, o *interesse recursal* inerente à impugnação dessas modalidades de decisões interlocutórias exige o acesso imediato ao Tribunal de 2º grau.

Ou seja, por força do tratamento *excepcional* extraído do parágrafo único do art. 1.015 do CPC, o regime de *taxatividade mitigada* quanto ao cabimento de agravo de instrumento aplica-se à fase de cognição do procedimento comum e dos procedimentos

---

48. STJ, REsp 1.722.866-MT, 4ª T., Rel. Min. Luis Felipe Salomão, *DJe* 19.10.2018.
49. Assim, continua hígida a Súmula 118 do STJ, ao dispor: "O agravo de instrumento é o recurso cabível da decisão que homologa a atualização do cálculo de liquidação".

especiais, não abarcando as etapas subsequentes que envolvem a liquidação, o cumprimento de sentença propriamente dito, a execução forçada e o processo de inventário.

Logo, consoante decidiu o STJ, não cabe perquirir se as diferentes hipóteses de decisões interlocutórias versadas nestas fases procedimentais ou processos especiais versam ou não conteúdos arrolados nos incisos do art. 1.015 do CPC:

> (...) Para as decisões interlocutórias proferidas em fases subsequentes à cognitiva – liquidação e cumprimento de sentença –, no processo de execução e na ação de inventário, o legislador optou conscientemente por um regime recursal distinto, prevendo o art. 1.015, parágrafo único, do CPC/2015, que haverá ampla e irrestrita recorribilidade de todas as decisões interlocutórias, quer seja porque a maioria dessas fases ou processos não se findam por sentença e, consequentemente, não haverá a interposição de futura apelação, quer seja em razão de as decisões interlocutórias proferidas nessas fases ou processos possuírem aptidão para atingir, imediata e severamente, a esfera jurídica das partes, sendo absolutamente irrelevante investigar, nesse contexto, se o conteúdo da decisão interlocutória se amolda ou não às hipóteses previstas no caput e incisos do art. 1.015 do CPC/2015[50].

2.4. FORMA DE INTERPOSIÇÃO

O agravo de instrumento deve ser interposto por meio de petição escrita (impressa ou eletrônica), no prazo de 15 (quinze) dias (CPC, art. 1.070), endereçada ao Tribunal competente para processá-lo e julgá-lo (CPC, art. 1.016), ressalvada ainda a possibilidade de postagem no correio sob registro (CPC, art. 1.003, § 4º), ou ainda observada outra forma de interposição prevista em lei (CPC, art. 1.003, § 3º).

São admissíveis, assim, as seguintes formas de interposição: (i) protocolo no Tribunal competente para julgá-lo (art. 1.017, § 2º, I); (ii) protocolo realizado na própria comarca, seção ou subseção judiciárias (art. 1.017, § 2º, II); (iii) postagem, sob registro, com aviso de recebimento (art. 1.017, § 2º, III); (iv) transmissão de dados tipo *fac-símile*, nos termos da lei (art. 1.017, § 2º, IV); ou ainda (v) outras formas previstas em lei (art. 1.017, § 2º, V). No caso da remessa postal, deve ser considerada a data da postagem (CPC, art. 1.003, § 4º). Ao se referir a outras formas de interposição, há que se conferir especial atenção às normas que regem o processo eletrônico. No caso da opção pela interposição via *fac-símile*, "as peças devem ser juntadas no momento de protocolo da petição original" (CPC, art. 1.017, § 4º).

A petição do agravo deverá indicar (i) o nome das partes; (ii) a exposição do fato e de direito relacionados com a causa originária; (iii) as razões do pedido de reforma ou de invalidação da decisão (fundamentação) e o próprio pedido; e (iv) o nome e o endereço completo dos advogados constantes do processo.

Independentemente da forma física de autuação ou de sua tramitação *eletrônica*, o agravo de instrumento será processado de forma apartada dos autos da causa em que se

---

50. STJ, REsp 1.736.285-MT, 3ª T., Rel. Min. Nancy Andrighi, *DJe* 24.05.2019.

deu a decisão impugnada. Objetiva-se, assim, afastar os riscos da paralisação indevida do trâmite da demanda originária.

a) Nome e endereço dos advogados atuantes no processo

A indicação dos advogados atuantes no processo deverá observar, quando for o caso, o disposto no art. 272, §§ 1º e 5º, CPC, evitando-se ainda o uso de abreviações (CPC, art. 272, § 4º) em atenção ao dever de boa-fé (CPC, art. 5º).

No caso de o Ministério Público figurar como parte agravada, há que se aceitar que os princípios da *unicidade* e da *indivisibilidade* que norteiam a atuação do *parquet* dispensam a menção específica ao seu representante que atuava no feito originário[51].

Sob a vigência do CPC de 1973, julgados do STJ vinham flexibilizando a indicação do nome e do endereço dos advogados da parte agravada, mormente em se tratando de *entes públicos*[52]. Em julgado proferido à luz do CPC 1973, o STJ reafirmou tal posição, aduzindo que '"é prescindível a indicação do nome e endereço completos dos advogados na petição de agravo de instrumento quando, por outros documentos, for possível obter a informação. Interpretação do inciso III do art. 524 do Código de Processo Civil' (AgRg no AREsp 756.404/PR, Rel. Ministro João Otávio de Noronha, 3ª T., j. 24.11.2015, DJe 1º.12.2015)"[53].

b) Processos físicos e eletrônicos

Em caso de tramitação *eletrônica* do processo originário, não haverá necessidade de *traslado* de peças *obrigatórias* se o agravo de instrumento também comportar interposição pela via eletrônica ou técnica similar, facultando-se, ainda assim, a exibição de outros documentos úteis para a compreensão da controvérsia (CPC, art. 1.017, § 5º). Ou seja, com a interposição do recurso de agravo de instrumento, o sistema operacional

---

51. Processo civil. Agravo. Indicação dos nomes e dos endereços dos advogados. Litisconsortes. Prescindibilidade. Art. 524, III, CPC. Exegese. Precedente. Agravado: Ministério Público. Indicação do nome do membro do Parquet. Dispensabilidade. Juntada da petição inicial. Unicidade e indivisibilidade do órgão. Intimação pessoal. Recurso provido. I – A norma do art. 524-III, CPC, não exige a indicação do nome e endereço dos advogados dos litisconsortes, que, no caso, aliás, sequer integraram a relação processual. O escopo da lei é a obtenção de dados para a intimação do agravado, uma vez que, diante da nova sistemática processual, o agravo passou a ser protocolado diretamente no tribunal. II – Dispensa-se a indicação dos nomes e dos endereços dos advogados, quando da interposição do agravo de instrumento, se nas peças juntadas aos autos se pode claramente verificar tais registros. III – Na linha do parecer do Ministério Público Federal, "tem-se desnecessária a indicação de nome e endereço do representante do Parquet, pois, à sombra dos princípios da unicidade e indivisibilidade do Ministério Público, a norma citada não alcança os membros desse órgão, porquanto, segundo o disposto no art. 236, § 2º, do Código de Processo Civil, a intimação do Ministério Público, em qualquer caso, será feita pessoalmente" (STJ, REsp 254.087-MG, 4ª T., Rel. Min. Sálvio de Figueiredo Teixeira, j. 20.02.2003).
52. (...) 3. A exigência contida no inciso III do art. 524 do CPC não é absoluta, de forma que pode ser relevada se existirem nos autos outros elementos que possam identificar o nome e o endereço completo do advogado da agravada, mormente em se tratando de ente público. (...) (STJ, AgRg-Ag 1.366.511-PR, 2ª T., Rel. Min. Mauro Campbell Marques, j. 13.09.2011).
53. STJ, AgRg no AREsp 290038, MS, 4ª T., Rel. Min. Antonio Carlos Ferreira, *DJe* 02.03.2017.

deverá propiciar acesso imediato à integra do processo originário. Atente-se, porém, que a disposição constante do art. 1.017, § 5º, do CPC 2015, responsável por dispensar a juntada de peças obrigatórias em prol da formação do agravo de instrumento exige, para sua aplicação, "que os autos tramitem por meio digital tanto no primeiro quanto no segundo grau de jurisdição"[54].

Entretanto, diante do estágio de informatização e disseminação do processo eletrônico no Judiciário nacional, é possível concluir pela dispensa quanto ao *traslado* de peças. Logo, também se revela dispensável a *autenticação* das peças que compõem o instrumento de agravo[55], dada a ausência de qualquer previsão legal acerca desse tipo de exigência.

c) *Peças obrigatórias (CPC, art. 1.017, I)*

Para o caso da tramitação física, o rol das peças obrigatórias foi ampliado, fazendo-se menção expressa à petição inicial, à contestação e à petição que ensejou a decisão agravada.

A exibição da "certidão da respectiva intimação" prende-se ao propósito de permitir ao juízo *ad quem* averiguar a *tempestividade* do agravo de instrumento. Em atenção ao princípio da instrumentalidade das formas e da primazia do julgamento de mérito, a comprovação da tempestividade do recurso poderá ser feita por outros meios[56].

A apresentação da íntegra da decisão agravada é justificável para permitir que o Tribunal possa investigar a *fundamentação* exarada pelo juízo *a quo*, confrontando-a com os argumentos perfilhados na minuta do agravo.

As cópias das procurações outorgadas às partes também constituem *peças obrigatórias*. Essa última exigência alcança ainda as procurações dos demais envolvidos no processo, como assistentes e litisconsortes. Recomenda-se especial atenção quanto à *cadeia* completa de procurações e substabelecimentos. Aliás, a despeito dos trâmites eletrônicos, o STJ aponta que "a dispensa da juntada de procuração em processos eletrônicos, prevista no art. 1.017, § 5º, do CPC/2015, não se estende ao recurso especial ou ao agravo, visto que o referido dispositivo é direcionado apenas à classe agravo de instrumento"[57].

---

54. STJ, REsp 1.643.956/PR, 3ª T., Rel. Min. Ricardo Villas Bôas Cueva, *DJe* 22.05.2017.
55. Aliás, ainda sob a égide do CPC 1973, analisando REsp repetitivo, o STJ decidiu que: "1. A autenticação das peças que instruem o agravo de instrumento, previsto no art. 525, I do CPC, não é requisito de admissibilidade recursal. [...] 2. A autenticação de cópias do Agravo de Instrumento do art. 522, do CPC, resulta como diligência não prevista em lei, em face do acesso imediato aos autos principais, propiciado na instância local. A referida providência somente se impõe diante da impugnação específica da parte adversa. (...)". (STJ, REsp 1.111.001 SP, Corte Especial, Rel. Min. Luiz Fux, *DJe* 30.11.2009).
56. Aliás, pode-se concluir que o CPC prestou deferência à corrente jurisprudencial mais flexível que vinha sendo praticada no STJ acerca da comprovação da tempestividade do agravo de instrumento: "A jurisprudência do Superior Tribunal de Justiça, em respeito ao princípio da instrumentalidade das formas, tem possibilitado a comprovação da tempestividade recursal por outros meios, que não a certidão de intimação do acórdão recorrido. (...)" (STJ, AgRg-EAg 1.390.726-SC, 1ª Seção, Rel. Min. Humberto Martins, j. 26.06.2013).
57. STJ, AgInt no AREsp 2.256.022/RJ, 3ª T., Rel. Min. Humberto Martins, *DJe* 13.09.2023.

Subsistem casos, porém, em que não há o dever legal de exibição de instrumento de mandato. É o caso dos advogados públicos[58], em que a representação da pessoa jurídica de direito público interno decorre da lei[59], dispensando-lhes o dever de exibição de procuração nos autos do processo. No entanto, se a Procuradoria do Estado ou do Distrito Federal estiver atuando por força de *convênio* na defesa de outro ente federativo, na forma do § 4º do art. 75 do CPC[60], dar-se-á a necessidade de *traslado* daquele instrumento, ainda que o juiz não tenha que fiscalizar sua idoneidade ou regularidade. Em tais casos, basta o "ato formalizado entre as procuradorias que atribua ao procurador do Estado ou do Distrito Federal a representação para os atos em questão"[61].

d) Declaração acerca da ausência de peças obrigatórias (CPC, art. 1.017, II)

A ausência de peças obrigatórias poderá ser objeto de declaração por parte do procurador do agravante (CPC, art. 1.017, II). A prerrogativa conferida ao advogado do agravante afasta a necessidade de certidões *explicativas* para fins de chancelar a situação envolvendo o documento faltante. À guisa de exemplo, são comuns os casos de indeferimento do pedido de tutela de urgência antes da citação do réu, com a possível ausência de procuração da parte adversa.

e) Peças facultativas (CPC, art. 1.017, III)

Faculta-se ainda ao agravante promover a juntada de outras peças que entender úteis ou *convenientes* à compreensão do litígio e das razões recursais. Entre as *peças facultativas*, poder-se-ia cogitar da apresentação de *documentos inéditos*, com a exigência de posterior *traslado* aos autos principais (CPC, art. 1.017, § 5º). Atente-se que, mesmo sob a égide do CPC 2015, o STJ reputou mantida a classificação das peças que instruem o agravo de instrumento, distinguindo-as em *obrigatórias* e *facultativas*[62].

---

58. (...) 2. É dispensável a juntada de procuração de advogado do Estado em razão da outorga da representação decorrer de disposição legal. O entendimento é aplicado por isonomia quanto à necessidade do agravante juntar a procuração do agravado quando este é advogado do Estado. Precedentes: AgRg no Ag 871706/RJ, Rel. Ministro João Otávio de Noronha, 4ª T., j. 20.11.2007, *DJ* 11.02.2008, p. 1; AgRg no Ag 919.059/SC, Rel. Min. Teori Albino Zavascki, 1ª T., j. 16.09.2008, *DJe* 24.09.2008; AgRg no REsp 1065571/MA, Rel. Min. Humberto Martins, 2ª T., j. 16.12.2008, *DJe* 04.02.2009. (...). (STJ, AgRg-Ag 1.366.511-PR, 2ª T., Rel. Min. Mauro Campbell Marques, j. 13.09.2011).
59. "A representação judicial em caso de investidura em cargo público de Advogado ou Procurador, dar-se-á *ex lege*, sem necessidade de procuração nos autos. Bastará, se isso for requisitado pelo juiz, comprovar-se a investidura no cargo (art. 9º da Lei 9.469/1997)" (TALAMINI, Daniele Coutinho; TALAMINI, Eduardo. Advocacia pública no CPC/2015. In: TALAMINI, Eduardo (Coord.). *Processo e Administração Pública*. Salvador: JusPodivm, 2016. p. 104).
60. Art. 75. (...) § 4º Os Estados e o Distrito Federal poderão ajustar compromisso recíproco para prática de ato processual por seus procuradores em favor de outro ente federado, mediante convênio firmado pelas respectivas procuradorias.
61. PEREIRA, Cesar. Convênio para representação judicial entre os entes da federação (art. 75, § 4º, do CPC/2015, In: TALAMINI, Eduardo; DIDIER J., Fredie (Coord.). *Processo e administração pública*. Repercussões do Novo CPC. Salvador: JusPodivm, 2016. v. 10, p. 84.
62. "(...) 3. Manutenção, pelo CPC/2015, da classificação das peças que instruem o agravo de instrumento em obrigatórias e facultativas. (...) 5. Necessidade de indicação, pelo Tribunal de origem, das peças facultativas

f) Princípio da primazia do julgamento de mérito

O § 3º do art. 1.017 do CPC, alinhado com outros dispositivos correlatos (CPC, art. 932, parágrafo único), corrobora o princípio da primazia em prol do julgamento de mérito. Assim, na falta de traslado de qualquer peça ou no caso de algum outro vício que comprometa a admissibilidade do agravo de instrumento, deve o relator aplicar o disposto no art. 932, parágrafo único, concedendo prazo de 5 (cinco) dias para que seja sanada a questão ou complementada a documentação[63]. O Enunciado 82 do Fórum Permanente de Processualistas Civis (FPPC) assinala que "é dever do relator, e não faculdade, conceder o prazo ao recorrente para sanar o vício ou complementar a documentação exigível, antes de inadmitir qualquer recurso, inclusive os excepcionais".

g) Exigência de custas, porte e retorno

O agravo de instrumento deverá ainda estar acompanhado do "comprovante do pagamento das respectivas custas e do porte de retorno, quando devidos, conforme tabela publicada pelos Tribunais" (CPC, art. 1.017, § 1º). A exigência de recolhimento das custas recursais do agravo poderá ficar postergada no caso previsto no § 1º do art. 101 do CPC, ao sinalizar que "o recorrente estará dispensado do recolhimento de custas até a decisão do relator sobre a questão, preliminarmente ao julgamento do recurso".

2.5. COMUNICAÇÃO DA INTERPOSIÇÃO NO JUÍZO DE ORIGEM

a) Tramitação física e eletrônica

O agravante poderá requerer, no prazo de 3 (três) dias contados da interposição do recurso, a juntada aos autos da demanda originária, de cópia da petição do agravo de instrumento, comprovante de sua interposição e relação de documentos que o instruíram. Essa providência se revela *dispensável* no caso da tramitação *eletrônica* (CPC, art. 1.018, § 2º)[64], sem prejuízo da prerrogativa de o agravante reiterar seus argumentos em prol do juízo de retratação[65]. Conforme Enunciado 663 do FPPC, "a providência

---

que entende necessárias à compreensão da controvérsia, ressalvada a possibilidade de se entender, fundamentadamente, pela necessidade de juntada e indexação do inteiro teor dos autos" (STJ, REsp 1.810.437-RS, 3ª T., Rel. Min. Paulo de Tarso Sanseverino, j. 25.06.2019, *DJe* 1º.07.2019).

63. Contudo, Teresa Arruda Alvim Wambier, Maria Lúcia Lins Conceição, Leonardo Ferres da Silva Ribeiro e Rogério Licastro Torres de Mello anotam que "*interposto o recurso, não mais se admitirá a juntada de peças ou razões, mesmo que se esteja, ainda, dentro do prazo*" (WAMBIER, Teresa Arruda Alvim (Coord.) et al. *Primeiros comentários ao novo código de processo civil*: artigo por artigo. São Paulo: RT, 2015. p. 1.459).

64. "A melhor interpretação do alcance da norma contida no § 2º do art. 1.018 do NCPC, considerando-se a possibilidade de ainda se ter autos físicos em algumas Comarcas e Tribunais pátrios, parece ser a de que, se ambos tramitarem na forma eletrônica, na primeira instância e no TJ, não terá o agravante a obrigação de juntar a cópia do inconformismo na origem" (STJ, REsp 1.708.609-PR, 3ª T., Rel. Min. Moura Ribeiro, *DJe* 24.08.2018).

65. "A diligência não tem o objetivo de intimar a parte contrária, porque sua cientificação será promovida diretamente pelo Tribunal (art. 1.019, II). Sua função é, precipuamente, de documentação, servindo, também, como meio de provocar o juízo de retratação, que, na hipótese de ser positivo, altera a decisão agravada, tornando o agravo prejudicado (art. 1.018, § 1º)" (BRUSCHI, Gilberto; NOTARIANO JR., Antonio. *Agravo contra as*

prevista no caput do art. 1.018 somente pode prejudicar o conhecimento do agravo de instrumento quando os autos do recurso não forem eletrônicos".

b) Ônus da arguição

Em atenção ao princípio da primazia do mérito recursal, o órgão *ad quem* não poderá *ex officio* conhecer do não atendimento do preceito,[66] devendo aguardar a *arguição* e a *comprovação* por parte do agravado, que poderá promover a juntada de certidão comprobatória da omissão do agravante, fornecida pelo juízo *a quo*. Porém, a jurisprudência do STJ firmou-se no sentido de que "o decreto de inadmissibilidade do agravo de instrumento, em razão do descumprimento da providência prevista no art. 1.018 do NCPC, condiciona-se à constatação do prejuízo da parte agravada"[67].

Por força do princípio da instrumentalidade das formas, a comprovação acerca da *omissão* do agravante quanto à providência prevista no *caput* do art. 1.018 do CPC poderá ser feita ainda por outros meios probatórios[68]. Ainda que o Tribunal *ad quem* venha a suscitar *ex officio* a ausência de observância da providência prevista no *caput* do art. 1.018 do CPC, dar-se-á a necessidade de prévia intimação das partes para se manifestarem a respeito, com vistas à leitura de contraditório substancial (art. 10 do CPC) e ainda em atenção ao preceito do art. 933, *caput*, CPC.

c) Momento para alegar o não cumprimento da regra do art. 1.018 do CPC

O § 3º do art. 1.018 do CPC não contempla previsão explícita acerca do *momento* para arguição, por parte do agravado, acerca da *omissão* do agravante quanto à satisfação da regra prevista no *caput* do dispositivo em questão. Sob a égide do CPC de 1973, a doutrina afirmava que a alegação do agravado dar-se-ia (i) no prazo de resposta do agravo ou (ii) antes do julgamento do mérito do recurso. Julgados do STJ defendiam que a alegação estava circunscrita ao prazo de resposta do agravo, posição defendida por setores da doutrina à luz do regime atual[69]. Mas ainda subsistem opiniões exaradas

---

decisões de primeiro grau: de acordo com as recentes reformas processuais e com o CPC/2015. 2. ed. Rio de Janeiro: Forense/São Paulo: Método, 2015. p. 116).

66. À luz do CPC/1973, a matéria foi objeto de recurso especial repetitivo: "Ementa: (...) 2. Destarte, o descumprimento das providências enumeradas no *caput* do art. 526 do CPC, adotáveis no prazo de três dias, somente enseja as consequências dispostas em seu parágrafo único se o agravado suscitar a questão formal no momento processual oportuno, sob pena de preclusão. (...) 4. Consectariamente, para que o Relator adote as providências do parágrafo único do art. 526 do CPC, qual seja, não conhecer do recurso, resta imprescindível que o agravado manifeste-se acerca do descumprimento do comando disposto em seu *caput*, porquanto a matéria não é cognoscível de ofício. (...)". (STJ, REsp 1.008.667-PR, Corte Especial, Rel. Ministro Luiz Fux, j. 18.11.2009).

67. STJ, AgInt no AREsp 1.757.869/MT, 3ª T., Rel. Min. Moura Ribeiro, *DJe* 28.05.2021.

68. "(...) 1. Nos termos da jurisprudência desta Corte, a comprovação de negativa de exigência do previsto no art. 526 do Código de Processo Civil/1973 (art. 1.018, § 2º, do Código de Processo Civil/2015) pode ser realizada por outros meios que não a certidão cartorária." (STJ, AgInt no Edcl no AREsp 1.270.271/RS, 4ª T., Rel. Min. Maria Isabel Gallotti, j. 09.10.2018, *DJe* 23.10.2018).

69. "Assim, o agravado deve alegá-lo nas contrarrazões – normalmente o primeiro momento que lhe cabe falar nos autos –, sob pena de preclusão" (DIDIER JR., Fredie; CUNHA, Leonardo Carneiro da. *Curso de direito*

perante o CPC 2015, afirmando que a matéria pode ser alegada enquanto não for julgado o agravo de instrumento[70].

De qualquer forma, parece aceitável concluir que a arguição do agravado, quanto ao descumprimento por parte do agravante acerca da comunicação de interposição do agravo de instrumento para os processos físicos, obsta a técnica de saneamento permitida pelo art. 932 do CPC e reforçada pelo § 3º do art. 1.017 do novel diploma.

d) Juízo de retratação e prejudicialidade do agravo

Como é de se notar, o § 1º do art. 1.018 do CPC assinala que, em caso de reforma *integral* da decisão agravada pelo juízo *a quo*, via juízo de retratação, restará *prejudicado* o agravo de instrumento.

2.6. PROCESSAMENTO DO AGRAVO DE INSTRUMENTO

a) Prerrogativa de negar seguimento ao agravo de instrumento (CPC, art. 932, III e IV)

O relator não conhecerá de recurso inadmissível, prejudicado ou que não tenha impugnado especificamente os fundamentos da decisão recorrida (CPC, art. 932, III). Poderá *negar provimento* ao recurso que for contrário a (i) Súmula do STF, do STJ ou do próprio Tribunal; (ii) acórdão proferido pelo STF ou pelo STJ em regime de recursos repetitivos; (iii) entendimento firmado em incidente de resolução de demandas repetitivas ou de assunção de competência (CPC, art. 932, IV).

Não é aceitável o provimento *monocrático* do agravo de instrumento antes da oferta de contrarrazões (CPC, art. 932, V), prática comum sob a égide do CPC de 1973[71]. O Enunciado 81 do FPPC, porém, sugere que "por não haver prejuízo ao contraditório, é dispensável a oitiva do recorrido antes do provimento monocrático do recurso, quando a decisão recorrida: (a) indeferir a inicial; (b) indeferir liminarmente a justiça gratuita; ou (c) alterar liminarmente o valor da causa".

---

processual civil: o processo civil nos tribunais, recursos, ações de competência originária de tribunal e *querela nullitatis*, incidentes de competência originária de tribunal. 13. ed., 2016 cit., p. 238).

70. Para Teresa Arruda Alvim Wambier, Maria Lúcia Lins Conceição, Leonardo Ferres da Silva Ribeiro e Rogério Licastro Torres de Mello, "deve-se frisar ter o agravado até o momento do julgamento do recurso de agravo para comprovar que não teria sido juntada aos autos em 1º grau de jurisdição a cópia da petição do agravo e a lista dos documentos juntados" (WAMBIER, Teresa Arruda Alvim (Coord.) et. al. *Primeiros comentários ao novo código de processo civil* cit., p. 1.462).

71. É certo, porém, que ainda sob a vigência do CPC de 1973, o STJ julgou o seguinte recurso repetitivo (CPC 1973, art. 543-C): "1. A intimação da parte agravada para resposta é procedimento natural de preservação do princípio do contraditório, nos termos do art. 527, V, do CPC, (...). 2. A dispensa do referido ato processual ocorre tão somente quando o relator nega seguimento ao agravo (art. 527, I), uma vez que essa decisão beneficia o agravado, razão pela qual conclui-se que a intimação para a apresentação de contrarrazões é condição de validade da decisão que causa prejuízo ao recorrente. [...]". (STJ, REsp 1.148.296-SP, Corte Especial, Rel. Min. Luiz Fux, j. 1º.09.2010).

b) Atribuição de efeito suspensivo ao agravo de instrumento ou antecipação dos efeitos da tutela recursal (CPC, art. 1.019, I)

O relator poderá conferir efeito *suspensivo* ao recurso de agravo (leia-se: "suspensão" da *eficácia* da decisão agravada) até pronunciamento definitivo da turma ou da câmara; ou ainda *antecipar total* ou *parcialmente* os *efeitos da tutela pretendida* (CPC, art. 1.019, I). Presentes os pressupostos legais, o relator (i) concederá *efeito suspensivo* ao agravo, suspendendo a *eficácia* da decisão agravada, ou (ii) anteciparáa tutela recursal em proveito do agravante (conferindo a "tutela" que foi negada pela instância *a quo*)[72].

O pronunciamento monocrático responsável por antecipar os efeitos da tutela recursal estará *adiantando* os efeitos do *provável* provimento do agravo de instrumento[73]. Importante acrescentar ainda que a tutela antecipada recursal poderá estar fundada na urgência ou evidência (Enunciado 423 do FPPC).

Oportuno consignar, porém, que o § 1º do art. 34 da Lei 12.431/2011 versa sobre hipótese de recurso de agravo de instrumento dotado de efeito suspensivo *ope legis*, diferindo do padrão *ope judicis* extraído do inciso I do art. 1.019 do CPC.

c) Recorribilidade dos pronunciamentos monocráticos

Importante salientar que as decisões monocráticas fundadas no inciso I do art. 1.019 do CPC são impugnáveis por meio de agravo interno. O Enunciado 142 do FPPC prescreve que:

> (...) da decisão monocrática do relator que concede ou nega o efeito suspensivo ao agravo de instrumento ou que concede, nega, modifica ou revoga, no todo ou em parte, a tutela jurisdicional nos casos de competência originária ou recursal, cabe o recurso de agravo interno nos termos do art. 1.021 do CPC.

d) A oitiva do agravado (CPC, art. 1.019, II)

A intimação do agravado dar-se-á na pessoa de seu procurador. Não havendo advogado constituído, far-se-á sua intimação pessoal da parte agravada via correio. A situação é comum nos casos de tutelas provisórias proferidas antes da citação do réu,

---

72. "Tendo sido requerida e indeferida uma medida liminar, como, por exemplo, na antecipação de tutela para que seja autorizada uma internação hospitalar, a lei faculta ao autor, em razão da urgência da situação, nos termos do inciso I do art. 1.015 do CPC/2015, agravar por instrumento diretamente ao Tribunal, pleiteando ao relator que antecipe provisoriamente, mediante cognição sumária, o próprio mérito recursal, resguardando a incolumidade do direito material pretendido para que não haja dano exacerbado e irreparável em decorrência da demora na concessão da prestação jurisdicional pretendida" (NOTARIANO JR., Antonio; BRUSCHI, Gilberto. *Agravo contra as decisões de primeiro grau* cit., p. 118).
73. Em lição escrita à luz do CPC Buzaid, mas ainda útil, William Santos Ferreira apontava que "quando o mérito do recurso versar sobre o cabimento do pedido de tutela antecipada, uma vez o relator admitindo este pedido, ter-se-á uma antecipação da tutela recursal (efeitos do futuro e provável provimento do recurso), que concederá, antes da apreciação pelo órgão colegiado, a tutela antecipada" (FERREIRA, William Santos. *Tutela antecipada no âmbito recursal* cit., p. 395).

hipótese em que o contraditório fica *diferido*[74]. O art. 1.019, II, do CPC permite ainda que o agravado possa trazer aos autos a documentação que entender conveniente. Os documentos *inéditos* fornecidos pelo agravado deverão ser submetidos ao crivo do contraditório no juízo *a quo*. A intimação para fins de oferecimento de resposta ao agravo deverá observar, quando for o caso, o disposto no § 1º do art. 272 do CPC.

e) Intimação do Ministério Público (CPC, art. 1.019, III)

A intimação do Ministério Público far-se-á nos casos em que for exigível sua atuação como fiscal da ordem jurídica (CPC, art. 178).

2.7. JULGAMENTO COLEGIADO

a) Submissão do recurso ao colegiado

O art. 1.020 do CPC dispõe que "o relator solicitará dia para julgamento em prazo não superior a 1 (um) mês da intimação do agravado". Trata-se de prazo *impróprio* para fins de *inclusão* do agravo de instrumento em pauta, o qual deve ser contado da intimação do agravado.

No caso de intervenção do Ministério Público (CPC, art. 1.019, III), a satisfação do prazo de 1 (um) mês restará bastante comprometida. Portanto, superada a possibilidade de decisão monocrática (CPC, art. 932, III e IV), dar-se-á a *submissão* do mérito do agravo de instrumento ao órgão colegial competente.

b) Sustentação oral (CPC, art. 937, VIII)

Nos casos de interposição de agravo de instrumento contra as decisões interlocutórias que versem sobre as tutelas provisórias de urgência ou de evidência, é facultado ao recorrente e ao recorrido se valerem da sustentação oral durante a sessão de julgamento (CPC, art. 937, VIII).

---

74. "É justamente por ser *contraditório diferido* é que se impõe (e não apenas se admite) que o relator reaprecie a questão que lhe foi *inicial* e *unilateralmente* submetida. *Se o contraditório é diferido, a reapreciação do tema decidido lhe é imanente*" (FERREIRA, William Santos. *Tutela antecipada no âmbito recursal* cit., p. 252).

3
AGRAVO INTERNO

3.1. CABIMENTO (CPC, ART. 1.021)

Diante da previsão do art. 1.021 do CPC restam superadas as eventuais distinções forjadas entre o agravo interno e o agravo regimental[1]. Em princípio, quaisquer decisões monocráticas proferidas de forma *unipessoal* pelo relator ou pela autoridade presidencial admitem o uso do agravo interno. Em linhas gerais, o objetivo desse recurso consiste em fazer valer a atuação do órgão colegial competente.

As decisões com substrato no art. 932 do CPC desafiam seu emprego. É preciso aceitar, porém, que o relator poderá decidir de forma unipessoal certos processos recursais, fazendo valer precedentes de observância obrigatória. E, nesse sentido, apesar dos incisos IV e V do art. 932 do CPC mencionarem a possibilidade de se (i) *negar provimento* monocraticamente ao recurso contrário às súmulas do STF, do STJ ou do próprio tribunal, ao entendimento firmado em recurso repetitivo, IRDR ou assunção de competência; bem como ainda (ii) *dar provimento* ao recurso se a decisão recorrida for contrária às súmulas do STF, do STJ ou do próprio tribunal, à tese produzida em recurso repetitivo, IRDR ou assunção de competência, cabe o registro de que o Enunciado 568 do STJ alude à prerrogativa de se dar ou negar provimento ao recurso "quando houver entendimento dominante acerca do tema". Trata-se de resquício do padrão interpretativo que era extraído do art. 557 do CPC revogado que, por sua vez, ocasionava certa insegurança, ao se cogitar dos requisitos necessários (quantitativos, qualitativos e temporais) para se aferir o padrão de *jurisprudência dominante*.

Atente-se que a Lei 13.256/2016 ainda conferiu nova redação ao art. 1.030, com acréscimo de § 2º, além do disposto no § 3º do art. 1.036 e § 7º do art. 1.035 do CPC, contemplando previsão de novas modalidades de agravo interno.

A competência para julgá-los, em princípio, será do órgão colegiado ou fracionário ao qual o relator estiver vinculado. Entretanto, no caso da previsão do § 2º do art. 1.030, § 7º do art. 1.035 e § 3º do art. 1.036, a competência para julgamento seguirá os parâmetros regimentais.

---

[1］ "Agora, de fato, não há mais que se falar em agravos regimentais e, por consequência, desaparece a polêmica sobre se seriam ou não constitucionais" (WAMBIER, Teresa Arruda Alvim et al (Coord.). *Primeiros comentários ao novo código de processo civil*: artigo por artigo. São Paulo: RT, 2015. p. 1.464).

a) Decisões monocráticas e unipessoais agraváveis e decisões irrecorríveis

As decisões monocráticas com substrato no inciso I do art. 1.019 do CPC dão ensejo ao agravo interno. O Enunciado 142 do FPPC recomenda que:

> (...) da decisão monocrática do relator que concede ou nega o efeito suspensivo ao agravo de instrumento ou que concede, nega, modifica ou revoga, no todo ou em parte, a tutela jurisdicional nos casos de competência originária ou recursal, cabe o recurso de agravo interno nos termos do art. 1.021 do CPC.

Por sua vez, o Enunciado 464 do FPPC prevê que "a decisão unipessoal (monocrática) do relator em Turma Recursal é impugnável por agravo interno".

Não se ignora, por outro lado, que existem decisões unipessoais reputadas *irrecorríveis*: a) o *caput*, do art. 138 do CPC autoriza que o relator, diante da relevância da matéria ou especificidade do tema objeto da demanda, autorize o ingresso como *amicus curiae* de pessoa natural ou jurídica, órgão ou entidade especializada, com representatividade adequada; b) o § 3º do art. 950 do CPC prevê a possibilidade de admissão de outros órgãos ou entidades (*amicus curiae*) em incidente de arguição de inconstitucionalidade; c) o § 2º do art. 1.031 do CPC versa sobre o pronunciamento do relator que reconheça a prejudicialidade do recurso extraordinário em relação ao especial, com a remessa do feito ao STF; e, por fim, d) o § 3º do art. 1.031 do CPC contempla hipótese de rejeição da prejudicialidade disposta no parágrafo anterior, autorizando restituição do caso ao STJ, pronunciamento esse que também é reputado irrecorrível.

b) Decisões presidenciais

As decisões presidenciais *jurisdicionais* poderão ser impugnadas pelo agravo interno. É o caso da decisão da autoridade presidencial em *suspensão de segurança*, originalmente disciplinada pelas Leis 4.348/1964 (revogada) e 8.437/1992. Ao dispor sobre a concessão de medidas cautelares contra atos do Poder Público, a Lei 8.437, de 30.06.1992, manteve o instituto da *suspensão de execução* de liminar concedida em detrimento da Fazenda Pública e de seus agentes[2]. O § 3º do art. 4º da Lei 8.437/1992 prevê, então, que "do despacho que conceder ou negar a suspensão, caberá agravo, no prazo de cinco dias, que será levado a julgamento na sessão seguinte a sua interposição"[3].

---

2. Art. 4º Compete ao presidente do tribunal, ao qual couber o conhecimento do respectivo recurso, suspender, em despacho fundamentado, a execução da liminar nas ações movidas contra o Poder Público ou seus agentes, a requerimento do Ministério Público ou da pessoa jurídica de direito público interessada, em caso de manifesto interesse público ou de flagrante ilegitimidade, e para evitar grave lesão à ordem, à saúde, à segurança e à economia públicas.
3. "Assim, o agravo ora comentado, muito embora na praxe forense seja chamado de regimental (até porque, de regra, os regimentos internos dos tribunais preveem o agravo regimental contra decisões de seus juízes Presidentes), em verdade é recurso que antes e acima de tudo possui previsão legal, de forma que, ainda que os regimentos internos não o previssem para a impugnação das decisões acerca dos pedidos de suspensão, ou ainda, mesmo que o previssem apenas para impugnar decisões concessivas da suspensão, ainda assim seria inafastável o seu cabimento no âmbito do incidente ora analisado" (VENTURI, Elton. *Suspensão de liminares e sentenças contrárias ao poder público*. São Paulo: RT, 2005. Controle jurisdicional dos atos do Estado; v. 4. p. 215).

Mantendo essa diretriz, o § 1º do art. 15 da Lei 12.016/2009 contemplou igualmente o cabimento de *agravo* em face da decisão presidencial responsável pela *suspensão* da segurança[4]. Interessante destacar que o art. 15 da Lei 12.016/2009 reserva o cabimento desse tipo de agravo apenas para a hipótese de *deferimento* da medida; não de seu *indeferimento*[5]. Para a hipótese de *negativa*, parece estar reservado novo pedido de suspensão de segurança.

Além disso, conforme aludido acima, o § 2º do art. 1.030 do CPC prevê outras hipóteses de cabimento de agravo interno, nos casos de decisão presidencial local proferida no juízo de admissibilidade dos recursos especial e extraordinário que, diga-se de passagem, colocam-se ao lado da figura prevista no art. 1.042 do CPC, modalidade que usualmente preponderava como meio hábil ao desbloqueio do recurso *inadmitido*. Logo, competirá ao interessado verificar os fundamentos decisórios para não incorrer em errônea interposição. Eventual interposição do agravo previsto no art. 1.042 do CPC, nas hipóteses em que a Corte de origem inadmitir o recurso especial com base em tese extraída de recurso repetitivo consistirá em erro grosseiro, "não sendo mais devida a determinação de outrora de retorno dos autos ao Tribunal a quo para que o aprecie como agravo interno"[6].

c) *Afetação e desafetação de recursos*

O inciso II do § 13 do art. 1.037 do CPC contempla relevante hipótese de cabimento de agravo interno, derivada dos casos de requerimentos fundados no § 9º daquele dispositivo, para fins de *desafetação* de determinado processo submetido ao regime de julgamento dos recursos especial e extraordinários repetitivos, permitindo a impugnação de eventual ordem *monocrática* de *suspensão*, para fins de permitir seu prosseguimento. Nesses casos, dar-se-á o uso do agravo interno contra a decisão unipessoal que negar ou acolher o pedido de desafetação.

d) *Desconsideração da personalidade jurídica*

Atente-se ainda que o parágrafo único do art. 136 do CPC dispõe que a decisão envolvendo desconsideração da personalidade jurídica, quando praticada pelo relator,

---

4. Art. 15. Quando, a requerimento de pessoa jurídica de direito público interessada ou do Ministério Público e para evitar grave lesão à ordem, à saude, à segurança e à economia públicas, o presidente do tribunal ao qual couber o conhecimento do respectivo recurso suspender, em decisão fundamentada, a execução da liminar e da sentença, dessa decisão caberá agravo, sem efeito suspensivo, no prazo de 5 (cinco) dias, que será levado a julgamento na sessão seguinte à sua interposição. § 1º Indeferido o pedido de suspensão ou provido o agravo a que se refere o *caput* deste artigo, caberá novo pedido de suspensão ao presidente do tribunal competente para conhecer de eventual recurso especial ou extraordinário.
5. "O indeferimento do pedido de suspensão significa, para todos os fins, que o Presidente do Tribunal reconheceu que a decisão que favorece o impetrante tenha aptidão para causar impactos negativos na ordem pública, e, por isso, deve ela surtir seus regulares efeitos desde logo" (BUENO, Cassio Scarpinella. *A nova lei do mandado de segurança*: comentários sistemáticos à Lei n. 12.016, de 7-8-2009. São Paulo: Saraiva, 2009. p. 97).
6. STJ, 3ª T., AREsp 959.991/RS, Rel. Min. Marco A. Bellizze, *DJe* 26.08.2016.

induz o cabimento do agravo interno. Quer-se acreditar, no entanto, que apenas as decisões de mérito, proferidas no curso do incidente de desconsideração da personalidade jurídica, em ações de competência originária (CPC, art. 932, VI), desafiam o agravo interno. As decisões monocráticas, que se limitam a autorizar seu processamento, não induzem semelhante tratamento.

3.2. PROCESSAMENTO E REQUISITOS

a) Prazo de interposição do agravo interno e oferta de contrarrazões

O art. 1.021 do CPC deverá ser contextualizado com a regra do art. 1.070, que disciplina o prazo para interposição do agravo interno ("Art. 1.070. É de 15 (quinze) dias o prazo para a interposição de qualquer agravo, previsto em lei ou em regimento interno de tribunal, contra decisão de relator ou outra decisão unipessoal proferida em tribunal").

Interposto o agravo interno dirigido ao relator, por critério de isonomia, far-se-á a intimação do agravado para manifestar-se sobre o recurso também no prazo de 15 (quinze) dias (CPC, art. 1.021, § 2º).

b) Exame dos pressupostos de admissibilidade do agravo interno

Conforme previsão do § 2º do art. 1.021 do CPC, "não havendo retratação, o relator levá-lo-á a julgamento pelo órgão colegiado, com inclusão em pauta". Como é de se aceitar, não ficou definido o momento processual exato para o exame dos pressupostos de *admissibilidade* do agravo interno. Logo, poder-se-á cogitar de sua análise por ocasião do juízo de retratação imposto ao relator e, sem prejuízo disso, a revisão desses pressupostos ainda poderá ocorrer pelo órgão colegiado responsável pelo exame de mérito.

Em abono à competência *colegiada*, convém destacar que o § 4º do art. 1.021 do CPC dispõe que, por votação *unânime*, o órgão julgador poderá declarar o agravo interno "manifestamente inadmissível ou improcedente". Ora, a manifesta *inadmissibilidade* pode estar relacionada, dentre outras hipóteses, com a ausência dos requisitos de admissibilidade recursais que não comportem saneamento.

c) Requisitos de admissibilidade do agravo interno

O agravo interno está sujeito aos demais requisitos recursais de admissibilidade e às prescrições do Regimento Interno do respectivo Tribunal. Em atenção ao princípio da dialeticidade, competirá ao agravante impugnar especificamente os fundamentos adotados pela decisão monocrática (CPC, art. 1.021, § 1º). Não se conhece, assim, do agravo interno que "se limita a reproduzir, *ipsis litteris*, as razões de seu apelo nobre inadmitido, sem combater, de forma clara e objetiva, os fundamentos da decisão impugnada"[7]. Porém, ao que parece, o dever de impugnação especificada não autoriza a *inovação recursal*, pois o STJ vem se mostrando refratário à apresentação de tese recursal nas razões do agravo interno que não tenha sido aventada nas alegações do recurso anterior[8].

3.3. JULGAMENTO

a) Inclusão em pauta e julgamento do agravo interno

O § 2º do art. 1.021 do CPC assinala que "não havendo retratação, o relator levá-lo-á a julgamento pelo órgão colegiado, com inclusão em pauta". O agravo interno poderá ser submetido ao julgamento *virtual*. Oportuno registrar que o § 3º do art. 937 do CPC assegura a possibilidade de *sustentação oral* no julgamento de agravo interno interposto contra a decisão unipessoal que venha a extinguir os processos de ação rescisória, mandado de segurança e reclamação, sujeitos à competência originária de Tribunal. Esse tipo de recurso também está distanciado da ordem de cronologia dos julgamentos (CPC, art. 12, § 2º, VI).

b) Dever de fundamentação substancial

O § 3º do art. 1.021 do CPC trata do dever de fundamentação substancial das decisões, competindo ao relator levar em consideração as razões e os fundamentos esposados no agravo interno, restando vedada a mera "reprodução dos fundamentos da decisão agravada" (fundamentação *per relationem*)[9]. Porém, nos termos da jurisprudência firmada no STJ, a reprodução dos fundamentos da decisão monocrática no voto do Relator, proferido em sede de agravo interno, quando ratificado pelo respectivo órgão julgador, "não é capaz de gerar a nulidade do aresto, desde que haja o efetivo enfrentamento das matérias relevantes suscitadas nas razões recursais"[10].

c) Fungibilidade recursal

O § 3º do art. 1.024 do CPC, por sua vez, chancelou hipótese de conversão recursal, ao dispor que:

> (...) o órgão julgador conhecerá dos embargos de declaração como agravo interno se entender ser este o recurso cabível, desde que determine previamente a intimação do recorrente para, no prazo de 5 (cinco) dias, complementar as razões recursais, a fim de ajustá-las às exigências do art. 1.021, § 1º.

---

7. STJ, 1ª T., AgRg no AREsp 791.104/RJ, Rel. Min. Napoleão Nunes Maia Filho, *DJe* 06.09.2019.
8. STJ, 1ª T., AgInt no REsp 1.868.436/RN, Rel. Min. Benedito Gonçalves, *DJe* 02.12.2020.
9. "Em busca do aperfeiçoamento do sistema processual pátrio, o legislador instituiu como peças de uma mesma engrenagem tanto a obrigação do julgador de explicitar de forma particularizada as razões que ensejaram a prolação do provimento jurisdicional quanto o ônus da parte recorrente de impugnar especificamente os fundamentos da decisão atacada" (MACÊDO, Lucas Buril. Agravo interno. Análise das modificações legais e de sua recepção no Superior Tribunal de Justiça. *Revista de Processo*, v. 269, p. 311-344, jul. 2017, p. 20).
10. STJ, Corte Especial, AgRg nos EDcl nos EAREsp 1.421.395/PR, Rel. Min. Raul Araújo, *DJe* 05.12.2023.

Neste particular, o Enunciado 104 do FPPC reforça que "o princípio da fungibilidade recursal é compatível com o CPC e alcança todos os recursos, sendo aplicável de ofício". Não se exige para aplicação do § 3º do art. 1.024 do CPC o postulado da *dúvida objetiva*, erigido como premissa para utilização do princípio da fungibilidade sob a vigência do CPC 1973. Admite-se, assim, "a conversão de embargos de declaração em agravo interno quando a pretensão declaratória denota nítido pleito de reforma por meio do reexame de questão já decidida"[11]. Porém, ao se afastar o postulado da dúvida objetiva da regra do § 3º do art. 1.024 do CPC, é possível compreender que "o agravo interno não é o recurso cabível para apontar a existência de vícios integrativos (omissão, contradição, obscuridade ou erro material)"[12]. Ou seja, não há fungibilidade *reversa* que autorize processar agravo interno como embargos de declaração.

Por fim, apesar de consignar ausência de previsão legal para o seu manejo, em precedentes específicos, o STJ aceitou a conversão de pedidos de reconsideração em agravo interno, ressalvando hipótese de "erro grosseiro" ou seu emprego fora do "prazo legal"[13].

d) Sanção imposta ao agravo protelatório

Conforme ressalvado acima, o § 4º do art. 1.021 do CPC dispõe que, "quando o agravo interno for declarado manifestamente inadmissível ou improcedente em votação unânime, o órgão colegiado, em decisão fundamentada, condenará o agravante a pagar ao agravado multa fixada entre 1% e 5% do valor atualizado da causa"[14]. O Enunciado 359 do FPPC prevê que "a aplicação da multa prevista no art. 1.021, § 4º, exige que a manifesta inadmissibilidade seja declarada por unanimidade". Por isso, o STJ decidiu que:

> (...) o mero inconformismo com a decisão agravada não enseja a necessária imposição da multa, prevista no § 4º do art. 1.021 do Código de Processo Civil de 2015, quando não configurada a manifesta inadmissibilidade ou improcedência do recurso, por decisão unânime do colegiado[15].

Oportuno consignar que o STJ já determinou a aplicação de multa em agravo interno no qual o agravante tencionava insurgir-se contra tema que já havia sido submetido à sistemática dos recursos repetitivos[16].

Porém, à guisa de evitar a incidência *automática* da multa do § 4º do art. 1.021 do CPC, em situações em que já se vislumbrava forte propensão de se considerar o recurso de agravo interno inadmissível ou improcedente em regime de votação colegiada,

---

11. STJ, 2ª T., EDcl nos AREsp 1.748.114/SP, Rel. Min. Herman Benjamin, *DJe* 01.07.2021.
12. STJ, 4ª T., AgRg no AREsp 1.818.625/SP, Rel. Min. Marco Buzzi, *DJe* 08.10.2021.
13. STJ, 2ª T., AgInt no AREsp 1.872.808/RJ, Rel. Min. Francisco Falcão, *DJe* 11.11.2021. Na mesma linha: STJ, 1ª T., AgInt no REsp 1.515.248/RN, Rel. Min. Gurgel de Faria, *DJe* 17.09.2021.
14. Ao incidir, a multa em questão se reverte à parte contrária (STJ, 1ª T., REsp 1.928.084/RS, Rel. Min. Gurgel de Faria, *DJe* 27.10.2022).
15. STJ, 2ª Turma, AgInt no AREsp 986.246/RS, Rel. Min. Francisco Falcão, *DJe* 02.05.2017.
16. "(...) O STJ entende que deve ser aplicada multa nos casos em que a parte insurgir-se quanto a tema já decidido em julgado submetido à sistemática dos recursos repetitivos" (STJ, 2ª T., AgInt no REsp 1.573.980/PE, Rel. Min. Mauro Campbell Marques, j. 20.09.2016, *DJe* 23.09.2016).

tem-se a notícia de que, em determinado processo recursal, a relatoria do feito reputou conveniente intimar o agravante para que se manifestasse acerca da *insistência* no processamento do agravo interno[17].

Com a aplicação da multa em questão, o § 5º do art. 1.021 do CPC assinala que a interposição de qualquer outro recurso subsequente está condicionada ao depósito *prévio* de seu valor, excetuando-se apenas a Fazenda Pública e o beneficiário de gratuidade da justiça, que farão o pagamento ao término do processo[18]. Apesar de não incluído na exceção ventilada pelo § 5º do art. 1.021, tratamento similar deve ser dispensado ao Ministério Público.

A ausência de recolhimento da multa aplicada nos moldes do § 4º do art. 1.021 resultará em fato impeditivo quanto ao processamento do eventual recurso superveniente que venha a ser manejado pelo interessado. Trata-se de pressuposto recursal objetivo de admissibilidade da impugnação subsequente, cuja inobservância conduzirá ao não conhecimento do mesmo[19]. Entretanto, o STJ já decidiu que o propósito desta sanção é "inibir a interposição de sucessivo recurso protelatório vindicando a apreciação da mesma questão decidida pela decisão que fixara a reprimenda"[20]. Ou seja, sob tal enfoque, o depósito prévio da multa é requisito a ser observado para análise do mérito do recurso subsequente voltado à impugnação da mesma matéria e, nesse sentido, não se aplica para outros recursos que venham a ser interpostos em fase processual diversa.

Em precedente de destaque, o STJ concluiu que a análise das circunstâncias da causa que envolveram o prognóstico pelo caráter manifestamente inadmissível ou improcedente do agravo interno, no âmbito local, encontra óbice na Súmula 7 do STJ, tornando dificultoso o controle da matéria em recurso especial[21].

e) Honorários advocatícios recursais em agravo interno

Apesar de não se desconhecer a existência de julgados pretéritos que impuseram honorários recursais em agravo interno, são inúmeros os precedentes que refutam a sua utilização, notadamente por se tratar de recurso dotado de efeito *regressivo* e voltado ao

---

17. "(...) 3. Quando a parte recorrente não traz na minuta do agravo interno, como no caso, impugnação integral e específica aos fundamentos da decisão recorrida, há de ser aplicada a multa do art. 1.021, § 4º, do NCPC, ainda mais na hipótese como a dos autos em que foi instada a se manifestar sobre a manutenção do seu inconformismo e optou por mantê-lo." (STJ, 3ª T., AgInt nos EDcl na TutPrv no AREsp 804.374/PR, Rel. Min. Moura Ribeiro, j. 25.10.2016, *DJe* 08.11.2016).
18. "Nos termos do § 5º do art. 1.021, a interposição de qualquer recurso está condicionada ao depósito prévio do valor da multa prevista no § 4º, à exceção da Fazenda Pública e ao beneficiário da justiça gratuita que farão o pagamento ao final" (STJ, 2ª Seção, EDcl no AgInt no EAREsp 818.332/SP, Relatora Ministra Nancy Andrighi, *DJe* 14.09.2018).
19. STJ, 1ª T., EDcl no AgInt no REsp 1.533.928/BA, Rel. Min. Sérgio Kukina, j. 14.03.2017, *DJe* 23.03.2017.
20. STJ, 4ª T., AgInt no AREsp 1.162.017/RS, Rel. Min. Luis Felipe Salomão, j. 18.06.2019, *DJe* 25.06.2019. No mesmo sentido: STJ, 3ª T., EDcl no AgInt no AgInt. no AREsp 1.333.274/MS, Rel. Min. Moura Ribeiro, j. 08.06.2020, *DJe* 12.06.2020.
21. STJ, 2ª T., REsp 1.670.758/RS, Rel. Min. Herman Benjamin, *DJe* 30.06.2017.

órgão colegial competente, sem que se tenha o desdobramento da matéria em instância superior[22]. Nesse sentido, tem-se o Enunciado 16 do ENFAM, consignando que "não é possível majorar os honorários na hipótese de interposição de recurso no mesmo grau de jurisdição (art. 85, § 11, do CPC/2015)".

f) Viés de confirmação

Por fim, oportuno consignar que, em pesquisa empreendida por Lucas Buril de Macedo, com base em critério de amostragem propiciado pelo setor de jurisprudência do STJ, foram analisadas 364 (trezentas e sessenta e quatro) decisões proferidas em agravo interno naquela Corte, com a constatação de que *nenhum* deles restou acolhido:

> Dessas 364 decisões, absolutamente nenhuma delas foi pela procedência; tomando como referencial os precedentes disponibilizados pelo setor de jurisprudência do STJ, todos os agravos interpostos e decididos após a eficácia do CPC/2015 foram desprovidos ou inadmitidos. É realmente impressionante que sequer um único agravo interno tenha sido interposto com razões para procedência. Entre todos os agravos: 198 foram julgados improcedentes; 11 foram não conhecidos em parte, e, na parte em que conhecidos, foram desprovidos; e 157 não foram admitidos. Desses 364 recursos interpostos, houve a aplicação de multa por manifesta improcedência ou manifesta inadmissibilidade em 190 deles; isto é, mais da metade dos agravos internos interpostos foram considerados manifestamente inadmissíveis ou improcedentes unanimemente, com aplicação da punição econômica[23].

---

22. "(...) Não é cabível a majoração dos honorários recursais, por ocasião do julgamento do agravo interno, tendo em vista que a referida verba deve ser aplicada, apenas uma vez, em cada grau de jurisdição, e não a cada recurso interposto na mesma instância." (STJ, 3ª T., AgInt no AREsp 1.374.512/SP, Rel. Min. Marco Aurélio Bellizze, j. 29.04.2019, *DJe* 06.05.2019). Nessa linha: STJ, 3ª T., AgInt no AREsp 1.752.708/SP, Rel. Min. Moura Ribeiro, *DJe* 28.10.2021.
23. MACÊDO, Lucas Buril. Agravo interno. Análise das modificações legais e de sua recepção no Superior Tribunal de Justiça cit., p. 12.

4
EMBARGOS DE DECLARAÇÃO

4.1. CABIMENTO

É certo que as decisões com vícios de fundamentação são *inconstitucionais* (CF/88, art. 93, IX; CPC, art. 11). A tradição brasileira, no entanto, consagrou a possibilidade de *correção* de decisões *obscuras* ou *contraditórias*, corrigindo ainda certas *omissões* com a *integração* dos pontos e das questões relevantes à plena apreciação da causa.

Assim, o art. 1.022 do CPC assentou que os embargos de declaração são cabíveis em face de qualquer *decisão* judicial, independentemente do grau de jurisdição. Ainda que o legislador venha a dispor que uma decisão é *irrecorrível*, ao serem identificados os vícios elencados no art. 1.022 do CPC, os embargos declaratórios devem ser aceitos por força do princípio da *ampla embargabilidade*[1]. A irrecorribilidade comprometerá o recurso subsequente, não havendo óbice para impugnação das decisões via embargos. Aliás, o Enunciado 475 do FPPC realça o cabimento de embargos de declaração "contra decisão interlocutória no âmbito dos juizados especiais".

Por outro lado, o art. 203 do CPC remete à classificação dos *pronunciamentos judiciais*, podendo subsistir eventual dúvida acerca do manejo dos embargos declaratórios em face dos *despachos*, ainda que *desprovidos* de conteúdo decisório. O princípio da cooperação (CPC, art. 6º) exige que os todos os pronunciamentos judiciais sejam assimilados e compreendidos pelos sujeitos processuais. Logo, não se pode afastar que, em casos excepcionais, os embargos declaratórios sejam aceitos em face de meros despachos. Entretanto, em julgado da 1ª Seção, produzido à luz do CPC 2015, o Superior Tribunal de Justiça inclinou-se pelo não cabimento de embargos de declaração interpostos contra *despacho de mero expediente*[2].

Da mesma forma, em detrimento à regra da ampla embargabilidade, a jurisprudência vem se inclinando pela não admissão de embargos de declaração "contra decisão que inadmite recurso especial"[3]. O tema será retomado adiante, haja vista os reflexos no tocante ao efeito interruptivo.

---

1. Pontes de Miranda disserta que, "se a decisão é irrecorrível, a irrecorribilidade somente concerne aos outros recursos, e não ao recurso de declaração" (PONTES DE MIRANDA, Francisco Cavalcanti. *Comentários ao Código de Processo Civil*. Rio de Janeiro: Forense, 1999. t. VII: arts. 496 a 538, p. 320).
2. STJ, 1ª Seção, AgRg nos EDcl nos EmbExeMS 598-DF, Rel. Min. Herman Benjamin, j. 28.06.2017, *DJe* 1º.08.2017.
3. STJ, 6ª T., AgRg no AREsp 1.441.153-SP, Rel. Min. Rogério Schietti Cruz, j. 03.10.2019, *DJe* 09.10.2019.

a) Vícios e decisões embargáveis

Os embargos de declaração possuem fundamentação *vinculada*, podendo ser usados por qualquer das partes, desde que presentes as hipóteses do art. 1.022 do CPC (devolutividade "restrita"). Eventuais impropriedades da decisão judicial são assimiladas a uma sucumbência meramente *formal*[4]. Porém, os embargos de declaração só se prestam a sanar obscuridade, omissão, contradição ou erro material, porventura existentes no pronunciamento embargado, "não servindo à rediscussão da matéria já julgada no recurso"[5]. Como é de se aceitar, as decisões judiciais devem ser veiculadas em linguagem compreensível, capaz de convencer os sujeitos processuais. O art. 489 do CPC, por sua vez, exige a construção de uma *teoria contemporânea da decisão judicial*.

a.1) Obscuridade

Ao se cogitar dos *vícios* que autorizam o uso dos embargos declaratórios, é de se observar que as dificuldades *intrínsecas* à comunicação – enquanto condição de possibilidade do discurso jurídico – podem acarretar a ocorrência de *obscuridade*, impossibilitando a compreensão dos fundamentos da decisão ou de seu comando dispositivo[6]. Para Fredie Didier Jr. e Leonardo Carneiro da Cunha, "a decisão é *obscura* quando for ininteligível, quer porque mal redigida, quer porque escrita à mão com letra ilegível, quer porque escrita com passagens em língua estrangeira ou dialeto incompreensível"[7].

a.2) Contradição

A *contradição*, por sua vez, está relacionada com a ausência de *coerência* discursiva, adoção de teses *inconciliáveis* na fundamentação da decisão, ou ainda proposições *contraditórias* entre seus fundamentos e a parte dispositiva. Atente-se que à luz do CPC 1973, costumava-se afirmar que a *contradição* era aferível tão somente a partir dos fundamentos *internos* da decisão, não sendo razoável sustentá-la a partir de elementos *externos* (por exemplo, alegação de contradição entre a decisão e a "prova" produzida

---

4. "Tal situação peculiar autoriza que sejam apresentados embargos de declaração pelo vencedor da pendenga judicial, e não apenas por aquele que foi vencido (isto é, que esteja numa posição de sucumbente). Com os embargos declaratórios, pode a parte vencedora pretender sanear a decisão para que a prestação jurisdicional fique clara, completa e não contraditória" (MAZZEI, Rodrigo. Embargos de declaração. In: WAMBIER, Teresa Arruda Alvim et al. (Coord.). *Breves comentários ao Novo Código de Processo Civil*. São Paulo: RT, 2015. p. 2.267).
5. STJ, 4ª T., AgInt no AREsp 1.099.918-RS, Rel. Min. Maria Isabel Gallotti, j. 07.12.2017, *DJe* 14.12.2017.
6. "É obscura a decisão, quando não se compreende exatamente o que foi decidido. A possibilidade de a decisão ser interpretada de maneiras diferentes gera obscuridade. Pode decorrer de defeito na expressão ou da falta de firmeza na convicção do juiz, que se perceba pela leitura do texto da decisão. Tanto faz onde se encontre a obscuridade, no relatório, no fundamento, ou na parte propriamente decisória, ou, ainda, na relação entre estes elementos" (WAMBIER, Teresa Arruda Alvim et. al (Coord.). *Primeiros comentários ao novo código de processo civil*: artigo por artigo. São Paulo: RT, 2015. p. 1.467).
7. DIDIER JR., Fredie; CUNHA, Leonardo Carneiro da. *Curso de direito processual civil*: o processo civil nos tribunais, recursos, ações de competência originária de tribunal e *querela nullitatis*, incidentes de competência originária de tribunal. 13. ed. Salvador: JusPodivm, 2016, p. 255.

no processo ou ainda a confrontação com julgado *anterior*). Afirmava-se que a contradição que ensejava os embargos de declaração era de índole interna, aferível "entre as proposições e conclusões do próprio julgado" (EDcl no AgRg nos EREsp 1.191.316/SP, Rel. Ministro Sidnei Beneti, Corte Especial, *DJe* 10.05.2013)"[8].

A orientação em questão prevaleceu à luz do CPC vigente, de modo que a contradição que autoriza os embargos de declaração é aquela interna, "verificada entre a fundamentação do julgado e a sua conclusão, e não aquela que possa existir, por exemplo, com a prova dos autos, nem a que porventura exista entre a decisão e o ordenamento jurídico; menos ainda a que se manifeste entre o acórdão e a opinião da parte vencida"[9]. Com isso, não há que se falar em suposta "contradição entre as razões de decidir e a lei, doutrina, jurisprudência, fatos ou provas"[10]. Para os casos de contradições com elementos *externos*, quando possível, dar-se-ia o emprego de outros meios recursais[11].

É de se aceitar, porém, que o § 1º do art. 489 do CPC impõe o dever de *fundamentação substancial* da decisão, com alusão aos *motivos determinantes* do eventual precedente ou súmula invocados (inciso V), ou ainda com alusão à *distinção* necessária, para fins de deixar de seguir enunciado de súmula, jurisprudência ou precedente invocado pela parte (inciso VI). Portanto, em certa medida, tais hipóteses substanciam *contradição* com a *ratio decidendi* extraída de padrões jurisprudenciais *externos*, dando ensejo aos embargos de declaração.

Em sentido próximo, Ticiano Alves e Silva defende a caracterização de contradição *externa* para fins de cabimento dos embargos declaratórios com base em decisões diversas proferidas pelo mesmo órgão julgador[12].

a.3) Omissão

A *omissão* está relacionada ao não enfrentamento dos *pontos* ou das questões sobre o qual devia se pronunciar o juiz ou o Tribunal (omissão "*ontológica*"[13]) ou ainda no

---

8. STJ, 2ª T., EDcl no AgRg no REsp 1.533.638/RS, Rel. Min. Herman Benjamin, *DJe* 13.09.2016.
9. STJ, 4ª T., EDcl no AgRg no AREsp 539.673-PR, Rel. Min. Marco Buzzi, j. 06.02.2018, *DJe* 23.02.2018.
10. STJ, 3ª T., EDcl no REsp 1.745.371-SP, Rel. Min. Nancy Andrighi, j. 14.12.2021, *DJe* 17.12.2021.
11. "A contradição que se dá com elementos externos ao julgado embargado, importa em desinteresse de rejulgamento da questão, o que não autoriza o uso da via dos aclaratórios." (STJ, 4ª T., EDcl no AgInt no AgInt no REsp 1.838.201-RS, Rel. Min. Luis Felipe Salomão, j. 24.05.2021, *DJe* 27.05.2021).
12. "Como expus em outra sede, dá-se a contradição externa quando (i) um mesmo órgão julgador (identidade subjetiva) profere (ii) decisões diferentes (iii) sobre uma mesma questão de direito, (iv) sem justificar a mudança de entendimento não pode, por exemplo, em um dia, o Tribunal formar um precedente sobre a inconstitucionalidade de um tributo e, no outro, em demanda diversa, compreender que aquele mesmo tributo é, sim, constitucional, sem ao menos justificar a alteração" (SILVA, Ticiano Alves e. Os embargos de declaração no novo código de processo civil. DIDIER JR., Fredie (coord.), MACÊDO, Lucas Buril de; PEIXOTO, Ravi; FREIRE, Alexandre (Org.). *Novo CPC doutrina selecionada*. Salvador: JusPodivm, 2015, v. 6: processo nos tribunais e meios de impugnação às decisões judiciais, p. 665).
13. "(...) 1. O recurso de embargos de declaração se justifica quando há 'omissão ontológica', na dicção de PONTES DE MIRANDA, ou seja, ausência de decisão sobre ponto relevante suscitado pela parte" (STJ, 2ª Seção, EDcl nos EDcl no AgRg nos EREsp 478.256-MG, Rel. Min. Fernando Gonçalves, j. 18.10.2024, *DJe* 03.11.2024).

tocante às matérias aferíveis *ex officio*. A omissão poderá se caracterizar ainda como *relacional*, quando o tema não foi fundamentado ou ainda foi mencionado mas não constou da parte dispositiva do *decisum*[14].

É *presumível* nos casos em que a decisão judicial "deixe de se manifestar sobre tese firmada em julgamento de casos repetitivos ou em incidente de assunção de competência aplicável ao caso sob julgamento" (CPC, art. 1.022, parágrafo único, I) ou "incorra em qualquer das condutas descritas no art. 489, § 1º" (CPC, art. 1.022, parágrafo único, II). O Enunciado 562 do FPPC complementa essa diretriz apontando que "considera-se omissa a decisão que não justifica o objeto e os critérios de ponderação do conflito entre normas".

Logo, resulta superada a teoria da fundamentação *suficiente*, de modo que, doravante, os juízes estão adstritos ao enfrentamento dos argumentos relevantes deduzidos no processo, capazes de infirmar sua convicção (CPC, art. 489, § 1º, IV)[15]. O Enunciado 40 da ENFAM assinala competir "ao recorrente demonstrar que o argumento reputado omitido é capaz de infirmar a conclusão adotada pelo órgão julgador".

a.4) Erro material

O CPC 2015 faz menção ainda à possibilidade de interposição de embargos de declaração em face de *erro material*, ou seja, lapsos que não comprometem o critério decisório adotado e que são assimiláveis a descuidos de redação. A inclusão dessa nova hipótese de cabimento induz o efeito *interruptivo* do prazo recursal (CPC, art. 1.026), mas isso não significa que o erro material não possa ser suscitado por petição *avulsa* (Enunciado 360 do FPPC).

Por outro lado, o Enunciado 654 do FPPC aponta ainda que "erro material identificado na ementa, inclusive decorrente de divergência com o acórdão, é corrigível a qualquer tempo, de ofício ou mediante requerimento". Portanto, ainda que os embargos de declaração não tenham sido manejados com esse propósito, inexiste preclusão para correção da impropriedade da ementa do acórdão.

---

14. "A *omissão ontológica* ocorrerá quando o ato judicial decisório deixar de abordar ponto(s) relevante(s); ou seja, quando o vazio decisório estiver na incompletude do corpo da motivação e do dispositivo pela não análise e deliberação de alguma(s) questão(ões) importante(s). A *omissão relacional*, por sua vez, estará presente quando o ponto relevante for traçado parcialmente, faltando-lhe a respectiva correspondência formal à direção adotada. Assim, haverá omissão, mas não estará presente dispositivo respectivo, ou vice-versa (se vislumbrará parte dispositiva, mas não se verificará a motivação que dê amparo ao comando judicial cravado)" (MAZZEI, Rodrigo. Embargos de declaração cit., p. 2.274).

15. "A exigência da fundamentação analítica, em substituição ao padrão sintético hoje tolerado pela jurisprudência está em consonância com a ideia de um contraditório participativo, dinâmico, no qual os argumentos apresentados pelas partes têm que ser examinados minuciosamente, pois elas têm o direito de influenciar, ou, pelo menos, tentar influenciar a decisão que será proferida" (PINHO, Humberto Dalla Bernardina de; RODRIGUES, Roberto de Aragão Ribeiro. Os embargos de declaração no novo código de processo civil. In: DIDIER JR., Fredie (Coord.), MACÊDO, Lucas Buril de; PEIXOTO, Ravi; FREIRE, Alexandre (Org.). *Novo CPC doutrina selecionada*. Salvador: JusPodivm, 2015, v. 6: processo nos tribunais e meios de impugnação às decisões judiciais, p. 655).

b) Erro de julgamento: erro de direito e erro de fato

Conforme observado por Sandro G. Martins, questão mais complexa e, diga-se de passagem, "sobre a qual já existia divergência na vigência do CPC/73, diz respeito à possibilidade de, por meio de embargos de declaração, obter-se a modificação de uma decisão formalmente perfeita – isto é, sem obscuridade, contradição, omissão ou inexatidões materiais –, para correção de erro de julgamento"[16].

A discussão, nesse particular, diz respeito à possibilidade de dedução de embargos de declaração para fins de reconhecimento do *erro de direito* (p. ex.: aplicação de fundamento legal revogado) ou *erro de fato*, condizente com a errônea valoração do contexto fático dos autos (p. ex.: quando se admite um fato inexistente ou ainda quando se considera inexistente um fato efetivamente ocorrido). Em que pese a distinção que se impõe entre o erro de julgamento e o erro de fato, não é incomum que tais hipóteses acabem sendo niveladas. O problema maior, nesse particular, está em se "admitir o uso de embargos de declaração para impugnar outros tipos de erros que extrapolam a noção de erro material e envolvem algum juízo de valor sobre questões de fato e/ou de direito (erro de julgamento)"[17].

Analisando a jurisprudência, percebe-se que se tem admitido o uso dos embargos de declaração para correção de qualquer equívoco relevante identificado na decisão embargada, especialmente quando esse equívoco serviu de fundamento ou de premissa para a conclusão alcançada na decisão embargada.

Assim, nesse particular, tem-se admitido embargos de declaração para corrigir: a) erro na contagem de algum prazo;[18] b) erro na avaliação sobre o preparo recursal;[19] c) nulidade absoluta havida no curso do processo;[20] d) julgamento que se fundou em questão diversa da discutida nos autos;[21] e) erro de fato ou premissa equivocada;[22] f) erro de direito;[23] etc.

Vê-se, portanto, que "não se trata, pois, de estimular o uso indevido do recurso dos embargos de declaração para permitir veicular toda e qualquer irresignação contra o *decisum*, mas de viabilizar que o próprio órgão judicial que proferiu a decisão embargada

---

16. MARTINS, Sandro Gilbert. Código novo, discussão velha, novas conclusões: embargos de declaração e erro de julgamento. *Revista Jurídica da Escola Superior de Advocacia da OAB/PR/Ordem dos Advogados do Brasil*, Seção Paraná, Coordenação Científica de Fernando Previdi Motta e Graciela Marins, v. 3, n. 1 (maio, 2018), Curitiba, OABPR, 2018. p. 128.
17. MARTINS, Sandro Gilbert. *Código novo, discussão velha, novas conclusões* cit., p. 132.
18. STJ, 6ª T., EDcl nos EDcl no AgRg no AgRg no AREsp 947.520/SP, Rel. Min. Rogerio Schietti Cruz, j. 06.02.2018, *DJe* 15.02.2018.
19. STJ, 4ª T., EDcl no AgRg no AREsp 550.619/AL, Rel. Min. Raul Araújo, *DJe* 10.02.2017.
20. STJ, 1ª T., EDcl no REsp 1.644.846/RS, Rel. Min. Gurgel de Faria, *DJe* 16.02.2018.
21. STJ, 2ª T., EDcl no AgInt no AREsp 935.132/BA, Rel. Min. Og Fernandes, j. 16.03.2017, *DJe* 22.03.2017.
22. STJ, 4ª T., EDcl no AgRg no AREsp 853.791/RJ, Rel. Min. Raul Araújo, *DJe* 03.05.2017.
23. STF, 1ª T., RE 236.273/RJ ED, Rel. Min. Sydney Sanches, j. 05.11.2002, *DJ* 21.02.2003; e, STJ, 1ª T., EDcl no AgRg no Ag 429.890/SP, Rel. Min. Humberto Gomes de Barros, j. 25.03.2003, *DJ* 14.04.2003.

possa sanear o erro de julgamento e, por conseguinte, prestar um serviço jurisdicional de acordo com os parâmetros do modelo constitucional traçado"[24].

4.2. INTERPOSIÇÃO E PROCESSAMENTO

a) Interposição

O prazo para interposição dos embargos declaratórios é de 5 (cinco) dias, podendo ser computado na forma do art. 229 do CPC. Há que se fazer o registro da exceção do art. 1.067 do CPC que alude ao art. 275 da Lei 4.737/1965. A *petição* de interposição indicará o erro, a obscuridade, a contradição ou a omissão, sendo endereçada ao juiz da causa ou ao relator designado e deverá conter o pedido de nova decisão, para fins de *integração, esclarecimento* ou atribuição de *efeitos infringentes* à decisão embargada. Os embargos não estão sujeitos a *preparo*, pois são mínimos os atos processuais praticados entre sua propositura e seu julgamento. Além disso, não é razoável gravar pecuniariamente a parte que denunciou a impropriedade da decisão embargada.

b) Processamento

De acordo com o § 2º do art. 1.023 do CPC, o juiz intimará o embargado para se manifestar sobre os embargos interpostos, caso seu *potencial* acolhimento implique a modificação da decisão embargada. É certo que o provimento dos embargos sempre gerará alguma *modificação* do julgado, circunscrita ou não ao vício alegado. Então, trata-se de discutir a obrigatoriedade ou não de oitiva do embargado na fase de processamento dos embargos[25]. Poder-se-ia argumentar que os embargos são processados sem a oportunidade de manifestação da parte contrária, pois, ao menos em tese, a solução do defeito do julgado aproveita a todos integrantes da relação processual. Mas é preciso atentar para o disposto no art. 10 do CPC. Portanto, se os Tribunais mantiverem a exegese formada sob a égide do Código Buzaid, a oitiva do embargado dar-se-á tão somente nos casos de embargos que pleiteiem atribuição de *efeitos infringentes* ou *atribuição de mudanças significativas* do julgado originário. Mas os casos de *omissão* da decisão não podem representar surpresas para o embargado, impondo-se sua oitiva prévia e obrigatória, independentemente do potencial acolhimento dos embargos opostos. Em caso de interposição dos embargos declaratórios em face de decisão colegiada, ainda que pessoalmente não vislumbre possibilidade de atribuição de efeitos infringentes, o

---

24. MARTINS, Sandro Gilbert. *Código novo, discussão velha, novas conclusões* cit., p. 139-140.
25. Para Luis Guilherme Aidar Bondioli, "a abertura de oportunidade para resposta do embargado não é obrigatória, mas não se tolera que se modifique ou se façam acréscimos substanciais à decisão embargada sem que se franqueie oportunidade para reação diante dos embargos. Assim, para inadmitir os embargos de declaração, rejeitá-los ou até mesmo acolhê-los em situações nas quais não se altere a decisão (por exemplo, no caso de eliminação de erro verdadeiramente material), o juiz fica liberado de intimar o embargado previamente ao julgamento" (BONDIOLI, Luis Guilherme Aidar. Novidades em matéria de embargos de declaração no CPC de 2015. O novo código de processo civil. *Revista do Advogado – AASP*, n. 126, a. XXXV, maio de 2015. p. 153-154).

relator deverá estar atento à revisão do julgado embargado no julgamento tomado por seus pares. Nesse caso, é razoável observar o disposto no § 2º do art. 1.023 do CPC, ainda que o relator, por si só, mantenha convicção acerca da inviabilidade de modificação da decisão embargada. Entretanto, "não tendo havido prévia intimação do embargado para apresentar contrarrazões aos embargos de declaração, se surgir divergência capaz de acarretar o acolhimento com atribuição de efeito modificativo do recurso durante a sessão de julgamento, esse será imediatamente suspenso para que seja o embargado intimado a manifestar-se no prazo do § 2º do art. 1.023" (Enunciado 614 do FPPC). Por razões de isonomia, o prazo para manifestação do embargado é de 5 (cinco) dias.

c) Fungibilidade e conversão dos embargos de declaração

O § 3º do art. 1.024 do CPC incorpora a possibilidade do relator ou do órgão fracionário de Tribunal conhecer dos embargos de declaração como agravo interno, permitindo ao embargante complementar as razões recursais, a fim de ajustá-las às exigências do art. 1.021, § 1º (CPC, art. 10). Entretanto, apesar de o dispositivo legal oportunizar o aditamento à guisa de permitir a conversão, o Supremo Tribunal Federal considerou "desnecessária a intimação do embargante para completar suas razões quando o recurso, desde logo, exibir impugnação específica a todos os pontos da decisão embargada"[26].

4.3. JULGAMENTO

Os embargos estão sujeitos a procedimento bastante simplificado. Após interposição, o juiz os apreciará no prazo *impróprio* de 5 (cinco) dias (CPC, art. 1.024, *caput*). Nos Tribunais, o relator apresentará os embargos *em mesa*, na primeira sessão subsequente; não sendo julgados, dar-se-á a inclusão destes em pauta (Enunciado 650 do FPPC).

O § 2º do art. 1.024 do CPC confere poderes para o relator julgá-los *monocraticamente*, hipótese em que a decisão *unipessoal* integrará o pronunciamento anterior. Entretanto, ainda quando interpostos contra a decisão colegiada, não fica excluída a possibilidade de decisão monocrática dos embargos para fins de pronunciar eventual inadmissibilidade destes[27].

Por fim, atente-se que a decisão *integrativa* está expressamente excepcionada da ordem cronológica de julgamento por força do inciso V do § 2º do art. 12 do CPC 2015, privilegiando-se o aperfeiçoamento do pronunciamento judicial embargado.

---

26. STF, 1ª T., Emb Decl no Recurso Extraordinário 1.310.902/SC, Rel. Min. Alexandre de Moraes, j. 27.04.2021.
27. Com efeito, "no julgamento do REsp 1.049.974/SP, submetido à sistemática dos recursos repetitivos representativos da controvérsia, consolidou o entendimento de que é possível o julgamento monocrático pelo relator de embargos de declaração, inclusive quanto opostos contra decisão de órgão colegiado" (STJ, 4ª T., AgInt. no AREsp. 1.509.683/SP, Rel. Min. Marco Buzzi, *DJe* 04.12.2020).

4.4. EMBARGOS DE DECLARAÇÃO E RECURSO SUBSEQUENTE PRECIPITADO PELO ADVERSÁRIO

a) Complementação do recurso precipitado

O § 4º do art. 1.024 do CPC autoriza a *complementação* do recurso precipitado pelo embargado, que poderá *aditar* ou *alterar* suas razões recursais[28], dispondo do prazo de 15 (quinze) dias contados da intimação da decisão que apreciar os embargos, devendo fazê-lo nos limites da *modificação integrativa*. Chancela-se, com a regra em questão, a atribuição de efeitos infringentes aos embargos de declaração, como situação reflexa do provimento desse recurso. Aliás, o art. 897-A da CLT vinha admitindo o efeito *modificativo* da decisão "nos casos de omissão e contradição no julgado e manifesto equívoco no exame dos pressupostos extrínsecos do recurso" (Lei 9.957/2000). Ocorrendo o provimento dos embargos declaratórios com *modificação* da decisão originária, a *omissão* do recorrente no tocante à tarefa de complementação, exigirá averiguar a subsistência ou não dos argumentos perfilhados no recurso originário para fins de seu processamento[29].

b) Desnecessidade de ratificação do recurso precipitado na rejeição dos embargos

O § 5º do art. 1.024 do CPC derroga o padrão subjacente à Súmula 418 do STJ (agora cancelada). Rejeitados os embargos ou não havendo alteração do julgado embargado, fica dispensada a *ratificação* do recurso precipitado (Enunciado 23 do FPPC).

4.5. PREQUESTIONAMENTO

A *admissão* dos recursos especial e extraordinário está atrelada à presença da questão federal ou constitucional evidenciada no julgado recorrido, ou seja, ao *prévio* questionamento da matéria que dá ensejo ao cabimento daqueles recursos excepcionais. Muito já se discorreu sobre o assunto. De forma majoritária, defendia-se, até então, que para a interposição dos recursos excepcionais, o tema federal

---

28. "Mas a oportunidade não deve ser convertida em obrigatoriedade sem a qual o recurso anteriormente apresentado não será conhecido. Afinal, se houver a necessidade de se incluir algum argumento nas razões de recurso, e a parte não o fizer, a única prejudicada será ela própria, pelo que deveria ser dela, e de ninguém mais, o juízo a respeito da necessidade dessa nova manifestação recursal" (MACHADO SEGUNDO, Hugo de Brito. Os recursos no novo CPC e a "Jurisprudência defensiva". In: DIDIER JR., Fredie (Coord.); MACÊDO, Lucas Buril de; PEIXOTO, Ravi; FREIRE, Alexandre (Org.). Salvador: JusPodivm, 2015. p. 394).

29. "Registre-se que, nas situações de acolhimento dos embargos de declaração com efeitos modificativos, o silêncio do recorrente precoce após o julgamento dos embargos não deve ser causa, perse, de inadmissão do recurso previamente interposto. Logicamente, tudo o que ficou prejudicado pelo acolhimento dos embargos cai por terra e isso pode afetar toda a peça recursal. Porém, havendo parcela do recurso prévio não afetada pelo julgamento dos embargos, subsiste, ao menos parcialmente, a admissibilidade da pretensão recursal, que deve ser enfrentada independentemente da reiteração dos embargos" (BONDIOLI, Luis Guilherme Aidar. Novidades em matéria de embargos de declaração no CPC de 2015 cit., p. 156).

ou constitucional deveria ter sido examinado pelo Tribunal local, ainda que de forma *implícita*[30].

Com a ressalva de posições específicas, o prequestionamento *explícito* ou *numérico*[31] era reputado *dispensável*, bastando que subsistisse *causa decidida* com a abordagem da questão jurídica capaz de ensejar o cabimento dos recursos extraordinário ou especial.

A falta de consenso jurisprudencial, porém, conduziu a duas visões distintas a respeito da matéria: (i) prequestionamento como *atividade* exigida das partes; (ii) prequestionamento como *resultado* do julgamento praticado pelo Tribunal recorrido. Em qualquer das situações, a satisfação desse requisito de admissibilidade dos recursos excepcionais deve estar reservada às instâncias ordinárias, via razões recursais ou resposta do recorrido. Por isso, os embargos de declaração passaram a ser usados com tal propósito (Súmula 98 do STJ).

O art. 1.025 do CPC passou a dispor que "consideram-se incluídos no acórdão os elementos que o embargante suscitou, para fins de pré-questionamento, ainda que os embargos de declaração sejam inadmitidos ou rejeitados, caso o tribunal superior considere existentes erro, omissão, contradição ou obscuridade". Ou seja, os embargos de declaração podem servir para evidenciar a questão federal ou constitucional. Entretanto, ao interpretar o art. 1.025 do CPC, o STJ "concluiu que a caracterização do prequestionamento ficto exige que no mesmo recurso seja apontada violação ao art. 1.022 do CPC/2015"[32].

Não fica excluída, ademais, a possibilidade de prequestionamento de questões contemporâneas ao julgamento *após* sua efetiva ocorrência (v.g., decisões *ultra* ou *extra petita*, ofensa a questões procedimentais previstas em lei federal etc.). Com isso, dar-se-ia o *pós-questionamento* da matéria, via embargos de declaração. Aliás, o STJ entendeu que "ainda que a pretensa violação de lei federal tenha surgido na prolação do acórdão recorrido, é indispensável a oposição de embargos de declaração para que o Tribunal de origem se manifeste sobre a questão. Se assim não se fez, está ausente o necessário prequestionamento"[33]. No entanto, o STJ excluiu a possibilidade de ele

---

30. Ao tratar da distinção, Luis E. Simardi Fernandes aponta que "haverá prequestionamento explícito quando a norma jurídica tida por violada for mencionada expressamente na decisão recorrida. Em contrapartida, implícito será o prequestionamento quando o aresto decidir a questão federal ou constitucional, sem, contudo, indicar o dispositivo tido por violado" (FERNANDES, Luis Eduardo Simardi. *Embargos de declaração – efeitos infringentes, prequestionamento e outros aspectos polêmicos*. São Paulo: RT, 2003. p. 207).
31. "A exigência, que alguns chamam de 'prequestionamento *numérico*', é absolutamente descabida e nao tem nenhum fundamento, sendo mero rigorismo formal de nenhuma valia técnica. O que não há como negar é que naqueles casos, onde se lê, da decisão recorrida, a menção a algum texto de direito positivo, a constatação de qual 'questão' ou 'tese' foi ou deixou de ser *decidida* fica mais perceptível e, neste sentido, mais evidente a ocorrência do que os usos e os costumes consagraram sob o nome de 'prequestionamento *explícito*'" (BUENO, Cassio Scarpinella. *Curso sistematizado de direito processual civil*: Recursos: Processos e incidentes nos Tribunais. Sucedâneos recursais: técnicas de controle das decisões jurisdicionais. 2. ed. São Paulo: Saraiva, 2010. p. 276).
32. STJ, 4ª T., AgInt no REsp 1.654.807/MG, Rel. Min. Raul Araújo, j. 27.11.2018, *DJe* 10.12.2018. No mesmo sentido: STJ, 3ª T., AgInt no REsp 1.820.915/SP, Rel. Min. Marco Aurélio Bellizze, j. 15.04.2024, *DJe* 17.04.2024.
33. STJ, 6ª T., REsp 1.384.899/PE, Rel. Min. Sebastião Reis Junior, j. 18.08.2015, *DJe* 23.09.2015.

"próprio" se manifestar acerca de dispositivos constitucionais para fins de prequestionamento, aduzindo que tal prática representaria "usurpação de competência do Supremo Tribunal Federal"[34].

a) Superação da Súmula 211 do STJ

Diante da previsão do art. 1.025 do CPC 2015, resulta superada a Súmula 211 do STJ[35], pois consideram-se "incluídos" no acórdão os elementos suscitados pela *iniciativa* da parte interessada, ainda que os embargos sejam *inadmitidos* ou *rejeitados*. Por outro lado, resta mantida a orientação da Súmula 356 do STF: "O ponto omisso da decisão, sobre o qual não foram opostos embargos declaratórios, não pode ser objeto de recurso extraordinário, por faltar o requisito do prequestionamento". Torna-se recomendável, portanto, a revisão do Enunciado 125 do FONAJE e, ainda, da Questão de Ordem 10 da Turma Nacional de Jurisprudência[36], pois não faz sentido que os Juizados Especiais mantenham compreensão diversa em relação ao tema. Em linhas gerais, a noção de prequestionamento restou ampliada, abarcando, inclusive, questões não examinadas pelo órgão julgador.

b) Prequestionamento e matérias de ordem pública

A exigência do prequestionamento de *matérias de ordem pública* como forma de acesso às instâncias excepcionais foi objeto de intensa polêmica nos últimos anos. Para alguns, não era razoável cogitar do prequestionamento como óbice ao conhecimento dos recursos especial e extraordinário que enfrentassem questões de ordem pública[37]. Cândido R. Dinamarco, com opinião diversa, defendia que o Tribunal Superior não estava autorizado a conhecer de matéria de ordem pública que não tivesse sido objeto de prequestionamento anterior[38]. À luz do CPC 1973, tal posição era compartilhada

---

34. STJ, 6ª T., AgRg no RHC 140.661-RS, Rel. Min. Olindo Menezes, j. 09.11.2021, *DJe* 16.11.2021. Na mesma linha: STJ, 2ª T., EDcl no AgInt no AREsp 1.911.341-RJ, Rel. Min. Og Fernandes, j. 21.02.2022, *DJe* 02.03.2022.
35. "O novo código inutiliza a Súmula 211 do STJ e sua aplicabilidade, tendo caráter contraposto ao definido como posicionamento deste tribunal superior, inclusive com jurisprudência recente sobre o tema" (LEMOS, Vinicius Silva. O prequestionamento no novo código de processo civil. In: DIDIER JR., Fredie (Coord.); MACÊDO, Lucas Buril de; PEIXOTO, Ravi; FREIRE, Alexandre (Org.). *Novo CPC doutrina selecionada*. Salvador: JusPodivm, 2015, v. 6: processo nos tribunais e meios de impugnação às decisões judiciais, p. 794).
36. Não raro os embargos de declaração eram empregados para ventilar tese inédita e, portanto, tema não prequestionado. Assim, a Questão de Ordem 10 da Turma Nacional dos Juizados Especiais assentou que: "Não cabe o incidente de uniformização quando a parte que o deduz apresenta tese jurídica inovadora, não ventilada nas fases anteriores do processo e sobre a qual não se pronunciou expressamente a Turma Recursal no acórdão recorrido".
37. "De fato, ante a necessidade de boa justiça, não se poderia impor, para o reconhecimento de uma matéria relevantíssima de ordem pública, que se anteceda um fenômeno criado pela jurisprudência, que, salvo melhor juízo, não se encontra positivado, qual seja o prequestionamento" (PARENTE, Eduardo de Albuquerque. Os recursos e as matérias de ordem pública. In: NERY JR., Nelson; WAMBIER, Teresa Arruda Alvim (Coord.). *Aspectos polêmicos e atuais dos recursos cíveis e de outros meios de impugnação às decisões judiciais*. São Paulo: RT, 2003, v. 7, p. 134. Série: Aspectos polêmicos e atuais dos recursos).
38. "A regra de que a declaração da nulidade deve ser feita em qualquer tempo ou grau de jurisdição é sujeita a três ressalvas importantíssimas. A primeira dessas ressalvas é que, *em recurso extraordinário ou especial*, as

ainda por Leonardo Castanho Mendes[39]. Entretanto, inexistindo qualquer ressalva específica no art. 1.025 do CPC, há que se considerar que:

> (...) as questões de ordem pública podem ser apreciadas pelos tribunais superiores, somente não em caráter *ex officio*, necessitando da matéria ser ventilada no acórdão impugnado, ou estar prequestionada via embargos de declaração, nos moldes do atual artigo 1.025, e com impugnação específica, com pedidos expressos de devolução da matéria nos seus recursos, seja ele especial ou extraordinário[40]. Em paralelo com a discussão, o STJ consolidou "o entendimento de que o conhecimento do recurso especial não dispensa o pressuposto constitucional do prequestionamento mesmo para a discussão de matérias de ordem pública"[41].

De fato, o STJ inclinou-se por afirmar que "ausente o prequestionamento, exigido inclusive para as matérias de ordem pública, incidem os óbices dos enunciados n. 282 e 356 da Súmula do STF"[42].

c) Voto vencido

Por força do § 3º do art. 941 do CPC, tem-se ainda a superação da Súmula 320 do STJ na esfera do processo cível, pois o voto vencido será considerado parte integrante do acórdão, inclusive para fins de prequestionamento (vide Enunciado 200 do FPPC).

4.6. EFEITOS DOS EMBARGOS DE DECLARAÇÃO

a) Efeito interruptivo

O art. 1.026 do CPC prevê que os embargos de declaração "interrompem o prazo para a interposição de recurso". Ou seja, interrompe-se o prazo para os demais recursos em proveito de qualquer das partes[43].

Oportuno consignar que o STJ já decidiu que a oposição de embargos de declaração não interrompe o prazo para oferecimento de *contestação*, só produzindo o

---

nulidades anteriores ao acórdão recorrido só podem ser conhecidas quando já aventadas e expressamente repelidas (exigência de *prequestionamento*: Súmulas 282 e 356 STF). Nem pode o Supremo Tribunal Federal ou Superior Tribunal de Justiça proclamá-las de ofício, nem à parte é lícito alegá-las nesses recursos sem havê-las alegado antes. Por isso é que, em uma fórmula mais precisa, diz-se que elas podem ser declaradas de-ofício ou invocadas pela primeira vez em qualquer grau jurisdicional *ordinário* – e não em qualquer grau, *tout court*" (DINAMARCO, Cândido Rangel. *Instituições de direito processual civil*. São Paulo: Malheiros, 2001, v. II. p. 593-594).

39. "As questões de ordem pública também sujeitam-se à necessidade de prequestionamento para fins de interposição dos recursos excepcionais" (MENDES, Leonardo Castanho. *O recurso especial e o controle difuso de constitucionalidade*. São Paulo: RT, 2006. p. 243).
40. LEMOS, Vinicius Silva. O prequestionamento no novo código de processo civil cit., p. 799.
41. STJ, 1ª T., AgRg no REsp 1.223.792/SC, Rel. Min. Gurgel de Faria, *DJe* 10.10.2017.
42. STJ, 4ª T., AgInt no AREsp 2.400.848-RJ, Rel. Min. Maria Isabel Gallotti, j. 15.04.2024, *DJe* 18.04.2024.
43. "(...) É natural o efeito interruptivo bilateral dos embargos de declaração em relação ao prazo para a interposição de outros recursos pelo próprio embargante ou pelos demais litigantes, na forma do que expressamente estabelecera o art. 1.026, caput, do CPC" (STJ, 3ª T., AgInt. nos EDcl nos EDcl no REsp. 1.751.923/RS, Rel. Min. Paulo de Tarso Sanseverino, *DJe* 26.10.2022).

referido efeito interruptivo no tocante aos recursos seguintes[44]. Pelos mesmos motivos, "a oposição de embargos de declaração não interrompe o prazo para emenda da petição inicial"[45].

Em abono à tese de que a interposição dos embargos de declaração induz *efeito interruptivo* do prazo para qualquer das partes, tem-se a regra do § 3º do art. 897-A da CLT, ao prescrever que "os embargos de declaração interrompem o prazo para interposição de outros recursos, por qualquer das partes, salvo quando intempestivos, irregular a representação da parte ou ausente a sua assinatura".

O prazo para o recurso subsequente reinicia-se com o julgamento dos embargos, independentemente de seu conhecimento ou efetivo provimento. Em caso de embargos *intempestivos*, não haverá o efeito interruptivo[46]. Os arts. 1.065 e 1.066 do CPC conferiram, respectivamente, nova redação aos arts. 50 e 83, § 2º, da Lei 9.099/1995, com a padronização do regime aplicável aos Juizados Especiais.

Porém, o STJ já decidiu que "a oposição tempestiva de embargos de declaração por uma das partes não interrompe o prazo para que a outra parte igualmente oponha embargos ao mesmo julgado"[47]. Ou seja, não é razoável que o embargado venha a novamente embargar a decisão originária, após o julgamento dos embargos manifestados pelo seu adversário.

Em precedentes mais recentes, ao se pronunciar sobre as hipóteses que induzem o chamado efeito interruptivo advindo dos embargos de declaração, o STJ sintetizou a questão apontando que:

> (...) deve-se firmar o entendimento de que os embargos de declaração somente não interrompem o prazo para outros recursos quando intempestivos, manifestamente incabíveis ou nos casos em que oferecidos, com pedido de aplicação de efeitos infringentes, sem a indicação, na peça de interposição, de vício próprio de embargabilidade (omissão, contradição, obscuridade ou erro material)[48].

Além disso, tem-se entendido que os embargos de declaração manifestados em face da decisão presidencial local, no tocante ao juízo provisório de admissibilidade dos recursos especial e extraordinário "não tem o condão de interromper o prazo para interposição de agravo, previsto antes no art. 544 do CPC/1973 e atualmente no art. 1.042 do CPC/2015, exceto quando o *decisum* for de tal modo genérico que não permita insurgência mediante agravo, quando, então, os aclaratórios poderão ter

---

44. STJ, REsp 1.542.510-MS, 6ª T., Min. Nancy Andrighi, *DJe* 07.10.2016.
45. STJ, AgInt no AREsp 2.391.548-SP, 3ª T., Min. Humberto Martins, *DJe* 20.03.2024.
46. "Em qualquer caso, salvo no de intempestividade, os embargos de declaração interrompem o prazo para interposição dos outros recursos, para ambas as partes" (WAMBIER, Teresa Arruda Alvim et. al. *Primeiros comentários ao novo código de processo civil* cit., p. 1.484).
47. STJ, 3ª T., AgInt no REsp 2.090.548/SP, Rel. Min. Marco Aurélio Bellizze, *DJe* 14.12.2023.
48. STJ, Corte Especial, EAREsp 175.648/RS, Rel. Og Fernandes, j. 24.11.2016, *DJe* 04.11.2016. Na mesma perspectiva: STJ, Corte Especial, AgRg nos EAREsp 2.216.810-SP, Rel. Min. Mauro Campbell Marques, j. 27.06.2023, *DJe* 03.07.2023.

efeito interruptivo"[49]. Ou seja, "os embargos de declaração opostos contra decisão de inadmissibilidade do especial não interrompem o prazo para interposição do agravo nos próprios autos, exceto quando referida decisão seja tão genérica que impeça a parte de recorrer"[50].

Por fim, o Enunciado 563 do FPPC sugere que "os embargos de declaração no âmbito do Supremo Tribunal Federal interrompem o prazo para a interposição de outros recursos".

b) Os embargos de declaração na justiça eleitoral

Coma redação imposta pelo art. 1.067 do CPC 2015, o § 5º do art. 275 do Código Eleitoral passou a dispor que "os embargos de declaração interrompem o prazo para a interposição de recurso". Não há verdadeira novidade no preceito em questão, pois, antes mesmo do advento do art. 1.026 do CPC 2015, a jurisprudência eleitoralista vinha entendendo que os embargos de declaração *interrompiam* o prazo para apresentação de outros recursos[51].

c) Ausência de efeito suspensivo

O *efeito suspensivo* está relacionado à eficácia da decisão recorrida. A *interrupção* é um efeito que só atinge os prazos. O § 1º do art. 1.026 dispõe que a eficácia da decisão *unipessoal* ou *colegiada* poderá ser *suspensa* pelo respectivo juiz ou Tribunal, em casos de probabilidade de acolhimento do recurso ou, sendo relevante a fundamentação, se houver risco de dano grave ou de difícil reparação. Assim, se a decisão embargada apresenta *error in procedendo* aferível de plano, não há razoabilidade para sua execução imediata. O Enunciado 218 do FPPC ainda acrescenta que "a inexistência de efeito suspensivo dos embargos de declaração não autoriza o cumprimento provisório da sentença nos casos em que a apelação tenha efeito suspensivo".

Cabe repisar, a teor do art. 995 do CPC, que "os recursos não impedem a eficácia da decisão", razão pela qual "a suspensão da eficácia da decisão deve decorrer de pedido da parte e de concessão pelo órgão jurisdicional, e não por força de lei, sempre e em todo o caso"[52].

Em termos práticos, o § 1º do art. 1.026 do CPC autoriza que o embargante formule o pedido de *suspensão* dos efeitos da decisão embargada na peça dos embargos decla-

---

49. STJ, Corte Especial, AgInt no MS 25.515-DF, Rel. Min. Raul Araújo, DJe 16.04.2020.
50. STJ, 4ª T., AgInt no AREsp 1.527.405-SP, Rel. Min. Antonio Carlos Ferreira, j. 22.03.2021, DJe 26.03.2021. Na mesma linha: STJ, 2ª T., AgInt nos EDcl no AREsp 2.322.698-SP, Rel. Min. Mauro Campbell Marques, j. 25.09.2023, DJe 04.10.2023.
51. Agravo regimental. Agravo de instrumento. Eleições 2008. Prefeito. Embargos de declaração. Prazo. Interrupção. Provimento. 1. Os embargos de declaração interrompem o prazo para a interposição de outros recursos. Precedentes. 2. Agravo regimental provido (TSE – AgR-AI 369.422/RJ, DJe 05.04.2011, p. 46).
52. SILVA, Ticiano Alves e. Op. cit., p. 674.

ratórios, desde que configurada "a probabilidade de provimento do recurso ou, sendo relevante a fundamentação, se houver risco de dano grave ou de difícil reparação"[53].

d) *Efeito obstativo da estabilização da tutela provisória antecipada antecedente*

Conforme já apontado no tópico que aborda a sistemática da tutela provisória de *urgência*, uma das grandes novidades trazidas pelo CPC 2015 diz respeito à possibilidade de *estabilização* da tutela antecipada requerida em caráter antecedente.

Com efeito, o *caput* do art. 304 do CPC 2015 dispõe que "a tutela antecipada, concedida nos termos do art. 303, torna-se estável se da decisão que a conceder não for interposto o respectivo recurso". Não obstante a dicção do inciso I do art. 1.015 do CPC aponte o cabimento do agravo de instrumento em face do provimento que veicule a tutela provisória de urgência, setores da doutrina discutiam se o emprego de *outros* meios impugnativos também seria hábil a obstar a estabilização da tutela provisória. Ao enfrentar a matéria, o STJ decidiu que "a estabilização somente ocorrerá se não houver qualquer tipo de impugnação pela parte contrária, sob pena de se estimular a interposição de agravos de instrumento"[54]. Dessa forma, não se pode ignorar o emprego dos embargos de declaração utilizados antes da interposição de eventual agravo de instrumento contra a tutela de urgência antecipada antecedente. Pode-se cogitar, assim, do efeito *obstativo* da estabilização da tutela antecipada antecedente, ocasionado pela interposição tempestiva e regular de embargos declaratórios manejados em face da tutela de urgência.

e) *Embargos protelatórios*

Conforme previsão do § 2º do art. 1.026 do CPC, "quando manifestamente protelatórios os embargos de declaração, o juiz ou o tribunal, em decisão fundamentada, condenará o embargante a pagar ao embargado multa não excedente a 2% sobre o valor atualizado da causa". No entanto, o STJ já *arbitrou* a multa em quantia certa, ao considerar que sua aplicação calculada em percentual sobre o valor da causa reduzido não resultaria no propósito *sancionador*[55]. Em outro julgado a respeito do tema, foi aventado pelo STJ

---

53. Tratando da matéria à luz do CPC revogado, William Santos Ferreira defendia, inclusive, a possibilidade de *antecipação da tutela recursal* via embargos de declaração: "Os embargos de declaração são recebidos no duplo efeito, devolutivo e suspensivo, razão pela qual, sendo reconhecida no acórdão que julgou a apelação a procedência do pedido do autor, com a interposição dos embargos de declaração, se ainda não se verificam os efeitos do provimento final, será admissível, em tese, a antecipação da tutela" (FERREIRA, William Santos. *Tutela antecipada no âmbito recursal*. São Paulo: RT, 2000. p. 315). É certo, todavia, que a posição do autor quanto à presença do efeito suspensivo *ope legis* advinda da interposição dos embargos de declaração não representava a posição majoritária da doutrina, que se posicionava de forma contrária à suspensão da decisão embargada.
54. STJ, REsp 1.760.966-SP, 3ª T., Min. Marco Aurélio Bellizze, *DJe* 07.12.2018.
55. "O art. 1.026, § 2º, do CPC/2015 permite a aplicação de multa não excedente a dois por cento do valor atualizado da causa quando interpostos embargos de declaração reputados, fundamentadamente, manifestamente protelatórios. 3. Hipótese em que os embargantes reproduzem o teor do agravo regimental e discorrem acerca do mérito recursal, que nem sequer foi analisado no acórdão embargado, visto que seu apelo nobre não foi

a possibilidade de *arbitramento* da multa em quantia certa – superior ao percentual de 2% (dois por cento) – com vistas ao "escopo pretendido no preceito sancionador"[56].

Sob a égide do CPC 1973, a multa imposta aos embargos protelatórios costumava ser aplicada *ex officio*. No entanto, ao antever a intenção protelatória, o juiz ou o Tribunal deverão estar atentos ao art. 10 do CPC, recomendando-se a *prévia* oitiva do embargante, evitando-se pré-julgamento da matéria.

No tocante à multa, é preciso ressalvar que o intuito procrastinatório *não pode ser presumido*, pois os embargos poderão estar sendo manejados com o objetivo de *prequestionamento* (Súmula 98 do STJ). Pune-se a falta de probidade processual, pois a *boa-fé* é *presumível*.

O não conhecimento, a rejeição ou o improvimento dos embargos não induzem, por si só, intenção protelatória, competindo ao julgador identificar um motivo *repreensível* para punir o embargante, fundamentando sua decisão.

Chama atenção que o STJ já tenha decidido que os embargos de declaração que visam rediscutir matéria já apreciada e decidida pela Corte de origem, baseada em súmulas do STJ ou STF, ou ainda precedente extraído do rito dos recursos repetitivos, devem ser considerados protelatórios[57].

Em casos de *reiteração* de embargos manifestamente protelatórios, a multa poderá ser *elevada* ao percentual de até 10% (dez por cento) do valor atualizado da causa. Na hipótese de *majoração* da multa, excetuando-se a situação do beneficiário de assistência judiciária gratuita e da Fazenda Pública (por *analogia* também o "Ministério Público" deve ficar dispensado de depósitos prévios), para os demais sujeitos processuais a admissibilidade de qualquer outro recurso subsequente fica *condicionada* ao recolhimento da sanção aplicada (CPC, art. 1.026, § 3º), criando-se um requisito objetivo de admissibilidade recursal.

Poder-se-ia discutir a exigência de prévio recolhimento nos casos em que o recurso subsequente pretenda discutir tão somente o capítulo decisório que aplicou a multa majorada. No entanto, ao que parece não há inconstitucionalidade na regra do § 3º do art. 1.026 do CPC, mesmo quando o único propósito do recurso seguinte seja discutir a multa *majorada*.

A *reiteração* somente pode ser caracterizada em cada grau de jurisdição. Ou seja, os embargos interpostos em face da sentença não servem para balizar sanção imposta aos declaratórios manejados em face do acórdão proferido pelo Tribunal.

---

admitido pelo Tribunal de Justiça do Estado de São Paulo, em decisão irrecorrida, circunstância que macula de protelatório o presente recurso. 4. À vista do número de recorrentes e do valor atribuído à causa (R$ 10.000,00), o percentual a incidir sobre esse quantum não atingirá o escopo pretendido no preceito sancionador, pelo que cabível o arbitramento daquela multa em R$ 3.000,00 (três mil reais)" (STJ, 1ª T., EDcl no AgRg no REsp 1.348.817/SP, Rel. Gurgel de Faria, j. 13.12.2016, *DJe* 17.02.2017).

56. STJ, 1ª T., EDcl no AgInt no AREsp 1.268.706/MG, Rel. Gurgel de Faria, j. 25.10.2018, *DJe* 05.11.2018.
57. STJ, 1ª T., AgInt no AREsp 1.790.207-SP, Rel. Min. Manoel Erhardt (Convocado TRF 5), j. 21.06.2021, *DJe* 24.06.2021.

Ademais, a aplicação da nova multa atua em *incremento* da primeira; a sanção imposta jamais poderá chegar a 12% (doze por cento). Por fim, ao se cogitar da *reiteração* dos embargos protelatórios, não se exige que o novo recurso seja necessariamente *idêntico* ao primeiro.

Para fins de majoração da multa, não se trata de aferir a *reincidência* dos embargos, mas a *atitude procrastinatória*. Ainda que os novos embargos tenham feições diversas do primeiro, é possível compreendê-los como protelatórios. Ou seja, não há exigência de similitude entre estes.

e.1) Destino da multa

A multa aplicada ao embargante reverte-se em proveito do embargado. Se o beneficiário da multa for o Ministério Público, o valor daí decorrente reverterá para o Fundo de Defesa de Direitos Difusos (art. 13 da Lei 7.347/1985, combinado com as disposições da Lei 9.008/1995).

e.2) Embargos sucessivos

De acordo com o § 4º do art. 1.026 do CPC, "não serão admitidos novos embargos de declaração se os 2 (dois) anteriores houverem sido considerados protelatórios". Caso efetivamente interposto, o 3º (terceiro) recurso não produzirá *efeitos* (Enunciado 361 do FPPC). A forante essa hipótese, cabe ressalvar que se a decisão *integrativa* que julgou os embargos incorrer em novos vícios (obscuridade, contradição, omissão ou erro material), são cabíveis outros embargos de declaração. Mas não é aceitável a simples reiteração dos embargos declaratórios já interpostos.

Aliás, no tocante à sucessão deste tipo de recurso, o STF assentou que "os segundos embargos de declaração devem dirigir-se ao acórdão que examinou os primeiros embargos"[58]. Da mesma forma, o STJ decidiu que "os segundos embargos de declaração são servis para se veicular vícios contidos no acórdão proferido nos primeiros aclaratórios, sendo descabida a discussão acerca da decisão anteriormente embargada, porquanto o prazo para a respectiva impugnação extinguiu-se por força da preclusão consumativa"[59].

Não solucionados os pontos sugeridos, tem-se a *nulidade* do julgado que poderá dar ensejo ao recurso subsequente (vide o disposto no art. 1.013, § 3º, III, CPC). De qualquer sorte, os embargos de declaração não servem para *inovar* matérias não suscitadas anteriormente. De acordo com a Súmula 317 do STF "são improcedentes os embargos declaratórios, quando não pedida a declaração do julgado anterior, em que se verificou a omissão".

---

58. STF, 1ª T., Emb. Decl nos Emb Dec no AgReg no Recurso Extraordinário 1.310.902 SC, Rel. Min. Alexandre de Moraes, Plenário Virtual, j. 30.08.2021.
59. STJ, Corte Especial, EDcl nos EDcl nos EAg 884.487 SP, Rel. Min. Luis Felipe Salomão, j. 19.12.2017, *DJe* 20.02.2018.

Atente-se ainda que, a despeito da *opção* legislativa pela imposição de sanção pecuniária para coibir o intuito protelatório, na forma extraída do § 2º do art. 1.026 do CPC, o STF vem admitindo a sistemática de *certificação* imediata do trânsito em julgado, independentemente da publicação do acórdão que apreciou os segundos embargos declaratórios[60].

---

60. STF, 1ª T., Emb. Decl. nos Emb. Decl. MS 29.341, Rel. Min. Alexandre de Moraes, j. 25.06.2019, *DJ* 29.08.2019.

5
RECURSO ORDINÁRIO CONSTITUCIONAL

5.1. ORIGEM, NOMENCLATURA E NATUREZA

A origem *remota* do recurso ordinário constitucional está na Constituição de 1891, ainda que não tivesse sido adotado naquela ocasião o *qualificativo* de "ordinário", o qual foi implantado com a Constituição de 1934[1]. O art. 119, II, da Constituição de 1969 (Emenda Constitucional 1 de 1969) contemplava, por sua vez, o *recurso ordinário* dirigido ao Supremo Tribunal Federal.

A criação do Superior Tribunal de Justiça pela Constituição de 1988 e consequente absorção de competências antes confiadas à Corte Suprema refletiu nas hipóteses de cabimento do recurso ordinário, resultando na necessidade de adaptação da legislação infraconstitucional, motivando a edição da Lei 8.038, de 28.05.1990. Em relação a sua nomenclatura, diz-se recurso *ordinário* porque admite ampla *devolutividade*, permitindo a análise de matéria fática e de direito[2], possuindo ainda fundamentação livre. Pode ter por objetivo a *reforma* ou a *invalidação* da decisão recorrida.

---

1. "O recurso ordinário foi inserido no ordenamento jurídico brasileiro por meio da Constituição Federal de 1891, embora, naquele momento, ainda não houvesse propriamente o mandado de segurança. Na verdade, sequer havia a nomenclatura 'recurso ordinário', sendo certo que o texto constitucional apenas se referia, dentro da competência do Supremo Tribunal Federal, ao julgamento do 'recurso' relativo a determinadas questões (art. 59, da Constituição Federal de 1891). (...) Todavia, na Constituição Federal de 1934, o mandado de segurança foi, pela primeira vez, expressamente previsto em nosso ordenamento jurídico. E, com isso, passou o legislador também a esclarecer as regras sobre o recurso ordinário – qualificando, igualmente 'pela primeira vez', de 'ordinário' o recurso ordinário constitucional – o que fez, especificamente quanto ao mandado de segurança, nos termos do art. 76, 2, II, *a*, da Constituição Federal de 1934, tanto para atacar as decisões denegatórias como concessivas da ordem" (MILLER, Cristiano Simão. O recurso ordinário em mandado de segurança e o novo código de processo civil. In: DIDIER JR., Fredie (Coord.); MACÊDO, Lucas Buril de; PEIXOTO, Ravi; FREIRE, Alexandre (Org.). *Novo CPC doutrina selecionada*. Salvador: JusPodivm, 2015, v. 6: processo nos tribunais e meios de impugnação às decisões judiciais, p. 686).
2. "O recurso ordinário devolve ao Supremo Tribunal Federal e ao Superior Tribunal de Justiça toda a matéria impugnada e discutida em primeiro grau, seja de fato, seja de direito, fazendo que tenhamos duas decisões completas e válidas. Trata-se de recurso, de certo modo, muito semelhante à apelação, no que se refere à sua função, excepcionalizando as atividades do Superior Tribunal de Justiça e do Supremo Tribunal Federal que, a princípio, cuidam precípua e exclusivamente da matéria de direito" (LASPRO, Oreste Nestor de Souza. *Duplo grau de jurisdição no direito processual civil*. São Paulo: RT, 1995. p. 156). Cristiano Simão Miller adverte, por sua vez, que não há restrição "quanto às matérias que podem ser objeto do recurso ordinário pelo Superior Tribunal de Justiça, que tanto poderá apreciar questões ligadas à legislação federal, como também aquelas relativas à Constituição Federal e à legislação local, municipal ou estadual, o que, aliás, não encontra qualquer óbice na

5.2. CABIMENTO

a) Competência recursal ordinária do STF

Compete ao STF julgar, em recurso ordinário, "*o habeas corpus*, o mandado de segurança, o *habeas data* e o mandado de injunção decididos em única instância pelos Tribunais Superiores, se denegatória a decisão" (CF, art. 102, inc. II, *a*). Outrossim, para fins de análise da referida competência constitucional outorgada ao Supremo Tribunal Federal, podem ser compreendidos como "tribunais superiores" o Superior Tribunal de Justiça, o Superior Tribunal Eleitoral, o Tribunal Superior do Trabalho e o Superior Tribunal Militar. Está previsto ainda o cabimento do recurso ordinário quando do julgamento de "crime político" (CF, art. 102, inc. II, *b*); contudo, tal hipótese refoge ao objeto deste estudo.

b) Competência recursal ordinária do STJ

O art. 105, II, da Constituição da República preceitua competir ao Superior Tribunal de Justiça o julgamento, em recurso ordinário, das seguintes causas:

> a) os *habeas corpus* decididos em única ou última instância pelos Tribunais Regionais Federais ou pelos tribunais dos Estados, do Distrito Federal e Territórios, quando a decisão for denegatória; b) os mandados de segurança decididos em única instância pelos Tribunais Regionais Federais ou pelos tribunais dos Estados, do Distrito Federal e Territórios, quando denegatória a decisão; c) as causas em que forem partes Estado estrangeiro ou organismo internacional, de um lado, e, do outro, Município ou pessoa residente ou domiciliada no País.

c) Hipóteses de cabimento

O art. 1.027 do CPC sintetiza as hipóteses de cabimento do recurso ordinário *cível*, afirmando competir seu julgamento, (i) ao Supremo Tribunal Federal, no caso dos mandados de segurança, *habeas data* e mandados de injunção "decididos em única instância pelos tribunais superiores, quando denegatória a decisão" (inc. I); (ii) ao Superior Tribunal de Justiça, na apreciação dos "mandados de segurança decididos em única instância pelos tribunais regionais federais ou pelos tribunais de justiça dos Estados e do Distrito Federal e Territórios, quando denegatória a decisão" (inc. II, *a*) e ainda nos "processos em que forem partes, de um lado, Estado estrangeiro ou organismo internacional e, de outro, Município ou pessoa residente ou domiciliada no País" (inc. II, *b*). Oportuno consignar que essas hipóteses de cabimento são taxativas[3].

---

jurisprudência. (...) Frise-se que o Supremo Tribunal Federal, na hipótese do julgamento do recurso ordinário em mandado de segurança, não estará atuando como instância excepcional, e sim como tribunal de segundo grau de jurisdição, daí porque está autorizado a conhecer de matérias envolvendo legislação infraconstitucional, ainda que não guardem direta relação com as normas constitucionais" (MILLER, Cristiano Simão. Op. cit., p. 712-713).

3. STJ, Pet 15.753/BA, 2ª T., Rel. Min. Assusete Magalhães, *DJe* 21.08.2023.

Note-se, contudo, que não há previsão de recurso ordinário "quando o *habeas data* ou o mandado de injunção, por qualquer razão, for impetrado diretamente nos Tribunais Regionais Federais ou nos Tribunais de Justiça dos Estados e do Distrito Federal e dos Territórios"[4].

No que tange às *causas* envolvendo Estado estrangeiro ou organismo internacional e Município ou pessoa residente ou domiciliada no País, tal situação não se confunde com a hipótese albergada pelo art. 102, I, *e*, da Constituição da República, que dispõe competir ao STF processar e julgar "o litígio entre Estado estrangeiro ou organismo internacional e a União, o Estado, o Distrito Federal ou o Território"[5].

Então, com exceção das hipóteses dos arts. 102, II, *b*, e 105, II, *c*, da Constituição Federal, pode-se sintetizar a seguinte regra: somente os acórdãos proferidos por Tribunal, em processo de sua *competência originária*, admitem impugnação por meio de recurso ordinário, à medida que os permissivos constitucionais transcritos acima fazem menção à decisão proferida *em única instância*.

Por fim, o mandado de segurança dirigido às turmas recursais para fins de impugnação de certas decisões proferidas nos Juizados Especiais refoge à competência constitucional das Cortes Superiores[6]. Ou seja, "não há previsão constitucional para que o STJ julgue recurso ordinário em mandado de segurança interposto perante Turma ou Colégio Recursal de Juizado Especial"[7].

d) Decisões denegatórias

Apenas decisões *denegatórias* comportam impugnação por meio do recurso ordinário. No caso do mandado de segurança, isso afasta seu emprego por parte da

---

4. BUENO, Cassio Scarpinella. *Curso sistematizado de direito processual civil*: Recursos: Processos e incidentes nos Tribunais. Sucedâneos recursais: técnicas de controle das decisões jurisdicionais. 2. ed. São Paulo: Saraiva, 2010, p. 260-261.
5. "A distinção entre uma e outra é visível: a hipótese que enseja a interposição do recurso ordinário para o Superior Tribunal de Justiça, portanto, envolve apenas o litígio entre o Município – descartada a União, os Estados-membros, o Distrito Federal e, embora não existam na federação brasileira da atualidade, os Territórios – e Estado estrangeiro ou organismo internacional. Também quando o litígio promovido pelo ou em face do Estado estrangeiro, ou o organismo internacional envolver pessoa residente ou domiciliada no Brasil, a competência recursal é do Superior Tribunal de Justiça. (...) É indiferente para a fixação da competência originária como para a identificação da competência recursal saber se o Estado estrangeiro, o organismo internacional, o Município ou a pessoa residente ou domiciliada no Brasil são autores ou réus. O que basta é que o litígio se dê entre uns e outros, que aquelas pessoas ocupem polos opostos do processo" (BUENO, Cassio Scarpinella. *Curso sistematizado de direito processual civil*: Recursos: Processos e incidentes nos Tribunais. Sucedâneos recursais: técnicas de controle das decisões jurisdicionais cit., p. 263-264).
6. "Diante da irrecorribilidade em separado das decisões interlocutórias proferidas nas ações em curso perante os Juizados Especiais, tem sido admitida, nessa esfera, a utilização do mandado de segurança para atacar os atos judiciais que tenham o condão de causar à parte lesão grave ou de difícil reparação. A competência para o julgamento desse *mandamus* tem sido definida como das respectivas Turmas Recursais, sem que haja, portanto, qualquer envolvimento do Tribunal de Justiça Estadual (ou ainda do Tribunal Regional Federal, quando for o caso de ação em curso perante os Juizados Especiais Federais" (MILLER, Cristiano Simão. Op. cit., p. 703).
7. STJ, AgInt no RMS 52.179/MA, 4ª T., Rel. Min. Luis Felipe Salomão, j. 27.06.2017, *DJe* 1º.08.2017.

autoridade coatora, da pessoa jurídica de direito público que sofre os efeitos pecuniários da impetração e ainda do eventual litisconsorte passivo necessário[8]. Dito de outra forma, o pronunciamento decisório *concessivo* (da ordem, segurança etc.) não admite o emprego do recurso ordinário, constituindo erro grosseiro o manejo deste, não se aplicando fungibilidade[9] Entretanto, ao se cogitar os pronunciamentos *denegatórios* "está consolidado na jurisprudência o entendimento de que a palavra assume aqui sentido amplo, compreensivo não só das decisões que julgam improcedente o pedido, mas também das que extinguem o processo sem apreciação do mérito"[10]. Porém, o STJ decidiu que, em caso de indeferimento do pedido de gratuidade de justiça, que afastou o exame do mérito de mandado de segurança, far-se-ia necessário interpor recurso especial[11]. Tem-se, então, hipótese de *assimetria recursal*, em que a decisão *denegatória* dá ensejo ao recurso ora examinado, enquanto o pronunciamento *concessivo*, quando for o caso, poderá ser atacado por meio impugnativo diverso.

Em síntese: o recurso ordinário constitucional foi idealizado para permitir o duplo exame das decisões *denegatórias*[12], proferidas na esfera dos remédios constitucionais apontados.

e) As causas previstas no art. 109, II, da Constituição Federal

Importante assinalar que o art. 109, II, da Constituição da República contempla competir aos juízes federais de 1º grau julgar e apreciar "as causas entre Estado estran-

---

8. "Algum problema, porém, pode surgir relativamente ao litisconsórcio passivo necessário no mandado de segurança, pessoa física ou jurídica de direito privado, que obrigatoriamente é incluída no polo passivo da ação em virtude do fato de estar diretamente envolvida na relação jurídica de direito material discutida no *mandamus*. E a dúvida que pode surgir diz respeito exatamente em se saber se a limitação de interpor recurso ordinário, imposta à autoridade coatora e à pessoa jurídica a ela vinculada, também se estende ao litisconsórcio passivo necessário. (...) o nítido intuito do legislador ao referir-se à expressão 'decisão denegatória' como condição de cabimento do recurso ordinário foi limitar sua utilização apenas e exclusivamente pelo impetrante, como forma de equilibrar as forças em relação à administração pública, responsável pelo ato supostamente coator praticado" (MILLER, Cristiano Simão. Op. cit., p. 693).
9. "(...) Conforme entendimento jurisprudencial consolidado por este Superior Tribunal de Justiça, nos termos do art. 105, II, 'b', da Constituição da República, o recurso adequado a ser interposto contra acórdão denegatório da segurança impetrada é o recurso ordinário em mandado de segurança. Assim, constitui erro grosseiro a interposição de recurso especial em detrimento do mencionado recurso ordinário constitucional, sendo inaplicável o princípio da fungibilidade" (STJ, AgInt no AREsp 2.402.800 MT, 4ª T., Rel. Min. Marco Buzzi, *DJe* 11.04.2024).
10. "Desde quando competia, exclusivamente, ao Supremo Tribunal Federal apreciar o recurso ordinário constitucional, adotou-se o entendimento de que a expressão 'decisão denegatória' deve ser interpretada em sentido amplo, ou seja, abrangendo as que tenham extinguido o processo sem análise de mérito" (GOMES JÚNIOR, Luiz Manoel. Recurso ordinário constitucional – questões relevantes. In: NERY JÚNIOR, Nelson; WAMBIER, Teresa Arruda Alvim (Coord.). *Aspectos polêmicos e atuais dos recursos cíveis e de outros meios de impugnação às decisões judiciais*. São Paulo: RT, 2003. Série: Aspectos polêmicos e atuais dos recursos, v. 7, p. 482).
11. STJ, AgInt no RMS 54.196/RN, 2ª T., Rel. Min. Francisco Falcão, *DJe* 13.04.2018.
12. "'Decisão *denegatória*' é a decisão *desfavorável* ao impetrante, isto é, aquele que provoca, rompendo sua inércia, a jurisdição, o *autor* do mandado de segurança, do *habeas data* ou do mandado de injunção, sendo indiferente, para tanto, tratar-se de decisão que tenha apreciado o mérito (art. 269) ou não (art. 267). É este o entendimento amplamente vencedor em sede de doutrina e na jurisprudência" (BUENO, Cassio Scarpinella. *Curso sistematizado de direito processual civil*: Recursos: Processos e incidentes nos Tribunais. Sucedâneos recursais: técnicas de controle das decisões jurisdicionais cit., p. 261).

geiro ou organismo internacional e Município ou pessoa domiciliada ou residente no País". Nesse caso, eventual sentença prolatada pelo juízo *a quo* deverá ser impugnada com a observância do art. 105, II, da Constituição, com a interposição do recurso ordinário dirigido ao STJ. A interposição de apelação cível em tais hipóteses, em detrimento da previsão constitucional de cabimento do recurso ordinário, configura erro grosseiro, afastando o uso do princípio da fungibilidade recursal[13]. Entretanto, por força das diretrizes gerais do CPC 2015, Leonardo Carneiro da Cunha defende a superação desse entendimento que apregoa como *erro grosseiro* a interposição de apelação para o Tribunal Regional Federal respectivo, propugnando a necessidade de aproveitamento do eventual apelo interposto com sua remessa ao Superior Tribunal de Justiça[14].

f) Cabimento diante de acórdãos

As decisões monocráticas não comportam impugnação pela via do recurso ordinário constitucional[15]; somente os *acórdãos finais* (CPC, art. 204). Aliás, ao tratar do *indeferimento* da petição inicial do mandado de segurança, o art. 10, § 1º, da Lei 12.016/2009 prevê o cabimento de *apelação* quando se tratar de sentença proferida pelo juiz de 1º grau. A regra em questão ressalvou, porém, que "quando a competência para o julgamento do mandado de segurança couber originariamente a um dos tribunais, do ato do relator caberá agravo para o órgão competente do tribunal que integre".

---

13. STJ, AgRg no Ag 1.433.434/RS, 2ª T., Rel. Min. Herman Benjamin, *DJe* 19.05.2016.
14. "Ainda sobre o recurso ordinário, vale lembrar que, nas causas previstas no art. 109, II, da CF, ele é cabível da sentença proferida pelo juízo federal a ser encaminhado ao STJ, que deverá julgá-lo. O recurso não é de apelação para o respectivo TRF, mas de recurso ordinário para o STJ. O STJ tem, tradicionalmente, entendido que há 'erro grosseiro' na interposição da apelação para o TRF, negando a aplicação do princípio da fungibilidade. Tal entendimento deve ser *revisto* em virtude do princípio da primazia do exame do mérito, construído a partir do disposto no art. 4º do CPC. Se a parte interpôs apelação para o TRF, mas o caso era de recurso ordinário para o STJ, caberá ao TRF remeter os autos ao STJ, que deverá julgar a apelação como recurso ordinário. Se o recurso extraordinário pode ser convertido em especial (CPC, art. 1.033), não há razão para a apelação não ser convertida em recurso ordinário; os prazos são os iguais (sic), o efeito devolutivo sujeita-se à mesma disciplina normativa. Não há, enfim, diferenças substanciais, nem prejuízo que impeça a conversão de um recurso no outro" (CUNHA, Leonardo Carneiro da. *Princípio da primazia do julgamento do mérito no novo CPC*. In: OLIVEIRA, Pedro Miranda de (Org.). *Impactos do novo CPC na advocacia*. Florianópolis: Conceito Editorial, 2015, p. 55).
15. Assim, tem-se a opinião de Gleydson Kleber Lopes de Oliveira: "Por outro lado, é lícito que, como juiz preparador, o relator de ação de competência originária de tribunal, por meio de uma decisão monocrática, ponha termo ao processo, tal como a que indefere liminarmente mandado de segurança ou ação rescisória. Nessa hipótese, o recurso cabível será o de agravo inominado ou interno, porquanto as decisões proferidas por órgãos singulares dos tribunais são susceptíveis de impugnação por meio de recurso de agravo" (OLIVEIRA, Gleydson Kleber Lopes de. *Recurso especial*. São Paulo: RT, 2002.cit., p. 102). À luz do CPC 2015, Teresa Arruda Alvim Wambier, Maria Lúcia Lins Conceição, Leonardo Ferres da Silva Ribeiro e Rogério Licastro Torres de Mello opinam que "a decisão há de ser final, e não a proferida pelo relator, ainda sujeita a agravo interno. *Da decisão deste agravo é que o recurso ordinário poderá ser interposto*" (WAMBIER, Teresa Arruda Alvim et al (Coord.). *Primeiros comentários ao novo código de processo civil*: artigo por artigo. São Paulo: RT, 2015. p. 1.487).

Nessa perspectiva, é razoável o critério adotado pelo STJ apontando a necessidade de *prévio exaurimento* da instância local[16], no que tange à admissibilidade do recurso ordinário constitucional. Para Sérgio Kukina, "caso a denegação do mandado de segurança, do *habeas data* e do mandado de injunção venha consubstanciada em decisão monocrática de relator, deve o interessado, antes de manejar o recurso ordinário, interpor competente agravo interno (CPC, art. 1.021), em ordem a obter uma decisão colegiada, mesmo que desfavorável (...)"[17].

Além disso, eventual *acórdão* proferido em mandado de segurança, *habeas data* e mandado de injunção, *julgados em grau de recurso* pelo tribunal inferior, não poderá ser impugnado por meio de recurso ordinário. A expressão "em única ou última instância" extraída do art. 105, II, "b" da Constituição da República evidencia que se trata de causas da competência *originária* dos Tribunais mencionados. A leitura do art. 18 da Lei 12.016/2009 corrobora o raciocínio apontado.[18]

5.3. EFEITOS

a) Efeito devolutivo e a teoria da causa madura

A equiparação com o regime jurídico da apelação corrobora, em tese, a possibilidade de se aplicar ao recurso ordinário o disposto nos arts. 1.013, § 3º, e 1.029, § 5º (CPC, art. 1.027, § 2º). Entretanto, o STJ já decidiu que "não é possível aplicar a teoria da causa madura (art. 515, § 3º, do CPC/1973) em sede de recurso ordinário, sob pena de supressão indevida do juízo natural constitucionalmente estabelecido para a análise originária do mandado de segurança, sendo esse o entendimento do Supremo Tribunal Federal e desta Corte Superior"[19].

b) Atribuição de efeito suspensivo

O § 2º do art. 1.027 do CPC chancela a hipótese de se pleitear a atribuição de efeito suspensivo ao recurso ordinário, aplicando-se analogicamente o disposto no § 5º do art. 1.029. É certo, então, que o recurso ordinário não dispõe de efeito suspensivo *ope legis*, até porque seu cabimento dar-se-á diante de decisões *denegatórias*, que não induzem efeitos concretos.

---

16. "É inviável o conhecimento de recurso em mandado de segurança interposto contra decisão monocrática na origem, pois não houve exaurimento da instância anterior" (STJ, AgInt nos EDcl no RMS 70.742/PB, 2ª T., Rel. Min. Francisco Falcão, DJU 11.10.2023). Da mesma forma: STJ, AgInt nos EDcl no RMS 70.217/RO, 2ª T., Rel. Min. Assusete Magalhães, j. 29.05.2023, DJU 01.06.2023.
17. KUKINA, Sérgio Luiz. Do recurso ordinário, In: CUNHA, José Sebastião Fagundes (Coord.); BOCHENEK, Antonio César; CAMBI, Eduardo (Org.). *Código de processo civil comentado*. São Paulo: RT, 2016. p. 1.404-1.405.
18. Art. 18. Das decisões em mandado de segurança proferidas em única instância pelos tribunais cabe recurso especial e extraordinário, nos casos legalmente previstos, e recurso ordinário, quando a ordem for denegada.
19. STJ, AgInt no RMS 45.729/GO, 1ª T., Rel. Min. Gurgel de Faria, j. 16.11.2020, DJe 27.11.2020.

Então, ao se chancelar a possibilidade de atribuição de efeito suspensivo a estes quer-se acreditar que a hipótese em questão guarda peculiar interesse nos casos de provimentos *liminares* concessivos da ordem ou da segurança buscada pelo impetrante daqueles remédios constitucionais previstos nos incisos I e II do art. 1.027 do CPC.

Ora, se o recurso ordinário é cabível contra as decisões *denegatórias*, a alusão ao § 5º do art. 1.029 do CPC chancela a dúvida acerca da possibilidade de se *revigorar* eventual liminar que restou cassada na sentença, notadamente no caso do mandado de segurança. Então, para alguns, não se trata somente de discutir a natureza *declaratória* da decisão denegatória, mas, ao contrário, obter o efeito suspensivo para revalidar eventual tutela de urgência anteriormente concedida[20]. Por certo, essa peculiar forma de compreensão do § 2º do art. 1.027, alusivo ao § 5º do art. 1.029 do CPC, induz a *derrocada* da Súmula 405 do STF, mas isso demandará ainda posicionamentos jurisprudenciais ratificando tal entendimento.

5.4. PROCEDIMENTO

a) Juízo de admissibilidade

A admissibilidade do recurso ordinário está circunscrita a parâmetros semelhantes, seja quando dirigido ao STF, seja no tocante ao STJ. Com relação ao seu processamento, perante o juízo *a quo* o procedimento segue os parâmetros da apelação (vide Enunciado 357 do FPPC).

b) Interposição perante o juízo a quo

Conforme previsão do § 2º do art. 1.028 do CPC, o recurso ordinário, dirigido ao STJ ou STF, será protocolado perante o tribunal de origem, "cabendo ao seu presidente ou vice-presidente determinar a intimação do recorrido para, em 15 (quinze) dias, apresentar as contrarrazões".

No caso de interposição de recurso ordinário em face de sentença proferida nas causas em que figure Estado estrangeiro ou organismo internacional e Município ou pessoa domiciliada ou residente no País (Constituição da República, art. 109, II), o protocolo far-se-á no juízo de 1º grau, competindo-lhe a intimação da parte contrária para oferecimento de contrarrazões e, ato contínuo, dar-se-á a remessa ao STJ, a quem competirá o juízo de admissibilidade recursal e julgamento.

---

20. "Assim, ao se suspender a eficácia do acórdão não se estará, sempre, suspendendo o 'nada'. Entendemos, desse modo, que o efeito suspensivo atribuído ao recurso ordinário terá sim o condão de suspender a eficácia do acórdão e, por conseguinte, de revigorar a tutela liminar antes concedida. (...) Destarte, mormente naqueles casos em que, inobstante o julgamento denegatório, ainda seja possível enxergar a presença dos requisitos que inicialmente ensejaram a concessão da liminar, torna-se imprescindível seja atribuído efeito suspensivo ao recurso ordinário, com o que haverá o revigoramento da liminar antes concedida" (MILLER, Cristiano Simão. Op. cit., p. 708).

Não haverá juízo *prévio* de admissibilidade (CPC, art. 1.028, § 3º)[21]. Em caso de equívoco do tribunal *a quo* quanto ao processamento que resulte em eventual *inadmissão* do processamento do recurso ordinário, "ter-se-á nítida hipótese de usurpação de competência, o que desafiará o manejo da reclamação, com fundamento no art. 988, I, do novo Código de Processo Civil"[22].

c) Julgamento nos Tribunais Superiores

Admitido para julgamento, na esfera dos Tribunais Superiores observar-se-á o procedimento estabelecido nos respectivos regimentos internos daquelas Cortes (CPC, art. 1.028, *caput*). Ao apreciar o recurso ordinário, o Tribunal Superior "poderá julgá-lo por maioria ou por unanimidade de votos. Se o julgamento for por maioria, não se aplica o disposto no art. 942 do CPC, dispositivo aplicável exclusivamente em apelação, ação rescisória e agravo de instrumento"[23].

---

21. "Conquanto ausente previsão legal de juízo de admissibilidade do recurso ordinário na origem, a competência desta Corte é inaugurada somente com a conclusão da tramitação perante o tribunal de origem, por ocasião do decurso do lapso de 15 (quinze) dias para a apresentação de contrarrazões pela parte recorrida" (STJ, AgInt no TP 4.430/GO, 1ª T., Rel. Min. Regina Helena Costa, j. 14.08.2023, *DJe* 16.08.2023).
22. MILLER, Cristiano Simão. Op. cit., p. 705.
23. DIDIER JR., Fredie; CUNHA, Leonardo Carneiro da. *Curso de direito processual civil*: o processo civil nos tribunais, recursos, ações de competência originária de tribunal e *querela nullitatis*, incidentes de competência originária de tribunal. 13. ed., 2016 cit., p. 299.

6
RECURSO ESPECIAL E EXTRAORDINÁRIO

O CPC/2015 regulamentou, separadamente, o cabimento e processamento dos recursos especial e extraordinário de índole individuais ou subjetivos (CPC, arts. 1.029 a 1.035), distinguindo-os daqueles que são processados sob o regime dos repetitivos (CPC, arts. 1.036 a 1.041). Portanto, esses últimos serão tratados no capítulo subsequente.

6.1. COMPETÊNCIA RECURSAL ESPECIAL DO SUPERIOR TRIBUNAL DE JUSTIÇA E COMPETÊNCIA RECURSAL EXTRAORDINÁRIA DO SUPREMO TRIBUNAL FEDERAL

O recurso especial é admissível nas hipóteses prescritas no art. 105, inciso III, da Constituição da República, cabíveis nas hipóteses de "causas decididas, em única ou última instância, pelos Tribunais Regionais Federais ou pelos tribunais dos Estados, do Distrito Federal e Territórios", quando se verificar (i) contrariedade a tratado ou lei federal, ou negativa de vigência; (ii) julgamento pela validade de ato de governo local contestado em face de lei federal; e (iii) se conferir interpretação divergente da que lhe haja atribuído outro tribunal. A EC 125 de 2022 fez por acrescentar o § 2º do art. 105 da Constituição, instituindo o filtro da relevância para o seu cabimento, ao estabelecer que o recorrente deve "demonstrar a relevância das questões de direito infraconstitucional discutidas no caso, nos termos da lei".

Com vistas à salvaguarda do *princípio federativo*, o Superior Tribunal de Justiça desempenha o papel de guardião da legislação federal infraconstitucional, definindo o *sentido* da norma jurídica por meio de razões apropriadas[1], com a prevalência do chamado *ius constitutions* sobre o *ius litigatoris*[2]. É certo que, a exemplo dos demais órgãos jurisdicionais que compõem o Judiciário brasileiro, o STJ pode praticar o con-

---

1. Para Luiz Guilherme Marinoni, a função do Superior Tribunal de Justiça consiste em "*definir o sentido do direito federal infraconstitucional, mediante 'razões apropriadas'*" (MARINONI, Luiz Guilherme. *O STJ enquanto corte de precedentes*: recompreensão do sistema processual da corte suprema. 2. ed. São Paulo: RT, 2014, p. 77).
2. "O novo desenho institucional para o recurso especial privilegia de forma notória a prevalência do *ius constitutions* sobre o *ius litigatoris*, na medida em que, deixa claro que o cidadão não tem o direito subjetivo ilimitado de revisão do seu caso, mas sim que a revisão apenas será configurada como direito quando se estiver verdadeiramente diante de hipótese de violação da norma jurídica já fixada pela Corte em seus precedentes ou de uma 'lei nova' e de divergência jurisprudencial" (PEREIRA, Paula Pessoa. *Legitimidade dos precedentes: universalidade das decisões do STJ*. São Paulo: RT, 2014, p. 160).

trole incidental de constitucionalidade, afastando leis e atos normativos que repute incompatíveis com a Constituição[3].

A competência recursal extraordinária conferida ao Supremo Tribunal Federal, ao seu turno, está disposta no inciso III, do art. 102, da Constituição de 1988, competindo-lhe julgar, "mediante recurso extraordinário, as causas decididas em única ou última instância, quando a decisão recorrida", (i) contrariar dispositivo da Constituição; (ii) declarar a inconstitucionalidade de tratado ou lei federal; (iii) julgar válida lei ou ato de governo local contestado em face da Constituição; e, por fim, (iv) julgar válida lei local contestada em face de lei federal. Conforme ver-se-á mais adiante, é dever do recorrente demonstrar ainda a repercussão geral das questões constitucionais versadas em seu recurso (Constituição Federal, art. 102, § 3º).

Por força da conformação constitucional, os recursos excepcionais estão adstritos à discussão de *matéria de direito*, assentados em fundamentação *vinculada*[4]. O interesse do recorrente é tutelado de forma *indireta* e *oblíqua*[5]. Não se prestam à *rediscussão* da prova, cuja valoração compete soberanamente às *instâncias locais* (Súmula 7, STJ). Luiz Guilherme Marinoni destaca que a vedação de reexame de prova, extraída da Súmula 7 do STJ, está atrelada unicamente à impossibilidade de *nova convicção* sobre os fatos[6]. Com efeito, a Corte de vértice não dispõe da prerrogativa de imiscuir-se na valoração probatória feita pelas instâncias ordinárias. Apesar da advertência, a Súmula 7 do STJ e a Súmula 279 do STF (que, aliás, lhe serviu de inspiração) têm sido adversárias tenazes no tocante à admissibilidade do recurso especial e do extraordinário[7].

---

3. "É certo, contudo, que tal faculdade será, como regra, exercida nas causas de sua *competência originária* (CF, art. 105, I) ou naquelas que lhe caiba julgar mediante *recurso ordinário* (CF, art. 105, II). E dessas decisões, quando envolverem questão constitucional, caberá recurso extraordinário" (BARROSO, Luís Roberto. *O controle de constitucionalidade no direito brasileiro*. 7. ed. São Paulo: Saraiva, 2016. p. 129).
4. "(...) III – O recurso especial possui fundamentação vinculada, destinando-se a garantir a autoridade da lei federal e a sua aplicação uniforme, (...)" (STJ, AgInt no REsp 1.504.054/RJ, 1ª T., Rel. Min. Regina Helena Costa, DJe 10.06.2022).
5. "Da mesma forma que o recurso extraordinário, o recurso especial não se destina a proteger o direito subjetivo da parte, não representando, pois, um terceiro grau de jurisdição". (FERNANDES, Luis Eduardo Simardi. *Embargos de declaração* – Efeitos infringentes, prequestionamento e outros aspectos polêmicos. São Paulo: RT, 2003. p. 176).
6. "O conceito de reexame de prova deve ser atrelado ao de convicção, pois o que não se deseja permitir, quando se fala em impossibilidade de reexame de prova, é a formação de nova convicção sobre os fatos. Não se quer, em outras palavras, que os recursos extraordinário e especial viabilizem um juízo que resulte da análise dos fatos a partir das provas. Acontece que esse juízo não se confunde com aquele que diz respeito à valoração dos critérios jurídicos respeitantes à utilização da prova e à formação da convicção" (MARINONI, Luiz Guilherme. Reexame da prova diante dos recursos especial e extraordinário. *Revista de Processo*, 130, ano 30, p. 20, dez. 2005).
7. No tocante à dosimetria das reprimendas, Eduardo Lessa Mundim realça que, em hipóteses que vêm se consolidando, o STJ realiza um juízo de excepcionalidade, permitindo-se, por meio da "aplicação da razoabilidade/proporcionalidade, a alteração do quantum em casos como de dosimetria das sanções por improbidade, honorários advocatícios, indenização por dano moral". Ou seja, em tais situações, mesmo no campo da recorribilidade extraordinária, dar-se-ia um certo incursionamento no "reexame de fatos e provas" (MUNDIM, Eduardo Lessa. *Juízo de excepcionalidade do STJ*. Salvador: JusPodivm, 2019. p. 24).

6.2. CABIMENTO DO RECURSO ESPECIAL

O manejo do recurso especial pressupõe que a decisão hostilizada seja oriunda de certos *tribunais* (Tribunais de Justiça e Tribunais Regionais Federais). O enunciado 203 da súmula da jurisprudência dominante do STJ ressalva que "não cabe recurso especial contra decisão proferida por órgão de segundo grau dos Juizados Especiais". No caso das Justiças Especializadas, as decisões provenientes destes órgãos judiciais são impugnáveis por mecanismos semelhantes dirigidos às Cortes com competência análoga (TST, TSE e STM). Outro ponto característico está atrelado ao *exaurimento* das instâncias ordinárias. Logo, não é possível manejar recurso especial em face de decisão monocrática de relator, sem que tenha sido interposto o competente agravo interno[8]. Entretanto, o Superior Tribunal de Justiça reputou satisfeito o requisito do exaurimento da instância quando, a despeito da decisão monocrática, a parte interessada interpôs agravo interno, o qual acabou não sendo conhecido, inclusive com a aplicação de multa. E, no caso concreto, não obstante a interposição subsequente de embargos de declaração, estes também não foram conhecidos, sendo que, ato contínuo, a parte ainda manejou novo agravo interno, novamente decidido monocraticamente. Ou seja, diante da particularidade da situação, o STJ entendeu que a parte interessada na interposição do recurso especial utilizou-se de todos os meios impugnativos de que dispunha, reputando satisfeito o *exaurimento* da instância local[9].

Por fim, o permissivo constitucional do art. 105, III, da Constituição, faz menção a *causas decididas*, contemplando todas as *questões federais* decididas em jurisdição contenciosa ou voluntária, competindo ao STJ atribuir *sentido* à legislação nacional de índole infraconstitucional[10]. Convém ao interessado precisar a hipótese de cabimento

---

8. E, nesse sentido, o STJ analisou hipótese inusitada, originada da ocorrência de *error in procedendo*, em que, interpostos embargos de declaração em face de decisão monocrática, o relator do caso fez por submetê-los ao órgão colegiado. Desse modo, diante da decisão integrativa possuir natureza "colegial", tornou-se inviável o manejo de agravo interno. E, de outro lado, ante a submissão errônea dos declaratórios ao julgamento colegial, persistiu a situação de não exaurimento da instância local. Assim, o STJ concluiu que "a existência de decisão colegiada em sede de embargos de declaração não tem o condão de afastar a necessidade de interposição do agravo interno, porquanto este é o recurso apto a levar ao órgão coletivo a apreciação da questão debatida nos autos nos termos do artigo 1.021, § 2º, do CPC" (STJ, AgInt no AREsp 940.272/PR, 3ª T., Rel. Min. Nancy Andrighi, j. 21.02.2017, *DJe* 24.02.2017)
9. "(...) 2. A hipótese dos autos trata de situação excepcional, pois o recorrente utilizou de todos os meios jurídicos postos a sua disposição para conseguir o exaurimento da instância ordinária com a finalidade de interposição dos recursos às instâncias superiores: foi interposto agravo interno contra a decisão proferida no agravo de instrumento; após o recurso não ser conhecido pelo órgão colegiado com a imposição de multa, foram opostos os embargos de declaração, que não foram conhecidos monocraticamente; em seguida, foi interposto novo agravo interno, novamente decidido monocraticamente. 3. A recorrente não tinha opções para continuar recorrendo no Tribunal Regional Federal, tendo em vista que fez o uso escorreito de todas as possibilidades recursais apresentadas, não podendo, portanto, o recurso especial deixar de ser conhecido pelo fundamento de não exaurimento da instância, sob pena de ofensa às garantias do acesso ao Judiciário e ao devido processo legal" (STJ, AgInt no AREsp 1.156.112/SP, 1ª T., Rel. Min. Gurgel de Faria, *DJe* 11.10.2018).
10. "Diante de tudo isso, resta claro que a Corte Suprema deixou de ter a função de tutelar a lei ou de dela extrair o 'exato sentido' e passou a ter a função de identificar a interpretação que expressa o sentido extraível da lei que é compatível com as normas constitucionais e com as proposições sociais que permeiam um momento histórico.

respectiva, com a indicação da "alínea do dispositivo constitucional em que se fundamenta o recurso especial"[11], eis que referida omissão já ensejou o não conhecimento da insurgência. Contudo, o Enunciado 726 do FPPC sinaliza que a ausência de especificação da alínea do permissivo constitucional que embasa a interposição dos recursos excepcionais "não leva ao não conhecimento do recurso, quando for possível deduzir o fundamento da irresignação a partir da análise do conjunto da postulação".

6.2.1. Alínea a, do art. 105, III, da Constituição Federal

A alínea *a* do inciso III, do art. 105, da Constituição da República autoriza o cabimento do recurso especial quando a decisão "contrariar tratado ou lei federal, ou negar-lhes vigência". Diante da interpretação restritiva conferida ao sistema de recorribilidade excepcional, a Súmula 518 do STJ (*DJe* 02.03.2015) aponta que "para fins do art. 105, III, *a*, da Constituição Federal, não é cabível recurso especial fundado em alegada violação de enunciado de súmula".

a) O interesse na impugnação dos tratados

Comentando a primeira hipótese de cabimento do recurso especial, Nelson Luiz Pinto *afirmava* que:

> (...) a menção a tratado é redundante, na medida em que sua incorporação ao sistema jurídico nacional, do ponto de vista interno, implica conferir-lhe força e regime jurídico de lei em sentido amplo. Assim, bastaria que houvesse referência à contrariedade ou negativa de vigência a lei federal[12].

Porém, com o advento da EC45, a questão referente aos *tratados* assumiu novos contornos ao se considerar a necessidade de *ratificação* dos acordos internacionais que versam sobre *direitos humanos*[13]. Atente-se que a regra do § 2º do art. 5º da Constituição, passou a reconhecer *duplicidade de fontes normativas* em relação ao seu sistema de direitos e garantias individuais. De acordo com Valério de Oliveira Mazzuoli, a Constituição da República

---

(...) Daí porque a 'uniformidade', no novo contexto de Corte Suprema, não visa tutelar a lei, mas objetiva garantir a igualdade perante o direito revelado nos precedentes. Aliás, não é por outro motivo que aí é preferível falar em *unidade do direito (fim da Corte de Interpretação)* do que em *uniformidade da jurisprudência (meio* que a antiga Corte empregava para o controle)" (MARINONI, Luiz Guilherme. *Curso de processo civil.* São Paulo: RT, 2008. v. 4, p. 117).

11. STJ, AgRg. no AREsp 674.464/PR, 2ª T., Rel. Min. Humberto Martins, *DJe* 23.03.2015.
12. PINTO, Nelson Luiz. *Manual dos recursos cíveis.* 3. ed. São Paulo: Malheiros, 2002, 178.
13. Sob o pretexto de encerrar discussões acadêmicas e jurisprudenciais relativas ao *status* e hierarquia dos tratados de direitos humanos na ordem interna, o § 3º, do art. 5º do texto constitucional passou a causar "sérios problemas interpretativos relativos à integração, eficácia e aplicabilidade desses tratados no nosso direito interno" (MAZZUOLI, Valério de Oliveira. O novo § 3º do art. 5º da constituição e sua eficácia. In: SILVA, Bruno Freire e; MAZZEI, Rodrigo (Coord). *Reforma do judiciário*: análise interdisciplinar e estrutural do primeiro ano de vigência. Curitiba: Juruá, 2006, p. 39-40).

(...) atribuiu aos tratados internacionais de proteção dos direitos humanos devidamente ratificados pelo Estado brasileiro a condição de fonte do sistema constitucional de proteção de direitos. É dizer, tais tratados passaram a ser fonte do sistema constitucional de proteção de direitos no mesmo plano de eficácia e igualdade daqueles direitos, expressa ou implicitamente, consagrados pelo texto constitucional, o que justifica o *status* de norma constitucional que detém tais instrumentos internacionais no ordenamento jurídico brasileiro[14].

Além disso, em sede doutrinária já se sustentou, à exaustão, que a *cláusula aberta* do § 2º do art. 5º da Constituição, assegura o *ingresso* dos tratados internacionais de proteção de direitos humanos no mesmo grau hierárquico das normas constitucionais[15].

Com isso, a partir da conformação do § 3º, do art. 5º, da Constituição, os tratados internacionais podem ser erigidos expressamente à condição de integrantes do *bloco de constitucionalidade*[16]. Em caráter exemplificativo, o Decreto 6.949, de 25/08/2009, da Presidência da República, promulgou a Convenção Internacional sobre os Direitos das Pessoas com Deficiência, assinada em Nova York, em 30/03/2007. Assim, o Congresso Nacional brasileiro aprovou a referida convenção por meio do Decreto Legislativo 186, de 09.07.2008, com a observância do art. 5º, § 3º, da CF/88. Desta forma, tem-se que as eventuais ofensas ou negativa de vigência aos tratados internacionais – hipóteses de não rara ocorrência – estariam a caracterizar verdadeiro contencioso constitucional, passível de arguição na via do recurso extraordinário[17]. Daí porque, Fredie Didier Jr. salienta

---
14. MAZZUOLI, Valério de Oliveira. Op. cit., p. 39-40.
15. "Neste debate, sustenta-se tese em prol da hierarquia constitucional dos tratados de proteção dos direitos humanos. Entende-se que, à luz do art. 5º, § 2º, da Carta de 1988, os direitos fundamentais podem ser classificados em três distintos grupos: a) o dos direitos expressos na Constituição; b) o dos direitos implícitos, decorrentes do regime e dos princípios adotados pela Carta constitucional; e c) o dos direitos expressos nos tratados internacionais subscritos pelo Brasil. A Constituição de 1988 inova, assim, ao incluir, dentre os direitos constitucionalmente protegidos, os direitos enunciados nos tratados internacionais de que o Brasil seja signatário. Ao efetuar tal incorporação, a Carta está a atribuir aos direitos internacionais uma hierarquia especial e diferenciada, qual seja a de norma constitucional". (PIOVESAN, Flávia. Reforma do judiciário e direitos humanos. In: TAVARES, André Ramos; LENZA, Pedro; ALARCÓN, Pietro de Jesús Lora (Coord.). *Reforma do judiciário analisada e comentada*. São Paulo: Método, 2005, p. 71-72).
16. "Com efeito, o ordenamento constitucional passa a ser composto do texto positivado e pelos elementos implícitos inseridos no corpo permanente e no Ato das Disposições Constitucionais Transitórias (ADCT) pelo constituinte de 1988, pelos preceitos expressos e implícitos constantes apenas nas emendas constitucionais ordinárias elaboradas nos termos do art. 60 e nas emendas de revisão produzidas com amparo no art. 3º do ADCT (vale dizer, dispositivos constitucionais que não foram introduzidos no corpo permanente ou no ADCT, mas que têm hierarquia constitucional) e, agora, também pelos preceitos expressos e implícitos contidos nos tratados e convenções internacionais sobre direitos humanos aprovados nos moldes do § 3º do art. 5º do ordenamento constitucional. Dessa reunião de diplomas normativos, todos com hierarquia constitucional, o sistema jurídico brasileiro passa a se valer da noção de bloco de constitucionalidade, qual seja Constituição em sentido formal e material (portanto, hierárquico, permitindo o controle de constitucionalidade em decorrência da Supremacia da Constituição) que agora representa a reunião de diplomas normativos diversos, ainda que não consolidados em um único 'código'" (FRANCISCO, José Carlos. Bloco de constitucionalidade e recepção dos tratados internacionais. In: TAVARES, André Ramos; LENZA, Pedro; ALARCÓN, Pietro de Jesús Lora (Coord.). *Reforma do judiciário analisada e comentada*. São Paulo: Método, 2005, p. 99-100).
17. "Por fim, outra problemática que surge da Reforma está na assimilação de tratados internacionais que versem sobre direitos humanos como emendas constitucionais (novo art. 5º, § 3º). É que, em tais circunstâncias, qualquer violação desses tratados, por ato jurídico ou decisão judicial interna, incidirá em inconstitucionalidade, ensejadora do recurso extraordinário, e não mais em recurso especial, embora a Reforma não tenha especificado essa situação e haja mantido a redação do art. 105, III, c, que prevê o cabimento de recurso especial quando a

que a violação a tratado internacional de direitos humanos – dada a sua *materialidade constitucional* – pode ensejar o cabimento do recurso extraordinário, afastando, neste particular, o recurso especial[18]. Para o autor, o raciocínio em questão aplicar-se-ia a todos tratados de direitos humanos, independentemente do *quorum* de sua aprovação[19].

b) Contrariedade ou negativa de vigência: distinções necessárias

A Constituição de 1969 (Emenda Constitucional 1, de 1969) estabeleceu, em seu art. 119, III, *a*, o cabimento do recurso extraordinário quando a decisão recorrida implicasse contrariedade aos "dispositivos" da Constituição ou houvesse negado vigência a "tratado ou lei federal". Portanto, naquele regime constitucional, o cabimento do recurso extraordinário, em matéria infraconstitucional, resumiu-se à hipótese de *negativa de vigência*, valendo o termo *contrariar* somente para as matérias de índole constitucional.

O permissivo constitucional da alínea *a*, do inc. III, do art. 105, da CF/88, faz menção às categorias de *contrariedade* ou *negativa de vigência*. Oportuno aprofundar a *extensão* e o *significado* de tais vocábulos. Rodolfo de Camargo Mancuso destaca que a *contrariedade* induz um alcance maior do que a simples *negativa de vigência*. De acordo com o raciocínio, a *contrariedade* é dotada de uma conotação *mais difusa, menos contundente*, enquanto que a *negativa de vigência* sugere algo mais *estrito*. Porém, nem sempre é fácil distingui-las. Para o autor,

> (...) contrariamos a lei quando nos distanciamos da "mens legislatoris", ou da finalidade que lhe inspirou o advento; e bem assim quando a interpretamos mal e lhe desvirtuamos o conteúdo. Negamos-lhe vigência, porém, quando declinamos de aplicá-la, ou aplicamos outra, aberrante da *fattispecie;* quando nossa exegese implica em admitir que é branco onde está escrito preto... quando, finalmente, procedemos de forma delirante, como se não houvesse aquele texto a regular a espécie[20].

---

decisão contrariar tratado ou negar-lhe vigência. Há de excluir, doravante, dessa hipótese do recurso especial (realizando uma interpretação sistêmica) o caso de o tratado em questão (i) versar sobre direitos humanos e (ii) ter sido aprovado no novo formato do art. 5º, § 3º, da Constituição Federal". (TAVARES, André Ramos. A repercussão geral no recurso extraordinário. In: TAVARES, André Ramos et al (Coord.). *Reforma do judiciário: analisada e comentada*. São Paulo: Método, 2005, p. 212).

18. "Sucede, porém, que, versando o tratado internacional sobre direitos humanos, poderá ser ele incorporado ao direito interno como norma de estatura constitucional (emenda constitucional), se aprovado em dois turnos, em cada Casa do Congresso Nacional, por três quintos dos votos dos respectivos membros (§ 3º do art. 5º da CF/1988, introduzido pela EC 45/04). Assim, a violação a esse tipo de tratado implicará violação a texto constitucional, dando ensejo ao recurso extraordinário, não ao especial. Trata-se de mais uma repercussão da EC 45 no sistema de cabimento dos recursos extraordinários" (DIDIER JR., Fredie. Transformações no recurso extraordinário. In: NERY JR., Nelson; WAMBIER, Teresa Arruda Alvim (Coord.). *Série aspectos polêmicos e atuais dos recursos cíveis e assuntos afins*. São Paulo: RT, 2006, v. 10, p. 119).
19. "Reitere-se que, por força do art. 5º, § 2º, todos os tratados de direitos humanos, independentemente do *quorum* de sua aprovação, são materialmente constitucionais. O *quorum* qualificado está tão somente a reforçar tal natureza constitucional, ao adicionar um lastro formalmente constitucional. (...) Isto porque não seria razoável sustentar que os tratados de direitos humanos já ratificados fossem recepcionados como lei federal, enquanto os demais adquirissem hierarquia constitucional exclusivamente em virtude de seu *quorum* de aprovação" (DIDIER JR., Fredie; BRAGA, Paula Sarno; OLIVEIRA, Rafael. *Curso de direito processual civil*: o processo civil nos tribunais, recursos, ações de competência originária de tribunal e *querela nullitatis*, incidentes de competência originária de tribunal. In: DIDIER JR., Fredie; CUNHA, Leonardo Carneiro da (Coord.). 13. ed. Salvador, JusPodivm, 2016. p. 120).
20. MANCUSO, Rodolfo de Camargo. *Recurso extraordinário e recurso especial*. 4. ed. São Paulo: RT, 1996, p. 112-113.

Em igual medida, Nelson Luiz Pinto destaca que a *contrariedade* supõe toda e qualquer forma de ofensa ao texto legal[21]. Trata-se, então, de locução mais abrangente do que a *negativa de vigência*[22].

c) Alcance da locução "lei federal"

Além disso, conforme lembrado por Rodolfo de Camargo Mancuso, a correta intelecção da norma constitucional exclui do conceito de *lei federal*, os seguintes instrumentos normativos:

> (...) o regimento interno de tribunal (Súm. 399 do STF); o ato normativo (RTJ 71/72); a portaria ministerial (RTJ 68/402, RDP 30/123); a resolução de autarquia (RT 651/259); o provimento da OAB (RTJ 106/596); a lei destinada exclusivamente ao Distrito Federal[23].

Ao comentar esta última hipótese, Rodolfo de Camargo Mancuso informa que está excluída da apreciação em sede de recurso especial, a *contrariedade* à lei federal de *interesse local*. Com efeito, as leis que dispõem sobre assunto específico do Distrito Federal, apenas pela *origem legislativa*, podem ser consideradas federais (CF/88, art. 22, XVII)[24]. Em igual medida, exclui-se também da alçada do recurso especial, a contrariedade à norma de *direito local*[25], seja ela de natureza *municipal* ou *estadual*.

---

21. "'Contrariar' supõe toda e qualquer forma de ofensa ao texto legal, quer deixando de aplicá-lo às hipóteses que a ele devem subsumir-se, quer aplicando-o de forma errônea ou, ainda, interpretando-o de modo não adequado e diferente da interpretação correta, no sentido do órgão responsável pelo controle ao respeito e pela uniformização do direito federal, que é o STJ" (PINTO, Nelson Luiz. *Manual dos recursos cíveis*. 3. ed. cit., p. 196-197).
22. Apesar dos *núcleos verbais* distintos, há quem defenda que "o verbo 'contrariar' e a expressão 'negar vigência' devem ser entendidos, para todos os fins, como sinônimos. Sua distinção pertence aos sistemas constitucionais anteriores, quando o recurso extraordinário era o veículo adequado para o reexame de 'questões *constitucionais*' e de 'questões *infraconstitucionais*' (v. n. 1, *supra*), e ensejava interpretação vencedora no âmbito do Supremo Tribunal Federal que a *qualidade* da violação a dispositivos da Constituição Federal não precisava ser tão intensa quanto a violação a dispositivos de lei federal" (BUENO, Scarpinella. *Curso sistematizado de direito processual civil*: recursos: processos e incidentes nos Tribunais. Sucedâneos recursais: técnicas de controle das decisões jurisdicionais. 2. ed. São Paulo: Saraiva, 2010. p. 306-307).
23. MANCUSO, Rodolfo de Camargo. *Recurso extraordinário e recurso especial*. 4. ed., 1996 cit., p. 129. Em abono à tese, o STJ assentou que o recurso especial "não constitui via adequada para a análise de eventual ofensa a Decretos, Portarias Circulares e Resoluções, porque não estão compreendidos na expressão 'lei federal', constante da alínea a do inciso III do art. 105 da Constituição Federal" (STJ, AgInt no REsp 1.850.223/PR, 1ª T., Relator Ministro Benedito Gonçalves, *DJe* 02.06.2021).
24. Nelson Luiz Pinto afirma que devem ser reputadas "*leis federais* somente aquelas de *natureza* de direito federal, ou seja, quando versarem matéria federal, excluindo-se, por exemplo, aquelas apenas de origem federal, mas que versam matéria de interesse local, como, por exemplo, as leis do Distrito Federal" (PINTO, Nelson Luiz. *Recurso especial para o STJ*. 2. ed. São Paulo: Malheiros, 1996. p. 115). Nesse sentido, tem-se ainda: "(...) 3. Os arts. 69, II, 82 §§ 1º e 4º, da Lei Orgânica do Distrito Federal, possuem status de lei local, razão pela qual os normativos não se amoldam ao conceito de lei federal para fins de questionamento por meio do apelo extremo previsto no art. 105, III, 'a', da Constituição Federal" (STJ, AgInt. no AREsp 1.453.269/DF, 1ª T., Rel. Min. Benedito Gonçalves, j. 04.10.2021, *DJe* 06.10.2021).
25. Aplicável, por analogia, o disposto na Súmula 280, do STF: "Por ofensa a direito local não cabe recurso extraordinário". E, nesse sentido: STJ, REsp 1.957.412/PR, 2ª T., Rel. Min. Assusete Magalhães, j. 19.10.2021, *DJe* 26.10.2021.

d) A alegação como hipótese de cabimento

Embora o dispositivo constitucional faça alusão à *contrariedade* de tratado ou lei federal – ou ainda *negativa de vigência* – a admissibilidade do recurso especial está condicionada tão somente à *alegação* de tais circunstâncias. Como já afirmado por Barbosa Moreira, a mera alegação "bastará para que *se conheça* do recurso; em etapa posterior, conforme seja ela procedente ou não, o resultado será o provimento ou o desprovimento"[26]. Em última medida, deve-se examinar a plausibilidade das alegações desenvolvidas pelo recorrente, sob pena de se usurpar competência constitucionalmente assinalada ao STJ.

6.2.2. Alínea b, do art. 105, III, da Constituição Federal

A letra *b*, do inc. III, do art. 105 da Constituição Federal *autorizava* a interposição do recurso especial quando a decisão recorrida "julgar válida lei ou ato de governo local contestado em face de lei federal". Em tal hipótese, o seu cabimento estava fundado na existência de possível *conflito* de competência entre a lei federal e a norma ou ato de governo local. Entretanto, a matéria estava parcialmente deslocada, eis que a discussão revelava tema constitucional[27]. Com o advento da EC 45/04, o *texto inovado* da alínea *b*, do inc. III, do art. 105, prevê o cabimento do recurso especial apenas quando se privilegiar "ato de governo local"[28] confrontado em face da lei federal. Ficou excluída a confrontação, na via do recurso especial, da "lei local" em face da "lei federal", eis que:

> (...) a redução de competência do STJ, no conteúdo da letra 'b' do inc. III do art. 105, corresponde ao acréscimo de abrangência do recurso extraordinário, operado por meio da nova alínea *d* acrescida ao art. 102, III, da CF[29].

Não se trata mais, nessa seara, de discutir a inconstitucionalidade da lei local, eis que, havendo tal necessidade, o recurso extraordinário deverá ser manejado para tal mister[30]. Com efeito, Humberto Theodoro Jr. destaca que:

---

26. MOREIRA, José Carlos Barbosa. Op. cit., p. 573.
27. Conforme anotado por Moreira Alves, "as questões de validade de lei ou de ato normativo de governo local em face da lei federal não são questões de natureza legal, mas sim, constitucional, pois se resolvem pelo exame da existência, ou não de invasão de competência da União, ou, se for o caso, do Estado" (MOREIRA ALVES, José Carlos. *O Supremo Tribunal Federal em face da nova Constituição* – questões e perspectivas. Brasília: Arquivos do Ministério da Justiça, 1989).
28. "Consideram-se atos de governo local todos os atos normativos, como leis, decretos, portarias, regulamentos, ordens expedidas por força de competência estadual e municipal". (TAVARES, André Ramos. Perfil constitucional do recurso extraordinário. *Aspectos atuais do controle de constitucionalidade no Brasil*: recurso extraordinário e arguição de descumprimento de preceito fundamental. In: TAVARES, André Ramos; ROTHENBURG, Walter Claudius (Org.). Rio de Janeiro: Forense, 2003, p. 22).
29. THEODORO JR., Humberto. Alguns reflexos da Emenda Constitucional 45, de 08.12.2004, sobre o processo civil. *Revista de Processo*. São Paulo, v. 124. jun. 2005. p. 31.
30. "(...) Conflito entre lei local (RICMS/ES) e lei complementar (LC 87/1996) possui natureza constitucional e, consoante disposto no art. 102, III, 'd', da CFRB, compete ao STF, no âmbito do recurso extraordinário, apreciar decisão recorrida que julgar válida lei local contestada em face de lei federal" (STJ, AgInt no AREsp 2.365.898/ES, 1ª T., Rel. Min. Benedito Gonçalves, *DJe* 11.04.2024).

(...) o tema do conflito entre a lei local e lei federal, pela EC 45, passou à categoria de questão constitucional. Por isso deixou de ser objeto do recurso especial, para ser tratado em recurso extraordinário perante o STF[31].

Em suma: prevalecendo o *ato de governo local* é porque foi afastada a incidência da lei federal. Portanto, admite-se o recurso especial fundado em tais hipóteses para que o STJ verifique se a opção feita pelo julgado recorrido estava correta. Se o tribunal *a quo* agiu, ou não, com acerto, cuida-se de matéria envolta ao juízo de mérito do recurso especial.

6.2.3. Alínea c, do art. 105, III, da Constituição Federal

O permissivo contido no art. 105, III, *c*, da Constituição Federal, prevê o cabimento do recurso especial se a decisão recorrida "der a lei federal interpretação divergente da que lhe haja atribuído outro tribunal". Costuma-se afirmar, nesse sentido, que a interpretação *divergente* conferida à lei federal chancela, ainda, a sua manifesta *contrariedade*, o que, por si só, possibilitaria o cabimento do recurso especial pela alínea *a*, do art. 105, III, da CF/88[32]. Apesar da letra *c* da regra em comento consagrar o cabimento do recurso especial com base no dissídio jurisprudencial, parece oportuna a advertência de que:

> (...) o STJ não a considera uma modalidade inteiramente autônoma, pois haveria sempre a necessidade de, ao lado de demonstrar o dissídio jurisprudencial, apontar qual o preceito legal federal violado pela decisão recorrida[33].

a) Impropriedade da divergência interna

Para fins de demonstração do dissídio jurisprudencial, torna-se assente observar que o acórdão paradigma não poderá ser do mesmo tribunal prolator da decisão recorrida. A *divergência interna* entre órgãos fracionários de um mesmo tribunal não interessa ao STJ e, tampouco, ao modelo federativo. Para a solução dessas *divergências internas*, estão à disposição outros mecanismos processuais (IAC e IRDR, por exemplo). O entendimento em questão foi consubstanciado pelo STJ quando da edição da Súmula 13: "A divergência entre julgados do mesmo Tribunal não enseja recurso especial".

---

31. THEODORO JR., Humberto. Alguns reflexos da Emenda Constitucional 45, de 08.12.2004, sobre o processo civil cit., p. 31.
32. De acordo com Nelson Luiz Pinto, "a alínea 'c' do art. 105, III, da CF funciona, para o cabimento do recurso especial, muito mais como um reforço da hipótese prevista na alínea 'a', na medida em que se estará diante de probabilidade muito maior de que tenha efetivamente havido ofensa à lei federal quando existirem decisões de outros tribunais a respeito da mesma questão federal em sentido diverso da decisão recorrida" (PINTO, Nelson Luiz. *Manual dos recursos cíveis*. 3. ed. cit., p. 203). Assim, o STJ decidiu que resultaria "prejudicada a análise da alegada divergência jurisprudencial, quando não ultrapassado óbice sumular aplicado por ocasião do exame do recurso especial pela alínea a do permissivo constitucional" (STJ, AgInt no REsp 1.504.054/RJ, 1ª T., Rel. Min. Regina Helena Costa, *DJe* 10.06.2022).
33. DEL CLARO, Roberto Bengui. Do recurso extraordinário e do recurso especial. In: CUNHA, José Sebastião Fagundes; BOCHENEK, Antonio César; CAMBI, Eduardo (Coord.). *Código de processo civil comentado*. São Paulo: RT, 2016, p. 1.408.

b) Outro tribunal

Ao fazer menção à interpretação oriunda de *outro tribunal*, ficam abarcadas pelo preceito constitucional as decisões adotadas por *qualquer* corte *integrante do 2º grau de jurisdição*, pertencentes à justiça comum (estadual ou federal). De acordo com posição defendida à luz do sistema revogado, os Tribunais Superiores estavam excluídos da comparação exigida para conformação do dissídio (por exemplo, o próprio STJ[34]). Opiniões contrárias eram favoráveis ao emprego desses *padrões decisórios* (posição de Luiz Manoel Gomes Junior[35] e de Leonardo Castanho Mendes[36]). O CPC/2015, de forma inequívoca, permite o emprego dos julgados oriundos do STJ como *paradigmas* para fins de caracterização do dissídio jurisprudencial.

c) Comprovação do dissídio jurisprudencial

Ainda no tocante à *regularidade formal*, quando o recurso especial fundar-se em dissídio jurisprudencial, compete ao recorrente comprovar a divergência (*"fazer prova"*), com a exibição de certidão, cópia ou citação do repositório de jurisprudência (oficial ou credenciado)[37], inclusive em mídia eletrônica, em que houver sido publicado o acórdão divergente, ou, ainda, com a reprodução de julgado disponível na rede mundial de computadores, com indicação da respectiva fonte (endereço eletrônico de acesso), devendo mencionar, em qualquer caso, as circunstâncias que identifiquem ou assemelhem os casos confrontados (CPC, art. 1.029, § 1º). Incumbe ao interessado, portanto, formalizar o cotejo analítico a partir dos fundamentos decisórios do acórdão recorrido e da *ratio decidendi* da decisão empregada como paradigma, precisando a *identidade* de situações fáticas e *divergência* de soluções jurídicas. Trata-se, assim, de *contrastar* as situações, numa técnica de *espelhamento* das similitudes fáticas, que receberam diferentes soluções jurídicas, com as premissas de comparação detalhadas

---

34. Para Rodolfo de C. Mancuso: "Isso exclui o STJ, porque é Tribunal Superior, apartado do '2º grau de jurisdição'; e depois, para que assim não fosse, seria preciso que o constituinte acrescentasse a cláusula: '...ou o próprio STJ', o que não fez. Por razões análogas também não servem ao confronto os acórdãos do STF, até porque não lhe cabe zelar pela uniformidade da interpretação da lei federal" (MANCUSO, Rodolfo de Camargo. *Recurso extraordinário e recurso especial*. 4. ed. cit., p. 161).
35. "De outro lado, não apenas a divergência com a Súmula, mas com qualquer julgado do C. Superior Tribunal de Justiça, legitimaria a conclusão de que a questão seria *objetivamente* relevante" (GOMES JUNIOR, Luiz Manoel. *A arguição de relevância* cit., p. 59).
36. "Outra curiosidade: a divergência a ser apurada no exame do recurso especial pode ser instalada com acórdão do próprio Superior Tribunal de Justiça. E não há nisso nenhuma incoerência. A Constituição Federal, em seu artigo 105, III, c, ao qualificar o Tribunal de onde a decisão é posta como paradigma, diz simplesmente 'outro' Tribunal, com isso significando que poderá ser qualquer um, desde que diverso daquele que proferiu o aresto de que se recorre" (MENDES, Leonardo Castanho. *O recurso especial e o controle difuso de constitucionalidade*. São Paulo: RT, 2006. p. 110-111).
37. Os repositórios autorizados são aqueles dotados de credibilidade quanto às suas afirmações e conteúdo, tornando dispensável, neste caso, a apresentação de cópia do acórdão. Em tais casos, o Superior Tribunal de Justiça terá acesso à conferência com os julgados publicados em tais periódicos.

trecho a trecho[38]. Ademais, para fins de caracterização do dissídio jurisprudencial importa que o posicionamento assumido pelo acórdão paradigma seja *contemporâneo*[39], prevalecendo hígida a orientação externada na Súmula 83 do STJ[40].

6.3. CABIMENTO DO RECURSO EXTRAORDINÁRIO

O recurso extraordinário se presta ao controle *difuso* de constitucionalidade. Não serve para propiciar *nova* convicção acerca da prova (Enunciado 279 da Súmula do STF). Enquanto o controle concentrado alcança atos normativos confrontados com a Constituição, a fiscalização *difusa* se coaduna com a análise de fatos jurígenos à luz da legislação aplicável, que se revestirá de caráter individual e concreto, comportando exame pelo viés da Constituição da República.

Portanto, o recurso extraordinário se volta à impugnação das decisões jurisdicionais[41] de única ou última instância. Não causa estranheza o seu emprego em face de certas decisões *finais* proferidas pela 1ª instância (Enunciado 640 da Súmula do STF). Pressupõe o exaurimento da instância local, com o esgotamento de outras possibilidades impugnativas (vide Enunciado 281 da Súmula da jurisprudência dominante do STF). Apesar de suas hipóteses de cabimento estarem atreladas às normas constitucionais de ordem pública, Pedro Miranda de Oliveira defende que, com a regra autorizadora dos negócios jurídicos processuais (CPC, art. 190), possibilitar-se-ia convencionar recursos extraordinários *per saltum*[42]. No entanto, não há como aceitar semelhante ilação, porque

---

38. Em lição que permanece hígida, pode-se corroborar a assertiva de que "é necessário transcrever, copiar e comparar trechos das situações fáticas e jurídicas do acórdão recorrido e do indicado como paradigma. É imprescindível que se faça o confronto entre os julgados para identificar suas semelhanças (fáticas e jurídicas) e suas diferenças (quanto ao resultado). É o que comumente se denomina 'demonstração *analítica* da divergência', que remonta à antiga Súmula 291 do STF" (BUENO, Cassio Scarpinella. *Curso sistematizado de direito processual civil* cit., p. 321).
39. Rodolfo de Camargo Mancuso realça que, "se a tese do acórdão divergido não é mais de atualidade, tendo sido superada por outra linha exegética que se mostra consonante com a do acórdão do Tribunal *a quo*, não há *divergência* a ser dirimida". (MANCUSO, Rodolfo de Camargo. *Recurso extraordinário e recurso especial Recurso extraordinário e recurso especial*. 4. ed. cit., p. 159).
40. Súmula 83 do STJ: "Não se conhece do recurso especial pela divergência, quando a orientação do tribunal se firmou no mesmo sentido da decisão recorrida".
41. As decisões *formalmente* jurisdicionais, mas *materialmente administrativas*, não comportam impugnação por meio de recurso extraordinário, tal como decorre do enunciado 733 da Súmula do STF: "Não cabe recurso extraordinário contra decisão proferida no processamento de precatórios".
42. "O fato de as partes terem transigido a respeito do procedimento recursal de forma alguma afasta a exigência de que todos os requisitos específicos do RE estejam preenchidos para que o recurso *per saltum* possa ser admitido. Assim, as restritas hipóteses de cabimento, o esgotamento das vias ordinárias, o prequestionamento (= causa decidida), o dever de impugnar todos os fundamentos da decisão recorrida e, sobretudo, a repercussão geral da questão constitucional devem estar presentes para que o recurso seja conhecido e tenha seu mérito julgado" (OLIVEIRA, Pedro Miranda de. A flexibilização do procedimento e a viabilidade do recurso extraordinário *per saltum* no CPC projetado. In: FREIRE, Alexandre; DANTAS, Bruno; NUNES, Dierle; DIDIER Jr., Fredie; MEDIA, José Miguel Garcia; FUX, Luiz; CAMARGO, Luiz Henrique Volpe; OLIVEIRA, Pedro Miranda (Org.). *Novas tendências do processo civil*: estudos sobre o projeto do novo código de processo civil. Salvador: JusPodivm, 2014, v. III, p. 510). O referido autor nega, contudo, a possibilidade de recurso especial *per saltum*, pois tal hipótese esbarraria na exigência constitucional de esgotamento das instâncias ordinárias (decisão de

as hipóteses de cabimento dos recursos excepcionais estão atreladas à tutela do direito objetivo, e somente por via *reflexa*, tutelam o interesse subjetivo das partes.

O Enunciado 735, da Súmula dominante do STF, ainda prescreve a impossibilidade de utilização do recurso extraordinário contra acórdão que defere liminar. Os julgados que originaram a referida súmula apontavam para o caráter provisório da tutela de urgência[43]. Entretanto, a vedação subjacente à Súmula 735 do STF está relacionada ao fato de que:

> (...) o recorrente terá que discorrer sobre o dispositivo legal que trata dos pressupostos para a concessão da tutela provisória (art. 300, CPC, p. ex.). Como se percebe, os dispositivos que estabelecem os pressupostos para a concessão de tutela provisória inserem-se na legislação infraconstitucional, escapando, pois, do âmbito do extraordinário[44].

6.3.1. Alínea a, do art. 102, III, da Constituição

O permissivo do art. 102, III, *a*, prevê o cabimento do recurso extraordinário quando a decisão "contrariar dispositivo desta Constituição". Ao contrário do sistema abstrato, em que, por construção hermenêutica[45], o STF excluiu o exame das normas infraconstitucionais *anteriores* ao advento da Constituição de 1988[46], aplicando-lhes o critério *temporal* e o prognóstico de não recepção, para os fins de controle de *incidenter*

"única" ou "última" instância proferida por tribunal, na forma do inciso III, do art. 105, da Constituição Federal de 1988).

43. "Não cabe recurso extraordinário contra decisões que concedem ou que denegam medidas cautelares ou provimentos liminares, pelo fato de que tais atos decisórios – precisamente porque fundados em mera verificação não conclusiva da ocorrência do 'periculum in mora' e da relevância jurídica da pretensão deduzida pela parte interessada – não veiculam qualquer juízo definitivo de constitucionalidade, deixando de ajustar-se, em consequência às hipóteses consubstanciadas no art. 102, III, da Constituição da República. Precedentes" (STF, AI 439.613 AgR, rel. Min. Celso de Mello, 2ª T., j. 24.06.2013, *DJe* 17.10.2003).

44. DIDIER JR., Fredie; BRAGA, Paula Sarno; OLIVEIRA, Rafael. *Curso de direito processual civil*, 13. ed., 2016 cit., p. 315.

45. Registre-se, contudo, que a construção jurisprudencial mencionada para o controle abstrato não se aplica à ADPF. Ademais, "ao apreciar a ADI 3.833 que impugnou o Decreto-Legislativo 444/2003 em face da EC 41/2003, o Tribunal houve por bem afirmar que, a despeito de se cuidar de direito pré-constitucional, poderia a Corte reexaminar incidentalmente, em controle abstrato, a revogação ou não recepção do direito anterior. Trata-se de uma reorientação jurisprudencial quanto ao tema" (MENDES, Gilmar Ferreira, e BRANCO, Paulo Gustavo Gonet. *Curso de direito constitucional*. 6. ed. São Paulo: Saraiva, 2009, p. 1.079).

46. Aliás, o entendimento firmado no STF em relação ao direito preexistente é objeto da crítica de Renato G. HERANI: "O atual modelo de aferição da legitimidade constitucional das leis anteriores à Constituição de 1988, há muito praticado no Brasil, é marcado por exagerado absentismo da jurisdição constitucional na verificação e solução das incompatibilidades das normas precedentes com a ordem constitucional vigente, e por isso não ajustado à tendência contemporânea de dar à fiscalização abstrata extensão e eficácia suficiente para abarcar o direito preexistente, como há muito ocorre em países da Europa, como Itália (GUASTINI, 2005, p. 60), Portugal (art. 282 da Constituição de 1976), Espanha (ENTERRÍA, 1985, p. 87), entre outros, Alemanha (MARTINS, 2005, p. 45)" (HERANI, Renato Gugliano. Direito pré-constitucional e a "crise do supremo". In: MOREIRA, Eduardo Ribeiro; GONÇALVES JR., Jerson Carneiro; BETTINI, Lucia Helena Polleti (Org.). *Hermenêutica constitucional*: homenagem aos 22 anos do grupo de estudos Maria Garcia. Florianópolis: Conceito Editorial, 2010, p. 765).

tantum propiciado pelo recurso extraordinário, não há que se distinguir o momento da edição da lei confrontada com a Constituição.

6.3.2. Alínea b, do art. 102, III, da Constituição

Esse permissivo em questão autoriza a interposição do recurso extraordinário quando a decisão recorrida "declarar a inconstitucionalidade de tratado ou lei federal". Não se admite a sua interposição na hipótese de decisão que julgar pela constitucionalidade do tratado ou da lei federal (espera-se, aliás, que os tratados firmados e o direito infraconstitucional sejam *conformes* à Constituição). Na hipótese da alínea *b*, é suficiente a declaração de *inconstitucionalidade* para fins de tornar admissível o recurso extraordinário. Em última análise, o dispositivo em tela preocupa-se com a declaração incidental (controle difuso) acerca da inconstitucionalidade de tratado ou de lei federal.

Para Rodolfo de Camargo Mancuso, o permissivo do art. 102, III, alínea *b*, da CF/88, estabeleceu uma hipótese de cabimento axiologicamente *neutra*: "a realização do 'tipo' constitucional não implica de modo necessário que o recorrente tenha razão. Um acórdão pode perfeitamente ser correto e merecer 'confirmação' apesar de haver declarado a inconstitucionalidade de tratado ou lei federal"[47]. Tem-se aí, portanto, verdadeiro contencioso constitucional. Logo, ainda que se tenha juízo de admissibilidade favorável ao processamento do extraordinário fundado na alínea *b*, do inc. III, do art. 102, da Constituição, tal hipótese não redundará necessariamente no provimento do recurso interposto.

6.3.3. Alínea c, do art. 102, III, da Constituição

O dispositivo em questão assegura o cabimento do recurso extraordinário sempre que a decisão recorrida "julgar válida lei ou ato de governo local contestado em face desta Constituição". Ao afirmar a validade de lei ou ato de governo local, cujo teor seja confrontado com a Constituição, a decisão impugnada estará afastando a norma constitucional, dando ensejo ao cabimento do recurso extraordinário. Ou seja, se o contraste entre o ato ou lei de governo local e a Constituição resultar em desfavor desta última, o julgado ensejará impugnação por meio do recurso extraordinário. Oportuno ressalvar que:

> (...) ato de governo local é aquele praticado por qualquer agente público que represente ou aja na qualidade de representante de Estados ou Municípios, no exercício de qualquer de suas funções: executiva, legislativa e judiciária, sendo certo que, nas duas últimas funções, mediante atividades que não propriamente legiferante ou judicante[48].

---

47. MANCUSO, Rodolfo de Camargo. *Recurso extraordinário e recurso especial*. 4. ed. cit., p. 140.
48. RODRIGUES NETO, Nelson. As alterações das hipóteses de cabimento dos recursos extraordinário e especial promovidas pela EC 45, de 08.12.2004. In: NERY JR., Nelson; WAMBIER, Teresa Arruda Alvim (Coord.). *Série aspectos polêmicos e atuais dos recursos cíveis e assuntos afins*. São Paulo: RT, 2006, v. 10. p. 336.

6.3.4. Alínea d, do art. 102, III, da Constituição

A EC 45/04 ajustou as hipóteses de cabimento dos recursos excepcionais, permitindo o emprego do extraordinário quando a decisão final "julgar válida lei local contestada em face da lei federal". Numa análise perfunctória, até pode causar espanto a discussão quanto à validade da lei local confrontada com a legislação federal. É preciso observar, porém, que tal discussão encerra conflito de competência legislativa[49], de sorte a justificar o pronunciamento do STF em relação à constitucionalidade formal das leis confrontadas. Conforme anotado por Luiz Manoel Gomes Jr.,

> (...) trata-se de uma correta opção por parte do legislador, visto que anteriormente a matéria deveria ser objeto de invocação no Recurso Especial. Verificar se a lei ou ato de governo local são válidos quando contestados frente à lei federal é, em última análise, uma questão de competência e, portanto, de índole constitucional[50].

Em última análise, quando a decisão judicial delibera sobre a prevalência de lei local, confrontada com a lei federal, em regra está deliberando acerca da competência legislativa e das atribuições de determinada entidade federativa para conformação da matéria[51]. Entretanto, Luís Roberto Barroso adverte que nem sempre será possível remeter ao filtro constitucional todo e qualquer conflito entre lei local e lei federal. Isto porque,

> (...) nos casos de competências legislativas concorrentes, o choque pode decorrer, não propriamente de uma invasão de competências, mas sim de mera incompatibilidade entre determinado regramento específico e as normas gerais pertinentes. A consequência ainda será a invalidade da norma local, mas não seria possível vislumbrar uma ofensa direta à Constituição[52].

Por fim, há que se perceber que na hipótese da alínea *d*, o legislador reformador restringiu o uso do recurso extraordinário à decisão final que julgar "válida" lei local confrontada em face da lei federal. Ora, se não há hierarquia entre as leis locais e federais, não há razão plausível para tal restrição, já que a possibilidade de invalidade da lei local confrontada em face da lei federal também encerra contencioso constitucional a justificar o pronunciamento do STF. Importa observar que, pela alínea *d*, do art. 102, inciso III, da Constituição, o julgamento pela validade da lei local confrontada em face da lei

---

49. "De fato, não há hierarquia entre lei local e lei estadual. O conflito que porventura houver entre elas dirá respeito tão somente à competência legislativa, que é determinada por normas constitucionais (arts. 22 e 24). No bojo da discussão sobre a aplicação de lei local em detrimento de lei federal, há, sempre, a questão constitucional da competência legislativa". (DIDIER JR., Fredie. Transformações no recurso extraordinário. In: WAMBIER, Teresa Arruda Alvim; NERY JR., Nelson (Coord.). *Aspectos polêmicos e atuais dos recursos cíveis e assuntos afins*. São Paulo: RT, 2006. p. 118).
50. GOMES JR., Luiz Manoel. *A arguição de relevância* – a repercussão geral das questões constitucional e federal. Rio de Janeiro: Forense, 2001. p. 66.
51. "Explica-se: quando a decisão judicial delibera sobre a prevalência de lei local, quando divergente de lei federal, implicitamente está deliberando sobre de qual entidade federativa é a competência legislativa sobre a referida matéria objeto de disciplina diversa entre as leis". (TAVARES, André Ramos. A repercussão geral no recurso extraordinário cit., p. 210).
52. BARROSO, Luís Roberto. *O controle de constitucionalidade no direito brasileiro*. 7. ed. cit., p. 132.

federal autoriza o emprego do extraordinário, sendo que, se a preterição da lei federal estiver lastreada em ato de governo local, a situação foge da alçada do extraordinário e deverá ser impugnada pela via do recurso especial (CF/88, art. 105, III, *b*).

6.4. O PRINCÍPIO DA PRIMAZIA DE MÉRITO APLICÁVEL AOS RECURSOS EXCEPCIONAIS

Apesar do caráter cogente das prescrições que envolvem a *forma* de apresentação do recurso especial e extraordinário, o § 3º, do art. 1.029, do CPC, dispõe que:

> Art. 1.029. [...]
> § 3º O Supremo Tribunal Federal ou o Superior Tribunal de Justiça poderá desconsiderar vício formal de recurso tempestivo ou determinar sua correção, desde que não o repute grave[53].

O preceito em questão está alinhado com o parágrafo único, do art. 932, do CPC, aplicável aos recursos excepcionais[54], ao estabelecer que

> Art. 932. [...]
> Parágrafo único. Antes de considerar inadmissível o recurso, o relator concederá o prazo de 5 (cinco) dias ao recorrente para que seja sanado vício ou complementada a documentação exigível.

Aliás, o § 4º, do art. 218, do CPC, obsta eventual arguição de *extemporaneidade* dos recursos *precipitados*, ao considerar que:

> Art. 218. [...]
> [...]
> § 4º Será considerado tempestivo o ato praticado antes do termo inicial do prazo.

De acordo ainda com o art. 1.003, do CPC, a *ciência inequívoca* dos *procuradores* acerca do conteúdo da decisão impugnada é suficiente para afastar a objeção de extemporaneidade do recurso "prematuro", um dos principais exemplos de jurisprudência defensiva praticada no *agir material* das Cortes Superiores.

São providências compassadas com o *princípio da primazia do julgamento de mérito*, até porque, no caso da recorribilidade extraordinária, observa-se, hodiernamente, uma nítida preocupação com a otimização da tutela jurisdicional, enfatizando a função nomofilática[55] desempenhada pelas Cortes Superiores, notadamente nos casos

---

53. Exatamente por isso, o Enunciado 219 do FPPC realça que "o § 3º do art. 1.029 do CPC pode ser aplicado pelo relator ou pelo órgão colegiado" (redação revista IX FPPC – Recife). Além disso, o Enunciado 83, do Fórum Permanente de Processualistas Civis – FPPC – sugere que: "Fica superado o enunciado 115 da súmula do STJ após a entrada em vigor do CPC".
54. O Enunciado 220, do FPPC, aponta ainda que "o Supremo Tribunal Federal ou o Superior Tribunal de Justiça inadmitirá o recurso extraordinário ou o recurso especial quando o recorrente não sanar o vício formal de cuja falta foi intimado para corrigir".
55. "Desta forma, no sistema brasileiro, primeiramente há uma função nomofilática no juízo de cassação, quando da verificação da correta interpretação da legislação, examinando-se da melhor forma o direito objetivo, mas,

que envolvem a litigiosidade da repetição. Por isso, Luiz Guilherme Marinoni e Daniel Mitidiero afirmam que o preceito contido no § 3º, do art. 1.029, do CPC/2015 "leva a sério" o caráter *paradigmático* das decisões do Supremo Tribunal Federal e do Superior Tribunal de Justiça, além de outorgar "o devido valor ao fato de nesses tribunais *julgar-se a partir dos casos* para promoção da unidade do Direito"[56].

Oportuno consignar a observação de Fredie Didier Jr. e Leonardo Carneiro da Cunha, ao ressalvarem que o dispositivo legal permite que:

> (...) o tribunal superior *desconsidere* o defeito: ou seja, não há sequer a necessidade de determinar a correção. (...) Assim, a utilidade prática da desconsideração do defeito, referida na primeira parte do § 3º do art. 1.029, CPC, parece estar exatamente na possibilidade de o tribunal superior *ignorar* os defeitos insanáveis, desde que não os repute graves[57].

6.5. A ATRIBUIÇÃO DE EFEITO SUSPENSIVO AOS RECURSOS EXCEPCIONAIS (CPC, ART. 1.029, § 5º)

Os recursos excepcionais são desprovidos de efeito suspensivo (CPC, arts. 995, e 1.029, § 5º). Manteve-se, a respeito, a sistemática consagrada no CPC de 1973, que autorizava a exequibilidade provisória da decisão recorrida[58]. Portanto, com o advento da Lei 13.256/2016, num certo efeito *repristinatório* das Súmulas 634 e 635 do STF (condenadas à *revisão* ou *cancelamento* diante da redação originária do § 5º do art. 1.029 do CPC), o pedido de concessão de *efeito suspensivo* a recurso extraordinário ou a recurso especial poderá ser formulado perante: (i) o tribunal superior respectivo, caso já publicada a decisão presidencial de admissão, restando pendente a distribuição; (ii) o relator, se distribuído o recurso excepcional; ou, ainda, (iii) perante a autoridade presidencial, no período compreendido entre a interposição do recurso e seu prognóstico de admissão, bem como ainda nos casos de sobrestamento na forma do art. 1.037 do CPC. Em suma, as *tutelas de urgência* destinadas à atribuição de efeito suspensivo aos

---

caso ultrapassada essa primeira fase do juízo de mérito, há uma apreciação de direito subjetivo das partes, pois nessa segunda fase, age a Corte Superior como se Tribunal de instância ordinária fosse, com a apreciação completa dos autos se necessário para aplicar o direito à causa no que tange ao objeto da impugnação do recorrente" (GUIMARÃES, Rafael de Oliveira. Atualidades sobre o prequestionamento e as possíveis mudanças provocadas pelo projeto do novo código de processo civil. In: FREIRE, Alexandre; DANTAS, Bruno; NUNES, Dierle; DIDIER Jr., Fredie; MEDIA, José Miguel Garcia; FUX, Luiz; CAMARGO, Luiz Henrique Volpe; OLIVEIRA, Pedro Miranda (Org.). *Novas tendências do processo civil*: estudos sobre o projeto do novo código de processo civil. Salvador: JusPodivm, 2014, v. III, p. 530-531).

56. MARINONI, Luiz Guilherme, MITIDIERO, Daniel (Coord.). *O projeto do CPC*: críticas e propostas. São Paulo: RT, 2010, p. 187.
57. DIDIER JR., Fredie; CUNHA, Leonardo Carneiro da. *Curso de direito processual civil*, 13. ed., 2016 cit., p. 319.
58. São válidas e persistem atuais as lições de Gleydson K. Lopes de Oliveira: "Sendo precipuamente vocacionados à tutela do direito objetivo – constitucional e de lei federal – é razoável que o legislador não lhes tenha conferido o referido efeito". (OLIVEIRA, Gleydson Kleber Lopes de. As tutelas de urgência nos recursos extraordinários. In: NERY JR., Nelson; WAMBIER, Teresa Arruda Alvim (Coord.). *Série aspectos polêmicos e atuais dos recursos cíveis e de outros meios de impugnação às decisões judiciais*. São Paulo: RT, 2003, v. 7, p. 333).

recursos excepcionais serão apresentadas de acordo com o juízo de admissibilidade compartilhado reiterado pela Lei 13.256/2016.

Além disso, conforme abordado no capítulo referente ao incidente de resolução de demandas repetitivas, o § 4º, do art. 1.029, do CPC/2015, dispõe que:

> Art. 1.029. [...]
>
> [...]
>
> § 4º Quando, por ocasião do processamento do incidente de resolução de demandas repetitivas, o presidente do Supremo Tribunal Federal ou do Superior Tribunal de Justiça receber requerimento de suspensão de processos em que se discuta questão federal constitucional ou infraconstitucional, poderá, considerando razões de segurança jurídica ou de excepcional interesse social, estender a suspensão a todo o território nacional, até ulterior decisão do recurso extraordinário ou do recurso especial a ser interposto.

6.6. SISTEMÁTICA DE INTERPOSIÇÃO

a) Processamento

Observadas as hipóteses de cabimento prescritas na Constituição, os recursos especial e extraordinário comportam interposição no prazo de 15 dias (CPC, art. 1.003, § 5º), em petições distintas, dirigidas à Presidência ou Vice-Presidência do Tribunal *a quo*, competindo ao recorrente indicar, precisamente, o permissivo constitucional invocado, a exposição sumária do fato e da questão jurídica controvertida, a demonstração do cabimento e as razões que justificam o pedido de *reforma* ou *invalidação* da decisão recorrida (CPC, art. 1.029).

Ao se fazer alusão à interposição por meio de petições distintas, obviamente não se exige a interposição *simultânea* do recurso especial e extraordinário[59], pois nada obsta que o interessado venha a se utilizar do prazo legal, com o protocolo dos mesmos em momentos distintos.

Com o recebimento da petição recursal por parte da secretaria do tribunal[60], o recorrido será intimado para oferecer suas contrarrazões (CPC, art. 1.030). A resposta também deverá ser dirigida ao presidente ou vice-presidente do tribunal local. Decorrido o prazo para o recorrido oferecer sua resposta, com ou sem apresentação desta, dar-se-á o exame *prévio* juízo de admissibilidade perante o tribunal recorrido e a verificação de eventual afetação da matéria impugnada para fins de desencadeamento da via excepcional (CPC, art. 1.030).

---

59. "... há que se atentar para o *prazo comum* de quinze dias, não devendo, necessariamente, tal interposição ser simultânea" (DIDIER JR., Fredie; CUNHA, Leonardo Carneiro da. *Curso de direito processual civil*, 13. ed., 2016 cit., p. 337).
60. Ao se cogitar do recebimento do recurso na "secretaria do tribunal", cabe recordar que o STJ chegou a editar o enunciado 256 da súmula daquela Corte, que afastava o uso dos sistemas de protocolo integrado para a recorribilidade especial ("O sistema de 'protocolo integrado' não se aplica aos recursos dirigidos ao Superior Tribunal de Justiça"). Contudo, por força das inúmeras críticas endereçadas e diante da introdução do modelo de peticionamento eletrônico (Lei 11.419/06), a súmula em questão foi revista e cancelada pelo STJ (*DJ* 09.06.2008).

Por decorrência das regras constantes da Lei 11.636, de 28.12.2007 e da atual disciplina regimental do art. 112 do RISTJ[61], o recurso especial está sujeito ao pagamento de custas processuais. A tramitação eletrônica dos recursos *excepcionais* poderá superar essa exigência, pois o legislador 2015 dispensou o recolhimento do porte de remessa e retorno nas hipóteses de autos de processo eletrônicos (CPC, art. 1.007, § 3º)[62].

b) Juízo de admissibilidade dos recursos excepcionais

Com o advento da Lei 13.256, de 04.02.2016, retomou-se parcialmente a sistemática de admissibilidade *compartilhada*, realizada de forma *bipartida* ("mais do mesmo"), em que o exame *provisório* envolvendo a *admissão* ou *inadmissão* do recurso excepcional compete à autoridade presidencial do tribunal local (CPC 1973, art. 542, § 1º; CPC/2015, art. 1.030, V). Ou seja, "em certo sentido, nos recursos especial e extraordinário não é, propriamente, o órgão *a quo* que examina a admissibilidade, mas o órgão de direção do tribunal"[63].

Além disso, no regime do Código revogado, a tarefa confiada à autoridade presidencial local nunca envolveu o exame do *mérito* do recurso excepcional interposto[64], apesar das Cortes locais assumirem essa tarefa com uma certa complacência do STF e do STJ. Portanto, o impacto advindo das posições extremadas em relação ao exame de admissibilidade prévio dos recursos especial e extraordinário era ainda maior, ao se observar as hipóteses correntes de usurpação das competências constitucionais dos Tribunais Superiores que, via de regra, resultavam na interposição dos famigerados agravos de inadmissão.

c) Admissão provisória do recurso excepcional

Em caso de *admissão*, conforme preconiza o art. 1.030, V, do CPC, competirá ao juízo *a quo*:

---

61. "Art. 112. No Tribunal, serão devidas custas nos processos de sua competência originária e recursal, nos termos da lei" (Redação dada pela Emenda Regimental 09, de 2008).
62. O STJ chegou a *dispensar* o recolhimento de custas nos processos de sua competência originária ou recursal. Contudo, ainda quando as custas eram dispensadas pelo seu Regimento Interno, era exigível o *porte de remessa e retorno* na esfera do Tribunal de origem, sob pena de deserção. Por isso, foi editada a Súmula 187, do STJ: "É deserto o recurso interposto para o Superior Tribunal de Justiça, quando o recorrente não recolhe, na origem, a importância das despesas de remessa e retorno dos autos". Porém, sob os auspícios do CPC de 2015, tem-se o entendimento adotado pelo Enunciado 215, do FPPC: "Fica superado o enunciado 187 da súmula do STJ ('É deserto o recurso interposto para o Superior Tribunal de Justiça, quando o recorrente não recolhe, na origem, a importância das despesas de remessa e retorno dos autos').
63. ASSIS, Araken de. *Manual dos recursos*. 8. ed. São Paulo: RT, 2016. p. 149.
64. Sob a ótica do CPC revogado, Luis Eduardo Simardi Fernandes afirmava que "Cabe ao Tribunal *a quo*, encarregado do juízo de admissibilidade provisório, constatar se há nas razões recursais alegação de ofensa, por parte da decisão recorrida, à Constituição ou à lei federal. Se a ofensa realmente existiu ou não, isso diz respeito ao próprio mérito do recurso, cuja apreciação é função do Supremo Tribunal Federal, no caso do recurso extraordinário, e do Superior Tribunal de Justiça, no tocante ao recurso especial" (FERNANDES, Luis Eduardo Simardi. Op. cit., p. 180).

Art. 1.030. (...)

(...)

V. realizar o juízo de admissibilidade e, se positivo, remeter o feito ao Supremo Tribunal Federal ou ao Superior Tribunal de Justiça, desde que:

a) o recurso ainda não tenha sido submetido ao regime de repercussão geral ou de julgamento de recursos repetitivos;

b) o recurso tenha sido selecionado como representativo da controvérsia;

c) o tribunal recorrido tenha refutado o juízo de retratação.

d) Negativa de seguimento

A autoridade presidencial poderá negar seguimento, conforme estabelece o CPC/2015, em seu art. 1.030, alíneas *a* e *b* do inciso I:

Art. 1.030. [...]

I – [...]

a) a recurso extraordinário que discuta questão constitucional à qual o Supremo Tribunal Federal não tenha reconhecido a existência de repercussão geral ou a recurso extraordinário interposto contra acórdão que esteja em conformidade com o entendimento do Supremo Tribunal Federal exarado no regime de repercussão geral;

b) a recurso extraordinário ou a recurso especial interposto contra acórdão que esteja em conformidade com entendimento do Supremo Tribunal Federal ou do Superior Tribunal de Justiça, respectivamente, exarado no regime de julgamento de recursos repetitivos.

Ao efetuar o referido juízo de admissibilidade, a autoridade presidencial local "deverá indicar, separadamente, na parte dispositiva da decisão, os fundamentos legais da decisão baseada no inciso I do art. 1.030 e com base no inciso V do mesmo artigo" (Enunciado 727 do FPPC).

e) O alinhamento das decisões hostilizadas com as teses adotadas nos Tribunais Superiores

O inciso II, do art. 1.030, do CPC dispõe que a autoridade presidencial deverá:

Art. 1.030. [...]

[...]

II – encaminhar o processo ao órgão julgador para realização do juízo de retratação, se o acórdão recorrido divergir do entendimento do Supremo Tribunal Federal ou do Superior Tribunal de Justiça exarado, conforme o caso, nos regimes de repercussão geral ou de recursos repetitivos.

Trata-se de uma nova faceta do efeito regressivo[65].

---

65. "Recurso Especial. Processual Civil. Devolução dos autos ao Órgão Colegiado para os fins do art. 1.030, inciso II, do CPC/2015. Inexistência de similitude entre a situação fático-jurídica analisada na presente lide com aquela objeto de exame no RE 590.809, julgado em sede de Repercussão Geral" (STJ, RE nos EDcl nos EDcl no REsp 1504753/AL, 3ª T., Rel. Min. Paulo de Tarso Sanseverino, j. 21.09.2017, *DJe* 29.09.2017).

Por sua vez, o juízo *a quo* deverá:

Art. 1.030. [...]

[...]

III – sobrestar o recurso que versar sobre controvérsia de caráter repetitivo ainda não decidida pelo Supremo Tribunal Federal ou pelo Superior Tribunal de Justiça, conforme se trate de matéria constitucional ou infraconstitucional.

E, por fim, compete-lhe, ainda:

Art. 1.030. [...]

[...]

IV – selecionar o recurso representativo de controvérsia constitucional ou infraconstitucional, nos termos do § 6º do art. 1.036.

f) A impugnação da decisão de inadmissibilidade

O § 1º, do art. 1.030, do CPC dispõe que a decisão de inadmissibilidade proferida com fundamento no inciso V comportará impugnação por meio do agravo previsto no art. 1.042. Entretanto, o § 2º, do art. 1.030, do CPC ressalva que, em três situações específicas, a decisão presidencial denegatória poderá ser impugnada por agravo interno. Isso ocorrerá nos seguintes casos: (i) negativa de seguimento (CPC, art. 1.030, I); (ii) submissão do processo recursal ao órgão julgador local para realização do juízo de retratação, se o acórdão recorrido divergir do entendimento do STF ou do STJ (CPC, art. 1.030, II); ou (iii) sobrestamento do recurso que versar controvérsia de caráter repetitivo ainda não decidida pelas Cortes Superiores (CPC, art. 1.030, III).

Caberá ao interessado formalizar as distinções necessárias, de modo que a discussão dar-se-á ainda no âmbito do tribunal local, distanciando-se do agravo de inadmissão previsto no art. 1.042, do CPC. Atente-se que o § 2º, do art. 1.030, do CPC faz alusão ao agravo interno previsto no art. 1.021 do mesmo diploma legal que, por sua vez, aponta para o julgamento pelo "respectivo órgão colegiado", "expressão que tem pouco ou nenhum sentido quando se pensa em decisão de Vice-Presidente ou de Presidente de Tribunal"[66].

Ou seja, com o emprego do agravo interno, "o recorrente poderá demonstrar que seu caso é distinto, a justificar a não aplicação dos precedentes obrigatórios referidos no inciso I do art. 1.030 do CPC". Se esse agravo interno for *desprovido* e, configurada hipótese em que não se fez a *distinção* necessária, mantendo-se equivocada decisão presidencial que negou seguimento ao recurso extraordinário pelo fundamento previsto nas alíneas *a* e *b*, do inciso I, do art. 1.030, do CPC, o caso ensejará o emprego da

---

66. WAMBIER, Teresa Arruda Alvim. Recursos extraordinário e especial repetitivo. In: WAMBIER, Luiz Rodrigues; WAMBIER, Teresa Arruda Alvim (Coord.). *Temas essenciais do novo CPC*: análise das principais alterações do sistema processual civil brasileiro. São Paulo: RT, 2016, p. 611.

reclamação (CPC, art. 988, § 5º, inciso II), porque exaurida a instância local. Porém, nos casos previstos nos incisos II e III, do art. 1.030, do CPC, ainda que o agravo interno não seja acolhido, é discutível considerar o esgotamento da instância local para fins de emprego da reclamação.

Vale destacar ainda que as decisões em matéria de juízo de admissibilidade praticadas pela autoridade presidencial local podem assumir natureza *mista*, pois, em relação a determinados capítulos recursais, pode ocorrer a negativa de seguimento e ainda a inadmissão, autorizando emprego de dois recursos distintos, vale dizer, o agravo interno e o agravo de inadmissão previsto no art. 1.042 do CPC 2015[67].

Por fim, oportuna a crítica de Julia Lipiani, ao advertir que, em um sistema de precedentes de observância obrigatória, cabe ressalvar a possibilidade de revisão do precedente pelo tribunal que o concebeu. Entretanto, nos casos supracitados, o legislador contemplou o cabimento de agravo interno (CPC 2015, art. 1.021) a ser manejado no próprio tribunal responsável pela prolação do acórdão recorrido:

> Diante disso, pela interpretação literal da legislação, não haveria como o recurso extraordinário ou especial que veicula tese contrária à fixada em julgamento de recursos repetitivos chegar ao tribunal superior a que é dirigido. Ou seja, formado o precedente em julgamento de recursos repetitivos, o STJ e o STF não mais conheceriam da questão pela via do recurso excepcional; tal questão seria objeto de avaliação somente pelo tribunal local, responsável pelo primeiro juízo de admissibilidade[68].

6.7. INTERPOSIÇÃO CONJUNTA DE RECURSO ESPECIAL E EXTRAORDINÁRIO

a) A interposição simultânea de recurso especial e extraordinário e a existência de fundamentos autônomos

Importa observar que, em certas hipóteses, o acórdão local a ser impugnado pode ter sido decidido por um fundamento de índole constitucional e outro de natureza infraconstitucional. Reputa-se inadmissível, pela ausência do interesse em recorrer, o recurso excepcional manifestado em relação a apenas um dos fundamentos da decisão, quando a simples prevalência dos demais motivos seria suficiente para justificá-la[69]. Tal entendimento, aliás, é revelado pela interpretação da Súmula 283 do Supremo Tri-

---

67. "(...) A decisão de natureza mista, que em parte nega seguimento e, parcialmente, inadmite recurso extraordinário, desafia a interposição simultânea de agravo regimental e agravo em recurso extraordinário, tratando-se de exceção ao princípio da unirrecorribilidade, que encontra amparo na interpretação dos §§ 1º e 2º do art. 1.030 do CPC, c/c o art. 3º do CPP" (STJ, AgRg no RE nos EDcl no AgRg no AgRg no AREsp 2.184.402/TO, Corte Especial, Rel. Min. Og Fernandes, j. 12.03.2024, *DJe* 18.03.2024).
68. LIPIANI, Júlia. Como promover a superação dos precedentes formados no julgamento de recursos repetitivos por meio dos recursos especial e extraordinário? In: GALINDO; Beatriz Magalhães; KOHLBACH, Marcela (Coord.). *Recursos no CPC/2015*: perspectivas, críticas e desafios, Salvador: JusPodivm, 2017, p. 147.
69. A respeito do tema, Barbosa Moreira observava o seguinte: "É firme a jurisprudência no sentido de que, se não se recorreu extraordinariamente (ou se o recurso extraordinário foi indeferido, por decisão preclusa), o especial se torna inadmissível: mesmo que viesse a ser provido, nenhuma utilidade prática teria isso para o recorrente, porquanto o acórdão recorrido subsistiria pelo fundamento de ordem constitucional" (MOREIRA, José Carlos Barbosa. Op. cit., p. 299)

bunal Federal[70] e pelo teor da Súmula 126 do Superior Tribunal de Justiça[71]. A partir da conjugação das referidas súmulas, a questão que se põe é examinar se o fundamento constitucional e o infraconstitucional são suficientes para a prevalência do acórdão impugnado. Sob essa perspectiva:

> (...) se um fundamento for autônomo (consistindo numa *ratio decidendi*) e o outro figurar como *obter dictum*, não será necessária a interposição conjunta, devendo-se interpor apenas o recurso relativo ao fundamento que constituiu a *ratio decidendi* do julgado[72].

b) Prejudicialidade e primazia do recurso especial

Em caso de interposição *concomitante* de recurso especial e extraordinário, "os autos serão remetidos ao Superior Tribunal de Justiça" (CPC, art. 1.031, *caput*). Se o recurso especial for provido, poderá resultar *prejudicado* o extraordinário[73]. Subsistindo interesse recursal no exame deste último, o § 1º, do art. 1.031, do CPC/2015 dispõe que:

> Art. 1.031. [...]
> § 1º concluído o julgamento do recurso especial, os autos serão remetidos ao Supremo Tribunal Federal para apreciação do recurso extraordinário, se este não estiver prejudicado.

A *primazia* conferida ao recurso especial poderá ser *afastada*, ao se reconhecer eventual *prejudicialidade* do recurso extraordinário[74]. Nessa hipótese, o pronunciamento

---

70. Súmula 283, do STF: "É inadmissível o recurso extraordinário, quando a decisão recorrida assenta em mais de um fundamento suficiente e o recurso não abrange todos eles". Comentando a inteligência da súmula, Nelson Luiz Pinto afirma que "se a decisão do tribunal *a quo* encontra-se amparada em mais de um fundamento, não complementares entre si mas suficientes, autonomamente considerados, para sustentar a conclusão do julgamento, o recurso que se pretenda interpor atacando apenas um ou mais desses fundamentos, mas não todos aqueles em que se apóia a decisão, não pode trazer qualquer benefício para o recorrente, já que, ainda que provido no que respeita ao fundamento impugnado, a conclusão ainda se manteria pelos demais, que não foram objeto de recurso ou em relação aos quais o recurso não é cabível" (PINTO, Nelson Luiz. *Manual dos recursos cíveis*. 3. ed. cit., p. 291).
71. Súmula 126, do STJ: "É inadmissível recurso especial, quando o acórdão recorrido assenta em fundamentos constitucional e infraconstitucional, qualquer delas suficiente, por si só, para mantê-lo, e a parte vencida não manifesta recurso extraordinário".
72. DIDIER JR., Fredie; CUNHA, Leonardo Carneiro da. *Curso de direito processual civil*, 13. ed., 2016 cit., p. 335.
73. Assim ainda são percucientes as anotações de Estefânia Viveiros: "Observe-se que o não conhecimento do especial também gera a prejudicialidade do extraordinário, quando se tratar apenas – repise-se – de decisão impugnada embasada em dois fundamentos que por si só são suficientes para a manutenção da decisão. (...) Resta apreciar, em segundo passo, os recursos especial e extraordinário interpostos simultaneamente, mas por opção do recorrente. (...) Se o STJ não conhece do especial, subsiste a decisão recorrida, e, desse modo, compete ao STF julgar o extraordinário para verificar se a decisão recorrida violou dispositivos constitucionais. Se o especial for conhecido e desprovido, também compete ao Supremo analisar o extraordinário, sob o mesmo argumento anterior" (VIVEIROS, Estefânia. Prejudicialidade do recurso extraordinário em face do julgamento do recurso especial. *Revista de Processo*. n. 118, São Paulo: RT, ano 29, nov./dez. 2004, p. 212).
74. Imagine-se, por hipótese, que o acórdão recorrido tenha reconhecido a *constitucionalidade* de determinado dispositivo de lei federal, aplicando-o à espécie. Preenchidos os requisitos de admissibilidade, o interessado poderá interpor recurso extraordinário – alegando contrariedade à Constituição Federal – e especial, alegando ofensa à legislação infraconstitucional. Em tal situação, deverá o STF pronunciar-se em primeiro plano, sendo que, a declaração de inconstitucionalidade tornará *prejudicado* o prosseguimento do recurso especial. Daí por-

decisório é *irrecorrível* e, ao fazê-lo, o relator "sobrestará o julgamento e remeterá os autos ao Supremo Tribunal Federal" (CPC, art. 1.031, § 2º). Por sua vez, o § 3º, do art. 1.031, do CPC ressalva que o relator do recurso extraordinário poderá rejeitar a arguição de prejudicialidade, devendo os autos ao STJ para o julgamento daquele recurso sobrestado.

Em outras palavras, em caso de interposição simultânea de recurso especial e extraordinário, a prioridade de julgamento é a seguinte: (i) primeiro, o recurso especial; (ii) em seguida, o extraordinário. Este último reputar-se-á prejudicado se o STJ acolher o recurso especial, dando-lhe provimento. Em caso de provimento *parcial*, pode subsistir o interesse recursal em relação à apreciação do recurso excepcional pendente de julgamento, até porque, o parágrafo único do art. 1.034 do CPC passou a dispor que:

> Art. 1.034. [...]
> Parágrafo único. Admitido o recurso extraordinário ou o recurso especial por um fundamento, devolve-se ao tribunal superior o conhecimento dos demais fundamentos para a solução do capítulo impugnado.

c) Fungibilidade entre os recursos excepcionais

Em deferência ao *princípio da primazia do mérito recursal*[75] e, privilegiando regime de conversão entre os recursos extremos, o art. 1.032 do CPC passou a prever que

> Art. 1.032. Se o relator, no Superior Tribunal de Justiça, entender que o recurso especial versa sobre questão constitucional, deverá conceder prazo de 15 (quinze) dias para que o recorrente demonstre a existência de repercussão geral e se manifeste sobre a questão constitucional.

A norma é particularmente útil nos casos de *parametricidade* entre as disposições constitucionais e a legislação federal[76]. O aditamento da peça está relacionado à exposição da *transcendência* da matéria, para fins de conversão e submissão daquele expediente, nos moldes do art. 103, § 2º, da Constituição e art. 1.035 do CPC. Tem-se,

---

que permanece acertada a conclusão de Gleydson Kleber Lopes de Oliveira: "O fenômeno da prejudicialidade deve ser analisado pelo intérprete do direito, a partir, tão somente, da existência ou não de subordinação lógica e necessária da questão prejudicial em relação à prejudicada. Caso não seja possível juridicamente decidir a respeito da questão dita prejudicada, sem que se resolva antes a questão prejudicial, há a prejudicialidade" (OLIVEIRA, Gleydson Kleber Lopes de. *Recurso especial*. São Paulo: RT, 2002, p. 309).

75. "O princípio da primazia do julgamento do mérito recursal, portanto, parece seguir a tendência de não estrita subjetivação ou de maior objetivação do julgamento dos recursos, que deixa de ter caráter marcadamente subjetivo ou de defesa de interesse das partes, para assumir, de forma decisiva, a função de uniformização da jurisprudência relativa ao direito substancial" (OLIVEIRA, Pedro Miranda de. *Aspectos relevantes do sistema recursal previsto no novo CPC*. p. 317).

76. "Há julgados em que se defende serem questões constitucionais os temas relacionados ao direito adquirido e à irretroatividade das leis, ainda que se alegue ofensa ao art. 6º da LICC. Existem, também, decisões em sentido contrário, em que se entende não se tratar o direito adquirido de matéria constitucional. Afirmam os ministros que adotam esse posicionamento, que não se está analisando eventual infringência à Constituição Federal, mas, sim, 'se foi aplicado o direito segundo a lei federal vigente'. É evidente que toda essa divergência jurisprudencial poderá gerar dúvida objetiva quanto ao recurso adequado, no âmbito dos tribunais superiores, em face da ofensa ao direito adquirido. E os problemas surgidos quando da interposição do recurso que se considera inadequado são, muitas vezes, gravíssimos". (VASCONCELOS, Rita de Cássia Corrêa. *Princípio da fungibilidade*: hipóteses de incidência no processo civil brasileiro contemporâneo. São Paulo: RT, 2007. p. 169).

então, verdadeiro mecanismo de "envio", forte na premissa de que a função do STJ é, de forma precípua, atribuir sentido ao direito federal infraconstitucional. Se as Cortes Superiores possuem atribuições distintas, a técnica dedutível do art. 1.032 do CPC, permite solucionar a questão constitucional subjacente ao caso.

Em suma: os arts. 1.032 e 1.033, do CPC/2015 representam as "duas faces" da mesma moeda, com vistas à primazia do julgamento de mérito. Espera-se, assim, que uma das Cortes Superiores se digne a conhecer da questão jurídica, nos casos de "dupla" impugnação[77] ou mesmo no caso da interposição de um único recurso, hipótese poderá ensejar a sua remessa ao STJ ou ao STF, conforme o caso.

d) A técnica de envio

O parágrafo único do art. 1.032, do CPC, regulamenta o procedimento a ser observado em tais hipóteses, ao dispor que:

> Art. 1.032. [...]
> Parágrafo único. Cumprida a diligência de que trata o *caput*, o relator remeterá o recurso ao Supremo Tribunal Federal, que, em juízo de admissibilidade, poderá devolvê-lo ao Superior Tribunal de Justiça[78].

e) Ofensa reflexa e oitiva do recorrido

Ao se considerar como *reflexa* a ofensa e contrariedade às disposições constitucionais, por compreender que a questão jurídica induz revisão da interpretação da lei federal ou de tratado, o STF poderá remeter o caso ao STJ, operando-se a devolução do recurso interposto para julgamento por parte desse último Tribunal (CPC, art. 1.033). Essa técnica também está assentada no princípio do máximo aproveitamento da tutela jurisdicional, com ênfase em prol do enfrentamento do mérito recursal.

---

77. "Com isso, havendo violação à lei federal e, ao mesmo tempo, contrariedade à Constituição, um dos dois tribunais superiores efetivamente terá de decidir o mérito da questão, colocando fim ao problema do sistema atual, onde, pura e simplesmente, se nega o trânsito aos recursos excepcionais na hipótese de reprodução do texto tido por violado na Constituição Federal e em Lei Federal" (CAMARGO, Luiz Henrique Volpe. A fungibilidade de mão dupla entre recursos excepcionais no CPC/2015. In: DIDIER JR., Fredie (Coord.); MACÊDO, Lucas Buril de; PEIXOTO, Ravi; FREIRE, Alexandre (Org.). *Novo CPC doutrina selecionada*: processo nos tribunais e meios de impugnação às decisões judiciais. Salvador: JusPodivm, 2015, v. 6, p. 816).

78. Comentando a praxe anterior à vigência do CPC 2015, Luiz Henrique Volpe Camargo observa que: "Para solucionar este impasse, o CPC/2015 instituirá a fungibilidade entre o recurso extraordinário e o recurso especial, de modo a assegurar ao jurisdicionado a efetiva resposta judiciária de mérito por um dos tribunais superiores. É que se determinado tema é previsto na Constituição e, novamente, em lei ordinária, significa que o legislador, sensível aos anseios populares, deu ao assunto um grande valor, daí porque, se judicializada a questão, esta deve, havendo repercussão geral, ser decidida, em último nível, pelo órgão que tem o dever de dar a palavra final em matéria constitucional. Se, de outro lado, o STF entender que a matéria é afeta ao STJ, deve remeter o recurso a outra Corte e não, como ocorre hoje, negar seguimento ao recurso extraordinário, porque, com a devida vênia, o Poder Judiciário não pode aplicar uma interpretação que deixe o jurisdicionado sem resposta, positiva ou negativa, às suas pretensões" (CAMARGO, Luiz Henrique Volpe. A fungibilidade de mão dupla entre recursos excepcionais no CPC/2015 cit., p. 42).

Atente-se que, sob a vigência do CPC de 1973, era corrente o não conhecimento de certos recursos excepcionais, sob a alegação de *ofensa reflexa*. Nesse sentido, era possível observar o Enunciado 636 da Súmula do STF, ao sinalizar o não cabimento de "recurso extraordinário por contrariedade ao princípio constitucional da legalidade, quando a sua verificação pressuponha rever a interpretação dada a normas infraconstitucionais pela decisão recorrida". Assim, o art. 1.033 do CPC/2015 induz à derrogação parcial daquele entendimento. Não por outra razão, tem-se a crítica de Luís Roberto Barroso ao consignar que o confinamento do recurso extraordinário às hipóteses de *ofensa direta* impõe ao STF uma certa abdicação do exame de questões relevantes e que se conservam eminentemente constitucionais, ainda que *mediadas* pela legislação federal[79].

Ocorrendo a hipótese prescrita no art. 1.033 do CPC, com a conversão do recurso extraordinário em especial, ou vice-versa, parece indispensável a oitiva do recorrido à guisa de complementação das contrarrazões anteriormente oferecidas (Enunciado 565 do FPPC). O Enunciado 566 do FPPC ainda aponta que:

> (...) na hipótese de conversão do recurso extraordinário em recurso especial, nos termos do art. 1.033, cabe ao relator conceder o prazo do *caput* do art. 1.032 para que o recorrente adapte seu recurso e se manifeste sobre a questão infraconstitucional.

f) *O amparo do* decisum *na lei federal e ainda em dispositivo da Constituição*

São frequentes os acórdãos proferidos pelas instâncias inferiores que estão assentados em fundamento legal e constitucional. Nestes casos, sob a vigência do CPC 1973, e diante do interesse recursal configurado, os interessados se cercavam dos maiores cuidados, com a *dupla impugnação*, resultando na interposição concomitante de recurso especial e extraordinário (vide Súmulas 283, do STF, e 126, do STJ). Lamentavelmente, porém, os tribunais superiores adotavam uma postura complacente que resultava no não conhecimento de ambos os recursos excepcionais manejados[80]. Ou seja, o STJ

---

79. "Em tempos de constitucionalização do direito, não parece adequado simplesmente barrar o acesso à jurisdição constitucional sempre que exista lei disciplinando determinada matéria. A irradiação dos valores constitucionais pelos diversos ramos do ordenamento jurídico tende a ocorrer primordialmente através da interpretação da legislação ordinária à luz da Constituição, potencializada pela crescente utilização de cláusulas gerais e conceitos jurídicos indeterminados" (BARROSO, Luís Roberto. *O controle de constitucionalidade no direito brasileiro*. 7. ed. cit., p. 137).
80. "O curioso é que, no sistema ainda em vigor até a entrada em vigor do CPC/2015, quando a parte é inerte e não interpõe ambos os recursos simultaneamente, tais súmulas (STJ, 283 e STJ, 126) são aplicáveis com rigor implacável. Mas quando se interpõe ambos, usualmente o recurso extraordinário não é conhecido sob o argumento de que a ofensa não é direta ou frontal. Em outras palavras, quando é para não conhecer do recurso especial pela ausência de interposição do recurso extraordinário, o fundamento constitucional é bastante para a manutenção do acórdão, mas quando a parte também interpõe o recurso extraordinário, paradoxalmente, o fundamento constitucional não é bastante para abrir a via ao Supremo Tribunal Federal pela inexistência de ofensa frontal e direta. (...) Quando os Tribunais se omitem e um *relega para o outro* o julgamento da questão, quem perde é o jurisdicionado que deixa de receber, do Estado-juiz, a correta prestação jurisdicional pelo respectivo órgão que tem o dever de fazê-lo pela última vez, vale dizer, tanto do STJ que deixa de decidir qual a correta aplicação da lei federal quando do STF que também deixa de dizer qual a adequada interpretação

deixava de conhecer o recurso especial, afirmando que a matéria constitucional era preponderante. O STF, ao seu turno, sustentava a ofensa reflexa com alusão ao tema federal invocado pela parte. Vale dizer, o agir material daquelas Cortes estava focado tão somente nas taxas de congestionamento resultantes dos processos recursais. Por isso, a técnica de aproveitamento consagrada neste dispositivo se mostra bastante salutar.

6.8. JULGAMENTO DO RECURSO ESPECIAL E EXTRAORDINÁRIO

a) Julgamento do recurso especial e extraordinário

No juízo *ad quem*, o julgamento dos recursos excepcionais pautar-se-á pelas disposições do Capítulo II, do Título I, do Livro III, do CPC (artigos 929 e seguintes), responsáveis pelas regras gerais que disciplinam a ordem dos processos nos Tribunais, complementadas pelas prescrições regimentais que tratem da matéria. Importante assinalar que os incisos III e IV, do art. 937, do CPC, substanciam a possibilidade de *sustentação oral* por parte do recorrente, recorrido e Ministério Público (quando for o caso), durante a sessão de julgamento do recurso especial e extraordinário.

b) Aplicação do direito (juízo de cassação e rejulgamento do caso)

O art. 1.034 do CPC prevê que:

> Art. 1.034. Admitido o recurso extraordinário ou o recurso especial, o Supremo Tribunal Federal ou o Superior Tribunal de Justiça julgará o processo, aplicando o direito[81].

Oportuno ressalvar, então, que no tocante aos recursos especial e extraordinário, o juízo de mérito também é bipartido, pois envolve "cassação (reconhecimento da ilegalidade ou da inconstitucionalidade) e o rejulgamento"[82]. Logo, por força da regra

---

da Constituição Federal" (CAMARGO, Luiz Henrique Volpe. A fungibilidade de mão dupla entre recursos excepcionais no CPC/2015 cit., p. 813-815).

81. "Há basicamente dois modelos, diferenciados pela função, de cortes de superposição no mundo: as que *cassam e substituem* (chamadas cortes de revisão) e as que *cassam sem substituir* (daí, meras cortes de cassação). As primeiras enunciam a tese jurídica correta e, no julgamento da causam, aplicam-na elas próprias ao caso concreto. As cortes de cassação, por sua vez, após fixarem a solução jurídica a prevalecer no caso, devolvem os autos à instância de origem, ou os remetem a outro órgão judiciário de mesma hierarquia que a sua, para que a tese fixada seja aplicada concretamente. No Brasil, como já dito, a CF determina a natureza de *corte de revisão* do STF e do *STJ*, na medida em que prevê o julgamento da causa, em recurso extraordinário (art. 102, inciso III) e especial (art. 105, inciso III). Por isso, a princípio, se o tribunal de superposição conhece e dá provimento a um recurso, ele deve a) anular a decisão impugnada e remeter o caso para a instância de origem, se verificar vício decorrente de inobservância de exigência processual (*error in procedendo*; vício de atividade); ou b) julgar a causa, substituindo o acórdão recorrido, se corrigir erro relativo a norma de direito material (*error in iudicando*; vício de juízo)" (FONSECA, João Francisco Naves da. A profundidade do efeito devolutivo nos recursos extraordinário e especial: o que significa a expressão 'julgará o processo, aplicando o direito' (CPC/2015, art. 1.034)?. O novo código de processo civil. São Paulo: Revista do Advogado – AASP, n. 126, ano XXXV, p. 125-126, maio. 2015).

82. WAMBIER, Teresa Arruda Alvim. *Recurso especial, recurso extraordinário e ação rescisória*. 2. ed. São Paulo: RT, 2009, p. 383.

do art. 1.034 do CPC, reconhecida e afastada a hipótese de ofensa à lei federal e (ou) transgressão ao comando constitucional, não se pode cogitar da *devolução* da matéria recorrida à instância local[83], salvo quando houver necessidade de produção de outras provas[84]. Isto é, *admitido* o recurso extraordinário ou especial, a Corte Superior respectiva julgará o caso, "aplicando o direito"[85]. Cabe destacar que a declaração de *sentido* do direito federal infraconstitucional dar-se-á nos limites da pretensão recursal. A *singeleza* da redação da parte final do art. 1.034 do CPC exigirá, contudo, uma compatibilização da ideia de *aplicação do direito* a partir da postura consagrada nos tribunais superiores que preconizam a inviabilidade do reexame da prova (vide Súmulas 7, do STJ, e 279 do STF).

Ora, aceitando-se a premissa de que a Corte local é *soberana* na contextualização da prova para fins de aplicação do direito e atribuição de sentido à norma jurídica, forçoso concluir que o art. 1.034, do CPC, permite o *exame* dos fatos por parte da instância *ad quem*, restando-lhe vedado, tão somente, o *reexame* ou *requalificação* destes[86]. Nesse sentido, Teresa Arruda Alvim enfatiza que

> a nova lei dá aos recursos especial e extraordinário um efeito devolutivo muito semelhante, embora não idêntico, àquele que tem a apelação. (...) O juízo de valor sobre os fatos pelo 2º grau é o que prevalece, bem como a sua versão sobre o quadro fático subjacente. Salvo, é claro, casos excepcionais em que se pleiteia ao Tribunal Superior a revaloração das provas, para requalificação dos fatos, que leva ao refazimento da subsunção[87].

---

83. "Há países – como, por exemplo, Itália e França – nos quais existem o recurso de cassação e o correspondente tribunal de cassação, constituindo sistema separado do recurso de revisão. Nesse caso, ao se dar provimento ao recurso, o tribunal de cassação apenas cassa, anula a decisão recorrida, devolvendo os autos à instância inferior, para que esta possa rejulgar a causa aplicando necessariamente a interpretação e a conclusão dada pelo tribunal de cassação. Este tribunal de cassação não tem o poder de rejulgar a causa (juízo de revisão)" (NERY JR., Nelson. Questões de ordem pública e o julgamento do mérito dos recursos extraordinário e especial: anotações sobre a aplicação do direito à espécie (STF, 456 e RISTJ 257). In: MEDINA, José Miguel Garcia; CRUZ, Luana Pedrosa de Figueiredo; CERQUEIRA, Luis Otávio Serqueira de; GOMES JR., Luiz Manoel (Coord.). *Os poderes do juiz e o controle das decisões judiciais*: estudos em homenagem à professora Teresa Arruda Alvim Wambier. São Paulo: RT, 2008, p. 967).
84. "Em síntese, se o julgamento da causa em recurso extraordinário ou especial depender de prova ainda não produzida, o tribunal de sobreposição – após fixar a tese jurídica correta – deve remeter os autos à primeira instância para providências de instrução e novo julgamento. Entretanto, se a causa estiver madura, o tribunal deve julgá-la integralmente – obviamente nos limites horizontais do provimento da impugnação –, respeitando os pontos fáticos já decididos pelo tribunal de origem, bem como as garantias do contraditório e da ampla defesa. Eis o significado e a real extensão do art. 1.034 do Novo CPC." (FONSECA, João Francisco Naves da. Op. cit., p. 125-126).
85. "De acordo com a tradição jurídica e ante a omissão da legislação brasileira, depois de realizada a cassação do acórdão recorrido, não há esse 'reenvio' ao Tribunal *a quo* para que julgue as questões fáticas. Ou seja, no Brasil, o julgamento do recurso excepcional tem semelhança a um julgamento de uma ação rescisória no julgamento de mérito: (a) há uma manifestação desconstituindo uma decisão (juízo rescindente); (b) um julgamento no sentido de qual a solução correta que deveria ter sido aplicada ao caso (juízo rescisório)" (GUIMARÃES, Rafael de Oliveira. Op. cit., p. 530).
86. Até porque, "ultrapassado o juízo de admissibilidade, e tendo o Superior Tribunal de Justiça que julgar a causa, ele pode examinar – o que é diferente de reexaminar – questão de fato ainda não solucionada, e cuja apreciação é indispensável à solução da espécie. Tanto quanto sutil, a diferença é relevante" (SOUZA, Bernardo Pimentel. *Introdução aos recursos cíveis e à ação rescisória*. 4. ed. São Paulo: Saraiva, 2007, p. 440).
87. WAMBIER, Teresa Arruda Alvim. Recurso especial e extraordinário – alterações comuns a ambos. In: WAMBIER, Luiz Rodrigues; WAMBIER, Teresa Arruda Alvim (Coord.). *Temas essenciais do novo CPC*: análise das

Não por outra razão, o STJ decidiu que "à luz do disposto no art. 1.034 do CPC/15, uma vez ultrapassada a barreira da admissibilidade, é lícito a este Superior Tribunal de Justiça aplicar o direito à espécie, atribuindo ao quadro fático delineado no acórdão recorrido consequências jurídicas diversas daquelas apontadas pelo Tribunal de origem ou mesmo pelas partes"[88].

c) Substitutividade e decisão de mérito

Contudo, torna-se necessário insistir que, perante a Corte Superior, dar-se-á o juízo de *admissibilidade* definitivo do recurso interposto e, se for o caso, a apreciação do mérito, com o exame da questão federal posta em julgamento, ou, ainda, da questão constitucional, com a prolação de acórdão para fins de *anular* a decisão recorrida (*error in procedendo*), seja para fins de *substituí-la* por outra de conteúdo *diverso* (*error in iudicando*) ou *igual* (leia-se: "improvimento"). Sob a égide do CPC de 1973, eram correntes as situações em que os Tribunais Superiores emitiam pronunciamentos afirmando *não conhecerem* do recurso interposto (especial ou extraordinário) diante da inexistência da alegada infração, quando, em muitos desses casos, dava-se efetivamente o exame da questão federal ou constitucional suscitada. Nessas hipóteses, pode-se concluir que ocorreu análise de *mérito* e, portanto, a terminologia empregada mostrava-se equivocada, podendo conduzir a resultados temerários[89]. Para tais situações, o ideal é que se afirme que se *conheceu* do recurso e, no exame do mérito, foi-lhe negado provimento. Do ponto de vista prático, esse tipo de malfeito pode implicar determinados impasses, como prejudicar o conhecimento do recurso especial ou extraordinário manejados na forma *adesiva* (CPC, art. 997, § 2º, inciso II), os quais podem estar assentados em pressupostos legítimos.

d) Extensão da devolutividade

Por fim, o parágrafo único do art. 1.034 do CPC, consigna que "admitido o recurso extraordinário ou o recurso especial por um fundamento, devolve-se ao tribunal superior o conhecimento dos demais fundamentos para a solução do capítulo impugnado"[90]. Neste caso,

---

principais alterações do sistema processual civil brasileiro. São Paulo: RT, 2016, p. 595.
88. STJ, AgInt no REsp 1.918.636/DF, 3ª T., Rel. Min. Nancy Andrighi, *DJe* 22.09.2021.
89. Escrevendo sob a égide do diploma revogado, Cândido R. Dinamarco anotava que, não raro "o Tribunal penetra no âmago do acórdão recorrido, examina-lhe os fundamentos jurídicos, confronta-os com o direito posto e nega que haja incompatibilidade entre aqueles e este – mas, contraditoriamente, acaba por concluir proclamando que 'não conhece' do recurso interposto" (DINAMARCO, Cândido Rangel. *Nova era do processo civil*. São Paulo: Malheiros, 2003. p. 274).
90. O Enunciado 223, do FPPC, sugere que: "Fica superado o enunciado 528 da súmula do STF após a entrada em vigor do CPC ('Se a decisão contiver partes autônomas, a admissão parcial, pelo presidente do tribunal 'a quo', de recurso extraordinário que, sobre qualquer delas se manifestar, não limitará a apreciação de todas pelo Supremo Tribunal Federal, independentemente de interposição de agravo de instrumento')".

(...) trata-se de atribuir ao efeito devolutivo dos recursos excepcionais dimensão vertical: ou seja, possibilidade que o Tribunal conheça, uma vez reconhecida a ilegalidade ou a inconstitucionalidade com repercussão geral, das demais causas de pedir ou os demais fundamentos de defesa. (...) Continuam, entretanto, sem sombra de dúvida, os Tribunais sem poder examinar provas[91].

Portanto, a Corte Superior destinatária do recurso excepcional poderá "analisar matéria que não foi examinada na instância *a quo*, pois o pré-questionamento diz respeito apenas ao juízo de admissibilidade"[92].

6.9. REPERCUSSÃO GERAL

a) A instituição do filtro da repercussão geral

Após a Constituição de 1988, as estatísticas relativas ao número de recursos extraordinários submetidos à apreciação do Supremo Tribunal Federal realmente impressionam, ao ponto de Joaquim Falcão, Pablo Cerdeira e Diego Werneck Arguelhes cogitarem o surgimento de um verdadeiro *tsunami* recursal[93]. Portanto, o art. 102, § 3º, da CF/88, passou a dispor que o STF está autorizado a recusar o recurso extraordinário com apego na ausência de *repercussão geral*[94], pela manifestação de dois terços de seus membros. Aceite-se, assim, que a exigência de um filtro *qualitativo* para o acesso aos Tribunais Superiores – ou, ao menos, para o Tribunal Constitucional –, está amparado no fato de que existem causas significativamente mais importantes para o conjunto orgânico da sociedade brasileira[95]. Vale dizer: "não é porque toda matéria constante da Constituição seja relevante que toda causa relacionada a ela também o será"[96]. Nessa perspectiva, a instância superior passa a ser compreendida como uma prerrogativa a serviço do sistema processual. Sendo assim, o exame da repercussão geral das questões

---

91. ARRUDA ALVIM WAMBIER, Teresa et al (Coord.). *Primeiros comentários ao novo código de processo civil: artigo por artigo*. p. 1.504.
92. DIDIER JR., Fredie; CUNHA, Leonardo Carneiro da. *Curso de direito processual civil*, 13. ed., 2016 cit., p. 322.
93. "O crescimento do Supremo Recursal verificado a partir de 1997 chegou a ponto de pôr em xeque a capacidade do próprio Supremo de se autogerir. Os recursos chegaram às centenas de milhares e continuavam a crescer até 2007. Em outras palavras, (...), se fossem julgar todos esses processos na mesma proporção em que entravam, cada um dos 11 ministros teria de julgar mais de 10 mil recursos por ano, ou aproximadamente um recurso a cada 10 minutos" (CERDEIRA, Pablo de Camargo; FALCÃO, Joaquim; CERDEIRA, Pablo de Camargo; ARGUELHES, Diego Werneck (Org.). *I Relatório Supremo em números*: o múltiplo Supremo. Rio de Janeiro: Escola de Direito do Rio de Janeiro da Fundação Getúlio Vargas, 2011. p. 58).
94. Vide: KOZIKOSKI, Sandro Marcelo. A repercussão geral das questões constitucionais e o juízo de admissibilidade do recurso extraordinário. In: WAMBIER, Teresa Arruda Alvim et al (Coord.). *Reforma do judiciário: primeiros ensaios críticos sobre a EC 45/2004*. São Paulo: RT, 2005, p. 743-760.
95. "Talvez, em vez disso que hoje se vê (e sempre se viu no STF), fosse possível criar um *círculo virtuoso* em que o Supremo, em vez de julgar 'tudo', julgasse, como corte constitucional, apenas o que é importante para o país inteiro. Imbuído de tal missão, o *próprio Supremo* é que decidiria quais causas mereceriam seu julgamento. Com a redução do número de causas, cresceria, na mesma proporção, a exigência de efetiva relevância destas – e também o cuidado no julgamento de cada uma, tanto quanto a atenção e a cobrança da sociedade" (BRAGHITTONI, R. Ives. Recurso extraordinário: uma análise do acesso do supremo tribunal federal. In: CARMONA, Carlos Alberto (Coord.). *Coleção Atlas de Processo Civil*. São Paulo: Atlas, 2007, p. 50).
96. BRAGHITTONI, R. Ives. Op. cit., p. 77.

constitucionais insere-se no contexto daquilo que Rodolfo Mancuso denomina de *funcionarização do Judiciário*[97].

b) A previsão do caput do art. 1.035, do CPC

A regra de inversão de *quórum*, prescrita pelo § 4º, do art. 543-A, do CPC/1973[98] (Lei 11.418/2006) não foi repetida pelo legislador de 2015. Assim, o art. 1.035 do CPC/2015 limita-se a prescrever que

> Art. 1.035. O Supremo Tribunal Federal, em decisão irrecorrível, não conhecerá do recurso extraordinário quando a questão constitucional nele versada não tiver repercussão geral, nos termos deste artigo.

c) A regra revogada do art. 543-A, do CPC/1973

Mantendo certa similitude com as cláusulas do § 2º, do art. 543-A, do CPC de 1973, o § 1º do art. 1.035 do CPC/2015 realça que:

> Art. 1.035. [...]
> § 1º Para efeito de repercussão geral, será considerada a existência ou não de questões relevantes do ponto de vista econômico, político, social ou jurídico que ultrapassem os interesses subjetivos do processo.

Como é de se concluir, a ausência de repercussão geral substancia vício insanável, não se aplicando o disposto no art. 932 do CPC (Enunciado 550 do FPPC).

Ademais, o reconhecimento ou não da repercussão geral estará inevitavelmente sujeito a certo grau de controle social[99] e, dessa forma, não ficará imune às críticas oriundas da doutrina especializada, dos atores sociais, da mídia e imprensa especializada etc.

d) Competência exclusiva para apreciação da repercussão geral

A apreciação da matéria é da competência *exclusiva* do Supremo Tribunal Federal[100]. Faltando a indicação precisa da *transcendência* da questão constitucional, o caso

---

97. MANCUSO, Rodolfo de Camargo. *Divergência jurisprudencial e súmula vinculante*. São Paulo: RT, 1999, p. 239.
98. Com efeito, o § 4º, do art. 543-A, do CPC de 1973, apontava que "se a Turma decidir pela existência da repercussão geral por, no mínimo, quatro votos, ficará dispensada a remessa do recurso ao Plenário".
99. "Além disso, deve-se dizer que ainda que não haja controle recursal nos julgamentos do STF, existe o primeiro e fundamental controle de toda a decisão jurisdicional: o *social*. Ao contrário do que normalmente se diz, decisão judicial se cumpre, mas se discute também." (BRAGHITTONI, R. Ives. Op. cit., p. 71).
100. Recente pesquisa empírica organizada pela UFMG, financiada pelo CNJ, identificou uma distorção no procedimento de análise e identificação da repercussão geral, eis que a Portaria 138/2009 do STF vinha chancelando o exame dos processos recursais por parte dos servidores da Corte desprovidos de poderes jurisdicionais, que se limitavam, em alguns casos, a lançar um *carimbo de inadmissibilidade* naqueles feitos (BRASIL. Conselho Nacional de Justiça. In: BUSTAMANTE, Thomas da Rosa de et al (Coord.). *A força normativa do direito judicial*: uma análise da aplicação prática do precedente no direito brasileiro e dos seus desafios para a legitimação da autoridade do Poder Judiciário. Brasília: Conselho Nacional de Justiça, 2015, p. 132 e ss.).

circunscreve-se à *inépcia* da peça recursal extraordinária. A falta ou deficiência de fundamentação da peça recursal não comporta saneamento via arts. 932 e 1.029, § 3º, do CPC. Porém, não há necessidade rígida de que a repercussão geral seja evidenciada em tópico *preliminar* ou *específico*[101], sendo suficiente a sua abordagem, ainda que *dispersa*, na peça recursal ou cotejada de forma *fundamentada* com a própria demonstração de cabimento do recurso excepcional.

e) Repercussão presumida

O § 3º do art. 1.035 do CPC, contempla duas hipóteses de repercussão presumida, presentes no recurso extraordinário voltado à impugnação de acórdão: (i) que contrarie súmula ou jurisprudência dominante do Supremo Tribunal Federal (CPC, art. 1.035, § 3º, I); e (ii) que tenha reconhecido a inconstitucionalidade de tratado ou de lei federal, nos termos do art. 97 da Constituição Federal (CPC, art. 1.035, § 3º, III).

f) Manifestação de amicus curiae

A participação plural no debate constitucional assume singular importância como contraponto à imposição dos *fundamentos determinantes* extraídos dos incidentes de coletivização e do processamento dos recursos repetitivos. O engajamento dos variados segmentos sociais revela notável significação num cenário cada vez mais influenciado por instrumentos processuais de coletivização, envolvendo certo grau de comprometimento e *solidariedade* social. Por tais razões, o Enunciado 729 do FPPC aponta que "a submissão do tema para deliberação pelo plenário virtual da repercussão geral deve ser previamente publicizada, de modo a viabilizar a eventual participação de interessados nessa fase processual".

g) Suspensão de outros processos pendentes (individuais ou coletivos)

O § 5º do art. 1.035 do CPC prescreve que:

Art. 1.035 [...]

[...]

§ 5º Reconhecida a repercussão geral, o relator no Supremo Tribunal Federal determinará a suspensão do processamento de todos os processos pendentes, individuais ou coletivos, que versem sobre a questão e tramitem no território nacional.

h) Afetação e desafetação

Por sua vez, o § 6º do referido artigo 1.035 do CPC estabelece que:

---

101. Este é o entendimento adotado pelo Enunciado 224, do FPPC: "A existência de repercussão geral terá de ser demonstrada de forma fundamentada, sendo dispensável sua alegação em preliminar ou em tópico específico".

Art. 1.035. [...]

[...]

§ 6º O interessado pode requerer, ao presidente ou ao vice-presidente do tribunal de origem, que exclua da decisão de sobrestamento e inadmita o recurso extraordinário que tenha sido interposto intempestivamente, tendo o recorrente o prazo de 5 (cinco) dias para manifestar-se sobre esse requerimento.

Além disso, o § 7º, do art. 1.035, do CPC consigna que:

Art. 1.035. [...]

[...]

§ 7º Da decisão que indeferir o requerimento referido no § 6º ou que aplicar entendimento firmado em regime de repercussão geral ou em julgamento de recursos repetitivos caberá agravo interno (redação dada pela Lei 13.256/2016).

i) Repercussão rejeitada e recursos sobrestados

Em conformidade com a regra do § 8º do art. 1.035 do CPC:

Art. 1.035. [...]

[...]

§ 8º Negada a repercussão geral, o presidente ou o vice-presidente do tribunal de origem negará seguimento aos recursos extraordinários sobrestados na origem que versem sobre matéria idêntica.

Ou seja, se a matéria constitucional não é relevante sob os auspícios da repercussão geral, os demais recursos suspensos considerar-se-ão *inadmitidos* nos mesmos moldes.

j) As Emendas Regimentais 21/2007, 31/2009, 42/2010 e 54/2020: análise da coleta eletrônica de votos

Conforme observado por Sandro Marcelo Kozikoski, o Supremo Tribunal Federal disciplinou os demais aspectos necessários para a operacionalidade e a análise da repercussão geral com a veiculação das Emendas Regimentais 21/2007, 31/2009, 42/2010 e 54/2020[102]. De acordo com as regras regimentais, a proposição para julgamento da questão constitucional objeto da repercussão geral far-se-á com o uso de meios eletrônicos, com emprego do plenário virtual. Assim, a Presidência do STF recusará os recursos extraordinários que não apresentem *preliminar* formal e fundamentada de repercussão geral (RISTF, art. 327).

Com a Emenda 54/2020, o processo deliberativo, via plenário virtual, passou por adequações. Antes do seu advento, os ministros dispunham do prazo de 20 (vinte) dias, contados do recebimento da comunicação eletrônica para se manifestarem acer-

---

102. Vide: KOZIKOSKI, Sandro Marcelo. Recurso extraordinário e repercussão geral. In: CLÈVE, Clèmerson Merlin (Coord.); PEREIRA, Ana Lucia Pretto (Coord. assistente 1. ed.); URTATO, Daniela (Coord. assistente 2. ed.). 2. ed. *Direito constitucional brasileiro*: organização do Estado e dos poderes, São Paulo: Thomson Reuters Brasil, 2021. p. 804-831.

ca da repercussão geral (RISTF, art. 324). O § 1.º do art. 324 do RISTF assinalava que, "decorrido o prazo sem manifestações suficientes para recusa do recurso, reputar-se-á existente a repercussão geral". Ou seja, a *omissão* era computada em favor da presunção da existência de repercussão geral, dando ensejo a críticas da doutrina especializada.

Porém, o § 3.º do art. 324 passou a dispor que o ministro que não se manifestar no prazo previsto no *caput* (20 dias) terá sua não participação registrada na ata do julgamento, enquanto que o parágrafo seguinte (§ 4.º) assinala que "não alcançado o quórum necessário para o reconhecimento da natureza infraconstitucional da questão ou da existência, ou não, de repercussão geral, o julgamento será suspenso e automaticamente retomado na sessão em meio eletrônico imediatamente seguinte, com a coleta das manifestações dos ministros ausentes". Desse modo, os mecanismos de coleta eletrônica de votos foram aperfeiçoados, eliminando-se o padrão anterior de cômputo da *omissão*.

Em prol do desafogamento da Corte Suprema e com vistas a imprimir agilidade no julgamento dos processos difusos, ganha relevância o § 1.º do art. 326 do RISTF, ao dispor que "poderá o relator negar repercussão geral com eficácia apenas para o caso concreto". Como é de se notar, trata-se de técnica decisória em que se nega o reconhecimento da repercussão geral para o *particularismo* do caso concreto, o que pode se revelar útil quanto a tese constitucional está imbuída em abstrato de certa relevância, mas o tema ainda não se mostra amadurecido para julgamento. Permite-se, assim, que a matéria seja retomada e revisitada no futuro, com possibilidade de uma decisão universalizável[103].

k) Prioridade no julgamento da repercussão geral e publicação da súmula da decisão sobre repercussão geral

O reconhecimento da repercussão geral assegura a prioridade na tramitação do processo recursal em relação aos demais feitos, ressalvados os que envolvam réu preso e os pedidos de *habeas corpus* (CPC, art. 1.035, § 9º). E, por fim, o § 11 do artigo em comento, assevera que "a súmula da decisão sobre a repercussão geral constará de ata, que será publicada no diário oficial e valerá como acórdão".

6.10. RELEVÂNCIA DAS QUESTÕES FEDERAIS.

a) A instituição do filtro da relevância (EC 125/2022)

Após o advento da EC 45/2004, premido pelas circunstâncias, o STJ vinha clamando pela implantação de *filtros qualitativos* similares ao da repercussão geral das questões constitucionais que, diga-se de passagem, arrefeceram os números dos processos recursais extraordinários direcionados ao STF.

---

103. Vide, nesse sentido: REGO, Frederico Montedonio. *Repercussão geral*: uma releitura do direito vigente. Belo Horizonte: Fórum, 2019.

E, conforme ressalvado no preâmbulo deste capítulo, a EC 125/2002 fez por instituir o § 2º do art. 105 da Constituição, prelecionando que "no recurso especial, o recorrente deve demonstrar a relevância das questões de direito infraconstitucional discutidas no caso, nos termos da lei, a fim de que a admissão do recurso seja examinada pelo Tribunal, o qual somente pode dele não conhecer com base nesse motivo pela manifestação de 2/3 (dois terços) dos membros do órgão competente para o julgamento".

b) Relevância presumida

O § 3º, do art. 105, da Constituição da República contemplou hipóteses de relevância *presumida*, envolvendo os seguintes casos: (i) ações penais; (ii) ações de improbidade administrativa; (iii) ações cujo valor da causa ultrapasse 500 (quinhentos) salários mínimos; (iv) ações que possam gerar inelegibilidade; (v) hipóteses em que o acórdão recorrido contrariar jurisprudência dominante do Superior Tribunal de Justiça; (vi) outras hipóteses previstas em lei.

c) Regulamentação e direito intertemporal

Até o fechamento desta edição, a EC 125/2022 ainda não havia sido regulamentada pelo legislador ordinário. O STJ editou o Enunciado Administrativo n. 08, estabelecendo que "a indicação, no recurso especial, dos fundamentos de relevância da questão de direito infraconstitucional somente será exigida em recursos interpostos contra acórdãos publicados após a data de entrada em vigor da lei regulamentadora prevista no artigo 105, parágrafo 2º, da Constituição Federal".

d) Anteprojeto de lei: acréscimo do art. 1.035-A

Notícia disposta no sítio eletrônico do STJ[104] informa que, em 05.12.2022, foi apresentado ao Senado Federal sugestão de anteprojeto de lei ordinária para regulamentação do filtro da relevância do recurso especial, resultando na instituição e acréscimo da seguinte regra ao CPC vigente:

> Art. 1.035-A. O Superior Tribunal de Justiça, em decisão irrecorrível, não conhecerá do recurso especial quando a questão de direito federal infraconstitucional nele versada não for relevante, nos termos deste artigo.
>
> § 1º A deliberação a que se refere o *caput* deste artigo considerará a existência ou não de questões relevantes do ponto de vista econômico, político, social ou jurídico que ultrapassem os interesses subjetivos do processo.
>
> § 2º O recorrente deverá demonstrar a existência da relevância da questão de direito federal infraconstitucional para apreciação exclusiva pelo Superior Tribunal de Justiça, em tópico específico e fundamentado.
>
> § 3º Desatendida a forma prevista no § 2º o recurso será inadmitido.

---

104. Disponível em: [https://www.stj.jus.br/sites/portalp/Paginas/Comunicacao/Noticias/2022/05122022-STJ--entrega-ao-Senado-proposta-para-regulamentar-filtro-de-relevancia-do-recurso-especial.aspx].

§ 4º Presume-se a relevância da questão de direito federal infraconstitucional nas hipóteses do art. 105, § 3º, da Constituição Federal.

§ 5º O relator poderá admitir, na análise da relevância da questão de direito federal infraconstitucional, a manifestação de terceiros subscrita por procurador habilitado.

§ 6º O recurso especial somente não será conhecido, nos termos do caput, pela manifestação de 2/3 (dois terços) dos membros do órgão competente para o julgamento.

§ 7º Reconhecida a relevância da questão de direito federal infraconstitucional, o relator no Superior Tribunal de Justiça poderá determinar a suspensão do processamento de todos os processos pendentes, individuais ou coletivos, que versem sobre a questão e tramitem no território nacional".

Outros dispositivos do anteprojeto se ocupam de estabelecer a compatibilização do filtro da relevância com os demais institutos e mecanismos do sistema recursal.

e) Competência exclusiva para exame da relevância do recurso especial

Entretanto, independente da conformação legal que venha a ser conferida à matéria, a aferição da relevância da questão federal é da competência *exclusiva* do Superior Tribunal de Justiça. Faltando a indicação precisa dos contornos da *relevância* do tema federal suscitado, tem-se a inépcia do recurso especial manejado. A falta ou deficiência de fundamentação da peça recursal especial não comportará saneamento via arts. 932 e 1.029, § 3º, do CPC.

7
RECURSOS REPETITIVOS

7.1. A TÉCNICA DOS RECURSOS EXCEPCIONAIS REPETITIVOS

a) Multiplicidade de recursos excepcionais

O CPC/2015 realçou o paradigma da *objetivação* dos recursos excepcionais[1], com vistas à otimização da prestação jurisdicional, notadamente nos casos envolvendo a litigiosidade da repetição. Assim, o legislador de 2015 encampou os incidentes de resolução de demandas repetitivas e os recursos excepcionais repetitivos num verdadeiro sistema de resolução e enfrentamento das macrolides[2], fomentando uma nova racionalidade processual. Conferiu-se ênfase aos mecanismos hábeis à formação das teses jurídicas, com a identificação da *ratio decidendi* dos Tribunais Superiores.

b) Retrospecto legislativo

O fenômeno ganhou evidência a partir da regulamentação do filtro da repercussão geral, que passou a ser exigida para o processamento do recurso extraordinário, com os parâmetros originalmente dispostos na Lei 11.418, de 19/12/2006, que disciplinou, ainda, as situações envolvendo a *multiplicidade* de recursos extraordinários (CPC/1973, art. 543-A e 543-B)[3]. Ainda sob a égide do Código Buzaid, a Lei 11.672, de 08/05/2008, regulamentou o regime jurídico dos recursos especiais *repetitivos*, de forma alinhada

---

1. "Nesse contexto é que se pode afirmar que a tendência para o futuro é a de consolidação do fenômeno da objetivação – mudança do paradigma subjetivo (caso a caso) para o objetivo (precedentes e decisões estranhas a determinado processo o influenciando diretamente)" (CORTES, Oscar Mendes Paixão. O futuro da recorribilidade extraordinária e o novo código de processo civil. *Novas tendências do processo civil*: estudos sobre o projeto do novo código de processo civil. FREIRE, Alexandre; DANTAS, Bruno; NUNES, Dierle; DIDIER JR., Fredie; MEDINA, José Miguel Garcia; FUX, Luiz; CAMARGO, Luiz Henrique Volpe; OLIVEIRA, Pedro Miranda de (Org.). Salvador: JusPodivm, 2014, v. 3, p. 487).
2. O Enunciado 345, do FPPC conclui que "O incidente de resolução de demandas repetitivas e o julgamento dos recursos extraordinários e especiais repetitivos formam um microssistema de solução de casos repetitivos, cujas normas de regência se complementam reciprocamente e devem ser interpretadas conjuntamente".
3. Aliás, Dierle Nunes observa que "a EC 45 abriu margem à utilização no campo recursal da técnica da 'causa piloto' mediante a qual se afeta(m) caso(s) recursos(s) representativo(s) da controvérsia(s) que são usados como amostragem para solução de inúmeros outros idênticos. A técnica permite o julgamento completo da causa pelo Tribunal, diversamente das técnicas de procedimento-modelo nas quais há uma cisão cognitiva (como no Incidente de resolução de demandas repetitivas – IRDR)" (NUNES, Dierle. Do julgamento dos recursos extraordinário e especial repetitivos. In: WAMBIER, Teresa Arruda Alvim *et al* (Org.). *Breves comentários ao Novo Código de Processo Civil*. São Paulo: RT, 2015, p. 2.320).

com as técnicas de enfrentamento da litigiosidade de massa[4] e a solução da "macrolide"[5]. Como é de se aceitar, nos casos de processos *multitudinários*, com feições *sazonais*, torna-se altamente recomendável o emprego desses expedientes com vistas à formação de uma jurisprudência estável e coerente.

Note-se, assim, que o CPC 2015 contemplou uma subseção específica em prol do julgamento dos recursos extraordinário e especial *repetitivos* (Subseção II, da Seção II, do Capítulo VI, do Título II, do Livro III, da Parte Especial). A mudança é sintomática, pois, no modelo judiciário brasileiro, apesar do regime de excepcionalidade que lhes é intrínseco, ainda assim os recursos extraordinário e especial continuavam a ser equiparados aos demais mecanismos de índole *revisional*, deixando em segundo plano o aspecto de *cassação*[6] das decisões *desconformes*.

c) *Seleção e amostragem*

De forma mais pormenorizada do que a disciplina contida no § 1º, do art. 543-C, do CPC revogado, o § 1º, do art. 1.036, do CPC/2015 passou a dispor que:

---

4. "Nos últimos 25 anos, o Brasil passou por um verdadeiro turbilhão de transformações sociais, culturais, políticas e econômicas. O país deixou para trás um longo período de ditadura militar para adquirir as feições de uma democracia, cada vez mais arraigada. A economia foi aberta às importações e ao investimento estrangeiro e inúmeras empresas estatais passaram por um profundo processo de privatização. Verificou-se um significativo crescimento demográfico, com um considerável avanço da complexidade das relações estabelecidas entre os indivíduos. A sociedade passou por um intenso processo de 'massificação', exigindo a defesa dos direitos das minorias e dos interesses difusos e coletivos. Como não poderia deixar de ser, essas transformações impactaram extraordinariamente nas estruturas e na realidade vivenciada pelo Poder Judiciário. Era necessário fazer frente a esse novo cenário democrático, de exigência de maior participação da sociedade nas instituições, de maior abertura econômica e de aumento da complexidade das relações sociais. Em uma sociedade massificada e muito mais complexa, a grande gama de relações existentes propicia e estimula um número cada vez maior de conflitos, de natureza vária, que implicam um aumento quantitativo e qualitativo das demandas, já que todos os conflitos, mais cedo ou mais tarde, acabam desembocando no Poder Judiciário" (COELHO, Gláucia Mara. *Repercussão geral:* da questão constitucional no processo civil brasileiro. São Paulo: Atlas, 2009, p. 59-60).
5. "A '*macrolide*' vem a Juízo em vários processos idênticos, o que deve ser detectado por antecipação pelos tribunais, à observação do que ocorre nos graus inferiores de jurisdição, de modo aos tribunais estarem preparados para elas. São processos multitudinários previsíveis, decorrentes de negócios de bancos, prestadoras de serviços públicos, financiadoras, fornecedoras de serviços de saúde, grandes empresas e, principalmente, o Poder Público. A '*macro-lide*' é forçosamente uma '*lide sazonal*', porque derivada de alguma etapa de ajustamento econômico, político, social ou legislativo do país – como ocorreu nos casos de correção monetária da inflação, bloqueio de ativos patrimoniais em contas bancárias e cadernetas de poupança, financiamentos habitacionais, contratos derivados de telefonia – no criminal, questões atinentes a regime de execução de pena, de admissão de prisão processual, de interpretação de direitos fundamentais, como a aplicação de tratados internacionais em '*habeas corpus*' e outros casos conhecidos. Detectada a formação de uma 'macro-lide', como 'lide sanzonal', o sistema deve abrir passagem para o percurso célere das instâncias, mediante o '*fast-track*' recursal: algo como abertura de linhas para o trem rápido que precisa passar depressa" (BENETI, Sidnei. Reformas de descongestionamento de tribunais. In: BONAVIDES, Paulo; MORAES, Germana; ROSAS, Roberto (Org.). *Estudos de direito constitucional em homenagem a Cesar Asfor Rocha* (teoria da constituição, direitos fundamentais e jurisdição). Rio de Janeiro/São Paulo/Recife: Renovar, 2009, p. 513).
6. DANTAS, Bruno. *Teoria dos recursos repetitivos*: tutela pluri-individual nos recursos dirigidos ao STF e STJ (art. 543-B e 543-C do CPC). São Paulo: RT, 2015, p. 121.

Art. 1.036. [...]

§ 1º. O presidente ou o vice-presidente de tribunal de justiça ou de tribunal regional federal selecionará 2 (dois) ou mais recursos representativos da controvérsia, que serão encaminhados ao Supremo Tribunal Federal ou ao Superior Tribunal de Justiça para fins de afetação, determinando a suspensão do trâmite de todos os processos pendentes, individuais ou coletivos, que tramitem no Estado ou na região, conforme o caso.

Ao fazê-lo, compete-lhe atentar para o enfrentamento *qualitativo* da matéria controversa, pinçando os casos com os melhores subsídios e argumentos que revelem a amplitude ou importância do tema.

Oportuno registrar que o § 4º, do art. 1.036, do CPC, realça que:

Art. 1.036. [...]

[...]

§ 4º A escolha feita pelo presidente ou vice-presidente do tribunal de justiça ou do tribunal regional federal não vinculará o relator no tribunal superior, que poderá selecionar outros recursos representativos da controvérsia.

Pode-se concluir, então, que o procedimento de afetação ocorre em duas etapas: (i) a seleção realizada pelo juízo recorrido; e (ii) a decisão de afetação pelo ministro relator responsável, na forma do § 4º, do art. 1.036, do CPC[7].

Por força desses dispositivos, dar-se-á a *seleção* dos recursos excepcionais que melhor retratem a questão jurídica discutida, à guisa de permitir a equação da controvérsia relativa à "tese" comum aos casos repetitivos[8].

d) Suspensão de processos pela autoridade presidencial

A respeito da suspensão, observe-se que:

(...) o tribunal de segundo grau não só passou a ter competência para determinar o sobrestamento dos recursos excepcionais já interpostos, mas também para estabelecer a suspensão de processos, independentemente de sua fase procedimental, dentro dos limites territoriais de sua competência[9].

Em suma: essa suspensão de processos determinada pelo Presidente ou o Vice-Presidente de Tribunal de Justiça ou de Tribunal Regional Federal é *provisória* e com

---

7. "O procedimento não se aperfeiçoa apenas com a ação do juízo recorrido em escolher (*pinçar*) alguns recursos e sobrestar outros. Apenas ocorrerá o procedimento efetivamente se o Relator do STF/STJ confirmar a seleção em conformidade com o art. 1.036, § 4º, através de '*decisão de afetação*' prevista no art. 1.037, ou seja, a escolha promovida pelo presidente ou vice-presidente do TJ ou TRF não é vinculante para o relator do tribunal superior (§ 4º), além de se permitir que a afetação possa ser promovida pelo último (§ 5º)" (NUNES, Dierle. Do julgamento dos recursos extraordinário e especial repetitivos cit., p. 2.323).
8. A seleção dos melhores casos envolvendo o cotejo de argumentos *favoráveis* e *contrários* em prol da tese discutida facilitará a tarefa de *fundamentação* exigida do Tribunal, na linha sugerida pelo Enunciado 305, do FPPC: "No julgamento de casos repetitivos, o tribunal deverá enfrentar todos os argumentos contrários e favoráveis à tese jurídica discutida".
9. NEVES, Daniel Amorin Assumpção. *Novo CPC*: Código de Processo Civil – Lei 13.105/2015. São Paulo: Método, 2015. p. 579.

alçada *territorial local*. O Enunciado 722 do FPPC sugere que "a decisão de suspensão de processos, em casos repetitivos ou em repercussão geral, deve delimitar o objeto de sobrestamento, inclusive as situações, pedidos, atos e fases processuais".

e) *O prestígio às decisões dos Tribunais de vértice*

O exame dos dispositivos correlatos que tratam dos recursos repetitivos, além daqueles que disciplinam os incidentes de resolução de demandas (IRDR) e a técnica de assunção de competência, permite concluir que o desenvolvimento de uma cultura *precedentalista*, com o prestígio das decisões pacificadas dos tribunais de cúpula, poderá contribuir para a diminuição da quantidade de recursos que costumam ser interpostos[10].

Além disso, embora não seja o caso de aceitar, sem qualquer reserva, os postulados das teorias contemporâneas referentes à análise econômica do fenômeno jurídico[11], não há que se olvidar que o enfrentamento dos processos *repetitivos (multitudinários)* produz reflexos financeiro-orçamentários relevantes[12]. Para os adeptos da análise econômica, os litigantes são agentes racionais e, como tal, implementarão suas ações a partir da análise probabilística de ganhos. Ora, "se os custos processuais e os ônus sucumbenciais forem baixos e os precedentes judiciais erráticos, o sistema processual poderá criar incentivos à propositura de ações descabidas"[13].

Em contrapartida, a previsibilidade das decisões judiciais parece dissuadir a propositura de demandas temerárias, pois se:

> (...) a parte que se julga prejudicada tem conhecimento de que o Judiciário não ampara a sua pretensão, esta certamente não gastará tempo e dinheiro em busca de uma tutela jurisdicional que, de antemão, sabe que lhe será desfavorável[14].

---

10. "Sob outro viés, a aplicação da teoria do precedente obrigatório também contribui para o desafogamento da máquina judiciária e, por via reflexa, com a celeridade processual. E isso porque, a partir do momento em que haja a convicção de que os precedentes do Supremo Tribunal Federal serão aplicados, os jurisdicionados tenderão a evitar o aforamento de demandas baseadas em argumentos que sabem superados ou já enfrentados pela Suprema Corte, permitindo que os juízes se atenham aos casos em que realmente haja controvérsia sobre a aplicação do Direito e da Constituição" (SILVA, Lucas Cavalcanti da. Controle difuso de constitucionalidade e o respeito aos precedentes do STF. In: MARINONI, Luiz Guilherme (Coord.). *A força dos precedentes*: estudos dos cursos de mestrado e doutorado em direito processual civil da UFPR. Salvador: JusPodivm, 2010, p. 156).
11. Cabe o registro que John Rawls já havia defendido – a primazia dos princípios de justiça em relação à ideia economicista de eficiência e vantagens econômicas (RAWLS, John. *Uma teoria da justiça*. São Paulo: Martins Fontes, 2002).
12. "A pendência de processos que, por uma questão lógica, já deveriam ter sido encerrados desnecessariamente envolve juízes, funcionários e a própria estrutura do sistema, como prédios, equipamentos, material etc., o que não apenas torna o acesso à justiça mais caro, como especialmente obriga o Estado a exercer função que, apesar de indispensável, poderia ter os seus custos mais bem otimizados, dando-lhe a possibilidade de mais eficientemente distribuir os seus gastos, carreando-os para outras funções igualmente relevantes" (MARINONI, Luiz Guilherme. *Precedentes obrigatórios*. São Paulo: RT, 2014, p. 188-189).
13. TIMM, Luciano Benetti; TRINDADE, Manoel Gustavo Neubarth. As recentes alterações legislativas sobre os recursos aos tribunais superiores: a repercussão geral e os processos repetitivos sob a ótica da *law and economics*. *Revista de Processo*. RT, 178, ano 34, p. 155, dez. 2009.
14. MARINONI, Luiz Guilherme. *Precedentes obrigatórios* cit., p. 181.

Por este prisma, parece acertado concluir que a uniformização jurisprudencial poderá desestimular certos recursos que podem vir a sorver a disponibilização orçamentária de custeio do Poder Judiciário[15].

7.2. PROCESSAMENTO DOS RECURSOS REPETITIVOS

a) O processamento dos recursos repetitivos perante o juízo ad quem e a decisão de afetação

O art. 1.037 do CPC assinala que:

> Art. 1.037. Selecionados os recursos, o relator, no tribunal superior, constatando a presença do pressuposto do *caput* do art. 1.036, proferirá decisão de afetação, na qual:
> I – identificará com precisão a questão a ser submetida a julgamento;
> II – determinará a suspensão do processamento de todos os processos pendentes, individuais ou coletivos, que versem sobre a questão e tramitem no território nacional[16];
> III – poderá requisitar aos presidentes ou aos vice-presidentes dos tribunais de justiça ou dos tribunais regionais federais a remessa de um recurso representativo da controvérsia.

Ao deliberar sobre a *suspensão* de processos pendentes, na proposta de afetação do tema repetitivo n. 1.242, a Corte Especial do STJ destacou que a necessidade de uniformização jurisprudencial não pode ser perseguida a despeito de outros princípios e direitos igualmente importantes. Conforme anotado, "a suspensão indiscriminada dos processos em trâmite poderia comprometer a efetivação de outros direitos subjacentes, em violação ao princípio da proporcionalidade"[17].

Portanto, conforme sintetizado por Luís Roberto Barroso, a partir da regra do art. 1037 do CPC, o procedimento de julgamento dos recursos repetitivos:

> (...) passa a contemplar cinco etapas: i) a seleção dos paradigmas; ii) a afetação da questão repetitiva; iii) a instrução da controvérsia; iv) a decisão da questão repetitiva; e v) a irradiação dos efeitos da decisão para os demais casos idênticos[18].

---

15. "Portanto, as decisões dos Tribunais Superiores, além de servirem de orientação para órgãos judicantes de instâncias inferiores, também servem de paradigma para o comportamento processual dos litigantes e até mesmo para a sociedade de modo geral, influindo consistentemente nos custos de transação e na assimetria de informação e, assim, na eficiência social e econômica" (TIMM, Luciano Benetti; TRINDADE, Manoel Gustavo Neubarth. Op. cit., p. 167).
16. Com substrato no art. 1.037, inciso II, do CPC de 2015, a 1ª Seção do STJ afetou o Recurso Especial 1.657.156, de relatoria do Ministro Benedito Gonçalves, para julgamento pelo sistema dos recursos repetitivos. A questão submetida a julgamento envolve a "obrigatoriedade de fornecimento, pelo Estado, de medicamentos não contemplados na Portaria 2.982/2009 do Ministério da Saúde (Programa de Medicamentos Excepcionais)". O tema foi cadastrado no sistema dos repetitivos sob o número 106. Por força do regime de afetação, determinou-se, à época, a suspensão do trâmite processual de 678 processos, individuais ou coletivos, que versavam sobre a matéria.
17. STJ, ProAfr no REsp 2.035.262/SP, Corte Especial, Rel. Min. Herman Benjamin, *DJe* 09.04.2024.
18. BARROSO, Luis Roberto. *O controle de constitucionalidade no direito brasileiro*. 7. ed. São Paulo: Saraiva, 2016. p. 152-153.

Por sua vez, a negativa de *afetação* envolverá as providências assinaladas no § 1º, do art. 1.036, do CPC.

b) Exceções à suspensão imposta pelo inciso II, do art. 1.037, do CPC

O STJ decidiu que a suspensão imposta pelo inciso II, do art. 1.037, do CPC, não induz sobrestamento do julgamento de outros recursos que tratem da matéria afeta, com eventual trâmite perante aquela Corte Superior[19]. Da mesma forma, parece aceitável concluir que a ordem de suspensão com substrato no inciso II, do art. 1.037, do CPC, não impede a análise de tutelas provisórias de urgência, as quais poderão ser submetidas ao juiz ou relator que presida o processo suspenso, a quem competirá o exame dos requisitos intrínsecos, extraídos do art. 300, do CPC, para concessão desse tipo de provimento.

c) A identificação da questão jurídica "afetada"

Uma interessante pesquisa empírica financiada pelo Conselho Nacional de Justiça, e organizada pela UFMG, permitiu a identificação de um problema corriqueiro, em que, não raro, o regime instituído pelo art. 543-C, do CPC de 1973 para os recursos repetitivos vinha ocasionando a suspensão integral dos processos sobrestados, ainda que subsistissem outras matérias distintas que não guardassem pertinência com a tese afetada[20]. Ou seja, os processos eram "afetados" *in totum*, ainda que *distintas* as questões jurídicas subjacentes.

O § 7º, do art. 1.037, do CPC prevê:

> Art. 1.037. [...]
> [...]
> § 7º Quando os recursos requisitados na forma do inciso III do *caput* contiverem outras questões além daquela que é objeto da afetação, caberá ao tribunal decidir esta em primeiro lugar e depois as demais, em acórdão específico para cada processo[21].

---

19. STJ, AgInt nos EDcl no REsp 1.535.183/SC, 4ª T., Rel. Min. Luis Felipe Salomão, j. 17.11.2016, *DJe* 29.11.2016. No mesmo sentido: STJ, AgInt no AREsp 937.022/MT, 3ª T., j. 23.05.2017, Rel. Min. Nancy Andrighi, *DJe* 26.05.2017.
20. BUSTAMANTE, Thomas da Rosa de et al. (Coord.). *A força normativa do direito judicial*: uma análise da aplicação prática do precedente no direito brasileiro e dos seus desafios para a legitimação da autoridade do Poder Judiciário. Brasília: Conselho Nacional de Justiça, 2015.
21. Nesse sentido, tem-se o seguinte precedente: "(...) 2. O vigente sistema processual brasileiro não comporta a cisão e a concomitância de julgamentos perante as instâncias ordinária e especial. Logo, em se descortinando a presença de tema submetido à sistemática dos repetitivos ou da repercussão geral, evidenciada está a necessidade de prévia feitura de juízo de conformação pela corte local" (STJ, AgInt no REsp 1.728.078/RJ, 1ª T., Rel. Min. Sérgio Kukina, j. 13.08.2019, *DJe* 16.08.2019).

d) Prevenção e prioridade na tramitação

Os §§ 3º e 4º do art. 1.037, do CPC, cuidam, respectivamente, do critério de aferição de eventual *prevenção* no juízo *ad quem* e, ainda, da *prioridade* conferida ao regime dos recursos repetitivos. A preocupação com a prevenção é salutar, pois se busca evitar a ocorrência de mais de uma afetação versando a mesma tese jurídica, com designação de relatores diversos[22].

e) Informação nos processos suspensos

O § 8º, do art. 1.037, do CPC adverte que:

> Art. 1.037. [...]
> [...]
> § 8º As partes deverão ser intimadas da decisão de suspensão de seu processo, a ser proferida pelo respectivo juiz ou relator quando informado da decisão a que se refere o inciso II do *caput*.

A pesquisa empírica conduzida pela UFMG, financiada pelo CNJ, reconheceu:

> (...) uma tendência preocupante de o Tribunal de origem ignorar os argumentos dos Recorrentes. (...) Assim, como não foram analisados pelos Tribunais de segundo grau, esses argumentos ficam muitas vezes sem apreciação jurisdicional, de modo que o jurisdicionado fica sem uma resposta para suas alegações[23].

f) Afetação e desafetação

O CPC de 2015 contemplou critérios mais precisos para *desafetação* de determinado processo alcançado pela ordem de *suspensão*, para fins de permitir o seu prosseguimento individualizado[24]. Afinal, ao demonstrar a "distinção entre a questão a ser decidida no processo e aquela a ser julgada no recurso especial ou extraordinário afetado, a parte poderá requerer o prosseguimento do seu processo" (CPC, art. 1.037, § 9º). Por sua vez, o § 10, do art. 1.037, do CPC substancia regra de competência funcional, para fins de precisar a autoridade responsável pela apreciação do pedido de "desafetação". Reconhecida a distinção (leia-se: "desafetação" ou "revogação" da suspensão), pode-se

---

22. "Pontue-se que isto se aplica quando cheguem ao tribunal superior recursos selecionados por vários tribunais de segundo grau" (NUNES, Dierle. Do julgamento dos recursos extraordinário e especial repetitivos cit., p. 2.330).
23. BUSTAMANTE, Thomas da Rosa de et al. (Coord.). *A força normativa do direito judicial*: uma análise da aplicação prática do precedente no direito brasileiro e dos seus desafios para a legitimação da autoridade do Poder Judiciário. Brasília: Conselho Nacional de Justiça, 2015. p. 115.
24. A pesquisa empírica já mencionada consignou que, apesar da importância do pronunciamento de afetação ou desafetação, em sua grande maioria, as decisões "não efetuam, no momento do sobrestamento ou suspensão, um juízo de adequação da *ratio decidendi* dos precedentes judiciais ao caso concreto. Na justificação da decisão de sobrestamento ou suspensão do processo, não há, na maioria dos casos analisados, uma comparação analítica entre os argumentos e as questões de direito presentes nos casos (...)" (BUSTAMANTE, Thomas da Rosa de et al. (Coord.). *A força normativa do direito judicial*: uma análise da aplicação prática do precedente no direito brasileiro e dos seus desafios para a legitimação da autoridade do Poder Judiciário. Brasília: Conselho Nacional de Justiça, 2015. p. 106).

dizer que, via de regra, o próprio juiz ou relator do caso dará prosseguimento ao processo (CPC, art. 1.037, § 12, inciso I). Aceite-se que o pronunciamento pela similitude ou não dos casos assume papel crucial para o sucesso da técnica de sobrestamento.

g) O cabimento de agravo contra o pronunciamento de afetação ou desafetação

O § 13, do art. 1.039, do CPC põe fim à controvérsia atinente ao meio impugnativo para atacar a decisão de afetação ou desafetação[25]. O legislador priorizou, então, uma nova "hipótese" de interposição de agravo interno, oponível contra as decisões proferidas pelo relator; para as decisões de 1ª instância, admite-se o cabimento do agravo de instrumento. Com isso, são incrementados significativamente os trabalhos dos tribunais.

7.3. AMPLIAÇÃO DO DEBATE

*a) Admissão de **amicus curiae**, audiências públicas e requisição de informações úteis para o julgamento dos recursos repetitivos*

Por força das projeções dos incidentes de coletivização e das técnicas de coletivização aplicáveis aos recursos repetitivos, o art. 1.038 do CPC prevê que:

> Art. 1.038. O relator poderá:
> I – solicitar ou admitir manifestação de pessoas, órgãos ou entidades com interesse na controvérsia, considerando a relevância da matéria e consoante dispuser o regimento interno;
> II – fixar data para, em audiência pública, ouvir depoimentos de pessoas com experiência e conhecimento na matéria, com a finalidade de instruir o procedimento[26];
> III – requisitar informações aos tribunais inferiores a respeito da controvérsia e, cumprida a diligência, intimará o Ministério Público para manifestar-se.

Assim, estão asseguradas as participações interventivas de *amicus curiae* nesses casos de julgamento por amostragem, até porque, a regra *geral* do art. 138 do CPC, assegura o caráter *contributivo* dessas manifestações de órgãos ou entidades com interesse subjacente na matéria discutida, ainda que não subsista "consenso" e(ou)

---

25. "(...) 2. O Superior Tribunal de Justiça, na vigência do Código de Processo Civil/73, consolidou entendimento de que a decisão que determinava o sobrestamento dos recursos extraordinários e recursos especiais repetitivos não selecionados como paradigmas era irrecorrível. 3. Com a entrada em vigor, porém, do novo Estatuto Processual, a decisão que indefere ou defere o requerimento de distinção passou a ser agravável, conforme expressamente previsto pelo art. 1.037, § 13, inciso I, do Código de Processo Civil" (STJ, REsp 1.717.387/PB, 3ª T., Rel. Min. Paulo de Tarso Sanseverino, j. 08.10.2019, *DJe* 15.10.2019).
26. O Ministro Dias Toffoli, do Supremo Tribunal Federal (STF), convocou audiência pública para discutir a extensão do "direito ao esquecimento", abordado em demanda indenizatória que foi julgada improcedente nas instâncias locais, ajuizada por familiares da vítima de um crime rumoroso praticado nos anos 1950, o qual foi relembrado em programa televisivo. O tema é abordado no Recurso Extraordinário (RE) 1.010.606, com o cotejo da liberdade de expressão e informação em face da inviolabilidade da imagem, da intimidade e vida privada, com evidente estatura constitucional.

"unanimidade" no âmbito da categoria representada[27]. Atente-se ainda que, por força do § 3º, do art. 138, do CPC:

> Art. 138. [...]
> [...]
> §3º O *amicus curiae* pode recorrer da decisão que julgar o incidente de resolução de demandas repetitivas.

b) Abertura procedimental e discussão qualificada

A ampliação do diálogo propiciada pela aceitação de *amici curiae* – com o *elastecimento* e *flexibilização* dos critérios da representatividade e da pertinência temática – pode contribuir, em última medida, para a condução da discussão qualificada e, por via de consequência, para o desencadeamento de um modelo procedimental consentâneo com a realidade nacional[28]. Mas, para isso, é preciso que a Corte se digne a enfrentar as alegações apresentadas nas intervenções de *amicus curiae*[29] (CPC, art. 1.038, § 3º). O diálogo judicial, nesse diapasão, passa a representar:

(...) autêntica garantia de democratização do processo, a impedir que o órgão judicial e a aplicação da regra *iura novit curia* redundem em instrumento de opressão e autoritarismo, servindo às vezes a um mal explicado tecnicismo, com obstrução à efetiva e correta aplicação do direito e à justiça do caso[30].

c) Desequilíbrio informacional

A partir de análise *quantitativa* e *qualitativa* de dados coletados, Damares Medina concluiu que as evidências empíricas sugerem que o *amicus curiae* contribui efetivamente para o aumento das alternativas interpretativas ao promover uma abertura procedimental, com resultados diretos no prognóstico do caso. Os resultados encontrados em sua pesquisa indicam que a utilização do instrumento também pode acarretar "um desequilíbrio informacional, aumentando a distribuição assimétrica de informações entre as partes envolvidas no processo, favorecendo a uma das partes litigantes"[31].

---

27. Trata-se de entendimento sedimentado no Enunciado 127, do FPPC: "A representatividade adequada exigida no *amicus curiae* não pressupõe a concordância unânime daqueles a quem representa".
28. "Cada *amicus curiae* admitido em um processo pode significar inúmeros processos a menos, o que também contribuirá para a administração da justiça. Vista por outro ângulo, a questão dialoga com os conflitos decorrentes do crescente ingresso dos *amicus curiae* nos processos do controle incidental de constitucionalidade, especialmente o recurso extraordinário objetivado pela repercussão geral" (MEDINA, Damares. Amicus curiae: amigo da corte ou amigo da parte? São Paulo: Saraiva, 2010, p. 27).
29. Enunciado 128, do FPPC: "No processo em que há intervenção do *amicus curiae*, a decisão deve enfrentar as alegações por ele apresentadas, nos termos do inciso IV do § 1º do art. 489".
30. OLIVEIRA, Carlos Alberto Alvaro de. Garantia do contraditório. *Garantias constitucionais do processo civil*. São Paulo: RT, 1999, p. 143.
31. MEDINA, Damares. Op. cit., p. 22.

Portanto, torna-se imprescindível retomar a preocupação com a garantia de *paridade de armas*, pois o amigo da corte pode atuar como:

> (...) mecanismo mitigador ou potencializador da vantagem informacional das partes (ou de apenas uma delas, o lado apoiado). A potencialização da vantagem informacional da parte apoiada pelo *amicus curiae* pode aumentar a assimetria de informações entre as partes e o juízo (corte), comprometendo o equilíbrio processual fundamental para o processo de tomada de decisão judicial[32].

7.4. CONSEQUÊNCIAS DO JULGAMENTO

a) Prejudicialidade

Em conexão com o regime de processamento dos recursos repetitivos, o art. 1.039, do CPC assinala que:

> Art. 1.039. Decididos os recursos afetados, os órgãos colegiados declararão prejudicados os demais recursos versando sobre idêntica controvérsia ou os decidirão aplicando a tese firmada.

Oportuno ressalvar que

> (...) o art. 1.039 se aplica aos processos já suspensos nos tribunais, por força da decisão de afetação, já as alíneas dos incisos do art. 932 viabilizam ao relator a referida competência em novos recursos que cheguem aos tribunais; não se olvidando que da decisão monocrática caberá o agravo interno, para mantença da higidez da colegialidade[33].

b) Ausência de repercussão geral

De acordo com o parágrafo único, do art. 1.039, do CPC:

> Art. 1.039. [...]
> Parágrafo único. Negada a existência de repercussão geral no recurso extraordinário afetado, serão considerados automaticamente inadmitidos os recursos extraordinários cujo processamento tenha sido sobrestado.

Ou seja, se a matéria constitucional não é relevante sob os auspícios da repercussão geral, os recursos *sobrestados* considerar-se-ão *inadmitidos* nos mesmos moldes. Afinal, conforme ressaltado por Humberto Theodoro Jr., "a falta de repercussão geral não é do recurso individualmente proposto, é da questão constitucional nele tratada"[34]. Cabe registrar, portanto, que a ausência de repercussão geral da questão constitucional controversa projeta o efeito "pan-processual", na expressão de Luiz G. Marinoni e Daniel Mitidiero, os quais destacam que:

---

32. MEDINA, Damares. Op. cit., p. 163.
33. NUNES, Dierle. Do julgamento dos recursos extraordinário e especial repetitivos cit., p. 2.335.
34. THEODORO JR., Humberto. Repercussão geral no recurso extraordinário (Lei 11.418) e súmula vinculante do supremo tribunal federal (Lei 11.417). *Revista Magister de Direito Civil e Processual Civil*. Porto Alegre, p. 17, 18, maio-jun. 2007.

(...) o efeito pragmático oriundo desse não reconhecimento está em que outros recursos fundados em idêntica matéria não serão conhecidos liminarmente, estando o Supremo Tribunal Federal autorizado a negar-lhes seguimento de plano[35].

Forçoso compreender, portanto, que as transformações nas funções do STF[36] são fundamentais ao aprimoramento do sistema difuso de controle de constitucionalidade.

c) *Tribunais decidirão aplicando a tese firmada*

Não pode causar estranheza a admoestação para que os tribunais apliquem a tese firmada em prol da funcionalidade e celeridade da prestação jurisdicional. Conforme defendido por Daniel Mitidiero, o sistema judiciário deve passar por uma "reconstrução", com a correta alocação do papel confiado às Cortes de Justiça e ainda às Cortes de Precedentes[37]. Por fim, conforme ressalvado por Luiz G. Marinoni, há uma profunda *contradição* entre a mitificação conferida ao duplo grau e a ausência de respeitabilidade aos precedentes dos Tribunais Superiores[38].

d) *Publicação do acórdão paradigma*

Publicado o acórdão paradigma, as Cortes locais são chamadas a realizar o *juízo de conformação* de seus julgados. Com efeito, "trata-se de acórdão que representa *de-*

---

35. MARINONI, Luiz Guilherme e MITIDIERO, Daniel. *Repercussão geral no recurso extraordinário.* São Paulo: RT, 2007, p. 52. Registre-se a opinião *contrária* de Cassio S. Bueno, externada sob a vigência do CPC 1973: "Ademais, não há efeitos *vinculantes* nas decisões proferidas pelo Supremo Tribunal Federal em sede de recurso extraordinário, inclusive quando se fixa a existência (ou a inexistência) da repercussão geral ainda que a partir do exame de casos repetitivos" (BUENO, Cassio Scarpinella. *Curso sistematizado de direito processual civil*: Recursos: processos e incidentes nos tribunais. Sucedâneos recursais: técnicas de controle das decisões jurisdicionais. 2. ed. São Paulo: Saraiva, 2010. v. 5, p. 300).
36. "Talvez, em vez disso que hoje se vê (e sempre se viu no STF), fosse possível criar um *círculo virtuoso* em que o Supremo, em vez de julgar 'tudo', julgasse, como corte constitucional, apenas o que é importante para o país inteiro. Imbuído de tal missão, o *próprio Supremo* é que decidiria quais causas mereceriam seu julgamento. Com a redução do número de causas, cresceria, na mesma proporção, a exigência de efetiva relevância destas – e também o cuidado no julgamento de cada uma, tanto quanto a atenção e a cobrança da sociedade." (BRAGHITTONI, R. Ives. *Recurso extraordinário*: uma análise do acesso do Supremo Tribunal Federal. In: CARMONA, Carlos Alberto (Coord.) São Paulo: Atlas, 2007. p. 50).
37. "A princípio, seria lícito imaginar que à luz do art. 926, CPC, todos os 'tribunais' que compõem o Poder Judiciário brasileiro têm a mesma função diante da ordem jurídica. Essa suposição está equivocada. À luz do art. 926 do CPC, é preciso distinguir entre as funções das Cortes de Justiça – Tribunais de Justiça e Tribunais Regionais Federais – e as funções das Cortes de Precedentes – Supremo Tribunal Federal e Superior Tribunal de Justiça. Em outras palavras, importa perceber a necessidade de reconstrução do sistema judiciário. É preciso distinguir entre as funções das Cortes de Justiça – exercer controle retrospectivo sobre as causas decididas em primeira instância e uniformizar a jurisprudência – e as funções das Cortes de Precedentes – outorgar uma interpretação retrospectiva e dar unidade ao direito" (MITIDIERO, Daniel. *Precedentes*: da persuasão à vinculação. 2. ed. São Paulo: RT, 2017, p. 75).
38. "No direito brasileiro contemporâneo há uma absurda e curiosa não percepção da contradição existente entre a mitificação do duplo grau e a ausência de respeito às decisões dos tribunais superiores. De forma acrítica, ao mesmo tempo em que se vê na obrigatoriedade dos precedentes um atentado contra a liberdade do juiz, celebra-se o duplo grau de jurisdição como garantia de justiça" (MARINONI, Luiz Guilherme. *Curso de processo civil.* São Paulo: RT, 2008. v. 4. p. 133).

cisão condutora, de caráter obrigatório, da jurisprudência uniforme".[39] Aliás, a hipótese versada no inciso I, do art. 1.040, do CPC, substancia competência *residual* outorgada aos tribunais locais, que é complementar ao prognóstico do juízo de admissibilidade compartilhado dos recursos excepcionais previsto no inciso V, do art. 1.030, do CPC (incluído pela Lei 13.256/2016).

Portanto, publicado o acórdão *paradigma* proferido em recurso *repetitivo*, (i) o presidente ou o vice-presidente do tribunal de origem *negará seguimento* aos recursos especiais ou extraordinários sobrestados na origem, se o acórdão recorrido coincidir com a orientação do tribunal superior (CPC, art. 1.040, inciso I); (ii) o órgão que proferiu o acórdão recorrido, na origem, reexaminará o processo de competência originária, a remessa necessária ou o recurso anteriormente julgado, se o acórdão recorrido contrariar a orientação do tribunal superior (CPC, art. 1.040, inciso II)[40]; (iii) os processos *suspensos* em primeiro e segundo graus de jurisdição retomarão o curso para julgamento e aplicação da tese firmada pelo tribunal superior (CPC, art. 1.040, inciso III); e, por fim, (iv) se os recursos versarem sobre questão relativa a prestação de serviço público objeto de concessão, permissão ou autorização, o resultado do julgamento será comunicado ao órgão, ao ente ou à agência reguladora competente para fiscalização da efetiva aplicação da tese adotada, por parte dos entes sujeitos a regulação (CPC, art. 1.040, inciso IV).

Ou seja, neste último caso, além da preocupação com a eliminação das *repetições*, a hipótese descrita recomenda a investigação da *identidade* destes recorrentes que "inflam" a Corte recursal. E, neste particular, algumas estatísticas coletadas apontam para o Poder Público, em especial para o Executivo Federal ou instituições governamentais a ele vinculadas[41]. Por tal razão, é muito apropriada a prescrição do inciso IV, do art. 1.040, do CPC.

---

39. CIMARDI, Cláudia Aparecida. *A jurisprudência uniforme e os precedentes no novo código de processo civil brasileiro*. São Paulo: RT, 2015, p. 267.
40. "Depois de decididos os recursos extraordinários afetados como repetitivos, tanto os escolhidos pelo Tribunal *a quo* quanto os eleitos pelo próprio Tribunal Superior e os que tenham eventualmente sido selecionados por alguns Tribunais do país – um acórdão para cada um –, os recursos cujo procedimento tenha sido sobrestado voltarão à vida: uns não serão admitidos; outros gerarão a necessidade de adaptação à tese firmada no STJ ou no STF. No caso de haver necessidade desta adaptação, os autos serão remetidos ao Tribunal de 2º grau. Não sendo feita esta adaptação (retratação) o recurso interposto sobe, e será julgado pelo relator (art. 932, I, b)" (WAMBIER, Teresa Arruda Alvim et al (Coord.). *Primeiros comentários ao novo código de processo civil*: artigo por artigo. São Paulo: RT, 2015. p. 1.524).
41. "O grande usuário da *persona* recursal do STF é o governo. Quanto a isso, não há a menor dúvida. Analisamos todas as partes do Supremo Recursal que, somados os últimos 21 anos, alcançaram mais de 1.000 processos cada. Encontramos 85 partes que concentrem mais de 75% dos processos no STF. (...) o grande cliente do STF Recursal é de natureza pública, do Executivo Federal (...). Caixa Econômica Federal, Banco Central do Brasil e Telemar se destacam pela alta taxa de litigância ativa, beirando os 100%. Ou seja, na quase totalidade dos casos levados até o STF por essas três partes, elas estão demonstrando descontentamento para com os julgamentos anteriores, buscando reforma das decisões. (...) A discussão, portanto, a respeito da grande quantidade de recursos que assolam o STF precisa ser realizada não apenas em termos quantitativos, mas também qualitativos. Não são simplesmente os recursos que afogam o Supremo – são os recursos de algumas poucas partes, quase todas do Poder Executivo" (CERDEIRA, Pablo de Camargo; FALCÃO, Joaquim; ARGUELHES, Diego Werneck (Org.). *I Relatório Supremo em números*: o múltiplo Supremo. Rio de Janeiro: Escola de Direito do Rio de Janeiro da Fundação Getúlio Vargas, 2011. p. 66-69).

e) Reflexos na tramitação das demandas em curso no primeiro grau de jurisdição

De acordo com o § 1º, do art. 1.040, do CPC:

> Art. 1.040. [...]
> [...]
> § 1º A parte poderá desistir da ação em curso no primeiro grau de jurisdição, antes de proferida a sentença, se a questão nela discutida for idêntica à resolvida pelo recurso representativo da controvérsia.

E:

> Art. 1.040. [...]
> [...]
> § 2º se a desistência ocorrer antes de oferecida contestação, a parte ficará isenta do pagamento de custas e de honorários de sucumbência.

A desistência operada na forma do § 1º, do art. 1.040, do CPC, não está vinculada ao *consentimento* do réu (CPC, art. 1.040, § 3º) e, nesse aspecto, trata-se de exceção à regra geral do § 4º, do art. 485, do CPC 2015[42].

f) Juízo de retratação negativo

O art. 1.041 do CPC consigna que:

> Art. 1.041. Mantido o acórdão divergente pelo tribunal de origem, o recurso especial ou extraordinário será remetido ao respectivo tribunal superior, na forma do art. 1.036, § 1º.

Contudo, não é aceitável que o tribunal local possa simplesmente "insistir" com a reiteração da decisão anterior, contrária ao entendimento assinalado pela Corte Superior (STF ou STJ)[43], sem operar qualquer critério de distinção. Quando muito, caso isso não tenha sido feito anteriormente na fase de *desafetação* (§§ 9º e 10, do art. 1.037, do CPC), poder-se-á aceitar que – em juízo de subsunção – o órgão fracionário recorrido venha a formalizar forte *distinção* do caso, para afastar a tese objeto do precedente julgado ou a *ratio decidendi* adotada pela instância superior, apontando que a situação concreta, objeto do reexame, está jungida a outros aspectos fáticos, peculiaridades etc. Ao se advogar que não há vinculatividade nesta hipótese, estar-se-á, em verdade, esvaziando o conteúdo da técnica de julgamento por amostragem e, ao mesmo tempo, vilipendiando a cognição descortinada a partir da seleção dos casos paradigmáticos selecionados para análise.

Ademais, especificamente no caso do recurso extraordinário, se não é concebível que os órgãos e tribunais inferiores possam julgar em desconformidade com a tese adotada pelo Supremo no julgamento proferido no controle concentrado, não há razão

---

42. Art. 485. (...) § 4º Oferecida a contestação, o autor não poderá, sem o consentimento do réu, desistir da ação.
43. MARINONI, Luiz Guilherme; ARENHART, Sérgio; e, MITIDIERO, Daniel. *Novo código de processo civil comentado*. São Paulo: RT, 2015, p. 985.

plausível para se concluir de forma diversa, no tocante aos incidentes de resolução de demandas repetitivas. Recorde-se, ainda, que os tribunais locais, ao insistirem na tese superada pelo STF, poderão estar distanciados do universo cognitivo da Corte Suprema, onde, presumivelmente, o debate foi guiado a partir da manifestação dos grupos de interesses diversos, com a escolha dos melhores argumentos revelados. Repita-se que, a forma *responsável* de divergir é identificar contornos fáticos que afastem a incidência do fundamento determinante do julgado. Do contrário, dar-se-á verdadeiro *decisionismo*, incompatível com os postulados do Estado Democrático de Direito e da força normativa da Constituição.

g) Retratação positiva e julgamento de questões não decididas

Na perspectiva oposta, o § 1º, do art. 1.041 salienta que:

Art. 1.041. [...]
§ 1º Realizado o juízo de retratação, com alteração do acórdão divergente, o tribunal de origem, se for o caso, decidirá as demais questões ainda não decididas cujo enfrentamento se tornou necessário em decorrência da alteração.

Com efeito, a Corte local é convidada a formalizar o juízo de conformação, com a adequação e observância da tese decidida no recurso repetitivo, apreciando ainda as demais questões que decorram desta alteração.

Por fim, o § 2º, do art. 1.041, do CPC assinala que:

Art. 1.041. [...]
[...]
§ 2º Quando ocorrer a hipótese do inciso II do *caput* do art. 1.040 e o recurso versar sobre outras questões, caberá ao presidente ou ao vice-presidente do tribunal recorrido, depois do reexame pelo órgão de origem e independentemente de ratificação do recurso, sendo positivo o juízo de admissibilidade, determinar a remessa do recurso ao tribunal superior para julgamento das demais questões.

8
AGRAVO EM RECURSO ESPECIAL E EM RECURSO EXTRAORDINÁRIO

a) Decisões denegatórias

O art. 1.042, do CPC, dispõe que:

> Art. 1.042. Cabe agravo contra decisão do presidente ou do vice-presidente do tribunal recorrido que inadmitir recurso extraordinário ou recurso especial, salvo quando fundada na aplicação de entendimento firmado em regime de repercussão geral ou em julgamento de recursos repetitivos.

Portanto, em caso de juízo de admissibilidade *negativo* praticado pela autoridade presidencial local, faculta-se a interposição de agravo em recurso especial e em recurso extraordinário (CPC, art. 1.042) oponível contra a decisão de *inadmissão*[1], sem prejuízo dessa nova impugnação se sujeitar, similarmente, aos seus requisitos específicos de procedibilidade, comportando novo juízo de admissibilidade. Não por outra razão, mantendo a tradição do Enunciado 182 da Súmula de sua jurisprudência dominante, o STJ decidiu que, por força do princípio da dialeticidade, "deve a parte agravante demonstrar, de modo abalizado, o desacerto de cada fundamento do capítulo impugnado na decisão agravada"[2].

Destarte, nesses casos de competência *diferida*, somente após a admissibilidade e provimento do segundo recurso é se que se poderá retomar a questão envolvendo a admissão da impugnação denegada. Importante destacar, finalmente, que cada recurso interposto se sujeita a uma análise específica, pois, ainda que o órgão *a quo* venha a sustentar que não recebeu o recurso excepcional sob o pressuposto da ausência de legitimidade recursal, esse recorrente terá, por sua vez, evidenciada sua *legitimidade* na interposição do agravo de inadmissão (CPC, art. 1.042), tendo em vista a decisão desfavorável, somando-se, aqui, o prognóstico da sucumbência no sentido de decisão gravosa à sua condição processual.

b) Inadmissão do recurso especial ou extraordinário

Com o retorno do juízo de admissibilidade compartilhado (Lei 13.256/2016), a decisão da autoridade presidencial local que resulte na *inadmissão* do recurso especial

---
1. José Frederico Marques, a respeito, afirma que "a denegação do recurso pelo Juízo *a quo* cria uma sucumbência especial, propiciando, assim, a interposição de outro recurso destinado a provocar o reexame da questão pelo Juízo *ad quem*...". (MARQUES, José Frederico. *Instituições de direito processual civil*. 2. ed. Rio de Janeiro: Forense, 1963, v. IV, p. 53).
2. STJ, AgInt no AREsp 1.236.676/SP, 4ª T., Rel. Min. Marco Buzzi, j. 19.04.2018, *DJe* 30.04.2018.

ou extraordinário, comportará impugnação por meio de agravo, ficando ressalvada a hipótese em que a negativa de seguimento estiver fundada na aplicação de entendimento firmado em regime de repercussão geral, ou em julgamento de recursos repetitivos. Na versão *sancionada* da Lei 13.105/2015, o agravo de inadmissão previsto no art. 1.042 estava relacionado ainda com os recursos excepcionais abrangidos pelo regime de *afetação* dos repetitivos, mas os incisos I, II e III do *caput*, § 1º, incisos I e II, letras *a* e *b*, daquele dispositivo foram revogados pela referida Lei 13.256/2016.

Logo, se a inadmissão do recurso especial ou extraordinário interposto estiver assentada na constatação de que o acórdão recorrido se encontra em conformidade com tese adotada pelo Tribunal Superior, proclamada em regime de repercussão geral ou de recurso repetitivo, tem-se o cabimento de agravo interno, direcionado à própria Corte local e sujeita ao procedimento previsto no art. 1.021 do CPC 2015 e demais disposições regimentais aplicáveis a espécie. É o que dispõe o § 2º do art. 1.030 do CPC. Assim, apenas no caso de decisão de inadmissibilidade proclamada pela autoridade presidencial que repute inadmissível o recurso excepcional, na forma do inciso V do art. 1.030 do CPC é que será cabível o agravo previsto no art. 1.042 do mesmo diploma legal.

Em termos práticos, a sistemática extraída dos §§ 1º e 2º do art. 1.030 do CPC busca restringir o acesso às Cortes de vértice, priorizando casos *inéditos* ou ainda as situações em que o precedente proferido no regime da repercussão geral ou no julgamento de recursos repetitivos foi refutado pelo colegiado local (vide, nesse sentido, a *alínea* "c" do inciso V do art. 1.030 do CPC). Por isso, tem-se como pertinente a crítica entabulada por Dierle Nunes e Mariana Carvalho Freitas:

> ... diante da decisão de inadmissibilidade de recurso extraordinário ou de recurso especial que se fundamente em decisão proferida sob o regime de repercussão geral ou de recursos repetitivos (ou representativos da controvérsia, como eram denominados), cabe recurso apenas para o Tribunal a quo inviabilizando-se por completo o acesso aos Tribunais Superiores, em tais hipóteses, ou seja, a reforma legislativa promovida pela Lei 13.256/2016 apenas encampou o exercício paralegislativo que já vinha sendo adotado pelos tribunais. Ocorre que esse entendimento via contra o modelo constitucional de processo brasileiro, eis que instala um sistema de precedentes que, ao menos parcialmente, inviabiliza a superação de entendimentos por fundamentos tão somente utilitaristas e que encaram os precedentes como mero mecanismo de gerenciamento de processos repetitivos, desprezando a integridade que esses precedentes exigem e garantem[3].

c) Forma de interposição

Esse tipo de agravo é interposto nos próprios autos do processo em que foi proferida a decisão presidencial de *inadmissão*[4], não estando sujeito ao recolhimento de custas ou despesas postais (CPC, art. 1.042, § 2º). No regime do CPC de 1973, anterior

---

3. NUNES, Dierle José Coelho; FREITAS, Mariana Carvalho. A necessidade de meios de superação de precedentes. *Revista de Processo*, v. 43, n. 281, jul. 2018. p. 484-485.
4. Neste particular, tem-se o Enunciado 225 do FPPC ao dispor: "O agravo em recurso especial ou extraordinário será interposto nos próprios autos".

ao advento da Lei 12.322/2010, tal modalidade de agravo para *destrancar* recurso excepcional estava circunscrita à formação de "instrumento", exigindo-se o traslado de certas *peças obrigatórias* elencadas no § 1º, do art. 544, do Código Buzaid (redação revogada)[5]. Porém, ainda no regime anterior, foi dispensada a formação de instrumento para o agravo, passando a se adotar o modelo de *inserção* nos autos do processo em que foi negado seguimento ao recurso excepcional. Apesar da forma de interposição por simples *inserção*, em face de peculiaridades próprias das plataformas eletrônicas, recomenda-se especial atenção com a demonstração da representação processual à época da interposição do recurso que está sendo manejado. Isto porque, o STJ já destacou que a dispensa de juntada de procuração em processos eletrônicos, extraída do § 5º do art. 1.017 do CPC, "não se estende ao recurso especial ou ao agravo contra a sua inadmissibilidade, ante a impossibilidade de acesso aos autos eletrônicos originais, sendo específica da classe 'agravo de instrumento'"[6].

d) Processamento: contraditório, juízo de retratação e remessa à Corte Superior

A parte agravada será intimada para oferecimento de resposta no prazo de 15 dias (CPC, art. 1.042, § 3º). Findo o prazo em questão, abre-se espaço para a autoridade presidencial realizar *juízo de retratação* em relação à decisão denegatória (CPC, art. 1.042, § 4º) que, restando mantida, resultará na remessa do processo ao tribunal superior competente. Atente-se, ainda, que haverá a necessidade de interposição de um agravo específico para cada recurso excepcional denegado (CPC, art. 1.042, § 6º).

e) Julgamento

De acordo com o § 5º, do art. 1.042, do CPC, o agravo contra a decisão denegatória "poderá ser julgado, conforme o caso, conjuntamente com o recurso especial ou extraordinário". Ou seja, devolve-se à instância *ad quem* a apreciação da decisão presidencial de inadmissibilidade e o próprio *mérito* do recurso excepcional denegado. Por fim, de acordo com o § 7º do artigo comentado, "havendo apenas um agravo, o recurso será remetido ao tribunal competente, e, havendo interposição conjunta, os autos serão remetidos ao Superior Tribunal de Justiça". Finalmente, conforme impõe o art. 1.042, § 8º do CPC/2015:

---

5. "(...) § 1º O agravo de instrumento será instruído com as peças apresentadas pelas partes, devendo constar obrigatoriamente, sob pena de não conhecimento, cópias do acórdão recorrido, da certidão da respectiva intimação, da petição de interposição do recurso denegado, das contrarrazões, da decisão agravada, da certidão da respectiva intimação e das procurações outorgadas aos advogados do agravante e do agravado. As cópias das peças do processo poderão ser declaradas autênticas pelo próprio advogado, sob sua responsabilidade pessoal" (Redação conferida pela Lei 10.352, de 26.12.2001, DOU 27.12.2001, atualmente revogada pela Lei 12.322/2010).
6. STJ, AgInt no AREsp 2.416.826/MS, 1ª T., Rel. Min. Sérgio Kukina, *DJe* 15.12.2023.

Art. 1.042. [...]

[...]

§ 8º Concluído o julgamento do agravo pelo Superior Tribunal de Justiça e, se for o caso, do recurso especial, independentemente de pedido, os autos serão remetidos ao Supremo Tribunal Federal para apreciação do agravo a ele dirigido, salvo se estiver prejudicado.

9
EMBARGOS DE DIVERGÊNCIA

9.1. CABIMENTO

Os embargos de divergência estavam previstos no art. 546 do CPC de 1973, mas a sua admissibilidade era bastante restrita no sistema revogado. À luz do CPC de 2015, pode-se concluir que ainda representam remédio excepcional, cuja utilização é restrita aos órgãos de cúpula da estrutura judiciária brasileira (STF e STJ)[1]. Não se pode confundi-los com o incidente de assunção de competência (CPC, art. 947), pois os embargos de divergência são dotados de inequívoca natureza recursal. Trata-se de expediente voltado à uniformização da jurisprudência interna da Corte Superior, empregado notadamente nos casos em que a situação fática subjacente aos julgados conflitantes seja idêntica ou similar, permitindo, assim, a superação da divergência entre seus órgãos fracionários. Assumem inequívoca função nomofilática, com vistas à dissipação de eventual dissídio entre os órgãos fracionários das Cortes de vértice (*intra muros*). Curiosamente, entretanto, o legislador não elencou os precedentes emanados do julgamento de embargos de divergência no rol dos precedentes de observância obrigatória.

Não se trata de expediente voltado propriamente à avaliação da justiça do entendimento exarado no acórdão embargado[2], pois a sucumbência da parte embargante é avaliada de forma indireta. E, nesse sentido, precedentes do STJ apontam para o ideário extraído do art. 926 do CPC, enfatizando a importância de se uniformizar a própria jurisprudência da Corte[3].

Cuida-se, portanto, de meio impugnativo oponível de forma subsequente ao julgamento do recurso especial e do extraordinário, cabível nos seguintes casos: (i) acórdão proferido por órgão fracionário, no julgamento de recurso extraordinário ou especial, que venha a divergir de qualquer outro órgão do mesmo tribunal, sendo os acórdãos, embargado e paradigma, de *mérito* (CPC, art. 1.043, I); ou (ii) acórdão proferido por órgão fracionário, no julgamento de recurso extraordinário ou especial, que venha a divergir de qualquer outro órgão do mesmo tribunal, sendo um acórdão de mérito e outro que não tenha conhecido do recurso, embora tenha *apreciado a controvérsia* (CPC,

---

1. "Os embargos de divergência possuem a função de afastar a dispersão jurisprudencial interna dos tribunais de vértice, (...)" (FREIRE, Alexandre. Embargos de divergência. In: WAMBIER, Teresa Arruda Alvim et al (Org.). *Breves comentários ao Novo Código de Processo Civil*. São Paulo: RT, 2015, p. 2.350).
2. STJ, EREsp 1.150.530/SC, 1ª Seção, Rel. Min. Og Fernandes, j. 14.03.2018, *DJe* 17.04.2018.
3. STJ, EAg. 1.316.190/PR, 1ª Seção, Rel. Min. Mauro Campbell Marques, *DJe* 04.11.2021.

art. 1.043, III). Nesse último caso, trata-se da previsão extremamente salutar, pois "no quotidiano forense, não raro os tribunais superiores, na Parte Dispositiva ou Decisório, inadmitem o recurso, mas, ao longo do acórdão, enfrentam a matéria suscitada no recurso (mérito recursal)"[4]. Como é de se observar, o art. 1.043 do CPC não contempla o cabimento de embargos de divergência a partir do cotejo com pronunciamentos *unipessoais*[5], sendo inviável cogitar do seu emprego *per saltum*.

Oportuno ressalvar que a Lei 13.256/2016 revogou os incisos II e IV do art. 1.043 do CPC, previstos na redação sancionada originariamente em março de 2015. Diversamente da disciplina até então reinante sob a vigência do CPC de 1973, o acórdão *paradigmático* poderá ser extraído até mesmo de outras "demandas originárias" enfrentadas pela Corte Superior (CPC, art. 1.043, § 1º)[6]. Entretanto, a Corte Especial do STJ consignou que "não servem como paradigmas, para efeito de configuração de dissídio pretoriano, acórdãos provenientes de mandado de segurança, mandado de injunção, habeas corpus ou habeas data"[7]. Por razões próximas, o STJ preconiza a impossibilidade de utilização de acórdãos oriundos de *reclamação*, erigida como "ação de garantia constitucional"[8].

Não se prestam ainda como paradigmas, para fins de interposição de embargos de divergência, os acórdãos provenientes do julgamento de *medidas cautelares*, eis que assentadas em pressupostos e requisitos distintos[9]. Da mesma forma, para fins de caracterização de eventual dissídio autorizador dos embargos de divergência, não é cabível o uso de acórdão proferido em *conflito de competência*[10].

Portanto, ressalvada a situação prevista na Súmula 316, do STJ, a decisão embargável é, unicamente, aquela proferida por turma ("acórdão de órgão fracionário"). Inadmissíveis os embargos de divergência nos casos de pronunciamentos dos órgãos plenários. E, nesse sentido, tem-se como incabível apresentá-los contra acórdão do STJ proferido em sede de embargos de divergência anteriores[11]. É possível, respeitados os

---

4. HILL, Flavia Pereira. Breves comentários às principais inovações quanto aos meios de impugnação das decisões judiciais no Novo CPC. In: DIDIER JR., Fredie (Coord.), MACÊDO, Lucas Buril de; PEIXOTO, Ravi; FREIRE, Alexandre (Org.). *Novo CPC doutrina selecionada*: processo nos tribunais e meios de impugnação às decisões judiciais. Salvador: JusPodivm, 2015, v. 6, p. 376-377.
5. STJ, AgInt nos EAREsp 672.482/DF, 1ª Seção, Rel. Min. Og Fernandes, *DJe* 22.05.2020.
6. "Merece, ainda, destaque, no novo CPC, a ampliação das hipóteses de cabimento dos embargos de divergência, permitindo sua interposição sempre que houver tese jurídica divergente no STF e no STJ, independentemente do tema versar sobre mérito, requisitos de admissibilidade ou mesmo da matéria ser objeto de recurso especial ou de outra espécie recursal, não obstando a interposição do recurso, o fato de as decisões divergentes terem sido formalizadas no exercício da competência recursal ou originária do Tribunal" (FREIRE, Alexandre, e, NUNES, Dierle. Novidades do novo CPC em matéria recursal. In: OLIVEIRA, Pedro Miranda de Oliveira (Coord.). *Impactos do novo CPC na advocacia*. Florianópolis: Conceito Editorial, 2015, p. 376).
7. STJ, AgInt nos EAREsp 1.185.827/ES, Corte Especial, Rel. Min. Jorge Mussi, *DJe* 24.06.2021. Na mesma linha: STJ, AgRg. nos EAREsp 1.439.506/ES, 3ª Seção, Rel. Min. João Otávio de Noronha, *DJe* 15.10.2021.
8. STJ, AgInt nos EAREsp. 2.088.324/MS, Corte Especial, Rel. Min. Og Fernandes, *DJe* 12.05.2023.
9. STJ, AgInt nos EAREsp. 1.034.546/SC, Corte Especial, Rel. Min. Laurita Vaz, *DJe* 22.05.2020.
10. STJ, EREsp. 998.128/MG, 3ª Seção, Rel. Min. Ribeiro Dantas, *DJe* 18.12.2019.
11. STJ, AgInt nos EAREsp 476.850/SP, 1ª Seção, Rel. Min. Mauro Campbell Marques, *DJe* 30.05.2017.

demais condicionantes prescritos a seguir, invocar-se decisões desses órgãos plenos à guisa de paradigma.

a) Conteúdo da divergência

De acordo com a regra do § 2º, do art. 1.043, do CPC de 2015:

> Art. 1.043. [...]
> [...]
> § 2º A divergência que autoriza a interposição de embargos de divergência pode verificar-se na aplicação do direito material ou do direito processual.

Por força da regra supracitada, torna-se dispensável demonstrar a exata similitude de questões fáticas subjacentes aos acórdãos confrontados em todas as suas nuances. Aliás, o Enunciado 744 do FPPC dispõe que "a similitude fática necessária para o conhecimento de embargos de divergência deve ser juridicamente relevante para a solução da questão, não se exigindo identidade fática absoluta entre os acórdãos embargado e paradigma".

Em matéria processual, basta "o indispensável dissenso a respeito da solução da mesma questão de mérito de natureza processual controvertida"[12]. Apesar da possibilidade de discussão de temas de natureza processual, o STJ decidiu que "os embargos de divergência não são cabíveis para análise de regras técnicas de admissibilidade do recurso especial, como sói ser a alegada violação à Súmula 7 do STJ, haja vista que o escopo desse recurso é a uniformização de teses jurídicas divergentes em relação à matéria de mérito (...)"[13].

Em relação às situações de direito material, apesar de se defender, em edições anteriores desta obra, a revisão da Súmula 420 do STJ, responsável por vedar o emprego dos embargos de divergência para confrontação e discussão do valor do dano moral[14], sua aplicação segue hígida no Superior Tribunal de Justiça[15].

A par das restrições construídas pela jurisprudência, ao discorrer sobre o conteúdo da divergência, Teresa Arruda Alvim afirma que:

> (...) tanto faz, portanto, o tipo de decisão (de recurso ou de ação de competência originária, no juízo de admissibilidade ou no de mérito) em que esta desarmonia interna se exteriorize e também é indiferente se a decisão diz respeito ao juízo de admissibilidade ou ao juízo de mérito do recurso (especial ou extraordinário)[16].

---

12. STJ, EAREsp. 650.536/RJ, Corte Especial, Rel. Min. Raul Araújo, DJe 03.08.2021.
13. STJ, AgInt nos EREsp. 1.530.013/PR, Corte Especial, Rel. Min. Luis F. Salomão, DJe 02.05.2018.
14. Súmula 420, do STJ: "Incabível, em embargos de divergência, discutir o valor de indenização por danos morais".
15. STJ, AgInt nos EREsp. 1.699.472/RJ, Corte Especial, Rel. Min. Luis F. Salomão, DJe 14.06.2021.
16. WAMBIER, Teresa Arruda Alvim. Embargos de divergência. In: WAMBIER, Luiz Rodrigues; WAMBIER, Teresa Arruda Alvim (Coord.). *Temas essenciais do novo CPC*: análise das principais alterações do sistema processual civil brasileiro. São Paulo: RT, 2016, p. 605.

b) Decisão paradigmática proferida pelo mesmo órgão fracionário

O § 3º, do art. 1.043, do CPC, prevê ainda que:

Art. 1.043. [...]
[...]
§ 3º Cabem embargos de divergência quando o acórdão paradigma for da mesma turma que proferiu a decisão embargada, desde que sua composição tenha sofrido alteração em mais da metade de seus membros.

c) Comprovação e demonstração da divergência

Observado o disposto no § 4º, do art. 1.043, do CPC compete ao embargante o dever de comprovar e evidenciar, de maneira analítica e objetiva, as circunstâncias que denotam a identidade fática[17] e a discrepância de soluções jurídicas presentes no acórdão embargado e paradigma. O dissídio deve ser demonstrado a partir de outro pronunciamento do *próprio* tribunal, não sendo razoável suscitá-lo com a indicação de julgado de *outro* órgão jurisdicional. A finalidade dos embargos de divergência é resolver e uniformizar o dissenso estabelecido internamente no tribunal superior (portanto, *intramuros*). A demonstração da divergência exige reprodução de trechos das decisões, com a menção às circunstâncias que tornem assemelhados os julgados confrontados.

A ausência de demonstração do dissídio jurisprudencial, para os fins de admissão dos embargos de divergência, constitui vício *insanável*, não se aplicando o disposto no par. único do art. 932, do CPC[18]. Ao dispor que o recorrente "comprovará" a divergência com certidão, cópia ou citação de repositório oficial ou credenciado de jurisprudência, inclusive em mídia eletrônica, tem-se entendido que a omissão no atendimento dessa regra do § 4º, do art. 1.043, do CPC configura vício substancial *insanável*, afastando ainda a possibilidade de saneamento pela regra do par. único do art. 932 do CPC[19].

Por fim, exige-se que o dissenso interpretativo seja atual, contemporâneo à interposição dos embargos de divergência, pressupondo a demonstração e a comprovação da existência de acórdãos paradigmas recentes[20].

9.2. PROCEDIMENTO (CPC, ART. 1.044)

a) Interposição e processamento

A interposição dos embargos infringentes deverá ocorrer no prazo de 15 dias, conforme previsto no § 5º, do art. 1.003, do CPC. Depois de protocolado o recurso,

---

17. "A similitude fática ostenta particular relevância nos embargos de divergência, pois garante que os acórdãos embargado e paradigma apliquem entendimentos jurídicos díspares a circunstâncias fáticas iguais" (HILL, Flavia Pereira. Op. cit., p. 378).
18. STJ, AgRg nos EAREsp. 1.650.923/CE, Corte Especial, Rel. Min. Benedito Gonçalves, j. 09.03.2021, DJe 11.03.2021. No mesmo sentido: STJ, AgRg nos EDv nos EAREsp. 1.592.200/SC, 3ª Seção, Rel. Min. Ribeiro Dantas, j. 09.12.2020, *DJe* 15.12.2020.
19. STJ, AgInt nos EAREsp. 1.632.678/SP, Corte Especial, Rel. Min. Luis Felipe Salomão, j. 07.12.2021, *DJe* 15.12.2021.
20. STJ, AgInt nos EREsp 1.555.435/SP, Corte Especial, Rel. Min. Jorge Mussi, *DJe* 02.09.2020.

sortear-se-á um relator, responsável pela tarefa de realizar o juízo de admissibilidade prévio. Admitido o recurso, o recorrido será intimado para oferecer resposta. A admissão dos embargos de divergência não induz "sobrestamento de recursos sobre o mesmo tema"[21]. A atuação monocrática do relator, baseada no art. 932, do CPC, dar-se-á para os casos de indeferimento liminar dos embargos de divergência, não sendo razoável cogitar da incidência dos incisos IV e V daquele dispositivo legal, haja vista não lhe competir negar provimento ao recurso ou dar-lhe provimento, sob pena de subversão do seu objetivo final, qual seja, uniformizar a divergência jurisprudencial interna da Corte. Com o seu processamento, os embargos infringentes são incluídos em pauta. Na sessão de julgamento, a parte interessada poderá valer-se da sustentação oral (CPC, art. 937, V).

b) Efeito interruptivo

O § 1º, do art. 1.044, do CPC, consagra outra hipótese de *eficácia intersubjetiva* do efeito interruptivo recursal, dispondo que:

> Art. 1.044. [...]
> § 1º A interposição de embargos de divergência no Superior Tribunal de Justiça interrompe o prazo para interposição de recurso extraordinário por qualquer das partes.

Imprescindível, contudo, a interposição tempestiva dos embargos de divergência. Porém,

> (...) se uma das partes já tiver interposto o recurso extraordinário do acórdão que julgou o recurso especial, e o julgamento dos embargos de divergência não alterar o acórdão do STJ, não sendo providos, o recurso extraordinário já interposto será processado e julgado como se não tivesse havido embargos de divergência, e, evidentemente, sem que haja necessidade de ratificação[22].

c) Ausência de efeito suspensivo

Os embargos de divergência não possuem efeito suspensivo, mas nada impede que, presentes os pressupostos legais, a parte interessada venha a se utilizar do procedimento previsto no parágrafo único do art. 995 do CPC[23].

d) Motivação genérica

O § 5º, do art. 1.043, do CPC, foi revogado pela Lei 13.256/2016. A redação sancionada com a Lei 13.105/2015 assinalava que era "vedado ao tribunal inadmitir o recurso com base em fundamento genérico de que as circunstâncias fáticas são diferentes, sem demonstrar a existência da distinção".

---

21. STJ, AgInt no REsp 1.619.575/PR, 2ª T., Rel. Min. Francisco Falcão, *DJe* 25.04.2017.
22. WAMBIER, Teresa Arruda Alvim et al (Org.). *Primeiros comentários ao novo código de processo civil*: artigo por artigo. São Paulo: RT, 2015. p. 1.529.
23. STJ, MC 20.585/DF, 1ª Seção, Rel. Min. Regina Helena Costa, *DJe* 27.06.2022.

e) Julgamento

Se o objetivo dos embargos de divergência consiste em superar posições díspares acerca de um determinado tema que, efetivamente, veio a ocorrer entre os órgãos fracionários daquelas Cortes de vértice, poder-se-ia discutir se o colegiado que venha a julgá-los está autorizado a seguir por uma "terceira" via.

Ainda que se trate de hipótese conjectural, poder-se-ia argumentar favoravelmente à possibilidade de eleição de uma "terceira" linha de interpretação da questão controversa objeto dos embargos de divergência, com base na conjugação das regras dos artigos 927, V e 1.044 do CPC. Isto porque, o inciso V do art. 927 do diploma legal dispõe que juízes e tribunais observarão "a orientação do plenário ou do órgão especial aos quais estiverem vinculados". E, nesse sentido, parece aceitável a convergência em torno de uma nova tese que se sobreponha à divergência que existiu entre os órgãos fracionários, com vistas à pacificação *intra muros*.

Obviamente, o desconforto advindo da eleição de uma linha interpretativa *inédita* deve estar atrelado a uma forte carga argumentativa em prol de sua adoção, com a explicitação das razões que levam à *superação* da *ratio decidendi* extraída dos precedentes anteriores. E, ademais, o eventual enfoque que se pretenda imprimir à questão jurídica não deverá descuidar do princípio informativo extraído do art. 10 do CPC 2015, ao dispor que "o juiz não pode decidir, em grau algum de jurisdição, com base em fundamento a respeito do qual não se tenha dado às partes oportunidades de se manifestar...".

Por fim, é de se presumir que a tese que veio a prevalecer no julgamento dos embargos infringentes seja de observância obrigatória para os demais órgãos fracionários que compõem os Tribunais de cúpula e que possuam competência para processar e julgar a matéria (CPC 2015, art. 927, V)[24]. Tal observação aplica-se, particularmente, à situação do STJ, onde as Seções são responsáveis por dirimir temas afetos às Turmas Especializadas.

---

24. Aliás, oportuno registrar que Rodrigo Cunha Lima Freire e Vinicius Silva Lemos vislumbram os embargos de divergência como ferramenta hábil à formação de precedentes vinculantes e, de forma coerente, aventam a hipótese de suspensão de processos afins: "Ao imaginar a inserção dos embargos de divergência dentro da sistemática de formação de precedentes vinculantes, naturalmente é de se imaginar que haverá a suspensão de processos com identidade material, por mais que falte legislação autorizante para tanto. (...)" (FREIRE, Rodrigo Cunha Lima; e, LEMOS, Vinicius. Os embargos de divergência como meio de formação de precedente vinculante, In *Revista de Processo*, v. 299, p. 323-362, jan. 2020, p. 13).

Parte IX
MEIOS IMPUGNATIVOS AUTÔNOMOS

1
DA AÇÃO RESCISÓRIA

1.1. OBJETO E FINALIDADE

A ação rescisória se enquadra na categoria dos meios impugnativos autônomos. Trata-se de ação "autônoma" de impugnação, voltada à desconstituição de decisão judicial de mérito transitada em julgado. O legislador de 2015 superou a limitação outrora contida no art. 485 do CPC 1973, ao estabelecer que apenas sentenças de mérito com trânsito em julgado poderiam ser rescindidas.

Atente-se ainda que o CPC 2015 admite que o acertamento do caso seja feito de forma fracionada. Logo, é possível que surjam decisões parciais de mérito escalonadas, com aptidão para a formação de coisa julgada em fases diferentes do processo[1]. Por isso, o § 3º do art. 966 do CPC permite o emprego da ação rescisória para impugnação de "capítulos" da sentença.

Está sujeita à competência *originária* dos Tribunais. Em regra, os Tribunais julgam as ações rescisórias de seus próprios julgados e àquelas que venham a ser interpostas em face de decisões de mérito dos juízes a eles vinculados. O enunciado 249 da súmula da jurisprudência dominante do STF dispõe que aquela Corte de vértice é competente para processar e julgar a ação rescisória mesmo quando, "não tendo conhecido do recurso extraordinário, ou havendo negado provimento ao agravo, tiver apreciado a questão federal controvertida". Apesar de certa impropriedade da Súmula 249 do STF, o efeito substitutivo (CPC, art. 1.008) advindo do conhecimento do recurso representa um elemento balizador para fins de determinação da competência, com vistas ao processamento da ação rescisória. Nesse particular, tem-se ainda o Enunciado 337 do FPPC ao dispor que "a competência para processar a ação rescisória contra capítulo de decisão deverá considerar o órgão jurisdicional que proferiu o capítulo rescindendo".

É indispensável, porém, que "a questão aduzida na ação rescisória tenha sido objeto de deliberação na ação rescindenda, o que nao se confunde com exigência de

---

[1] "Admite expressamente que haja coisa julgadas formadas em momentos diferentes no mesmo processo. Portanto, a parte pode pretender rescisão de apenas um dos capítulos da decisão. Pela primeira vez, emprega o legislador expressão cujo uso era antes reservado apenas à doutrina: *capítulo da sentença*" (WAMBIER, Teresa Arruda Alvim. Da ação rescisória. In: WAMBIER, Luiz Rodrigues; WAMBIER, Teresa Arruda Alvim (Coord.). *Temas essenciais do novo CPC*: análise das principais alterações do sistema processual civil brasileiro. 2. tir. São Paulo: RT, 2016. p. 619).

prequestionamento do dispositivo legal apontado"[2]. Pela sua natureza "autônoma", não está sujeita ao requisito do prequestionamento para sua admissão[3].

Não se admite o seu emprego nos Juizados Especiais Cíveis (Lei 9.099/95, art. 59) e não se presta à impugnação de "sentença arbitral" (Enunciado 203 do FPPC).

1.2. AÇÃO ANULATÓRIA

O § 4º do art. 966 do CPC ressalva que "os atos de disposição de direitos, praticados pelas partes ou por outros participantes do processo e homologados pelo juízo, bem como os atos homologatórios praticados no curso da execução, estão sujeitos à anulação, nos termos da lei". Em tais hipóteses, o que se busca é a anulação do próprio ato jurídico praticado pelos sujeitos processuais. Por isso, "sendo a sentença meramente homologatória de acordo, incabível a ação rescisória"[4].

Caso a sentença homologatória venha adentrar no "mérito" do acordo, tem-se verdadeiro *juízo de delibação*, autorizando-se o uso da ação rescisória[5]. Da mesma forma, a 3ª Turma do STJ decidiu que "a decisão que homologa a renúncia ao direito em que se funda a ação tem natureza de sentença de mérito, desafiando, para a sua impugnação, o ajuizamento de ação rescisória"[6].

Em relação à invalidação da partilha em processos de inventário, oportuna a lembrança de Henrique Ávila, ao destacar que, o legislador assentou nos arts. 657 e 658 do CPC, que "a partilha amigável, negócio jurídico em essência, é anulável mediante ação anulatória, principalmente pela expressa e inequívoca remissão ao art. 966, § 4º (art. 657). Por sua vez, a partilha que houver de ser decidida pelo juiz é impugnável mediante ação rescisória (art. 658)"[7]. Ou seja, a ação rescisória se reserva à impugnação da partilha *julgada* por sentença transitada em julgado.

1.3. HIPÓTESES QUE DÃO ENSEJO À PROPOSITURA DE AÇÃO RESCISÓRIA

As hipóteses de cabimento são *taxativas*. O art. 966 do CPC 2015 dispõe que "a decisão de mérito, transitada em julgado, pode ser rescindida quando: I – se verificar que foi proferida por força de prevaricação, concussão ou corrupção do juiz; II – for proferida por juiz impedido ou por juízo absolutamente incompetente; III – resultar de dolo ou coação da parte vencedora em detrimento da parte vencida ou, ainda, de

---

2. STJ, REsp 1.749.812-PR, 3ª T., Rel. Min. Marco A. Bellizze, *DJe* 19.09.2019.
3. STJ, AgRg na AR 4.459-PR, 2ª Seção, Rel. Min. Luis Felipe Salomão, *DJe* 1º.02.2016.
4. STJ, AgInt no AgInt no AREsp 2.110.096-SP, 4ª T., Rel. Min. Marco Buzzi, *DJe* 29.09.2022.
5. STJ, AgRg no AREsp 2.056.635-MG, 1ª T., Rel. Min. Sérgio Kukina, *DJe* 12.03.2018.
6. STJ, REsp 1.674.240-SP, 3ª T., Rel. Min. Nancy Andrighi, j. 05.06.2018, *DJe* 05.06.2018.
7. ÁVILA, Henrique. Ação anulatória. In: WAMBIER, Luiz Rodrigues; WAMBIER, Teresa Arruda Alvim (Coord.). *Temas essenciais do novo CPC*: análise das principais alterações do sistema processual civil brasileiro. São Paulo: RT, 2016. p. 633.

simulação ou colusão entre as partes, a fim de fraudar a lei; IV – ofender a coisa julgada[8]; V – violar manifestamente norma jurídica; VI – for fundada em prova cuja falsidade tenha sido apurada em processo criminal ou venha a ser demonstrada na própria ação rescisória; VII – obtiver o autor, posteriormente ao trânsito em julgado, prova nova cuja existência ignorava ou de que não pôde fazer uso, capaz, por si só, de lhe assegurar pronunciamento favorável; VIII – for fundada em erro de fato verificável do exame dos autos".

No caso do permissivo do inciso V do art. 966 do CPC 2015, a admissibilidade da ação rescisória "pressupõe o exame pelo julgado rescindendo da norma jurídica supostamente violada"[9]. O STJ inclina-se por afirmar que "a violação a literal disposição de lei que autoriza o manejo de ação rescisória, a teor do disposto no inciso V do art. 966 do CPC de 2015, é a flagrante, teratológica"[10].

Sob a égide do CPC 1973, o STF editou o enunciado da Súmula 343 de sua jurisprudência dominante, aduzindo que "não cabe ação rescisória por ofensa a literal disposição de lei, quando a decisão rescindenda se tiver baseado em texto legal de interpretação controvertida nos tribunais". Por força da herança gravitacional deixada pelo CPC revogado, o STF apreciou o tema 136, submetido ao regime de repercussão geral, dispondo que:

> Não cabe ação rescisória quando o julgado estiver em harmonia com o entendimento firmado pelo Plenário do Supremo à época da formalização do acórdão rescindendo, ainda que ocorra posterior superação do precedente.

Ainda no tocante à hipótese de *violação manifesta*, o § 5º do art. 966 do CPC autoriza o cabimento da ação rescisória, com fundamento no inciso V do *caput* desse artigo, "contra decisão baseada em enunciado de súmula ou acórdão proferido em julgamento de casos repetitivos que não tenha considerado a existência de distinção entre a questão discutida no processo e o padrão decisório que lhe deu fundamento". Entretanto, no julgamento da AR 2.297, ocorrido em 03.03.2021, firmou-se a orientação em prol da prevalência da coisa julgada, apontando-se que eventual mudança circunstancial de entendimento por parte da Corte Superior, não deve retroagir em desabono da decisão rescindenda[11].

Por sua vez, o inciso VII do art. 966 do CPC vigente autoriza a propositura de ação rescisória fundada em "prova nova cuja existência ignorava ou de que não pôde fazer uso, capaz, por si só, de lhe assegurar pronunciamento favorável". A redação suplanta o conceito *reducionista* de "documento novo" disposto no art. 485, VII, do CPC revogado.

---

8. "(...) A pretensão rescisória, fundada em violação da coisa julgada, tem aplicabilidade quando se busca desconstituir uma segunda coisa julgada sobre o mesmo objeto litigioso" (STJ, AR 6.751-DF, 1ª Seção, Rel. Min. Gurgel de Faria, j. 04.04.2024, *DJe* 16.04.2024).
9. STF, Ar 2.643 Agr-RS, Pleno, Rel. Min. Dias Toffoli, j. 07.05.2018, *DJe* 28.05.2018.
10. STJ, AgInt REsp 1.893.539-MT, Rel. Min. Marco Buzzi, *DJe* 16.12.2020.
11. STF, Ar. 2.297, Pleno, Rel. Min. Edson Fachin, j. 03.03.2021, *DJe* 21.05.2021.

Assim, consoante Enunciado 602 do FPPC, "a prova nova apta a embasar ação rescisória pode ser produzida ou documentada por meio do procedimento de produção antecipada de provas". Além disso, o Enunciado 656 do FPPC salienta ainda que "a expressão 'prova nova' do inciso VII do art. 966 do CPC/2015 engloba todas as provas típicas e atípicas"[12]. Por força da nova diretriz, o STJ decidiu que "qualquer modalidade de prova, inclusive a testemunhal, é apta a amparar o pedido de desconstituição do julgado rescindendo"[13].

A respeito do último inciso do rol retrotranscrito, o § 1º do art. 966 do CPC acrescenta que "há erro de fato quando a decisão rescindenda admitir fato inexistente ou quando considerar inexistente fato efetivamente ocorrido, sendo indispensável, em ambos os casos, que o fato não represente ponto controvertido sobre o qual o juiz deveria ter se pronunciado"[14]. Aliás, nesse particular, o STF firmou precedente apontando que "o erro de fato não pode representar equívoco de apreciação ou valoração da prova, mormente por ser insuscetível de apreciação em ação dessa natureza, tendo em vista que não se pode buscar o simples rejulgamento da causa, por inconformismo com a decisão rescindenda"[15].

1.4. DECISÕES RESCINDÍVEIS QUE NÃO VERSAM SOBRE MÉRITO

Enquanto o *caput* do art. 966 do CPC aponta para as decisões de mérito transitadas em julgado, podem subsistir situações excepcionais de pronunciamentos judiciais que não se enquadram nessa acepção, mas que ainda assim não permitem a reproposituração da demanda. Poder-se-ia argumentar com o pronunciamento que venha a extinguir o processo sem resolução de mérito por suposta ilegitimidade ativa. Isto porque, "apesar de o art. 485 do Novo CPC admitir a repropositura de ação na hipótese de extinção do processo por sentença terminativa, o § 1º condiciona essa repropositura ao saneamento do vício ou correção do erro em diversas espécies de sentença terminativa"[16].

Por isso, o § 2º do art. 966 do CPC dispõe que, observadas as hipóteses que dão ensejo à ação rescisória, "será rescindível a decisão transitada em julgado que, embora não seja de mérito, impeça: I – nova propositura da demanda; ou II – admissibilidade do recurso correspondente".

Assim, Teresa Arruda Alvim observa que "*a decisão que inadmite recurso não é de mérito* e, portanto, à luz do CPC/1973, não poderia, rigorosamente, ser impugnada pela ação rescisória. Também não transita, propriamente, em julgado. Às vezes, todavia, está *errada*, e impede o acesso ao órgão jurisdicional que seria o competente para julgar

---

12. Vide, nesse sentido, o Tema 586 dos Recursos Repetitivos do STJ.
13. STJ, REsp 1.770.123-SP, 3ª T., Rel. Min. Ricardo Villas Bôas Cueva, *DJe* 02.04.2019.
14. "(...) indispensável não ter havido controvérsia nem pronunciamento judicial sobre tal fato, sob pena de se admitir a rescisória como vedado sucedâneo recursal com prazo de dois anos" (STJ, AgInt no REsp 2.102.447-SP, 1ª T., Rel. Min. Regina Helena Costa, *DJe* 11.04.2024).
15. STF, Ar. 2.206 Ag./PA, Pleno, Rel. Min. Edson Fachin, j. 22.10.2018, *DJe* 30.10.2018.
16. NEVES, Daniel Amorin Assumpção. *Novo CPC*: Código de Processo Civil – Lei 13.105/2015. São Paulo: Método, 2015. p. 491.

o recurso. É esta decisão que o NCPC torna rescindível: a *que obsta o conhecimento do recurso*"[17].

1.5. LEGITIMAÇÕES ATIVA E PASSIVA EM MATÉRIA DE AÇÃO RESCISÓRIA

a) Legitimação ativa para a propositura de ação rescisória

O art. 967 do CPC dispõe que são legitimados à propositura da ação rescisória (i) quem foi parte no processo ou o seu sucessor a título universal ou singular (inciso I[18]); (ii) o terceiro juridicamente interessado (inciso II)[19]; (iii) o Ministério Público: a) se não foi ouvido no processo em que lhe era obrigatória a intervenção; b) quando a decisão rescindenda é o efeito de simulação ou de colusão das partes, a fim de fraudar a lei; c) em outros casos em que se imponha sua atuação (hipóteses do inciso III); e, por fim, (iv) aquele que não foi ouvido no processo em que lhe era obrigatória a intervenção (inciso IV). Essa última hipótese é reputada uma das maiores novidades do sistema rescisório extraído do CPC 2015.

b) Legitimação passiva em matéria de ação rescisória

No tocante à legitimidade passiva *ad causam*, o STJ decidiu que, tratando-se de ação rescisória com objetivo de se rescindir sentença proferida em investigação de paternidade, dar-se-á o seu ajuizamento apenas em face dos herdeiros do pretenso genitor biológico pré-morto (e não em face do espólio), sendo "legitimados passivos os sucessores do pretenso genitor biológico, na medida em que são eles as pessoas aptas a suportar as pretensões rescindente e rescisória deduzidas pelos supostos filhos"[20]. No julgado em questão, foi assentado que o espólio não é parte legítima para responder à ação rescisória em que se pleiteia a rescisão da sentença e o rejulgamento da ação investigatória de paternidade *post mortem*, não se tratando de pretensão veiculada propriamente contra o ente despersonalizado que apenas titulariza a universalidade jurídica nominada como herança, até que se efetive a partilha dos bens.

Ainda em matéria de legitimidade *passiva*, a jurisprudência do STJ pacificou uma discussão relevante, que surgiu a partir da destinação exclusiva dos honorários advocatícios sucumbenciais, reputando "desnecessária a inclusão dos causídicos no polo passivo de demandas rescisórias, quando os próprios honorários de sucumbência não

---

17. WAMBIER, Teresa Arruda Alvim. Da ação rescisória. In: WAMBIER, Luiz Rodrigues; WAMBIER, Teresa Arruda Alvim (Coord.). *Temas essenciais do novo CPC*: análise das principais alterações do sistema processual civil brasileiro. São Paulo: RT, 2016. p. 619.
18. O STJ decidiu que "o espólio tem legitimidade para propor ação que busca a declaração de invalidade de negócio jurídico de doação voltada, em última análise, à reversão dos bens ao acervo hereditário" (STJ, REsp 1.710.406-AL, 3ª T., Rel. Min. Ricardo Villas Bôas Cueva, j. 04.12.2018, *DJe* 07.12.2018).
19. Mas "o interesse capaz de conferir legitimidade ao terceiro é apenas o jurídico, e não o meramente econômico" (STJ, EDcd no REsp 1.844.690-CE, 3ª T., Rel. Min. Villas Boas Cueva, j. 15.03.2023, *DJe* 19.05.2023).
20. STJ, REsp 1.667.576-PR, 3ª T., Rel. Min. Nancy Andrighi, j. 10.09.2019, *DJe* 13.09.2019.

são o objeto do pedido rescindendo, pois os advogados não teriam vínculo jurídico com o objeto litigioso, mas apenas interesse reflexo na manutenção do julgado"[21]. Com substrato na posição do STJ, conclui-se que "o advogado em favor de quem foram arbitrados honorários sucumbenciais na ação rescindenda é parte ilegítima para figurar no polo passivo da ação rescisória"[22]. Ou seja, "a desconstituição do capítulo dos honorários pela via da ação rescisória demanda pedido rescindente fundamentado em vício específico do capítulo dos honorários, uma vez que, após o trânsito em julgado, a condenação ao pagamento de honorários ganha autonomia em relação ao mérito da demanda"[23].

Questão interessante decorre da condição do *substituto* processual que, na condição de único proponente da ação originária, por força de legitimação extraordinária que lhe foi conferida, "será ele réu na ação rescisória"[24], dispensando formação de litisconsórcio necessário com os substituídos.

Por fim, cabe destacar que "a regularização do polo passivo da ação rescisória, mediante a citação dos litisconsortes necessários, deve ser realizada antes do decurso do prazo decadencial, sob pena de extinção da rescisória sem resolução de mérito"[25]. Em outro julgado, o STJ assentou que "a admissibilidade de modificações no polo passivo, seja para inclusão de litisconsortes passivos necessários, seja para a substituição de parte ilegítima, deve ser realizada, obrigatoriamente, até o escoamento do prazo bienal para o ajuizamento da ação rescisória, sob pena de se operar a decadência"[26].

1.6. REQUISITOS ESPECÍFICOS PARA SUA PROPOSITURA

Conforme previsão do art. 968 do CPC, "a petição inicial será elaborada com observância dos requisitos essenciais do art. 319, devendo o autor: I – cumular ao pedido de rescisão, se for o caso, o de novo julgamento do processo; II – depositar a importância de cinco por cento sobre o valor da causa, que se converterá em multa caso a ação seja, por unanimidade de votos, declarada inadmissível ou improcedente".

Ou seja, por força do inciso I do art. 968 do CPC, pode-se concluir que toda ação rescisória envolverá o chamado *juízo rescindente*, voltado à desconstituição da decisão transitada em julgado. Em contrapartida, a formulação do *juízo rescisório* é uma *faculdade* do proponente da ação rescisória que, nesse particular, poderá nortear-se pela cumulação eventual e sucessiva dos pedidos.

---

21. STJ, AgInt nos REsp 1.645.421-SC, 2ª T., Rel. Min. Og Fernandes, j. 22.10.2019, *DJe* 29.10.2019.
22. STJ, AgInt. no AREsp 1.158.413-RS, 3ª T., Rel. Min. Marco Aurélio Bellizze, j. 05.06.2018, *DJe* 15.06.2018.
23. STJ, REsp 1.457.328-SC, 3ª T., Rel. Min. Paulo de Tarso Sanseverino, j. 26.06.2018, *DJe* 29.06.2018. A questão restou pacificada a partir do julgamento da AR 5.160 (STJ, AR 5.160, 2ª Seção, Rel. Min. Paulo de Tarso Sanseverino, j. 28.02.2018, *DJe* 18.04.2018).
24. STJ, AgInt no REsp 1.657.041-CE, 1ª T., Rel. Min. Benedito Gonçalves, *DJe* 30.05.2019.
25. STJ, AgInt no Tp 1009-AM, 3ª T., Rel. Min. Paulo de Tarso Sanseverino, j. 12.12.2017, *DJe* 1º.02.2018.
26. STJ, REsp 1.667.576-PR, 3ª T., Rel. Min. Nancy Andrighi, j. 10.09.2019, *DJe* 13.09.2019.

Aliás, ainda no tocante aos requisitos da petição inicial, em matéria de ação rescisória, o valor da causa deve corresponder ao que foi atribuído na demanda originária, o qual, por sua vez, deverá ser corrigido monetariamente. Entretanto, "na hipótese de discrepância entre o valor da causa originária e o benefício econômico buscado na ação rescisória, este último deve prevalecer"[27]. Em precedente diverso, o STJ acrescentou ainda que "o que prepondera para fins de fixação do valor da causa na ação rescisória é o proveito econômico pretendido com o ajuizamento da demanda, aferível a partir do pedido que nela foi formulado, não importando se quem a propôs fará jus, excepcionalmente, a apenas uma parte desse benefício"[28].

O inciso II do art. 968 do CPC diz respeito à exigência do depósito prévio de 5% (cinco por cento) do valor da causa, erigido como verdadeiro requisito de procedibilidade da ação rescisória. O valor depositado será convertido em multa caso a ação rescisória venha a ser declarada inadmissível ou improcedente por unanimidade de votos[29]. Por força do § 1º do art. 968 do CPC, o disposto no inciso II não é aplicável à "União, aos Estados, ao Distrito Federal, aos Municípios, às suas respectivas autarquias e fundações de direito público, ao Ministério Público, à Defensoria Pública e aos que tenham obtido o benefício de gratuidade da justiça"[30]. O art. 24-A da Lei 9.028/95 dispõe sobre semelhante isenção concedida aos processos judiciais em que for parte o Fundo de Garantia do Tempo de Serviço – FGTS e a pessoa jurídica que lhe represente em Juízo ou fora dele. Entretanto, à guisa de não inviabilizar a utilização da via rescisória, o § 2º do art. 968 do CPC impõe que o depósito em questão estará limitado ao teto de 1.000 (mil) salários-mínimos. O exigência legal diz respeito ao depósito de dinheiro em espécie, não se admitindo outros meios de garantia[31].

1.7. PROCESSAMENTO

Com a distribuição da ação rescisória, ainda que reconhecida a incompetência do tribunal para julgá-la, "o autor será intimado para emendar a petição inicial, a fim

---

27. STJ, Petição 10.943-DF, Segunda Seção, Rel. Min. Paulo de Tarso Sanseverino, j. 26.04.2017, *DJe* 09.05.2017.
28. STJ, REsp 1.811.781-MS, 3ª T., Rel. Min. Nancy Andrighi, j. 18.02.2020, *DJe* 20.02.2020.
29. "(...) 3. O depósito previsto no inciso II do art. 188 do CPC de 1973 – vigente à época da propositura da ação – e mantido no novel Código de Processo Civil no art. 968, II –, por se reverter em multa a favor do réu nas hipóteses em que a ação rescisória é julgada inadmissível ou improcedente por unanimidade de votos, ostenta nítido caráter sancionatório e tem por escopo desestimular o ajuizamento temerário de ações rescisórias, constituindo instrumento repressivo ao abuso no exercício do direito de ação. Assim, a concessão da gratuidade de justiça não exonera o autor do pagamento dessa quantia ao réu, consoante expressa previsão no parágrafo 4º do art. 98 do CPC de 2015" (STJ, AR 4.522-RS, Segunda Seção, Rel. Min. Luis Felipe Salomão, j. 24.05.2017, *DJe* 02.08.2017).
30. Oportuno acrescentar que "a concessão da assistência judiciária gratuita, por compor a integralidade da tutela jurídica pleiteada, comporta eficácia para todos os atos processuais, em todas as instâncias, alcançando, inclusive, as ações incidentais ao processo de conhecimento, os recursos, as rescisórias, assim como o subsequente processo de execução e eventuais embargos à execução, independentemente de novo pedido" (STJ, AgRg nos EAREsp 86.915/SP, Rel. Min. Raul Araújo, Corte Especial, *DJe* 04.03.2015).
31. STJ, REsp 1.871.477-RJ, 4ª T., Rel. Marco Buzzi, j. 13.12.2022, *DJe* 16.02.2023.

de adequar o objeto da ação rescisória" (CPC, art. 968, § 5º)[32]. Assim, em tais situações, "após a emenda da petição inicial, será permitido ao réu complementar os fundamentos de defesa, e, em seguida, os autos serão remetidos ao tribunal competente" (CPC, art. 968, § 6º).

Além dos casos previstos no art. 330 do CPC, a petição inicial será indeferida quando não efetuado o depósito exigido pelo inciso II do *caput* deste artigo (CPC, art. 968, § 3º)[33]. A técnica de julgamento pela improcedência liminar do pedido aplica-se à ação rescisória (CPC, art. 968, § 4º).

Admitido o seu processamento, "o relator ordenará a citação do réu, designando-lhe prazo nunca inferior a 15 (quinze) dias nem superior a 30 (trinta) dias para, querendo, apresentar resposta, ao fim do qual, com ou sem contestação, observar-se-á, no que couber, o procedimento comum" (CPC, art. 970). Em matéria de ação rescisória, costuma-se afirmar que a *revelia* não induz a presunção de veracidade dos fatos, eis que o *judicium rescindens* é indisponível, impondo-se preservar a coisa julgada[34].

O art. 971 do CPC disciplina o procedimento de escolha do relator, sendo conveniente que essa escolha recaia, sempre que possível, na pessoa de juiz que não tenha participado do julgamento rescindendo.

Por sua vez, o art. 972 do CPC prevê um mecanismo de delegação da atividade probatória, ao dispor que "o relator poderá delegar a competência ao órgão que proferiu a decisão rescindenda, fixando prazo de 1 (um) a 3 (três) meses para a devolução dos autos". Porém, o Enunciado 340 do FPPC assinada que "observadas as regras de distribuição, o relator pode delegar a colheita de provas para juízo distinto do que proferiu a decisão rescindenda". Concluída a instrução, as partes serão intimadas para oferecimento de razões finais (CPC, art. 973). Entretanto, a despeito da regra dos artigos 972 e 973 do CPC, observadas as formalidades intrínsecas ao aperfeiçoamento da fase postulatória, parece não haver óbice para que a ação rescisória venha a ser julgada sob o regime do julgamento conforme o estado do processo, na forma prescrita pelos artigos 354 e 356 do Diploma processual atual, o que, diga-se de passagem, já era admitido sob a vigência do CPC revogado[35].

Oportuno consignar que "a propositura da ação rescisória não impede o cumprimento da decisão rescindenda, ressalvada a concessão de tutela provisória" (CPC, art. 969). Porém, esse tipo de tutela de urgência "é de natureza excepcionalíssima em razão da presunção de legitimidade das decisões judiciais e da preservação da coisa julgada"[36].

Por fim, embora o CPC 2015 tenha suprimido a figura do revisor, não o fez quanto ao art. 40 da Lei 8.038/1990, "que permanece em vigor e, por isso, as ações rescisórias

---

32. STJ, REsp 1.811.781-MS, 3ª T., Rel. Min. Nancy Andrighi, j. 18.02.2020, *DJe* 20.02.2020.
33. STJ, AgInt na AR 6.206-PE, 1ª Seção, Rel. Min. Og Fernandes, j. 13.05.2020, *DJe* 05.08.2020.
34. STJ, AgRg na AR 3.867-PE, 2ª Seção, Rel. Min. Marco Buzzi, *DJe* 19.11.2014.
35. STJ, AgInt. no AREsp 814.653-ES, Rel. Min. Ricardo Villas Bôas Cueva, j. 1º.09.2016, *DJe* 15.09.2016.
36. STJ, AgInt na AR 7.511-DF, 2ª Seção, Rel. Min. João Otávio de Noronha, *DJe* 1º.09.2023.

processadas e julgadas originalmente no Superior Tribunal de Justiça continuam a submeter-se a tal fase procedimental"[37].

1.8. EFEITOS DO JULGAMENTO

O art. 974 do CPC dispõe que, ao julgar procedente o pedido, "o tribunal rescindirá a decisão, proferirá, se for o caso, novo julgamento e determinará a restituição do depósito a que se refere o inciso II do art. 968". Assim, o pedido de rescisão assume caráter "desconstitutivo", com eficácia retroativa (*ex tunc*), porém, o pedido eventual de rejulgamento do caso poderá assumir natureza diversa.

Se o pedido for julgado improcedente ou inadmissível, de forma unânime, "o tribunal determinará a reversão, em favor do réu, da importância do depósito, sem prejuízo do disposto no § 2º do art. 82" (CPC, art. 974, parágrafo único)[38]. Porém, "extinta a ação rescisória, por indeferimento da petição inicial, sem apreciação do mérito, por meio de deliberação monocrática"[39], facultar-se-á o levantamento do depósito judicial.

1.9. PRAZO DECADENCIAL PARA SUA PROPOSITURA

O art. 975 do CPC dispõe que "o direito à rescisão se extingue em 2 (dois) anos contados do trânsito em julgado da última decisão proferida no processo". Trata-se de *prazo decadencial*, não sujeito à interrupção ou suspensão. Não se tratando de prazo processual, não há que se cogitar das regras excepcionais que favorecem a Fazenda Pública, Ministério Público, Defensoria etc.[40]. Porém, o art. 8º-C da Lei 6.739/79 assinala prazo de 8 (oito) anos para emprego de rescisória em relação a processos que "digam respeito a transferência de terras públicas".

Oportuno acrescentar que o termo *a quo* para o ajuizamento da ação rescisória coincide com a data do trânsito em julgado da decisão rescindenda. O trânsito em julgado, por sua vez, se dá no dia imediatamente subsequente ao último dia do prazo para o recurso em tese cabível. Para fins de cômputo do termo *a quo*, oportuno consignar que o STJ considerou irrelevante o fato de que, supostamente, os patronos da parte interessada não foram "pessoalmente cientificados do trânsito em julgado do acórdão"[41] rescindendo.

---

37. STJ, AR 5.241-DF, Corte Especial, Rel. Min. Mauro Campbell Marques, j. 05.04.2017, *DJe* 12.05.2017.
38. "(...) 1. A dispensa, por força do deferimento parcial do benefício da gratuidade de justiça, do recolhimento prévio do depósito de 5% (cinco por cento) sobre o valor da causa – concebido como condição de procedibilidade ao ajuizamento da ação rescisória –, não exime o autor da ação de responder pela sanção processual prevista no inciso II do art. 968 do CPC/2015, na eventualidade de a presente pretensão rescisória vir a ser julgada improcedente ou inadmissível, por unanimidade de votos. (...)" (STJ, AR 6.158-DF, 2ª Seção, Rel. Min. Moura Ribeiro, j. 27.10.2021, *DJe* 05.11.2021).
39. STJ, AgInt na AR 7.237-DF, 2ª Seção, Rel. Min. Marco Buzzi, j. 10.08.2022, *DJe* 18.08.2022.
40. Vide, nesse sentido, a Medida Cautelar concedida na ADI 1.753 (STF, Rel. Min. Sepúlveda Pertence, DJ 28.04.1998).
41. STJ, AgInt. na AR 5.869-BA, Primeira Seção, Rel. Min. Sérgio Kukina, j. 22.02.2018, *DJe* 02.03.2018.

Apesar do *caput* do art. 975 do CPC fazer menção ao "trânsito em julgado da última decisão proferida no processo", isso não resolve de forma cabal o emprego de ação rescisória contra eventual pronunciamento *parcial* de mérito. Isto porque, para Daniel Amorim A. Neves:

> (...) é possível interpretar o dispositivo no sentido de que o termo inicial não impede que a parte ingresse antes disso com a ação rescisória, de forma que o prazo para o ingresso de tal ação seria no máximo até dois anos após o trânsito em julgado da última decisão proferida no processo, mas seu termo inicial na realidade seria o trânsito em julgado da decisão interlocutória de mérito[42].

Aliás, em 07.10.2009, sob a égide do CPC revogado, o STJ aprovou o enunciado da Súmula 401 de sua jurisprudência dominante, dispondo que "o prazo decadencial da ação rescisória só se inicia quando não for cabível qualquer recurso do último pronunciamento judicial". Entretanto, paulatinamente o STF passou a divergir desse posicionamento adotado pelo STJ. Assim, para o Supremo Tribunal Federal, a interposição de recursos inadmissíveis não obstava "o transcurso do prazo decadencial para a propositura de ação rescisória"[43]. Porém, nos dizeres da 2ª Turma do STJ, ao abrir tal divergência, o Supremo Tribunal Federal jamais o fez como "guardião da interpretação da Constituição Federal, mas sim na análise do conhecimento da ação rescisória"[44].

Mais recentemente, o STJ firmou a orientação de que "para a propositura da ação rescisória, não é necessário o esgotamento de todos os recursos cabíveis"[45]. Por isso, segundo posição doutrinária mais conservadora, à luz do CPC 2015, "o termo inicial para a propositura de cada uma das rescisórias será o momento do trânsito em julgado de cada decisão rescindenda, extinguindo-se o direito à rescisão dois anos após, independente do fim do processo"[46]. Em julgado mais recente, STJ reafirmou que "o direito de propor a rescisória extingue-se em 02 (dois) anos, contados do trânsito em julgado da última decisão proferida nos autos"[47].

Além disso, o § 1º do art. 975 do CPC ressalva que "prorroga-se até o primeiro dia útil imediatamente subsequente o prazo a que se refere o *caput*, quando expirar durante férias forenses, recesso, feriados ou em dia em que não houver expediente forense". A inspiração resultou do tema 552 dos recursos especiais repetitivos, eis que o STJ assentou que "o termo final do prazo para o ajuizamento da ação rescisória, embora decadencial, prorroga-se para o primeiro dia útil subsequente, se recair em dia de não funcionamento da secretaria do Juízo competente"[48].

---

42. NEVES, Daniel Amorin Assumpção. *Novo Código de Processo Civil* – Lei 13.105/2015. São Paulo: Método, 2015, p. 497.
43. STF, Ar. 2.417 AgR, Pleno, Rel. Min. Roberto Barroso, j. 24.02.2017, *DJe* 11.04.2017.
44. STJ, REsp 1.885.365 PA, 2ª T., Rel. Min. Og. Fernandes, j. 18.05.2021, *DJe* 25.05.2021.
45. STJ, AR 5.593-RS, 2ª Seção, Re. Min. Nancy Andrighi, Rel. p/ Acórdão Min. Luis Felipe Salomão, j. 09.10.2019, *DJe* 15.10.2019.
46. CASTELO, Fernando Alcantara. *Coisa julgada parcial e ação rescisória*. Curitiba: Juruá, 2021. p. 143.
47. STJ, AgInt no AREsp 2.077.502 SP, 1ª T., Rel. Min. Regina Helena Costa, *DJe* 22.03.2024.
48. STJ, Corte Especial, REsp 1.112.864/MG, Rel. Min. Laurita Vaz, *DJe* 17.12.2014.

O § 2º do art. 975 do CPC contempla uma exceção ao critério de contagem do trânsito em julgado da última decisão, ao dispor que, caso a ação rescisória venha a ser proposta com base no inciso VII do art. 966, "o termo inicial do prazo será a data de descoberta da prova nova, observado o prazo máximo de 5 (cinco) anos, contado do trânsito em julgado da última decisão proferida no processo". Além disso, o § 3º do art. 975 do CPC ainda assinala que "nas hipóteses de simulação ou de colusão das partes, o prazo começa a contar, para o terceiro prejudicado e para o Ministério Público, que não interveio no processo, a partir do momento em que têm ciência da simulação ou da colusão".

Outras situações excepcionais para fins de fluência do prazo bienal estão presentes nos arts. 525, § 15, e 535, § 8º, do CPC, alusivos ao cabimento de ação rescisória por força da declaração de inconstitucionalidade de lei ou ato normativo proferida pelo STF em controle concentrado ou difuso, ou ainda de decisão de mérito fundada em interpretação tida como incompatível com a Constituição Federal. Em ambos os casos, o prazo de 02 (dois) anos para propositura da ação rescisória será contado do trânsito em julgado da decisão proferida pelo STF.

Por fim, cabe salientar que o STF reputou válida a propositura de ação civil pública para discutir a dominialidade de certo bem expropriado, ainda que expirado o prazo bienal para ajuizamento de ação rescisória. A decisão foi tomada em regime de repercussão geral (tema 858)[49].

---

49. No julgamento do RE 1.010.819, foi assentada a seguinte tese: "I – O trânsito em julgado de sentença condenatória proferida em ação desapropriatória não obsta a propositura de Ação Civil Pública em defesa do patrimônio público, para discutir a dominialidade do bem expropriado, ainda que já se tenha expirado o prazo para a Ação Rescisória" (STF, RE 1.010.819, j. 26.05.2021, Rel. para acórdão Min. Alexandre de Moraes).

2
DA RECLAMAÇÃO

2.1. A RECLAMAÇÃO CONSTITUCIONAL E O MECANISMO IMPUGNATIVO PREVISTO PELO CPC DE 2015

No Brasil, a *reclamação constitucional* surgiu atrelada à teoria dos poderes *implícitos*, absorvida do constitucionalismo norte-americano. Apesar de certas analogias com a figura da correição parcial[1], o instituto foi idealizado com o objetivo de resguardar a eficácia dos pronunciamentos da Corte Suprema, garantindo suas prerrogativas constitucionais.

Com o advento da Constituição de 1988, o seu cabimento foi *nivelado* para fins de preservação da autoridade das decisões do STF (CF/88, art. 102, I, letra *l*) e ainda do STJ (CF/88, art. 105, I, letra *f*), restando contemplada no rol das competências originárias dessas Cortes. A Lei 8.038/1990 regulamentou o emprego da reclamação perante os Tribunais Superiores[2]. A EC 45/2004, ao seu turno, estendeu-lhe o uso para eventuais hipóteses de inobservância do conteúdo de súmula vinculante (CF/88, art. 103-A, § 3º). Ao imprimir nova redação ao art. 111-A da Constituição da República, a EC 92/2016 também estendeu ao Tribunal Superior do Trabalho a competência para "processar e julgar, originariamente, a reclamação para a preservação de sua competência e garantia de autoridade de suas decisões".

Ou seja, diante do comportamento recalcitrante de certos escalões do Judiciário quanto à observância dos precedentes e das decisões proferidas no contencioso constitucional, instituiu-se o manuseio da *reclamação constitucional* com objetivo precípuo de preservar a autoridade das Cortes Superiores[3], afastando-a de outros institutos com nomenclatura similar[4].

---

[1]. Ao tratar da mudança realizada no Regimento Interno do STF, em 02.10.1957, Egas Dirceu Moniz de Aragão destacou que: "No Supremo Tribunal Federal, também, recentemente, sob o nome de reclamação, foi introduzida a correição parcial com a finalidade precípua de coibir a interferência da justiça local em suas decisões" (ARAGÃO, Egas Dirceu Moniz de. *A correição parcial*. Curitiba: Editora Litero-Técnica, 1958, p. 108).

[2]. Porém, o inciso IV, do art. 1.072, do CPC/2015 revogou, expressamente, os dispositivos correlatos da Lei 8.038/1990.

[3]. Teori Albino Zavascki defendia que a reclamação poderia ser considerada a nota distintiva entre o efeito vinculante e a eficácia *erga omnes*: "Há dificuldade em estabelecer, com precisão, o que é efeito vinculante e o que o diferencia da eficácia *erga omnes*. É que, conforme anotou o Ministro Moreira Alves, 'a eficácia contra todos ou *erga omnes* já significa que todos os juízes e tribunais, inclusive o Supremo Tribunal Federal, estão vinculados ao pronunciamento judicial'. Nos países da Europa em que tais institutos são adotados, considera-se o efeito vinculante uma qualidade da sentença que vai além das suas eficácias comuns (*erga omnes*, coisa julgada,

Com a vigência do CPC de 2015, as hipóteses de cabimento do instituto foram ampliadas, alcançando, inclusive, a defesa da competência e autoridade dos Tribunais de 2º grau[5].

2.2. A EVOLUÇÃO JURISPRUDENCIAL EM MATÉRIA DE LEGITIMIDADE PARA SUA DEFLAGRAÇÃO

Apesar de consagrada como meio expedito para garantia das decisões das Cortes Superiores, ao menos em um primeiro momento a reclamação passou a ser aceita no STF apenas em proveito dos órgãos com legitimidade *ativa* para o desencadeamento do controle *concentrado*. Com isso, os demais possíveis interessados na prevalência da decisão exarada no contencioso constitucional foram, de certa forma, alijados do seu emprego e, por via de consequência, a eficácia *erga omnes* estava mais imbuída de traços *retóricos* do que propriamente alcance prático.

Entretanto, por ocasião do julgamento da Reclamação 397 (*DJU* 21.05.1993)[6]:

(...) o Supremo Tribunal Federal passou a decidir que poderiam ajuizar reclamação aqueles entes e órgãos que, apesar de não terem sido parte na ADIN em cuja decisão fundamenta-se a reclamação, fossem titulares de legitimidade concorrente para requerer ação idêntica, entendimento este consolidado pela EC 3/93, que introduziu no sistema de controle abstrato de constitucionalidade de lei ou de atos normativos

---

efeito preclusivo), 'uma peculiar força obrigatória geral', uma 'qualificada força de precedente', variável em cada sistema, extensivo, em alguns deles, ao próprio legislador. É esse o sentido que melhor se adapta ao sistema brasileiro: o efeito vinculante confere ao julgado uma força obrigatória qualificada, com a consequência processual de assegurar, em caso de recalcitrância dos destinatários, a utilização de um mecanismo executivo – a reclamação – para impor o seu cumprimento" (ZAVASCKI, Teori Albino. *Eficácia das sentenças na jurisdição constitucional*. São Paulo: RT, 2001, p. 51).

4. Essa reclamação "passou a receber, por iniciativa de MARCELO NAVARRO, esta adjetivação de *constitucional*, para distingui-la das demais 'reclamações' previstas em outras normas jurídicas, como, por exemplo, a reclamação trabalhista (CLT, art. 764), a reclamação no caso de presa, extravio de mercadorias e avarias (Código Comercial, art. 664), reclamação de qualquer do povo para alterar a decisão dos jurados (art. 439 do Código de Processo Penal), ou a reclamação em matéria eleitoral (Código Eleitoral, art. 121). E, mesmo no Supremo Tribunal Federal, as reclamações relativas às atas das sessões de julgamento, previstas no Regimento Interno" (REIS, Palhares Moreira. *Reclamação constitucional e súmula vinculante*. Brasília: Editora Consulex, 2010, p. 34-35).

5. "Com isso, o NCPC pretendeu por uma pá de cal em discussão doutrinária e jurisprudencial a respeito do cabimento da reclamação fora das hipóteses previstas expressamente na Constituição Federal, tornando-se, agora, instrumento processual de aplicabilidade geral por todos os Tribunais brasileiros" (SPADONI, Joaquim Felipe. Reclamação. In: WAMBIER, Luiz Rodrigues; WAMBIER, Teresa Arruda Alvim (Coord.). *Temas essenciais do novo CPC: análise das principais alterações do sistema processual civil brasileiro*. São Paulo: RT, 2016, p. 512).

6. "Ementa: Reclamação – Garantia da autoridade de decisão proferida pelo Supremo Tribunal Federal em ação direta de inconstitucionalidade – Excepcionalidade do seu cabimento – ausência de legitimidade ativa – Pedido não conhecido. (...) A expressão 'parte interessada', constante da Lei 8.038/90, embora assuma conteúdo amplo no âmbito do processo subjetivo, abrangendo, inclusive, os terceiros juridicamente interessados, deverá no processo objetivo de fiscalização normativa abstrata, limitar-se apenas aos órgãos ativa ou passivamente legitimados a sua instauração (CF, art. 103). Reclamação que não é de ser conhecida, eis que formulada por magistrados, estranhos ao rol taxativo do art. 103 da Constituição" (STF, Pleno, Recl 397, Rel. Min. Celso de Mello, *DJ* 21.05.1993).

federais a ação declaratória de constitucionalidade, a cujas decisões são atribuídos efeitos vinculantes (CF, art. 102, I, 'a', e § 2º)[7].

Posteriormente, com o advento da Lei 9.868/99, o STF alargou o cabimento da reclamação constitucional, admitindo o seu emprego em favor de todos aqueles que possam se deparar com decisões contrárias ao entendimento sufragado pela Corte Suprema. Desde então, observou-se, ainda, discussão paralela acerca de seu emprego, atrelada aos limites objetivos da coisa julgada. Discutia-se se a reclamação se voltava à preservação dos *fundamentos* determinantes da decisão *negligenciada*, ou apenas em proveito da parte *dispositiva* do comando decisório.

O CPC de 2015 revogou os dispositivos da Lei 8.038/90, que tratavam da reclamação (arts. 13 a 18). Com isso, o seu emprego passou a ser regulado pelos arts. 988 a 993 do CPC vigente, com ênfase, em tese, para a defesa dos precedentes de observância obrigatória. Por isso, a reclamação pode ser formulada pela parte interessada[8] ou ainda pelo Ministério Público (CPC, art. 988, *caput*). No caso de ato contrário a enunciado de súmula vinculante, dar-se-ia o seu emprego por todos aqueles que se sintam atingidos pelo desrespeito ao posicionamento externado pelo Supremo Tribunal Federal.

2.3. NATUREZA JURÍDICA DA RECLAMAÇÃO

Muito já se discutiu acerca da natureza jurídica da *reclamação*[9]. Porém, cabe advertir que a sua conformação jurídica não pode assumir uma condição única diante da evolução legislativa e da disciplina conferida ao instituto. Sob tal perspectiva, impõe-se visualizá-la em suas diferentes *fases*. Ou seja, o fato de ter sido contemplada inicialmente no Regimento Interno do STF não permite a sua *equiparação* ao regime imposto pelas mudanças do texto constitucional e, agora, mais recentemente, à regulamentação

---

7. DAL MONTE, Douglas Anderson. Reclamação no novo CPC e garantia das decisões dos tribunais. In: LUCON, Paulo Henrique dos Santos e OLIVEIRA, Pedro Miranda de (Coord.). *Panorama atual do Novo CPC*. Florianópolis: Empório do Direito, 2016, p. 83.
8. "(...) I – A jurisprudência do Supremo Tribunal Federal considera incabível a reclamação que alegue contrariedade a decisões com efeitos inter partes, proferidas em processos nos quais o postulante não integrou a relação processual antecedente." (STF, 2ª T., RCl 46.630 AgR, Rel. Ricardo Lewandowski, j. 17.05.2021, *DJU* 19.05.2021).
9. Leonardo Lins Morato, em estudo detalhado acerca do assunto, ressalvou que: "Há outros vários posicionamentos a respeito da natureza jurídica da reclamação: para Orozimbo Nonato, remédio incomum; para Moniz de Aragão, incidente processual; para Frederico Marques, medida de desdobramento das atribuições jurisdicionais conferidas ao Supremo e ao STJ; para Ada Pellegrini Grinover, garantia especial, decorrente do direito de representação e de petição, baseando-se na opinião do Min. Nelson Hungria; para Dinamarco, remédio processual. Houve quem afirmasse o que a reclamação não é, como o fez Dinamarco, dizendo não se tratar de recurso; também, no mesmo sentido, Ovídio Baptista e Nelson Nery Jr. Manoel Gonçalves Ferreira Filho, por sua vez, enalteceu a sua dúvida, como ocorreu em muitos outros, ao dizer que 'trata-se de instituto complexo, cujo perfil transparece do texto em exame [no caso, a Constituição]" (MORATO, Leonardo Lins. A reclamação e a sua finalidade para impor o respeito à súmula vinculante. In: WAMBIER, Teresa Arruda Alvim et al. (Org.). *Reforma do judiciário*: primeiros ensaios críticos sobre a EC 45/2004. São Paulo: RT, 2005, p. 394-395).

conferida pelo CPC 2015[10]. Além disso, escapando à órbita do processo civil, há que se atentar que o Código de Processo Penal Militar faz menção ao cabimento de reclamação dirigida ao Superior Tribunal Militar, definindo-a como "recurso".

Para Ulisses Viana, não se trata de *ação, recurso* ou *incidente processual*:

> (...) mas sim uma expressão ou manifestação do direito de petição (alínea *a* do inciso XXXIV do art. 5º da Constituição de 1988), conforme já acentuou o Supremo Tribunal Federal na Ação Direta de Inconstitucionalidade 2.212/CE[11].

Porém, com a ressalva de entendimentos diversos, antes mesmo do advento do CPC/2015, a reclamação vinha sendo equiparada à condição de *ação autônoma*.

O CPC vigente enquadrou-a no Capítulo IX, do Título I, do Livro III, situando-a como *meio impugnativo autônomo* das decisões judiciais. Disso decorrem importantes conclusões: ao situá-la na categoria de *ação impugnativa autônoma* de ato judicial, Fredie Didier Jr. e Leonardo Carneiro da Cunha realçam que a

> (...) sua propositura exige, portanto, *capacidade postulatória*. Não há qualquer norma jurídica que confira tal capacidade às pessoas em geral para a propositura da reclamação. É preciso, portanto, que a parte esteja representada por advogado regularmente constituído[12].

2.4. O TRATAMENTO DISPENSADO PELO CPC 2015

Em sua versão *sancionada*, o art. 988, do CPC/2015, conferiu à reclamação *status* jamais visto anteriormente. Porém, antes de sua entrada em vigor, o atual CPC foi alterado pela Lei 13.256/2016 que, além de manter-lhe as feições consolidadas relativas (i) à *preservação* da *competência* dos Tribunais[13] (CPC, art. 988, I); (ii) garantindo a auto-

---

10. Com efeito, Luiz Guilherme Marinoni e Daniel Mitidiero classificaram o instituto a partir das fases ou momentos de seu emprego (MARINONI, Luiz Guilherme e MITIDIERO, Daniel. *Repercussão geral no recurso extraordinário*. p. 43-44).
11. VIANA, Ulisses Schwarz. *Repercussão geral sob a ótica da teoria dos sistemas de Niklas Luhman*. São Paulo: Saraiva, 2010, p. 26.
12. DIDIER JR., Fredie; BRAGA, Paula Sarno; OLIVEIRA, Rafael. *Curso de direito processual civil*: o processo civil nos tribunais, recursos, ações de competência originária de tribunal e querela nullitatis, incidentes de competência originária de tribunal. In: DIDIER JR., Fredie; CUNHA, Leonardo Carneiro da (Coord.). 13. ed. Salvador, JusPodivm, 2016.p. 536.
13. "Afeitos a uma interpretação sistêmico-literal dos dispositivos supramencionados, e alegando a dificuldade e lentidão no acesso ao STF e ao STJ a partir da primeira instância, alguns juristas de escol sustentam que só caberia reclamação a esses dois tribunais. Quando muito admitem, por um princípio de simetria, reclamação para garantir observância de decisão ou precedente de Tribunal de Justiça em controle abstrato de constitucionalidade de leis e atos normativos estaduais e municipais em face de constituição estadual (assim, por exemplo, Edilson Pereira Nobre Jr.. Reclamação e tribunais de justiça. In: COSTA, Eduardo José da F. et al (Org.). *Reclamação constitucional*. Salvador: JusPodivm, 2013, p. 109-129). Nesse caso, em face do CPC/2015, esses respeitáveis juristas serão obrigados a sustentar que (a) os incs. I e II do art. 988 são válidos, desde que o vocábulo 'tribunal' compreenda tão apenas o STF, o STJ e os Tribunais de Justiça em exercício de controle abstrato de constitucionalidade local [= inconstitucionalidade parcial sem redução de texto]; (b) o inc. III é indiscutivelmente válido [=constitucionalidade total]; (c) o inc. IV é constitucional, dês que se entenda que só cabe reclamação para garantir a observância de precedente do STF ou do STJ em incidente de assunção de

ridade de suas decisões (CPC, art. 988, II), (iii) servindo à observância de enunciado de súmula vinculante e decisão exarada no controle concentrado (CPC, art. 988, III), contemplou, ainda, novas hipóteses de cabimento consentâneas com o enfrentamento da litigiosidade repetitiva (CPC, art. 988, IV).

2.5. HIPÓTESES PREVISTAS NOS INCISOS I E II DO ART. 988 DO CPC

Conforme ressalvado, a reclamação foi idealizada com o propósito de preservar a *competência* dos tribunais e, ainda, resguardar-lhes a *autoridade* e a eficácia de suas decisões. Os incisos I e II do art. 988, do CPC de 2015, reforçaram tal funcionalidade, até porque, observa-se, hodiernamente, uma nítida inclinação pela racionalização e otimização da tutela jurisdicional, com ênfase para a função nomofilática desempenhada pelos Tribunais e Cortes Superiores, notadamente nos casos que envolvem a litigiosidade da repetição. Portanto, são corretas as conclusões de Eduardo José Fonseca Costa ao afirmar que:

> (...) a reclamação não mais se direciona somente a assegurar a autoridade das normas *individuais* e *concretas* emanadas pelos tribunais [= direito objetivo de *baixo* grau], mas também a amparar o próprio conjunto das normas gerais e abstratas [= direito objetivo de *alto* grau][14].

Para o autor, não se trata apenas de tutelar a autoridade de decisões específicas e bem delineadas, mas, salvaguardar a *interpretação* que o STF e o STJ fazem das matérias jurídicas que lhes são confiadas. Entretanto, o Superior Tribunal de Justiça passou a destacar que a reclamação possui o papel de preservar sua competência ou de garantir-lhe a autoridade de suas decisões, "não sendo adequada à preservação de sua jurisprudência"[15]. Trata-se de critério distintivo absolutamente impactante, eis que, sob tal perspectiva, resulta alijada sua relevância em prol da tutela do sistema jurídico de precedentes. Aliás, no julgamento paradigmático da Reclamação n. 36.476/SP, a Corte Especial do STJ entendeu inadequado o uso dessa figura para o controle dos entendimentos firmados pelo STJ em regime de recurso especial repetitivo[16]. Posteriormente, seguiram-se ainda decisões dissociando o seu emprego da sindicância e controle dos recursos repetitivos, apontando-se, por exemplo, que a reclamação não poderia ser utilizada em face da decisão de *sobrestamento* de processos individuais com vistas à apreciação do recurso extraordinário paradigma[17]. De outro lado, ainda assim o STF julgou procedente reclamação, para fins de cassar decisão desconforme, determinan-

---

competência [=inconstitucionalidade parcial sem redução de texto]" (COSTA, Eduardo José da Fonseca. In: ARRUDA ALVIM WAMBIER, Teresa et al. (Org.). *Breves comentários ao Novo Código de Processo Civil*. São Paulo: RT, 2015, p. 2.200).
14. COSTA, Eduardo José da Fonseca. *Breves comentários ao Novo Código de Processo Civil* cit., p. 2.204.
15. STJ, AgInt na Rcl 41.776/RO, 1ª Seção, Rel. Min. Francisco Falcão, *DJ* 11.11.2021.
16. STJ, Rcl 36.476/SP, Corte Especial, Rel. Min. Nancy Andrighi, *DJ* 06.03.2020.
17. STF, Rcl 46.495, 1ª T., Rel. Min. Rosa Weber, *DJ* 22.10.2021.

do-se o sobrestamento do processo individual na Corte de origem até o enfrentamento de determinado tema objeto de repercussão geral[18].

Por isso, nas 02 (duas) primeiras edições desta obra, vinha-se defendendo que, caso as instâncias locais insistissem em tese superada, dar-se-ia o uso da reclamação. Isso porque, as posições discrepantes poderiam estar distanciadas do universo cognitivo das Cortes responsáveis pela edição de certos precedentes, onde, presumivelmente, o debate foi guiado a partir da manifestação dos grupos de interesses diversos, com a escolha dos melhores argumentos revelados. Afinal, a forma *responsável* de divergir é identificar contornos fáticos que afastem a incidência da *ratio decidendi*.

Em apertada síntese, pode-se concluir que há convergência entre as Cortes de vértice (STJ e STF) em se afirmar que a reclamação não pode ser utilizada como sucedâneo recursal[19]. Prevaleceu ainda a orientação do STJ afirmando que o uso da reclamação está adstrito apenas à garantia de suas decisões[20], mas não aos seus precedentes[21]. Em linhas gerais, com a ressalva de exceções pontuais, o que se nota é que STF e STJ têm se mostrado avessos ao uso da reclamação em prol da *gestão* dos processos repetitivos[22].

2.6. O INCISO III DO ART. 988 DO CPC

O permissivo do inciso III, do art. 988, do CPC, reiterou o uso da reclamação como remédio hábil à garantia das decisões do STF, proferidas no controle de constitucionalidade. Não há verdadeira novidade no preceito em questão. Afinal, o emprego da reclamação para preservar os *fundamentos determinantes*[23] (*ratio decidendi*) da decisão proferida em controle abstrato vinha sendo admitido pelo STF em determinadas situações específicas. Com efeito, a partir do voto do Min. Maurício Correa, proferido

---

18. STF, Rcl 42.440, 1ª T., Rel. p/ acórdão Min. Dias Toffoli, *DJ* 27.10.2020.
19. (i) STJ, AgRg na Rcl 42.078/MG, 3ª Seção, Rel. Min. Olindo Menezes (Desembargador Convocado TRF1), j. 25.08.2021, *DJ* 27.08.2021. (ii) STJ, AgInt na Rcl 46.902/SP, 1ª Seção, Rel. Min. Benedito Gonçalves, j. 24.04.2024, *DJ* 29.04.2024. Da mesma forma: STF, Rcl 46.445, 2ª T, Rel. Min. Ricardo Lewandowski, *DJ* 08.07.2021.
20. Em julgado proferido em 18.04.2024, a 2ª Seção do STJ acolheu reclamação que, no caso concreto, se voltava contra decisão de Tribunal local que, a despeito da deliberação em sede de recurso especial sobre *astreintes* fixadas na ação originária, fez por mantê-las, ignorando a "autoridade da decisão proferida" pela Corte Superior (STJ, Rcl 45.621/MA, 2ª Seção, Rel. Min. Marco Aurélio Bellizze, *DJe* 25.04.2024).
21. "A reclamação constitucional não se presta como instrumento de garantia da observância de entendimento jurisprudencial" (STJ, AgInt na Rcl 46.744/RO, 1ª Seção, Rel. Min. Sérgio Kukina, *DJe* 22.03.2024).
22. São percucientes as observações de Clayton Maranhão e Marcella Pereira Ferraro a respeito do assunto: "A interpretação adotada pelo STF e pelo STJ, por sua vez, não vem conferir elasticidade à ideia de proteção da autoridade da decisão, de modo que abrangesse a observância de precedente propriamente dito, nem mesmo no que concerne às ações diretas do controle de constitucionalidade. Também são restritivos no que toca à reclamação e sua relação com recursos repetitivos ou recursos extraordinários com repercussão geral" (MARANHÃO, Clayton; FERRARO, Marcella Pereira. Reclamação constitucional: funções, inovações e velhos desafios. In: CLÈVE, Clèmerson Merlin (Coord.); PEREIRA, Ana Lucia Pretto (Coord. assistente 1. ed.); URTATO, Daniela (Coord. assistente 2. ed.). *Direito constitucional brasileiro: organização do Estado e dos poderes*. 2. ed. São Paulo: Thomson Reuters Brasil, 2021. p. 848-849).
23. Vide Enunciado n. 168 do FPPC: "Os fundamentos determinantes do julgamento de ação de controle concentrado de constitucionalidade realizado pelo STF caracterizam a *ratio decidendi* do precedente e possuem efeito vinculante para todos os órgãos jurisdicionais" (redação revista no IV FPPC-BH).

no julgamento da Reclamação 1.987-0/DF[24] (*DJ* 21.05.2004), os efeitos *transcendentes* daquele julgado foram utilizados para o julgamento de casos similares, como forma de preservar a autoridade da Corte Suprema. O entendimento em questão foi mantido no julgamento da Reclamação de 2.363/PA[25] e ainda no Agravo Regimental na Reclamação 21.504/SP[26].

Em tais hipóteses, o uso da reclamação dar-se-ia em prol de qualquer interessado que tenha sido prejudicado em função da inobservância dos *motivos determinantes* que culminaram no julgado proferido pelo STF em controle concentrado[27]. O raciocínio é reforçado diante da regra do § 4º do art. 988 do CPC (vide ainda Enunciado 704 do FPPC). No entanto, diante do caso concreto, apenas as decisões reputadas de "mérito" comportariam impugnação por meio de reclamação, sendo que as questões *processuais* apreciadas incidentalmente não comportam contraste com os *fundamentos determinantes* da decisão constitucional vinculante[28].

Por força do art. 927, I, do CPC/2015, aplicável por analogia, o instituto poderia ser empregado ainda para preservar a autoridade das decisões proferidas em controle *difuso* provenientes do reconhecimento de repercussão geral, como forma de garantia da autoridade do Supremo Tribunal Federal. Trata-se de ponto de vista compartilhado por Leonardo Carneiro da Cunha, assentado na premissa de que as novas feições do sistema difuso de constitucionalidade exigem uma interpretação *extensiva* do cabimento da reclamação constitucional, como forma de evitar decisões contraditórias[29].

---

24. A referida decisão foi ementada da seguinte forma: "Ementa: reclamação. Cabimento. Afronta à decisão proferida na ADI 1.662-SP. Sequestro de verbas públicas. Precatório. Vencimento do prazo para pagamento. Emenda constitucional 30/00. Parágrafo 2º do artigo 100 da Constituição Federal. 1. Preliminar. Cabimento. Admissibilidade da reclamação contra qualquer ato, administrativo ou judicial, que desafie a exegese constitucional consagrada pelo Supremo Tribunal Federal em sede de controle concentrado de constitucionalidade, ainda que a ofensa se dê de forma oblíqua. 2. (...) A decisão do Tribunal, em substância, teve sua autoridade desrespeitada de forma a legitimar o uso do instituto da reclamação. Hipótese a justificar a transcendência sobre a parte dispositiva dos motivos que embasaram a decisão e dos princípios por ela consagrados, uma vez que os fundamentos resultantes da interpretação da Constituição devem ser observados por todos os tribunais e autoridades, contexto que contribui para a preservação e desenvolvimento da ordem constitucional. (...)" (STF, Pleno, Rcl 1.987-0-DF, Rel. Min. Maurício Corrêa, j. 1º.10.2003, *DJU* 21.05.2004, Ementário 2.152).
25. "(...) 5. Efeito vinculante das decisões proferidas em ação direta de inconstitucionalidade. 6. Eficácia que transcende o caso singular. 7. Alcance do efeito vinculante que não se limita à parte dispositiva da decisão. 8. Aplicação das razões determinantes da decisão proferida na ADI 1.662. 9. Reclamação que se julga procedente" (STF, Pleno, Rcl 2.363-0-DF, Rel. Min. Gilmar Mendes, j. 23.10.2003, *DJU* 1º.04.2005, Ementário 2.185).
26. STF, 2ª T., AgReg na Rcl 21.504-SP, Rel. Min. Celso de Mello, j. 17.11.2015.
27. Apesar de noticiar que certas posições hesitantes no próprio STF, Daniel Amorim Assumpção Neves defende que "o Novo Código de Processo Civil adotou a teoria dos efeitos transcendentes dos motivos determinantes ao se referir a 'tese jurídica', e não a norma jurídica decidida concretamente pelo Supremo Tribunal Federal" (NEVES, Daniel Amorin Assumpção. *Novo CPC: Código de Processo Civil – Lei 13.105/2015*. São Paulo: Método, 2015. p. 521).
28. "O Supremo Tribunal Federal igualmente não considera ter havido invasão em sua competência quando uma decisão inferior é apenas de cunho processual, mesmo que esteja em desacordo com as normas regimentais da Excelsa Corte, pelo fato de não serem cogentes para os demais tribunais as suas normas de Regimento Interno, (...)" (REIS, Palhares Moreira. Op. cit., p. 254).
29. "Isso conduz a se admitir a ampliação do *cabimento da reclamação constitucional*, para abranger os casos de desobediência a decisões tomadas pelo *Pleno* do STF em *controle difuso de constitucionalidade*, independente-

Por fim, é de se consignar que, ao instituir o preceito do § 3º, do art. 103-A, da Constituição Federal, a EC45/2004 prestigiou a *reclamação* como meio idôneo ao propósito de *cassar* o ato administrativo ou a decisão judicial que deixe de observar a súmula vinculante ou que venha a aplicá-la indevidamente em *juízo de subsunção* equivocado. O art. 7º, da Lei 11.417/2006, por sua vez, regulamentou a matéria ao dispor que:

> Art. 7º. Da decisão judicial ou do ato administrativo que contrariar enunciado de súmula vinculante, negar-lhe vigência ou aplicá-lo indevidamente caberá reclamação ao Supremo Tribunal Federal, sem prejuízo dos recursos ou outros meios admissíveis de impugnação.

Portanto, o permissivo do inciso III, do art. 988, do CPC, convive com a regra do art. 7º, da Lei 11.417/2006. Ou seja, no caso de desprestígio da súmula vinculante, além dos meios recursais ordinários e extraordinários, a parte interessada poderá provocar a atuação do STF pela via da *reclamação*. Entretanto, o STF não admite a reclamação constitucional "fundada em suposto desrespeito a súmulas e decisões destituídas de eficácia vinculante, ressalvada a hipótese de o reclamante ter figurado como sujeito processual na causa invocada como paradigma"[30].

Ainda com relação ao emprego da reclamação para impugnação da decisão que deixar de observar enunciado de súmula vinculante, são pertinentes algumas observações complementares. Isto porque, a decisão judicial que faz opção pela aplicabilidade, ou não, da súmula vinculante, é baseada em *juízo de subsunção* que, em pouco, ou quase nada, se diferencia da aplicação de outro "texto" normativo ao caso concreto. Por certo, norma e texto são inconfundíveis. Trata-se, nesse aspecto, de firmar a qualificação jurídica dos fatos, determinando-lhes as consequências no plano normativo[31]. E, nas palavras de Leonardo L. Morato, o equívoco pode se dar nos dois sentidos vetoriais (*má aplicação* ou *não aplicação*):

> (...) assim caracterizado por não ter sido aplicada essa súmula, ou por ter sido aplicada indevidamente, ou por ter sido distorcido o seu conteúdo, ou por terem sido desbordados os seus limites, ou por ter sido interpretada inadequadamente, ou qualquer outra conduta que, de algum modo, acabe configurando um abuso da autoridade da Corte (STF) responsável pela edição da súmula[32].

---

mente da existência de enunciado sumular de eficácia vinculante". (CUNHA, Leonardo Carneiro da. A função do supremo tribunal federal e a força de seus precedentes: enfoque nas causas repetitivas. In: PAULSEN, Leandro (Coord.). *Repercussão geral geral no recurso extraordinário*: estudos em homenagem à Ministra Ellen Gracie. Porto Alegre: Livraria do Advogado, 2011, p. 65).

30. STF, Pleno, REcl 11.235 AgR, Rel. Teori Zavascki, j. 18.12.2013, *DJU* 19.02.2014.
31. Conforme adverte Sérgio Shimura, "o juiz não está infenso aos dramas e aflições refletidos nos autos do processo. Não pode ser surdo diante das circunstâncias do caso concreto. Resulta que o juiz pode e deve, sempre, proceder à adequada subsunção da hipótese fática posta sob seu julgamento ao enunciado que promana da súmula; em outras palavras, sempre se permitirá a devida interpretação da súmula, para saber se a hipótese fática se amolda à tese consolidada na súmula, situação agora reforçada com a necessidade de todos os julgamentos serem públicos e *fundamentados* (art. 93, IX, conforme EC 45/2004)" (SHIMURA, Sérgio Seiji. Súmula vinculante. In: COSTA, Hélio Rubens Batista Ribeiro; DINAMARCO, Pedro da Silva; RIBEIRO, José Horácio Halfed Rezende (Coord.). *Linhas mestras do processo civil*: comemoração dos 30 anos de vigência do CPC. São Paulo: Atlas, 2004, p. 765).
32. MORATO, Leonardo Lins. Op. cit., p. 398.

Por outro lado, tratando-se de procedimentos administrativos, o § 1º, do art. 7º, da Lei 11.417/2006 firmou a premissa de que "contra omissão ou ato da administração pública, o uso da reclamação só será admitido após esgotamento das vias administrativas"[33]. Em termos práticos, não há como utilizá-la *per saltum* na via administrativa, restando imperioso que se esgote o *contencioso administrativo obrigatório*. Desse modo, a reclamação é cabível em face da *omissão* e, ainda, em face do *ato comissivo* da Administração Pública. Em qualquer das situações, o interessado deverá se utilizar das vias adequadas, formulando (i) *pedido administrativo* dirigido à autoridade competente, ou (ii) interposição de *recurso* dirigido à autoridade hierarquicamente superior. Contudo, ao se tolher do interessado a solução do recurso administrativo (ou, simplesmente retardar o seu julgamento), põe-se a questão: ainda assim, o cabimento da reclamação estará jungido ao esgotamento das vias administrativas? A solução para esse tipo de situação pode ser construída com a impetração de mandado de segurança, na via judicial, para hostilizar o ato *omissivo* da autoridade administrativa (responsável pelo processamento do recurso e (ou) procedimento administrativo). Com tal solução aventada, respeita-se o disposto no § 1º, do art. 7º, da Lei 11.417/2006, eis que, configurados os requisitos exigidos para a concessão da ordem mandamental, dar-se-á apenas a concessão do *writ* para fins de obrigar a autoridade recalcitrante a concluir o procedimento administrativo.

2.7. O INCISO IV, DO ART. 988, DO CPC

Como é de se notar, nos casos de desrespeito aos precedentes proferidos em julgamento de casos repetitivos (IRDR) ou incidentes de assunção de competência (IAC), a reclamação foi contemplada como meio idôneo para rechaçar a *decisão judicial* que *contrariou* ou *negou* aplicação à tese assentada pelos Tribunais Superiores (STF e STJ).

Oportuno consignar, porém, que a Corte Especial do STJ estabeleceu que a reclamação é incabível para o controle acerca da aplicação de precedente qualificado emanado do STJ, proferido no regime de julgamento de Recurso Especial Repetitivo[34].

2.8. ASPECTOS PROCEDIMENTAIS

As disposições dos arts. 989 e seguintes do CPC contemplam as normas *gerais* atinentes ao processamento da reclamação, sem prejuízo da subsistência de determinadas *regras especiais e regimentais* aplicáveis[35].

---

33. STF, Rcl 22.286 AgR, 1ª T., Rel. Min. Luiz Fux, j. 16.02.2016, *DJe* 02.03.2016.
34. STJ, AgInt na Rcl 39.578/SP, 1ª Seção, Rel. Min. Manoel Erhandt (Desembargador Convocado TRF5), j. 28.09.2021, *DJe* 1º.10.2021.
35. Nesse sentido, são válidas as conclusões de Eduardo José da Fonseca Costa: "as normas sobre reclamação do CPC 2015 constituem *regra geral*. Consequentemente, elas não revogam as *regras legais especiais anteriores* sobre a matéria [*lex posteriori generalis non derogat priori speciali*]. Daí por que ainda vigem os arts. 7º e 8º da Lei 11.417/2006 (que tratam da reclamação contra afronta a súmula vinculante), 13 a 18 da Lei 8.038/1990 (que tratam da reclamação perante o STJ e o STF) e 584 a 587 do CPPM (Dec.-lei 1.002/1969) (que tratam da

Assim, a reclamação será endereçada diretamente ao órgão jurisdicional cuja autoridade se pretende garantir (CPC, art. 988, § 1º) e, diversamente do regime traçado para os mecanismos recursais típicos, não está sujeita à observância de prazo processual específico. Porém, o inciso II, do § 5º, do art. 988, do CPC sugere que o seu emprego, naquelas hipóteses, pressupõe o *exaurimento* das instâncias ordinárias[36], não sendo possível precipitar o seu emprego quando:

> Art. 988. [...]
> [...]
> § 5º. [...]
> [...]
> II. Proposta para garantir a observância de acórdão de recurso extraordinário com repercussão geral reconhecida ou de acórdão proferido em julgamento de recursos extraordinário ou especial repetitivos, quando não esgotadas as instâncias ordinárias.

Além disso, a Lei 13.256/2016 manteve o entendimento extraído da Súmula 734, do STF[37] (inciso I, § 5º, do art. 988, do CPC/2015). Nesse aspecto, Fredie Didier Jr. e Leonardo C. da Cunha defendem que a reclamação possui efeito *obstativo*, impedindo o trânsito em julgado. Afirmam que qualquer interpretação diferente geraria um flagrante contrassenso, pois "caso o trânsito em julgado sobreviesse, a reclamação perderia o objeto"[38].

Ainda que não subsista consenso acerca da natureza jurídica da reclamação, o seu procedimento envolve *cognição parcial*, de sorte que a *prova documental pré-constituída* deverá demonstrar cabalmente a situação em reclamo (vide o disposto no § 2º, do art. 988, do CPC). Em seus fundamentos, a peça da reclamação deverá indicar a decisão impugnada, sinalizando com a importância de (i) preservar a competência da Corte; (ii) garantir-lhe a autoridade; (iii) garantir observância do enunciado de Súmula Vinculante ou decisão em controle concentrado de constitucionalidade; ou, finalmente (iv) garantir observância de acórdão em julgamento de IRDR ou IAC. Se for o caso, deverá ainda evidenciar o exaurimento de instâncias administrativas. Fixadas tais premissas, dar-se-á destaque ao resguardo da autoridade do Tribunal.

Antes da regulamentação imposta pelo atual CPC, Leonardo Lins Morato afirmava que "a parte passiva da reclamação é a autoridade (judicial ou não) que tenha

---

reclamação perante o STM). Só ocorrerá ocasionalmente revogação se a norma regimental do STF, do STJ e do STM tiver disciplinado tema não aventado pela sua respectiva lei especial, e se essa disciplina for incompatível com o CPC de 2015 (*lex superior derogat legi inferiori*)" (COSTA, Eduardo José da Fonseca. *Breves comentários ao Novo Código de Processo Civil* cit., p. 2.203-2.204).

36. Aliás, o STF decidiu ainda que "o esgotamento das instâncias ordinárias, previsto no art. 988, § 5º, II, do CPC, exige a impossibilidade de reforma da decisão reclamada por nenhum tribunal, inclusive por tribunal superior" (STF, Rcl 45.647 AgR, 2ª T., Rel. Min. Edson Fachin, j. 03.08.2021, *DJe* 16.11.2021).
37. Súmula 734, do STF. "Não cabe reclamação quando já houver transitado em julgado o ato judicial que se alega tenha desrespeitado decisão do Supremo Tribunal Federal".
38. DIDIER JR., Fredie; BRAGA, Paula Sarno; OLIVEIRA, Rafael. *Curso de direito processual civil*. 13. ed., 2016 cit., p. 539.

descumprido a decisão judicial, desrespeitando a súmula vinculante, ou usurpado a competência das Cortes em questão"[39]. Sob os auspícios do CPC/2015, Fredie Didier Jr. e Leonardo Carneiro da Cunha sustentam que "o réu da reclamação é o beneficiário do ato reclamado, e não a autoridade que descumpre a decisão do tribunal ou usurpa sua competência"[40]. Essas considerações são pertinentes às hipóteses de cabimento dos incisos I e II, do art. 988, do CPC[41]. Em abono à tese de que a reclamação é formulada contra a *parte beneficiária* da decisão desconforme, convém observar que o art. 989, III, do CPC/2015 dispõe que o relator:

> Art. 989. [...]
> [...]
> III – Determinará a citação do beneficiário da decisão impugnada, que terá prazo de 15 (quinze) dias para apresentar a sua contestação.

Por sua vez, tratando-se de reclamação para observância de enunciado de súmula vinculante:

> (...) a legitimidade ativa é de todos os que se afirmem atingidos por ato contrário à súmula; por sua vez, a legitimidade passiva é da respectiva autoridade jurisdicional, ou administrativa da administração direta ou indireta, federal, estadual ou municipal (só havendo interesse de agir necessário se já se tiverem esgotado as vias administrativas de impugnação) (CF, art. 103-A; Lei 11.417/2006, art. 7º, § 1º)[42].

Entretanto, no caso das reclamações baseadas nas demais hipóteses do art. 988 do CPC 2015, o STJ tem entendido que o seu emprego "é possível unicamente quando esgotadas as instâncias ordinárias e, mesmo assim, desde que não se dê como sucedâneo recursal, as partes forem as mesmas e a decisão do STJ tiver sido desrespeitada na instância de origem"[43].

No caso de se buscar o resguardo das decisões paradigmáticas proferidas em julgamento de *casos repetitivos* ou *incidente de assunção de competência*, a reclamação deverá ser endereçada contra o beneficiário da decisão desconforme (CPC/2015, art. 989, III), com a oitiva do juízo singular ou órgão jurisdicional fracionário que estiver afastando o precedente à guisa de prestar *informações* (CPC/2015, art. 989, I).

Logo, dar-se-á a imperiosa necessidade de cientificação do beneficiário da decisão impugnada (CPC/2015, art. 989, III)[44], que poderá oferecer contestação. O Enunciado

---

39. MORATO, Leonardo Lins. Op. cit., p. 402.
40. DIDIER JR, Fredie; BRAGA, Paula Sarno; OLIVEIRA, Rafael. *Curso de direito processual civil*. 13. ed., 2016 cit., p. 561.
41. Antes da vigência do CPC/2015, Palhares Moreira Reis afirmava que, em caso de decisão judicial desrespeitada, "no polo passivo da ação de reclamação constitucional comum estará a autoridade judiciária, monocrática ou colegiada, a quem for imputada a prática do ato impugnado" (REIS, Palhares Moreira. Op. cit., p. 149).
42. COSTA, Eduardo José da Fonseca. *Breves comentários ao Novo Código de Processo Civil* cit., p. 2.206.
43. STJ, AgInt na Recl 36.549/PR, 1ª Seção, Rel. Min. Francisco Falcão, *DJe* 04.06.2019.
44. No que tange ao procedimento, "a novidade fica por conta do inciso III ao prever que o relator determinará a citação do beneficiário da decisão impugnada, que terá prazo de quinze dias para apresentar a sua contestação. A norma deve ser elogiada porque a eventual procedência da reclamação constitucional pode prejudicar o

742 do FPPC assinala que "a procedência da reclamação exige contraditório prévio". Caso a peça preambular da reclamação omita a indicação do beneficiário da decisão desconforme, tal providência deverá ser suprida pela via do art. 321, do CPC. Por outro lado, o art. 990 do CPC dispõe que

> Art. 990. Qualquer interessado poderá impugnar o pedido do reclamante.

De outro lado, o art. 991 do CPC assinala que o Ministério Público atuará como *custos legis* nos casos em que não figurar como reclamante. Ademais, é possível advogar em prol da concessão de provimentos de *urgência* no âmbito estreito da reclamação, valendo-se da regra do art. 989, II, do CPC/2015[45].

De acordo com o art. 992 do CPC, ao julgar procedente a reclamação, o tribunal *cassará* a decisão exorbitante de seu julgado ou determinará medida adequada à solução da controvérsia. Ou seja, em primeiro plano, tem-se a função *nomofilática* resultante do *juízo de cassação*. Ultrapassada essa etapa do julgamento, dar-se-á a apreciação do *interesse subjetivo* das partes, competindo ao tribunal que conheça da reclamação aplicar o direito objetivo à causa.

Por fim, diante da natureza jurídica de ação autônoma, dar-se-á a incidência das verbas de sucumbência no julgamento da reclamação. É certo que, guardando coerência com o posicionamento anterior que lhe dispensava o tratamento de desdobramento do direito de petição, o STJ afastava a incidência de verba honorária[46]. Porém, por força das mudanças introduzidas pelo CPC de 2015, os Tribunais Superiores foram convidados a rever tal posicionamento. Nesse sentido, o STF possui decisões em prol do cabimento de honorários de sucumbência nas reclamações ajuizadas sob a vigência do CPC de 2015[47]. Da mesma forma, o STJ também concluiu que, uma vez angularizada a relação processual na reclamação, torna-se possível a fixação de honorários advocatícios sucumbenciais[48]. Aliás, o Enunciado 661 do FPPC assinala que "é cabível a fixação de honorários advocatícios na reclamação, atendidos os critérios legais".

---

beneficiário da decisão impugnada, que passa a ter a oportunidade de se manifestar na reclamação constitucional na defesa de tal decisão e por consequência na manutenção de sua situação de vantagem" (NEVES, Daniel Amorin Assumpção. *Novo CPC*: Código de Processo Civil – Lei 13.105/2015 cit., p. 522).

45. "O dispositivo comentado ainda atribui ao relator o poder de conceder liminar *ex officio*". De qualquer maneira, a redação tímida do dispositivo faz dele um mero fragmento. Ele não passa de farelo perdido, que deve diluir-se nas correntes do 'poder geral de cautela' (= poder geral de acautelamento + poder geral de antecipação de tutela). Ora, não se pode tomar o risco de dano irreparável como o único pressuposto para a concessão da medida liminar. (...) Assim, há de haver *periculum in mora* + *fumus boni iuris*. (...) Todavia, não cabem na reclamação apenas as tutelas de urgência satisfativa e tutelas de evidência. Há ainda espaço para *tutelas urgência cautelar* (exemplo: entrega dos autos do processo originário a terceiro juiz até que se decida se houve ou não usurpação de competência, evitando-se, com isso, que o juiz reclamado perpetre atos de retaliação contra o reclamante). COSTA, Eduardo José da Fonseca. *Breves comentários ao Novo Código de Processo Civil* cit., p. 2.209.
46. STJ, Rcl 2.017/RS, 3ª Seção, Rel. Min. Jane Silva (Des. Convocada TJMG), *DJ* 15.10.2008.
47. STF, Rcl 31.296 ED, 1ª T., Rel. Min. Alexandre de Moraes, *DJe* 25.09.2019.
48. (i) STJ, EDcl no AgInt na Rcl 41.426/SP, 2ª Seção, Rel. Min. Marco Buzzi, *DJ* 1º.10.2021; (ii) STJ, AgInt nos EDcl na Rcl 45.370/PR, 1ª Seção, Rel. Paulo Sérgio Domingues, *DJ* 21.03.2024.

3
HOMOLOGAÇÃO DE DECISÃO ESTRANGEIRA E DA CONCESSÃO DO *EXEQUATUR* À CARTA ROGATÓRIA

A EC 45/2004 retirou das extenuantes competências originárias do Supremo Tribunal Federal a tarefa de homologação da decisão estrangeira, confiando-lhe ao Superior Tribunal de Justiça (Constituição da República, art. 105, inciso I, letra *i*). Após sua promulgação e, no interregno temporal até o advento do CPC/2015, a matéria estava regulada pela Resolução 09/2005, editada pelo STJ, em 04.05.2005.

Assim, o Capítulo VI, do Título I, do Livro III, do CPC de 2015 sistematizou as normas contidas na Resolução 09/2005 e da Lei de Introdução às normas do Direito Brasileiro, além de incorporar parâmetros jurisprudenciais acerca da matéria. Portanto, o art. 960, do CPC, passou a dispor que:

> Art. 960. A homologação de decisão estrangeira será requerida por ação de homologação de decisão estrangeira, salvo disposição especial em sentido contrário prevista em tratado.

Conforme advertência de Henrique Ávila:

> (...) o *caput* do art. 960 do NCPC ainda tem a qualidade de flexibilizar a necessidade, outrora intransigente, de homologação de decisão estrangeira para que tenha eficácia em território nacional, como constava do art. 483 do CPC de 1973. Agora, dispensa-se a homologação da decisão nos casos em que tratado internacional assim prever[1].

Além disso, o § 5º, do art. 961, do CPC, passou a dispor que:

> Art. 961. [...]
> [...]
> § 5º A sentença estrangeira de divórcio consensual produz efeitos no Brasil, independentemente de homologação pelo Superior Tribunal de Justiça.

Ou seja, nem toda decisão estrangeira está sujeita à homologação da autoridade brasileira para que possa produzir eficácia em território nacional. Por força do § 5º do art. 961, nos casos de simples dissolução de matrimônio, não há necessidade de interveniência do STJ, de modo que o pronunciamento decisório estrangeiro poderá

---

1. ÁVILA, Henrique. Homologação de decisão estrangeira e concessão de *exequatur* à carta rogatória. In: WAMBIER, Luiz Rodrigues; ARRUDA ALVIM WAMBIER, Teresa (Coord.). *Temas essenciais do novo CPC*: análise das principais alterações do sistema processual civil brasileiro. São Paulo: RT, 2016, p. 522.

ser averbado diretamente no respectivo cartório de registro civil. Porém, nos casos em que o divórcio envolva questões reflexas atinentes à guarda de filhos, alimentos ou partilha de bens, prevalece a exigência de homologação da sentença estrangeira perante àquela Corte. Ademais, "a existência de decisão na Justiça Brasileira acerca de guarda e alimentos, ainda que posterior ao trânsito em julgado da decisão alienígena, não impede a sua homologação nessa parte"[2].

O *exequatur* poderá ser concedido em proveito de *outras* decisões, não necessariamente oriundas de órgão jurisdicional[3]. Antes mesmo da sistematização realizada pelo CPC/2015, Roberto Rosas advertia que:

> (...) sentenças não emanadas do Judiciário podem ser homologadas, como as arbitrais, (...); ou prolatadas por autoridade administrativa decretando o divórcio; do Tribunal religioso muçulmano; a sentença eclesiástica[4].

O § 1º, do art. 961, do CPC, complementa essa diretriz, apontando que a *reserva de jurisdição* conferida pela lei brasileira não pode servir de óbice para homologação de "decisão não judicial que, pela lei brasileira, teria natureza jurisdicional". Da mesma forma, o inciso I do art. 963 do CPC faz alusão à "autoridade competente", convergindo com a orientação jurisprudencial aplicável à matéria[5].

Por fim, o § 1º, do art. 960, do CPC, ainda ressalvou que "a decisão interlocutória estrangeira poderá ser executada no Brasil por meio de carta rogatória", dispensando sua submissão ao procedimento da ação de homologação de decisão estrangeira.

a) Importância do exequatur

A homologação da decisão estrangeira visa conferir-lhe eficácia, para que possa produzir seus regulares efeitos no território nacional (CPC, art. 961). Essa tarefa envolve o chamado juízo de delibação (*delibare*, "tocar de leve")[6], de modo que não há

---

2. STJ, AgInt na SEC 15.022/Ex, Corte Especial, Rel. Min. Francisco Falcão, j. 04.04.2018, DJ 09.04.2018. No mesmo sentido, tem-se: STJ, AgInt na HDE 1.863/EX, Corte Especial, Rel. Min. Paulo de Tarso Sanseverino, j. 26.10.2021, *DJe* 04.11.2021.
3. "Ementa: sentença estrangeira. Divórcio. Prolatada pelo tribunal de assuntos religiosos de Damasco, República Árabe Síria. Citação por edital cumprida. Características específicas da lei e costumes de país muçulmano. Submissão da mulher a vontade do marido quanto ao divórcio no período do Uddah. Atendidos os requisitos do art. 217 do RISTF. Sentença homologada" (STF, SEC 5.529/SR Síria, Pleno, j. 13.03.2002, Rel. Min. Nelson Jobim, *DJ* 07.06.2002).
4. ROSAS, Roberto. *Direito Processual Constitucional*: princípios constitucionais do processo civil. 2. ed. São Paulo: RT, 1997, p. 137.
5. "Pedido de homologação de provimento administrativo que assentou acordo de guarda compartilhada na Alemanha. Eficácia sentencial. Equivalência. Precedentes do STF (...)" (STJ, SEC 5.635/Ex, Corte Especial, j. 18.04.2012, Relatora Ministra Laurita Vaz, DJ 09.05.2012). Em outro precedente: "Infere-se dos autos que o título apresentado à homologação foi proferida por autoridade competente na Argentina e a sua natureza, aqui no Brasil, seria de título executivo" (STJ, AgInt na HDE 6.900/Ex, Corte Especial, Rel. Min. Mauro Campbell Marques, *DJ* 26.04.2024).
6. "(...) 3. A alegação do requerido em sua contestação gira em torno do mérito da demanda, pois pleiteia regulamentação do direito de visita. Assim, não constitui óbice para a homologação da sentença estrangeira, pois o ordenamento jurídico brasileiro adota o sistema de delibação na hipótese, razão pela qual há que se verificar

propriamente um rejulgamento do caso originário ou análise do mérito subjacente, acerto ou desacerto da decisão estrangeira. Por meio do procedimento de homologação, são examinadas as condições legais e processuais que resultaram na prolação da decisão estrangeira. Não se discutirá, propriamente, a relação jurídica de direito material subjacente.

Por isso, eventual arguição de inépcia ou prescrição no feito originário, enquadram-se como "aspectos relativos ao mérito do título que se pretende homologar e que escapam à estreita via do juízo de delibação"[7], nos moldes praticado pela Corte brasileira. Da mesma forma, em mais de uma oportunidade, o STJ reputou inviável análise de alegações trazidas em contestação "quanto à excessiva onerosidade da pensão alimentícia imposta na sentença alienígena"[8], aduzindo que a homologação está pautado pelo juízo de delibação.

b) Requisitos para homologação da decisão estrangeira.

O art. 963 do CPC dispõe que são requisitos indispensáveis à homologação da decisão: (i) ter sido proferida por *autoridade competente* (jurisdicional ou não); (ii) a precedência de *citação regular*[9], ainda que verificada a revelia; (iii) dispor de *eficácia* no país em que foi proferida; (iv) não ofender a *coisa julgada* brasileira; (v) estar acompanhada de *tradução oficial*, salvo disposição que a dispense prevista em tratado; (vi) não implicar em ofensa à *ordem pública*. Aliás, o art. 17 da Lei de Introdução às normas do Direito Brasileiro dispõe que as sentenças estrangeiras "não terão eficácia no Brasil, quando ofenderem a soberania nacional, a ordem pública e os bons costumes".

É preciso atentar que o inciso III, do art. 963, do CPC, faz menção à decisão "eficaz no país em que foi proferida". Ou seja, não há exigência de que aquele pronunciamento decisório esteja acobertado ou imunizado pela *coisa julgada* (ou ainda por institutos com características semelhantes[10]). Por força do tratamento legal confiado à matéria, impõe-se o *cancelamento* do Enunciado 420, da Súmula do STF, ao dispor que "não se homologa sentença proferida no estrangeiro sem prova do trânsito em julgado".

---

apenas a presença dos requisitos formais, não cabendo o exame do mérito" (STJ, HDE 5.106/Ex, Corte Especial, Rel. Min. Og Fernandes, j. 06.10.2021, *DJ* 09.11.2021).

7. STJ, HDE 4.189 EX, Corte Especial, Rel. Min. Og Fernandes, j. 03.08.2022, *DJe* 17.08.2022.
8. STJ, HDE 4.289 EX, Corte Especial, Rel. Min. Raul Araújo, j. 18.08.2021, *DJe* 23.08.2021. Por isso, "as alegações relacionadas a modificação da capacidade econômico-financeira da parte devedora ou as efetivas necessidades da credora dos alimentos devem ser examinadas no país de origem, em razão das restrições cognitivas existentes no processo de homologação de decisão estrangeira, em que se exerce mero juízo de delibação" (STJ, HDE 278/Ex, Corte Especial, j. 07.03.2018, Relatora Ministra Nancy Andrighi, *DJ* 23.03.2018).
9. "Sentença estrangeira – Homologação – Ausência de citação. A citação de pessoa domiciliada no Brasil há de fazer-se mediante carta rogatória, não prevalecendo, ante o princípio direcionado ao real conhecimento da ação proposta, intimação realizada no estrangeiro. Inexistente a citação, descabe homologar a sentença" (STF, SEC 7.696/HL Reino dos Países Baixos, Pleno, j. 23.09.2004, Rel. Min. Marco Aurélio, *DJ* 12.11.2004).
10. "(...) O Código de Processo Civil de 2015, aplicável à espécie, exige que a decisão estrangeira seja definitiva e eficaz no país em que proferida (art. 963, III), não mais exigindo como requisito a comprovação de seu trânsito em julgado" (STJ, HDE 3.243/Ex, Corte Especial, Rel. Min. Raul Araújo, DJ 17.11.2021).

A exigência de tradução oficial pode ser suplantada por disposição expressa contida em tratado internacional ou convenção. E, nesse particular, forçoso observar que o Decreto Federal 8.660, de 29.01.2016 (DOU 01.02.2016), promulgou a Convenção sobre a Eliminação da Exigência de Legalização de Documentos Públicos Estrangeiros, firmada em Haia, em 05.10.1961[11]. A normativa internacional produz efeitos reflexos nos processos de homologação de decisões estrangeiras, de modo que a chancela consular – anteriormente exigida – foi substituída pela apostila correspondente, meio hábil a autenticar a origem do documento público, desde que expedido por país signatário da Convenção internacional. Informações relacionadas aos países signatários e autoridades competentes estão disponíveis no portal do CNJ. Além disso, o STJ já decidiu que "tratando-se de sentença proferida em Portugal, cujo idioma oficial é o português, fica dispensada a tradução"[12].

A manifesta ofensa à ordem pública (atualmente tratada pelo inciso VI, do art. 963, do CPC) costumava obstar a homologação de certas decisões estrangeiras, ou, ainda, obstar o cumprimento de eventual carta rogatória passiva. Em 2002, surgiu a discussão a respeito da invocação da cláusula de ordem pública e a cobrança de dívida de jogo. O Ministro Marco Aurélio manifestou o seu ponto de vista em prol da possibilidade de emprestar eficácia à decisão estrangeira, por não ferir a ordem pública pátria (STF, Ag. Reg. Carta Rogatória CR 9.897). Mais recentemente, o STJ decidiu que a cobrança de dívida de jogo contraída por brasileiro em cassino que funciona legalmente no exterior é juridicamente possível e não ofende a ordem pública, os bons costumes e a soberania nacional[13].

c) *Procedimento, homologação parcial e honorários advocatícios*

O § 2º, do art. 960, do CPC dispõe que:

> Art. 960. [...]
> [...]
> § 2º A homologação obedecerá ao que dispuserem os tratados em vigor no Brasil e o Regimento Interno do Superior Tribunal de Justiça.

---

11. "(...) 3. Conforme dispõe a Convenção sobre a Eliminação da Exigência de Legalização de Documentos Públicos Estrangeiros (Convenção de Haia), promulgada pelo Decreto 8.660/2016, são considerados documentos públicos os atos notariais (art. 1º, c), sendo dispensada a formalidade pela qual os agentes diplomáticos ou consulares do país no qual o documento deve produzir efeitos atestam a autenticidade da assinatura, a função ou o cargo exercidos pelo signatário do documento e, quando cabível, a autenticidade do selo ou carimbo aposto no documento (art. 2º), sendo suficiente para tal finalidade a aposição de apostila, emitida pela autoridade competente do Estado no qual o documento é originado (art. 3º), atendendo-se, portanto, ao requisito previsto no art. 37, I, da Lei 9.307/1996, sendo desnecessário, no presente caso, a autenticação consular da decisão objeto da homologação." (STJ, HDE 1.940 EX, Corte Especial, Rel. Min. Napoleão Nunes Maria Filho, j. 05.02.2020, DJe 17.02.2020).
12. STJ, SEC 16.180/Ex, Corte Especial, Rel. Min. Benedito Gonçalves, DJ 27.11.2017.
13. STJ, REsp 1.628.974-SP, 3ª Turma, Rel. Min. Ricardo Villas Bôas Cueva, j. 13.06.2017.

Por sua vez, o § 3º do art. 960, do CPC, faz alusão a certas especificidades no caso da homologação de decisão arbitral estrangeira, com aplicação subsidiária do disposto em tratados, em disposições legais e observância do Capítulo VI, do Título I, do Livro III, do CPC/2015. E, nesse particular, o Enunciado 85 do FPPC sugere ainda que "deve prevalecer a regra de direito mais favorável na homologação de sentença arbitral estrangeira em razão do princípio da máxima eficácia". Assim, tratando-se de homologação de sentença arbitral estrangeira, o STJ reputou necessária observância do art. 37 da Lei 9.307/1996[14].

A decisão estrangeira poderá ser homologada *parcialmente* (CPC, art. 961, § 2º), até porque, subsistem matérias alçadas à *competência exclusiva* da jurisdição brasileira (CPC, art. 23). Em caráter exemplificativo, poder-se-ia argumentar com sentença estrangeira de divórcio litigioso, que resultasse na dissolução do vínculo conjugal, regime da guarda de filhos e exercício de poder parental e, ainda, partilha de bens imóveis situados no Brasil[15].

O art. 964 do CPC dispõe ainda que "não será homologada a decisão estrangeira na hipótese de competência exclusiva da autoridade judiciária brasileira". Assim, no tocante às disposições envolvendo partilha de bens, far-se-ia observar a regra de reserva de jurisdição (vide inciso III, do art. 23, do CPC)[16], o que poderia impedir a concessão do *exequatur* a esse capítulo da decisão estrangeira. É certo que o STF vinha entendendo que os casos de competência exclusiva ditados pelo art. 89 do CPC de 1973 alcançavam apenas as hipóteses de inventários e partilhas de bens *causa mortis*, validando, contudo, as partilhas realizadas em divórcios que tramitaram no exterior (vide, neste sentido, os seguintes precedentes: SE 3.633, SE 3.408, SEC 7.146/EUA, j. 12.06.2002, rel. Min. Ilmar Galvão). O STJ também já decidiu que a regra que dispõe sobre a competência *exclusiva* da jurisdição brasileira "é flexibilizada na hipótese em que a sentença estrangeira é meramente homologatória de acordo firmado entre as partes, que dispuseram livremente sobre o bem"[17].

Por fim, em caso de ausência de contestação ao pedido homologatório, o STJ reputou dispensável a fixação de honorários de sucumbência[18]. Apreciando, por sua vez, caso que envolveu *resistência* ao pedido de homologação, a Corte Especial do STJ deliberou pela fixação equitativa da verba honorária sucumbencial, levando em conta,

---

14. STJ, HDE 7.488 EX, Corte Especial, Rel. Min. Og Fernandes, j. 07.06.2023, *DJe* 13.06.2023.
15. "Apenas no que diz respeito aos bens imóveis situados no Brasil, inviável a homologação da partilha efetuada pela autoridade estrangeira, pois, nos termos do art. 89, I, do CPC/73, em vigor quando da prolação da sentença estrangeira, a partilha dos bens imóveis situados no Brasil apenas pode ser feita pela autoridade judiciária brasileira, com a exclusão de qualquer outra" (STJ, HDE 176 EX, Corte Especial, Rel. Min. Benedito Gonçalves, *DJe* 21.08.2018).
16. "(...) 4. No que diz respeito aos bens situados no Brasil, não importa não tenha havido deliberação na decisão homologanda, pois, nos termos do art. 23, III, do CPC/2015, a partilha dos bens situados no Brasil apenas poderá ser feita pela autoridade judiciária brasileira, com exclusão de qualquer outra." (STJ, HDE 907 EX, Corte Especial, Rel. Min. Benedito Gonçalves, j. 16.05.2018, *DJe* 1º.06.2018).
17. STJ, AgInt na HDE 6.323 EX, Corte Especial, Rel. Min. Nancy Andrighi, *DJe* 04.12.2023.
18. STJ, HDE 1.600 EX, Corte Especial, Rel. Min. Og Fernandes, j. 1º.09.2021, *DJe* 13.09.2021.

inclusive, a natureza da causa, afirmando necessário sopesar a natureza "existencial" ou "patrimonial" da mesma[19].

d) Tutelas provisórias de urgência e homologação de decisão estrangeira concessiva de urgência

Durante a tramitação da ação de homologação de sentença estrangeira:

> Art. 961. [...]
> [...]
> § 3º A autoridade judiciária brasileira poderá deferir pedidos de urgência e realizar atos de execução provisória no processo de homologação de decisão estrangeira.

Por sua vez, o art. 962, do CPC regulamenta, especificamente, as hipóteses de execução de "decisão estrangeira concessiva de medida de urgência".

Ou seja, o STJ poderá (i) conceder tutela provisória de urgência durante o trâmite do processo de homologação de decisão estrangeira[20], ou, ainda, (ii) conceder exequibilidade às decisões estrangeiras que representem "medidas de urgência". A concessão de tutela de urgência na homologação de decisão estrangeira deverá seguir os requisitos genéricos dispostos no art. 300 do CPC[21].

e) Cumprimento de decisão estrangeira homologada

Concedida exequibilidade à decisão estrangeira, conforme preconiza o art. 965, do CPC:

> Art. 965. O cumprimento de decisão estrangeira far-se-á perante o juízo federal competente, a requerimento da parte, conforme as normas estabelecidas para o cumprimento de decisão nacional.

O requerimento de cumprimento da decisão estrangeira far-se-á no Juízo federal competente e deverá ser instruído com cópia autenticada da decisão homologatória ou do *exequatur*, conforme o caso.

---

19. "(...) 6. Em pedido de homologação de decisão estrangeira, contestado pela própria parte requerida, a verba honorária sucumbencial deve ser estabelecida por apreciação equitativa, nos termos do § 8º do art. 85 do CPC de 2015, com observância dos critérios dos incisos do § 2º do mesmo art. 85. (...)" (STJ, HDE 1.809 EX, Corte Especial, Rel. Min. Raul Araújo, j. 22.04.2021, *DJe* 14.06.2021).
20. Nesse sentido, tem-se a possibilidade de *tutela de urgência* em formato de *arresto* de bens (STJ, AgInt na HDE 1.733 EX, Corte Especial, Rel. Min. Mauro Campbell Marques, j. 25.10.2022, *DJe* 04.11.2022).
21. STJ, AgInt na HDE 4.927 EX, Corte Especial, Rel. Min. Og Fernandes, *DJe* 25.06.2021.

Parte X
SISTEMA DE PRECEDENTES

1
SISTEMA DE PRECEDENTES

1.1. O IDEÁRIO DA SEGURANÇA JURÍDICA

O princípio constitucional da segurança jurídica é corolário da opção estruturante do Estado de Direito (art. 1º, *caput*, da Constituição)[1]. A defesa de um núcleo de direitos fundamentais assume, como consectário lógico, a observância de determinadas situações jurídicas consolidadas contra as oscilações políticas e sociais.

Firmada a conformação de um princípio geral de segurança jurídica na Constituição de 1988, dedutível do Estado de Direito, torna-se indisputável o reconhecimento de que as relações jurídicas, mormente as estabelecidas entre Poder Público e particulares, devem estar assentadas em determinados parâmetros de previsibilidade, plasmados, entre outros exemplos, no respeito ao ato jurídico perfeito, na preservação dos direitos adquiridos, na proteção da coisa julgada, na garantia de irretroatividade das leis, observância do devido processo legal etc.

J. J. Gomes Canotilho, nesse particular, salienta que, além das imbricações com o princípio da proteção da confiança, as premissas básicas da segurança jurídica se desenvolvem em torno de dois eixos nucleares: (1) *estabilidade* ou eficácia *ex post* da segurança jurídica dado que as decisões dos poderes públicos uma vez adotadas, na forma e procedimento legalmente exigidos, não devem poder ser arbitrariamente modificadas, sendo apenas razoável a alteração das mesmas quando ocorram pressupostos materiais particularmente relevantes. (2) *previsibilidade* ou eficácia *ex ante* do princípio da segurança jurídica que, fundamentalmente, se reconduz à exigência de certeza e calculabilidade, por parte dos cidadãos, em relação aos efeitos jurídicos dos "actos" normativos[2].

Busca-se assegurar, assim, a racionalidade da atuação estatal a partir de padrões e ações preestabelecidos. Segue-se, então, uma *carga implícita* de compromisso com a *calculabilidade* e *estabilidade* das relações sociais e jurídicas. Não há dúvida que a observância dos precedentes está assentada em premissas similares. Trata-se de resguardar

---

1. Confira-se, assim, os posicionamentos de J. J. G. Canotilho (CANOTILHO, J.J. Gomes. *Direito Constitucional e teoria da Constituição*. p. 257-266) e de Ingo W. Sarlet (SARLET, Ingo Wolfgang. A eficácia do direito fundamental à segurança jurídica. In: ROCHA, Cármen Lúcia Antunes (Coord.). *Constituição e segurança jurídica*. Belo Horizonte: Fórum, 2004. p. 86).
2. CANOTILHO, J.J. Gomes. *Direito Constitucional e teoria da Constituição*. 2. ed. Coimbra: Almedina Editora, 1998. p. 264.

a aplicação *coerente* da norma jurídica, baseada numa certa solução-compromisso de respeitabilidade aos julgados dos Tribunais Superiores[3].

É de se acatar, deste modo, o fenômeno reconhecido por Luiz Guilherme Marinoni envolvendo a *univocidade* em relação à qualificação das situações jurídicas[4]. Para o autor, se não é possível coibir a *dúvida* interpretativa razoável, o mesmo não se pode afirmar em relação à *univocidade* da interpretação das normas jurídicas[5]. Não há, neste particular, verdadeira novidade. Afinal, independentemente do advento do CPC 2015, a projeção da força normativa da Constituição e de sua unidade hierárquico-normativa já seriam suficientes para justificar o primado de respeitabilidade a certas situações consolidadas, propugnando pelo acolhimento da exegese apontada pela Corte Suprema na defesa da Constituição e ainda pelo resguardo da interpretação privilegiada da lei federal por parte do Superior Tribunal de Justiça, desde que oportunizadas as possibilidades de *participação discursiva* dos diversos agentes e segmentos que venham a ser afetados pela interpretação da norma jurídica objeto da discussão.

1.2. A CONSTRUÇÃO DOS PRECEDENTES NO DIREITO COMPARADO

O precedente não pode ser equiparado à decisão judicial. Da mesma forma, precedente não pode ser equiparado à jurisprudência[6]. Para Neil Duxbury, um *precedente*

---

3. "Ademais, cabe aos magistrados outorgar aos precedentes dos tribunais superiores, revestidos da marca de definitividade, o valor e a influência aptos a orientar os órgãos inferiores e não desrespeitar, sem justificação plausível, a função nomofilática àqueles atribuídos pela Constituição Federal" (CRUZ E TUCCI, José Rogério. *Precedente judicial como fonte do direito*. São Paulo: RT, 2004. p. 277).
4. "Para que o cidadão possa esperar um comportamento ou se postar de determinado modo, é necessário que haja univocidade na qualificação das situações jurídicas. Além disto, há que se garantir-lhe previsibilidade em relação às consequências das suas ações. O cidadão deve saber, na medida do possível, não apenas os efeitos que as suas ações poderão produzir, mas também como os terceiros poderão reagir diante delas. Note-se, contudo, que a previsibilidade das consequências oriundas da prática de conduta ou ato pressupõe univocidade em relação à qualificação das situações jurídicas, o que torna estes elementos indissociavelmente ligados" (MARINONI, Luiz Guilherme. A segurança jurídica como fundamento do respeito aos precedentes. *Revista do Instituto dos Advogados do Paraná*. Curitiba, n. 37, 2009, p. 56.
5. "(...) Curioso é que o direito legislado, ao contrário de constituir um pressuposto, representa um obstáculo para a segurança jurídica. Não apenas em razão da hiperinflação legislativa ou em virtude de ser impossível o pleno conhecimento das regras legais, mas substancialmente porque o sistema de direito legislado não liga a previsibilidade e a confiança a quem define o que é o direito. Contudo, se o conhecimento das regras legais pode não ser pressuposto para a previsibilidade, o mesmo não se pode dizer em relação à univocidade de interpretação das normas. Exatamente porque as normas podem ser diferentemente interpretadas, a interpretação, ao tender à univocidade, aproxima-se do ideal de previsibilidade. Isto não quer dizer que é possível eliminar a dúvida interpretativa, mas sim que se pode e deve minimizar, na medida do possível, as divergências interpretativas acerca das normas, desta forma colaborando-se para a proteção da previsibilidade, indispensável ao encontro da segurança jurídica" (MARINONI, Luiz Guilherme. A segurança jurídica como fundamento do respeito aos precedentes cit., p. 59).
6. William S. Pugliesi observa que o conceito de jurisprudência "compreende o conjunto de todas as decisões, sejam elas sentenças, acórdãos ou decisões monocráticas, produzidos em qualquer grau ou sede do Poder Judiciário brasileiro. Mais do que isso, tal noção de jurisprudência pressupõe que nela se encontrem decisões judiciais e precedentes. Portanto, na jurisprudência podem-se encontrar decisões com caráter vinculante e que

é um evento no passado – quase sempre uma sentença – que serve de guia para uma ação no presente. De acordo com essa visão, seguir um *precedente* é estabelecer uma analogia entre uma instância e outra; porém, nem todos os juízos de deliberação são baseados naqueles. Assim, o autor exemplifica pontuando que, "quando dizemos que um atleta de força excepcional é 'como uma máquina', fazemos uma analogia, mas não invocamos um precedente"[7].

Ainda que se visualize um certo *padrão de decisão*, Duxbury observa que pode não se operar um *precedente*. Para ilustrar o raciocínio, o autor exemplifica com a seguinte hipótese:

> Quando a minha filha mais nova quis ganhar um telefone celular no seu aniversário de onze anos, ela se baseou em um precedente: sua irmã mais velha ganhou um telefone celular quando fez onze anos. Quando eu neguei esse presente a ela, eu me baseei na experiência malsucedida de sua irmã mais velha em ser responsável por um telefone celular nessa idade[8].

Portanto, Duxbury acrescenta que "quando tomamos uma decisão com base em precedentes, nós consideramos relevante o fato de que a nossa solução tenha sido endereçada no passado, mas nós não necessariamente daremos valor a tal precedente pelo que ele nos ensina. Às vezes, podemos até mesmo seguir precedentes com os quais não concordamos"[9].

Ao explicar o poder vinculante do *precedente*, Neil Duxbury recorre a Allen, o qual, por sua vez, conclui que o juiz "é treinado para acreditar que 'a lógica mais razoável é a analogia com os casos passados, especialmente se eles foram decididos por cortes superiores". Por isso, se diz que ele é "vinculado", ainda que apenas *inte-*

---

estabelecem a orientação para o jurisdicionado e para os magistrados, mas ao mesmo tempo nela se encontram todas as decisões proferidas por magistrados, sejam eles Ministros do Supremo Tribunal Federal, juízes de primeiro grau, de juizados especiais, de varas cíveis ou criminais. Em um primeiro momento, o conceito de jurisprudência não faz distinção entre as duas figuras anteriormente definidas, e isso é imprescindível para a compreensão do ordenamento jurídico" (PUGLIESI, William Soares. *Princípios da jurisprudência*, Belo Horizonte: Arraes, 2017, p. 24-25).

7. DUXBURY, Neil. *The nature and authority of precedent*. Cambridge University Press. Cambridge and New York, 2008, p. 1 (No original: "A precedent is a past event – in Law the event is nearly always a decision – which serves as a guide for present action. To follow a precedent is to draw an analogy between one instance and another, indeed, legal reasoning is often described as analogical case by case reasoning. Not all instances of analogy-drawing, however, are instances of precedent-following. When I say of an athlete with exceptional stamina and strength that 'the guy is like a machine', I draw an analogy but I do not invoke a precedent. Similarly, although following a precedent entails looking for guidance to an established standard, to set a standard is not necessarily to set a precedent").
8. DUXBURY, Neil. Op. cit., p. 2 (No original: "Experience often guides present action, but reasoning from precedent is not identical to reasoning from experience. When my youngest daughter made her case for my buying her a mobile phone on her eleventh birthday, she reasoned from precedent: her elder sister received a mobile phone from her eleventh birthday. When I refused to buy my youngest daughter a mobile phone on her eleventh birthday, I reasoned from the experience of her sister's inability to be a responsible mobile-phone owner at the age of eleven").
9. "When we make a decision on the basis of precedent, we consider significant the fact that our current predicament has been addressed before, but we will not necessarily value the precedent for what it teaches us. Sometimes, we might even follow precedents of which we do not approve" (DUXBURY, Neil. Op. cit., p. 2-3).

lectualmente. É ele mesmo que deve decidir quando um precedente é autoritário ou não. A noção de que os juízes estão intelectualmente vinculados parece tornar-se a inútil ideia de que os precedentes "devem sempre ser seguidos, exceto quando eles não devem ser seguidos"[10].

O diferencial, porém, de acordo com Neil Duxbury, está no fato de que "os juízes do sistema *common law* não sofrem sanção ao se negarem a seguir um precedente, então precedentes não constrangem os juízes no sentido clássico do positivismo"[11]. Logo, a observância do precedente não é equivalente à observância das regras legais que são seguidas por medo das consequências advindas do não cumprimento[12].

A força vinculante de um precedente judicial é comumente explicada por sua hierarquia, pois geralmente uma corte se diz vinculada a seguir os julgados estabelecidos por uma instância superior. No entanto, os precedentes podem também se dar horizontalmente, isto é, juízes podem sentir-se vinculados por decisões de uma corte de igual grau na hierarquia, ou pelas próprias orientações anteriores.

Para Duxbury, o argumento de que a autoridade dos precedentes judiciais é variável traz consigo uma questão óbvia: o que determina o grau de obrigatoriedade de um precedente? O peso de um precedente pode ser determinável por muitos fatores. Em linhas gerais, quanto mais alta a corte, mais forte o precedente: juízes da *common law* podem considerar os precedentes de cortes inferiores persuasivos, mas por certo não se sentirão constrangidos a segui-los da mesma forma que os magistrados de cortes

---

10. The "binding force" of precedents has, according to Allen, 'through constant and often unthinking repetition, become a kind of sacramental phrase which contains a large element of fiction'. A judge is trained to believe 'that the most conclusive logic is the analogy of antecedent cases, especially if they have been decided by Courts of higher jurisdiction than his own. By these we say he is 'bound'. But he is only bound intellectually… It is he himself who must decide whether the precedent is authoritative or not'. The notion that the judges are 'intellectually' bound looks to amount to the unhelpful claim that precedents 'ought always to be followed except when they should not'" (DUXBURY, Neil. Op. cit., p. 13).
11. Com efeito, Neil Duxbury observa que: "Common-law judges are not sanctioned for declining to follow precedent, and so precedents do not constrain judges in the classical positivist sense" (DUXBURY, Neil. Op. cit., p. 14).
12. Interessante, neste particular, a síntese de Bruno Periolo Odahara a respeito das críticas traçadas por Jeremy Bentham, que atacou algumas exposições feitas pelo Sir Willian Ashhurst, o qual desnudou o processo de criação dos precedentes, na esteira do que ficou conhecido como *"dog-law"*. Com efeito, as críticas de Bentham foram direcionadas para as afirmativas de Ashhurst que, por sua vez, afirmou que os juízes da *common law* fazem leis tal como o homem o faz para "educar" o seu cão: "Vocês sabem como eles o fazem? Da mesma forma que um homem faz leis para seu cão. Quando o cão de vocês faz alguma coisa que vocês não querem que ele faça, vocês esperam até ele fazer, e batem nele por isso. É desta maneira que vocês fazem leis para seu cão: e é desta maneira que os juízes fazem leis para vocês e para mim. Eles não dirão a um homem, de maneira antecipada, o que é que ele *não deve fazer* – eles nem mesmo permitirão que algo lhe seja dito: os juízes mentem até o momento em que o homem tenha feito algo que eles dizem que ele não deveria *ter feito*, e então o enforcam por isso. De que forma, então, alguém pode superar este direito-canino? Apenas assistindo aos seus procedimentos: pela observação de quais *casos* eles tenham enforcado um homem, em quais *casos* tenham o mandado à prisão, em quais *casos* eles tomaram seus bens, e assim por diante" (ODAHARA, Bruno Períolo. Um rápido olhar sobre o *stare decisis*. In: MARINONI, Luiz Guilherme (Coord.). *A força dos precedentes*: estudos dos cursos de mestrado e doutorado em direito processual civil da UFPR. Salvador: JusPodivm, 2010. p. 68).

inferiores se posicionam em relação às decisões das cortes superiores. Um precedente que representa uma visão não unânime de um colegiado será provavelmente mais autoritário do que aquele que representa uma visão majoritária. Decisões de juízes consagrados podem carregar consigo mais força do que aquelas proferidas por julgadores de menor projeção comparativa[13].

Assim, em questões infraconstitucionais, o mecanismo do *stare decisis* é dotado de maior firmeza; porém, nas questões constitucionais mostra-se mais flexível. Aliás, nestes casos constitucionais, Richard H. Fallon Jr. afirma que a doutrina do *stare decisis* apresenta-se como um verdadeiro *quebra-cabeça*. Para ele, se o tribunal acreditar que uma decisão anterior é correta, é o caso de reafirmá-la. Portanto, a força da doutrina reside na sua propensão para perpetuar aquilo que era inicialmente um erro judicial ou, ao menos, para bloquear a reconsideração do que poder-se-ia considerar um equívoco[14]. De acordo com Fallon Jr., um bom sistema legal exige estabilidade *razoável*, enquanto que as decisões que estão erradas ou severamente *disfuncionais* devem ser anuladas[15]. Para ele, a doutrina do *stare decisis* é "funcionalmente desejável", pois promove a estabilidade, protege expectativas estabelecidas e conserva recursos judiciais[16].

Cabe o registro ainda de que o postulado do *stare decisis* é mais rígido na Inglaterra do que nos EUA. Com efeito, em 1966, foi editado na Inglaterra o *Practice Statement* para fins de permitir que a Casa dos Lordes possa deixar de aplicar os seus próprios precedentes[17]; porém, aquela Corte não costuma valer-se deste expediente com receio de introduzir "incertezas" no ordenamento jurídico[18].

---

13. "The argument that the authority of judicial precedents is variable prompts an obvious question: what determines the degree to which any particular precedent is authoritative? The weight of a precedent can depend in many factors. Generally speaking, the higher the court the stronger the precedent: common-law judges in higher courts may sometimes consider the precedents of lower courts persuasive, but they will not consider themselves constrained to follow them in the way that lower-court judges usually feel obligated to follow higher-court precedents. A precedent which represents the unanimous view of a panel of judges will probably be more authoritative than one which represents a majority view, or one which represents the view of a judge deciding alone. Decisions of highly-regarded judges may carry more weight than those of comparative lightweights" (DUXBURY, Neil. Op. cit., p. 62).
14. "The doctrine of stare decisis presents a puzzle in constitutional cases. If a court believes a prior decision to be correct, it can reaffirm that decision on the merits without reference to stare decisis. The force of the doctrine thus lies in its propensity to perpetuate what was initially judicial error or to block reconsideration of what was at least arguably judicial error" (FALLON JR., Richard H. Stare decisis and the constitution: an essay on constitutional methodology. *New York University Review*, v. 76, p. 570).
15. "My argument, instead, is that a good legal system requires reasonable stability; that while decisions that are severely misguided or dysfunctional surely should be overruled, continuity is presumptively desirable with respect to the rest; (…)" (FALLON JR., Richard H. Op. cit., p. 585).
16. "In addition, the doctrine of stare decisis is functionally desirable. It promotes stability, protects settled expectations and conservers judicial resources" (FALLON JR., Richard H. Op. cit., p. 587-588).
17. "Os requisitos para a autorrevogação são: i) a Corte deve estar convencida de que o novo posicionamento acerca da questão tratada pelo precedente significará uma evolução no direito; ii) não será revogada decisão quando, muito embora o contexto atual aponte para uma solução mais adequada, o contexto da decisão não permitia tal solução (o erro de julgamento deve recair sobre algum princípio fundamental, evitando-se, assim, a revogação em decorrência de, por exemplo, modificação no quórum de julgamento); iii) a revogação não pode recair sobre

No tocante ao sistema norte-americano, costuma-se afirmar que o *stare decisis* não está expressamente previsto na Constituição dos Estados Unidos e tampouco em lei federal[19]. Conforme assinalado por Eduardo Appio, trata-se de uma construção prudencial, derivada da natureza intrínseca da *common law*:

> (...) a qual se baseava nas decisões judiciais já proferidas anteriormente, com o sentido de garantir coerência e estabilidade nos julgamentos posteriores. Um juiz pode até discordar da correção da decisão anterior, firmada no precedente e, ainda assim, terá de aderir ao que já foi decidido no passado. Nos casos de vinculação vertical, a adesão é irrestrita e obrigatória[20].

A partir do que foi dito, é aceitável que a teorização nacional em torno dos precedentes busque apoio em certas categorias extraídas da *common law*. Por óbvio, isso não significa "importação" acéfala daqueles institutos. Aliás, ao examinar a progressiva exaltação dos precedentes, José Carlos Barbosa Moreira observava que a exasperação dessa tendência pode induzir uma nova forma de subserviência, na forma de um *neocolonialismo*[21]. Porém, não se pode ignorar o fortalecimento do modelo de precedentes no direito nacional, sob os influxos da aproximação entre o arquétipo idealizado para os países que seguem a tradição da *civil law* e aqueles que estão adstritos ao modelo da *common law*. Na atualidade, a linha divisória entre os sistemas da *common law* e da *civil law* está muito longe de sustentar uma polaridade e uma separação estanque desses modelos. Parece indisputável reconhecer, quando menos, uma visível *circularidade* de certos institutos hauridos da *common law*. No Brasil, a herança lusitana conduziu à

---

precedente amplamente utilizado pelos cidadãos para orientar suas condutas sem que haja forte razão para isso, a fim de preservar-se a confiança dos jurisdicionados; iv) deve-se observar se o precedente não serviu de base para a promulgação de lei, constituindo presunção de validade do direito declarado; v) a revogação não deve recair sobre alguma questão que não tenha interesse prático, mas tão somente acadêmico" (PORTES, Maira. Instrumentos para revogação de precedentes no sistema de *common law*. In: MARINONI, Luiz Guilherme (Coord.). *A força dos precedentes*: estudos dos cursos de mestrado e doutorado em direito processual civil da UFPR. Salvador: JusPodivm, 2010. p. 122).

18. "Na Inglaterra, em 1966, foi editado o *Practice Statement*, que concedeu autorização para a *House of Lords* (Casa dos Lordes, a Suprema Corte inglesa) de não aplicar o próprio precedente. O texto do *practice statement* ressalta que ele não prejudica a utilização dos precedentes, mas reconhece que a 'adesão muito rígida ao precedente pode conduzir à injustiça em um caso particular e também restringir a evolução da lei'. Ocorre que a *House of Lords* não costuma valer-se do *practice statement* por causa do medo de introduzir incerteza no ordenamento jurídico" (NOGUEIRA, Gustavo Santana. Jurisprudência vinculante no direito norte-americano e no direito brasileiro. *Revista de Processo*, São Paulo, v. 161, ano 33, p. 105, jul. 2008.

19. Para Richard H. Fallon Jr., *stare decisis* é uma doutrina de "magnitude constitucional", que está enraizada tanto nas normas "não-escritas" da prática constitucional, como na "própria" Constituição escrita em si. Para este autor, trata-se de reconhecer a existência de normas não escritas que são validadas por uma mistura de aceitação e de justiça razoável ("Stare decisis, I shall argue, is a doctrine of constitutional magnitude, but one that is rooted as much in unwritten norms of constitutional practice as in the written Constitutional itself. More generally still, I shall argue that the contestable foundations of stare decisis – involving unwritten norms that are validated by a mixture of acceptance and reasonable justice" [FALLON JR., Richard H. Op. cit., p. 572]).

20. APPIO, Eduardo. *Controle difuso de constitucionalidade: modulação dos efeitos, uniformização de jurisprudência e coisa julgada*. Curitiba: Juruá, 2008. p. 57.

21. MOREIRA, José Carlos Barbosa. Súmula, jurisprudência, precedente: uma escalada e seus riscos. *Revista Dialética de Direito Processual Civil*. São Paulo, v. 27, p. 58, jun. 2005.

recepção do sistema romanista[22]. Porém, nos últimos anos, passou a se notar uma tendência bastante acentuada de conferir à jurisprudência efeitos mais amplos e genéricos e, em certos parâmetros, uma eficácia vinculante.

Aliás, pode-se dizer que o sistema continental europeu abandonou o exacerbado apego à lei, eis que as construções contemporâneas privilegiam as cláusulas gerais e regras de conteúdo aberto. E, após a *abertura* para os processos interpretativos pós-positivistas, o fechamento do sistema é idealizado com a construção de mecanismos voltados à garantia de uniformidade na aplicação da norma jurídica[23]. Ora, é na observância aos fundamentos determinantes do precedente que se garante a observância do princípio isonômico e ainda a coerência e continuidade dos julgamentos[24]. Logo, a segurança jurídica passa a estar atrelada ao *campo* da decisão judicial e não ao conteúdo da norma jurídica.

1.3. PRECEDENTE E FUNDAMENTO DETERMINANTE

Conforme consignado por William Pugliese, a teorização em torno dos precedentes está baseada em dois conceitos fundamentais:

> Conforme noticiado, a teoria dos precedentes possui dois conceitos fundamentais para a compreensão do modo como os precedentes são aplicados na *commow law*: *ratio decidendi* e *obiter dictum*. Por meio desses dois conceitos os juristas da *commow law* extraem a regra jurídica das decisões judiciais. Sua compreensão representa o próximo passo para que o respeito aos precedentes possa ser observado no Brasil[25].

Portanto, firmada a premissa supracitada, tem-se que o caráter obrigatório do precedente é extraído da *ratio decidendi*. O problema é que "nem sempre, ou quase

---

22. "Primeiramente, em virtude da colonização portuguesa, recepcionou o sistema romano, adotado por Portugal, e sobre ele firmou suas raízes. A herança lusitana trouxe a concepção da lei como a principal fonte do direito, mas introduziu no Brasil, igualmente, os assentos, enunciados judiciais com caráter normativo, que se prestavam a dirimir dúvidas sobre a interpretação das normas e a conferir-lhe uniformidade, e que perduraram até a República, constituindo o antecedente histórico dos prejulgados e das súmulas, que seriam empregados mais tarde aqui" (MELLO, Patrícia Perrone Campos. *Precedentes*: o desenvolvimento judicial do direito no constitucionalismo contemporâneo. Rio de Janeiro: Renovar, 2008. p. 54-55).
23. O fenômeno é visto com uma certa carga de negatividade por Lênio Luiz Streck: "As consequências todos conhecemos: sob o pretexto de os juízes não serem mais a boca da lei, os princípios passaram a ser a 'era da abertura interpretativa', a 'era da criação judiciária'... Em decorrência, estabeleceu-se um verdadeiro 'estado de natureza hermenêutico', que redundou em uma fortíssima e dura reação do establishment jurídico-dogmático: mudanças legislativas introduzindo, cada vez com mais força, mecanismos vinculatórios. Em outras palavras, o establishment jurídico-dogmático procedeu a uma adaptação darwiniana" (STRECK, Lênio Luiz. *O que é isso* – Decido conforme minha consciência?. Porto Alegre: Livraria do Advogado, 2010. p. 91).
24. "É na obediência ao precedente, à sua eficácia vinculante e persuasiva, que se realizam os valores de igualdade, coerência e continuidade do ordenamento, e ocorre o recomendável temperamento entre as exigências de certeza e confiabilidade e as exigências de flexibilidade jurídica para a adaptação e mutação provocadas pela dinâmica da vida social, cuja complexidade se incrementa em ritmo exponencial" (PAGANINI, Juliana Marcondes. A segurança jurídica nos sistemas codificados a partir de cláusulas gerais. In: MARINONI, Luiz Guilherme (Coord.). *A força dos precedentes*: estudos dos cursos de mestrado e doutorado em direito processual civil da UFPR. Salvador: JusPodivm, 2010. p. 145).
25. PUGLIESE, William. *Precedentes e a civil law brasileira*: interpretação e aplicação do novo código de processo civil. São Paulo: RT, 2016, p. 79.

nunca, a *ratio decidendi* vem explicitada no julgamento de um caso concreto, cabendo ao intérprete, e ao juiz, a tarefa de extrair da decisão o que vincula (*ratio*), separando o que não vincula (obter)"[26].

Vale dizer: a delimitação dos *fundamentos determinantes* (*ratio decidendi*) pressupõe a distinção dos demais argumentos utilizados em caráter *periférico*, ou seja, empregados apenas para corroborar a tese esposada. Com efeito, o *obiter dictum* (ou *obiter dicta*[27], no plural) consiste no conjunto de argumentos secundários, de caráter acessório, que não são indispensáveis para a conformação da decisão[28]. Enquadram-se como argumentos de reforço.

A partir da experiência americana, ainda se torna relevante distinguir o que é um *holding* de um *dictum* (proveniente da expressão *obiter dictum*). A locução *holding* refere-se ao que foi discutido e arguido perante o juiz (de modo que a analogia possível dar-se-ia com a regra do art. 1.013, §§ 1º e 2º, do CPC 2015), enquanto que *dictum* compreende certas assertivas constantes do *decisium*, mas que não são imprescindíveis para o deslinde da questão controversa, assumindo caráter meramente *persuasivo* para as cortes subordinadas. Porém, ao trabalhar a distinção e a identificação dos casos, "o órgão julgador torna os precedentes mais específicos, clareando seu alcance e aplicabilidade, possibilitando, por conseguinte, que os jurisdicionados prevejam com maior exatidão o posicionamento do Poder Judiciário sobre as mais variadas hipóteses jurídicas"[29].

Oportuno consignar que o destaque para construções argumentativas que envolvem *obiter dictum* vem sendo trabalhado pelo STJ em alguns de seus julgamentos mais recentes, inclusive para fins de delimitação do conceito de causa decidida[30], extraído

---

26. NOGUEIRA, Gustavo Santana. Op. cit., p. 109.
27. De acordo com o autor, "an *obiter dictum* is literally 'saying by the way'. In judicial opinions, passages which are *obiter* come in various forms – they might be unnecessary to the outcome, or unconnected to the facts of the case or directed to a point which neither party sought to argue – and may have been formulated by the judge with less care or seriousness than would have been the case had the passage been part of the reason for the decision" (DUXBURY, Neil. Op. cit., p. 68). Tradução: "Obiter dictum é literalmente 'falando nisso...'. Em opiniões judiciais, passagens que são *obiter* vêm de diferentes formas – elas podem ser desnecessárias ou desconexas aos fatos do caso ou em relação a algo que nenhuma das partes arguiu – e pode ter sido formulada pelo juiz com menos cuidado ou seriedade em parte da fundamentação da decisão" (DUXBURY, Neil. Op. cit., p. 68).
28. "O *obiter dictum* (ou *obiter dicta*, no plural), ou simplesmente *dictum*, consiste nos argumentos que são expostos apenas de passagem na motivação da decisão, consubstanciando juízos acessórios, provisórios, secundários, impressões ou qualquer outro elemento que não tenha influência relevante e substancial para a decisão ('prescindível para o deslinde da controvérsia'). Normalmente, é definido de forma negativa: é *obiter dictum* a proposição ou regra de Direito que não compuser a *ratio decidendi*. É apenas algo que se faz constar 'de passagem', não podendo ser utilizado com força vinculativa por não ter sido determinante para a decisão" (DIDIER JR., Fredie, BRAGA, Paula Sarno, e OLIVEIRA, Rafael. *Curso de direito processual civil*: teoria da prova, direito probatório, teoria do precedente, decisão judicial, coisa julgada e antecipação dos efeitos da tutela. 5. ed. Salvador: JusPodivm, 2010. v. 2, p. 383).
29. SILVA, Lucas Cavalcanti da. Controle difuso de constitucionalidade e o respeito aos precedentes do STF. In: MARINONI, Luiz Guilherme (Coord.). *A força dos precedentes*: estudos dos cursos de mestrado e doutorado em direito processual civil da UFPR. Salvador: JusPodivm, 2010. p. 165.
30. "(...) 3. As simples considerações feitas de passagem pelo Tribunal a quo, a título de obter dictum, não revelam uma tese jurídica oportunamente suscitada e devidamente resolvida pela Corte Estadual, na forma como exigido pelo conceito de causa decidida presente no art. 105, inciso III, da Constituição Federal, para autorizar a

do inciso III do art. 105 da Constituição da República. É salutar a incorporação de tais distinções.

1.4. A OPÇÃO ESTRUTURANTE DO CPC 2015

A opção em prol da uniformidade da jurisprudência é pautada, entre outros fatores, pela necessidade de construção de *convergências* no universo das repetições[31]. Por isso, o CPC 2015 conferiu ênfase aos mecanismos hábeis à formação das teses jurídicas relevantes, com a identificação da *"ratio decidendi"* extraída dos julgamentos paradigmáticos dos Tribunais Superiores[32].

Portanto, o sistema recursal deve ser examinado de maneira conectada com as diferentes formas de gerenciamento das demandas repetitivas. Isto porque, além de voltados à satisfação do inconformismo da parte que sucumbiu, os processos recursais convergem em prol da garantia do direito objetivo e da integridade dos precedentes e julgados das Cortes Superiores.

Ou seja, o aumento exponencial das demandas alterou sobremaneira o papel e a função dos recursos, que não se prestam tão somente à impugnação das decisões que geram gravames, "mas também como um dos principais instrumentos de formação dos precedentes, especialmente quando formados no âmbito dos tribunais superiores"[33]. Aliás, em abono à tese, Paula Pessoa Pereira identifica uma tendência paulatina de transformação das Cortes de vértice, cujo papel de tutela da legalidade vem cedendo espaço ao desempenho proativo na evolução do fenômeno jurídico[34]. O advento da EC 125/2022 está inserido nesta perspectiva de mutação do papel das Cortes de sobreposição.

---

revisão da matéria por esta Corte Superior." (STJ, AgRg no REsp 1.222.513/RS, 5ª T., Rel. Min. Marco Aurélio Bellizze, j. 19.02.2013, *DJe* 26.02.2013). Com a mesma preocupação e ressalva: STJ, REsp 2.059.550/SP, 1ª T., Rel. Min. Paulo Sérgio Domingues, j. 16.05.2023, *DJe* 23.05.2023.

31. Afinal, "a pressão da repetitividade se intensificou sempre mais, empurrando o sistema para o desenvolvimento de novas alternativas, a ponto de ser possível afirmar, hoje, uma autêntica tendência do processo civil brasileiro no sentido de que a jurisdição da litigiosidade repetitiva seja adaptada aos contornos de seu objeto, tanto aproveitando oportunidades que os conjuntos oferecem, como ajustando o ponto de equilíbrio da relação entre a independência do juiz e o dever de consideração que deve ter pelas posições consolidadas dos tribunais, naqueles termos colocados acima" (RODRIGUES, Ruy Zoch. *Ações repetitivas*: casos de antecipação de tutela sem o requisito da urgência. São Paulo: Ed. RT, 2010. p. 148).
32. "Nesse contexto é que se pode afirmar que a tendência para o futuro é a de consolidação do fenômeno da objetivação – mudança do paradigma subjetivo (caso a caso) para o objetivo (precedentes e decisões estranhas a determinado processo o influenciando diretamente)" (CORTES, Oscar Mendes Paixão. O futuro da recorribilidade extraordinária e o novo código de processo civil. In: FREIRE, Alexandre Freire et al (Coord.). *Novas tendências do processo civil*: estudos sobre o projeto do novo Código de Processo Civil. Salvador: JusPodivm, 2014. p. 487).
33. NUNES, Dierle. *Do julgamento dos recursos extraordinário e especial repetitivos*. In: WAMBIER, Teresa Arruda Alvim et al. (Coord.). *Breves comentários ao Novo Código de Processo Civil*. São Paulo: RT, 2015. p. 2.320.
34. "A tendência que podemos verificar nos últimos anos, a qual parece colocar-se em nível geral, revela que a função tradicional reativa de tutela da legalidade no caso concreto cede espaço para o desempenho da função proativa na evolução do direito, de modo que, com poucas exceções, a finalidade pública e prospectiva está se revelando a função de maior importância, caracterizando-se como o aspecto decisivo (e às vezes o único) da

Desse modo, a construção de um sistema de precedentes de observância obrigatória e o emprego de *técnicas gerencialistas* aplicadas aos processos repetitivos foram idealizados com propósitos nitidamente *publicistas*, com vistas à *racionalização* do modelo atual de administração de justiça.

São mudanças impactantes. Aliás, a *transcendência* e *objetivação* das questões jurídicas extraídas dos incidentes de coletivização e, particularmente da seara dos *recursos repetitivos*, conduz à revisão de algumas concepções e legados dos tratadistas clássicos. Afinal, não se pode ignorar que "o excesso de julgados contraditórios gera instabilidade e descrédito que corroem a aptidão do Judiciário para criar direito, na medida em que se produz no jurisdicionado e na comunidade jurídica uma impressão de caos e de loteria jurisprudencial"[35]. Por tais razões, a preocupação com a atribuição de uma eficácia normativa aos julgados passa a representar uma das preocupações dos juristas brasileiros, como forma de superar certos *voluntarismos*[36]. Tudo isso, diga-se de passagem, está a aconselhar uma teorização em torno da *eficácia* dos precedentes jurisprudenciais.

1.5. OS PRECEDENTES DE OBSERVÂNCIA OBRIGATÓRIA

Conforme anotado por Daniel Mitidiero, na experiência brasileira os precedentes emanam das Cortes Supremas e "são sempre *obrigatórios* – isto é, *vinculantes*"[37]. Aliás, se é verdadeiro que o CPC 2015 se pautou em categorias do pensamento de Ronald Dworkin, parece válido reportar-se ao que foi por ele chamado de força gravitacional dos precedentes:

> (...) A força gravitacional de um precedente pode ser explicada por um apelo, não à sabedoria da implementação de leis promulgadas, mas à equidade que está em tratar os casos semelhantes do mesmo modo[38].

Assim, de acordo com o art. 926, do CPC 2015, "os tribunais devem uniformizar sua jurisprudência e mantê-la estável, íntegra e coerente". Impõe-se aos tribunais o dever de uniformizar seus precedentes, privilegiando estabilidade, integridade e coerência.

---

maior parte das cortes supremas" (PEREIRA, Paula Pessoa. *Legitimidade dos precedentes*: universalidade das decisões do STJ. São Paulo: RT, 2014, p. 146).

35. MELLO, Patrícia Perrone Campos. Op. cit., p. 68.
36. Oportuno transcrever trecho do acórdão exarado pelo Min. Humberto Gomes de Barros no julgamento do AgReg em EREsp 279.889/AL: "*Não me importa o que pensam os doutrinadores*. Enquanto for Ministro do Superior Tribunal de Justiça, assumo a autoridade da minha jurisdição. (...) *Decido, porém, conforme minha consciência*. Precisamos estabelecer nossa autonomia intelectual, para que este Tribunal seja respeitado. É preciso consolidar o entendimento de que os Srs. Ministros Francisco Peçanha Martins e Humberto Gomes de Barros *decidem assim, porque pensam assim*. E o STJ decide assim, porque a maioria de seus integrantes pensa como esses Ministros. Esse é o pensamento do Superior Tribunal de Justiça, *e a doutrina que se amolde a ele*. É fundamental expressarmos o que somos. *Ninguém nos dá lições*. Não somos aprendizes de ninguém" (STJ, AgRg em EREsp 279.889/AL). O julgado em questão recebeu os comentários atentos de Lênio Luiz Streck (STRECK, Lênio Luiz. *O que é isso* – decido conforme minha consciência? cit., p. 24-25).
37. MITIDIERO, Daniel. Op. cit., p. 84.
38. DWORKIN, Ronald. *Levando os direitos a sério*. Trad. Nelson Boeira, São Paulo: Martins Fontes, 2002. p. 173.

Trata-se de um ideal *normativo*[39], voltado ao aprimoramento do direito positivado, ao mesmo tempo em que se preservam as garantias de segurança jurídica e de previsibilidade.

Por sua vez, o art. 927 do CPC 2015 preceitua que

> (...) os juízes e os tribunais observarão: I – as decisões do Supremo Tribunal Federal em controle concentrado de constitucionalidade; II – os enunciados de súmula vinculante; III – os acórdãos em incidente de assunção de competência ou de resolução de demandas repetitivas e em julgamento de recursos extraordinário e especial repetitivos; IV – os enunciados das súmulas do Supremo Tribunal Federal em matéria constitucional e do Superior Tribunal de Justiça em matéria infraconstitucional; V – a orientação do plenário ou do órgão especial aos quais estiverem vinculados.

É bem verdade que o inciso I do art. 927 do CPC não veicula propriamente hipótese de precedente, pois das decisões do STF em controle concentrado de constitucionalidade decorre a eficácia *erga omnes*. Portanto, é preferível a opção traçada por Daniel Mitidiero, ao chamar atenção para o fato de que o art. 927 do CPC parece "arrolar" hipóteses que não se enquadram, propriamente, na acepção de precedentes e, simultaneamente, ter deixado de prestigiar outras hipóteses com absoluta pertinência à matéria[40].

De outro lado, não há verdadeiro ineditismo na imposição de precedentes de observância obrigatória. Afinal, a Constituição de 1891 instituiu o dever de "consulta recíproca" por parte dos tribunais integrantes da Justiça Estadual e Federal. Ou seja, em sua redação primitiva, o art. 59, § 2º, daquela Carta estabeleceu que era incumbência da Justiça Federal consultar a jurisprudência estadual nas hipóteses de aplicação da lei estadual e, de forma recíproca, impôs à Justiça Estadual a observância da jurisprudência federal para as hipóteses de aplicação de uma lei federal. Com efeito, § 2º do art. 59 da Constituição de 1891 dispunha que: "Nos casos em que houver de aplicar a lei dos Estados, a justiça federal consultará a jurisprudência dos tribunais locais, e vice-versa, as justiças dos Estados consultarão a jurisprudência dos tribunais federais, quando houverem de interpretar leis da União" (posteriormente esse texto foi modificado pela Emenda Constitucional de 3 de setembro de 1926).

Apesar da recomendação preconizada pelo dispositivo constitucional da 1ª República, por certo não se estava diante da imposição compulsória de observância das decisões adotadas pela jurisprudência estadual ou federal, naquele modelo de justiça dualista. Contudo, o art. 1º do Decreto n. 23.055, de 09.08.1933, foi enfático na impo-

---

39. Normativo, aqui, possui um sentido de senso de dever ser, de fazer o que é certo em um contexto. A expressão é empregada com o significado que lhe é empregado por Neil MacCormick em seus trabalhos mais recentes. Ver, por exemplo, Maccormick, Neil. *Institutions of Law*: an essay in legal theory. Oxford: Oxford University Press, 2007. p. 15.
40. "O art. 927, I, do CPC, confunde o *plano da aplicação* – que é o plano em que se situa o controle de constitucionalidade – com o *plano da interpretação* – que é o plano em que se situa a formação do precedente judicial. Em segundo lugar, deixar de arrolar hipóteses em que pode haver a formação de precedentes e arrola hipóteses em que pode não haver a formação de precedentes. Isso quer dizer que de um lado o art. 927 do CPC, deve ser visto como *meramente exemplificativo* e de outro deve ser visto como *qualitativa* e *funcionalmente incompleto*" (MITIDIERO, Daniel. Op. cit., p. 92-93).

sição de observância da jurisprudência do STF: "As justiças dos Estados, do Distrito Federal e do Território do Acre devem interpretar as leis da União de acordo com a jurisprudência do Supremo Tribunal Federal".

Ao se cogitar do dever de observância, fica preservado ao responsável pela aplicação do precedente o juízo de *subsunção* compatível com a identificação do substrato fático e da conformação da solução advinda do Tribunal Superior, com a possibilidade, em qualquer hipótese, de distinguir o que comportar *distinção*. Trata-se, em última análise, de garantir os parâmetros empregados com o mecanismo do *stare decisis*, onde o julgador – ao se posicionar diante de um precedente – poderá manejar o critério da distinção (*distinguishing* ou *distinguish*[41]) quando houver diferença suficiente entre a hipótese concreta, objeto de julgamento, e o caso paradigmático. Aliás, conforme advertido por Daniel Mitidiero, a regra do *stare decisis*, em suas duas dimensões, horizontal e vertical, constitui a referência da segurança jurídica[42].

Por certo, a recusa quanto à aplicação do precedente pode advir da existência de peculiaridades que afastam a *convergência* entre os fatos, afastando, assim, a conformação da fundamentação[43]. Nesse sentido, o Enunciado 306 do FPPC assinala que "o precedente vinculante não será seguido quando o juiz ou tribunal distinguir o caso sob julgamento, demonstrando, fundamentadamente, tratar-se de situação particularizada por hipótese fática distinta, a impor solução jurídica diversa".

Assim, a análise dos elementos objetivos da demanda e a aferição da causa de pedir são determinantes para a realização do juízo de subsunção exigido para se verificar a aplicabilidade ou não do *precedente*[44]. Vale dizer: o dever de observar o precedente não torna o julgador um autômato, incapaz de distinguir o que comporta distinção.

---

41. "Nos casos em que o magistrado está vinculado a precedentes judiciais, a sua primeira atitude é verificar se o caso em julgamento guarda alguma semelhança com o(s) precedente(s). Para tanto, deve valer-se de um método de comparação: à luz de um caso concreto, o magistrado deve analisar os elementos objetivos da demanda, confrontando-os com os elementos caracterizadores de demandas anteriores. Se houver aproximação, deve então dar um segundo passo, analisando a *ratio decidendi* (tese jurídica) firmada nas decisões proferidas nessas demandas anteriores. Fala-se em *distinguishing* (ou *distinguish*) quando houver *distinção* entre o caso concreto (em julgamento) e o paradigma, seja porque não há coincidência entre os fatos fundamentais discutidos e aqueles que serviram de base à *ratio decidendi* (tese jurídica) constante no precedente, seja porque, a despeito de existir uma aproximação entre eles, alguma peculiaridade no caso em julgamento afasta a aplicação do precedente" (DIDIER JR., Fredie, BRAGA, Paula Sarno; OLIVEIRA, Rafael. *Curso de direito processual civil*: teoria da prova, direito probatório, teoria do precedente, decisão judicial, coisa julgada e antecipação dos efeitos da tutela. 5. ed. Salvador: JusPodivm, 2010. p. 393).
42. MITIDIERO, Daniel. Op. cit., p. 82.
43. "Entende-se por *distinguishing* a recusa à aplicação de um precedente a um caso atual em decorrência de peculiaridades deste, as quais impedem a convergência entre os fatos (fatos relevantes – *material facts*) e a conformação da fundamentação (*substantive rationale*) utilizada no caso predecessor ao caso atual" (PORTES, Maira. Op. cit., p. 115).
44. "A análise do precedente, seja para o fim de aplicá-lo a um caso, seja para determinar sua revogação, depende de uma visão holística de seu conteúdo, com o objetivo de identificar a convergência ou divergência dos aspectos materialmente relevantes dos casos concretos que deram origem ao precedente e ao julgamento atual" (PORTES, Maira. Op. cit., p. 105).

Com efeito, o desrespeito à exegese fixada pelas Cortes Superiores, senão sistemático, mas não menos desprezível, é fenômeno que depõe contra a credibilidade das cortes. Entretanto, para satisfação do ideal normativo extraído do art. 926 do CPC no tocante ao dever de coerência, é indisputável que "os órgãos do Poder Judiciário devem obrigatoriamente seguir os seus próprios precedentes" (Enunciado 169 do FPPC). Além disso, "a estabilidade da jurisprudência do tribunal depende também da observância de seus próprios precedentes, inclusive por seus órgãos fracionários" (Enunciado 316 do FPPC).

Por isso, a superação de um paradigma ou precedente exigirá argumentação condizente por parte do intérprete. Mas não é só isso. É altamente recomendável que o acórdão que revisar ou superar a tese deverá indicar "os parâmetros temporais relativos à eficácia da decisão revisora" (Enunciado 608 do FPPC).

Afinal, é extreme de dúvidas que a previsibilidade em relação às decisões judiciais contribui para a racionalização das expectativas, minimizando o espectro de incertezas. Com efeito, o respeito aos fundamentos determinantes (*ratio decidendi*) emanados das técnicas de coletivização está conectado com o resguardo da isonomia e respeito ao princípio da não surpresa (proteção da confiança).

Contudo, diante da expansão alcançada pelos incidentes de resolução de demandas repetitivas (CPC, arts. 976 e ss.) e pelas técnicas recursais similares adotadas pelo Código renovado, que buscam privilegiar a perspectiva do trâmite processual acelerado[45], é preciso efetuar um contraponto com as garantias processuais constitucionais, incluindo-se aqui a perspectiva diferenciada do contraditório na formação desses precedentes de observância obrigatória. Não por outra razão, o Enunciado 305 do FPPC observa ainda que, "no julgamento de casos repetitivos, o tribunal deverá enfrentar todos os argumentos contrários e favoráveis à tese jurídica discutida, inclusive os suscitados pelos interessados".

Além disso, o Enunciado 02 do FPPC destaca que "para formação do precedente, somente podem ser usados argumentos submetidos ao contraditório". Ora, não há como insistir com a ideia de respeito aos precedentes, se os mesmos forem construídos de maneira dissociada do *prévio* debate. Aliás, não se pode conceber uma cultura precedentalista se, até então, os juízes e tribunais insistiam que não estavam obrigados a enfrentar os argumentos das partes[46]. Não por outra razão, o Enunciado 659 do FPPC dispõe que:

---

45. "Para a solução do mal da morosidade judicial, apostamos na padronização decisória. Há um ideal de que, mediante decisões iguais, eliminaríamos uma série de demandas. A partir da fixação de uma 'tese' por um Tribunal Superior, bastaria aos juízes de primeira instância aplicar automaticamente o entendimento dos tribunais. É uma utilização dos precedentes como forma de fechamento discursivo e argumentativo" (SILVA, Diogo Bacha e; BAHIA, Alexandre Melo Franco. Agravo em recurso extraordinário e agravo em recurso especial: entre imposição de precedentes, distinção e superação. In: MACÊDO, Lucas Buril de; PEIXOTO, Ravi; FREIRE, Alexandre (Org.) (Coordenador geral Fredie Didier Jr.). *Novo CPC doutrina selecionada*: processo nos tribunais e meios de impugnação às decisões judiciais. *Salvador*: JusPodivm, 2015, v. 6, p. 725).
46. Por isso, a importância do § 1º do art. 489 do NCPC, o qual se revela de "fundamental importância para que se acabe com entendimento da jurisprudência que, pacificamente, entende que o juiz 'não é obrigado' a enfrentar

O relator do julgamento dos casos repetitivos e do incidente de assunção de competência tem o dever de zelar pelo equilíbrio do contraditório, por exemplo solicitando a participação, na condição de amicus curiae, de pessoas, órgãos ou entidades capazes de sustentar diferentes pontos de vista.

A fixação de teses jurídicas com "hora" marcada substancia tão somente uma forma de enfrentamento da litigiosidade da repetição. Portanto, ao se pensar o sistema de precedentes, torna-se imperativa a criação de mecanismos de fiscalidade ao exercício dos micropoderes exercidos ao longo do *iter* processual, além da criação de espaços de interação (participação), que viabilizem consensos procedimentais aptos a tornar viável, no ambiente real do debate processual, a prolação de provimentos que representem o exercício de poder participado, com atuação e influência de todos os envolvidos[47].

Trata-se, então, de advogar em prol de um sistema que abstraia a gênese do que foi decidido pelas Cortes Superiores (*ratio decidendi*), a partir da estrutura de cooperação propiciada pela conjugação dos melhores argumentos. Com isso, nas palavras de Daniel Mitidiero, as Cortes de Precedentes passam a atuar também de forma *prospectiva*:

> As Cortes de Precedentes – também conhecidas como Cortes Supremas – visam a outorgar a *interpretação prospectiva* e *unidade do direito* mediante a formação de precedentes. Essas Cortes não devem atuar para conhecer de cada um dos casos concretos decididos pelas Cortes de Justiça a fim de uniformizar a aplicação do direito – em outras palavras, não devem exercer controle retrospectivo sobre as Cortes de Justiça. Devem atuar a fim de *guiar as futuras decisões das Cortes de Justiça, dos juízes a elas vinculados, da Administração Pública e o comportamento de toda a sociedade civil*. Vale dizer: devem atuar de forma prospectiva, outorgando unidade ao direito mediante a sua adequada interpretação[48].

---

os argumentos deduzidos pelo advogado, bastando que decida conforme seu 'livre convencimento motivado', assinalando por vezes que não teriam que responder a 'questionários' ou a 'quesitos' formulados pela parte em embargos de declaração (...)" (BAHIA, Alexandre Gustavo Melo Franco; e, VECCHIATTI, Paulo Roberto Iotti. O dever de fundamentação, contraditório substantivo e superação de precedentes vinculantes (*overruling*) no novo CPC – ou do repúdio a uma nova escola da exegese. In: FREIRE, Alexandre Freire et al (Coord.). *Novas tendências do processo civil*: estudos sobre o projeto do novo Código de Processo Civil. Salvador: JusPodivm, 2014. v. II, p. 39).

47. THEODORO JR., Humberto; NUNES, Dierle; BAHIA, Alexandre; PEDRON, Flávio Quinad. *NCPC*: fundamentos e sistematização. Rio de Janeiro: Forense, 2015. p. 89.
48. MITIDIERO, Daniel. Op. cit., p. 79.

REFERÊNCIAS BIBLIOGRÁFICAS

AARNIO, Aulis. *Lo racional como razonable*. Un tratado sobre la justificación WAMBIER, Luiz Rodrigues; TALAMINI, Eduardo 1991.

ABDOUD, Georges. Da (im)possibilidade de relativização da coisa julgada inconstitucional. *Revista de Direito Privado*. São Paulo, v. 23, jul.-set. 2005.

ACOSTA, Daniel Fernando. La conducta procesal de las partes como concepto atinente a la prueba. In: ACOSTA, Daniel Fernando (Coord.). *Valoración judicial de la conducta procesal*. Santa Fé: Rubinzal-Culzoni, 2005.

ALBERTO, Misael. Valor probatorio de la conducta en juicio. Un aporte más para su consideración como indicio y otras cuestiones más. In: ACOSTA, Daniel Fernando (Coord.). *Valoración judicial de la conducta procesal*. Santa Fé: Rubinzal-Culzoni, 2005.

ALEXY, Robert. *Concetto e validità del diritto*. Trad. Fabio Fiore. Turim: Giulio Einaudi Editore, 1997.

ALEXY, Robert. Colisão de direitos fundamentais e realização de direitos fundamentais no Estado de Direito Democrático. Trad. Luís Afonso Heck. *Revista de Direito Administrativo*. v. 217. Rio de Janeiro: FGV, jul.-set. 1999.

ALEXY, Robert. Direitos fundamentais, balanceamento e racionalidade. Trad. Menelick de Carvalho Netto. *Ratio Juris*. v. 16. n. 2. Medellin: UNAULA, jun. 2003.

ALEXY, Robert. *Teoría de los derechos fundamentales*. Madrid: Centro de Estudios Constitucionales, 1997.

ALEXY, Robert. *Tres escritos sobre los derechos fundamentales y la teoria de los princípios*. Trad. Carlos Bernal Pulido. Bogotá: Universidad Externado de Colombia, 2003.

ALMEIDA JR., João Mendes de. *Direito judiciário brasileiro*. Rio de Janeiro: Freitas Bastos, 1940.

ALVES, Cíntia Marques; LOPES, Ederaldo José. Falsas Memórias: questões teórico-metodológicas. *Paideia*. Ribeirão Preto [http://www.scielo.br/scielo.php?pid=S0103=863-2007000100005X&script-sci_abstract&tlng=pt], v. 17. n. 36, 2007.

ALVIM, José Eduardo Carreira. *Justiça*: acesso e descesso. Disponível em: [http://www.egov.ufsc.br/portal/sites/default/files/anexos/17206-17207-1-P B.htm]. Acesso em: 02.12.2015.

ALVIM, Teresa Arruda. *A fundamentação das sentenças e dos acórdãos*. Curitiba: Editora Direito Contemporâneo, 2023.

ALVIM NETTO, José Manoel de Arruda. Apontamentos sobre a perícia. *Revista de Processo*. v. 31. São Paulo: RT, jul.-set. 1981.

ALVIM NETTO, José Manoel de Arruda. *Manual de direito processual civil*. 8. ed. São Paulo: RT, 2003. v. 2.

ALVIM NETTO, José Manoel de Arruda. *Novo contencioso cível no CPC/2015*. São Paulo: RT, 2016.

ALVIM NETTO, José Manoel de Arruda. Cumprimento da sentença condenatória por quantia certa – Lei 11.232, de 22.12.2005 – Anotações de uma primeira impressão. *Estudos em homenagem ao Professor José Carlos Barbosa Moreira*. São Paulo: RT, 2006.

AMARAL, Guilherme Rizzo. *Comentários às alterações do novo CPC*. 2. ed. rev., atual. e ampl. São Paulo: RT, 2016.

AMARAL, Paulo Osternack. A remessa necessária no Novo CPC. In: TALAMINI, Eduardo (Coord.). *Processo e Administração Pública*. Salvador: JusPodivm, 2016. (Coleção Repercussões do Novo CPC. v. 10).

AMARAL, Paulo Osternack. *Manual das provas cíveis*. Londrina: Toth Editora, 2023.

AMARAL, Paulo Osternack. Produção de provas em fase recursal. *Revista jurídica da Escola Superior de Advocacia da OAB-PR*. Edição especial, maio 2018.

AMARAL, Paulo Osternack. *Provas*: atipicidade, liberdade e instrumentalidade. São Paulo: RT, 2015.

AMARAL, Paulo Osternack. *Provas*: atipicidade, liberdade e instrumentalidade. 3. ed. São Paulo: Thomson Reuters Brasil, 2021.

AMORIN FILHO, Agnelo. Critério científico para distinguir a prescrição da decadência e para identificar as ações imprescritíveis. *Revista dos Tribunais*. v. 300. São Paulo: RT, out. 1961.

ANDRIOLI, Virgilio. Prova (diritto processuale civile). *Novissimo digesto italiano*. Turim: VTET, 1957. v. XIV.

ANSANELLI, Vicenzo. Problemi ricorrenti in tema di prova scientifica e processo civile spunti minimi di raffronto comparato. In: DOTTI, Rogéria (Org.). *O processo civil entre a técnica processual e a tutela dos direitos*. Estudos em homenagem a Luiz Guilherme Marinoni. São Paulo: RT, 2017.

APPIO, Eduardo. *Controle difuso de constitucionalidade*: modulação dos efeitos, uniformização de jurisprudência e coisa julgada. Curitiba: Juruá, 2008.

APRIGLIANO, Ricardo de Carvalho. *Ordem pública e processo*: o tratamento das questões de ordem pública no direito processual civil. São Paulo: Atlas, 2011.

AQUINO, Leonardo Gomes. A aplicação da mediação na tutela da falência e na recuperação de empresas. Disponível em: [http://estadodedireito.com.br/mediacao-na-tutela-de-falencia-e-recuperacao-de-empresas/]. Acesso em: 20.10.2016.

ARAGÃO, Egas D. Moniz de. *A correição parcial*. Curitiba: Litero Técnica, 1958. ARAGÃO, Egas D. Moniz de. Direito à prova. *Revista de Processo*. v. 39. São Paulo: RT, jul.-set. 1985.

ARAGÃO, Egas D. Moniz de. *Exegese do Código de Processo Civil*. Rio de Janeiro: AIDE, 1984. v. IV, t. I.

ARAGÃO, Egas D. Moniz de. *Exegese do Código de Processo Civil*. Rio de Janeiro: AIDE, 1992. v. IV, t. I.

ARAGÃO, Egas D. Moniz de. *Exegese do Código de Processo Civil*. Rio de Janeiro: AIDE, 1984. v. IV, t. II.

ARAGÃO, Egas D. Moniz de. *Sentença e coisa julgada*. Rio de Janeiro: AIDE, 1992.

ARAGONESES, Gisbert. *La apelación en los procesos civiles*. Madrid: Thomson Civitas, 2003.

ARAÚJO, Luciano Vianna. Defesas heterotópicas: defenda-se quando e como quiser. In: ASSIS, Araken de; BRUSCHI, Gilberto Gomes (Coord.). *Processo de execução e cumprimento de sentença*. São Paulo: RT, 2021. v. 2.

ARAUJO, Marcelo José. Colisões traseiras: reflexões. *Jus Navigandi*. ano 10. n. 957. Teresina, 15.02.2006. Disponível em: [http://www.jus.com.br].

ARAÚJO FILHO, Luiz Paulo da Silva. *Comentários ao Código de Defesa do Consumidor.* São Paulo: Saraiva, 2002.

ARENHART, Sérgio Cruz. A prova estatística e sua utilidade em litígios complexos. *Revista dos Tribunais*, v. 1000, fev. 2019.

ARENHART, Sérgio Cruz. Tutela atípica de prestações pecuniárias. Por que ainda aceitar o "É ruim mas eu gosto"? *Revista Jurídica da Escola Superior de Advocacia da OAB-PR/Ordem dos Advogados do Brasil*. Seção Paraná. Coordenação Científica de Fernando Previdi Motta, Graciela I. Marins, v. 3, n. 1, p. 15 a 57, maio 2018, Curitiba: OABPR, 2018.

ARLÉ, Danielle de Guimarães Germano. *Mediação, negociação e práticas restaurativas no Ministério Público*. Belo Horizonte: Editora D'Plácido, 2016.

ARMELIN, Donaldo. Apontamentos sobre as alterações ao Código de Processo Civil e à Lei 8.038/90, impostas pela Lei 9.756/98. In: NERY JR., Nelson; WAMBIER, Teresa Arruda Alvim (Coord.). *Aspectos polêmicos e atuais dos recursos cíveis de acordo com a Lei 9.756/98*. 1. ed. 2. tir. São Paulo: RT, 1999.

ARMELIN, Donaldo. *Embargos de terceiro.* São Paulo: Saraiva. 2017.

ASCARELLI, Tullio. Processo e democrazia. *Rivista Trimestrale di Diritto e Procedura Civile*, p. 844-860. Milão: Giuffré, 1958.

ASSIS, Araken de. Condições de admissibilidade dos recursos cíveis. In: WAMBIER, Teresa Arruda Alvim; NERY JR., Nelson (Coord.). *Aspectos polêmicos e atuais dos recursos cíveis de acordo com a Lei 9.756/98*. 1. ed. 2. tir. São Paulo: RT, 1999.

ASSIS, Araken de. Formação do julgamento colegiado nos tribunais. In: FERRARI, Paulo Leme (Coord.). Homenagem ao professor Celso Neves. *Revista do Advogado – AASP*. n. 88. ano XXVI, nov. 2006.

ASSIS, Araken de. Intervenção do Conselho Administrativo de Defesa Econômica no processo civil. In: TALAMINI, Eduardo (Coord.). *Processo e Administração Pública*. Salvador: JusPodivm, 2016. (Coleção Repercussões do Novo CPC. v. 10).

ASSIS, Araken de. *Manual da Execução*. 18. ed. São Paulo: RT, 2016.

ASSIS, Araken de. *Manual dos recursos*. 8. ed. São Paulo: RT, 2016.

ASSIS, Araken de. *Processo civil brasileiro*. São Paulo: RT, 2015. v. III.

ASSIS, Araken de. Proibição da *reformatio in pejus* no processo civil brasileiro. *Revista Jurídica*, v. 57, n. 375, Porto Alegre. Nota Dez, 2009.

ASSIS, Carlos Augusto de. A antecipação de tutela e sua estabilização. Novas perspectivas. In: BUENO, Cassio Scarpinella; MEDEIROS NETO, Elias Marques de; OLIVEIRA NETO, Olavo de; OLIVEIRA, Patrícia Elias Cozzolino de; LUCON, Paulo Henrique dos Santos (Coord.). *Tutela provisória no novo CPC*. Dos 20 anos de vigência do art. 273 do CPC/1973 ao CPC/2015. São Paulo: Saraiva, 2016.

ATAÍDE JUNIOR, Vicente de Paula. Animais têm direitos e podem demandá-los em juízo. Disponível em: https://www.ajufe.org.br/imprensa/artigos/14291-animais-tem-direitos-e-podem-demanda-los-em-juizo. Acesso em: 30.11.2021.

ATAÍDE JUNIOR, Vicente de Paula. Introdução ao Direito Animal Brasileiro. *Revista Brasileira de Direito Animal*, Salvador, v. 13, 2018.

ATAÍDE JUNIOR, Vicente de Paula; MENDES, Thiago Brizola Paula. Decreto 24.645/1934: Breve história da "Lei Áurea" dos Animais. *Revista Brasileira de Direito Animal*. Salvador, v. 15, n. 02, p. 47-73. maio-ago 2020.

ÁVILA, Henrique. Ação anulatória. In: WAMBIER, Luiz Rodrigues; WAMBIER, Teresa Arruda Alvim (Coord.). *Temas essenciais do novo CPC*: análise das principais alterações do sistema processual civil brasileiro. 2. tir. São Paulo: RT, 2016.

ÁVILA, Henrique. Homologação de decisão estrangeira e concessão de exequatur à carta rogatória. In: WAMBIER, Luiz Rodrigues; WAMBIER, Teresa Arruda Alvim (Coord.). *Temas essenciais do novo CPC*: análise das principais alterações do sistema processual civil brasileiro. 2. tir. São Paulo: RT, 2016.

ÁVILA, Humberto. *Teoria dos princípios*. 5. ed. São Paulo: Malheiros, 2006.

ÁVILA, Humberto Bergmann. A distinção entre princípios e regras e a redefinição do dever de proporcionalidade. *Revista de Direito Administrativo*. n. 215. p. 151-179. Rio de Janeiro: Renovar, jan.-mar. 1999.

ÁVILA, Humberto Bergmann. A distinção entre princípios e regras e a redefinição do dever de proporcionalidade. *Revista Diálogo Jurídico*. n. 4. Salvador: Centro de Atualização Jurídica, jul. 2001. Disponível em: [http://www.direitopublico.com.br].

ÁVILA, Humberto Bergmann. Repensando o "princípio da supremacia do interesse público sobre o particular". *Revista Diálogo Jurídico*. n. 7. Salvador: Centro de Atualização Jurídica, out. 2001. Disponível em: [http://www.direitopublico.com.br].

ÁVILA, Humberto Bergmann. *Teoria dos princípios. Da definição à aplicação dos princípios jurídicos*. 9. ed. São Paulo: Malheiros, 2009.

ÁVILA, Humberto Bergmann. O que é "devido processo legal"? In: CLÉVE, Clèmerson Merlin (Org.). *Doutrinas Essenciais de Direito Constitucional*. São Paulo: RT, 2015. v. IX.

AVOLIO, Luiz Francisco Torquato. *Provas ilícitas*. Interceptações telefônicas, ambientais e gravações clandestinas. 6. ed. São Paulo: RT, 2015.

AZAMBUJA, Maria Regina Fay de. Violência sexual intrafamiliar: interfaces com a convivência familiar, a oitiva da criança e a prova da materialidade. *Revista dos Tribunais*. v. 852, p. 424-446. São Paulo: RT, out. 2006.

AZEVEDO, André Gomma de (Org.). *Manual de mediação judicial*. 5. ed. Brasília: CNJ, 2015.

AZEVEDO, André Gomma de. *Manual de mediação judicial*. 6. ed. Brasília: CNJ, 2016.

BACHELARD, Gaston. *A formação do espírito científico*: contribuição para uma psicanálise do conhecimento. Trad. Estela dos Santos Abreu. Rio de Janeiro: Contraponto, 1996.

BAHIA, Alexandre Gustavo Melo Franco; VECCHIATTI, Paulo Roberto Lotti. O dever de fundamentação, contraditório substantivo e superação de precedentes vinculantes (*overruling*) no novo CPC – Ou do repúdio a uma nova escola da exegese. In: FREIRE, Alexandre; DANTAS, Bruno; NUNES, Dierle; DIDIER JR., Fredie; MEDINA, José Miguel Garcia; FUX, Luiz; CAMARGO, Luiz Henrique Volpe; OLIVEIRA, Pedro Miranda de Oliveira (Org.). *Novas tendências do processo civil*: estudos sobre o projeto do novo Código de Processo Civil. Salvador: JusPodivm, 2014. v. II.

BAPTISTA, Sônia Marcia Hase de Almeida. *Dos embargos de declaração*. 2. ed. São Paulo: RT, 1993.

BARBOZA, Estefânia Maria de Queiroz. *Precedentes judiciais e segurança jurídica*: fundamentos e possibilidades para a jurisdição constitucional brasileira. São Paulo: Saraiva, 2014.

BARCELLOS, Ana Paula de. *Ponderação, racionalidade e atividade jurisdicional*. Rio de Janeiro: Renovar, 2005.

BARCELONA, Pietro. *El individualismo proprietario*. Madri: Trotta, 1996.

BARROSO, Luis Roberto. A razão sem voto: o Supremo Tribunal Federal e o governo da maioria. *Revista brasileira de políticas públicas*, v. 5, número especial, 2015.

BARROSO, Luis Roberto. *O controle de constitucionalidade no direito brasileiro*. 7. ed. São Paulo: Saraiva, 2016.

BATTAGLIA, Viviana. Sull'onere Del convenuto di "prendere posizione" in ordine ai fatti posti a fondamento della domanda (*riflessioni sull´onere della prova*). *Rivista di Diritto Processuale*, vol. 64, n. 6, p. 1512-1536. Padova: CEDAM, nov.-dez. 2009.

BAUR, Fritz. Da importância da dicção "iura novit curia". Trad. José Manoel Arruda Alvim Netto. *Revista de Processo*. v. 3 p. 169-177. São Paulo: RT, jul.-set. 1976.

BEDAQUE, José Roberto dos Santos. Comentários ao art. 485 do CPC. In: ALVIM, Teresa; DIDIER JR., Fredie; TALAMINI, Eduardo; DANTAS, Bruno. *Breves comentários ao Novo Código de Processo Civil*. São Paulo: RT, 2015.

BEDAQUE, José Roberto dos Santos. *Efetividade do processo e técnica processual*. 2. ed. São Paulo: Malheiros, 2007.

BEDAQUE, José Roberto dos Santos. Estabilização das tutelas de urgência. In: YARSHELL, Flávio; MORAES, Maurízio Zanoide. (Org.). *Estudos em homenagem à Profa. Ada Pelegrini Grinover*. São Paulo: DPJ, 2012.

BEDAQUE, José Roberto dos Santos. *Poderes instrutórios do juiz*. São Paulo: RT, 1991.

BEDAQUE, José Roberto dos Santos; CARMONA, Carlos Alberto. A posição do juiz: tendências atuais. *Revista de Processo*. v. 96, p. 96-112. São Paulo: RT, out.-dez. 1996.

BELTRÁN, Jordi Ferrer. *Prueba y verdad en el derecho*. 2. ed. Madri: Marcial Pons, 2005.

BENETI, Sidnei. Reformas de descongestionamento de tribunais. In: BONAVIDES, Paulo; MORAES, Germana; ROSAS, Roberto (Org.). *Estudos de direito constitucional em homenagem a Cesar Asfor Rocha (teoria da constituição, direitos fundamentais e jurisdição)*. Rio de Janeiro/São Paulo/Recife: Renovar, 2009.

BENTHAM, Jeremy. *Tratado de las pruebas judiciales*. Trad. Manuel Ossorio Florit. Buenos Aires: Ediciones Jurídicas Europa-América, 1971. v. I.

BENTHAM, Jeremy. *Tratado de las pruebas judiciales*. Trad. Manuel Ossorio Florit. Buenos Aires: Ediciones Jurídicas Europa-América, 1971. v. II.

BENVENUTTI, Feliciano. *L'istruzione nel processo amministrativo*. Pádova: CEDAM, 1953.

BETTI, Emilio. *Procedimenti d'impugnativa della sentenza*. Milano: Dott. A. Giuffrè, 1934.

BITTAR, Eduardo Carlos Bianca. *Democracia, justiça e direitos humanos*. 2. ed. São Paulo: Saraiva, 2022.

BOBBIO, Norberto. *Ragionamento giuridico*. Contributi ad um dizionario giuridico. Turim: Giappichelli, 1994.

BONAVIDES, Samia Saad Gallotti; LOPES, Soraya Saad. As práticas restaurativas como novo paradigma para resolução de controvérsias. In: CAMBI, Eduardo; MARGRAF, Alencar Frederico. *Direito e justiça*: estudos em homenagem a Gilberto Giacoia. Curitiba: Ministério Público, 2016.

BONDIOLI, Luis Guilherme. Comentário ao art. 321 do CPC. In: WAMBIER, Teresa Arruda Alvim; DIDIER JR., Fredie; TALAMINI, Eduardo; DANTAS, Bruno (Coord.). *Breves comentários ao Código de Processo Civil*. São Paulo: RT, 2015.

BONDIOLI, Luis Guilherme. Comentários ao art. 178 do Código de Processo Civil. In: CRUZ E TUCCI, José Rogério; FERREIRA FILHO, Manoel Caetano; APRIGLIANO, Ricardo de Carvalho; DOTTI, Rogéria Fagundes; MARTINS, Sandro Gilbert (Org.). *Código de Processo Civil anotado*. Rio de Janeiro: LMJ Mundo Jurídico, 2016.

BONDIOLI, Luis Guilherme. Novidades em matéria de embargos de declaração no CPC de 2015. In: CRUZ E TUCCI, José Rogério; SICA, Heitor Vitor Mendonça (Coord.). *O novo Código de Processo Civil. Revista do Advogado – AASP*. n. 126, p. 152-157. ano XXXV, maio 2015.

BONNIER, Eduardo. *Tratado teórico y práctivo de las pruebas en derecho civil y en derecho penal*. 5. ed. Trad. José Vicente y Caravantes. Madrid: Editorial Reus S.A., 1928. t. I.

BONORINO, Pablo. ¿Existen los argumentos visuales? Sobre el uso de fotografías en la argumentación jurídica. *Doxa. Cuadernos de Filosofía del Derecho*, n. 47, 2023.

BORGES, Gregório Cezar; AMADEO, Rodolfo da Costa Manso Real. Coisa julgada inconstitucional: contornos em face da segurança jurídica. *Revista de Proces- so*. v. 221. p. 87-114. São Paulo: RT, jul. 2013.

BRAGA, Paula Sarno. *Norma de processo e norma de procedimento*: o problema da repartição de competência legislativa no Direito Constitucional brasileiro. Salvador: JusPodivm, 2015.

BRAGA NETO, Adolfo. Aspectos relevantes sobre mediação de conflitos. *Revista de Arbitragem e Mediação*. v. 15. p. 85-101. São Paulo: RT, out.-dez. 2007.

BRAGHITTONI, R. Ives. *Recurso extraordinário*: uma análise do acesso do Supremo Tribunal Federal. In: CARMONA, Carlos Alberto (Coord.) São Paulo: Atlas, 2007. (Coleção Atlas de Processo Civil).

BRUSCHI, Gilberto Gomes. Aplicação de fungibilidade recursal em exceção de pré-executividade. In: NERY JR., Nelson; WAMBIER, Teresa Arruda Alvim (Coord.). *Aspectos polêmicos e atuais dos recursos cíveis e de outros meios de impugnação às decisões judiciais*. São Paulo: RT, 2003. (Série: Aspectos polêmicos e atuais dos recursos, v. 7).

BRUSCHI, Gilberto; NOTARIANO JR., Antonio. *Agravo contra as decisões de primeiro grau*: de acordo com as recentes reformas processuais e com o CPC/2015. 2. ed. Rio de Janeiro: Forense/ São Paulo: Método, 2015.

BUENO, Cassio Scarpinella. *A nova Lei do Mandado de Segurança*: comentários sistemáticos à Lei n. 12.016, de 7-8-2009. São Paulo: Saraiva, 2009.

BUENO, Cassio Scarpinella. Amicus curiae *no processo civil brasileiro*: um terceiro enigmático. São Paulo: Saraiva, 2006.

BUENO, Cassio Scarpinella. *Curso sistematizado de direito processual civil:* Recursos: Processos e incidentes nos Tribunais. Sucedâneos recursais: técnicas de controle das decisões jurisdicionais. 2. ed. São Paulo: Saraiva, 2010. v. 5.

BUENO, Cassio Scarpinella. Curso sistematizado de direito processual civil. Tutela provisória contra o Poder Público no CPC de 2015. In: BUENO, Cassio Scarpinella; MEDEIROS NETO, Elias Marques de; OLIVEIRA NETO, Olavo de; OLIVEIRA, Patrícia Elias Cozzolino de; LUCON, Paulo Henrique dos Santos (Coord.). *Tutela provisória no novo CPC*. Dos 20 anos de vigência do art. 273 do CPC/1973 ao CPC/2015. São Paulo: Saraiva, 2016.

BUENO, Cassio Scarpinella. Efeitos dos recursos. In: NERY JR., Nelson; WAMBIER, Teresa Arruda Alvim (Coord.). *Aspectos polêmicos e atuais dos recursos cíveis e assuntos afins*. São Paulo: RT, 2006. (Série: Aspectos polêmicos e atuais dos recursos, v. 10).

BUENO, Cassio Scarpinella. *Manual de direito processual civil*. 3. ed. São Paulo: Saraiva, 2017.

BUENO, Cassio Scarpinella. Novo Código de Processo Civil anotado. São Paulo: Saraiva, 2015.

BÜLOW, Oskar Von. *Teoria das exceções e dos pressupostos processuais*. Trad. Ricardo Rodrigues Gama. Campinas: LZN, 2003.

BUSATO, Paulo César. *Reflexões sobre o sistema penal do nosso tempo*. Rio de Janeiro: Lumen Juris, 2011.

BUSATTO, Leonardo Dumke. A lei de improbidade administrativa e o transcurso da prescrição: uma nova perspectiva à luz do princípio da "actio nata". *Revista Jurídica do Ministério Público do Paraná*. v. 5. p. 279-296. Curitiba: MPPR. dez. 2016.

BUSTAMANTE, Thomas da Rosa de et al. (Coord.). *A força normativa do direito judicial:* uma análise da aplicação prática do precedente no direito brasileiro e dos seus desafios para a legitimação da autoridade do Poder Judiciário. Brasília: Conselho Nacional de Justiça, 2015.

BUSTAMANTE, Thomas da Rosa de. *Teoria do precedente judicial:* a justificação e a aplicação de regras jurisprudenciais. São Paulo: Noeses, 2012.

CABRAL, Antonio do Passo. A eficácia probatória das mensagens eletrônicas. *Revista de Processo*. v. 135, maio 2006.

CABRAL, Antonio do Passo. As convenções processuais e o termo de ajustamento de conduta. In: RODRIGUES, Geisa de Assis; ANJOS FILHO, Robério Nunes dos (Org.). *Reflexões sobre o novo Código de Processo Civil*. Brasília: ESMPU, 2016. CABRAL, Antonio do Passo. *Coisa julgada e preclusões dinâmicas:* entre continuidade, mudança e transição de posições processuais estáveis. Salvador: JusPodivm, 2013.

CABRAL, Antonio do Passo. Comentários aos arts. 503 e 504. In: ALVIM, Teresa Arruda; DIDIER JR., Fredie; TALAMINI, Eduardo; DANTAS, Bruno (Coord.). *Breves comentários ao Novo Código de Processo Civil*. São Paulo: RT, 2015.

CABRAL, Antonio do Passo. *Convenções processuais*. Salvador: JusPodivm, 2016.

CABRAL, Antonio do Passo. *Jurisdição sem decisão*: Non liquet e consulta Jurisdicional no Direito Processual Civil. São Paulo: JusPodivm, 2023.

CABRAL, Antonio do Passo. O contraditório como dever e a boa-fé processual objetiva. *Revista de Processo*. v. 126. p. 59-81. São Paulo: RT, ago. 2005.

CABRAL, Antonio do Passo. Teoria das nulidades processuais no direito contemporâneo. *Revista de processo*, v. 255, maio 2016. v. I.

CAHALI, Francisco José; AZEVEDO, Renato Santos Piccolomini de Azevedo. Anotações aos artigos 610 a 625 do CPC. In: CRUZ E TUCCI, José Rogério; FERREIRA FILHO, Manoel Caetano;

APRIGLIANO, Ricardo de Carvalho; DOTTI, Rogéria Fagundes; MARTINS, Sandro Gilbert (Org.). *Código de Processo Civil Anotado*. Rio de Janeiro: GZ Ed., 2016.

CALAMANDREI, Piero. *Eles, os juízes vistos por um advogado*. Trad. Eduardo Brandão. São Paulo: Martins Fontes, 1995.

CALAMANDREI, Piero. Il guidice e lo storico. *Rivista di Diritto Processuale Civile*, v. XVII, p. 105-128. Padova: CEDAM, 1939.

CALAMANDREI, Piero. Il processo come giuoco. *Rivista di Diritto Processuale*, v. 5, n. 1-2. p. 23-51. Padova: CEDAM, 1950.

CALAMANDREI, Piero. La relatività del concetto di azione. *Rivista di Diritto Processuale Civile*, 1939.

CALAMANDREI, Piero. Per la definizione del fatto notorio. *Rivista di Diritto Processuale Civile*, v. 2, p. 273-304, n. 1. Padova: CEDAM, 1925.

CALAMANDREI, Piero. Processo e giustizia. *Rivista di Diritto Processuale*, v. 5, n. 1-2. p. 273-290. Padova: CEDAM, 1950.

CALAMANDREI, Piero. Verità e verossimiglianza nel processo civile. *Rivista di Diritto Processuale*, v. 10, n. 1. p. 164-192. Padova: CEDAM, 1955.

CÂMARA, Alexandre Freitas. Honorários de sucumbência recursal. In: COÊLHO, Marcus Vinicius Furtado; CAMARGO, Luiz Henrique Volpe. *Honorários advocatícios*. Salvador: JusPodivm, 2015. (Coleção Grandes Temas do Novo CPC. v. 2).

CÂMARA, Alexandre Freitas. *Lições de Direito Processual Civil*. 16. ed. Rio de Janeiro: Lumen Juris, 2010. v. III.

CÂMARA, Alexandre Freitas. *O novo processo civil brasileiro*. 3. ed. Rio de Janeiro: Atlas, 2017.

CAMARGO, Luiz Henrique Volpe. A força dos precedentes no moderno processo civil brasileiro. In: WAMBIER, Teresa Arruda Alvim. *Direito jurisprudencial*. São Paulo: RT, 2012.

CAMARGO, Luiz Henrique Volpe. A fungibilidade de mão dupla entre recursos excepcionais no CPC/2015. In: MACÊDO, Lucas Buril de; PEIXOTO, Ravi; FREIRE, Alexandre (Org.). *Processo nos tribunais e meios de impugnação às decisões judiciais*. Salvador: JusPodivm, 2015. (Novo CPC doutrina selecionada, v. 6).

CAMARGO, Luiz Henrique Volpe. Processo justo e democrático e o novo CPC. In: OLIVEIRA, Pedro Miranda de (org.). *Impactos do novo CPC na advocacia*. Florianópolis: Conceito Editorial, 2015.

CAMBI, Accácio. Aspectos polêmicos na aplicação do art. 557 do CPC. In: NERY JR., Nelson; WAMBIER, Teresa Arruda Alvim (Coord.). *Aspectos polêmicos e atuais dos recursos cíveis e de outros meios de impugnação às decisões judiciais*. São Paulo: RT, 2003. (Série: Aspectos polêmicos e atuais dos recursos. v. 7).

CAMBI, Accácio. Inovações introduzidas pelo Novo Código de Processo Civil na aplicação do instituto da conciliação. In: CAMBI, Eduardo; MARGRAF, Alencar Frederico (Org.). *Direito e justiça*: estudos em homenagem a Gilberto Giacoia. Curitiba: Ministério Público, 2016.

CAMBI, Eduardo. *A prova civil*: admissibilidade e relevância. São Paulo: RT, 2006.

CAMBI, Eduardo. Coisa julgada e cognição *secundum eventum probationis*. *Revista de Processo*. v. 109, p. 71-96. São Paulo: RT, jan.-mar. 2003.

CAMBI, Eduardo. Comentários ao art. 334 do CPC. In: ALVIM, Teresa Arruda Alvim; DIDIER JR., Fredie; TALAMINI, Eduardo; DANTAS, Bruno (Coord.). *Breves comentários ao Novo Código de Processo Civil*. São Paulo: RT, 2015.

CAMBI, Eduardo. Conduta processual das partes (e de seus procuradores) como meio de prova e a teoria narrativista do Direito. *Revista de Doutrina do Tribunal Regional Federal da 4ª Região*, v. 57, dez. 2013. Disponível em: [http://www.revistadoutrina.trf4.jus.br].

CAMBI, Eduardo. *Curso de direito probatório*. Curitiba: Juruá, 2014.

CAMBI, Eduardo. *Direito constitucional à prova no processo civil*. São Paulo: RT, 1999.

CAMBI, Eduardo. Distribuição dinâmica do ônus da prova na ação civil pública por improbidade administrativa. *Revista Ajuris*, v. 48, n. 150.

CAMBI, Eduardo. Efeito devolutivo da apelação e duplo grau de jurisdição. In: MARINONI, Luiz Guilherme; DIDIER JR., Fredie (Coord.). *A segunda etapa da reforma processual civil*. São Paulo: Malheiros, 2001.

CAMBI, Eduardo. *Jurisdição no processo civil*. Compreensão crítica. Curitiba: Juruá, 2002.

CAMBI, Eduardo. *Neoconstitucionalismo e neoprocessualismo*. Direitos fundamentais, políticas públicas e protagonismo judiciário. 3. ed. São Paulo: D'Plácido, 2020.

CAMBI, Eduardo. *Neoconstitucionalismo e neoprocessualismo*: direitos fundamentais, políticas públicas e protagonismo judiciário. 2. ed. rev. e atual. São Paulo: RT, 2011.

CAMBI, Eduardo. *Neoconstitucionalismo e neoprocessualismo*: direitos fundamentais, políticas públicas e protagonismo judiciário. São Paulo: Almedina, 2016.

CAMBI, Eduardo. Teoria das Cargas Probatórias Dinâmicas (Distribuição Dinâmica do ônus da Prova) – Exegese do artigo 373, § 1º e 2º do NPC. In: SANTOS, William Ferreira; JOBIM, Marco Félix; DIDIER JR., Fredie (Coord.). *Direito probatório*. 2. ed. rev. atual. e ampl. Salvador: JusPodivm, 2016.

CAMBI, Eduardo. Verdade processual objetivável e limites da razão iluminista. *Revista de Processo*. v. 96, p. 234-249. São Paulo: RT, out.-dez. 1999.

CAMBI, Eduardo; FARINELLI, Alisson. Conciliação e Mediação no Novo Código de Processo Civil (PLS 166/2010). *Revista de Processo*. v. 194. p. 277-306. São Paulo: RT, abr. 2011.

CAMBI, Eduardo; FOGAÇA, Mateus Vargas. Sistema de precedentes judiciais obrigatórios no Novo Código de Processo Civil. In: DIDIER JR., Fredie; CUNHA, Leonardo Carneiro da; ATAÍDE JR., Jaldemiro Rodrigues de; MACÊDO, Lucas Buril de (Coord.). *Precedentes*. Salvador: JusPodivm, 2015.

CAMBI, Eduardo; HELLMAN, Renê Francisco. Jurisprudência – A independência do juiz ante os precedentes judiciais como obstáculo à igualdade e a segurança jurídicas. *Revista de Processo*, v. 231, maio 2014.

CAMBI, Eduardo; HELLMAN, Renê Francisco. Os precedentes e o dever de motivação no Novo Código de Processo Civil. In: DIDIER JR., Fredie et al. *Precedentes*. Salvador: JusPodivm, 2015. (Coleção Grandes Temas do Novo CPC. v. 3).

CAMBI, Eduardo; HELLMAN, Renê Francisco. Precedentes e dever de motivação das decisões judiciais no Novo Código de Processo Civil. *Revista de Processo*, v. 241, p. 413-438. São Paulo: RT, mar. 2015.

CAMBI, Eduardo; HOFFMANN, Eduardo. Caráter probatório da conduta (processual) das partes. *Revista de Processo*. v. 201, p. 59-100. São Paulo: RT, nov. 2011.

CAMBI, Eduardo; KICHILESKI, Gustavo Carvalho. Whistleblowing no pacote anticrime. *Revista dos tribunais*, v. 1006. São Paulo: RT, ago. 2019.

CAMBI, Eduardo; MARGRAF, Alencar Frederico. Casuísmos judiciários e precedentes judiciais. *Revista de Processo*. v. 248, p. 311-330. São Paulo: RT, out. 2015.

CAMBI, Eduardo; MARGRAF, Alencar Frederico. Verdade real e narrativismo processual. *Revista dos Tribunais*. v. 948, p. 137-161. São Paulo: RT, out. 2014.

CAMBI, Eduardo; NEVES, Aline Regina das. Duração razoável do processo e tutela antecipada. In: BUENO, Cassio Scarpinella; MEDEIROS NETO, Elias Marques de, OLIVEIRA NETO, Olavo de, OLIVEIRA, Patrícia Elias Cozzolino de; LUCON, Paulo Henrique dos Santos (Coord.). *Tutela provisória no novo CPC. Dos 20 anos de vigência do art. 273 do CPC/1973 ao CPC/2015*. São Paulo: Saraiva, 2016.

CAMBI, Eduardo; NEVES, Aline Regina das. Flexibilização procedimental no Novo Código de Processo Civil. *Revista de Direito Privado*. v. 64, p. 219-259. São Paulo: RT, out.-dez. 2015.

CAMBI, Eduardo; OLIVEIRA, Lucas Paulo Orlando de. Levando a esperança a sério: os deveres dos tribunais em relação à jurisprudência (art. 926/CPC) e a efetivação da dignidade humana. *Revista dos tribunais*, v. 1004, São Paulo: RT, jun. 2019.

CAMBI, Eduardo; OLIVEIRA, Priscila Sutil de. Depoimento sem dano e falsas memórias. *Revista de Processo*. v. 235. São Paulo: RT, set. 2014,

CAMBI, Eduardo; OSIPE, Nathan Barros. Colaboração no processo previdenciário. *Revista de Processo*. v. 228, p. 283-307. São Paulo: RT, fev. 2014.

CAMBI, Eduardo; PEREIRA, Fabricio Fracaroli. Estratégia nacional de prevenção e de redução de litígios. *Revista de Processo*. v. 237, p. 435-457. São Paulo: RT, nov. 2014.

CAMBI, Eduardo; PITTA, Rafael Gomiero. *Discovery* no direito norte-americano e efetividade da justiça brasileira. *Revista de Processo*. v. 245, p. 425-444. São Paulo: RT, jul. 2015.

CAMBI, Eduardo; POMPÍLIO, Gustavo. Majoração dos honorários sucumbenciais no recurso de apelação. In: MACÊDO, Lucas Buril de; PEIXOTO, Ravi; FREIRE, Alexandre (Org.). *Processo nos tribunais e meios de impugnação às decisões judiciais*. Salvador: JusPodivm, 2015. (Novo CPC doutrina selecionada, v. 6).

CAMBI, Eduardo; SCHMITZ, Nicole. *Tutela de evidência no processo civil*. Belo Horizonte, 2020.

CAMBI, Eduardo; SGARIONI, Clarissa Lopes Alende. Dinamização do ônus da prova quanto à condição econômica financeira do devedor de alimentos. *Revista de direito privado*, v. 81, p. 119-148, set. 2017.

CAMBI, Eduardo; SGARIONI, Clarissa Lopes Alende. Distribuição do ônus da prova no processo de alimentos como fator de colaboração e igualdade processuais. *Temas contemporâneos de Direito das Famílias*. São Paulo: Pillares, 2021. v. 4.

CAMPELLO, Livia Gaigher Bossio. As provas e o recurso à ciência no processo. *Revista da Faculdade de Direito de Campos*. ano VI. n. 6, Campos dos Goytacazes/RJ: Faculdade de Direito de Campos, jun. 2005.

CAMPO, Hélio Marcio. *O princípio dispositivo em direito probatório*. Porto Alegre: Livraria do Advogado, 1994.

CANARIS, Claus-Wilhelm. *Pensamento sistemático e conceito de sistema na ciência do direito*. Trad. Antônio Mendes Cordeiro. Lisboa: Fundação Calouste Gulbenkian, 1989.

CANOTILHO, José Joaquim Gomes. A "principialização" da jurisprudência através da Constituição. *Revista de processo,* v. 98, abr.-jun. 2000.

CANOTILHO, José Joaquim Gomes. *Direito constitucional e teoria da Constituição*. 2. ed. Coimbra: Almedina Editora, 1998.

CANOTILHO, José Joaquim Gomes. Dogmática de direitos fundamentais e direito privado. *Estudos sobre Direitos Fundamentais*. São Paulo: RT, 2008.

CAPOGRASSI, Giuseppe. Giudizio processo scienza verità. *Rivista di Diritto Processuale*. p. 7-22. Padova: CEDAM, 1950.

CAPPELLETTI, Mauro. Aspectos sociales y politicos del procedimiento civil (reformas y tendencias evolutivas en la europa continental y oriental). *Processo, ideologias, sociedad*. Trad. Santiago Sentís Melendo e Tomás A. Banzhaf. Buenos Aires: EJEA, 1974.

CAPPELLETTI, Mauro. Iniziativa probatorie del giudice e basi pregiuridiche della struttura del processo. *Rivista di Diritto Processuale*, Padova: CEDAM, 1967.

CAPPELLETTI, Mauro. *Juízes legisladores?* Trad. Carlos Alberto Álvaro de Oliveira. Porto Alegre: Sergio Antonio Fabris Ed., 1993.

CAPPELLETTI, Mauro. *La testemonianza della parte nel sistema dell'oralità*. Parte I. Milão: Giuffrè, 1974.

CAPPELLETTI, Mauro. Os métodos alternativos de solução de conflitos no quadro do movimento universal de acesso à justiça. *Revista de Processo*. São Paulo, v. 41. abr.-jun. 1994.

CAPPELLETTI, Mauro. *The judicial process in comparative perspective*. Oxford: Claredon Press, 1991.

CARACIOLA, Andrea Boari; DELLORE, Luiz. Antecipação de tutela *ex officio*? In: BUENO, Cassio Scarpinella; MEDEIROS NETO, Elias Marques de; OLIVEIRA NETO, Olavo de; OLIVEIRA, Patrícia Elias Cozzolino de; LUCON, Paulo Henrique dos Santos (Coord.). *Tutela provisória no novo CPC*. Dos 20 anos de vigência do art. 273 do CPC/1973 ao CPC/2015. São Paulo: Saraiva, 2016.

CÁRCOVA, Carlos María. *La opacidad del derecho*. Madri: Trotta, 1998.

CARDOSO, André Guskow. O incidente de resolução de demandas repetitivas – IRDR e os serviços concedidos, permitidos ou autorizados. In: TALAMINI, Eduardo (Coord.). *Processo e Administração Pública*. Salvador: JusPodivm, 2016. (Coleção Repercussões do Novo CPC. v. 10).

CARMONA, Carlos Alberto. Em torno da petição inicial. *Revista de Processo*. São Paulo, v. 119, p. 17. jan. 2005.

CARNACINI, Tito. Tutela giurisdizionale e tecnica del processo. *Studi in onore di Enrico Redenti*. Milão: Giuffrè, 1951. v. 2.

CARNEIRO, Athos Gusmão. *Audiência de instrução e julgamento e audiências preliminares*. Rio de Janeiro: Forense, 2005.

CARNEIRO, Paulo Cézar Pinheiro. *Comentários ao Código de Processo Civil*. Rio de Janeiro: Forense, 2006. v. IX. t. II.

CARNELLI, Lorenzo. Evidencia notoria. *Scritti giuridici in memoria di Piero Calamandrei*. Padova: Cedam, 1958. v. II.

CARNELUTTI, Francesco. *A prova civil*. Trad. Lisa Pary Scarpa. Campinas: Bookseller, 2002.

CARNELUTTI, Francesco. *La prova civile*. Milão: Giuffrè, 1992.

CARNELUTTI, Francesco. *La prueba civil*. 2. ed. Trad. de Niceto Alcalá-Zamora y Castillo. Buenos Aires: Depalma, 1982.

CARNELUTTI, Francesco. Massime di esperienza e fatti notori. *Rivista di Diritto Processuale*, 1959.

CARNELUTTI, Francesco. Poteri e doveri del giudice in tema di perizia. *Studi di diritto processuale*. Padova: Cedam, 1925.

CARNELUTTI, Francesco. Prove civili e prove penali. *Rivista di Diritto Processuale Civile*, 1925.

CARNELUTTI, Francesco. *Sistema di diritto processuale civile*. Padova: Cedam, 1936. CARNELUTTI, Francesco. *Teoria generale del diritto*. 3. ed. Roma: Soc. Ed. del "Foro Italiano", 1951. v. 1.

CARNELUTTI, Francesco. Verità, dubbio, certezza. *Rivista di Diritto Processuale*, 1965.

CARRATA, Antonio. *Funzione dimonstrativa della prova*: verità nel processo e sistema probatório. Comunicação ocorrida em Frascati, em 09.10.2000.

CARRAZZA, Roque Antonio. *Curso de direito constitucional tributário*. 12. ed. São Paulo: Malheiros, 1998.

CARRIÓ, Genaro. *Notas sobre derecho y lenguaje*. Buenos Aires: Abeledo-Perrot, 1965.

CARVALHO, E. V. de Miranda. A conversão do julgamento em diligência e o limite arbitrário do juiz. In: WAMBIER, Luiz Rodrigues; WAMBIER, Teresa Arruda Alvim (Org.). *Doutrinas Essenciais de Processo Civil*. São Paulo: RT, 2014. v. 4.

CARVALHO, Fabiano. Admissibilidade do recurso adesivo. *Revista de Processo*. São Paulo, v. 137. jul. 2006.

CARVALHO, Fabiano. *Ação rescisória*: decisões rescindíveis. São Paulo: Saraiva, 2010.

CASTELO, Fernando Alcantara. *Coisa julgada parcial e ação rescisória*. Curitiba: Juruá, 2021.

CASTRO FILHO, José Olympio de. *Comentários ao Código de Processo Civil*. 5. ed. Rio de Janeiro: Forense, 2006. v. X.

CAVALCANTI, Ricardo Russell Brandão. Uso dos meios alternativos de solução de conflitos pela Defensoria Pública. In: OLIVEIRA, Igor Lima Goettenauer de Oliveira (Org.). *Manual de mediação para a Defensoria Pública*. Brasília: Fundação Universidade de Brasília, 2014.

CAVALLONE, Bruno. Critica delle prove atipiche. *Il giudice e la prova nel processo civile*. Padova: Cedam, 1991.

CAVALLONE, Bruno. In difesa della veriphobia (considerazione amichevolmente polemiche su um libro recente di Michele Taruffo). *Rivista Trimestrale di Diritto e Procedura Civile*. v. 65. jan.-fev. 2010.

CAVALLONE, Bruno. Principio dispositivo, fatti secondari e fatti "rilevabili ex officio". *Il giudice e la prova nel processo civile*. Padova: Cedam, 1991.

CAZARRO, Kleber. Comentários ao art. 103 do CPC. In: CUNHA, José Sebastião Fagundes; BOCHENEK, Antonio César; CAMBI, Eduardo (Coord.). *Código de Processo Civil comentado*. São Paulo: RT, 2015.

CERDEIRA, Pablo de Camargo; FALCÃO, Joaquim; ARGUELHES, Diego Werneck (Org). *I Relatório Supremo em números:* o múltiplo Supremo. Rio de Janeiro: Escola de Direito do Rio de Janeiro da Fundação Getúlio Vargas, 2011.

CERQUEIRA, Társis Silva de. *O procedimento comum e a sua relação com os procedimentos especiais*: a análise do conteúdo normativo do art. 327, § 2º, do Código de Processo Civil. Salvador: JusPodivm, 2020.

CHAUÍ, Marilena. *Convite à filosofia*. 9. ed. São Paulo :Ática, 1997.

CHIARLONI, Sergio. Ideologie processuali e accertamento della verità. *Rivista Trimestrale di Diritto e Procedura Civile*, dez. 2009.

CHIARLONI, Sergio. Questioni relevabili d'ufficio, diritto di difesa e *"formalismo delle garanzie"*. *Rivista Trimestrale di Diritto e Procedura Civile*, 1987.

CHIARLONI, Sergio. Riflessioni sui limiti del giudizio di fatto nel processo civile. *Rivista Trimestrale di Diritto e Procedura Civile*, 1986.

CHIMENTI, Ricardo Cunha. *Teoria e prática dos juizados especiais cíveis* – Lei 9.099/95 – Parte geral e parte cível – Comentada artigo por artigo. 4. ed. São Paulo: Saraiva, 2002.

CHIOVENDA, Giuseppe. *Istituizioni di diritto processuale civile*. Napoli: Jovena, 1960, v. I

CHIOVENDA, Giuseppe. *Principii di diritto processuale civile*. 3. ed. Nápoles: Jovene, 1923.

CIMARDI, Cláudia Aparecida. *A jurisprudência uniforme e os precedentes no novo Código de Processo Civil brasileiro*, São Paulo: RT, 2015.

CINTRA, Antônio Carlos de Araujo. *Comentários ao Código de Processo Civil*. Rio de Janeiro: Forense, 2000. v. IV.

CINTRA, Antônio Carlos de Araujo; GRINOVER, Ada Pellegrini; DINAMARCO, Cândido Rangel. *Teoria geral do processo*. 13. ed. São Paulo: Malheiros, 1997.

COELHO, Gláucia Mara. *Repercussão geral:* da questão constitucional no processo civil brasileiro. São Paulo: Atlas, 2009.

COELHO, Luiz Fernando. Dogmática e crítica da prova no processo. *Revista de Processo*. São Paulo, v. 154. dez. 2007.

COEN, Jean L. Repensando a privacidade: autonomia, identidade e a controvérsia sobre o aborto. *Revista Brasileira de Ciência Política*, n. 7, jan.-abr. 2012.

COMOGLIO, Luigi Paolo. Durata ragionevole del giudizio e forme alternative di tutela. *Revista de Processo*. v. 151. São Paulo: RT, set. 2007.

COMOGLIO, Luigi Paolo. Giurisdizione e processo nel quadro delle garanzie costituzionali. *Studi in onore di Luigi Montesano*. Padova: Cedam, 1997, v. II.

COMOGLIO, Luigi Paolo. *Le prove civile*. Turim: UTET, 1998.

COMOGLIO, Luigi Paolo; CARNEVALE, Valentina. Il ruolo della giurisprudenza e i metodi di uniformazione del diritto in Italia. *Rivista di Diritto Processuale*, 2004.

COMOGLIO, Luigi Paolo; FERRI, Corrado; TARUFFO, Michele. *Lezioni sul processo civile*. Bolonha: Il Mulino, 1995.

COMOGLIO, Luigi Paolo; FERRI, Corrado; TARUFFO, Michele. *Lezioni sul processo civile*. 4. ed. Bolonha: Il Mulino, 2006. v. I.

CORDEIRO, Adriano C. *Negócios jurídicos processuais no novo CPC.* Das consequências do descumprimento. Curitiba: Juruá, 2017.

CORDERO, Franco. *Il procedimento probatorio*. Tre studi sulle prove penali. Milão: Giuffrè, 1963.

CORREAS, Carlos L. Massini. Determinacioón del derecho y directivas de la interpretación jurídica. *Revista Chilena de Derecho*. v. 31, 2004.

CORTES, Oscar Mendes Paixão. O futuro da recorribilidade extraordinária e o novo código de processo civil. In: FREIRE, Alexandre Freire; DANTAS, Bruno; NUNES, Dierle; DIDIER JR., Fredie; MEDINA, José Miguel Garcia; FUX, Luiz; CAMARGO, Luiz Henrique Volpe; OLIVEIRA, Pedro Miranda de (Coord.). *Novas tendências do processo civil*: estudos sobre o projeto do novo Código de Processo Civil. Salvador: JusPodivm, 2014. v. III.

COSTA, Alfredo Araújo Lopes da. *Direito processual civil brasileiro*. 2. ed. Rio de Janeiro: Forense, 1959. v. III.

COSTA, Coqueijo. *Direito processual do trabalho*. 2. ed. Rio de Janeiro: Forense, 1984.

COSTA, Eduardo José da Fonseca. Notas pragmáticas sobre concessão de liminares. *Revista de Processo*. v. 140. São Paulo: RT, out. 2006.

COSTA, Eduardo José da Fonseca. In: WAMBIER, Teresa Arruda Alvim et al. (Org.). *Breves comentários ao Novo Código de Processo Civil*. São Paulo: RT, 2015.

COSTA NETO, João; TRINDADE, Bruno Rodrigues. A genética forense a serviço do iluminismo. *Revista Perícia Federal*, v. 40, dez. 2017.

COSTA NETO, José Wellington Bezerra da. O novo Código de Processo Civil e o fortalecimento dos poderes judiciais. *Revista de Processo*. São Paulo, v. 249. nov. 2015.

COUTO, Camilo José D'Ávila. *Ônus da prova no novo Código de Processo Civil*: dinamização – Teoria e prática. 2. ed. Curitiba: Juruá, 2016.

COUTURE, Eduardo. *Fundamentos de derecho procesal civil*. Buenos Aires: Depalma, 1990.

COUTURE, Eduardo J. *Fundamentos del derecho procesal civil*. Montevidéo: Impressora Uruguaya, 1945.

COUTURE, Eduardo. *Fundamentos do direito processual civil*. Trad. Benedicto Giaccobini. Campinas: Red Livros, 1999.

COUTURE, Eduardo. *Proyecto de Codigo de Procedimiento Civil*. Montevidéo: Impressora Uruguaya, 1945.

COUY, Giselle Santos. Da extirpação dos embargos infringentes no Novo Código de Processo Civil – um retrocesso ou avanço? In: MACÊDO, Lucas Buril de; PEIXOTO, Ravi; FREIRE, Alexandre (Org.). *Processo nos tribunais e meios de impugnação às decisões judiciais*. Salvador: JusPodivm, 2015. (Novo CPC doutrina selecionada. v. 6).

CRUZ E TUCCI, José Rogério. *A causa petendi no processo civil*. São Paulo: RT, 2001.

CRUZ E TUCCI, José Rogério. *Ação monitória*. 3. ed. São Paulo: RT, 2001.

CRUZ E TUCCI, José Rogério. Garantia do processo sem dilações indevidas. In: CRUZ E TUCCI, José Rogério (Coord.). *Garantias constitucionais do processo civil*. São Paulo: RT, 1999.

CRUZ E TUCCI, José Rogério. Parâmetros de eficácia e critérios da interpretação do precedente judicial. In: WAMBIER, Teresa Arruda Alvim (Coord.). *Direito jurisprudencial*. São Paulo: RT, 2012.

CRUZ E TUCCI, José Rogério. *Precedente judicial como fonte do direito*. São Paulo: RT, 2004.

CUNHA, José Sebastião Fagundes; BOCHENEK, Antonio; CAMBI, Eduardo. *Código de Processo Civil comentado*. São Paulo: RT, 2015.

CUNHA, Leonardo Carneiro da. A função do supremo tribunal federal e a força de seus precedentes: enfoque nas causas repetitivas. In: PAULSEN, Leandro (Coord.). *Repercussão geral no recurso extraordinário*: estudos em homenagem à Ministra Ellen Gracie. Porto Alegre: Livraria do Advogado, 2011.

CUNHA, Leonardo Carneiro da. Comentários ao art. 217 do Novo CPC. In: CABRAL, Antônio do Passo Cabral; CRAMER, Ronaldo. *Comentários ao Novo Código de Processo Civil*. 2. ed. rev., atual. e ampl. Rio de Janeiro: Forense, 2016.

CUNHA, Leonardo Carneiro da. Princípio da primazia do julgamento do mérito no novo CPC. In: OLIVEIRA, Pedro Miranda de (Org.). *Impactos do novo CPC na advocacia*. Florianópolis: Conceito Editorial, 2015.

CUNHA, Leonardo Carneiro da; DIDIER JR., Fredie. Apelação contra decisão interlocutória não agravável: a apelação do vencido e a apelação subordinada do vencedor: duas novidades do CPC/2015. In: MACÊDO, Lucas Buril de; PEIXOTO, Ravi; FREIRE, Alexandre (Org.). *Processo nos tribunais e meios de impugnação às decisões judiciais*. Salvador: JusPodivm, 2015. (Novo CPC doutrina selecionada, v. 6).

CURI, Rodrigo Brandeburgo. Apelação, eficácia da sentença e o novo CPC: breves considerações, In: OLIVEIRA, Pedro Miranda de (Org.). *Impactos do novo CPC na advocacia*. Florianópolis: Conceito Editorial, 2015.

DAL MONTE, Douglas Anderson. Reclamação no novo CPC e garantia das decisões dos tribunais. In: LUCON, Paulo Henrique dos Santos; OLIVEIRA, Pedro Miranda de. (Coord.). *Panorama atual do Novo CPC*. Florianópolis: Empório do Direito, 2016.

DALLGNOL, Deltan Martinazzo. *As lógicas das provas no processo*. Prova indireta, indícios e presunções. Porto Alegre: Livraria do Advogado, 2015.

DALLGNOL, Deltan Martinazzo. Informantes confidenciais e anônimos: perspectivas para atuação mais eficiente do Estado a partir de uma análise comparativa do tratamento jurídico nos EUA e no Brasil. In: CAMBI, Eduardo; GUARAGNI, Fábio André. *Ministério Público e princípio da proteção eficiente*. São Paulo: Almedina, 2016.

DANTAS, Bruno. *Teoria dos recursos repetitivos: tutela pluri-individual nos recursos dirigidos ao STF e STJ* (art. 543-B e 543-C do CPC), São Paulo: RT, 2015.

DANTAS, Marcelo Navarro Ribeiro. Comentários ao art. 350 do CPC. In: ALVIM, Teresa Arruda; DIDIER JR., Fredie; TALAMINI, Eduardo; DANTAS, Bruno. *Breves comentários ao Novo Código de Processo Civil*. São Paulo: RT, 2015.

DE LUCCA, Rodrigo Ramina. *A motivação das decisões judiciais civis em um Estado de Direito*: necessária proteção da segurança jurídica. Dissertação (Mestrado em Direito Processual) Faculdade de Direito da Universidade de São Paulo. São Paulo: USP, 2013.

DEL CLARO, Roberto Bengui. Do recurso extraordinário e do recurso especial. In: CUNHA, José Sebastião Fagundes; BOCHENEK, Antonio César; CAMBI, Eduardo. *Código de Processo Civil comentado*. São Paulo: RT, 2016.

DELORRE, Luiz. *Estudos sobre coisa julgada e controle de constitucionalidade*. Rio de Janeiro: Forense, 2013.

DELLORE, Luiz. Da coisa julgada no Novo Código de Processo Civil (Lei n. 13.105/2015): conceito e limites objetivos. In: RODRIGUES, Geisa de Assis; ANJOS, Robério Nunes dos (Org.). *Reflexões sobre o novo Código de Processo Civil*. Brasília: ESMPU, 2016. v. 2.

DENTI, Vittorio. Questioni rilevabili d'ufficio e principio del contraddittorio. *Rivista di Diritto Processuale*, 1968.

DENTI, Vittorio. Scientificità della prova e libera valutazione del giudice. *Rivista di Diritto Processuale*, 1972.

DENTI, Vittorio. L'inversioni dell'onere della prova: rilievi introduttivi. *Rivista trimestrale di diritto e procedura civile*, 1992.

DI GESU, Cristina. *Prova penal e falsas memórias*. Rio de Janeiro: Lumen Juris. 2010. DI PIETRO, Maria Sylvia Zanella. *Direito administrativo*. 19. ed. São Paulo: Atlas, 2006.

DIAS, Francisco Barros. Técnica de julgamento: criação do novo CPC (Substitutivo dos Embargos Infringentes). In: MACÊDO, Lucas Buril de; PEIXOTO, Ravi; FREIRE, Alexandre (Org.). *Processo nos tribunais e meios de impugnação às decisões judiciais*. Salvador: JusPodivm, 2015. (Novo CPC doutrina selecionada, v. 6).

DIAS, Maria Berenice. Reconsideração *versus* revisão: uma distinção que se impõe. *Revista de Processo*. São Paulo, v. 113, ano 29. jan.-fev. 2004.

DIDIER JR., Fredie. A intervenção judicial do conselho administrativo de defesa econômica [art. 89 da Lei Federal 8.884/94] e da comissão de valores mobiliários [art. 31 da Lei Federal 6.385/76]. *Revista de Processo*. São Paulo, v. 115, ano 29, p. 158. maio-jun. 2004.

DIDIER JR., Fredie. *Cooperação Judiciária Nacional* – Esboço de uma Teoria para o Direito Brasileiro, Salvador: JusPodivm, 2020.

DIDIER JR., Fredie. *Curso de Direito Processual Civil*. 21. ed. São Paulo: JusPodivm, 2019. v. 1.

DIDIER JR., Fredie. *Curso de direito processual civil*: introdução ao direito processual civil, parte geral e processo de conhecimento. 17. ed. Salvador: JusPodivm, 2015.

DIDIER JR., Fredie. *Curso de direito processual civil*: introdução ao direito processual civil, parte geral e processo de conhecimento. 18 ed. Salvador: JusPodivm, 2016.

DIDIER JR., Fredie. *Produção Antecipada da Prova*. 3. ed. Salvador: JusPodivm, 2018. (Coleção Grandes Temas do Novo CPC, v. 5, Direito Probatório, coord. Marco Félix Jobim e William Santos Ferreira).

DIDIER JR., Fredie. *Recurso de terceiro*: juízo de admissibilidade. São Paulo: RT, 2002.

DIDIER JR., Fredie. Sistema brasileiro de precedentes judiciais obrigatórios e os deveres institucionais dos tribunais: uniformidade, estabilidade, integridade e coerência da jurisprudência. In: DIDIER JR., Fredie; CUNHA, Leonardo Carneiro da; ATAÍDE JR., Jaldemiro Rodrigues de; MACÊDO, Lucas Buril de (Coord.). *Precedentes*. Salvador: JusPodivm, 2015.

DIDIER JR., Fredie. *Sobre a teoria geral do processo, essa desconhecida*. 2. ed. Salvador: JusPodivm, 2013.

DIDIER JR., Fredie. Transformações no recurso extraordinário. In: WAMBIER, Teresa Arruda Alvim; NERY JR., Nelson (Coord.). *Aspectos polêmicos e atuais dos recursos cíveis e assuntos afins*. São Paulo: RT, 2006. (Série: Aspectos polêmicos e atuais dos recursos. v. 10).

DIDIER JR., Fredie; BRAGA, Paula Sarno; OLIVEIRA, Rafael. *Curso de Direito Processual Civil*. 4. ed. Salvador: JusPodivm, 2009. v. 2.

DIDIER JR., Fredie; BRAGA, Paula Sarno; OLIVEIRA, Rafael. *Curso de direito processual civil:* teoria da prova, direito probatório, teoria do precedente, decisão judicial, coisa julgada e antecipação dos efeitos da tutela. 5. ed. Salvador: JusPodivm, 2010. v. 2.

DIDIER JR., Fredie; BRAGA, Paula Sarno; OLIVEIRA, Rafael. *Curso de direito processual civil.* 11. ed. Salvador: JusPodivm, 2016. v. 2.

DIDIER JR., Fredie; BRAGA, Paula Sarno; OLIVEIRA, Rafael. *Curso de direito processual civil:* introdução ao direito processual civil, parte geral e processo de conhecimento. 17. ed. Salvador: JusPodivm, 2015. v. 1.

DIDIER JR., Fredie; BRAGA, Paula Sarno; OLIVEIRA, Rafael. *Curso de direito processual civil:* o processo civil nos tribunais, recursos, ações de competência originária de tribunal e *querela nullitatis*, incidentes de competência originária de tribunal. 13. ed. Salvador: JusPodivm, 2016.

DIDIER JR., Fredie; CABRAL, Antonio do Passo. Por uma nova teoria dos procedimentos especiais: dos procedimentos e técnicas. In: DIDIER JR., Fredie; CABRAL, Antonio do Passo; CUNHA, Leonardo Carneiro da (Coord.). *Grandes Temas do Novo CPC.* 2. ed. Salvador: JusPodivm, 2020.

DIDIER JR., Fredie; CUNHA, Leonardo Carneiro da. *Curso de Direito Processual Civil*: meios de impugnação às decisões judiciais e processo nos tribunais. 20. ed. Salvador: JusPodivm, 2023. v. 3.

DIDIER JR., Fredie; CUNHA, Leonardo Carneiro da. *Curso de Direito Processual Civil*: meios de impugnação às decisões judiciais e processo nos tribunais. 15. ed. Salvador: JusPodivm, 2018. v. 3.

DIDIER JR., Fredie; OLIVEIRA, Rafael. Aspectos processuais civis da Lei Maria da Penha (Violência doméstica e familiar contra a mulher). *Revista de Processo.* São Paulo, v. 160. jun. 2008.

DINAMARCO, Cândido Rangel. *A instrumentalidade do processo.* 11. ed. rev. e atual. São Paulo: Malheiros, 2003.

DINAMARCO, Cândido Rangel. *A instrumentalidade do processo.* 5. ed. São Paulo: Malheiros, 1996.

DINAMARCO, Cândido Rangel. *Execução Civil.* 7. ed. São Paulo: Malheiros, 2000.

DINAMARCO, Cândido Rangel. *Instituições de Direito Processual Civil.* 4. ed. rev., atual. e com remissões ao Código Civil de 2002. São Paulo: Malheiros Editores, 2004. v. I.

DINAMARCO, Cândido Rangel. *Instituições de direito processual civil.* 4. ed. São Paulo: Malheiros, 2003. v. II.

DINAMARCO, Cândido Rangel. *Instituições de direito processual civil.* 4. ed. São Paulo: Malheiros, 2004. v. III.

DINAMARCO, Cândido Rangel. *Instituições de direito processual civil.* 3. ed. São Paulo: Malheiros, 2003. v. III.

DINAMARCO, Cândido Rangel. *Instituições de direito processual civil.* 6. ed. São Paulo: Malheiros, 2009. v. III.

DINAMARCO, Cândido Rangel. *Instituições de direito processual civil.* São Paulo: Malheiros, 2004. v. IV.

DINAMARCO, Cândido Rangel. *Instituições de direito processual civil.* São Paulo: Malheiros, 2016. v. III.

DINAMARCO, Cândido Rangel. Julgamento antecipado do mérito. *Fundamentos do processo civil moderno.* 3. ed. São Paulo: Malheiros, 2000. v. II.

DINAMARCO, Cândido Rangel. *Nova era do processo civil.* São Paulo: Malheiros, 2003.

DINAMARCO, Cândido Rangel. O conceito de mérito em processo civil. *Fundamentos do processo civil moderno*. 2. ed. São Paulo: RT, 1987.

DINAMARCO, Cândido Rangel. O princípio do contraditório. *Fundamentos do processo civil moderno*. 2. ed. São Paulo: RT, 1987.

DINAMARCO, Cândido Rangel. *Relativizar a coisa julgada material*. Disponível em: [http://www.processocivil.net/novastendencias/ relativizacao.pdf]. Acesso em: 24.02.2016.

DINAMARCO, Cândido Rangel. Tutela jurisdicional. In: WAMBIER, Luiz Rodrigues; ALVIM, Teresa Arruda (Org.). *Doutrinas essenciais do processo civil*. São Paulo: RT, 2011. v. I.

DINAMARCO, Cândido Rangel; LOPES, Bruno Vasconcelos Carrilho. *Teoria Geral do Novo Processo Civil*. São Paulo: Malheiros, 2016.

DINIZ, Cláudio Smirne; ROCHA, Mauro. Arbitragem e administração pública: hipóteses de interpretação conforme a Constituição. *Teses do XXI Congresso Nacional do Ministério Público*. Rio de Janeiro: AMPERJ, 2015.

DINIZ, Cláudio Smirne; CAMBI, Eduardo. *Solução extrajudicial de conflitos na área de proteção ao patrimônio público* – Possibilidade de celebração de termo de ajustamento de conduta e de transação na improbidade administrativa. Tese apresentada no Seminário Estadual de Teses do Ministério Público do Paraná, realizado nos dias 22 e 23 de junho de 2017.

DINIZ, Davi Monteiro. Documentos eletrônicos, assinaturas digitais: um estudo sobre a qualificação dos arquivos digitais como documentos. *Revista de Direito Privado*. São Paulo, v. 6. jan.-jun. 2001.

DINO, Nicolao. A colaboração premiada na improbidade administrativa: possibilidade e repercussão probatória. In: SALGADO, Daniel de Rezende; QUEIROZ, Ronaldo de. *A prova no enfrentamento da macrocriminalidade*. 2. ed. Salvador: JusPodivm, 2016.

DONOSO, Denis; SERAU JR., Marco Aurélio. *Manual dos recursos cíveis*: teoria e prática. Salvador: JusPodivm, 2016.

DOTTI, Rogéria. Comentários ao art. 311 do CPC. In: CRUZ E TUCCI, José Rogério; FERREIRA FILHO, Manoel Caetano; APRIGLIANO, Ricardo de Carvalho; DOTTI, Rogéria Fagundes; MARTINS, Sandro Gilbert (Org.). *Código de Processo Civil anotado*. Rio de Janeiro: LMJ Mundo Jurídico, 2016.

DOTTI, Rogéria Fagundes. Garantias constitucionais: devido processo legal substantivo e formalismo excessivo. *Direito Constitucional Brasileiro* – Teoria da Constituição e Direitos Fundamentais. 2. ed. São Paulo: Thomson Reuters Brasil, 2021. v. 1.

DOTTI, Rogéria. *Tutela de evidência*: probabilidade, defesa frágil e o dever de antecipar a tempo. São Paulo: RT, 2020.

DOUTOR, Maurício Pereira. A inadmissibilidade flagrante do recurso de apelação e a atuação obstativa do juiz de primeiro grau. *Revista de Processo*, v. 305. p. 249-269. jul. 2020.

DURO, Cristiano. Admissibilidade do recurso de apelação no CPC/2015: a transcendência do pressuposto recursal da tempestividade. *Revista de Direito da Faculdade Guanambi*, v. 4, n. 2, jul.-dez. 2017.

DUXBURY, Neil. *The nature and authority of precedent*. Cambridge: Cambridge University Press, 2008.

DWORKIN, Ronald. *Law's Empire*. Cambridge: Harvard University Press, 1986. DWORKIN, Ronald. *Levando os direitos a sério*. Trad. Nelson Boeira. São Paulo: Martins Fontes, 2002.

DWORKIN, Ronald. *Uma questão de princípio*. Trad. Luís Carlos Borges. 2. ed. São Paulo: Martins Fontes, 2005.

ECHANDIA, Hernando Devís. *Teoría general de la prueba judicial*. 5. ed. Buenos Aires: Víctor P. de Zavalía, 1981. t. I.

ECHANDIA, Hernando Devís. *Teoría general de la prueba judicial*. 5. ed. Bogotá: Editorial Temis S.A., 2002. t. II.

ECHANDIA, Hernando Devís. Pruebas ilícitas. *Revista de Processo*. São Paulo: RT, ano VIII, v. 32, 1983.

ELY, John Hart. *Democracia e desconfiança*. Uma teoria do controle judicial de constitucionalidade. Trad. Juliana Lemos. São Paulo: Martins Fontes, 2010.

ENGISH, Karl. *Introdução ao pensamento jurídico*. 6. ed. Trad. J. Baptista Machado. Lisboa: Fundação Calouste Gulbenkian, 1983.

ESCARIZ, Suellen. *Litigância Predatória*: O que é? Disponpivel em: [https://diariocomercial.com.br/litigancia-predatoria-o-que-e/]. Acesso em: 22.05.2023.

FABBRINI, Giovanni. Potere del giudice (Dir. Proc. Civ.). *Enciclopedia Diritto*, XXXIV. Milão, 1985.

FABRÍCIO, Adroaldo Furtado Fabrício. *Comentários ao Código de Processo Civil*. 8. ed. Rio de Janeiro: Forense, 2001. v. VIII, t. III.

FACHIN, Luiz Edson. Fundamentos, limites e transmissibilidade: anotações para uma leitura crítica, construtiva e de índole constitucional da disciplina dos direitos da personalidade no Código Civil brasileiro. In: CORRÊA, Elidia Aparecida de Andrade; GIACOIA, Gilberto; CONRADO, Marcelo (Coord.). *Biodireito e dignidade da pessoa humana*. Curitiba: Juruá, 2006.

FAGUNDES CUNHA, José Sebastião. Comentários ao art. 334 do CPC. In: CUNHA, José Sebastião Fagundes. BOCHENEK, Antonio César; CAMBI, Eduardo. *Código de Processo Civil comentado*. São Paulo: RT, 2015.

FALLON JR., Richard H. Stare decisis and the constitution: an essay on constitutional methodology. *New York University Review*, v. 76.

FARALLI, Carla. *A filosofia contemporânea do direito*. Temas e desafios. Trad. Candice Premaror Gullo. São Paulo: Martins Fontes, 2006.

FARIA, Juliana Cordeiro de. Comentário ao art. 291 do CPC. In: ALVIM, Teresa Arruda; DIDIER JR., Fredie; TALAMINI, Eduardo; DANTAS, Bruno (Coord). *Breves comentários ao Código de Processo Civil*. São Paulo: RT, 2015.

FARIAS, Cristiano Chaves de. A utilização das redes sociais como prova da capacidade contributiva do devedor e da necessidade do credor nas ações de alimentos: vencendo uma prova infernal. *Revista do Ministério Público de Goiás*, n. 41, jan./jun. 2021.

FARIAS, Cristiano Chaves de; ROSENVALD, Nelson; BRAGA NETTO, Felipe. *Manual de direito civil*. Volume único. 8. ed. Salvador: JusPodivm, 2023.

FAURE, Miryam T. Balestro. La valoración judicial de la conducta en juicio. *Valoración judicial de la conducta procesal*. Santa Fé: Rubinzal-Culzoni, 2005.

FAZIO, César Cipriano de. Honorários advocatícios e sucumbência recursal. In: COÊLHO, Marcus Vinicius Furtado; CAMARGO, Luiz Henrique Volpe. *Honorários advocatícios*. Salvador: JusPodivm, 2015. (Coleção Grandes Temas do Novo CPC. v. 2).

FAZZALARI, Elio. L'esperienza del processo nella cultura contemporanea. *Rivista di diritto processuale, 1965.*

FAZZALARI, Elio. Processo (teoria generale). *Novissimo Digesto Italiano.* Turim: VTET, 1966. v. XIII.

FAZZALARI, Elio. *Istituzioni di diritto processuale.* 6. ed. Padova: CEDAM, 1992. FÉLIX, Juarez Rogério. O duplo grau de jurisdição obrigatório. In: NERY JR., Nelson; FENOLL, Jordi Nieva. *La valoración de la prueba.* Madri: Marcial Pons, 2010.

WAMBIER, Teresa Arruda Alvim (Coord.). *Aspectos polêmicos e atuais dos recursos cíveis de acordo com a Lei 9.756/98.* 1. ed. 2. tir. São Paulo: RT, 1999.

FERNANDES, Luis Eduardo Simardi. *Embargos de declaração* – Efeitos infringentes, prequestionamento e outros aspectos polêmicos. São Paulo: RT, 2003.

FERRAJOLI, Luigi. *Direito e razão: teoria do garantismo penal.* 2. ed. Trad. Ana Paula Zomer et al. São Paulo: RT, 2006.

FERRAZ, Sérgio. *Mandado de segurança.* São Paulo: Malheiros, 2006.

FERRAZ JR., Tércio Sampaio. *Introdução ao estudo do direito.* 2. ed. São Paulo: Atlas, 1994.

FERRAZ JR., Tércio Sampaio. *Teoria da norma jurídica.* 5. ed. São Paulo: Atlas, 2016.

FERREIRA, William Santos. Sistema recursal brasileiro: de onde viemos, onde estamos e para onde (talvez) iremos. In: COSTA, Hélio Rubens Batista Ribeiro; RIBEIRO, José Horácio Halfed Rezende; DINAMARCO, Pedro da Silva (Org.). *Linhas mestras do processo civil.* São Paulo: Atlas, 2004.

FERREIRA, William Santos. *Tutela antecipada no âmbito recursal.* São Paulo: RT, 2000. Recursos no processo civil, v. 8.

FERREIRA, Willian Santos; FELGA, Caio Leão Câmara. Epistemologia, verdade e protagonismo instrutório das partes: compreensão do papel do Judiciário na produção das provas e o *in dubio pro probatione*. Revista Eletrônica de Direito Processual da UERJ, v. 23, set.-dez. 2022.

FERREIRA FILHO, Manoel Caetano. A contestação no Novo CPC: breves considerações. In: CAMBI, Eduardo; MARGRAF, Alencar Frederico. *Direito e justiça:* estudos em homenagem a Gilberto Giacoia. Curitiba: Ministério Público, 2016.

FERREIRA FILHO, Manoel Caetano. *A preclusão no direito processual civil.* Curitiba: Juruá, 1991.

FERREIRA FILHO, Manoel Caetano. Comentários ao art. 1.013 do Código de Processo Civil. In: CRUZ E TUCCI, José Rogério; FERREIRA FILHO, Manoel Caetano; APRIGLIANO, Ricardo de Carvalho; DOTTI, Rogéria Fagundes; MARTINS, Sandro Gilbert (Org.). *Código de Processo Civil anotado.* Rio de Janeiro: LMJ Mundo Jurídico, 2016.

FERREIRA FILHO, Manoel Caetano. *Comentários ao Código de Processo Civil.* São Paulo: RT, 2001. v. 7: Do processo de conhecimento, arts. 496 a 565.

FERREIRA FILHO, Manoel Caetano. In: CUNHA, José Sebastião Fagundes; BOCHENEK, Antônio César; CAMBI, Eduardo (Coord.). *Código de Processo Civil comentado.* São Paulo: RT, 2015.

FERRER-BELTRÁN, Jordi. *Valoração racional da prova.* Trad. de Vitor Paula Ramos. São Paulo: JusPodivm, 2021.

FOGAÇA, Mateus Vargas; FOGAÇA, Marcos Vargas. Sistema de precedentes judiciais obrigatórios e a flexibilidade do direito no novo Código de Processo Civil. *Revista da Faculdade de Direito da UFMG,* n. 67. jul.-dez. 2015.

FONSECA, João Francisco Naves da. A profundidade do efeito devolutivo nos recursos extraordinário e especial: o que significa a expressão 'julgará o processo, aplicando o direito' (CPC 2015, art. 1.034)? O novo Código de Processo Civil. *Revista do Advogado – AASP*. n. 126, ano XXXV. maio 2015.

FRANÇA, Erasmo Valladão Azevedo e Novaes; ADAMEK, Marcelo Vieira von. *Da dissolução Parcial de Sociedade*. São Paulo: Malheiros, 2016.

FRANCISCO, José Carlos. Bloco de constitucionalidade e recepção dos tratados internacionais. In: TAVARES, André Ramos; LENZA, Pedro; ALARCÓN, Pietro de Jesús Lora (Coord.). *Reforma do judiciário analisada e comentada*. São Paulo: Método, 2005.

FRANZOI, Juliana Borinelli. Honorários advocatícios e sucumbência recursal. In: OLIVEIRA, Pedro Miranda de. *Impactos do novo CPC na advocacia*. Florianópolis, Conceito Editorial, 2015.

FREIRE, Alexandre. Embargos de divergência. In: WAMBIER, Teresa Arruda Alvim et al. *Breves comentários ao Novo Código de Processo Civil*. São Paulo: RT, 2015.

FREIRE, Alexandre; MARQUES, Leonardo Albuquerque. Os honorários de sucumbência no novo CPC. In: COÊLHO, Marcus Vinicius Furtado; CAMARGO, Luiz Henrique Volpe. (Coordenador geral Fredie Didier JR.). *Honorários advocatícios*. Salvador: JusPodivm, 2015. Coleção Grandes Temas do Novo CPC. v. 2.

FREIRE, Alexandre; NUNES, Dierle. Novidades do novo CPC em matéria recursal, In: OLIVEIRA, Pedro Miranda de (Org.). *Impactos do novo CPC na advocacia*. Florianópolis: Conceito Editorial, 2015.

FREIRE, Rodrigo Cunha Lima; e, LEMOS, Vinicius. Os embargos de divergência como meio de formação de precedente vinculante. *Revista de Processo*, v. 299, p. 323-362, jan. 2020.

FREITAS, Juarez. A melhor interpretação constitucional "versus" a única resposta correta. In: SILVA, Virgílio Afonso da (Org.). *Interpretação constitucional*. São Paulo: Malheiros, 2007.

FUGA, Bruno Augusto Sampaio. *Produção antecipada de prova. Procedimento adequado para a máxima eficácia e estabilidade*. Londrina: Toth Editora, 2023.

FURNO, Carlo. *Contributo alla teoria della prova legale*. Padova: Cedam, 1940. FURNO, Carlo. *Teoria de la prueba legal*. Trad. Sérgio Gonzalez Collado. Madrid: Revista de Derecho Privado, 1954.

FUX, Luiz. *Curso de direito processual civil*. 3. ed. Rio de Janeiro: Forense. 2005. v. I. GAIO JR., Antonio Pereira. Teoria geral dos recursos: análise e atualizações à luz do Novo Código de Processo Civil Brasileiro. In: MACÊDO, Lucas Buril de; PEIXOTO, Ravi; FREIRE, Alexandre (Org.). *Processo nos tribunais e meios de impugnação às decisões judiciais*. Salvador: JusPodivm, 2015. (Novo CPC doutrina selecionada, v. 6).

GAJARDONI, Fernando. *Flexibilização procedimental*: um novo enfoque para o estudo do procedimento em matéria processual. São Paulo: Atlas, 2008. (Coleção Atlas de Processo Civil).

GAJARDONI, Fernando et al. *Comentários ao Código de Processo Civil*. 4. ed. Rio de Janeiro: Forense, 2021.

GAMBARDELLA, Marco. *Il controllo del giudice penale sulla legalità administrativa*. Milão: Giuffrè, 2002.

GARCIA, Emerson; ALVES, Rogério Pacheco. *Improbidade administrativa*. 4. ed. Rio de Janeiro: Lumen Juris, 2008.

GARGARELA, Roberto. O novo constitucionalismo dialógico, frente ao sistema de freios e contrapesos. Trad. de Ilana Aló. In: VIEIRA, José Ribas; LACOMBE, Margarida e LEGALE, Siddharta. *Jurisdição Constitucional e Direito Constitucional Internacional*. Belo Horizonte: Fórum, 2016.

GIDI, Antonio. *Coisa julgada e litispendência em ações coletivas*. São Paulo: Saraiva, 1995.

GODINHO, Robson. *Negócios processuais sobre o ônus da prova no Novo Código de Processo Civil*. São Paulo: RT, 2015.

GODINHO, Robson. In: CABRAL, Antonio do Passo; CRAMER, Ronaldo. *Comentários ao Novo Código de Processo Civil*. Rio de Janeiro: Forense, 2015.

GOLDSCHMIDT, James. *Derecho procesal civil*. Trad. da 2. ed. alemã por Leonardo Prieto Castro. Barcelona: Labor, 1936.

GOMES, Frederico Augusto. Estabilização da tutela antecipada antecedente contra o poder público. In: TALAMINI, Eduardo. *Processo e Administração Pública*. Salvador: JusPodivm, 2016. (Coleção Repercussões do Novo CPC v. 10).

GOMES FILHO, Antonio Magalhães. *O direito à prova no processo penal*. São Paulo: RT, 1997.

GOMES JR., Luiz Manoel. *A arguição de relevância* – A repercussão geral das questões constitucional e federal. Rio de Janeiro: Forense, 2001.

GOMES JR., Luiz Manoel. Recurso ordinário constitucional – Questões relevantes. In: NERY JR., Nelson; WAMBIER, Teresa Arruda Alvim (Coord.). *Aspectos polêmicos e atuais dos recursos cíveis e de outros meios de impugnação às decisões judiciais*. São Paulo: RT, 2003. (Série: Aspectos polêmicos e atuais dos recursos, v. 7).

GOMES JR., Luiz Manoel; CHUEIRI, Miriam Fecchio. Anotações sobre o sistema recursal no novo código de processo civil. In: MACÊDO, Lucas Buril de; PEIXOTO, Ravi; FREIRE, Alexandre (Org.). *Processo nos tribunais e meios de impugnação às decisões judiciais*. Salvador: JusPodivm, 2015. (Novo CPC doutrina selecionada, v. 6).

GONÇALVES, Marcus Vinicius Rios. *Direito processual civil*. 5. ed. São Paulo: Saraiva, 2015.

GONÇALVES, Vinícius José Corrêa. *Tribunais multiportas*: em busca de novos caminhos para a efetivação dos direitos fundamentais de acesso à justiça e à razoável duração dos processos. Dissertação de Mestrado – apresentada ao Programa de Mestrado em Ciência Jurídica, da Universidade Estadual do Norte do Paraná. Jacarezinho: UENP, 2011.

GONÇALVES, Vinícius José Correa; BREGA FILHO, Vladimir. Descesso à justiça como fator de inclusão social. *Anais do XIX Encontro Nacional do CONPEDI*. Fortaleza: CONPEDI, 2010.

GONZÁLEZ, José Calvo. *Direito curvo*. Trad. André Karam Trindade, Luis Rosenfield e Dino del Pino. Porto Alegre: Livraria do Advogado, 2013.

GONZÁLEZ, José Calvo. Hechos dificiles y razonamiento probatorio (Sobre la prueba de los hechos dissipados). *Anuario de filosovia del derecho* (Madrid). t. XVIII.

GONZÁLEZ, José Calvo. La controvérsia fáctica. Contribuición al estudio de la *questio facti* desde un enfoque narrativista del Derecho. *Conferência apresentada nas XXI Jornadas de la Asociación Argentina de Filosofia del Derecho*, 04.06.10.2007.

GONZÁLEZ, José Calvo. La verdade de la verdade judicial (Construcción y regímen narrativo). *Verdad (Narración) Justicia*. Universidad de Málaga, 1998.

GONZÁLEZ, José Calvo. Modelo narrativo del juicio de hecho: inventio y ratiocinatio. *Horizontes de la filosofia del derecho. Libro en homenaje al Professor Luis Garcia San Miguel*. Madrid: Universidad de Alcalá de Henares, 2002. t. II.

GONZÁLEZ, José Calvo. Verdades difíciles. Control judicial de hechos y judicio de verossimilitud. *Cuadernos Electrónicos de Filosofia del Derecho*, 15/2007.

GRACIÁN, Baltasar. *A arte da prudência*. Trad. Davina Moscoso de Araujo. Rio de Janeiro: Sextante, 2006.

GRAHAM, Michael H. *Federal rules of evidence in a nutshell*. 4. ed. Sant Paul: West Publisching Co., 1996.

GRASSO, Eduardo. La collaborazioni nel processo civile. *Rivista di diritto processuale*, 1966.

GRAU, Eros Roberto. A interpretação constitucional como processo. *Revista Jurídica Consulex*, v. 3.

GRAU, Eros Roberto. *A ordem econômica na Constituição de 1988*. 7. ed. São Paulo: Malheiros, 2002.

GRAU, Eros Roberto. *La doble desestructuración y la interpretación del derecho*. Trad. Barbara Rosenberg. Barcelona: Bosch, 1998.

GRAU, Eros Roberto. *O direito posto e o direito pressuposto*. 3. ed. São Paulo: Malheiros, 2000.

GRECO, Leonardo. A tutela de urgência e a tutela de evidência no Código de Processo Civil de 2015. In: RIBEIRO, Darci Guimarães; JOBIM, Marco Félix. *Desvendando o novo CPC*. Porto Alegre: Livraria do Advogado, 2015.

GRECO, Leonardo. *Instituições de Processo Civil*. 2. ed. Rio de Janeiro: Forense, 2011. v. II.

GRECO, Leonardo. *Instituições de Processo Civil*. 3. ed. Rio de Janeiro: Forense, 2015. v. II.

GRECO, Leonardo. *Instituições de Processo Civil*. 4. ed. Rio de Janeiro: Forense, 2013. v. I.

GRECO, Leonardo. Publicismo e privatismo no processo civil. *Revista de Processo*. São Paulo, v. 164. out. 2008.

GRECO FILHO, Vicente. *Direito processual civil brasileiro*. 11. ed. São Paulo: Saraiva, 1996. v. 2.

GRECO FILHO, Vicente. *Direito processual civil brasileiro*. 18. ed. São Paulo: Saraiva, 2007. v. 2.

GRECO FILHO, Vicente. *Direito processual civil brasileiro*. 22. ed. São Paulo: Saraiva, 2013. v. 2.

GRECO FILHO, Vicente. Questões sobre a Lei 9.756, de 17.12.1998. In: NERY JR., Nelson; WAMBIER, Teresa Arruda Alvim (Coord.). *Aspectos polêmicos e atuais dos recursos cíveis de acordo com a Lei 9.756/98*. 1. ed. 2. tir. São Paulo: RT, 1999.

GRECO FILHO, Vicente. Reformas, para que reformas. In: COSTA, Hélio Rubens Batista Ribeiro; RIBEIRO, José Horácio Halted Rezende; DINAMARCO, Pedro da Silva (Org.). *Linhas mestras do processo civil*. São Paulo: Atlas, 2004.

GRINOVER, Ada Pellegrini. Considerações sobre os limites objetivos e a eficácia preclusiva da coisa julgada. *Revista do Advogado*, dez. 2001.

GRINOVER, Ada Pellegrini. *Julgamento antecipado da lide e direito ao processo*. O processo em sua unidade. São Paulo: Saraiva, 1978.

GRINOVER, Ada Pellegrini. O regime brasileiro das interceptações telefônicas. *Revista Brasileira de Ciências Criminais*, v. 17, jan.-mar. 1997.

GRINOVER, Ada Pellegrini. Os fundamentos da justiça conciliativa. *Revista de Arbitragem e Mediação*, v. 14, jul.-set. 2007.

GRINOVER, Ada Pellegrini. *Os princípios constitucionais e o Código de Processo Civil*. São Paulo: Bushatsky, 1975.

GRINOVER, Ada Pellegrini. Prova emprestada. *Revista Brasileira de Ciências Criminais*, v. 4, out.-dez. 1993.

GRINOVER, Ada Pellegrini. Tutela jurisdicional diferenciada. A antecipação e sua estabilização. In: MARINONI, Luiz Guilherme. *Estudos de Direito Processual Civil*. Homenagem ao Professor Egas Dirceu Moniz de Aragão. São Paulo: RT, 2005.

GRINOVER, Ada Pellegrini. Um enfoque constitucional da teoria geral dos recursos. In: TUBENCHLAK, James; BUSTAMANTE, Ricardo Silva de (Coord.). *Livro de Estudos Jurídicos*, n. 08. Rio de Janeiro: Instituto de Estudos Jurídicos, 1994.

GRINOVER, Ada Pellegrini; GOMES FILHO, Antonio Magalhães; FERNANDES, Antonio Scarance. *As nulidades no processo penal*. 11. ed. São Paulo: RT, 2009.

GRINOVER, Ada Pellegrini; MENDES, Aluisio Gonçalves de; WATANABE, Kazuo. *Direito processual coletivo e o anteprojeto de Código de Processos Coletivos*. São Paulo: RT, 2007.

GUEDES, Jefferson Carús. Duplo grau ou duplo exame e a atenuação do reexame necessário nas leis brasileiras. In: NERY JR., Nelson; WAMBIER, Teresa Arruda Alvim (Coord.). *Aspectos polêmicos e atuais dos recursos e de outros meios de impugnação às decisões judiciais*. São Paulo: RT, 2002. (Série: Aspectos polêmicos e atuais dos recursos, v. 6).

GUERRA, Marcelo Lima. Notas sobre o dever constitucional de fundamentar as decisões judiciais. In: FUX, Luiz; NERY JR., Nelson; WAMBIER, Teresa Arruda Alvim. *Processo e Constituição*. São Paulo: RT, 2006.

GUERRA, Marcelo Lima. A proporcionalidade em sentido estrito e a "fórmula do peso" de Robert Alexy. *Revista de Processo*. São Paulo. v. 141. nov. 2006.

GUIMARÃES, Mário. *O juiz e a função jurisdicional*. Rio de Janeiro: Forense, 1958. GUIMARÃES, Rafael de Oliveira. *Atualidades sobre o prequestionamento e as possíveis mudanças provocadas pelo projeto do novo Código de Processo Civil*. In: FREIRE, Alexandre; DANTAS, Bruno; NUNES, Dierle; DIDIER JR., Fredie José Miguel Garcia Medina; FUX, Luiz, CAMARGO, Luiz Henrique Volpe; OLIVEIRA, Pedro Miranda de Oliveira (Org.). Salvador: JusPodivm, 2014. v. III.

HÄBERLE, Peter. *Hermenêutica constitucional*: a sociedade aberta dos intérpretes da constituição: contribuição para a interpretação pluralista e procedimental da constituição. Trad. Gilmar Ferreira Mendes. Porto Alegre: Sergio Antonio Fabris, 2002.

HABERMAS, Jürgen. *Between Facts and Norms*. Trad. de W. Rehg. Cambridge: MIT Press, 1996.

HABERMAS, Jürgen. *Direito e democracia*: entre facticidade e validez. Rio de Janeiro: Tempo Brasileiro, 1997. v. I.

HAMILTON, Sergio Demoro. As provas ilícitas, a Teoria da Proporcionalidade e a autofagia do Direito. Revista do Ministério Público do Rio de Janeiro, v. 11, 2000.

HELLMAN, Renê Francisco. Sobre como será difícil julgar com o Novo CPC (PLC 8.046/2010): do prêt-à-porter à alta costura decisória. *Revista de Processo*, v. 239, jan. 2015.

HEÑIN, Fernando Adrián. Las pruebas difíciles. *Revista de Processo*, v. 166, dez. 2008.

HEÑIN, Fernando Adrián. Valoración judicial de la conducta procesal. *Revista de Processo*, v. 170, abr. 2009.

HERANI, Renato Gugliano. Direito pré-constitucional e a "crise do supremo". In: MOREIRA, Eduardo; GONÇALVES JR., Jerson Carneiro; BETTINI, Lucia Helena Polleti (Org.). *Hermenêutica constitucional:* homenagem aos 22 anos do grupo de estudos Maria Garcia. Florianópolis: Conceito Editorial, 2010.

HILL, Flavia Pereira. *Breves comentários às principais inovações quanto aos meios de impugnação das decisões judiciais no Novo CPC.* In: DIDIER JR., Fredie; MACÊDO, Lucas Buril de; PEIXOTO, Ravi; FREIRE, Alexandre (Org.). Salvador: JusPodivm, 2015. (Processo nos tribunais e meios de impugnação às decisões judiciais – Novo CPC doutrina selecionada v. 6).

HOFFMANN, Eduardo. *Provas atípicas*. Dissertação de Mestrado apresentada na Universidade Paranaense (UNIPAR), 2010.

HOFFMAN, Paulo. *Duração razoável do processo*. São Paulo: Quartier Latin, 2006.

IOCOHAMA, Celso Hiroshi. O princípio da veracidade e o direito de não fazer prova contra si mesmo perante o Novo Código de Processo Civil. In: MACÊDO, Lucas Buril de; PEIXOTO, Ravi; FREIRE, Alexandre (Org.). *Processo de conhecimento – Provas.* Salvador: JusPodivm, 2015.

JAYME, Fernando Gonzaga; SANTOS, Marina França. A irrecorribilidade das decisões interlocutórias no anteprojeto de novo Código de Processo Civil. In: BARROS, Flaviane de Magalhães; MORAIS, José Luis Bolzan de. *Reforma do processo civil:* perspectivas constitucionais. Belo Horizonte: Ed. Fórum, 2010.

JOBIM, Marco Félix; CARVALHO, Fabrício de Farias. A disciplina dos agravos no novo código de processo civil. In: MACÊDO, Lucas Buril de; PEIXOTO, Ravi; FREIRE, Alexandre (Org.). *Processo nos tribunais e meios de impugnação às decisões judiciais*. Salvador: JusPodivm, 2015. (Novo CPC doutrina selecionada, v. 6).

JORGE, Flávio Cheim. *Apelação cível:* teoria geral e admissibilidade. 2. ed. São Paulo: RT, 2002.

JORGE, Flávio Cheim. Dos recursos. In: WAMBIER, Teresa Arruda Alvim et al. (Coord.). *Breves comentários ao Novo Código de Processo Civil*. São Paulo: RT, 2015.

JORGE, Flávio Cheim. Recurso especial com fundamento na divergência jurisprudencial. In: NERY JR., Nelson; WAMBIER, Teresa Arruda Alvim (Coord.). *Aspectos polêmicos e atuais dos recursos e de outras formas de impugnação às decisões judiciais*. São Paulo: RT, 2001. (Série: Aspectos polêmicos e atuais dos recursos, v. 4).

JORGE, Flávio Cheim. *Teoria geral dos recursos*. 7. ed. São Paulo: RT, 2015.

JORGE, Flávio Cheim; SIQUEIRA, Thiago Ferreira. Um novo paradigma para o juízo de admissibilidade dos recursos cíveis. O novo Código de Processo Civil. *Revista do Advogado* – AASP, n. 126, ano XXXV, maio 2015.

JUNOY, Joan Picó i. *El derecho a la prueba en el proceso civil*. Barcelona: Jose Maria Bosch, 1996.

JUSTEN NETO, Marçal. Segredo de justiça e administração pública, In: TALAMINI, Eduardo. *Processo e Administração Pública*. Salvador: JusPodivm, 2016. v. 10. (Coleção Repercussões do Novo CPC).

KNIJNIK, Danilo. *A prova nos juízos cível, penal e tributário*. Rio de Janeiro: Forense, 2007.

KNIJNIK, Danilo. *A revisão da questão de fato pelo Superior Tribunal de Justiça*. Rio de Janeiro: Forense, 2005.

KNIJNIK, Danilo. As (perigosíssimas) doutrinas do ônus dinâmico da prova e da *situação de senso comum* como instrumentos para assegurara o acesso à justiça e superar a *probatio diabólica*. In: FUX, Luiz; NERY JR., Nelson; ALVIM, Teresa Arruda (Coord.). *Processo e Constituição*. São Paulo: RT, 2006.

KNIJNIK, Danilo. *Os "standards" do convencimento judicial*. Disponível em: [http://www.abdpc.org.br]. Acesso em: 24.10.2006.

KOZIKOSKI, Sandro Marcelo. A repercussão geral das questões constitucionais e o juízo de admissibilidade do recurso extraordinário. In: WAMBIER, Teresa Arruda Alvim et al. (Coord.) *Reforma do judiciário*: primeiros ensaios críticos sobre a EC n. 45/2004. São Paulo: RT, 2005.

KOZIKOSKI, Sandro Marcelo. Recurso extraordinário e repercussão geral. In: CLÈVE, Clèmerson Merlin (Coord.); PEREIRA, Ana Lucia Pretto (Coord. assistente 1. ed.); URTATO, Daniela (Coord. assistente 2. ed.). *Direito constitucional brasileiro*: organização do Estado e dos poderes. 2. ed. São Paulo: Thomson Reuters Brasil, 2021.

KOZIKOSKI, Sandro Marcelo; PUGLIESI, William Soares. Uniformidade da jurisprudência, divergência e vinculação do colegiado. In: MARANHÃO, Clayton et al. *Ampliação da colegialidade*: técnica de julgamento do art. 942 do CPC. Belo Horizonte: Arraes Editores, 2017.

KUHN, Paulo Henrique. Programa de redução de litígios da Procuradoria-Geral da União. In: CUNHA, J. S. Fagundes (Coord.). *O Direito nos Tribunais Superiores*: com ênfase no Novo Código de Processo Civil. Curitiba: Bonijuris, 2015.

KUKINA, Sérgio Luiz. Apontamentos sobre um novo projeto de reforma recursal. In: MARINONI, Luiz Guilherme; DIDIER JR., Fredie (Coord.). *A segunda etapa da reforma processual civil*. São Paulo: Malheiros, 2001.

LADEIRA, Aline Hadad; BAHIA, Alexandre Melo Franco. O precedente judicial em paralelo a súmula vinculante: pela (re)introdução da faticidade ao mundo jurídico. *Revista de Processo*, v. 234, ago. 2014.

LANES, Júlio Cesar Goulart. *Fato e direito no processo civil cooperativo*. São Paulo: RT, 2014.

LASPRO, Oreste Nestor de Souza. *Duplo grau de jurisdição no direito processual civil*. São Paulo: RT, 1995.

LASPRO, Oreste Nestor de Souza. Devido processo legal e a irreversibilidade da antecipação dos efeitos da tutela jurisdicional. In: MARINONI, Luiz Guilherme (Coord.). *Estudos de Direito Processual Civil*. Homenagem ao Professor Egas Dirceu Moniz de Aragão. São Paulo: RT, 2005.

LEAL, Luís Antônio da Câmara. *Da prescrição e da decadência*. Rio de Janeiro: Forense, 1978.

LEITE, Eduardo de Oliveira. A oitiva de crianças nos processos de família. *Revista Jurídica*, v. 278, dez. 2000.

LEITE, Eduardo de Oliveira. As "ações de família" no Novo Código de Processo Civil. *Revista de Direito de Família e das Sucessões*, v. 5, jul.-set. 2015.

LEMOS, Vinicius Silva. O prequestionamento no novo código de processo civil. In: MACÊDO, Lucas Buril de; PEIXOTO, Ravi; FREIRE, Alexandre (Org.); DIDIER JR., Fredie (Coord.). *Processo nos tribunais e meios de impugnação às decisões judiciais*. Salvador: JusPodivm, 2015. (Novo CPC doutrina selecionada, v. 6).

LEMOS, Vinicius Silva. A possibilidade de fungibilidade entre o IRDR e o IAC: viabilidade e necessidade de sistematização. *Revista de Processo*, v. 274, p. 255-289, dez. 2017.

LEMOS, Vinicius Silva. A regra da não preclusão imediata do art. 1.009, § 1º, e a conjunção com o art. 278: protesto antipreclusivo no CPC/2015? *Revista Eletrônica de Direito Processual – REDP*, Rio de Janeiro, ano 12, v. 19, n. 1, jan.-abr. 2018.

LEONARDO, Rodrigo Xavier. Prova e objeto da prova: considerações a respeito dos juízos de fato no processo civil. *Boletim Informativo Bonijuris*, n. 372, 30.04.1999.

LEONEL, Ricardo de Barros. *Tutela jurisdicional diferenciada*. São Paulo: RT, 2010.

LESSONA, Carlos. *Teoría general de la prueba en derecho civil*. 3. ed. Trad. Enrique Aguilera de Paz. Madrid: Reus, 1928.

LIEBMAN, Enrico Tullio. *Eficácia e autoridade da sentença*. 3. ed. Trad. Alfredo Buzaid e Benvindo Aires. Rio de Janeiro: Forense, 1983.

LIEBMAN, Enrico Tullio. *Eficácia e autoridade da sentença*. 3.. ed. Trad. Ada Pellegrini Grinover. Rio de Janeiro: Forense, 1984.

LIEBMAN, Enrico Tullio. *Manual do direito processual civil*. 2. ed. Trad. Cândido Rangel Dinamarco. Rio de Janeiro: Forense, 1985. v. I.

LIEBMAN, Enrico Tullio. *Manuale di diritto processuale civile*. 3. ed. Milão: Giuffrè, 1973. v. I.

LIEBMAN, Enrico Tullio. *Manuale di diritto processuale civile*. 3. ed. Milão: Giuffrè, 1974.v. II.

LIMA, Alcides de Mendonça. *Introdução aos recursos cíveis*. São Paulo: RT, 1976.

LIMA, Alcides de Mendonça. *Comentários ao Código de Processo Civil*. São Paulo: RT, 1982. v. XII.

LIMA, Bernardo Silva de; EXPÓSITO, Gabriela. Comentários sobre o regime da estabilização dos efeitos da tutela provisória de urgência no novo CPC. *Revista de Processo*, v. 250, dez. 2015.

LIMA, Patrícia Carla de Deus. Sobre a possibilidade de interposição de recurso pela parte vencedora que sofreu cerceamento de defesa: algumas reflexões. In: NERY JR., Nelson; WAMBIER, Teresa Arruda Alvim (Coord.). *Aspectos polêmicos e atuais dos recursos cíveis e assuntos afins*. São Paulo: RT, 2006. (Série: Aspectos polêmicos e atuais dos recursos, v. 10).

LIPIANI, Júlia. Como promover a superação dos precedentes formados no julgamento de recursos repetitivos por meio dos recursos especial e extraordinário? In: GALINDO, Beatriz Magalhães e KOHLBACH, Marcela (Coord.). *Recursos no CPC/2015*: perspectivas, críticas e desafios. Salvador: JusPodivm, 2017.

LOMBARDO, Luigi. Profili delle prove civile atipiche. *Rivista Trimestrale di Diritto e Procedura Civile*, dez. 2009.

LOMBARDO, Luigi. Prova scientifica e osservanza del contraddittorio nel processo civile. *Rivista di Diritto Processuale*, 2002.

LOPES, Bruno Vasconcellos Carrilho. Os honorários recursais no novo código de processo civil. O novo Código de Processo Civil. *Revista do Advogado – AASP*, n. 126, a. XXXV, maio 2015.

LOPES, João Batista. *A prova no direito processual civil*. São Paulo: RT, 1999.

LOPES, João Batista. *A prova no processo civil*. 2. ed. São Paulo: RT, 2002.

LOPES, João Batista. Comentários ao art. 455 do Código de Processo Civil. In: TUCCI, José Rogério Cruz e; FERREIRA FILHO, Manoel Caetano; APRIGLIANO, Ricardo de Carvalho; DOTTI, Rogéria Fagundes; MARTINS, Sandro Gilbert (Org.). *Código de Processo Civil anotado*. Rio de Janeiro: LMJ Mundo Jurídico, 2016.

LOPES, João Batista. Princípio da proporcionalidade e efetividade do processo civil. In: MARINONI, Luiz Guilherme. *Estudos de Direito Processual Civil*. Homenagem ao Professor Egas Dirceu Moniz de Aragão. São Paulo: RT, 2005.

LOPES, José Reinaldo de Lima. Em torno da "reserva do possível". In: SALET, Ingo Wolfgang; TIMM, Luciano Benetti (Org.). *Direitos fundamentais*: orçamento e "reserva do possível". Porto Alegre: Livraria do Advogado, 2008.

LUCON, Paulo Henrique dos Santos. Comentários ao art. 357 do Código de Processo Civil. In: CRUZ E TUCCI, José Rogério; FERREIRA FILHO, Manoel Caetano; APRIGLIANO, Ricardo de Carvalho; DOTTI, Rogéria Fagundes; MARTINS, Sandro Gilbert (Org.). *Código de Processo Civil anotado*. Rio de Janeiro: LMJ Mundo Jurídico, 2016.

LUCON, Paulo Henrique dos Santos. Honorários advocatícios no CPC de 2015, In: SARRO, Luís Antônio Giampaulo (Coord.). *Novo Código de Processo Civil:* principais alterações do sistema processual civil. 2. ed. São Paulo: Rideel, 2016.

LUCON, Paulo Henrique dos Santos. In: BUENO, Cassio Scarpinella; MEDEIROS NETO, Elias Marques de; OLIVEIRA NETO, Olavo de; OLIVEIRA, Patrícia Elias Cozzolino de; LUCON, Paulo Henrique dos Santos (Coord.). *Tutela provisória no novo CPC*. Dos 20 anos de vigência do art. 273 do CPC/1973 ao CPC/2015. São Paulo: Saraiva, 2016.

LUCON, Paulo Henrique dos Santos. Sentença e liquidação no CPC (Lei 11.232/2005). *Estudos em homenagem ao Professor José Carlos Barbosa Moreira*. São Paulo: RT, 2006.

MACCORMICK, Neil. *Institutions of Law:* an essay in legal theory. Oxford: Oxford University Press, 2007.

MACÊDO, Lucas Buril. Agravo interno. Análise das modificações legais e de sua recepção no Superior Tribunal de Justiça, In *Revista de Processo*, v. 269, p. 311-344, jul. 2017.

MACÊDO, Lucas Buril. Boa-fé no processo civil – Parte 2. *Revista de processo*, v. 331, set. 2022.

MACÊDO, Lucas Buril. *Precedentes judiciais e o direito processual civil*. Salvador: JusPodivm, 2015.

MACÊDO, Lucas Buril de; PEIXOTO, Ravi Medeiros. Ônus da prova e sua dinamização. Salvador: JusPodivm, 2014.

MACÊDO, Lucas Buril de; PEIXOTO, Ravi. Tutela provisória contra a Fazenda Pública. In: ARAÚJO, José Henrique Mouta de; CUNHA, Leonardo Carneiro da; RODRIGUES, Marco Antonio. *Fazenda Pública*. 2. ed. Salvador: JusPodivm, 2016.

MACHADO, Antônio Cláudio da Costa. *Código de Processo Civil interpretado*. 3. ed. São Paulo: Saraiva, 1997.

MACHADO, Hugo de Brito. O objeto da prova pericial. *Revista dos Tribunais*, v. 690, São Paulo: RT, abr. 1993.

MACHADO SEGUNDO, Hugo de Brito. Os recursos no novo CPC e a "Jurisprudência defensiva". In: DIDIER JR., Fredie (Coord.); MACÊDO, Lucas Buril de; PEIXOTO, Ravi; FREIRE, Alexandre (Org.). Salvador: JusPodivm, 2015. Processo nos tribunais e meios de impugnação às decisões judiciais. (Novo CPC doutrina selecionada, v. 6).

MADALENO, Rolf. *Repensando o direito de família*. Porto Alegre: Livraria do Advogado, 2007.

MADEIRA, Dhenis Cruz. O que é solipsismo judicial? *Revista Jurídica da Presidência*, v. 22, n. 126, fev.-maio 2020.

MAIA, Andrea; HILL, Flávia Pereira. Do Cadastro e da Remuneração dos mediadores. In: ALMEIDA, Diogo Assumpção Rezende de; PANTOJA, Fernanda Medina; PELAJO, Samanta (Coord.). *A mediação no Novo Código de Processo Civil*. Rio de Janeiro: Forense, 2015.

MALACHINI, Edson Ribas. "Inexatidão material" e "erro de cálculo". *Revista de processo*, v. 113, São Paulo: RT, jan.-fev. 2004.

MALATESTA, Nicola Framarino Dei. *A lógica das provas em matéria criminal*. Trad. Alexandre Augusto Correia. São Paulo: Saraiva, 1960. v. I.

MALATESTA, Nicola Framarino Dei. *A lógica das provas em matéria criminal*. São Paulo: Saraiva, 1960. v. II.

MALLET, Estêvão. Notas sobre o problema da chamada "decisão-surpresa". *Revista de Processo*, v. 233, jul. 2014.

MANCUSO, Rodolfo de Camargo. *Ação popular*: proteção do erário público, do patrimônio cultural e natural; e do meio ambiente. São Paulo: RT, 1993.

MANCUSO, Rodolfo de Camargo. *Divergência jurisprudencial e súmula vinculante*. São Paulo: RT, 1999.

MANCUSO, Rodolfo de Camargo. *Recurso extraordinário e recurso especial*. 4. ed. São Paulo: RT, 1996.

MARANHÃO, Clayton; e FERRARO, Marcella Pereira. Reclamação constitucional: funções, inovações e velhos desafios. In: CLÈVE, Clèmerson Merlin (Coord.); PEREIRA, Ana Lucia Pretto Pereira (Coord. assistente 1. Ed.); URTATO, Daniela (Coord. assistente 2. ed.). *Direito constitucional brasileiro*: organização do Estado e dos poderes. 2. ed. São Paulo: Thomson Reuters Brasil, 2021.

MARCACINI, Augusto Tavares Rosa. *Direito e informática*: uma abordagem jurídica sobre criptografia. Rio de Janeiro: Forense, 2002.

MARCACINI, Augusto Tavares Rosa. O advogado e a gratuidade de justiça. In: CRUZ E TUCCI, José Rogério; DIDIER JR., Fredie (Coord.). *Advocacia*. Salvador: JusPodivm, 2015. Coleção Repercussões do Novo CPC. v. 2.

MARCACINI, Augusto Tavares Rosa. In: CRUZ E TUCCI, José Rogério et. al (Coord.). *Código de Processo Civil Anotado*. Rio de Janeiro: LMJ Mundo Jurídico, 2016

MARCATO, Antonio Carlos (Coord.). *Código de Processo Civil interpretado*. 2. ed. São Paulo: Atlas, 2005.

MARCATO, Antonio Carlos. *Procedimentos Especiais*. 12. ed. São Paulo: Atlas, 2006. MARCATO, Antonio Carlos. *Procedimentos Especiais*. 16. ed. São Paulo: Atlas, 2016. MARÇAL, Felipe Barreto. Levando a fungibilidade recursal a sério: pelo fim da "dúvida objetiva", do "erro grosseiro" e da "má-fé" como requisitos para a aplicação da fungibilidade e por sua integração com o CPC/15, *Revista de Processo*, v. 292, p-199-214, jun. 2019.

MARINONI, Luiz Guilherme. *A antecipação de tutela*. 3. ed. São Paulo: Malheiros, 1997.

MARINONI, Luiz Guilherme. *A ética dos precedentes*. Justificativa do novo CPC. 2. ed. São Paulo: RT, 2016.

MARINONI, Luiz Guilherme. A conformação do processo e o controle jurisdicional a partir do dever estatal de proteção do consumidor. *Jus Navigandi*, Teresina, ano 10, n. 1.147, 22 ago. 2006. Disponível em: [http://jus2.uol.com.br/doutrina/texto.asp?id=8835]. Acesso em: 07.03.2016.

MARINONI, Luiz Guilherme. A questão das coisas julgadas contraditórias. In: ARRUDA ALVIM, Teresa; DIDIER JR., Fredie (Org.). *Doutrinas essenciais*: Novo processo civil. 2. ed. São Paulo: RT, 2018. v. V.

MARINONI, Luiz Guilherme. A segurança jurídica como fundamento do respeito aos precedentes. In: CORRÊA, Estevão Lourenço (Coord.). *Revista do Instituto dos Advogados do Paraná*. Curitiba, n. 37. 2009.

MARINONI, Luiz Guilherme. *Antecipação de tutela*. 12. ed. São Paulo: RT, 2011.

MARINONI, Luiz Guilherme. *Coisa julgada inconstitucional*. 3. ed. São Paulo: RT, 2013.

MARINONI, Luiz Guilherme. Controle do poder executivo do juiz. *Revista de Processo*, v. 127. set. 2005.MARINONI, Luiz Guilherme. Curso de processo civil. 2. ed. São Paulo: MARINONI, Luiz Guilherme. *Curso de processo civil*. São Paulo: RT, 2008. v. 4.

MARINONI, Luiz Guilherme. *Curso de Processo Civil*. São Paulo: RT, 2015. v. 3.

MARINONI, Luiz Guilherme. *Efetividade do processo e tutela de urgência*. Porto Alegre: Fabris, 1994.

MARINONI, Luiz Guilherme. Eficácia vinculante A ênfase à *ratio decidendi* e à força obrigatória dos precedentes. *Revista de Processo*, v. 184, jun. 2010.

MARINONI, Luiz Guilherme. Estabilização de tutela. *Revista de processo*, v. 279, maio 2018.

MARINONI, Luiz Guilherme. *Formação da convicção e inversão do ônus da prova segundo as peculiaridades do caso concreto*. Disponível em: [www.abdpc.org.br].

MARINONI, Luiz Guilherme. Garantia da tempestividade da tutela jurisdicional e duplo grau de jurisdição – a execução imediata da sentença como alternativa. *Questões do novo direito processual civil brasileiro*. Curitiba: Juruá, 1999.

MARINONI, Luiz Guilherme. *Incidente de resolução de demandas repetitivas*: decisão de questão idêntica x precedente. São Paulo: RT, 2016.

MARINONI, Luiz Guilherme. La prueba en la acción inhibitoria. *Jus Navigandi*, Teresina, a. 8, n. 272, 05.04.2004. Disponível em: [http://jus2.uol.com.br/doutrina/texto.asp?id=5043]. Acesso em: 28.02.2016.

MARINONI, Luiz Guilherme. *Manual do processo de conhecimento*: a tutela jurisdicional através do processo de conhecimento. São Paulo: RT, 2001.

MARINONI, Luiz Guilherme. *O projeto do CPC* – Críticas e propostas. São Paulo: RT, 2010.

MARINONI, Luiz Guilherme. *O STJ enquanto corte de precedentes*: recompreensão do sistema processual da corte suprema. 2. ed. São Paulo: RT, 2014.

MARINONI, Luiz Guilherme. *Precedentes obrigatórios*. 2 ed. São Paulo: RT, 2011.

MARINONI, Luiz Guilherme. *Precedentes obrigatórios*. São Paulo: RT, 2014.

MARINONI, Luiz Guilherme. Prova, convicção e justificativa diante da tutela antecipatória. *Jus Navigandi*, Teresina, ano 10, n. 1.182, 26 set. 2006. Disponível em: [http://jus2.uol.com.br/doutrina/texto.asp?id=8847]. Acesso em: 26.02.2016.

MARINONI, Luiz Guilherme. *Ratio decidendi*: Otras formas de identificación. *Revista Discusiones*, v. 28, 2022.

MARINONI, Luiz Guilherme. Reexame da prova diante dos recursos especial e extraordinário. *Revista de Processo*, n. 130, a. 30, dez. 2005.

MARINONI, Luiz Guilherme. *Técnica processual e tutela dos direitos*. São Paulo: RT, 2004.

MARINONI, Luiz Guilherme. *Teoria geral do processo*. São Paulo: RT, 2006.

MARINONI, Luiz Guilherme. *Tutela antecipatória, julgamento antecipado e execução imediata da sentença*. São Paulo: RT, 1997.

MARINONI, Luiz Guilherme. Tutela contra o ilícito: uma análise sobre o artigo 497, parágrafo único do CPC/2015. In: CAMBI, Eduardo; MARGRAF, Alencar Frederico (Coord.). *Direito e justiça*: estudos em homenagem a Gilberto Giacoia. Curitiba: Ministério Público, 2016.

MARINONI, Luiz Guilherme. Tutela inibitória e tutela de remoção do ilícito. *Revista Jus Navigandi*, Teresina, ano 9, n. 272, 05.04.2004. Disponível em: [https://jus.com.br/artigos/5041]. Acesso em: 22.02.2016.

MARINONI, Luiz Guilherme; ARENHART, Sérgio Cruz. *Comentários ao Código de Processo Civil*. São Paulo: RT, 2000. v. V. t. I.

MARINONI, Luiz Guilherme; ARENHART, Sérgio. *Curso de Processo Civil:* processo de conhecimento. 7. ed. São Paulo: RT, 2008. v. 2.

MARINONI, Luiz Guilherme; ARENHART, Sérgio; MITIDIERO, Daniel. *Novo código de processo civil comentado*. São Paulo: RT, 2015.

MARINONI, Luiz Guilherme; ARENHART, Sérgio Cruz; MITIDIERO, Daniel. *Novo curso de processo civil*: tutela dos direitos mediante procedimento comum. São Paulo: RT, 2015. v. II.

MARINONI, Luiz Guilherme; ARENHART, Sérgio Cruz; MITIDIERO, Daniel Mitidiero. *O novo processo civil*. 2. ed. São Paulo: RT, 2016.

MARINONI, Luiz Guilherme; ARENHART, Sérgio Cruz. *Prova*. 2. ed. rev. e atual. São Paulo: RT, 2011.

MARINONI, Luiz Guilherme; MITIDIERO, Daniel. *Repercussão geral no recurso extraordinário*. São Paulo: RT, 2007.

MARINS, Victor Alberto Azi Bomfim. *Comentários ao Código de Processo Civil*. São Paulo: RT, 2000. v. 12.

MARQUES, José Frederico. *Elementos de direito processual penal*. Rio de Janeiro: Forense, 1961. v. 2.

MARQUES, José Frederico. *Instituições de Direito Civil*. Rio de Janeiro: Forense, 1959.

MARQUES, José Frederico. *Instituições de direito processual civil*. 2. ed. Rio de Janeiro: Forense, 1963. v. IV.

MARQUES, José Frederico. *Manual de direito processual civil*. 9. ed. Campinas: Milleniumm, 2003. v. II.

MARQUES, José Frederico. *Manual de direito processual civil*. Atual. Vilson Rodrigues Alves. Campinas: Millennium, 1998. v. III.

MARTINS, Guilherme Magalhães. Contratos eletrônicos via internet: problemas relativos à sua formação e execução. *Revista dos Tribunais*, v. 776, jun. 2000.

MARTINS, Ives Gandra da Silva; MENDES, Gilmar Ferreira. *Controle concentrado de constitucionalidade* – Comentários à Lei n. 9.868, de 10.11.1999. São Paulo: Saraiva, 2001.

MARTINS, Sandro Gilbert. Dos recursos, In: CUNHA, José Sebastião Fagundes. (Coord. geral); BOCHENEK, Antonio César; CAMBI, Eduardo (Coord.). *Código de Processo Civil comentado*. São Paulo: RT, 2016.

MARTINS, Sandro Gilbert. *Processo, procedimento e ato processual* – o plano da eficácia. Ed. Elsevier, 2012.

MARTINS, Sandro Gilbert. Sustentação oral. In: WAMBIER, Teresa Arruda Alvim; NERY JR., Nelson (Coord.). *Aspectos polêmicos e atuais dos recursos cíveis e assuntos afins*. São Paulo: RT, 2007. (Série: Aspectos polêmicos e atuais dos recursos, v. 11).

MARTINS-COSTA, Judith. *A Boa-fé no Direito Privado* – Critérios para sua aplicação. São Paulo: Marcial Pons, 2016.

MARTINS-COSTA, Judith. *Comentários ao Novo Código Civil*. TEIXEIRA, Sálvio de Figueiredo (Coord.). Rio de Janeiro: Forense, 2003. v. V, t. I.

MATIDA, Janaína. O reconhecimento de pessoas não pode ser porta aberta à seletividade penal. *Conjur*, 18 de setembro de 2020.

MAZZARELA, Giuseppe. Appunti sul fatto notorio. *Rivista di Diritto Processuale Civile*, 1934.

MAZZEI, Rodrigo. Embargos de declaração. In: WAMBIER, Teresa Arruda Alvim et al. (Coord.). *Breves comentários ao Novo Código de Processo Civil*. São Paulo: RT, 2015.

MAZZEI, Rodrigo Reis. In: GOUVÊA, José Roberto F.; BONDIOLI; Luis Guilherme A.; FONSECA, João Francisco N. da (Coord.). *Comentários ao Código de Processo Civil*. São Paulo: SaraivaJur, 2023. v. XII (arts. 610 a 673): do inventário e da partilha.

MAZZILLI, Hugo Nigro. *A defesa dos interesses difusos em juízo*. 10. ed. São Paulo: Saraiva, 1999.

MAZZILLI, Hugo Nigro. Questões polêmicas sobre a ação civil pública. *Revista da Escola Nacional da Magistratura*, n. 1, abr. 2006.

MAZZOLA, Marcelo. *Sanções premiais no processo civil*: previsão legal, estipulação convencional e proposta de sistematização (*standards*) para sua fixação judicial. São Paulo: JusPodivm, 2022.

MAZZOLA, Marcelo. *Silêncio do juiz no processo civil* (inércia, omissão *stricto sensu* e inobservância e seus mecanismos de impugnação). 2 ed. rev. e atual. São Paulo: JusPodivm, 2024.

MAZZUOLI, Valério de Oliveira. O novo § 3º do art. 5º da constituição e sua eficácia. In: SILVA, Bruno Freire e; MAZZEI, Rodrigo (Coord.). *Reforma do judiciário*: análise interdisciplinar e estrutural do primeiro ano de vigência. Curitiba: Juruá, 2006.

MEDEIROS, Maria Lúcia L. C. de. *A revelia sob o aspecto da instrumentalidade*. São Paulo: RT, 2003.

MEDINA, Damares. *Amicus curiae*: amigo da corte ou amigo da parte? São Paulo: Saraiva, 2010.

MEDINA, José Miguel Garcia. *Curso de direito processual civil moderno*. 4. ed. São Paulo: Ed. RT, 2018.

MEDINA, José Miguel Garcia. *Direito processual civil moderno*. 2. ed. São Paulo: MEDINA, José Miguel Garcia. *Direito processual civil moderno*. São Paulo: RT, 2015.

MEDINA, José Miguel Garcia. *Novo Código de Processo Civil comentado*: com remissões e notas comparativas ao CPC/1973. São Paulo: RT, 2015.

MEDINA, José Miguel Garcia. *O prequestionamento nos recursos extraordinário e especial*. São Paulo: RT, 1998.

RT, 2016.

MELENDO, Santiago Sentís. *Aquisición de la prueba*. La prueba. Los grandes temas del derecho probatorio. Buenos Aires: EJEA, 1978.

MELENDO, Santiago Sentís. *Fuentes e medios de prueba*. La prueba. Los grandes temas del derecho probatorio. Buenos Aires: EJEA, 1978.

MELENDO, Santiago Sentís. *La prueba es libertad*. La prueba. Los grandes temas del derecho probatorio. Buenos Aires: EJEA, 1978.

MELENDO, Santiago Sentís. *Los poderes del juez*. La prueba. Los grandes temas del derecho probatorio. Buenos Aires: EJEA, 1978.

MELENDO, Santiago Sentís. *Naturaleza de la prueba*. La prueba. Los grandes temas del derecho probatorio. Buenos Aires: EJEA, 1978.

MELENDO, Santiago Sentís. *Valoración de la prueba*. La prueba. Los grandes temas del derecho probatorio. Buenos Aires: EJEA, 1978.

MELERO, Valentín Silva. *La prueba procesal*. Madrid: Revista de Derecho Privado, 1963. t. I.

MELLO, Celso Antônio Bandeira de. *Conteúdo jurídico do princípio da igualdade*. 3. ed. 15. tir. São Paulo: Malheiros, 2007.

MELLO, Marco Aurélio de. Considerações acerca da competência originária e recursal do Supremo Tribunal Federal. In: BONAVIDES, Paulo; MORAES, Germana; ROSAS, Roberto (Org.). *Estudos de direito constitucional em homenagem a Cesar Asfor Rocha* (teoria da constituição, direitos fundamentais e jurisdição). Rio de Janeiro/São Paulo/Recife: Renovar, 2009.

MELLO, Patrícia Perrone Campos. *Precedentes*: o desenvolvimento judicial do direito no constitucionalismo contemporâneo. Rio de Janeiro: Renovar, 2008.

MELLO, Rogerio Licastro Torres de. Da apelação. In: WAMBIER, Teresa Arruda Alvim et al. (Coord.). *Breves comentários ao Novo Código de Processo Civil*. São Paulo: RT, 2015.

MENDES, Gilmar Ferreira. Ação direta de inconstitucionalidade e ação declaratória de constitucionalidade. In: MEIRELLES, Hely Lopes. *Mandado de segurança*. São Paulo: Malheiros, 2004.

MENDES, Gilmar Ferreira; BRANCO, Paulo Gustavo Gonet. *Curso de direito constitucional*. 6. ed. São Paulo: Saraiva, 2009.

MENDES, José de Castro. *Do conceito de prova em processo civil*. Lisboa: Ática, 1957.

MENDES, Leonardo Castanho. *O recurso especial e o controle difuso de constitucionalidade*. São Paulo: RT, 2006. v. 13.

MERRYMAN, John Henry; PÉREZ-PERDOMO, Rogelio. *A tradição da civil Law*. Uma introdução aos sistemas jurídicos da Europa e da América Latina. Trad. Cássio Cassagrande. Porto Alegre: Sergio Antonio Fabris, 2009.

MESSA, Ana Flávia; JUNQUEIRA, Michele Asato. A distribuição dinâmica do ônus da prova em busca da efetivação de direitos fundamentais. In: RODRIGUES, Geisa de Assis; ANJOS FILHO, Robério Nunes dos (Coord.). *Reflexões sobre o novo Código de Processo Civil*. Brasília: ESMPU, 2016. v. I.

MICHELI, Gian Antonio. *L'onere della prova*. Padova: Cedam, 1942.

MILLAR. Robert Wyness. *Los Principios Formativos del Procedimiento Civil*. Buenos Aires: Ediar Editores, 1945.

MILLER, Cristiano Simão. O recurso ordinário em mandado de segurança e o novo código de processo civil. In: MACÊDO, Lucas Buril de; PEIXOTO, Ravi; FREIRE, Alexandre (Org.); DIDIER JR., Fredie (Coord.). *Processo nos tribunais e meios de impugnação às decisões judiciais.* Salvador: JusPodivm, 2015. (Novo CPC doutrina selecionada, v. 6).

MIRABETE, Julio Fabbrini. *Processo Penal.* 15. ed. São Paulo: Atlas, 2004.

MITIDIERO, Daniel. *Colaboração no processo civil.* Pressupostos sociais, lógicos e éticos. São Paulo: RT, 2009.

MITIDIERO, Daniel. *Colaboração no processo civil, pressupostos sociais, lógicos e éticos.* 3. ed. São Paulo: RT, 2015.

MITIDIERO, Daniel. Comentário ao art. 302 do CPC. In: WAMBIER, Teresa Arruda Alvim; DIDIER JR., Fredie; TALAMINI, Eduardo; DANTAS, Bruno. *Breves comentários ao Novo Código de Processo Civil.* São Paulo: RT, 2015.

MITIDIERO, Daniel. *Precedentes*: da persuasão à vinculação. 2. ed. São Paulo: RT, 2017.

MITTERMAIER, Carl Joseph Anton. *Tratado da prova em matéria criminal.* 4. ed. Trad. Herbert Wüntzel Heinrich. Campinas: Bookseller, 2004.

MOLLICA, Rogério. A remessa necessária e o Novo Código de Processo Civil. In: MACÊDO, Lucas Buril de; PEIXOTO, Ravi; FREIRE, Alexandre (Org.); DIDIER JR., Fredie (Coord.). *Processo nos tribunais e meios de impugnação às decisões judiciais.* Salvador: JusPodivm, 2015. (Novo CPC doutrina selecionada, v. 6).

MOLLICA, Rogério. A condenação em honorários advocatícios na produção antecipada da prova. In: FUGA, Bruno Augusto Sampaio; RODRIGUES, Daniel Colnago; ANTUNES, Thiago Caversan (Org.). *Produção Antecipada da Prova*: questões relevantes e aspectos polêmicos. 3. ed. ampl. Londrina: Thoth, 2021.

MONTELEONE, Girolano. Alle origini del principio del libero convincimento del giudice. *Rivista di Diritto Processuale,* n. 1, jan.-fev. 2008.

MONTEIRO, João. *Programa de um curso de theoria do processo civil e commercial.* 5. ed. São Paulo: Typologia Academica, 1936.

MONTESANO, Luigi. Le "prove atipiche" nelle "presunzione" e negli "argomenti" del giudice civile. *Rivista di Diritto Processuale,* 1980.

MONTESQUIEU, Barão de. *Do espírito das leis.* São Paulo: Abril Cultural, 1973.

MORATO, Leonardo Lins. A reclamação e a sua finalidade para impor o respeito à súmula vinculante. In: WAMBIER, Teresa Arruda Alvim et al. (Coord.). *Reforma do judiciário:* primeiros ensaios críticos sobre a EC n. 45/2004. São Paulo: RT, 2005.

MOREIRA, Adilson José. *Pensando como um negro. Ensaio de Hermenêutica Jurídica.* São Paulo: Contracorrente, 2019.

MOREIRA, José Carlos Barbosa. A função social do processo civil moderno e o papel do juiz e das partes na direção e na instrução do processo. *Revista de Processo,* v. 37. São paulo: RT, jan.-mar. 1985.

MOREIRA, José Carlos Barbosa. A motivação das decisões judiciais como garantia inerente ao Estado de Direito. *Temas de direito processual.* 2ª série. São Paulo: Saraiva, 1980.

MOREIRA, José Carlos Barbosa. Ainda e sempre a coisa julgada. In: WAMBIER, Luiz Rodrigues; WAMBIER, Teresa Arruda Alvim (Coord.). *Doutrinas essenciais.* Processo civil. São Paulo: RT, 2011. v. VI.

MOREIRA, José Carlos Barbosa. Alguns problemas atuais da prova civil. *Temas de direito processual.* 4ª série. São Paulo: Saraiva, 1989.

MOREIRA, José Carlos Barbosa. *Comentários ao Código de Processo Civil.* 7. ed. Rio de Janeiro: Forense, 1998. v. V.

MOREIRA, José Carlos Barbosa. *Comentários ao Código de Processo Civil.* Rio de Janeiro: Forense, 2008. v. V.

MOREIRA, José Carlos Barbosa. Conflito positivo e litispendência. *Temas de direito processual.* 2ª série. São Paulo: Saraiva, 1980.

MOREIRA, José Carlos Barbosa. Conteúdo e efeitos da sentença. *Temas de direito processual.* 4ª Serie. São Paulo: Saraiva, 1989.

MOREIRA, José Carlos Barbosa. Dimensiones sociales del proceso civil. *Temas de direito processual.* 4ª série. São Paulo :Saraiva, 1989.

MOREIRA, José Carlos Barbosa. Julgamento e ônus da prova. *Temas de direito processual.* 2ª série. São Paulo: Saraiva, 1980.

MOREIRA, José Carlos Barbosa. O futuro da justiça: alguns mitos. *Revista de Processo*, v. 99, São Paulo: RT, jul.-set. 2000.

MOREIRA, José Carlos Barbosa. O juiz e a prova. *Revista de Processo*, v. 35, São Paulo: RT, jul.-set. 1984.

MOREIRA, José Carlos Barbosa. O neoprivatismo no processo civil. *Revista de Processo*, v. 122, São paulo: RT, abr. 2005.

MOREIRA, José Carlos Barbosa. *O novo processo civil.* 17. ed. Rio de Janeiro: Forense, 1995.

MOREIRA, José Carlos Barbosa. *O novo processo civil.* 21. ed. Rio de Janeiro: Forense, 2000.

MOREIRA, José Carlos Barbosa. Provas atípicas. *Revista de Processo*, v. 76, São Paulo: RT, out.-dez. 1994.

MOREIRA, José Carlos Barbosa. Regras de experiência e conceitos jurídicos indeterminados. *Revista Forense*, v. 261. Rio de Janeiro: Forense, 1978.

MOREIRA, José Carlos Barbosa. Resposta do réu no sistema do Código de Processo Civil. In: WAMBIER, Luiz Rodrigues; WAMBIER, Teresa Arruda Alvim (Coord.). *Doutrinas essenciais.* Processo civil. São Paulo: RT, 2011. v. I.

MOREIRA, José Carlos Barbosa. Saneamento do processo e audiência preliminar. *Temas de direito processual.* 4ª série. São Paulo: Saraiva, 1989.

MOREIRA, José Carlos Barbosa. Sobre os pressupostos processuais. *Temas de direito processual.* 4ª série. São Paulo: Saraiva, 1989.

MOREIRA, José Carlos Barbosa. Súmula, jurisprudência, precedente: uma escalada e seus riscos. *Revista Dialética de Direito Processual Civil*, São Paulo, v. 27, jun. 2005.

MOREIRA, Rogério de Meneses Fialho. Os deveres do juiz como destinatário do princípio da cooperação no processo civil e os limites da imparcialidade. Disponível em: [https://www.migalhas.com.br/depeso/354659/juiz-como-destinatario-do-principio-da-cooperacao-no-processo-civil]. Acesso em: 07.10.2022.

MOREIRA ALVES, José Carlos. *O Supremo Tribunal Federal em face da nova Constituição* – Questões e perspectivas. Brasília: Arquivos do Ministério da Justiça, 1989.

MORGAN, Charles A.; HAZLETT, Gary; DORAN, Anthony; GARRET, Stephan; HOYT, Gary; THOMAS, Paul; BARANOSKI, Madelon; SOUTHWICK, Steven M. Accuracy of eyewitness memory for persons encoutering during exposure to highly intense stress. *International Journal of Law and Psychiatry*, v. 27, 2004.

MUNDIM, Eduardo Lessa. *Juízo de excepcionalidade do STJ*, Salvador: JusPodivm, 2019.

NALINI, José Renato. *O juiz e o acesso à justiça*. 2. ed. São Paulo: RT, 2000.

NARDELLI, Luis Fernando. *Inspeção judicial*. São Paulo: Leud, 2007.

NERY JR., Nelson. *Princípios do processo na Constituição Federal:* processo civil, penal e administrativo. 9. ed. rev. ampl. e atual. com as novas súmulas do STF (simples e vinculantes) e com a análise sobre a relativização da coisa julgada. São Paulo: RT, 2009.

NERY JR., Nelson. *Princípios fundamentais* – Teoria geral dos recursos. 4. ed. São Paulo: RT, 1997.

NERY JR., Nelson. Proteção judicial da posse. *Revista de Direito Privado*, v. 7. jul.-set. 2001.

NERY JR., Nelson. Questões de ordem pública e o julgamento do mérito dos recursos extraordinário e especial: anotações sobre a aplicação do direito à espécie (STF, 456 e RISTJ 257). In: MEDINA, José Miguel Garcia; CRUZ, Luana Pedrosa de Figueiredo; CERQUEIRA, Luis Otávio Serqueira; GOMES JR., Luiz Manoel. *Os poderes do juiz e o controle das decisões judiciais:* estudos em homenagem à professora Teresa Arruda Alvim Wambier. São Paulo: RT, 2008.

NERY JR., Nelson; NERY, Rosa Maria de Andrade. *Código de Processo Civil comentado*. 6. ed. São Paulo: RT, 2002.

NERY JR., Nelson; NERY, Rosa Maria de Andrade. *Código de Processo Civil comentado*. 7. ed. São Paulo: RT 2003.

NERY JR., Nelson; NERY, Rosa Maria de Andrade. *Código de Processo Civil comentado*. 13. ed. São Paulo: RT, 2013.

NERY JR., Nelson; NERY, Rosa Maria de Andrade. *Código de Processo Civil comentado*. 16. ed. São Paulo: RT, 2016.

NERY JR., Nelson; NERY, Rosa Maria de Andrade. *Código de Processo Civil comentado*. 21. ed. São Paulo: RT, 2023.

NERY JR., Nelson; NERY, Rosa Maria de Andrade. *Comentários ao Código de Processo Civil*. São Paulo: RT, 2015.

NEUFELD, Carmem Beatriz. O efeito da sugestão de falsa informação para eventos emocionais: quão suscetíveis são nossas memórias? *Psicologia em Estudo*. [online], v. 13, n. 3, 2008.

NEUFELD, Carmem Beatriz; BRUST, Priscila Goergen; STEIN, Lilian Milnitsky. Adaptação de um método de investigação do impacto da emoção na memória. *Psico-USF* [online], v. 13, n. 1, 2008.

NEVES, Celso. *Coisa julgada civil*. São Paulo: RT, 1971.

NEVES, Daniel Amorin Assumpção. *Ações probatórias autônomas*. São Paulo: Saraiva, 2008.

NEVES, Daniel Amorin Assumpção. Comentário ao art. 337. *Novo Código de Processo Civil Comentado*. Salvador: JusPodivm, 2016.

NEVES, Daniel Amorin Assumpção. *Competência no processo civil*. 2. ed. Rio de Janeiro: Forense, 2010.

NEVES, Daniel Amorin Assumpção. *Manual de direito processual civil*. 8. ed. Salvador: JusPodivm, 2016.

NEVES, Daniel Amorin Assumpção. *Novo Código de Processo Civil* – Lei 13.105/2015. São Paulo: Método, 2015.

NEVES, Marcelo. *Entre Hidra e Hércules*. Princípios e regras constitucionais. São Paulo: Martins Fontes, 2013.

NOBILI, Massimo. *Il principio del libero convincimento del giudice*. Milão: Giuffrè, 1974.

NOGUEIRA, Gustavo Santana. Jurisprudência vinculante no direito norte-americano e no direito brasileiro. *Revista de Processo*, São Paulo, v. 161, jul. 2008.

NOGUEIRA, Paulo Lúcio. *Curso completo de processo civil*. 5. ed. São Paulo: Saraiva, 1994.

NUCCI, Guilherme de Souza. *Provas no processo penal*. São Paulo: RT, 2009.

NUNES, Dierle. A função contrafática do Direito e o Novo CPC. O novo código de processo civil. *Revista do Advogado* – AASP, n. 126, a. XXXV, maio 2015.

NUNES, Dierle. Apelação e honorários no novo CPC. In: OLIVEIRA, Pedro Miranda de (Org.). *Impactos do novo CPC na advocacia*. Florianópolis: Conceito Editorial, 2015.

NUNES, Dierle. Colegialidade corretiva e CPC 2015. In: DIDIER JR., Fredie (Coord.); MACÊDO, Lucas Buril de; PEIXOTO, Ravi; FREIRE, Alexandre (Org.). *Processo nos tribunais e meios de impugnação às decisões judiciais*. Salvador: JusPodivm, 2015. (Novo CPC doutrina selecionada, v. 6).

NUNES, Dierle. Do julgamento dos recursos extraordinário e especial repetitivos. In: WAMBIER, Teresa Arruda Alvim et al. (Coord.). *Breves comentários ao Novo Código de Processo Civil*. São Paulo: RT, 2015.

NUNES, Dierle. Novo CPC acerta ao manter efeito suspensivo em certas apelações. *Consultor Jurídico*, São Paulo: On Line, v. 22.06.2014. p. I. 2014.

NUNES, Dierle. Precedentes, padronização decisória preventiva e coletivização. In: WAMBIER, Teresa Arruda Alvim (Coord.). *Direito jurisprudencial*. São Paulo: RT, 2012.

NUNES, Dierle; DUTRA, Victor Barbosa; OLIVEIRA JR., Délio Mota de. Apelação e honorários no novo CPC. In: OLIVEIRA, Pedro Miranda de. *Impactos do novo CPC na advocacia*. Florianópolis: Conceito Editorial, 2015.

NUNES, Dierle; FREITAS, Mariana Carvalho. A necessidade de meios de superação de precedentes. *Revista de Processo*, v. 43, n. 281. p. 484-485. jul. 2018.

ODAHARA, Bruno Períolo. Um rápido olhar sobre o stare decisis. In: MARINONI, Luiz Guilherme (Coord.). *A força dos precedentes*: estudos dos cursos de mestrado e doutorado em direito processual civil da UFPR. Salvador: JusPodivm, 2010.

OLIANI, José Alexandre Manzano. Agravo interno. In: WAMBIER, Luiz Rodrigues; WAMBIER, Teresa Arruda Alvim. *Temas essenciais do novo CPC*: análise das principais alterações do sistema processual civil brasileiro. 2. tir. São Paulo: RT, 2016.

OLIANI, José Alexandre Manzano. Apelação. In: WAMBIER, Luiz Rodrigues; WAMBIER, Teresa Arruda Alvim. *Temas essenciais do novo CPC*: análise das principais alterações do sistema processual civil brasileiro. 2. tir. São Paulo: RT, 2016.

OLIANI, José Alexandre Manzano. Atribuições e poderes do relator no NCPC. In: WAMBIER, Luiz Rodrigues; WAMBIER, Teresa Arruda Alvim. *Temas essenciais do novo CPC*: análise das principais alterações do sistema processual civil brasileiro. 2. tir. São Paulo: RT, 2016.

OLIANI, José Alexandre Manzano. Incidente de arguição de inconstitucionalidade. In: WAMBIER, Luiz Rodrigues; WAMBIER, Teresa Arruda Alvim. *Temas essenciais do novo CPC*: análise das principais alterações do sistema processual civil brasileiro. 2. tir. São Paulo: RT, 2016.

OLIANI, José Alexandre Manzano. *O contraditório nos recursos e no pedido de reconsideração*. São Paulo: RT, 2007. Recursos no processo civil, v. 14.

OLIVEIRA, Carlos Alberto Álvaro de. *Do formalismo no processo civil*. 4. ed. São Paulo: Saraiva, 2010.

OLIVEIRA, Carlos Alberto Álvaro de. Garantia do contraditório. *Garantias constitucionais do processo civil*. 1. ed. 2. tir., São Paulo: RT, 1999.

OLIVEIRA, Carlos Alberto Álvaro de. *Livre apreciação da prova*: aspectos atuais. Disponível em: [http://www.abdpc.org.br].

OLIVEIRA, Carlos Alberto Álvaro de. O juiz e o princípio do contraditório. *Revista do Advogado* (Associação dos Advogados de São Paulo), v. 40.

OLIVEIRA, Carlos Alberto Álvaro de. Presunções e ficções no direito probatório. OLIVEIRA, Carlos Alberto Alvaro de; MITIDIERO, Daniel. *Curso de processo civil*: São Paulo: Atlas, 2010, v. 1: teoria geral do processo civil e parte geral do direito processual civil.*Revista de Processo*, v. 196, jun. 2011.

OLIVEIRA, Gleydson Kleber Lopes de. *Apelação no direito processual civil*. São Paulo: RT, 2009. v. 20, Recursos no processo civil.

OLIVEIRA, Gleydson Kleber Lopes de. As tutelas de urgência nos recursos extraordinários. In: NERY JR., Nelson; WAMBIER, Teresa Arruda Alvim (Coord.). *Aspectos polêmicos e atuais dos recursos cíveis e de outros meios de impugnação às decisões judiciais*. São Paulo: RT, 2003. Série: Aspectos polêmicos e atuais dos recursos, v. 7.

OLIVEIRA, Gleydson Kleber Lopes de. *Recurso especial*. São Paulo: RT, 2002.

OLIVEIRA, Pedro Miranda de. A flexibilização do procedimento e a viabilidade do recurso extraordinário *per saltum* no CPC projetado. In: FREIRE, Alexandre; DANTAS, Bruno; NUNES, Dierle; DIDIER JR., Fredie; MEDINA, José Miguel Garcia; FUX, Luiz; CAMARGO, Luiz Henrique Volpe; OLIVEIRA, Pedro Miranda de Oliveira (Org.). *Novas tendências do processo civil*: estudos sobre o projeto do novo Código de Processo Civil. Salvador: JusPodivm, 2014. v. III.

OLIVEIRA, Pedro Miranda de. Aspectos relevantes do sistema recursal previsto no novo CPC. In: OLIVEIRA, Pedro Miranda de (Org.). *Impactos do novo CPC na advocacia*. Florianópolis: Conceito Editorial, 2015.

OLIVEIRA, Pedro Miranda de. *Ensaios sobre recursos e assuntos afins*. In: LAMY, Eduardo de Avelar; ABREU, Pedro Manoel; OLIVEIRA, Pedro Miranda de (Coord.), São Paulo: Conceito Editorial, 2011. (Coleção Ensaios de processo civil).

OLIVEIRA, Pedro Miranda de. *Novíssimo sistema recursal conforme o CPC 2015*. Florianópolis: Conceito Editorial, 2015.

OLIVEIRA, Robson Carlos de. O efeito rescindente e substitutivo dos recursos: uma tentativa de sistematização. In: NERY JR., Nelson; WAMBIER, Teresa Arruda Alvim (Coord.). *Aspectos polêmicos e atuais dos recursos cíveis de acordo com a Lei 9.756/98*. 1. ed. 2. tir. São Paulo: RT, 1999.

OLIVEIRA E CRUZ, João Claudino. *Dos recursos no Código de Processo Civil*. Rio de Janeiro: Forense, 1954.

ORLANDO, Fabíola. Relevantes contribuições do advogado para a mediação. In: GOETTENAUER, Igor Lima (Coord.). *Manual de mediação de conflitos para advogados*. Brasília: Ministério da Justiça, 2014.

PACELLI, Eugênio. *Curso de processo penal*. 23. ed. São Paulo: Atlas, 2019.

PAGANINI, Juliana Marcondes. A segurança jurídica nos sistemas codificados a partir de cláusulas gerais. In: MARINONI, Luiz Guilherme (Coord.). *A força dos precedentes*: estudos dos cursos de mestrado e doutorado em direito processual civil da UFPR. Salvador: JusPodivm, 2010.

PALAIA, Nelson. *O fato notório*. São Paulo: Saraiva, 1997.

PANZA, Luiz Osório Moraes. Do agravo de instrumento. In: CUNHA, José Sebastião Fagunde; BOCHENEK, Antonio César; CAMBI, Eduardo (Coord.). *Código de Processo Civil comentado*. São Paulo: RT, 2016.

PAPA BENTO XVI. *Carta Encíclica Caritas* in veritate. São Paulo: Paulinas, 2009. PARENTE, Eduardo de Albuquerque. Os recursos e as matérias de ordem pública. In: NERY JR., Nelson; WAMBIER, Teresa Arruda Alvim (Coord.). *Aspectos polêmicos e atuais dos recursos cíveis e de outros meios de impugnação às decisões judiciais*. São Paulo: RT, 2003. (Aspectos polêmicos e atuais dos recursos, v. 7).

PASCHOAL, Thaís Amoroso. Coletivização da Prova; Técnicas de produção coletiva da prova e seus reflexos na esfera individual. São Paulo: RT, 2020.

PASSOS, Joaquim José Calmon de. *Comentários ao Código de Processo Civil*. 2. ed. Rio de Janeiro: Forense, 1977. v. 3.

PASSOS, Joaquim José Calmon de. *Comentários ao Código de Processo Civil*. 8. ed. Rio de Janeiro: Forense, 2001. v. 3.

PATTI, Salvatore. Prova (diritto processuale civile). *Enciclopedia Giuridica*. Milão: Giuffrè, 1970. v. XIX.

PATTI, Salvatore. Prova (diritto processuale civile). *Enciclopedia Giuridica*. Roma: Istituto Poligrafico e Zecca dello Stato, 1991.

PATTI, Salvatore. Libero convincimento e valutazione delle prove. *Rivista di Diritto Processuale*, 1985.

PAVANINI, Giovanni. Massime d'esperienza e fatti notori in corte di cassazione. *Rivista di Diritto Processuale Civile*, 1937.

PEIXOTO, Ravi. *Superação do precedente e a segurança jurídica*. 2. ed. Salvador: JusPodivm, 2015.

PELUSO, Cezar. Mediação e conciliação. *Revista de Arbitragem e Mediação*, v. 30, jul.-set. 2011.

PEREIRA, Cesar. Convênio para representação judicial entre os entes da federação (art. 75, § 4º, do CPC/2015). In: TALAMINI, Eduardo (Coord.). Salvador: *Processo e Administração Pública*. JusPodivm, 2016. (Coleção Repercussões do Novo CPC. v. 10).

PEREIRA. Luiz Fernando Casagrande. Anotações aos artigos 599 a 609 do CPC. In: CRUZ E TUCCI, José Rogério; FERREIRA FILHO, Manoel Caetano; APRIGLIANO, Ricardo Carvalho; DOTTI, Rogéria Fagundes; MARTINS, Sandro Gilbert. *Código de Processo Civil Anotado*. GZ Editora: Rio de Janeiro, 2016.

PEREIRA, Paula Pessoa. *Legitimidade dos precedentes*: universalidade das decisões do STJ. São Paulo: RT, 2014.

PERELMAN, Chaïm. *Ética e direito*. Trad. Maria Ermantina Galvão G. Pereira. São Paulo: Martins Fontes, 1996.

PERELMAN, Chaïm; OLBRECHTS-TYTECHA, Lucie. *Trattato dell'argomentazione. La nuova retórica*. Turim, 1966.

PINHEIRO, Guilherme César. Tutela de urgência cautelar típica no novo Código de Processo Civil e a "aplicação" do Código de Processo Civil de 1973 como "doutrina". *Revista de Processo*, v. 252. fev. 2016.

PINHEIRO, Marcelo Ferraz. O papel do advogado na solução de conflitos: mediação, conciliação e arbitragem. *Revista de Direito Empresarial.* v. 8, mar.-abr. 2015.

PINHEIRO, Paulo Eduardo d'Arce. *Poderes Executório do Juiz*. São Paulo: Saraiva, 2011.

PINHO, Humberto Dalla Bernardina de. A mediação judicial no Novo CPC. In: RIBEIRO, Darci Guimarães; JOBIM, Marco Félix (Org.). *Desvendando o Novo CPC*. 2. ed. Porto Alegre. Livraria do Advogado Editora, 2016.

PINHO, Humberto Dalla Bernardina de; RODRIGUES, Roberto de Aragão Ribeiro. Os embargos de declaração no novo Código de Processo Civil. In: MACÊDO, Lucas Buril de; PEIXOTO, Ravi; FREIRE, Alexandre; DIDIER JR., Fredie (Org.). *Processo nos tribunais e meios de impugnação às decisões judiciais*. Salvador: JusPodivm, 2015. (Novo CPC doutrina selecionada ,v. 6).

PINTO, Nelson Luiz. *Recurso especial para o STJ*. 2. ed. São Paulo: Malheiros, 1996. PINTO, Nelson Luiz. *Manual dos recursos cíveis*. 3. ed. São Paulo: Malheiros, 2002. PIOVESAN, Flávia. Reforma do judiciário e direitos humanos. In: TAVARES, André Ramos; LENZA, Pedro; ALARCÓN, Pietro de Jesús Lora (Coord.). *Reforma do judiciário analisada e comentada*. São Paulo: Método, 2005.

PISANI, Andrea Proto. Appunti sulla Tutela Sommaria. *Studi Offerti a Virgilio Andrioli dai suoi Allievi*. Napoli: Jovene, 1979.

PISANI, Andrea Proto. *Lezioni di diritto processuale civile*. 2. ed. Nápoles: Jovene, 1996.

PONDÉ, Luiz Felipe. *Filosofia para corajosos*. Pense com a própria cabeça. São Paulo: Planeta, 2016.

PONTES DE MIRANDA, Francisco Cavalcanti. *Comentários ao Código de Processo Civil*. Rio de Janeiro: Forense, 1974. t. IV.

PONTES DE MIRANDA, Francisco Cavalcanti. *Comentários ao Código de Processo Civil*. 3. ed. Atual. Sérgio Bermudes. Rio de Janeiro: Forense, 1996. t. IV.

PONTES DE MIRANDA, Francisco Cavalcanti. *Comentários ao Código de Processo Civil*. 3. ed. Rio de Janeiro: Forense, 1997. t. V.

PONTES DE MIRANDA, Francisco Cavalcanti. *Comentários ao Código de Processo Civil*. Rio de Janeiro: Forense, 1999. t. VII, arts. 496 a 538, atualização legislativa de Sérgio Bermudes.

PONTES DE MIRANDA, Francisco Cavalcanti. *Comentários ao Código de Processo Civil*. Rio de Janeiro: Forense. 2001. t. IV: art. 282 a 443.

PONTES DE MIRANDA, Francisco Cavalcanti. *Tratado da ação rescisória* – Das sentenças e de outras decisões. Campinas: Bookseller, 1998.

PONTES DE MIRANDA, Francisco Cavalcanti. *Tratado de direito privado*. Campinas: Bookseller, 2000. t. VI.

PORTANOVA, Rui. *Princípios do processo civil*. Porto Alegre: Livraria do Advogado, 1997.

PORTES, Maira. Instrumentos para revogação de precedentes no sistema de *commow law*. In: MARINONI, Luiz Guilherme (Coord.). *A força dos precedentes*: estudos dos cursos de mestrado e doutorado em direito processual civil da UFPR. Salvador: JusPodivm, 2010.

POSNER, Richard A. *Problemas de filosofia do direito*. Trad. Jefferson Luiz Camargo. São Paulo: Martins Fontes, 2007.

PUGLIESE, William Soares; NASCIMENTO, Sabrina de Paula. Provas com crianças e adolescentes: técnicas e análise do cabimento do estudo psicossocial. *Revista IBDFAM Famílias e Sucessões*, v. 58, jul.-ago. 2023.

PUGLIESE, William. *Precedentes e a civil law brasileira*: interpretação e aplicação do novo código de processo civil. São Paulo: RT, 2016.

PUGLIESE, William. *Princípios da jurisprudência*, Belo Horizonte: Arraes, 2017.

PUGLIESE, Willian. *Pacto antenupcial e negócios jurídicos processuais*. *Revista IBDFAM*, v. 57, maio-jun. 2023.

QUEIJO, Maria Elizabeth. Mensagem Eletrônica: meio de prova apto à demonstração de seu envio, recebimento, conteúdo e autoria. In: FUX, Luiz; NERY JR., Nelson; WAMBIER, Teresa Arruda Alvim. (Coord.). *Processo e Constituição*. São Paulo: RT, 2006.

QUEIROZ, Cristina. *Interpretação constitucional e poder judicial*. Sobre a epistemologia da construção constitucional. Coimbra: Coimbra Editora, 2000.

RAMIRES, Mauricio. *Crítica à aplicação de precedentes no direito brasileiro*. Porto Alegre: Livraria do Advogado, 2010.

RAMOS, Vitor de Paula. *La prueba testifical*. Del subjetivismo al objetivismo, del aislamento científico al diálogo con psicología y epistemología. Madrid: Marcial Pons, 2019.

RAMOS, Vitor de Paula. Primeiras linhas pela reconstrução da teoria da prova documental: os diversos tipos de signo e a necessidade comum de interpretação. *Revista de processo*, v. 313, São Paulo: RT, mar. 2021.

RAWLS, John. *Uma teoria da justiça*. São Paulo: Martins Fontes, 2002.

REALE, Miguel. A boa-fé no Código Civil. *Doutrinas essenciais de Direito civil*, São Paulo, v. 2, out. 2010.

RECHIA, Fernando Mariath. Prova e raciocínio indutivo. *Revista de processo*, v. 350, abr. 2024.

REDONDO, Bruno Garcia. Gratuidade de justiça. In: WAMBIER, Luiz Rodrigues; WAMBIER, Teresa Arruda Alvim. *Temas essenciais do novo CPC*: análise das principais alterações do sistema processual civil brasileiro. 2. tir. São Paulo: RT, 2016.

REGO, Frederico Montedonio. *Repercussão geral*: uma releitura do direito vigente. Belo Horizonte: Fórum, 2019.

REIS, Palhares Moreira. *Reclamação constitucional e súmula vinculante*. Brasília: Editora Consulex, 2010.

RIBEIRO, Darci Guimarães. *Provas atípicas*. Porto Alegre: Livraria do Advogado, 1998.

RIBEIRO, Darci Guimarães. Tendências modernas da prova. *Jurisprudência Brasileira*, v. 176.

RICCI, Gian Franco. Prove e argumenti di prova. *Rivista Trimestrale di Diritto e Procedura Civile*, 1988.

ROCHA, Caio Cesar. *Vetos presidenciais impedem evolução da arbitragem e não devem ser mantidos*. Disponível em: [http://www.conjur.com.br/2015-jun-13/fora-tribunal-vetos-impedem-evolucao-arbitragem-nao-mantidos]. Acesso em: 20.07.2016.

RODRIGUES, Luiza Silva; ROQUE, André Vasconcelos. *Novo CPC e processo eletrônico*: o que há de novo, o que preocupa e o que faltou? In: OLIVEIRA, Pedro Miranda de (Org.). Florianópolis: Conceito Editorial, 2015.

RODRIGUES, Marcelo Abelha; CASTRO, Roberta Tarpinian de; SIQUEIRA, Thiago Ferreira; NAVARRO, Trícia. *Desconsideração da Personalidade Jurídica*: aspectos materiais e processuais. São Paulo: Foco, 2023.

RODRIGUES, Ruy Zoch. *Ações repetitivas:* casos de antecipação de tutela sem o requisito da urgência. São Paulo: RT, 2010.

RODRIGUES, Walter Piva. Responsabilidade da magistratura: o agravo de instrumento e a "reforma" de suas reformas legislativas. *Revista do Advogado:* homenagem ao Professor José Ignácio Botelho de Mesquita, n. 84, a. XXV, dez. 2005.

RODRIGUES NETO, Nelson. As alterações das hipóteses de cabimento dos recursos extraordinário e especial promovidas pela EC 45, de 08.12.2004. In: NERY JR., Nelson; WAMBIER, Teresa Arruda Alvim (Coord.). *Aspectos polêmicos e atuais dos recursos cíveis e assuntos afins*. São Paulo: RT, 2006. (Aspectos polêmicos e atuais dos recursos. v. 10).

ROENICK, Hermann Homem de Carvalho. *Recursos no Código de Processo Civil*. Rio de Janeiro: AIDE, 1997.

ROHNELT, Ladislau Fernando. Prova emprestada. Revista da *Ajuris*, n. 17. Porto Alegre: Associação dos Magistrados do Rio Grande do Sul, 1979.

ROJAS, Carmen Vázquez. *De la prueba científica a la prueba pericial*. Madrid: Marcial Pons, 2015.

ROSAS, Roberto. *Direito Processual Constitucional:* princípios constitucionais do processo civil. 2. ed. São Paulo: RT, 1997.

ROSENBERG, Leo. *Tratado de derecho procesal civil*. Trad. Angela Romera Vera. Buenos Aires: EJEA, 1955. v. II.

ROSENBERG, Leo. *La carga de la prueba*. Trad. Ernesto Krotoschin. Buenos Aires: EJEA, 1956.

ROSITO, Francisco. *Teoria dos precedentes judiciais* – Racionalidade da tutela jurisdicional. Curitiba: Juruá, 2012.

RUBIN, Fernando. A psicografia no direito processual. *Jus Navigandi*. Teresina, a. 16, n. 2.919, 29 jun. 2011. Disponível em: [http://jus.uol.com.br/revista/texto/19438]. Acesso em: 12.07.2011.

RUDINIKI NETO, Rogério. O efeito devolutivo do recurso de apelação no novo Código de Processo Civil. In: DIDIER JR., Fredie; MACÊDO, Lucas Buril de; PEIXOTO, Ravi; FREIRE, Alexandre (Org.). *Processo nos tribunais e meios de impugnação às decisões judiciais*. Salvador: JusPodivm, 2015. (Novo CPC doutrina selecionada, v. 6).

RUIZ, Ivan Aparecido; BEDÊ, Judith Aparecida de Souza. *Direitos fundamentais, mediação e acesso à justiça*. Disponível em: [http://www.publicadireito.com.br/conpedi/manaus/arquivos/Anais/sao_paulo/2508.pdf]. Acesso em: 20.07.2016.

SALLES, José Carlos de Moraes. *A desapropriação à luz da doutrina e da jurisprudência*. 6. ed. São Paulo: RT, 2009.

SALLES, Carlos Alberto de; MEGNA, Bruno Lopes. Mediação e conciliação em nova era: conflitos normativos no advento do novo CPC e da Lei de Mediação. In: YARSHELL, Flavio Luiz; PESSOA, Fabio Guidi. *Direito intertemporal*. Salvador: JusPodivm, 2016.

SANTOS, Boaventura de Sousa. *Introdução a uma ciência pós-moderna*. 4. ed. Rio de Janeiro: Graal, 1989.

SANTOS, Boaventura de Sousa; MENEZES, Maria Paula G.; NUNES, João Arriscado. Conhecimento e transformação social: por uma ecologia de saberes. *Hileia – Revista de Direito Ambiental da Amazônia*, v. 6. jan.-jul. 2006.

SANTOS, Evaristo Aragão. Honorários advocatícios. In: WAMBIER, Luiz Rodrigues; WAMBIER, Teresa Arruda Alvim (Coord.). *Temas essenciais do novo CPC*: análise das principais alterações do sistema processual civil brasileiro. 2. tir. São Paulo: RT, 2016.

SANTOS, Francisco Amaral. *Comentários ao Código de Processo Civil*. São Paulo: Forense, 1994. v. 4.

SANTOS, Moacyr Amaral. *A prova judiciária no cível e comercial*. 5. ed. atual. São Paulo: Saraiva, 1983.

SANTOS, Moacyr Amaral. *Comentários ao Código de Processo Civil*. 6. ed. Rio de Janeiro: Forense, 1994. v. 1.

SANTOS, Moacyr Amaral. *Primeiras lições de Direito Processual Civil*. 16. ed. São Paulo: Saraiva, 1997. v. III.

SANTOS, Moacyr Amaral. *Primeiras linhas de direito processual civil*. São Paulo: Saraiva, 1977. v. II.

SANTOS, Moacyr Amaral. *Primeiras linhas de direito processual civil*. 21. ed. São Paulo: Saraiva, 2003. v. III.

SANTOS, Moacyr Amaral. *Prova judiciária no cível e comercial*. 4. ed. São Paulo: Max Limonad, 1970. v. I.

SARLET, Ingo Wolfgang. A eficácia do direito fundamental à segurança jurídica. In: *Constituição e segurança jurídica*. ROCHA, Cármen Lúcia Antunes Rocha (Coord.), Belo Horizonte: Fórum, 2004.

SARLET, Ingo Wolfang; MARINONI, Luiz Guilherme; MITIDIERO, Daniel. *Curso de direito constitucional*. São Paulo: RT, 2012.

SATTA, Salvatore. *Commentario al Codice di Procedura Civile*. Milão: Vallardi, 1966. v. I.

SATTA, Salvatore. *Diritto processuale civile*. 10. ed. Padova: Cedam, 1987.

SCARPARO, Eduardo. Inferência para melhor explicação (IME) e persuasão racional: ferramentas e critérios de adequada valoração probatória. *Revista de processo*, v. 300, fev. 2020.

SCHAUER, Frederick. *Thinking like a lawyer*. A new introduction to legal reasoning. Cambridge: Harvard University Press, 2012.

SCHIER, Paulo Ricardo. *Filtragem constitucional* – Construindo uma nova dogmática jurídica. Porto Alegre: Fabris, 1999.

SERRANO JR., Odoné. *Ações coletivas:* teoria e prática – Tutela coletiva de direitos individuais homogêneos e tutela de direitos metaindividuais individuais (difusos e coletivos) no processo civil. Curitiba: Juruá, 2011.

SHIMURA, Sergio. O regime recursal no Estatuto da Criança e do Adolescente. In: WAMBIER, Teresa Arruda Alvim (Coord.). *Aspectos polêmicos e atuais do recurso especial e do recurso extraordinário.* São Paulo: RT, 1997.

SHIMURA, Sergio. Súmula vinculante. In: COSTA, Hélio Rubens Batista Ribeiro; RIBEIRO, José Horácio Halfed Rezend; DINAMARCO, Pedro da Silva (Coord.). *Linhas mestras do processo civil:* comemoração dos 30 anos de vigência do CPC. São Paulo: Atlas, 2004.

SICA, Heitor Vitor Mendonça. Comentários ao art. 337 do CPC. In: WAMBIER, Teresa Arruda Alvim; DIDIER JR., Fredie; TALAMINI, Eduardo; DANTAS, Bruno. *Breves comentários ao Novo Código de Processo Civil.* São Paulo: RT, 2015.

SICA, Heitor Vitor Mendonça. *Comentários ao Código de Processo Civil:* artigos 674 ao 718. 3. ed. São Paulo: Thompson Reuters Brasil, 2021.

SICA, Heitor Vitor Mendonça. Doze problemas e onze soluções quanto à chamada "estabilização da tutela antecipada". In: MACÊDO, Lucas Buril de; PEIXOTO, Ravi; FREIRE, Alexandre (Org.). *Procedimentos especiais, tutela provisória e direito transitório.* Salvador: JusPodivm, 2015. v. 4.

SILVA, Antônio Carlos Costa e. *Dos recursos em primeiro grau de jurisdição.* 2. ed. Rio de Janeiro: Forense, 1980.

SILVA, Clóvis do Couto e. *Comentários ao Código de Processo Civil.* São Paulo: RT, 1982. v. XI. t. I.

SILVA, Clóvis do Couto e. *Comentários ao Código de Processo Civil.* São Paulo: RT, 1982. v. XI. t. II.

SILVA, Diogo Bacha; BAHIA, Alexandre Melo Franco. Agravo em recurso extraordinário e agravo em recurso especial: entre imposição de precedentes, distinção e superação. In: MACÊDO, Lucas Buril de; PEIXOTO, Ravi; FREIRE, Alexandre (Org.). *Processo nos tribunais e meios de impugnação às decisões judiciais.* Salvador: JusPodivm, 2015. (Novo CPC doutrina selecionada, v. 6).

SILVA, Jaqueline Mielke; SALVAGNI, Angélica. A teoria da carga dinâmica da prova e sua aplicabilidade às ações de alimentos. *Revista dos Tribunais.* São Paulo, v. 943. jun. 2014.

SILVA, Lucas Cavalcanti da. Controle difuso de constitucionalidade e o respeito aos precedentes do STF. In: MARINONI, Luiz Guilherme (Coord.). *A força dos precedentes:* estudos dos cursos de mestrado e doutorado em direito processual civil da UFPR. Salvador: JusPodivm, 2010.

SILVA, Ovídio A. Baptista da. *Curso de direito processual civil.* 6. ed. São Paulo: RT, 2006. v. 1.

SILVA, Ovídio A. Baptista da. *Curso de processo civil.* 5. ed. São Paulo: RT, 2000. v. 1.

SILVA, Ovídio A. Baptista da. *Curso de processo civil.* São Paulo: RT, 2000. v. 3.

SILVA, Ovídio A. Baptista da. *Do processo cautelar.* 4. ed. Rio de Janeiro: Forense, 2009.

SILVA, Ovídio A. Baptista da. *Procedimentos Especiais.* 2. ed. Aide: Rio de Janeiro, 1993.

SILVA, Ovídio A. Baptista da; GOMES, Fábio Luiz. *Teoria geral do processo civil.* São Paulo: RT, 1997.

SILVA, Paula Costa e. *Perturbações no Cumprimento dos Negócios Processuais.* Salvador: JusPodivm, 2020

SILVA, Ricardo Alexandre da. Julgamento antecipado parcial do mérito no novo CPC. In: OLIVEIRA, Pedro Miranda de (Org.). *Impactos do novo CPC na advocacia.* Florianópolis: Conceito Editorial, 2015.

SILVA, Ticiano Alves e. Os embargos de declaração no novo Código de Processo Civil. In: MACÊDO, Lucas Buril de; PEIXOTO, Ravi; FREIRE, Alexandre (Org.). *Processo nos tribunais e meios de impugnação às decisões judiciais.* Salvador: JusPodivm, 2015. (Novo CPC doutrina selecionada, v. 6).

SILVA FILHO, Antônio José Carvalho da. Comentário ao art. 217 do CPC. In: CUNHA, José Sebastião Fagundes; BOCHENEK, Antônio César; CAMBI, Eduardo (Coord.). *Código de Processo Civil comentado.* São Paulo: RT, 2015.

SINGER, Peter. Animal liberation. Dublin: Harper Collins, 1975.

SIQUEIRA, Thiago Ferreira. Duplo grau de jurisdição e 'teoria da causa madura' no novo código de processo civil. In: MACÊDO, Lucas Buril de; PEIXOTO, Ravi; FREIRE, Alexandre (Org.). *Processo nos tribunais e meios de impugnação às decisões judiciais.* Salvador: JusPodivm, 2015. (Novo CPC doutrina selecionada, v. 6).

SOBRINHO, Elício de Cresci. O juiz e as máximas da experiência. *Revista Forense*, v. 296. out.-dez. 1986.

SOUZA, Artur César. Análise da tutela antecipada prevista no relatório final da Câmara dos Deputados em relação ao novo CPC. Da tutela de evidência. Última parte. *Revista de Processo*. São Paulo, v. 235. set. 2014.

SOUZA, Rosane Feitosa de; SOUZA, Hudson Fernandes. Da (in)constitucionalidade do banco de dados com perfil genético de condenados no processo penal. *Revista Brasileira de Ciências Criminais*, v. 165, mar. 2020.

SPADONI, Joaquim Felipe. Incidente de assunção de competência. In: WAMBIER, Teresa Arruda Alvim; WAMBIER, Luiz Rodrigues. *Temas essenciais do novo CPC:* análise das principais alterações do sistema processual civil brasileiro. 2. tir. São Paulo: RT, 2016.

SPENGLER, Fabiana Marion. *Mediação de conflitos:* da teoria à prática. Porto Alegre: Livraria do Advogado, 2016.

STEIN, Friedrich. *El conocimiento privado del juez.* Trad. Andrés de La Oliva Santos. Madri: Centro de Estudios Ramón Areces, 1990.

STEIN, Lilian Milnitsky; NYGAARD, Maria Lúcia Campani. A memória em julgamento: uma análise cognitiva dos depoimentos testemunhais. *Revista brasileira de ciências criminais*, v. 43, abr. 2003.

STEIN, Lilian Milnitsky; PERGHER, Giovanni Kuckartz. Criando Falsas Memórias em Adultos por meio de Palavras Associadas. *Psicologia Reflexão e Crítica* [online], v. 14, n. 2, 2001.

STRECK, Lenio Luiz. *As interceptações telefônicas e os direitos fundamentais.* A Lei 9.296/96 e os seus reflexos penais e processuais. Porto Alegre: Livraria do Advogado, 1997.

STRECK, Lenio Luiz. *Jurisdição constitucional e decisão jurídica.* 3. ed. São Paulo: RT, 2013.

STRECK, Lenio Luiz. *O que é isso* – Decido conforme minha consciência? Porto Alegre: Livraria do Advogado, 2010.

STRECK, Lenio Luiz. *Verdade e consenso.* Constituição, hermenêutica e teorias discursivas. 4. ed. São Paulo: Saraiva, 2012.

STRECK, Lenio Luiz; ABBOUD, Georges. *O que é isto* – O precedente judicial e as súmulas vinculantes? Porto Alegre: Livraria do Advogado, 2013.

STRECK, Lenio Luiz; DELFINO, Lúcio; SOUZA, Diego Crevelin. *Tutela provisória e contraditório*: uma evidente inconstitucionalidade. Disponível em: [http://www.conjur.com.br/2017-mai-15/tutela-provisoria-contraditorio-evid ente-inconstitucionalidade]. Acesso em: 25.05.2017.

STRECK, Lenio Luiz; PEDRON, Flávio Quinaud. O que ainda podemos aprender com a literatura sobre os princípios jurídicos e suas condições de aplicação? *Revista de Processo*, v. 258, ago. 2016.

SUDATTI, Ariani Bueno. *Raciocínio jurídico e nova retórica*. São Paulo: Quartier Latin, 2003.

TALAMINI, Eduardo. Saneamento do processo. *Revista de Processo*. São Paulo, v. 86. abr.-jul. 1997.

TALAMINI, Eduardo. *Coisa Julgada e sua Revisão*. São Paulo: RT, 2005.

TALAMINI, Eduardo. Partes, terceiros e coisa julgada (os limites subjetivos da coisa julgada). In: DIDIER JR., Fredie; WAMBIER, Teresa Arruda Alvim (Coord.). *Aspectos polêmicos e atuais sobre os terceiros no processo civil e assuntos afins*. São Paulo: RT, 2004.

TALAMINI, Eduardo. Prova emprestada no processo civil e penal. *Revista de Processo*. São Paulo, v. 91. jul.-set. 1998.

TALAMINI, Eduardo. Tutela de urgência no projeto de Novo Código de Processo Civil: a estabilização da medida urgente e a "monitorização" do processo civil brasileiro. *Revista de Processo*. São Paulo, v. 209. jul. 2012.

TALAMINI, Eduardo; TALAMINI, Daniele Coutinho. Advocacia pública no CPC/2015. In: TALAMINI, Eduardo (Coord.). *Processo e Administração Pública*. Salvador: JusPodivm, 2016. (Coleção Repercussões do Novo CPC v. 10).

TALAMINI, Eduardo; WLADECK, Felipe Scripes. In: BUENO, Cassio Scarpinella (Coord.). *Comentários ao Código de Processo Civil*. São Paulo: Saraiva, 2017. v. 4.

TARTUCE, Fernanda. *Processo Civil no Direito de Família*. 2. ed. Rio de Janeiro: Forense; São Paulo: Método, 2017.

TARUFFO, Michele. Conocimiento científico y estándares de prueba judicial. *Boletin Mexicano de Derecho Comparado*, v. XXXVIII, 2005.

TARUFFO, Michele. Considerazione sulle massime d´esperienza. *Rivista Trimestrale di Diritto e Procedura Civile*, v. 63.

TARUFFO, Michele. Considerazioni su prova e motivazione. *Revista de Processo*. São Paulo, v. 151. set. 2007.

TARUFFO, Michele. Cultura e processo. *Rivista Trimestrale di Diritto e Procedura Civile*, v. 63. mar. 2009.

TARUFFO, Michele. Funzione della prova: la funzione dimostrativa. *Rivista di Diritto Processuale*, 1997.

TARUFFO, Michele. Idee per una teoria della decisione giusta. *Rivista Trimestrale di Diritto e Procedura Civile*, 1997.

TARUFFO, Michele. *Il controllo di razionalità della decisione fra lógica, retórica e dialettica*. Disponível em: [www.stutidocelentano.it].

TARUFFO, Michele. Il diritto alla prova nel processo civile. *Rivista di diritto processsuale*, 1984.

TARUFFO, Michele. Il fato e l'interpretazione. *Revista de Processo*. São Paulo, v. 227. jan. 2014.

TARUFFO, Michele. Involvement and Detachment in the Presentation of Evidence. In: KEVELSON, Roberta (Coord.). *The Eyes of Justice*. Nova Iorque: Lang, 1993.

TARUFFO, Michele. *La prova dei fatti giuridici*. Milão: Giuffrè, 1992.

TARUFFO, Michele. La prova scientifica nel processo civile. *Rivista Trimestrale di Diritto e Procedura Civile*, v. LX (II Serie), 2005.

TARUFFO, Michele. *La prueba de los hechos*. Trad. Jordi Ferrer Beltrán. Trotta, 2005.

TARUFFO, Michele. La verità nel processo. *Revista de Processo*. São Paulo, v. 235. set. 2014.

TARUFFO, Michele. Le prove sientifique nella recente esperienza statunitense. *Rivista trimestrale di diritto e procedura civile*, mar. 1996.

TARUFFO, Michele. Narrazioni processuali. *Revista de Processo*. São Paulo, v. 155. jan. 2008.

TARUFFO, Michele. Note per una riforma del diritto delle prove. *Rivista di Diritto Processuale*, 1986.

TARUFFO, Michele. Note sulla verità dei fatti nel processo civile. In: GIANFORMAGGIO, Letizia (Coord.). *Le ragioni del garantismo. Discutendo con Luigi Ferrajoli*. Turim: G. Giappichelli, 1993.

TARUFFO, Michele. Poteri probatori delle parti e del giudice in europa. *Revista de Processo*. São Paulo, v. 154. dez. 2007.

TARUFFO, Michele. Precedente e Jurisprudência. *Revista de Processo*. São Paulo, v. 199. set. 2011.

TARUFFO, Michele. Presunzioni, inversioni, prova del fatto. *Rivista di diritto processuale civile*, 1992.

TARUFFO, Michele. Prova (in generale). *Digesto delle Discipline Privatistiche*. Turim: UTET, 1992. v. XVI.

TARUFFO, Michele. Prove atipiche e convicimento del giudice. *Rivista di Diritto Processuale*, 1973.

TARUFFO, Michele. Senso comune, esperienza e scienza nel ragionamento del giudice. *Sui confini. Scritti sulla giustizia civile*. Bolonha: Il Mulino, 2002.

TARUFFO, Michele. *Studi sulla rilevanza della prova*. Padova: Cedam, 1970.

TARUFFO, Michele. Verità e probabilità nella prova dei fatti. *Revista de Processo*. São Paulo, v. 154. dez. 2007.

TARZIA, Giuseppe. A audiência preliminar no processo civil. Trad. Clayton Maranhão. *Genesis: Revista de direito processual civil*, v. 3. Curitiba: Genesis, 1998.

TARZIA, Giuseppe. Le istruzioni del giudice alle parti nel processo civile. *Rivista di Diritto Processuale*, 1981.

TARZIA, Giuseppe. Princípi generali e processo dei cognizione nel disegno di legge delega per il nuovo códice di procedura civile. *Rivista di Diritto Processuale*, 1982.

TARZIA, Giuseppe. Problemi del contraddittorio nell'istruzione probatoria civile. *Rivista di diritto processuale civile*, 1984.

TAVARES, André Ramos. A repercussão geral no recurso extraordinário. In: TAVARES, André Ramos et al. (Coord.). *Reforma do judiciário:* analisada e comentada. São Paulo: Método, 2005.

TAVARES, André Ramos. Perfil constitucional do recurso extraordinário. In: TAVARES, André Ramos; ROTHENBURG, Walter Claudius (Org.). *Aspectos atuais do controle de constitucionalidade no Brasil:* recurso extraordinário e argüição de descumprimento de preceito fundamental. Rio de Janeiro: Forense, 2003.

TEIXEIRA, Guilherme Freire de Barros. A crise do direito e os novos rumos do direito processual civil brasileiro. In: CAMBI, Eduardo; MARGRAF, Alencar Frederico (Org.). *Direito e justiça:* estudos em homenagem a Gilberto Giacoia. Curitiba: Ministério Público, 2016.

TESSER, André Luiz Bäuml. As diferenças entre a tutela cautelar e a antecipação de tutela no CPC/2015. In: MACÊDO, Lucas Buril de; PEIXOTO, Ravi; FREIRE, Alexandre (Org.). *Procedimentos especiais, tutela provisória e direito transitório*. Salvador: JusPodivm, 2015.

THEODORO JR., Humberto. A garantia fundamental do devido processo legal e o exercício do poder de cautela no direito processual civil. *Revista dos Tribunais*. São Paulo: RT, v. 665. mar. 1991.

THEODORO JR., Humberto. Alguns reflexos da Emenda Constitucional 45, de 08.12.2004, sobre o processo civil. *Revista de Processo*. São Paulo, v. 124. jun. 2005.

THEODORO JR., Humberto. *Código de Processo Civil anotado*. 20. ed. Rio de Janeiro: Forense, 2016.

THEODORO JR., Humberto. *Curso de direito processual civil*. 37 ed. 2006. v. III.

THEODORO JR., Humberto. *Curso de direito processual civil*. 57. ed. Rio de Janeiro: Forense, 2016. v. 1.

THEODORO JR., Humberto. Princípios gerais do direito processual civil. *Revista de Processo*. São Paulo, v. 23. jul.-set. 1981.

THEODORO JR., Humberto. *Processo cautelar*. 19. ed. São Paulo: Leud, 2000.

THEODORO JR., Humberto. *Processo cautelar*. 25. ed. São Paulo: Leud, 2010.

THEODORO JR., Humberto. *Recursos* – Direito processual civil ao vivo. 2. ed. Rio de Janeiro: AIDE, 1996. v. 2.

THEODORO JR., Humberto. Repercussão geral no recurso extraordinário (Lei 11.418) e súmula vinculante do supremo tribunal federal (Lei 11.417). *Revista Magister de Direito Civil e Processual Civil*. Porto Alegre, n. 18. maio-jun. 2007.

THEODORO JR., Humberto. *Tutela Cautelar:* Direito Processual Civil ao Vivo. Rio de Janeiro: AIDE, 1992. v. 4.

THEODORO JR., Humberto; FARIA, Juliana Cordeiro de. A coisa julgada inconstitucional e os instrumentos processuais para seu controle. *Revista dos Tribunais*. São Paulo, v. 795. jan. 2002.

THEODORO JR., Humberto; NUNES, Dierle; BAHIA, Alexandre Melo Franco; PEDRON, Flávio Quinad. *NCPC*: fundamentos e sistematização. Rio de Janeiro: Forense, 2015.

TIBURI, Marcia. Como conversar com um fascista. Reflexões sobre o cotidiano autoritário brasileiro. 2. ed. Rio de Janeiro: Record, 2015.

TICIANELLI, Maria Fernanda Rossi. *Principio do duplo grau de jurisdição*. Curitiba: Juruá, 2005.

TIMM, Luciano Benetti; TRINDADE, Manoel Gustavo Neubarth. As recentes alterações legislativas sobre os recursos aos tribunais superiores: a repercussão geral e os processos repetitivos sob a ótica da *law and economics*. *Revista de Processo*. São Paulo, v. 178. dez. 2009.

TOSTES, Natacha Nascimento Gomes. Uniformização de jurisprudência. *Revista de Processo*. São Paulo, v. 104. out.-dez 2001.

TOURINHO NETO, Fernando da Costa; FIGUEIRA JR., Joel Dias. *Juizados Especiais Estaduais Cíveis e Criminais*. Comentários à Lei 9.099/95. São Paulo: RT, 2007.

TRIBE, Laurence H. Trial by mathematics: precision and ritual in legal process. *Harvard Law Review*, v. 84, abr. 1971.

TRINDADE, Jorge. *Psicologia Jurídica para operadores jurídicos*. Porto Alegre: Livraria do Advogado, 2004.

TROCKER, Nicolò. Il raporto processo-giudizio nel pensiero di Piero Calamandrei. *Rivista di Diritto Processuale*, 1989.

TROCKER, Nicolò. *Processo civile e costituzione*. Milão: Giuffrè, 1974.

TUCCI, Rogério Lauria. *Do julgamento conforme o estado do processo*. São Paulo: José Bushatsky Ltda., 1975.

UBERTIS, Giulio. Diritto alla prova nel processo penale e Corte Europea dei diritti dell'uomo. *Rivista di diritto processuale*, 1994.

VANNUCCI, Rodolpho. Recurso de apelação para majoração de honorários advocatícios. In: COÊLHO, Marcus Vinicius Furtado; CAMARGO, Luiz Henrique Volpe (Coord.). *Honorários advocatícios*. Salvador: JusPodivm, 2015. (Coleção Grandes Temas do Novo CPC. v. 2).

VARGAS, Jorge de Oliveira. *As consequências da desobediência da ordem do juiz cível*. Curitiba: Juruá, 2001.

VASCONCELOS, Rita de Cássia Corrêa. *Princípio da fungibilidade:* hipóteses de incidência no processo civil brasileiro contemporâneo. São Paulo: RT, 2007. (Coleção: Recursos no processo civil. v. 17).

VASSALLI, Giuliano. Il diritto alla prova nel processo penale. *Rivista italiana di diritto e procedura penale*, 1968.

VENOSA, Sílvio de Salvo. *Direito civil*. Direito das sucessões. 3. ed. São Paulo: Atlas, 2003. v. VII.

VENOSA, Sílvio de Salvo. *Direito civil*. Parte Geral. 3. ed. São Paulo: Atlas, 2003. v. I. VENOSA, Sílvio de Salvo. *Direito civil*. Parte Geral. São Paulo: Atlas, 2016. v. I. VENTURI, Elton. *Suspensão de liminares e sentenças contrárias ao poder público*. São Paulo: RT, 2005. Controle jurisdicional dos atos do Estado. v. 4.

VENOSA, Sílvio de Salvo. *Direito civil*. Responsabilidade civil. 3. ed. São Paulo: Atlas, 2003. v. IV.

VENTURI, Elton. Transação em direitos indisponíveis? *Revista de Processo*. São Paulo, v. 251, jan. 2016.

VERDE, Giovanni. Considerazioni sulla regola di giudizio fondata sull'onere della prova. Rivista di Diritto Processuale, 1972.

VERDE, Giovanni. Prova (teoria generale e diritto processuale civile). *Enciclopedia del Diritto*. Milão: Giuffrè, 1988. v. XXXVII.

VERDE, Giovanni. Prove nuove. *Rivista di Diritto Processuale*, jan.-mar. 2006.

VIANA, Ulisses Schwarz. *Repercussão geral sob a ótica da teoria dos sistemas de niklas luhman*. São Paulo: Saraiva, 2010.

VIGORITTI, Vicenzo. *Garanzie costituzionali del processo civile*. Due process of law e art. 24 Cost. Milão: Giuffrè, 1973.

VITORELLI, Edilson. *O devido processo legal coletivo*. Dos direitos aos litígios coletivos. 2. ed. São Paulo: RT, 2019.

VITORELLI, Edilson. *Processo Civil estrutural*. Teoria e prática. Salvador: JusPodivm, 2020.

VITORELLI, Edilson. Raciocínios probabilísticos e o papel das estatísticas na análise probatória. *Revista de processo*, v. 297, nov. 2019, versão on line.

VIVEIROS, Estefânia. Prejudicialidade do recurso extraordinário em face do julgamento do recurso especial. *Revista de Processo*. São Paulo, v. 118. nov.-dez. 2004.

VOLPI NETO, Angelo. *Comércio eletrônico:* direito e segurança. Curitiba: Juruá, 2001.

WALTER, Gerhard. Il diritto alla prova in Svizzera. *Rivista trimestrale di diritto e procedura civile*, 1991.

WALTER, Gerhard. *Libre apreciación de la prueba*. Bogotá: Temis, 1985.

WAMBIER, Luiz Rodrigues. Do manejo da tutela cautelar para obtenção de efeito suspensivo no recurso especial e no recurso extraordinário. In: WAMBIER, Teresa Arruda Alvim (Coord.). *Aspectos polêmicos e atuais do recurso especial e do recurso extraordinário*. São Paulo: RT, 1997.

WAMBIER, Luiz Rodrigues; TALAMINI, Eduardo. *Curso avançado de processo civil*. 11. ed. São Paulo: RT, 2010. v. 1.

WAMBIER, Luiz Rodrigues; TALAMINI, Eduardo. *Curso avançado de processo civil:* teoria geral do processo e processo de conhecimento. 12. ed. São Paulo: RT, 2011. v. I.

WAMBIER, Luiz Rodrigues; TALAMINI, Eduardo. *Curso avançado de processo civil:* teoria geral do processo e processo de conhecimento. 15. ed. São Paulo: RT, 2015. v. 1.

WAMBIER, Luiz Rodrigues; TALAMINI, Eduardo. *Curso avançado de processo civil*. 16. ed. São Paulo: RT, 2016. v. 2.

WAMBIER, Luiz Rodrigues; TALAMINI, Eduardo. *Curso avançado de processo civil*: teoria geral do processo. 16 ed. reform. e ampl. de acordo com o novo CPC. São Paulo: RT, 2016. v. 1.

WAMBIER, Teresa Arruda Alvim. Ampliação da colegialidade como técnica de julgamento. In: WAMBIER, Teresa Arruda Alvim; WAMBIER, Luiz Rodrigues (Coord.). *Temas essenciais do novo CPC*: análise das principais alterações do sistema processual civil brasileiro. 2. tir. São Paulo: RT, 2016.

WAMBIER, Teresa Arruda Alvim. Anotações a respeito da Lei 9.756, de 17 de dezembro de 1998. In: WAMBIER, Teresa Arruda Alvim; NERY JR., Nelson (Coord.). *Aspectos polêmicos e atuais dos recursos cíveis de acordo com a Lei 9.756/98*. 1. ed. 2. tir. São Paulo: RT, 1999.

WAMBIER, Teresa Arruda Alvim. Da ação rescisória. In: WAMBIER, Teresa Arruda Alvim; WAMBIER, Luiz Rodrigues (Coord.). *Temas essenciais do novo CPC*: análise das principais alterações do sistema processual civil brasileiro. 2. tir. São Paulo: RT, 2016.

WAMBIER, Teresa Arruda Alvim. Embargos de declaração. In: WAMBIER, Teresa Arruda Alvim; WAMBIER, Luiz Rodrigues (Coord.). *Temas essenciais do novo CPC*: análise das principais alterações do sistema processual civil brasileiro. 2. tir. São Paulo: RT, 2016.

WAMBIER, Teresa Arruda Alvim. Embargos de divergência. In: WAMBIER, Teresa Arruda Alvim; WAMBIER, Luiz Rodrigues (Coord.). *Temas essenciais do novo CPC*: análise das principais alterações do sistema processual civil brasileiro. 2. tir. São Paulo: RT, 2016.

WAMBIER, Teresa Arruda Alvim. *Nulidades do processo e da sentença*. 6. ed. São Paulo: RT, 2007.

WAMBIER, Teresa Arruda Alvim. *Nulidades do processo e da sentença*. 7. ed. São Paulo: RT, 2014.

WAMBIER, Teresa Arruda Alvim. O óbvio que não se vê: a nova forma do princípio da fungibilidade. *Revista de Processo*. São Paulo, v. 137, p. 135. jul. 2006.

WAMBIER, Teresa Arruda Alvim. O que é abrangido pela coisa julgada no direito brasileiro: a norma vigente e as perspectivas de mudança. *Revista de Processo*. v. 230. São Paulo: RT, abr. 2014.

WAMBIER, Teresa Arruda Alvim. *Os agravos no CPC brasileiro*. 3. ed. São Paulo: RT, 2000. Recursos no processo civil. v. 2.

WAMBIER, Teresa Arruda Alvim. Prescrição e decadência. In: MENDES, Gilmar Ferreira; STOCCO, Rui (Orgs.). *Doutrinas essenciais. Direito civil – Parte Geral*. São Paulo: RT, 2011. v. 5.

WAMBIER, Teresa Arruda Alvim (Coord.). *Primeiros comentários ao novo Código de Processo Civil:* artigo por artigo. São Paulo: RT, 2015.

WAMBIER, Teresa Arruda Alvim. Recurso especial e extraordinário – Alterações comuns a ambos. In: WAMBIER, Teresa Arruda Alvim; WAMBIER, Luiz Rodrigues (Coord.). *Temas essenciais do novo CPC:* análise das principais alterações do sistema processual civil brasileiro. 2. tir. São Paulo: RT, 2016.

WAMBIER, Teresa Arruda Alvim. *Recurso especial, recurso extraordinário e ação rescisória.* 2. ed. São Paulo: RT, 2008.

WAMBIER, Teresa Arruda Alvim. *Recurso especial, recurso extraordinário e ação rescisória.* 2. ed. São Paulo: RT, 2009.

WAMBIER, Teresa Arruda Alvim. Recursos extraordinário e especial repetitivo. In: WAMBIER, Teresa Arruda Alvim; WAMBIER, Luiz Rodrigues (Coord.). *Temas essenciais do novo CPC:* análise das principais alterações do sistema processual civil brasileiro. 2. tir. São Paulo: RT, 2016.

WAMBIER, Teresa Arruda Alvim; DANTAS, Bruno; MELLO, Luiz Eduardo Bandeira de. Anotações sobre o direito intertemporal e o processo. In: WAMBIER, Teresa Arruda Alvim; DIDIER JR., Fredie; TALAMINI, Eduardo; DANTAS, Bruno (Coord.). *Breves comentários ao Novo Código de Processo Civil.* São Paulo: RT, 2015.

WAMBIER, Teresa Arruda Alvim; DIDIER JR., Fredie; TALAMINI, Eduardo; DANTAS, Bruno. Comentário ao art. 492 do CPC. In: WAMBIER, Teresa Arruda Alvim (Coord.). *Breves comentários ao Novo Código de Processo Civil.* São Paulo: RT, 2015.

WAMBIER, Teresa Arruda Alvim; MEDINA, José Miguel Garcia. *O Dogma da coisa julgada:* hipóteses de relativização. São Paulo: RT, 2003.

WAMBIER, Teresa Arruda Alvim; MEDINA, José Miguel Garcia; WAMBIER, Luiz Rodrigues. *Breves comentários à nova sistemática processual civil.* São Paulo: RT, 2006. v. 2.

WAMBIER, Teresa Arruda Alvim; MEDINA, José Miguel Garcia; WAMBIER, Luiz Rodrigues. *Breves comentários à nova sistemática processual civil. 3:* Leis 11.382/2006, 11.417/2006, 11.418/2006, 11.341/2006, 11.419/2006, 11.441/2006 e 11.448/2007. São Paulo: RT, 2007.

WATANABE, Kazuo. *Da cognição no processo civil.* São Paulo: RT, 1987.

WATANABE, Kazuo. *Da cognição no processo civil.* 2. ed. Campinas: Bookseller, 2000.

WEBER, Max. *Economia e sociedade*: fundamentos da sociologia compreensiva. Trad. Regis Barbosa e Karen Elsabe Barbosa. Brasília: Editora Universidade de Brasília, 2015. v. 1.

WELSCH, Gisele Mazzoni. *O reexame necessário e a efetividade da tutela jurisdicional.* Porto Alegre: Livraria do Advogado, 2010.

WRÓBLEWSKI, Jerzy. *Sentido y hecho en el derecho.* Trad. Francisco Javier Ezquiaga Ganuzas e Juan Igartua Salaverria. Cidade do México: Fontamara, 2008.

XAVIER, Flávia da Silva; SAVARIS, José Antonio. *Recursos cíveis nos juizados especiais federais.* Curitiba: Juruá, 2010.

YARSHELL, Flávio Luiz. A tutela provisória (cautelar e antecipada) no novo CPC: grandes mudanças? *Jornal Carta Forense,* mar. 2016.

YARSHELL, Flávio Luiz. Comentários aos arts. 381-383. In: ALVIM, Teresa; DIDIER JR., Fredie; TALAMINI, Eduardo; DANTAS, Bruno (Coord.). *Breves comentários ao Novo Código de Processo Civil.* São Paulo: RT, 2015.

YARSHELL, Flávio Luiz. Convenção das partes em matéria processual no Novo CPC. O novo Código de Processo Civil. *Revista do Advogado - AASP*, n. 126, a. XXXV, maio 2015.

YARSHELL, Flávio Luiz. Exibição de documento ou coisa. In: MARINONI, Luiz Guilherme (Coord.). *Estudos de direito processual civil*. Homenagem ao professor Egas Dirceu Moniz de Aragão. São Paulo: RT, 2005.

YARSHELL, Flávio Luiz. O futuro da execução por quantia nas mãos do Superior Tribunal de Justiça: proposta de reflexão sob a ótica econômica. *Revista do Advogado*, ano XXXIX, n. 141, p. 107. abr. 2019.

YARSHELL, Flávio Luiz. *Tutela jurisdicional*. São Paulo: Atlas, 1999.

YOSHIKAWA, Eduardo Henrique de Oliveira. Valor da causa no NCPC. *Jornal Carta Forense*, mar. 2016.

ZAGREBELSKY, Gustavo. *El derecho dúctil*. 8. ed. Trad. Marina Gascón. Madri: Editorial Trotta, 2008.

ZAGREBELSKY, Gustavo. *Il diritto mite. Legge, diritti, giustizia*. Turim: Einaudi, 1992.

ZAVASCKI, Teori Albino. Antecipação da tutela e colisão de direitos fundamentais. In: TEIXEIRA, Sálvio de Figueiredo (Coord.). *Reforma do Código de Processo Civil*. São Paulo: Saraiva, 1996.

ZAVASCKI, Teori Albino. *Antecipação da tutela*. 6. ed. São Paulo: Saraiva, 2008.

ZAVASCKI, Teori Albino. *Eficácia das sentenças na jurisdição constitucional*. São Paulo: RT, 2001.

ZENI, Fernando César. Decisões irrecorríveis em conflitos de competência – A irrecorribilidade das decisões declinatórias do foro em caso de conflito de competência negativo suscitado entre tribunal e juízes a ele não vinculados e entre juízes vinculados a tribunais diversos. In: NERY JR., Nelson; WAMBIER, Teresa Arruda Alvim (Coord.). *Aspectos polêmicos e atuais dos recursos cíveis e de outros meios de impugnação às decisões judiciais*. São Paulo: RT, 2003. Série: Aspectos polêmicos e atuais dos recursos. v. 7.

ZEHR, Howard. Trocando as lentes: um novo foco sobre o crime e a justiça. 2. ed. Trad. de Tônia Van Acker. São Paulo: Palas Athena, 2014.

ZUCKERMAN, Adrian A. S. Justice in crisis: comparative dimensions of civil procedure. *Civil Justice in Crisis*. Oxford: Zuckerman, 1999.

ANOTAÇÕES